Hartmut Niemann
Ludwig Paul

Iran

„Die Perser sind so wenig argwöhnisch,
wenn Fremde die Altertümer in ihrem Lande sehen wollen,
dass ich nicht zweifle, es würde sich niemand darum bekümmert haben,
wenn ich nach Persepolis gereist wäre, ohne jemand etwas davon zu sagen."

Carsten Niebuhr (Forschungsreisender, 1733–1815)

Impressum

Hartmut Niemann, Ludwig Paul
Reise Know-How Iran

erschienen im Reise Know-How Verlag Peter Rump GmbH
Osnabrücker Str. 79, 33649 Bielefeld

© Reise Know-How Verlag Peter Rump GmbH
2005, 2009, 2012
**4., neu bearbeitete und
komplett aktualisierte Auflage Sept. 2014**
Alle Rechte vorbehalten.

Gestaltung:
Umschlag: G. Pawlak, P. Rump (Layout);
  M. Luck (Realisierung)
Inhalt: G. Pawlak (Layout); M. Luck (Realisierung)
Fotonachweis: S. 671
Titelfoto: H. Niemann
  (Motiv: Eingang zur Lotfollah-Moschee in Isfahan)
Karten: Th. Buri; B. Spachmüller

Lektorat: C. Tiemann
Lektorat (Aktualisierung): M. Luck

Druck und Bindung: Media-Print, Paderborn

ISBN 978-3-8317-2467-3
Printed in Germany

Dieses Buch ist erhältlich in jeder Buchhandlung
Deutschlands, der Schweiz, Österreichs, Belgiens
und der Niederlande. Bitte informieren Sie Ihren
Buchhändler über folgende Bezugsadressen:

Deutschland
  Prolit GmbH, Postfach 9, D-35461 Fernwald (Annerod)
  sowie alle Barsortimente

Schweiz
  AVA Verlagsauslieferung AG
  Postfach 27, CH-8910 Affoltern

Österreich
  Mohr Morawa Buchvertrieb GmbH
  Sulzengasse 2, A-1230 Wien

Niederlande, Belgien
  Willems Adventure, www.willemsadventure.nl

Wer im Buchhandel trotzdem kein Glück hat,
bekommt unsere Bücher auch über unseren
Büchershop im Internet:
www.reise-know-how.de

Wir freuen uns über Kritik, Kommentare
und Verbesserungsvorschläge, gern auch
per E-Mail an info@reise-know-how.de.

Alle Informationen in diesem Buch sind von
den Autoren mit größter Sorgfalt gesammelt
und vom Lektorat des Verlages gewissenhaft
bearbeitet und überprüft worden.

Da inhaltliche und sachliche Fehler nicht
ausgeschlossen werden können, erklärt der
Verlag, dass alle Angaben im Sinne der
Produkthaftung ohne Garantie erfolgen
und dass Verlag wie Autoren keinerlei
Verantwortung und Haftung für inhaltliche
und sachliche Fehler übernehmen.

Die Nennung von Firmen und ihren Produkten und ihre Reihenfolge sind als Beispiel
ohne Wertung gegenüber anderen anzusehen. Qualitäts- und Quantitätsangaben sind
rein subjektive Einschätzungen der Autoren
und dienen keinesfalls der Bewerbung von
Firmen oder Produkten.

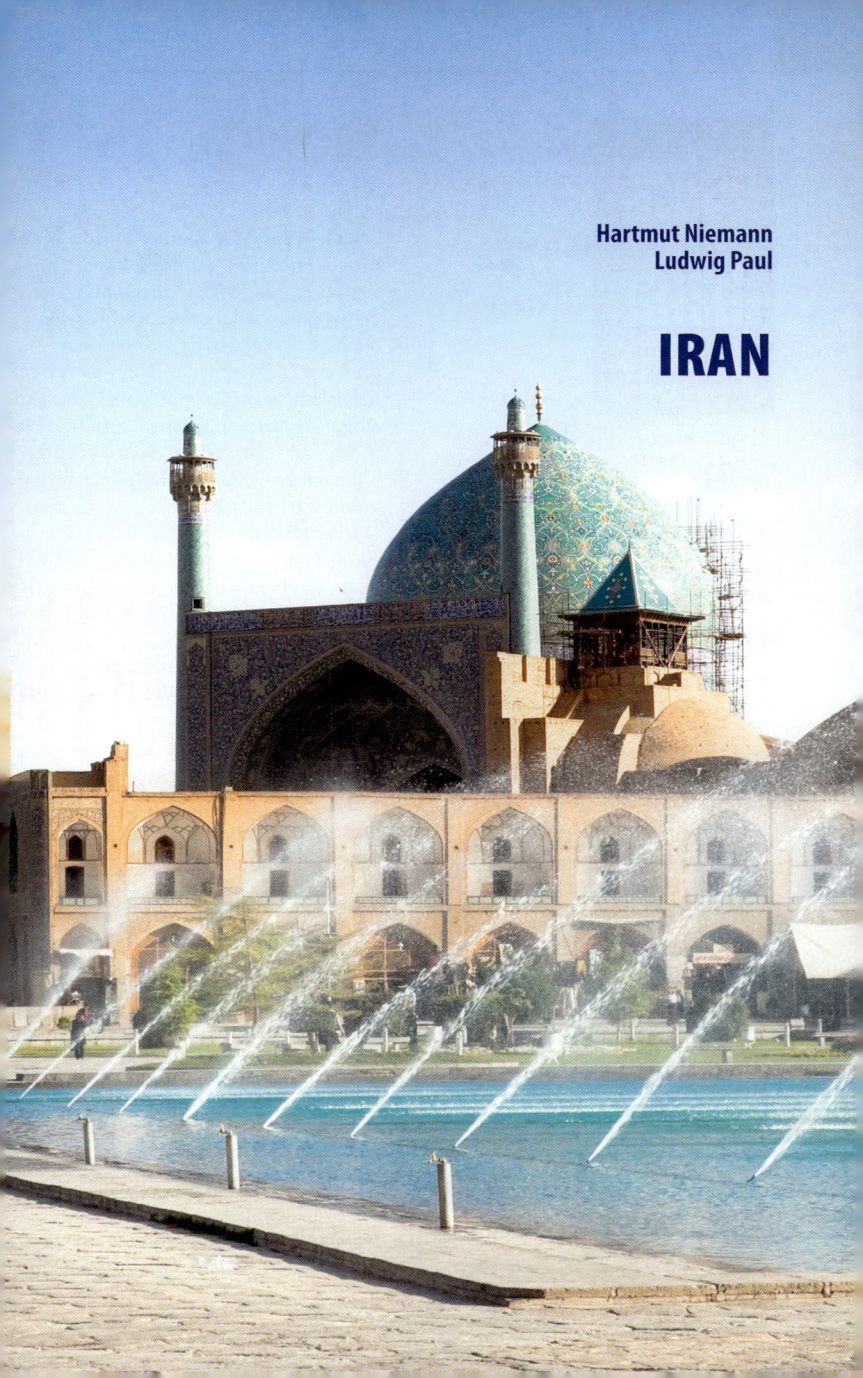

Hartmut Niemann
Ludwig Paul

IRAN

Auf der Reise zu Hause
www.reise-know-how.de

- Ergänzungen nach Redaktionsschluss
- kostenlose Zusatzinformationen und Downloads
- das komplette Verlagsprogramm
- aktuelle Erscheinungstermine
- Newsletter abonnieren

Bequem einkaufen im Verlagsshop

Oder Freund auf Facebook werden

Vorwort

„**Nach Iran? Wie kannst Du da bloß hinreisen?**" Seit unseren ersten Iran-Reisen in den 1980er Jahren klingt uns diese Frage von Freunden und Verwandten in den Ohren. Zu groß war jahrelang die Verunsicherung darüber, was sich in der Islamischen Republik abspielt. Seit einigen Jahren allerdings spricht sich mehr und mehr herum, was den aufgeschlossenen Reisenden in Iran erwartet: grandiose Landschaften, eine über zweitausendfünfhundert Jahre alte Hochkultur, beeindruckende Bauwerke und vor allem unglaublich freundliche und liebenswerte Menschen.

Uns hat in Iran immer wieder beeindruckt, wie sehr trotz der Vielfalt an ethnischen und kulturellen Einflüssen das typisch Iranische immer spürbar bleibt. Trotz Übernahme des Islam ab dem 7. Jh. ist das Persische, eine indogermanische Sprache, nicht untergegangen und ein deutlicher Ausdruck der eigenständigen kulturellen und nationalen Identität geblieben.

Noch zieht Iran keine Massen von Touristen an, obwohl die Förderung des Tourismus heutzutage ein vorrangiges Ziel der Regierung ist. An vielen Orten im Land wird man sich noch ein wenig wie ein Entdecker fühlen, aber überall wird man von den Menschen freundlich empfangen. Dies hat sich auch nach dem 11. September 2001 nicht geändert, von Feindseligkeiten gegen Reisende aus dem Westen haben wir niemals gehört, im Gegenteil: Deutschsprachige Touristen sind bei den Iranern besonders beliebt. Oft wird man hören: „Wir sind auch Arier". Verstehen Sie das aber nicht falsch: Es ist weniger in einem rassenideologischen Sinne gemeint, es soll eher die eigene nationale Identität betonen. Das merkt man spätestens dann, wenn man in der abgelegenen Turkmenensteppe von Menschen auf diese Weise angesprochen wird, deren Vorfahren ganz offensichtlich aus Zentralasien stammen.

Wichtiger ist der Willkommensgruß, den Sie überall hören werden: **Khosh amadid, Herzlich willkommen!**

Oft haben wir von Iran-Reisenden gehört: „Das Schwierigste für mich war, hierher zu kommen. Nichts, vor dem ich zu Hause gewarnt wurde, ist eingetroffen!" Dieser Reiseführer will dabei helfen, diese Schwelle zu überwinden, und natürlich ein praktischer Ratgeber für den Aufenthalt im Lande sein. Auch wenn das Buch kein archäologischer oder Kunstführer sein kann oder will, sollen die Beschreibungen der historischen Stätten und Bauwerke den ihnen gebührenden Platz einnehmen. Ein ebenso großes Gewicht hat aber die Darstellung des täglichen Lebens der Iraner.

Dieser Reiseführer ist ein Gemeinschaftswerk von zwei Autoren. Der Abschnitt „Land und Leute", die Sprachhilfe sowie einige Exkurse wurden von *Ludwig Paul* verfasst, für die Ortsbeschreibungen und praktischen Reisetipps zeichnet *Hartmut Niemann* verantwortlich.

Inhalt

Vorwort	4
Karten	6
Exkurse	8
Zu Sprache und Schrift	11
Was man unbedingt wissen sollte	12
Reiseziele	13
Die Regionen im Überblick	14

1 Stadt und Provinz Teheran — 19

Stadt Teheran — 21
Geschichte — 21
Orientierung — 25
Ankunft — 25
Die Metro — 29
Schnellbusse — 34
Sehenswertes im Zentrum — 34
Sehenswertes im Norden — 52
Sehenswertes im Süden — 56
Praktische Informationen — 59

Provinz Teheran — 69
Zentraler Alborz — 69
Varamin — 75
Karaj — 75
Hashtgerd — 77

2 Die Provinzen am Kaspischen Meer — 79

Provinz Gilan — 84
Rasht — 84
Bandar Anzali — 89
Fuman — 93
Masuleh — 94
Lahijan — 95

Karten

In den **Kopfzeilen** der Buchseiten erfolgt ein Verweis auf die jeweils in den Kontext passende Karte bzw. Stadtplan.

Iran (Blattschnitte)	**Umschlag vorn**
Iran (Seitenzahlen)	**Umschlag hinten**
Die Regionen im Überblick	**16**
Iran und Nachbarländer	**464**
Irans Provinzen	**580**

Kapitel-/Regionalkarten

Stadt und Provinz Teheran	20
Die Provinzen am Kaspischen Meer	80
Die azerbeijanischen Provinzen und Ardabil	126
Der Westen	166, 168
Isfahan und das Zentrum	240
Shiraz und Provinz Fars	316
Die Küste des Persischen Golfs	374
Der Südosten	396, 398
Der Nordosten	430

Stadt- und sonstige Pläne

Ahvaz	214
Amol	106
Ardabil	159
Bandar Abbas	382
Hamadan	186
Isfahan	248
Isfahan Zentrum	250
Kashan	282
Kerman	402
Kermanshah	200
Kish (Insel)	390
Lahijan	96
Mashhad	436
Persepolis	347
Qazvin	170
Qeshm (Insel)	386
Qom	293
Rasht	86
Sanandaj	196
Sari	110
Shiraz	322
Tabriz	144
Teheran Metro	30
Teheran Übersicht	32
Teheran Zentrum	35, 36
Yazd	301

Hinweis

Die **Internet- und E-Mail-Adressen** in diesem Buch können – bedingt durch den Zeilenumbruch – so getrennt werden, dass ein Trennstrich erscheint, der nicht zur Adresse gehören muss!

Abkürzungen

Bolv.	*Bolvar* (Boulevard)
DZ, EZ	Doppelzimmer, Einzelzimmer
Kh.	*Khiaban* (Straße)
Kuch.	*Kuche* (Gasse)

Nicht verpassen!

In jedem Kapitel sind **ausgewählte (touristische) Highlights** hervorgehoben – man erkennt sie an der **gelben Hinterlegung.**

Inhalt

Provinz Mazanderan	**100**
Ramsar	101
Entlang der Küste nach Chalus	103
Kalardasht	105
Nur und Mahmudabad	107
Amol	107
Babol, Babolsar	108
Sari	108
Behshahr	112
Provinz Golestan	**113**
Gorgan	113
Aq Qal'eh und die Turkmenensteppe	119
Bandar Torkaman	120
Gonbad-e Kavus	120
Nationalpark Golestan	121
Ziaratgahe Khaled Nabi	123

3 Die azerbeijanischen Provinzen und Ardabil — 125

Provinz West-Azerbeijan	**128**
Orumiyeh	128
Orumiyeh-See	131
Prähistorische Siedlung von Hasanlu	133
Bazargan	134
Maku	135
Armenische Kirche Qarah Kelisa	136
Khoy	138
Takab und Takht-e Soleyman	139
Provinz Ost-Azerbeijan	**142**
Tabriz	142
Kandovan	150
Maragheh	152
Bandar Sharaf Khaneh	154
Jolfa und Kloster St. Stephanos	155
Marand	155
Festung Qal'eh-ye Babak	156
Provinz Ardabil	**156**
Stadt Ardabil	157
Sar-e Eyn und Berg Sabalan	162

4 Der Westen — 165

Die Provinzen Qazvin und Zanjan	**168**
Das westliche Alborz-Vorland	168
Stadt Qazvin	171
Zanjan	178
Soltaniyeh	179
Die Provinzen Hamadan, Kordestan und Kermanshah	**182**
Stadt Hamadan	184
Provinz Kordestan	195
Provinz und Stadt Kermanshah	198
Provinz Khuzestan	**210**
Ahvaz	213
Haft Tappeh, Susa und Chogha Zanbil	217
Andimeshk und Dezful	223
Shushtar	225
Abadan und Khorramshahr	229
Die Zagros-Provinzen	**230**
Provinz Ilam	230
Provinz Lorestan	231
Provinz Chahar Mahale-ya Bakhtiyari	233
Provinz Buyer Ahmad-o Kuhgiluye	235

5 Isfahan und das Zentrum — 239

Stadt Isfahan	**242**
Geschichte	243
Orientierung	244
Ankunft	245
Sehenswertes rund um den Meydan-e Imam	246
Sehenswertes an der Hauptstraße Chahar Bagh	257
Brücken über den Zayandeh Rud	259
Sehenswertes rund um die Freitagsmoschee	262
Sehenswertes jenseits des Zayandeh Rud	267

Exkurse

Stadt und Provinz Teheran
Verkehrschaos und Luftverschmutzung
in Irans moderner Metropole 24
Wandern und noch viel mehr
in den Teheraner Bergen 66

Die Provinzen am Kaspischen Meer
Das Kaspische Meer –
halb See, halb Ozean 90
Tee – das Hauptgetränk
ist ein Import aus Indien 98
Überwachtes Vergnügen:
Baden im Kaspischen Meer 104

Der Westen
Sprachforschung in der Felswand –
die Entschlüsselung der Keilschrift
in Bisotun 206

Shiraz und Provinz Fars
Der Fotograf Ernst Hoeltzer 254
Gesundheitspolitik im Dienste
der Geschlechtertrennung 272

Der Dichter Hafis und
sein Einfluss auf Goethe 336

Der Nordosten
Der Garten –
das Paradies auf Erden 450

Land und Leute
Gefährdete Delikatesse –
Störe im Kaspischen Meer 530
Die Schneeziege – ein Symbol für Regen
in der frühen iranischen Keramik 534
Schiitische Geistlichkeit
und die Herrschaft im Staat 568
Spionitis oder der Glaube an eine
weltweite Verschwörungstheorie 584
Pyjama und Puschen –
persische Wörter im Deutschen 590
„Nimm keine Geschenke an!" 606
Heirat ohne Hochzeitsfest?
Eine wahre Geschichte 612
Schwimmen in Teheran 632

Praktische Informationen	269
Umgebung von Isfahan	273

Provinz Isfahan	**275**
Natanz	275
Abyaneh	277
Matinabad	278
Ardestan	279
Zavareh	279
Na'in	280
Varzaneh und Tudeshk	281
Kashan	283

Die Provinzen Qom und Markazi	**290**
Stadt Qom	290
Arak	295
Saveh	297

Provinz Yazd	**297**
Stadt Yazd	297
Taft	309
Meybod und Ardakan	310
Abarkuh	312
Fahraj	313

6 Shiraz und Provinz Fars — 315

Shiraz	**318**
Geschichte	318
Orientierung	319
Ankunft mit dem eigenen Fahrzeug	320
Rundgang von der Festung zum Bazar	321
Die Gärten von Shiraz	333
Praktische Informationen	340

Provinz Fars	**343**
Archäologische Stätten um Persepolis	343
Bishapur und Firuzabad	357
Der Osten und Südosten von Fars	364

7 Die Küste des Persischen Golfs — 371

Bandar Bushehr	376
Die Küste zwischen Bandar Bushehr und Bandar Abbas	378
Bandar Abbas	380
Insel Hormoz	384
Minab	385
Insel Qeshm	386
Insel Kish	388

8 Der Südosten — 395

Provinz Kerman	**397**
Stadt Kerman	400
Umgebung von Kerman	409
Jiroft	413
Bam	415
Darijan	416
Meymand	416

Provinz Sistan va Baluchestan	**417**
Zahedan	418
Zabol und das Becken von Sistan	420
Umgebung von Zabol	422
Iran Shahr und Bampur	423
Chahbahar	424

9 Der Nordosten — 427

Region Khorassan	**432**
Provinz Nord-Khorassan	432
Mashhad	433
Umgebung von Mashhad	441
Kalat-e Naderi	443
Afghanische Grenze und Torbat-e Jam	444
Neishabour	444

Inhalt

Sarakhs und turkmenische Grenze	446
Durch die Große Kavir	447
Provinz Semnan	**451**
Stadt Semnan	451
Damghan	452
Shahrud	454
Bastam	455

10 Praktische Reisetipps A–Z 459

An- und Weiterreise	460
Ausrüstung und Reisegepäck	472
Autofahren	473
Diplomatische Vertretungen	476
Ein- und Ausreisebestimmungen	478
Einkaufen	482
Elektrizität	484
Essen und Trinken	484
Fotografieren	488
Geld und Reisekasse	488
Gesundheit und Hygiene	493
Informationen	494
Kalender und Feiertage	497
Nachtleben	502
Öffnungszeiten	502
Orientierung	502
Post	503
Reisezeit	503
Sicherheit	505
Sport und Aktivitäten	508
Sprache und Verständigung	509
Telefonieren	510
Unterkunft	512
Verhaltenstipps	513
Verkehrsmittel	515
Versicherungen	517
Zeitverschiebung	519

11 Land und Leute 521

Geografie	522
Klima	525
Flora	527
Fauna	529
Umweltschutz	531
Geschichte und Politik	533
Staat und Regierung	578
Verwaltungsgliederung	579
Wirtschaft	582
Tourismus	583
Medien	585
Bildungssystem	586
Gesundheitswesen und Sozialversicherung	588
Bevölkerung	588
Sprachen	591
Religionen	592
Alltagsleben, Sitten und Gebräuche	601
Literatur	614
Kunsthandwerk	620
Malerei	622
Architektur	623
Musik	626
Theater und Ta'ziye	628
Kino	629
Sport	631

12 Anhang 637

Reise-Gesundheitsinformationen	638
Glossar	639
Literaturtipps	642
Sprachhilfe	646
Register	659
Fotonachweis	671
Die Autoren	671

Zu Sprache und Schrift

Eine häufig gestellte Frage lautet: „Welche Bezeichnung ist richtig, **Persien oder Iran?**" Der offizielle Staatsname lautet seit 1935 „Iran", abgeleitet von „Eran – Land der Arier". In Europa war früher „Persien" gebräuchlich, abgeleitet vom Namen der Provinz „Pars", heute „Fars", der von den alten Griechen stammt. Wir verwenden in diesem Buch ausschließlich die Bezeichnung „Iran", die man auch vor Ort ausschließlich hören wird. Für die Sprache benutzen wir die Bezeichnung **Persisch**, das deutsche Wort für **Farsi**, die in ganz Iran gebräuchliche Verwaltungssprache.

Seit Langem wird auch darum gestritten, ob man **„nach Iran" oder „in den Iran"** fährt. Da „Iran" als Ländername im Deutschen (im Gegensatz zum französischen „L'Iran") korrekterweise keinen Artikel hat, fahren wir „nach Iran" oder reisen „in Iran". Es ist aber auch kein Beinbruch, wenn es jemandem „im Iran" gut gefallen hat.

Ein Problem ergibt sich bei der **Transkription** der persischen Eigennamen und Begriffe, da sie mit **arabischen Schriftzeichen** geschrieben werden. Da das Arabische kurze Vokale nicht schriftlich wiedergibt und andererseits Konsonanten mehrfach aufweist und außerdem Laute hat, die das Deutsche nicht kennt, kommt es zu Schwierigkeiten bei der Übertragung in lateinische Schrift. Die wissenschaftliche Umschrift kann dieses Problem lösen, ist aber für einen Reiseführer nicht geeignet. In diesem Buch werden deshalb die Eigennamen so wiedergegeben, wie sie in Iran z.B. auf **Straßenschildern** oder auch auf Landkarten und Fahrplänen erscheinen, z.B. „Shiraz" anstatt „Schiras" oder „Tabriz" anstatt „Täbriz". Eine Ausnahme bildet „Teheran", weil der Name im Deutschen fest eingeführt ist, obwohl er in Farsi eigentlich „Tehran" (mit rollendem r) gesprochen wird. Ebenso verfahren wir bei historisch eingeführten Eigennamen wie „Kyros" anstatt „Kurosh".

Die persisch-arabische Schrift wird für die meisten Iran-Urlauber ein Buch mit sieben Siegeln bleiben. Verkehrsschilder sind in der Regel jedoch auf Persisch und Englisch geschrieben, sodass Individualreisende auch ohne Kenntnis der persischen Schrift auskommen.

Obwohl es im Persischen keine Groß- und Kleinschreibung gibt, wurde dies bei Ortsnamen den bei uns gebräuchlichen Regeln angeglichen, z.B. „Meydan-e Rah-e Ahan" (Bahnhofsplatz).

Lassen Sie sich durch diese Probleme nicht abschrecken: Einige wenige Worte in Farsi, auch wenn sie nicht ganz korrekt ausgesprochen sein mögen, werden Ihnen die Herzen der Menschen zufliegen lassen. Die kleine Sprachhilfe im Anhang soll dabei helfen.

Hotelkategorien (gültig für ein EZ)

① **einfach:** Hotels und selten Gasthäuser *(mehmansara, mosaferkhaneh)* bis zu 60.000 Tuman
② **mittel:** Hotels bis zu 120.000 Tuman
③ **gehoben:** Hotels ab 120.000 Tuman
④ **hoch:** Hotels ab 200.000 Tuman

Was man unbedingt wissen sollte

Seit dem Ende des ersten Golfkrieges 1988 sind touristische Reisen nach Iran wieder möglich. Der Tourismus wird staatlicherseits als ein Mittel gesehen, die internationale Isolierung des Landes aufzuheben und gleichzeitig Devisen zu erwirtschaften. Am liebsten hätte man nur Gruppenreisen, die leichter abzuwickeln und zu kontrollieren sind, aber auch individuelle Reisen sind möglich. Ein Problem für Individualreisende ist immer noch die Erteilung des **Visums**, weswegen sich eine rechtzeitige Planung empfiehlt (siehe „Ein- und Ausreisebestimmungen").

Obwohl einige internationale Airlines **Iran-Flüge** anbieten, kommt es in bestimmten Jahreszeiten zu Engpässen. Besonders für diese Zeiträume ist die rechtzeitige Reservierung von Flügen unerlässlich (siehe „An- und Weiterreise"). Auch bei rechtzeitiger Reservierung ist innerhalb Irans eine **Bestätigung des Rückflugs** bis 72 Stunden vor Abflug nötig. Das kann in den meisten Reisebüros überall im Land geschehen.

Iran definiert sich überwiegend als islamisches Land. Seit der Revolution ist die **islamische Kleiderordnung** verbindlich, die vor allem für Frauen – auch Touristinnen – Vorschriften mit sich bringt, die unbedingt einzuhalten sind (siehe „Ausrüstung und Reisegepäck" und „Verhaltenstipps"). Die islamischen Moral- und Ehebestimmungen gelten grundsätzlich auch für Nicht-Muslime, wenn sie in Iran reisen. Dennoch ist es mittlerweile kein Problem mehr, wenn auch **unverheiratete Paare** zusammen reisen und sich ein Doppelzimmer teilen. Falls das in einem Hotel doch nicht möglich sein sollte, wird man in der Regel ein anderes finden.

Die Einfuhr von **alkoholischen Getränken und Rauschmitteln** in jeder Form sowie ihr Genuss sind strengstens verboten und werden auch bei Ausländern verfolgt (siehe „Ein- und Ausreisebestimmungen").

Das iranische Bankenwesen ist staatlich kontrolliert und aufgrund der US-amerikanischen Boykottbestimmungen nicht an die internationalen Kreditkartensysteme angeschlossen. Zahlung mit Kreditkarten ist daher nur in Ausnahmefällen möglich. Auch Geldtransfer per Bank ist aufgrund der Wirtschaftssanktionen gegen das Land gegenwärtig nicht möglich, deshalb sind Reisende zumeist auf die Mitnahme von **Bargeld** angewiesen (siehe „Geld und Reisekasse").

Vor der Reise ist der Abschluss einer **Reisekrankenversicherung** zu empfehlen (siehe „Versicherungen"). Besondere **Impfungen** sind für die Einreise nach Iran nicht vorgeschrieben. Empfehlenswert sind dennoch einige Impfungen (siehe im Anhang „Reise-Gesundheitsinformationen").

Das **Mieten von Pkw** als Selbstfahrer ist inzwischen möglich, meist werden aber Autos mit Fahrer vermietet (siehe „Verkehrsmittel).

Reisende, die einen deutschen und einen iranischen Reisepass haben, was bei lange in Deutschland lebenden Iranern und deren Angehörigen keine Seltenheit ist, werden von den iranischen

Behörden wie iranische Staatsbürger behandelt. Sie brauchen bei der Einreise kein Visum, genießen während ihres Aufenthalts im Land allerdings auch keine konsularische Betreuung durch die deutsche Botschaft in Teheran. Siehe dazu auch www.auswaertiges-amt.de unter „Iran: Reise- und Sicherheitshinweise".

Reiseziele

Ein Land von der Größe Irans ist auch in einem Monat nicht vollständig zu bereisen, es sei denn, man flöge von Ort zu Ort und begnügte sich jeweils mit einem flüchtigen Blick. Die meisten Reisenden müssen daher einige Teile des Landes gemäß ihren Interessen und der zur Verfügung stehenden Zeit aussuchen oder mehrere Reisen planen. Zur Auswahl der Reiseziele hier einige Tipps.

Wer sich für **Kunstgeschichte, Archäologie und Architektur** interessiert, sollte neben Teheran folgende Orte besuchen: Isfahan, Shiraz und Fars, Kerman/Bam/Mahan/Jiroft, Yazd, Susa und Chogha Zanbil, Takht-e Soleiman, Hamadan und Kermanshah sowie Kashan.

Wer sich besonders für die **islamische (schiitische) Tradition** interessiert, sollte folgende Orte in seine Route aufnehmen: Qom, Mashhad, Mahan, Bastam (Semnan), Rey (bei Teheran), Ardabil.

Naturliebhaber und **Wanderfreunde** sowie **Bergbegeisterte** sollten nicht versäumen: die Täler des Alborz nördlich von Teheran, die Umgebung des Damavand, die Bergwälder von Naharkhoran bei Gorgan, die Bergtäler Dailams nördlich von Qazvin, die Kaspische Küste, die Bakhtiari-Berge und insbesondere die Gegend um den Zard Kuh sowie das Sabalan-Massiv bei Ardebil.

Für **Wüstenliebhaber** empfehlen sich das Gebiet der Kalouts nördlich von Shahdad, die Strecke von Yazd über Robat-e Posht-e Badam, Khur und Jandaq nach Semnan sowie die Gebiete östlich von Nai'n und Kashan.

Selbst wenn man alle diese Ziele bereisen würde, hätte man noch immer das Gefühl, es fehle etwas Wichtiges. Iran ist eben so groß und so reich an Natur- und Kulturschönheiten, dass nicht alles zu schaffen ist – zumindest nicht beim ersten Mal!

Der iranische **Binnentourismus** erlebt in den letzten Jahren einen ausgesprochenen Boom. Fast scheint es so, als dränge es die in den letzten Jahrzehnten rapide verstädterten Iraner aufs Land zurück, zumindest im Urlaub. Kaum anders ist es zu erklären, dass in den letzten Jahren zunehmend kleine Privatgasthäuser in ländlichen, teils weit entlegenen Orten eröffnet wurden, die sich lebhafter Nachfrage erfreuen. Auch für den ausländischen Touristen ist dies eine gute Gelegenheit, abseits der bekannten Routen und kulturhistorischen „Höhepunkte" neue Einblicke in die traditionelle iranische Lebensweise in entspannter und landschaftlich zumeist sehr reizvoller Umgebung zu gewinnen. Solche **traditionellen und dörflichen Unterkünfte** gibt es z.B. in der Großen Kavir und an ihren Rändern (Garmeh, Mesr, Shahdad, Anarak, Matinabad, Aqdan, Bayazeh, Naserabad, Baghestan-e Oulia/Ferdows), in den Provinzen Fars (Banat), Kerman (Meymand, Darijan), Isfahan (Abyaneh, Tudeshk, Qahi), Mazandaran (Tonekabon/Chalasar) und

Chahar Mahale va Bakhtiari (Semirom). Einzelheiten zu vielen dieser Gasthäuser sind in den jeweiligen Kapiteln aufgeführt, eine ausführliche Liste ist erhältlich beim Reiseveranstalter Orientexpress in Göttingen (www.orientexpressonline.de).

Routenvorschläge

Die folgenden Routenempfehlungen sind in der angegebenen Zeit nur zu bewältigen, wenn die Reise (vor)organisiert ist und ein Fahrzeug mit Fahrer zur Verfügung steht. Wer die Reise mit öffentlichen Verkehrsmitteln plant, sollte mehr Zeit einkalkulieren oder die Routen entsprechend verkürzen.

■ Eine **zweiwöchige Reiseroute**, die sowohl Höhepunkte aus Architektur und Kunstgeschichte als auch Naturschönheiten beinhaltet, könnte so aussehen: Teheran – Kerman (Flug oder Bahn) – Yazd – Shiraz – Yassuj – Isfahan – Kermanshah – Hamadan – Teheran.

■ **Alternativ dazu** (oder beim zweiten Mal): Teheran – Qazvin – Zanjan/Soltaniyeh – Takab – Orumiyeh – Tabriz – Ardabil – Kaspisches Meer – Gorgan – Mashhad – Teheran (Flug oder Bahn).

■ Für eine **dreiwöchige Reise** könnte man sich vornehmen: Teheran – Kaspisches Meer – Ardabil – Tabriz – Orumiyeh – Takab – Hamadan – Kermanshah – Ahvaz – Shiraz – Kerman/Bam – Yazd – Isfahan – Kashan – Qom – Teheran.

Die Regionen im Überblick

1 Stadt und Provinz Teheran | 19

Teheran (S. 21) ist das Megazentrum des modernen Iran – den Reiz des „klassischen" Orients wird der Reisende hier kaum finden. Zu Füßen des Alborz-Gebirges erwartet ihn vielmehr eine wuchernde Metropole mit einer Bevölkerung von 13 Millionen Menschen im Großraum und allen damit verbundenen Phänomenen: Verkehr, Luftverschmutzung, Hektik etc. Von den historischen Sehenswürdigkeiten der letzten zwei Jahrhunderte sind nur bescheidene Reste geblieben. Da Teheran das absolute Zentrum des Landes ist, sind aber auch viele touristische Attraktionen hier anzutreffen: zahlreiche Museen, moderne Kunst in Galerien, Kulturveranstaltungen und stets die neuesten Trends, die sich dann übers Land verbreiten.

Die wichtigste Ost-West-Verkehrsverbindung Irans von der türkischen bis zur turkmenischen Grenze bildet die zentrale Achse des südlichen **Alborz-Vorlandes**. Weil sie weit in die Geschichte zurückreicht, wo sie einen Strang der Seidenstraße bildete, finden sich hier auch sehenswerte historische Städte, z.B. **Varamin** (S. 75) in der Provinz Teheran.

2 Die Provinzen am Kaspischen Meer | 79

Der **größte Binnensee der Welt** sorgt durch seine schiere Existenz für viele der

Bedingungen, die die nördlichen Abhänge des Alborz-Gebirges prägen: subtropisches, feucht-warmes Klima mit großen Regenmengen, die dichte Bergwälder hervorbringen und eine intensive Landwirtschaft, vor allem Reisanbau, begünstigen. Der Menschenschlag hier ist ein anderer als auf den kargen Weiten des Hochlandes. Das Leben drängt sich zusammen an der am Südufer verlaufenden Hauptstraße, die über ca. 550 km von Gorgan bis Bandar Anzali und von dort weiter zur azerbeijanischen Grenze verläuft, und an der schmalen Küstenebene. Typische Hafenstädte wie **Bandar Anzali** (S. 89) mischen sich mit historischen Siedlungen wie **Amol** (S. 107), **Sari** (S. 108) oder **Gorgan** (S. 113). Deutlich hiervon unterscheiden sich die **Turkmenensteppe** (S. 119) und kleine Gebirgsorte wie **Kalardasht** (S. 105). Für die Iraner ist „shomal" (der Norden) das klassische Urlaubsziel im Sommer.

Die azerbeijanischen Provinzen und Ardabil | 125

Die Region Irans, in der seit tausend Jahren überwiegend turkstämmige Iraner ansässig sind, war aufgrund ihrer Lage oft Einfallstor für fremde Besucher, Heere der Osmanen und Russen, aber auch für neue Ideen und Entwicklungen. Überwiegend karge Landschaften bieten dennoch interessante Entdeckungen: das Wirtschaftszentrum **Tabriz** (S. 142), die Wiege der Shi'a in Iran, **Ardabil** (S. 157), pittoreske Gebirgsdörfer wie **Kandovan** (S. 150) oder Altertümer mit magischer Atmosphäre wie **Takht-e Soleyman** (S. 139) und das gewaltige Massiv des **Sabalan** (S. 162).

Der Westen | 165

Im Westen liegt die Wiege iranischer und vor-iranischer Kulturen mit wichtigen Bevölkerungsgruppen kurdischer, lurischer und auch arabischer Herkunft. Khuzestan ist geografisch und klimatisch eher ein Anhang des iranischen Hochlandes. Uralte Siedlungszentren wie **Hamadan** (S. 184) oder **Susa** (S. 218) wechseln sich ab mit dem Bergland der Luren und ihrem Zentrum **Khorramabad** (S. 232) sowie dem Siedlungsgebiet der Kurden mit **Kermanshah** (S. 198). Das Tiefland von Khuzestan mit den Flüssen Karun und Dez ist flach wie ein Teller und sechs Monate des Jahres drückend heiß. Die Bewässerungskanäle von **Shushtar** (S. 225) und der gewaltige Stufentempel von **Chogha Zanbil** (S. 221) sollten auf jedem Besuchsprogramm stehen.

Isfahan und das Zentrum | 239

Das Herz des iranischen Hochlandes bietet viele der touristischen Höhepunkte des Landes, an erster Stelle natürlich die alte safavidische Hauptstadt **Isfahan** (S. 242) mit dem berühmten Meydan-e Imam und seinen Prachtmoscheen. Nicht weniger eindrucksvoll ist die verwinkelte Altstadt von **Yazd** (S. 297). Eine stark religiös-konservative Atmosphäre ist in **Qom** (S. 290) zu spüren.

Shiraz und Provinz Fars | 315

Die Provinz Fars und insbesondere die Umgebung von Shiraz ist eine der geschichtsträchtigsten Regionen Irans.

Dementsprechend viel gibt es zu sehen, vor allem Bauten aus der Achämeniden- und Sasaniden-Zeit. Der Glanz der achämenidischen Epoche ist eindrucksvoll in **Persepolis** (S. 344) zu bewundern. Die Stadt **Shiraz** (S. 318) ist bekannt für ihre Gärten und Dichtergräber und auf jeden Fall einen Besuch wert.

Der Südosten | 395

Der dünn besiedelte Südosten bietet mit **Kerman** (S. 400) nur ein städtisches Zentrum, daneben aber mit **Mahan** (S. 409) eine echte Perle, zu denen auch **Bam** (S. 415) hoffentlich wieder gehören

Die Küste des Persischen Golfs | 371

Die Golfküste erstreckt sich über gut 2000 km bis an die Gestade des Indischen Ozeans und ist in den kühleren Wintermonaten eine Reise wert. Größere Häfen wie **Bandar Bushehr** (S. 376) oder **Bandar Abbas** (S. 380) wechseln sich ab mit kleineren wie Bandar Lengeh oder Jask. Von den zahlreichen Inseln im Golf sind insbesondere **Kish** (S. 388) und **Qeshm** (S. 386) für den Tourismus erschlossen. Eine Naturattraktion sind z.B. die Mangrovensümpfe von Hara auf der Insel Qeshm.

Die Regionen im Überblick

wird, wenn es sich von den Folgen des verheerenden Erdbebens von 2003 erholt hat. Archäologische Ausgrabungen von hohem Rang finden sich in **Jiroft** (S. 413) oder **Shahr-e Sukhteh** (S. 422). Die Wüste Lut mit sengender Sommerhitze und kalten Wintern lockt mit den einmaligen Kaluts, durch Wind und Wetter erodierte Felsformationen mit bizarren Formen. Reizvoll ist auch die ethnische Vielfalt mit Anteilen von Balutschen in **Chahbahar** (S. 424)

9 Der Nordosten | 427

Die nordöstlichen Provinzen Irans erstrecken sich entlang der historischen Seidenstraße, die von Rey über Tus und Merv nach Zentralasien führte. Anstelle von **Tus** (S. 441) bildet heute **Mashhad** (S. 433) mit dem Grab von *Imam Reza* das Zentrum von Khorassan, dem „Land der aufgehenden Sonne". Alte Oasenstädte mit orientalischem Flair wie **Torbat-e Jam** (S. 444) oder **Neishabour** (S. 444) mit den Grabbauten von *Omar Khayam* oder *Sheikh Attar* sind ebenso attraktive Ziele wie die kleinen Bergorte **Shandiz** (S. 443) und **Torqabeh** (S. 443) im Binalud-Gebirge. Folgt man der alten Handelsroute nach Westen, lohnen **Damghan** (S. 452) und **Semnan** (S. 451) einen Besuch.

Stadt Teheran | 21

Ankunft | 25

Geschichte | 21

Metro | 29

Orientierung | 25

Praktische Informationen | 59

Schnellbusse | 34

Sehenswertes im Norden | 52

Sehenswertes im Süden | 56

Sehenswertes im Zentrum | 34

Provinz Teheran | 69

Hashtgerd | 77

Karaj | 75

Varamin | 75

Zentraler Alborz | 69

1 Stadt und Provinz Teheran

Teheran ist die mit Abstand größte und modernste Stadt des Landes. Den alten Orient wird der Reisende hier vergeblich suchen, doch es locken Museen, Parkanlagen und Paläste sowie Einblicke in den iranischen Alltag im 21. Jahrhundert. Daneben lohnen sich Abstecher in den Norden, zu den Bergen und Hochtälern des Alborz.

◁ Die iranische Flagge weht über Teheran

Provinz Teheran

ÜBERBLICK

Die Provinz Teheran bildet den südlichen Teil des zentralen Alborz, an dessen Ausläufern die iranische Metropole liegt. Die Stadt zu Füßen des Berges Tochal (3944 m) zählt mit über 13 Mio. Einwohnern (Großraum) zu den größten Städten Asiens. Seit sie 1788 mit der Machtergreifung durch die Dynastie der Qadjaren Hauptstadt wurde, konzentrieren sich hier Wirtschaft, Verkehr, Verwaltung und Kultur Irans. Ihre Bedeutung verdankt sie in erster Linie der Lage am alten Handelsweg von Mesopotamien nach Zentralasien. Historischer Vorläufer von Teheran (übersetzt: „Die warmen Abhänge") war die Stadt Rey, die heute einen der südlichen Vororte bildet. Erst nachdem Rey im Mongolensturm des 13. Jh. unterging, konnte sich Teheran an seiner Stelle entwickeln.

Das Wachstum der Bevölkerung ist nach wie vor ungebrochen, gegenüber den sechziger Jahren des vergangenen Jahrhunderts hat sich die Zahl der Einwohner mehr als verfünffacht. Während den Einwohnern anderer iranischer Städte bestimmte charakteristische Merkmale nachgesagt werden (Isfahanis: geschäftstüchtig, Shirazis: gastfreundlich, Yazdis: aufrichtig), haben sich in Teheran alle miteinander vermischt. Muslimische Iraner, Kurden und Türken leben hier neben und mit Juden, Armeniern und Assyrern. Der Dialekt von Teheran prägt heute weitgehend das moderne Persisch.

Noch bis vor zehn Jahren schienen die neuen Stadtviertel im Norden die Berghänge hinaufzukriechen, bis dem mit einem Baustopp Einhalt geboten wurde. Seitdem werden die Vorstädte (shahrak) vornehmlich nach Süden und Westen erweitert. Die neu nach Teheran Zugewanderten lassen sich zumeist in diesen Vierteln nieder. Nach Schätzungen lebt etwa ein Drittel der Wohnbevölkerung Teherans illegal in der Stadt.

Bei Rohbauten fallen als erstes die aufwendigen Stahlkonstruktionen ins Auge; wegen der besonderen Erdbebengefahr am Südrand des Gebirges müssen alle Häuser mit einer Art Fachwerk aus Stahl errichtet werden, in das man hinterher Ziegel verbaut.

Die Stadt wirkt wie in zwei Hälften geteilt: Im südlichen Teil (ca. südlich der Achse Kh. Azadi – Kh. Enqelab) wohnen die unteren Bevölkerungsschichten, nördlich davon, wo die Luft vergleichsweise besser und im Sommer kühler ist, erstrecken sich die Viertel der Mittel- und Oberklasse. Je weiter man nach Norden kommt, desto teurer sind die Grundstücke bzw. Häuser. Dies hat dazu geführt, dass die Skyline von Hochhäusern zunehmend die Aussicht auf die Berge im Norden verdeckt.

Den Reiz des alten Orients sucht der Reisende im heutigen Teheran vergebens. Nur wenige Bauten aus dem 19. Jh., vor allem in der Gegend um den Bazar, haben die Modernisierung der Stadt durch Reza Shah überlebt. Sehenswert sind vor allem die zahlreichen Museen und Parkanlagen. Daneben lohnen sich Abstecher in den Norden, zu den Bergen und Hochtälern des Alborz.

Stadt Teheran

Geschichte

Im Gegensatz zu den „klassischen" iranischen Städten wie Isfahan, Hamadan oder Shiraz tritt Teheran erst spät ins Licht der Geschichte. Noch im 11. Jh. wird es als einer der **Vororte von Rey,** damals Hauptstadt der Seldjuqen, erwähnt. Nach der Plünderung Reys durch die Mongolen scheinen viele seiner Einwohner u.a. nach Teheran geflüchtet zu sein, sodass es von Geografen des 13. Jh. schon als einer der größeren Orte der Gegend verzeichnet wird.

Clavigo, ein Gesandter des spanischen Königs, passierte die Stadt 1404 auf dem Weg zum Timuridenhof nach Samarkand. Als der Safavide *Shah Tahmasb* Mitte des 16. Jh. die Hauptstadt nach Qazvin verlegte, ließ er auch Teheran mit einem Wall aus Erde und Ziegeln ausstatten, ein Zeichen für die gestiegene Bedeutung der Stadt. Später jedoch wurde Isfahan Hauptstadt der Safaviden, und Teheran rückte wieder mehr an den Rand. *Karim Khan Zand,* vor allem durch seine Bautätigkeit in Shiraz bekannt, ließ 1758 auch an den schattigen und wasserreichen Hängen des Alborz bei Shemiran ein Jagdschloss errichten.

Das Ende des 18. Jh. brachte einen wichtigen Einschnitt in der Geschichte Irans: Nach dem Ende der Safaviden und ihren kurzlebigen Nachfolgern *Nadir Shah* und *Karim Khan* gelangten die **Qadjaren** an die Regierung. Ursprünglich waren sie turkmenische Nomaden aus den Steppen Nordost-Irans, die in jenen wirren Zeiten in Gestalt von *Aqa*

NICHT VERPASSEN!

- **Die Metro in Teheran:** dem Verkehrsgewühl entfliehen und dabei Sozialstudien betreiben | 29
- **Teheran:** eine Stadt der Museen, z.B. Iranisches Nationalmuseum | 34
- **Pamenar-Viertel:** ein schönes Stück altes Teheran | 43
- **Fernsehturm Borj-e Milad:** Teheran von oben | 51
- **Tochal Telecabin:** mit der längsten Seilbahn der Welt hinauf auf 3800 m | 69
- **Besteigung des Damavand:** nicht nur für Bergsteiger ein unvergessliches Erlebnis | 72

Diese Tipps erkennt man an der gelben Hinterlegung.

Mohammad Shah (1787–96) die Macht an sich rissen. Dieser wählte 1791 Teheran als neue **Hauptstadt des Reiches,** weil es näher zu den heimatlichen Weidegebieten der Turkmenensteppe gelegen war.

Nahe dem Schlösschen von Karim Khan ließ der neue Herrscher eine befestigte Residenz (Ark) erbauen, von der heute nichts mehr erhalten ist. Unter einer Treppe des Palastes soll der Kopf seines letzten Widersachers aus der Zand-Dynastie, *Lotf Ali Khan,* vergraben gewesen sein, auf dass er das Haupt seines Rivalen jeden Tag mit Füssen treten könne. Sein Nachfolger *Fath Ali Shah* (1796–1833) setzte das Werk des Onkels fort und ließ als Stadtschloss der Dynastie den **Golestan-Palast** sowie mehrere Moscheen erbauen. Langsam nahm Teheran die Konturen einer wirklichen Landeshauptstadt an, die allmählich die Safidenmetropole Isfahan überflügelte.

Nasreddin Shah (1848–1896) vergrößerte Teheran weiter, neue Stadtviertel wurden gebaut und eine neue **Mauer** musste errichtet werden. Während seiner Regierungszeit verstärkten sich die Kontakte zu Europa, das der Schah selbst als erster iranischer Herrscher besucht hatte. Offensichtlich hatte ihm dort die Eisenbahn besonders imponiert, denn er befahl den Bau einer **Kleinbahnstrecke** nach Shahr-e Rey zum Heiligtum von *Shah Abdol Azim.* Europäische Gesandte berichten aus jener Zeit, dass sie in den heißen Sommermonaten gern die höher gelegen Gebiete wie Vanak oder Tajrish aufsuchten, um der drückenden Hitze im Stadtzentrum zu entfliehen.

Die Öffnung Irans für die europäischen Großmächte durch die Qadjaren rief in weiten Kreisen der iranischen Gesellschaft Ablehnung und Widerstand hervor, der sich unter den Nachfolgern Nasreddin Shahs noch verstärkte. Dies führte zum Anwachsen einer konstitutionellen Bewegung, die die Beschränkung der Autokratie in Form eines Grundgesetzes forderte. Auf ihren Druck hin trat das **erste iranische Parlament** 1906 in Teheran zusammen.

Innenhof der Medrese Motahari am Meydan-e Baharestan

Vor diesem Parlament wurde 1926 *Reza Shah Pahlavi* gekrönt, indem er sich selbst die Krone auf den Kopf setzte. Mit seinem Namen ist der **umfassende Ausbau** Teherans in den Folgejahren verbunden: Die engen verwinkelten Gassen wurden durch einen regelmäßigen Grundriss ersetzt, die alten Stadttore und -mauern geschleift sowie großzügige Durchgangsstraßen angelegt.

1941 wurde der Herrscher ins Exil gezwungen, und die **Alliierten** der Anti-Hitler-Koalition übernahmen die Macht im Land. Vom 28.11. bis 1.12.1943 fand in der Britischen Botschaft in Teheran die erste Konferenz zwischen *Churchill*, *Roosevelt* und *Stalin* statt. Hier wurde erstmals über die Nachkriegsordnung in Europa nach dem Zweiten Weltkrieg verhandelt.

Fast alle wesentlichen Ereignisse der iranischen Geschichte seit jener Zeit verbinden sich mit dem Namen der Hauptstadt; erinnert sei nur an die Rückkehr *Ayatollah Khomeinis* aus dem Exil im Februar 1978, als mehrere Millionen

Verkehrschaos und Luftverschmutzung in Irans Metropole

Mit dem Anwachsen der Bevölkerung Teherans geht ein ständig zunehmender Verkehr einher. Mehrere Millionen Tehranis kämpfen sich jeden Morgen zwischen 7 und 9 Uhr von den Wohnvierteln im Norden in die Büros, Verwaltungen und Betriebe im Zentrum und Süden der Stadt und zwischen 17 und 19 Uhr in umgekehrter Richtung. Alle Versuche seitens der Stadtverwaltung, das Verkehrgewühl in den Griff zu bekommen, sind bisher in Ansätzen stecken geblieben. Zwar gibt es mittlerweile ein System von **Stadtautobahnen,** und viele der alten Hauptstraßen wurden zu **Einbahnstraßen** gemacht, außerdem erlaubt ein System der **Verkehrslenkung** je nach Kennzeichen nur tageweise die Zufahrt zum Stadtzentrum. Dennoch wird, bevor nicht moderne Massenverkehrsmittel zur Verfügung stehen, das Chaos nicht zu beherrschen sein und vor allem die Luftverschmutzung nicht eingedämmt werden können. Solange die meisten Pkw und Busse mit völlig **veralteten Motoren** fahren, wird sich die Situation kaum verbessern. Laut Teheraner Bürgermeister werden in der Stadt täglich mehr als 8 Mio. Liter Kraftstoff verbraucht, etwa 20% des Gesamtverbrauchs in Iran. Jeder Pkw ist im Durchschnitt mit 1,3 Personen besetzt, ein Wert, der uns aus Mitteleuropa bekannt vorkommt. Seit 2005 gilt eine Verordnung, nach der „Dreckschleudern" stillgelegt und durch neue Autos ersetzt werden müssen. Doch bis die alten Peykans aus dem Stadtbild verschwinden, wird es noch eine Weile dauern!

Vor allem im Herbst und Winter konzentrieren sich die Abgase in einem Ausmaß, dass öfter **Kindergärten und Grundschulen geschlossen** und ältere Menschen und Kranke vor dem **Aufenthalt im Freien** gewarnt werden müssen. Häufig begegnet man Menschen mit einer **Maske** vor Mund und Nase. Auch das kann nicht verhindern, dass täglich ca. 20 Menschen, meist ältere und Kinder, an den Folgen der Luftverschmutzung sterben.

Der **Berg Damavand** (5671 m), ca. 80 km nordwestlich von Teheran gelegen und fast so etwas wie ein Wahrzeichen der Stadt, ist nur noch bei klarem Wetter zu erkennen.

006_©Borna_Mir

Menschen den Weg vom Flughafen in die Innenstadt säumten. **1991** wurde der **200. Jahrestag** der Ernennung Teherans zur Hauptstadt offiziell begangen.

Orientierung

Die Stadt mit ihren **22 Stadtbezirken** und der Großraum Teheran („Tehran-e Bozorg") erstrecken sich auf einer Fläche von **600 km²** von der großen iranischen Salzwüste im Süden bis zu den Abhängen des Alborz im Norden auf einer Höhe zwischen 1250 und 1750 m.

Das Zentrum befand sich ursprünglich im heutigen Süden der Stadt in der Gegend des heutigen Bazars. Die wichtigen **Ministerien, Verwaltungen,** und auch die **Wohnviertel der Mittel- und Oberschicht** liegen nördlich davon, ebenso wie die touristischen **Sehenswürdigkeiten**. Eine Ausnahme bilden Shahr-e Rey und das Grabmal Khomeinis im Süden der Stadt, wo ansonsten die **Wohnviertel der ärmeren Schichten** sowie **Handwerk und Industrie** angesiedelt sind. Die Scheidelinie zwischen Norden und Süden verläuft in etwa entlang einer Achse, die durch die Kh. Azadi und Kh. Enqelab-e Eslami gebildet wird vom Meydan-e Azadi im Westen bis zum Meydan-e Imam Hossein im Osten.

Um das Stadtgebiet verläuft ein System von **Stadtautobahnen** *(bozorg rah)*. Die wichtigsten Nord-Süd-Verbindungen neben den Autobahnen sind die Kh. Vali Asr und die Kh. Shari'ati.

Natürlich sind nach der Revolution viele der alten **Straßennamen** geändert worden. Fast jede zweite Straße oder Gasse ist nach einem Kriegsgefallenen *(shahid)* benannt. Dennoch halten sich unter den Tehranis die alten Namen hartnäckig: Für viele ist Vali Asr immer noch die Pahlavi-Straße, die Kh. Ostad Nejatollahi immer noch die Villa-Straße, die Kh. Ostad Motahari noch Takht-e Djamshid und die Kh. Doktor Beheshti wird weiterhin Takht-e Tavous genannt.

Für Touristen besonders interessant ist das Gebiet zwischen dem **Bazar** im Süden und dem **Meydan-e Ferdowsi** im Norden, die Kh. Enqelab-e Eslami zwischen der Kreuzung Vali Asr und Meydan-e Enqelab sowie die Kh. Vali Asr zwischen der Kreuzung Kh. Enqelab und Kh. Fatemi. Die **Kh. Vali Asr** gilt als die berühmteste Straße von Teheran: Über gut 20 km führt sie vom Bahnhof (Meydan-e Rah-e Ahan) im Süden bis zum Meydan-e Tajrish im Norden. Fast durchgängig ist sie zu beiden Seiten von Platanen gesäumt, die angenehmen Schatten spenden.

Ankunft

Mit dem Flugzeug

Ankunft am Internationalen Flughafen

Die Geschichte des **Imam Khomeini International Airport IKA** ca. 35 km südlich von Teheran ist eine typisch iranische Geschichte, die hier nur in aller Kürze wiedergegeben werden soll: Wegen der begrenzten Kapazitäten des direkt am Rande des Stadtzentrums gelegenen **alten Flughafens Mehrabad** begannen die Planungen für einen neuen internationalen Flughafen noch vor der Revolution von 1979. Knapp 20 Jahre später begannen die konkreten Planungs- und Bauarbeiten. Im Februar

2004 wurde der Airport vom damaligen Staatspräsidenten *Khatami* eingeweiht und im Mai desselben Jahres in Betrieb genommen. Allerdings wurde er schon nach der Landung der ersten Maschine aus Dubai wieder **von der Luftwaffe gesperrt** – angeblich wegen Sicherheitsmängeln. Im Hintergrund tobten offensichtlich Machtkämpfe zwischen den verschiedenen politischen Gruppierungen. Die meisten großen europäischen Fluglinien hegten ebenfalls Bedenken gegen den neuen Flughafen – allerdings wegen seiner mangelnden Infrastruktur und fehlenden Anbindung an Teheran.

Als Kompromiss wurde der IKA schließlich erst für Flüge vom Golf und aus Asien in Betrieb genommen; seit dem 28. Oktober 2007 schließlich werden alle **internationalen Flüge** von und nach Iran über diesen Flughafen abgewickelt, während für die inneriranischen Flüge weiterhin Mehrabad zuständig ist, was im Falle von Anschlussflügen natürlich zu Problemen führt.

Im Vergleich zu Mehrabad hat sich die **Abfertigung deutlich verbessert,** auch wenn mehrere Flüge parallel abgefertigt werden gibt es keine längeren Wartezeiten, **alle notwendigen Einrichtungen** wie Cafés, Banken, Gepäckwagen sind vorhanden. Innerhalb des Gebäudes gibt es sogar WLAN, das kostenlos benutzt werden kann.

Ein Problem bleibt die Anbindung an die Stadt Teheran: Es gibt zwar **öffentliche Verkehrsmittel** zwischen dem Flughafen und der Hauptstadt, eine durchgehende Verbindung per S-/U-Bahn mit Anbindung an den ÖPNV steht jedoch noch aus, die Linie 1 ist im Süden bis jetzt nur bis Kahrizak vorgedrungen. Vielleicht können wir ja in der 5. Auflage unseres Reiseführers die Einweihung der Endhaltestelle IKA vermelden! Bis dahin stehen nur Shuttle-Busse in Richtung U-Bahn 1 Haram-e Motahar (Khomeini-Grabmal), Meydan-e Azadi und Flughafen Mehrabad zur Verfügung. Vor dem Terminal warten stets **ausreichend Taxis** des iranischen Typs Samand, die bis zu vier Passagiere aufnehmen. Der Kofferraum dieser Fahrzeuge ist begrenzt, da sie (lobenswerterweise) mit Gas betrieben werden, wobei der Gastank einen großen Teil des Platzes einnimmt. Der Fahrpreis beträgt 25.000 Tuman zu jedem Punkt in Teheran, wenn man das Taxi beim „Seiro Safar"-Schalter rechts am Ausgang der Zollkontrolle mietet; für eine solche Strecke scheint das angemessen. Die Taxifahrer vor dem Gebäude versuchen mitunter höhere Preise herauszuschlagen. Wer dennoch sparen möchte, kann versuchen, ein Taxi zu finden, das Passagiere am Flughafen abgesetzt hat und nicht leer in Richtung Teheran zurückfahren möchte.

Ein größeres Problem bildet die **Anreise aus Teheran zum Flughafen,** denn es gibt keinen zentralen Platz, von dem die Taxis abfahren. Die Zufahrt zum IKA führt über den in der Hauptverkehrszeit stark belasteten südlichen Teil des Stadtautobahnsystems von Teheran. Während es spätabends vom Flughafen bis Teheran-Zentrum nicht länger als eine Stunde dauert, kann es zur Hauptverkehrszeit, je nach Verkehrslage, auch zwei Stunden und länger dauern. Vom Westen und Nordwesten Teherans kann es sinnvoll sein, über die Autobahn in Richtung Saveh zu fahren und dann in Richtung Osten zum IKA zu gelangen. **Die Flughafentaxis** der Firma Seiro Safar erreicht man telefonisch unter 446

67236 (IKA) und 88792777 (Meydan-e Arjantin).

Bei Landung abends, wenn kein Anschluss mehr an Inlandsflüge gegeben ist, kann es sinnvoll sein, in Richtung Qom, Kashan und Isfahan mit dem Taxi zu fahren.

Ankunft am Inlandsflughafen (Domestic Flights) von Teheran-Mehrabad

Ankunft und Abflug für **inneriranische Flüge** finden bis auf Weiteres am „alten" Flughafen Mehrabad statt. Er liegt am südwestlichen Stadtrand von Teheran, unweit des Meydan-e Azadi und direkt an der Autobahn nach Karaj. Auch hier gibt es leider **kein Hotel** in der Nähe, sodass man längere Wartezeiten auf dem Flughafen verbringen muss.

Flüge von Iran Air und Iran Air Tours starten und landen am Terminal 2, die aller anderen Fluggesellschaften am Terminal 6.

Am Ausgang des Terminals warten **Airport-Taxis,** die üblicherweise mit Taxametern ausgerüstet sind. Die Fahrer schalten sie jedoch meist nicht ein, weil sie bei der zeitweise galoppierenden Inflation von den offiziellen Preisen kaum leben könnten. Als Richtpreis kann gelten; bei Fahrten ins Zentrum 6000 Tuman, nach Nord-Teheran 10.000 Tuman.

Busse in Richtung Meydan-e Vanak und Meydan-e Enqelab verkehren von der Zufahrtsstraße zum Flughafen (ca. 800 m vom Terminal entfernt), allerdings nicht in der Nacht. Falls man nicht zu viel Gepäck dabeihat: Der Fußweg zum Meydan-e Azadi mit der Haltestelle der Schnellbuslinie ist nur gut 10 Minuten entfernt!

Ankunft mit dem Überlandbus

Teheran verfügt über folgende **Busterminals:** im **Westen** (Terminal-e garb) am Meydan-e Azadi, im **Süden** (Terminal-e jenoubi) am Bozorgrah-e Be'sat und im **Osten** (Terminal-e sharqi) am östlichen Ende der Kh. Damavand. Von allen drei Terminals fahren **Taxis und Busse ins Zentrum,** vom Süd-Terminal verkehrt auch die **U-Bahn der Linie 1** in Richtung Norden.

> Grabbau Imamzadeh Saleh im Bazar von Tajrish

Daneben gibt es noch das Beihaqi-Terminal am Meydan-e Arjantin im Norden der Stadt. Hier kommen Busse der Gesellschaft Seiro Safar aus allen Städten Irans an sowie Busse aus Damaskus und Ankara/Istanbul. Von hier verkehren ebenfalls Busse und Taxis in alle Richtungen.

Ankunft mit dem Zug

Teherans **Bahnhof** liegt südlich des Bazars am Meydan-e Rah-e Ahan (Bahnhofsplatz). Da Bahnfahren in Iran sehr preiswert ist, herrscht bei Ankunft und Abfahrt meist ziemliches Gedränge. Leider ist er noch nicht direkt an die **U-Bahn** angeschlossen. Die Station der Linie 1 liegt etwa 1 km westlich vom Hauptausgang an der Kh. Shush. Sie verkehrt in Richtung Norden bis zur Station Mirdamad und im Süden bis zum Grab von *Khomeini*. Der Süd-Terminal hat auch eine U-Bahn Station (Terminal-e jenoubi). **Busse und Taxis** fahren vom Meydan-e Rah-e Ahan gegenüber vom Bahnhofseingang ab.

Ankunft mit dem eigenen Fahrzeug

Wer einmal den Teheraner Autoverkehr erlebt hat, mag sich fragen: „Wie kann man hier fahren?" Millionen von Tehranis tun das täglich und es herrscht ein entsprechendes Gewühl. Wer mit dem Auto anreist, sollte sich dringend überlegen, sein Gefährt während des Aufenthalts **abzustellen** und die Stadt **zu Fuß** zu erkunden. Ohnehin ist der Zugang zum Stadtzentrum für Privat-Pkw ohne Genehmigung beschränkt, und zwar zwischen dem Rand des Bazars im Süden und der Kh. Dr. Fatemi im Norden sowie der K. North/South Kargar im Westen und der Kh. 17. Shahrivar im Osten. Das Nahverkehrssystem Teherans mit Sammeltaxis, Taxis, Bussen oder neuerdings U-Bahn ist für unsere Begriffe nicht teuer. Einen Platz zum Unterstellen des Autos oder Wohnmobils bieten die meisten Hotels. Wer dennoch fahren muss oder möchte, orientiere sich wie folgt:

Aus Richtung Norden und Westen (Rasht, Chalous)

Aus Richtung Qazvin/Karaj erreicht man Teheran nördlich des **Meydan-e Azadi** (weithin sichtbar durch das Azadi-Monument). Von dort aus führt die

Mit dem Auto durch Teheran

Sich innerhalb der Stadt mit dem eigenen Fahrzeug zu bewegen, erfordert **Geduld und Übung**. Vor allem in der Nähe der Kreuzungen und Plätze verknotet sich der Verkehr auf für uns unvorstellbare Weise. Zwar beachten die meisten Autofahrer die Ampeln, im Stau jedoch fährt jeder so, wie er meint, am besten voranzukommen. Die beiden großen **Nord-Süd-Verbindungen** (Kh. Vali Asr, Kh. Dr. Shari'ati) sollte man möglichst meiden. Sie sind fast immer verstopft und in vielen Bereichen nur als Einbahnstraßen zu befahren. Stattdessen sollte man die **Stadtautobahnen** Bozorgrah-e Modarres (nördlich des Meydan-e 7. Tir) und Bozorgrah-e Shahid Chamran (nördlich des Meydan-e Tohid) benutzen. Fahrzeuge ohne Sondergenehmigung dürfen das Stadtzentrum zwischen 7 und 18 Uhr nicht befahren.

Kh. Azadi / Kh. Enqelab direkt ins Zentrum. Wer allerdings den Bereich südlich des Meydan-e Ferdowsi als Ziel hat, sollte schon vor dem Erreichen des Platzes nach Süden abbiegen (Kh. Hafez) und sich dann links halten. Die Kh. Ferdowsi ist als Einbahnstraße nur in Richtung Norden zu befahren.

Um in Teherans Norden zu gelangen, nimmt man nördlich des Meydan-e Azadi die **Stadtautobahn** *(bozorg rah)* **Sheikh Fazlollah Nouri.** Diese an der Abfahrt *bozorg rah-e Doktor Chamran* verlassen und diesem nordwärts (Shemiran, International Trade Fair) folgen. An der Kreuzung *chahar rah-e Parkway* geht es links in Richtung Tajrish und rechts in Richtung Vanak.

Aus Richtung Nordosten (Amol, Gorgan)

Von Rudehen kommend, erreicht man Teheran auf der **Kh. Damavand.** Wer von hier ins Zentrum fährt, folgt der Straße bis zum **Meydan-e Imam Hossein.** Ins Zentrum geht es weiter geradeaus über die Kh. Enqelab. In Richtung Süden nimmt man die Kh. 17. Sharivar. Wer von der Kh. Damavand nach Norden will, biegt schon vor dem großen Busterminal (Terminal-e sharq) rechts ab und befährt die Kh. Hojr ebn-e adiyy bis zur Kreuzung Bozorgrah-e Resalat. Dieser führt in den Norden und Westen Teherans.

Aus Richtung Osten (Semnan, Mashhad)

Von der Jaddeh-ye Khorasan aus führt der **Bozorgrah-e Imam Reza** direkt ins Stadtzentrum. Nach Norden hält man sich am Meydan-e Basidj-e Mostazafin über den Bozorgrah-e Basidj-e Mostazafin in Richtung Nordosten. Dieser trifft am Busterminal (Terminal-e sharq) auf die Kh. Damavand (s.o.). Nach Süden und Westen fährt man am Meydan-e Basidj-e Mostazafin nach links auf den Bozorgrah-e Azadegan, den südlichen Teil der Stadtautobahn. Westlich vom Flughafen Mehrabad trifft dieser auf die Straße Teheran – Qazvin.

Aus Richtung Süden (Qom, Kashan, Isfahan, Saveh)

Von der Autobahn aus Richtung Qom erreicht man Teheran kurz hinter dem **Khomeini-Mausoleum.** In Richtung Zentrum, Süden und Osten der Stadt fährt man von hier am besten über den **Bozorgrah-e Behesht-e Zahra,** direkt am gleichnamigen Friedhof vorbei. Ihm folgt man in Richtung Norden, seine Verlängerung **Bozorgrah-e Shahid Tondgooyan** endet am Meydan-e Bahman südlich des Bahnhofs, von wo aus man ins Zentrum gelangt. In Richtung Osten nimmt man vom Meydan-e Bahman aus den Bozorgrah-e Be'sat, der bis zum Meydan-e Basidj-e Mostazafin führt (s.o.).

Wer in den Westen oder Norden muss, fährt hinter dem Khomeini-Mausoleum geradeaus weiter bis zum Meydan-e Jahad; dort gen Westen auf den Bozorgrah-e Azadegan abbiegen. Von dort immer der Beschilderung Richtung „Navab" folgen. Diese Stadtautobahn führt bis zur Kh. Azadi, von wo es weiter ins Stadtzentrum geht.

Die Metro

Angesichts der vielen Verzögerungen beim Bau der Metro nimmt es nicht Wunder, dass die Tehranis dieses **neue Verkehrsmittel** anfangs recht skeptisch

Stadt Teheran

Teheran Metro

Stadt Teheran

beurteilten. Mittlerweile jedoch ist die U-Bahn vor allem für Berufspendler und junge Leute das Verkehrsmittel, mit dem sie sich am schnellsten und auch am preiswertesten in der Stadt bewegen können. Zudem ist die Metro das einzige Mittel, um den absehbaren Verkehrskollaps in der iranischen Hauptstadt aufzuhalten.

Die Teheraner Metro ist auch im Internet vertreten, mit Streckenplan, Haltestellen und einem sehr nützlichen Verzeichnis der Busanschlüsse an den Stationen: www.tehranmetro.com.

Als erster Abschnitt wurde 1998 die **Linie 5 (grün)**, Teheran – Karaj, in Betrieb genommen, deren Fertigstellung einfacher war, weil sie ausschließlich **oberirdisch** verläuft. Über eine Distanz von 32 km verbindet sie den westlichen Teil der Hauptstadt mit **Karaj**, der iranischen Großstadt, die in den letzten Jahrzehnten am schnellsten gewachsen ist. Von hier kommen täglich mehrere Zehntausend Pendler nach Teheran zur Arbeit.

Die **Linie 1 (rot)** verbindet die **nördlichen Stadtteile** mit dem **Süden** Teherans. Sie verläuft momentan (2014) von **Kahrizak** über **Haram-e Motahar** (Grab von *Khomeini*) über ca. 40 km nach Norden bis zum **Bahnhof Tajrish**. So ist es möglich, in nur einer Stunde Teheran in Nord-Süd-Richtung zu durchqueren.

Die **unterirdischen Bahnhöfe** sind sauber und im Sommer angenehm kühl. Mittlerweile sind die Züge, die im 15-Minuten-Takt verkehren, oft überfüllt. Eine rigide Geschlechtertrennung wie in den Stadtbussen gibt es nicht. Zwar sind mindestens zwei Wagen, einer an der Spitze und ein weiterer am Ende eines jeden Zuges, **für Frauen reserviert,** aber auch in die anderen Wagen steigen Frauen zu. **Tickets** werden am Eingang zu jeder Station verkauft, damit kann man die Sperre passieren.

Der **wichtigste Umsteigebahnhof** ist am **Meydan-e Imam Khomeini** im alten Stadtzentrum. Von hier aus verkehrt die **Linie 2 (blau)** in westlicher Richtung bis (Tehran Station) Sadeqiye, wo an der Station „Teheran" Anschluss an **Linie 2 (grün)** nach Golshahr besteht. Die Endhaltestelle im Osten ist Farhangsara. Die **Linie 4 (gelb)** führt von Ekbatan (mit Anschluss an die Linie 5 und Abzweig zum Flughafen Mehrabad an der Haltestelle Bimeh) bis Shahid Kolahdooz im Osten. Die **Linie 3 (türkis)** wird nach Fertigstellung von Ghaem im Nordosten bis Azadegan südlich von Teheran führen. **Tickets** gibt es an allen Stationen vor den Schranken beim jeweiligen Eingang. Einzelkarten kosten 450 Tuman, Hin- und Rückfahrkarten 650 Tuman, wieder aufladbare Tickets gibt es ab 5000 Tuman. Wer also eine Woche in Teheran bleibt, kann von morgens bis abends für gut 1 Euro U-Bahn fahren! Von den meisten Metrostationen fahren Busse und Shuttle-Taxis in verschiedene Richtungen.

In den wenigen Jahren ihres Bestehens ist die Metro zu einem besonderen Mikrokosmos in der Stadt geworden, mit Verkaufsständen an den Bahnhöfen, kleinen Umsteigebahnhöfen an vielen Haltestellen, besonderen Plakat- und Werbeaktionen entlang der unterirdischen Gänge und natürlich mit zahlreichen fliegenden Verkäufern in den Zügen, die von Kaugummis über Unterwäsche, Socken, Spielzeug und Batterien bis hin zu Rasierern alles für den täglichen Bedarf anbieten.

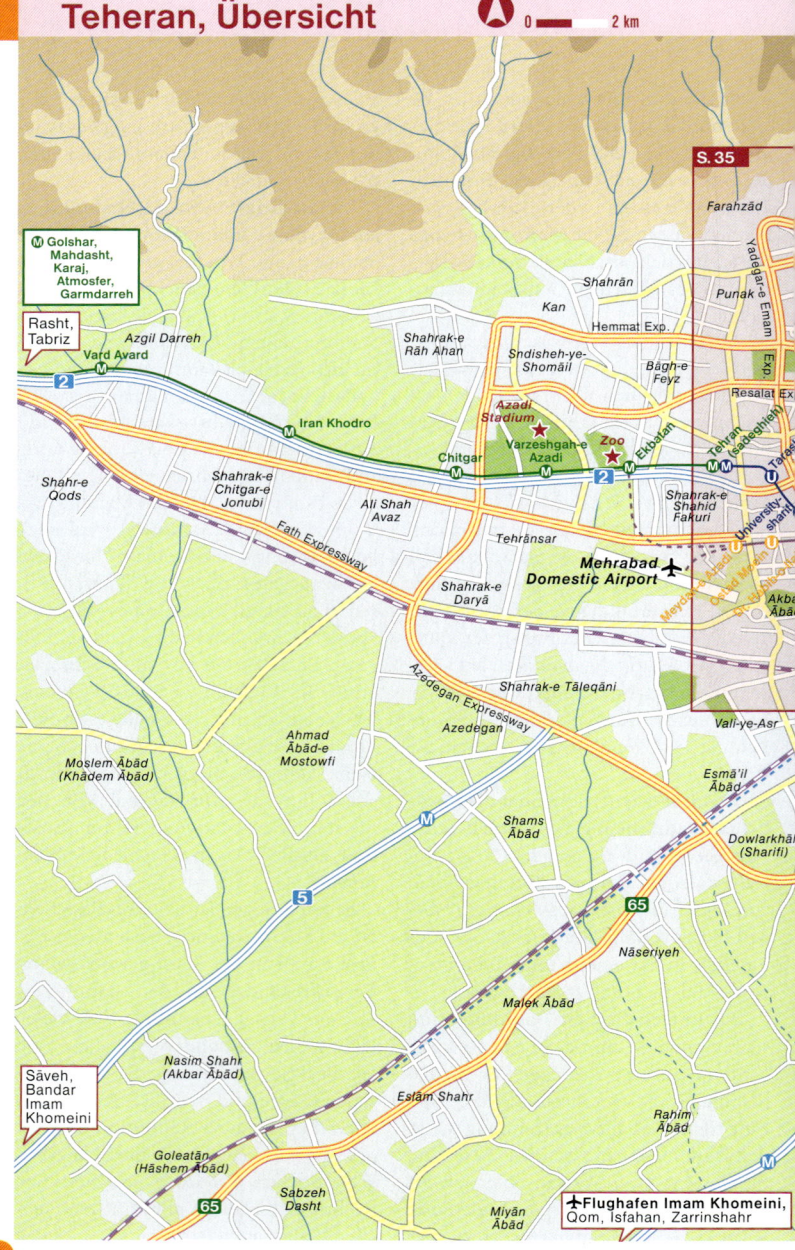

Schnellbusse

Insgesamt **zehn Schnellbuslinien** verbinden, ähnlich wie die Metro, die Zentren im Norden, Süden, Osten und Westen der Stadt. Die Busse fahren **auf speziellen Busspuren** auf den Hauptverkehrsachsen und haben besondere Stationen zum Ein-/Aussteigen, die nur über Schranken zu erreichen sind (Zugang über Lesegeräte, die die Tickets scannen). Die **Tickets** sind bei mobilen Verkäufern an den Ein- und Ausgängen erhältlich. Der Preis für die einfache Fahrt beträgt 300 Tuman.

Sehenswertes im Zentrum

Vorbemerkung

■ Teheran ist bekannt für seine **zahlreichen Museen,** die über das gesamte Stadtgebiet verstreut sind, und **Parks,** die vor allem im Norden liegen. Durch seine Funktion als Hauptstadt verfügt es über eine Reihe von **Palästen** der vergangenen Dynastien, die heute ebenfalls als Museen zu besichtigen sind. Daneben lohnt ein Besuch der Gegend um den Meydan-e Tajrish im Norden am Ende der Kh. Vali Asr und von dort aus ein Abstecher in die Ausflugsgebiete im Norden, z.B. Darband oder Darake.

■ Eine Riesenstadt wie Teheran zu erkunden erfordert **Zeit und Ausdauer.** Um den Zeitaufwand für den Besucher in Grenzen zu halten, versuchen die folgenden Vorschläge, die einzelnen Sehenswürdigkeiten in eine sinnvolle Reihenfolge zu bringen.

Rund um den Meydan-e Imam Khomeini

Ein **guter Ausgangspunkt** für Besichtigungen im Zentrum Teherans ist der Meydan-e Imam Khomeini am südlichen Ende der Kh. Ferdowsi, im Volksmund häufig noch Toupkhaneh genannt. („Kanonenhaus", hier gab es im 19. Jh. eine Kanonengießerei). Mit dem hoch aufragenden **Fernmeldegebäude** an seinem Südrand ist er schwer zu übersehen. Auch wer sein Hotel nicht in der Nähe hat, erreicht den Platz leicht mit Taxi, Bus oder U-Bahn.

Um von dort aus zum Nationalmuseum zu gelangen, folgt man der Kh. Imam Khomeini in Richtung Westen. An der rechten Seite beeindruckt das Gebäude der ehemaligen **Hauptpost,** ein Backsteinbau aus der Zeit *Reza Shahs* mit kunstvoll gesetzten Rund- und Eckhalbsäulen. Daran schließt sich das **Eingangstor Baq-e Melli** an, ein Bau aus der Qadjaren-Zeit, wo früher die Musiker des Hofes aufspielten. Hinter diesem Tor befindet sich ein großer Komplex mit **Ministerien und Verwaltungsgebäuden.** Sie sind in den letzten Jahren im klassizistischen Stil renoviert worden, wie es zur Zeit *Reza Shahs* üblich war. Weitere 100 m dahinter schließt sich ein Platz mit einer kleinen Parkanlage an. Durch die Bäume sieht man den Eingangsbogen zum Iranischen Nationalmuseum.

Iranisches Nationalmuseum

Durch den Park erreicht man das Eingangstor des Komplexes, der aus **zwei Gebäuden** besteht: dem klassischen Bau der vorislamischen Abteilung zur linken und dem Neubau der islamischen Abteilung zur rechten.

Die **vorislamische Abteilung** wurde 1937 nach den Entwürfen des französischen Architekten *A. Godard* erbaut.

Stadt Teheran

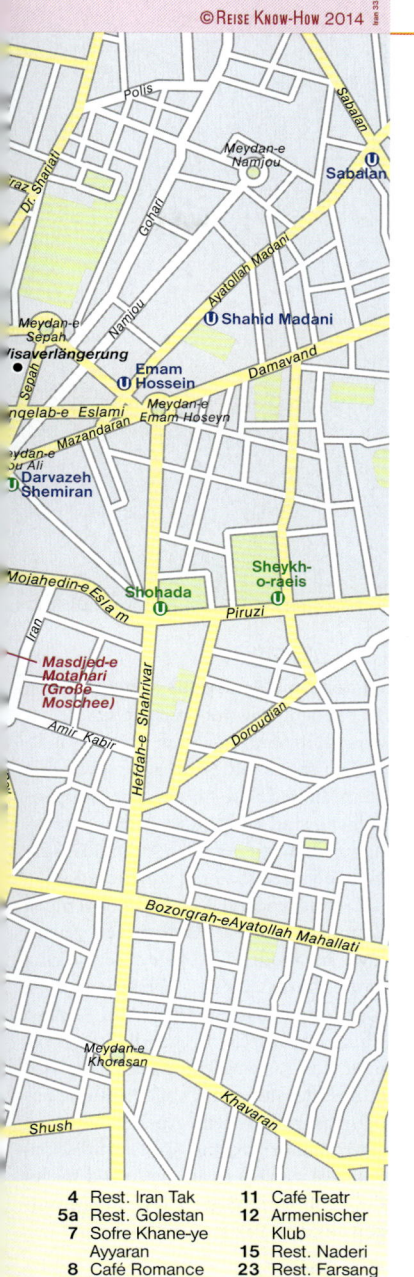

Zum Eingangstor des Museums führt ein aus Ziegeln gemauertes Gewölbe mit Iwan nach Vorbild des Bogens von Ktesiphon (Taq-e Kisra). Am Eingang findet eine Taschenkontrolle statt, Fotografieren ist im Innern nur ohne Blitz gestattet. Das zweistöckige Gebäude wird derzeit umgebaut, alle Exponate sind im Erdgeschoss ausgestellt.

Dem Eingang direkt gegenüber in der Ecke des Saales hängt eine große **Relieftafel,** die die Betrachtung lohnt. Hier wird die iranische Hochebene mit ihren hoch aufragenden Gebirgsketten, die einen Großteil des Landes in Hochbecken aufteilen, anschaulich dargestellt.

Bis heute gibt es leider keinen Museumsführer. Deshalb sei hier ein kurzer Rundgang beschrieben:

Gegenüber der Relieftafel befinden sich Vitrinen mit **Keramikgefäßen,** die bis ins 5. Jtsd. v. Chr. zurückgehen, viele davon mit kunstvollem Dekor. Weitere Vitrinen enthalten die ocker-gelbliche Ware aus Susa, daneben Fundstücke aus Tappeh Sialk. Am beeindruckendsten ist der Formen- und Ausdrucksreichtum der frühen Kunsthandwerker. Die Vitrinen am Fenster enthalten eher unspektakuläre Stücke, die dennoch für die Archäologie von größter Bedeutung sind. Hier sind **Flach- und Rollsiegel** aus elamischer und achämenidischer Zeit zusammen mit ihren Abrollungen ausgestellt. Darunter befindet sich auch ein Rollsiegel *Darius' des Großen* mit einer Darstellung der Löwenjagd. In der Mitte des Saales sind in einem Zwischenflügel zur Linken **Bronzen** aus Luristan ausgestellt, leicht zu erkennen an dem großen Wagenrad mit Bronzebeschlag.

Daran schließt sich der berühmte **Kodex des Hammurabi** an (hier als Kopie,

4	Rest. Iran Tak	11	Café Teatr
5a	Rest. Golestan	12	Armenischer Klub
7	Sofre Khane-ye Ayyaran	15	Rest. Naderi
8	Café Romance	23	Rest. Farsang
10	Café Khalifeh, Café Qajar	25	Rest. Azeri

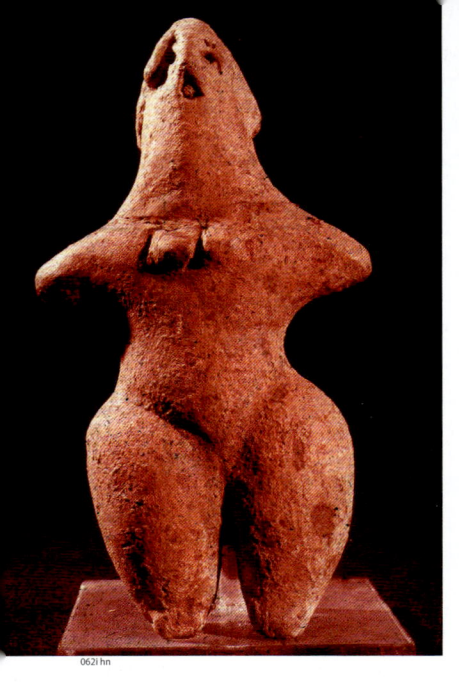

das Original befindet sich im Louvre in Paris). Dahinter folgt eine erst kürzlich aufgebaute **Sandsteinstele** aus dem 8. Jh. v. Chr., die auf *Sargon II.* von Assyrien zurückgeht. Über weitere Vitrinen mit Keramik erreicht man das berühmte **Schatzhausrelief** aus Persepolis mit der Darstellung einer Empfangsszene beim achämenidischen Großkönig.

Links abbiegend erreicht man eine Nische mit einer großen **Statue von Darius** im ägyptisierenden Stil, die in Susa gefunden wurde. An den Wänden werden glasierte Ziegel des Darius-Palastes in Susa gezeigt. Im Folgenden sind einzelne Bauteile aus **Persepolis** ausgestellt: ein Treppenaufgang mit prachtvollen Reliefdarstellungen, eine Säule mit Kapitellaufbau sowie ein Löwe aus schwarzem Stein. In der Ecke hinter dem Treppenaufgang sind einige der Gründungssteine zu sehen, die wichtige Aufschlüsse gaben über die Erbauung von Persepolis.

Der folgende Teil ist einigen wenigen Exponaten aus der **Parther-Zeit** gewidmet, am eindrucksvollsten der **„Prinz von Shami"**, eine überlebensgroße Bronzestatue eines parthischen Prinzen (links im Zwischenflügel direkt gegenüber den Luristan-Bronzen). Den Abschluss des Rundgangs bilden Stücke aus der **Sasaniden-Zeit.** An den Wänden sind Lehmornamente von sasanidischen Palästen zu sehen, an der Wand in der Ecke vor dem Ausgang Teile der **Mosaiken** aus dem Palast von Bishahpur.

⌃ Ausstellungsstücke im Nationalmuseum: Figurine (4. Jtsd. v. Chr.) und Keramikgefäß

1

Zurück am Ausgang wendet man sich nach links, von dort sind es nur wenige Schritte bis zum Neubau des Nationalmuseums von 1996, in dem die **islamische Abteilung** untergebracht ist. Ein Treppenaufgang führt zum Eingangsbereich des zweistöckigen Gebäudes, in dem ein **Modell der Moschee Tarikkhaneh** in Semnan, einer der ältesten Moscheen in Iran, aufgebaut ist.

Chronologisch beginnt der Rundgang im zweiten Stock. Das Innere des Gebäudes ist nach modernen museumspädgogischen Gesichtspunkten gestaltet, die Erklärungen sind ausführlich. Um einen großen Zentralraum gruppieren sich drei große Nebenräume mit Stoff- und Teppichkunst, Prunkhandschriften und Büchern, Miniaturen, Schriftbändern und Fliesen aus Keramik, einer kunstvollen Gebetskanzel aus Holz, Metallgegenständen und weitere Exponaten.

Obwohl erst 1996 neu aufgebaut, ist die islamische Abteilung schon seit Jahren geschlossen.

■ **Muz-ye Melli-ye Iran,** täglich außer Montag und an Feiertagen 9–17 Uhr, vom 21.03. bis 22.09. bis 18 Uhr, Eintritt 25.000 Tuman, www.nationalmuseumofiran.ir. Im Vorraum wird eine große Vielzahl von Büchern, Plakaten, Postkarten, CDs sowie Nachbildungen von klassischen Motiven der altpersischen Kunst angeboten. Auch eine DVD mit einer Führung durch das Museum gibt es dort.

Museum für Glas und Keramik

Wer noch mehr Lust auf Museen hat, dem sei ein Abstecher zum Museum für Glas und Keramik empfohlen. Vom Ausgang des Nationalmuseums wendet man sich nach rechts und geht am Zaun entlang ca. 40 m bis zur Ecke der Kh. 30. Tir. An der Ecke rechts abbiegen und der Straße folgen.

An der nächsten Querstraße fällt der Blick auf ein Gebäude vom Beginn des 20. Jh. mit einem großen Eingangstor, einer Abteilung des Verteidigungsministeriums, vor dem **Soldaten in Gardeuniform** Wache stehen. Die möchten in keinem Fall fotografiert werden!

Nach weiteren 250 m erreicht man rechts der Straße eine Ziegelmauer mit einem Fenster, in dem ein Keramikgefäß steht. Es gewährt einen Blick auf ein Kleinod von einem Museum.

Durch das große Durchgangstor gelangt man in den kleinen **Garten** vor dem Museum. Das **Gebäude,** ein Bau vom Beginn des 20. Jh., diente ursprünglich als Residenz eines qadjarischen Ministers, später als ägyptische Botschaft. Ab 1976 wurde es im Auftrag von Ex-Kaiserin *Farah Diba* unter Leitung des österreichischen Architekten *Heinz Hollein* umgebaut und nach der Revolution 1980 eingeweiht.

Der zweistöckige Bau besticht durch seinen **achteckigen Grundriss** und die mit Ziegeln aufwendig gestaltete Fassade. Das Innere wurde behutsam restauriert, die **Stuckdecken** sind z.T. original. Auf zwei Stockwerken werden in vier Räumen Höhepunkte der iranischen Glas- und Keramikkunst gezeigt, wobei besonderer Wert auf die Präsentation gelegt wurde: Eigens für das Museum angefertigte Vitrinen und behutsam gestaltetes Licht bringen die Exponate gut zur Geltung. Eine geschnitzte **geschwungene Holztreppe** bildet das Highlight des offenen Innenraums. Das Erdgeschoss beherbergt rechts hinter dem Eingang eine kleine Buchhandlung.

Muze-ye Abgine, täglich außer Montag 9–17 Uhr, April bis Oktober bis 18 Uhr, Eintritt 25.000 Tuman, www.glasswaremuseum.ir.

Stadtpark

Südlich des Nationalmuseums lohnen der Golestan-Palast und das Bazarviertel einen Besuch. Vom Museumseingang führt der Weg geradeaus zurück zur Kh. Imam Khomeini und nach deren Überquerung südlich über den Platz mit einem Terminal für Minibusse. Daran schließt sich der **Park-e Shahr** an, den man bei dieser Gelegenheit gleich mit anschauen kann. In der Zeit *Reza Shahs* angelegt, ist er noch heute einer der größten Parks in Teheran und quasi die „grüne Lunge" des Stadtzentrums. Vor allem aber ist er **Treffpunkt** für die Bewohner, die sich dort die Zeit vertreiben, spazieren gehen oder Schach spielen, was in der Öffentlichkeit seit einigen Jahren wieder erlaubt ist.

Inmitten des Parks befinden sich ein großes Wasserbecken und ein **Teehaus mit Restaurant,** wo man die typischen Kebabs, aber auch *Abgusht* essen kann. Neben Tischen und Stühlen finden sich im Innern die klassischen *Takhts,* mit Teppichen ausgelegte Sitzgestelle, auf denen sich die Iraner zum Essen niederlassen oder eine Wasserpfeife rauchen. Vorher werden die Schuhe ausgezogen.

Golestan-Palast

Am besten verlässt man den Park durch den östlichen Ausgang an der Kh. Khayyam. Von dort aus weiter in südlicher Richtung und an der nächsten Querstraße links einbiegend, stößt man nach ca. 150 m auf die Mauer des Golestan-Palastes. Schon *Abbas I.* hatte hier im 17. Jh. einen Park mit einem Palast errichten lassen. Anfang des 19. Jh. ließ *Fath Ali Shah* die Anlage zum **Stadtpalast der Qadjaren** ausbauen. Heute umfasst der Komplex mehrere **Museen.**

Der Eingang befindet sich am nördlichen Ende des Meydan-e 15. Khordad. Die ehemaligen Wohntrakte liegen am hinteren Ende des Gartens, direkt gegenüber dem Eingang. Die Außenfassaden sind mit farbigen Fliesen bedeckt, ein **offener Saal mit Holzsäulen,** der zum Schutz vor der Sonne meist mit Planen verhängt ist, birgt einen kunstvoll gestalteten **Marmorthron.** Das Innere dieses Saales ist vollständig mit Spiegelelementen und verzierten farbigen Gläsern ausgestattet. In zwei Nebengängen zu beiden Seiten des Saals finden sich Gemälde an aufwendig bemalten Wänden.

Nach dem Verlassen des Marmorthrons wendet man sich nach links. An der Ecke des Traktes öffnet sich dieser in einen von Säulen getragenen offenen Vorbau. Von hier aus führt der Weg an der Gebäudefront weiter; an der folgenden Ecke biegt man rechts ab und erreicht das **Shams ol-Emareh,** den ehemaligen Raum für Empfänge, über einen Treppenaufgang. Das Innere ist mit Verspiegelungen und Bemalungen prunkvoll gestaltet, in Vitrinen sind alte Koran-Handschriften ausgestellt.

▷ Marmorthron im Golestan-Palast

Vom Shams ol-Emareh hält man sich in westlicher Richtung. Zur linken erheben sich zwei mächtige, fliesenverkleidete **Windtürme** *(badgir)*, die sonst nur in Zentral- und Süd-Iran zu sehen sind. Etwa in der Mitte des Hofes führt der Weg zur Linken in ein Kellergeschoss, wo eine sehr interessante Ausstellung mit **historischen Fotos** aus qadjarischer Zeit gezeigt wird. Von besonderem Interesse sind frühe Fotos aus dem 19. Jh. mit den Frauen *Nasreddin Shahs*.

Auf dem Weg zurück zum Haupteingang stößt man an der südwestlichen Ecke des Komplexes auf das „Weiße Palais", in dem heute das **Ethnologische Museum** (muze-yeh mardomshenasi) untergebracht ist. Es enthält eine Ausstellung der verschiedenen ethnischen Gruppen Irans, dargestellt anhand von **Wachsfiguren** mit traditionellen Trachten, Gebrauchsgegenständen, Musikinstrumenten usw. Eine Sonderausstellung ist den schiitischen Trauerprozessionen und den dabei verwendeten rituellen Gegenständen gewidmet.

■ **Kakh-e Golestan,** täglich außer Sonntag, Donnerstag und an Feiertagen 9–15 Uhr, Eintritt pro Museum 15.000 Tuman, Kombikarten oder ein Sonderpreis für den Besuch mehrerer Museen werden leider nicht angeboten, www.golestanpalace.ir.

Bazar

Zurück am Eingang des Golestan-Palastes führt der Weg in südlicher Richtung zur Kh. 15. Khordad, die den nördlichen Abschluss des Bazarviertels bildet. Der Teheraner Bazar, **einer der größten des Nahen und Mittleren Ostens,** bildete im 19. Jh. das Stadtzentrum. Noch heute ist er einer der wirtschaftlichen Schwerpunkte der Stadt, wenn er auch zur wirtschaftlichen Versorgung von 10 Millionen Menschen bei weitem nicht mehr ausreicht. Die überwiegend konservativen Bazaris, die an der Organisation der Islamischen Revolution einen entscheidenden Anteil hatten, bilden noch heute eine wichtige Stütze der Herrschaft und verfügen über maßgeblichen politischen Einfluss. Verglichen mit Isfahan oder Shiraz ist der Bazar in Teheran architektonisch eher reizlos. In seinem ausgedehnten Gewirr von Haupt- und Nebengassen findet man jedoch alles, was in Iran hergestellt oder hierher importiert wird. Der Bazar erstreckt sich über ein Gelände, das im Norden von der Kh. 15. Khordad, im Süden von der Kh. Moulavi, im Osten von der Kh. Shahid Mostafa Khomeini und im Westen von der Kh. Khayyam begrenzt wird. Die für Touristen interessantesten Teile (obwohl es sich nicht um einen Touristenbazar handelt) erreicht man am besten von Norden her, durch den großen Eingang an der Kh. 15. Khordad, gegenüber der Einmündung der Kh. Naser Khosrow.

Ein besonders schöner Eingang liegt ca. 50 m östlich davon: Über eine abwärts führende Treppe erreicht man eine kleine Gasse, von Läden und Handwerksgeschäften gesäumt, die am Eingangsportal der heutigen **Masdjed-e Imam Khomeini** endet, ursprünglich im 19. Jh. von *Fath Ali Shah* als „Königsmoschee" erbaut. Über das mit Fliesen geschmückte Portal erreicht man den Innenhof mit dem Wasserbecken im Zentrum. Bei der Anlage handelt es sich um eine Hofmoschee im klassischen Stil mit umlaufenden Arkaden. Der überkuppelte Gebetssaal mit Eingangs-Iwan befindet sich an der Südseite des Hofs.

Über einen Ausgang an der westlichen Seite des Hofs gelangt man direkt zur Hauptgasse des „Großen Bazars", dicht gesäumt von Geschäften aller Art mit **Haushaltsartikeln, Stoffen, Teppichen, Schmuck** und vielem mehr. Es gibt hier allerdings nichts, was nicht auch anderswo in Iran erhältlich wäre. Teheran ist nicht für ein bestimmtes

007_©Aleksandar Todorovic

Produkt oder Souvenir berühmt; hier kommen die Waren aus allen Teilen des Landes zusammen.

Pamenar-Viertel

Vom Haupteingang des Bazars folgt man auf der gegenüberliegenden Seite der Kh. Naser Khosrow, die direkt auf den **Meydan-e Imam Khomeini** mündet, dem **Ausgangspunkt des Rundgangs.** Wer noch mehr vom alten Teheran sehen möchte, macht noch einen kleinen Abstecher durch das Pamenar-Viertel nördlich des Bazars, ein typisches altes **Wohn- und Geschäftsviertel.** In Höhe der Rückseite des Shams ol-Emareh ist ein kleiner Platz angelegt worden, von

Die Große Moschee

dem die Ku. Marvi in das Viertel hineinführt. Gesäumt wird sie von kleinen Geschäften. Nach einigen hundert Metern ist eine alte Bazarkuppel renoviert worden, die man durchquert. Man folgt dieser Gasse, überquert auch die nächste Straße und biegt unter der folgenden Kuppel nach links ab. Ca. 100 m dahinter erreicht man den **Bazarcheh Ouladjane,** einen kleinen, kürzlich renovierten Trakt mit Läden und dem traditionellen Restaurant und Teehaus Tehrun (Tel. 33919697). Am Ende der Gasse wendet man sich nach links und kann dann den Spaziergang bis zum Meydan-e Baharestan fortsetzen.

Große Moschee

Von hier aus ist mit einem kurzen Fußweg die größte Moschee von Teheran, heute **Masdjed-e Shahid Motahari** genannt, zu erreichen: von der Kh. Pamenar rechts in die Kh. Amir Kabir abbiegen und dann an der Kreuzung Kh. Mostafa Khomeini nach links gehen. Die Moschee liegt an der südöstlichen Ecke des Meydan-e Baharestan, an dem auch das Gebäude des ersten iranischen Parlaments liegt. Wenn der Haupteingang nicht geöffnet ist, kann der Eingang an der Kh. Mohammad-e Nakhshab benutzt werden.

Mit dem Bau der Moschee wurde 1878 während der Regierung *Nasreddin Shahs* begonnen, bis zur Revolution war sie nach einem seiner Minister benannt (Masdjed-e Sepahsalar). Heute dient die Anlage als Medrese (Koran-Schule). Die Unterkünfte der Theologiestudenten liegen rund um den gut 60 x 60 m² großen Innenhof in doppelstöckigen Arkaden.

Baq-e Negaristan

Schräg gegenüber vom Parlamentsgebäude am Meydan-e Baharestan liegt an der Kh. Daneshsara die Metro-Station Baharestan. Folgt man der Straße in Richtung Norden, öffnet sich an der linken Seite einer langen Mauer ein Tor, das in einen **ausgedehnten Garten mit vielgestaltigen Wasserbecken** führt, den Negaristan-Garten. Ursprünglich im 19. Jh. angelegt, ist er heute Sitz einiger **Museen,** z.B. dem Museum für Wissenschaftsgeschichte. Kürzlich wurde ein Malerei-Museum eröffnet, das dem Begründer der modernen iranischen Malerei, *Kamal ol-Molk* (1848–1940), gewidmet ist. Neben den Werken des Meisters findet man hier insgesamt 120 Arbeiten seiner wichtigsten Schüler wie *Abolhassan Sediqi, Jafar Petgar, Aliakbar Sanati, Abbas Katouzian, Hadi Tajvidi, Esmail Ashtiani* oder *Jamshid Amin.*

■ **Muze-ye Maktab-e Kamal ol-Molk,** täglich außer Montag 9–17 Uhr, Eintritt 1500 Tuman, http://museums.ut.ac.ir/sh/360/.

An der Kh. Ferdowsi

An der Nordseite des Meydan-e Imam Khomeini, gegenüber der U-Bahn-Station, beginnt die Kh. Ferdowsi, eine der **Hauptgeschäftsstraßen** von Teheran aus der Zeit *Reza Pahlavis* und deshalb benannt nach dem persischen Nationaldichter. Hier findet man neben allen Arten von Geschäften auch zahlreiche **Imbisse** *(sandewichi),* wo man günstig belegte Weißbrote mit Hühnerfleisch und Salat, Wurst *(kalbas)* und Lammhirn *(maqz)* oder -zunge *(zaban)* bekommt.

Für gehobene Ansprüche eignet sich z.b. das Restaurant des **Grand Hotel Ferdowsi** in der Kh. Sargord Sakha'i. Aber auch moderne Cafés verbreiten sich zunehmend, in denen vornehmlich junge Leute verkehren, wie z.b. im **Café Romance,** Ku. Zaarabi, ca. 100 m südlich des Meydan-e Ferdowsi, geöffnet täglich 10–22 Uhr, http://cafe-romance.com.

Nationales Juwelenmuseum

Von Süden kommend erreicht man dann das Gebäude der **Bank-e Markazi-ye Iran** im klassischen Stil, direkt **gegenüber der Deutschen Botschaft.** Im Keller der Iranischen Zentralbank befindet sich das berühmte Nationale Juwelenmuseum (früher hieß es „Kronjuwelenmuseum"), leicht erkennbar an dem schwarz gestrichenen Gitterzaun mit Posten davor. Besonders in der Touristensaison sollte man rechtzeitig kommen, denn dann bilden sich lange Schlangen von Gruppenreisenden vor dem Eingang. Die Eingangskontrollen sind penibel, größere Taschen sollte man nicht mitbringen. Jegliches Handgepäck und auch Kameras müssen am Eingang deponiert werden. Doch der Besuch lohnt sich, auch für diejenigen, die keine Leidenschaft für Edelsteine haben.

Im Innern des durch eine mächtige Stahltür verschlossenen Kellerraums ist eine Fülle von **Gold, Schmuck und Edelsteinen** zu sehen, die Exemplare sind auf der Welt einmalig. Neben Tausenden von Schmuckstücken ehemaliger Herrschergenerationen beeindrucken zwei mit Juwelen verzierte **Thronsitze,** ein im Auftrag von *Nasreddin Shah* angefertigter **Globus** mit mehr als 50.000 Edelsteinen, die **Krone** der beiden *Pahlavi-Shahs* sowie das **Diadem** von *Farah Diba.* Außerdem findet sich hier mit dem *Darya-ye-e Nur* („das Meer des Lichts") der **größte jemals geschliffene Diamant** mit einem Gewicht von 182 Karat. Wer sich schon zu Hause einstimmen möchte, kann dies im Internet tun, wo ein Teil der Exponate gezeigt und auf Englisch erklärt wird.

■ **Muze-ye Djavaherat,** Samstag bis Dienstag 14–16:30 Uhr, Eintritt 5000 Tuman, www.cbi.ir/treasury/collections.asp.

Geschäfte an der Kh. Ferdowsi

Nach dem Verlassen des Museums wendet man sich in Richtung Norden und überquert die Kh. Jomhuri-ye Eslami. Auf der östlichen Seite der Ferdowsi folgt hier ein **Antiquitäten- und Kunsthandwerksgeschäft** dem nächsten, unterbrochen von zahlreichen **Wechselstuben, Teppichgeschäften** und Läden für **Lederbekleidung.** Die Ferdowsi gilt auch als Straße der **Geldwechsler.** Ständig wird man von Herren mit dicken Geldbündeln angesprochen: „Change? Dollar, Euro, Pound?" Darauf sollte man aber nicht eingehen.

Zahlreiche weitere Geschäfte für den touristischen Bedarf finden sich in der **Kh. Manouchehri** und den angrenzenden Seitenstraßen. Den Abschluss der Kh. Ferdowsi bildet der gleichnamige Platz mit einer Büste des Dichters in der Mitte.

Eine der verkehrsreichen Kreuzungen ist die Ferdowsi/Jomhuriyeh Eslami 150 m oberhalb der Deutschen Botschaft, wegen der gleich daran anschließenden Türkischen Botschaft auch **„Istanbul-Kreuzung"** (Chaharrah-e Istanbul) genannt. An ihrer nordwestlichen Ecke erhebt sich die lange Backsteinmauer der Britischen Botschaft, weiter in Richtung Westen lag früher das armenische Viertel in Teheran, auch viele Zarathustrier lebten hier. Einige Geschäfte gegenüber der Botschaftsmauer haben Beschriftungen in armenischer Sprache. Auch im stadtbekannten **Kaffeehaus Naderi** (neben dem gleichnamigen Hotel) wird man noch von erprobten armenischen Kellnern bedient. Ein **zarathustrischer Feuertempel** befindet sich in der Kh. Mirza Kuchek Khan, auf der westlichen Seite, ca. 100 m oberhalb der Kh. Jomhuriyeh Eslami. Direkt daneben liegt ein zarathustrisches Gemeindehaus, man erreicht den „ateshgah" über die Eingangstür, die in den Hof führt, wo das Tempelgebäude aus den 1930er Jahren liegt.

Ehemalige US-amerikanische Botschaft

Vom Meydan-e Ferdowsi kann man einen Abstecher zu einem berühmten Ort des Zeitgeschehens machen, der ehemaligen amerikanischen Botschaft in der Kh. Taleqani. Vom Platz aus geht man die Kh. Sepahbod Qarani in nördlicher Richtung bis zur Kreuzung Kh. Taleqani, dort rechts abbiegen. Nach etwa 400 m liegt auf der nördlichen Seite hinter einer mit Parolen bemalten Mauer mit Wachtürmen das Gebäude, das zum Beginn der islamischen Revolution die Welt für 444 Tage in Atem hielt. Hier hatten im **November 1979** „revolutionäre" Studenten (von denen heute übrigens viele zu den „Reformern" zählen), die Botschaft der USA **besetzt** und deren Angehörige bis Januar 1981 als **Geiseln** gehalten. Zu besichtigen ist das Gebäude allerdings nur von außen. Fotografieren sollte man nur unauffällig und wenn keine Wachen auf den Türmen stehen. Die U-Bahnhaltestelle Taleghani der Linie 1 liegt direkt an der südöstlichen Ecke des Geländes.

Khaneh Honarmandan-e Iran

Gleich hinter dem Gelände der ehemaligen Botschaft erstreckt sich nach Norden, erreichbar über die Kh. Mousavi, der **Baq-e Honar.** In dem Garten liegt das **Künstlerhaus** Khaneh Honarmandan-e Iran mit Arbeits- und Ausstellungsräumen für Künstler sowie dem **Restaurant Golestan,** einem der noch selten anzutreffenden vegetarischen Restaurants in Iran. Einen Eindruck vermittelt die Seite http://www.iranartists.org/v_toor/index.html.

Fotografiemuseum Irans

Die Fotografie in Iran reicht zurück bis in das Jahr 1851, sie war also eine der ersten westlichen Technologien und Kunstgattungen, die im Land heimisch wurden. Ihre **Geschichte** wird in einem kleinen, pavillonartigen Gebäude zwischen Kh. Shariati und Meydan-e Haft Tir veranschaulicht. Neben Kameras und Fotoausrüstungen werden die Biografien iranischer Fotografen und wechselnde Ausstellungen präsentiert. Außerdem beherbergt das Museum eine filmografische Bibliothek. Appetit holt man sich unter www.iranphotomuseum.com/sn/tourMuseum/lang/en.

■ **Akskhane-ye Shahri,** Meydan-e Haft Tir, Kh. Bahar-e Shiraz, Meydan-e Bahar-e Shiraz, Samstag bis Mittwoch 9–13 und 14–17 Uhr, Eintritt 3000 Tuman, www.iranphotomuseum.com.

Moghadam-Museum

Etwa 10 Minuten Fußweg entfernt von der Metrostation Hassanabad liegt eines der schönen alten Bürgerhäuser aus der Qajaren-Zeit, früher im Besitz der Familie *Moghadam*. Der letzte Besitzer, **Mohsen Moghadam,** war in den 50er und 60er Jahren des 20. Jh. ein bekannter Maler und Archäologe. U.a. begründete er die Fakultät der Bildenden Künste an der Universität Teheran, der er schließlich auch sein Haus vermachte. Zusammen mit seiner aus Frankreich stammenden Frau *Selma* sammelte er zahlreiche Objekte, z.B. Keramik, wertvolle Fliesen, Gemälde und archäologische Fundstücke.

■ **Muze-ye Moghadam,** Kh. Imam Khomeini Nr. 249 zwischen Kh. Vali Asr und Kh. Sheikh Hadi, Tel. 66460405, geöffnet Sonntag bis Donnerstag 9–15:30 Uhr, http://museums.ut.ac.ir/mm.

Universitätsviertel

Mit **Sammeltaxis und Minibussen** hat man vom Meydan-e Ferdowsi eine gute Verbindung zum Universitätsviertel und weiter zum Azadi-Monument. Ebenso kann man mit U-Bahn oder Schnellbus bis zur Kreuzung Kh. Enqelab / Kh. Vali Asr (Chaharrah-e Vali Asr) fahren; dort steigt man aus und geht in Richtung Meydan-e Enqelab weiter. Nach 250 m taucht rechts das große **Eingangstor** zur Universität von Teheran auf. Der Zugang ist leider nicht gestattet, aber während des Semesters (Semesterferien von Mitte Juni bis 21. September) trifft man hier zahlreiche Studenten.

Hinter dem Tor sind auf dem Campus überdachte Aufbauten zu erkennen. Hier findet jeden Freitagmittag das **Freitagsgebet** statt; dann allerdings ist das ganze Gelände weiträumig abgesperrt. Der Zuspruch beim Freitagsgebet hat in den letzten Jahren beständig abgenommen. Ich erinnere noch gut meinen ersten Aufenthalt in Teheran im Sommer 1979, als Millionen von Menschen aus allen Gegenden herbeiströmten. Heute verlieren sich meist nicht mehr als 15.000 Teilnehmer auf dem großen Gelände.

Der Campus und die Studentenheime der Teheraner Universität bildeten im Sommer 1999 das Zentrum der Studentenproteste. Auch deswegen ist das gesamte Gelände eingezäunt, es gibt nur wenige Zugänge.

Gegenüber vom Unigelände findet man auf einem ca. 500 m langen Abschnitt zahlreiche **Buchhandlungen,** die jegliche Art von Literatur anbieten, aber auch digitale Medien. Fremdsprachige Literatur ist zwar nur selten dabei, aber die Vielfalt des Angebots hat etwas Beeindruckendes.

Azadi-Monument

Um zum Azadi-Monument zu gelangen, nimmt man nun wieder eines der **Taxis,** die zahlreich zwischen Meydan-e Enqelab und Azadi verkehren. Inmitten eines großen, begrünten Platzes erhebt sich dieses **45 m hohe Wahrzeichen** der Hauptstadt. Erbaut im Jahre 1971 anlässlich der 2500-Jahrfeier der iranischen Monarchie, vereint es Elemente der altpersischen Architektur mit moderner Stahlbetonbauweise. Das Zentrum des **dreistöckigen Turms** durchbricht ein mehr als 20 m hoher Bogen nach sasanidischem Muster, ausgelegt mit 25.000 farbig glasierten Steinen nach dem Vorbild der islamischen Moscheen. Im Erdgeschoss befindet sich ein kleines **Museum** mit Exponaten aus allen Epochen der iranischen Geschichte. Zur offenen **Plattform** des Turms gelangt man über Lifts oder Treppenaufgänge an den vier Ecken des Gebäudes.

Das Azadi-Monument beherbergt ein kleines Historisches Museum

Banna-ye Azadi, täglich 9–12 und 14–17 Uhr, Eintritt 1500 Tuman.

Meydan-e Azadi

Der Meydan-e Azadi ist **einer der verkehrsreichsten Plätze Teherans,** weswegen es sich nicht empfiehlt, einfach über die Straße zu gehen. An der Westseite des Platzes befindet sich der Eingang zu einem Fußgängertunnel, der von 8 bis 20 Uhr geöffnet ist. Hier liegt auch der **Busbahnhof-West** (Terminal-e gharb), von dem die Busse nach Norden und Westen verkehren. Den Flughafen erreicht man von hier aus ebenfalls schnell.

Museum für zeitgenössische Kunst

Ab dem Meydan-e Enqelab bietet sich ein Abstecher zu einem weiteren Teheraner Park an. Vom Platz aus in nördlicher Richtung, über die Kh. Kargar, gelangt man nach zehn Minuten Fußweg oder mit dem Taxi zum **Tulpenpark** (Park-e Laleh). An seinem westlichen Rand liegt der Eingang zum Museum für zeitgenössische Kunst, leicht zu erkennen an den modernen Skulpturen vor dem Eingang. Sie gehören zu einem **Skulpturenpark,** der den nördlichen Abschluss des Museumsgeländes bildet und u.a. Arbeiten von *Max Ernst* und *Henry Moore* zeigt.

Das Museumsgebäude mit dem Eingang an der Kh. Kargar verbindet Tradition und Moderne: Nach oben strebende Lichtöffnungen nach dem Vorbild von Windtürmen lassen das Licht in den Innenhof des Museums fallen. Von den neun Ausstellungsräumen zeigen drei Gemälde **international bekannter moderner Künstler,** sechs weitere werden für wechselnde Ausstellungen, auch von **iranischen Künstlern,** genutzt.

Das Museum, 1977 im Auftrag der Kunst liebenden Kaiserin *Farah Diba* errichtet, war nach der Revolution lange Jahre geschlossen, weil das islamische Regime moderne Kunst ablehnte. Die Sammlung zeitgenössischer Kunst dieses Museums gilt als die größte außerhalb Europas und der USA.

■ **Muze-ye Honarha-ye Mo'asser,** Kh. Kargar Shomali, Tel. 88989375, geöffnet Samstag bis Donnerstag 10–17:30 Uhr, Eintritt 15.000 Tuman, www.tmoca.com.

Kunstgewerbe-Bazar

Eine weitere Attraktion des Park-e Laleh ist der Kunstgewerbe-Bazar auf dem nördlichen Teil des Geländes, wo **Künstler, Händler und Handwerker** an zahlreichen Ständen ihre Erzeugnisse anbieten. Neben Büchern und Kalligrafien kann man Gemälde, Zeichnungen und Miniaturen erwerben.

Teppichmuseum

Direkt an der Nordwestecke des Parks, am Beginn der Kh. Dr. Fatemi, liegt der Eingang zum Teppichmuseum, natürlich ein Muss im klassischen „Land der Teppiche". 1978 eröffnet, stellt es eine gelungene Verbindung klassischer und moderner Bauweise dar. Das Gebäude hat das **Aussehen eines Nomadenzeltes,** die Fassade wurde mit Stahlbetonelementen gestaltet, die an Knüpfstühle erinnern.

Hinter dem Kassenhäuschen führt der Weg zum Haupteingang; die Ausstellung über zwei Stockwerke erreicht man über ein Foyer. Dort ist – eine große Ausnahme in iranischen Museen – ein gemütliches **Teehaus** untergebracht, wo man sich vor oder nach der Besichtigung entspannen kann. Im Innern werden klassische Teppiche aller wichtigen Herkunftsgebiete gezeigt.

■ **Muze-ye Farsh,** täglich außer Montag 9 bis 17 Uhr, April bis Oktober bis 18 Uhr, Eintritt 25.000 Tuman, www.carpetmuseum.ir. Nach vorheriger Anmeldung (Tel. 8962703) kann man einen erfahrenen Knüpfer seine Kunst ausüben sehen.

Die Teheraner Skyline mit dem 435 m hohen Fernsehturm Borj-e Milad

Shariati-Haus

Aufschlussreich für alle an der modernen Geschichte Irans Interessierten ist der Besuch des Hauses des iranischen **Soziologen und Revolutionstheoretikers Dr. Ali Ali Shariati** (1933–77), der wichtige intellektuelle Impulse für die Entwicklung der islamischen Bewegung in der Zeit vor der Islamischen Revolution gab. Das kleine zweistöckige Haus in der Nähe des Laleh-Parks bewohnten er und seine Familie in den 1970er Jahren – wenn er nicht gerade im Gefängnis der SAVAK schmachtete. Gezeigt werden in dem Haus, dessen Einrichtung gegenüber dem Original nicht verändert wurde, Fotos und Erinnerungsstücke sowie *Shariatis* Bibliothek.

▪ **Shariati-Haus,** Kh. Jamalzadeh Shomali, Kh. Sh. Nader, geöffnet Sonntag bis Donnerstag 9–15:30 Uhr, kein Eintritt.

Borj-e Milad

Zum neuen Wahrzeichen der Stadt entwickelt sich der **Fernsehturm** Borj-e Milad, mit 435 m der höchste Turm Irans und der sechsthöchste der Welt. Nach zehnjähriger Bauzeit wurde er 2008 eröffnet. Besucher können in den zwischen 250 und 315 m hoch gelegenen Korb auffahren, wo es ein Restaurant und Ausstellungsräume gibt, darunter eine Münzsammlung mit historischen Münzen, beginnend ab der Achämenidenzeit. Als Dekoration dienen erstaunlich echt gestaltete lebensgroße Puppen iranischer Geistesgrößen und Nationalhelden wie *Ferdowsi, Kamal ol-Molk, Jalal Al-e Ahmad Nima Yshij* oder *Takhti*.

Ein offener Umgang ermöglicht einen **360°-Rundumblick** in luftiger Höhe von 280 m, die Blickrichtungen sind gekennzeichnet: nach Mekka, zum Azadi-Monument, dem Damavand usw. Das ist auch nötig, denn zu sehen sind die Sehenswürdigkeiten Teherans aufgrund der Luftverschmutzung kaum.

Am Fuß des Turms gibt es zahlreiche Cafés, Restaurants, Läden und Veranstaltungsräume, ein Visitor's Center bietet eine Video-Einführung.

Eine Anbindung an den öffentlichen Nahverkehr ist bisher leider nicht gegeben, am einfachsten ist die An-/Abreise mit einem der Taxis, die vor dem Eingang stets bereitstehen.

▪ **Borj-e Milad,** täglich von 9 bis 21 Uhr geöffnet, Tel. 8585, Eintritt zwischen 9000 und 27.000 Tuman, je nachdem bis zu welcher Plattform man hinauffahren möchte. Die Online-Bezahlmöglichkeit auf www.tehranmiladtower.ir ist für Ausländer ohne nationale ID-Nummer leider nicht nutzbar. Anfahrt über die Autobahnen Sheikh Fazlollah, Shahid Hakim oder Hemmat, jeweils Abfahrt Milad Tower.

Wichtige Straßen

Am anderen Ende der Kh. Dr. Fatemi stößt man auf die **längste und schönste Straße Teherans,** die frühere Kh. Pahlavi, nach der Revolution umbenannt in **Kh. Vali Asr,** einem der Namen des von den Schiiten herbeigesehnten 12. Imams. Sie verbindet über gut 20 km den Hauptbahnhof im Süden mit dem Meydan-e Tajrish im Norden der Stadt. An beiden Seiten verlaufen die für Teheran typischen, offenen **Wasserkanäle,** mit denen das Wasser von den Bergen in die Ebene transportiert wird. Die beiderseits angepflanzten **Platanen** schaffen den Eindruck einer Allee, die mitten durch das Häusermeer verläuft. Um den Verkehr auf dieser Nord-Süd-Achse in den Griff zu bekommen, ist sie zumeist nur als Einbahnstraße zu befahren.

Am interessantesten für Touristen ist der Abschnitt zwischen **Chaharrah-e Vali Asr** (Kreuzung Kh. Enqelab-e Eslami / Kh. Vali Asr) und **Sar-e Fatemi** (Kreuzung Kh. Vali Asr / Kh. Dr. Fatemi). Auf beiden Seiten findet man unterschiedlichste **Geschäfte**, die nicht speziell auf Touristen eingestellt sind und wo Ausländer das gleiche zahlen wie Iraner. Sammeltaxis verkehren sowohl vom äußersten Süden bis nach Tajrish als auch auf Teilabschnitten, z.B. vom Meydan-e Vali Asr bis Meydan-e Vanak.

Eine weitere interessante **Einkaufsstraße** ist die Kh. Karim Khan Zand zwischen dem Meydan-e Enqelab und Meydan-e Haft-e Tir. An der Kreuzung Karim Khan / Ostadh Najatollahi (Villa) steht eine der größten armenischen Kirchen von Teheran, die **Kathedrale des Heiligen Sarkis.** In Teheran leben mehrere Tausend Armenier. Eines ihrer Wohnviertel erstreckt sich südlich der Kh. Karim Khan. Ca. 200 m vom Haft-e Tir entfernt findet man zwei **Buchhandlungen** mit fremdsprachiger Literatur, den *Zand Bookshop* sowie *Entesharat-e Tavakolli*.

Sehenswertes im Norden

Eine ganz andere Umgebung als im übervölkerten, im Sommer drückend heißen Süden erwartet den Besucher im Norden Teherans. Die **Luft am Fuß der Berge** ist hier deutlich besser, auch im Sommer ist es in einer **Höhe von 1700 m** angenehm kühl. Deshalb ist der Norden das bevorzugte Wohngebiet der vermögenden Einwohner der Stadt. Auch die Herrscher der Pahlavi-Dynastie haben in dieser angenehmen Umgebung ihre Sommerpaläste errichten lassen.

Rund um den Meydan-e Tajrish

Ausgangspunkt für die Besichtigung ist der Meydan-e Tajrish am nördlichen Ende der Kh. Vali Asr, leicht mit Bus, Minibus, Taxi und in einigen Jahren auch mit der U-Bahn zu erreichen. Tajrish war früher ein Sommerweideplatz der Hirten mit einer kleinen dörflichen Siedlung.

Am südlichen Rand des Platzes liegt das **Busterminal**, daneben der Eingang zum kleinen **Bazar** von Tajrish, wo hauptsächlich Lebensmittel, Obst und Gemüse angeboten werden. Einige Teile mussten in den vergangenen Jahren dem Ausbau des **Imamzadeh Saleh** weichen, das am Südrand des Bazars liegt. Der überkuppelte Grabbau geht zurück aufs 13. Jh., wurde aber in qadjarischer Zeit renoviert. Der Innenhof ist in den letzten Jahren völlig neu gestaltet worden.

Ca. 500 m südlich des Meydan-e Tajrish liegt an der Ostseite der Kh. Vali Asr etwa 200 m versetzt von der Straße in einem ehemaligen qajarischen Palast inmitten eines kleinen Gartens (Baq-e Ferdows) das **Iranische Filmmuseum** – angesichts der internationalen Bedeutung des iranischen Films sicher ein lohnenswerter Besuch, um sich mit dessen Geschichte, aber auch seiner Gegenwart auseinanderzusetzen. In mehreren Sälen sind Exponate aus 80 Jahren iranischer

Filmgeschichte ausgestellt. Interessanterweise waren auch im Herbst 2011 noch Ausstellungsstücke im Zusammenhang mit dem Werk des bekannten Regisseurs *Ja'afar Panahi* („Offside", „Der weiße Ballon", „Der Kreis") zu sehen, obwohl dieser zu sechs Jahren Haft und 20 Jahren Berufsverbot verurteilt worden ist.

In dem Gebäude ist auch ein **Kinosaal** für 120 Personen untergebracht, wo regelmäßig klassische Werke der iranischen Filmgeschichte, aber auch neue Filme (freilich nur solche mit Genehmigung!) gezeigt werden.

■ **Filmmuseum,** Baq-e Ferdows, südlich des Meydan-e Tajrish, Kh. Vali Asr, Tel. 22723535, geöffnet Samstag bis Donnerstag 10 bis 18 Uhr, Freitag 10 bis 14 Uhr, Eintritt 3000 Tuman. Im **Café** an der Rückseite des Museums trifft sich die „in-crowd", was man auch an den Preisen merkt.

Saadabad-Paläste

Um zu den Saadabad-Palästen zu gelangen, nimmt man entweder ein Taxi an der Ecke Kh. Saadabad / Meydan-e Tajrish oder geht die Straße hinauf und biegt bei der nächsten Möglichkeit links ab in die Kh. Kazemi. Weiter geht es rechts in die Kh. Javadan (immer bergauf) bis zur Kh. Shahid Taheri. Von hier aus liegt das Gelände zur Rechten. Ein weiterer Eingang befindet sich an der Nordseite des Parks an der Kh. Darband.

Der Weg führt vorbei an einem modernen Tagungsgebäude, das anlässlich der Gipfelkonferenz der Islamischen Staaten in Teheran 1999 errichtet wurde, und endet schließlich am Eingangstor zum Palastgelände. Rechts daneben befindet sich das Kassenhäuschen. Insgesamt liegen auf dem 410 ha großen Gelände **18 frühere Paläste** für die Mitglieder der Herrscherfamilie, von denen sieben als **Museen** (alle am Eingang auf Englisch angegeben) freigeben wurden.

Am interessantesten sind der ehemalige Palast *Mohammad Reza Shahs*, heute **Kakh-e Mellat** (Palast der Nation), sowie der **Kakh-e Sabz** (Grüner Palast), erbaut für dessen Vater *Reza Shah*. In den Gebäuden herrscht Fotografierverbot, größere Taschen müssen am Eingang abgegeben werden. Auf dem Gelände pendeln kostenlose Minibusse, reizvoller ist es jedoch, den ausgedehnten Garten zu Fuß zu besichtigen.

Zum Kakh-e Mellat geht man vom Eingang 100 m bergab und folgt dann dem Weg nach links unter einem Torbogen hindurch. Das wegen seiner hellen Fassade früher auch **„Weißer Palast"** genannte Gebäude ist leicht zu erkennen an dem Treppenaufgang, neben dem die **abgetrennten Beine einer Bronzestatue** aufgestellt wurden. Sie stammen von einer überlebensgroßen Statue Reza Shahs, die früher auf einem der Teheraner Plätze aufgestellt war und nun in ihrem zerstückelten Zustand den Sieg der Revolution über die Monarchie symbolisieren soll.

Von außen mutet das Gebäude nicht wie ein orientalischer Palast an; es erscheint eher **nüchtern und europäisch.** Im Innern ist die Einrichtung aus der Schah-Zeit im Wesentlichen belassen worden: Die verschiedenen, durch Plexiglasscheiben in halber Höhe verschlossenen Räume enthalten überwiegend **Mobiliar nach französischem Vorbild** und prachtvolle Teppiche. Beschriftungen in Englisch geben über jeden einzelnen Raum Auskunft.

Um zum **„Grünen Palast"** zu gelangen, hält man sich am Ausgang links und folgt dem Weg an einem kleinen Getränkekiosk vorbei, um dann wiederum links den Weg bergauf zu nehmen. Nach etwa zehn Minuten ist der an der höchsten Stelle im Norden des Gartens gelegene Palast erreicht. Seinen Namen verdankt er dem grünlich marmorisierenden Stein der Außenfassade. Am Eingang sind die Schuhe auszuziehen.

Das gegenüber dem „Weißen Palast" deutlich kleinere Bauwerk weist im Innern mehr **orientalische Elemente** auf: neben den Teppichen bemalte Wandpaneelen, aufwendige Stuckarbeiten und verspiegelte Decken. Es lohnt sich auch, um das Gebäude herum zu gehen und den **Ausblick** auf den Berg Tochal im Norden und das Häusermeer Teherans im Süden zu genießen, dass allerdings oft unter einer Dunstglocke aus Abgasen verborgen liegt. Bei klarer Sicht ist in Richtung Westen der Gipfel des Damavand zu sehen.

■**Kakh-e Muze-ye Sa'adabad,** täglich außer Montag 9–16:30 Uhr außer an religiösen Feiertagen, April bis Oktober bis 17 Uhr, Eintritt für den Park 15.000 Tuman, pro Museum 5000 Tuman, www.sadmu.com. **Taxis** stehen meist am Ausgang zur Rückfahrt zum Meydan-e Tajrish bereit, fahren aber vorzugsweise Touristen und sind teurer. **Sammeltaxis** erreicht man an der Ecke Kh. Shahid Taheri / Kh. Javdan.

Friedhof Zahir od-Douleh

Nördlich des Meydan-e Tajrish, von der Metro-Endhaltestelle der Linie 1 in 15 Minuten zu erreichen, liegt versteckt in einer kleinen Seitengasse der Friedhof Zahir od-Douleh, wo sich die Gräber einer Reihe in Iran bekannter historischer Persönlichkeiten und Literaten befinden. Das Grab, dem die größte Aufmerksamkeit gilt, ist das der Dichterin **Forough Farrokhzad** (1935–67). Auch fast 50 Jahre nach ihrem Tod versammeln sich noch immer Verehrer ihrer Dichtkunst und gedenken der früh Verstorbenen. Stundenlang stehen die meist jüngeren Leute um das Grab herum, in Andacht versunken oder die Gedichte *Farrokhzads* rezitierend.

■**Aramgah-e Zahir od-Douleh,** Meydan-e Qods, Kh. Darband, Ku. Zahir od-Douleh, nur Donnerstag 10–17 Uhr.

Niavaran-Park und Khomeini-Unterkunft

Ein weiterer ehemaliger Pahlavi-Palast, der **Kakh-e Niavaran,** ist im gleichnamigen Stadtteil zu besichtigen. Sammeltaxis verkehren ab Meydan-e Tajrish oder Meydan-e Qods über die Kh. Shahid Bahonar, an dessen Ende der Niavaran-Park liegt.

Auf dem Weg kann in Djamaran ein weiterer Ort der jüngsten Geschichte Teherans besichtigt werden. Dort liegt die Unterkunft, die der **Revolutionsführer Khomeini** nach seiner Rückkehr aus dem Exil bewohnte, wenn er sich in Teheran aufhielt. Auf Höhe der Polizeistation Niavaran in der Kh. Shahid Bahonar führt die Kh. Djamaran bergauf nach Norden. Ihr folgt man ca. 400 m bis zu einem Postenhaus. Das Gelände ist durch eine Kette abgesperrt, von hier geht es rechter Hand nur zu Fuß weiter. Das Anwesen liegt in einer engen Gasse inmitten eines Wohnviertels. Am Eingang findet eine Taschenkontrolle statt, besondere Öffnungszeiten gibt es nicht und Eintritt wird nicht erhoben. Neben einem **Andachts- und Versammlungsraum**, in dem *Khomeini* viele seiner Ansprachen hielt, ist auch seine spartanisch eingerichtete **ehemalige Wohnung** zu besichtigen.

Sahebqaraniye-Palast

Der Niavaran-Park wurde von *Nasreddin Shah* im 19. Jh. errichtet und enthält neben dessen Palast Sahebqaraniye mit einem **Museum** einen **Pavillon** des letzten Qadjaren-Herrschers *Ahmad Shah* (1911–25). Beide Gebäude wurden in den letzten Jahren im qadjarischen Stil renoviert. Die Pahlavis ließen den Niavaran-Palast errichten, der in seiner Ausstattung dem von Saadabad gleicht.

■ **Kakh-e Niavaran** und **Kakh-e Sahebqaraniye,** täglich 9–19 Uhr außer an religiösen Feiertagen, Montag geschlossen, Eintritt für den Park 15.000 Tuman, je Palast zwischen 5000 und 15.000 Tuman, Tel. 22282012, www.niavaranmu.ir.

Djamshidiye-Park

Einer der schönsten Parks von Teheran, der Park-e Djamshidiye, liegt nördlich von Niavaran am **Fuße des Tochal-Massivs.** Von der Kh. Bahonar zweigt in Höhe der Polizeistation Niavaran die Kh. Djamshidieyh nach Norden ab, die direkt zum Eingang des Parks führt. Unter Verwendung unterschiedlichen Gesteins aus verschiedenen Gegenden Irans und einer großen Vielfalt von Bäumen, Sträuchern und Skulpturen wurde hier ein eindrucksvolles **Ensemble von Natur und Kunst** geschaffen. Mehrere **Restaurants** bieten regionale Gerichte der iranischen Küche an. Die mit Steinen ausgelegten Wege führen teils steil bergan, weswegen sich festes Schuhwerk empfiehlt. Zur Belohnung gibt es eine **atemberaubende Aussicht auf Teheran!**

Museum Reza Abbasi

Auf dem Rückweg vom Norden Teherans zum Zentrum ist noch ein weiteres Museum zu „entdecken", das Museum Reza Abbasi, benannt nach dem berühmten Miniaturisten aus dem 17. Jh. Obwohl von außen kaum als Museum kenntlich, findet man es leicht in der Kh. Dr. Shariati auf der westlichen Seite direkt unterhalb der Autobahnbrücke Pol-e Seyyed Khandan. Auf drei Stockwerken ist hier eine kleine, aber erlesene Sammlung von **Exponaten aus allen Epochen der iranischen Kunstgeschichte** versammelt.

Die Besichtigung beginnt im dritten Stock mit der vorislamischen Abteilung. Sie zeigt z.B. Keramikware, goldene Gefäße aus achämenidischer und Silberschalen aus sasanidischer Zeit. Der zweite Stock beherbergt die islamische Abteilung mit Keramik, Metallgegenständen, Stoffen und Kunsthandwerk. Ein Höhepunkt ist die **Miniaturenausstellung** im ersten Stock mit Miniaturen des 14. bis 17. Jh., darunter auch Werke von *Reza Abbasi* und seinen Schülern.

■ **Museum Reza Abbasi,** täglich außer Montag 9–17 Uhr, Eintritt 25.000 Tuman, www.rezaabbasi-museum.ir.

Park-e Mellat

Auch ein anderer Rückweg vom Norden zurück zum Stadtzentrum ist interessant: vom Meydan-e Tajrish mit dem Taxi die Kh. Vali Asr entlang, in Richtung Süden. Etwa 1,5 km südlich der Kreuzung Chamran liegt rechter Hand der Eingang zum **größten Teheraner Park,** dem Park-e Mellat. Hier herrscht stets buntes Treiben, vor allem an Wochenenden. Über einen großen, gepflasterten Eingang gelangt man an eine breite Treppe, die an beiden Seiten mit Büsten zahlreicher iranischer Geistesgrößen geschmückt ist. Das weitläufige Gelände ist mit **Blumen, Rasen und Bäumen** bepflanzt; Bänke laden zum Verweilen ein. Die Iraner allerdings lieben es mehr, sich auf dem Rasen niederzulassen, ein Picknick einzunehmen und Ballspiele jeglicher Art zu spielen. Oberhalb des Treppenaufgangs kann man auf einem künstlich angelegten See **Tretboot fahren.** Vom Park fahren Taxis zurück in Richtung Meydan-e Vanak und Zentrum.

Sehenswertes im Süden

Rey

Im Süden Teherans, geprägt von Industrie und Handwerk und den Wohnstädten der ärmeren Bevölkerung, erwartet man nicht unbedingt touristische Sehenswürdigkeiten. Aber auch dort sind sie zu finden, vor allem in Shahr-e Rey, dem „Vorläufer" des heutigen Teheran, einem schon aus der Antike bekannten Ort und im 11. Jh. immerhin Hauptstadt der Seldjuqen.

Taxis und Busse nach Rey verkehren vom Meydan-e Imam Khomeini oder vom Meydan-e Rah-e Ahan. Mit der Metro-Linie 1 fährt man bis zur Station Shahr-e Rey. Von dort aus verkehren Taxis nach Shah Abdol Azim.

> Das Khomeini-Grabmal südwestlich von Rey

Das Zentrum Reys bildet der heilige Bezirk des **Shah Abdol Azim**, eine der wichtigsten schiitischen **Pilgerstätten** in Iran. Unter einer vergoldeten Kuppel liegt das **Grabmal** des Heiligen, eines Nachkommen des 2. Imams *Hassan*. Daneben gibt es weitere Gräber von Mitgliedern der Familie des Propheten und der Imame sowie zahlreicher anderer religiöser und weltlicher Würdenträger. Auch das Grab *Nasreddin Shahs* ist darunter, während das von *Reza Shah* nach der Revolution abgetragen wurde.

Antikes Rey

Einen Teil des antiken Rey (Rhages) kann man bei der Quelle **Cheshm-e Ali** sehen. Vom Meydan-e Shahr-e Rey im Norden des heiligen Bezirks führt die Kh. Feda'iyan-e Eslam nach Norden.

Man folgt ihr und im weiteren Verlauf der Kh. Ebn-e Babuyeh bis zu einem freien Gelände links der Straße. An dessen Ende biegt die Gasse Cheshm-e Ali links ab und führt dann nach rechts. An ihrem Ende liegt ein kleiner Park am Rande des Quellteichs von Cheshm-e Ali unterhalb des gleichnamigen antiken Siedlungshügels. Traditionell werden in dem **klaren Wasser der Quelle** Teppiche gewaschen und danach zum Trocknen ausgelegt. Oberhalb des Teiches ließ *Fath Ali Shah* in der Tradition altiranischer Herrscher ein **Relief** in den Fels hauen, das ihn inmitten seines Gefolges zeigt. Der antike **Siedlungshügel**, der aufs 4. Jtsd. v. Chr. zurückgeht, befindet sich auf der rückwärtigen Seite des Felsens.

Grabturm des Toghrul Beg

Auf dem Rückweg lohnt sich noch ein Abstecher zum Grabturm des *Toghrul Beg*, dem Begründer der Seldjuqen-Dynastie. Er liegt in einem kleinen Garten in der Kh. Toghrul, die von der Kh. Ebn-e Babuyeh abzweigt. Der Eingang befindet sich links der Straße. Noch heute ragt der mehrfach restaurierte **Ziegelturm** 20 m empor, obwohl das Dach seit langem eingestürzt ist. Die Außenfassade des im 19. Jh. restaurierten Rundbaus wird gegliedert durch regelmäßige Vorsprünge, den oberen Abschluss bildet ein Moqarnas-Fries. Die Grabkammer im Innenraum ist heute leer. Der Haupteingang im Süden wird durch drei ineinanderlaufende Nischen gegliedert.

■ **Bordj-e Toghrul,** täglich 9–17 Uhr außer an Feiertagen, April bis Oktober bis 18 Uhr, Eintritt 3000 Tuman.

Khomeini-Grabmal

Südwestlich von Rey, direkt an der Autobahn Teheran – Qom, liegt das Grabmal von *Ayatollah Khomeini*, mit dessen Bau bald nach dem Tod des Revolutionsführers 1989 begonnen wurde. Von offizieller Seite wird versichert, dass die Mittel für den Bau ausschließlich durch Spenden aufgebracht worden seien. Angeblich war es der Wunsch Khomeinis, in der Nähe der *mostazafan,* der Entrechteten, und in unmittelbarer Umgebung der vielen Kriegstoten auf dem Friedhof Behesht-e Zahra beigesetzt zu werden.

Der **Grabbau mit vergoldeter Kuppel** steht im Zentrum eines riesigen Hofes, umgeben von vier ebenfalls vergoldeten **Minaretten.** Um den Hof gruppieren sich Religionsschulen, Bibliotheken und Unterkünfte. Der Zugang zum Grab erfolgt über den großen Parkplatz an der Nordseite (getrennt für Männer und Frauen). Fotografieren im Innenraum ist gestattet, allerdings bestehen die Wächter meist darauf, dass die Kamera einmal ausgelöst wird, um sicherzustellen, dass keine Waffen eingebaut sind. Tatsächlich ist auf diese Weise einmal ein Anschlagsversuch unternommen worden, denn die Grabstätte ist nicht nur ein Pilgerziel, sondern auch häufig Ort von offiziellen Zeremonien im Beisein von Staats- und Religionsführern.

Der Fußboden des riesigen Innenraums ist vollständig mit **Marmor** ausgekleidet und wird beherrscht von dem Grabbau in seinem Zentrum. Die Bereiche für Frauen und Männer sind voneinander abgetrennt. Neben dem Grab Khomeinis ist 1995 das seines Sohnes *Ahmad* angelegt worden. Durch Schlitze im Gitter werfen die Gläubigen Geldscheine zur Bestärkung ihrer Gelübde, die sie am Grab ablegen. Die Atmosphäre wirkt im Gegensatz zu anderen Heiligengräbern eher nüchtern, Verspiegelungen und gleißendes Licht fehlen, die Deckenverkleidungen wirken eher wie in einer Flughafenhalle.

Friedhof Behesht-e Zahra

Unweit des Khomeini-Grabes liegt der größte Friedhof Irans Behesht-e Zahra („das Paradies der Prophetentochter Fatemeh"), noch zu Schah-Zeiten als Stadtfriedhof von Teheran angelegt. Durch Revolution und Krieg hat er sich schnell über alle Maßen ausgedehnt. Der Gang durch die dicht gedrängten Gräberreihen hat etwas Bedrückendes. Auf zahlreichen Grabaufbauten sind die Bilder der hier Beigesetzten zu sehen, z.T. sind es Jugendliche, die dem Krieg zum Opfer fielen; in anderen Gräbern wurde die gesamte männliche Linie einer Familie beigesetzt. Meist Donnerstagnachmittag oder an religiösen Feiertagen kommen zahlreiche trauernde Angehörige zum Besuch der Gräber. Zum Friedhof und zum Grab von *Khomeini* fährt man einfach mit der U-Bahn Linie 1 bis zur Endstation Haram-e Motahar.

Praktische Informationen

■ **Telefonvorwahl Teheran: 021**
■ Seit 2006 bestehen alle Telefonnummern in Teheran aus **acht Ziffern.** Falls noch die alte Nummer angegeben ist, einfach die erste Ziffer verdoppeln. Beispiel: Aus 8710778 wird 88710778.

Auf dem Friedhof Behesht-e Zahra

Informationen/Auskunft

■ **Am Flughafen:** Die Touristinformation am IKA ist nur bedingt von Nutzen, weil sie zu den Zeiten, zu denen Maschinen aus dem Ausland ankommen, meist geschlossen ist. Auch ist das Angebot an Broschüren oder Plänen eher spärlich.
■ **Am Bahnhof:** Auch die Touristinformation am Bahnhof hat wenig zu bieten, was dem Reisenden weiterhelfen könnte.
■ Eine Informationsstelle des **Ministeriums für Islamische Führung** (auch zuständig für Tourismus) befindet sich in der Kh. Dameshq Nr. 11 / Kh. Vali Asr, Tel. 8892212-5.
■ Die Zentrale der **Iran Touring and Tourism Organisation (ITTO)** in der Kh. Azadi / Ecke Kh. Rudaki bietet Informationsmaterial.

Geldwechsel

■ **Bank-e Melli,** im Ankunftsterminal im Flughafen IKA; in der Kh. Ferdowsi (gegenüber der Deutschen Botschaft), hier wird auch MasterCard akzeptiert; Ecke Vali Asr / Kh. Motahari, Umtausch nur bis 13 Uhr.
■ **Bank-e Refah Kargaran,** Karim Khan Zand (Nord) in Höhe Pol-e Karim Khan.
■ **Lizensierte Wechselstuben:** auf dem Parkplatz vor dem Terminal 2 des internationalen Flughafens Mehrabad, Atlas Exchange, Kh. Ferdowsi Nr. 2, Zarrin Exchange, Kh. Dr. Shari'ati, Nr. 1207.
■ Zahlreiche **private Wechselstuben** finden sich in der Kh. Ferdowsi südlich und nördlich der Kh. Jomhuriye Eslami und in der Kh. Jomhuriye Eslami westlich der Kh. Ferdowsi.

Post

■ Die **Hauptpost** findet sich in der Kh. Sa'adi, südlich der Kh. Amir Kabir. Eine weitere Filiale im Zentrum von Teheran liegt in der Kh. Iranshahr, 100 m nördlich der Kh. Jomhuriyeh Eslami. Geöffnet jeweils 8 bis 19 Uhr.
■ Im Norden findet sich ein **Postamt** in der Kh. Shari'ati auf Höhe der Pol-e Rumi.

Internetcafés

Hier nur eine kleine Auswahl der zentral gelegenen Internetcafés. Es gibt weitere in allen Teilen der Stadt. Aufgrund von meist zeitlich befristeten staatlichen Einschüchterungskampagnen kann es immer wieder zu zeitweiligen Schließungen kommen.

■ **Pars Internet,** 369 Kh. Ferdowsi, gegenüber der Britischen Botschaft.
■ **Fajr Internet Hall,** 54 Kh. Fajr, Kh. Motahari, Tel. 88828636.
■ **Golestan Cyber Café,** Nr. 1338, 1. Stock, gegenüber der Universität, Kh. Enqelab, Tel. 66406292, 66410230.
■ **NetCom,** 212 Kh. Vali Asr.
■ **Shahab Computer Block,** Kh. Vali Asr, gegenüber Tankstelle am Park-e Sa'i, Tel. 8872 8751.
■ **DSL-Kofinet,** Kh. 30. Tir/Ecke Kh. Jomhuri.

Messen und Ausstellungen

Teheran ist das größte Messezentrum in Iran. Regelmäßig finden hier Messen und Ausstellungen der verschiedensten Art auf dem **Messe- und Ausstellungsgelände** im Norden (Chamran-Autobahn in Richtung Tajrish) statt. Am bedeutendsten sind die **Industriemesse,** die jährlich im Oktober mit internationaler Beteiligung durchgeführt wird, sowie die **Internationale Buchmesse.**

Visaverlängerung

■ **Atba'e khareje** (Department of Foreigner's Affairs) in der Kh. Sepah, ca. 250 m südlich des Meydan-e Sepah. Erforderlich zur Verlängerung des Visums sind: 2 Passbilder (können vor Ort gemacht werden), Bankeinzahlung über 10.000 Tuman (Bank im Hause), Kopie von Pass und Visum, Antrag. Die Bearbeitung dauert mehrere Tage, oft ist es sehr voll. Bei Überschreitung der Aufenthaltsdauer wird eine Strafe von 30.000 Tuman pro Tag fällig!

Botschaften

■ **Botschaft der Bundesrepublik Deutschland,** Kh. Ferdowsi 324, Teheran, Tel. 3999-0000, www.teheran.diplo.de. Mobilnummer für **Notfälle:** 0912-1131007. Freitag und Samstag ist die Botschaft geschlossen, an den anderen Wochentagen ist sie von 7 bis 15.30 Uhr, in den Sommermonaten bis 14.30 Uhr geöffnet.
■ **Botschaft der Schweiz,** 13/1 Kh. Bustan, Elahieh, P.O. Box 19395-4683, Tel. 268226/7.
■ **Botschaft der Republik Österreich,** Embassy Building, 3. Stock, Nr. 78, Meydan-e Arjantin, P.O. Box 15115-455, Tel. 88710753.
■ **Botschaften der Nachbarländer:** s. „Praktische Reisetipps A–Z: Diplomatische Vertretungen".

Medizinische Versorgung

Dass die ärztliche Kunst unter den Iranern sehr verbreitet ist und hohes Ansehen genießt, wissen wir durch die vielen iranischen Ärzte, die in Deutschland praktizieren. Natürlich gibt es auch in Teheran eine Anzahl Ärzte, die **Deutsch** sprechen. Die folgenden Adressen wurden freundlicherweise von der Deutschen Botschaft in Teheran zur Verfügung gestellt. Eine umfangreiche Übersicht über die Krankenhäuser in Teheran gibt **www.irantour.org/Iran/health.html.**

Private Krankenhäuser
■ Im Norden: **Bimarestan-e Arad Chaharrah-e Iradj,** Kh. Bahar, Tel. 7761097-8, 7761001-6, Ansprechpartnerin: Dr. *Zagar* (Vertrauensärztin der Botschaft), Besonderheiten: spezialisiert auf Neurochirurgie und Magen-Darm-Erkrankungen.
■ Im Zentrum: **Day General Hospital,** Kh. Vali Asr / Ecke Kh. Tavanir, Shahid Abadour, Tel. 888 70031-50, Ansprechpartnerin: Frau *Rahmati,* Tel. 77540052, empfehlenswert bei Herzbehandlungen und -operationen, Vertrauensärzte *Dr. Ansari, Dr. Djalilian* oder hilfsweise *Dr. Amiri Feiz* kontaktieren, 24-Std.-Ambulanz.

Staaliches Krankenhaus
■ Im Norden: **Rajai Hospital,** Kh. Vali Asr, Park-e Mellat, Tel. 221921-40, Ansprechpartner: Dr. *Madjid Maleki,* Tel. 22042038.

Ärzte
■ **Dr. Djamshid Ansari,** Familienarzt/Allgemeinmedizin, Kh. Ghandi/Kh. 11 Nr. 2, Tel. 88888952.
■ **Dr. F. Sheybani,** Kh. Mirdamad 332, gegenüber dem Eskan Shopping-Center, Tel. 88882456.
■ **Dr. Riaz Nafash,** Zahnarzt, Kh. Motahari 335, Tel. 88713408 (englisch/französisch).

Notfallversorgung
Ein Notarztwagensystem gibt es in Teheran nicht. Teilweise verfügen Krankenhäuser über Ambulanzfahrzeuge, die aber meistens nicht für die Notfallversorgung geeignet sind. Notruf für **Krankenwagen: 125,** Polizei: 110, Feuer: 115 (die Notrufnummern helfen nur bedingt weiter, da fast ausschließlich Persisch verstanden wird).

Apotheken
In Teheran gibt es über die ganze Stadt verteilt Apotheken, die 24 Stunden geöffnet sind. Gebräuchliche Medikamente wie Schmerzmittel sind dort sehr preiswert zu bekommen. Hier eine kleine Auswahl:

■ **29. Farvadin,** Meydan-e Hor, Kh. Kargar Jonubi, Tel. 66400073.
■ **Bonyad Shahid 1,** Nikoo-Kreuzung, Kh. Sepahbod Qarani, Tel. 88906695.

Stadt Teheran

■ **Bonyad Shahid 2,** Kh. Felestin, Bolv. Keshavarz, Tel. 6650994.
■ **Setareh,** Pol-e Mudiryat, Bozorgrah-e Shahid Chamran, Tel. 22071307-8.
■ **Qanun,** Meydan-e Vanak, Tel. 88779360.
■ **Bou Ali,** Kh. Damavand, Meydan-e Imam Hossein, Tel. 3336046.
■ **Abedini,** Meydan-e Baharestan, Tel. 77522562.

Unterkunft

Natürlich verfügt Teheran von allen iranischen Städten über die meisten Hotels in allen Kategorien. In der Goldgräberstimmung der 1970er Jahre hatten die großen internationalen Hotelkonzerne auch Irans Metropole mit vielstöckigen Hotelkästen beglückt. Nach der islamischen Revolution zogen sie sich dann zurück und die Hotels (ver)fielen in iranische Hände, zumeist die der „Stiftung der Entrechteten und Kriegsteilnehmer". Mittlerweile sind die meisten renoviert worden.

■ Das **Hotel Laleh**④, das frühere Intercontinental, ist von allen teuren Häusern in Teheran das empfehlenswerteste. Es liegt günstig zum Stadtzentrum und Flughafen. Kommt man im Südflügel unter, hat man einigermaßen Ruhe und einen schönen Ausblick über den Laleh-Park. Kh. Dr. Fatemi, Tel. 88965021-9, www.lalehhotel.com.
■ Zwar nominell nicht zu den „großen vier" zählend, steckt das **Hotel Simorgh**④ doch die meisten von ihnen spielend in die Tasche! In keinem Hotel in Teheran gibt es einen besseren Service, die Kellner im Restaurant wissen sogar, wie man Fondue serviert. Trotzdem ist es angenehm privat. Das Hotel liegt ziemlich in der Mitte zwischen Tajrish im Norden und dem Stadtzentrum im Süden, direkt an der „Hauptstraße" Teherans, der Kh. Vali Asr. Fünf Minuten entfernt ist der Park-e Sa'i, wo es sich schön spazieren gehen lässt und an den Wochenenden das Leben tobt. 1069 Kh. Vali Asr / Ecke Kuch. Delbasteh, Tel. 88719911, www.simorghhotel.com.

■ Das **Grand Hotel Ferdowsi**③ ist eine gute Wahl, wenn man viel im Stadtzentrum zu tun hat. In den mittlerweile renovierten Zimmern direkt neben der Kh. Ferdowsi kann man sich schon ausruhen, wenn andere Touristen noch zu den weit entfernt im Norden liegenden Hotels unterwegs sind, was zur Hauptverkehrszeit schon mal eine Stunde dauern kann. Geschätzt wird das Hotel wegen seines reichhaltigen Büfetts im Restaurant. Auch der PC in der Lobby darf gegen geringe Gebühr benutzt werden. Nicht zuletzt die neben dem Hotel liegende *qanadi* (Konditorei) sowie das traditionelle Teehaus mit Wasserpfeife und abendlicher Live-Musik machen die Entscheidung leicht. Kh. Ferdowsi / Kh. Foroughi, Tel. 66727026-31, www.ferdowsihotel.com.
■ Günstig zwischen Meydan-e Azadi und Meydan-e Enqelab liegt das **Hotel Asareh**③, Kh. Azadi / Kh. Zareh Nr. 1, Tel. 66564555, www.asarehhotel.com. Gut ausgestattete und saubere Zimmer. Ein Restaurant ist vorhanden. Günstig ist die Lage auch wegen der Anbindung in Richtung beider Flughäfen: Mehrabad ist in 15 Minuten per Taxi zu erreichen, zum IKA ist der Weg über die Navab-Autobahn der kürzeste.
■ Etwas weiter im Norden, unweit der ehemaligen US-amerikanischen Botschaft, liegt das **Hotel Mashhad**②. Das Personal ist nett und bemüht. Kh. Talaghani, Kh. Mofateh, Tel. 88825145-6, mashad_hotel@hotmail.com.
■ Günstig und ruhig im ehemaligen Armenierviertel von Teheran gelegen, aber ein wenig überteuert ist das **Hotel Naderi No**②. Kh. Gouharshad, Tel. 66709530-31.
■ Nicht zu verwechseln ist es mit dem **Hotel Naderi**② in der Kh. Jomhuri-ye Eslam, dem man den alten Charme noch anmerkt. Allerdings wurde hier seit Jahrzehnten nicht renoviert, alles ist ein wenig antik. Man sollte auf Zimmer zur Rückseite bestehen. Tel. 66708610.
■ Empfehlenswert, freundlich und auch ruhig in einer Seitenstraße der Jomhuri-ye Eslam gelegen ist das **Hotel Parastou**②, wo es auch ein kleines Restaurant gibt.

■ In Gehentfernung zum Stadtzentrum liegt das **Hotel Atlas**① mit nett dekorierten und ausreichend großen Zimmern. Die Zimmer zur Rückseite mit Garten sind vorzuziehen. Kh. Taleqani / Ecke Sh, Qarani, Tel. 88907475, 88900286-8, www.atlas-hotel.com.

■ In der Nähe des Bazars, aber in einer ruhigen Seitenstraße liegt das **Hotel Khayyam**①. Neben sehr einfachen Zimmern gibt es auch ein Restaurant, und beim Rückbestätigen von Flugtickets ist man gern behilflich. Ku. Navidi 33, Kh. Amirkabir, Tel. 33113757, www.hotelkhayyam.com.

■ Das privat geführte **Hotel Sa'adi**① bietet familiäre Atmosphäre und saubere Zimmer mit Dusche; Toilette allerdings auf dem Flur. Es gibt auch ein kleines Restaurant. Kh. Lalehzar, Tel. 33227653.

■ Wer es ganz preiswert mag, ist in der Bazargegend gut im **Gasthaus Mashhad**① (nicht zu verwechseln mit dem gleichnamigen Hotel!) aufgehoben. Es gibt Mehrbettzimmer für 4 bis 6 Personen, die Gemeinschaftsduschen und -toiletten sind sauber! Für EZ und DZ zahlt man Aufschläge. Kh. Amir Kabir Nr. 388, Tel. 33113062, info@mashhadhostel.com. Der Fußweg zur Metro am Meydan-e Imam Khomeini dauert gut 5 Minuten!

■ Ein weiterer „Traveller"-Pick ist das **Mosaferkhaneh Amol Mazanderan**①, Kh. Amir Kabir / Ku. Amir Darbar 79, Tel. 33113112. Im Untergeschoss gibt es ein Restaurant.

■ In derselben Gegend wäre auch noch das **Hotel Firouzeh**② zu erwähnen, das über saubere Zimmer mit Dusche verfügt. Zu finden in der Ku. Doulat Abadi / Kh. Amir Kabir, Tel. 33113508, Reservierungen und Infos: www.firouzehhotel.com.

■ Äußerst günstig zum Bazar, in der Nähe des Dar ol-Funun an geschichtsträchtiger Stelle, liegt das **Hotel Amir Kabir**② in der Kh. Naser Khosrou Nr. 220, Tel. 33978970.

■ Sehr ruhig, obwohl recht zentral gelegen, ist das **Hotel Fardis**② in einer Seitenstraße der Kh. Forsat. Das Personal ist versiert und freundlich. Kh. Enqelab, Kh. Forsat / Kh. Soheyl, Tel. 88820951, fheydari@pegah.net.

■ Um den Meydan-e Imam Khomeini gibt es eine Fülle einfachster Hotels und *mehmansara*, von denen nur wenige zu empfehlen sind. Eine Ausnahme macht das **Hotel Arman**② mit recht sauberen Zimmern – es ist für diese Gegend auch wirklich ruhig. Kh. Saderat 35, Kh. Ekbatan, Kh. Saadi, Tel. 33112323.

Essen und Trinken

Die Auswahl an Restaurants in Teheran steigt ständig. Seit einiger Zeit gibt es in manchen Restaurants auch **Musikvorführungen** als Ersatz für sonst fehlende Vergnügungsmöglichkeiten. Die folgenden empfehlenswertes Adressen sind über alle Ecken der Stadt verteilt, beginnend im Norden.

■ Im Djamshidieh-Park gibt es mehrere Restaurants mit iranischen Regionalküchen, z.B. das **Kordestan-Restaurant** (Tel. 22801309) oder das **Azerbeijan-Restaurant** (Tel. 22297540). Beide bieten neben gutem Essen auch eine tolle Aussicht auf Teheran.

■ Eine schönen Mix aus Musikdarbietungen, netter Umgebung (z.B. im Anschluss an eine Wanderung in Darband) und gutem Essen bietet das **Restaurant Kuhsar,** Sar-e-Band, Kh. Darband, Meydan-e Qods, Tel. 22712444.

■ Eine besondere, für Teheraner Verhältnisse allerdings teure, Attraktion ist das **Drehrestaurant** im 14. Stock **des Borj-e Sefid.** Dafür wird man mit einem atemberaubenden Rundblick über Nord-Teheran belohnt. Kh. Pasdaran, Borj-e Sefid Building, Tel. 22563828.

■ Das **Restaurant Alborz** bietet klassische persische Gerichte mit Schwergewicht auf allen Arten von Kebabs. Kh. Sohrevardi Shomali, oberhalb der Kreuzung Kh. Beheshti, Tel. 88761907.

■ Bekannt für seine Fischgerichte ist das **Loupatou** in der Umgebung des Meydan-e Vanak, Kh. Molla Sadra, Kh. Sheikh Bahaee, Saba Tower, Tel. 88054378.

● Das **Restaurant Ali Qapu** war eines der ersten, das zu gutem Essen (reichhaltiges Salatbüfett) Musikvorführungen bietet. Deshalb ist es auch bei den „besseren Leuten" Teherans sehr beliebt – unbedingt reservieren! Ab vier Personen empfehlenswert ist die gemischte Platte mit drei verschiedenen Sorten Reis und gemischtem Grillfleisch. 55 Kh. Gandhi, Meydan-e Vanak, Tel. 88777803.

● Auch nicht weit entfernt vom Meydan-e Vanak bietet das **Restaurant Gilac**, wie der Name schon sagt, als Schwerpunkt Speisen aus dem Norden Irans, vegetarische Vorspeisen und auch Fisch. Unbedingt zu empfehlen! Geöffnet täglich 12 bis 16 und 19 bis 24 Uhr. Kordestan Highway / Park des Princes Nr. 15, Tel. 8803404.

● Tradition ist sicher kein schlechter Gradmesser für die Qualität eines Restaurants, deshalb kann das **Khan Salar** gar nicht schlecht sein. Es gehört zu den ältesten seiner Art und ist dekoriert in klassischem Stil. 22 Kh. Alvand, Meydan-e Arjantin, Tel. 88788764.

● Das legendäre **Restaurant Nayeb**, gegründet 1880 im Teheraner Bazar, war berühmt für sein *Chelo Kabab*. Es gibt heute einige Restaurants mit diesem Namen. Eines der bekanntesten ist das *Nayeb* in der Kh. Vali Asr Nr. 1030, schräg gegenüber dem Hotel Simorgh. Preisklasse gehoben – Essen exzellent. Tel. 88715029.

● In derselben Tradition steht das **Nayeb** in der Kh. Vali Asr oberhalb der Kreuzung Parkway, Pessian Station. Tel. 22041370.

● Im Herzen der Stadt, in der Kh. Karim Khan Zand Nr. 166, auf Höhe der Brücke / Einmündung Kh. Iranshahr, findet man im Untergeschoss das traditionell eingerichtete **Restaurant Karim Khan**, wo es neben Mittag- und Abendessen auch Frühstück gibt – eine Seltenheit in Iran! Tel. 88317753/4.

● Sehr günstig unmittelbar an der verkehrsreichen Vali-Asr-Kreuzung gelegen findet sich das **Iran Tak**, zumeist von jungen Leuten frequentiert. Viele der üblichen Kababs und auch Khoresht-Gerichte werden angeboten. Auch Wasserpfeifen gibt es zur Entspannung. In der Kh. Vali Asr Nr. 431, 100 m oberhalb der Kreuzung Enqelab, neben der Bank-e Mellat, Tel. 66407351 oder 66959847.

● An der Südwestecke des Meydan-e Ferdowsi / Ecke Kh. Enqelab liegt das **Sofre Khane-ye Ayyaran**. Hier wird in gemütlicher Atmosphäre mit historischen Fotos von Teheran an den Wänden ein Querschnitt der traditionellen iranischen Küche serviert. Gleich daneben, erreichbar über dieselbe Treppe zum Untergeschoss, gibt es ein Teehaus.

● Zu den bekannten traditionellen Restaurants im Norden der Stadt gehört das **Reyhoon**. Insbesondere für seine *Kababs* ist es bekannt. Kh. Kaj Abadi Nr.75, Bolv. Afriqa, Tel. 22059208.

● Eines der letzten klassischen „qahvekhanehs" (Kaffeehäuser) ist das **Khodemuni** („Bei uns zuhause") in der Kh. Taleqani/Kh. Fariman. Schon der Name legt nahe, dass es sich um ein Familienunternehmen handelt, betrieben von *Aqa Ferri* und seiner Frau *Zahra*. Hier kommen die Leute des Viertels zusammen, um die neuesten Nachrichten auszutauschen und etwas Entspannung zu suchen.

● Das **Naderi** in der Kh. Jomhuriyeh Eslami (ca. 100 m vor der Kreuzung Ferdowsi neben dem Eingang zum gleichnamigen Hotel) gehört zu den klassischen Etablissements in Teheran. Hier hat in den dreißiger Jahren schon der berühmte Schriftsteller *Sadeq Hedayat* seinen Kaffee oder Tee getrunken. Daneben gibt es Shakes, Eis und Gebäck. Das Restaurant ist weniger berühmt wegen seines Essens als wegen der Atmosphäre und der „klassischen" Kellner, die ein paar Sätze in fast allen Sprachen der Welt beherrschen.

● Kein öffentliches Restaurant, aber dennoch vorzügliche Küche mit langer Tradition – das ist der **Armenische Klub** in Teheran, zu finden in der Kh. Nofle le-Chato / Kh. Khark Nr. 68, unweit der Botschaften Italiens und Frankreichs. Ein großes Werbeschild sucht man vergeblich, an der gelben Markise kann man sich orientieren und dann klingeln. Die „armenische" Umgebung – Muslime sind auf Anordnung der iranischen Behörden nicht zugelassen – sorgt dafür, dass Frauen hier die islamische Kleiderordnung vernachlässigen können. Öffnungszeiten täglich 20 Uhr bis Mitternacht, freitags von Mittag bis 15 Uhr. Tel. 66700521/2.

■ In der Nähe des Nationalmuseums liegt im Untergeschoss das **Restaurant Farsang** mit einer guten Auswahl von Gerichten abseits von *Kababs,* dazu noch sehr preiswert. Kh. Imam Khomeini, gegenüber Busterminal. Tel. 66736507.

■ Weit zurück reicht die Tradition des **Khoshbin,** wo alle Köstlichkeiten der Gilaki-Küche serviert werden: *mirzaghasemi, baghalaghatagh, mahi dudi* – alles, was das Herz begehrt, ist in dem kleinen, einfach eingerichteten Lokal zu haben. Kh. Saadi 406, südlich Serah-e Manuchehri, Tel. 33902194.

■ Weit im Süden in der Nähe des Bahnhofs liegt das traditionelle **Restaurant Azeri.** Hier wird ausschließlich *dizi* serviert, ein kräftiger Hammeleintopf mit Kräutern und frischem Fladenbrot. Dazu gibt es abends Vorführungen klassischer persischer Musik. Unbedingt reservieren! Kh. Vali Asr, oberhalb Meydan-e Rah-e Ahan, Tel. 55373665.

■ Relativ neu für Teheran sind **Cafés nach europäischem Vorbild.** Die meisten von ihnen sind Treffpunkte der jungen Generation, vor allem Intellektuelle und Künstler verkehren hier gern. In den meisten Einkaufszentren und Passagen im Norden der Stadt kann man sie finden, mittlerweile gibt es aber auch einige im Zentrum und in der Umgebung der Universität. Folgende seien hier empfohlen: **Café Teatr** unterhalb der Rudaki-Halle (Talar-e Vahdat) in der Kh. Arakelian / Ecke Kh. Bahrami; **Café Khalifeh,** Kh. Mozaffar 44; **Café Qajar,** Kh. Mozaffar, Ku. Khajeh Nasir; **Café Romance,** Kh. Ferdowsi, Ku. Zarrabi 4.

■ Ebenfalls neu ist der Trend zu **vegetarischen Restaurants.** Im Norden ist das **Ananda** zu empfehlen, wo neben iranischen vegetarischen Gerichten auch Variationen von Pasta, Pizza und Salaten sowie Kuchen, Eis, frische Säfte und Kaffee-Spezialitäten angeboten werden. Kh. Pasadaran, 10. Behestan, Kh. Ekhtiarie jenoubi, Tel. 22556767.

■ Mittlerweile stadtbekannt ist das **Golestan Restaurant** im Park-e Honarmandan in der Kh. Taleqani, Kh. Moussavi shomali.

■ Unmittelbar in der Nähe der Universität Amir Kabir findet sich das kleine **Restaurant Charmiz,** wo Frau *Rezvaneh* ihre selbst gemachte vegetarische Pasta serviert. Es wird schnell voll – mehr als eine Handvoll Tische steht nicht zur Verfügung. Ecke Kh. Hafez / Kh. Alborz, Tel. 66498510.

■ Unweit der Universität Teheran gibt es das **„restoran-e ghazaye salem",** das Restaurant für gesunde Gerichte also, das im Untergeschoss liegt, darüber verkauft Herr *Irandoust* Bio-Produkte. Kh. Enqelab, zwischen Felestin- und Vali Asr-Kreuzung, Tel. 66464000.

■ Weit im Norden, fast schon außerhalb der Stadt, in Lavasan, liegt das **Bid Majnoon** mit einer Auswahl von über 25 verschiedenen vegetarischen Gerichten. Hier kann man auch auf einer Freiterrasse sein Essen genießen. Kh. Imam Khomeini, Kh. Isargaran, Tel. 0912-3478303.

Überlandbusse

Die Überlandbusse aus allen Gegenden Irans verkehren von den drei Terminals; in die Stadt hinein dürfen sie aus verständlichen Gründen nicht fahren. Fast alle Busgesellschaften *(taavoni)* unterhalten Büros in allen Terminals. Die Tickets können vorher telefonisch reserviert oder direkt vor der Fahrt gekauft werden.

Ein **Stadtbüro** in der Kh. Ferdowsi (nördliche Ecke Kh. Nofle-le-Chateaux) unterhält **Taavoni Nr. 1** (Iran Peyma, Tel. 66707148 oder 66707432). Hier können Plätze für alle Linien, auch die internationalen, reserviert werden.

Terminals

Grob lassen sich die Terminals folgendermaßen zuordnen:

■ Vom **Süd-Terminal** fahren die Busse nach Süden und Südwesten ab: **Terminal-e Djenoub,** Bozorgrah-e Be'sat, Tel. 5550047/8.

Wandern und noch viel mehr in den Teheraner Bergen

Am Wochenende laden die Berge im Norden Teherans zum Wandern ein, und vor allem im Sommer folgt ein großer Teil der **Teheraner Jugend** willig dem Lockruf der Natur und des kühleren, angenehmen Wetters. Dabei steht jedoch weniger der Genuss der recht kargen Landschaft als vielmehr der **soziale Lustgewinn** im Vordergrund.

Auf langen Spaziergängen, schmale und verwinkelte Bergpfade entlang, lassen sich auch über die Geschlechtergrenzen hinweg **Kontakte knüpfen,** die in der Teheraner Innenstadt, unter dem potenziell wachsamen Auge des Gesetzes, gefährlich werden könnten. Ein solcher Spaziergang kann folgendermaßen ablaufen:

Eine Gruppe von drei männlichen Jugendlichen marschiert stramm nach oben und überholt dabei eine Gruppe von drei Mädchen. Man blickt sich kurz aus den Augenwinkeln an. 20 Meter weiter bleiben die Jungen stehen, um die Landschaft zu betrachten. Nun gehen die Mädchen gemächlich an ihnen vorbei, lassen achtlos ihre Blicke schweifen, scheinbar in ein wichtiges Gespräch vertieft.

Nun sind die Jungs wieder dran. Überholen! Nach einem weiteren Überholmanöver haben sie genug gesehen, um zu wissen, ob ein prinzipielles Interesse am Kennenlernen bestehen könnte. Ist dies der Fall und funkeln die schwarzen Augen der Mädchen beim dritten Überholmanöver mit etwas größerer Leuchtkraft als beim ersten und zweiten Mal, dann verständigen sich die Jungs mit Blicken: „Wir versuchen's!"

Nun kommt eine sensible Phase. Die drei Jungen bleiben ein weiteres Mal stehen, um die unvergleichliche Formation der Nord-Teheraner Nacktfelsen zu bewundern. Als die Mädchen nun vorbeigehen, entfährt einem der Jungen ein kurzer Satz, ganz höflich und unverbindlich: *Khaste nabaashid* – „Möget ihr nicht müde sein!". Die Bedeutung dieses Satzes geht gegen Null, er ist eine reine Floskel, die man bei fast jeder Gelegenheit (im Bus, Geschäft etc.) hören kann, wo sich Iraner begegnen, aber hier erfüllt er einen Zweck: den der Kontaktaufnahme.

Eines der Mädchen antwortet mit *Shomaa ham khaste nabaashid!* („Möget ihr auch nicht müde sein!"), und das Eis ist gebrochen. Man kommt zwanglos ins Gespräch, geht zusammen zu einer Berghütte, trinkt Tee und lernt sich kennen. Nach ein, zwei Stunden wandert man gemeinsam wieder nach unten, tauscht Telefonnummern aus und geht getrennt seiner Wege.

Nun ist alles offen: Hat man einen schönen Nachmittag verbracht, so wird er sich vielleicht wiederholen. Die Dreier-Dreier-Kombination ist unverdächtig und kann beim Auftauchen von Sittenwächtern jederzeit aufgelöst werden. Entwickelt sich mehr, so können individuelle Rendez-vouz vereinbart werden – und dann beginnt eine andere Geschichte.

004 ©d'Ydewalle jean

■ Vom **Ost-Terminal** fahren die Busse nach Osten und Nordosten ab: **Terminal-e Sharq,** Serah-e Tehranpars, Kh. Damavand, Tel. 77864010 und 778 64355.

■ Vom **West-Terminal** fahren die Busse nach Westen und Nordwesten ab und auch nach Armenien und Aserbeidschan: **Terminal-e Gharb,** Meydan-e Azadi (shomali), Tel. 44656812.

Natürlich gibt es teilweise **Überschneidungen:** Busse nach Hamadan z.B. kann man sowohl am West-Terminal (über Qazvin), als auch am Süd-Terminal (über Saveh) bekommen. Am besten vorher telefonisch erkundigen (s.u.).

Eine Ausnahme bildet das **Beihaqi-Terminal** am Meydan-e Arjantin, wo die Busse verschiedener Gesellschaften abfahren, sowohl innerhalb Irans als auch in die Türkei, nach Syrien und Armenien: Seir-o-Safar, Meydan-e Arjantin, Tel. 88732535, oder Iran Peyma, Tel. 88753601, oder Hamsafar, Tel. 88756680.

Auch einen **Zustellservice** kann man hier buchen: Wichtige Briefe, Dokumente oder kleine Päckchen, aufgegeben z.B. im Büro von Seir-o Safar in Shiraz am Nachmittag um 17 Uhr, sind am Morgen des kommenden Tages im Beyhaqi-Terminal abholbereit. Funktioniert natürlich auch umgekehrt: Nachmittags um 16 Uhr in Teheran aufgegeben, am kommenden Morgen um 9:30 Uhr in Kerman eingetroffen. Kosten: so gut wie nichts (DIN A 4-Umschlag von etwa 250 g 5000 Tuman).

Busgesellschaften
■ **Taavoni Nr. 1** (Iran Peyma): Tel. 44654035 im West-Terminal, Tel. 5555177 im Süd-Terminal, Tel. 77865530 im Ost-Terminal
■ **Taavoni Nr. 3:** Tel. 55578433
■ **Taavoni Nr. 4:** Tel. 44640552
■ **Taavoni Nr. 5:** Tel. 44660116
■ **Taavoni Nr. 8:** Tel. 77523851
■ **Taavoni Nr. 16:** Tel. 66054060, Nr. 3 bis 16 alle West-Terminal

■ **Seiro Safar,** Tel. 66058484; West-Terminal Tel. 77865696; Ost-Terminal Tel. 77864010; Süd-Terminal Tel. 5550047.

Bahn

Teheran ist Irans Eisenbahnknotenpunkt. Hier kreuzen sich die Verbindungen aus Richtung Isfahan, Tabriz, Khorramshahr, Gorgan, Mashhad und Bandar Abbas sowie die beiden internationalen Strecken. Der **Bahnhof** liegt südlich des Bazars am Meydan-e Rah-e Ahan (s.o.: Ankunft). Im Innern des Bahnhofsgebäudes gibt es zwar eine Zuginformation, jedoch keinen Fahrkartenverkauf. **Fahrkarten** bekommt man bei ausgewählten **Reisebüros** (s.u.) oder übers Internet: Man klickt Teheran auf der Landkarte der Website www.raja.ir an. Leider wird diese Seite nicht immer mit den neuesten Informationen versorgt. Wer über eine in Iran gültige Bankkarte verfügt, kann die Tickets im Internet bestellen. Für Online-Buchungen steht auch www.iranrail.net zur Verfügung.

Autovermietung

■ Autos mit Fahrer kann man bei **Reise- oder speziellen Taxi-Agenturen** *(ajans)* mieten, von denen es in jedem Stadtviertel zahlreiche gibt, oder aber bei der **Busgesellschaft Seir-o Safar,** Tel. 88732535.

■ Seit Kurzem ist **Europcar** mit Filialen in mehreren iranischen Städten vertreten. In Teheran gibt es Stationen an den Flughäfen Imam Khomeini, Tel. 88366615, und Mehrabad, Tel. 88372241, sowie das Stadtbüro in Saadatabad, Kh. Falamak Shomali, Meydan-e San'at, Kh. 11, No. 2, Tel. 88366615. Es werden sowohl Fahrzeuge mit Fahrer als auch für Selbstfahrer vermietet. Die Kaution in Höhe von 300 US$ muss in bar hinterlegt werden und wird nach Rückgabe auf ein Bankkonto überwiesen.

Reiseagenturen

Reiseagenturen gibt es in Teheran besonders zahlreich zu beiden Seiten der Kh. Ostad Nejatollahi (Villa). Bei den meisten kann man **internationale und Inlandsflüge** reservieren sowie **Bahnfahrkarten** kaufen. Viele Veranstalter, bei denen man **organisierte Touren** buchen kann, haben ebenfalls in Teheran ihren Sitz.

■ **Arg-e-Jadid Travel Co.,** Arg-e-Jadid Building, No. 296, Motahari Ave. Tel. 88833583, info@atc.ir.

■ **Cyrus Sahra Travel Agency** arbeitet unter der Leitung von Cyrus Etemadi, dem „Grandseigneur" des iranischen Tourismus. Er war schon vor der Revolution tätig. Gerade weil er selbst die Natur liebt, kennt er die meisten Berge Irans wie seine Westentasche. Besonders für Öko- und Trekking-Touren ist man hier in besten Händen. Tel. 88640481-5, mobil 0912-1210414, www.cyrussahra.com.

Flüge

Iranische Fluggesellschaften

■ **Iran Air** bietet Flüge in fast alle iranischen Städte, teilweise auch mit der Tochtergesellschaft Iran Air Tour. Zentralbüro: 22 Kh. Ostad Nejatollahi, Tel. 88800314, www.iranair.com

■ **Kish Air** fliegt u.a. nach Kish, Khoramabad, Isfahan, Tabriz, Bam und Jiroft; ab Kish nach Abadan, Mashhad, Tabriz, Shiraz, Dubai, Asaluyeh, Isfahan, Bandar Abbas. Jahan-e Kudak, Bozorgrah-e Afriqa, Tel. 88775006, www.kishairline.com.

■ **Caspian Air** fliegt nach Ahvaz, Mahshahr, Mashhad, Kish, Kiew, Damaskus, Erewan. Verkaufsbüro: Nr. 306, Kh. Motahari Ecke Kh. Miremad, Tel. 88736930.

Schnappschuss in der City

◻ Provinz Teheran S. 20

■ **Iran Aseman** fliegt in viele Städte des Landes, z.B. nach Bam, Lar, Noshahr, Parsabad, Jahrom und Gorgan. www.iaa.ir, Tel. 6603 5310.
■ **Faraz Qeshm Airlines** fliegt nach Qeshm, Tabriz, Bandar Abbas, Isfahan, Hamadan, Ilam, Noshahr und Kermanshah. Verkaufsbüro: 17 Kh. Ghandi, neben Kuch. 11, Tel. 88770593, 88770594, www.farazqeshm.com.
■ **Mahan Air** fliegt u.a. nach Kerman, Dubai, Sirjan, Mashhad, Düsseldorf; ab Kerman nach Bangkok, Isfahan, Jiddah, Dubai, Kish, Mashhad. Verkaufsbüro: Sakhteman-e Mahan 21, Kh. Azadegan, Bozorgrah-e M. A. Jenah, Tel. 48041111, www.mahan.aero.

Internationale Fluggesellschaften
■ **Lufthansa:** gleiche Adresse wie Austrian Airlines, Tel. 88738701, www.lufthansa.com.
■ **Austrian Airlines:** Büro Teheran, 1st Fl., #2, Borj-e Darya-ye-Nour, Sh. Sar Afraz St., Kh. Sh. Beheshti, Tel. 88749375/6, www.austrian.com.

Provinz Teheran

Zentraler Alborz

Darband und Tochal-Berg

Vom Platz Meydan-e Tajrish im Norden der Stadt lohnt sich ein Abstecher nach Darband am Fuße des Berges Tochal (3957 m), einer beliebten **Sommerfrische** der Tehranis. Der Fußweg ist, weil bergauf, ein wenig beschwerlich. Sammeltaxis nach Darband verkehren ab der Ecke Meydan-e Tajrish / Kh. Shahid Gholam Dja'afari bis zu dem Bronzedenkmal eines Bergsteigers direkt am Fuß des Berges.

Darband ist ein beliebtes Ausflugsziel. Vor allem donnerstags nachmittags und freitags in aller Frühe zieht es zahlreiche Ausflügler an. Besonders junge Tehranis schätzen die relative Freiheit der Berge, wo sie Dinge unternehmen können, die inmitten der Stadt unvorstellbar sind. Deshalb muss man auch mit der Anwesenheit von Uniformierten rechnen, die über die „Einhaltung der Sitten" wachen.

Links des Bergsteigerdenkmals ist der Zugang zu einer kleinen **Seilbahn,** mit der man durch eine reizvolle Berglandschaft bis zur Station in 1900 m Höhe fahren kann (in Betrieb nur Donnerstag und Freitag von 5:30 Uhr bis Sonnenuntergang).

Wer eine **Wanderung** in den Bergen unternehmen möchte, folgt einfach dem Weg bergan, vorbei an zahlreichen **Ausflugsrestaurants** am Rande eines Baches. Hier kann man es sich vor oder nach der Wanderung auf Dachterrassen unter freiem Himmel, ausgestreckt auf *takhts,* bei Kebabs, Tee oder Wasserpfeife gemütlich machen und dem munteren Treiben von oben zuschauen.

Seilbahn auf den Tochal
Der bequemere Weg auf den Gipfel des Tochal ist der mit der Seilbahn, die von **Velenjak** aus verkehrt. Die Talstation erreicht man von Tajrish aus mit dem Taxi. Die Kh. Velenjak westlich des gleichnamigen Flüsschens führt in nördlicher Richtung direkt dorthin. Die **Tochal Telecabin** gilt mit 7,5 km als **längste Seilbahn der Welt** und führt von Station 1 in 1900 m Höhe bis zu Station 7 auf 3800 m. Sie wurde noch in der Schah-Zeit von europäischen Unternehmen errichtet und entspricht europäischem Standard. Man kann an mehreren Statio-

Dorfladen im Alborz

nen aus- oder zusteigen und einzelne Etappen wandern.

Eine weitere Sommerfrische befindet sich in Darake, westlich von Velenjak, wo zahlreiche Gasthäuser an einem Flüsschen zum Verweilen einladen.

■ **Tochal Telecabin,** in Betrieb Dienstag bis Freitag, Preis für die einfache Fahrt je nach Fahrstrecke zwischen 8000 und 10.000 Tuman, Abfahrtszeiten 8 bis 12:30 Uhr zur Gipfelstation und bis 15:30 Uhr zur 5. Station.

Skigebiete nördlich von Teheran

Teheran eignet sich im Winter gut als Ausgangspunkt von Skiausflügen. Die bekanntesten Pisten in der Umgebung liegen am Tochal, erreichbar über die Seilbahn ab Velenjak (s.o.). Von der Talstation fährt man bis zu Station 5, wo Skier und Schuhe geliehen werden können (pro Tag 10 US$, Skipass ca. 7000 Tuman, am Wochenende ca. 10.000 Tuman). Von dort fährt man weiter bis zur 7. Station, wo von Ende November bis Juni **leichte bis mittlere Pisten** zur Verfügung stehen. Zwei **Skilifte** gehen bis zum Gipfel.

Unterhalb des Tochal-Gipfels, in einer Höhe von 3545 m, steht ein **Hotel**③; es verfügt über 30 Zimmer und entspricht der gehobenen Kategorie, Tel. 021-224 04001/4, info@tochal.org.

Dizin, das wohl bekannteste Skigebiet Irans, erreicht man über die Chalous-Straße. Kurz hinter Gachsar zweigt die Straße rechts ab. **Hotel Dizin**③, Karaj-Chalus Road, Tel. 0262-2542978.

Etwa 20 km östlich von Dizin liegen die Skigebiete von **Shemshak** und das von **Darbandsar**. Unterkunft im **Hotel Shemshak**③, Tel. 0221-3552912.

Unterkunft gibt es auch **Meygoon**, 8 km von Shemshak entfernt, im **Hotel Maygoon Tourism**②, Tel. 021-651986. Die Anfahrt vom Nordosten Teherans über Lashgarak und Lavasan ist wesentlich kürzer, im Winter ist die Straße jedoch bei Schneefall oft gesperrt – manchmal sogar bis in den Mai hinein.

Rundfahrt durch den zentralen Alborz

In den Sommermonaten kann man nördlich der Hauptstadt einen schönen **Tagesausflug mit dem Auto** unternehmen (falls irgend möglich nicht im Wochenendverkehr am Donnerstag oder Freitag): vom Stadtzentrum Teherans aus die Kh. Damavand in Richtung Osten nehmen und von dieser kurz hinter dem Ost-Terminal auf dem Bozorgrah-e Parvin in Richtung Norden abbiegen. Er führt in seiner nördlichen Verlängerung über die Berge nach **Lashgarak.**

Wer von Nord-Teheran aus startet, fährt vom Meydan-e Tajrish aus nach Osten über Meydan-e Qods. Von hier der Kh. Shahid Dr. Lavasani (Farmaniyeh) folgen, die in ihrem weiteren Verlauf in den Bozorgrah-e Lashgarak und die Landstraße nach Lashgarak übergeht. Vor dem Erreichen dieses Orts nicht rechts in Richtung Lavasan fahren, sondern halblinks in Richtung Oushan – Fasham halten. In allen Orten an der Straße gibt es zahlreiche Ausflugslokale sowie Wochenendhäuser von Teheranis, die sich das leisten können.

Nach der Durchfahrt von **Fasham** halblinks in Richtung **Meygoon** halten. Etwa 8 km hinter Meygoon zweigt links die Straße nach **Darbandsar** ab (3 km), rechts geht es nach **Shemshak** und **Dizin**. In beiden Wintersportorten gibt es an der Hauptstraße eine Reihe von Restaurants und Imbissen. Die klare Luft in über 2000 m Höhe lädt zum Verweilen und spazierengehen ein.

Von Dizin bis zur Straße Karaj – Chalous sind es gut 30 km, kurz hinter **Gachsar** trifft man auf diese vor allem an Wochenden stark befahrene Hauptstraße von Teheran ans Kaspische Meer. Nach der Fahrt durch den **Kandovan-Tunnel** zweigt nach ca. 6 km eine Straße rechts in Richtung Baladeh ab, entlang des **Flusses Nour**. Dieses Tal mit seinen grünen Wiesen und den Pappeln am Ufer bietet vor allem im Frühling einen lieblichen Anblick. Man passiert einige Dörfer mit den für Irans Norden typischen Blechdächern. Die größte Ortschaft ist **Baladeh**, etwa in der Mitte zwischen den Straßen Teheran – Chalous und Teheran – Amol gelegen. Unterkünfte oder Restaurants allerdings sucht man hier vergeblich, das Tal von Nour ist touristisch noch nicht erschlossen – und gerade deshalb reizvoll! 10 km westlich von Baladeh liegt das Dorf **Yush,** Heimat des Begründers der modernen persischen Lyrik, *Nima Yushij* (1896–1959). Er revolutionierte die während Jahrhunderten verknöcherte persische Lyrik, wagte es, in freien Versen ohne Reimbindung zu dichten und ebnete so den Weg für alle seine Nachfolgerinnen und Nachfolger. In seinem Geburtshaus in Yush wurde eine Gedenkstätte eingerichtet.

Etwa 50 km hinter Baladeh trifft man auf die Hauptstraße nach Amol, rechts geht es nach Teheran zurück. Die Straße verläuft in **Sichtweite des Damavand;** bei der Ortschaft **Gazanak** zweigt rechts die Straße nach Larijan und Reineh am Fuße des Bergriesen ab. In der Nähe von **Polur** hat man die schönste Aussicht auf den Gipfel, mehere Restaurants und Teehäuser laden zu einer Pause ein. Über **Rudehen,** wo die Straße von Firuzkuh mit der von Amol zusammentrifft, geht es dann zurück nach Teheran.

Besteigung des Damavand

Die Besteigung des Damavand ist eine Herausforderung, der auch Nicht-Bergsteiger ohne Weiteres gewachsen sind. Der **5671 m hohe,** längst erloschene **Vulkan** stellt keine besonderen Anforderungen an Bergerfahrung oder Ausrüstung, wenn man ihn zwischen Mitte Juli und Anfang September besteigt. Schneefälle in diesem Zeitraum sind eine große Ausnahme. **Drei Tage** sollte man für dieses unvergessliche Erlebnis mindestens einplanen und am besten morgens aus Teheran aufbrechen. Für die schneefreien Monate im Sommer braucht es neben geeigneten Schuhen auch ein **Zelt und warme Kleidung,** denn in fast 6000 m Höhe ist es auch im Hochsommer um 0°C oder darunter.

■ In jedem Fall sollte man sich vorher über die Schnee- und Wetterlage informieren, z.B. bei der **Iranian Mountaineerung Federation,** Tel. 021-88839928, oder bei einer der Teheraner Tourismus-Agenturen, die auf Wandertouren spezialisiert sind, z.B. bei **Cyrus Sahra,** Tel. 021-88640481-5.
■ Bei Gitashenasi gibt es eine **Wanderkarte** des zentralen Alborz-Gebiets, die u.a. die Routen verzeichnet, die auf den Damavand führen: **Gitashenasi,** Geographical & Cartographical Institute, Nr. 15, Kh. Ostad Shahriyar, Kh. Razi, Tel. 6709335, www.gitashenasi.com.

Anfahrt

Taxis und Minibusse ab Teheran in Richtung Damavand verkehren ab dem Ost-Terminal (siehe Teheran: Überlandbusse). Man kann auch versuchen, im Verlauf der Damavand-Straße ein Sammeltaxi zu bekommen. Wichtig ist, dass sie in **Richtung Amol** (jade-ye Haraz) verkehren, denn bei Rudehen, ca. 50 km östlich von Teheran, teilt sich die Straße: Eine führt über Firuzkuh und Pol-e Sefid in Richtung Sari und Gorgan; die Straße, die am Damavand vorbeiführt, ist die in Richtung Amol.

Bis **Rudehen** ziehen sich die Trabantenstädte rund um Teheran hin. Die Stadt **Damavand,** ca. 20 km hinter Rudehen, lohnt für Kulturinteressierte einen kurzen Abstecher. Sie wurde schon in vorislamischer Zeit gegründet und erhielt zur Abbassidenzeit eine Freitagsmoschee, die im 11. Jh. umgebaut wurde. In der knapp 2000 m hoch gelegenen Stadt und ihrer Umgebung gibt es eine Reihe von alten Grabtürmen. Weiter in Richtung Firouzkuh gibt es ein **schönes Trekkinggebiet.** Ca. 5 km vor der Stadt zweigt eine Straße nach links in nordwestlicher Richtung ab. Sie führt über ca. 20 km bis zur Tang-e (Schlucht) Vashi. Nach Durchquerung der Schlucht, an deren Felswänden frühere Herrscher Reliefs anbringen ließen, führt ein Weg bergauf parallel zu einem Bachlauf, bis man eine hochmoorartige Ebene erreicht, die von Nomaden zum Weiden ihres Viehs genutzt wird. Von dort aus führen einige Routen in um die 2300 m hoch gelegene Bergregionen – eine gute Gegend zur Höhenanpassung vor der Besteigung des Damavand.

Zurück auf der Damavand-Straße hat man kurz vor Erreichen von **Polur** den ersten, unvergesslichen **Blick auf den Gipfel,** der bis in den Sommer hinein von Schnee bedeckt ist. Mehrere Teehäuser und kleine Restaurants mit offenen Terrassen und Gipfelblick laden zum Verweilen ein.

Der geeignetste Ausgangsort für die Besteigung des Damavand ist **Reineh,** nur etwa 5 km von der Hauptstraße entfernt. Ca. 4 km hinter Ab-e Ask zweigt die Straße links ab. 9 km weiter bei **Gazanak** folgt eine weitere Zufahrt. In Reineh gibt es private **Unterkünfte** und in der Ortsmitte eine Unterkunft der Iranian Mountaineering Federation, die z.B. Gruppen vor und nach der Damavand-Besteigung nutzen können.

Von Reineh aus führt eine asphaltierte Straße nach Südwesten in Richtung des **Stausees von Lar** (Sadd-e Lar). Dieser folgt man ca. 4 km, wo rechts ein Schotterweg abzweigt, der bergauf nach **Gusfandsara Sara** (3050 m) führt. Ab hier können nur noch geländegängige Fahrzeuge verkehren, der Aufstieg zu Fuß dauert etwa eine Stunde. In Gusfandsara besteht die Möglichkeit der **Übernachtung** in einer Schutzhütte. Frisches Bergwasser sowie ein kleines Restaurant gibt es ebenfalls. Wandergruppen können hier auch **Tragtiere** mieten, die das Gepäck bis zur Schutzhütte Bargah-e sevom in 4150 m transportieren.

Für den Transport werden mitunter auch Dollars verlangt. Versuchen Sie dennoch in iranischer Währung zu zahlen, und mieten Sie die Tiere nur für den Aufstieg. Bei Bedarf können Tiere beim Abstieg gemietet werden.

Bei der **Moschee** in Gusfandsara wird auch die für den Damavand-Aufstieg fällige Gebühr von 50 US$ erhoben, die aber auch in iranischer Währung entrichtet werden kann.

Imbiss an einer Passstraße im Alborz

Schutzhütte Bargah-e Sevom

Der Aufstieg zu diesem Ausgangspunkt für den Gipfelsturm dauert drei bis vier Stunden. Es empfiehlt sich, langsam und bedächtig aufzusteigen und sich so an die Höhe anzupassen. Für Bergungeübte ist es durchaus empfehlenswert, noch ein paar Hundert Meter über die Schutzhütte hinaus aufzusteigen und dann zum Nachmittag zurückzukehren. So gelingt die **Höhenanpassung** besser. Bargah-e Sevom ist oft von Gruppen belegt, die aus ganz Iran hierher kommen. In der Umgebung der Hütte gibt es eine Reihe geglätteter Flächen, wo sich das Zelt aufbauen lässt. Manchmal vermieten Einheimische auch kleine Zelte, dies sollte vor dem Aufbruch von Gusfandsara in Erfahrung gebracht werden.

Für die bis zum Gipfel verbleibenden 1520 Höhenmeter muss man, je nach Konstitution und Bergerfahrung, bis zu sechs Stunden einplanen. Um mittags oben anzukommen, sollte man also spätestens gegen 6 Uhr aufbrechen.

Gipfelsturm

Die von der Hütte aus links gelegene Aufstiegsroute entlang eines Grates ist kürzer, aber auch anspruchsvoller. Ungeübte sind besser beraten mit dem **ausgetretenen Pfad**, der in direkter Verlängerung von der Hütte zum Gipfel führt. Von unten ist einige Hundert Meter rechts dieses Pfades eine immer vergletscherte Stelle (yakhchal, „Eisschrank") zu erkennen, die auch im Hochsommer nicht abtaut. Der Weg führt in stetigen Windungen den Berg hinauf. Je näher man dem Gipfel kommt, umso intensiver steigen die **Schwefeldämpfe** in die Nase. Spätestens hier wird deutlich, dass der Vulkan zwar nicht mehr aktiv ist, aber immer noch eine Verbindung zum Erdinneren besteht.

Der bei klarem Wetter **grandiose Ausblick** belohnt alle Anstrengungen: In Richtung Südwesten ist die türkisfarbene Wasserfläche des Stausees von Lar zu sehen, im Norden verschwimmt die riesige Wasserfläche des Kaspischen Meeres zumeist unter dem aufsteigenden Dunst. Lange sollte man sich dem ausströmenden Schwefeldunst nicht aussetzen und bald den **Rückweg** antreten, der nur etwa halb so lange dauert wie der Aufstieg. Die Route über Gusfandsara gilt als die einfachste und wettersicherste. An der Nordost- und Nordwestseite des Berges verlaufen weitere Routen mit Schutzhütten.

Rück- oder Weiterfahrt

Von Reineh aus führt eine asphaltierte Straße in Richtung Norden etwa 8 km bis **Ab-e garm-e Larijan**, den warmen **Mineralwasserquellen**, die aus dem Fuße des Damavand sprudeln. Dort gibt es eine Reihe von kleinen **Hotels**, die in Wannen das Mineralwasser sammeln. Nichts ist nach einem Aufstieg zum Damavand entspannender als ein ausgiebiges **Mineralwasserbad**. Die Hotels sind sehr einfach und preiswert, viele Zimmer sind ohne Möbel und nur mit Teppichböden ausgelegt, sodass man im Schlafsack schlafen kann.

Wer mit eigenem Fahrzeug unterwegs ist, kann auch zum **Stausee von Lar** fahren oder zurück auf die Hauptstraße und weiter in Richtung **Amol**.

Der oben beschriebene Ausflug zum **Tal von Nour** (siehe „Rundfahrt durch den zentralen Alborz") lässt sich natürlich auch von hier aus unternehmen. **Baladeh** eignet sich als Ausgangspunkt für

Wanderungen zu den Bergwäldern am Nordhang des Alborz und bis zum Kaspischen Meer.

Varamin

Die alte Stadt Varamin, knapp 50 km südlich von Teheran an der Bahnlinie nach Gorgan und Mashhad gelegen, kann im Rahmen eines Tagesausflugs besucht werden oder im Anschluss an die Besichtigung von Shahr-e Rey. Minibusse verkehren vom Süd-Terminal in Teheran, vom Bahnhof oder ab Rey.

Varamin hat davon profitiert, dass Rey von den mongolischen Heeren im Jahre 1220 so stark verwüstet wurde, dass viele seiner Einwohner sich hierher flüchteten. Heutzutage ist es auch schon fast ein Vorort von Teheran.

Im Zentrum des Ortes ist die **Freitagsmoschee** vom Anfang des 14. Jh. zu besichtigen, eine Anlage nach klassischem Grundriss.

Ebenfalls im Ort, nahe dem zentralen runden Platz erhebt sich in einer Höhe von 17 m ein runder **Grabturm** aus dem 13. Jh., benannt nach *Ala al-Din Takesh*. Aus der runden Ziegelfassade springen Vorsprünge heraus, die oben zum gefliesten Kegeldach hin mit kleinen Nischen abschließen. Unter dem Dach verläuft ein schönes Schriftband. Einige weitere Grabtürme am Rande Varamins sind nicht mehr gut erhalten.

Auf dem Rückweg nach Rey fällt etwa 10 km vor der Stadt unweit der Straße einer der in dieser Gegend zahlreichen **prähistorischen Siedlungshügel** ins Auge, **Tepe Mil.** In vielen Epochen wurde hier übereinander gesiedelt und gebaut, wie sich an den zahlreichen Scherben ablesen lässt. Auf der Spitze der Kuppe stehen Reste eines zweistöckigen Palastbaus aus sasanidischer Zeit mit mächtigen Mauern, aber auch umgestürzte Säulen und Kapitelle hat man bei diesem Gebäude gefunden.

Karaj

Karaj, 45 km westlich von Teheran gelegen, ist die am schnellsten wachsende iranische Großstadt und seit einigen Jahren auch die **jüngste Millionenstadt des Landes.** Noch 1935 war sie ein kleines Landstädtchen im fruchtbaren Tal des Karaj-Flusses. Dann begann man mit den Planungen zu einem Stahlwerk (es wurde nie gebaut), eine agrar- und forstwissenschaftliche Abteilung der Universität wurde errichtet und die neue Straße von Teheran nach Chalous zweigte hier nach Norden ab.

In den 1960er Jahren begann man mit dem Bau eines Stausees nördlich von Karaj, der nicht nur Teheran mit Wasser und Elekrtizität versorgt, sondern auch das Bewässerungsland bedeutend vergrößerte. Mittlerweile hat sich der Industriegürtel rund um Teheran bis Karaj ausgedehnt und die Stadt ist zu einem **Wohnvorort** der Hauptstadt geworden. Jeden Tag fahren Zehntausende zu ihren Arbeitsstellen in und um Teheran und kehren abends zurück, Tausende von Taxis und Minibussen pendeln auf der Autobahn hin und her und verpesten die Luft.

Gesünder ist es, mit der 1998 eingeweihten (oberidischen) **U-Bahnlinie 5** zu fahren, die zwischen Sadeqiye, der Endstation der U-Bahnlinie 2 im Westen Teherans, und Golshahr im Halbstundentakt verkehrt. Die Fahrt in den modernen, doppelstöckigen Wagen dauert 35 Minuten, in der Hauptverkehrszeit morgens und abends sind sie jedoch oft überfüllt. Von der Endstation in Karaj verkehren Taxis in alle Richtungen. Das Stadtzentrum liegt nördlich der Station an der Kh. Beheshti zwischen Meydan-e Feda'iyan-e Islam und Meydan-e Shohada.

Mit dem Auto nimmt man von Teheran vom Meydan-e Azadi aus die Autobahn in Richtung Westen (mautpflichtig). Noch vor Erreichen von Karaj-Zentrum biegt rechts die Umgehungsstraße in Richtung Norden nach Chalous ab, die auch am Stausee vorbeiführt. Sammeltaxis von Teheran nach Karaj verkehren ab Meydan-e Azadi, vom Meydan-e Vanak und auch ab Meydan-e Tajrish.

Morvarid-Palast

Als völlig moderne Stadt verfügt Karaj nicht über historische Bauwerke, mit einer Ausnahme: der **moderne Palastbau** in **Mehrshahr** im Südwesten der Stadt. Hier haben amerikanische Architekten aus der Schule des berühmten *Frank Lloyd Wright* (u.a. Guggenheim-Museum, New York) noch kurz vor der Revolution einen aufwendigen Bau für Prinzessin *Shams,* die ältere Schwester von *Mohammad Reza Shah,* erbaut, der heute besucht werden kann. Inmitten eines Parks auf einem Hügel gelegen, wird sein Inneres durch eine flache **Kuppel aus Plexiglas** von Licht durchflutet. Wegen seiner Ähnlichkeit mit einer schimmernden Perle erhielt er den Namen *Morvarid*. Mehrshahr liegt ca. 5 km südwestlich von Karaj an der Straße in Richtung Mardabad.

Stausee

Das bekannteste **Ausflugsziel** in Karaj ist der Stausee ca. 15 km nördlich der Stadt. Seine Staumauer ist mit einer Höhe von 180 m eine der höchsten im ganzen Mittleren Osten. Der See ist im Sommer ein beliebtes Ziel von Wassersportlern, die hier **Boot fahren** und **Wasserski** laufen. Entlang der Hauptstraße nach Chalous reiht sich an seinem Ufer ein **Restaurant** oder **Teehaus** ans nächste. Taxis pendeln regelmäßig zwischen Karaj und dem Erholungsgelände, am Wochenende und abends drängeln sich hier Scharen von Besuchern.

Hashtgerd

Hashtgerd, eine Kreisstadt ca. 30 km westlich von Karaj an der Autobahn nach Qazvin, beherbergt eine interessante **Pilgerstätte**, die sich in den vergangenen Jahren wachsender Beliebtheit erfreut und im Vergleich mit anderen religiösen Plätzen in Iran völlig untypisch ist. Es ist die Ruhestätte von **Ostad Nur Ali Elahi** (1895–1974). *Ostad Elahi* war ein Richter, der auch als Musiker (er war ein bedeutender Virtuose auf dem Zupfinstrument *Tambour*) und großer spiritueller Denker hervorgetreten ist. Von Geburt an lebte er in der Tradition der *Ahl-e Haqq* („Anhänger der Wahrheit"), einem seit Langem in Kurdistan verbreiteten spirituellen Orden. *Ostad Elahi* versuchte jedoch diese Tradition zu überarbeiten und entwickelte eine persönliche Lehre, in der die Spiritualität dem modernen Leben entsprechen soll und sich von jedem religiösen Ritual befreit.

Der **Garten mit dem Grabbau** heißt **Kuh-e Nour** und ist nur donnerstags und freitags zugänglich. Man erreicht ihn aus Richtung Karaj kommend ca. 200 m hinter dem ersten Kreisverkehr, wo ein Weg an Gärten entlang nach Süden abbiegt. Der Grabbau ist beeindruckend in seiner Klarheit und Schlichtheit. Auf einem quadratischen Innenraum, vollständig mit weißen Marmorplatten verkleidet, erhebt sich ein ebensolches Spitzdach, hoch in den Himmel strebend. Das Innere, im Gegensatz zu anderen Grabbauten in Iran, passt zum äußeren Eindruck: ein mächtiger Quader aus poliertem weißen Marmor, nur mit einem Tuch darüber; an den weißen Wänden hängt ein Porträt von Ostad Elahi.

Aus Richtung Karaj verkehren **Minibusse und Taxis** nach Hashtgerd von der großen Kreuzung am westlichen Ende der Kh. Behashti. **Mit dem Auto** fährt man auf der Hauptstraße in Richtung Qazvin oder auf der Autobahn in gleicher Richtung, diese dann bei der Abfahrt Hashtgerd verlassen, unter der Autobahn hindurchfahren in Richtung Süden bis zum Kreisverkehr (s.o.) bei der Ortseinfahrt Hashtgerd.

Die Berge rund um den Stausee von Karaj sind ein beliebtes Wintersportgebiet

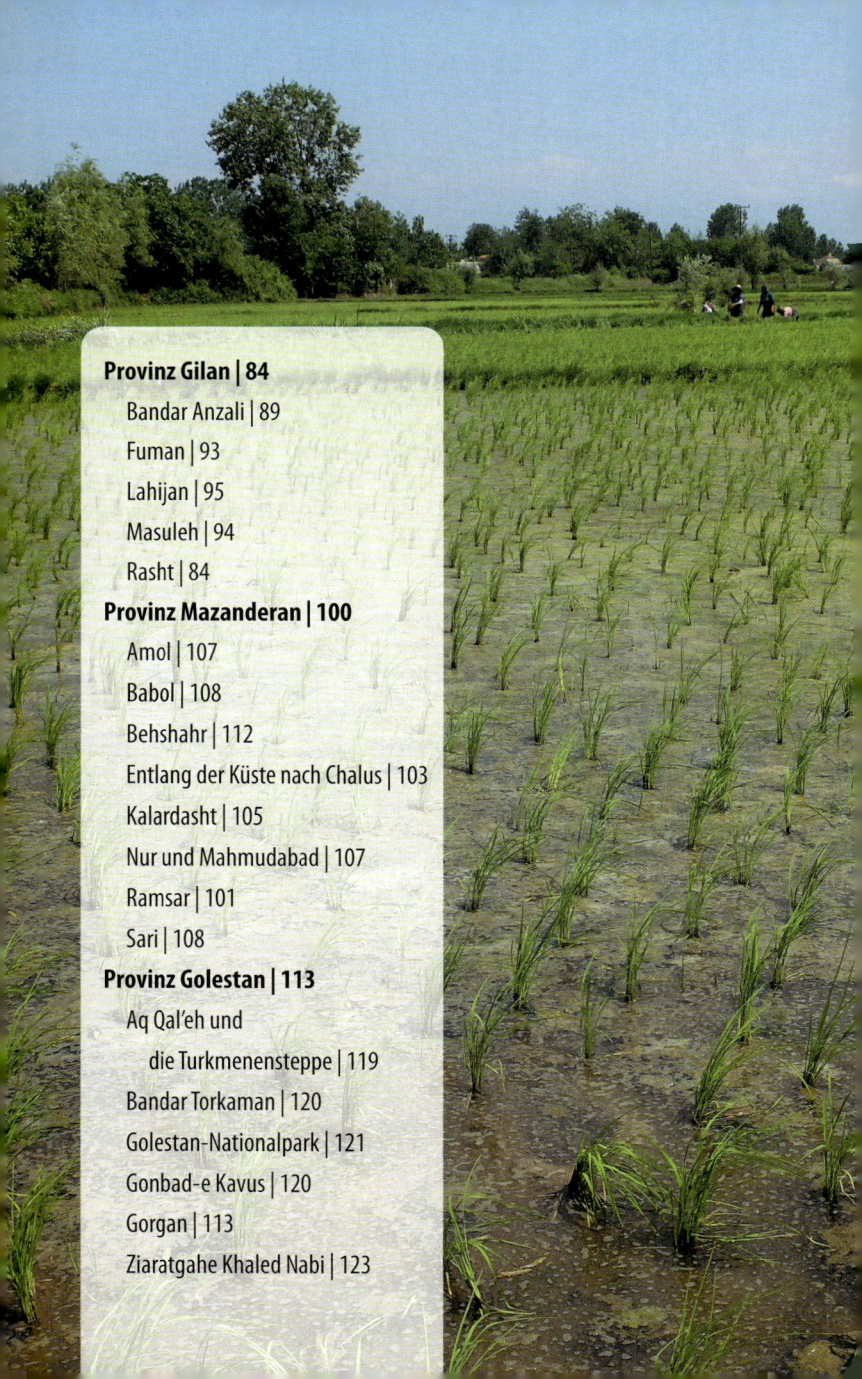

Provinz Gilan | 84
- Bandar Anzali | 89
- Fuman | 93
- Lahijan | 95
- Masuleh | 94
- Rasht | 84

Provinz Mazanderan | 100
- Amol | 107
- Babol | 108
- Behshahr | 112
- Entlang der Küste nach Chalus | 103
- Kalardasht | 105
- Nur und Mahmudabad | 107
- Ramsar | 101
- Sari | 108

Provinz Golestan | 113
- Aq Qal'eh und die Turkmenensteppe | 119
- Bandar Torkaman | 120
- Golestan-Nationalpark | 121
- Gonbad-e Kavus | 120
- Gorgan | 113
- Ziaratgahe Khaled Nabi | 123

# 2 Die Provinzen am Kaspischen Meer

Das Kaspische Meer ist der größte See der Erde. Die Küste und das Hinterland sind nicht so sehr kulturhistorisch interessant, sondern ein Ziel für Naturfreunde und Wanderer. Ganz im Osten lockt der Golestan-Nationalpark mit seiner vielfältigen Flora und Fauna.

◁ Reisanbau in der Provinz Gilan

Die Provinzen am Kaspischen Meer

ÜBERBLICK

Kahle Gebirgshänge und ausgedörrte, wüstenartige Hochebenen im Zentrum und Süden Irans – vielfältige Vegetation und dichte Wälder am Nordabhang des Alborz-Gebirges: Krasser kann der Gegensatz von Klima und Vegetation auf nicht einmal 200 km Entfernung kaum sein.

Verursacht wird dieser Gegensatz durch die bis fast 6000 m aufragende Kette des Alborz. Sie trennt die Küstenregion des Kaspischen Meeres vom iranischen Hochland. An ihr regnen sich von Herbst bis Frühjahr niederschlagsreiche Wolken, die von Norden heranziehen, ab und sorgen im Südwesten für eine Regenmenge von bis zu 1600 mm/m² jährlich, die nach Osten hin bis zur Turkmenensteppe auf 600 mm/m² abnimmt. Das Gebirge bildet eine deutlich spürbare Klimascheide zwischen feuchter, subtropischer Luft im Norden und trockenheißer Luft im Süden.

Von Herbst bis Frühjahr sind die Gebirgspässe oft von Nebel und Wolken verhangen, die Uferregionen des Kaspischen Meeres, unter dem Spiegel der Weltmeere gelegen, waren noch bis ins

20. Jh. stark versumpft und Brutstätten für Malaria und andere Krankheiten. Die frühen Iraner gingen deshalb davon aus, dass nach dem Tode jenseits des Gebirges die Scheidelinie zwischen Hölle und Paradies verläuft. Der Damavand, mit 5671 m der höchste Berg westlich des Hindukusch, galt ihnen als Sitz der Götter. Faridun und Zal, Helden aus dem „Shahnameh", wuchsen im Schutz des Gebirges heran.

Aufgrund seiner Fruchtbarkeit ist der an einigen Stellen nur wenige Kilometer breite Küstenstreifen sehr viel stärker besiedelt als das Hochland. Wenn man die knapp 400 km lange Küstenstraße von Gorgan im Osten nach Rasht im Westen zurücklegt, hat man das Gefühl, die geschlossene Ortschaft nicht zu verlassen. Insbesondere die Provinz Gilan gilt als Reiskammer Irans, auch ausgedehnte Zitrusplantagen erstrecken sich zwischen Straße und Gebirge. In der Gegend um Lahijan wird seit Beginn des 20. Jh. auch Tee angebaut.

Seit dem Zusammenbruch der Sowjetunion hat ein neuer Wettlauf um die reichen Erdöl- und Erdgasvorkommen im Bereich des Kaspischen Meeres begonnen und zu Spannungen zwischen den Anrainerstaaten Iran, Aserbaidschan, Russland, Turkmenistan und

Kasachstan über deren Anteile an den Rohstoffvorkommen geführt. Die wichtigsten iranischen Häfen sind Bandar Gaz, Nowshahr und Bandar Anzali. Wirtschaftliche Bedeutung hat auch die Fischerei, vor allem der als Staatsmonopol organisierte Störfang, Grundlage für die Kaviarproduktion.

Bezüglich kunsthistorischer und architektonischer Schätze kann sich der Norden Irans nicht mit dem Zentrum oder dem Süden messen. Von hier aus wurden nur selten Reiche erobert und Hauptstädte gegründet. Außerdem setzt das feuchte Klima alten Baudenkmälern viel stärker zu als das trockene Hochlandklima. Für Naturliebhaber, Wanderfreunde und an der Vielfalt des Landes interessierte Reisende hat der Norden jedoch nicht weniger zu bieten als die anderen Landesteile.

Von Teheran aus gibt es Flüge nach Gorgan, Sari, Ramsar, Nowshahr und Rasht, Überlandbusse verkehren auf allen vier Hauptstrecken (nach Rasht, Chalus, Amol und Gorgan). Die reizvollste Möglichkeit, von Teheran in den Norden zu reisen (allerdings auch die zeitraubendste), ist die Fahrt mit der Bahn durchs Gebirge über Firuzkuh nach Gorgan: Auf einer Strecke mit abenteuerlichen Windungen und Serpentinen, Viadukten und Gebirgspässen geht es in elf Stunden ca. 1000 Höhenmeter hinauf und jenseits des Gebirges 2400 Höhenmeter wieder hinunter. Die Strecke verläuft noch genau so, wie sie vor über 60 Jahren unter maßgeblicher Mitarbeit deutscher Ingenieure gebaut wurde. Bei Pol-e Veresk überspannt sie mit einer kühnen Stahlkonstruktion eine tiefe Schlucht.

Geschichte der Region

Der Islam erreichte die Gebiete jenseits des Alborz mit einigen Jahrhunderten Verspätung, die abgelegenen Gebirgstäler waren stets **Rückzugsgebiet für ethnische und religiöse Minderheiten.** Das Bergland von Dailam nordwestlich von Teheran z.B. war berühmt für seine Krieger, die zahlreichen Herrschern dienten. Die Dynastie der Buyiden (945–1055) stammte aus dieser Umgebung; sie herrschte über große Teile Irans und wurde auch vom Kalifen in Bagdad anerkannt. Bis zum Machtantritt der Safaviden 1501 hielten sich immer wieder

---

NICHT VERPASSEN!

- **Masuleh:** wo man dem Nachbarn aufs Dach steigt | 94
- **Lahijan und Umgebung:** Teeanbau und Mausoleen | 95, 99
- **Von Teheran nach Gorgan:** eine Bahnfahrt über das Dach Irans | 114
- **Waldspaziergang in Nahar Khoran (Gorgan)** | 116
- **Ziaratgahe Khaled Nabi:** der Friedhof der steinernen Stelen | 123

Diese Tipps erkennt man an der gelben Hinterlegung.

▷ Holzhäuser am Kaspischen Meer

unabhängige lokale Fürstentümer in dem unzugänglichen Gebirge. Bis nach Europa bekannt waren auch die Ismailiten, eine Richtung der Schia, deren iranischer Zweig unter *Hassan Sabah* mehrere Stützpunkte und Burgen in den Alborz-Bergen errichten ließ, von wo aus sie Anschläge ausführten. Noch heute gelten die Küstenbewohner für die Hochlandiraner als Sonderlinge. Nur über die iranischen Türken werden noch mehr Witze gemacht als über die „Rashtis", die Bewohner von Rasht und Umgebung.

Bis zum Beginn des 19. Jh. waren die Gebiete an der Kaspischen Küste recht unzugänglich, nur wenige, schwer gangbare Wege führten nach Norden. In der Pahlavi-Ära wurde das Gebiet auch verkehrsmäßig erschlossen: Eine **Bahnlinie** von Teheran zur südöstlichen Ecke des Kaspischen Meeres wurde gebaut. Mittlerweile verbinden **vier Straßen** Teheran mit den drei nördlichen Provinzen: Gilan im westlichen Teil der Küste, Mazanderan im Zentrum und die kürzlich hiervon abgetrennte Provinz Golestan im Osten. Seit Jahren ist der Bau einer **Autobahn in Planung,** die nördlich von Teheran über 121 km nach Chalus führen soll. Mit insgesamt 40 Tunneln wird etwa die Hälfte der Strecke unter dem Gebirge verlaufen – was mehr für reiche Teheranis auf dem Weg zu ihrer Villa am Kaspischen Meer als für Touristen von Interesse sein dürfte.

Provinz Gilan

Die Provinz Gilan erstreckt sich am **südwestlichen Ufer des Kaspischen Meeres** vom Grenzort Astara im Norden bis kurz vor Ramsar im Osten. Sie reicht vom östlichen Abhang des azerbeijanischen Berglandes über die ausgedehnte, fruchtbare Schwemmlandebene des Sefid Rud bis zum Nordabhang des Alborz-Gebirges.

Die im Süden und Westen hoch aufsteigenden Gebirge bilden eine nahezu unüberwindliche Barriere für die im Herbst und Winter von Norden heranziehenden Wolken. Dies sorgt für **ergiebige Regenfälle**, die die Provinz mit Niederschlagsmengen von über 1500 mm zur regenreichsten in ganz Iran macht. In Verbindung mit dem wasserreichen Mündungsdelta des Sefid Rud, der seinen Ursprung im westiranischen Bergland hat, bildet dies die ideale Umgebung für ausgedehnten **Reisanbau** und macht Gilan zur „Reiskammer" Irans. Daneben gedeihen Obst und Gemüse sowie Oliven in der Gegend um Rudbar. Reis wird auch in der Umgebung von Lahijan angebaut.

Die ausgedehnten **Bergwälder** des Talesh-Gebirges wurden zum Aufbau einer Holz verarbeitenden Industrie genutzt sowie zur Erzeugung von Papier. An der „Kaspiküste" bildet der **Fischfang** eine wichtige Einnahmequelle, der Hafen von Bandar Anzali ist Hauptstützpunkt des staatlichen Kaviarfangs und der Fischverarbeitung.

Die in der Provinz ansässige Bevölkerung spricht eigene **Dialekte** (Gilaki, Taleshi), die mit dem Persischen verwandt sind. Bei den Taleshi ist Halbnomadismus noch anzutreffen: Nach der Schneeschmelze im Frühjahr ziehen viele von ihnen mit dem Vieh auf die Hochweiden. Eine Fahrt z.B. auf der Straße von Asalem im Tiefland nach Khalkhal in der Provinz Ardabil ist ein Erlebnis: Während in den Dörfern der Ebene der Reisanbau dominiert, nimmt die Bewaldung zu, je höher man kommt. Ab Ende September färbt die Natur die Laubbäume gelb, braun und rot. Ab etwa 1500 Höhenmetern bricht die Bewaldung abrupt ab, saftige Wiesen wachsen an den Berghängen. An der Passhöhe finden sich die Sommerhäuser der **Taleshi-Nomaden;** die früher gebräuchlichen Langhäuser, deren Holzgestänge mit farbenprächtigen Decken und Teppichen überzogen wurden, sind leider außer Gebrauch geraten, nur noch die „Skelette" säumen die Straße. Heute wohnt man im Sommer lieber in Holzhütten, bevor man im Herbst wieder in die tiefer gelegene und mildere Küstenebene zieht.

Früher war Gilan wegen seiner ausgedehnten Sümpfe und der damit verbundenen Krankheiten gefürchtet und im Herbst und Winter unwegsam. Heute ist das Flussdelta reguliert, eine moderne Straße führt von Teheran durch das Tal des Sefid Rud und weiter bis Astara an der aserbaidschanischen Grenze.

Rasht

Mitten im Delta des Sefid Rud auf einer Höhe von 7 m unter NN, etwa 30 km von der Küste des Kaspischen Meeres entfernt, liegt Rasht, die **Hauptstadt** der am dichtesten besiedelten Provinz Irans. Die Stadt zählt knapp eine halbe Million

Einwohner und soll schon in früher islamischer Zeit besiedelt gewesen sein, wenngleich keine Bauten aus dieser Epoche erhalten sind.

Die lokalen Herrscher während der **Sasaniden-Zeit** waren als „Gilanshahs" bekannt; in einer Chronik aus dem Jahr 682 wird die Stadt bereits unter ihrem heutigen Namen erwähnt. Der Safavide *Shah Ismail* hielt sich als Jüngling in der Nähe von Rasht vor dem Zugriff des Turkmenen *Uzun Hassan* verborgen. Nach seiner Machtübernahme wurden Gilan und Rasht fester Bestandteil des Reiches. Während der Regierungszeit *Abbas' des Großen* ließ dessen Sohn *Safi* eine Moschee erbauen. Ab dem 17. Jh. geriet die Stadt in den Strudel des **russischen Vordringens** nach Iran und wurde mehrfach erobert, um das Jahr 1666 für kurze Zeit von den Donkosaken des *Stjenka Rasin*.

Im 19. Jh. spielte Rasht eine wichtige Rolle als Handelsstadt und Mittelpunkt der landwirtschaftlich genutzten Umgebung. Die letzte russische Besatzung erlebte die Stadt nach dem Ende des Ersten Weltkriegs, als ganz Gilan in den Strudel der **britischen Intervention** gegen die russische Oktoberrevolution geriet. Dagegen kämpfte eine nationale Bewegung unter Führung von *Mirza Kuchek Khan*, die ihre Rückzugsgebiete in den dichten Wäldern hatte und deshalb „Djangali-Bewegung" genannt wurde. Die Briten mussten sich schließlich nach Bagdad zurückziehen. An *Mirza Kuchek Khan* erinnern noch heute ein Standbild in Rasht und ein Museum.

Am 21. Juni 1990 erschütterte ein katastrophales **Erdbeben** mit einer Stärke von 7,7 auf der Richter-Skala die Stadt und ihre Umgebung, mindestens 40.000 Menschen verloren ihr Leben. Große Teile von Rasht wurden dem Erdboden gleichgemacht – umso erstaunlicher, dass heute kaum noch etwas von diesen Schäden zu sehen ist.

Von der früher in Rasht bedeutenden Seidenraupenzucht ist fast nichts übrig geblieben. Rasht ist heute ein bedeutendes Zentrum für den neu belebten **Handel** mit den Nachbarn im Norden.

Orientierung

Das **Stadtzentrum** befindet sich südlich des **Bazars** und wird im Norden begrenzt von der Kh. Shariati, im Osten von der Kh. Motahari und im Westen von der Kh. 22. Bahman. Die Straße aus Richtung Teheran bildet in ihrer Verlängerung, der **Kh. Imam Khomeini,** die Hauptachse des Zentrums. Aus Richtung Bandar Anzali im Norden und Lahijan im Osten erreicht man das Zentrum über die Umgehungsstraße und die Kh. Shohada.

Ankunft mit dem eigenen Fahrzeug

Aus Richtung Süden an der Stadteinfahrt immer geradeaus auf dem Bolv. Imam Khomeini, die Umgehungsstraße überqueren und über Meydan-e Imam Khomeini und Meydan-e Enqelab bis ins Zentrum fahren.

Aus Richtung Osten auf der Jade-ye Lahijan bis zum Meydan-e Zardjub und nach Überquerung des Flusses geradeaus auf der Kh. Shari'ati bis ins Zentrum.

Aus Richtung Norden auf dem Bolv. Ansari bis zum Meydan-e Ansari, dort links abbiegen und auf der Kh. Takhti bis zum Ende fahren. Links in die Kh. Shari'ati abbiegen und geradeaus bis ins Zentrum.

Aus Richtung Westen (Fuman/Masuleh) auf der Kh. Taleqani immer geradeaus bis zum Sabze Meydan fahren. An der nordöstlichen Platzausfahrt über die Kh. A'lam ol-Hoda ins Zentrum.

Sehenswertes

Bazar

Der **Meydan-e Shohada** nördlich des Stadtzentrums mit dem Gebäude der Stadtverwaltung, leicht an dem Uhrturm an seiner Westseite zu erkennen, ist der Verkehrsknotenpunkt von Rasht. Von hier aus sind es nur wenige Schritte zum Bazar südlich der Kh. Shari'ati, der stets prall mit den Schätzen Gilans gefüllt ist. Die Auslagen quellen über von Obst, Gemüse und Reis und natürlich von allen Sorten **Fisch,** die das Kaspische Meer zu bieten hat: Weißfisch *(mahi sefid),* Stockfisch *(mahi dudi),* Stör *(uzunburun)* und viele andere Arten werden angeboten. Kaviar ebenfalls, aber unter der Hand, und man sollte genau prüfen, ob er frisch ist.

Baulich ist der Bazar keine Attraktion, während der russischen Besatzung ging er 1920 in Flammen auf und musste oft renoviert werden. Das bunte Treiben und das reichhaltige Angebot lohnen einen Besuch aber allemal.

Die **Safi-Moschee** im Bazarviertel südlich der Kh. Shari'ati stammt aus dem 17. Jh. Sie ist mehrfach renoviert worden und wegen ihrer schönen Verfliesungen sehenswert.

Museum

Das Museum von Rasht befindet sich 200 m westlich des Sabze Meydan in der Kh. Taleghani. Das dreistöckige Gebäude war früher im Besitz eines der Kampfgefährten von *Mirza Kuchek Khan.* Nach 1970 und nach Umbauten wieder seit 1989 zeigt es **archäologische Funde** aus Gilan und lokale **Trachten.** Auch ein Modell der alten Festung Qa-

Provinz Gilan

leh-ye Roodkhan (s.u. bei Fuman) ist im Museum ausgestellt.

■ **Muze-ye Rasht,** Dienstag bis Sonntag 9–17 Uhr, Freitag 9–13 Uhr, April bis Okt. bis 18 Uhr, Eintritt 15.000 Tuman.

Grab von Mirza Kuchek Khan

Das Grab von *Mirza Kuchek Khan* liegt im südlichen Stadtteil Soleiman Sarab. Von der Kh. Taleghani folgt man der Kh. Sardar Jangal in südlicher Richtung und biegt etwa 400 m nach Überquerung der Stadtautobahn links in die Kh. Manzariye ab. Dort steht der achteckige, auf Säulen gestützte, **offene Pavillon** mit dem Grab des Nationalhelden. Der moderne, mit farbigen Ziegeln geschmückte Bau trägt ein für Gilan typisches Holzdach.

Provinzen am Kaspischen Meer

© Reise Know-How 2014

■ **Übernachtung**
2 Hotel Ordibehesht
3 Mosaferkhane Golestan
4 Mosaferkhane Karvan
5 Gilan Grand Hotel (Kadous)
7 Hotel Pardis
8 Hotel Pamchal

■ **Essen und Trinken**
1 Restaurant Kurosch
6 Restaurant Sefid Rud

Volkspark

Von den Parks in Rasht ist der **Bustan-e Mellat** am Bolv. Shahid Ansari der sehenswerteste. Dort hat man eines der für Gilan typischen **strohgedeckten Holzhäuser** auf Stelzen wiedererrichtet. Auch wurde in dem Park 2002 eine Sonnenuhr in Betrieb genommen.

Praktische Informationen

■ **Telefonvorwahl Rasht: 0131**

Informationen/Auskunft
■ **Tourist Information:** Kh. Sa'di, neben der Filiale der Bank-e-Tejarat, ca. 5 Min. Fußweg vom Meydan-e Shohada, Tel. 22006, 22284.

Geldwechsel
■ **Mehrpooya Money Exchange,** in einer kleinen Gasse rechts vom Bolv. Imam Khomeini, in der auch das Gasthaus Golestan liegt.
■ **Bank-e Melli,** Meydan-e Engelab.

Post und Telefon
■ Die **Hauptpost** liegt am Meydan-e Shoahada neben dem Polizeipräsidium, die Post- und Telefonzentrale **Refah** am Meydan-e Imam Khomeini.

Internetcafés
■ Gegenüber dem Hotel Gilan Bozorg, weitere am Meydan-e Shohada.

Visaverlängerung
■ Das Visum kann im **Polizeipräsidium** am Meydan-e Shohada verlängert werden.

Unterkunft
■ **Gilan Grand Hotel (Kadous)**③, Bolv. Azadi (Manzariye), Tel. 3223075/9. Saubere Zimmer und freundlicher Service. Auch das Restaurant ist empfehlenswert, jedoch entfernt vom Zentrum.
■ **Hotel Pardis**②, Bolv. Imam Khomeini, Tel. 323 1101, an der Ausfallstraße nach Teheran.
■ **Hotel Pamchal**②, Meydan-e Mossala, Bolv. Imam Khomeini, Tel. 6661653.
■ **Hotel Ordibehesht**②, zentral am Meydan-e Shohada, Tel. 2222210. Ordentliches Restaurant.
■ In der Gegend um den Bazar finden sich einfache und preiswerte Gasthäuser, in der Regel ohne separate Duschen, z.B. **Mosaferkhane Golestan**①, Kh. Sa'adi, Tel. 224915, oder **Mosaferkhane Karvan**①, Bolv. Imam Khomeini, Tel. 2222612.

Essen und Trinken
Eine Reihe von kleinen Restaurants gibt es in der Kh. Shari'ati und um den Meydan-e Shohada. Die **Gilaki-Küche** ist von allen iranischen Lokalküchen die reichhaltigste und abwechslungsreichste. Auch Vegetarier kommen hier auf ihre Kosten. Man versuche zu probieren: *baghalaghatagh* (ein Bohnen-Ei-Gericht) oder *mirza ghasemi* (Auberginenmus) und natürlich auch Fisch. *Fesendjan* (siehe "Praktische Reisetipps A–Z: Essen und Trinken") ist ebenfalls eine Spezialität; im Gegensatz zum übrigen Iran wird es hier nicht gezuckert und das Granatapfelmark schmeckt durchdringend sauer.

■ Ein gutes Restaurant in Rasht liegt leider etwas außerhalb, an der Straße nach Teheran. Der Besuch lohnt sich aber in jedem Fall. Das **Sefid Rud** (Tel. 6663075) gehört zu einer Kooperative, die ihre Erzeugnisse aus Fischzucht, Rinderzucht, Geflügelfarm und Gemüseanbau direkt vermarktet. Im Restaurant werden all diese Köstlichkeiten angeboten.
■ Ebenfalls traditionelle Gilaki-Küche serviert man in **Restaurant Kurosch,** Kn. Sa'adi, Tel. 220890.

Reiseagentur
■ **Jam-e Jam Travel Service,** Bolv. Imam Khomeini, Sakhteman-e Ziba, Tel. 40950.

Verkehrsverbindungen
■ Der **Busterminal** liegt im Süden der Stadt an der Ausfallstraße nach Rudbar. Ein weiterer, von

dem Busse nach Osten, aber auch nach Teheran verkehren, befindet sich im Osten an der Ausfallstraße nach Lahijan.

■ **Büros der Busgesellschaften** (Ta'avoni 7 und 11) in der Kh. Sa'adi nördlich des Meydan-e Shohada und am Bolv. Imam Khomeini (Ta'avoni Nr. 8).
■ **Der Flughafen** von Rasht liegt ca. 5 km nördlich der Stadt an der Straße nach Bandar Anzali. Iran Air und Aseman Air bieten je einen täglichen Flug nach Teheran (Flugauskunft Tel. 727001). Vom Flughafen in die Stadt verkehren Taxis.
■ **Iran Air**: 97, Kh. Golsar (nördlich des Meydan-e Ansari), Tel. 7724444.

Bandar Anzali

Bandar Anzali, vor der Revolution Bandar Pahlavi genannt, ist der **wichtigste iranische Hafen an der Küste des Kaspischen Meeres.** Die Stadt liegt 20 m ü.N.N. am Rande einer ausgedehnten **Lagune** an der Mündung fünf kleinerer Flüsse. Fischerei-, Fracht- und Marinehafen sind um den Ausläufer der Lagune angelegt, der ebenfalls ins Kaspische Meer mündet. Zwei Brücken überspannen die Lagune und den Fluss Nahang Ruga. Am Interessantesten ist die Gegend um Bazar und Fischmarkt sowie die Hafenpromenade. Dort findet man noch zahlreiche der typischen Häuser mit hölzernen Vorbauten.

Schon im 16. Jh., als Qazvin für etwa ein halbes Jahrhundert die Hauptstadt des Safavidenreichs war, wurde von Bandar Anzali aus die in Gilan produzierte Seide nach Europa verschifft. Seit dem Ende des 18. Jh. war Bandar Anzali **von russischen Truppen besetzt,** zahlreiche russische und armenische Händler ließen sich in der Stadt nieder. Schon 1832 betrug der Wert der aus Russland importierten Waren 2,2 Mio. Franc, für die damalige Zeit eine enorme Summe. 20.000 Personen reisten im Jahr 1899 über Bandar Anzali nach Russland und Europa. Sie taten es dem qadjarischen Herrscher *Nasreddin Shah* gleich, der sich ebenfalls dort zu seiner berühmten Reise nach Europa einschiffte.

Diese Vergangenheit prägt die Hafenstadt noch heute, sie war stets das **Einfallstor für Modernisierungen** in Iran. Schon 1838 wurde ein Schulamt eingerichtet, später eine Abendschule gegründet und 1918 die erste Mädchenschule in Iran eröffnet. Die Zeitung „Habl-ul-Matin" gibt für das Jahr 1908 ihre eigene Auflage mit 523 Exemplaren an; ein weit höherer Prozentsatz der Einwohner als im übrigen Iran konnte lesen und schreiben. Früher als in anderen Gegenden Irans gab es in Bandar Anzali eine Stadtverwaltung (1897), Telegraf und Postverkehr (1896) sowie Elektrizität (1876). Das erste Kino wurde 1899 eröffnet.

Die Stadt und der Hafen profitierten heute in besonderer Weise vom Zusammenbruch der Sowjetunion und den neuen Nachbarstaaten am Kaspischen Meer. Die Einwohnerzahl ist auf etwa 150.000 angewachsen.

Ankunft mit dem eigenen Fahrzeug

Von Rasht aus erreicht man die Stadt auf der Kh. Taleqani, die über die Ghazian-Brücke und die Kh. Takavaran zum Meydan-e Imam Khomeini führt. Aus Richtung Astara/Talesh kommend, führt die Kh. Motahari direkt zum Platz. Dort links halten und in Richtung Pier orientieren.

Das Kaspische Meer – halb See, halb Ozean

Über 1200 km lang, fast 500 km breit und bis zu 1000 m tief: **Das Kaspische Meer ist der größte See der Erde.** Er entstand vor ca. fünf Millionen Jahren als die Paratethys, ein riesiger, jungtertiärer Ozean zwischen dem Voralpenland und dem heutigen Aralsee, in Einzelbecken wie das Schwarze und das Kaspische Meer zerfiel.

Die zahlreichen später folgenden Eiszeiten speisten das Kaspische Meer immer wieder mit Frischwasser und sorgten dafür, dass neue Tier- und Pflanzenarten in die Region einwandern konnten. 370.000 km² Fläche bedecken die Wassermassen des Kaspischen Meeres heute. Zum Vergleich: Der Bodensee würde in dem riesigen Gewässer problemlos 650 Mal Platz finden.

Der größte See der Welt liegt in einer **geologisch hoch aktiven Zone.** Die Anatolische und Iranische Kontinentalplatte schieben sich hier über die Eurasische Platte. Im Laufe von Jahrmillionen ist dabei beispielsweise das Kaukasus-Gebirge entstanden. Berge wie der Damavand reichen in Höhen bis zu 5671 Meter hinauf.

Ähnlich wie der einige hundert Kilometer östlich gelegene Aralsee liegt das Kaspische Meer in einer Senke und zählt zu den am niedrigsten gelegenen Regionen der Welt: Seine Oberfläche liegt **28 m unterhalb des Meeresspiegels.**

Mehrere **mächtige Gebirge und Höhenzüge** umrahmen das Kaspische Meer. Im Westen ragen die Gipfel des Kaukasus in den Himmel, im Süden und Osten setzen ihm das Elbrus-Massiv und das Ust-Urt-Plateau enge Grenzen. Im Norden dagegen geht das Meer fast nahtlos in das Kaspische Tiefland über. Dort gibt auch die Wolga ihre gewaltigen Fluten in einem flachen Delta ins Kaspische Meer ab. Fast 80% des Wassereinflusses in den Binnensee stammen aus dem mächtigen russischen Strom. Die Wolga bringt aber nicht nur Wasser, auch Schadstoffe wie Phosphate (120 Tonnen pro Jahr) und Nitrate (1500 Tonnen jährlich) gelangen in großen Mengen in den See und beeinflussen das empfindliche Ökosystem.

Ural, Emba, Terek oder Kur – insgesamt versorgen neben der Wolga noch weit mehr als 100 **Flüsse** das Kaspische Meer mit Süßwasser. Fast alle größeren von ihnen münden wie sie in den Nordteil des Kaspischen Meeres. Natürliche Abflüsse dagegen fehlen völlig. Ausschließlich Verdunstung und Niederschlag bestimmen deshalb neben dem Wasser der zuführenden Flüsse den Wasserspiegel.

Fast 100 Jahre lang – so konnten Hydrogeologen feststellen – nahm der **Wasserspiegel** des Kaspischen Meeres immer weiter ab. Zahlreiche Bewässerungsprojekte im Ober- und Mittellauf der Flüsse sorgten dafür, dass weniger Wasser in den See strömte, als durch die Verdunstung verloren ging. Er schrumpfte deshalb in diesem Zeitraum um mehr als zehn Prozent. Doch seit fast 40 Jahren steigt der Spiegel des Sees erstaunlicherweise wieder kontinuierlich an. 1995 hatte der Pegel des Kaspischen Meeres bereits wieder das Level der 1930er Jahre erreicht. Einige Forscher vermuten, dass durch die Klimaerwärmung vermehrt Schmelzwasser aus den Gebirgen in den See transportiert wird. Mittlerweile nimmt der Anstieg in einigen Gebieten bedrohliche Formen an; durch den Anstieg um ca. 120 cm innerhalb von 20 Jahren wurde fruchtbares Reisland überschwemmt. Auch große Müllhalden in der Gegend von Rasht, Chalus und Tonekabon liegen heute unter Wasser, was zu starker Verschmutzung geführt hat.

Provinz Gilan

Sehenswertes

Zwei Stahlbetonbrücken aus dem Jahr 1938 überspannen Lagune und Fluss: Die **Ghazian-Brücke** am Meydan-e Towhid ist 210 m lang, die **Anzali-Brücke** zum Stadtteil Miyanposhteh misst 127,50 m.

Die Hauptgeschäftsstraße von Bandar Anzali ist die Kh. Motahari. Die **Hafenpromenade** erstreckt sich auf beiden Seiten des Lagunenarms. Von der Anzali-Brücke kann man von den Bootsanlegern aus über ca. 500 m bis zum Meeresufer gehen.

Das **Tiefenwasser** des Kaspischen Meeres wird nur sporadisch durch frisches, sauerstoffreiches Oberflächenwasser ersetzt. Zum letzten Mal erfolgte eine solche Tiefenwassererneuerung vermutlich um 1980. Welche Ereignisse diesen Wasseraustausch auslösen, ist heute noch weitgehend unbekannt.

Halb See, halb Ozean: Vom **Salzgehalt** her nimmt das Kaspische Meer eine Mittelstellung zwischen Süßwasser und Meerwasser ein. Die Salinität des Sees liegt bei 12,3 Promille im Gegensatz zu 35 Promille im Wasser der Weltmeere. Erstaunlich hoch ist dagegen der Sulfat-Gehalt des Sees. Schuld daran ist vermutlich unter anderem ein übermäßiger Düngemitteleinsatz in der Landwirtschaft der Kaspi-Region.

Fischer bei Bandar Anzali

Markt

Der tägliche Markt findet an der Straße statt, die die Kh. Takavaran mit dem Pier verbindet, direkt unterhalb der Brücke. Hier gibt es neben Obst und Gemüse auch *torshi*, sauer Eingelegtes, und vor allem Fisch. Frische Fische werden vormittags angeboten, *mahi dudi*, den berühmten **Räucherfisch** des Kaspischen Meeres, findet man ständig in den Geschäften unter der Brücke.

Rechts davon findet der große Samstagsmarkt *(shanbe bazar)* statt, eine Art **Riesenflohmarkt**, zu dem sogar Händler aus Aserbaidschan und Armenien kommen.

Bandar Anzali ist Stützpunkt der staatlichen Fischereiflotte und der Kaviarverarbeitung. Da **Kaviar** eine begehrte Ware und der Fang saisonal begrenzt ist, kann man nicht einfach eine Kaviarfabrik besichtigen. Genehmigungen müssen bei der Shilat, der staatlichen Fischereigesellschaft, in der Kh. Taleqani beantragt werden (Iran Fisheries, Dept. for Int. Relations, Tel. 021-650858, shilatintl@neda.net). Kaufen kann man Kaviar nur im offiziellen Shop gegen Devisen, auf dem Fischmarkt wird er jedoch schwarz angeboten. Hier sollte man vorsichtig sein und nur dann kaufen, wenn man sicher ist, dass die Ware frisch ist und die Gelegenheit besteht, sie kühl zu lagern.

Miyanposhte-Palast

Der Miyanposhte-Palast in der Kh. Takavaran wurde 1928 anstelle eines bei einem Brand zerstörten zweistöckigen, hölzernen Palastes erbaut. Zwischen 1931 und 1969 diente er den Pahlavi-Herrschern als Unterkunft. Dann wurde er der Marine übergeben und ist seit 1977 **Marinemuseum.** Zur Dekoration gehören zahlreiche Kristallleuchter, unter den Decken sind kleine Statuen iranischer Dichter angebracht. U.a. sind Waffen seit der Safavidenzeit und Schiffsmodelle ausgestellt. Dazu gehört ein 28 m hoher Uhrturm, auch Minarett genannt.

■ **Muze-ye Nazami-ye Irani,** täglich außer Freitag 8–13 Uhr, Eintritt 100 Tuman.

Lagune

Die Lagune von Bandar Anzali nimmt eine Fläche von etwa 450 km² ein und gewährt Nistplätze für fast 150 Arten von Vögeln, u.a. **Ibisse, Reiher, Schwäne, Kormorane und Brachvögel.** Da das Wasser am Südufer des Kaspischen Meeres nie zufriert, nutzen viele **Zugvögel aus Sibirien** das ausgedehnte Schilfdickicht der Lagune als Unterschlupf während der Wintermonate. Eine Reihe von Unterständen zur Vogelbeobachtung wurde eingerichtet. Große Flächen der Lagune sind mit Seerosen bewachsen.

Für ausgedehntere Beobachtungen empfiehlt sich der Zugang über die Landseite mit Hilfe eines einheimischen Führers. **Bootsausflüge** starten von den Anlegern direkt unterhalb der Anzali-Brücke. Führer mit Motorbooten für bis zu fünf Personen berechnen je nach Tour zwischen 50.000 und 65.000 Tuman, Dauer 45 Minuten bis 1½ Stunden.

Praktische Informationen

■ **Telefonvorwahl Bandar Anzali: 0181**

Nützliche Adressen

■ Filialen der **Bank-e Melli** und **Bank-e Sepah** am Meydan-e Imam Khomeini.

Provinz Gilan

- **Post und Telefon** in der Kh. Navvab-e Safavi.
- **Internetcafés** in der Kh. Motahari.
- **Reiseagentur:** *Khazar Gasht*, Kh. Taleqani, Tel. 30988.

Unterkunft
- **Hotel Kadoosan**②, Kh. Pasdaran, Tel. 422 3001/3. Ordentliche DZ mit Aussicht auf das Kaspische Meer
- Das Strandhotel **Sefid Kenar**② liegt etwa 5 km außerhalb von Bandar Anzali an der Straße nach Astara direkt am Meer. In der Nähe des Hotels kann man öfter Strandfischer bei der Arbeit beobachten. Tel. 5223001/9.
- Empfehlenswert ist das **Hotel Golsang**② am Meydan-e Imam Khomeini, Tel. 2223910.
- **Hotel Iran**①, Kh. Motahari, Tel. 22524.
- **Mehmanpazira'i Hemmat**①, Meydan-e Emam, Tel. 2223844. Gutes Restaurant.
- Das **Gasthaus Tabriz**① in der Kh. Golestan bietet einfache Zimmer. Tel. 4244756.

Essen und Trinken
- Das **Restaurant Guilan** in der Nähe der Stadtverwaltung hat einen armenischen Besitzer und eine schöne Auswahl an Fischgerichten, Tel. 22984.

Verkehrsverbindungen
- Einen Busbahnhof gibt es in Bandar Anzali nicht, die **Busse** verkehren von den Garagen der einzelnen Gesellschaften am Meydan-e Imam Khomeini.
- Vom Meydan aus verkehren ebenfalls **Sammeltaxis** und Minibusse nach Rasht sowie nach Ardabil und Astara.

Fuman

Etwa auf der Hälfte der Strecke von Rasht nach Masuleh liegt ca. 25 km westlich von Rasht die Kreisstadt Fuman, **früher Hauptstadt von Gilan**. Sie ist Ausgangspunkt zum Besuch der alten **Festung von Roodkhan** auf zwei Bergrücken in einer Höhe von 715 bzw. 670 m gelegen. Auf einem der Gipfel entspringt eine Quelle. Die Anlage geht auf das 11. Jh. zurück, auch frühere Teile aus der Sasanidenzeit sind dort gefunden worden. Von den einst 65 Türmen der ca. 1500 m langen Umfassungsmauer sind noch 42 intakt.

Die **Festung** besteht aus zwei Teilen, einem für die Unterkünfte und einem weiteren mit Räumen für die Kommandanten. Der Aufgang ist steil und gewunden, jedoch durchweg mit Steinen befestigt. Bei feuchtem Wetter, nicht eben selten in Gilan, ist trittfestes Schuhwerk erforderlich. Geöffnet ist die Anlage von 8 bis 17 Uhr, Eintritt 3000 Tuman, erreichbar mit Taxis und Minibussen ab Fuman.

Eine weitere Attraktion, für die Fuman ein guter Ausgangspunkt ist, ist das **Freilichtmuseum für ländliches Kulturerbe von Gilan** *(Gilan Rural Heritage Museum)*, an der Straße von Fuman nach Shaft gelegen. Auf einem 150 ha großen Gelände sind unterschiedliche Beispiele von Häusern, wie sie in den Dörfern Nord-Irans immer mehr verschwinden, errichtet worden, streng nach klassischen Vorbildern und mit traditionellen Materialien, also z.B. mit Stroh gedeckt und nicht mit Blech. Zumeist sind sie auf Stelzen gebaut, wie es früher in dieser ursprünglich sumpfigen Umgebung üblich war. Dörfliches Handwerk und traditionelle Handarbeiten werden vorgeführt und ausgestellt.

Die Anlage ist donnerstags und freitags von 9 Uhr bis zum Sonnenuntergang geöffnet, Eintritt 3000 Tuman, Tel. 0131-3239490.

Masuleh

Etwa 60 km südwestlich von Rasht liegt inmitten **dichter Bergwälder** ca. 1050 m hoch das Dorf Masuleh. Der Höhenunterschied im Dorf beträgt etwa 100 m, weswegen die Häuser am Hang übereinander gebaut sind. Die Dächer der unteren dienen als Aufgang zu den nächsthöheren. Das **Klima ist mild,** auch im Sommer steigen die Temperaturen selten über 25°C. Im Herbst und Winter regnet es häufig, weswegen das Dorf oft von Nebel eingehüllt wird. Angeblich sind die Häuser mit hellem Lehm verputzt, damit man sie auch im Nebel erkennen kann.

Gasse im Bergdorf Masuleh

Die knapp 800 Einwohner sind **Taleshis,** die untereinander ihre eigene Sprache sprechen. Reste einer früheren Siedlung, die offenbar aufgegeben wurde, befinden sich ca. 4 km südwestlich des heutigen Dorfes, ebenso die **heißen Quellen** von Zamzameh und Alizakhani, deren Wasser als heilsam gilt.

Masuleh eignet sich gut als Ausgangspunkt für **Wanderungen** in den Bergwäldern, wofür man sich am besten einen ortskundigen Führer nimmt.

Anfahrt

■ Ab Rasht verkehren **Minibusse und Taxis** nach Fuman, von dort aus ist leicht ein **Sammeltaxi** nach Masuleh zu finden.
■ Mit dem **eigenen Fahrzeug** nimmt man von Rasht aus die Kh. Taleqani stadtauswärts und fährt bis Soumeh Sara, dort in Richtung Süden nach Fuman abbiegen. Die asphaltierte Straße endet in Masuleh, nur mit geländegängigem Fahrzeug kann man das Talesh-Gebirge auf der Straße nach Shahrud erkunden.

Unterkunft

■ Wer länger die gute Luft und die schöne Umgebung genießen möchte, findet Unterkunft im **Hotel Monfared**① am Ortseingang bei der Bushaltestelle. Allerdings wirken die Zimmer ziemlich abgewohnt. Tel. 0132-7573250/1. Hier gibt es auch ein **Dachrestaurant** mit schöner Aussicht auf das Dorf.
■ Saubere und große Zimmer bietet das **Navid Masouleh Guesthouse**① oberhalb des Bazars. Tel. 0132-7572288, mobil 0911-2396459.
■ Einige der Dorfbewohner vermieten **Fremdenzimmer,** am besten fragt man in einem der Teehäuser.

Provinz Gilan

Lahijan

Lahijan ist die **Hauptstadt des Teeanbaus** in Iran und liegt malerisch an den Ausläufern der Dailaman-Berge. Vor der Gründung von Rasht war die Stadt einer der Hauptorte der Provinz Gilan. Heute lebt Lahijan von den landwirtschaftlichen Erzeugnissen der Umgebung, die hier gehandelt und verarbeitet werden, vor allem Tee.

Eine schöne **Legende** verbindet die Stadt mit der Frühzeit der Safaviden-Dynastie: Als Jugendlicher soll hier der spätere Shah *Isma'il* am Hofe eines Lokalfürsten Unterschlupf vor der Verfolgung durch *Uzun Hassan,* dem damaligen Herrscher der Qara Qoyunlu, gefunden haben. Als Uzun Hassan davon erfuhr, habe er den Fürsten aufgefordert, ihm Isma'il, vor dessen Ambitionen auf den Thron er sich fürchtete, herauszugeben, falls er sich auf seinem Boden aufhielte. Um dem nicht nachkommen zu müssen, habe man den kleinen Isma'il in einer an einem Baum aufgehängten Kiepe eine Zeit lang „aufbewahrt", bis er sich mächtig genug fühlte, die ihm ergebenen Qizilbash-Truppen zu sammeln und Uzun Hassan den Garaus zu machen.

Ankunft mit dem eigenen Fahrzeug

Aus Richtung Rasht kommend, folgt man einfach der Kh. Imam Khomeini, die direkt ins Zentrum von Lahijan um den Baq-e Melli führt.

Aus Richtung Lengerud bzw. **Ramsar** hinter dem großen künstlichen Teich am Ostrand der Stadt links halten und am Meydan-e Pasdaran rechts in die Kh. Imam Khomeini einbiegen. Linker Hand taucht dann der Park mit der überdimensionalen Teekanne auf.

Sehenswertes

Das **Mausoleum der vier Fürsten,** Boqe-ye Chahar Oliya, ist ein Grabbau, der vermutlich aus dem 13. Jh. stammt und die typische Bauweise für den Norden aufweist: ohne Kuppel, mit schön geschnitzten Türen und Sarkophagen. Der Weg zur Grabkammer führt über einen Iwan mit zwei Eingangstüren. Der Bau liegt südlich der Kh. Imam Khomeini am Meydan-e Sardar Djangal. Direkt gegenüber liegt das historische **Badehaus**

Lahijan, Zentrum des iranischen Teeanbaus

Lahijan

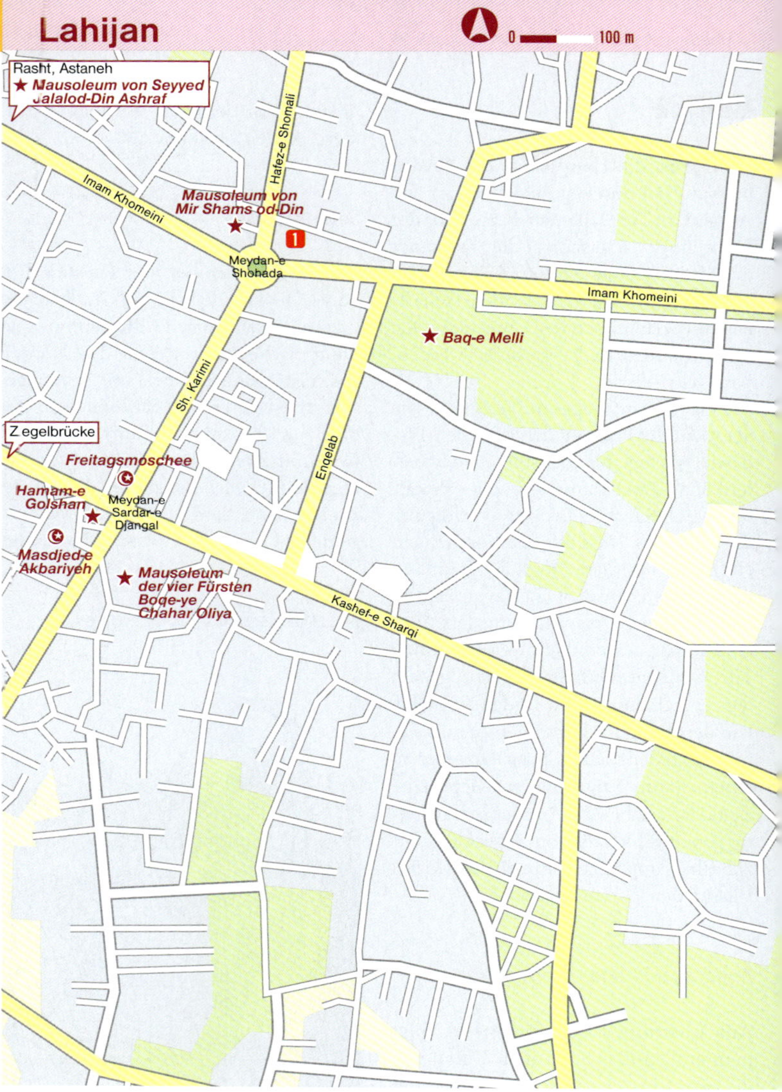
0 100 m
Rasht, Astaneh
Mausoleum von Seyyed Jalalod-Din Ashraf
Hafez-e Shomali
Imam Khomeini
Mausoleum von Mir Shams od-Din
1
Meydan-e Shohada
Imam Khomeini
Baq-e Melli
Sh. Karimi
Enqelab
Z egelbrücke
Freitagsmoschee
Hamam-e Golshan
Meydan-e Sardar-e Djangal
Masdjed-e Akbariyeh
Mausoleum der vier Fürsten Boqe-ye Chahar Oliya
Kashef-e Sharqi

Hamam-e Golshan. Auf der nördlichen Seite des Platzes steht die **Freitagsmoschee** von Lahijan aus dem 16. Jh. Westlich des Hammam-e Golshan führt eine kleine Gasse zur **Masdjed-e Akbariyeh,** die aus Ziegeln erbaut ist und einen Turm mit zeltartigem Dach trägt. Der Betsaal wurde in neuerer Zeit ergänzt.

Übernachtung
1 Gasthaus Bastan
2 Lahijan Tourist Inn

Ramsar, Langarud
★ *Mausoleum von Sheikh Zahed*

★ Sheitan Kuh

Das **Mausoleum von Mir Shams od-Din,** einem Sohn des 7. Imams der Schiiten *Musa al-Kazem,* befindet sich am Nordrand der Kh. Imam Khomeini. 100 m nördlich des Meydan-e Shohada zweigt eine kleine Gasse links zum Grabmal ab, das in seiner heutigen Form aus der Safaviden-Zeit stammt.

Tee – das Hauptgetränk ist ein Import aus Indien

Wie überall zwischen China und Marokko wird Tee auch in Iran mit dem chinesischen Wort *chai* bezeichnet. Tee ist heute das **Hauptgetränk** in Iran, das mehrfach am Tag genossen wird. Das ist jedoch nicht immer so gewesen, wie sich beispielsweise daran ersehen lässt, dass viele heutige Teehäuser noch immer *qahvekhane* (Kaffeehäuser) heißen, obwohl ausschließlich Tee ausgeschenkt wird. Erst ab dem Ende des 19. Jh. breitete sich der Teegenuss in Iran aus, wobei der Tee aus Indien und Ceylon (Sri Lanka) importiert wurde. In Iran wurde der Teeanbau erst heimisch, als *Kashef os-Soltane* Anfang des 20. Jh. bei seiner Rückkehr aus Indien, wo er als Konsul gedient hatte, einige Teepflanzen aus dem Land schmuggelte. Später reiste er dann nach Japan und China, um sich in die Geheimnisse des Teeanbaus einweihen zu lassen.

In den **Teeanbaugebieten Gilans und Mazanderans** leben heute etwa 100.000 Menschen von der Arbeit in den teils riesigen Teeplantagen.

An der westlichen Stadtausfahrt am Ende der Kh. Kashef-e Gharbi führt eine noch gut erhaltene **Ziegelbrücke** aus dem 17. Jh. über den Lahijan Rud.

Unterkunft

■ In der Regel wird man Lahijan auf der Durchreise oder im Rahmen eines Ausflugs von Rasht oder Ramsar aus besuchen. Wer über Nacht bleibt, ist mit dem **Lahijan Tourist Inn**② (Mehmansara-ye Lahijan) direkt am Westrand des Teiches von Sheitan Kuh (s.u.) gut beraten – es ist malerisch und ruhig gelegen. Tel. 0141-2333051.

■ In einer kleinen Gasse unweit des Meydan-e Shohada, direkt gegenüber dem Grabmal von *Shams ed-Din*, liegt das **Gasthaus Bastan**①. Auch ein kleines Restaurant ist vorhanden. Tel. 0141-223 6883, mobil 0911-1436636.

Umgebung von Lahijan

Sheitan Kuh

Sheitan Kuh, der „**Teufelsberg**", ist ein bei den Einwohnern beliebtes Ausflugsgebiet am Ostrand der Stadt, gegenüber einem ausgedehnten, künstlich angelegten Teich. Ein ebenfalls künstlich angelegter Wasserfall führt Wasser von den Bergen herunter. In der Nähe führt eine Treppe zum Berg hinauf. Eindrucksvoll ist der Ausblick vom Gipfel des Berges auf die Teeplantagen an den Hängen und die Kaspische Ebene.

Der Weg zum Parkplatz auf dem Gipfel des Sheitan Kuh mit dem Fahrzeug führt am östlichen Ende der Kh. Kashef am **Tee-Museum**, das auch das Grabmal von *Kashef os-Soltaneh* enthält, vorbei (täglich außer Montag und an Feiertagen 8 bis 16 Uhr, April bis Okt. bis 18 Uhr, Eintritt 3000 Tuman).

Wer sich länger in Lahijan aufhält, kann vom Sheitan Kuh aus Spaziergänge durch die **Teepflanzungen** und **Bergwälder** unternehmen.

Mausoleum von Sheikh Zahed

Das Mausoleum von *Sheikh Zahed* liegt anmutig am Berghang **inmitten von Teeplantagen** südlich der Straße nach Ramsar. Mit seinem hoch aufragenden, mehrfach abgestuften, türkisfarbenen Spitzdach in der Form eines chinesischen Pavillons ist es weithin sichtbar. Unter diesem Dach ist der Sarkophag eines wichtigen Gefährten *Sheikh Safis* vom Ende des 14. Jh. in einem schlichten quadratischen Grabraum untergebracht. An der Westseite führt eine Tür zu einem Anbau mit einem weiteren Grab. Das ziegelgedeckte Walmdach wird an drei Seiten von einem umlaufenden Säulenvorbau getragen.

100 m unterhalb des Bauwerks ist meist eine kleine **Teestube** geöffnet, in der der Besitzer selbst angebauten Tee serviert und in die Geheimnisse der Teeherstellung einführt.

Mausoleum von Seyyed Jalalod-Din Ashraf

Wer nach Rasht fährt, hat etwa 15 km nordwestlich von Lahijan in **Astaneh Ashrafiye** die Gelegenheit zur Besichtigung des in Gilan sehr verehrten Mausoleums von *Seyyed Jalalod-Din Ashraf*, eines Bruders des 8. Imams. Es geht in seinen Ursprüngen auf das 11. Jh. zurück und stammt in seiner heutigen Form mit dem ummauerten Hof, in dem noch eine Reihe weiterer Gräber untergebracht ist, vom Beginn des 20. Jh.

Provinz Mazanderan

⌂ Mausoleum von Sheikh Zahed bei Lahijan in Gilan, der Nachbarprovinz von Mazanderan

Mazanderan bildet den **zentralen Teil der südlichen „Kaspiküste"** und zerfällt in zwei Abschnitte: die dicht bewaldeten Nordhänge des Alborz mit der teils nur wenige Kilometer breiten Küstenebene und die von Westen nach Osten verlaufenden Ketten des zentralen Alborz mit ihren nur spärlich besiedelten Hochtälern.

Provinz Mazanderan

Der historische Name von Mazanderan ist **Tabaristan**. Aufgrund seiner Unzugänglichkeit war es die letzte Provinz Irans, die nach der arabischen Invasion islamisiert wurde. Die Herrscher der iranischen **Dynastie der Bavandiden,** die in verschiedenen Linien von 665 bis ca. 1350 regierten, trugen den Titel eines *Ispahbad* (Militärführer) oder wurden auch „Könige der Berge" genannt. Dies zeigt, dass sie zumeist von der Zentralmacht unabhängig waren. Oft wurden die mazanderanischen Städte von den Turkmenen der nordöstlichen Steppe angegriffen und verwüstet. Erst im 16. Jh. gelang den Safaviden die volle Integration dieses Gebiets ins iranische Reich.

Im 20. Jh. nahmen viele Orte einen Aufschwung dank der **Förderung durch Reza Shah,** der aus Alasht, einem Bergdorf im zentralen Alborz, stammte und sich deshalb für seine Heimatprovinz einsetzte.

Die wichtigsten Orte an der Küste sind Ramsar, Chalus/Nowshahr (heute praktisch zusammengewachsen), Mahmudabad und Babolsar.

Drei Hauptstraßen verbinden den südlichen Teil des Alborz und Teheran mit dem dicht besiedelten Küstenstreifen: Die *jade-ye Chalus* verläuft von Teheran nach Karaj und biegt dort nach Norden in Richtung Chalus ab, vorbei am Stausee von Karaj. Eine weitere führt von Teheran nordostwärts nach Rudehen, wo sie sich teilt in die *jade-ye Haraz,* die über Amol ans Kaspische Meer führt, und die *jade-ye Firuzkuh, die* weiter östlich über Pol-e Sefid bis nach Sari verläuft, der Hauptstadt der Provinz. Ab Firuzkuh ist sie identisch mit der Trasse der Eisenbahn nach Gorgan.

Ramsar

Das bekannteste Kurbad am Kaspischen Meer ist Ramsar, wo heilkräftige **Schwefelquellen** aus dem Berg austreten. Eine heiße Schwefel-Thermalwasserquelle befindet sich in einem öffentlichen Bad direkt rechts neben dem Neubau des Azadi-Hotels, für Männer und Frauen getrennt. Der Eintritt beträgt ca. 5000 Tuman, geöffnet ist von 7 bis 22 Uhr, auch mit Einzelbecken.

In Ramsar reichen die Ausläufer des Gebirges fast ans Ufer heran. Auf einem der Hügel ließ sich Reza Shah einen Palast bauen, in dessen Nähe später auch ein Hotel errichtet wurde. Während der Pahlavi-Dynastie war Ramsar ein **exklusiver Kurort**, bevölkert von den Reichen und den damals zahlreich vertretenen amerikanischen Beratern. Für sie ließ man einen Flughafen und ein Kasino bauen, das nach der islamischen Revolution umgehend geschlossen wurde. Gern hielt man hier Tagungen und Kongresse ab, so z.B. im Jahr 1971 eine internationale Naturschutzversammlung, auf der die „**Ramsar-Konvention**", ein Übereinkommen zum Schutz von Feuchtgebieten, beschlossen wurde.

Der ehemals prunkvolle **Boulevard**, der vom Grand Hotel über fast zwei Kilometer bis zum Kasino in Strandnähe führte, hat stark an Glanz eingebüßt und dient im Sommer als **Campingplatz**.

Eine Reihe von hässlichen **Apartmenthochhäusern** zeugt davon, dass mittlerweile wieder Sommerurlauber nach Ramsar kommen, während der Ort in den ersten Jahren nach der Revolution mitunter wie ausgestorben wirkte. Die **Strandpromenade** selbst erstreckt sich vom ehemaligen Kasino in westlicher Richtung und ist vorwiegend in den Sommermonaten bevölkert, das Publikum kommt zumeist aus Teheran.

Zu besichtigen ist ein kleiner **Palast** aus der Pahlavi-Zeit hinter dem Ramsar Hotel. Der **Bazar** mit Fischmarkt befindet sich am westlichen Ende der Kh. Imam Khomeini.

Mineralquellen

Die bekannten Mineralquellen befinden sich in der Umgebung Ramsars, z.B. in den Dörfern **Katalam** und **Sa'adat Mahale,** wunderschön in den Bergen gelegen. Dazu mietet man am besten ein Taxi. Sa'adat Mahale eignet sich auch gut für **Wanderungen** in den Bergwäldern des Alborz.

Die 27 km lange Bergstraße von Ramsar nach **Javaherdeh** ist sehr eindrucksvoll und auch ohne Geländefahrzeug zu befahren, wobei ein Höhenunterschied von ca. 2000 m zu überwinden ist.

◁ Reisfelder im Alborz
an der Bahnstrecke von Firuzkuh nach Sari

☐ Übersichtskarte S. 80 **Provinz Mazanderan**

Praktische Informationen

Unterkunft
■ Das bekannteste Hotel Ramsars ist das **Hotel Azadi**③, auf dem Hügel über der Stadt gelegen, bestehend aus dem alten Grand Hotel und einem Neubau aus den 1960er Jahren. Tel. 0192-522 3593/5, www.parsianhotels.com. Das Haus stammt noch aus der „guten alten Zeit" von Ramsar, als es noch Hyatt hieß, und verströmt auch wirklich den Geruch dieser Zeit. Außer in den Sommermonaten ist es meist leer, und man verliert sich in dem großen Speisesaal, genießt aber eine tolle Aussicht auf den Ort. Unbedingt sehenswert: die 1960er-Jahre-Sitzgarnituren im Café. Unter dem Eingang zum Altbau des Hotels befindet sich ebenfalls ein Café mit auf traditionell getrimmter Einrichtung. Westlich des Hotels liegen einige Anlagen mit „Suiten", kleinen Ferienapartments, die manchmal auch für einzelne Nächte vermietet werden.

■ Das **Hotel Khazar**② liegt in Strandnähe, ist einfacher als das Azadi, aber auch kaum billiger, Tel. 0192-525176/7.

■ Daneben kann man auch zahlreiche **Privatquartiere** finden, entlang der Kh. Shahid Rajai, in Strandnähe oder an der Kh. Motahari.

Essen und Trinken
■ Das **Gol-e Sorkh** in der Kh. Motahari bietet neben Kebabs auch Fisch.

■ Das **Anahita** am anderen Ende der Stadt, gegenüber dem Teheran-Busterminal, hat eine ähnliche Auswahl.

Verkehrsverbindungen
■ Der kleine Flughafen liegt östlich der Stadt und ist mit Taxis zu erreichen. Es gibt zwei Flüge pro Woche von und nach Teheran mit Aseman Airlines (Verkaufsbüro in der Kh. Motahari).

■ Die An- und Abreise per Bus oder Auto ist wegen der schönen Strecke über die Berge und am Meer entlang vorzuziehen. Busse von/nach Teheran verkehren vom Terminal am östlichen Stadtrand, die nach Rasht am westlichen Stadtrand in der Nähe des Meydan-e Imam Khomeini.

Entlang der Küste nach Chalus

Ab Ramsar ist es nicht schwierig, sich mit Sammeltaxis oder Minibussen in kleinen Etappen entlang der Küstenstraße zu bewegen und in einigen Orten kurz zu verweilen. **Tonekabon** z.B., ca. 30 km östlich von Ramsar gelegen, ist ein bei den Iranern beliebter Urlaubsort.

Von **Abbasabad** aus, 25 km östlich von Tonekabon, führt eine Straße über die Berge auf malerischer Strecke nach Kalardasht (s.u.). Weitere 20 km östlich bei der Ortschaft **Sangabrood** führt eine Seilbahn *(Telekabin)* die Berge hinauf zum **Waldpark von Namakabrood,** von wo aus man eine wunderbare Aussicht auf die Küstenebene und das Kaspische Meer genießt. Zur Seeseite hin liegt das Strandhotel Azadi (vormals Hyatt), vor der Revolution sehr beliebt bei der Teheraner Schickeria, heute nur noch ein schwacher Abglanz früherer Zeiten.

Chalus und seine Nachbarstadt **Nowshahr,** wo die Straße von Karaj ans Kaspische Meer stößt, ist eine bei Iranern beliebte Sommerfrische. Der Hafen von Nowshahr ist in den letzten Jahren zu einem wichtigen Umschlagplatz für den Seehandel mit den Anrainerstaaten des Kaspischen Meeres geworden. Daneben haben die Städte für Touristen nichts Interessantes zu bieten, wohl aber die Umgebung: Der **Wald von Sisangan,** 30 km östlich von Nowshahr, lädt zu ausgedehnten Wanderungen ein.

Überwachtes Vergnügen: Baden im Kaspischen Meer

Für einen Strandurlaub ist das Kaspische Meer nur bedingt geeignet. Dies aus mehreren Gründen: Nur an wenigen Stellen ist der Strand sandig, zahlreiche aus dem Gebirge kommende Flüsse und Flüsschen bringen gerade im Frühjahr **Schwemmland und Geröll** mit und vielerorts werden auch Abwässer aus den zahlreichen Küstensiedlungen ins Meer geleitet. So erscheint das Wasser meist mehr **gräulich-trüb** als blau und zum Bade einladend. Außerdem sind weite Regionen der Küste im privaten Besitz von Hotel- und Feriensiedlungen und somit nicht öffentlich zugänglich.

Vor allem jedoch die **islamischen Sitten und Gebräuche** schmälern die Möglichkeit des für westliche Touristen klassischen Strandurlaubs. Beim Thema Baden in der Öffentlichkeit prallen scheinbare oder tatsächliche Gegensätze zwischen islamischer Tradition und „modernen" Auffassungen besonders heftig aufeinander. Für einen strenggläubigen Muslim ist seine Frau oder Tochter schon nackt, wenn sie sich ohne Körperschleier oder Kopftuch in der Öffentlichkeit zeigt, weswegen dies auch am Strand nicht praktiziert werden kann.

Die Badefreuden am Kaspischen Meer, nicht umsonst früher „Iranische Riviera" genannt, galten den religiösen Eiferern als unmoralische Sitte der verwestlichten Mittel- und Oberklasse. Unmittelbar nach der Revolution im Sommer 1979 fielen die islamischen **Sittenwächter** über alle Strände her, um die neuen Vorschriften durchzusetzen: öffentliches Baden nur noch nach Geschlechtern getrennt, Frauen nur mit islamischem Hejab. Dass den meisten dabei das Vergnügen am Baden verging, wundert nicht, vielleicht war genau das auch erwünscht. Jedenfalls verfielen die meisten Strände und beleben sich erst seit den 1990er Jahren wieder.

Die islamischen Badesitten fördern das Schwimmvergnügen auch nicht gerade. Baden geschieht am Kaspischen Meer folgendermaßen: An jedem Strand gibt es einen **Sektor für Frauen,** abgetrennt durch weit ins Wasser hineinreichende **Vorhänge.** Dazu kommen ein **Wachturm,** auf dem ein weibliches Mitglied des „Komitees für Islamische Führung" auf die Einhaltung der islamischen Sitten achtet, eine Bademeisterin, ein Schild „Fotografieren nicht gestattet" und ein durch Sichtblenden verdeckter Eingang zum Badestrand der Frauen. Innerhalb dieses absolut sichtgeschützten Sektors dürfen die Frauen im Badeanzug baden. An der anderen Seite des jeweiligen Strandes, möglichst weit entfernt, gibt es eine ähnliche Einrichtung für die Männer. Dazwischen findet sich die Infrastruktur: Bootsverleih, mit Strohdächern überdachte Plätze, Sitzbänke, Spielplätze, öffentliche Telefone, Betraum, Polizeirevier, Kiosk und Toiletten. Die Einhaltung der strengen Sitten wird regelmäßig von Patrouillen überwacht – und von Badegästen ebenso häufig durchbrochen.

Die bei den Iranern zum Baden **beliebtesten Küstenabschnitte** liegen zwischen Fereydoonkenar und Babolsar, in Hosseini Sahel bei Nowshahr und in Zibakenar bei Kiashahr/Gilan.

Kalardasht

Etwa 30 km von Chalus entfernt an der Straße nach Karaj zweigt bei Marzanabad eine Straße nach Westen ab zum Tal von Kalardasht. Bei Ausgrabungen in den 1930er Jahren wurde hier der **„Schatz von Kalardasht"** gefunden, vermutlich ein Fürstengrab aus dem 10. Jh. v. Chr., mit wertvollen Grabbeigaben (heute im Museum in Teheran). Das **malerisch gelegene Dorf** ist ein beliebter Ausgangsort für Ausflüge im Sommer und Skiwanderungen im Winter.

Kalardasht liegt am nördlichen Abhang eines gewaltigen Gebirgsmassivs mit einem guten Dutzend **Gipfeln über 4000 m.** Die bekanntesten sind der Alam Kuh (4850 m) und der Takht-e Soleyman (4659 m), der nicht zu verwechseln ist mit der historischen Stätte im azerbeijanischen Bergland. Ab Kalardasht führt ein Höhenweg zu einem **Camp der Iranischen Bergsteigervereinigung** (*Mountaineering Federation,* siehe „Praktische Reisetipps A–Z: Sport und Aktivitäten"). Zum Besteigen der Gipfel sollte man sich in jedem Fall an die Vereinigung wenden, die auch in Kalardasht eine Zweigstelle unterhält. Hier kann man Informationen, Karten, Tragtiere und Führer anfordern und auch die „Gipfelgebühren" in Höhe von 20 US$ entrichten. Das Büro befindet sich am südlichen Ortsausgang von Rudbarak, Tel. 0192-2622579.

In den vergangen Jahren haben sich in Kalardasht viele vermögende Teheranis niedergelassen und **Sommerhäuser und Villen** erbaut, sodass es um die Ruhe früherer Jahre geschehen ist und die Aussicht auf die Berge von Apartmenthochhäusern verschandelt wird.

Bergsee Valasht bei Kalardasht

Amol

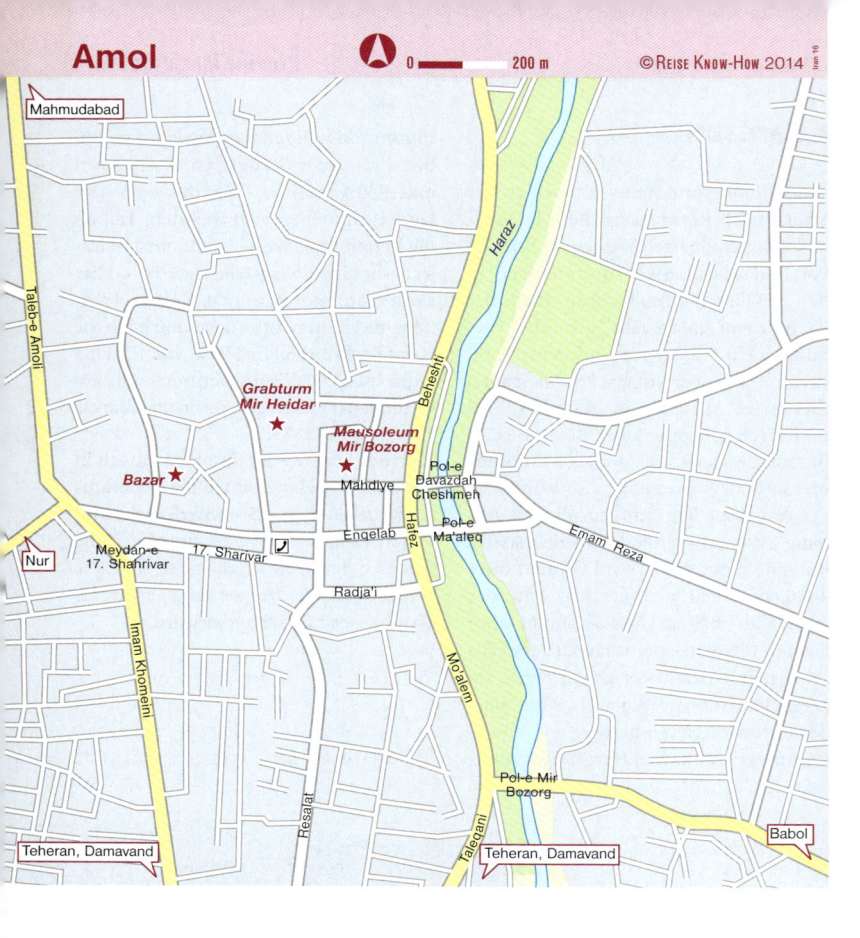

Unterkunft

Eine große Anzahl von Hotels und Gasthäusern wurde in den vergangenen Jahren errichtet, weitere sind im Bau. Hier eine kleine Auswahl:

■ Am oberen Ende der Skala rangiert das **International Hotel**④ mit 22 gut ausgestatteten Villen für mehrere Personen sowie Apartments mit einem oder zwei Schlafzimmern. Kh. Pardisan, Tel. 0192-2627002-4.

■ Das **Hotel Maral**③ liegt im Zentrum, Tel. 0192-2622258.

■ Preiswerter ist das **Hotel Azarbeidjan**② mit Terrassenrestaurant. Kh. Nasiri, Tel. 0192-2622678.

See von Valasht

Noch weitgehend unberührt ist der in gut 1000 m Höhe gelegene **Bergsee** von Valasht. Man erreicht ihn von Chalus kommend, indem man ca. 4 km vor Marzanabad in Richtung Westen abbiegt über die sich in Serpentinen den Berg hinauf windende Straße, die die Dörfer Senarpa'in und Senarbala durchquert. Nach ca. 12 km schimmert das klare Wasser des Sees **türkisfarben.** Zwar gibt es keinen offiziellen Campingplatz, doch im Sommer ist der See ein beliebtes Ausflugsziel, an dem auch übernachtet wird.

Nur und Mahmudabad

45 km östlich von Nowshahr liegt der bei Iranern beliebte **Urlaubsort Nur,** wo es eine Reihe von Feriensiedlungen am Strand gibt. 3 km östlich von Nur liegt der Eingang zum Djangal-e Nur, einem ausgedehnten **Waldgebiet,** in dem man schöne Wanderungen unternehmen kann. Von der Hauptstraße aus zweigt man rechts ab. Das Gelände wird im Sommer von Iranern gern als Campingplatz genutzt, neben einem Kiosk gibt es auch Trinkwasser und Toiletten.

Zwischen Nur und Mahmudabad, weitere 25 km östlich gelegen, säumen **Feriensiedlungen** das Meer. Viele ortsansässige Familien vermieten in den Sommermonaten, wenn Scharen von Teheranis hier ihren Urlaub verbringen, ihre Häuser. An den Straßen sieht man dann oft Männer mit Schildern in der Hand, die ihre „Villa" anbieten. **Mahmudabad** ist in diesen Monaten ein lebendiger und bevölkerter Urlaubsort.

Von hier führt die Hauptstraße nach Süden über Amol, vorbei am Berg Damavand, nach Teheran.

Amol

Amol war schon unter der Dynastie der Taheriden im 9. Jh. Hauptstadt des weitgehend unabhängigen Gebiets von **Tabaristan.** Es besaß 25 km nördlich sogar einen Hafen an der Mündung des Flusses Haraz ins Kaspische Meer. Im 11. und 12. Jh. war Amol wegen seiner Glasarbeiten und der glasierten Fliesen berühmt. Beim ersten Mongoleneinfall 1220 wurde es besetzt und im 14. Jh. von den Truppen Timurs geplündert.

Seit in den 1930er Jahren die Hauptstraße von Teheran gebaut wurde, die bei Amol auf die Küstenstraße trifft, hat sich die Stadt zu einem **Verkehrsknotenpunkt** entwickelt. Auf dem Weg von Teheran zum Kaspischen Meer oder entlang der Küste lohnt sich ein kurzer Besuch durchaus.

Die Stadt liegt **zu beiden Seiten des Flusses Rudkhaneh-ye Haraz,** über den mehrere Brücken führen. Die beiden alten Brücken der Stadt stammen aus dem 17. Jh. Das Zentrum erstreckt sich auf der Westseite des Flusses nördlich des Meydan-e 17. Shahrivar, wo sich auch der **Bazar** befindet. In den kleinen Gassen gibt es noch eine Reihe **typischer alter Häuser** mit Steildächern und vorgebauten Veranden.

Am Sabze Meydan in der Nähe des Flusses liegt das **Mausoleum Mir Bozorg,** erbaut im 17. Jh. für das Oberhaupt einer in Amol wichtigen Familie anstelle eines im 15. Jh. von den Truppen Timurs zerstörten Vorläuferbaus. Der große quadratische Mittelraum weist noch schöne Fliesenverkleidungen und einen mit Schriftbändern geschmückten Mehrab auf.

Der **Grabturm Mir Heidar** (auch *Imamzadeye Se Tan*) liegt nördlich des Zentrums im Stadtviertel Pa'in Bazar. Der achteckige Grabturm aus Ziegeln mit Spitzdach stammt ursprünglich aus dem 12. Jh., ist aber kürzlich renoviert worden.

Verkehrsverbindungen
■ **Busse und Taxis** in Richtung Osten und nach Teheran sowie in Richtung Mahmudabad findet man am Meydan-e Hezar Sangar im Osten der Stadt.

Babol

Auch Babol zählt zu den Küstenstädten mit langer Geschichte. Wie die meisten anderen hat sie sehr unter den Mongoleneinfällen im Laufe des 13. und 14. Jh. gelitten. In der Stadt gibt es ein aus dem 15. Jh. stammendes Mausoleum, das **Imamzade-ye Qassem**, mit einem auf 1483 datierenden Kenotaph.

4 km östlich der Stadt an der Straße nach Kia Kela liegt das Dorf **Mohammad Taher** mit dem gleichnamigen **Grabturm** aus dem Jahre 1470. Er ist damit einer der letzten dieser Art, denn mit dem Aufkommen der Safaviden in Iran ab 1501 kam die Sitte der Beisetzung in Grabtürmen außer Gebrauch. Die Tür und das Grab weisen schöne Schnitzereien aus Holz auf.

Unterkunft
■ Ein einfaches Hotel in der Stadt ist das **Marjan Hotel**① am Meydan-e Shahid Keshvari, Tel. 0111-2252186.

Babolsar

Der Küstenort von Babol ist Babolsar, 20 km nördlich am Kaspischen Meer gelegen. Hier finden sich die am weitesten östlich gelegenen **Strände**, die relativ leicht von Teheran aus erreichbar sind. Die Stadt hat einen kleinen **Fischereihafen**; in Strandnähe und in den umliegenden Dörfern gibt es einige Feriensiedlungen und Hotels.

Unterkunft
■ Preiswert mit sauberen DZ ist das **Hotel Caspian**② an der Straße nach Fereydounkenar, Tel. 0112-5222544.
■ Ein einfaches Hotel ist das **Hotel Michka**①, Bolv. Saheli / Kh. Shari'ati, Tel. 01291-24856.

Sari

Sari liegt am Westufer des Flusses Tajan, über den die Hauptstraße nach Gorgan und Mashhad im Osten verläuft. Die **Hauptstadt der heutigen Provinz Mazanderan** hatte diesen Rang wahrscheinlich schon in der Sasaniden-Zeit. Nach der islamischen Eroberung Anfang des 8. Jh. wurde Sariye Hauptstadt der damaligen Provinz Tabaristan, bevor diese nach Amol verlegt wurde. Die Seidenproduktion, für die Sari im Mittelalter berühmt war, existiert schon lange nicht mehr. Im Laufe seiner Geschichte litt die Stadt wegen der Nähe zur Turkmenensteppe immer wieder unter **Einfällen von Nomaden**. Erst nach dem Ende des Ersten Weltkriegs und dem Machtantritt *Reza Shahs* wurden die Nomaden „befriedet" und die Städte Mazanderans erlebten einen Aufschwung, nicht zuletzt, weil der Herrscher aus dieser Provinz stammte. In den 30er Jahren des 20. Jh. wurde Sari an die Eisenbahn angeschlossen, in den 80er Jahren kam ein Flughafen dazu. Heute ist Sari eine lebendige Provinzmetropole mit ca. 200.000 Einwohnern.

Das **Stadtzentrum** ist die Gegend um den Meydan-e Sa'at, sogenannt nach dem Wahrzeichen der Stadt, einem **Uhrturm** aus der Zeit Reza Shahs. Die Bazargassen zweigen links und rechts der Kh. Djomhuri-ye Islami ab. Die Hauptsehenswürdigkeiten von Sari sind einige alte Grabtürme aus dem 14. und 15. Jh.

Mit dem Auto aus Richtung Teheran kommend, erreicht man die Stadt auf dem Bolvar-e Pasdaran, in dessen Verlängerung man direkt zum Platz mit dem Uhrturm gelangt. Aus Richtung Gorgan führt nach der Überquerung des Tajan der Bolvar-e Taleqani über den Meydan-e Shohada direkt in die City.

Sehenswertes

Ein Rundgang durch die engen Gassen des alten Sari lohnt sich wegen der für Mazanderan typischen Häuser mit Ziegeldächern und hölzernen Vorbauten. Wenn man immer rechts herum geht, kommt man irgendwann südlich des Uhrturms wieder auf die Hauptstraße.

Grabtürme

Wenn man vom Uhrturm aus in südwestlicher Richtung der Kh. Djomhuri-ye Islami in Richtung Südwesten folgt und nach ca. 100 m rechts abbiegt, erreicht man nach kurzer Zeit einen freien Platz mit zwei Sehenswürdigkeiten: Der runde **Grabturm des Sultans Zein al Abedin** mit modernem Anbau hat ein etwa 20 m hohes, achteckiges Spitzdach und ist einem der Söhne des 7. Imams gewidmet. Das Innere ist nicht besonders sehenswert.

Dahinter liegt der **Grabturm des Imamzade-ye Yahya,** ein interessant gestalteter Ziegelbau aus dem 15. Jh. Der quadratische Bau wird über vier Trompen in ein Achteck überführt, auf das das Spitzdach aufgesetzt ist. Unter den Trompen und unterhalb des Dachansatzes sind Nischen eingearbeitet, teilweise sparsam farbig verziert. Der schlichte Grabraum im Inneren hinter der neuen Holztür weist zwei Gräber auf. Eines davon ist mit Schnitzereien aufwendig verziert und mit einem grünen Tuch abgedeckt.

Der Uhrturm ist das Wahrzeichen von Sari

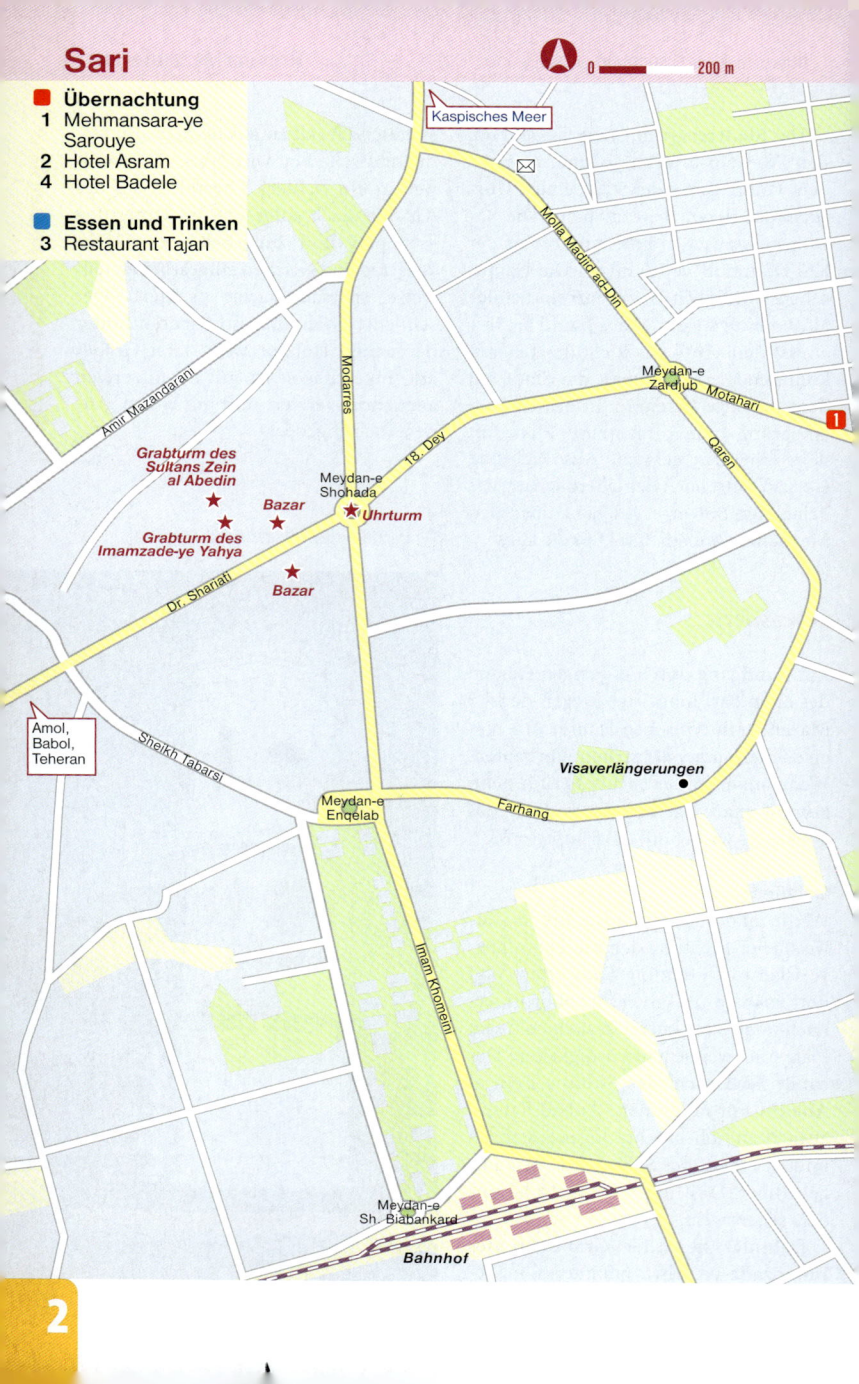

Sari

■ Übernachtung
1. Mehmansara-ye Sarouye
2. Hotel Asram
4. Hotel Badele

■ Essen und Trinken
3. Restaurant Tajan

0 — 200 m

Kaspisches Meer

Molla Madjid ad-Din

Meydan-e Zardjub — Motahari

Amir Mazandarani

Modarres

18. Dey

Qaren

Grabturm des Sultans Zein al Abedin

Bazar

Meydan-e Shohada

Uhrturm

Grabturm des Imamzade-ye Yahya

Dr. Shariati

Bazar

Amol, Babol, Teheran

Sheikh Tabarsi

Meydan-e Enqelab

Farhang

Visaverlängerungen

Imam Khomeini

Meydan-e Sh. Biabankard

Bahnhof

2

© Reise Know-How 2014

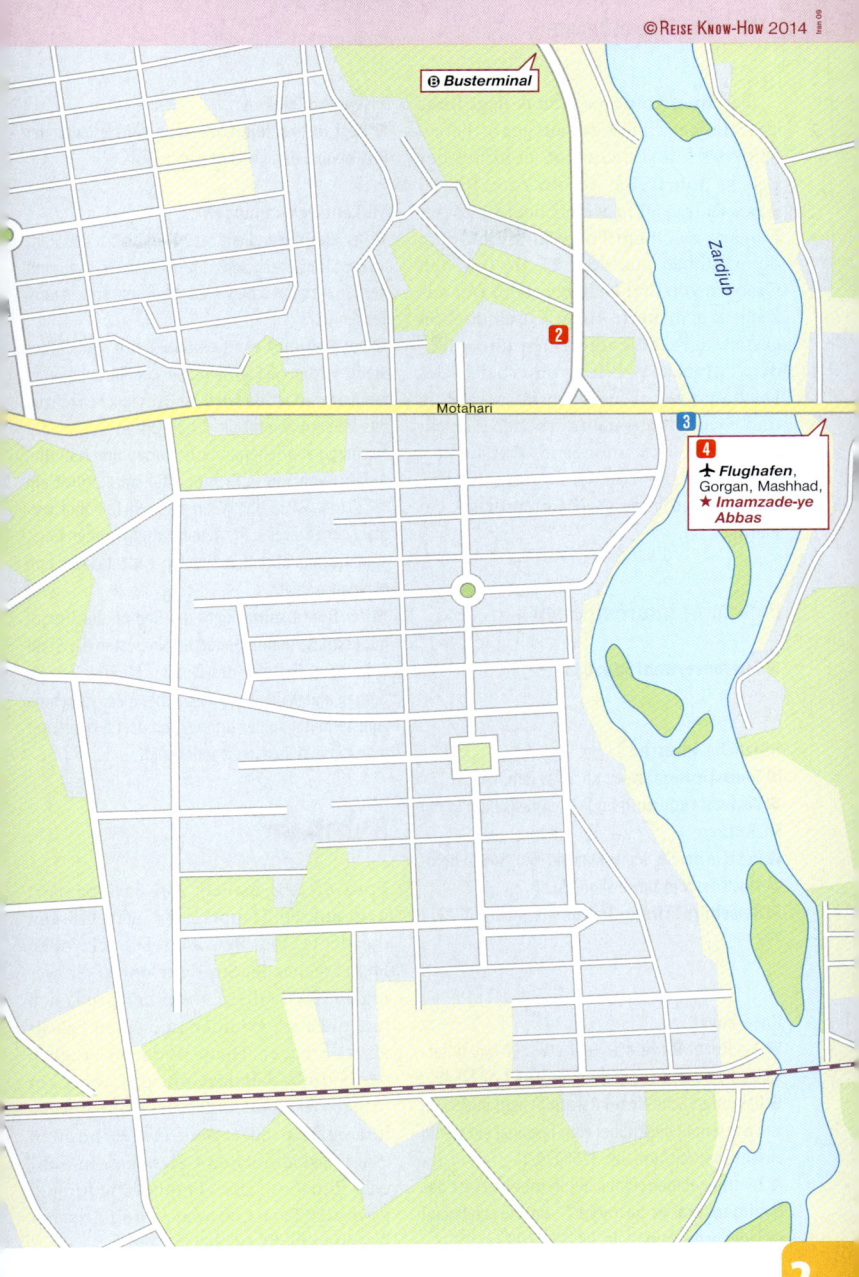

Ⓑ *Busterminal*

Zardjub

2

Motahari

3

4 ✈ *Flughafen*, Gorgan, Mashhad, ★ *Imamzade-ye Abbas*

2

Das **Imamzade-ye Abbas** liegt links der Straße nach Gorgan auf der östlichen Seite des Flusses. Gut 500 m hinter der Brücke führt eine Straße zum Viertel Azad Gale. 150 m weiter liegt links der Eingang zu einem Freigelände, auf dem der Grabbau aus dem 15. Jh. mit den Gräbern von drei Heiligen steht. Der aus Ziegeln gemauerte Turm hat eine schön gestaltete Fassade und einen umlaufenden Moqarnas-Fries unterhalb des Dachansatzes. Das Dach ist achteckig und ebenfalls aus naturfarbenen Ziegeln gemauert. Der moderne Anbau mit Flachdach, der zur Versorgung der Pilger dient, stört den Gesamteindruck ein wenig.

Praktische Informationen

■ **Telefonvorwahl Sari: 0151**

Nützliche Adressen
■ **Touristinformation:** Kh. Khayyam.
■ **Visaverlängerung** im Polizeipräsidium in der Kh. Farhang.
■ **Post:** in der Kh. Molla Majd od-Din, 300 m nordwestlich des Meydan-e Shohada.
■ **Reisebüro: Tireng Travel,** Kh. Tabari, Tel. 222 7973.

Unterkunft
■ Das **Hotel Badele**④ liegt etwa 10 km außerhalb an der Straße nach Neka, Tel. 0152-4222549.
■ Das ordentliche **Hotel Asram**③ liegt in der Kh. Vali Asr, schräg gegenüber vom Terminal ein wenig abseits vom Zentrum, Tel. 3255090/1.
■ Zentral gelegen, einfach und preiswert ist das **Mehmansara-ye Sarouye**① am Bolv. Taleqani gegenüber der Tankstelle, Tel. 3245600.

Essen und Trinken
■ **Restaurant Tajan,** direkt an der Westseite der Brücke über den gleichnamigen Fluss.

Verkehrsverbindungen
■ Der **Flughafen** liegt ca. 20 km östlich der Stadt an der Straße nach Behshahr/Gorgan. Er ist nur mit dem Taxi zu erreichen. Iran-Air-Büro: Bolv. Azadi, Tel. 69402-3.
■ Der **Bahnhof** von Sari findet sich südlich des Stadtzentrums in Fußweite. Die Zugfahrt von Teheran nach Sari ist ein Erlebnis! Der tägliche Frühzug aus Teheran kommt um 13:35 Uhr in Sari an, der Nachtzug von Teheran nach Gorgan um 3:30 Uhr. Abfahrt von Sari in Richtung Teheran täglich um 15:20 bzw. 21:35 Uhr. Wenn man vom Bahnhofsvorplatz dem Bolvar-e Atesh in Richtung Norden folgt, gelangt man über den Meydan-e Mostazafin zum Meydan-e Sa'at.
■ Der **Busterminal** liegt am Beginn der Umgehungsstraße (Kamarbandi) im Nordosten der Stadt nahe dem Westufer des Flusses. Minibusse nach Gorgan und in Richtung Kaspisches Meer verkehren vom Terminal an der Brücke. Von dort aus gelangt man mit dem Taxi in die Innenstadt.

Behshahr

Etwa 45 km östlich von Sari passiert man auf der Hauptstraße nach Gorgan die kleine Stadt Behshahr. Die reizvollen Hügel rechts der Straße erinnern ein wenig an Norditalien. *Abbas der Große* ließ hier die Stadt gründen und einen Palastbezirk erbauen. Heute ist davon lediglich der **Safiabad-Palast** übrig, etwa 1 km östlich des Stadtzentrums. Er liegt weithin sichtbar auf einem Hügel inmitten eines parkähnlichen Geländes, ein Fußweg führt von der Hauptstraße hinauf, doch der Palast ist wegen militärischer Nutzung nicht zu besichtigen.

Am Ortsausgang in Richtung Gorgan führt eine Straße nach Süden die Berge hinauf, auf der man nach etwa 6 km **Abbasabad** erreicht. Hier liebte es schon der Safavide *Abbas II.* zu jagen, und die Einwohner aus der Umgebung kommen in ihrer Freizeit hierher. Mitten im Wald liegt ein kleiner See mit einem Pavillon. An seinem Rand bieten Verkaufsstände Erfrischungen an.

Behshahr ist per Zug von Teheran und Gorgan oder mit dem Sammeltaxi von Gorgan und Sari erreichbar.

Unterkunft

■ Direkt im Zentrum gegenüber dem Park-e Mellat gibt es ein empfehlenswertes kleines Hotel, das **Miyankaleh Hotel**②, wo man auch gut und preiswert essen kann. Tel. 0152-52229161.

Provinz Golestan

Die Provinz Golestan bildet den Übergang des Küstentieflands am Kaspischen Meer zur **Turkmenensteppe** und der Landbrücke nach **Zentralasien**. Die Kette des Alborz flacht nach Osten hin merklich ab und geht über in das Kopet-Dagh-Gebirge. Im Norden grenzt die Provinz an **Turkmenistan**, Turkmenen stellen auch auf iranischer Seite einen Großteil der Bevölkerung. Golestan ist gegenwärtig die jüngste iranische Provinz, gebildet 1996 durch Abtrennung des östlichen Teils von Mazanderan.

Schon in **prähistorischer Zeit** siedelten Menschen am Nordrand des Alborz-Gebirges, was sich aus vielen **Siedlungshügeln** in diesem Gebiet ergibt. Der bekannteste ist Turang Tepe (20 km nordöstlich von Gorgan) mit den Resten einer Palastterrasse aus dem frühen 1. Jtd. v. Chr. Bei Kiaram in der Nähe von Minoudasht wurde eine urzeitliche Höhle mit Spuren menschlicher Besiedlung von vor 100.000 Jahren gefunden.

Für die **Nomadenvölker** Zentralasiens bildete diese Ebene im Lauf der Geschichte das bevorzugte Einfallstor für Vorstöße nach Iran. Deshalb wurde unter dem parthischen Herrscher *Mithridates II.* um das 1. Jh. v. Chr. zwischen dem Kaspischen Meer und den Ausläufern des Gebirges ein Wehrdamm in der Art der Chinesischen Mauer über fast 160 km errichtet, von dem heute nur noch bescheidene Reste nördlich von Gorgan zu sehen sind. Im Volksmund wird diese Anlage Alexander-Wall *(sad-e Eskandar)* genannt, obwohl sie mit dem Makedonen nichts zu tun hat.

Ähnlich wie die anderen Gebiete am Kaspischen Meer erfreute sich auch diese Region nach der islamischen Eroberung über lange Perioden einer relativen Unabhängigkeit von der Zentralregierung. Meist übten **lokale Dynastien** wie die Ziyariden (10./11. Jh.) die Macht aus. Erst unter den Safaviden wurden Gorgan und Umgebung fester Bestandteil des Reiches; so stammten die Qadjaren (1793–1925) aus der Turkmenensteppe.

Informationen über die Provinz Golestan (in Englisch) finden Interessierte auf der hervorragenden **Website** http://medlem.spray.se/davidgorgan.

Gorgan

Gorgan, das **alte Astarabad,** war früher wie heute die **Hauptstadt** des Gebiets und liegt in einer Höhe von etwa 120 m.

Um 720 wurde es von islamischen Truppen erobert. Wenn die Stadt heute modern erscheint, so liegt das an den zahlreichen Zerstörungen, die im Laufe der Jahrhunderte über sie hinweggegangen sind. Sowohl von den Truppen der Mongolen als auch von *Timurs* Heer wurde sie verwüstet; zahlreiche Erdbeben haben von der Stadt wenig übrig gelassen. Das letzte große Beben im Jahre 1928 zerstörte weite Teile. Seit der Gründung der Provinz Golestan hat Gorgan einen gewaltigen Aufschwung genommen. Es zählt heute über 200.000 Einwohner.

Gorgan lohnt vielleicht keine lange Anreise, aber zur Erkundung der überaus interessanten Umgebung kann man sich einige Tage in der Stadt aufhalten. Sie ist sicher keine Touristenmetropole, weshalb man bei Hotels und Restaurants Abstriche machen muss. Dafür bekommt man Einblicke in das typische Leben einer **aufstrebenden iranischen Großstadt.**

Das Zentrum Gorgans liegt beiderseits der Kh. Imam Khomeini zwischen dem gleichnamigen Platz und dem Meydan-e Shahrdari.

Ankunft mit dem eigenen Fahrzeug

Die Hauptstraße **aus Sari** erreicht Gorgan auf der Kh. Djomhuri-ye Eslami, die auf den Meydan-e Imam Khomeini trifft. Von hier hält man sich in nördlicher Richtung.

Von Aliabad (Mashhad, Shahrud, Gonbad-e Kavus) kommend, nimmt man bei der Stadteinfahrt die Umgehungsstraße, folgt dieser bis zum Busterminal und biegt dann links ab in Richtung Stadtzentrum.

Anfahrt mit dem Zug

Die Strecke von Teheran nach Gorgan ist eine der schönsten Eisenbahnstrecken des Landes. Von Teheran aus verläuft sie zuerst in Richtung Osten, bevor sie beginnt, sich die anfangs noch kahlen Berge des Alborz hinaufzuwinden. Über Firuzkuh und Pol-e Sefid überspannt die Trasse etliche tief ausgeschnittene Täler. Bevor sie bei Qa'emshahr die Kaspische Ebene erreicht, passiert man Reisterrassen in 1500 m Höhe. Leider verkehrt dieser Zug (und auch der von Gorgan nach Teheran) stets abends, sodass der Reisende die schöne Strecke kaum genießen kann. Eine Alternative ist der tägliche Zug von Teheran nach Sari, Abfahrt am Morgen. In Sari vor dem Bahnhof warten Taxis zur Weiterfahrt.

Sehenswertes

Bazar

Der Bazar von Gorgan liegt westlich der Kh. Imam Khomeini und ist nicht an einem großen Eingangstor oder überkuppelten Gängen zu erkennen. Er besteht aus einem Netz kleiner, meist nicht überdachter Gassen mit den für Nordiran typischen Häusern mit gedeckten Walmdächern und hölzernen Vorbauten. Für Gorgan typische Erzeugnisse sind z.B. die bunten **Kopftücher** der Turkmeninnen sowie deren **Teppiche** und **Sitzkissen** *(poshti)* mit schwarz-weißen Ornamenten auf rotem Grund. Eine Attraktion ist der **große Mittwochsmarkt** *(chahar shanbe bazar)*, der vormittags auf einem großen Freiplatz am Bolvar al-Ghadir abgehalten wird. Hier finden sich meist turkmenische Händler ein, die

Provinz Golestan

Waren des täglichen Bedarfs und auch selbst hergestellte Textilien anbieten.

Freitagsmoschee
Die Freitagsmoschee liegt inmitten des Bazars und geht in ihren ältesten Teilen auf die Seldjuqen zurück. Aus dieser Zeit stammt das kurze, turmartige Ziegelminarett mit Holzdach und Schriftband. Entsprechend der lokalen Bauweise sind auch die klassischen Partien der den Innenhof umlaufenden Trakte von einem Walmdach bedeckt. Inschriften im Hauptgebetssaal belegen Renovierungen im 17. Jh. unter den Safaviden, während der Mehrab noch aus der Ursprungszeit der Moschee stammt.

Imamzadeh Nur
Etwa 200 m westlich der Freitagsmoschee steht der Imamzadeh Nur (auch *Imamzadeh Ishaq* genannt). Der **achteckige Ziegelbau** mit schönen Ornamenten stammt aus dem 15. Jh. und soll die Begräbnisstätte eines Verwandten des 7. Imams, *Musa al-Kazem*, sein. Innen stechen der Stuck-Mehrab und der prachtvoll geschnitzte Holzaufbau über der Grabstelle sowie die umlaufenden Schriftbänder hervor. Anstelle des ursprünglichen Daches überdeckt heute ein Blechdach das Bauwerk.

Museum
Das Museum von Gorgan liegt in der Kh. Shohada. Es bietet vorwiegend in der Umgebung gefundene Exponate aus Turang Tepe und Gonbad-e Kavus. Die ethnologische Abteilung repräsentiert Ausstellungsstücke aus dem **Alltags- und Nomadenleben.** Im Hof des Museums sind Grabsteine aus der Umgebung Gorgans ausgestellt.

■ **Muze-ye Gorgan,** Tel. 33364, täglich außer Montag und an Feiertagen von 8 bis 14 Uhr, Eintritt 3000 Tuman.

Praktische Informationen

■ **Telefonvorwahl Gorgan: 0171**

Nützliche Adressen
■ **Post und Telefon:** Tel. 223839, Kh. 5. Azar, Sakhteman-e Baharestan.
■ **Internetcafé:** *Pishrow Rayane*, Kh.Valiasr, Sakhteman-e Albesko, Tel. 2227955, Pishro-Gorgan@yahoo.com.
■ **Reisebüro:** *Gorgan Tour,* Kh. 5, Meydan-e Vali-e Asr, Tel. 5535459.

Unterkunft
■ Relativ neu ist das **Hotel Azin**③ an der Straße nach Sari direkt hinter dem Ortsausgang. Die Lage an der viel befahrenen Hauptstraße ist nicht gerade einladend. An der Rückseite ist es jedoch ruhig, die Zimmer sind ordentlich, das Restaurant ebenfalls. Tel. 4423004/5.
■ Das Hotel **Tourist Inn**③ in Nahar Khoran liegt direkt am Waldrand, das Personal ist freundlich und hilfsbereit. Das wiegt den Nachteil der Entfernung vom Stadtzentrum auf. Es gibt auch ein Restaurant. Inzwischen wurden alle Zimmer renoviert. Tel. 5520034.
■ Ebenfalls an der Straße nach Nahar Khoran, etwa 1 km vor deren Ende auf der rechten Seite, liegt das **Hotel Rah va Mah**③ mit relativ neuen Zimmern und einem Restaurant. Tel. 5520050.
■ **Hotel Tahmasebi Djadid**③, Kh. Djomhuri-ye Islami, Tel. 4422780. Einfache, saubere Zimmer mit Dusche.
■ Zwei Gasthäuser nahe des Meydan-e Shahdari im Zentrum sind sauber und zu empfehlen: das **Pars**① (Tel. 2229550) und das **Razi**① (Tel. 2224613).
■ Kababs in altem Gemäuer findet man im **Sofrekhaneh Darvish**① im Zentrum (Kh. Shohada, Kh.

Die Provinzen am kaspischen Meer

Laleh). Auch traditionelle Musik erklingt hier am Abend. Tel. 2268581.

■ Relativ neu ist das **Hotel Ziyarat**② in dem gleichnamigen Ort ca. 7 km südlich von Gorgan, erreichbar über die Straße nach Naharkhoran. Saubere Zimmer in dörflicher Umgebung. Tel. 2463006/7.

Essen und Trinken

■ Das **Baba Taher** liegt etwas außerhalb an der Kh. Nahar Khoran hinter der Straßenbrücke; Tel. 2231334.

■ Zentraler liegt das **Razi** am Meydan-e Vahdat (Shahrdari), hinter dem Einkaufszentrum Imam, Tel. 2224613.

■ Ein **Eiscafé** liegt innerhalb des Stadtparks, ein weiteres direkt gegenüber dem Eingang in der Kh. Pasdaran.

Verkehrsverbindungen

■ Der **Flughafen** von Gorgan liegt ca. 7 km nördlich der Stadt an der Straße nach Aq Qal'eh. In die Stadt verkehren Taxis. Aseman Airlines und Iran Air fliegen täglich von und nach Teheran. Büro von Aseman Airlines: Tel. 2244508.

■ Der neue **Busterminal** von Gorgan befindet sich im Norden der Stadt an der Umgehungsstraße am Meydan-e Sh. Qandehari. Busse verkehren in Richtung Mashhad, Teheran, Rasht und Shahrud. In die Innenstadt verkehren Sammeltaxis. Dort fahren auch die **Minibusse** in Richtung Westen (Kord Koy, Sari). Minibusse nach Gonbad-e Kavus fahren vom Terminal am Bolv. Jorjan ab.

■ Der **Bahnhof** von Gorgan liegt im Nordwesten der Stadt unweit des Busterminals. Tel. für Reservierungen: 2232587. Mit Taxis erreicht man die Innenstadt. Zugtickets können auch reserviert werden beim Reisebüro *Laleh,* Kh. Valiasr, gegenüber der Firma *Daroupakhsh Co.,* Tel. 2227777.

Die Fahrt von Teheran kostet ca. 20.000 Tuman in der 1. Klasse und 14.000 Tuman in der 2. Klasse, dauert aber elf Stunden und die Züge verkehren nur nachts. Es ist aber möglich, z.B. mit dem täglichen Morgenzug von Teheran bis Sari zu fahren und die Streckenabschnitte im Gebirge bei Tageslicht zu erleben. Ab Teheran 8 Uhr, an Sari 14:55 Uhr, Rückfahrt von Sari nach Teheran 23:20 Uhr, an 6:20 Uhr.

Täglich fahren Züge von Gorgan nach Pol-e Sefid um 8:10 und 14:35 Uhr.

Aktuelle Fahrpläne unter www.iranrail.net.

Umgebung von Gorgan

Die Wälder von Nahar Khoran

In Iran ist Gorgan vor allem berühmt wegen der Wälder in seiner Umgebung. Das Gebiet von Nahar Khoran liegt etwa 10 km südlich des Stadtzentrums. Heute ist die *jade-ye* Nahar Khoran eine beliebte Wohngegend, und die Stadt hat sich dicht an die Wälder herangefressen. Sammeltaxis verkehren zwischen dem Zentrum und Nahar Khoran und auch ein öffentlicher Bus ab Meydan-e Kakh. Insbesondere an Wochenenden ist es hier sehr bevölkert.

Rechts der Straße führen zahlreiche Wege in die teils **dichten Laubwälder,** die zu Rundwanderungen einladen. Hinweisschilder finden sich leider nicht, sodass man für ausgedehntere Wanderungen auf einheimische Führer zurückgreifen sollte. In den Wäldern werden **Wildschweine** gejagt.

Am Ende der asphaltierten Straße gibt es eine Reihe von **Vergnügungsparks** und Restaurationseinrichtungen sowie zwei Hotels. Das erste direkt am Rondell gehört der Stadtverwaltung von Gorgan

▷ Wanderer im Wald von Nahar Khoran

und ist nicht auf ausländische Touristen eingestellt; man wird hier in der Regel abgewiesen, wenn man Zimmer haben will. Das macht aber nichts, denn nur ca. 100 m dahinter liegt das Nahar Khoran Tourist Inn ruhig unmittelbar am Waldrand (siehe Unterkunft Gorgan).

Hezar Pich

Am westlichen Stadteingang von Gorgan biegt eine Straße nach Süden ab in Richtung Hezar Pich („1000 Kurven"). Nur wenige Kilometer außerhalb der Stadt windet sich die kurvenreiche Straße die Hügel hinauf, die früher bewaldet waren. Heute werden sie meist landwirtschaftlich bebaut. Von mehreren **Aussichtspunkten** hat man einen wunderbaren Blick auf die sich immer weiter ausdehnende Stadt.

Mil-e Radkan

Der **alte Grabturm** Mil-e Radkan ist wegen seiner malerischen Lage ein besonderes Erlebnis. Von Gorgan fährt man ca. 20 km nach Westen nach Kordkuy und biegt dort nach Süden in Richtung der Berge ab. Ca. 2 km nach einem Kreisverkehr taucht rechts der Straße ein Schild mit dem Hinweis „Park-e Jangalai" und „Mil-e tarikhi-yeh Radkan" auf. Dort rechts abbiegen, nach ca. 3 km den Park rechts liegenlassen und den Serpentinen bergauf folgen. Nach ca. 10 km folgt das **kleine Dorf Radkan,** von wo man den Turm im Tal auf einer kleinen Kuppe sehen kann.

Der 35 m hohe Turm weist viel Ähnlichkeit mit dem bekannten Vorbild aus Gonbad-e Qabus auf; er wurde im Jahr 1016 für einen lokalen Herrscher errichtet. Der zylindrische Grundriss verjüngt sich nach oben hin und läuft in einem Spitzdach aus, das eine Höhe von 35 m erreicht. Am Übergang von der schlichten Ringmauer zum Dach verläuft ein Schriftband rund herum mit dem Namen und Todesjahr des hier Beigesetzten, darüber ein Ziegelband aus Ornamenten. Der Turm in der Nähe von Gorgan ist nicht zu verwechseln mit dem gleichnamigen Mil-e Radkan in Khorassan, ca. 80 km nördlich von Mashhad (N 36°38'24.18", O 54°6'11.53").

Djahan Nama
Vom Turm aus sind es nur ca. 25 km bis zur **Hochebene** von Djahan Nama. Man folgt der Straße vom Turm aus in Richtung Nordosten. Nachdem man eine Brücke passiert hat, zweigt eine Schotterstraße nach links ab. Nach etwa 12 km erreicht man eine grüne Hochebene mit vielen Sommerhütten. In 2000 m Höhe können ausgedehnte Wanderungen unternommen werden. Der höchste Berg ist 3086 m hoch. Eine Vielzahl von Tieren und Pflanzen kommt in den teils dichten Wäldern vor. Für einen Ausflug nach Djahan Nama bucht man am besten eine **Tagestour** bei einem Reisebüro in Gorgan (s.o.) oder Kord Koy (z.B. *Ila Travel Agency,* Meydan-e Shahrdari, Tel. 0173322-4695).

Shirabad
Der **Wasserfall** von Shirabad **bei Abbasabad** ca. 35 km östlich von Gorgan ist bei der einheimischen Bevölkerung ein beliebtes Ausflugsziel. In Aliabad biegt in der Ortsmitte bei dem grünen Schild mit Wasserfall eine Straße nach Süden in Richtung der Berge ab. Nach dem nächsten Dorf endet die befestigte Straße und nach ca. drei weiteren Kilometern endet dieser Weg an einem Parkplatz. Von hier aus kann man zu Fuß am Bachlauf entlangwandern und erreicht nach ca. 20 Minuten zwei kleinere Wasserfälle und schließlich einen größeren, aus dem das Wasser aus gut 10 m Höhe hinunterstürzt. Weiter oben am Berg gibt es noch zwei weitere Wasserfälle sowie eine Höhle, die aber schwer zugänglich ist.

Shahkuh
Auch Shahkuh, das erste **„virtuelle Dorf"** Irans im Internet, liegt in der Nähe von Gorgan. Auf Initiative eines aus dem Dorf stammenden Elektroingenieurs und mit Hilfe der Shahkuhis, die in die Stadt zum Studium gegangen waren sowie mit Unterstützung durch die Stadtverwaltung von Gorgan sind die meisten Dorfbewohner seit dem Jahr 2000 mit Computern ausgestattet. Die meisten können auch damit umgehen, und einige von ihnen haben in Gorgan Geschäfte eröffnet. Über die Website **www.shahkooh.com** ist das Dorf viel einfacher zu erreichen als in der Realität: Shahkuh liegt ca. 60 km südlich von Gorgan sehr abgelegen in den Bergen. Im Winter wird es dort sehr kalt, weswegen viele Bewohner in tiefer gelegene Orte ausweichen.

In **Qarnabad**, 20 km südlich von Gorgan, sind gegenwärtig einige von ihnen dabei, die erste virtuelle landwirtschaftliche Bibliothek ins Internet zu stellen. Qarnabad liegt am Ende der Straße, die von Gorgan über Nahar Khoran nach Süden führt.

▷ Turkmenische Frauen beim Teppichknüpfen

Aq Qal'eh und die Turkmenensteppe

Für einen Ausflug in die Turkmenensteppe bietet sich ein Abstecher nach Aq Qal'eh und Bandar Torkaman an. Minibusse verkehren vom Busterminal in Gorgan. Wer sich in Gorgan ein Taxi für einen Tag mieten möchte, kann **Aq Qal'eh, Bandar Torkaman** und auch **Gonbad-e Kavus** bequem in einem **Tagesausflug** besuchen.

Aq Qal'eh, etwa 20 km nördlich von Gorgan, ist eine **typische turkmenische Kleinstadt** und ein kleines Zentrum für die umliegenden Dörfer. Einmal in der Woche am Donnerstag kommen die Bewohner der Umgebung zu einem großen **Markt** zusammen, wo sie ihre landwirtschaftlichen und Handwerkserzeugnisse zum Kauf anbieten. Farbenprächtige Tücher für die Frauen und Teppiche sind zahlreich und preiswert zu finden.

Sehenswert ist auch eine alte **Ziegelbrücke** über den Gorgan Rud, deren Gründungen im Flussbett noch aus der Seldjuqen-Zeit stammen. Der ca. 75 m lange Brückenkörper überspannt den Fluss mit vier Bögen und geht auf die Safaviden-Zeit zurück.

Alexander-Wall

Etwa 13 Kilometer nördlich von Aq Qal'eh entlang der Straße, die zur turkmenischen Grenze führt, sind an einigen Stellen noch Reste des sogenannten Alexander-Walls zu erkennen. In einer Höhe

von knapp einem Meter und ca. fünf Meter breit ragen Reste dieses **einst monumentalen Bauwerks** aus der Steppe empor. Ursprünglich waren in Abständen von 5 km Basteien zur Verstärkung angeordnet. An den meisten Stellen ist die Mauer heute überbaut, und im Laufe der Jahrhunderte wurden die Ziegel als begehrtes Baumaterial verwendet. In Richtung Westen endet der „Wall" bei der Ortschaft **Gomish Tape,** ca. 5 km vor dem heutigen Ufer des Kaspischen Meeres, was ein Hinweis darauf ist, dass vor seiner Erbauung vor etwa 2000 Jahren der Wasserstand deutlich höher war. Auch weiter östlich, in der Nähe von Kalaleh, sind bei den Dörfern Tamar und Malaisheikh noch Reste von Wällen und Vorwerken zu erkennen.

Bandar Torkaman

Bandar Torkaman ist neben Bandar Anzali einer der **Häfen** der staatlichen iranischen **Kaviarflotte.** Ein Teil des Seehandels mit Russland und Turkmenistan wird ebenfalls hier abgewickelt. Der Ort liegt gegenüber der Meerenge, die den Golf von Gorgan mit dem Kaspischen Meer verbindet, und ist an die Eisenbahnlinie von Teheran nach Gorgan angeschlossen. Montags findet in der Stadt, ähnlich wie in Aq Qal'eh, ein großer **Turkmenenmarkt** statt. Der Hafen von Bandar Torkaman liegt wenige Kilometer außerhalb des Ortes in nordwestlicher Richtung. Autofahrer folgen dem Schild „Eskeleh" und später dem Verlauf der Bahntrasse, die direkt am Kaspischen Meer entlangführt. Vom Hafen aus verkehren Boote zur **kleinen Insel Ashouradeh** mit einem kleinen Dorf sowie dem Stützpunkt der Fischfangflotte. Unweit des Hafens gibt es eine überdachte Bazargasse mit zahlreichen Geschäften, die aber für den Touristen kaum lohnenswert sind. Es werden ausschließlich minderwertige Bekleidung und Haushaltsartikel angeboten.

Gonbad-e Kavus

Die heutige **„Turkmenenhauptstadt"** Gonbad-e Kavus hatte unweit der heutigen Stadt einen Vorläufer, der vermutlich Anfang des 8. Jh. unmittelbar nach der arabischen Invasion an einem nördlichen Ausläufer der Seidenstraße gegründet wurde. Ausgrabungen belegen, dass von hier aus Waren nach Russland und Osteuropa exportiert wurden. Dass dieses Gebiet eine erhebliche Bedeutung gehabt haben muss, ergibt sich aus den zahlreichen Funden von kunstvoller **Keramik,** von der hervorragende Beispiele im Museum für Glas und Keramik in Teheran zu bewundern sind.

Bedeutung hatte Gonbad auch als Regierungssitz der lokalen Dynastie der Ziyariden, für deren Herrscher *Qabus ibn Vashmgir* ein berühmter Grabturm erbaut wurde. Er galt als Förderer der Künste und verfasste selbst Gedichte – nicht selbstverständlich für einen Herrscher des 9./10. Jh. Sein Enkel schildert ihn in seinem Buch „Qabusname" aber auch als mordlustigen Mann.

Sowohl die Vorläufer des heutigen Gonbad-e Kavus als auch der von Gorgan gingen im Ansturm der **Mongolen** unter. Die Bewohner scheinen zahlreiche ihrer Keramikgegenstände in größeren Gefäßen im Boden vergraben zu haben, bevor sie flüchteten. Zahlreiche

Funde in der Umgebung von Gonbad lassen diesen Schluss zu. Reste des alten Djordjan wurden ca. 4 km südwestlich der heutigen Stadt ausgegraben.

Grabturm Gonbad-e Kavus

Der Grabturm ist die **einzige Attraktion der Stadt** – aber was für eine! Auf einem künstlichen Hügel errichtet, ragt der gewaltige, bis zur Spitze 52 m hohe Turm scheinbar bis in den Himmel. Im Jahr 1006 vollständig aus Ziegeln erbaut, ist er angesichts seines Alters erstaunlich gut erhalten. Der Durchmesser verjüngt sich nach oben. Aus der Fassade treten zehn aufstrebende, prismatische Pfeiler heraus, das Spitzdach misst mit ca. 18 m etwa die Hälfte des Schaftes. Diese scheinbar einfachen, in Wirklichkeit genial zusammengestellten Komponenten machten diesen Turm zu einem heute noch sehenswerten **Vorbild für alle anderen Grabtürme** dieser Art in Iran. Die geniale Schlichtheit der Fassade wird betont durch zwei umlaufende Schriftbänder in Kufi, eines etwa 7 m über dem Grund, ein weiteres unter dem Dachansatz. Sie erwähnen den Namen des Bauherrn und das Datum der Erbauung.

Das Innere der völlig schmucklosen Grabkammer ist zugänglich über eine Eingangstür mit Spitzbogen, der Durchmesser beträgt ca. 10 m. In welcher Form und ob *Qabus ibn Voshmgir*, verstorben 1012, hier überhaupt beigesetzt wurde, wird vermutlich niemals geklärt werden können. Natürlich gibt es Legenden darüber, wie z.B. die, dass der Leichnam in einem gläsernen Sarg an Ketten aufgehängt beigesetzt worden sei – Tatsache ist jedoch, dass auch Grabungen im Inneren der Kammer bis über 10 m Tiefe und in der Umgebung des Turms keinerlei Hinweise auf ein Grab erbracht haben.

■ **Gonbad-e Kavus,** täglich 8–17 Uhr, April bis Oktober bis 18 Uhr, Eintritt 15.000 Tuman.

Praktische Informationen

Unterkunft
■ Das **Hotel Qabous** ② liegt am Meydan-e Imam Ali direkt am Ortseingang aus Richtung Süden. Tel. 0172-3345402.

Reiseagentur
■ Die **Agentur Turkmen Sahra Travel** bietet alle Leistungen eines Reisebüros und organisiert auch Programme in der Turkmenensteppe und im Golestan-Nationalpark. Tel. 0172-2233705, mobil 0911-3726737.

Verkehrsverbindungen
■ Man erreicht die Stadt von Gorgan aus mit **Minibussen** vom Terminal im Norden oder man lässt sich vom **Bus** nach Mashhad an dem großen Kreisel nördlich von Azarshahr absetzen und nimmt ein **Taxi** für die 12 km bis Gonbad.
■ Es verkehren auch **Sammeltaxis** von und nach Gorgan und Busse nach Shahrud.

Nationalpark Golestan

Der mehr als 90.000 Hektar große Nationalpark Golestan, ca. 150 km östlich von Gorgan, hat der neu gegründeten Provinz den Namen gegeben. Sein Vorläufer wurde schon ab 1958 errichtet und hieß vor der Islamischen Revolution Nationalpark Mohammad Reza Shah. Er umfasst Höhen zwischen 600 und mehr als

3000 m und beherbergt sowohl die Spezifika der Fauna und Flora des Kaspischen Meeres in seinem westlichen Teil als auch die der zentralasiatischen Steppen im östlichen. Deshalb weist er eine für Iran außerordentlich große Vielfalt von Pflanzen und Tieren auf. Durch die im Park eingerichteten überwachten Zonen ist der Tierbestand geschützt.

An Säugetieren sind z.B. **Bären, Gazellen** und der **Persische Ibex** vertreten. Es existiert eine große Vielfalt an Vögeln (Meisen, Spechte, Wachteln), auch **Raubvögeln** (Steinadler, Bussarde, Sperber, Lämmergeier).

Noch ist die touristische Infrastruktur des Parks schwach entwickelt, für die **Übernachtung** sind Zelte und Essensvorräte mitzunehmen. Zufahrt zum Park aus Richtung Gorgan über Minou Dasht und Galikesh, aus Richtung Mashhad über Bojnurd und Ashkhaneh. Da die Überlandbusse aus beiden Richtungen den Park durchqueren, kann man sie für die Anreise benutzen.

Unterkunft
Unterkünfte sind in dieser Gegend spärlich. In Minudasht am westlichen Eingang zum Nationalpark gibt es an der Straße nach Mashhad das **Hotel Esteqlal**② mit Restaurant. Tel. 0174-5222585.

△ Khaled Nabi: turkmenischer Friedhof

Ziaratgahe Khaled Nabi

Eine der eindrucksvollsten Sehenswürdigkeiten in der Provinz Golestan ist sehr abgelegen und für den normalen Reisenden kaum zu erreichen: der **Grabbau** Ziaratgahe Khaled Nabi ca. 40 km nordwestlich von Kalaleh. Unweit der Hauptstraße Gorgan – Mashhad gelegen, ist er nur mit geländegängigem Fahrzeug oder den unverwüstlichen lokalen Minibussen zu erreichen. In **Kalaleh** biegt man am Ortsausgang am Meydane Basij nordwärts in Richtung Mashhad ab und folgt der Straße bis kurz vor dem Dorf Tamar Ghare Ghozi. Dort biegt die Straße nach links ab, kenntlich ist der Abzweig auch durch ein grünes Hinweisschild mit der Angabe „Khaled Nabi 43 km". Von hier geht es durch hügeliges Gelände an wenigen Dörfern vorbei immer die Hauptstraße entlang, bis nach etwa 35 km die asphaltierte Straße endet und ein unbefestigter Weg wiederum nach links abzweigt. Der Weg verläuft über ca. 3 km, bis er sich plötzlich öffnet und den Blick freigibt auf tief ausgewaschene Täler und eine Anhöhe mit einem kleinen Kuppelbau auf der Spitze. Dies ist der Grabbau für den **„Propheten" Khaled,** der in Südarabien gewirkt und die Ankunft von Jesus vorausgesagt haben soll. Nach islamischer Überlieferung soll er sich mit seinen Gefolgsleuten auf der Flucht in Richtung Zentralasien hier aufgehalten haben, verstorben und dann beigesetzt worden sein. Der Grabbau selbst ist schlicht und sicher keine 100 Jahre alt in seiner jetzigen Form. Leider gibt es kaum gesicherte Angaben über den Ort und die Tradition, trotzdem kommen an Wochenenden und zu religiösen Anlässen Zehntausende von Einheimischen hierher, zumeist (sunnitische) Turkmenen.

Den eigentlichen Höhepunkt jedoch erreicht man, wenn man nicht den Hügel in Richtung Grabbau hinaufgeht, sondern sich in Richtung des turkmenischen Friedhofs mit seinen Hunderten von **steinernen Grabstelen** hält (ca. 400 m auf dem Hügelkamm entlang). Die schiere Menge und Form der Stelen in atemberaubender Umgebung – in Richtung Norden und Osten fällt das Gelände steil ab und die erodierten Hügel scheinen wie ein Wellenmeer unter dem Betrachter zu liegen – ist unglaublich! Wenig bis gar nichts ist bekannt über diesen Ort, und die merkwürdige, für Iran völlig ungewöhnliche Form der Stelen ist die eigentliche Sensation. Ihr phallisches Äußeres mit deutlichen Geschlechtsmerkmalen verweist eher auf türkische Bestattungstraditionen, wie sie aus bestimmten Gegenden Zentralasiens bekannt sind. Einige dieser bis zu 2,50 m hohen Stelen stehen noch an Ort und Stelle, andere sind umgestürzt und teilweise zerbrochen. Wenn dann noch auf den Hügeln der Umgebung die turkmenischen Hirten ihre Schafe weiden, ergibt dies eine vollendete Symphonie aus atemberaubender Landschaft, kultureller Tradition und traditioneller, aber dennoch heutiger Lebensweise.

Provinz West-Azerbeijan | 128
Bazargan | 134
Hasanlu
 (prähistorische Siedlung) | 133
Khoy | 138
Maku | 135
Orumiyeh | 128
Orumiyeh-See | 131
Qarah Kelisa
 (armenische Kirche) | 136
Takab und Takht-e Soleyman | 139

Provinz Ost-Azerbeijan | 142
Bandar Sharaf Khaneh | 154
Jolfa und Kloster St. Stephanos | 155
Kandovan | 150
Maragheh | 152
Marand | 155
Qal'eh-ye Babak (Festung) | 156
Tabriz | 142

Provinz Ardabil | 156
Ardabil (Stadt) | 157
Sar-e Eyn und Berg Sabalan | 162

3 Die azerbeijanischen Provinzen und Ardabil

Die drei Provinzen ganz im Nordwesten Irans haben fruchtbare Böden und sind wichtig für Viehzucht und Landwirtschaft des Landes. In der gebirgigen Region gibt es sowohl landschaftlich als auch kulturell und historisch einiges zu entdecken.

◁ Armenische Kirche Qarah Kelisa bei Chaldiran

Die azerbeijanischen Provinzen und Ardabil

ÜBERBLICK

Die drei nordwestlichen Provinzen Irans, West-Azerbeijan, Ost-Azerbeijan und Ardabil, bilden die Brücke zwischen den Gebirgszügen des Alborz und Zagros, dem Kaukasus im Norden sowie Pontus und Taurus im Westen. Das Hochland von Azerbeijan hat ein ausgeprägtes Kontinentalklima mit Temperaturen bis zu -25°C im Winter und 40°C im Sommer. Durch die Gebirge des Sabalan (4811 m) und Sahand (3707 m) wird es in mehrere Becken untergliedert, von denen das größte das Becken des Orumiyeh-Sees ist. Nach der Küste des Kaspischen Meeres ist Azerbeijan die fruchtbarste und bedeutendste Agrarregion Irans.

Die azerbeijanischen Provinzen und Ardabil

NICHT VERPASSEN!

- **Takht-e Soleyman:** die magische Verbindung von Altertum und Natur | 140
- **Tabriz:** die Welt des Bazars | 147
- **St. Stephanos:** ein Kloster als Weltkulturerbe | 155
- **Die Wiege der Shi'a in Iran:** der Grabbau von Sheikh Safi in Ardabil | 158
- **Der Berg Sabalan:** Kratersee und warme Quellen | 162

Diese Tipps erkennt man an der **gelben Hinterlegung.**

Provinz West-Azerbeijan

Aufgrund seiner Lage war dieses Gebiet seit dem 15. Jh. eine Puffer- und Grenzregion gegen das Osmanische und Russische Reich. Viele Völkerschaften sind hier durchgezogen; auch die iranischen Stämme des 10. vorchristlichen Jahrhunderts sind wahrscheinlich auf diesem Wege in den heutigen Iran gelangt. Einige, wie die heute dominierenden Türken, haben sich dauerhaft niedergelassen. Seit dem Vordringen der Russen über den Kaukasus im 18. Jh. lebt die turksprachige Bevölkerung der Azeri in zwei Gebieten: in Iran und in der früher zur Sowjetunion gehörigen und heute unabhängigen Republik Aserbaidschan, was zu gewissen Spannungen zwischen Iran und Aserbaidschan führt. Auf beiden Seiten der Grenze gibt es den Traum von einem vereinigten Groß-Aserbaidschan.

Der Name Azerbeijan geht vermutlich auf Aturpat zurück, einen Statthalter aus der Sasaniden-Epoche, der sich den Truppen Alexanders des Großen widersetzte. Durchgesetzt hat sich die Bezeichnung erst seit der islamischen Zeit.

Die Provinz West-Azerbeijan (**Azerbeijan-e Gharbi**) grenzt im Norden an die Berge des **Kaukasus** und im Westen ans **kurdische Bergland.** In ihrem Zentrum liegt das fruchtbare Becken von Orumiyeh mit dem gleichnamigen Salzsee. West-Azerbeijan hat eine gemeinsame Grenze mit der **Türkei**, dem **Irak** und der Republik **Aserbaidschan** und war daher immer Zankapfel vieler Herrscher und Reiche. Im ersten vorchristlichen Jahrtausend erstreckte sich das Reich der kleinasiatischen Urartäer bis zum Orumiyeh-See, andere indoeuropäische Völkerschaften wie die Mannäer siedelten in seiner Ebene. Heute sind die **Einwohner** überwiegend türkischstämmig, es gibt aber neben Iranern auch Kurden sowie wenige Assyrer und Armenier.

Orumiyeh

Die Provinzhauptstadt Orumiyeh, während der Pahlevi-Zeit auch *Rezaiye* genannt, liegt an der **Westseite des gleichnamigen Sees** inmitten zahlreicher Obstgärten in 1340 m Höhe. Es gibt Grund zu der Annahme, dass hier schon im 7./8. Jh. v. Chr. eine urartäische Siedlung bestanden hat, denn *Urmi* bedeutet auf urartäisch „Festung". Obwohl über die vorislamische Stadt wenig bekannt ist, muss sie auch für die alten Iraner von Bedeutung gewesen sein, die Zarathustrier glauben, dass ihr Prophet hier geboren wurde.

In islamischer Zeit war Orumiyeh ähnlich wichtig wie Maragheh auf der anderen Seite des Sees und wurde oftmals von sich abwechselnden Eindringlingen erobert. In unmittelbarer Nähe des Osmanischen Reiches gelegen, rivalisierten ab dem 16. Jh. Osmanen und Safaviden um die Stadt, ab dem 19. Jh. traten auch noch die Russen auf den Plan. Nach den beiden Weltkriegen fiel die Stadt wie fast ganz Azerbeijan unter türkische bzw. russische Besatzung.

In den letzten Jahrzehnten hat Orumiyeh sich stürmisch entwickelt, die landwirtschaftlichen Produkte der Umgebung werden in den Fabriken der Stadt verarbeitet, die heute etwa 700.000 Einwohner zählt.

Orientierung

Orumiyeh liegt ca. 10 km vom Ufer des Sees entfernt. Das Stadtzentrum befindet sich südlich des Meydan-e Velayat-e Faghih, begrenzt durch die Kh. Imam Khomeini im Westen und die Kh. Ayatollah Montazeri im Norden. Die historischen Bauten der Stadt liegen alle in diesem Bereich.

Ankunft mit dem eigenen Fahrzeug

Aus Richtung Süden (Mahabad) fährt man über die Kh. Ayatollah Montazeri bis zum Meydan-e Velayat-e Faghih im Stadtzentrum.

Aus Richtung Osten (Orumiyeh-See, Bandar Golmankhaneh) über Bolvar-e 7. Tir und Kh. Vali Asr bis zur Kreuzung 17. Shahrivar, dort in Richtung Süden bis zum Meydan-e Velayat-e Faghih.

Aus Richtung Norden (Khoy/Salmas/Flughafen) kommt man auf der Kh. Shohada bis zum gleichnamigen Platz und dann über die Kh. Motahari weiter bis zum Zentrum.

Grenzverkehr Türkei

Auch die Straße von der türkischen Grenze (Grenzübergang Serou, ca. 50 km nordwestlich der Stadt) erreicht Orumiyeh im Norden. Die Grenze wird überwiegend von iranischen und türkischen Staatsbürgern benutzt und hat keinerlei Infrastruktur (Unterkünfte, Restaurants u.Ä.). Da es **keinen grenzüberschreitenden Bustransport** gibt, ist man ohne eigenes Fahrzeug darauf angewiesen mitgenommen zu werden. Wer sicher gehen will, erkundigt sich beim türkischen Konsulat in der Kh. Shahid Beheshti, Tel. 228970 *(konsulgari-ye torkiye)*.

Der **Grenzort** auf türkischer Seite heißt **Esendere** und liegt gut 10 km vom Grenzübergang entfernt. Die **Sicherheitslage** in den türkischen Provinzen nahe der irakischen Grenze variiert, vor der Abreise aus Europa sollte man sich auf jeden Fall Lageberichte einholen. Im Zweifel sollte der weiter nördlich gelegene Grenzübergang Dogu Beyazit/Bazargan vorgezogen werden.

Sehenswertes

Bazar und Freitagsmoschee

Das **bekannteste Bauwerk** von Orumiyeh, die Freitagsmoschee *(masjed-e djame)* im Bazarviertel, erreicht man über die Kh. Ayat. Montazeri. Etwa 100 m südlich des Meydan-e Velayat-e Faghih zweigt von ihr die Kuche-ye Eqbali rechts ab. Nach weiteren 100 m führt eine Gasse rechts zum Hof der Moschee, die nurmehr musealen Charakter hat.

Der von außen **schlichte Ziegelbau** geht auf das Jahr 1277 zurück, wahrscheinlich wurde er an der Stelle eines alten, sasanidischen Feuertempels erbaut. Prunkstück der Moschee ist der Mehrab-Saal mit einer **prachtvollen Gebetsnische aus Stuck.** Auch unter dem Kuppelrund verlaufen reich verzierte Schriftbänder aus Stuck.

Das Gebäude ist normalerweise geschlossen, den Schlüssel verwaltet der Besitzer des Imbisses links vom Hofeingang. Es ist allerdings schon passiert, dass er ohne schriftliche Genehmigung durch die *Miras-e Farhangi* nicht bereit war zu öffnen.

Der Bazar von Orumiyeh lohnt einen Spaziergang durch die engen, teils überkuppelten Gassen. Neben lokalen **Handarbeiten aus Holz** werden auch viele **türkische Waren** angeboten.

Se Gonbad
Nicht weit von der Freitagsmoschee liegt neben der Kh. Janbazan ein freier Platz mit einem **Grabturm**, genannt Se Gonbad wegen seiner drei Innenkuppeln. Der Bau vom Ende des 12. Jh. besteht aus einer unterirdischen Krypta mit separatem Eingang und dem eigentlichen Grabraum. Das Eingangsportal trägt aufwendige Stuckverzierungen mit Kufi-Schriftbändern, von denen eines den Monat Moharram 580 erwähnt, was dem Jahr 1184 entspricht.

Assyrische Kirchen
Früher lebte in Orumiyeh eine große Gemeinschaft von Armeniern und auch Assyrern, sog. **chaldäischen Christen,** die schon im 3./4. Jh. aus Syrien und anderen Teilen des Römischen Reiches geflohen waren. Seit dem 19. Jh. wurden sie insbesondere von aus dem Süden nachrückenden kurdischen Siedlern verdrängt. Noch im Jahr 1966 wurde die Zahl der Armenier in der Provinz West-Azerbaijan mit etwa 4000 angegeben, die der Assyrer mit ca. 7000, davon gut 4000 in den ländlichen Gebieten. Mittlerweile sind sie auf ein paar Hundert Seelen zusammengeschmolzen, die in Orumiyeh und einigen umliegenden Dörfern wohnen. Wer immer kann, insbesondere die jungen Leute, geht nach Teheran oder ins Ausland.

Zwei der assyrischen Kirchen liegen in der Nähe des Stadtzentrums von Orumiyeh. Von der Kh. Imam Khomeini zweigt die Kh. Khayyam Djenoubi nach Süden ab. Nach ca. 100 m liegt rechts am Eingang einer Gasse die **moderne Kirche der assyrischen Protestanten.** Nach Klingeln an der Eingangstür wird meist geöffnet. Man freut sich über Besuch und ist gern bereit, auch auf Englisch über die Situation der Assyrer zu informieren.

Die bekannteste Kirche von Orumiyeh ist die **Kirche der Heiligen Maria** *(Kelisa-ye Maryam-e Moqadas).* Man folgt der Gasse bei der protestantischen Kirche, biegt links um die Ecke und erreicht nach ca. 100 m links den Eingang zum Kirchhof. Heute wird der moderne Kirchenbau zur Linken benutzt. Rechts daneben ist der Eingang zur alten Kirche, deren Dach nicht mehr vorhanden ist und deren Inneres keinen Saal enthält, sondern mehrere gedrungene Räume mit Gräbern und einer der Heiligen Maria geweihten Nische.

Orumiyeh-Museum

Das Orumiyeh-Museum in der Kh. Shahid Beheshti (gegenüber dem türkischen Konsulat) enthält in zwei Räumen **Fundstücke** aus prähistorischer, vorislamischer und islamischer Zeit, daneben auch **Kostüme** verschiedener iranischer Ethnien.

■ **Muze-ye Orumiyeh,** täglich 8:30–17 Uhr, April bis Oktober bis 18 Uhr, Eintritt ca. 400 Tuman.

Praktische Informationen

■ **Telefonvorwahl Orumiyeh: 0441**

Informationen/Auskunft
■ **Touristinformation:** Kh. Ghods-Djenoubi, neben dem Museum, Tel. 3407040. Man spricht englisch und hat in der Regel auch einen Stadtplan.

Nützliche Adressen
■ **Geldwechsel:** *Markazi Exchange,* Kh. Be'sat, Tel. 32584; *Bank-e Melli,* Kh. Kashani.
■ **Türkisches Generalkonsulat:** Kh. Shahid Beheshti, Tel. 228970.
■ **Behörde für Umweltschutz** *(sazeman-e mohit-e zist),* Genehmigung für den Besuch der Kabudan-Insel, Tel. 40620.
■ **Hauptpost:** im südlichen Teil der Kh. Imam.
■ **Telefonzentrale:** in der Kh. Imam an der Kreuzung Kh. Qods.
■ **Reisebüro:** *Orum Tour,* Passaj-e Amiriye, Rasteh Gholam Khan, Kh. Imam Khomeini, Tel. 220400.

Unterkunft
■ Das **Hotel Sahel**③ liegt im Südwesten der Stadt an der Umgehungsstraße (Bolv. Val Fadjr) gegenüber einem Vergnügungspark. Tel. 369970/5.
■ Das staatliche **Mehmansara**③ liegt südlich des Meydan-e Enqelab an der Kh. Kashani, Tel. 222 3080.
■ Relativ neu ist das **Park Hotel**③ in der Kh. Emam direkt gegenüber dem Bazar. Tel. 2245926-32, www.parkhotel.ir.
■ In der Nähe des Bazars liegt das **Hotel Reza**② in der Kh. Be'sat, Tel. 2226580.
■ Empfehlenswert ist das **Hotel Morvarid**② in der Kh. Saheli direkt gegenüber dem Al-Ghadir-Park, Tel. 3466300.
■ Nahe dem Stadtzentrum gelegen und sauber ist das einfache **Hotel Iran Setare**① in der Kh. Janbazan, Tel. 354454.
■ Ebenfalls zentral gelegen und preiswert ist das **Hotel Takstar**① in der Kh. Imam, Tel. 2231861.

Essen und Trinken
■ **Darya-ye Nour** in der Kh. Taleqani, Tel. 50773, und Tak Setare in der Kh. Sh. Beheshti, Tel. 44281, bieten die üblichen Gerichte, aber nicht schlecht.

Verkehrsverbindungen
■ **Flüge:** Der Flughafen liegt im Norden an der Straße nach Salmas. Es gibt einen täglichen Flug von Teheran mit Iran Air (Kh. Shahid Beheshti, Tel. 468400).
■ **Busse und Minibusse:** Einige Busgesellschaften haben Verkaufsbüros entlang der Kh. Imam Khomeini, ansonsten am Hauptterminal am Bolv. 7. Tir östlich der Stadt. Minibusse verkehren auch von dort, ansonsten auch vom Meydan-e Towhid (nach Norden und zur türkischen Grenze/Serou) sowie ab der Kreuzung Kh. 17 Shahrivar und Kh. Vali Asr (Richtung Bandar Golmankhane und Orumiyeh-See). In die Innenstadt verkehren Taxis.

Orumiyeh-See

Der Orumiyeh-See ist **der größte der für Iran typischen abflusslosen Seen.** Seine Ausdehnung beträgt ca. 135 km in Nord-Süd- und zwischen 15 und 50 km in Ost-West-Richtung. In einer Höhe von ca. 1300 m gelegen, wirkt er wie eine

Orumiyeh-See

große Wanne, in die alle Flüsse der umliegenden Berge ihre Wasser ergießen. Sein **Salzgehalt** beträgt **bis zu 30%**, verursacht durch die von den Flüssen mitgeführten Salzlösungen und die starke Verdunstung im Sommer. Bis auf Plankton ist biotopisches Leben im See nicht möglich. Am Ostufer des Sees wird an einigen Stellen, z.B. bei Khaneqa (zwischen Azarshahr und Adjabshir), in Lagunen **Salz gewonnen.**

Der Wasserstand schwankte im Lauf der Geschichte stets: 1961 lag der Pegel etwa 5 m unter dem des Jahres 1911, während 1969 ein Höchststand zu verzeichnen war. Im Durchschnitt hat der See eine Tiefe von 8 m, die tiefsten Stellen sind um 15 m. Die Fläche schwankt um 5500 km². Damit ist er immer noch etwa **zehnmal so groß wie der Bodensee.** Sowohl Wasserstand als auch Salzgehalt sind in erster Linie abhängig von den Niederschlägen und der daraus resultierenden Einleitung durch seine Hauptzuflüsse, Aji Chai und Zarrin Rud. Durch neue Bewässerungsbauten an den Zuflüssen und verstärkte Wasserentnahme in den letzten Jahren ist der Zufluss zum Orumiyeh-See beständig zurückgegangen und der Wasserstand dramatisch gesunken. Dieser Effekt wurde noch verstärkt durch die faktische Teilung des Sees durch die neue Brücke zwischen Bandar Aq Kabud und Orumiyeh.

Der Schlamm am Ufer gilt als heilsam gegen Rheuma, Hautkrankheiten und Ekzeme. Bei Sharaf Khaneh am Nordufer (siehe Ost-Azerbeijan) und Golmankhane (20 km östlich von Orumiyeh) gibt es **Strände und Unterkünfte** für Heilbäder. Durch den starken Rückgang der Wasserfläche sind diese Einrichtungen jedoch kaum noch nutzbar. Schwimmen im See ist sehr entspannend, weil der Körper vom Wasser getragen wird, das man jedoch nicht schlucken sollte.

Berühmt sind die **Früchte,** die in den Uferebenen angebaut werden. Anbau und Trocknung von Weintrauben und auch die Zubereitung von **Wein** sind hier seit Jahrtausenden bekannt. In Maragheh, Orumiyeh und anderen Städten gibt es große Fabriken zur Weiterverarbeitung des Obstes. Daneben spielen auch Anbau und Verarbeitung von **Zuckerrüben** eine große Rolle.

Inseln

Im südlichen und westlichen Teil des Sees gibt es eine Reihe von Inseln, von denen nur die **Djazire-ye Kabudan** (Blaue Insel) bewohnt ist. Hier soll 1265 *Hülägü*, der Enkel von *Dschingis Khan* und Begründer des Reichs der Il-Khane, zusammen mit dem Reichsschatz und seinen Konkubinen begraben worden sein; daher gilt das Eiland bei den Iranern als „Schatzinsel".

Die Inseln sind Irans größtes **Vogelschutzgebiet**. Hier finden sich Adler, Flamingos, Störche, Pelikane, Reiher und zahlreiche Entenarten, die nicht gejagt werden dürfen. Vor einigen Jahren wurden auch **Gazellen, Steinböcke** und **Wildziegen** ausgesetzt.

Für Touristen ist der Besuch nur mit einer Sondererlaubnis der iranischen Umweltschutzbehörde möglich, die in der Regel nur beim Vorliegen von besonderen Gründen und erst einige Tage nach Beantragung erteilt wird (zu beantragen bei der Behörde für Umweltschutz, siehe Orumiyeh, oder über eine iranische Tourismusagentur).

Mit eigenem Fahrzeug kann man den See auf dem Weg nach Tabriz auf einer neu erbauten **Brücke** überqueren, die **Bandar Golmankhaneh** 20 km östlich von Orumiyeh mit **Bandar Aq Gonbad** am Ostufer verbindet.

Prähistorische Siedlung von Hasanlu

Hasanlu und seine Umgebung (Hajji Firuz Tepe, Dalma, Pisheli Tepe) sind einer der wichtigsten iranischen Fundorte aus der Zeit vor den Achämeniden. In einer fruchtbaren Ebene südlich des Orumiyeh-Sees gelegen, geht die Besiedlung der Gegend auf das 6. Jtsd. v. Chr. zurück. Unter einem Hügel von etwa 25 m Höhe und 200 m Durchmesser liegen noch große Teile der **prähistorischen Siedlung** verborgen. Die Grabungen amerikanischer Archäologen ab 1957 haben hier vor allem die **Reste einer Zitadelle** freigelegt, die auf den Resten früherer Gebäude errichtet worden war.

Um das 10. Jh. v. Chr. war Hasanlu von indoeuropäischen Mannäern besiedelt, die aus ihrer Heimat in den Steppen Südrusslands über den Kaukasus vorgedrungen waren. Um 800 v. Chr. rückten vermutlich Urartäer, die ihr Reich aus Richtung das Van-Sees nach Osten ausdehnten, zum Orumiyeh-See vor, eroberten auch Hasanlu und umgaben es mit einer neuen **Mauer**.

Die heute sichtbaren Teile gliedern sich um **zwei Höfe** mit den Resten der Zitadelle im Norden. Am südlichen Rand des unteren Hofes befand sich ein Palast- oder Tempelgebäude mit Vorhalle. Durch ein hölzernes Tor gelangte man in eine 18 x 24 m große Säulenhalle, deren Dach von 7 m hohen Holzsäulen getragen wurde. Diese fielen bei der Eroberung von Hasanlu den Flammen zum Opfer. Am südlichen Abschluss der Halle befindet sich ein erhöhter, über Stufen zugänglicher Raum, der möglicherweise ein Heiligtum war. Bei den

Ausgrabungen fand man einen dreifüßigen, eisernen Kandelaber und einen kunstvoll verzierten Holzstuhl. An drei Seiten war die Halle von Vorräumen umgeben, weswegen ihr Grundriss dem einer Apadana ähnelt, wie sie in späterer Zeit von den Achämeniden gebaut wurden, die möglicherweise Hasanlu zum Vorbild nahmen.

Teile des Bodens waren mit großen steinernen Platten ausgelegt, herangeschafft aus 30 km Entfernung. Die Mauern der teils mehrstöckigen Gebäude und Höfe bestanden aus luftgetrockneten Ziegeln, in Lehmmörtel verlegt. Manche Innenmauern waren mit glasierten Kacheln geschmückt.

Die bei den Ausgrabungen freigelegten Grundmauern sind zum Schutz vor Verwitterung mit Lehmmörtel abgedeckt. Ein Besuch von Hasanlu ist **besonders schön im Mai,** wenn die umliegenden Felder und Gärten in sattem Grün leuchten.

Anfahrt

- Mit dem **Minibus/Sammeltaxi** ab Orumiyeh in Richtung Mahabad/Miandoab, bei Mohammadiye aussteigen und mit dem **Taxi** weiterfahren.
- Mit dem **eigenen Auto** von Orumiyeh: nach Süden auf der Hauptstraße in Richtung Mahabad. Etwa 70 km hinter Orumiyeh, ca. 3 km vor der Kreuzung in Richtung Naqade, zweigt rechts eine asphaltierte Straße ab (kein Schild). Dieser Straße etwa 3 km folgen und nach Überquerung eines Kanals und dem Erreichen einer Ortschaft rechts beim Wegweiser nach Hasanlu abbiegen. Von hier noch etwa 4 km auf der befestigten Straße weiterfahren. Der nächste Ort ist Hasanlu. Am Dorfplatz rechts halten. Der Hügel ist am Ortsrand gelegen, im Zweifel nach dem *tepe* fragen.

Bazargan

Bazargan im Norden der Provinz, 20 km nordwestlich von Maku, ist der wichtigste Übergang an der **iranisch-türkischen Grenze.** Die Grenzabfertigung, auf einem Hügel ca. 2 km westlich der Ortschaft, liegt in einem abgesperrten Streifen. Sammeltaxis verkehren zwischen Bazargan und dem Kontrollpunkt.

Die **Ein-/Ausreiseprozedur** ist gegenüber früheren Jahren wesentlich einfacher geworden, insbesondere für ausländische Touristen. Iraner, die die Grenze per Bus überqueren, werden gründlicher kontrolliert. Für die Abfertigung sollte man ein bis zwei Stunden einkalkulieren. Wenn man mittags die Grenze passiert, erreicht man abends noch Tabriz.

Es ist verschiedentlich vorgekommen, dass von Reisenden, die mit dem eigenen Fahrzeug unterwegs waren, Beträge von 200 US$ und mehr als **„Benzinsteuer"** zum Ausgleich für das extrem billige iranische Benzin verlangt wurden. Dagegen sollte man sich wehren, denn dafür gibt es keine rechtliche Grundlage. Einzelne Beamte wollen sich so ein Zubrot verdienen.

Geben Sie nichts auf sogenannte heiße Tipps für den **Geldumtausch auf der Straße!** Seit einiger Zeit unterscheidet sich der Bankkurs nicht wesentlich vom „Schwarzmarktkurs" und ein Umtausch bei der Bank-e Melli am Grenzübergang ist wesentlich sicherer als in Bazargan auf der Straße.

An der Hauptstraße des Ortes gibt es eine Reihe einfacher und billiger Hotels und Imbisse. Auch Telefonbüros und Internetcafés sind vorhanden. Sammeltaxis und Minibusse verkehren regelmäßig nach Maku oder auch nach Tabriz.

Das Beeindruckendste an Bazargan ist sicher der **Blick auf den Großen und Kleinen Ararat** in der Türkei bei klarem Wetter. Ansonsten gibt es hier nichts, was den Reisenden zum Bleiben veranlassen könnte.

Unterkunft

■ Das **Hotel Hamid**② bietet saubere Zimmer mit Dusche, Tel. 04638-3372435.
■ Einfacher und preiswerter ist das **Hotel Jafapour**① mit DZ ohne Dusche, Tel. 04638-3372058.

Maku

Einreise aus der Türkei

Dogu Beyazit, der nächste Grenzort mit Unterkunftsmöglichkeiten, liegt etwa 40 km auf türkischer Seite. Von dort bis zur Grenze verkehren Minibusse. Die **Einreise mit eigenem Fahrzeug** – vorausgesetzt, die Papiere sind vollständig und in Ordnung – dauert selten länger als eine Stunde. In der Regel stehen **englischsprachige Guides** zur Verfügung, die bei der Abwicklung der Formalitäten behilflich sind. Versicherungskarten für Iran mit 30 Tagen Gültigkeit können an der Grenze für 45 US$ gekauft werden.

Die Einreise mit einem **iranischen Reisebus** ab Istanbul oder Ankara kann deutlich länger dauern, weil iranische Reisende in der Regel weniger zuvorkommend als Ausländer behandelt werden. Achtung: Für die Einreise über die Landgrenze ist das 7-Tage-Visum (siehe „Praktische Reisetipps A–Z: Ein- und Ausreisebestimmungen") nicht gültig!

Geld sollte besser an dem kleinen Bankschalter in der Abfertigungshalle gewechselt werden. Die zahlreichen Geldwechsler in Bazargan (s.o.) suchen doch eher ihren eigenen Vorteil.

Der **iranische Grenzort Bazargan** liegt gut 2 km entfernt am Fuß des Hügels mit dem Grenzübergang. Man kann diesen Weg hügelabwärts zu Fuß gehen oder aber den Shuttlebus nehmen. In Bazargan befindet sich vor dem Hotel Jafapour der **Taxistand** mit Taxis nach Maku und Tabriz.

Ausreise in die Türkei

Da Deutsche, Österreicher und Schweizer zur Einreise in die Türkei **kein Visum** brauchen, sollte auch die Ausreise aus Iran nicht mehr als eine Stunde in Anspruch nehmen. Vom Grenztor an der Hauptstraße in Bazargan fährt man mit dem Shuttlebus direkt bis zum Grenzübergang. Auf iranischer Seite gibt es außer der Passkontrolle **keine besonderen Formalitäten.** Auf der türkischen Seite kann es manchmal turbulent zugehen. Es empfiehlt sich in jedem Fall, gleich nach Dogu Beyazit weiterzufahren, weil es in dem kleinen Grenzdorf Gürbulak keinerlei Unterkünfte gibt.

Die Stadt

Die alte Grenzstadt zwischen Iran und der Türkei wird man wohl nur dann aufsuchen, wenn man wie oben beschrieben auf dem Landweg aus der Türkei einreist bzw. auf diesem Weg zurückreist. Vom Terminal am Ostrand der Stadt verkehren Minibusse und Sammeltaxis zum Grenzübergang nach Bazargan sowie Busse nach Tabriz und Orumiyeh. Für diejenigen, die über die Türkei einreisen, ist Maku der erste Aufenthaltsort. Das wissen natürlich auch die iranischen Händler und Hoteliers, die mitunter die Unerfahrenheit der eben angekommenen Touristen ausnutzen und überhöhte Preise verlangen.

Palast von Baghche-ye Djuq

Wer etwas Zeit hat, kann sich ein Taxi nehmen und ca. 5 km in Richtung Bazargan zum kleinen Palast von Baghche-ye Djuq fahren, einem zweistöckigen Gebäude vom Beginn des 20. Jh., inmitten eines Gartens gelegen. Errichtet für einen Militärführer des Qadjaren-Shahs *Mozaffar od-Din*, war es bis 1974 bewohnt. Heute dient es als **Museum,** es sind Teile der alten Einrichtung, Teppiche, Textilien usw. ausgestellt (täglich 8 bis 12 und 14 bis 17 Uhr, April bis Oktober bis 18 Uhr).

Sandjar

Ebenfalls ein Taxi braucht man für die Besichtigung von Sandjar, den Resten einer in Terrassen am Berg angelegten **Urartäer-Festung.** Sie liegt etwa 9 km westlich von Maku unweit des Maku-Flusses beim heutigen Dorf Sandjar und geht auf das 8. Jh. v. Chr. zurück. Einzigartig ist die in den Felsen gehauene große Kammer, zu der in den Stein gehauene Treppen hinaufführen.

Unterkunft

Wer in Maku übernachten muss, kann aus einer Reihe einfacher Hotels und Gasthäuser auswählen; sie befinden sich allesamt in der Ortsmitte an der Hauptstraße.

■ Das beste, ruhigste und teuerste Hotel der Stadt ist das **Tourist Inn**② in der Kh. Imam Khomeini, Tel. 0462-3223185.
■ Preiswerter ist das **Hotel Alvand**① an der Kreuzung Markazi/Kh. Imam Khomeini.

Armenische Kirche von Qarah Kelisa

Die **Schwarze Kirche** *(Qarah Kelisa),* von den Armeniern „Kirche des Heiligen Thaddäus" genannt, liegt im äußersten Nordwesten Irans unweit von Maku und der türkischen Grenze. Sie

◁ Blick auf den kleinen und großen Ararat von Maku aus

wird als wichtigster Kirchenbau der **armenischen Christen** in Iran betrachtet. Diese glauben, dass hier 68 n. Chr. anstelle eines heidnischen Tempels eine Kirche entstanden ist. Die Gebeine des **Apostels Thaddäus**, der in Edessa den Märtyrertod gestorben war, sollen später hierher überführt worden sein und sein Grab wird noch heute verehrt.

Ursprünglich inmitten armenischer Siedlungen gelegen (was die Reste alter Kapellen auf den Hügeln in der Umgebung belegen), reicht die Baugeschichte der Kirche bis ins 10. Jh. zurück. Zur Anlage gehörte ein Kloster, dessen von einer Mauer umgebener Wirtschaftshof südlich an die Umfassungsmauer der Kirche anschließt. Die ehemaligen Mönchszellen verlaufen um die Kirche herum.

Die ältesten Teile der Kirche, wohl aus dem 10. Jh., bestehen aus dem Altar, dem Baptisterium und einer kegelförmigen Kuppel. Dieser Teil ist leicht an den Lagen aus **schwarzen** (diese gaben dem Bauwerk den Namen) und **weißen Steinblöcken** zu erkennen. In einer Nische rechts vom Altar soll der Heilige Thaddäus sein Grab gefunden haben.

Die restlichen Teile der Anlage, ganz in gelblich leuchtendem Stein gehalten, mussten nach dem verheerenden Erdbeben von 1319 neu erbaut werden, worauf eine Inschrift im Innern hinweist. Diese Teile wurden im 19. Jh. nochmals renoviert, ebenso wie der dem Eingang vorgelagerte Glockenturm. Besonders eindrucksvoll sind die **Reliefs an der Außenfassade**, die fast um das gesamte Bauwerk herumlaufen. Sie enthalten sowohl ornamentale Motive als auch Szenen aus der Kirchengeschichte und erinnern stark an die Reliefs der bekannten armenischen Kirche auf der Insel Achtamar im Van-See (Türkei).

Zum **Fest des Heiligen Thaddäus** versammeln sich noch heute jedes Jahr im Juli Tausende von Armeniern in Qarah Kelisa. Sie schlagen in der Umgebung der Mauern ihre Zelte auf, halten Messen und Andachten ab und führen ihre alten Tänze auf.

■ **Qarah Kelisa,** täglich 8–18 Uhr, Eintritt 15.000 Tuman.

Anfahrt mit dem eigenen Fahrzeug

■ Von der **türkischen Grenze** kommend, zweigt ca. 3 km hinter Bazargan rechts eine Straße nach **Chaldiran (Siyah Cheshmeh)** ab. Dort links in die Straße nach Qareh Ziya' Eddin einbiegen. Nach ca. 25 km links in Richtung Sut fahren und nach ca. 1 km links die Asphaltstraße nach Qarah Kelisa nehmen. Nach ca. 4 km erreicht man ein kurdisches Dorf, an dessen Rand Qarah Kelisa liegt. Die beiden spitzen Türme sind schon von Weitem sichtbar.

■ Von **Orumiyeh** aus die Straße in Richtung Salmas und Khoy nehmen. In **Khoy** nicht die Umgehungsstraße in Richtung Maku und Tabriz nehmen, sondern in den Ort hineinfahren und von dort aus weiter nach Chaldiran (Siyah Cheshmeh). Diese Strecke ist besonders im Frühjahr landschaftlich sehr reizvoll, die Berghänge sind von grünen Weiden bedeckt, die Flüsse und Bäche führen reichlich Wasser. An klaren Tagen kann man ca. 30 km nördlich von Khoy die schneebedeckten Gipfel des Kleinen (3896 m) und Großen Ararat (5165 m) sehen. In Chaldiran (Siyah Cheshmeh) rechts nach Qareh Ziya' Eddin abbiegen. Ab hier siehe oben.

■ Von **Tabriz** aus über Marand in Richtung Maku bis **Qareh Ziya' Eddin** fahren und dann links in Richtung Chaldiran (Siyah Cheshmeh). 25 km vor Chaldiran die Abzweigung rechts in Richtung Sut nehmen. Ab hier siehe oben.

Anfahrt mit Bus und Taxi

Nach Qarah Kelisa direkt gibt es keine öffentlichen Verkehrsmittel. Von Tabriz aus mit dem Bus in Richtung Maku und in **Qareh Ziya' Eddin** aussteigen, von hier aus mit dem Taxi weiterfahren. Von Orumiyeh und Khoy aus mit dem Bus in Richtung Maku und in **Chaldiran (Siyah Cheshmeh)** aussteigen. Auch von hier fährt man mit dem Taxi weiter. Ab Maku nimmt man einen Bus in Richtung Orumiyeh und steigt in Chaldiran (Siyah Cheshmeh) aus.

Urartäische Festung bei Qareh Ziya' Eddin

Auf dem Weg von Qareh Ziya' Eddin nach Qarah Kelisa lohnt sich für archäologisch Interessierte ein Abstecher zu einer alten, urartäischen Festung bei dem Dorf Bastam. Ca. 1,5 km hinter dem Ortsausgang von Qareh Ziya' Eddin zeigt ein Hinweisschild links den Weg nach Bastam an, 7 km sind es von hier. Im Sommer und Herbst sind auf den Feldern links und rechts Tabakpflanzen zu sehen. Schon von Weitem erblickt man am Berghang im Vordergrund die **Reste mächtiger alter Befestigungsmauern**. Die Straße führt bis zum Dorf Bastam, das am Rande der alten Festung gelegen ist.

Ihre Erbauung geht zurück auf die Mitte des 7. Jh. v. Chr., als die Urartäer das Gebiet zwischen dem Van-See in der heutigen Türkei und dem Orumiyeh-See beherrschten. Einige Forscher sehen in den Urartäern Vorläufer der späteren Armenier. Einer ihrer Könige, *Rusa II.*, ließ an dieser Stelle, von der aus man das ganze Flusstal und auch die alte Straße in Richtung Khoy beherrschte, neben einer Wohnsiedlung die Zitadelle errichten. Sie erstreckte sich, teilweise kunstvoll in den Berghang hineingebaut, über eine Fläche von ca. 850 x 400 m. Am eindrucksvollsten sind die Reste der mächtigen Wehrmauern mit regelmäßigen Vorsprüngen.

Ab Bastam führt die Straße nicht weiter, sodass man zur Hauptstraße zurückfahren muss.

Khoy

Bis vor 30 Jahren war Khoy, das etwa auf halber Strecke zwischen Maku und Orumiyeh liegt, ein malerisches Landstädtchen mit 60.000 Einwohnern und einer schönen Stadtmauer aus Lehmziegeln. Die umliegenden Landstriche sind sehr fruchtbar und so bildet Khoy seit Jahrhunderten den größten Marktflecken der Gegend; die Hauptstraße in die Türkei verlief über die Stadt. Heute ist Khoy zersiedelt und gesichtslos wie viele der sich schnell entwickelnden iranischen Städte.

Vom alten Khoy haben sich noch Teile des **Bazars** erhalten sowie ein Stück der **alten Mauer** mit einem **Stadttor** aus der Safaviden-Zeit aus schwarzem und weißem Stein mit einem Löwenrelief als oberem Abschluss.

Von der historischen Bedeutung der Stadt zeugt das **Museum** mit einer archäologischen und einer ethnologischen Abteilung (Kh. Imam / Kh. Nourollah-Khan, tägl. außer Freitag 9 bis 13 und 14 bis 18 Uhr, April bis Okt. 9 bis 13 und 15 bis 19 Uhr, Eintritt 5000 Tuman).

Etwa 2 km südlich der Stadt findet sich eine alte, etwa 60 m lange **Ziegelbrücke** vom Anfang des 19. Jh.

Unterkunft

■ Eine einfache Unterkunft findet man im **Mehmansara-ye Khoy**② in der Kh. Enqelab, Tel. 0461-2440351/2.

Takab und Takht-e Soleyman

Die **Kleinstadt Takab** liegt im Süden der Provinz West-Azerbeijan, wo diese ins **kurdische Bergland** übergeht. Takab selbst hat nichts Interessantes zu bieten, ist jedoch in der Regel Ausgangsort für die Besichtigung von Takht-e Soleyman, was „Thron des Salomo" bedeutet, obwohl keinerlei Beziehung zwischen dem Ort und dem alttestamentarischen König besteht.

In dieser ursprünglich weit von jeder menschlichen Siedlung gelegenen Bergregion findet sich in über 2000 m Höhe eine **uralte Kultstätte**, die ihre größte Bedeutung in sasanidischer Zeit hatte. Noch vor 30 Jahren war der Ort völlig abgelegen und nur per Allradwagen oder Esel erreichbar. Heute verbindet eine asphaltierte Straße Takab mit dem 45 km nordöstlich gelegenen Takht-e Soleyman und seitdem diese Straße über die Berge nach Zanjan ausgebaut wurde, ist die Abgeschiedenheit dahin. Dennoch bleibt ein Besuch dieses magischen Ortes ein unvergessliches Erlebnis.

Das gesamte Tal von Takht-e Soleyman liegt auf einer Trennlinie zwischen zwei Gebirgszügen mit früher erheblicher **vulkanischer Aktivität,** von der noch eine Reihe unterirdischer warmer Quellen zeugen. Sie drücken beständig stark kalk- und säurehaltiges Wasser nach oben.

Zendan-e Soleyman

Aus Richtung Takab erreicht man etwa 3 km vor Takht-e Soleyman links der Straße einen **Bergkegel,** der Zendan-e Soleyman (Gefängnis des Salomo) genannt wird und zunächst wie ein kleiner Vulkan anmutet. Ein Blick auf das Gestein zeigt allerdings, dass es sich um im Laufe der Jahrmillionen von der Natur aufgeschichtetes Kalksintergestein handelt. Durch eine mit Gasen angereicherte **unterirdische Quelle** ist hier ein 110 m hoher Kegel mit einem 70 m breiten **Krater** im Inneren aufgeschichtet worden; noch heute entweichen **schwefelhaltige Gase** aus dem 100 m tiefen Krater.

Heute führt eine künstliche **Treppenanlage** den Berg hinauf. Dort, wo sie endet, sind noch deutlich Reste von künstlich angelegten Terrassen mit **Mauern früherer Gebäude** zu sehen. Hier wurde während des Reichs der Mannäer (830–660 v. Chr.) ein Heiligtum verehrt, das sicher im Zusammenhang mit den hier manifesten Naturkräften stand. Da keine späteren Besiedlungsreste gefunden wurden, ist davon auszugehen, dass der Krater ausgelaufen ist und dies als böses Omen gedeutet wurde. Jedenfalls sind noch heute Spalten an den Rändern zu sehen, vermutlich hervorgerufen durch Erdbeben, und größere Teile des Kraterrandes sind abgebrochen und auf den Kraterboden gesunken.

Von der Spitze des Zendan ist in Richtung Westen deutlich das Plateau des Takht-e Soleyman zu erkennen. Auf halber Strecke zwischen beiden Orten liegt das **Dorf Tazekand,** wo es ein kleines Restaurant gibt.

Takht-e Soleyman

Bei der Annäherung an den Takht fallen zuerst die mächtige **Wehrmauer** um das gesamte Plateau sowie die Abflüsse kalkhaltigen Wassers auf, die mehrere kleine Bachbetten geschaffen haben. Der jetzige Eingang ist beim Südost-Tor der Anlage. Auch hier hat eine unterirdische Quelle einen **See** geschaffen, um den herum sich ein etwa 50 m hohes Kalksinterplateau mit einer Fläche von fast zehn Hektar gebildet hat. Da das Wasser durch zwei Abflüsse entweichen kann, ist das Ansteigen zum Stillstand gekommen, und der See beginnt, von den Rändern her zuzuwachsen. Er hat einen Durchmesser von ca. 100 m und eine durchschnittliche Tiefe von 65 m. Dass ihn unterirdisches Wasser speist, wird daran deutlich, dass dessen Temperatur im Sommer wie im Winter 21°C beträgt und einen hohen Gehalt an Sulfat, Eisen und anderen Mineralien aufweist.

Die Ausgrabungen seit 1959 haben auch spärliche Siedlungsreste aus der achämenidischen Epoche erbracht, die größte Bedeutung jedoch hatte Takht-e Soleyman im **5. Jh. n. Chr.**, als der Sasaniden-Herrscher *Khosrow I. Anushirvan* (531–579) das **Reichsfeuer der Krieger**, „Adhur Gushnasp", an diesen Ort verlegte. Es vertrat im sasanidischen Reich den Stand der Ritter und genoss als Symbol der Einheit des Reiches **höchste Verehrung.** Nach der Krönung in Ktesiphon beim heutigen Bagdad begab sich der Herrscher mit reichen Geschenken zu Fuß hierher, um ihm die Ehre zu erweisen. *Khosrow II.* widmete das 611 bei der

Kurdische Besucher in Feiertagskleidung am Eingang von Takht-e Soleyman

Eroberung Jerusalems erbeutete **„Heilige Kreuz der Christenheit"** dem Heiligtum, was den Anlass zu seinem Untergang lieferte: 629 eroberte es der **byzantinische Kaiser Heraklios** bei seinem Rachefeldzug, führte das Kreuz nach Byzanz zurück und ließ Takht-e Soleyman zerstören.

Nach 1270, als *Abaqa*, Herrscher der Il-Khaniden, in Maragheh residierte, ließ er in Teilen der alten Anlage ein **Jagdschloss** errichten.

Der **Grundriss** der gesamten Anlage ist links vom Eingang für die Besucher abgebildet: Um den See herum befand sich zu drei Seiten ein Säulengang, die Hauptgebäude lagen nördlich des Sees, ihnen an der Westseite vorgelagert war ein Gewölbe von riesigen Ausmaßen. Der heilige Bezirk befand sich östlich der Mittelachse und bestand aus mehreren Tempeln und Nebengebäuden. Der Weg zum ehemaligen Feuertempel ist ausgeschildert, seine Mauern sind bis zu 4 m dick und bestehen vollständig aus gebrannten Ziegeln, verbunden durch Kalkmörtel. In einem zu den Seiten offenen *chahar taq* (Vier-Bogen-Bau), dessen Kuppel eingestürzt ist, wurde das ständig von Priestern unterhaltene Feuer verehrt. Hinter dem Haupttempel ist ein weiterer Tempel ausgeschildert, in dem die altiranische Fruchtbarkeitsgöttin Anahita verehrt wurde.

Vom nördlichen Rand des Tempelbezirks ist das **Nordtor** zu sehen, früher der Haupteingang, später wurde es zugemauert. Gegenüber dem Tempelbezirk befinden sich an der Westseite ausgedehnte Räumlichkeiten, darunter eine große Säulenhalle, deren Bedeutung noch nicht endgültig geklärt werden konnte. Da man in einigen Räumen Nischen zur Aufbewahrung von Kultgegenständen fand, kann dieser Komplex auch als weiteres Heiligtum gedeutet werden.

Die **Ruinen des mongolischen Jagdpalastes** sind an der Westseite des Sees zu sehen, wo sich Reste mehrerer Kuppel- und Gewölberäume befinden, die im Innern teilweise mit Stuck überzogen sind. Zahlreiche ebenfalls hier gefundene glasierte Fliesen, mit denen die Gebäude verziert waren, sind nur noch in Museen zu bewundern.

Kuh-e Bilqis

7 km nordöstlich des Takht auf dem Gipfel des Kuh-e Bilqis hat man Reste einer weiteren Befestigung gefunden, die **„Thron der Bilqis"** (der Königin von Saba und Geliebten des *Salomo*) genannt wird. Die Mitte des quadratischen Gebäudes ist genau auf die Achse des Takht-e Soleyman ausgerichtet, weshalb man davon ausgehen kann, dass zwischen beiden Anlagen ein Zusammenhang besteht.

Anfahrt

Aus Richtung Maraghe/Miandoab verkehren **Minibusse und Busse nach Takab.** Wer nicht mit dem eigenen Fahrzeug nach Takht-e Soleyman fährt, nimmt von Takab aus ein **Taxi**.

Unterkunft

■ Die einzige Unterkunft in Takab ist das **Hotel Randji**②, dessen einfache Räume renoviert wurden und zum Stolz von Herrn *Randji* auch einen

Trakt von sieben Zimmern mit europäischen Toiletten haben. Das DZ mit Dusche kostet 45 US$, Tel. 0482-5223179. Zum Hotel gehört ein Restaurant.

Karaftu-Höhle

Ca. 30 km südwestlich von Takab in der Nähe der Straße nach Divanderreh befindet sich **eine der größten Höhlen Irans,** die Karaftu-Höhle. Sie erstreckt sich über mehrere hundert Meter in den weichen Fels hinein; am Ende eines ausgeklügelten Systems mehrstöckiger Wohnhöhlen liegt ein riesiger, 150 m langer und 30 m breiter „Dom". Offensichtlich ist die Höhle früher auch bewohnt worden, wie mehrere künstlich angelegte Räume und Korridore und eine hellenistische Inschrift deutlich machen. Dennoch ist über Geschichte und Bewohner der Höhle nichts Genaueres bekannt. In den vergangenen Jahren wurde sie touristisch erschlossen, sodass eine gefahrlose Besichtigung möglich ist.

Der **Weg von Takab** empfiehlt sich nur für geländegängige Fahrzeuge, denn noch sind ca. 15 der insgesamt ca. 30 km bis zur Höhle nicht asphaltiert. Eine gut ausgebaute Straße führt von Saheb, an der Hauptstraße von Saqqez nach Sanandaj gelegen, über Ziwiyeh (35 km) zur Karaftu-Höhle (57 km). Nach ca. 25 km teilt sich die Straße, rechts geht es zur Karaftu-Höhle, links in Richtung **Ziwiyeh.** Dieser Ort war **Schauplatz eines sensationellen Fundes** im Jahr 1947, als ein kurdischer Hirtenjunge am Rande eines Hügels in einem sargähnlichen Behälter Kunstgegenstände aus vor-achämenidischer Zeit fand (Gold- und Silberschalen, Trinkhörner aus Gold, Möbelbeschläge aus Elfenbein u.Ä.).

Notdürftige Ausgrabungen wurden erst 1964 vorgenommen, und es wurde festgestellt, dass es sich um eine **burgähnliche Anlage,** vermutlich aus der der zweiten Hälfte des 7. Jh. v. Chr. handelt. Noch heute ist gut zu erkennen, wie die Grabräuber den Hügel am Rand des Dorfes förmlich durchpflügt haben.

Provinz Ost-Azerbeijan

Ost-Azerbeijan (**Azerbeijan-e Sharqi**), die größte und bevölkerungsreichste der drei nordwestlichen Provinzen, grenzt im Norden an Armenien und die Republik Aserbaidschan und im Westen an den Orumiyeh-See. Die wirtschaftliche Grundlage ist hier noch weitgehend die **Land- und Viehwirtschaft;** ausgedehnte Becken und Täler mit guten Böden sowie ausreichender Niederschlag führen zu guten Erträgen. Dazu kommt die Transitfunktion für den Verkehr beispielsweise in die Türkei, nach Aserbaidschan und weiter in die GUS-Staaten, die als Handelspartner bedeutsam sind.

Tabriz

Tabriz liegt in gut 1300 m Höhe an den südlichen Ausläufern des Sahand-Gebirges (3707 m) an der Hauptstraße von Zentral-Iran nach Norden und Nordwesten. Die Metropole ist seit jeher wichtigstes **Zentrum Nordwest-Irans.** Die zweite Konstante in der Geschichte von Tabriz sind die Erdbeben, die die

Stadt oft getroffen haben. Aus diesem Grunde gibt es kaum Baudenkmäler aus den unterschiedlichen Epochen.

Tabriz wurde vermutlich bald nach der islamischen Eroberung, angeblich gegen Ende des 8. Jh., im Auftrag einer der Frauen des Abbasiden *Harun ar-Rashid* gegründet. Gerade erst zu einiger Bedeutung gelangt, wurde es Mitte des 11. Jh. von einem verheerenden Erdbeben mit über 40.000 Opfern zerstört.

Zu Beginn des 14. Jh. wurde Tabriz zur **Hauptstadt** des Reichs der **mongolischen Il-Khane** und damit zur wichtigsten Stadt Irans. Der Vezir von Öldjeitü, *Rashid ad-Din,* und sein Rivale *Tadj od-Din Ali Shah* wetteiferten um den Ausbau der Stadt. So entstand z.B. die riesige Moschee des Ali Shah, vermutlich die größte im Mittelalter erbaute Moschee, an deren Stelle später die Zitadelle von Tabriz gebaut wurde.

Auch die **turkmenischen Qara Qoyunlu** („Schwarze Hammel") hatten im 15. Jh. hier ihre Hauptstadt. Zu ihrem Ruhm ließ *Djahan Shah* (1436–67) die damals weltberühmte „Blaue Moschee" erbauen. Auch der Safavide *Isma'il I.,* gekrönt in Ardabil, beließ seine Hauptstadt anfangs in Tabriz. Unter dem Eindruck der ständigen Angriffe durch die **Osmanen**, die die Stadt mehrfach eroberten und ihre berühmten Handwerker und Künstler zum Ausbau von Istanbul ans Goldene Horn verschleppten, verlegte *Shah Tahmasp* (1524–76) sein Regierungszentrum schließlich nach Qazvin, bevor *Abbas der Große* seine Residenz in Isfahan errichtete.

So geriet Tabriz an den Rand der politischen Entwicklung, aufgrund seiner Lage am Schnittpunkt wichtiger Handelswege jedoch behielt es seine Bedeutung. Der französische Reisende *Chardin* berichtet bei seinem Aufenthalt im Jahre 1673 von einer Einwohnerzahl von 550.000. Viele Menschen wurden abermals Opfer des verheerenden Bebens von 1721.

Ab Mitte des 18. Jh. machte sich der Druck des russischen **Zarismus** bemerkbar, der über den Kaukasus nach Süden vordrang. Im russisch-iranischen Krieg 1726–28 wurde die Stadt kurzzeitig von russischen Truppen besetzt.

Während der **Qadjaren-Epoche** war Tabriz stets der Sitz des Kronprinzen und Thronfolgers, was die Bedeutung der Stadt belegt. Aufgrund seiner Lage in der Nähe zur Türkei und zu Russland erreichten neue Ideen und Technologien Iran meist auf dem Weg über Tabriz. Neben Teheran wurde die Stadt deshalb das **Zentrum der konstitutionellen Revolution** von 1906, die Reformer hatten hier zahlreiche Anhänger.

Während des Ersten Weltkriegs wurde Tabriz zum Zankapfel zwischen dem Osmanischen und dem Zarenreich, mehrfach wechselte der Besitz über die Stadt. Während der **russischen Besatzung** wurde sie an das Eisenbahnnetz angeschlossen.

Im Zweiten Weltkrieg geriet Iran wiederum zwischen die Fronten der sich bekämpfenden Parteien. Tabriz wurde erneut von russischen Truppen besetzt, die nur widerstrebend abzogen. Im Ausklang des Zweiten Weltkriegs geriet Iran in den Sog des beginnenden „Kalten Krieges". 1946 wurde unter dem Patronat der Sowjetunion eine kurzlebige **„Republik Azerbaijan"** ausgerufen. Iranische Truppen besetzten Tabriz, die Grenze zur Sowjetunion wurde abgeriegelt. Die Hauptstadt Azerbaijans lag ein weiteres Mal im „Schatten der Geschichte". Dieser Zustand dauerte an, bis in den 70er Jahren des 20. Jh. mit der Errichtung großer **Industriebetriebe** begonnen wurde, eine Entwicklung, die sich auch nach der Islamischen Revolution fortsetzte.

Die Stadt ist heute Schwerpunkt des iranischen **Maschinen- und Fahrzeugbaus,** auch eine **Erdölraffinerie** wurde gebaut. Seit dem Zusammenbruch der Sowjetunion und der Öffnung der Grenzen zu den nördlichen Nachbarn hat Tabriz einen neuerlichen Aufschwung erlebt und ist heute mit ca. 1,5 Mio. Einwohnern die **drittgrößte Stadt Irans.**

Orientierung

Der Überlandverkehr umgeht die Stadt in einem großen Bogen, gebildet durch die moderne Stadtautobahn. Das **Zentrum** befindet sich in der Gegend um den Bazar und wird begrenzt durch die Straßen Azerbeijan im Westen, Azadi im Süden und Osten sowie Shams-e Tabrizi im Norden. Die West-Ost-Achse der Stadt wird von der Kh. Imam Khomeini gebildet, die von der Chaharrah-e Abresani bis zum Baq-e Golestan verläuft.

Ankunft mit dem eigenen Fahrzeug

Aus Richtung Nord/Nordost (Zanjan/Ardabil) erreicht man die Stadt über den Bolvar-e Basidj, der in seiner Verlängerung in die Kh. Imam Khomeini übergeht und direkt ins Zentrum führt.

Von Südwesten (Mahabad bzw. Maragheh) erreicht man Tabriz auf dem Bolvar-e Mellat und folgt diesem bis zum Bahnhofsvorplatz. Hier rechts in die Kh. 22 Bahman abbiegen und auf dieser bis ins Zentrum fahren.

Aus nordwestlicher Richtung (Maku/Jolfa/Orumiyeh) erreicht man die

Stadt auf dem Bolvar-e Kargar. Diesem bis zum Bahnhofsvorplatz folgen und links in die Kh. 22 Bahman abbiegen, bis ins Stadtzentrum fahren.

Sehenswertes

Die Hauptsehenswürdigkeiten lassen sich bequem an einem Tag und weitgehend zu Fuß besichtigen.

Eine **Fußgängerzone** wurde kürzlich in der Kh. Tarbiat, zwischen Kh. Ferdowsi und Kh. Artesh, eingerichtet, mit Zugang von der Kh. Imam Khomeini im Süden oder vom Bazarausgang im Norden. Zahlreiche Geschäfte, aber auch Imbissstände, Teehäuser und Restaurants lassen sich hier finden.

Arg
Ein guter Ausgangspunkt ist der sogenannte Arg in der Kh. Imam Khomeini, gleich hinter der Kreuzung Kh. Shariati. Die Reste des einst riesigen **Ziegelbaus** stehen an der Stelle, an der im 14. Jh. die größte damals bekannte Moschee errichtet worden ist, die **Moschee des Ali Shah**. Außer der Frontmauer ist nichts von diesem Bau erhalten, der wegen seiner monumentalen Ausmaße noch heute *Arg* (Zitadelle) genannt wird. Neben der Ruine ist eine große, moderne Moschee errichtet worden.

Rathaus und Umgebung
Von hier aus führt unser Weg weiter in östlicher Richtung zum Meydan-e Shahrdari mit einem der Wahrzeichen der Stadt, dem Gebäude der **Stadtverwaltung** mit dem **Uhrturm**. Erbaut wurde es in den 1930er Jahren nach russischen Vorbildern. Die Fassade erscheint klassizistisch, das Rathaus selbst jedoch ist gelungen in die Platzarchitektur eingepasst.

In der Umgebung des Rathauses lohnen zwei kleine Museen einen Besuch. Das **Muze-ye Sanjesh**, eingerichtet in einem alten Privathaus, zeigt eine Sammlung von historischen Gerätschaften wie Astrolabien, Uhren und Waagen sowie Gewichte und Längenmaße (geöffnet täglich 9 bis 17 Uhr, freitags 9 bis 13 Uhr, Eintritt 5000 Tuman, Tel. 5542459). Zwei Häuser weiter südlich befindet sich ein kleines **Architekturmuseum**, das Teil der Universität Tabriz ist und deshalb nur freitags geöffnet ist.

Gut 200 m südlich liegt in der Ku. Maqsudiyeh das **Museum** des Dichters *Mohammad Hossein Behjat Tabrizi*, bekannt unter seinem Künstlernamen **Shahriyar** (1906–88). Das Haus, in dem das Museum untergebracht ist, bewohnte er bis zu seinem Tode. Es enthält viele seiner Werke, Erinnerungsstücke und

© REISE KNOW-HOW 2014

Vaniar-Stausee, Ainali-Berg, ★ **Seilbahn**

Übernachtung
2 Hotel Iran
3 Hotel Sina
4 Hotel Morvarid
6 Hotel Azerbeijan
10 Hotel Gostaresh
11 Hotel Pars

Essen und Trinken
1 Rest. Momtaz
5 Restaurant Modern Tabriz
7 Rest. Kandu
8 Rest. Shahryar
9 Restaurant Honarmandan
12 Rest. El-Goli

Imam Khomeini, Chaharrah-e Abresani
29. Bahman
Azadi

11 12 ★ **Park El-Goli**, Ardabil, Zanjan, Mianeh

Musikinstrumente (*Shahriyar* war auch ein renommierter Setar-Spieler und Kalligraf). Da der Poet auch in seiner Muttersprache Azeri gedichtet hat, genießt er in seiner Heimatstadt Tabriz besondere Verehrung.

Azerbeijan-Museum
Weiter östlich auf der Kh. Imam Khomeini folgt der Bau des Azerbeijan-Museums, wie das Nationalmuseum in Teheran nach den Plänen des französischen Archäologen *André Godard* erbaut und 1962 eröffnet. Im Erdgeschoss ist die vorislamische, im 1. Stock die islamische Abteilung dieser sehenswerten Ausstellung untergebracht. Von den Fundstücken aus der Umgebung sind die **Exponate aus Hasanlu** besonders interessant, daneben auch **Goldarbeiten** aus achämenidischer Zeit sowie **Keramik** aus Shahr-e Suhkte in Baluchistan. An der Wand zum Treppenhaus ist ein riesiger **Grabstein** *(sang-e bismillah)* angebracht, ursprünglich bestimmt für die Große Moschee in Medina. wegen Streitigkeiten über die Bezahlung des Steinmetzen gelangte er aber nie dorthin. Das Untergeschoss beherbergt die ständige Ausstellung von **Skulpturen** eines zeitgenössischen Tabrizer Bildhauers.

Geöffnet täglich 8 bis 14 und 16 bis 20 Uhr im Sommer, im Winter 8 bis 17 Uhr, Freitag 8 bis 12:30 Uhr, Eintritt 15.000 Tuman.

Blaue Moschee
Das **berühmteste Baudenkmal von Tabriz** ist zweifellos die Blaue Moschee, neben dem Museum gelegen und durch den neuen Park mit der Büste des Dichters *Khaqani* zu erreichen. Sie wurde im Jahre 1465 im Auftrag der *Khatun Jan Beygom,* Gattin des damaligen Herrschers *Djahan Shah,* fertig gestellt. In jener Zeit war die Moschee wegen ihrer vollendet komponierten Fliesenverkleidung in **Kobaltblau** weltberühmt. Vermutlich bei einem Erdbeben im Jahr 1779/80 stürzte der größte Teil des Baus ein. Beim Wiederaufbau ab 1973, der 40 Jahre in Anspruch nahm, hat man nicht versucht, die Zerstörungen zu verbergen. Die wiedererrichteten Teile lassen den Besucher den perfekten Raumeindruck des Originals und die immer noch spürbare Magie der Dekorationen nachempfinden. Die Blaue Moschee ist heute ein Museum.

Im Innern des Kuppelbaus beeindruckt besonders die fast spielerische Leichtigkeit, mit der die **riesige Kuppel** auf die sie tragenden, nach allen Seiten **durchbrochenen Mauern** aufgesetzt ist. Dem quadratischen zentralen Kuppelsaal sind an drei Seiten überkuppelte Gänge vorgelagert; zur Südseite schließt sich ein kleinerer Zentralraum mit Kuppel an, das *shabestan-e kuckek,* das ursprünglich als Familienmausoleum Djahan Shahs gedacht war. Die hier verbliebenen **Originalfliesen in tiefem Indigo** zählen zu der ungewöhnlichsten und eindrucksvollsten Farbgebung, die man in iranischen Moscheen finden kann. Bei den Renovierungen hat man große Teile der Dekoration nur angedeutet, wodurch die noch vorhandenen Fliesenpartien umso mehr hervorstechen.

Der einzige noch vom Originalbestand verbliebene Teil ist das **Eingangsportal** mit aus den tiefblauen Fliesen hervorspringenden Schriftbändern.

■ **Masdjed-e Kabud,** täglich 8 bis 17 Uhr, April bis Okt. bis 18 Uhr, Eintritt 15.000 Tuman.

Dichterfriedhof

Nach dem Besuch der Moschee führt unser Weg ein Stück zurück auf der Kh. Imam Khomeini bis zur nächsten Querstraße noch vor dem Rathaus. Rechts in die Kh. Khaqani abbiegend und dieser bis zum nächsten Platz folgend, dem Meydan-e Daneshsara, führt links der Weg zum **Haupteingang des Bazars**. Geradeaus gelangt man nach Überquerung der Brücke über den Mehran Rud nach etwa 300 m zum „Dichterfriedhof" *(maqbare al-sho'ara)*, wo in einem **Park** über 400 Grabstätten von in Azerbaijan bekannten **Persönlichkeiten aus Politik, Wissenschaft und Kunst** zu sehen sind. Sein Bau wurde schon 1962 geplant, eingeweiht jedoch hat man das Stahlbetonmonument im Zentrum erst 1988, gegenwärtig wird es in großem Rahmen umgebaut und erweitert.

Nördlich an den Park schließt sich das **Grabmal von Abu Hamzeh**, einem Sproß der Familie des 7. Imams, an. Über ein Eingangsportal gelangt man in den Innenhof mit einer Moschee zur Linken und einem überkuppelten Mausoleum in der gegenüberliegenden Ecke.

Weiter südlich liegt das **Qajaren-Museum**, etwas versteckt am Ende einer Gasse. Man folge dem Hinweisschild unterhalb des Dichterfriedhofs und biege dann nach links ab. In dem kleinen, palastartigen Bau (Amir-Nezam-Haus) werden Münzen, Kleidung, Stoffe, Glas, Keramik, Musikinstrumente, Waffen sowie zeitgenössische Urkunden und Fotos ausgestellt. Geöffnet täglich 8 bis 18 Uhr, freitags 9 bis 13 Uhr, Tel. 5236568.

Auf dem Rückweg in Richtung Bazar bietet sich noch ein Abstecher zur **Moschee Saheb ol-Amr** an, wo ein **Museum für Kalligrafien und alte Koranhandschriften** eingerichtet wurde. Prächtige Exemplare des Heiligen Buches aus unterschiedlichen Epochen mit diversen Schriftarten sind hier zu sehen, leider erfolgen die Erklärungen zumeist nur auf Persisch. Kreuzung Kh. Molavi/Kh. Madani, Tel. 5272733, Eintritt 15.000 Tuman, geöffnet täglich 9 bis 17 Uhr, freitags 9 bis 13 Uhr.

Bazar

Der Haupteingang zum großen Bazar von Tabriz liegt in der Kh. Djomhurie-ye Eslami, gegenüber von neu erbauten Einkaufspassagen. Dem Haupteingang vorgelagert ist ein Gebäude, in dessen 1. Stockwerk die Tourist Information untergebracht ist (s.u.). Der Bazar von Tabriz **zählt zu den größten und stimmungsvollsten in ganz Iran**; hier schlägt noch immer das wirtschaftliche Herz von Nordwest-Iran. Sehenswert ist insbesondere der **Teppichbazar** mit seinen zahlreichen Innenhöfen, überkuppelten Gängen und kleinen Geschäften im Souterrain. Hier ist die ganze „Infrastruktur" des Knüpfhandwerks angesiedelt, nicht nur Verkauf, sondern auch Reparatur und Handel mit Wolle und Zubehör. Dabei gibt es nichts, was nur für Touristen hergerichtet wäre. (Das merkt man allein daran, dass viele Händler Devisen nicht akzeptieren.)

Im Zentrum des Bazars, erreichbar über eine kleine Gasse, liegt die alte **Freitagsmoschee** von Tabriz, ein Bau aus früher islamischer Zeit, der ständig renoviert werden musste. Die Säulenmoschee mit gemauerten Kuppeln wird durch vier Reihen von je sechs Säulen gegliedert. Im Osten begrenzt die Kh. Shahid Madani den Bazar, im Westen die Kh. Motahari.

Direkt gegenüber dem Eingang zur Freitagsmoschee befindet sich hinter einem mächtigen hölzernen Tor das **Muze-ye Mashrutiyat,** ein Museum zur Geschichte der Konstitutionellen Revolution von 1906, die in Tabriz und Azarbeijan einen ihrer Schwerpunkte hatte. Der Bau von 1886 mit Vorgarten beherbergt eine Ausstellung zu den Geschehnissen und Akteuren dieser Zeit. Stilecht ist vor dem Haupteingang eine Kanone ausgestellt. Tel. 5216454, Eintritt 15.000 Tuman, geöffnet täglich 8 bis 17 Uhr, freitags 9 bis 13 Uhr.

Parks

Um sich zu vergnügen, besuchen die Tabrizis den **Baq-e Golestan,** einen Park am Ende der Kh. Imam Khomeini. Im Zentrum der 53.000 m² großen Anlage liegt ein Wasserbecken, von dem strahlenförmig mehrere Alleen ausgehen.

Ein weiterer Vergnügungspark befindet sich am südöstlichen Stadtrand, der **Park El-Goli.** Man erreicht ihn per Taxi vom Meydan-e Shahrdari oder per Sammeltaxi. Um ein großes Wasserbecken herum finden sich Freizeitanlagen, Sitzgelegenheiten, Teestuben, Imbisse und kleine Restaurants. Über eine Treppe gelangt man auf eine Terrassenanlage mit schönem Blick über die südlichen Stadtteile von Tabriz. Noch etwas höher liegt das Hotel Pars. Am südlichen Seerand werden Tretboote verliehen; hier führt auch ein Steg zum Restaurant in der Seemitte, wo man die längsten Schaschlikspieße von ganz Iran serviert bekommt.

Seilbahn

Die neueste Attraktion von Tabriz ist die Seilbahn, die nach Fertigstellung vom Ende der Autoban-e Abressan im Norden der Stadt **zum Berg Ainali und zum Vaniar-Stausee** in 1590 m Höhe führen soll. Bisher ist nur der erste Abschnitt in Betrieb.

Praktische Informationen

■ **Telefonvorwahl Tabriz: 0411**

Informationen/Auskunft

■ **Tourist Information:** am Haupteingang zum Bazar, 1. Stock, eine der freundlichsten und am besten ausgestatteten in ganz Iran (Tel. 5272502). Hier gibt es u.a. einen Stadtplan in Englisch, Russisch und Persisch für Touristen. Meist trifft man dort einen der freundlichsten und hilfsbereitesten Tourguides Irans: *Nasser Khan* arrangiert nahezu alles und kann insbesondere die komplizierte Prozedur der Besorgung der Kfz-Kennzeichen erleichtern. Tel. 5539482, mobil 0914-1160149.

■ Außerdem gibt es ein **Tourism Center** in der Kh. Pastor-e Djadid Nr. 330 / Kh. Atesh, Tel. 5416682/5, sowie weitere an den Zufahrtsstraßen von Westen (Posten der Straßenpolizei an der Straße nach Marand) und Osten (Jade-ye Tehran beim Park-e Sadaf).

Geldwechsel

■ **Bank-e Melli** am Meydan-e Shohada an der Nordseite.
■ **Bank-e Sepah,** Kh. Imam Khomeini, Kreuzung Taleqani.
■ **Bozorgui Exchange Office,** Kh. Djomhuri-ye Eslami.

Post und Telefon

■ **Hauptpost** in der Kh. Atesh-e Djenoubi, ein weiteres **Postamt** am Meydan-e Shohada gegenüber der Bank-e Melli.
■ **Haupttelefonamt** in der Kh. Saqatoloeslam, nordwestlich des Bazars, links vor dem Flussübergang.

Provinz Ost-Azerbeijan

Internetcafés
- **Baqer al Olum:** Meydan-e 17. Shahrivar.
- **Kavosh:** Meydan-e Shahrdari, gegenüber der Tankstelle.
- **Faraz:** Chaharrah-e Abresan, Passage Masoud.

Visaverlängerung
- Die **Fremdenpolizei** ist im Gebäude der Passbehörde (Edare-ye Gozarname) unweit des Stadtzentrums in der Kh. Saeb/Kh. Shariati im 3. Stockwerk untergebracht. Geöffnet täglich außer freitags 7:30 bis 12:30 Uhr, Tel. 4796666.

Konsulate
- **Generalkonsulat der Türkei:** Meydane Homafar, Vali Asr, Tel. 3300958.
- **Konsulat der Republik Azarbeidjan:** Kh. Mokhaberat, Vali Asr, Tel. 3334802.

Krankenhäuser
- **Bimaristan-e Asadabadi,** Kh. Shahid Ranjbar, Tel. 807263/6.
- **Bimaristan-e Azar,** Kh. Khayyam, Tel. 57851/3.

Unterkunft
- Seit dem Neubau von zwei Luxushotels ist auch diese Klasse in Tabriz vertreten. Beide liegen aber weit außerhalb des Stadtzentrums. Wegen der Nähe zum El-Goli-Park ist das **Hotel Pars**④ empfehlenswerter. Bozorgrah Kasa'i, Tel. 3807820, tabriz@parshotels.com.
- Näher zur Innenstadt, an der Kreuzung Abresani / Kh. Imam Khomeini, liegt das **Hotel Gostaresh**③, das auch über ein gutes Restaurant verfügt. Tel. 3345021/4.
- Gleich daneben liegt das **Hotel Iran**②, Tel. 459515/6. Von beiden Hotels beträgt der Fußweg zum Bazar ca. 20 Minuten.
- Einfach, aber sauber und preiswert ist das **Hotel Sina**② am Meydan-e Fajr, Tel. 5566211.
- Einen ähnlichen Standard bietet das **Hotel Azerbeijan**② in der Kh. Shari'ati, Tel. 5559051.

Restaurant El-Goli in Tabriz

■ Nahe zum Zentrum, am Meydan-e Golestan, liegt das einfache **Hotel Morvarid**① mit Doppelzimmern mit Dusche. Tel. 5523336.
■ Entlang der Kh. Imam Khomeini und der Kh. Shari'ati gibt es noch eine **Reihe sehr einfacher Hotels und Gasthäuser.**

Essen und Trinken

Tabriz ist bekannt für sein *abgusht* (Eintopf aus Hammelfleisch), seine mächtigen Kebabspieße und für *kufte tabrizi*, Klöße aus Hackfleisch, gemischt mit Reis, Kräutern und Gewürzen, die in einer Suppe mit frischem Brot serviert werden. Leider gibt es diese leckere Spezialität in den Restaurants nur selten oder nur auf Vorbestellung.

■ Sehr leckere *kufte tabrizi* gibt es zuweilen in dem sehr einfachen **Restaurant Kandu** in der Kh. Imam Khomeini, kurz vor dem Arg.
■ **Momtaz,** in der Kh. Sharifi, Tel. 3557187.
■ **El-Goli,** auf der künstlichen Insel im Park El-Goli, mit riesenlangen Shishlik-Spießen, *kufte* nur auf Vorbestellung, Tel. 3805263.
■ An der Kh. Imam Khomeini liegen drei weitere Restaurants, die einen Besuch lohnen: Das **Honarmandan** bietet besonders die in Tabriz traditionellen *dizi* (Meydan-e Honarmandan, Tel. 5534594), das **Modern Tabriz** ist nicht so furchtbar modern, aber das Essen ordentlich (Nähe Golestan-Park), im **Restaurant Shahryar** (früher Hamam-e Nobar) werden in klassischem Interieur traditionelle Gerichte, aber auch Tee und Wasserpfeife angeboten (Nähe Kh. Tarbiat).

Reiseagenturen

■ **Golbad,** Kh. Azadi, gegenüber Kh. Golbad, neben dem Park-e Tuba, Tel. 350001-3.
■ **ALP Tour,** Meydan-e Bozorg, Ku-ye Vali Asr, Tel. 310340.

Verkehrsverbindungen

■ **Flüge:** Der Internationale Flughafen von Tabriz liegt im Nordwesten der Stadt, ca. 6 km vom Zentrum entfernt, Tel. (Informationen): 2665802/3. Internationale Flüge gibt es momentan nicht, inneriranische gehen nach Teheran und Mashhad. Von Flughafen aus verkehren Taxis ins Zentrum. Iran-Air-Büro: Kreuzung Abresani / Kh. Imam Khomeini, Tel. 3343515.
■ **Busse:** Der Hauptterminal von Tabriz liegt im Süden, an der Verlängerung der Kh. Shariati. Es fahren Taxis in die Innenstadt (Chaharrah-e Shariati). Von Tabriz aus verkehren Busse in viele iranische Städte und auch ins Ausland nach Baku, Eriwan, Ankara, Antalya, Istanbul und Damaskus.
■ **Bahn:** Der Bahnhof von Tabriz liegt am Ende der Kh. 22. Bahman im Westen der Stadt, Tel. (Informationen): 4444479. Es fahren Taxis und Busse in die Innenstadt. Täglich verkehren mehrere Nachtzüge nach Teheran über Miyaneh und Zanjan, Fahrpreis in der 1. Klasse 38.000 Tuman. Ebenfalls täglich morgens fährt ein Zug nach Jolfa an der Grenze zur Republik Aserbaidschan. Eine wöchentliche Verbindung gibt es auch nach Van und Ankara.

Kandovan

Am nordwestlichen Abhang des Sahand-Gebirges (3307 m), etwa 50 km südlich von Tabriz, liegt Kandovan. Hier haben die Bewohner ihre Behausungen direkt in den weichen Tuffstein gegraben. Die teils kegelförmig ausgewaschenen Felsen beherbergen auch die Stallungen für das Vieh. Um allen Einwohnern Platz zu bieten, frisst sich das Dorf die Felswand hinauf, die **Wohnhöhlen** werden terrassenweise übereinander errichtet.

▷ Wohnhöhlen in Kandovan

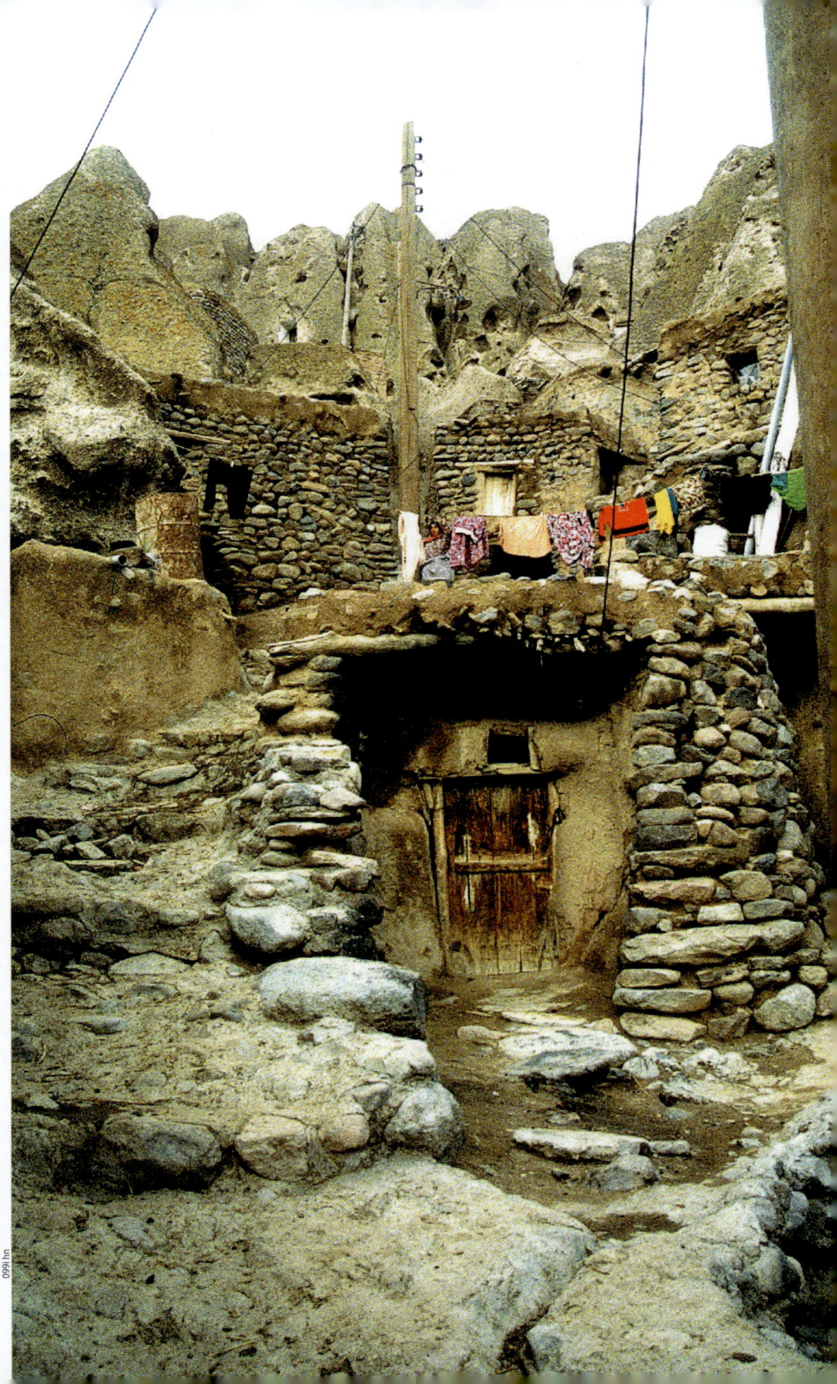

hu1660

Es ist erstaunlich, wie die Bewohner von Kandovan die Geduld aufbringen, sich des fast täglichen Besuchs von Fremden zu erwehren. Man darf nicht erwarten, freundlich in die Häuser eingeladen zu werden. Wegen der Mineralquellen am Rande des Dorfes kommen auch iranische Besucher, um sich das heilkräftige Wasser abzufüllen; auf diese Art von Tourismus ist man eingestellt. Am Fluss, der sich am Dorfrand entlangschlängelt, gibt es einige kleine Geschäfte mit Lebensmitteln, einfache Restaurants und Gasthäuser. Einige davon bieten auf Nachfrage auch einfachste Übernachtungsmöglichkeiten.

Anfahrt
Kandovan erreicht man von Tabriz aus über die Straße nach Maragheh, in **Khosrow Shahr** in Richtung **Osku** nach Osten abbiegen; nach etwa 20 km endet die Straße in Kandovan. Vom Terminal in Tabriz aus verkehren auch Minibusse; mit dem Bus oder Sammeltaxi fährt man bis Osku, wo man umsteigen muss.

Unterkunft
■ Vor wenigen Jahren wurde am Ortseingang eine exklusive Hotelanlage im lokalen Stil, aber dennoch komfortabel in die weichen Tuffsteinfelsen gebaut, das **Kandovan Laleh Rocky Hotel**④. Insgesamt 10 Suiten in moderner Ausstattung mit Bädern laden zur Entspannung ein – wirklich ein in Iran einmaliger Ort! Auch ein „Felsenrestaurant" steht zur Verfügung. Tel. 0412-3230191, kandovan_lalehhotel85@yahoo.com.

Maragheh

Maragheh, der Hauptort des südöstlichen Orumiyeh-Beckens, liegt am Südhang des Sahand-Massivs in 1485 m Höhe und blickt auf eine lange Geschichte zurück. Wohl schon in vorislamischer Zeit gegründet, war die Stadt im 10. Jh. eine der Hauptstädte Azerbaijans. Auch einigen Mongolenherrschern diente sie im 14. Jh. als Hauptstadt. Mit deren Verlegung nach Soltaniyeh durch den Herrscher *Öldjeitü* und später nach Tabriz verlor Maragheh seine Bedeutung.

Im Mittelalter war Maragheh für sein **Observatorium** *(ressadkhane)* weltberühmt, zwischen 1260 und 1272 im Auftrag von *Hülägü* für den Wissenschaftler *Khadje Nasir od-Din Tusi* erbaut. Keine 100 Jahre später war es bereits verfallen. Heute steht an dieser Stelle ein kuppelartiger Zeltbau, der bescheidene Reste des historischen Observatoriums enthält. So sind dessen ursprüngliche Dimensionen auch für den heutigen Betrachter noch nachvollziehbar.

Die fruchtbare Umgebung ist für ihre **Obstgärten**, insbesondere den Weinbau, bekannt. Das Obst wird industriell verarbeitet; der in ganz Iran verkaufte Fruchtsaft „Pakdiz" stammt von hier.

Grabtürme und Moschee

Maragheh kann man auch als „Stadt der Grabtürme" bezeichnen, von denen es gleich vier sehenswerte Exemplare gibt.

Im Südwesten liegt inmitten eines Gassengewirrs der **Gonbad-e Sorkh**, sogenannt wegen der rötlich schimmernden Ziegel; nur im Bogenfeld über dem Eingang sind sparsam türkisfarbene Kacheln eingelegt. Errichtet wurde er 1147, angeblich als Grabbau für einen lokalen Fürsten der Ahmalidi-Dynastie, die in jener Zeit in Maragheh herrschte. Das Vorbild des berühmten Mausoleums der

Samaniden in Buchara ist ihm deutlich anzusehen. Das nicht mehr vorhandene achteckige Spitzdach erhob sich auf einem quadratischen Grundriss mit an den Ecken hervortretenden Stützpfeilern. Sowohl der Zentralraum als auch die darunter liegende Krypta sind leer.

Von den Einheimischen wird der im Zentrum von Maragheh gelegene **Gonbad-e Kabud** (der Blaue) auch als „Bordj-e Madar-e Hulagu" (Turm der Mutter des Hülägü) bezeichnet, was allein deshalb nicht sein kann, weil das Bauwerk schon gegen 1196, also 60 Jahre vor Ankunft des Mongolen in Iran, errichtet wurde. Der achteckige Ziegelbau ruht auf einem steinernen Fundament, an den Ecken gliedern Dreiviertelsäulen die Fassaden, die im unteren Teil mit geometrischen Stuckornamenten ausgefüllt sind und oben in Blendbögen auslaufen. Die Bogenfelder und der darüber liegende Moqarnas-Fries, auf dem früher das Dach aufsetzte, sind mit den blau glasierten Fliesen ausgelegt, ebenso wie das nicht mehr vorhandene Kegeldach.

Beim direkt daneben stehenden **Bordj-e Moddavar** (der Runde), der etwa 30 Jahre älter ist, bezeichnet der Name nicht die Farbe, sondern die Form: der runde Grundriss ruht auch hier auf einem steinernen Sockel, die Fassade ist bis auf den Eingang schmucklos. Dieser Grabturm ist mit einem Kufi-Schriftband auf türkisfarbenem Grund geschmückt. Der Erbauer und die Person, für die der Bau errichtet wurde, sind unbekannt.

Der **Gonbad-e Ghaffariye**, jenseits des Flusses in einem kleinen Park gelegen, wurde benannt nach einer früher in der Nachbarschaft befindlichen Medrese (Koran-Schule) und gleicht vom Aufbau her, obwohl fast 200 Jahre jünger als dieser, dem Gonbad-e Sorkh. Errichtet wurde er von *Il-Khan Abu Said,* dem Nachfolger des Öldjeitü, für einen lokalen Herrscher von Maragheh. Seine glasierten Fliesen sind farbenprächtiger als die seines Vorbilds: Auf der rötlichen Ziegelfassade leuchten sie in Schwarz, Weiß, Kobalt und Türkis.

Ein typischer Bau für Nordwest-Iran ist die **Moschee Mullah Rostam** (heute Masjed-e Imam Khomeini) am Rande des Bazars. Von außen ein unscheinbarer Ziegelbau, zeigt sich innen ein langer rechteckiger Gebetssaal mit teils bemaltem hölzernen Dach, das auf insgesamt 35 Holzsäulen ruht.

Museum

Am nördlichen Stadtrand liegt das Museum von Maragheh in der Nähe eines modernen Grabbaus für den im 14. Jh. in der Stadt geborenen Mystiker Owhadi. In mehreren Abteilungen werden **Keramik** und andere Fundstücke aus prähistorischer, parthischer und sasanidischer Zeit gezeigt, daneben auch **Münzen** und **Koranhandschriften** aus der islamischen Epoche.

■ **Muze-ye Maragheh,** täglich außer montags 9 bis 17 Uhr, April bis Okt. bis 18 Uhr, Eintritt ca. 3000 Tuman, Tel. 0421-223700.

Anfahrt

Der Besuch von Maragheh empfiehlt sich als Tagesausflug von Tabriz oder Orumiyeh oder auf der Weiterreise in Richtung Takab zum Takht-e Soleyman. Busse und Taxis aus Tabriz verkehren regelmäßig.

Unterkunft

■ Wer in Maragheh bleiben möchte, findet Unterkunft im **Hotel Darya**②, Darvaze-ye Tabriz, Tel. 0421-3252220.

Besteigung des Sahand

Maragheh ist ein guter Ausgangspunkt für das Besteigen des Berges Sahand (3710 m). Der **flache Vulkankegel** stellt keinerlei bergsteigerische Anforderungen. Jeder, der die Höhe vertragen kann, vermag auf den Gipfel zu wandern. Von Maragheh aus kann man mit dem Minibus oder Taxi zu einem der kleinen Dörfer am Südhang fahren, z.B. nach **Yai Shahr** oder **Azizabad**. Zelt und Verpflegung müssen mitgeführt werden.

■ Informationen und Führer auch über das **Reisebüro Rakhsh** in Maragheh, Chaharrah-e Koreh Khaneh, Tel. 0421-2227772.

Bandar Sharaf Khaneh

Von Tabriz bis zum **Nordufer des Orumiyeh-Sees** sind es etwa 80 km. Wer die Gelegenheit nutzen möchte, im heilkräftigen Wasser des Sees zu baden, fährt am besten nach Sharaf Khaneh, wo es **Strände** und die nötige Infrastruktur gibt. Durch das Absinken des Seespiegels sind die Badeeinrichtungen in Shabestar allerdings momentan kaum nutzbar. Mi-

▽ Salzgewinnung am Rande des Orumiyeh-Sees

nibusse und Sammeltaxis fahren in Tabriz vom Bahnhofsplatz ab. Mit dem eigenen Fahrzeug erst in Richtung Marand fahren, bei Soofian in Richtung Shabestar.

Unterkunft

■ In Sharaf Khaneh gibt es einige Hotels in Strandnähe, die auch auf ausländische Gäste eingestellt sind, z.B. **Hotel Suite**②, Kh. Sahebi, Tel. 0472-162955.

Jolfa und Kloster St. Stephanos

Jolfa, heute **Grenzstadt** zwischen Iran und **Armenien** (bzw. der armenisch besetzten aserbaidschanischen Enklave Nakhdjevan), spielte in der iranischen Geschichte eine besondere Rolle. Mehrere Tausend seiner Bewohner wurden zu Beginn des 17. Jh. von *Abbas dem Großen* nach Isfahan verschleppt, um dort den Ausbau der Stadt zur königlichen Residenz und Handelsmetropole zu unterstützen. Der Stadtteil südlich des Zayandeh Rud, in dem sie angesiedelt wurden, heißt noch heute Jolfa-ye Now, „das neue Jolfa".

Ca. 15 km nordwestlich des alten Jolfa liegt unweit der iranisch-armenischen Grenze am Zusammenfluss des Grenzflusses Aras mit dem Aq Chai das **Kloster des heiligen Stephanos.** Nach armenischer Überlieferung soll es im 1. Jh. n. Chr. vom Heiligen *Bartholomäus* gegründet worden sein. In malerischer Umgebung an einem Berghang gelegen, lohnt sich der Ausflug unbedingt. Von Jolfa aus kann man mit Taxis die gewundene Strecke fahren, vorbei an den Überresten einer **alten Karawanserei** und den rötlichen Felskanten entlang des Aras. Mit dem eigenen Fahrzeug folgt man vom Platz am westlichen Stadtausgang dem Schild „كليسا" (Kirche). Vom Parkplatz dauert der Fußweg zur Klosteranlage ca. 5 Min. Bis vor kurzem war eine Sondererlaubnis erforderlich, die nur in Tabriz ausgestellt wurde. Wer von dort aufbricht sollte sicherheitshalber bei der Tourist Information (siehe Tabriz) oder bei einer der Reiseagenturen nachfragen.

Die Anlage besteht aus zwei Teilen, eingefasst durch eine Wehrmauer aus Bruchsteinen, an deren Innenseite die Wohntrakte des Klosters angebaut sind. Man betritt den überkuppelten Kirchenbau durch einen Vorbau, rechts vom Eingang schließt ein Glockenturm an die Kirche an. Der Kuppelsaal läuft in einem kegeligen Dach aus, die sorgfältig zugehauenen und gefügten Steine sind geschmackvoll in unterschiedlichen Farbtönen zusammengesetzt. Die Außenfront ist, wie bei armenischen Kirchen üblich, mit großen Reliefbildern und Ornamenten verziert. Die heutige Anlage stammt im Wesentlichen aus dem 16. Jh., ist aber verschiedentlich erneuert worden. Geöffnet täglich von 8 bis 17 Uhr, Eintritt 15.000 Tuman.

Marand

Auf dem Weg nach Jolfa lohnt sich ein Halt in Marand, wo von der Hauptstrecke Tabriz – Maku die Straße nach Norden abzweigt. Im Ortszentrum liegt die alte **Freitagsmoschee** aus dem 12. Jh., von den Mongolen Anfang des 14. Jh. erneuert. Ihr Prunkstück ist ein sehr gut erhaltener Stuck-Mehrab im Gebetssaal. Der reich mit Ornamenten und Schriftbändern ausgestattete Mehrab erinnert an den von *Öldjeitü* gestifteten in der Freitagsmoschee von Isfahan.

Unterkunft
■ In Marand gibt es an der Staße nach Tabriz ein **mehmansara** (Gasthaus)②, Tel. 0491-2237445.

Festung Qal'eh-ye Babak

Im Nordosten der Provinz, etwa 70 km von Ahar entfernt, liegt 8 km südwestlich der Kleinstadt **Kalaybar** die **in Iran sehr bekannte Festung des Babak** (Qal'eh-ye Babak). Sie gilt als Sitz des Nationalhelden *Babak Khorramdin*, der zwischen 816 und 837 n. Chr. einen Aufstand gegen die islamisch-arabische Besatzung anführte. Anfang Juli versammeln sich jedes Jahr Hunderttausende in der Gegend, um diesem Ereignis zu gedenken. Interessanterweise nutzen sowohl iranische als auch azerische Nationalisten diese Gelegenheit zur politischen Folklore. Oft wird aus diesem Anlass die Gegend weitläufig abgesperrt und ist schlecht zugänglich. Touristen sollten in jedem Fall Auskunft über die Lage einholen und auch ein Hotel reservieren.

Die Festung, die **nur wenige Kilometer vom Aras,** dem Grenzfluss zu Armenien und Aserbaidschan, entfernt liegt, ist vermutlich schon in sasanidischer Zeit errichtet worden. Vom Ort Kalaybar aus erreicht man sie, indem man sich vor dem Grand Hotel Kalaybar stehend nach rechts (bergauf) wendet. Die asphaltierte Straße führt in Windungen den Berg hinauf; die zahlreichen Parolen auf den Felsen weisen unübersehbar auf das Ziel der „Juli-Demonstranten" hin. Nach ca. 8 km erreicht man einen Parkplatz auf der Bergseite, bei dem kürzlich das Hotel Babak eröffnet wurde. Die Burg ist von hieraus noch nicht zu sehen. Sie thront auf der Spitze eines Berges in 2600 m Höhe und ist nur über einen mühsamen Anstieg über mehr als 500 Treppenstufen zu erreichen. Zum Eingang führt ein enger, steinerner Korridor, im Inneren sind zwei Stockwerke durch eine Treppe verbunden.

Unterkunft
■ Das **Hotel Babak**③ liegt malerisch über dem Ort Kalaybar direkt am Treppenaufgang zur Festung. Tel. 0427-4223162.
■ Billiger ist das **Kalaybar Grand Hotel**② in der Ortsmitte, über einen Treppenaufgang in einer Passage zu erreichen. Saubere Zimmer, Toiletten und Duschen auf dem Flur. Tel. 0472-4222048.
■ Das sehr einfache **Gasthaus Araz**① findet man in der Kh. Mo'allem in der Ortsmitte; vor der Tankstelle nach rechts abbiegen. Hier stehen Betten in Gemeinschaftsräumen zur Verfügung, die allerdings häufig von Studenten belegt sind. Tel. 0472-422 2290, 0914-4024595.

Provinz Ardabil

Die Provinz Ardabil bildet den **östlichen Abschluss des azerbeijanischen Berglands** und ist erst 1996 durch Abtrennung von Ost-Azerbeijan gebildet worden. In ihrem Zentrum liegt das **Sabalan-Massiv** mit dem zweithöchsten Gipfel Irans (4811 m), an den sich im Norden die Hochebene Dasht-e Moghan anschließt, die bis zum Aras, dem Grenzfluss zur Republik Aserbaidschan, reicht. Nach Westen fällt das Bergland steil zur Kaspischen Küstenebene ab.

Wirtschaftlich wird die Provinz weitgehend von **Ackerbau und Viehzucht** bestimmt. Die Stadt Ardabil ist das Zentrum dieses bäuerlichen Umlands, daneben haben auch Ahar, Meshgin Shahr und Sarab eine Bedeutung für die in ihrer Umgebung lebenden **Nomaden** und als Sammelpunkte für deren **Teppiche**. Shahsavan-Nomadenteppiche und Heris-Teppiche werden weltweit geschätzt.

Die Sommerweiden der Shahsavan liegen in den tiefer gelegenen Gebieten um den Sabalan, wo es im Winter bis zu -25°C kalt werden kann.

Stadt Ardabil

Stets war Ardabil der **Hauptort Nordost-Azerbeijans.** Der Sasaniden-Herrscher *Peroz* soll hier Ende des 5. Jh. eine Stadt namens Firuzgerd gegründet haben, die nach der arabischen Eroberung in Ardabil umbenannt wurde. Besondere Bedeutung hatte sie als Keimzelle und Ausgangspunkt der Schia in Iran; die Safaviden ließen ihrem Ordenssitz ab dem 16. Jh. besondere Förderung zukommen. Der deutsche Orientreisende *Adam Olearius* bezeichnete nach seinem Besuch im Jahre 1556 die Stadt als Mittelpunkt von Handel und Gewerbe von internationalem Zuschnitt, die allerdings Ziel von Angriffen der Osmanen war. 1736 wurde hier *Nadir Shah* zum Herrscher gekrönt. Schwierige Zeiten brachen für ganz Nordiran und besonders für Ardabil ab dem Ende des 18. Jh. mit der Süd-Expansion des russischen Zarismus an. Die Stadt wurde mit einer neuen Verteidigungsmauer umgeben und trotzdem von 1826 bis 1828 von russischen Truppen besetzt.

Schon in den Jahren vor der Revolution erlebte Ardabil einen starken **Aufschwung.** Die Einwohnerzahl stieg von 65.000 im Jahre 1956 auf 150.000 in 1976. Diese Tendenz hat sich bis heute fortgesetzt, besonders, seitdem Ardabil Hauptstadt der neu gegründeten Provinz ist. Heute zählt es etwa 350.000 Einwohner.

Ardabil erstreckt sich zu beiden Seiten des Flusses Baliqi Chai, das Zentrum liegt am Westufer. Wegen der zahlreichen **Erdbeben** in diesem Gebiet (das letzte schwere Beben erschütterte Stadt und Umgebung 1996) sind nur wenige alte Bauwerke erhalten. Im Viertel südlich des Meydan-e Imam Hossein liegt der sehenswerte, sehr lokaltypische Bazar mit teilweise überdachten Gassen.

Ankunft mit dem eigenen Fahrzeug

Mit dem Auto fährt man auf dem Bolv. Esteqlal über den Meydan-e Basidj und von dort aus immer geradeaus auf der Kh. Imam Khomeini, die direkt ins Zentrum führt.

Aus Richtung Norden (Germi/Meshgin Shahr) fährt man über die Jade-ye Meshgin Shahr bis zum Meydan-e Vahdat und von dort aus immer geradeaus über Kh. Kargar und Kh. Beheshti ins Zentrum.

Aus Richtung Astara über den Meydan-e Azadi geradeaus zur Kh. Imam Khomeini, die direkt ins Zentrum führt.

Aus Richtung Khalkhal schließlich über den Meydan-e Isar geradeaus der Kh. Be'sat und Kh. Sh. Mo'adi folgen. Et-

Mausoleum von Sheikh Safi

Sehenswertes

Mausoleum von Sheikh Safi

Das **bedeutendste Bauwerk** Ardabils ist das Mausoleum von *Sheikh Safi* am Meydan-e Ali Qapu. Allein seinetwegen lohnt der Besuch dieser Stadt. Über das Leben und Wirken von *Sheikh Safi od-Din* liegt immer noch vieles im Dunkeln, seine Herkunft ist ungeklärt. Er wirkte als Oberhaupt eines sunnitischen Ordens und sammelte viele Anhänger unter der Türkisch sprechenden Bevölkerung Azerbeijans. 1334 verstarb er in Ardabil. Welcher seiner Nachfolger sich in die schiitische Tradition stellte, ist bis heute nicht geklärt. Sicher ist, dass *Ismail* im Jahr 1500 n. Chr. von Ardabil aufbrach, um ganz Iran zu erobern und zur Schia zu bekehren.

Die ältesten Teile des Komplexes gehen auf Safi selbst zurück, der hier eine Grabstätte für seinen früh verstorbenen Sohn anlegen ließ. Unter seinem Nachfolger *Sadr ad-Din Musa* wurde der Bau erweitert. Die heutige Form stammt im Wesentlichen aus dem 17. Jh.

Ein mit Fliesen geschmücktes Portal am Platz Meydan-e Ali Qapu ist der Zugang zum safavidischen Familienmausoleum. Durch einen kleinen Garten gelangt man durch ein weiteres Portal zum

wa 500 m hinter der Brücke über den Fluss rechts in die Kh. Imam Khomeini abbiegen und ins Zentrum fahren.

Provinz Ardabil 159

Ardabil

0 — 200 m
© Reise Know-How 2014

Meshgin Shahr, Kalkhoran

Astara,
✈ Flughafen,
🅱 Busterminal

■ Übernachtung
1 Mosaferkhane Odjahan
2 Hostel Sevil
3 Hotel Sabalan
4 Hotel Darya
5 Hotel Mahdi

Djomhuri-ye Eslami
Meydan-e Imam Khomeini
Khorramshahr
Engelab
Beheshti
Meydan-e Imam Hossein
★ *Bazar*
Imam Khomeini
★ *Bazar*
Sh. Madani
Talegani
Archäologisches Museum Negarkhaneh Khata'i Ⓜ
Meydan-e Fajr
★ *Mausoleum von Sheikh Safi*
Ⓜ *Badehaus Zahir-al-Islam (Ethnologisches Museum)*
Kashani
Meydan-e Ali Qapu
★ *Ausgrabungen der Altstadt*
Talegani
1
Sheikh Safi
3
Chaharrah-e Emam Khomeini
2
Sh. Modarres
✉
Meydan-e Shohada
Shahed
Meydan-e Shari'ati
Balıqlı Chai
Sh. Mo'adi
Imam Khomeini
Meydan-e 15. Khordad
Meydan-e 15. Khordad
Meydan-e Be'sat
4 Tabriz, Sar-e Eyn
★ *Daryache-ye-Shurabil-See*
5 Khalkhal, Asalem, Rasht

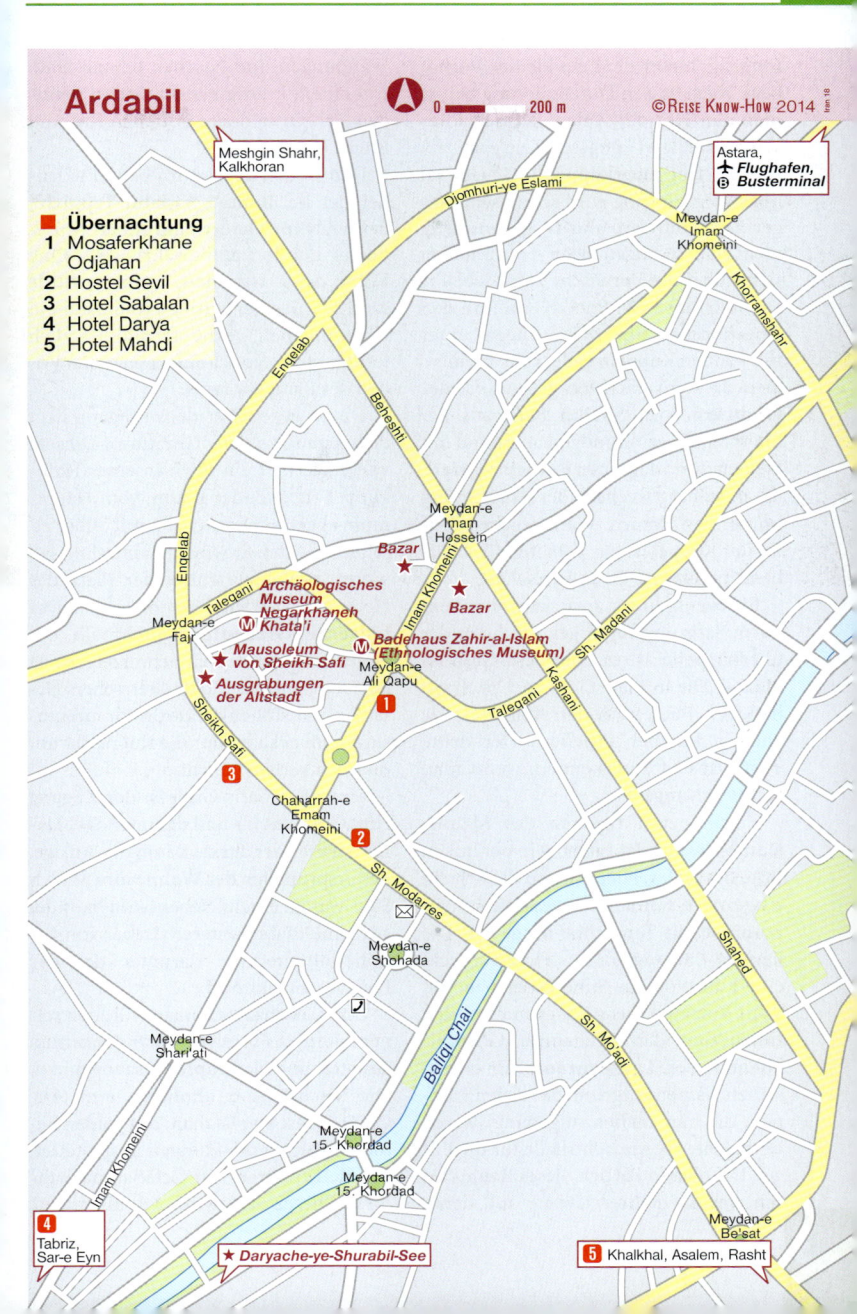

Eingang, hinter dem ein kleiner Vorhof liegt. Nach dessen Durchquerung betritt man den **Hof** der Anlage, dessen **Fliesenschmuck** in jüngster Zeit erneuert wurde. Der überkuppelte Gebetssaal links vom Eingang wird schon seit einiger Zeit renoviert und ist gegenwärtig nicht zu besichtigen. Hier versammelten sich früher die Derwische zum Gebet.

Die Gräber von Sheikh Safi und den Angehörigen seiner Familie liegen unter mit kleinen Kuppeln gedeckten Türmen. Dem Hof am nächsten gelegen ist der **Grabturm von Sheikh Safi,** aus gebrannten Ziegeln rundgemauert und mit kleinen, türkisfarbenen Kacheln verziert, die in ständig wechselnder Ausrichtung immer den Namen Allahs ergeben. Unter der Kuppel ist ein prächtiges Schriftband auf blauem Grund zu sehen.

Ein wenig links, zurückversetzt vom Turm Safis und niedriger, erscheint der überkuppelte Turm über dem Grab Ismails I. Die in Blau, Gelb und Weiß gehaltenen Fliesen an der Außenfassade wurden kürzlich erneuert. Der dritte Turm ist erst zu erkennen, wenn man rechts herumgeht.

Zugang zum **Inneren** des Mausoleums gewährt der Eingang in der linken Ecke des Hofes. Hier müssen die Schuhe ausgezogen werden, der gesamte Innenraum ist mit Teppichen ausgelegt. Die heutige Eingangstür aus Holz verdeckt eine kunstvoll aus Silber ziselierte Tür. Vom Vorraum aus gelangt man in den Innenraum, das sogenannte „Ghandilkhaneh", den **Lampenraum.** Er erhielt seinen Namen aufgrund der vielen Lampen, die hier früher aufgehängt waren und diente als Andachtshalle für die Pilger. Die oberen Partien dieses Raums lösen sich in mehrere Iwane auf, deren Wandungen und Nischen bemalt sind. Auf einem kräftig blauen Grund befinden sich Ornamente in tiefem Rot und Braun.

Den Boden des Raums bedeckte früher der berühmte **„Ardabil-Teppich",** der heute im Victoria and Albert Museum in London aufbewahrt wird. Eine Kopie des klassischen Vorbilds wurde seit 1997 an einem großen Knüpfstuhl in Ghandilkaneh geknüpft und kürzlich fertiggestellt. Sie schmückt jetzt den Boden des Lampenraums.

Direkt gegenüber dem Eingang liegt der Zugang zu Safis Grabturm. Diesem vorgelagert ist ein oben in einer Halbkuppel zulaufender Raum, vom Hauptraum abgetrennt durch ein mit Silber ziseliertes Gitter. Er wird „Shahneshin" genannt, weil hier früher der Platz des Herrschers bei den Zeremonien war. Der **hölzerne Grabaufbau** innerhalb des Grabraums mit feinen Schnitzereien ist ein Geschenk des Moghulherrschers *Homayun*. Die Innenwände des Grabraums sind weiß gekalkt, nur die Kuppel ist mit dunklen Farben bemalt.

Links von Safis Grab ist der Zugang zum Grab Ismails und dahinter das „Haramkhane", der älteste Raum der Anlage, der ursprünglich der **Wohnraum** Sheikh Safis war. In einem Nebenraum befindet sich eine Reihe weiterer Gräber von Familienmitgliedern, darunter das der Frau von Sheikh Safi.

Der benachbarte Anbau wurde in seiner heutigen Form von *Shah Abbas* ausgestattet und als **Empfangssaal** genutzt. Die Nischen sind, ähnlich wie im Ali-Qapu-Palast von Isfahan, mit golden bemalten Gipsverkleidungen ausgestattet, die die Konturen von Gefäßen nachahmen. Dieser Saal wird „Chini khane",

Porzellanraum, genannt, weil Abbas hier neben wertvollen Büchern und Handschriften auch kostbares chinesisches Porzellan aufbewahrte. Viele dieser Gegenstände wurden 1828 nach der Eroberung Ardabils durch die Truppen des russischen Zaren nach St. Petersburg verschleppt, wo sie heute noch in der Eremitage zu bewundern sind.

Der Saal wird heute als **Museum** genutzt, auch ein kleiner Buchverkaufsstand ist vorhanden.

■ **Aramgah-e Sheikh Safi,** täglich 8:30 bis 17 Uhr im Winter, im Sommer bis 19 Uhr, Montag geschlossen, Eintritt 15.000 Tuman, Tel. 0451-22665.

Weitere Sehenswürdigkeiten

Am Rand des Grabbezirks sind in den letzten Jahren **Ausgrabungsarbeiten** unternommen worden, bei denen Teile der alten Stadt freigelegt wurden.

Ganz in der Nähe liegen zwei Museen: zunächst das **Archäologische Museum Negarkhaneh Khata'i,** eine historische Reminiszenz an *Sheikh Esmai'l den Safaviden,* dessen Denkmal vor dem Eingang im Innenhof steht. Hier sind in einem neu erbauten und schön eingerichteten Gebäude auf 1700 m² Fläche kunsthistorische Artefakte aus Ardebil und Umgebung aus islamischer Zeit und davor ausgestellt.

■ **Muze-ye Bastanshenasi Negarkhaneh Khata'i,** täglich 8:30 bis 17 Uhr im Winter, im Sommer bis 19 Uhr, Montag geschlossen, Eintritt 15.000 Tuman, Kh. Sheikh Safi od-Din Ardebili.

In dem historischen **Badehaus Zahir-al-Islam,** einem Bau aus dem 14. Jh., ist das **Ethnologische Museum** von Ardebil untergebracht. Die Ausstellung zeigt nachgestellte Szenen des Alltagslebens inkl. Nomadenleben, Gebrauchsgegenstände, Keramik u.Ä.

■ **Muze-ye Mordaomshenasi Ardabil,** täglich 8:30 bis 17 Uhr im Winter, im Sommer bis 19 Uhr, Montag geschlossen, Eintritt 15.000 Tuman, Meydan-e Ali Qapou, Tel. 0451-4445885.

In **Kalkhoran,** in der unmittelbaren Umgebung Ardabils, liegt ein **Grabbau,** der *Sheikh Djibra'il,* dem Vater Sheikh Safis, gewidmet ist. Nach Kalkhoran gelangt man vom Stadtzentrum am Meydan-e Imam Hossein in Richtung Norden. Nach 3 km liegt der schlichte, im 16. Jh. errichtete Bau am Ortseingang rechts der Straße in einem kleinen Garten mit zahlreichen Gräbern safavidischer Würdenträger.

Einen Besuch lohnt auch der **Bazar** von Ardabil südlich des Meydan-e Imam Hossein.

Ein beliebtes Ausflugsziel der Stadtbewohner ist der **See Daryache-ye Shurabil** am südlichen Stadtrand, um den ein Wanderweg herumführt. Auf einer künstlichen Insel in der Mitte des Sees gibt es ein Restaurant.

Praktische Informationen

■ **Telefonvorwahl Ardabil: 0451**

Nützliche Adressen

■ **Geldwechsel:** Mehrere Banken gibt es an der Kreuzung Kh. Imam Khomeini/Sheikh Safi.
■ **Postamt:** südlich des Meydan-e Shohada.
■ **Reisebüro: Mehr Parvaz,** 566 Kh. Imam Khomeini, Tel. 443438.

Unterkunft

■ Am südlichen Stadtrand in der Nähe des Flusses, also recht ungünstig zu den Sehenswürdigkeiten, liegt das **Hotel Darya**②, Tel. 7716033/5.

■ Nahe dem Heiligtum in der Kh. Sheikh Safi liegt das **Hotel Sabalan**② mit sauberen Zimmern, Tel. 2232857.

■ Relativ neu, was man aber nicht allen Zimmern ansieht, ist das **Hotel Mahdi**② an der Ausfallstraße nach Khalkhal, Kh. Besat 92, Tel. 6612985/6.

■ Sauber, preiswert, in der Nähe des Sheikh Safi-Heiligtums gelegen ist das **Hostel Sevil**① in der Kh. Modarres, Tel. 2246644.

■ Viele einfache Unterkünfte finden sich entlang der Kh. Imam Khomeini, die aber oft Ausländer an die Hotels verweisen. Das **Mosaferkhane Odjahan**① vermietet billige Zimmer ohne Dusche, Tel. 22481.

Verkehrsverbindungen

■ **Flüge:** Der Flughafen von Ardabil liegt etwa 5 km nordöstlich der Stadt an der Straße nach Astara. Es gibt täglich einen Flug von Iran Air von/nach Teheran, an drei Tagen in der Woche fliegt Aseman Airlines Ardabil an. Vom Flughafen gelangt man mit dem Taxi ins Zentrum. Iran Air: 444 Kh. Imam Khomeini, Tel. 2248808.

■ **Busse:** Der Terminal liegt an der Kh. Moqadas-e Ardabili im Nordosten der Stadt. Es verkehren Busse in Richtung Kaspisches Meer, Teheran, Tabriz und Meshgin Shahr.

Fahrt zum Kaspischen Meer

Zur Weiterfahrt mit dem Pkw zum Kaspischen Meer sollte man nicht die kurze Hauptstrecke nach Astara nehmen, sondern die schönere Route über **Khalkhal** im Süden der Provinz nach Asalem. Etwa 10 km hinter Khalkhal zweigt die Hauptstrecke nach Osten ab und beginnt sich die Berge hinaufzuwinden. Von Khalkhal führen zwei Strecken in Richtung Südwesten: die eine nach Miyaneh an der Hauptstraße von Teheran nach Tabriz, die andere, landschaftlich besonders reizvolle durch die Berge nach Südosten nach Masuleh. Letztere ist jedoch nicht durchgehend asphaltiert und nur für geländegängige Fahrzeuge mit ortskundigen Fahrern geeignet.

Nach Asalem erreicht man nach gut 20 km die Passhöhe in über 2200 m. Die Täler sind im Sommer grün, die Almen geben einem fast das Gefühl, man sei in der Schweiz. Dies sind die **Sommerweiden der Taleshi,** die von ihren Dörfern in den Tälern im Frühjahr mit ihrem Vieh hier hinaufziehen. Jenseits der Klimascheide nimmt die Bewaldung rasch zu und auf einer Strecke von etwa 22 km geht es von 2000 m auf Null hinunter.

Mit einem geländegängigen Fahrzeug ist es auch möglich, durch die Wälder nach **Masuleh** (siehe Provinz Gilan) zu fahren. Hierzu hinter Khalkhal nicht nach Osten in Richtung Asalem abbiegen, sondern in Richtung **Shahrud** weiterfahren. Bis dahin ist die Straße asphaltiert, danach geht sie in eine Schotterpiste über. Die atemberaubende Landschaft entschädigt jedoch allemal für diese Schwierigkeit!

Sar-e Eyn und Berg Sabalan

Berühmt für seine Mineralquellen ist Sar-e Eyn am Fuße des Sabalan, etwa 25 km von Ardabil entfernt. Von der Umgehungsstraße Bozorgerah-e Basidj zweigt die Jade-ye Gol Moghan nach Osten ab, die nach Sar-e Eyn führt. Man kann auch die Hauptstraße in Richtung Tabriz nehmen und nach etwa 20 km nach Norden abzweigen. Taxis verkehren ab Pol-e Hava'i im Südwesten von Ardabil.

Die verschiedenen **Thermalquellen** von Sar-e Eyn kommen aus der Tiefe des Vulkans und sind reich an Kalzium und Schwefel. Sie gelten als heilsam besonders gegen Hauterkrankungen, Rheuma und Gelenkbeschwerden und erreichen Temperaturen von bis zu 45°C. Neben weiteren Bädern bietet das **Hydro-Therapie-Zentrum** Sabalan mehrere Hallenbäder, Saunen, Wannenbäder und Massagen.

Eine Spezialität von Sar-e Eyn ist *Ash-e Duq*, eine heiße Suppe aus Sauermilch mit viel Knoblauch, die mit Brot gegessen wird.

Unterkunft

■ Es gibt eine Reihe von Hotels und Unterkünften, z.B. das **Hotel Kowsar**②, Ku. Behdari/Kh. Danesh, Tel. 0452-2222474, das **Hotel Laleh**③, Tel. 0452-2222750-6, oder das **Hotel Rose**① bei der Stadtverwaltung, Tel. 0452-2222471.

Besteigung des Sabalan

Sar-e Eyn eignet sich als Ausgangspunkt für eine Wanderung zum Gipfel des Sabalan, mit 4811 m der dritthöchste Berg Irans. Der **abgeflachte Vulkankegel** stellt außer Höhenverträglichkeit keine besonderen Anforderungen. Verpflegung und Zelt müssen mitgeführt werden, außerhalb der Monate Juni bis September auch Winterkleidung. Zwar gibt es in der Nähe des Gipfels eine Schutzhütte, gerade in den Sommermonaten ist der Andrang jedoch groß. Auf dem Weg gibt es eine Reihe von Quellen, die direkt aus dem Berg kommen, auf dem Gipfel befindet sich ein malerischer **Kratersee**, der aber nur in den Sommermonaten eisfrei ist.

Die Nordseite des Sabalan ist die Sommerweide für das Vieh der **Shahsavan-Nomaden**, die sich über den Besuch von Touristen nicht unbedingt freuen. Als Zentrum der Shahsavan gilt **Meshgin Shahr**, ca. 70 km von Ardabil entfernt am nördlichen Fuß des Sabalan. Auf dem Weg liegt **Lahrud**, von wo aus eine Straße in Richtung Gipfel führt. Die Hauptattraktion von Meshgin Shahr ist der **Grabbau von Sheikh Heydar**, einem der Nachfahren von *Safi od-Din*. Der Rundbau aus Ziegeln liegt nördlich der Hauptstraße des Ortes inmitten eines großen Platzes, dessen Ränder gerade wieder im Stil klassischer Bogengänge aus Ziegeln bebaut werden. Der Grabbau ist mit türkisfarbenen Schriftmustern bedeckt, im Untergeschoss ist eine Krypta über eine Treppe erreichbar.

Wer in Meshgin Shahr übernachten muss/will, findet Unterkunft im **Hotel Savalan** am Ortsausgang in Richtung Ahar (Tel. 0452-5233221).

Über Shabil und Gotur Shur erreicht man den **Panahgah Hosseiniyeh** mit seinen Mineralquellen. Von hier sind die Nomadenzelte in den Sommermonaten gut sichtbar.

Die Provinzen Qazvin und Zanjan | 167
Alborz-Vorland (westliches) | 168
Qazvin (Stadt) | 171
Soltaniyeh | 179
Zanjan | 178

Die Provinzen Hamadan, Kordestan und Kermanshah | 182
Hamadan (Stadt) | 184
Kermanshah (Provinz und Stadt) | 198
Kordestan (Provinz) | 195

Provinz Khuzestan | 210
Abadan | 229
Ahvaz | 213
Andimeshk | 223
Chogha Zanbil | 217
Dezful | 223
Haft Tappeh | 217
Khorramshahr | 229
Shushtar | 225
Susa | 217

Die Zagros-Provinzen | 230
Buyer Ah mad-o Kuhgiluye | 235
Chahar Mahale-ya Bakhtiyari | 233
Ilam | 230
Lorestan | 231

4 Der Westen

Der Westen erstreckt sich von den Gebirgszügen des Alborz im Norden bis zu den Bergen des Zagros in der westlichen Mitte des Landes. Entsprechend vielfältig sind die landschaftlichen Eindrücke, architektonischen Hinterlassenschaften und sonstige Highlights. Erwähnt seien die elamischen Stätten Haft Tappeh, Susa und Chogha Zanbil, der Bazar von Zanjan, die Provinz Lorestan mit der Hauptstadt Khorramabad oder Hamadan und Umgebung.

◁ Gasse in Shush (Provinz Khuzestan)

Der Westen

Anschluss Seite 168

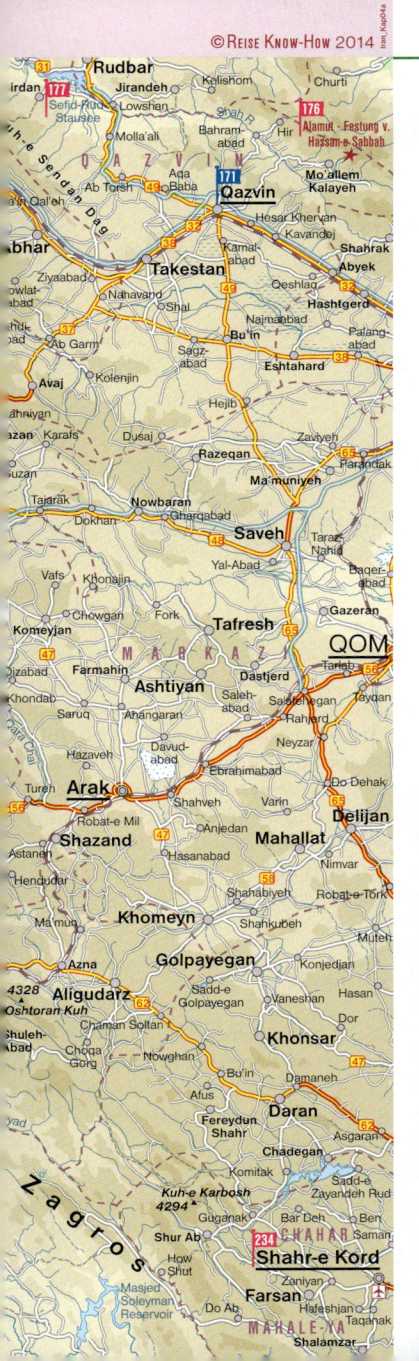

ÜBERBLICK

Der Westen Irans umfasst eine ganze Reihe von Provinzen: Qazvin, Alborz und Zanjan, Hamadan, Kordestan und Kermanshah, Khuzestan sowie die Zagros-Provinzen Ilam, Lorestan, Chahar Mahale-ya Bakhtiyari und Buyer Ahmad-o Kuhgiluye. Ihre wichtigsten Städte, Sehenswürdigkeiten und landschaftlichen Highlights werden in diesem Kapitel vorgestellt.

NICHT VERPASSEN!

- **Festung Alamut:** das Adlernest des „Alten vom Berge" | 169, 176
- **Soltaniyeh:** das Mausoleum des Öldjeitü, das höchste Ziegelgewölbe der Welt | 180
- **Kataleh Khor:** eine Tropfsteinhöhle über mehrere Stockwerke | 181
- **Hamadan:** die älteste Stadt Irans | 184
- **Kermanshah:** die Tekiyeh Mo'aven ol-Molk | 201
- **Susa:** Wiege der vor-iranischen Kultur | 218
- **Chogha Zanbil:** der am besten erhaltene Stufentempel der Welt | 221

Diese Tipps erkennt man an der gelben Hinterlegung.

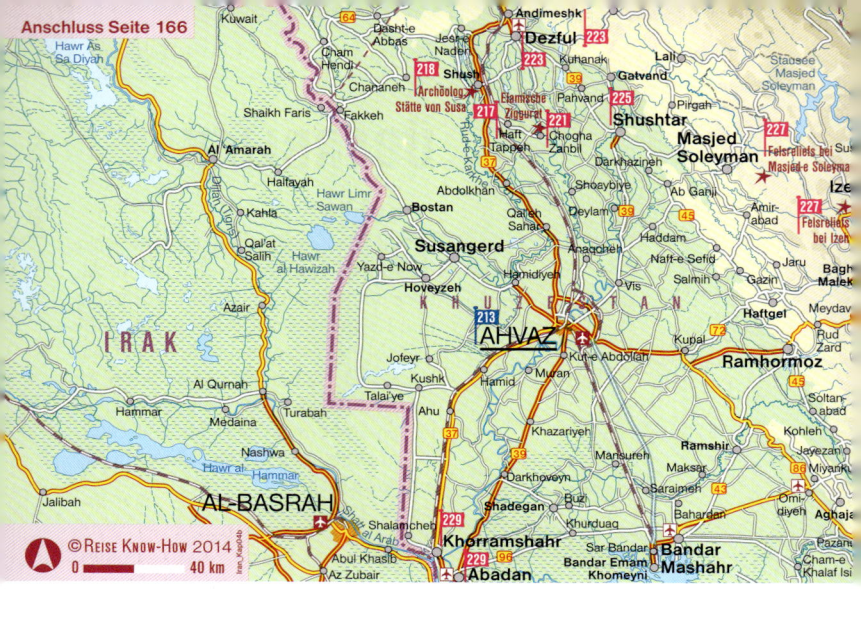

Die Provinzen Qazvin, Alborz und Zanjan

Das westliche Alborz-Vorland

Die **Gebirgszüge des Alborz** bilden eine gewaltige Klima- und Wasserscheide zwischen dem subtropischen Tiefland am Kaspischen Meer und dem trocken-heißen iranischen Hochplateau. Südlich dieser Gebirgszüge erstreckt sich ein mehr oder weniger breiter Streifen Gebirgsvorland, der vom azerbeijanischen Hochland im Westen bis Shahrud im Osten reicht. Entlang diesem Streifen verläuft der **uralte Durchzugsweg von West nach Ost,** an dem in regelmäßigen Abständen Haltestationen lagen: Miyaneh – Zanjan – Qazvin – Karaj – Teheran. Der westliche Teil des Alborz-Vorlandes wird heute von den Provinzen Qazvin und Zanjan eingenommen, 2010 ist auch die Provinz Alborz durch Abtrennung des westlichen Teils von Teheran hinzugekommen. Die Bevölkerung von Qazvin besteht überwiegend aus türkischsprachigen Iranern, in Zanjan leben auch viele Kurden.

Geschichte der Region

Die unzugänglichen Gebirgstäler des Alborz, auch **Bergland von Dailam** genannt, bildeten in der Geschichte stets Rückzugsgebiete für ethnische und religiöse Minderheiten. Die Dailamiten und Ismailiten spielten im Laufe der iranischen Geschichte eine besondere Rolle.

Dailamiten nannte man die Stämme aus den Bergtälern nordwestlich von

Provinzen Qazvin, Alborz, Zanjan

Qazvin, die den arabischen Invasoren noch Widerstand leisteten, als der Rest Irans längst eingenommen war. Aufgrund ihrer Kriegstüchtigkeit waren sie bei den Herrschern des 10. Jh. als Soldaten beliebt. Einer ihrer Militärführer, *Mardavij ibn Ziyar,* ergriff im Jahr 927 die Macht über Gorgan und Tabaristan und weitete sie schnell bis Isfahan und Hamadan aus.

Nachdem er 935 von türkischen Truppen ermordet worden war, ergriffen die drei Brüder *Ali, Hassan* und *Ahmad* aus der Dynastie der **Buyiden,** die als Heerführer im Dienste Mardavijs tätig gewesen waren, die Macht und weiteten sie über fast ganz Iran und bis nach Bagdad aus, blieben jedoch dem abbasidischen Kalifen formell untertan. Das Besondere an den Buyiden: Sie waren die erste schiitische Dynastie Irans, die die kulturelle Identität Irans festigte, z.B. indem sie versuchten, ihre Abstammung bis zurück zu den Sasaniden zu verfolgen und selbst den alten Titel „Shahanshah" (König der Könige) wieder annahmen.

Auch die **Ismailiten** wählten die abgelegenen Bergtäler von Dailam als Stützpunkte. Sie sind Anhänger einer schiitischen Glaubensrichtung, die davon ausgeht, dass ein (765 n. Chr schon vor seinem Vater gestorbener) Sohn des 6. Imams mit Namen *Ismail* der 7. Imam der schiitischen Gemeinschaft ist. Ab dem 9. Jh. bildeten sie Gemeinschaften in verschiedenen Gebieten der islamischen Welt, die sich gewaltsam gegen die sunnitische Obrigkeit wandten.

Von ihren Festungen in den Alaviten-Bergen in Syrien sickerten sie ab Mitte des 11. Jh. in die Dailam-Berge ein und eroberten einige Bergfestungen, um von hier aus Anschläge gegen Würdenträger der Seldjuqen auszuführen. Ihr bekanntester Führer war **Hassan Sabah,** der „Alte vom Berge", der die **Festung Alamut** zu seinem Hauptquartier ausbaute. Er wurde 1040 in Rey geboren, und Legenden wollen wissen, dass er ein Jugendfreund zweier berühmter Zeitgenossen war, von *Omar Khayyam,* dem Astronomen und Dichter, sowie *Nezam ol-Molk,* der drei seldjuqischen Herrschern als Wesir diente. Nach der Eroberung Alamuts breitete er sein Netz von Stützpunkten über große Teile des südlichen Alborz aus und sammelte dort seine Anhänger um sich. Von diesen unzugänglichen Stützpunkten aus starteten sie zu ihren Überfällen, die sich vor allem gegen Würdenträger des seldjuqischen Hofes richteten, der streng sunnitisch orientiert war. Ihr berühmtestes Opfer war Nezam ol-Molk, der 1092 dem Messerattentat eines assassinischen Feda'i erlag, eine Art Selbstmordattentat, denn auch der Täter wurde von der Leib-

170 Die Provinzen Qazvin, Alborz und Zanjan

Qazvin

Übernachtung
1 Hotel Iran
3 Hotel Khaksar
4 Hotel Alborz
6 Hotel Marmar

Essen und Trinken
2 Eqbali
5 Ali Baba

wache Nezam ol-Molks ergriffen und getötet.

Der Name **Assassinen** stammt angeblich von „Hashishi" (Haschisch-Esser), weil Hassan Sabah seinen für die Mordanschläge ausgewählten Anhängern angeblich Hanfpräparate verabreichte, um sie auf die Segnungen des Paradieses vorzubereiten. Zu beweisen ist diese Legende allerdings nicht, trotzdem gehört das englische Verb „to assassinate" heute zum allgemeinen Sprachgebrauch als Bezeichnung für einen Mord mit politischem Hintergrund.

Der „Alte vom Berge" ließ in der Abgeschiedenheit von Alamut aber auch eine riesige Bibliothek anlegen. Er starb 1124 in Qazvin. Das Regime seiner Nachfolger dauerte noch bis 1256, als die Mongolen unter *Hülägü* Alamut einnahmen und die Ismailiten aus den Bergen vertrieben.

Stadt Qazvin

Die Stadt liegt 1290 m hoch **am Fuße des Alborz-Gebirges.** Der Raum zwischen Qazvin und dem 150 km entfernten Teheran gilt als der mit der dynamischsten wirtschaftlichen Entwicklung in ganz Iran. Die traditionellen Haupterzeugnisse waren Rosinen und Melonen. Mit dem Bau der vierten Straßenverbindung zum Kaspischen Meer wurde Qazvin auch zum Verkehrsknotenpunkt, die Straße nach Rasht zweigt hier nach Norden ab. Bei einem schweren Erdbeben im Jahre 1962 mit Tausenden von Toten wurde auch das alte Bewässerungssystem stark in Mitleidenschaft gezogen und in der Folge die landwirtschaftliche Produktion und Wasserversorgung reformiert. In zwei Stauseen am wasserreichen Taleqan-Fluss nördlich von Qazvin, der seine Wasser ins Kaspische Meer ergießt, wird Wasser gewonnen und mit einem unterirdischen Kanal unterhalb der Wasserscheide nach Süden geführt.

Man profitiert von der Nähe Teherans mit seinem riesigen Markt. Es entstanden zahlreiche Hühnerfarmen, Rindermastbetriebe sowie Obst- und Gemüsefarmen. Mittlerweile sind auch viele Industriebetriebe aus dem Großraum Teheran herübergewachsen.

Die Geschichte der Stadt Qazvin reicht zurück bis in die Zeit der Sasaniden. Sie soll von *Shahpur I.* unter dem Namen „Shad-e Shapur" (Shapurs Freude) gegründet worden sein. 644 von den Arabern eingenommen, wurde sie befestigt, um als Stützpunkt für Feldzüge gegen die Dailamiten zu dienen. Unter den Abbasiden errichtete einer der Brüder von *Harun ar-Rashid* hier ein neues Stadtviertel, der Kalif selbst hielt sich bei einer Reise nach Khorasan hier auf.

Unter den Einfällen der Mongolen 1220 und 1256 hatte die Stadt schwer zu leiden. In Qazvin wurde im 14. Jh. der berühmte Geograf *Hamdallah Mostowfi* geboren und auch begraben. Ihre größte Zeit erlebte die Stadt, als sie von *Shah Tahmasp* (1524–76) zur **Hauptstadt des safavidischen Reiches** erwählt wurde. Der Glanz verlosch sehr schnell wieder, als *Shah Abbas* Ende des 16. Jh. den Hof nach Isfahan verlegte.

Die **Provinz Qazvin** entstand übrigens erst 1996 durch Abtrennung des Gebietes von der Provinz Zanjan. Dem waren zwei Jahre zuvor schwere Unruhen mit Toten und Verletzten vorausgegangen, weil sich die Regierung anfangs weigerte, der Forderung nach einer eigenen Provinz zuzustimmen – Provinzhauptstädte haben das Recht auf Zuschüsse seitens der Regierung.

Orientierung

Das **Stadtzentrum** mit den meisten Sehenswürdigkeiten wird im Norden begrenzt von der Kh. Taleqani / Kh. Imam Khomeini, im Westen von der Kh. Molavi, im Osten von der Kh. Shohada und im Süden von der Kh. M. Montazeri. Fast alle sehenswerten Gebäude lassen sich bequem zu Fuß erreichen.

Ankunft mit dem eigenen Fahrzeug

Zwischen Teheran und Qazvin gibt es eine **Autobahn;** von der Abfahrt aus erreicht man die Stadt auf der Kh. Ayat. Khamenei. Man fährt über den Meydan-e Vali Asr hinaus immer geradeaus ins Zentrum.

Auf der Landstraße **aus Richtung Karaj und Teheran** (Jade-ye Tehran-e qadim) kommt man beim alten Teheran-Tor an, biegt dort rechts ab und fährt auf der Kh. Ayat. Kashani bis zur Kreuzung mit der Kh. Taleqani.

Aus Richtung Westen (Tabriz/Hamadan) bei der Ankunft im Südwesten der Stadt in die Kh. Assadabadi links abbiegen und bis zum Meydan-e Enqelab fahren. Dort rechts abbiegen und ins Stadtzentrum fahren.

Sehenswertes

Palast Chehel Sotun
Für eine Besichtigung zu Fuß eignet sich als Ausgangspunkt der Meydan-e Azadi (früher Sabz-e Meydan) im Stadtzentrum. Weiter südlich liegen die **Reste der Bauten aus der Safavidenzeit** mit dem Palast Chehel Sotun, der von den Qazvinis auch „Kolah Farangi" (Franzosenhut) genannt wird. Der zweistöckige

Bau von *Tahmasp* aus dem 16. Jh. liegt heute in einem kleinen Park. Sein Obergeschoss ruht auf 20 gemauerten Rundsäulen. Der Zentralraum im Untergeschoss ist verfallen und nicht zugänglich. Das Obergeschoss beherbergt ein kleines **Museum für Kalligrafie** (geöffnet täglich 9 bis 13 und 17 bis 20:30 Uhr).

Am Rande des Parks (Eingang Kh. Helal-e Ahmar) liegt das **Museum von Qazvin** eröffnet, ein äußerlich schlichter Ziegelbau, jedoch ein Kleinod im Innern: Auf zwei Stockwerken hat man hier Artefakte aus Jahrtausenden aus der geschichtsträchtigen Umgebung zusammengetragen, u.a. Fundstücke aus dem Alamut-Tal. Geöffnet tägl. außer Montag 9 bis 12:30 und 16 bis 18:30 Uhr (Sommer) sowie 17 bis 19:30 Uhr (Winter), Tel. 0281-2234935.

Medrese Heidariye

Östlich des Parks führt die Kh. Helal-e Ahmar nach Süden. Von dieser Straße zweigt links die kleine Gasse Kuche-ye Balaghi ab. Um eine weitere Ecke nach links gelangt man zur Medrese Heidariye, ein im 12. Jh. auf dem Gelände eines sasanidischen Feuertempels errichteter Bau. Zwar ist vom ursprünglichen Bauwerk nur noch der **Gebetssaal aus Lehmziegeln** erhalten, doch der **Mehrab** aus Lehmstuck mit Resten von Bemalungen zählt zu den schönsten Exemplaren, die in ganz Iran überhaupt zu finden sind.

Grabturm von Hamdallah Mostowfi

150 m östlich der Medrese liegt der Grabturm des **Qazviner Geschichtsschreibers und Geografen** *Hamdallah Mostowfi* (1281–1350). Er war Schüler von *Rashid od-Din*, dem berühmten Verfasser einer Weltgeschichte, der den Mongolenherrschern als Wesir diente. Zu seinen bekanntesten Werken zählt das „Zafarname" (Buch des Sieges), einer der zahlreichen Versuche der Fortschreibung des „Shahnameh" von *Ferdowsi*, das freilich den Rang des Originals nicht erreicht.

Sein Grab ist in einer **Krypta** unter dem Gebäude untergebracht, das im Aufbau schön gegliedert ist: Von einem Quadrat geht es in halber Höhe in ein Achteck und darauf in einen Kreis über, auf den das Spitzdach aufgesetzt ist. Die grünlichen Fliesen entsprechen mongolischem Vorbild, sind aber neu.

Palast

Wo die Kh. Helal-e Ahmar auf die Kh. Shohada trifft, liegt gegenüber der Kreuzung **Ali Qapu** (Hohe Pforte) der frühere Torbau als Zugang zum Palastbezirk. Leider darf dieser weder besichtigt noch fotografiert werden, weil er heute als **Polizeirevier** dient. Wie schon zur Safaviden-Zeit stehen auch heute uniformierte Wächter vor dem Gebäude. Dies ist umso bedauerlicher, als die noch erhaltenen Tholth-Inschriften auf blauem Grund von dem berühmtesten Kalligrafen Irans, *Reza Abbasi*, stammen.

Freitagsmoschee

Wenn man der Kh. Shohada in Richtung Süden folgt, erreicht man nach ca. 150 m zur Rechten einen Vorplatz mit einem Scheinportal, dem Eingang zur Freitagsmoschee, deren älteste Teile auf das 8. Jh. zurückgehen. Sie liegen links vom überkuppelten Eingang zum Moscheehof

◁ Mausoleum Imamzade-ye Hossein in Qazvin

und werden **Masdjed-e Haruni** genannt. Der mehr als 4000 m² große Innenhof, einer der größten, die man in Moscheen in Iran sehen kann, ist mit kleinen Baumgruppen bepflanzt, unter denen Bänke zum Verweilen einladen; die vier Iwane liegen sich kreuzförmig gegenüber. Der Süd-Iwan führt hin zum großen Gebetssaal, mit Fliesen in Gelb- und Blautönen dekoriert, die aus dem Jahre 1658 stammen. Der quadratische Gebetssaal geht auf den Seldjuqen *Malik Shah* (1113) zurück, der Mehrab aus rechteckigen Marmorplatten wird von Fliesen mit geometrischen Motiven eingerahmt. Die Fliesendekorationen des Nord-Iwans erstrahlen in frischen Farben, denn sie sind erst vor wenigen Jahren renoviert worden.

Stadttor Darvaze-ye Tehran

Vom Meydan-e Shohada aus führt die Kh. Tehran-e Qadim nach Osten zum alten Stadttor nach Teheran, dem Darvaze-ye Tehran. **Im 19. Jh. hatte Qazvin acht solcher Tore,** ein weiteres, das Darvaze-ye Darb-e Kushk, liegt im Norden der Stadt an der Kh. Hafez. Darvaze-ye Tehran, 1960 renoviert, ist ein Torbau mit großem Durchlass im Zentrum und zwei kleineren links und rechts für Fußgänger. Aus der Fassade wachsen im Zentrum und an den Seiten insgesamt vier Türme heraus, die aber nur Zierfunktion haben. Bei den Fliesenverkleidungen dominieren Blau und Gelb, über dem Hauptdurchgang prangt das Symbol der Qadjaren mit Sonne und Löwe.

Mausoleum Imamzade-ye Hossein

Vom Meydan-e Shohada aus in westlicher Richtung auf der Kh. M. Montazeri zweigt nach wenigen Metern die Kh. Salamgah ab, die zum wichtigsten Mausoleum von Qazvin führt, dem Imamzadeye Hossein, mit Vorplatz und großem Wasserbecken vor dem Eingang. Hier wird das **Grab eines Sohnes des 8. Imams Reza** verehrt. Der Bau stammt aus der Zeit *Tahmasps* im 16. Jh. und wird von einer umlaufenden Ziegelmauer mit Fliesenverzierungen über den Bögen eingefasst. Das Eingangsportal ist von sechs kleinen Minaretten umgeben, seine Fliesendekoration stammen aus dem 19. Jh., wie auch die des Grabbaus und der Kuppel. Der Eingang zum überkuppelten Grabraum besteht aus einer offenen, mit Spiegelmosaiken verkleideten Vorhalle. Auch der Innenraum ist vollständig mit farbigen Spiegeln ausgekleidet, die durch die künstliche Beleuchtung eine Fülle von Licht erzeugen. Der Scheinsarg im Zentrum des Raumes wird von einem Aufbau mit versilberten Gitter bedeckt.

Der Mauern des Innenhofs beherbergen unter ihren Bögen alle Einrichtungen, die von den zahlreichen Pilgern gebraucht werden. Wie bei Heiligengräbern üblich, finden sich im Hof etliche weitere Gräber mit beschrifteten Grabplatten, auch Angehörige des Safaviden-Hauses sind hier beigesetzt.

Badehaus

Zurück auf der Kh. M. Montazeri folgt man dieser westwärts bis zur Kreuzung Kh. Molavi und biegt dort rechts ab. Nach einigen Metern liegt zur Rechten der Eingang zu einem alten Badehaus vom Ende des 19. Jh., dem **Hamam-e Hadji Mohammad Rahim.** An seinem Eingang mit Löwensulpturen ist das auch innen sehenswerte Badehaus leicht zu erkennen.

Hosseini-ye Aminiha

Schräg gegenüber dem Bad befindet sich der Eingang zur Hosseini-ye Aminiha vom Beginn des 19. Jh. An der unscheinbaren Eingangstür muss man manchmal klingeln. Die **religiöse Versammlungsstätte,** hauptsächlich für die Trauerzeremonien im Monat Moharram, weist schöne, verspiegelte Innendekorationen im qadjarischen Stil, bemalte Holzpaneelen sowie Fensterverkleidungen aus farbigem Glas auf.

Bazar

Am nördlichen Ende der Kh. Molavi erreicht man den Bazar von Qazvin. Seine historische Bausubstanz stammt überwiegend aus dem 19. Jh.; er ist zu großen Teilen überdeckt und lohnt einen kleinen Bummel. Man sollte durch den Bazar hindurchgehen zur früheren Masdjed-e Shah, zu Beginn des 19. Jh. zur Regierungszeit von *Fath Ali Shah* erbaut. Nach der Revolution wurde sie in „Moschee des Propheten" (**Masdjed an-Nabi**) umbenannt. Die Fliesendekorationen des Innenhofs mit den vier Iwanen sind nach dem Vorbild der floralen Ornamente der Shirazer Masdjed-e Vakil gestaltet.

Praktische Informationen

■ **Telefonvorwahl Qazvin: 0281**

Information/Auskunft
■ Eine gut mit Broschüren und Plänen sortierte **Tourist Information** befindet sich in der Kh. Hafez bei der Provinzverwaltung des Ministeriums für Islamische Führung unweit des alten Stadttores Darvaze-ye Darb-e Khushk, Tel. 3354708, www.qazvintourism.com.

Post
■ An der Südseite des Meydan-e Azadi, Kh. Peyghambariye.

Unterkunft
Von Hotels der gehobenen Kategorie kann in Qazvin keine Rede sein.

■ **Hotel Alborz**③, Kh. Khayyam / Kh. Taleqani, Tel. 2227367.
■ An der Ausfallstraße nach Teheran liegt das **Hotel Marmar**③, Kh. Ayat. Khamenei, Tel. 55771/4. Obwohl relativ neu, sind Duschen und Bäder schon in einem beklagenswerten Zustand.
■ **Hotel Iran**①, Kh. Peighambariye, gegenüber der Post, Tel. 2228877. Einfache, saubere Zimmer, freundliches Personal.
■ **Hotel Khaksar**①, Kh. Taleqani, schräg gegenüber vom Hotel Alborz, Tel. 2224239.

Essen und Trinken
Die lokale Spezialität von Qazvin ist „qeymeh nassar", ein Khoresht-Gericht mit Pistazien, erhältlich z.B. im:

■ **Restaurant Eqbali** in der Kh. Taleqani, ca. 100 m östlich vom Chehel Sotun entfernt, im 1. Stock gelegen, gutes Essen, außer Kebabs gibt es auch andere Gerichte sowie Vorspeisen.
■ **Restaurant Ali Baba** an der Kh. Ayat. Khamenei, gegenüber vom Hotel Marmar.

Reiseagentur
■ **Yadegar,** Kh. Khyyam Nord, Nr. 480 Ave, Tel. 3342301.

Verkehrsverbindungen
■ Einen **Busterminal** gibt es in Qazvin nicht, dafür aber zahlreiche Verbindungen nach Teheran, Rasht, Tabriz und Hamadan. Die Busse von Teheran nach Rasht halten beim Meydan-e Enqelab im Westen der Stadt, die nach Tabriz und Hamadan an der Kreuzung Kh. Assadabadi / Jomhuri-ye Eslami.

■ Der **Bahnhof** liegt im Süden der Stadt, die Fernzüge halten jedoch nicht in Qazvin. Die früher tägliche Verbindung mit Teheran wurde eingestellt; es gibt aber ausreichende Verbindungen per Bus und Taxi.

Festung Alamut

Mitte Mai bis Ende September ist die schönste Zeit für einen Ausflug zur Assassinen-Festung von Alamut. Der Winter beginnt in den Bergen früh und bis Mitte April kann der Schnee hoch liegen.

Mit dem eigenen Fahrzeug fährt man auf der Autobahn Richtung Teheran. Ca. 8 km hinter Qazvin gibt es einen beschilderten Abzweig links nach Alamut; von hier sind es etwa 85 km. Als erstes wird ein Pass (2300 m) überquert. Dann windet sich die Straße hinunter zum **Fluss Taleqan,** der bei dem Dorf Rajabi Dasht überquert wird. Von hier sind es 31 km bis zur Ortschaft **Mo'allem Kalayeh.** Einige Kilometer vor diesem Ort zweigt ein Weg nach links ab zum **Evan-See,** einem beliebten Naherholungsziel mit Campingplatz, an Feiertagen und Wochenenden aber oft sehr überlaufen.

11 km hinter Mo'allem Kalayeh wird bei Shahrak der Fluss Alamut überquert. Ca. 9 km hinter Shahrak folgt links der Straße eine örtliches **Heiligengrab** mit auffälliger blechgedeckter Kuppel und kurz darauf ein Wasserlauf, über den keine Brücke führt. Er ist in der Regel ohne Schwierigkeiten zu durchqueren. Direkt hinter diesem Wasserlauf, ein großes Tableau „Historic Castle of Alamut" weist darauf hin, zweigt eine asphaltierte Straße links ab. Sie führt über 6 km durch zahlreiche Kirschbaumplantagen bis zum Dorf **Ghazor Khan.**

☐ Der Felsen von Alamut

Vom kleinen Dorfplatz führt eine kurvige Straße bergauf. Nach etwa 1,5 km erreicht man eine scharfe Linkskurve, an der ein kleiner Parkplatz liegt. Die Beschilderung ist nur auf Persisch. Ein Fußweg führt von hier nach rechts um einen Felssporn herum, auf dem sich die Reste der Festung befinden. Eine Steintreppe ermöglicht auch bei rutschigem Untergrund einen leichten Aufstieg.

Oben auf knapp 2000 m Höhe angekommen, eröffnet sich durch einen ausgewaschenen Bogen im Fels ein grandioser **Ausblick auf das Tal von Alamut**, gesäumt von Bergen, die über 4000 m aufragen. Von hier aus kann man die Kunst der Baumeister bewundern, die die Befestigungsmauer der Burg förmlich in den Fels hineingebaut haben. Rechts führt ein Weg hinauf auf die Spitze des Felsens, die früher die Hauptburg trug. Archäologen haben hier **Mauerreste von Gebäuden und Höfen** gefunden. Im Berg verlaufen zahlreiche Gänge. Die Anlage ist bewacht, die Besichtigung kostet 10.000 Tuman Eintritt.

Im Umland von Alamut gibt es noch zwei weitere Burgen der Assassinen, **Meymoun Dez** nördlich von Shams Kelaye sowie die noch recht gut erhaltene Burg von **Lammassar** ca. 4 km nördlich der Ortschaft Sharestan-e Bala.

Anfahrt per Bus
Von Qazvin aus verkehren regelmäßig **Minibusse** nach Mo'allem Kalayeh, von dort verkehren Minibusse nach **Gazar Khan**. Die Anreise kann auch über die **Hotels** oder ein **Reisebüro** in Qazvin organisiert werden.

Essen und Trinken
■ Am Dorfplatz in Gazar Khan liegt das Restaurant und Gasthaus **Kuhsaran**①, wo man eine einfache, aber schmackhafte Mahlzeit einnehmen kann: selbst gemachten Joghurt und Schafskäse mit Fladenbrot. Auf Vorbestellung oder in der Saison gibt es auch Reis mit Kebabs. Gegessen wird auf dem mit Teppichen ausgelegten Fußboden. Das „Restaurant" ist gleichzeitig auch der **Schlafraum**: Nachts wird der Raum zur Gemeinschaftsunterkunft mit Matratzen, die ausgelegt werden. In jedem Fall vorher anrufen, weil der Platz begrenzt ist: *Ali Sami'i*, Tel. 0282-3773377, mobil 0912-4824170.

■ Etwas großzügiger, allerdings ohne Restaurant, dafür mit schöner Aussicht präsentiert sich das **Hotel Farhangian**②, Tel. 0282-377 3446.

■ Etwas außerhalb des Dorfes gegenüber dem Parkplatz am Aufgang nach Alamut liegt das **Golestan Inn**② mit einem Restaurant und Zimmern mit Bad. Tel. 0282-3773212.

Sefid-Rud-Stausee

Wenn man nicht ohnehin von Qazvin nach Rasht weiterfährt, lohnt ein Ausflug zum Stausee des Sefid Rud und nach **Rudbar**. Der Sefid Rud bzw. auf Türkisch *Qezel Uzun* ist der größte Fluss im Norden Irans und der wichtigste Zufluss zum Süden des Kaspischen Meeres. Er entspringt in den Bergen Azerbeijans unweit von Tekab; sein weit verzweigtes Delta bildet die Grundlage für die Reiskulturen Gilans.

Um möglichst viel Wasser zu nutzen, bevor es sich ins Meer ergießt, wurde 1962 etwa 80 km nordwestlich von Qazvin der Sefid-Rud-Staudamm gebaut. Mit seiner 470 m langen Dammkrone zählt er zu den **größten Wasserbauwerken Irans.** Bei dem verheerenden Erdbeben von 1990, das auch Rasht schwer zerstörte, brach die Staumauer an mehreren Stellen ein und setzte einige Dörfer unter Wasser.

Kurz vor dem Erreichen des Stausess überspannt bei Lowshan ein alte Brücke den Sefid Rud. Es folgt Manjil und dann Rudbar. Das ganze Tal ist ausgefüllt mit **Olivenpflanzungen,** überall in der Gegend kann man zubereitete Oliven und Öl günstig kaufen.

Stadt Zanjan

Das **Hochbecken von Zanjan** schließt direkt an das Hochland von Azerbeijan an und hat aufgrund seiner Höhenlage (1900 m) und der sie in drei Himmelsrichtung umgebenden Berge schneereiche Winter und damit ausreichend Wasser im Frühjahr und Sommer. Wegen dieser günstigen Bedingungen war die Ebene schon in voriranischer Zeit besiedelt, wie durch Ausgrabungen nachgewiesen wurde. Der Sasanide *Ardeshir* gründete hier eine Stadt mit Namen Shahan. Die Provinz wird noch heute geprägt von **Getreideanbau, Weide- und Viehwirtschaft sowie Obstanbau.** In den vergangenen Jahren wurde der Abbau von Erzen in verschiedenen Minen verstärkt, z.B. Mangan, Eisen und auch Gold.

Die **Provinzhauptstadt Zanjan** bildet das Zentrum dieser ländlichen Umgebung und besitzt durch ihre Lage an Hauptstraße und Eisenbahnlinie zwischen Teheran und Tabriz gute Verkehrsverbindungen. Auch eine Industrie mit Metall-, Lebensmittel- und Chemiebetrieben ist in der Umgebung der Stadt im Entstehen begriffen. Vor wenigen Jahren wurde die Straße in Richtung Süden nach Bidjar als Fernstraße ausgebaut, daneben gibt es jetzt auch eine durchgehende Verbindung nach Takab in Ost-Azerbeijan. Im 14. Jh. stand Zanjan für einige Jahrzehnte im Schatten von Soltaniyeh, welches mit dem Grabbau des Öldjeitü touristisch die Hauptattraktion der Provinz ist.

Nach Zanjan wird man entweder auf der Durchreise kommen oder um von hier aus nach Soltaniyeh zu fahren. Die Stadt ist trotz der fast 300.000 Einwohner recht gemütlich, Touristen verirren sich nur selten hierher.

Bazar

Das Sehenswerteste an Zanjan ist der alte Bazar, der in seiner heutigen Gestalt vom Beginn des 19. Jh. stammt. Das Stadtzentrum mit dem Bazar liegt westlich des Meydan-e Enqelab. Der Teil zwischen Kh. Enqelab und Kh. Ferdowsi wird „Unterer Bazar" genannt. Hier werden in erster Linie die Erzeugnisse des Umlands verkauft, im Sommer und Herbst reichlich Obst und Gemüse. Der westlich anschließende Teil ist der „Obere Bazar", der noch nach klassischem Muster in acht verschiedene Bereiche eingeteilt ist: Goldbazar, Textilien, Schuhe, Mützen, Hüte usw., insgesamt über 900 Geschäfte auf einer Fläche von 150.000 m².

Daneben existiert noch eine weitgehend intakte Infrastruktur von Karawansereien, Badehäusern und kleinen Moscheen innerhalb des Bazars. In diesem Viertel liegen auch die **Freitagsmoschee** aus dem 19. Jh. mit einer angeschlossenen Medrese und ein kleines **Heiligengrab,** das Imamzade-ye Seyyed Ebrahim, sowie die **Mirza'i-Moschee** vom Beginn des 18. Jh.

Im Gebäude einer ehemaligen öffentlichen Wäscherei ist heute ein kleines **Ethnologisches Museum** mit dem Namen *Rakhtshu'i* untergebracht. Es zeigt lokale Handwerksgegenstände und Trachten.

■ **Rakhtshu'i,** Kh. Baba Jamal / Kh. Saadi, 9 bis 13 und 16 bis 20 Uhr, Eintritt ca. 3000 Tuman.

Praktische Informationen

■ **Telefonvorwahl Zanjan: 0241**

Post und Telefon
■ Ecke Kh. Imam Khomeini / Kh. Ferdowsi.

Unterkunft
■ Erstes Haus am Platz ist das **Zanjan Grand Hotel**③, noch ziemlich neu mit großzügigen Zimmern. Meydan-e Basij, Tel. 7288190-5.
■ **Park Hotel**③, Meydan-e Azadi / Kh. Imam Khomeini, Tel. 3231315.
■ **Hotel Sepid**③, Kh. Imam Khomeini / Meydan-e Enqelab, Tel. 3226882.
■ Hübsch am Hang liegt das **Tourist Inn**③ (nach Zimmern in den Bungalows fragen), Kh. Khoramshahr, Tel. 7271930.
■ Eine preiswerte Unterkunft mit sauberen Zimmern in der Bazargegend ist das **Gasthaus Amir Kabir**① in der Kh. Imam, direkt über einem Restaurant gelegen.

Essen und Trinken
■ **Nemune,** Kh. Imam Khomeini, Tel. 39978, und die Restaurants der Hotels **Sepid** und **Park.**
■ In einer renovierten Karawanserei untergebracht ist das schönste Restaurant von Zanjan, **Karavansara Sangi,** an der Ecke Kh. Beheshti / Kh. Enqelab in der Nähe des Bahnhofs. Egal, ob an Tischen oder auf dem klassischen *Takht,* das Essen ist gut und preiswert. Tel. 3261266.

Reiseagentur
■ **Farous Tour,** 129 Kh. Sa'di, Tel. 28550-1.

Verkehrsverbindungen
■ Der **Busterminal** liegt im Osten der Stadt in der Nähe des Meydan-e Azadi. Busse verkehren in Richtung Bijar/Hamadan, Rasht, Tabriz und Teheran.
■ Der **Bahnhof** liegt im Süden der Stadt, zehn Minuten zu Fuß vom Zentrum. Züge nach/von Teheran verkehren morgens und nachmittags, die Fahrzeit beträgt knapp vier Stunden.

Soltaniyeh

Soltaniyeh liegt 37 km südöstlich von Zanjan an der Straße (nicht der Autobahn!) nach Takestan/Qazvin. Autobusse halten an der Abzweigung, von wo aus es noch 5 km bis zum Ort sind, Minibusse verkehren vom Meydan-e Azadi in Zanjan.

Schon von weit her ist der mächtige **Dom** zu erkennen. Wie auch der Name ausdrückt (Stadt der Sultane), geht die große Zeit Soltaniyehs zurück in die **Epoche der Mongolen.** Viele iranische Städte sind von den Mongolen stark zerstört worden, es gab aber auch das Gegenteil: Städte, die aufblühten. Soltaniyeh zählt dazu wie auch Tabriz und Maragheh, die vorher Hauptstadt waren. Gegründet wurde Soltaniyeh 1290 von dem Il-Khan *Arghun,* der kurz darauf verstarb. Der Ausbau jedoch wurde fortgesetzt. Einer der Nachfolger Arghuns, *Öldjeitü,* der sich nach seinem Übertritt zum Islam *Mohammad Khodabande* (der Sklave Gottes) nannte, verlegte um 1310 seine Hauptstadt nach Soltaniyeh, das damals eine der prachtvollsten Städte Irans war. Auch nach Öldjeitüs Tod 1316 blieb es Hauptstadt, wurde aber von den Truppen *Timurs* 1384 stark zerstört und erholte sich davon nicht wieder. Ab dem 16. Jh. setzte ein vollständiger Niedergang ein und Soltaniyeh war nur noch ein unbedeutendes Dorf.

In der Stadt gibt es leider kein Restaurant, Hotel oder Ähnliches. So ist man gezwungen, nach Zanjan oder in Richtung Takestan zur Straße nach Hamadan zu fahren. Eine kleine Straße, die nur für Pkw befahrbar ist, führt auf einsamer Strecke über Zarrin Rud und Shirin Su zur **Tropfsteinhöhle von Ali Sadr** (s.u. „Umgebung von Hamadan").

Mausoleum des Öldjeitü

Der Grund, diesen ansonsten unbedeutenden Flecken zu besuchen, ist das grandiose Mausoleum des Öldjeitü. Wie oft bei gerade Konvertierten wollte der Mongolen-Khan seine **Treue zum neuen Glauben** besonders unter Beweis stellen, z.B. durch den prachtvollen Mehrab, den er für die Freitagsmoschee in Isfahan stiftete. Nun war er nicht nur Moslem geworden, sondern bekannte sich nach einer Wallfahrt nach Nadjaf und Kerbela auch zur Shi'a. Deshalb fasste er den Plan, ein Bauwerk zu errichten, das angemessen war für die heiligsten Persönlichkeiten der Schiiten, die **Imame Ali und Hossein,** deren Gebeine er aus Nadschaf und Kerbela umbetten lassen wollte. Die Geistlichkeit und die Bewohner lehnten jedoch dankend ab, war doch ihr Ansehen und Einkommen auf die Schreine der heiligen Imame gegründet. So musste Öldjeitü seinen Plan aufgeben und ließ einen kleinen Anbau für sein eigenes Grab vornehmen.

Über fast 700 Jahre hat dieses beeindruckende Bauwerk seitdem Zerstörungen, Erdbeben und Zerfall getrotzt, die dennoch ihre Spuren hinterlassen haben. Seit einigen Jahren werden grundlegende Renovierungsarbeiten unternommen, die noch einige Jahre andauern werden; so lange wird die gigantische Kuppel noch von innen und außen eingerüstet bleiben.

Das Mausoleum ist in drei Geschossen vollständig aus gebrannten Ziegeln errichtet. Das untere Geschoss hat einen Grundriss, der vom Erdboden bis zur halben Höhe die Form eines Quadrats und darüber die eines Achtecks hat; die

▽ Mausoleum des Öldjeitü in Soltaniyeh

beiden oberen bilden ein Achteck mit zwei umlaufenden Galerien. Innen ist er durch abgeschrägte Ecken achteckig gestaltet, an der Südseite ist ein Mehrab-Saal vorgebaut.

Die äußere Höhe der zweischaligen Kuppel beträgt knapp 53 m und ist damit die **höchste gemauerte Kuppel der Welt.** Das Mausoleum war auch das erste Bauwerk in Iran, das in großem Umfang mit farbigen Fliesen ausgestattet war. Von dem Fliesenschmuck in unterschiedlichen Blautönen sind noch Teile erhalten. Auf jeder der acht Ecken waren Minarette aufgesetzt, die in unterschiedlicher Höhe noch stehen.

Im Innern hat man Teile der Dekoration behutsam restauriert, andere nur angedeutet. Obwohl der Blick des Betrachters vom Gerüst beeinträchtigt wird, genießt er einen überwältigenden Raumeindruck. In Vitrinen werden Grundrisse, alte Ansichten und ein Modell des Endzustandes nach der Restaurierung gezeigt.

Über Treppenaufgänge im Nordost- und Westflügel erreicht man die beiden **Galerien,** wo sich in den Kuppeln des Umgangs schöne **Ausmalungen,** überwiegend in Rottönen, auf Stuck erhalten haben. Die Ornamentik ähnelt der von Buchmalereien. Ein in Hamadan für *Öldjeitü* angefertigter Koran, der heute in Kairo aufbewahrt wird, enthält sehr ähnliche Muster. An Decken und Wänden sind deutlich die Risse der diversen Erdbeben zu erkennen. Die Restaurateure verbinden sie zum Teil mit Gips und Jahresmarken, um so weitere Verwerfungen des Mauerwerks leichter feststellen zu können. Geöffnet 8:30 bis 17 Uhr, Eintritt 10.000 Tuman.

Südlich von Soltaniyeh liegen zwei weitere Mausoleen, die gut von der Galerie aus zu erkennen sind. Das **Mausoleum Mollahhassan Kashi** ist ein schmuckloser achteckiger Kuppelbau mit acht kleinen Iwanen an den Außenseiten. Die Kuppel ist im Innern mit Moqqarnas-Nischen ausgekleidet, außen ist sie mit türkisfarbenen Fliesen bedeckt. Auf der anderen Seite der Hauptstraße sieht man das **Mausoleum Chalbi Oghli.**

Die Tropfsteinhöhle von Kataleh Khor

Eine weitere interessante Höhle, die Tropfsteinhöhle von Kataleh Khor, erreicht man ebenfalls von dieser Strecke aus. Am Ortseingang von **Zarrin Rud** biegt man in Richtung **Garmab** ab (ca. 40 km). Am Rande des Saghizlou-Gebirges sprudeln hier warme Qellen aus dem Berg. Der Eingang zur erschlossenen Höhle liegt in etwa 2000 m Höhe, die gangbare Länge beträgt ca. 1250 m. Nur der Eingang ist künstlich erweitert, der Rest ist, wie die Natur ihn im Laufe von Jahrhunderttausenden erschaffen hat, mit Stalaktiten und Stalagmiten in vielfältigen Formen, meist weißlich schimmernd. Die Höhle ist gut erschlossen und ausgeleuchtet, am Eingang gibt es Imbisse und Teehäuser. Sie ist mit dem eigenen Fahrzeug oder mit einem Taxi ab Zarrin Rud zu erreichen, der Eintritt kostet 10.000 Tuman.

Die Provinzen Hamadan, Kordestan und Kermanshah

Die drei Provinzen im Westen Irans sind geprägt durch die **Bergketten des Zagros,** die von hier aus in südöstlicher Richtung über etwa 1500 km bis zur Meeresküste von Oman verlaufen und dabei eine durchschnittliche Breite von 300 km aufweisen. Zwischen den einzelnen Ketten liegen Hochbecken, die überwiegend landwirtschaftlich genutzt werden. Die Zagros-Region ist in mehrfacher Hinsicht eine Grenze: Sie trennt das mesopotamische Tiefland vom iranischen Hochland, bildet eine Barriere für die Wolken, die meist aus Westen heranziehen, und ist damit auch eine Klimascheide. Sie ist auch eine historische Grenze, die die alten Kulturen Mesopotamiens von den Bergvölkern und später das iranische vom Osmanischen Reich trennte.

In den Provinzen **Kordestan und Kermanshah** überwiegt die **kurdische Bevölkerung.** Obwohl auch ihre Existenz in Iran nicht frei von Spannungen ist, sind die Menschen hier bei Weitem nicht so bedroht wie im Irak oder in der Türkei. Das hängt auch damit zusammen, dass sie eine iranische Sprache sprechen. Unter verschiedenen iranischen Dynastien, namentlich den Safaviden, wurden sie dennoch über ganz Iran verstreut. So findet sich heute eine größere Anzahl Kurden in Khorasan, Mazanderan und anderen Provinzen.

Die meisten Kurden leben von Ackerbau oder Viehhaltung, viele aber auch in Städten wie Sanandaj, Kermanshah oder Mahabad. Zu ihren Stammesbrüdern im **Nordirak** pflegen sie zumeist gute Beziehungen. Die **Grenze** ist zwar offiziell geschlossen, für die Kurden aber immer durchlässig gewesen, ähnlich wie die zur Türkei.

In der Provinz **Hamadan** dagegen, die den Übergang vom Zagros zum Zentrum Irans bildet, ist die Landbevölkerung überwiegend **türkischen Ursprungs**, während in den Städten die Perser dominieren.

Geschichte der Region

Jahrhunderte lang waren die meisten Gegenden relativ abgelegen, die alte **Königsstraße** von Mesopotamien in Richtung Nordost-Iran bildete den Hauptdurchgang. Die meisten historischen Sehenswürdigkeiten befinden sich deshalb im Verlauf dieser Straße. In Nord-Süd-Richtung gab es wegen der hohen Gebirgsketten kaum Verbindungen. Erst in den vergangenen Jahrzehnten sind alle drei Provinzen verkehrsmäßig erschlossen worden.

Schon die altorientalischen Keilschrifttexte berichten von den **Bergvölkern des Zagros** wie etwa den Gutäern oder Lullubäern. Die ersten iranischen Stämme, die um die Wende zum 1. Jt. v. Chr. auf das Hochland kamen, zogen von Norden hindurch oder siedelten sich wie die **Meder** in der Ebene von Hamadan an und begründeten hier im 7. Jh. v. Chr. ihr Reich, das später im **achämenidischen Reich** aufging. Hegmatana (griechisch Ekbatana), das alte Hamadan, war eine Königsstadt der Achämeniden, Kangavar an der Straße nach Kermanshah war ein wichtiges Zentrum des Anahita-Kults in parthischer Zeit und Kermanshah hatte große Bedeutung unter den Sasaniden.

Die Hochebene südlich des Berges Alvand bildete das Einfallstor für die **arabischen Heere** zu ihrer Eroberung Irans: Bei Nahavand fand am 10. Dezember 641 n. Chr. die Schlacht gegen die Truppen des letzten Sasaniden-Herrschers *Yazdegerd III.* statt, entscheidend für die darauf folgende Islamisierung Irans. Im 11. Jh. unter den Seldjuken war Hamadan nochmals für kurze Zeit Hauptstadt, nach der **Zerstörung durch die Mongolen** jedoch setzte ein spürbarer Verfall ein, nicht zuletzt durch ständige kriegerische Auseinandersetzungen zwischen lurischen und kurdischen Stämmen. Spätestens mit der Einnahme Mesopotamiens durch die Türken wurden die Handels- und Verkehrsverbindungen für mehrere Jahrhunderte unterbrochen. Europäische Reisende des 19. Jh. berichten über **verfallene Städte,** die kaum das Nötigste hervorbrachten. Erst gegen Ende des 19. Jh. trat durch die Wiedereröffnung der **Handelsstraße nach Bagdad** eine gewisse Belebung ein.

Im 20. Jh. entwickelten sich Handel und Gewerbe aufs Neue, allerdings mehr die traditionellen Zweige wie Lederverarbeitung, Teppichknüpferei und Keramik. Industriebetriebe sind auch heute noch vergleichsweise selten.

◁ Pferd mit Trekkingausrüstung im Zagros-Gebirge

Stadt Hamadan

Am Fuß des Alvand-Massivs (3580 m) in einer Höhe von 1820 m gelegen, ist Hamadan neben Kerman die am zweithöchsten gelegene Großstadt Irans. Die Sommer sind wegen dieser Höhe besonders kühl und angenehm, die Winter dafür lang und kalt. Wegen des Schneereichtums verfügt man das ganze Jahr über ausreichend Wasser – der Hauptgrund dafür, dass Hamadan vermutlich schon seit dem 3. Jt. v. Chr. ein bevorzugter Siedlungsort war.

Geschichte

Im 11. Jh. v. Chr. wird die Stadt in assyrischen Quellen erwähnt. Die ersten fassbaren Bewohner sind die **Meder,** die sich hier niederließen und im 8. Jh. v. Chr. eine Stadt gründeten, die sie Hagmatana („Ort der Versammlung", griech. *Ekbatana*) nannten. Sie wurde Hauptstadt des medischen Reiches, das unter *Kyaxares* zwischen 625 und 585 v. Chr. bis nach Kleinasien reichte, als dieser im Bündnis mit den Babyloniern die Assyrer und die mit ihnen verbündeten Skythen unterwarf und dabei auch Assur und Ninive eroberte. Zu jener Zeit muss Hagmatana eine prachtvolle Stadt gewesen sein.

Kyaxares' Sohn *Astyages* war der letzte medische Herrscher, sein Reich war das erste, das vom aufstrebenden *Kyros II.* erobert wurde. Dessen Nachfolgern diente Hagmatana als Sommerresidenz. Nach ihnen kamen die Truppen *Alexanders,* der Seleukiden und Parther – während aller Epochen war die Stadt eine der bedeutendsten auf dem Hochland.

Unter den **Sasaniden** siedelten sich durch die Förderung der jüdischen Gattin des Herrschers *Yazdegerd I.* (399–421) zahlreiche Juden an, wovon das Grabmal der *Esther* noch heute kündet.

Seinem Nachfolger gleichen Namens, *Yazdegerd III.,* traf das Schicksal des Untergangs des sasanidischen Reiches: Vor den Toren der Stadt bei Nahavand unterlagen seine Truppen den anstürmenden arabischen Heeren im Jahre 641 und besiegelten so den Untergang mehrerer glanzvoller Epochen. Die Eroberer nannten die Stadt Hamadan.

Hamadan, Kordestan und Kermanshah

Während mehrerer **islamischer Dynastien** stand sie für jeweils kurze Zeit im Mittelpunkt, so unter den Seldjuken, als für einige Jahre der berühmte Wissenschaftler und Wesir *Ibn Sina* (latinisiert *Avicenna*) hier wohnte und auch verstarb. Eine andere berühmte Gestalt jener Epoche, der langjährige Wesir *Nezam ol-Molk,* erreichte auf seiner Reise von Isfahan Hamadan nicht mehr. Er wurde unweit der Stadt von einem assassinischen Attentäter ermordet. Auch die Stürme der Mongolen und *Timurs* gingen über die Stadt hinweg und trotz einiger Förderung durch *Abbas den Großen* im 17. Jh. befand sie sich in einem Jahrhunderte langen Niedergang, weil sie niemals wieder Residenzstadt wurde.

Erst *Reza Shah Pahlavi,* der meinte, zur Modernisierung des Landes gehöre der Rückgriff auf vorislamische Vorbilder, nahm sich der alten Meder- und Achämenidenhauptstadt an und machte sie zur **Provinzhauptstadt** und zu einem

Meydan-e Imam Khomeini
im Zentrum von Hamadan

Die Provinzen Hamadan, Kordestan und Kermanshah

Verkehrsknotenpunkt; auch eine Universität wurde gegründet, die den Namen *Bu Ali,* den Personennamen Ibn Sinas, trägt.

Heute zählt Hamadan mit 400.000 Einwohnern zu den großen Städten Irans; aufgrund des Fehlens bedeutender Industrien jedoch ist das Wachstum nicht so stark wie das vergleichbarer Städte.

Das moderne Hamadan erstreckt sich über mehrere Hügel und ist erbaut auf den Überresten der Vorläufersiedlungen, von denen bisher nur einige wenige Reste gefunden worden sind. Weitere archäologische Arbeiten sind schwierig, weil dazu größere Teile der heutigen Stadt abgetragen werden müssten.

Orientierung

Das **Stadtzentrum** bildet der **Meydan-e Imam Khomeini,** ab 1928 nach den Plänen des deutschen Architekt *Fritsch* errichtet, in dem sich strahlenförmig sechs Straßen schneiden. Diese sechs Hauptstraßen sind durch eine Ringstraße verbunden, wodurch die Stadt im Unterschied zu vielen anderen iranischen Städten einen sehr regelmäßigen, modernen Grundriss aufweist, der die Orientierung für Reisende sehr einfach macht. Die meisten Sehenswürdigkeiten sind vom Meydan-e Imam Khomeini aus gut zu Fuß zu erreichen.

Ankunft mit dem eigenen Fahrzeug

Aus Richtung Norden (Teheran/Takestan/Saveh) erreicht man die Stadt auf der Kh. Enqelab, die auf den Meydan-e Baba

☐ Übersichtskarte S. 166 **Die Provinzen Hamadan, Kordestan und Kermanshah**

Meydan-e Hekmataneh
Teheran, Qazvin Saveh
Archäologische Ausgrabungsstätte (Ekbatana)
Malayer, Isfahan
Meydan-e Ekbatan
Meydan-e Shohada
Tapeh-ye Hekmataneh
Meydan-e Sin-ol-Qozzat
Hegmatana-Museum
Meydan-e Moffateh
B A Z A R
Masdjed-e Djameh / Freitagsmoschee
Tapeh-ye Mosalla
Meydan-e Imam Khomeini
Grab der biblischen Esther
Bu Ali
Meydan-e Bu Ali
Grabmal von Ibn Sina
Meydan-e Ferdowsi
Grabturm Bordj-e Qorban
Steinerner Löwe
Park-e Shir-e sangi

■ **Übernachtung**
1 Hotel Baba Taher
2 Hamadan Guest House
3 Hotel Yas
5 Farschi Guest House
10 Hotel Arian
12 Hotel Bu Ali

■ **Essen und Trinken**
1 Rest. Baba Taher
4 Baharestan
7 Kaktoos
9 Golha
11 Hezaroyekshab

■ **Sonstiges**
6 Ali Sadr Tourism Complex
8 Ekbatan Tour

© REISE KNOW-HOW 2014

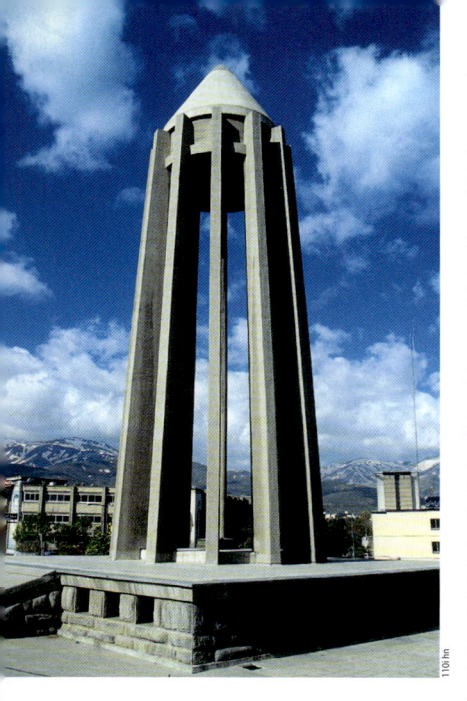

Taher mit dem Grabmal des Dichters im Zentrum mündet. An der Westecke des Platzes geht es über die Kh. Felestin bis zum nächsten Platz mit dem Imamzade Ismail und von dort über die Kh. Baba Taher zum Meydan-e Imam Khomeini.

Aus Richtung Westen (Kermanshah/Sanandaj) erreicht man Hamadan auf dem Bolvar-e Artesh. An der Kreuzung mit der Kh. Raja'i rechts abbiegen, an der nächsten Kreuzung links in die Kh. Janbazan fahren. Dieser folgen bis zum Platz mit dem Imamzade Ismail (s.o.).

Aus Richtung Osten (Isfahan/Arak/Malayer) erreicht man die Stadt auf der Kh. Behesht. Dieser folgen bis zum Meydan-e Imam Hossein. Geradeaus halten auf der Kh. Arak bis zum Meydan-e Shohada, dort links abbiegen und auf der Kh. Shohada ins Zentrum fahren.

Sehenswertes

Meydan-e Imam Khomeini

Als Ausgangspunkt für Besichtigungen eignet sich der Meydan-e Imam Khomeini, das schönste **Platzensemble** vom Beginn des 20. Jh., das sich in Iran erhalten hat, auch wenn das Zentrum des Platzes mehrfach umgestaltet wurde. Die kreisrunde Umbauung mit **zweistöckigen Ziegelfassaden** ist noch weitgehend im Originalzustand erhalten mit Geschäften im Unter- und Büros im Obergeschoss. Fenster und Türen zur Platzfront sind aufwendig mit Holz eingefasst, die sechs Durchbrüche werden durch blechgedeckte Rundtürme betont.

Grabmal von Ibn Sina

Südlich des Meydan führt die Kh. Bu Ali direkt zum gleichnamigen Platz mit einem der Wahrzeichen Hamadans in seinem Zentrum, dem Grabmal des berühmten Arztes, Wissenschaftlers, Philosophen und Dichters *Ibn Sina*. Die heute unfassbare Fülle und Vielfalt seiner Talente und Fähigkeiten kommt in dem Ehrentitel „Sheikh ar-ra'is" („Arzt aller Ärzte, der Vorzüglichste der Vorzüglichen") zum Ausdruck. Eine **Statue** von Ibn Sina steht unweit des Grabbaus an der Ostseite des Platzes. Der **massive Bau von 1952** erinnert an den Grabturm des *Qabus Ibn Voshmgir* in Gonbad, kein

⌃ Das Grab von Ibn Sina

> Das Grab von Esther und Mordechai

zufälliger Bezug, denn beide waren Zeitgenossen und Ibn Sina hatte bei seiner Wanderung von Buchara nach Westen auch am Hofe dieses Herrschers im damaligen Jorjan in Tabaristan für einige Zeit Station gemacht.

Unter den hochaufstrebenden Stahlbetonpfeilern liegt der **Grabraum mit der Gedenkstätte**. Hinter dem Eingang rechts findet sich der Originalgrabstein von Ibn Sina, ihm gegenüber der seines Freundes und Gastgebers in Hamadan, *Sheikh Abu Sa'id Dokhduh*. Im Innenraum sind Vitrinen mit Werken Ibn Sinas sowie Kräutern und Arzneimitteln, die von ihm beschrieben und angewendet wurden, angeordnet. Rechts und links des Eingangs liegen zwei Nebenräume mit einer kleinen **Bibliothek** und Erinnerungsstücken an den Gelehrten.

Zu empfehlen ist unbedingt der Aufgang zum **Dach**, von dem man gerade im Frühjahr schöne Aufnahmen von den schneebedeckten Hängen des Alvand machen kann. Rechts vom Treppenaufgang werden an einem Drogeriestand **Präparate und Naturheilmittel** verkauft, neben dem Kassenhäuschen am Ausgang bietet ein gut sortierter Verkaufsstand Bücher und Postkarten an.

■ **Aramgah-e Ibn Sina,** täglich von 8 bis 17 Uhr, April bis Oktober bis 18 Uhr, Eintritt 15.000 Tuman.

Grab der biblischen Esther

Das Grab der biblischen *Esther* und ihres Onkels *Mordechai* liegt an der Kh. Shari'ati, etwa 100 m südwestlich des Meydan-e Imam Khomeini. Man erreicht es auch, wenn man vom Meyadan-e Bu Ali in Richtung Westen der Kh. Rashid od-Din folgt und an der Kreuzung rechts in die Kh. Shari'ati abbiegt.

Unter einer kleinen, schmucklosen **Ziegelsteinkuppel** wird hier das Grab der Esther und ihres Onkels verehrt, obwohl das Buch Esther im Alten Testament von deren Aufenthalt am Hofe des achämenidischen Großkönigs in Susa berichtet. Die **Gemeinschaft der Juden in Hamadan** dagegen geht vermutlich auf eine jüdische Gattin von *Yazdegerd I.* (s.o.) zurück. Der Bau gilt als das wichtigste Heiligtum der einstmals so zahlreichen und bedeutenden jüdischen Gemeinschaft in Iran, die heute in Hamadan nur noch aus wenigen Familien besteht.

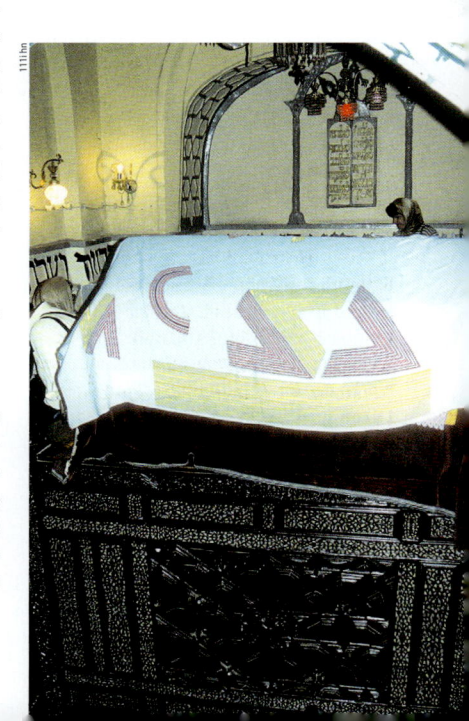

Der **Zugang** führt über die Gasse zur Rechten. Man muss am Tor klingeln, es ist in der Regel ein Wärter anwesend, Eintritt wird nicht erhoben. Der Eingang zum Mausoleum ist ungewöhnlich niedrig; er ist mit einer massiven, alten Steinplatte verschlossen. Hinter einem Vorraum liegt der Grabraum mit den beiden aus Ebenholz geschnitzten, mit Tüchern bedeckten Sarkophagen. Der linke ist der von Esther, der rechte der von Mordechai. In den Wandnischen sind, wie auch in dem kleinen Nebenraum rechts des Grabraums, hebräische Reliefinschriften angebracht.

Im **Vorraum** wurde früher eine wertvolle alte Handschrift mit den fünf Büchern Mose, auf Gazellenhaut geschrieben, aufbewahrt. Nach einem Diebstahl wurde sie zwar wieder aufgefunden, jedoch zur Aufbewahrung nach Teheran gebracht.

Steinerner Löwe

Um zum „Steinernen Löwen" (**Shir-e sangi**) zu kommen, nimmt man am besten ein Taxi vom Meydan-e Bu Ali. Der Fußweg von dort zu dem kleinen Park am Ende der Kh. Amir Kabir dauert etwa 15 Minuten. Der mehr als 2,50 m lange Torso eines monumentalen Löwen aus schwarzem Stein soll zur Partherzeit eines der Stadttore geschmückt haben. Der Löwe wurde von griechischen Steinmetzen hergestellt und ist wahrscheinlich ein Andenken *Alexanders des Großen* an seinen Feldherrn *Hephaistos,* der in Hamadan verstorben ist. Den Iranern ist das egal, sie verehren den Stein wie ein Heiligtum: In die zahlreichen kleinen Öffnungen stecken sie Steinchen zur Erfüllung ihrer Wünsche.

Grabturm Bordj-e Qorban

Unweit des Shir-e sangi steht in einer kleinen Seitenstraße der Kh. Amir Kabir der Grabturm Bordj-e Qorban aus dem 12. Jh. Der zwölfeckige Turm mit Spitzdach hat eine einfache, gemauerte, nach oben in Spitzbögen auslaufende Fassade.

Bazar

Vom Meydan-e Imam Khomeini in Richtung Norden entlang der Kh. Ekbatan schließt sich das alte Bazarviertel an, das einen Abstecher lohnt. Lederwaren und Keramik zählen zu den Besonderheiten, und im Spätsommer und Herbst sind die Obststände mit frischen Früchten aus der Umgebung prall gefüllt. Inmitten des Bazars ragt das Doppelminarett der **Freitagsmoschee** (Masdjed-e Djameh) empor, die in ihrer jetzigen Form aus dem 19. Jh. stammt.

Ausgrabungsgelände

Ein Stück weiter nördlich gelangt man zum Meydan-e Ekbatan, wo sich zur Rechten das Ausgrabungsgelände des alten **Ekbatana** befindet. Durch zwei große Überdachungen geschützt, sind die bisher freigelegten Teile der alten Stadt zu sehen, Straßenzüge und Häuser aus luftgetrockneten Ziegeln nach regelmäßigem Grundriss, die vermutlich aus dem 6. Jh. v. Chr. stammen (geöffnet täglich 8–17 Uhr, April bis Oktober 8–18 Uhr).

Archäologisches Museum

Auf der Kuppe des Hügels am Rande einer großen Grube, die französische Ausgräber (von Archäologen kann man in diesem Fall kaum sprechen!) Anfang des 19. Jh. hinterlassen haben, liegt das **Hegmatana-Museum** mit Funden von den Ausgrabungen aus Hamadan und Umgebung, z.B. Kopien der Inschriften von Gandjnameh (geöffnet tägl. außer Montag 8–12 und 13–17 Uhr, April bis Okt. bis 18 Uhr, Eintritt 15.000 Tuman).

Gonbad-e Alavian

Vom Meydan-e Ekbatan bis zum Gonbad-e Alavian sind es nur zehn Minuten zu gehen: In westlicher Richtung verläuft der Bolvar-e Alavian, diesem folgt man über den nächsten Platz hinaus, bis man links in die Kuche-ye Sa'adati abbiegt. Hinter einem großen Tor inmitten des Schulhofs einer Mädchenschule liegt ein **Grabturm** aus der zweiten Hälfte des 12. Jh. In dem Haus links vom Eingang wohnt die Familie des Wärters (Eintritt 15.000 Tuman).

Der quadratische Bau wird durch Ecktürme verstärkt und ist völlig aus gebrannten Lehmziegeln gemauert. Die **Stuckfassade,** besonders am Eingangsportal, gilt als eine der schönsten, die aus der Seldjuqen-Zeit überdauert hat. Auch der Innenraum, insbesondere die Mehrab-Wand, besticht durch Stuckdekorationen. Reste eines Schriftbandes in Kufi bilden den Abschluss nach oben, wo das Dach zu einem nicht bekannten Zeitpunkt eingestürzt ist und durch ein Holzdach ersetzt wurde.

Der Grabraum ist über eine Treppe vor dem Mehrab zu erreichen. Vermutlich handelt es sich um eine Art Familienmausoleum für die Familie der *Alavis,* die viele Lokalherrscher in Hamadan und Umgebung stellte. Noch heute zeigt sich deren Verehrung in Form von Stoffknäueln und anderen Gegenständen, die stets auf dem Sarkophag mit dem grünen Tuch abgelegt werden. Sie symbolisieren Wünsche und Gelübde von Menschen, die sich den Beistand der hier Begrabenen erhoffen.

Grabbau für Baba Taher

Wenn man den Weg wieder zurückgeht bis zum Meydan-e Ein ol-Ghozat und dort links abbiegt, gelangt man nach wenigen Minuten zu einem großen Platz, in dessen Zentrum auf einem kleinen Hügel der eindrucksvolle Grabbau für den **Dichter** *Baba Taher* 1970 neu errichtet wurde. In Europa kaum bekannt, wird Taher als mystischer Dichter, ähnlich wie *Djalaloddin Rumi* oder *Hafez,* in Iran sehr verehrt. Über sein Leben ist wenig bekannt: Geboren um das Jahr 1000 n. Chr., könnte er ein Zeitgenosse von *Ferdowsi* und *Ibn Sina* sein. Er galt als einer der allem Diesseitigen abgewandten Derwische, daher auch sein Beiname *Uryan* („der Nackte"). Überdauert haben seine Vierzeiler, die noch heute zur Musik der Setar vorgetragen werden. Der moderne Betonbau erinnert mit seinen zwölf umlaufenden Stützpfeilern ein wenig an das Grabmal des *Ibn Sina.* Direkt neben dem Baba-Taher-Bau steht das **Imamzadeh Hodi Ibu Ali,** ein schlichter Ziegelbau mit bunter Kuppel.

Ausflugsziel Gandjnameh

Ein Muss für jeden Besucher in Hamadan ist ein Ausflug zum Gandjnameh, zwei achämenidischen **Felsinschriften** am Fuße des Alvand-Massivs. Dies nicht nur, weil es sich bei den Inschriften um die einzig sichtbaren **Zeugnisse der Achämeniden-Zeit** handelt, sondern weil der Ort auch bei den Hamadanis ein beliebtes Ausflugsziel ist, wo man sich in einem der **Teehäuser** entspannen und gleichzeitig interessante Begegnungen mit Einheimischen haben kann.

Sammeltaxis verkehren vom Stadtzentrum oder am Ende des Bolvar-e Daneshgah vom Meydan-e Qa'em aus. Von hier verläuft das **Tal von Abbasabad** mit vielen Villen und Sommerhäuschen nach Gandjnameh. Nach ca. 4 km, am Ende der Straße, empfangen zu beiden Seiten Teehäuser und Ausflugslokale **zu Füßen des Alvand** den Besucher. Das Wasser stürzt über einen **Wasserfall** zu Tal und sammelt sich zu einem kleinen Fluss. Eine Holzbrücke führt ans jenseitige Ufer, wo in einer Felswand die Inschriften von *Darius I.* (links) und daneben *Xerxes I.* eingemeißelt sind. Textidentisch werden hier die Stammbäume beider Herrscher und ihre Huldigung an *Ahura Mazda* verkündet in jeweils drei verschiedenen Sprachen: Babylonisch, Elamisch und Altpersisch. Vor wenigen Jahren sind darunter große Tafeln mit Übersetzungen ins Englische angebracht worden.

Wanderung auf den Alvand

Gandjnameh (wörtlich „Schatzbrief", weil frühere Bewohner glaubten, hier sei ein Schatz vergraben) ist auch ein beliebter Ausgangspunkt für Wanderungen zum Gipfel des Alvand. Besonders am Wochenende sieht man schon frühmorgens Wanderer den Berg hinaufziehen; der Pfad zum Aufstieg beginnt direkt neben dem Wasserfall. Der Aufstieg ist ungefährlich und erfordert – außer festem Schuhwerk – **keine besondere Ausrüstung.** Nach etwa zwei Stunden erreicht man eine Schutzhütte ohne Versorgungseinrichtungen. Der Auf- und Abstieg an einem Tag ist kein Problem, wenn man morgens zeitig aufbricht.

Wer will, kann auch technische Hilfe in Anspruch nehmen: Im Jahr 2007 wurde eine Seilbahn errichtet, deren Talstation nördlich des Wasserfalls liegt. Über ca. 1700 m führt sie zum Alvand hinauf und überwindet dabei einen Höhenunterschied von etwa 800 m. Hier hat man eine völlig neue Bedeutung von „dual use", denn bei der Seilbahn handelt es sich um die ehemalige „Ehrwalder Almbahn", die früher an der Tiroler Seite der Zugspitze verkehrte!

Praktische Informationen

■ **Telefonvorwahl Hamadan: 0811**

Informationen/Auskunft
■ Die **Tourist Information** ist in der Aref Qazvini, Tel. 8274771.

Geldwechsel
■ **Bank-e Melli** an der Nordseite des Meydan-e Imam Khomeini und **Bank-e Tejarat** in der Kh. Shohada.

Post, Telefon, Internet
■ **Post:** in der Kh. Bu Ali, 100 m südlich des Meydan-e Bu Ali.
■ **Telefonamt** in der Kh. Mahdiye, etwa 2 km vom Meydan-e Imam Khomeini.
■ Um den Meydan-e Imam Khomeini gibt es einige **Internetcafés** mit internationalem Telefon.

Visaverlängerung
■ Das **Polizeipräsidium** ist am Bolv. Khajeh Rashid, Tel. 8262025.

Unterkunft
■ Direkt am Meydan-e Baba Taher liegt das **Hotel Baba Taher**③, Tel. 4227180/4. Die Zimmer sind sauber und großzügig, der Service ist aufmerksam.

▷ Verkaufsstand für Süßigkeiten

■ Das **Bu Ali**② in der Kh. Bu Ali (Tel. 8252822/3) liegt im Süden der Innenstadt ganz in der Nähe des Grabs von Ibn Sina. Selbst wenn man dort nicht wohnt, lohnt der Besuch wegen der außerordentlich gut sortierten Buchhandlung in der Lobby.
■ In der Umgebung des Meydan-e Imam Khomeini gibt es eine Reihe einfacher Hotels und *mosaferkhanes*, z.B. an der Ecke Kh. Shohada das **Hotel Yas**①, Tel. 2523464.
■ Das beste Preis-Leistungsverhältnis bietet das **Hotel Arian**② mit kleinen, aber sauberen Zimmern. Kh. Takhti, Tel. 8261266.
■ Das **Farschi Guest House**① gegenüber vom Hotel Yas hat saubere Zimmer. Kh. Shohada, Tel. 2524895.
■ Empfehlenswert ist auch das **Hamadan Guest House**① in der Kh. Ekbatan, Tel. 2527577. Zur Straße hin ist es aber laut.

Essen und Trinken
■ Gut ist das Restaurant im **Hotel Baba Taher** (s.o.).
■ Weiterhin zu empfehlen ist das **Golha** am Meydan-e Bu Ali / Ecke Bolv. Madani, Tel. 21855.
■ Eine große Auswahl verschiedenster Gerichte zu zivilen Preisen bietet das **Hezaroyekshab.** Wenn man rechtzeitig im Voraus reserviert, werden auch Gerichte zubereitet, die nicht auf der Speisekarte stehen. Nachteil: Liegt ein wenig außerhalb im Süden der Stadt, Kh. Farhang, Tel. 8227569.
■ Eine klassische *Chelou Kababi* mit gutem Essen ist das **Kaktoos** in einem Untergeschoss am Meydan-e Buali.
■ Ein klassisches Teehaus mit typischer Atmosphäre, wo es auch Frühstück und *Dizi* gibt, ist das **Baharestan** in der Kh. Shohada.

Reiseagenturen
■ **Ekbatan Tour,** Meydan-e Bu Ali / Ecke Bolv. Madani, Tel. 247093.
■ Für den Besuch der Tropfsteinhöhle von Ali Sadr empfiehlt sich **Ali Sadr Tourism Complex,** Bolv. Khadje Rashid, Tel. 8255552.

Verkehrsverbindungen

● Weil Hamadan eine Provinzhauptstadt ist, hat es einen **Flughafen:** nördlich der Stadt an der Ausfallstraße nach Teheran. Aufgrund der Knappheit an Fluggerät gibt es z.Z. keine regelmäßigen Flüge.

● Da die Entfernung nach Teheran nur ca. 340 km beträgt, erreicht man Hamadan mit dem Bus in sechs Stunden. Der moderne **Busterminal** liegt außerhalb der Stadt unweit der Straße nach Teheran. Von hier verkehren Busse in alle Richtungen, in die Stadt geht es mit dem Taxi.

● **Busse und Minibusse:** Büros der Tavoni 7 und 9 in der Kh. Ekbatan. Minibusterminal am Bolv. Badi oz-Zaman Hamadani nördlich der Kh. Ekbatan.

Umgebung von Hamadan

Lalejin

Mit dem eigenen Fahrzeug oder dem gemieteten Taxi lässt sich der Besuch der Höhle von Ali Sadr (s.u.) gut mit einem Abstecher nach Lalejin verbinden. Der Ort etwa 30 km nördlich von Hamadan ist ein bekanntes **Töpferdorf,** in dem fast alle Einwohner von der Herstellung und dem Verkauf der Keramikwaren zu leben scheinen. An der Straße und in Verkaufsräumen ist eine Vielfalt an Gebrauchsgegenständen ausgestellt, sowohl glasierte als auch einfache Tonwaren. Bei der Herstellung in den Werkstätten darf man zuschauen. Natürlich verkaufen die Leute aus Lalejin auch gern etwas, aber aufdringlich sind sie nicht, wenn man nur schauen und wegen des schwierigen Transports nichts kaufen möchte. Minibusse ab Hamadan verkehren vom Terminal nördlich der Kh. Ekbatan.

Tropfsteinhöhle von Ali Sadr

Etwa 80 km nördlich von Hamadan liegt in einem Kalksteinmassiv in ca. 2100 m Höhe die Höhle von Ali Sadr, ein **wahres Wunderwerk von Gängen, Kammern, Stalaktiten und Stalakmiten,** das die Natur im Laufe von Jahrmillionen geschaffen hat. Der Eingangstunnel soll schon zur Achämeniden-Zeit gebaut worden sein; lange hat man die Höhle als Wasserreservoir benutzt. Irgendwann geriet sie in Vergessenheit und wurde erst 1961 wiederentdeckt. In den Jahren 2000/01 wurde sie von britischen und deutschen Forschern untersucht. Der größte Teil der Höhle mit ihren insgesamt 11 km langen Gängen ist mit Wasser gefüllt; man wird mit **Tretbooten** zu den interessantesten Stellen gefahren. Der größte Saal im Innern der Höhle ist zwischen 50 und 100 m breit und 40 m hoch. Ein kleiner Rundgang gehört ebenfalls zum Besichtigungsprogramm. Im Innern ist es zu jeder Jahreszeit angenehm kühl.

Als **eines der ersten Tourismusprojekte in Iran** ist der Betrieb der Höhle und der dazugehörigen Infrastruktur einer privaten Gesellschaft übertragen worden, die ihren Job professionell erledigt. Um den Höhleneingang herum ist ein regelrechter Tourismuskomplex mit Parkplätzen, Restaurants, Imbissen, Geschäften und Unterkünften entstanden.

● **Qar-e Ali Sadr:** täglich 8 bis 18 Uhr, Eintritt 10.000 Tuman (Bootsfahrt eingeschlossen).

● Die Besichtigung von Ali Sadr als Tagesausflug von Hamadan aus ist möglich. Wer von Ali Sadr weiterreisen möchte, findet auch **Unterkünfte** in Form kleiner Bungalows②. Während der iranischen Sommerferien sollte man unbedingt reservieren: Tel. 08223-3443 oder beim Büro in Hamadan (s.o.).

● In dem Komplex gibt es auch ein **Tourist Inn**②. Außerhalb der Saison kann man die Zimmer mitunter auch billiger bekommen. Tel. 0812-5533337/9.

Die Provinzen Hamadan, Kordestan und Kermanshah

Tepe Nush-e Jan

Eine der eindrucksvollsten Ausgrabungsstätten aus der Meder-Zeit liegt etwa 80 km von Hamadan entfernt südlich des Alvand-Massivs, unweit der Straße nach Malayer. Nicht nur für Archäologen ist dies ein interessanter Ausflug, für den man in Hamadan ein Taxi chartern muss. Man verlässt die Stadt auf der Straße nach Osten in Richtung Arak und Khorramabad. Etwa 6 km hinter der Ortschaft Jokar zweigt eine Straße in Richtung Westen ab. Der eindrucksvolle Hügel mit großem Schutzdach ist schon von Weitem zu erkennen.

Auf einem teilweise natürlichen Felshügel wurde bei Ausgrabungsarbeiten seit 1967 u.a. der älteste in Iran nachweisbare **Feuertempel** aus dem 8. Jh. v. Chr. freigelegt. Westlich davon hat man eine 20 x 16 m große **Säulenhalle** sowie die Reste eines weiteren Tempels und östlich des Feuertempels eine **Festungsanlage** gefunden. Der Hügel von Nush-e Jan war in der Zeit zwischen 800 und etwa 550 v. Chr. besiedelt und fällt somit in die Zeit des medischen Reiches unter *Kyaxares* und *Astyages*.

Wer im Anschluss in Richtung Kermanshah weiterfahren möchte, kann dazu die Verbindung über Tuysarkan und Kangavar wählen.

Provinz Kordestan

Von den insgesamt 5 Mio. iranischen **Kurden** leben etwa 1,5 Mio. in der Provinz Kordestan. Sie sind überwiegend in der **Landwirtschaft** tätig. Die Niederschläge im Westen Irans sind für Getreide ausreichend, mit Hilfe von Bewässerung werden auch Gemüse, Tabak und Zuckerrüben angebaut. Trotz ausgedehnter Viehhaltung gibt es kaum Nomadismus, vielmehr geht ein Teil der Familie der Feldarbeit nach, während ein anderer zwischen Frühling und Herbst mit dem Vieh auf den Sommerweiden umherzieht.

Größere Städte gibt es in Kordestan relativ wenige, schon gar keine mit ausgeprägter Industrie. Städte wie **Baneh**, **Saqqez** oder **Bijar** sind Kreisstädte und Marktflecken mit ländlicher Umgebung, wo die landwirtschaftlichen Erzeugnisse und auch Teppiche vermarktet werden.

Die Kurden zerfallen in zahlreiche unterschiedliche Stammesgruppen und zählen im Gegensatz zur Mehrheit der iranischen Muslime überwiegend zu den **Sunniten**. Daneben sind zahlreiche Sekten und auch Mischreligionen wie die Ahl-e Haqq anzutreffen. Im Gebrauch ihrer **Sprache** werden die Kurden in Iran nicht behindert, allerdings wird sie in den allgemeinbildenden Schulen auch nicht gelehrt.

In der **Geschichte** Irans stand das kurdische Gebiet selten im Mittelpunkt. Mit dem Aufstieg der Safaviden Anfang des 16. Jh. versuchte der osmanische Sultan die sunnitischen Kurden gegen *Ismail I.* zu unterstützen, was jedoch misslang. Im Gegensatz zu den zahlreichen türkischstämmigen Dynastien im Laufe der iranischen Geschichte haben die Kurden keine Reiche mit prachtvollen Residenzen begründet; meist herrschten lokale Machthaber im Auftrag der jeweiligen Oberherren. Eine Ausnahme bilden die *Zands* in Gestalt von *Karim Khan Zand*, der sein Machtzentrum aber fernab der Heimat in Shiraz errichtete.

Mit der Entwicklung eines **kurdischen Nationalbewusstseins** nach dem

Die Provinzen Hamadan, Kordestan und Kermanshah

Sanandaj

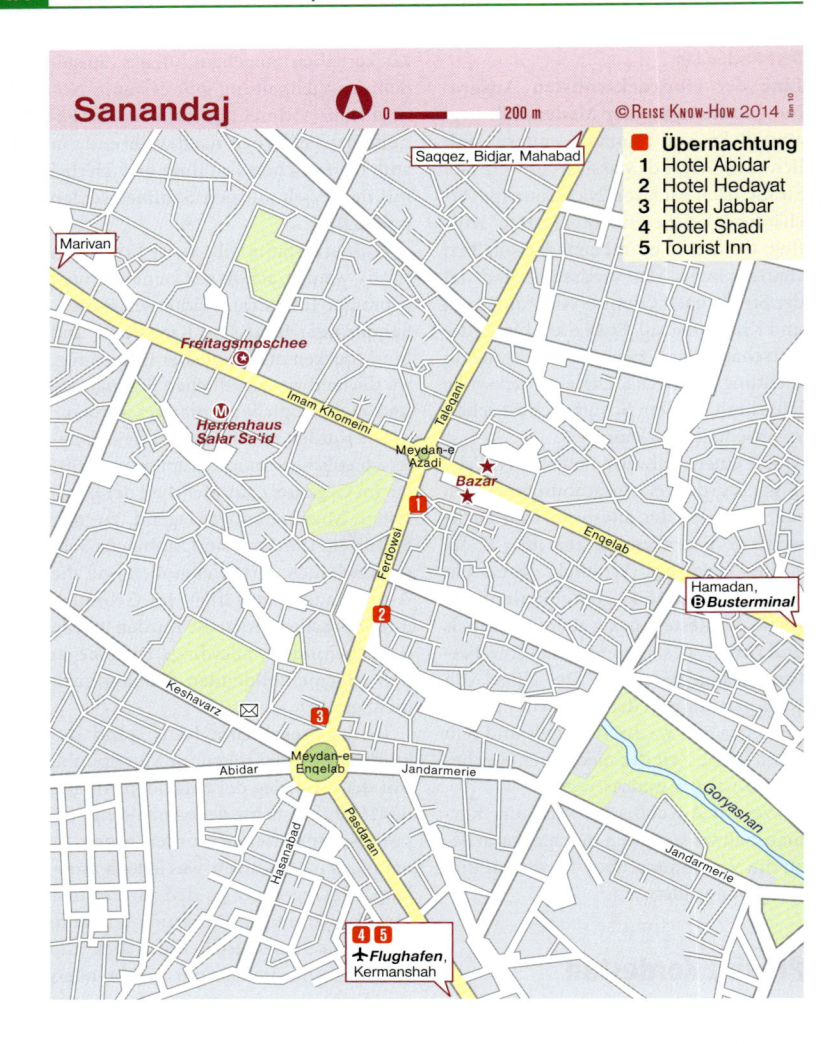

Übernachtung
1. Hotel Abidar
2. Hotel Hedayat
3. Hotel Jabbar
4. Hotel Shadi
5. Tourist Inn

Ersten Weltkrieg kam es auch im iranischen Kordestan zu Aufständen gegen die Zentralmacht, die von *Reza Shah* niedergeschlagen und mit Umsiedlungsaktionen beantwortet wurden. 1946 wurde in Mahabad eine kurdische Republik ausgerufen, die aber kein Jahr lang existierte.

Im Zuge der Revolution gegen den Schah kam es 1979 in vielen kurdischen Städten zu **Aufständen** mit dem Ziel verstärkter politischer und kultureller

Autonomie, die aber von den Revolutionsgarden blutig niedergeschlagen wurden. Zahlreiche Kurden waren gezwungen, auf die andere Seite der Grenze in den Irak auszuweichen.

Sanandaj

Das Stadtzentrum der ca. 300.000 Einwohner zählenden Stadt Sanandaj erstreckt sich vom Meydan-e Enqelab im Norden bis zum Meydan-e Azadi im Süden, verbunden durch die Hauptstraße, die Kh. Ferdowsi. Teile des **Bazars** östlich des Meydan-e Enqelab stammen aus der Safaviden-Zeit und dürften damit zu den ältesten noch erhaltenen Teilen der Stadt zählen. Wie in allen Bazaren in Kordestan verkauft man hier bunte Stoffe für die farbenprächtigen Kleider der kurdischen Frauen und Mädchen sowie Kelims, für die Sanandaj bekannt ist.

Vom Beginn des 19. Jh. stammt das **Museum** von Sanandaj, untergebracht in dem renovierten ehemaligen **Herrenhaus Salar Sa'id** und allein deshalb sehenswert. Es zeigt archäologische Fundstücke aus der Region im Untergeschoss sowie typisch kurdische Kleidung und Accessoires im Erdgeschoss. Das Museum befindet sich in der Kuch. Habibi im südlichen Abschnitt der Kh. Imam Khomeini, etwa 400 m vom Meydan-e Enqelab entfernt. Im gleichen Komplex befindet sich auch das Büro der Miras-e farhangi von Kurdistan, wo es Informationsbroschüren und Pläne gibt (Tel. 2255440).

Neben der Kreuzung mit der Kh. Shohada steht die vergleichsweise junge **Freitagsmoschee** vom Beginn des 19. Jh., leicht zu erkennen am stummelartigen Doppelminarett zu beiden Seiten des Eingangs-Iwans.

Ankunft mit dem eigenen Fahrzeug
Aus Richtung Kermanshah über den Bolv. Pasdaran immer geradeaus bis zum Meydan-e Aazdi zur Kh. Ferdowsi.

Aus Richtung Hamadan bei der Stadteinfahrt am Ende des Wäldchens zur Rechten geradeaus zum Meydan-e Nobovat mit dem doppelten Kreisel, von dort halblinks in die Kh. Enqelab.

Von Norden aus Richtung Mahabad/Bijar auf der Kh. Taleqani bis zum Meydan-e Enqelab.

Aus Richtung Marivan auf der Jade-ye Marivan halblinks in die Kh. Imam Khomeini bis zum Meydan-e Enqelab.

Praktische Informationen
■ **Telefonvorwahl Sanandaj: 0871**
■ Die Auswahl an Hotels ist nicht riesig. Zentral gelegen sind das **Hotel Hedayat**②, Kh. Ferdowsi, Tel. 2267117, das **Hotel Jabbar**②, Meydan-e Enqelab, Tel. 3236584, sowie das **Hotel Abidar**② in der Kh. Ferdowsi, Tel. 3241645.
■ Weiter außerhalb, im Süden der Stadt in Richtung Flughafen, stehen das empfehlenswerte **Hotel Shadi**②, Tel. 6625112, sowie das **Tourist Inn** ② zur Verfügung.
■ **Reiseagentur: Kafi Tour & Travel,** Pol-e Kamangar / Kh. Imam Khomeini, Tel. 22209.
■ Der **Flughafen** von Sanandaj liegt südlich der Stadt unweit der Straße nach Kermanshah. Dreimal pro Woche fliegt Aseman Airlines (Tel. 2227770) von/nach Teheran. Der Flughafen ist nur mit dem Taxi zu erreichen.
■ **Busse** aus Richtung Kermanshah halten am Terminal im Süden der Stadt an der Kreuzung Bolv. Pasdaran / Umgehungsstraße nach Hamadan. Für Fahrten nach Süden (Khorramabad, Ahvaz) ist es einfacher, bis Kermanshah zu fahren und dort eine Verbindung zu suchen. Der Terminal für Busse aus

Richtung Hamadan ist an der Ausfallstraße nach Hamadan. Büros einiger Busgesellschaften gibt es auch in der Umgebung des Meydan-e Enqelab.

Der Terminal in Richtung Marivan liegt im Nordwesten der Stadt am Ende der Kh. 17. Shahrivar; ein weiterer im Norden an der Kh. Taleqani für Busse in Richtung Mahabad und Tabriz.

Provinz und Stadt Kermanshah

Ebenfalls stark durch die kurdische Bevölkerung geprägt ist die **Provinz Kermanshah.** Im Gegensatz zu den großteils abgelegenen und noch bis vor kurzer Zeit kaum verkehrstechnisch erschlossenen Siedlungen Kordestans war diese Region stets das Durchgangsgebiet von den hochentwickelten Kulturen des Zweistromlandes zum iranischen Hochland und weiter nach Zentralasien. Die alte Königsstraße der Achämeniden, die Babylon mit Ekbatana und Rey (Raghes) verband, war vom Verlauf her identisch mit der heutigen Straße von Khosravi an der iranisch-irakischen Grenze über Kermanshah nach Hamadan und weiter über Saveh nach Teheran.

Die **Stadt Kermanshah** liegt inmitten einer fruchtbaren Hochebene in einer Höhe von 1430 m und ist mit ca. 650.000 Einwohnern die größte Stadt des gesamten westlichen Zagros-Gebietes. Auf älteren Karten findet man manchmal noch die Bezeichnung *Bakhtaran* für Kermanshah. Nach der islamischen Revolution hatte man vor lauter übereifriger Ablehnung der Monarchie wegen des Namensbestandteils „shah" den Namen geändert. Dabei bedeutet er nichts anderes als „Stadt des Königs von Kerman", weil der Stadtgründer *Bahram V.* (420–38) vor seiner Regentschaft als Kronprinz Gouverneur von Kerman war. Die Namensänderung, die sich unter der Bevölkerung ohnehin nicht durchgesetzt hatte, wurde unter der Regierung *Rafsanjanis* wieder rückgängig gemacht.

Die **alte Stadtanlage** aus dem 4. Jh. wird nördlich der heutigen vermutet. Kermanshah war eine der ersten Städte, die die arabischen Invasoren einnahmen, als sie auf das iranische Hochland vorrückten; sie wurde in *Qirmasin* umbenannt. Im 10. Jh., während der Herrschaft der sehr auf die nationale Tradition bedachten Buyiden, erhielt sie ihren alten Namen zurück.

Wie so viele iranische Städte wurde Kermanshah beim Einfall der Mongolen 1220 stark zerstört und erholte sich davon lange Zeit nicht. Erst als unter den Safaviden in Iran die Shi'a vorherrschend wurde, stieg ihre Bedeutung wegen der Lage am **Pilgerweg** zu den heiligen Gräbern in Nadschaf und Kerbela im heutigen Irak. Im Kampf gegen die Osmanen wurde sie Grenzstadt und deshalb zur Festung ausgebaut. Nach heftigen Kämpfen zwischen Iranern und Türken wurde 1639 die Grenze etwa 100 km östlich der Stadt festgelegt. Dennoch versuchten die Osmanen auch später stets, sich Kermanshahs zu bemächtigen, was nach dem Untergang der Safaviden 1723, unter den Qadjaren zu Beginn des 19. Jh. und 1915 während des Ersten Weltkriegs jeweils für kurze Zeit gelang.

▷ Fayencen mit Darstellungen des Martyriums von Imam Hossein in der Tekiyeh Mo'aven ol-Molk

Hamadan, Kordestan, Kermanshah

Immer wieder jedoch kehrte Kermanshah in iranischen Besitz zurück, und seit der Modernisierung der Straße Bagdad – Teheran und der Errichtung der Erdölraffininerie 1936 ist die Bedeutung der Stadt enorm gewachsen. Die Bevölkerung besteht mehrheitlich aus **Kurden,** daneben findet man jedoch auch Perser und Loren, deren Männer an ihren schwarzen Filzkappen und den „Hosenröcken" zu erkennen sind.

Im iranisch-irakischen Krieg versuchten irakische Truppen, auf die Stadt vorzustoßen, wurden jedoch schon weit westlich beim Aufstieg zur Hochebene gestoppt. Dennoch richteten Granaten und Luftangriffe schwere **Zerstörungen** in Kermanshah an, mittlerweile stehen hier Neubauten. Für die iranischen Pilger ist der Ort die letzte iranische Etappe auf dem Weg zu den heiligen Stätten der Imame in Nadschaf und Kerbela; der West-Terminal und die Stadtautobahn tragen deshalb den Namen „Rah-e Kerbela" (Weg nach Kerbela). Auf den Fernstraßen wird auf grünen Schildern in regelmäßigen Abständen die Entfernung zur Stadt Imam Hosseins angezeigt. Historische Bauten sucht man in Kermanshah – bis auf wenige Ausnahmen – vergeblich. Die Umgebung ist umso reichlicher damit gesegnet, weshalb ein Besuch durchaus lohnend ist.

Orientierung in der Stadt

Das **Stadtzentrum** liegt auf dem westlichen Ufer des Qara-Su-Flusses westlich des Meydan-e Azadi zu beiden Seiten der Kh. Modarres und in ihrer Verlängerung der Kh. Kashani.

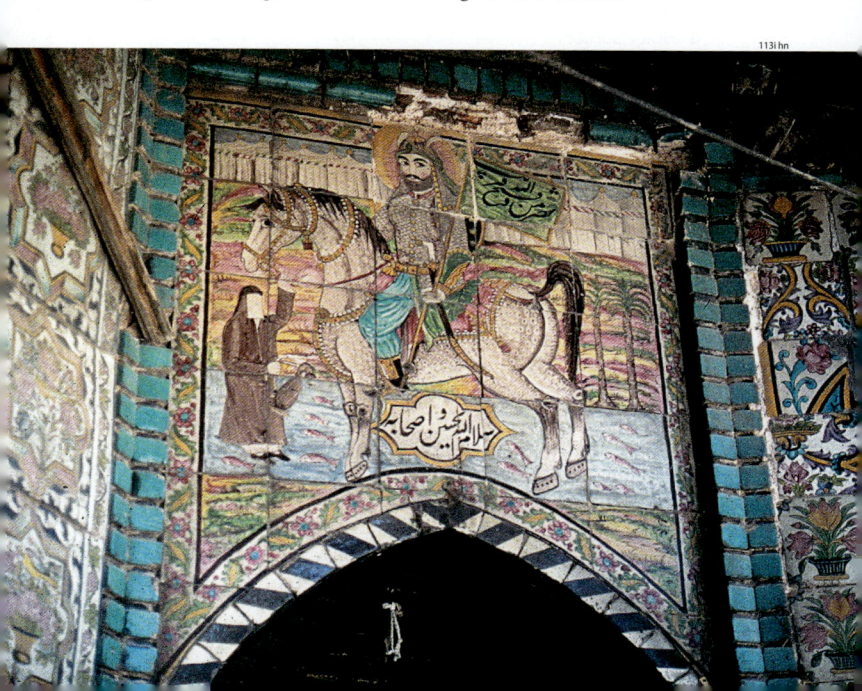

Kermanshah

Übernachtung
1 Hotel Resalat
2 Hotel Bisotun
5 Hotel Nabovat
6 Hotel Sorush
7 Hotel Azadegan

Ankunft mit dem eigenen Fahrzeug

Aus Richtung Osten (Isfahan/Hamadan/Teheran) erreicht man Kermanshah im Südosten am Meydan-e Imam. Der Weg ins Zentrum führt von dort geradeaus auf der Kh. Koshuri bis zum nächsten Kreisverkehr am Meydan-e 15. Khordad. Wer gleich die Grotten von Taq-e Bostan (s.u.) besichtigen will, biegt hier rechts ab und folgt der Beschilderung. Zum Stadtzentrum links abbiegen und immer geradeaus bis zum Meydan-e Azadi fahren.

Aus Richtung Sanandaj erreicht man die Stadt im Norden am Meydan-e Imam Hossein. Immer geradeaus halten bis zum Kreisverkehr am Meydan-e 15. Khordad.

Aus Richtung Süden (Ahvaz) und Westen kommt man am Meydan-e Azadegan an. Hier geradeaus auf der Kh. Qasr-e Shirin über zwei große Plätze hinweg bis zu Meydan-e Kargar fahren. Dort halblinks halten und bis zum Meydan-e Azadi weiter.

Sehenswertes in der Stadt

Das heutige Kermanshah macht einen modernen Eindruck, der Stadtgrundriss ist völlig regelmäßig. Nur noch in der Bazargegend links und rechts der Kh.

Essen und Trinken
3 Homa
4 Malakuti

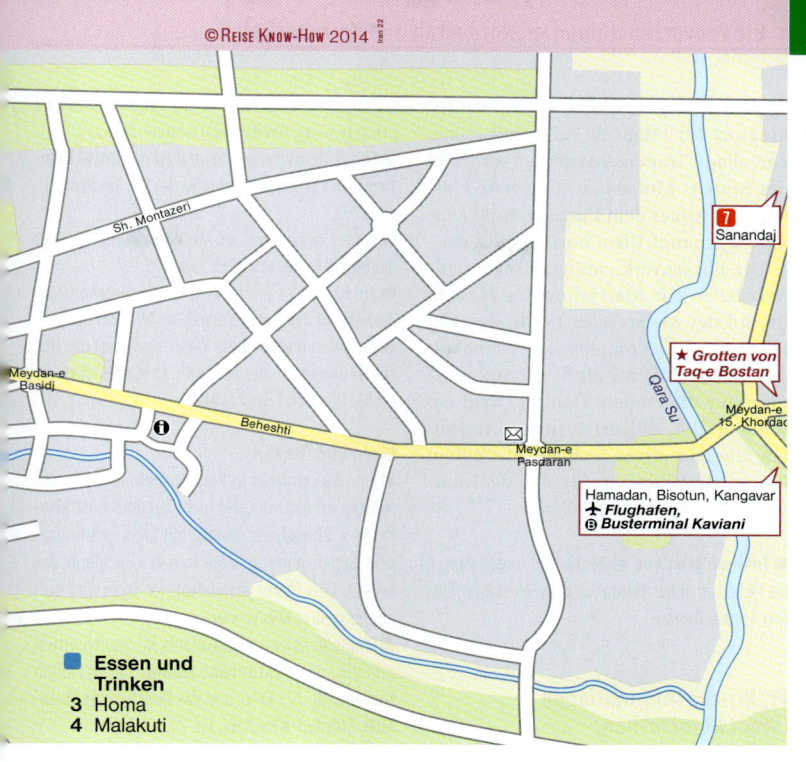

Modarres findet man Reste alter, verwinkelter Gassen.

Bazar
Der Bazar gehört zu den typischsten und farbenprächtigsten in ganz Iran. Berühmt ist er für *giveh,* traditionelle **Stoffschuhe,** die man in Europa gut als bequeme und luftdurchlässige Hausschuhe verwenden kann. Leider findet man fast nur noch moderne Exemplare, deren Sohlen meist aus abgefahrenen Reifen hergestellt werden. Gute, klassische *giveh* haben Ledersohlen.

Wie fast alle iranischen Städte hat auch Kermanshah eine spezielle **Süßigkeit:** *nan berendji,* aus Reismehl hergestellte, trockene Kekse (im Bazar). Auch farbenprächtige **Stoffe** für die kurdischen Trachten sieht man häufig.

Museum
Unweit des Bazars lohnt der Besuch des Museums von Kermanshah, nur fünf Gehminuten südlich der Kh. Modarres in der Kh. Shahid Hadad Adel gelgen. Die **archäologischen Exponate** sind eher unbedeutend, aber das **Gebäude** selbst ist als Museum einzigartig in Iran. Erbaut 1890, gelangte es später in den Besitz der Familie von *Mo'aven ol-Molk,* einem Würdenträger des qadjarischen Hofes. Es wird deshalb auch **Tekiyeh Mo'aven ol-Molk** genannt, entsprechend

seinem früheren Zweck als Versammlungsort für religiöse Veranstaltungen, vor allem Trauerzeremonien während des Monats Moharram. Der erste Hofkomplex hinter dem Eingang, auch *Hosseiniye* genannt, dient noch heute dazu.

Die Fliesenverkleidungen im Innenhof stellen das Martyrium des *Hossein* im Stil der Malerei des 19. Jh. dar. Ein überkuppelter Komplex wird *Zeinabiye* genannt und diente als Versammlungsraum für die Frauen. Dahinter liegt ein weiterer Hof, *Abbassiye*, mit interessanten Fliesenmotiven in Blau auf weißem Grund, die zahlreiche Figuren der iranischen Geschichte darstellen.

■ **Tekiyeh Moa'ven ol-Molk,** Kh. Hadad Abil, 8 bis 14:30 Uhr außer Montag und an Feiertagen, Eintritt 15.000 Tuman.

Praktische Informationen (Stadt Kermanshah)

■ **Telefonvorwahl Kermanshah: 0831**

Information
■ **Tourist Information** in der Kh. Beheshti, in der Nähe des Iran-Air-Büros, Tel. 8223800.

Geldwechsel
■ Alle **Banken** haben Filialen mit Geldwechsel entlang der Kh. Modarres und am Meydan-e Azadi.

Post und Telefon
■ **Post:** Neben der Bank-e Melli in der Kh. Modarres und am Meydan-e Sepah.
■ **Telefonzentrale** in der Kh. Madani.

Unterkunft
■ Das **Hotel Azadegan**③ liegt etwas außerhalb vom Zentrum, aber nicht weit entfernt von Taq-e Bustan (Shahrak-e-Taavon, Tel. 4292003/4). Es wird privat geführt, das Personal ist freundlich.
■ Empfehlenswert und zentral ist das **Hotel Bisotun**② mit schönem Garten in der Kh. Kashani, Tel. 7223792.
■ Weiter im Zentrum, am Meydan-e Ferdowsi, liegt das **Hotel Resalat**②, Tel. 7246365.
■ Am Rande des Zentrums in der Kh. Motahari/Modarres liegt das **Hotel Sorush**②, Tel. 7227002/3.
■ Preiswert und für diese Klasse sauber ist das **Hotel Nabovat**①, aber in der Kh. Modarres ist es zur Straße hin laut. Tel. 8231018.

Essen und Trinken
■ Eine **Spezialität** in Kermanshah, die man ansonsten im ganzen Land nicht bekommt, ist **khoresht-e khalal**, ein Ragout mit klein geschnittenem Fleisch, einer Soße aus Tomaten und darin, das bedeutet der Name, Mandelsplitter. Dazu wird duftender weißer Reis serviert.
■ Empfehlenswerte Restaurants im Stadtzentrum sind z.B. das **Restaurant Homa,** Kh. Ayatollah Kashani, Tel. 7234246, und das **Restaurant Malakuti,** Meydan-e Kashani, Tel. 7224338.

Reiseagentur
■ Die Agentur **Kiya,** 34 Bolv. Ershad Mehr, Tel. 8223238, kümmert sich um Ausflüge in die Umgebung, die Reservierung von Flügen oder auch den Grenzübertritt nach Irak. Nach Herrn *Madjid Mohammadi Kia* fragen.
■ Für Trekkingtouren in der Umgebung Kermanshahs, die Besichtigung der zahlreichen Höhlen oder Bergsteigen gibt es keine bessere Adresse als den **Bisotoun Mountaineering Shop** in der Kh. Modarres unweit des Basars. *Aliasghar Zarrin* und seine Frau *Lida* sind erfahrene und hilfsbereite Kletterer und Bergführer. Tel. 7292544, mobil 0918-3597375.

Verkehrsverbindungen
■ Der **Flughafen** liegt südöstlich der Stadt unweit der Ausfallstraße in Richtung Hamadan. Iran Air (Kh. 22 Bahman/Kh. Beheshti, Tel. 8248610) hat

Die Provinzen Hamadan, Kordestan und Kermanshah

täglich drei Flüge von/nach Teheran. Nachdem die heiligen Stätten in Irak vor einigen Jahren wieder für iranische Pilger frei gegeben wurden, ist es nahezu unmöglich, vor und nach religiösen Feiertagen, insbesondere im Monat Moharram, Flüge zu reservieren.

■ In Kermanshah gibt es zwei **Busterminals:** „Rah-e Kerbela" liegt an der südwestlichen Stadtausfahrt in Richtung Qasr-e Shirin am Ende der Umgehungsstraße. Hier kommen die Busse aus südlicher und nördlicher Richtung an. Busse aus Richtung Isfahan/Hamadan/Teheran kommen am Kaviani-Terminal in der Kh. Sh. Keshvari an. Von beiden Terminals aus kann man mit dem Taxi ins Zentrum zum Meydan-e Azadi fahren.

Grotten von Taq-e Bostan

Etwa 5 km nordöstlich des Stadtzentrums von Kermanshah an einem Felsabhang gelegen, sind die Grotten von Taq-e Bostan von der sich schnell ausdehnenden Stadt eingeholt worden und liegen am Stadtrand. Die Umgebung von Taq-e Bostan ist heute zu einem großen, **parkartigen Gelände** ausgebaut worden. Das erinnert an den Ursprung des Namens: „der Bogen des Gartens", womit ein ausgedehntes *paradeisos*, ein Paradiesgarten, gemeint ist, gespeist durch den großen Quellteich davor, wie es in sasanidischer Zeit üblich war.

Aus jener Epoche stammen die beiden Grotten und das Relief in der Felswand; sie zählen zu den wenigen Reliefs dieser Art außerhalb der Provinz Fars. Hinter dem Eingang zur Anlage sind Säulentrümmer, Kapitellreste und weitere in der Umgebung gefundene Baureste aus sasanidischer Zeit ausgestelllt.

Reliefs

Das am weitesten rechts befindliche Relief zeigt die Investitur (Amtseinführung) des **sasanidischen Königs Ardeshir II.** (379–383), über den es eigentlich nichts Bedeutendes zu berichten gibt. Er selbst aber wollte der Nachwelt von seiner Herrschaft Kenntnis geben. Aus den Händen des Gottes Ohrmuzd (rechts) nimmt er den bebänderten Ring, das Symbol der Königswürde, entgegen, während zur Linken der Gott Mithra ein Bündel aus geheiligten Zweigen über den Kopf des Königs hält. Es handelt sich um das einzige der zahlreichen sasanidischen Reliefs, auf denen Mithra, auf einer Lotosblüte stehend, dargestellt

> Relief von Khosrow II. in Taq-e Bostan

wird. Ohrmuzd und Ardeshir zertrampeln symbolisch einen geschlagenen Gegner, vermutlich einen Römer.

Links daneben liegt die erste der beiden Grotten mit einer Reliefdarstellung der beiden **Könige Shahpur II.** (310–368) und **Shahpur III.** (links, 383–388). Shahpur III., der für seine kurze Regierungszeit lange kämpfen musste, benutzt die Aura seines Großvaters, der fast 60 Jahre regierte und unter dessen Herrschaft das sasanidische Reich seine größte Ausdehnung hatte, um seinen Machtanspruch zu legitimieren. Über Shahpur II. ist eine Inschrift in Pahlavi, einer mitteliranischen Sprache, zu erkennen.

Die berühmteste der Grotten ist mehrere Meter tief als Tonnengewölbe in den Fels hineingehauen, an den Seiten geschmückt mit Akanthus- und Laubgewindemotiven. Über dem Bogen thronen zwei Siegesgöttinnen mit dem Königsdiadem in der Hand, zwischen ihnen als Abschluss eine Mondsichel. Hinten in der Grotte, durch eingedrungenes Wasser mittlerweile stark verwittert, sind in zwei Reihen Hochreliefs eingearbeitet: Die obere Reihe zeigt wahrscheinlich die Investitur **Khosrows II.** (590–628), des letzten bedeutenden sasanidischen Herrschers, wie er von Ohrmuzd den Ring entgegennimmt. Zu seiner Linken erkennt man Anahita, ebenfalls mit einem bebänderten Ring winkend und zum Ausdruck ihrer Funktion als Göttin der Fruchtbarkeit mit einem Wasserkrug in der Hand. Darunter sitzt der Herrscher auf seinem berühmten Schlachtross *Shabdiz* in der Pose eines Ritters mit gezückter Lanze.

Das Prunkstück dieser Grotte jedoch ist links und rechts an den Seitenwänden zu bewundern: Flachreliefs mit Darstellungen der **Königsjagd.** An der rechten Seite wird die Jagd auf Hirsche, links auf Wildeber dargestellt. Man hat den Eindruck, der Ablauf der Jagd werde dem Betrachter erzählt: Jagdvorbereitung und Zusammentreiben des Wildes, der König gefolgt von einem Schirmträger; im Zentrum die Hirschjagd selbst, der Herrscher im gestreckten Galopp, den Pfeil auf der Sehne zum Abschuss gespannt, darüber Musikanten auf einem Podium; schließlich der Abtransport der erlegten Tiere mit Kamelen. Dem entspricht der Ablauf bei der Wildschweinjagd: Treiber auf Elefanten scheuchen die Eber im sumpfigen Gelände auf, in einem Boot sitzende Musikanten spielen als Begleitung; im Zentrum das Boot des Königs, der gerade auf einen riesigen Eber anlegt; rechts zum Ausklang Elefanten beim Abtransport der Jagdbeute.

Im Gegensatz zu den sonst oft stereotypen, zur Wiederholung des Gezeigten neigenden sasanidischen Reliefs sind die von Taq-e Bostan originell und wirken auch nach 1500 Jahren noch äußerst kunstvoll, obwohl die Original-Bemalung nicht mehr vorhanden ist. Störend dagegen wirkt das qadjarische Relief über der Wildschweinjagd, nicht nur, weil sich hier jemand verewigen wollte, über den die Geschichte schon nach 170 Jahren den Mantel des Vergessens gehüllt hat. Die Darstellung eines Sohnes von *Fath Ali Shah* um 1822, der Gouverneur von Kermanshah war, zeigt auch, wie sehr die handwerklichen Fähigkeiten zu jener Zeit in Vergessenheit geraten waren.

■ **Taq-e Bostan,** täglich 8–17 Uhr außer an Feiertagen, April bis Okt. bis 18 Uhr, Eintritt 15.000 Tuman.

□ Übersichtskarte S. 166 **Die Provinzen Hamadan, Kordestan und Kermanshah**

Anfahrt

Mit **Sammeltaxis** oder **Minibussen** gelangt man vom Meydan-e Azadi oder Meydan-e 15. Khordad innerhalb von 15 Minuten nach Taq-e Bostan.

Essen und Trinken

■ Im Anschluss an die Besichtigung empfiehlt sich ein Tee, eine Wasserpfeife oder auch eine Mahlzeit in einem der zahlreichen kleinen **Gartenrestaurants** gegenüber dem Teich. Das Flüsschen, das aus dem Teich entspringt, verschafft im Sommer angenehme Kühle.

■ Direkt an der Zufahrt zu den Grotten von Taq-e Bostan steht das relativ neue **Hotel Jamshid**③. Der Eingangsbau wirkt wie ein sassanidischer Torbogen, die Zimmer sind gediegen eingerichtet. Tel. 4299666/9, www.Hotel-Jamshid.ir. Auch das Restaurant ist sehr empfehlenswert.

Bisotun und Kangavar

Ein **Ausflug von Kermanshah** nach Bisotun und Kangavar empfiehlt sich für diejenigen, die per Flugzeug aus Teheran kommen und auch wieder zurückfliegen. Von Hamadan kommend oder dorthin fahrend, wird man es am Wege besichtigen. Für beide Orte zusammen muss man einen halben Tag mit Hin- und Rückfahrt rechnen, mit öffentlichen Verkehrsmitteln länger. Sammeltaxis und Minibusse verkehren vom Terminal Shahid Kaviani in Kermanshah, an der Ausfallstraße nach Osten.

Felswand von Bisotun

Ca. 30 km östlich von Kermanshah führt die alte Königsstraße an einer lang gestreckten, hoch aus der Ebene emporragenden Felswand entlang, die seit alters her **„Berg der Götter"** genannt wird. Bis vor wenigen Jahren führte die Straße, wie seit Jahrtausenden, direkt unterhalb der Felswand entlang. Die neu gebaute Umgehungsstraße verläuft südlich der Ortschaft Bisotun. Wenn man diese passiert hat, hält man sich links und fährt ca. 250 m nach Westen. Aus Richtung Kangavar hält man sich dort, wo die neue Straße links abbiegt, rechts und fährt an der Felswand entlang, bis man zur linken einen Teich sieht.

Dort führt, hinter einem Zaun, eine teils natürliche, teils künstliche Treppe zu dem ca. 60 m über der Straße angebrachten **Relief von Darius** hinauf. Nach umfangreichen Renovierungsarbeiten ist es seit 2005 wieder gut zu sehen. Die in diesem Zusammenhang aufgebaute Treppe, die bis dicht vor das Relief führt, ist glücklicherweise gesperrt, sonst wären sicherlich schon Menschen zu Schaden gekommen.

Das Relief geht zurück auf die Zeit des Machtantritts des Königs *Darius* und beruht auf der von diesem überlieferten Version der Ereignisse, nach der der **Thron der Achämeniden** nach dem Tod des *Kambyses von Gaumata*, dem „falschen Smerdis", usurpiert worden sei (siehe „Land und Leute: Geschichte"). Diesen Gaumata und die anderen „Lügenkönige", wie sie in der Inschrift genannt werden, besiegte Darius in einer Reihe von 19 Schlachten, von denen die gegen den Meder-König *Fravartish* unweit von Bisotun stattgefunden haben soll.

Das Relief, dessen Bildfeld allein ca. 5,50 m breit und 3 m hoch ist, zeigt in der linken Hälfte Darius, deutlich größer als die beiden ihm folgenden Waffenträger, und die neun gefesselt vor ihn tretenden, geschlagenen Feinde. Einen Fuß stützt er auf den vor ihm niedergestreck-

Sprachforschung in der Felswand – die Entschlüsselung der Keilschrift in Bisotun

In der Inschrift von Bisotun, die identisch in den drei Sprachen **Elamisch, Neubabylonisch** und **Altpersisch** angefertigt wurde, erzählt *Darius II.* davon, wie er nach seiner Thronbesteigung erfolgreich in verschiedenen Provinzen des Reichs Aufstände niederschlug und das Reich wieder befriedete und einte. Die Entzifferung dieser Inschrift in der Felswand von Bisotun ist eine der kulturgeschichtlich bedeutendsten Leistungen in der Geschichte der Iranistik.

Im Jahre 1802 hatte der Schullehrer *Friedrich Georg Grotefend* (aus Hannoversch Münden) durch die Entzifferung mehrerer Passagen der altpersischen Inschrift die Grundlagen zum Verständnis der Keilschrift überhaupt gelegt. 1839 ließ sich dann *Sir Henry Rawlinson*, britischer Konsul in Teheran, von der Spitze der Felswand abseilen, um in mühsamer Arbeit die drei Inschriften von Hand genau zu kopieren: links die neubabylonische, in der Mitte die altpersische und rechts die elamische Version.

In den folgenden Jahren gelang es Rawlinson und anderen Wissenschaftlern, aufbauend auf den Grotefendschen Vorarbeiten zunächst die altpersische Inschrift weitgehend zu lesen und so auch die beiden anderen Versionen zu entschlüsseln. Damit schufen sie die Grundlage zur weiteren Entwicklung der **Keilschriftkunde** und **Altorientalistik.** Diese beschäftigt sich mit den zahlreichen Keilschrift-Dokumenten, die in verschiedenen altorientalischen Sprachen wie Babylonisch, Assyrisch, Sumerisch oder Hethitisch verfasst wurden, sowie der Kulturgeschichte der jeweiligen Reiche.

ten Gaumata, der mit hochgereckten Armen um Gnade bittet, eine Geste, die von einem wesentlich älteren Relief bei Sar-e Pol-e Zahab übernommen wurde.

Die Geschichte aus der Sicht von Darius ist ober- und unterhalb des Reliefs in **altpersischer Keilschrift** in den Fels gemeißelt, ergänzt zur Linken um eine textgleiche neubabylonische und rechts eine elamische Version der Geschichte. Bei unserem letzten Besuch im November 2013 war das gesamte Geschehen (mal wieder) nicht zu sehen, weil vollständig eingerüstet! Offenbar dringt Feuchtigkeit durch Spalten im Fels ein und zerstört Schriften und Reliefs.

Das Relief des Darius ist das wichtigste in Bisotun, doch nicht das einzige. Rechts unterhalb, am sogenannten **Parther-Hang**, sind in Höhe der heutigen Straße zwei Reliefs aus parthischer Zeit zu erkennen. Das linke zeigt vier Satrapen, die *Mithridates II.* (124–87 v. Chr.), dem bedeutendsten Parther-Herrscher, huldigen, während rechts davon König *Gotarzes II.* (38–51 n. Chr.) einen Feind mit der Lanze ersticht. Das Relief ist durch eine Inschrift aus dem 17. Jh. verunstaltet und relativ stark verwittert.

Noch weiter zur Rechten wurde bei Straßenbauarbeiten 1956 eine **Herkules-Statue** aus seleukidischer Zeit freigelegt. Der Recke liegt, ziemlich heiter dreinblickend mit einer Trinkschale in der Hand, auf der Seite ausgestreckt, die Heldenkeule zu seinen Füßen. Der Kopf wurde nach Restaurierungsarbeiten wieder aufgesetzt, eine Inschrift auf dem Rücken der Statue trägt das Jahr 163 der Seleukiden-Ära (entspricht 148 v. Chr.).

Eine noch weitaus größere, **geglättete Fläche** am Berg der Götter findet sich einige Hundert Meter westlich des Darius-Reliefs. Eine Fläche von 55 m in der Höhe und ca. 200 m in der Breite ist hier in den Fels eingearbeitet worden. Man nimmt an, dass dies im Auftrag von *Khosrow II.* geschah, der auch einen Palast in Bisotun errichtet haben soll.

Außer den bereits genannten finden sich in Bisotun Baureste und **Besiedlungsspuren von etwa 40.000 v. Chr.** bis zur Safaviden-Zeit. Gegenüber der Herkules-Statue liegt ein Quellteich, der schon zu sasanidischer Zeit ein *paradeisos,* ähnlich wie das in Taq-e Bostan, bewässert haben soll. Reste einer Umfassungsmauer wurden freigelegt.

Unweit des Dorfes Bisotun, westlich des Darius-Reliefs, ist eine noch gut erhaltene **Karawanserei** aus dem 17. Jh. zu besichtigen, außerdem eine **Brücke aus dem 17. Jh.** östlich des Reliefs in Richtung Kangavar. Hoch in der Felswand, in Höhe des Parther-Hangs, wurden mehrere **Höhlen** mit Besiedlungsspuren zwischen 40.000 und 35.000 v. Chr. gefunden – offensichtlich hat der Felsen von Bisotun zu allen Zeiten eine besondere Anziehungskraft ausgeübt.

Tempel von Kangavar

Kangavar liegt etwa 60 km östlich von Bisotun, etwa auf der Mitte zwischen Kermanshah und Hamadan. Die **Geschichte** des Ortes reicht zurück bis in die Seleukiden-Zeit, unter den Parthern war sie Sitz eines bedeutenden Anahita-Heiligtums. Nachdem der bekannte englische Ausgräber *Layard* die Stätte 1840 besucht und die französischen Reisenden *Coste* und *Flandin* Zeichnungen davon angefertigt hatten, ging man davon aus, dass es sich um einen griechischen Tempel aus der Seleukiden-Zeit handelte. Durch Arbeiten iranischer Archäologen ab 1969 konnte jedoch nachgewiesen werden, dass es sich um ein Bauwerk in rein iranischer Tradition handelt, wahrscheinlich aus **parthisch-sasanidischer Zeit.** Allerdings war es dazu nötig, einige auf dem Gelände erbaute Häuser, für die auch Steine des Tempels verwendet worden waren, abzureißen. Das Bild, das sich dann ergab, ist beeindruckend: Auf einer knapp 5 m hoch aufgeschichteten Terrasse von ca. 220 m im Quadrat erhoben sich die Säulen des **Tempels,** von denen einige in mühsamer Arbeit wieder aufgerichtet wurden.

Aus Richtung Kermanshah kommend, liegt die Anlage links der Straße, bevor man das Zentrum von Kangavar erreicht, aus Richtung Hamadan rechts der Straße vor der Ortsausfahrt (täglich von 9 bis 17 Uhr, April bis Okt. bis 18 Uhr, Eintritt 15.000 Tuman).

Von Kermanshah zur irakischen Grenze

An der alten Hauptstraße zwischen Mesopotamien und dem iranischen Hochland gibt es zwei Sehenswürdigkeiten nahe der irakischen Grenze: das Relief von Sar-e Pol-e Zahab (140 km von Kermanshah) und die sasanidischen Anlagen von Qasr-e Shirin (165 km von dort). Für Durchreisende nach Irak liegen sie in der Nähe der Hauptstraße. Für archäologisch Interessierte lohnt sich der Besuch als Tagesausflug von Kermanshah. Es verkehren Minibusse und Busse in Richtung Westen vom Busterminal Rah-e Kerbela.

Die Fahrt auf gut ausgebauter Straße führt an zahlreichen prähistorischen Hügeln und Resten alter Handelsposten vorbei. Etwa 65 km hinter Kermanshah erreicht man **Eslamabad-e Gharb,** wo die Hauptstraße nach Süden in Richtung Khorramshahr und Ahvaz sowie eine weitere nach Ilam abzweigt. Nach weiteren 60 km erreicht man den **Pataq-Pass,** der die Grenze zwischen dem Zagros-Gebirge und dem Tiefland markiert. Kurz dahinter sind links der Straße die Mauerreste eines alten Iwans zu sehen, der **Taq-e Gara** genannt wird und dessen Zweck nicht geklärt ist. An seiner Innenseite sind noch Reste von Bauschmuck erhalten.

Etwa 4 km vor Sar-e Pol-e Zahab am Ausgang einer Schlucht führt ein Weg nach links am Fuß eines Berges nach etwa 200 m zu einem Friedhof, auf dem die in dieser Gegend stark verbreiteten Ahl-e Haq ihre Toten beisetzten. Oberhalb davon ist das **Felsgrab Dokan-e Daud** („Davids Laden") in die Felswand gehauen. Nach der Überlieferung soll hier ein jüdischer Schmied, der später König wurde, begraben sein. Wem es tatsächlich gehört, ist nicht bekannt, vermutlich stammt es aus einer Zeit nach den Achämeniden: Unter dem Eingang ist ein Priester mit einem Barsom-Bündel zu erkennen.

Relief von Sar-e Pol-e Zahab

Kurz darauf folgt Sar-e Pol-e Zahab, eine alte Stadt an der Grenze zwischen Tiefland und Bergen, die schon in assyrischen Quellen des 8. Jh. v. Chr. erwähnt wird. Um 2000 v. Chr. lebten in diesem Gebiet die indoeuropäischen Lulubäer, die zu den Bergstämmen gezählt werden. Die hohe **Felswand** nördlich der Stadt dient schon seit langer Zeit als „historische Wandzeitung", die hier gefundenen Reliefs zählen zu den ältesten Irans und dienten Achämeniden, Parthern und Sasaniden als Vorbild.

Als berühmtestes gilt das **Siegesrelief des Anupanin**, offensichtlich das Vorbild für *Darius* in Bisotun. Kurz hinter der Ortseinfahrt muss man sich rechts halten in Richtung des weithin sichtbaren Felsens, wo ein kleiner Fluss durch eine Schlucht fließt. An der Ostwand dieser Schlucht befinden sich zwei Reliefs, von denen das obere durch eine akkadische Inschrift identifiziert wird. Ein Held mit Hüftrock und Waffen in der Hand tritt mit seinem Fuß einen niedergeworfenen Feind zu Boden. Ihm gegenüber erkennt man die Göttin Ishtar mit dem Ring der Macht in der Hand, identifiziert durch den achtzackigen Stern im Kreis. Sie führt zwei Gefangene an Nasenringen herbei. Die Größenunterschiede zwischen Protagonisten und Gefangenen sind überdeutlich, wie auch bei anderen mesopotamischen Vorbildern dieses Reliefs. Die Inschrift befindet sich rechts im unteren Register neben sechs weiteren nackten Gefangenen. Unter diesem Relief hat sich auch ein Parther-Herrscher verewigen lassen, das Relief ist aber schon stark verwittert. In der Schlucht gibt es noch drei weitere Lulubäer-Reliefs, die dem genannten ähneln.

Qasr-e Shirin

26 km westlich liegt Qasr-e Shirin („Shirins Schloss"), die letzte größere Stadt vor der Grenze. *Shirin* war eine christliche **Gattin von Khosrow II.**, der ihr an dieser Stelle einen Palast errichten ließ. Doch kaum fertig, wurde er von *Heraklios* im Jahr 628 demoliert. Heute leben größtenteils Kurden in der Stadt und ihrer Umgebung, die während des Krieges gegen den Irak fast völlig zerstört und dann wieder aufgebaut wurde. Die irakischen Truppen schreckten auch nicht vor der Zerstörung des **Chahar Qapu** („Vier Tore") genannten Sasaniden-Baus zurück, von dem heute nur noch Steinhaufen und Mauerreste übrig sind. Der eindrucksvolle Bau, vermutlich ein großer Feuertempel oder eine Audienzhalle, mit einem Grundriss von ca. 16 m², lag inmitten eines riesigen Parkgeländes mit Gärten, Wildgehegen, Teichen und Palästen, umschlossen von einer Wasserleitung.

Der Palast auf der anderen Seite der Hauptstraße wird **Emarat-e Khosrow** genannt und erhebt sich auf einer eindrucksvollen, acht Meter hohen Terrasse. Mit Nebengebäuden misst der Grundriss 370 x 190 m, der Aufbau ähnelt den bekannten Vorläufern aus Firuzabad und Sarvestan: Der öffentliche Teil bot Zugang in Form eines großen Gewölbes, das zu einem Kuppelsaal mit Nebenräumen führte. Dahinter folgte ein Hof mit den Privatgemächern.

Irakische Grenze

Bis zum **Grenzort Khosravi** sind es von Qasr-e Shirin aus 18 km, nach weiteren 4 km folgt der Grenzübergang zum Irak. Seit 2008 ist er offiziell wieder eröffnet. Vor allem zum Monat Moharram sieht man hier Massen von iranischen Pilgern, die es zu den Gräbern der Imame nach Najaf, Kerbela, Kazimein und Sammar zieht. Die Abfertigung geschieht in der Regel zügig. Der **irakische Grenzort Manzariyeh** liegt ca. 7 km westlich der Grenze. Von dort aus verkehren Busse und Taxis zum ca. 180 km entfernten **Bagdad**. Über die Sicherheitslage in Irak sollten in jedem Fall vorher Informationen eingeholt werden.

Provinz Khuzestan

Obwohl historisch meist zu Iran gehörig, bildet die südwestliche Provinz Khuzestan geografisch gesehen die Verlängerung des **Tieflands von Euphrat und Tigris** nach Osten. Khuzestan, benannt nach dem früher hier ansässigen Stamm der Khuz, bildet den östlichen Ausläufer des „Fruchtbaren Halbmonds", des Zagros-Gebirges, und wurde geschaffen durch das Schwemmland der drei großen Flüsse Karun, Karkhe und Dez.

Durch seinen **Wasserreichtum** zählt das Gebiet zu den ältesten und wichtigsten Kulturlandschaften Irans, schon im 3. Jtsd. v. Chr. gab es hier eine entwickelte Landwirtschaft und städtische Zivilisation. Dadurch, dass Niederschläge ausschließlich in den Wintermonaten niedergehen, kam es bei starker Schneeschmelze früher häufig zu großen Überschwemmungen. Mittlerweile sind am Oberlauf der Flüsse große Stauseen zur Flussregulierung und Elektrizitätserzeugung errichtet worden. Vom Karkhe-Stausee soll sogar durch eine Pipeline im Persischen Golf gegen Devisen Frischwasser nach Kuwait exportiert werden. Dieser Plan hat in Iran, das in großen Teilen des Landes unter Wassermangel leidet, zu heftigem Widerspruch geführt.

Khuzestan ist im Gegensatz zu den meisten anderen Gebieten Irans Tiefland. In den Sommermonaten ist die Hitze drückend und kann **Temperaturen bis 45 °C** und darüber erreichen. Zwischen 13 und 17 Uhr kommt das öffentliche Leben so gut wie zum Erliegen.

Die **Nomaden** des südwestlichen Zagros nutzen die Region um Dezful und Andimeshk als Winterweide, im Frühjahr ziehen sie mit ihren Herden zu den Hochweiden im Gebirge.

Im Süden und Westen von Khuzestan sowie am Persischen Golf gibt es etwa eine halbe Million **Iraner arabischer Herkunft,** früher wurde die Provinz deshalb auch Arabistan genannt.

Geschichte der Region

Die antiken Griechen kannten die Region als **Susiana**, abgeleitet von Susa, der alten Hauptstadt der Elamer. Dieser Volksstamm – in der heutigen Bezeichnung *Ilam* lebt er fort – steht gleichrangig zwischen den bei uns weitaus bekannteren Sumerern und Akkadern des alten Mesopotamien. Über seine Herkunft ist so gut wie nichts bekannt. Die elamische Sprache hat keinerlei Beziehung zu anderen Sprachen, ab dem 2. Jtsd. v. Chr. wurde sie mit babylonischer Keilschrift geschrieben.

Im Laufe der über einen Zeitraum von etwa 2000 Jahren fassbaren Geschichte Elams bestand immer eine enge Wechselwirkung mit den Ereignissen im Zweistromland: Etliche elamische Herrscher drangen als Eroberer dort ein, mehrfach wurde Elam von Sumerern, Babyloniern und Assyrern besetzt. Elam mit den nahe gelegenen Bergen des Zagros hatte mit Bodenschätzen und Holz Reichtümer zu bieten, an denen es zwischen Euphrat und Tigris mangelte. Zeitweilig reichte der Einfluss der Elamer im Osten bis zum Hochland von Fars, wo in der Nähe von Shiraz eine ihrer Hauptstädte gefunden wurde.

Provinz Khuzestan

Die **Geschichte Elams** wird in drei große Abschnitte unterteilt. Die altelamische Epoche ging von ca. 2400 bis 1600 v. Chr mit einer Abfolge verschiedener Dynastien, über die wenig bekannt ist. Oft war das Gebiet von Elam mesopotamischen Herrschern untertan. Ihr folgte die mittelelamische Epoche von ca. 1500 bis 1100 v. Chr., die als Höhepunkt der Geschichte Elams gilt. Wichtigster Herrscher jener Zeit war der Erbauer von Haft Tappeh, *Tepti-ahar*. Ihm folgte die Dynastie der Igi-Halkiden, deren Tempelbezirk von Chogha Zanbil noch heute bewundert wird. Danach kamen die Schutrukiden, die Babylon eroberten und die Stele des *Hammurabi* von dort entführten. Um 1100 v. Chr. jedoch rächte sich *Nebukadnezar* und nahm Susa ein. Danach verschwand Elam für längere Zeit von der historischen Bühne.

Zu einer kurzen Renaissance kam es während der neuelamischen Periode ab Mitte des 8. Jh. v. Chr., als die Elamer im Bündnis mit den Babyloniern gegen die Assyrer kämpften. Unter dem neu gegründeten achämenidischen Weltreich behielt **Susa** seine überragende Stellung und war neben Hegmatana (Hamadan) eine der Hauptstädte des Reiches. Über die Königsstraße war es mit Sardes an der ägäischen Küste im Westen und mit Persepolis im Osten verbunden. *Alexanders* Truppen eroberten es gleich nach der Einnahme Babylons 331 v. Chr. Auch nach seiner Rückkehr aus Indien kam der Herrscher noch einmal zurück, um hier die sogenannte „Massenhochzeit" zwischen seinen Offizieren und

Der Westen

Nomaden auf dem Zug westlich von Isfahan

Provinz Khuzestan

persischen Prinzessinnen abzuhalten. Auch während der Parther- und Sasaniden-Zeit war Susa Provinzhauptstadt, stand aber hinter Seleukia/Ktesiphon beim heutigen Bagdad zurück.

Unter den Sasaniden genoss Khuzestan besondere Aufmerksamkeit: Brücken, Staudämme und Kanäle wurden in großem Umfang ausgebaut und so die Landwirtschaft gefördert. Mehrere neue Städte wurden gegründet, darunter Jondeshapur in der Nähe von Shushtar mit seiner berühmten medizinischen Fakultät, an der sich auch zahlreiche griechische Wissenschaftler versammelt hatten. Die moderne Universität von Ahvaz ist nach dieser Stadt benannt worden, die heute nur ein Ruinenfeld ist.

Um 638 n. Chr. wurde das Gebiet von den **Arabern** erobert und bildete zwar noch ein wichtiges Handels- und Exportzentrum im seinerzeit noch ungeteilten islamischen Reich. Gleichzeitig setzte aber ein schleichender Verfall der Kulturlandschaft ein, und viele Siedlungen wurden zugunsten weniger Städte aufgegeben. Diese Tendenz verstärkte sich, als Mesopotamien im 16. Jh. osmanische Provinz wurde. Die Safaviden versuchten mehrfach, Nadschaf und Kerbela, die wichtigsten heiligen Stätten der Shi'a, zu erobern, was ihnen jedoch nicht dauerhaft gelang. So geriet Khuzestan an den Rand der Entwicklung und für Jahrhunderte in Vergessenheit.

Das sollte sich erst ändern, als in der Nähe von Masjed-e Soleyman in nur 400 m Tiefe **Erdöl** gefunden wurde und britische Gesellschaften mit der Förderung begannen. Mit Khorramshahr und

Abadan wurden zwei große **Häfen** am Shatt al-Arab ausgebaut, eine Eisenbahnlinie schuf Anschluss ans iranische Hochland. Nach der Verstaatlichung der Erdölförderung im Jahre 1953 stieg die Bedeutung Khuzestans als Sitz von Verwaltung, Verarbeitung und Transport des Öls weiter. Die Raffinerie von Abadan galt in den 1970er Jahren als die größte der Welt.

Diese Entwicklung wurde jäh unterbrochen, als im September 1980 **irakische Truppen** nach Osten vordrangen und versuchten, die iranischen Erdölquellen in die Hand zu bekommen. Der irakische Diktator *Saddam Hussein* hielt die iranische Armee durch die Revolution für ausreichend geschwächt, um die arabischen Bevölkerungsteile für eine Befreiung „Arabistans" zu gewinnen. Eine Hoffnung, die trog und die Hunderttausende Iraner und Iraker im blutigsten Konflikt, den der Nahe Osten jemals gesehen hatte, das Leben kosten sollte. Einstmals große iranische Städte wie Khorramshahr und Abadan tragen noch immer unübersehbare Spuren der Zerstörung. Große Teile ihrer Bevölkerung sind während des Krieges geflohen und mittlerweile in anderen Gegenden Irans ansässig geworden.

Heute ist vieles in Khuzestan wieder aufgebaut worden, man hat aus der Vergangenheit gelernt und verteilt das Erdöl, immer noch die Basis der iranischen Wirtschaft, nun über das ganze Land, wo es in vielen neuen Raffinerien verarbeitet wird. Neue Industriekomplexe sind gebaut worden, z.B. eine der größten petrochemischen Anlagen weltweit in Bandar Imam Khomeini.

Ahvaz

Die heutige **Hauptstadt Khuzestans** ist Ahvaz, 18 m über Meereshöhe unweit von Stromschnellen am Mittellauf des Karun gelegen, der bis dort früher als Schifffahrtsweg genutzt wurde. Obwohl nichts aus jener Zeit erhalten ist, geht die Geschichte der Stadt bis in die Zeit vor den Achämeniden zurück, als sie *Oxin* genannt wurde und im Schatten von Susa stand. Der Begründer der Sasaniden, *Ardeshir I.,* ließ hier eine Stadt mit Namen *Hormuzd-Ardeshir* erbauen, die nach der arabischen Eroberung Ahvaz (*al Suq al-Ahvaz* „Markt der Khuz") genannt wurde.

Aufständische aus Südirak, die gegen das Abbasiden-Kalifat kämpften, zogen sich im 9. Jh. hierher zurück, bei der Niederschlagung der Revolte wurde Ahvaz stark in Mitleidenschaft gezogen. Erst unter dem Buyiden *Azud ad-Dowle* gelangte es im 10. Jh. zu neuer Blüte. Eine Ziegelbrücke verband schon damals den Bazar am Ostufer mit den westlichen Stadtteilen. Bis zum 13. Jh. war Ahvaz ein bedeutender Umschlagplatz für den Handel, besonders Zuckerrohr wurde von hier exportiert.

Pendant zum Turm von Babel: die Ziggurat von Chogha Zanbil – der Stufentempel wurde nach annähernd 3000 Jahren ausgegraben

Ahvaz

Übernachtung
2 Ahvaz International Pars Hotel
4 Hotel Star
5 Hotel Iran
6 Hotel Oxin

Essen und Trinken
1 Arvand Kenar (Riverside)
3 Khayyam

Nach ständigen Überfällen durch lorische Nomadenstämme und die iranisch-türkische Rivalität geriet Ahvaz wie auch die anderen Städte Khuzestans an den Rand der Entwicklung, was sich erst änderte, als während der Regierung von *Nasser od-Din* in der Nähe der Stadt ein Hafen gebaut und der Wasserweg 1888 für den internationalen Handel freigegeben wurde.

Im 20. Jh. machte *Reza Shah* Ahvaz zur Hauptstadt von Khuzestan und die Eisenbahntrasse zum Shatt al-Arab über den Karun wurde hier gebaut. Hatte Ahvaz nach dem Zweiten Weltkrieg noch im Schatten Abadans gestanden, wo sich wichtige Anlagen der 1953 verstaatlichten Erdölindustrie konzentrierten, änderte sich dies ab Mitte der 1960er Jahre. Während des Krieges rückten irakische

Orientierung

Ahvaz liegt an beiden Seiten des **Karun**, der von fünf Brücken überspannt wird. Das alte Zentrum, das allerdings während des Krieges stark in Mitleidenschaft gezogen und danach modernisiert wurde, liegt am Ostufer des Karun um den großen Platz **Meydan-e Shohada**.

In der Verlängerung des Platzes führt das Wahrzeichen von Ahvaz, die Pol-e Mo'allaq, eine 1935 erbaute **Stahlhängebrücke**, über den Fluss. Ein paar Hundert Meter weiter nördlich überspannt eine 1932 erbaute **Eisenbahnbrücke** den Karun, zu deren Bau leider auch Reste eines alten Brückendammes aus der Sasaniden-Zeit verwendet wurden. Der nach dem Krieg weitgehend neu gebaute **Bazar** erstreckt sich südöstlich des Meydan-e Shohada.

Ankunft mit dem eigenen Fahrzeug

Aus Richtung Nordosten (Shushtar/Masjed Soleyman) erreicht man die Stadt auf dem Bolvar-e Pasdaran. Von diesem an der Eisenbahntrasse rechts in die Kh. Razavi abbiegen, dieser folgen bis zur Kh. Azadegan (vor der Eisenbahnbrücke), dort links abbiegen und geradeaus ins Zentrum fahren.

Aus Richtung Susa/Andimeshk erreicht man die Stadt auf der Westseite des Karun. Kurz hinter dem Posten der Verkehrspolizei am nächsten Platz links abbiegen und auf dem Bolvar-e Modarres den Karun überqueren. Am Meydan-e Naql (mit den großen goldfarbigen Palmen) halbrechts halten und am nächsten Kreisverkehr rechts auf den Bolvar-e Pasdaran abbiegen, weiter s.o.

Truppen bis in die Nähe der Stadt vor und richteten durch Beschuss große **Zerstörungen** an, einnehmen konnten sie sie jedoch nicht. Die Zerstörungen sind mittlerweile beseitigt und Ahvaz ist heute die unbestrittene Wirtschaftsmetropole Khuzestans; auf dem Westufer des Karun sind viele neue Industriebetriebe entstanden. Die Einwohnerzahl beträgt fast eine Million.

Provinz Khuzestan

Von Süden aus Richtung Abadan/Khorramshahr immer am Karun entlang erreicht man Ahvaz auf der Jade-ye Khorramshahr. Über den Meydan-e Kargar geht es stadteinwärts auf der Kh. Golestan, die dann in die Kh. Takhti übergeht. Nachdem rechts das Sportstadion passiert ist, rechts abbiegen, auf der Pol-e Shenavar den Karun überqueren und der Kh. Abzar bis zur Kh. Shariati folgen. Dort links abbiegen und bis zur Kreuzung Kh. Taleghani im Zentrum fahren.

Auf der zweiten Hauptstraße von Süden, die parallel zur Bahnlinie verläuft, an der Stadteinfahrt bei der Eisfabrik rechts in den Bolv. Beheshti abbiegen und an dessen Ende links in die Kh. Golestan fahren (weiter s.o.).

Sehenswertes

Der Abschnitt zwischen den Brücken ist mit seinen **Promenaden an beiden Ufern** ein beliebtes Ausflugsziel der Bewohner. Im Sommer wird hier bis in die späte Nacht flaniert, weil es tagsüber so heiß ist, dass niemand sich im Freien aufhält, der nicht unbedingt muss! In diesem Bereich gibt es auch zahlreiche Erfrischungsstände, Imbisse und Restaurants. Leider entweicht dem Fluss meist ein fauliger Geruch, ein Gemisch aus Abwässern und Öl, das den Aufenthalt an der Promenade trübt.

Die Sehenswürdigkeiten befinden sich in der weiteren Umgebung von Ahvaz. Touristen dient die Stadt nur als kurzer Aufenthalt zur Besichtigung von Susa oder Chogha Zanbil oder als Zwischenstopp auf der Weiterreise in Richtung Kermanshah oder Shiraz.

Praktische Informationen

■ **Telefonvorwahl Ahvaz: 0611**

Informationen/Auskunft
■ Eine **Tourist Information** gibt es in der Kh. Felestin in der Nähe des Bahnhofs.

Geldwechsel
■ **Bank-e Melli** in der Kh. Azadegan (Montazeri) südlich des Meydane-Shohada.

Visaverlängerung
■ Die Visaverlängerung ist möglich bei der **Polizei** in der Nähe vom Hotel Fadjr.

Post und Telefon
■ Die **Hauptpost** liegt am Meydan-e Dj. Afshari auf der Westseite des Flusses.
■ Die **Telefonzentrale** liegt in der Kh. Azadegan / Ecke Kh. Imam Khomeini.

Unterkunft
In der gehobenen Kategorie herrscht in Ahvaz ein gewisser Mangel. Durch die große Zahl von ausländischen Vertretern und Technikern ist die Nachfrage konstant groß und verteilt sich auf nur zwei Hotels, weshalb die Preise relativ hoch sind.

■ Das erste Haus am Platz ist das **Ahvaz International Pars Hotel**④ direkt am Fluss unweit der Pol-e Mo'alagh. Vom guten Service des Hotel Astoria (so hieß das Haus bis zur Revolution) hat man einiges gerettet, sehr empfehlenswert ist auch das Restaurant, Tel. 2220091/5, www.pars-hotels.com.
■ Das **Hotel Oxin**③ liegt außerhalb des Zentrums in der Nähe des Flughafens, Tel. 4442133/4, www.oxinhotel.com.
■ Zwei einfache, aber ordentliche Hotels liegen nahe dem Zentrum an der Kh. Imam Khomeini: das **Hotel Iran**① an der Ecke Kh. Sirous, Tel. 221 7200/5, und das **Hotel Star**①, Ecke Kh. Moslem, Tel. 2221825/6.

Essen und Trinken
In Ahvaz bekommt man Süßwasser- und auch Meeresfische in meist guter Qualität, oft gibt es auch köstliche Shrimps *(megu)* vom Golf. Eine Spezialität in Khuzestan sind Okraschoten *(bamye)*.

■ **Arvand Kenar** („Riverside") auf der Westseite des Karun, ca. 300 m nördlich der Pol-e Mo'allaq, bietet Süßwasser- und Meeresfische, Tel. 3332421.
■ **Khayyam** auf der Ostseite des Karun an der Brücke hat guten Fisch, Tel. 2222453.
■ Das Restaurant im **Hotel Fadjr** ist bekannt für seine Shrimps.

Reiseagentur
■ **Moayed Travel Agency,** Kh. Abedi, neben dem Hotel Fadjr, Tel. 2214040.

Verkehrsverbindungen
■ Der **Flughafen** von Ahvaz liegt nordöstlich der Stadt am Bolv. Pasdaran, der Ausfallstraße nach Norden. Taxis fahren Richtung Innenstadt.
■ In Ahvaz wird an einer **U-Bahn** mit zwei je 23 km langen Röhren gebaut, die bis 2016 fertiggestellt werden soll. Sie unterquert sowohl den Karun als auch mehrere Erdölleitungen. Im Endstadium sind vier Linien geplant.
■ **Ahvaz verfügt nicht über einen zentralen Busterminal,** sondern je nach Richtung kommt man am Terminal am Bolv. Pasdaran, am Ostterminal an der Jade-ye Bandar Emam oder am Westterminal am Ende der Kh. Enqelab an. Von jedem der Terminals kann man leicht mit dem Taxi oder Sammeltaxi ins Zentrum fahren.
■ Der **Bahnhof** liegt auf der Westseite des Flusses. Täglich verkehren zwei Züge zwischen Teheran und Ahvaz, die beide morgens ankommen. Rückfahrt nach Teheran täglich mittags bzw. nachmittags. Vom Bahnhofsvorplatz folgt man der Kh. Musasadr nach Osten, überquert den Karun auf der Pol-e Charharom und erreicht das Stadtzentrum am Meydan-e Shohada nach zehn Minuten Fußweg.

Haft Tappeh, Susa und Chogha Zanbil

Die Besichtigung dieser drei **elamischen Stätten** ist von Ahvaz aus gut an einem Tag möglich. Nach Chogha Zanbil und Haft Tappeh gibt es allerdings keine öffentlichen Verkehrsmittel, sodass man ein Taxi mieten sollte. Eine weitere Möglichkeit besteht darin, mit dem Taxi nach Haft Tappeh, Chogha Zanbil und Susa (Shush) zu fahren und von dort weiter zur Übernachtung nach Andimeshk. Minibusse und Sammeltaxis in Richtung Shush verkehren vom Terminal in der Kh. Enqelab.

Die modern ausgebaute Straße führt durch ein intensiv landwirtschftlich genutztes Gebiet. Das **Klima** in Khuzestan ist deutlich drückender als im Hochland von Iran, schon Ende März/Anfang April herrschen schweißtreibende Temperaturen. Deshalb sollte bei diesem Ausflug unbedingt ausreichend Trinkwasser mitgeführt werden.

Haft Tappeh

Etwa 15 km vor Shush zweigt eine Straße rechts in Richtung Haft Tappeh ab, wo sich heute ein moderner Industriekomplex mit einer Zuckerfabrik und einer Papier-/Zellulosefabrik befindet. Kurz nach Überquerung der Eisenbahn, direkt gegenüber einer ausgedehnten Zuckerrohrplantage, liegen rechts der Straße die Reste von Haft Tappeh, entdeckt bei den Bauarbeiten für die Zuckerfabrik und seit 1965 von iranischen Archäologen ausgegraben. Der Name bedeutet eigentlich „Sieben Hügel", in

Wirklichkeit besteht die Grabungsstätte aus einem **guten Dutzend Hügel**, die aber nicht alle freigelegt wurden. Gefunden hat man u.a. die Reste einer alten Mauer aus dem 3. Jtsd. v. Chr., Stufentempel und Palastbauten.

Grabkammern

Direkt neben der Straße fallen als erstes zwei gemauerte **Gewölbebögen** ins Auge, deren Entdeckung seinerzeit eine Sensation war, denn sie brachten Licht in die bis dahin dunkle Geschichte Elams. Die größere der beiden Grabkammern zur linken war mit 21 Skeletten gefüllt, anhand derer das Grab als das eines elamischen Lokalfürsten aus dem 14. Jh. v. Chr. identifiziert wurde. Das Gewölbe ist das älteste, das man bisher in Iran gefunden hat, mit beeindruckend sorgfältig gesetzten Steinen. Der Bogen der etwas kleineren Kammer zur Rechten ist eingestürzt und mit einem Schutzdach versehen worden. Hier wurden insgesamt 23 Skelette gefunden, 14 davon ordentlich aufgereiht und 9 achtlos darüber geworfen.

Tempel

Rechts neben dem zweiten Grab führt ein Weg die Anhöhe hinauf. Hinter den Gräbern erstreckt sich das ausgedehnte Gelände eines Tempels, wo die Ausgräber Fragmente von **Stelen mit Inschriften** gefunden haben. Auf ihnen waren die Abgaben aufgelistet, die von den Gläubigen an die Tempelpriester zu entrichten waren. Raubgräber haben leider den Altar in der Mitte zerstört, wo heute nur noch eine große Grube zu sehen ist.

Östlich des Tempels wurde noch eine Reihe weiterer Bauten freigelegt: große Höfe mit Versorgungseinrichtungen für den Palast. Man fand Reste von Kücheneinrichtungen und Brunnen, daneben gibt es ein Archiv mit Tontafeln.

Museum

Viele der auf dem Gelände gelegenen Fundstücke sind im Museum **östlich des Ausgrabungsgeländes** ausgestellt, z.B. Grabbeigaben, Rollsiegel, Statuetten und zwei mit Edelsteinen besetzte Terrakottaköpfe, vermutlich Darstellungen des hier beigesetzten Königspaares. Ein Höhepunkt ist die umfangreiche Dokumentation zu den Ausgrabungen in Chogha Zanbil mit Plänen, Fotos und Modellen (täglich außer Montag 9 bis 12 und 15 bis 18 Uhr, Eintritt 15.000 Tuman).

Susa und Shush

Mit Sammeltaxis oder Bussen fährt man zurück zur Hauptstraße und 18 km bis **Shush**. Das **Ausgrabungsgelände** von Susa liegt südlich des Ortseingangs, weithin sichtbar an riesigen Schuttbergen und der französischen Festung auf dem Hügel (täglich 8 bis 18 Uhr, Eintritt 15.000 Tuman). Hinter dem Eingangstor führt der Weg den Hügel hinauf, vorbei am Eingang zum Museum.

▷ Stark verwittert: die Ruinen von Susa

Die **beste Übersicht** hat man von der Festung aus, die Anfang des 20. Jh. von den Ausgräbern zum Schutz vor den ständigen Überfällen lorischer Nomaden erbaut wurde. Der Frevel liegt darin, dass nicht geringe Mengen von originalen Ziegeln für die Mauern verwendet wurden!

Von oben zu sehen ist die sogenannte **„Akropolis"**, ein Hügel im Süden, in dessen Umgebung Reste mehrerer Tempelanlagen entdeckt wurden. Daran schließt sich im Südosten die **„Königsstadt"** an, hieran die **„Handwerkerstadt"** im Osten und die **„achämenidische Siedlung"** im Nordosten. Bei all diesen Deutungen müssen wir den Erkenntnissen der zahlreichen Archäologen und anderen Wissenschaftler vertrauen, die schon seit einem guten Jahrhundert mit Unterbrechungen an dieser Stätte forschen. Die Bezeichnungen wurden aufgrund der jeweils an Ort und Stelle gefundenen Reste von Besiedlungen vergeben. Fast alles davon ist mittlerweile vergangen oder bei der Freilegung unterer Schichten zerstört worden; einiges findet sich im Museum in Teheran, mehr noch in Paris.

Dies ist für den nicht archäologisch geschulten Besucher eventuell ein wenig enttäuschend, es gibt jedoch auch zwei Bereiche, wo noch mehr zu sehen ist. Der erste ist eine sogenannte **„Sondierungsgrabung"**, wo man zumindest nachvollziehen kann, wie die Archäologen zu ihren Erkenntnissen kommen. Man erreicht sie nach dem Abstieg von der Festung in östlicher Richtung den Hügel hinauf; ein ausgetretener Pfad kennzeichnet den Weg. Hier hat man auf einem großen Areal etwa 15 m in die

Tiefe gegraben; die einzelnen Siedlungsschichten sind an den Wandungen noch in Form von Ziegellagen, Kiesbetten und Keramikresten nachzuvollziehen. An dieser Schichtung können Fachleute die Abfolge der Besiedlung bestimmen.

Palast von Darius

Der Weg zurück gilt dem am besten bewahrten Teil von Susa, dem Palast, den *Darius der Große* hier anlegen ließ, vermutlich in zeitlichem Zusammenhang mit dem in Persepolis. Die Erhebung der großen, künstlich aufgeschichteten Terrasse ist nicht zu verfehlen, gut gangbare Wege führen hinauf zu dem Bau, dessen Zentrum eine große **Thronhalle** vom Apadana-Typus bildete. Der auf Säulen ruhende Zentralbau hatte offene Vorhallen nach drei Seiten, dahinter schlossen sich die Wohn- und Vorratsräume an. Reste von Säulen, Basen und Kapitellen sind überall auf dem Gelände verstreut. Durch eine 1947 gefundene Bauinschrift des Darius ist man über den Erbauer und seine Helfer gut informiert.

Grab des Daniel

Durch den rückwärtigen Teil des Darius-Palastes führt der Weg zum Ausgang der Grabungsstätte zurück. Mitten in der Ortschaft Shush zeichnet sich das zuckerhutförmige Spitzdach des Danielsgrabs ab. Der Weg dorthin führt nach links in Richtung der Hauptstraße. Wie in Khuzestan üblich, sind die Geschäfte zu beiden Seiten wegen der Hitze von Arkaden gesäumt.

Nach etwa 80 m taucht zur Rechten der Eingang zum Hof des Heiligtums auf. Hier wird das Grab des **alttestamentarischen Propheten Daniel** verehrt. Ein Zusammenhang zwischen dem alten Susa zur Achämeniden-Zeit und der jüdischen Gemeinschaft ist erwiesen, wie man z.B. durch das Buch Esther des Alten Testaments weiß. Ob es tatsächlich die Grabstelle des Daniel ist, kann man dagegen nicht genau sagen. Den Muslimen ist das egal, das Heiligtum ist im ganzen Land bekannt. Wenn man einem Iraner sagt, man sei in Shush gewesen, geht er gleich davon aus, man meine *Shush-e Danial,* die „Stadt des Daniel"!

Im Zentrum des Hofes, dessen Fliesenfassaden kürzlich renoviert wurden, steht ein großer Brunnen. Die Gläubigen hier sind an Ausländer gewöhnt und begegnen einem in der Regel freundlich und interessiert. In letzter Zeit war sogar

„Zuckerhut-Dach" des Danielsgrabs in Shush

die Vorschrift für Frauen, den Chador anzulegen, für Ausländerinnen nicht mehr verbindlich! In jedem Fall werden diese Kleidungsstücke am Eingang bereit gehalten.

Die für Iran recht ungewöhnliche Form der **Kuppel** hat ihr Vorbild in schiitischen Grabbauten im benachbarten Zweistromland, wo sie zahlreich vertreten sind. Die hoch aufstrebende Spitze mit den ineinander verschachtelten Rundungen macht das Bauwerk besonders markant. Die Innenkuppel unterscheidet sich nicht von sonst bei Heiligengräbern üblichen. Sie ist wie auch die Wände mit weißen und farbigen Spiegeln ausgekleidet, die eine Fülle von Licht erzeugen und nach Ansicht der Gläubigen eine besonders heilige Atmosphäre schaffen. Der Grabbau im Zentrum trägt wie üblich einen mit Silber ziselierten, vergitterten Aufbau, unter dem der Scheinsarg liegt. Durch Schlitze werden Geldscheine ins Innere geschoben; die Bereiche für Männer und Frauen sind durch eine Wand voneinander abgetrennt.

■ Nach der Besichtigung kann das Gelände auch über den rückwärtigen Eingang verlassen werden, von dem eine Treppe zum Fluss Shaur hinunterführt, der schon das Wasser für die Bewohner des antiken Susa spendete. Heute überspannt ihn unweit des Danielsgrabs eine Brücke, die zu dem **Restaurant Apadana** mit **Hotel**① (Tel. 0642-522 3131) führt. Ein Grund zum Übernachten besteht in Susa meist nicht, das Essen ist aber gut. Wenn man Glück hat, bekommt man *khoresht-e bamiye*, in Fleischsoße gedünstete Okraschoten, ein Gericht, das nur in Khuzestan bekannt ist.
■ Ein weiteres akzeptables **Restaurant** ist **Ghazakhoriye Nasser** an der Hauptstraße, direkt an der Zufahrt nach Shush.

Chogha Zanbil

Zum Besuch von Chogha Zanbil fährt man von Shush in Richtung Ahvaz zurück und biegt nach ca. 15 km nach Osten ab, wo ein **Schild** die Richtung anzeigt. Nach der Überquerung des Bahndamms passiert man ein Wachhäuschen, wo jedoch nicht kontrolliert wird. Hier rechts abbiegen, geradeaus geht es auf Nebenstraßen in Richtung Shushtar.

Links und rechts der Straße zeichnen sich **zahlreiche Lößhügel** ab und man bekommt das Gefühl, unter fast jedem von Ihnen könnten noch Altertümer verborgen sein. Wenige Kilometer hinter einer Straßensiedlung zur Rechten zweigt der Weg rechts ab, an der Zufahrt gibt es ein Tor, das in der Regel geöffnet ist. Hier schneidet sich die Straße durch den Löß hindurch, der vor etwa 3300 Jahren die Umwallung des heute Chogha Zanbil genannten Ortes war.

Stufentempel

Nach einigen Kehren öffnet sich der Blick auf den riesigen Stufentempel, die **Ziggurat**, Kernstück der Anlage der alten **Königsstadt Dur Untash,** die um 1250 v. Chr. von dem elamischen Herrscher *Untash Napirisha* unweit des Flusses Dez gegründet worden war. Dieser Bautyp ist ansonsten in Mesopotamien zu Hause – das bekannteste Beispiel ist der **Turm zu Babel** –, aber dort sind die Anlagen längst nicht so gut erhalten. Der Stufentempel von Chogha Zanbil war annähernd drei Jahrtausende von Schutt und Staub bedeckt und wurde erst bei Erkundungsflügen zur Erdölsuche in den 30er Jahren des 20. Jh. entdeckt. Ausgegraben wurde die Stadt teilweise von dem bekannten französischen Archäologen *Roman Ghirshman* zwischen 1951 und 1962.

Die gesamte Stadtanlage umfasste ca. 100 Hektar und war von einer vier Kilometer langen Mauer umgeben. Das **„Königliche Viertel"** befand sich ca. 450 m östlich der Ziggurat, Reste von drei großen Gebäuden mit von Hallen umgebenen Innenhöfen wurden freigelegt. Darunter liegt der von den Archäologen sogenannte **„Begräbnispalast"**, fünf unterirdische Grabkammern mit eindrucksvollen gemauerten Gewölben, die sogar größer als jene in Haft Tappeh sind. Gemauerte Treppen führen in die absolute Dunkelheit hinunter, wo einem ein beißender Geruch entgegenschlägt, weil die Gräber lange Zeit als Schafställe benutzt wurden.

Das Zentrum der Stadt bildete der **heilige Bezirk,** von insgesamt drei Mauern umgeben, mit der Ziggurat in der Mitte. Er war über sieben Tore zu erreichen und enthielt außer mehreren Tempelanlagen weitere Baulichkeiten, u.a. wurden hier Brennöfen zur Herstellung von gebrannten Ziegeln gefunden, aus denen die Außenmauern des Stufentempels errichtet sind. Dieser bildet ein Quadrat von 105 m Seitenlänge und **vier Stufen,** von denen zwei noch vollständig erhalten sind. Die vierte, ein den Göttern Inshushinak und Napirisha geweihter Hochtempel, ragte gut 52 m empor, exakt die halbe Seitenlänge des Grundrisses! Von der obersten Plattform erhob sich nach dem Glauben der Elamer Inshushinak jeden Abend gen Himmel.

An jeder der vier Seiten befindet sich ein **Aufgang mit gemauertem Ziegelgewölbe,** von denen aber nur einer zur Spitze der Ziggurat führte. Über die anderen erreichte man das Innere des Tempels mit seinem Gewirr von **Gräbern,**

Tunneln und Kammern. Heute sind alle Aufgänge gesperrt, um ein weiteres Verfallen des Bauwerks zu verhindern. Es empfiehlt sich ein Fernglas oder starkes Teleobjektiv, um die zahlreichen **Inschriftensteine** gut erkennen zu können, die in regelmäßigen Abständen in die Außenmauern eingelassen sind. Über 6000 solcher gebrannten Inschriften-Ziegel mit überwiegend religiösem Inhalt hat man bisher in der Anlage gefunden. Den Aufgängen vorgelagert sind an drei Seiten Rampen, an der Nordwestseite wurde eine rundgemauerte Plattform renoviert, die wohl als Altartisch für Tieropfer gedient hatte.

Außerhalb der Stadtmauern

Nordwestlich der Ziggurat in Richtung Flussufer sind außerhalb der Stadtmauer Reste des alten, äußerst kunstvollen **Wasserversorgungssystems** erhalten, z.B. Reservoirs aus gebrannten Ziegeln und Bitumen. Das Wasser zur Versorgung der Stadt wurde über Rohrleitungen vom Fluss Dez herangeführt. Obwohl man in der Umgebung der Stadt Keramik noch aus islamischer Zeit gefunden hat, ist davon auszugehen, dass **Dur Untash** bald nach dem Tode von König *Untash-Napirisha* aufgegeben wurde und verfiel.

Weit von jeder menschlichen Siedlung entfernt gelegen, hat die Anlage besonders abends ihren Reiz, wenn sie künstlich beleuchtet wird. Reisende mit Wohnmobil können, die Einwilligung der Aufseher vorausgesetzt, ihr Fahrzeug über Nacht neben deren Unterkunft abstellen und diesen einmaligen Anblick genießen. Geöffnet täglich 8 bis 18 Uhr, Eintritt 15.000 Tuman.

Andimeshk und Dezful

In der Sasaniden-Zeit waren Shushtar und Dezful die Hauptorte der wegen ihres Wasserreichtums ungemein fruchtbaren **Ebene von Susiana**. Schon in der Antike wurden hier neben Getreide Baumwolle, Oliven, Zitrusfrüchte, Datteln und Reis angebaut. Sasanidische Herrscher ließen ein weit verzweigtes System von Wasserbauten, Staudämmen und Kanälen errichten, von denen einige bis in die Neuzeit in Betrieb waren und erst in der zweiten Hälfte des 20. Jh. durch gewaltige **Staudämme** abgelöst wurden, die heute für den landwirtschaftlichen Reichtum der Gegend sorgen. Mit der arabischen Eroberung verfielen die alten Anlagen immer mehr, und ein Jahrhunderte langes Siechtum trat ein, zusätzlich verschärft durch immer wiederkehrende, planmäßige Einfälle der Loren und Bakhtiyaris aus dem Zagros.

Reisende vom Beginn des 20. Jh. bezeichnen die alten Städte als armselige Ruinenstädte. Für einen Aufschwung sorgten erst die **Erdölfunde** in der Gegend und ab 1936 der Anschluss an die Eisenbahnlinie von Teheran nach Khorramshahr. Die Bahnstation wurde in **Andimeshk** errichtet, was zu einem starken Aufschwung des ehemals kleinen Ortes führte. Obwohl die heute über 100.000 Einwohner zählende Stadt nichts Besonderes zu bieten hat, eignet sie sich wegen der Unterkünfte und dank

◁ Ziegelstein mit elamischen Inschriften in Chogha Zanbil

der günstigen Verkehrsverbindungen am besten als **Ausgangspunkt zum Besuch der Sehenswürdigkeiten** im nördlichen Teil der Provinz Khuzestan.

In Andimeshk und Umgebung leben viele **Loren,** ursprünglich Nomaden in den Bergen des Zagros. Durch den großen **Staudamm am Fluss Dez** etwa 25 km nördlich der Stadt wurde seit 1963 viel neues Siedlungsland gewonnen, und viele der Loren sind sesshaft geworden. Andere ziehen nach wie vor von Frühling bis Herbst mit ihren Viehherden durch die Berge; in den Wintermonaten sieht man ihre Zelte in der Umgebung der Stadt. Ältere Männer tragen noch die klassische Tracht der Loren: eine schwarze Filzkappe ohne Krempe, weit geschwungene, rockartige schwarze Hosen sowie ärmellose Jacken, die aus heller Schafswolle gewebt sind.

Das alte **Dezful** liegt nahe Andimeshk an einem Steilufer über dem Dez, wo dieser in die Schwemmland-Ebene übergeht. Der Name „Brückenfestung" deutet darauf hin, dass hier seit alters her ein befestigter Flussübergang bestand. In den weichen Sandsteinfelsen am Ufer sind Höhlen *(sardab)* zu sehen, in denen die Bewohner früher Schutz vor der unerträglichen Sommerhitze suchten.

Die alte **Sasaniden-Brücke,** erbaut von römischen Kriegsgefangenen nach der Schlacht von Edessa 260 n. Chr., liegt neben der modernen heutigen Brücke und überspannt den Fluss auf einer Länge von 120 m mit 22 Bögen. Die Fundamente im Fluss sowie die Pfeiler sind sasanidisch, während die Bögen und die Trasse in späterer Zeit ausgebessert wurden. Zwischen den Pfeilern gab es Staumöglichkeiten, durch die oberhalb der Brücke Gärten bewässert wurden.

Das Stadtzentrum von Dezful wurde während des Krieges durch irakische Bomben und Granaten stark zerstört, ist mittlerweile jedoch wieder aufgebaut worden. Hier findet man noch eine Reihe alter **Wassermühlen,** die von der meist starken Strömung des Flusses angetrieben wurden.

Als ältestes Bauwerk der Stadt gilt die **Freitagsmoschee** im Zentrum, die vermutlich bis ins 9. Jh. zurückgeht. Zu ihren ursprünglichen Teilen zählen die Gebetshalle mit ihren steinernen Säulen. Der Ost-Iwan wurde im 17. Jh. nach dem Vorbild des berühmten Ivan-e Karkheh gebaut, einem sasanidischen Palastbau aus dem 3. Jh., von dem Reste am Ufer des Flusses Karkheh ca. 20 km westlich von Dezful stehen.

Unterkunft

■ Das **Grand Hotel**③ (Hotel Bozorg) liegt am Meydan-e Azadegan im Norden von Andimeshk, Tel. 0642-4240991/4.

■ Einfacher, aber auch deutlich preiswerter ist das **Hotel Rostam**② im Stadtzentrum an der Kh. Emam Khomeini, Tel. 0642-4241818; das **Edalat**② am Kreisel in der Nähe ist auch eine Alternative.

■ Als Unterkunft in Dezful gibt es nur das kleine, aber empfehlenswerte **Dezful Tourism Inn**②, Kh. 15. Khordad, an der Ortseinfahrt aus Richtung Norden, Tel. 0641-6263000/1, Dezfultourisminn@yahoo.com.

Verkehrsverbindungen

■ Von Andimeshk verkehren täglich **Züge** nach Teheran und Ahvaz, die am etwa 150 m westlich des Meydan-e Imam Khomeini gelegenen Bahnhof ankommen.

■ **Busse und Minibusse** verkehren von der Hauptstraße in Andimeshk, der Kh. Imam Khomeini, z.B. nach Susa (Shush, ca. 30 km), Dezful (12 km) und Shushtar (65 km) oder nach Ahvaz (180 km).

Shushtar

Auf der Fahrt von Dezful südwärts nach Shushtar passiert man ca. 14 km westlich der Straße bei dem Dorf Eslamabad die Reste des in der Sasaniden-Zeit vor allem wegen seiner von Christen gegründeten medizinischen Fakultät berühmten **Gondeshahpur**. Der Ort ist leicht erkennbar an dem Zuckerhutdach des Imamzadeh Ya'qub Ibn Layth. Nur ein paar Steinhaufen sind von der früheren Hauptstadt Khuzestans übrig geblieben, die den Besuch kaum lohnen.

Weitere 10 km Richtung Südwesten führt eine Straße zu der ebenfalls nur für archäologisch Interessierte in Betracht kommenden Ausgrabungsstätte von **Chogha Mish**. Unter dem ca. 25 m hohen Siedlungshügel liegen die Überreste einer in früher elamischer Zeit bedeutenden Siedlung, die mindestens auf den Beginn des 4. Jtsd. v. Chr. zurückgeht.

Nachfolgerin von Gondeshahpur wurde Shushtar, ca. 65 km südlich von Dezful am Ufer des Karun gelegen. Der Ort ist berühmt für den Valerians-Damm und seine von einem weit verzweigten Kanalsystem gespeisten Wassermühlen. Der Sad-e Valerian liegt direkt neben der modernen Straßenbrücke an der Stadteinfahrt von Norden aus Richtung Dezful. Es ist das größte einer ganzen Reihe von Wasserbauwerken, bestehend aus Dämmen, Brücken und Kanälen. Sie gehen zurück auf die Zeit *Shahpurs I.*, der nach der siegreichen Schlacht von Edessa 260 n. Chr. Zehntausende römischer Kriegsgefangener hier ansiedelte und zu umfangreichen Bauarbeiten einsetzte. Dadurch wurde Shushtar über Jahrhunderte zur wichtigsten Stadt Khuzestans nach Susa. In dem Maße, wie die Wasserbauten zerfielen, nahm die Bedeutung der Stadt ab. Zu Beginn des 20. Jh. wurde sie von Ahvaz als Provinzhauptstadt abgelöst.

Valerians-Damm

Der Brückendamm ist aus Richtung Dezful kommend von Weitem zu sehen. Der auch *band-e qaisar*, „Kaiserdamm", genannte Damm erhielt seinen Namen nach dem von Shahpur geschlagenen **römischen Kaiser Valerian**. Ursprünglich etwa 550 m lang, konnte mit ihm das Wasser um zwei Meter und mehr angehoben und über Kanäle zur **Bewässerung der Felder** abgeleitet werden. Heute sind noch 28 seiner Bögen auf dem linken und acht auf dem rechten Ufer zu sehen.

Von der Straßenbrücke führt ein Weg hinunter zum **Karun-Fluss**, wo man die Reste des aus behauenen Steinblöcken und Zement errichteten Bauwerks in Augenschein nehmen kann. Es überspannte den Fluss nicht gerade, sondern in einem Bogen, wodurch die aus seinem Ufer hervorragenden Riffe als feste Fundamente mit in das Bauwerk einbezogen werden konnten. Um stromaufwärts Unterspülungen des Flussbettes zu verhindern, war dieses ursprünglich mit durch Eisenklammern verbundenen Steinplatten ausgekleidet.

Reste der alten Burg von Shushtar sind auf dem Steilufer über dem Karun noch zu erkennen, hinter dem Valerians-Damm sickert der Fluss dann durch fünf Reihen natürlicher und künstlicher Kanäle durch den weichen Sandstein. Durch den Höhenunterschied entwickelt es enorme Kraft, die in

Provinz Khuzestan

früheren Zeiten zur Energiegewinnung für verschiedene **Wassermühlen** genutzt wurde.

An der rechten Seite der Brücke in der Stadtmitte, **Do Pol** genannt, führen Treppenstufen hinunter zu der Stelle, wo man die Gischt durch die Felsöffnungen spritzen sieht. Hier ist es in den heißen Monaten angenehm kühl. Ein Teil der alten Anlagen ist restauriert worden, der steile Hang am Flussufer wurde befestigt und eine kleine Promenade angelegt. Von hier aus führt der Weg nicht weiter; man muss über die Treppe zurück und kann in dem kleinen Laden rechts der Treppe einheimisches Kunsthandwerk und Webarbeiten erstehen.

Freitagsmoschee

Vom Damm sind es nur fünf Minuten zum Zentrum von Shushtar, wo hinter dem Bazar das älteste Bauwerk der Stadt, die Freitagsmoschee, liegt. Mit ihrem Bau wurde ähnlich wie bei der Anlage in Dezful im 9. Jh. begonnen. Vom Grundriss her folgt sie dem Prinzip der arabischen **Säulenhallenmoschee.** Der Gebetsraum wird durch sechs Reihen von achteckigen Steinsäulen gebildet, die von Rundbögen überspannt werden. Das Bauwerk wurde vielfach erweitert und umgebaut, so etwa der sehenswerte hölzerne Minbar aus dem Jahre 1053, der leider schwere Brandspuren aufweist, sowie der Mehrab mit Stuckdekorationen aus dem 17. Jh.

Unterkunft

■ In Shushtar empfiehlt sich das **Hotel Tourist**② in der Kh. Taleqani in der Nähe des Flusses. Ein Restaurant ist vorhanden. Tel. 0612-6221690.

Felsreliefs bei Masjed-e Soleyman und Izeh

Neben den zahlreichen prähistorischen Siedlungshügeln im Tiefland von Khuzestan findet sich im Nordosten der Provinz an den **Hängen des Zagros** eine Reihe berühmter Felsreliefs, die allerdings weit verstreut und teilweise äußerst schwer zu erreichen sind. Sie alle zu beschreiben würde den Rahmen dieses Buches sprengen, die wichtigsten sollen hier aber kurz erwähnt werden. Ausgangspunkt für deren Besichtigung ist **Masjed-e Soleyman,** die Wiege der iranischen Erdölindustrie, ca. 60 km südöstlich von Shushtar. Sämtliche genannten Stätten ziehen in erster Linie archäologisch Interessierte an, sie sind jedoch alle landschaftlich sehr reizvoll gelegen.

Etwa 35 km nördlich von Masjed-e Soleyman in Richtung des großen Karun-Staudamms liegt in einem lieblichen Tal am Fuße des Zagros die parthische Terrasse von **Bard-e Neshandeh** mit den eindrucksvollen Resten eines großen Tempels.

◁ Ehemalige Wassermühlen in Shushtar

Elamisches Relief in Kul-e Farah bei Izeh

In der Nähe von Masjed-e Soleyman an der Straße zum Flughafen liegt die berühmte Terrasse **Sar-e Masjed** mit Resten von Bauten aus der achämenidischen, hellenistischen und parthischen Epoche.

Von Masjed-e Soleyman sind es nur ca. 50 km Luftlinie bis **Izeh** mit den bedeutenden parthischen und elamischen Fundorten in seiner Umgebung. Die Straße führt jedoch erst nach Südosten bis Bagh Malek und von dort aus in nördlicher Richtung nach Izeh. Der Ort wird auch von Bussen angefahren, die zwischen Ahvaz und Isfahan oder Shahr-e Kord verkehren.

Etwa 50 km nordwestlich von Izeh liegt die Terrasse von **Shami,** die vermutlich auf die Elamer zurückgeht und wo in seleukidischer oder parthischer Zeit ein Heiligtum angelegt wurde. Die lebensgroße Bronzefigur eines elymäischen Fürsten im Teheraner Museum stammt vermutlich von dort.

Näher bei Izeh und von dort aus leicht zu erreichen ist die **Grotte von Shekaft-e Salman** mit vier sehenswerten elamischen Felsreliefs aus dem 8. Jh. v. Chr. Etwa 8 km nordöstlich der Stadt befindet sich bei dem Dorf **Kul-e Farah** eine Reihe weiterer elamischer Reliefs. Etwa 6 km nördlich von hier in der Schlucht **Tang-e Nowrouzi** existiert ein noch älteres Felsbild vom Beginn des 2. Jtsd. v. Chr. und ein weiteres aus parthischer Zeit. Erwähnt seien schließlich noch die elymäischen Reliefs von **Tang-e Sarvak,** etwa 55 km nordwestlich von Behbehan, die aufgrund ihrer Inschriften etwa in die Zeit zwischen 75 n. Chr. und dem Beginn des 3. Jh. datiert werden.

Unterkunft

■ Auch Masjed-e Soleyman hat ein **Tourist Inn**②, gelegen am Meydan-e Panj Bangeleh, Tel. 0681-3333985.
■ In Izeh bietet das **Hotel Anzan**② in der Kh. Imam saubere und geräumige Zimmer, Tel. 0692-5230027.

Abadan und Khorramshahr

„Von allen iranischen Provinzen ist Khuzestan wohl am leichtesten zu erreichen. Man kann mit dem Flugzeug auf dem internationalen Flughafen von Abadan ankommen; man kann auf Frachtschiffen, die auch Passagiere mitnehmen, aus Europa oder Indien anreisen. Man kann auch mit der Eisenbahn bis zum Seehafen Khorramshahr bei Abadan fahren." So hieß es in einem 1980 erschienenen archäologischen Führer über Iran. Heute hat sich das grundlegend geändert. Die beiden Nachbarstädte wurden 1980 **von irakischen Truppen erobert** und nach einer Zeit der Besetzung wieder von iranischen Truppen befreit. Bei den Kampfhandlungen sind sie **fast völlig zerstört** und auch heute noch nicht wieder vollständig aufgebaut worden.

Khorramshahr, einst der wichtigste iranische Seehafen, liegt an der Mündung des Karun in den **Shatt al-Arab** oder Arvand Rud, wie die Iraner den **Zusammenfluss von Euphrat und Tigris** nennen, der hier die iranisch-irakische Grenze bildet. Aufgrund dieser Lage war sie in allen Epochen eine bedeutende Hafenstadt: Schon *Alexander der Große* gründete nördlich der heutigen Stadt einen Hafen mit dem Namen Alexandria, in hellenistischer Zeit verschifften Händler aus Palmyra von hier aus Waren nach China. Anschließend wurde die Stadt vom Sasaniden *Ardeshir* erobert, und schließlich befand sich hier unter den Abbasiden der wichtige Hafen Mohammareh.

Sehenswerte Gebäude sind aus keiner Epoche übrig geblieben, vermutlich wären sie auch, wie der Rest der Stadt, im Krieg gegen den Irak zerstört worden. Ein Teil der **Hafenanlagen**, nur gut 20 km vom irakischen Basra entfernt, wurde wieder aufgebaut. Heute versucht man durch besonders günstige Frachtprämien für Schiffsladungen nach Khorramabad die Wirtschaft wieder anzukurbeln, durch seine von großen Schiffen kaum zu nutzende Lage am Shatt al-Arab wird der Hafen seine alte Bedeutung aber kaum wieder gewinnen.

Der 15 km nordwestlich der Stadt gelegene **iranisch-irakische Grenzübergang** von Shalamcheh wurde erst im Jahre 2002 wieder eröffnet und nach der Eroberung Iraks im Frühjahr 2003 wieder geschlossen.

Auch Abadan war noch zur Abbasiden-Zeit ein wichtiger Hafen, im 13. Jh. jedoch lag es durch den Schwemmsand des Shatt al-Arab bereits 5 km landeinwärts. In der Zeit der Osmanen verlor Abadan jegliche Bedeutung und war zu Beginn des 20. Jh. ein verschlafenes Fischerdorf. In den folgenden Jahrzehnten wurde der Ort jedoch zum **wichtigsten iranischen Ölhafen** mit der größten Erdölraffinerie der Welt. Durch die Industrialisierung und die Anwesenheit zahlreicher ausländischer Ölfachleute galt Abadan als besonders modern und bildete quasi Irans „Tor zur Welt". Räumlich streng voneinander getrennt, wurden gehobene Wohnviertel mit schmucken Bungalows in Gartenanlagen und triste Betonsiedlungen für die Ölarbeiter angelegt. Durch den Krieg gegen den Irak jedoch hat sich auch Abadan entvölkert, nichts ist geblieben, was die Aufmerksamkeit des Touristen erregen könnte.

Unterkunft
■ **Azadi**②, in der Nähe des Flughafens von Abadan, Tel. 0631-300609.
■ Das beste Haus am Platz, ebenfalls in Flughafennähe gelegen, heißt **Caravansara**③, weil es wie eine Karawanserei gebaut ist. Tel. 0631-3334002/9.
■ **Hotel Sabz**②, in Khorramshahr zentral am Bolv. Shohada-ye gelegen, Tel. 0632-4243501/ 4.

Verkehrsverbindungen
■ Khorramshahr ist von Ahvaz aus mit **Minibussen und Bussen** zu erreichen, sein **Bahnhof** bildet die Endstation für den täglich aus Teheran verkehrenden Nachtzug.
■ Abadan erreicht man auf dem **Luftweg** von Teheran oder Isfahan oder per **Bus und Minibus** aus Ahvaz.

Die Zagros-Provinzen

Provinz Ilam

Ilam, die westliche Grenzprovinz Irans, leitet seinen Namen ab vom alten **Reich Elam,** bildet aber geografisch gesehen den westlichen Teil von Lorestan, auch **Posht-e Kuh** („Hinter dem Berg") genannt. Dieser Name bedeutet nichts anderes als „Winterweide", im Gegensatz zu **Pish-e Kuh** („Vor dem Berg"), womit die Sommerweiden in den Gebirgstälern zwischen dem Fluss Saimareh und Khorramabad im Osten gemeint sind. Die lieblichen Hügel Ilams schaffen den Übergang zwischen Mesopotamien und dem Zagros-Gebirge, hier herrscht überwiegend Höhenklima.

Lange Zeit war die ethnische Herkunft der in diesem Gebiet überwiegenden Volksgruppe der **Loren,** die sich ihrerseits in mehrere Stämme untergliedert, ungeklärt. Heute wird davon ausgegangen, dass es sich um Nachkommen der hier ursprünglich ansässigen elamischen Bevölkerung handelt, die aber im Laufe der Zeit eine vom Altpersischen abstammende Sprache übernommen haben. Weit von den Zentren des Hochlands entfernt in abgelegenen, unzugänglichen Gebirgsgegenden spielten sie über Jahrhunderte eine Sonderrolle unter den wechselnden Dynastien.

Nach der islamischen Eroberung wurde Ilam vom irakischen Kufa aus regiert, verschiedene abbasidische Kalifen kamen wegen des kühleren Klimas gern im Sommer aus Bagdad hierher. Unter den Mongolen wurde das Gebiet aufgeteilt und bis zum 17. Jh. von den sogenannten **Loren-Atabeken** weitgehend unabhängig von der Zentralmacht regiert. Gefürchtet waren Überfälle der meist nomadischen Loren auf die Händler- und Pilgerkarawanen, die vom iranischen Hochland nach Mesopotamien zogen. 1898 waren die französischen Ausgräber von Susa (siehe Provinz Khuzestan) sogar gezwungen, sich zum Schutz vor deren Angriffen eine mächtige Burg direkt neben dem Ausgrabungsgelände zu errichten. Erst unter *Reza Shah* wurde in den 30er Jahren des 20. Jh. die Macht der lorischen Stammeshäuptlinge gebrochen, u.a. durch neue Verkehrsverbindungen wie die Eisenbahnlinie von Teheran zum Shatt al-Arab und die Fernstraße von Kermanshah nach Ahvaz.

Stadt Ilam

Ilam hat **während des iranisch-irakischen Kriegs schwer gelitten** und hat auch heute noch eine nach iranischen Maßstäben schwach entwickelte Infrastruktur. Die gleichnamige Hauptstadt, früher *Deh Bala* genannt, zählt etwa 125.000 Einwohner und war früher Sitz der Valis, der Häuptlinge der Loren. Einer ihrer Paläste, aus Ziegeln gemauert, wurde restauriert und kann besichtigt werden.

Unterkunft
- Das beste Hotel der Stadt ist das **Hotel Zagros** ②, Tel. 0841-2234803, Park-e Pardisan, Chogha Sabz, Imam Hossein Square.
- Einfacher ist das **Hotel Kerbala**①, Tel. 0841-3336975/3333877, Kh. Shahid Abdolahipoor, oberhalb Meydan-e 22 Bahman.
- Von ähnlichem Standard wie das Kerbala ist das **Hotel Khalash**①, Ayatollah Haidari St., Keshvary Square, Tel. 0841-3361041.
- Schließlich ist noch das **Hotel Laleh**① zu nennen. Tel. 0841-3345958, Kh. Ayatollah Heydari.

Verkehrsverbindungen
- Der kleine **Flughafen** der Stadt wird zweimal pro Woche von Aseman Air aus Teheran angeflogen.
- Per **Bus** ist Ilam am besten von Kermanshah oder Khorramabad aus zu erreichen.

Umgebung von Ilam
In der Umgebung von Ilam gibt es einige Altertümer, z.B. ein **assyrisches Felsrelief** aus dem 7. Jh. v. Chr. bei **Shekaft-e Gulgul,** das möglicherweise König *Asarhaddon* darstellt. Leider ist die Keilschrift auf dem ca. 1,30 x 0,80 m großen Relief so stark verwittert, dass eine Identifizierung unmöglich ist.

In der Nähe des Städtchens **Chavar,** 25 km nordwestlich von Ilam an der Hauptstraße nach Islamabad Gharbi gelegen, fanden belgische Archäologen in den 1970er Jahren ausgedehnte **Gräberfelder.** Weitere, bis ins 3. Jtsd. v. Chr. zurückreichende Grabanlagen in der Nähe des Ortes belegen, dass dieses Gebiet schon in sehr früher Zeit vergleichsweise hoch entwickelt war.

Provinz Lorestan

Die Provinz Lorestan mit der **Hauptstadt Khorramabad,** die im Osten an Ilam anschließt, liegt zwischen 500 m Höhe im Südwesten und über 4000 m Höhe im Osten, im Zagros-Gebiet beim Berg Oshtoran Kuh. Sie muss schon in vorgeschichtlicher Zeit dicht besiedelt gewesen sein, wofür die große Anzahl der von Archäologen entdeckten Siedlungshügel, z.B. Tepe Baba Jan bei Nurabad oder Gandj Dareh bei Harsin, Zeugnis ablegen. Von hier stammt auch ein großer Teil der unter dem Namen „**Lorestan-Bronzen**" bekannt gewordenen Bronze-Werkzeuge und Figurinen, die meist in den 1930er Jahren von Raubgräbern gefunden wurden und heute in der ganzen Welt zerstreut sind.

In Lorestan wird überwiegend Landwirtschaft betrieben, die nomadische Lebensweise spielt noch immer eine wichtige Rolle. Hier und da kann man große **Nomadenverbände** sehen, die im April die Berge hinauf- und Ende September wieder hinunterwandern. Romantik steht dabei nicht im Vordergrund: Oft wird das ganze Hab und Gut einer Familie auf einen Lkw geladen und zu den Winter- bzw. Sommerlagern gefahren.

Khorramabad

Hauptstadt der Provinz Lorestan ist Khorramabad, von wo aus von 1155 bis 1600 die Fürsten der Loren das Gebiet beherrschten, bis *Shah Abbas* den letzten von ihnen köpfte und an seiner Stelle einen Statthalter (Vali) einsetzte.

Hauptsehenswürdigkeit der früher *Dez-e Siah* (Schwarze Festung) genannten Stadt ist noch heute die alte **Festung,** hoch oben auf einem Steilfelsen gelegen und auf den Überresten einer sasanidischen Anlage erbaut. Ihre mächtigen, aus Hausteinen und Lehmziegeln erbauten, über 20 m hohen Mauern galten lange Zeit als uneinnehmbar. Ein noch heute existierender Brunnen mehr als 40 m unter der Burg sichert die Versorgung. Die um zwei Höfe gruppierten Räume sind großteils renoviert worden. Neben einem Teehaus wurde auch ein **Museum** eingerichtet, wo eine besonders schöne Kollektion von Lorestan-Bronzen gezeigt wird (8 bis 12 und 14 bis 17 Uhr, Eintritt 15.000 Tuman). Der Weg zur Festung, die seit dem 19. Jh. Falak al-Aflak genannt wird, führt vom Gästehaus der Stadtverwaltung (nicht zu verwechseln mit dem Hotel Shahrdari!) in einer Nebenstraße der Kh. Alavi rechts den befestigten Weg hinauf.

Auf der anderen Seite des Flusses hinter dem am Hang gelegenen Tourist Inn liegt südlich der Hauptstraße nach Andimeshk ein 30 m hoher, frei stehender **Turm** aus dem 12. Jh., vollständig aus Ziegeln erbaut und vermutlich früher als Signalturm genutzt. Gegenüber führt eine Gasse zum Fluss hinunter, wo noch fünf Bögen einer **sasanidischen Brücke** in Resten erhalten sind.

Der nicht überdachte **Bazar** mit seinen Läden für Kunsthandwerk, besonders Keramik, Glaswaren und Wasserpfeifen, befindet sich nördlich der Kh. Alavi, fast am Fuße der Festung.

■ **Telefonvorwahl Khorramabad: 0661**

Unterkunft
Die für Touristen zu empfehlenden Hotels liegen entlang der Kh. Shari'ati.

■ Das einfache **Hotel Karun**① bietet recht ordentliche Zimmer in der Kh. Shari'ati, Tel. 0661-2205408.
■ Das frühere Tourist Inn, direkt am Hang gelegen und mit schönem Ausblick auf die Stadt, wurde komplett renoviert und firmiert jetzt unter dem Namen **Hotel Shahrdari**③. Es wurde viel mit Stein gearbeitet, die Zimmer sind schön. Tel. 2204044. Das Hotel verfügt auch über ein Restaurant.
■ Weiter südwestlich liegt am Meydan-e Shaghayegh das **Hotel Shaghayegh**②, Tel. 0661-420 2648. Ein Restaurant ist auch vorhanden.
■ Neu ist das **Hotel Ranginkaman**③, Teil eines größeren Komplexes mit Einkaufs- und Freizeitmöglichkeiten. Kh. Shohadaye sharqi, chahar rah-e ranginkaman, Tel. 2234747.

Verkehrsverbindungen
■ Etwa 3 km südlich der Stadt liegt der **Flughafen,** der zweimal wöchentlich von Iran Air Tours aus Teheran angeflogen wird.
■ Khorramabad erreicht man mit dem **Bus** aus Richtung Kermanshah, Andimeshk oder Isfahan. Die Büros der Busgesellschaften liegen alle an der

Kh. Shari'ati südlich des Flusses. Ein **Minibusterminal** liegt am südwestlichen Stadtausgang an der Straße nach Andimeshk.

Umgebung von Khorramabad

Pol-e Kashganrud

Eine wesentlich besser erhaltene **Brücke aus der Sasanidenzeit** liegt etwa 55 km westlich von Khorramabad an der Straße nach Kuhdasht. Die Pol-e Kashganrud überspannt den Fluss Kashgan und ist völlig aus Bruchsteinen erbaut. Die moderne Brücke direkt daneben ist architektonisch der alten nachempfunden.

Pol-e Dokhtar

Eine weitere bekannte **Brücke** findet sich schließlich bei Pol-e Dokhtar, ca. 100 km südwestlich von Khorramabad an der Straße nach Andimeshk. Ein Bogen der alten, unter *Shahpur I.* erbauten Brücke überspannt noch heute die Straße, westlich des Flusses sind noch acht weitere Bögen des imposanten Bauwerks erhalten.

5 km südlich von hier zweigt eine Straße in westlicher Richtung ab, die über Darreh Shahr nach Ilam führt.

Borujerd

Im Norden der Provinz Lorestan liegt inmitten einer fruchtbaren Hochebene die Stadt Borujerd mit einer interessanten **Freitagsmoschee**, deren ältester Teil mit dem Gebetssaal auf das 12. Jh. zurückgeht. An der Qibla-Wand ist eine kufische Inschrift aus Stuck und Ziegeln angebracht. Die anderen Teile der Moschee wurden später angebaut bzw. renoviert.

Die **Schah-Moschee** aus dem 19. Jh. mit einem von Fliesen geschmückten Eingangsportal und dem klassischen Innenhof mit vier ihn umgebenden Iwanen liegt in der Nähe der Freitagsmoschee. Ebenfalls in der Nähe befindet sich das **Imamzadeh Ja'afar**, das mit seinem Zuckerhutdach an das Danielsgrab in Susa erinnert.

Unterkunft

■ Das **Hotel Bozorg Zagros**④ liegt auf einem Hügel über der Stadt. Wer nicht zur Übernachtung nach Hamadan oder Khorramabad weiterfahren möchte, ist hier gut, aber nicht gerade preiswert aufgehoben. Tel. 0662-3504901/7.

Provinz Chahar Mahale-ya Bakhtiyari

Das Gebiet des Zentralen Zagros zwischen Isfahan und dem Tiefland von Khuzestan ist im Wesentlichen **Nomadenterritorium** und wird vorwiegend von der Stammesgruppe der **Bakhtiyari** besiedelt. Sie stammen ethnisch von den Loren ab, ihre Sprache ist mit dem Lorischen verwandt. Traditionell nutzen sie die Hochweiden des Gebirges im Sommer und die Gebiete am südwestlichen Zagros-Abhang sowie in Khuzestan als Winterweide. Seit den 20er Jahren des 20. Jh. werden sie verstärkt angesiedelt.

Mit einer Fläche von 16.532 m² bildet die Provinz Chahar Mahale-ya Bakhtiyari quasi das **Herz des Zagros-Gebiets.** Die schroff abfallenden Gebirgstäler verlaufen in zahlreichen Faltungen von Nordwest nach Südost. Nur wenige Straßen erschließen das Gebiet, das überwiegend oberhalb von 2000 m gelegen ist, etliche Gipfel ragen über 4000 m hinaus. Im Gebiet des **Zard Kuh** (4548 m) im Westen der Provinz entspringen der Karun, der nach Süden fließt und seine Wasser in den Golf ergießt, und der Zayandeh Rud, der in östlicher Richtung fließt. Seine Wasser versickern in einem Endsee auf dem Hochland, nachdem sie vorher ihren Segen der großen Flussoase von Isfahan gespendet haben.

Die etwa 800.000 Einwohner der erst 1973 gegründeten Provinz verteilen sich zu gleichen Teilen auf Dörfer und die wenigen Städte wie **Shahr-e Kord, Lordegan** oder **Borujen.** Hauptstadt der Provinz ist Shahr-e Kord („Kurdenstadt", früher *Deh-e Kord,* Kurdendorf) ganz im Osten. Die abgelegene und unzugängliche Lage hat im Laufe der Geschichte nur wenige dauerhafte Siedlungen mit Baudenkmälern hinterlassen.

Dafür kommen hier **Wanderer, Kletterer und Skifahrer** auf ihre Kosten: Allein 16 Gipfel sind höher als 3500 m. Beliebte **Trekkinggebiete** finden sich bei Chelgerd am Nordabhang des Zard Kuh, wo man im Winter auch Ski fahren kann. In dem auch als **Kuhrang** bekannten Gebiet verteilen sich auf ca. 1% der Fläche Irans 11% der Süßwasserressourcen des Landes, darunter z.B. die bekannte **Mineralquelle von Dimeh** und auch die ergiebige **Quelle des Zayandeh Rud.** 1953 wurde der Kuhrang-Tunnel erbaut, um die zahlreichen Quellen des Gebiets in einem Stausee zu sammeln. Direkt gegenüber dem Tunnel hat vor einigen Jahren Ingenieur *Rai'ssi* nach langen Jahren in Europa seine neue Leidenschaft für die alte Heimat entdeckt und das Hotel Kuhrang gebaut. Hier wohnt man ruhig und angenehm zu jeder Jahreszeit. Im Frühling, Sommer und bis in den Herbst hinein organisiert das Hotel **Ausflüge zu den Nomaden,** die in unmittelbarer Umgebung ihre Weideplätze haben. Auch Geländewagen mit Fahrer können über das Hotel reserviert werden. Besonders malerisch ist das Gebiet im April/Mai, wenn auf den grünen Matten die leuchtend roten „laleh vajgoun" (hängende Tulpen) sprießen.

Natürlich bietet die Region mit ca. 40 Gipfeln über 4000 m im **schneesicheren Winter** alle Arten von Skiaktivitäten mit Möglichkeiten zum Langlauf, zwei Skiliften, Abfahrten, Heli-Skiing usw. Als schönes Trekkinggebiet gilt auch die Gegend rund um den **Chogha-Khor-See,** ca. 50 km nördlich der Stadt Lordegan, wo man bis zum Beginn des Herbstes häufig auf Nomaden treffen kann.

Praktische Informationen

Unterkunft
Unterkünfte sind nur in einigen Städten zu finden:
■ In Shahr-e Kord das **Hotel Azadi**③, Kh. Farabi (Tel. 0381-3330020) und das **Tourist Hotel**① in der Kh. Shari'ati (Tel. 0381-2221077); das **Tourist Inn**② in Borujen am Bolv. Mellat (Tel. 0382-422 2358) und das **Tourist Inn**① in Lordegan, Bolv. Sh. Kalantari (Tel. 0382-5222343).
■ **Hotel Kuhrang**③, Chelgerd, Tel. 0382-762 2302, mobil 0912-1144030. Zum Hotel gehört auch ein Restaurant.

Reiseagenturen
■ Führer für **Trekkingausflüge** sind zu buchen über die einschlägigen Agenturen in Teheran (siehe dort).
■ Spezialisiert und sehr empfehlenswert ist auch die **Pars Tourist Agency** in Shiraz, Zand Bolv., Tel. 0711-2223163, info@key2persia.com.

■ Vor Ort ist die **Khatib Seir Agency** in Shahr-e Kord zu empfehlen, Kh. Khajeh Nasir, Tel. 0381-2242130.

Verkehrsverbindungen
■ Die touristische Infrastruktur in Chahar Mahal steckt noch in den Anfängen. Den einzigen **Flughafen** der Provinz gibt es in Shahr-e Kord mit zwei wöchentlichen Flügen von Teheran.
■ Einfacher kommt man mit dem **Bus** oder **Minibus** aus Isfahan oder Ahvaz hierher.

Provinz Buyer Ahmad-o Kuhgiluye

Die Provinz Buyer Ahmad-o Kohgiluye schließt südlich an Chahar Mahale-ya Bakhtiyari an und erstreckt sich bis zum Zagros-Vorland. Hier dominieren ebenfalls **Stämme lorischen Ursprungs** wie die Mammasani und die Buyer Ahmad, die heute zum großen Teil sesshaft geworden sind. An der Hauptstraße von Ahvaz (Provinz Khuzestan) nach Kazerun (Provinz Fars) passiert man östlich von **Do Gondaban** etliche Dörfer mit heute Landwirtschaft treibenden früheren Nomaden. Wenn ihr Leben auch nicht üppig ist, so ist es doch in vielerlei Hinsicht leichter als das der noch nomadisierenden Teile der Stämme.

◁ Bakhtiyari beim Tanz
auf dem Dorfplatz anlässlich einer Hochzeit

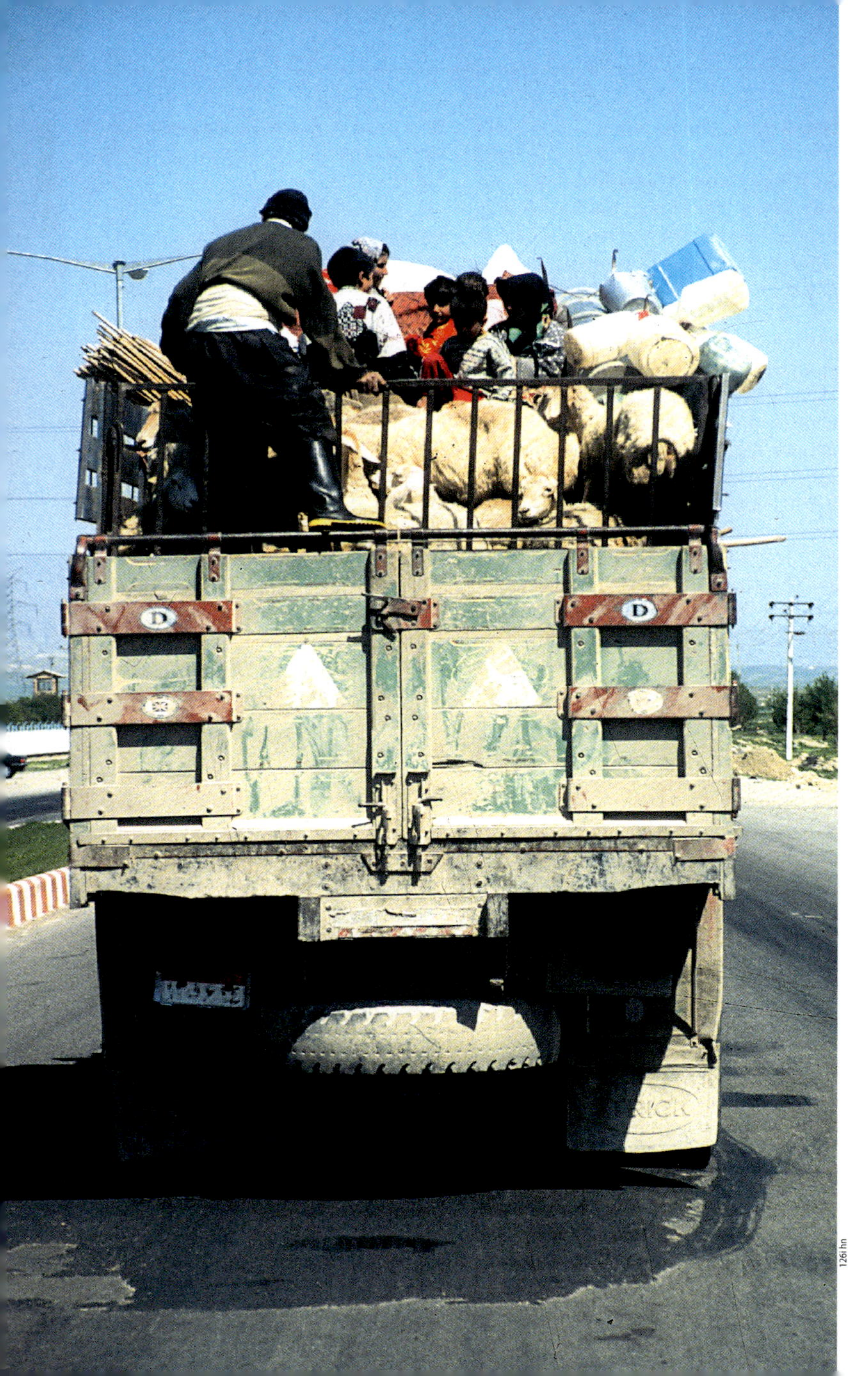

126ihn

Yassuj

Hauptstadt der Provinz ist Yassuj, am Fuße der Gebirgskette von Dena gelegen, die mehrere Gipfel über 4000 m aufweist, von denen der Dena (Kuh-e Dena) mit 4409 m der höchste ist.

Yassuj selbst hat nichts Besonderes zu bieten, es ist eine typisch iranische „groß gewordene" Kleinstadt, wo es eine Provinzverwaltung und einen Flughafen (3x wöchentlich Flüge von/nach Teheran) gibt. Aber es wäre schade, auf dem Luftweg nach Yassuj zu kommen! Zu schön ist die Umgebung der Stadt, z.B. **Si Sakht,** 35 km nördlich, direkt am Fuße des Berges Dena. In gut 2200 m Höhe gedeiht hier Obst, z.B. köstliche Weintrauben. Von hier aus kann man im Tal Bon Ruh reizvolle Wanderungen unternehmen.

Auch in Buyer Ahmad-o Kohgiluye kommen besonders Naturliebhaber auf ihre Kosten. Einige Kilometer nördlich von Yassuj zweigt eine Straße in Richtung Südosten nach Eqlid ab, die nach etwa 50 km zum **Wasserfall von Margoon** führt. Von einem Parkplatz am Ende des Dorfes führt ein gut ausgebauter Weg bis ans Ende des Tals, wo sich an mehreren Stellen das Wasser seinen Weg in die Tiefe bahnt. Man kann den Wasserfall auch aus Richtung Süden von Shiraz über Sepidan erreichen.

Eine reizvolle Strecke bietet auch ein Ausflug von Yassuj nach **Nurabad** (Provinz Fars): In abenteuerlichen Kurven überwindet die gut ausgebaute Straße zahlreiche Gebirgsketten. Haine von Steineichen, Mandelbäumen und Pistazien verkörpern die typische Zagros-Vegetation. Noch vor 100 Jahren gab es hier teils dichte Wälder, die mittlerweile durch übermäßige Abholzung und Viehverbiss beträchtlich zurückgegangen sind.

■ **Telefonvorwahl Yassuj: 0741**

Unterkunft

■ Unterkünfte gibt es nur in Yassuj. Das erste Haus am Platze ist das **Hotel Azadi**③ (Tel. 4223470) auf einem Hügel am südlichen Rand der Stadt. Touristen verirren sich nicht sehr häufig hierher, deshalb fällt der Empfang besonders herzlich aus!

■ In der Stadt gibt es noch das **Tourist Inn**②, ein Beispiel, wie aus einer guten Idee fast das Gegenteil werden kann! Die vor der Revolution auf einem Hügel (Tapeh Tal Deraz, Tel. 2227616) errichteten Pavillons mit zentralem Restaurant und Rezeption könnten ganz heimelig sein – wenn sie nicht in den Jahren nach der Erbauung so gelitten hätten.

■ Eine weitere Alternative ist das kleine **Hotel Eram**② im Stadtzentrum mit 12 Zimmern. Meydan-e Janbazan, Motahari Ave. Tel. 2224599.

Reiseagentur

■ Ausflugprogramme in der Region organisiert die **Agentur Esteqlal,** Bolv. Jomhuri-ye Eslami, Ecke Kh. Ferdowsi, Tel. 2230283.

◁ Nomadenfamilie auf dem Zug – moderne Version

Stadt Isfahan | 242
Ankunft | 245
Brücken über
   den Zayandeh Rud | 259
Geschichte | 243
Orientierung | 244
Praktische Informationen | 269
Sehenswertes an der
   Hauptstraße Chahar Bagh | 257
Sehenswertes jenseits
   des Zayandeh Rud | 267
Sehenswertes rund
   um den Meydan-e Imam | 246
Sehenswertes rund
   um die Freitagsmoschee | 262
Umgebung von Isfahan | 273

Provinz Isfahan | 275
Abyaneh | 277
Ardestan | 279
Kashan | 283
Matinabad | 278
Na'in | 280
Natanz | 275
Tudeshk | 281
Varzaneh | 281
Zavareh | 279

Die Provinzen
Qom und Markazi | 290
Arak | 295
Qom (Stadt) | 290
Saveh | 297

Provinz Yazd | 297
Abarkuh | 312
Ardakan | 310
Fahraj | 313
Meybod | 310
Taft | 309
Yazd (Stadt) | 297

5 Isfahan und das Zentrum

Isfahan, wohl eine der faszinierendsten und schönsten Städte der Welt, ist wegen seiner unzähligen Sehenswürdigkeiten schon fast allein eine Reise nach Iran wert. Doch auch sonst hat das Zentrum des Landes viel zu bieten, etwa die geschichtsträchtige Stadt Yazd, das konservativ-religiöse Qom und Kashan mit seiner interessanten Umgebung.

◁ Portalbau mit Doppelminarett am Meydan-e Mir Chaqmaq in Yazd

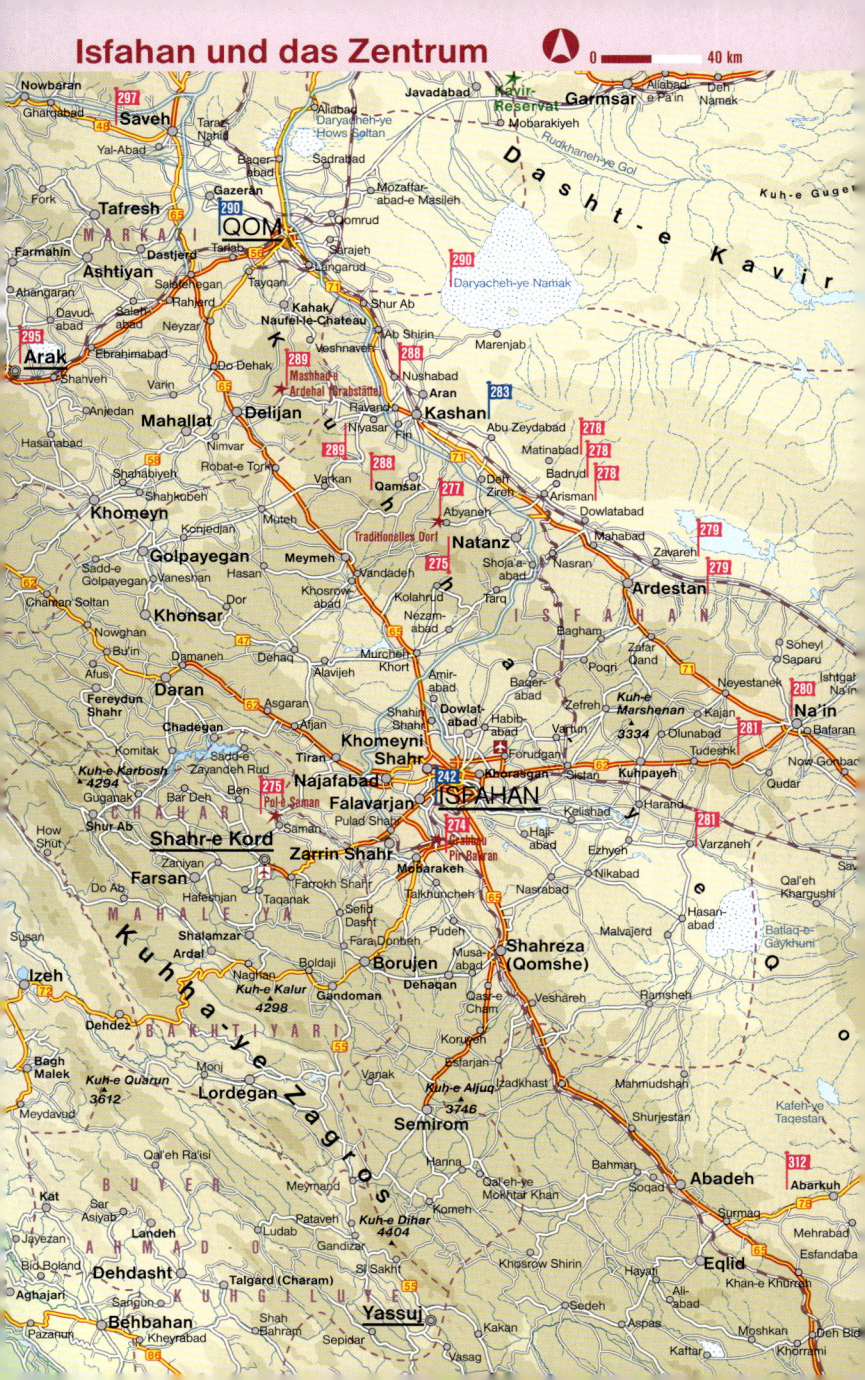

Isfahan und das Zentrum

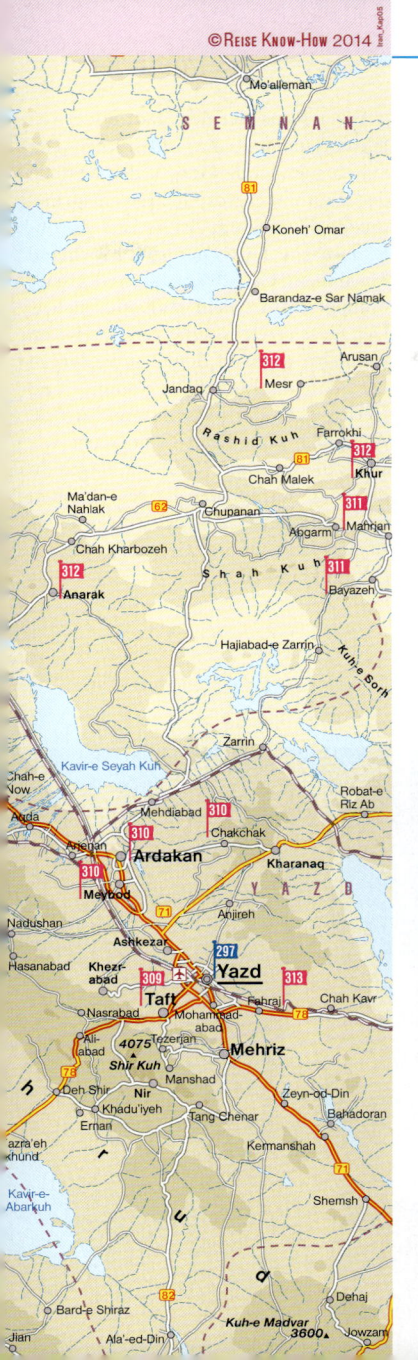

ÜBERBLICK

In den vier Provinzen des Zentrums liegen einige der ältesten Städte Irans. Herausragend ist natürlich Isfahan mit den Spuren, Geschichten und prächtigen Bauten aus seiner abwechslungsreichen Vergangenheit. Weniger besucht, aber kaum weniger interessant sind die Provinzen Qom, Markazi und Yazd. In der Stadt Qom beispielsweise befindet sich mit der Grabmoschee der Fatima eine der heiligsten Stätten der Schiiten, und in Yazd leben noch viele Menschen, die der uralten Religion Zarathustras, dem Zoroastrismus, anhängen.

NICHT VERPASSEN!

- **Isfahan:** der Meydan-e Imam, der wohl schönste Platz weltweit | 246
- **Die Freitagsmoschee in Isfahan:** ein wahres Museum der Moscheebaukunst | 262
- **Abyaneh:** das Dorf in den roten Bergen | 277
- **Kashan:** der Garten Baq-e Fin, ein Abbild des Paradieses | 287
- **Golpayegan:** Freitagsmoschee und Lehmfestung Gougad | 296
- **Die Altstadt von Yazd:** Lehmbauten, Moscheen und kleine Hotels | 299
- **Chakchak:** Kultplatz der Zarathustrier | 310

Diese Tipps erkennt man an der **gelben Hinterlegung.**

Stadt Isfahan

„Und dann, wie im Theater, wenn der Vorhang aufgeht, treten zwei öde Hügel auseinander; und dahinter enthüllt sich langsam der Garten Eden."
(*Pierre Loti,* „Nach Isfahan")

Noch viele heutige Reisende empfinden so wie der französische Orientschwärmer zu Beginn des 20. Jh. Wer nach langer Anreise über das karge und staubige Hochland die in 1575 m Höhe gelegene Oase von Isfahan (auf Persisch „Esfahan" ausgesprochen) erreicht hat, fühlt sich wie im Paradies. „Esfahan – nesf-e jahan" (Isfahan – das ist die halbe Welt), sagen die Einwohner stolz über die Stadt mit den unzähligen **türkisfarbenen Kuppeln** und den herrlichen **Gärten und Palästen** am Fuße des Kuh-e Soffeh.

Die Lebensader der Stadt bildet seit Jahrtausenden der **Zayandeh Rud** („Der Leben spendende Fluss"), der westlich der Stadt im Zagros-Gebirge entspringt und die Flussoase speist. Er ist der größte iranische Fluss, der zum Hochland hin abfließt. Ca. 120 km östlich der Stadt mündet er in einem abflusslosen See. Der Fluss erreicht seine volle Breite im Frühjahr, wenn in den Zagros-Bergen der Schnee schmilzt, im Sommer und Herbst geht der Wasserstand zurück. Aber auch seine Kraft ist begrenzt, wie sich zuletzt immer häufiger zeigte: In den Sommermonaten ist das Flussbett oft völlig ausgetrocknet. Jugendliche spielen dann auf dem Grund des Zayandeh Rud Fußball.

Orientalische Pracht: die Große Moschee

Wegen der Höhenlage und der Flussnähe ist es in Isfahan im Sommer zwar heiß, aber nicht drückend. Die Stadt zählt heute mit über 2 Mio. Einwohnern (Großraum) zu den führenden iranischen Großstädten. Der um die Stadt herum aufgebaute **Industriegürtel** mit z.B. dem Stahlwerk von Mobarekeh gehört zu den wichtigsten industriellen Zentren des Landes. Da man die Betriebe aus der Stadt herausgehalten hat, bietet sich dem Besucher noch heute der **Eindruck einer orientalischen Stadt.**

Geschichte

Isfahan ist eine **sehr alte Siedlung,** deren Ursprünge bis in die Achämeniden-Zeit und davor zurückreichen. Sie wird allerdings erst von dem griechischen Geschichtsschreiber *Strabo* (ca. 20 n. Chr.) erstmals erwähnt. Aus sasanidischen Quellen wissen wir, dass die Stadt am Ende der Parther-Zeit Provinzhauptstadt war. Vermutlich wegen der fruchtbaren Oase diente sie noch zu Zeiten der Sasaniden als Heerlager, was ihr auch den Namen gegeben hat: *Sepah* heißt „Armee", auch im Neupersischen; die Buchstabenfolge A.S.P. ist durch alte Münzen belegt, die hier geprägt wurden.

Schon 643, im Anschluss an die Entscheidungsschlacht zwischen Muslimen und den Sasaniden bei Nahavand, wurde Isfahan von arabischen Truppen in Besitz genommen und blieb auch während der Abbasiden-Epoche einer der Hauptorte Irans. Zu jener Zeit bestand die Stadt aus zwei Teilen: **Jey** oder **Shahristan** am Ufer des Zayandeh Rud in Höhe der noch heute bestehenden gleichnamigen Brücke und **Jahudiyeh,** die Judenstadt, westlich davon. Einer alten Tradition zufolge sollen hier schon im 6. Jh. v. Chr. von *Nebukadnezar* aus Israel verschleppte Juden angesiedelt worden sein. Wahrscheinlicher ist jedoch, dass die Juden sich dort aufgrund der Fürsprache der jüdischen Gattin des sasanidischen Herrschers *Yazdegerd I.* (399–422) niedergelassen haben.

Nach einer Beschreibung aus dem Jahre 903 soll die Stadt zu dieser Zeit einen Durchmesser von 3 km gehabt haben sowie eine Stadtmauer mit vier Toren. Kurz darauf wurde sie von *Mardawij ibn Ziyar,* einem aus Nordiran stammenden Söldnerführer, in Besitz genommen. Unter dessen Nachfolgern, der iranischen Dynastie der Buyiden, war sie eine ihrer Hauptstädte. Zu jener Zeit folgten in kurzen Abständen zahlreiche meist türkischstämmigen Invasoren; fast alle versuchten, auch Isfahan in Besitz zu nehmen.

Einen großen Aufschwung nahm die Stadt nach der Eroberung durch die **Seldjuken** im Jahr 1051 durch *Toghrul Beg* und dessen Nachfolger. Sie ließen eine Reihe großartiger Bauten anlegen, von denen einige überdauerten. Der Glanz jener Jahre verbindet sich auch mit dem Namen *Nezam ol-Molk,* der drei seldjukischen Herrschern als Großwesir diente. Schon vorher hatte der berühmte Arzt und Wissenschaftler *Ibn Sina* (in Europa als *Avicenna* bekannt), den Ruf Isfahans als Stadt der Wissenschaft begründet.

Auch unter den Mongolen und Turkmenen blieb es einer der Hauptorte des Reiches, auch wenn sich deren Hauptstädte in Azerbeijan befanden. Den Gipfel seiner Pracht und Größe sollte Isfahan während der Epoche der **Safaviden** erreichen. *Shah Abbas I.*, der bedeutendste ihrer Herrscher, ließ 1598 die **Hauptstadt** hierher verlegen, um den ständigen Angriffen der Osmanen auf Nordwestiran zu entgehen. Innerhalb von drei Jahrzenhnten wurde eine prachtvolle Residenzstadt errichtet, die das Zentrum des Reiches war und deren Ruf sich bis ins ferne Europa verbreitete. Zahlreiche Delegationen wurden von europäischen Fürstenhöfen nach Isfahan entsandt, um Bündnisse gegen die türkischen Osmanen zu schließen. Auch die deutschen Reisenden *Adam Olearius* und *Engelbert Kaempfer* haben Berichte über ihre Eindrücke hinterlassen; Olearius weiß von etwa 500.000 Einwohnern.

1605 ließ Abbas ca. 30.000 Armenier aus Jolfa verschleppen, deren Stadt in den Kämpfen gegen die osmanischen Truppen weitgehend zerstört worden war. Sie wurden am südlichen Ufer des Flusses in der neu gegründeten Vorstadt „Neu-Jolfa" angesiedelt. Diese Maßnahme sollte sich als sehr nützlich für die Stadt erweisen, denn die Armenier waren begabte Handwerker und verfügten als Händler über gute Verbindungen zu der über große Teile der Welt verstreuten armenischen Diaspora.

Durch die Anlage des großen Platzes *Meydan-e Naqsh-e Jahan* („das Ebenbild der Welt") mit seinen prächtigen Moscheen, zahlreichen Palästen in ausgedehnten Gartenanlagen und mehreren Brücken erlangte Isfahan im 17. Jh. den Ruf einer der **schönsten Städte der Welt.**

Zu Beginn des 18. Jh. zerfiel die Safaviden-Herrschaft zusehends, 1722 wurde ihre Hauptstadt von afghanischen Stammeskriegern erobert, die aber nach sieben Jahren vom späteren *Nader Shah* wieder vertrieben wurden. Nader Shah wählte Mashhad zu seiner Hauptstadt, genauso wie nach ihm *Karim Khan Zand* Shiraz den Vorzug gab. Die Qadjaren schließlich ließen ihre neue Residenz in Teheran erbauen und Isfahans Pracht verblühte.

Der Modernisierung der Stadt durch Reza Shah im 20. Jh. sind viele der Gartenanlagen mit ihren Palästen zum Opfer gefallen. Andererseits sind in jener Zeit zahlreiche historische Bauten, die lange Jahre dem Verfall preisgegeben waren, konserviert worden, sodass wir Isfahan noch heute als einzigartiges **Museum der islamischen Baukunst in Iran** bezeichnen können. Keine andere Stadt im Mittleren Osten hat die Schönheit ihrer Vergangenheit so bewahrt wie sie.

Orientierung

Das **Zentrum** von Isfahan liegt nördlich des Flussufers und wird begrenzt durch die Kh. Ibn-e Sina im Norden, den Zayandeh Rud im Süden, die Kh. Chahar Bagh im Westen und die Kh. Bozorgmehr im Osten. Die Sehenswürdigkeiten konzentrieren sich um den wunderschönen Platz **Meydan-e Imam** (früher Meydan-e Naqsh-e Jahan) mit dem Haupteingang zum Bazar. Die größte Straße der Stadt ist die **Kh. Chahar Bagh** (Straße der vier Gärten), die früher die Hauptachse der ausgedehnten Gartenanlagen des safavidischen Isfahan bildete. Sie beginnt im Norden am Meydan-e Shohada und hat bis zum Fluss einen breiten, von Bäumen bestandenen Fußweg in ihrer Mitte. Die **Geschäfte** konzentrieren sich in dem Bereich zwischen dem Meydan-e Imam Hossein und der

Si-o Se Pol (Brücke der 33 Bögen). Diese Prachtstraße setzt sich bei der Brücke über den Fluss nach Süden fort bis zum Meydan-e Azadi und heißt in diesem Teil Chahar Bagh-e bala.

Das Zentrum des alten Isfahan bildet die Gegend um den **Meydan-e Qiyam** mit der **Freitagsmoschee**. In ihrer Umgebung hat sich eine Reihe sehenswerter Baudenkmäler aus seldjukischer Zeit und danach erhalten. Auch die Flussauen des Zayandeh Rud und die historischen Brücken lohnen den Besuch, sie sind beliebte Ausflugsziele der Isfahanis. Am südlichen Flussufer schließlich sind im Stadtteil Jolfa noch einige sehenswerte armenische Kirchen erhalten.

Freitagsgebet auf dem Meydan-e Imam

Ankunft

Mit dem Flugzeug

Der **Internationale Flughafen** von Isfahan liegt ca. 12 km nördöstlich der Stadt an der Autobahn in Richtung Na'in. In die Stadt verkehren bis jetzt keine Busse, ein Minibus pendelt regelmäßig zwischen Flughafen und Meydan-e Laleh. Einfacher ist die Fahrt ins Zentrum mit den stets auf dem Parkplatz wartenden Taxis, Fahrpreis ca. 5000 Tuman.

Mit dem Überlandbus

Der **Hauptterminal** von Isfahan liegt am Bolvar-e Kaveh, der nördlichen Ausfallstraße nach Teheran. Von hier aus verkehren Minibusse und Taxis in alle Teile der Stadt. Ein weiterer Terminal, vor allem für Busse aus Richtung Shiraz, ist der Soffeh-Terminal im Süden der Stadt.

Mit dem Zug

Da Isfahan ursprünglich nicht ins Netz der „Transiranischen Eisenbahn" einbezogen war, lag der Bahnhof bis vor Kurzem ca. 30 km außerhalb der Stadt an der Straße nach Na'in. Mit dem Neubau der Strecke nach Shiraz ist auch ein neuer Bahnhof im Süden der Stadt in Betrieb genommen worden. Er befindet sich im Stadtteil Sepahan Shahr. Ein Anschluss an öffentliche Verkehrsmittel besteht noch nicht.

Mit dem eigenen Fahrzeug

Autoreisende sollten für ihren Aufenthalt in Isfahan das eigene Fahrzeug beim Hotel stehen lassen. Der Stadtkern mit den Sehenswürdigkeiten ist nicht sehr ausgedehnt, sie lassen sich teils **zu Fuß**, teils mit dem **Taxi** gut erreichen. **Wohnmobilisten** finden Platz für ihr Gefährt auf dem Parkplatz des Tourist Inn am Stadteingang aus Richtung Süden an der Straße nach Shiraz oder auf dem Parkplatz vor dem Palast Hasht Behesht.

Aus Richtung Süden ist die Zufahrt zum Zentrum, das auf der Nordseite des Flusses liegt, nur über bestimmte Brücken möglich. Man fährt am besten die Kh. Chahar Bagh immer hinauf bis zur Sio-se Pol. Je nach dem, wo das Hotel gelegen ist, dann links abbiegen und auf der Kh. Bustan-e Mellat bis zur Pol-e Abuzar, um auf die andere Seite des Flusses zu gelangen. Oder vor der Sio-se Pol rechts abbiegen, der Kh. Ayeneh Khaneh folgen und bei der nächsten Möglichkeit links über die Pol-e Ferdowsi den Fluss überqueren.

Von Norden kommend, führt der Bolvar-e Kaveh direkt zur Kh. Chahar Bagh und von da aus ins Zentrum.

Von Osten aus Richtung Yazd und Na'in erreicht man Isfahan auf der Kh. Jey, die über den Meydan-e Abbasabad und Meydan-e Qiyam zur Kreuzung Takhti führt. Dort links in die Kh. Chahar Bagh abbiegen.

Von Westen aus Richtung Hamadan/Khorramabad führt die Kh. Saremiyeh in Richtung Innenstadt. An der Falakeh-ye Kashani links abbiegen und am nächsten Kreisel rechts in die Kh. Ayatollah Taleqani fahren, die zur Kh. Chahar Bagh führt.

Aus Richtung Shahr-e Kord erreicht man Isfahan südlich des Flusses auf der Otoban-e Keshavarz. Dieser über die Kh. Atesh bis zum Meydan-e Azadi folgen und links in die Kh. Chahar Bagh abbiegen. Ab hier der Beschreibung „aus Richtung Süden" folgen.

Sehenswertes rund um den Meydan-e Imam

Vorbemerkung

Isfahan weist eine **große Zahl von Sehenswürdigkeiten** auf. Um alle ausgiebig anzuschauen, braucht man mindestens vier Tage. Alle zu beschreiben, würde den Rahmen dieses Reisehandbuchs bei weitem sprengen. Auch für die hier beschriebenen Sehenswürdigkeiten sollten mindestens zwei volle Tage eingeplant werden. Der Ablauf ist möglichst so gewählt, dass die Rundgänge zu Fuß bestritten werden können.

Fast alle Besichtigungen in Isfahan beginnen oder enden am **Großen Platz,** der heute Meydan-e Imam heißt. Für die

Isfahanis ist er der Inbegriff eines Platzes. Nach „Meydan" („Platz") gefragt, werden sie den Reisenden immer dorthin weisen. Zugang findet man von Westen über die Kh. Sepah oder über eine der Nebenstraßen der Kh. Ostandari, von Osten über die Kh. Hafez. Früher lag der Platz geografisch genau im Zentrum der alten Stadt Isfahan. Freitags ist die Besichtigung erst ab 14 Uhr möglich, da hier das **Gemeinschaftsgebet** stattfindet.

Schon vor der Anlage der Residenz von *Shah Abbas* befand sich hier eine Art Marktplatz am Eingang zum Bazar, der Naqsh-e Jahan („Abbild der Welt") genannt wurde. Abbas ließ ihn ausbauen und bedeutend vergrößern auf die **gigantischen Ausmaße** von 524 x 160 m. Rings um den Platz verlaufen **doppelstöckige Arkaden** mit einem gleichmäßigen Bogenmaß. Im Untergeschoss waren und sind noch heute die Arbeitsstätten der Handwerker und Geschäfte. Die Obergeschosse tragen Blendarkaden und wurden nur wegen des räumlichen Eindrucks angebracht.

Ursprünglich lief ein 3 m breiter Wassergraben um den gesamten Platz herum, mit dem früher Platanen bewässert wurden. Heute beherrscht ein großes **Wasserbecken mit Fontänen** die südliche Hälfte in seinem Zentrum. Jede der vier Seiten wird von einem hervorstechenden Bauwerk beherrscht: im Süden die Moschee des Königs (Masdjed-e Shah), heute Masdjed-e Imam genannt, im Norden das Eingangsportal zum Bazar Qeisariyeh, im Westen der frühere Eingangspalast zur königlichen Residenz, Ali Qapu („Hohe Pforte"), und im Osten, auf einer Achse mit Ali Qapu, die kleine Lotfollah-Moschee.

Natürlich ist es möglich, die Gebäude am Platz nacheinander zu besichtigen; schöner ist es jedoch, sich Zeit zu lassen und immer wieder unter die zahlreichen Besucher zu mischen, unter den Arkaden zu bummeln oder in der Mitte des Platzes die Atmosphäre auf sich wirken zu lassen.

Palast Ali Qapu

Den besten „Einstieg" in die Besichtigung der Gebäude bietet der Palast Ali Qapu am Morgen. Von seinem Talar (Thronsaal) überblickt man die Einzelheiten des Ensembles am besten. Auffällig ist, dass der Eingang zu dem Bauwerk nicht in der Mittelachse dieses ansonsten harmonisch und proportional gestalteten Platzes liegt, sondern südlich davon. Dies hängt damit zusammen, dass sich hier schon seit Beginn des 15. Jh. ein kleinerer, dreistöckiger Bau befand. *Abbas* ließ ihn um drei Etagen aufstocken, hielt auf der Terrasse Empfänge ab und liebte es, von dort aus dem Polospiel auf dem Platz zuzuschauen. Gleichzeitig bildete der Bau den Eingang zum Gartenbezirk der Residenzstadt Isfahan.

Der Aufgang befindet sich auf der linken Seite, direkt gegenüber dem Kassenhäuschen. Die meisten **Bemalungen** in den unteren Stockwerken, die früher Verwaltungszwecken dienten, sind verschwunden, nur wenige wurden von italienischen Archäologen restauriert.

Von der von 18 Holzsäulen getragenen **offenen Vorhalle** mit Wasserbecken im Zentrum bietet sich ein imposanter Ausblick auf die grandiose Kuppel der gegenüberliegen Lotfollah-Moschee sowie zur Rechten auf die türkisfarbene

Kuppel der Imam-Moschee. Von hier aus ist auch ein architektonischer „Trick" der Baumeister am besten zu erkennen: Weil die Platzanlage schon existierte, bevor die große Moschee erbaut wurde, ist deren Hauptachse entsprechend der Gebetsrichtung etwa 45° gegen die Längsachse des Platzes versetzt, während das Eingangsportal sich harmonisch einfügt.

Durch den **Thronsaal,** dessen Decken- und Wandbemalungen nach originalen Vorbildern renoviert wurden, gelangt man zu den **Privatgemächern** in den oberen Stockwerken. Den krönenden Abschluss bildet das sechste Geschoss, dessen Wände mit **bemalten Stuckelementen** in der Form von Krügen und Vasen ausgeschlagen sind. Hier fanden früher Musikaufführungen statt. Durch die Gestaltung der Wände entstand ein Raum mit nahezu idealen akustischen Eigenschaften.

■ **Ali Qapu,** täglich 9 bis 17 Uhr, April bis Oktober bis 18 Uhr, Eintritt 15.000 Tuman.

Große Moschee

Die Südseite des Meydan wird begrenzt von der Masdjed-e Shah, seit der Revolution **Masdjed-e Imam** genannt. Ihr Bau dauerte gut 20 Jahre, die Fertigstellung erlebte der Stifter *Shah Abbas* nicht mehr. Sie gilt als schönste der in der Safaviden-Zeit erbauten Hofmoscheen, und mit einem Innenhof von ca. 68 x 53 m ist sie eine der größten.

Das hoch aufstrebende **Eingangsportal** mit Doppelminarett läuft oben in einer Halbkuppel mit Stalaktitengewölbe aus, der Fliesenschmuck mit tiefblauem Grundton und fein aufgelösten Mustern

Übersichtskarte S. 240, Stadtplan S. 250

Stadt Isfahan

249

Isfahan, Zentrum

Übernachtung
1 Bekhradi-Haus
2 Hotel Tootia
3 Hotel Amir Kabir
4 Hotel Persia
6 Isfahan Traditional Hotel
7 Hotel Dibai House
8 Hotel Sadaf
10 Apartment-Hotel Partikan
12 Hotel Hasht Behesht
13 Hotel Iran
14 Hotel Sheykh Bahaei
15 Hotel Abbasi
17 Hotel Ali Qapu
19 Hotel Tourist
20 Hotel Safir
21 Hotel Aria
22 Hotel Kowsar
23 Hotel Mellal

Essen und Trinken
5 Malek Soltan Jarchibashi Restaurant
9 Restaurant Naqsh-e Jahan
11 Traditional Banquet Hall
15 Restaurant Abbasi
18 Restaurant Shahrzad

Sonstiges
16 Einkaufspassage (Geschäfte, Iran Travel, Iran Air usw.)

erweckt beim Betrachter den Eindruck der Himmelskuppel. Das Portal und der gesamte Innenhof sind am Sockel mit Marmorplatten bekleidet, ein Ausdruck des besonderen Ranges der Moschee.

Nach dem Eintritt durch die mächtige, mit Silberblech beschlagene Tür öffnet sich der Blick auf den **Innenhof** mit einem großen Wasserbecken. Um den Hof gruppieren sich **vier überkuppelte Hallen** mit davor gelegtem Iwan, verbunden durch zweigeschossige Arkadenwände. Die gesamte Außenfassade ist mit Fliesen auf blauem Grund verkleidet, florale Ornamente in Gelb- und Grüntönen schaffen eine vollkommene Harmonie. Insgesamt sollen in dem Bauwerk, das mehrfach renoviert wurde, 472.550 Fliesen verbaut worden sein.

Der **Hauptgebetssaal** mit zwei Nebenhallen an der Südwestseite des Hofes wird betont durch ein Doppelminarett, eine 33 m hohe Iwan-Wand und die 54 m hoch aufragende **Kuppel**. In seinem Inneren herrscht eine wunderbare Akustik: Ein Händeklatschen im Zentrum des Gebetssaals pflanzt sich über den gesamten Hof fort. Die **Fliesenverkleidung** der Innenkuppel gilt als Meisterwerk persischer Handwerkskunst: Auf türkisfarbenem Grund entfaltet sich ein Strahlenkranz-Medaillon, dessen Windungen sich zum Zentrum hin immer mehr ineinander verschlingen. Ein für Moscheen außergewöhnliches Fliesenfeld befindet sich an der Hofseite der südwestlichen Nebenhalle: Auf gelbem Grund sind zwei belebte Szenen mit Pflanzen, Tieren und Wasser dargestellt, fast als befände man sich im Paradies. Wegen des Bilderverbots werden in Moscheen üblicherweise nur geometrische und stilisierte Motive benutzt. Es ist nicht überliefert, ob dieses ungewöhnliche Detail zum Originalbestand des Bauwerks gehört oder später angebracht wurde.

Der Hauptgebetssaal ist zu beiden Seiten von Höfen mit umlaufenden **Arkaden** umgeben; sie beherbergten früher Lehr- und Wohnräume der in der Medrese studierenden Religionsschüler. Seit kurzem wird während des Sommerhalbjahres das **Freitagsgebet** von Isfahan in der Moschee abgehalten, weshalb sie freitags erst ab 14 Uhr zur Besichtigung freigegeben ist. Erstaunlich daran ist, dass in einer Millionenstadt wie Isfahan alle Betenden im Innenhof Platz finden! Für Besucher äußerst störend ist der Umstand, dass während dieses Zeitraums Gerüste und Planen dort aufgebaut sind und verhindern, dass man die Dimensionen und das Raumgefühl der Moschee in sich aufnehmen kann.

■ **Masdjed-e Imam,** 9–17 Uhr, mittags geschlossen, Eintritt 10.000 Tuman.

Lotfollah-Moschee

Im Gegensatz zu dem Monumentalbauwerk der Großen Moschee besticht die zweite Moschee am Meydan-e Imam durch ihre zurückgenommenen Dimensionen. Von wesentlich kleineren Ausmaßen, wurde sie nach etwa 14 Jahren Bauzeit schon um 1616 vollendet und diente als **Privatmoschee** des Herrschers und seiner Familie. Dieser „private" Charakter kommt auch in ihrem Namen zum Ausdruck: *Sheikh Lottfallah,* ein schiitischer Geistlicher libanesischer Herkunft, war einer der Schwiegerväter von Shah Abbas.

Schon von außen begeistert die Moschee direkt gegenüber von Ali Qapu durch ihre **Kuppel.** Ihr Geheimnis ist der Kontrast zwischen der natürlichen Farbe der Lehmziegel, aus denen sie erbaut wurde, und dem Schwarz, Weiß und Blau der Arabesken, die sie umschließen und zum Zentrum der Kuppel emporranken. Je nach Sonnenstand und Lichtintensität gewinnt der Betrachter andere Farbeindrücke. Die beste Zeit für Fotos (auch im Innern) ist der späte Nachmittag.

Das **Eingangsportal** ist gegen die Platzwände leicht zurückgenommen und überragt diese nur wenig, wodurch der Blick auf die Kuppel frei bleibt. Heute ist es mit vielfach unterteilten Fliesenfeldern auf blauem, weißem und gelbem Grund geschmückt, die jedoch erst bei Renovierungsarbeiten nach 1958 angebracht wurden.

Entsprechend der Verwendung als Privatmoschee wurde auf Hof und Minarett verzichtet; ein überkuppelter Gebetsraum bildet das Zentrum der Moschee. Ein Treppenaufgang führt auf eine von einem Iwan überwölbte, niedrige Eingangstür zu. Auch bei dieser Moschee war es nötig, die Achse des Platzes mit der Gebetsrichtung zu „versöhnen": Hinter der Eingangstür führt ein mehrfach abknickender Gang den Besucher zum **Kuppelsaal,** der mit seiner ausgewogenen Eleganz seinesgleichen sucht. Der Betrachter hat von Beginn an gar nicht den Eindruck, in einem quadratischen Raum zu stehen. Alles hat etwas Leichtes, Schwebendes – auch ein Resultat des diffusen Lichteinfalls durch 16 Fenster unterhalb der Kuppel, deren mit Fayencefliesen verkleidete Öffnungen die Sonnenstrahlen vielfach brechen. Durch sphärische Wölbungen in den vier Ecken glaubt man, in einem achteckigen Raum zu stehen. Die Bögen umlaufen aufwendige Schriftbänder in Weiß auf kobaltblauem Grund. Auch im Innern besticht die vollendete Harmonie der sandfarbenen Ziegel mit den blauen und gelben Fayencefliesen. Am Mehrab gegenüber dem Eingang sind links und rechts Bauinschriften mit Datierung angebracht.

■ **Masdjed-e Lotfollah,** tägl. 9–17 Uhr, mittags geschlossen, Eintritt 10.000 Tuman.

Damit sich dieser unvergleichliche Eindruck setzen kann, empfiehlt sich im Anschluss eine Teepause in einem Restaurant nahe der Moschee. Links vom Eingang führt der Weg zu einer neu erbauten Passage, über einen Treppenaufgang erreicht man die auf dem Dach der Platzarkaden eingerichteten Sitzgestelle mit Blick auf die herrliche Kuppel der Lotfollah.

Bazar

Letzter Höhepunkt am Meydan ist ein Besuch des Bazars mit dem Haupteingang, dem **Qeisariyeh-Tor** aus dem Jahre 1617, an der Nordseite des Platzes. Die Gemälde mit Schlacht- und Hofsze-

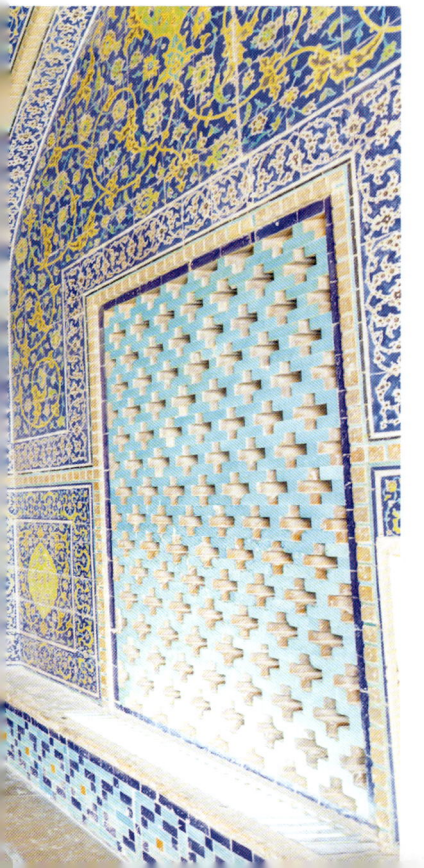

◁ Das prachtvolle Interieur der Lotfollah-Moschee

Der Fotograf Ernst Hoeltzer

Den größeren Teil seines Lebens verbrachte *Ernst Hoeltzer* aus Schmalkalden/Thüringen in Iran. Im Jahr 1863 kam er 28-jährig im Dienste des Indo-European Telegraph Department nach Iran, zuständig für den Bau der **Telegrafenverbindung von London nach Indien.** 1870 heiratete er in Isfahan eine Frau aus armenischer Familie und wurde in der Stadt sesshaft. Auf einer Reise nach Deutschland kaufte er sich eine Fotokamera und die notwendige Ausrüstung und begann in seiner neuen Heimat Isfahan und in umliegenden Regionen zu fotografieren.

Viele seiner Fotoplatten gelangten auf ungeklärten Wegen nach Deutschland, wo sie 1969 zufällig im Keller des Hauses einer Enkelin gefunden wurden. Sie vereinen **Porträt- und Personenaufnahmen,** Bilder von **Bauwerken und Landschaften** aus Isfahan und Umgebung. Die Aufnahmen sind für die späte Qajarenzeit von unschätzbarem Wert und im Gegensatz zu anderen zeitgenössischen Bildern im strengen Sinne dokumentarisch. Nachdem einige der Aufnahmen 1976 unter dem Titel „Persien vor 113 Jahren" publiziert wurden, dauerte es bis 2004, als die iranische „Organisation für das kulturelle Erbe" gut 200 Aufnahmen in einem prächtigen Band unter dem Titel „Thousand Sights Of Life" veröffentlichte, der mittlerweile vergriffen ist.

Hoeltzer verstarb 1911 in Isfahan und wurde **auf dem armenischen Friedhof** am Fuße des Kuh-e Soffeh **beigesetzt.** Zur Besichtigung seines Grabes ist eine Genehmigung der Verwaltung des Friedhofs erforderlich.

- http://djeyran.de/hoeltzer.html
- www.ichodoc.ir/holtzer/about.html

nen im oberen Teil sind kürzlich renoviert worden. Dieser überdachte Bereich des „kaiserlichen" Bazars wurde von Shah Abbas in Auftrag gegeben, um seinen Residenzplatz würdig an die älteren Teile des Bazars anzuschließen. Überliefert ist, dass in jener Zeit Musikanten oben in den Galerien links und rechts des Portals aufspielten.

Von dem früher dichten Netz von Bazargassen, Kuppeln und Innenhöfen ist nur noch ein bescheidener Teil geblieben. Der **Touristenbazar** von Isfahan mit Teppichgeschäften, Kunsthandwerk und Antiquitäten hat hier sein Zentrum. Gleich rechts hinter dem Eingangstor führt ein Weg zu einem Innenhofkomplex mit zweistöckigen Bauten, wo man **Stoffdrucker** bei der Arbeit sehen kann. Von ihnen hat dieser Bazarteil den Namen Bazar-e Chitsazha, „Bazar der Stoffdrucker". Tischtücher und andere Gebrauchstextilien zählen zum traditionellen Kunsthandwerk von Isfahan und sind in ganz Iran verbreitet.

Der **Teppichbazar** von Isfahan kann quantitativ nicht mit denen in Teheran und Tabriz mithalten, qualitativ braucht er den Vergleich dagegen nicht zu scheuen. Fast alle Herkunftsgebiete sind hier vertreten. Natürlich leben die Teppichläden an der Hauptgasse des Bazars und um den Platz herum vom Geschäft mit den Touristen, hartes Feilschen ist hier geboten. Iraner würden hier kaum einen Teppich kaufen, sie bevorzugen die Geschäfte, die nordwestlich der Hauptgasse des Bazars untergebracht sind. Neben Teppichen findet man dort auch vieles,

> Innenhof im Bazar

was zum Knüpfhandwerk gehört, wie Wolle, Farbe, Kämme und Teppichmuster. Im iranischen Vergleich sind die Isfahaner Teppichhändler recht aktiv, d.h. sie gehen offensiver als anderswo auf ihre vermeintliche Kundschaft zu, wobei sie wie fast alle Teppichhändler der Welt dem Irrglauben unterliegen, dass der Reisende die Reise eigentlich nur unternimmt, um einen Teppich zu kaufen. In Isfahan ist es wie überall: Die zurückhaltenderen sind meist auch die seriöseren Händler. Abgesehen von den Stoffdrucken gibt es im Isfahaner Bazar nichts, was es nicht auch an anderen Orten gäbe, aber die Auswahl ist hier größer und die Bazaris sind geschäftstüchtiger.

Das bei den Besuchern Isfahans so beliebte **Teehaus** im ersten Stock in den Arkaden links (westlich) vom Qeisariyeh-Tor, wo man besonders im Licht der sinkenden Sonne eine unvergleichliche Aussicht auf den Platz hatte, ist schon seit 2007 geschlossen, wohl weil hier Touristen und Iraner eine Möglichkeit zu entspanntem Kontakt hatten. Wer das Bazarleben abseits vom Trubel um die Touristen bevorzugt, kann vom Qeisariyeh-Tor aus den gesamten Bazar in Richtung Nordosten durchstreifen, wo er auf das alte Bazarviertel um den Meydan-e Qiaym unweit der Freitagsmoschee stößt.

Palast Chehel Sotun

Sehr nah am Meydan liegt der Chehel Sotun, der **„Palast der 40 Säulen".** Neben dem Palast Hasht Behesht („Die acht Paradiese") ist er der letzte der in der Safaviden-Zeit zahlreich gebauten Gartenpaläste. Vom nordwestlichen Ausgang des Meydan folgt man der Kh. Sepah und gelangt, vorbei am Naturhistorischen Museum mit dem putzigen Plastik-Dinosaurier, nach etwa fünf Minuten zum Eingang des Parks, in dem der Palast liegt.

Der heute noch etwa 5 ha große, von Bewässerungsgräben durchzogene **Garten** war ursprünglich größer und geht auf *Abbas den Großen* zurück, der hier einen kleinen Palast erbauen ließ. Der heutige Palastbau im Zentrum des Parks ist, wie wir aus zeitgenössischen Reiseberichten wissen, seit Mitte des 17. Jh. im Wesentlichen unverändert und wurde von *Shah Abbas II.* 1647 vollendet. Der Garten mit Platanen und Pinien wird durch ein lang gezogenes **Wasserbecken** auf der Mittelachse in zwei Teile geteilt. Die 20 hölzernen Säulen des offenen Vorbaus spiegeln sich im Wasser, was eine Erklärung des Namens gibt.

Über den offenen Talar mit einem von vier Löwen umstandenen steinernen Wasserbecken führt der Weg zum ehemaligen **Thronsaal,** der dem Eingang zum Inneren vorgelagert ist. Hier saß früher bei Empfängen der Herrscher vor ausgewählten Gästen und Hofleuten. Die normalen Gäste lagerten auf Kissen und Teppichen unter den Säulen des Talars. Die Verspiegelungen des Iwans vor dem Eingangsportal, die künstlich beleuchtet eine besonders strahlende Atmosphäre geschaffen haben müssen, sind mittlerweile stumpf geworden, ebenso wie die einst leuchtenden Farben der Deckenpaneele unter dem Vordach.

Der **Hauptsaal** besticht durch seine **Wandmalereien,** anmutige Hof- und Gartenszenen im unteren Bereich und ursprünglich vier große Wandgemälde in den Ecken des Saals, die drei Emp-

Gemälde im Palast Chehel Sotun: Shah Isma'il in der Schlacht von Chaldiran

fangsszenen darstellen, wie sie sich seinerzeit in diesem Gebäude abgespielt haben, sowie eine Schlacht gegen die Uzbeken. Etliche der Malereien im unteren Teil wurden im Laufe der Zeit zerstört oder mit Stuck überzogen und werden nach und nach restauriert, ebenso wie die vier Original-Wandgemälde, die bereits erneuert sind. Die beiden Schlachtszenen im Zentrum sind Mitte des 18. Jh. hinzugefügt worden. Interessant ist, dass bei der Darstellung der Schlacht von Chaldiran (1514) direkt gegenüber dem Eingang sogar die Niederlage von *Shah Isma'il* gegen den Osmanen *Selim* gezeigt wird. Die großen Gemälde sind mit Erläuterungen versehen. Fotografieren mit Blitz ist hier streng untersagt, um die Malereien nicht zu schädigen. Vor den Wänden sind Vitrinen mit verschiedenen wertvollen Exponaten wie Buchhandschriften, Stoffen und Keramik aufgestellt, wie auch in den beiden kleinen Nebenräumen links und rechts des Eingangs, durch die man zum Ausgang kommt. Es mutet wie ein Wunder an, dass die sehr freizügigen Darstellungen von Hofdamen und Tänzerinnen im südlichen Nebenraum die gut drei Jahrhunderte seit ihrer Fertigstellung überdauert haben!

■ **Chehel Sotun,** täglich 9–13 und 14–17 Uhr, von April bis Okt. bis 18 Uhr, Eintritt 15.000 Tuman.

Sehenswertes an der Hauptstraße Chahar Bagh

Nur fünf Gehminuten westlich des Ausgangs des Chehel-Sotun-Parks stößt man beim Gebäude der Stadtverwaltung am Meydan-e Emam Hossein auf die Kh. Chahar Bagh, die **„Straße der vier Gärten".** Sie bildete im 17. Jh. die Hauptachse des königlichen Gartenbezirks von Isfahan. Noch heute ist sie die wichtigste Nord-Süd-Achse der Millionenstadt und dementsprechend belebt. Auch ohne die mittlerweile fast vollständig überbauten Gärten verströmt die breite Avenue mit dem von Platanen gesäumten Mittelgang noch immer eine besondere Atmosphäre. Trotz der vielen Bausünden des 20. Jh. in Isfahan, dem beträchtliche Teile der historischen Bausubstanz unwiederbringlich zum Opfer fielen, hat man es hier verstanden, der Straße mit den Bäumen die Hauptrolle zu überlassen. Die modernen Gebäude beiderseits stören diese Rolle nicht, sondern treten dahinter zurück.

Zur Linken und rechten befinden sich zahlreiche **moderne Geschäfte,** deren Sortiment nicht speziell auf Touristen abgestellt ist. Dieser Teil der Prachtstraße bis zum Fluss heißt Chahar Bagh-e pa'in, „der untere Teil", während der jenseits des Flusses gelegene südliche Abschnitt Chahar Bagh-e bala, „der obere Teil", genannt wird. Folgt man ihm in südlicher Richtung vom Meydan-e Emam Hossein aus, erreicht man einen weiteren Rest der alten Isfahaner Gärten, der östlich der Chahar Bagh liegt.

Pavillon Hasht Behesht

Im Zentrum des früheren **Nachtigallen-Gartens** liegt der Pavillon Hasht Behesht **(„Die acht Paradiese"),** links der Straße ist er durch einen großen Mauerdurchbruch zu sehen. Angeblich trägt er seinen Namen wegen der (neben dem königlichen Mittelsaal) acht Räume auf zwei Etagen für die acht Lieblingsdamen des Herrschers. Errichtet um 1670, stellt er einen reinen Zentralbau mit vier offenen Hallen dar, die in einen vierflügeligen, überkuppelten Raum mit Wasserbecken im Zentrum führen. An seinen Ecken befinden sich vier kleine Räume, über die Treppen ins obere Geschoss führen. Die Kuppel ist oben für acht Lichtöffnungen durchbrochen, was für eine freie und offene Atmosphäre im Innenraum sorgt. Seit den 1970er Jahren wurde Hasht Behesht gemäß den originalen Vorlagen renoviert, es bildet heute den Mittelpunkt eines bei den Isfahanis sehr beliebten Parks.

■ **Hasht Behesht**, täglich 9–13 und 14–17 Uhr, von April bis Okt. bis 18 Uhr. Eintritt 15.000 Tuman.

Medrese-ye Chahar Bagh

Zurück auf der Chahar Bagh führt der Weg in Richtung Süden nach etwa 100 m zu einem großen, reich mit Fliesen verzierten Eingangsportal, dem Zugang zur Medrese-ye Chahar Bagh, einer Religionsschule. Sie stellt den letzten bedeutenden Bau der Safaviden-Zeit in Isfahan dar und wurde von *Shah Sultan Hossein* 1714 eingeweiht. Tragischerweise ging sein Leben auch in dem Bauwerk zu Ende: 1722 wurde er beim Sturm der Afghanen gefangen gesetzt und die glorreiche Safaviden-Epoche fand ihr Ende. Nach sechsjähriger Gefangenschaft hat man ihn in seiner Zelle an der Nordseite des Hofes hingerichtet. Dieser Raum ist noch heute gut an seinen blauen und ockerfarbenen Bemalungen über dem Eingang zu erkennen.

Die Anlage wurde in Form der klassischen **Vier-Iwan-Hofanlage** errichtet: um einen 62 x 53 m großen Innenhof sind kreuzförmig vier Iwane angeordnet, hinter dem Süd-Iwan befindet sich ein Kuppelraum mit vorgelagertem Doppelminarett. Der Innenhof ist vollständig von doppelstöckigen Arkaden eingefasst, in denen die Unterkünfte der Schüler und die Unterrichtsräume untergebracht sind. Prunkstück der Anlage sind die **Fliesenverkleidungen** der Iwane, Arkadenbögen und des Kuppelsaals. Eine kunstvollere Auflösung der Ecken und Nischen, eine harmonischere Farbgebung zwischen türkis, weiß, schwarz und gelb ist kaum vorstellbar! Das Tüpfelchen auf dem i bildet die **Verkleidung der Kuppel.** Über den türkisfarbenen Grund laufen große, schwingende Arabesken in Weiß mit dunkler Kontur, unter die gelbe und schwarze Blumenmotive gelegt sind. Den besten Blick auf die Kuppel hat man vom Innenhof des heutigen Hotels Abbasi, unmittelbar östlich an die Medrese anschließend.

Das langgestreckte, rechteckige Wasserbecken, die zahlreichen Platanen sowie die Blumenbeete schaffen eine lauschige Atmosphäre und es entsteht eine Oase der Ruhe und Meditation direkt an der Hauptstraße von Isfahan. Leider kommen Besucher fast nie in den Genuss, die Anlage von innen zu sehen. Da die Schule noch in Betrieb ist, werden Besucher normalerweise nicht eingelassen. Nur mit viel Geduld, Freundlichkeit und Beharrlichkeit ist es manchmal möglich, dass die Wächter den Einlass gestatten. Dies ist umso unverständlicher, als zwischen 2004 und 2006 die Besichtigung an Wochenenden freigegeben worden war. Doch offensichtlich war dies einigen Hardlinern ein Dorn im Auge. Während der Nowruz-Feiertage, wenn sich viele Tausende iranischer Touristen in der Stadt aufhalten, ist in der Regel geöffnet.

Ein anderer Name des Bauwerks lautet **Medrese-ye Madar-e Shah** („Medrese der Mutter des Shah"). Dies bezieht sich darauf, dass die Mutter von Shah Sultan Hossein in der Nachbarschaft der Schule eine große Karawanserei und einen Bazar stiften ließ, aus deren Einkünften der Unterhalt der Religionsschüler bestritten wurde.

Hotel Abbasi

Ein mehr als 220 m langer, überdachter Gang des Bazars ist heute noch an der Nordmauer der Medrese in Betrieb. Hinter einem großen Holztor ist heute ein Kunstgewerbebazar untergebracht. Die **Karawanserei** beherbergt seit gut 30 Jahren das immer noch **schönste Hotel Irans,** das Abbasi, ursprünglich *Shah Abbas* genannt. Man gelangt zum Haupteingang des Hotels, indem man gleich hinter der Medrese links in die Kh. Amadegah einbiegt. Nach ca. 100 m erreicht man den Eingang mit den Pförtnern in historischen Trachten. Der Zugang ist auch gestattet, wenn man nicht Gast des Hotels ist. Die prächtige Innendekoration der Lobby nach safavidischen Vorbildern, der große Speisesaal, insbesondere aber der Innenhof mit Gartenanlagen, Wasserbecken und Teehaus, der früher das Personal der Karawanen beherbergte, machen den Besuch zu einem unvergesslichen Erlebnis (siehe „Unterkunft").

Geschäfte

Gegenüber dem Hotel, in einer Art **Einkaufspassage** mit Untergeschoss, findet sich eine Reihe für den Reisenden sehr nützlicher Geschäfte: etliche Buchhandlungen mit einer großen Auswahl auch fremdsprachiger Bücher, Läden mit CDs und Kassetten, ein Reisebüro sowie das Stadtbüro von Iran Air (alle abends bis 21 Uhr geöffnet).

Die verbleibenden 250 m der Chahar Bagh bis zum Fluss sind zu beiden Seiten dicht gesäumt von Geschäften jeglicher Art, Imbissen, Kinos usw. Zum Feierabend und an Wochenenden herrscht hier bis spät **abends reges Treiben,** wo man leicht Anschluss finden kann. Die Straße mündet direkt in den großen Platz vor der Brücke Allahverdi Khan, wegen der Anzahl ihrer gemauerten Bögen meist Si-o Se Pol („Brücke der 33 Bögen") genannt.

Brücken über den Zayandeh Rud

Si-o Se Pol

Als alte Flussoase spielten Brücken in Isfahan schon immer eine große Rolle. Die Si-o Se Pol wurde ab 1602 auf Befehl von Shah Abbas durch seinen Feldherrn *Allahverdi Khan* errichtet und kurz danach fertiggestellt. Ihr Zweck war es, die königlichen Gärten beiderseits der Chahar Bagh mit den großen Gartenanlagen südlich des Zayandeh Rud zu verbinden und außerdem eine **Anbindung** der neu gegründeten Armeniersiedlung Jolfa ans Zentrum von Isfahan zu schaffen. Schon immer fiel der Chahar Bagh von Zeit zu Zeit trocken, meist im Spätsommer und Herbst, abhängig von den Regenmengen im Winter. Seit einigen Jahren jedoch ist durch Übernutzung der Wasserreserven am Oberlauf durch Industrie, Landwirtschaft und Siedlungen ein ausgetrocknetes Flussbett die Regel.

Die 290 m lange und knapp 14 m breite Brücke ist ein erstaunliches Stück Ingenieurskunst. Ihre **33 Bögen** ruhen auf einem soliden Unterbau aus Steinquadern. In den sich so ergebenden Zwischenräumen konnte das Wasser um einen halben Meter angestaut und durch Abläufe an beiden Brückenköpfen zur **Bewässerung der Gärten** abgeleitet werden. Auf der Ostseite schießt es dann über **Treppenstufen** in Kaskaden ins Flussbett zurück. Bei sommerlicher Hitze sind diese Treppenstufen mit dem kühlenden Dunst ein idealer Aufenthaltsort – freilich nur dann, wenn Wasser vorhanden ist …

Der Brückenkörper ist ausschließlich aus gebrannten Ziegeln gemauert, mit Galerien zu beiden Seiten für die Fußgänger. Die annähernd 100 Bogenstellungen sind rhythmisch verbreitert, um einen abwechslungsreichen Eindruck zu schaffen. Das südliche Flussufer ist wie eine große **Parklandschaft** gestaltet und ideal für Spaziergänge zur Entspannung nach den Besichtigungen. Dem südlichen Brückenaufgang schräg gegenüber zur Rechten liegt das zweite große Hotel von Isfahan, das Hotel Kowsar.

⌄ Die schönste der Isfahaner Brücken: Pol-e Khadjou

Pol-e Choubi

In östlicher Richtung führt der Weg am Flussfer entlang zunächst zur Pol-e Choubi, die den Fluss nicht auf dem kürzesten Wege überspannt, sondern schräg verläuft. Ebenfalls im 17. Jh. erbaut, wurde früher über einen Kanal im Brückenkörper Wasser zur Bewässerung der königlichen Gärten über den Fluss geführt. Heute ist sie eine reine Fußgängerbrücke mit einem beliebten **Teehaus** am nördlichen Aufgang.

Pol-e Khadjou

Nach gut einem Kilometer erreicht man die schönste der Isfahaner Brücken, die Pol-e Khadjou, benannt nach dem Stadtteil, der sich am Nordufer des Flusses anschließt. 1630 auf Befehl von *Shah Abbas II.* an der Stelle eines älteren Baus errichtet, stellte sie den Anschluss an die wichtige Fernstraße in Richtung Shiraz her. Ursprünglich war sie mit dem Meydan verbunden, der direkt nördlich von ihr liegt. Im Vergleich zu ihr sind die anderen Brücken von Isfahan geradezu schlicht. Über **23 Bögen** aus Stein und Ziegeln wird der Zayandeh Rud von einem **Staudamm** von 26 m Breite überspannt, der wie eine Schleuse wirkt. Bei verschlossenen Kammern konnte der Wasserspiegel westlich der Brücke um bis zu zwei Meter angehoben werden, die Ableitungskanäle sind am südlichen Ufer gut zu erkennen. Auch auf diesem Schleusendamm kann man die Brücke zu Fuß überqueren.

Die Felder über den Bögen der Brücke sind mit **farbigen Fliesen** verziert, der obere Teil der ca. 130 m langen und 12 m breiten Brücke ist auf beiden Seiten mit überwölbten Galerien versehen, die Fußgänger vor der Sonne schützen. Die Brückenköpfe sind durch kleine **Pavillons** betont, die nur übertroffen werden von dem Pavillon in der Mitte der Brücke, der wie ein halbes Achteck aus beiden Seiten des Brückenkörpers herauswächst. Die Innenräume sind ausgemalt, wobei der ursprüngliche Bestand leider nicht mehr erhalten ist. Die früher dort befindlichen Malereien und Sinnsprüche sind abstrakten Arabesken und Medaillons gewichen.

Die zu beiden Seiten des Flusses unter dem Brückenaufgang aufgestellten **steinernen Löwenfiguren** gehören nicht zur Originalausstattung der Brücke. Sie standen ursprünglich am Towqchin-Tor, einem der nicht mehr vorhandenen Stadttore Isfahans.

Etwa 100 m östlich des nördlichen Brückenaufgangs fallen in einem Teil der begrünten Flussaue zwei schlichte **Ziegelbauten** nach seldjukischem Vorbild auf, die aber neueren Datums sind. Hier fanden *Arthur Upham Pope* und später seine Frau und Mitarbeiterin *Phyllis Ackermann* auf eigenen Wunsch ihre letzte Ruhestätte, eine noble Geste von *Mohammad Reza Shah* gegenüber zwei Persönlichkeiten, denen so viele Erkenntnisse über die iranische Kunst und Architektur zu verdanken sind.

Pol-e Shahristan

Weitere 2,5 km östlich und leicht mit dem Sammeltaxi zu erreichen, liegt die Pol-e Shahristan nahe der Stelle, wo sich eine der Keimzellen der heutigen Stadt Isfahan befunden hat. Die Fundamente dieser Brücke gehen bereits auf die Sasaniden-Zeit zurück, sind also vermutlich um die 1700 Jahre alt. Der heute noch sichtbare Bau stammt aus dem 10. oder 11. Jh. und führt in einer leichten Krümmung mit zehn Haupt- und acht Hilfsbögen an das jenseitige Ufer, wo sich heute Isfahans **Messe- und Ausstellungsgelände** befindet. Der schlichte Brückenkörper ist aus Ziegeln gemauert, das Brücken- und Zollhäuschen am nördlichen Aufgang wurde vor einigen Jahren renoviert.

Von hier aus kehrt man zur Pol-e Khadjou zurück und fährt vom großen Rondell vor der Brücke in nördlicher Richtung über die Kh. Neshat geradeaus in Richtung Norden bis zum Meydan-e Qiyam, dem Zentrum des „alten" seldjukischen Isfahan.

Sehenswertes rund um die Freitagsmoschee

Freitagsmoschee

Schon beim Herannahen fällt die gewaltige Südkuppel der **Masdjed-e Djameh** ins Auge, obwohl sie außer der natürlichen Farbe der Ziegel keinerlei Schmuck aufweist. Noch vom Talar des Ali-Qapu-Palastes aus sind die Kuppeln und Minarette dieser **größten und interessantesten Moscheeanlage Irans** mit bloßem Auge zu erkennen. Der heutige Meydan-e Emam Ali, im Volksmund auch Meydan-e Sabz („Grüner Platz") genannt, liegt am Rande des **Stadtteils Joubareh**, eines der ältesten Stadtviertel Isfahans. Hier wurde in den vergangenen Jahren kräftig gebaut: Ganze Straßenzüge mit Altbauten wurden eingeebnet, der Verkehr strömt durch Unterführungen. Doch weiterhin versteckt sich der Zugang zur Freitagsmoschee im Inneren der Bazargassen.

Schon Mitte des 9. Jh. stand an dieser Stelle eine Moschee, die als arabische Pfeilerhallenmoschee mit um einen Hof angeordneten Säulenhallen ausgeführt war, von der bescheidene Reste bei Ausgrabungen gefunden wurden. Die Freitagsmoschee gilt als eines der ersten Beispiele für den Bautyp der **iranischen Vier-Iwan-Hofmoschee,** die sich seit Mitte des 11. Jh. unter dem Einfluss der Seldjuken entwickelte. Sie wird oft als Architekturmuseum für iranische Moscheen bezeichnet, weil sie im heutigen

◁ Der Mehrab des Öldjeitü in der Freitagsmoschee

Bestand Bauteile aus etwa sieben Jahrhunderten aufweist. Nur einen Abriss über die Baugeschichte zu geben oder gar die wichtigsten Teile der Anlage detailliert zu beschreiben, würde den Rahmen dieses Buches sprengen. Wir versuchen es in aller Kürze.

Man betritt die Anlage durch ein kleines Tor an der Südwestecke, erreichbar über einen Treppenaufgang von der Kh. Allameh Madjlesi. Ein überdeckter Gang führt in den rechteckigen Hof von 55 m Breite und 67 m Länge. Hier wird die Aufmerksamkeit sogleich auf den mächtigen **Süd-Iwan mit Doppelminarett** gelenkt, der so groß ist, dass er die dahinter liegende Kuppel vom Hof aus verdeckt. Er stammt aus der Zeit nach 1121, als die Moschee durch einen Brand, der den Isma'iliten zugeschrieben wird, weitgehend zerstört wurde. Hier beeindrucken die besonders gelungene Auflösung des oberen Teils in Form eines Spitzbogens und dahinter liegendem Zellengewölbe sowie die Ziegelarbeiten und die farbigen Fliesen. Sie stammen im wesentlichen aus dem 15. bzw. 17. Jh.

Durch diesen Vorbau tritt man ein in einen der mächtigsten **Kuppelräume,** der in einer Moschee vorstellbar ist – dennoch ist er von schwebender Leichtigkeit. Der vollständig aus gebrannten Ziegeln erbaute Raum gehört zu den ältesten Teilen des Bauwerks und geht zurück auf *Nezam ol-Molk,* den Großwesir von *Malik Shah* und zwei weiterer Seldjuken-Herrschern. Die Bauunterschrift auf dem Tambur der Kuppel lässt die Entstehung auf 1086/87 datieren.

Links und rechts des Kuppelsaals erstreckt sich ein **Wald von Säulen,** welche die Kunstfertigkeit der seldjukischen Handwerker belegen: Alle unterscheiden sich in Form und Dekor. Die kleinen Kuppeln zwischen den Säulengängen weisen alle eine unterschiedliche Ziegelsetzung auf. In der Südwestecke sind in der Wand deutlich Spuren von Renovierungsarbeiten zu erkennen: Hier schlug im iranisch-irakischen Krieg eine irakische Rakete ein, glücklicherweise ohne größere Schäden anzurichten.

Der **West-Iwan** ist durch zwei kleine Aufbauten betont, sogenannte Goldasteh, von denen der Muezzin früher die Gläubigen zum Gebet rief. Erbaut schon unter den Seldjuken, geht seine äußere Gestalt auf den Beginn des 18. Jh. zurück. Auch der gegenüber liegende **Ost-Iwan** ist im Kern seldjukisch und hat sogar einige Dekorelemente aus jener Zeit bewahrt, die Ende des 17. Jh. unter den Safaviden ergänzt wurden.

Rechts neben dem West-Iwan führt eine unscheinbare Holztür, die – falls verschlossen – auf Wunsch von einem Wärter geöffnet wird, in einen kleinen **Gebetssaal,** der zur Zeit der Mongolen Anfang des 14. Jh. renoviert wurde. Dabei hat man in seine Südwand als Stiftung des Il-Khans *Öldjeitü* anlässlich seines Übertritts zur Shi'a einen prächtigen **Stuck-Mehrab** eingebaut, der zum Auserlesensten zählt, was die in dieser Hinsicht sicher nicht bescheidene iranische Architektur zu bieten hat. Die Stuckplastik ist außerordentlich tief ausgearbeitet, wie belebt wirken die Ranken- und Blumenfelder, eingerahmt durch ein großes Schriftband. Die Gebetsnische in der Mitte fassen zwei Halbsäulen ein, auf denen ein mit Inschriften auf Rankenwerk ausgefülltes Spitzbogenfeld ruht.

Gleich neben dem Mehrab führt eine Tür zum **timuridischen Wintergebetssaal,** dem sogenannten Shabestan aus dem Jahre 1448. Er ist deutlich niedriger als die anderen Bauten. 18 Kreuzgewölbe werden von drei Reihen mächtiger Pfeiler gestützt, was in Kombination mit der spärlichen Beleuchtung einen gedrückten Raumeindruck erzeugt. Licht fällt nur durch Alabasterplatten im Deckengewölbe ein.

Der lang gestreckte **Nord-Iwan** diente in der Frühzeit der Moschee als Eingang, vermutlich wurde er im 14. Jh. unter den Mozaffariden verlängert, um eine Verbindung zu dem dahinter liegenden nördlichen Kuppelraum zu schaffen. Bei der Fassade des 22 m langen Gewölbes wurde im Gegensatz zu den anderen Iwanen völlig auf farbige Fliesen verzichtet. Felder aus **naturfarbenen Ziegeln,** kunstvoll gesetzt und mit rötlichen eingelegten Medaillons und Schriftbändern umrahmt, schaffen eine schlichte, erhabene Atmosphäre. An der Nordwand, die erhebliche Risse durch Erderschütterungen aufweist, befindet sich ein tief ausgearbeitetes und plastisch wirkendes **Schriftband aus Stuck,** das in den meisten anderen Moscheen ein Blickfang wäre, hier jedoch unter der Flut der Eindrücke fast in den Hintergrund tritt.

Rechts neben dem Nord-Iwan führt eine Tür zum letzten Höhepunkt der Freitagsmoschee, dem nördlichen Kuppelsaal mit der **Gonbad-e khaki** („staubfarbene Kuppel"). Ein ausgedehnter Säulensaal führt zu dieser Besonderheit der Moschee, die ihre Existenz der Rivalität zwischen *Tadj ol-Molk,* einem Ratgeber der Mutter von *Malik Shah,* und *Nezam ol-Molk,* dem Großwesir, verdankt. Ersterer wollte der mächtigen Kuppel seines Widersachers etwas entgegensetzen, was ihm wahrlich gelungen ist: Im Grundriss ähnlich wie beim Widerpart, wirkt die Gonbad-e khaki leichter und eleganter. Aufstrebende Halb- und Viertelsäulen ziehen den Blick des Betrachters förmlich in die Höhe und schaffen einen Eindruck ähnlich dem einer gotischen Kathedrale.

Abschließend sei noch die renovierte **Medrese** hinter dem Ost-Iwan mit ausgesucht schönen Fliesenverzierungen aus dem 14. Jh. erwähnt.

■ **Masdjed-e Djameh,** täglich 9 bis 17 Uhr, während des Mittagsgebets (ca. 11:30 bis 14 Uhr) geschlossen, Eintritt 15.000 Tuman.

Bazarviertel

Die Freitagsmoschee liegt inmitten eines alten Bazarviertels, das zu einem Bummel einlädt. Einige weitere interessante Bauwerke finden sich in der Nähe, die kurz vorgestellt werden sollen. Der hier vorgeschlagene **Rundgang** im Gebiet der Freitagsmoschee dauert etwa drei Stunden. Eine Vielzahl weiterer Medresen, Mausoleen, Moscheen und Minarette in der Umgebung muss leider unberücksichtigt bleiben.

Gut 100 m nördlich der Freitagsmoschee zweigt eine kleine Gasse links ab, an deren Ende das **Mausoleum von Baba Qasem** liegt, ein Grabbau aus dem 14. Jh. Der aus Mehrab- und Grabraum bestehende Bau hat ein schönes gefliestes Eingangsportal und ein ebensolches achteckiges Spitzdach.

In dem Gassengewirr westlich der Freitagsmoschee sind noch einige schöne traditionelle **Privathäuser** erhalten. Etwa 500 m von der Moschee liegen die **Heiligengräber Darb-e Imam,** deren Kuppeln aus der zweiten Hälfte des

15. Jh. stammen. Die Fliesen im Eingangsiwan stammen aus derselben Epoche wie die der berühmten „Blauen Moschee" in Tabriz und zählen zu den schönsten Fliesenarbeiten in Iran. Das Bauwerk ist nicht ganz leicht zu finden, am besten orientiert man sich an der Doppelkuppel oder fragt sich durch. Dafür erwartet einen hier ein Hort der Ruhe, der zum Verweilen einlädt.

Zurück geht man in südlicher Richtung, bis man auf die Kh. Djamal od-Din Abdolrazzaq stößt, die in Richtung Osten zum Meydan-e Qiyam führt. Auf der gegenüberliegenden Seite beginnt das Bazarviertel, dessen Gänge in südlicher Richtung bis zum Meydan-e Imam führen. Inmitten der **Bazargassen** kann man sich gut an dem weithin sichtbaren Minarett der Ali-Moschee orientieren. Sie geht zurück auf das 12. Jh., wurde jedoch zu Beginn des 16. Jh. umgebaut.

Unser Interesse gilt dem direkt gegenüber gelegenen **Mausoleum Harun al-Velayat,** einem der prachtvollsten Bauten in Isfahan aus der frühen Safaviden-Zeit. Über ein schmuckloses, modernes Eingangsportal gelangt man in einen Innenhof. Besonders ausgewogen sind die Fayencearbeiten des Eingangs-Iwans zu einer Hosseiniyeh rechts neben dem Grabbau. Der Vorraum des kleinen Kuppelsaals ist mit Darstellungen der heiligen Imame ausgemalt, eine Seltenheit in sakralen Bauwerken. Dem Heiligen in dem Grab unter schön zisiliertem Gitterwerk wurden Wunderwirkungen gegen Unfruchtbarkeit zugeschrieben. Oft sieht man deshalb Frauen, die sich hier zum Gebet und Gelübde niederlassen.

Von Harun al-Velayat aus geht man entweder durch die gleichnamige Gasse zurück zum Meydan-e Emam Ali, oder man hält sich links und erreicht einen riesenhaften, kürzlich neu errichteten Hof. Von hier folgt man den Bazargassen in Richtung Süden, bis man zum Qeisariyeh-Tor des Bazars gelangt.

Von der Freitagsmoschee aus lassen sich zwei Orte gut erreichen, die in Zusammenhang mit **zwei bedeutenden iranischen Persönlichkeiten** stehen. Das Krankenhaus, in dem im 11. Jh. der bedeutendste Arzt des islamischen Mittelalters, **Ibn Sina** (*Avicenna* bzw. *Boqeyeh Ibn Sina*), seine Patienten behandelte, liegt im Stadtteil Dardasht. Die Bazargasse, die von der Freitagsmoschee nach Norden führt, stößt dann auf die Kh. Ibn Sina. Gegenüber verläuft eine kleine Gasse, an der der einfache Kuppelbau liegt. Er ist leider ziemlich vernachlässigt und momentan nicht zu besichtigen.

Im Stadtteil Ahmadabad, direkt gegenüber der Mehdi-Moschee, findet sich im Gebäude einer ehemaligen Medrese das **Grab von Nizam ol-Mulk,** Wesir dreier seljukischer Herrscher im 11. Jh. und eine der bedeutsamen Gestalten in der Geschichte Isfahans. Ihm verdanken wir neben einer Reihe von Medresen auch die mächtige Südkuppel der Freitagsmoschee sowie eine Abhandlung über die richtige Ausübung der Regierung. Die alte Holztür zum Innenhof ist normalerweise verschlossen. Der Wärter der Mehdi-Moschee verwaltet den Schlüssel und ist gegen einen Obolus gern bereit zu öffnen.

Masdjed-e Seyyed

Die letzte große Moschee aus der Mitte des 19. Jh. in Isfahan ist die Masdjed-e Seyyed in der gleichnamigen Straße, die an der Takhti-Kreuzung von der Kh. Chahar Bagh in Richtung Westen abzweigt. Die große Hofanlage ist wegen ihrer **ausgewählt schönen Fliesen** am Mehrab im südlichen Gebetssaal sehenswert. Als interessante Weiterentwicklungen des klassischen Grundrisses gelten die einstöckigen Arkaden an der Ost- und Westseite des Hofes, sowie der **freistehende Uhrturm** neben dem Südiwan. Links neben dem Haupteingang befindet sich der Schrein des Stifters der Moschee, *Seyed Mohammad Baqer Shafti*, einer bedeutenden religiösen und öffentlichen Isfahaner Persönlichkeit. Die Metallabdeckung über dem Grab gehört noch zum Original und besticht durch ihre wundervollen Tauschierarbeiten. Auch die ausgemalte Kuppel darüber ist sehenswert.

Die Hauptgasse des kleinen Bazars zur Linken der Moschee führt in Richtung Osten wieder zur Kh. Masdjed-e Seyed. Wenn man diese überquert und der Gasse Ali Qoli Agha folgt, führt diese nach etwa 300 m zu einer kürzlich renovierten Bazarkuppel. Von dieser führt der Weg nach rechts zum Hamam Ali Qoli Agha. Am Ende der Bazargasse wendet man sich nach links und geht an einem ausgetrockneten Kanal entlang bis zur Ecke des Gebäudes. Hier befindet sich der Eingang zu einem **Badehaus**, das in den vergangenen Jahren renoviert wurde und nun zur Besichtigung freigegeben ist. Erbaut wurde es zu Beginn des 18. Jh. von *Ali Qoli Agha,* zu dessen Ehren auch das kleine „Privatbad" im Anschluss an das öffentliche Bad erbaut wurde. Beide bestehen aus je einem Ankleideraum *(zarbineh)* und einem Heißraum *(garmkhaneh).* Zusätzlich gibt es ein großes Schwimmbecken *(chalhos)*, eine Ausnahme bei Badehäusern aus jener Zeit. Die überkuppelten Räume sind mit Stuckarbeiten und Malereien versehen, die teils zum Originalbestand gehören, teils aus dem 20. Jh. stammen.

■ **Hamam Ali Qoli Agha,** täglich 8:30 bis 17 Uhr, freitags 8:30 bis 14 Uhr, Eintritt 5000 Tuman.

Auf dem Rückweg zum Bazar lohnt sich noch ein Besuch des **Sheikh-al-Islam-Hauses;** das historische Wohnhaus mit großem Innenhof liegt in der gleichnamigen Gasse. Man erreicht es, indem man am Hotel Persia an der Südostecke der Takhti-Kreuzung in die Gasse einbiegt nach ca. 100 m. Hier finden sich besonders schöne „moqarnas"-Arbeiten unter dem zentralen Iwan neben bemerkenswerten Stuck- und Einlegearbeiten.

■ **Sheikh-al-Islam-Haus,** geöffnet von 8:30 bis 14 Uhr, täglich außer freitags und an Feiertagen, Eintritt 5000 Tuman.

Folgt man der Gasse Sheikh al-Islam in Richtung Bazar, erreicht man die Kh. Hakim, benannt nach der **Masdjed-e Hakim** an der Rückseite des Bazars, die 1656 anstelle einer Moschee aus dem 10. Jh. erbaut wurde und kein Minarett aufweist. Von dem älteren Bauwerk ist nur noch ein Teil des Eingangsportals an der Nordseite mit ausgesucht schönen Ziegelpartien erhalten. Trotz mehrmaliger Renovierungen hat die Fassade des Innenhofs eine harmonische Anmutung. Besonders gelungen sind der Mehrab im **überkuppelten Gebetssaal** an der Südseite des Hofs sowie die Gebetskanzel. Die kleine Gasse an der Nordseite der Moschee führt zum Isfahan Traditional Hotel und weiter direkt zum Bazar.

Direkt gegenüber dem südöstlichen Ausgang der Moschee liegt der kleine **Grabbau des Hajji Kalbassi,** kürzlich renoviert mit atemberaubenden Stuckdekorationen im Innenraum. Von außen ist er an seinem vergitterten Fenster zu erkennen. Regelmäßige Öffnungszeiten gibt es nicht, entweder an der Tür klopfen oder zur Not die Wärter der Hakim-Moschee fragen.

Sehenswertes jenseits des Zayandeh Rud

Armenierviertel Jolfa

Auf der südlichen Seite des Flusses ist vor allem das Armenierviertel Jolfa sehenswert. Zwar umfasst die armenische Gemeinde in Isfahan nur noch wenige tausend Menschen, trotzdem gibt es noch etwa ein Dutzend armenische Kirchen in diesem Viertel. Allerdings fallen sie kaum auf, weil sie sich mit ihren schlichten Backsteinkuppeln der Umgebung völlig anpassen.

Wenn man der Kh. Chahar Bagh-e Bala von der Brücke Sio-seh Pol aus etwa 400 m nach Süden folgt, gelangt zur Kreuzung der Kh. Nazar. An einigen Geschäften sind die Schaufenster auf Armenisch beschriftet. Man folgt der Kh. Nazar in westlicher Richtung etwa 250 m, bis südlich der Straße die Kuppel der **Kirche St. Bethlehem** auftaucht. Sie liegt am Rande des Meydan-e Jolfa, südlich davon befindet sich die **Kirche der Heiligen Mutter Gottes.**

Man folgt der Gasse in Richtung Westen entlang einer Mauer und biegt anschließend links in die Vank-Gasse ein, wo sich der Eingang zu einer ehemaligen Klosteranlage mit der Erlöserkirche im Zentrum findet (täglich 9 bis 17 Uhr, Eintritt 5000 Tuman). Links des Eingangs erinnert ein Mahnmal an die Opfer des Völkermords von 1915 an den Armeniern im Osmanischen Reich. Bei dem vollständig aus Ziegeln erbauten Kirchenbau lässt erst einmal nichts außer dem separat stehenden Glockenturm zur Rechten und den dezenten Dekorationen mit dem Kreuz im oberen Teil der Fassade an eine christliche Glaubensstätte denken. Durch ein Portal in Form eines Doppelbogens geht man, vorbei an Gedenktafeln und Grabsteinen des Stifters, zum Eingang der Kirche, die heute als **Museum** dient. Der Innenraum ist an den Wänden und unter der

Glockenturm der Vank-Kathedrale in Jolfa

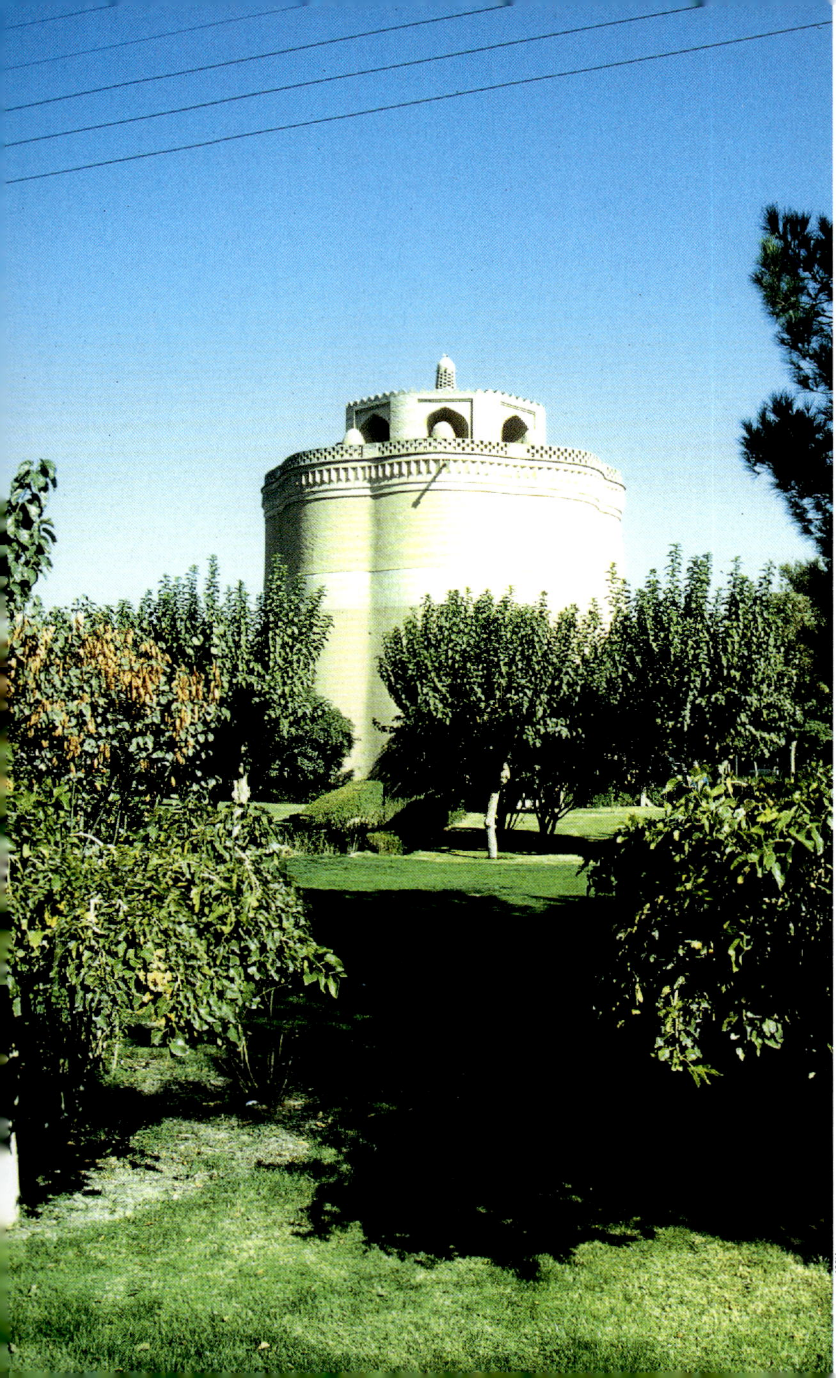

138ihn

Kuppel vollständig ausgemalt, den ganzen Raum umlaufen Fliesenfelder nach iranisch-islamischen Vorbildern. Dennoch ist das eigenständig Armenische deutlich sichtbar, vor allem in Form der **Wandgemälde** mit Szenen aus dem Neuen Testament und der Kirchengeschichte der Armenier, die stolz darauf sind, als erstes Volk in der Geschichte das christliche Bekenntnis übernommen zu haben. Eine Szenenfolge im unteren Bildfries links des Eingangs erinnert an die Mission des hl. *Gregor* und sein Martyrium: Auf einem Bild ist der damalige heidnische König Armeniens als Schwein mit Krone dargestellt, nur eine der teils sehr drastischen Abbildungen.

An die Geschichte der Armenier, vor allem die auf iranischem Boden, erinnert auch das **Museum** gegenüber der Kirche. In zwei Stockwerken sind zahlreiche Exponate wie Handschriften, Trachten, Bücher, Gemälde und Fliesen zusammengetragen.

■ **Kelisa-ye Vank,** täglich 9 bis 17 Uhr, außer an Feiertagen, Eintritt 15.000 Tuman.

Stadtteil/Friedhöfe Takht-e Fulad

Die anderen Stadtteile südlich des Zayandeh Rud sind im Wesentlichen modern. Im Stadtteil Takht-e Fulad, südlich der Pol-e Khadjou, gibt es eine auffällige Häufung von Friedhöfen. Die älteren liegen in der Umgebung des **Grabmals von Baba Rokn ad-Din** am Ende der gleichnamigen Gasse, die bei der Moschee Rokn ol-Molk von der Kh. Feyz abzweigt. Es wurde auf Anordnung von *Shah Abbas* zu Ehren eines in Isfahan berühmten Heiligen erbaut und 1629 fertiggestellt. Der Marmorsarkophag von *Baba Rokn ad-Din* ruht unter einer Kuppel, über der sich ein zehneckiges Spitzdach mit türkisfarbenen Ziegeln erhebt.

Wenige Meter südlich des Grabmals verläuft die Kh. Azadegan. Folgt man ihr nach Osten, gelangt man nach ca. 150 m zu einem Rondell, in dessen Mitte ein **Taubenturm** steht. In der Umgebung findet man noch zahlreiche dieser rundgemauerten Türme, in denen früher die Tauben ihren Dünger ablegten, der dann für die Landwirtschaft genutzt wurde. Weitere 100 m östlich liegt der ausgedehnte **Friedhof Golestan-e Shohada** („Rosengarten der Märtyrer") mit Zehntausenden von Gräbern von Gefallenen des Krieges gegen den Irak.

Praktische Informationen

■ **Telefonvorwahl Isfahan: 031**

Informationen/Auskunft

■ Eine sehr hilfsbereite **Tourist Information** befindet sich am Meydan, links vor dem Eingang zum Ali-Qapu-Palast.

■ Eine Informationsstelle des **Ministeriums für Islamische Führung** (auch zuständig für Tourismus) befindet sich in der Kh. Vali Asr / Ecke Kh. Dameshq.

■ Die Zentrale der **Iran Touring and Tourism Organisation (ITTO)** in der Kh.Azadi / Ecke Kh. Rudaki bietet ebenfalls Informationsmaterial.

◁ Taubenturm

■ Auch eine spezielle **Touristenpolizei** gibt es in Isfahan, die Stationen befinden sich auf dem Mittelstreifen der Kh. Chahar Bagh bei der Kreuzung Kh. Amadegah und am südlichen Ende der Si-o-se Pol auf der gegenüberliegenden Seite des Flusses.

Geldwechsel

■ **Bank-e Melli** in der Kh. Sepah, 150 m westlich vom Meydan-e Imam, **Bank-e Mellat** am Meydan-e Imam Hossein, verschiedene Banken innerhalb des Bazars.

Post und Telefon

■ Ein **Postamt** gibt es in der Kh. Neshat. Internationale Telefongespräche kann man in der **Telefonzentrale** führen.

Internetcafés

■ Internetcafé im **Hotel Amir Kabir** (s.u.), mehrere an der Kh. Chahar Bagh und rund um den Meydan-e Enqelab.

Visaverlängerung

■ **Atba'e khareje** (Department of Foreigner's Affairs) in der Kh. Rudaki, Ecke Kh. Vahid im Stadtteil Marnan auf dem südlichen Flussufer. Geöffnet 6:30 bis 13:30 Uhr, Tel. 37861493. Auch die **Touristenpolizei** (s.o.) informiert über die Formalitäten.

Medizinische Versorgung

Krankenhäuser
■ **Bimarestan-e Amin,** Kh. Ibn Sina, Tel. 3222 9091.

■ **Bimarestan-e Mehregan,** Kh. Sheikh Baha'i, Tel. 32338848.

Apotheken
■ **Isfahan** in der Kh. Amadegah (östlich Hotel Abbasi), tags und nachts geöffnet.
■ **Edalat** in der Kh. Chahar Bagh-e Bala (südlich des Flusses), tags und nachts geöffnet.

Unterkunft

Isfahan verfügt über zahlreiche Hotels aller Kategorien. Viele einfache Häuser findet man in der Kh. Chahar Bagh-e Pa'in zwischen Takhti-Kreuzung und Zayandeh Rud. Auch bei beiden Bus-Terminals gibt es ein Hotel.

■ Das bekannteste Hotel nicht nur in Isfahan, sondern wahrscheinlich im ganzen Land ist das **Hotel Abbasi**④ (s.a. „Sehenswertes") in der Kh. Amadegah, Tel. 32226010/17, www.abbasihotel.com. Die schönsten Zimmer sind diejenigen um den Innenhof, sie sind deshalb auch nicht leicht zu bekommen. Die Pracht der Zimmer im Eingangstrakt ist merklich verblichen, ebenso wie die im Nebentrakt an der Ostseite. Auch wenn man nicht hier wohnt, lohnt ein Besuch des Restaurants (nicht wegen des Essens, sondern wegen des Interieurs) und des Teehauses im Innenhof (nachmittags geöffnet).

■ Das zweite „Luxushotel", das **Kowsar**④, ist ein Hotelhochhaus ohne jegliche Atmosphäre. Es liegt jenseits des Zayandeh Rud gegenüber der Brücke Sio-seh Pol, Tel. 32402309.

■ Mit 13 Stockwerken das höchste Hotel in Isfahan ist das **Aseman**④ am Nordufer des Zayandeh Rud, allerdings doch ein Stück weit von den Sehenswürdigkeiten entfernt. Das Hotel ist gut, besondere Attraktion ist das Drehrestaurant unter der Kuppel auf dem Dach, von dem man abends eine schöne Rundumsicht hat. Kh. Motahari, Tel. 32354141, www.asemanhotel.ir.

- Direkt an der Kh. Chahar Bagh kurz vor der Brücke liegt das **Hotel Ali Qapu**③, dem eine Renovierung gut täte. Tel. 32312824.
- In der mittleren Kategorie ist das **Hotel Sadaf**③ zu empfehlen, ein kleines, privat geführtes Haus in der Kh. Hafez unweit des Meydan-e Imam, Tel. 3220422. Hier ist man gut aufgehoben und wohnt nah bei den Sehenswürdigkeiten.
- Direkt am Nordufer des Zayandeh Rud liegt das ruhige **Hotel Mellal**③ mit sauberen Zimmern. Auch ein Restaurant ist vorhanden. Kh. Kamal Esma'il, Tel. 32225432.
- Zu derselben Preisklasse gehört das sehr empfehlenswerte, familiengeführte **Hotel Hasht Behesht**③. Sein besonderer Vorteil ist die günstige Lage in der Kh. Ostandari, gerade fünf Minuten Fußweg vom großen Platz entfernt. Wegen seiner großen Zimmer ist das Hotel gerade für Familien oder auch kleine Gruppen gut geeignet. Tel. 32214868-69, hotel8behesht@yahoo.com.
- Ideal zum Meydan-e Nash-e Jahan liegt das **Apartment-Hotel Partikan**③ in der Ku. Posht-e Matbakh. Die großen Zimmer mit mehreren Betten haben eine Küche. Das Restaurant des Hauses zählt nicht nur wegen seines Interieurs zu den besten Adressen in Isfahan, serviert werden iranische und einige internationale Gerichte.
- Nach der kürzlich erfolgten Renovierung zurück in der Reihe der empfehlenswerten Häuser ist das **Hotel Safir**③ in der Kh. Amadegah schräg gegenüber vom Hotel Abbasi. Tel. 32229412, info@safirhotel.ir, www.safirhotel.ir.
- Günstig gelegen direkt neben der Kh. Chahar Bagh, dazu mit gutem Service präsentiert sich das **Hotel Sheykh Bahaei**③ in der Kh. Sheykhbahaei, Tel. 32207714-16, www.sheykhbahaeihotel.com.
- Sauber, empfehlenswert und nah zur Si-o-se Pol gelegen ist das **Hotel Tourist**② direkt gegenüber dem stadtbekannten Restaurant Shahrzad. Kh. Ahmadabad, Tel. 32204437.
- Eines der besten preiswerten Hotels ist das **Tootia**② unweit der Takhti-Kreuzung. Die sauberen und geräumigen Zimmer sollten allerdings im Voraus reserviert werden, weil oft belegt ist. Man sollte versuchen, eines der (besseren) Zimmer auf der rückwärtigen Seite des Hotels zu bekommen. Kh. Masdjed-e Seyed, Tel. 32237525.
- Nicht weit davon entfernt an der Kh. Chahar Bagh bietet das **Hotel Persia**② einfache, saubere Zimmer. Tel. 32223274.
- Ebenfalls preiswert und mit gutem Service ist das **Hotel Iran**② an der Chahar Bagh / Ecke Sepahan, dessen freundlicher Betreiber Touristen gern behilflich ist. Tel. 32202740, www.iranhotel.biz.
- Ein bei Travellern beliebtes **Hotel** ist das **Aria**②, allerdings mit ziemlich abgewohnten Zimmern, dafür billig. Kh. Shahid Madani, Tel. 32227224.
- Der „Traveller-Tipp" ist das **Hotel Amir Kabir**① in der Kh. Chahar Bagh unweit der Takhti-Kreuzung, Tel. 32227273, mrziaee@hotmail.com. Die Zimmer hier bekommt man meist nur nach Reservierung, allerdings ohne Anspruch auf Sauberkeit. Positiv: Internet-Zugang und Wäscherei.
- Zwischen der Takhti-Kreuzung und dem Fluss, entlang der Kh. Chahar Bagh, gibt es weitere Hostels wie **Pars, Tous** oder **Shad**. In der Kh. Masdjed-e Seyed liegen das **Shahrzad** und das **Takht-e Jamshid**. Einige von ihnen haben jedoch keine Genehmigung für westliche Touristen und weisen diese ab. Unterkunft gewährt man hier nur Reisenden aus islamischen Ländern.

Seit einigen Jahren gibt es auch in Isfahan **historische Häuser, die zu Hotels umgebaut wurden.** Hier wohnt man in angenehmer, fast privater Atmosphäre in frisch nach originalen Vorbildern renovierten Zimmern um lauschige Innenhöfe, weitab vom Lärm und Getriebe der Großstadt.

- Inmitten des Bazars nicht weit von der Hakim-Moschee (s.o.) liegt das **Isfahan Traditional Hotel**③. Die 16 um den Innenhof gelegenen Zimmer sind im klassischen Stil gehalten mit viel Lehmstuck und Bemalungen. In einem Hof neben dem Hotel ist ein Restaurant untergebracht. Kh. Masdjed-e Hakim, Ku. Bagh-e Qalandarha, Tel. 32236677.

Gesundheitspolitik im Dienste der Geschlechtertrennung

Wenige Rituale sind so sehr mit dem Nahen und Mittleren Osten verbunden wie das Rauchen einer **Wasserpfeife.** Auf Persisch „qalian" genannt, stellt ihr Genuss seit vielen Jahrhunderten das Hauptvergnügen der iranischen Männer dar, dem sie in zahlreichen Teehäusern frönen. Zu Hause rauchte auch schon mal die Großmutter ein Pfeifchen, doch in der Öffentlichkeit galt es als verpönt. Strenggläubigen Muslimen gilt es ohnehin als weltliches Laster, das nicht gottgefällig ist.

1997 nun tat sich Erstaunliches: Im Rahmen der neuen Freiheiten der Khatami-Ära füllten sich die Teehäuser mit Rauchern beiderlei Geschlechts, viele neue „Lasterhöhlen" entstanden. Doch inzwischen gibt es ein Roll-back, Genehmigungen zur Neueröffnung werden in der Regel nicht mehr erteilt, bestehende widerrufen. Das bekannteste Beispiel ist wohl das **Teehaus Qeysariyeh** auf dem Dach neben dem Bazareingang in Isfahan, wo man einen unvergesslichen Eindruck vom Großen Platz genießen konnte. Seit 2007 ist es geschlossen, nachdem schon vorher der Zutritt für Frauen verboten worden war. Offiziell wird mit der Gefährdung der Gesundheit argumentiert, was aber überrascht, gibt es doch weiterhin Orte, wo die Wasserpfeife noch vor sich hin blubbert.

Die Auslegung in den einzelnen Provinzen ist ebenfalls unterschiedlich: In Isfahan und Yazd ist das öffentliche Rauchen der Wasserpfeife völlig untersagt, während es in Teheran oder Fars durchaus noch Teehäuser mit Genehmigung gibt. Doch auch hier ist in der Regel den Frauen das Rauchen verboten, was den Schluss nahelegt, dass es sich nicht ausschließlich um Gesundheitsschutz handelt.

■ Relativ neu ist auch das **Hotel Dibai House**② in der Nähe der Ali-Moschee (s.o.), benannt nach der Familie, die hier seit dem 17. Jh. ansässig war. Frau *Shahidzadeh* ist es zusammen mit ihrer Familie gelungen, in ihren 10 Zimmern, einem großen Gemeinschaftsraum, dem kühlenden Wasserbecken im Untergeschoss sowie auf der Dachterasse mit Blick über die Kuppeln und Minarette des Bazarviertels eine familiäre Atmosphäre zu schaffen. Sie bietet auch handwerkliche und künstlerische Kurse und daneben Exkursionen in die Umgebung von Isfahan an. Bei Aufenthalten ab einer Woche erhält man 10% Rabatt. Kh. Harouniyeh, Ku. Masdjed-e Ali Nr. 1, Tel. 32209787, www.dibaihouse.com.

■ Exklusiver geht es im historischen **Bekhradi-Haus**③ im Viertel nördlich der Freitagsmoschee zu. Erbaut Anfang des 18. Jh., wurde es von *Ing. Bekhradi* zum Gasthaus umgebaut. Alle fünf Suiten wurden aufwendig im typischen Isfahaner Stil restauriert. Ein Prunkstück ist die offene Halle zum Hof mit dessen schön renovierten Wasserbecken. Kh. Ibn Sina, Ku. Seyedan, Ku. Sonbolestan Nr. 56, Tel. 34482072, www.safavidinn.com.

Essen und Trinken

Eine Isfahaner Spezialität ist *Beryani,* kleingeschnitenes Lammfleisch mit Zwiebeln und Gewürzen. Es wird nicht mit Reis, sondern mit Brot *(nan sangak)* serviert. In den meisten Restaurants ist es jedoch nicht zu bekommen, eher in den kleinen **Garküchen** in der Nähe des Bazars.

■ Als **bekanntestes Restaurant** Isfahans gilt das **Shahrzad** in der Kh. Abbasabad (ca. 50 m südlich des Hotel Ali Qapu) im 1. Stock. Hier stehen nicht Kebabs im Mittelpunkt, sondern eine breite Palette der persischen Küche wird angeboten. Die Einrichtung ist im klassischen Isfahaner Stil gehalten. Besonders in der Touristensaison ist das Shahrzad oft überfüllt, daher reservieren. Tel. 32204490.

■ Das Restaurant im **Hotel Abbasi** (s.o.) ist okay und nicht besonders teuer. Ausgezeichnet schmeckt hier *khoresht-e fesendjan*.

■ Am Meydane-Imam gibt es ein ausgezeichnetes Restaurant hinter den Arkaden an der Südost-Ecke, die **Traditional Banquet Hall.** Hier empfiehlt es sich besonders mittags zu reservieren, weil viele Touristengruppen einkehren (Tel. 32219068).

■ Ein weiteres Restaurant mit Teehaus, das **Sofrehkhaneh,** findet sich im 1. Stock der Arkaden am Meydan-e Imam. *Abgusht* und *Kebab* im Schatten der Kuppel – sehr zu empfehlen. Aufgang durch die Passage links neben der Lotfollah-Moschee (siehe „Sehenswertes"), Tel. 32219068.

■ Auf der Südseite des Flusses ist das **Restaurant Khangostar** im Hotel Jolfa (gegenüber der Vank-Kathedrale) ein beliebter Treffpunkt für Einheimische und Touristen. Gute Auswahl iranischer Gerichte mit beachtenswerten Portionen! Tel. 36278989.

■ Kürzlich eröffnet in einem historischen Badehaus am Rande des Bazars wurde das **Malek Soltan Jarchibashi Restaurant** – gutes Essen in exklusiver Atmosphäre. Kh. Hakim, Ku. 7 (Ku. Bagh Ghalandarha), Tel. 32207422, www.jarchibashi.com.

Überlandbusse

■ Der moderne **Kaveh-Terminal** liegt am gleichnamigen Boulevard, der Verlängerung der Kh. Chahar Bagh nach Norden. In einem modernen Bahnhofsgebäude werden Tickets aller Busgesellschaften zu allen Städten Irans verkauft. Von dort aus verkehren Minibusse und Taxis ins Stadtzentrum.

■ Der **Soffeh-Terminal** liegt im Süden der Stadt an der Ausfallstraße nach Shiraz. Auch von hier verkehren Busse zu allen Städten.

Metro/Bahn

■ Die neue **U-Bahn** von Isfahan befindet sich noch im Bau. Sie wird den Soffeh-Busterminal im Süden mit dem Kaveh-Busterminal im Norden verbinden. Dazu kommen zwei Linien in Ost-West-Richtung.

■ Der neue **Bahnhof** von Isfahan liegt im Süden im Stadtteil Sepahan Shahr. Eine Anbindung an den öffentlichen Nahverkehr gibt es vorerst nicht, nur Minibusse und Taxis verkehren. Züge fahren nach Teheran, Shiraz, Yazd, Mashad and Bandar Abbas.

Autovermietung

■ Autos mit und ohne Fahrer verleiht **Europcar,** Ghaem Bldg., Kh. Telefonkhaneh, Kh. Sepah, Tel. 32208683.

■ **Autos mit Fahrer** kann man auch bei den Reiseagenturen oder bei speziellen Taxi-Agenturen *(ajans)* mieten, von denen es in jedem Stadtviertel zahlreiche gibt.

Reiseagenturen

■ Für ihren guten Service ist die Agentur **Donyaye Parvaz** bekannt, direkt am südlichen Ende der Brücke Si-o Se pol, Tel. 36610163, donyayeparvaz@parsiannet.com.

■ Gegenüber vom Hotel Abbasi ist die Agentur **Iran Travel,** Tel. 3220990, irantravel@yahoo.com. Dort gibt es auch ein **Iran-Air-Büro** (Tel. 3222 1045); ein weiteres befindet sich in der Kh. Chahar Bagh auf der östlichen Seite, etwa in Höhe des Hotel Ali Qapu.

Umgebung von Isfahan

Wegen der großen Bedeutung der Stadt Isfahan ist auch ihre Umgebung reich an Sehenswürdigkeiten. Ein **Halbtagesausflug** ist z.B. die Besichtigung der Menar Djonban (Schwingende Minarette), des Ateshgah und zum Abschluss von Pir Bakran. Die beiden erstgenannten Ziele sind mit Sammeltaxis von Isfahan aus zu erreichen, nach Pir Bakran braucht man ein Taxi.

Schwingende Minarette

Von der Kh. Chahar Bagh, etwa in Höhe des Gartenpalastes Hasht Behesht, zweigt in westlicher Richtung die Kh. Sheikh Bahai ab, die in Richtung Nadjafabad führt. Nach ca. 4 km erreicht man rechts der Straße einen kleinen Garten mit dem **Grabmal des Sufi-Scheichs Amu Abdollah** aus dem 14. Jh. Der mit tiefblauen Fliesen geschmückte, offene Bau mit zwei Stummelminaretten ragt im Vergleich zu anderen Grabbauten Isfahans kaum hervor, die Iraner jedoch bewundern ihn als die „Schwingenden Minarette". Wie bei vielen Ziegelbauten aus dem Mittelalter wurden **Holzbalken** zum Schwankungsausgleich in die Mauern eingelassen. Mit solchen sind die beiden Minarette verbunden, sodass, wenn man das eine in Schwingungen versetzt, sich auch das andere bewegt.

■ **Menar Djonban,** täglich 9 bis 17 Uhr, Eintritt 10.000 Tuman.

Ateshgah

Einen weiteren Kilometer westlich liegt ein ca. 100 m hoher Felshügel mit einem restaurierten Rundbau auf der Spitze. Er wird von den Einheimischen als Ateshgah, **Feuertempel,** bezeichnet, obwohl der Befund in keiner Weise dafür spricht. Die Baureste an der Nordseite des Hügels stammen alle aus islamischer Zeit. Der Aufstieg ist etwas mühsam und bei rutschigem Untergrund nicht ungefährlich. Einmal auf der Spitze angekommen, wird man mit einem schönen Ausblick auf die umliegenden Gärten und das Tal des Zayandeh Rud belohnt, etliche **Taubentürme** ragen über die Baumwipfel empor. Im Osten sind bei klarem Wetter die Kuppeln der Isfahaner Moscheen zu erkennen.

Grabbau Pir Bakran

Von hier geht es entweder zurück nach Isfahan oder zur Weiterfahrt nach Pir Bakran zuerst nach Falavarjan, wo eine Straße nach Süden über etwa 20 km nach Pir Bakran abzweigt. An der Stelle des heutigen Ortes lag im 11. Jh. eine bedeutende Stadt namens Landjan, in die sich *Ferdowsi,* der Dichter des Nationalepos „Shahnameh", für einige Zeit zurückgezogen haben soll. Hier ist ein

▽ Die „schwingenden Minarette"

Grabbau vom Beginn des 14. Jh. erhalten, der wegen seines Stuck-Mehrab, seiner Fliesenarbeiten und der Schriftbänder berühmt ist. Gewidmet ist er dem **Sufi-Meister Pir Bakran,** der an dieser Stelle im 8. Jh. seinen Unterricht abhielt.

In Pir Bakran lebten bis zur Revolution von 1979 auch **viele jüdische Familien.** Noch heute verehren die Juden aus Isfahan und Umgebung hier eine Höhle, durch die einst *Sara bet Ascher* von Jerusalem nach Isfahan gelangt sein soll. Am Fuß des Berges in der Nähe des Grabbaus liegt eine Anlage bestehend aus **Pilgerstätte, Synagoge und Friedhof,** die den Namen **Esther Khatun** („Frau Esther") trägt. Vor wenigen Jahren wurde hier ein Stück eines historischen Grabsteins gefunden, der auf die Zeit um 500 v. Chr. zurückgeht. Dies beweist, dass schon zu achämenidischer Zeit Juden in Isfahan lebten und damit einen der ältesten Teile der jüdischen Diaspora bilden. Noch heute kommen sie zu Hochzeiten, Trauerfeiern und anderen Gelegenheiten nach Pir Bakran.

Eine **landschaftlich besonders schöne Strecke** führt südwestlich von Isfahan im Tal des Zayandeh Rud entlang bis zum gleichnamigen Stausee. Über Najafabad und Tiran erreicht man den Fluss bei der berühmten **Brücke von Saman** *(Pol-e Saman).* Auf einem großen Gelände mit Picknickplätzen und Teehäusern bietet sich die Gelegenheit zu einer kurzen Rast. Von dort aus folgt die Straße dem gewundenen Flussbett, an ausgedehnten Obstgärten vorbei, die im Frühjahr ein Meer von leuchtenden Blüten bilden. Der Weg führt über 50 km bis zur Mauer des **Stausees des Zayandeh Rud,** von wo man über Chadegan nach Chelgerd weiterfahren kann.

Provinz Isfahan

Natanz

Nördlich und nordöstlich von Isfahan gibt es eine Reihe sehr alter Städte, die sich sowohl im Rahmen eines Tagesausflugs von Isfahan besuchen lassen als auch auf dem Weg von Isfahan nach Kashan (Natanz, Abyaneh) oder nach Yazd (Na'in).

Wenn man früh aufbricht, nimmt man am besten die Straße in Richtung Teheran und biegt etwa 50 km nördlich von Isfahan bei einer Tankstelle in Richtung Natanz und Kashan ab. Natanz liegt etwa 70 km von der Abzweigung entfernt **am Fuße des knapp 3900 m hohen Kuh-e Karkas.** Schon in sasanidischer Zeit war es ein beliebter Jagdgrund für die damaligen Herrscher, auch der safavidische Hof zog gern von Isfahan zur Jagd hierher. Heute ist Natanz ein belebter Marktflecken in einer Höhe von 1565 m; besonders mittwochs, wenn die Bauern der Umgebung zum Markt in die Stadt kommen, um ihr Obst zu verkaufen, ist das Stadtzentrum dicht bevölkert.

Unweit des Zentrums, schon von Weitem sichtbar, liegt die **Freitagsmoschee** von Natanz mit ihrem hoch aufstrebenden Minarett. Der Baukomplex, an einem kleinen Platz mit einer weit ausladenden Platane gelegen, ist etwas unübersichtlich, aber äußerst eindrucksvoll. Ganz zur Linken liegt das Eingangsportal zu einem Khanegah, einem Sufi-Konvent, dessen Gebäude nicht mehr erhalten ist. Das Portal vom Anfang des 14. Jh. besitzt besonders schöne Fliesenpartien und Schriftbänder.

Links führt eine Gasse zu einer Gruppe verfallener Häuser, hinter denen die Reste eines **Chahar Taq,** eines sasanidischen Feuertempels, zu finden sind. Rechts des Portals gelangt man über eine Holztür in einen Gang, der zum Hof der alten **Freitagsmoschee** führt. Ursprünglich stand hier ein einzelner achteckiger Gebetssaal mit heute zumeist vergangenen Stuckdekorationen, der im 13. Jh. um einen Hof mit Iwanen erweitert wurde. Wie so oft bei Moscheen, verläuft unterhalb des Hofs ein Qanat (Kanal), zu dem eine Treppe hinunterführt. Auf dem Rückweg führt von dem Gang rechts eine Tür zur Grabkammer des *Abd as-Samad al-Isfahani* von 1307. Der eindrucksvolle Innenraum ist vollständig mit Stuck verkleidet, aus den Ecken springen tief ausgearbeitete Dreiviertelsäulen aus Stuck hervor. Besonders fein mit kunstvollem Moqarnas ist die Kuppel aufgelöst; innen wurde vollständig auf farbige Fliesen verzichtet. Die äußere Form ist als achteckiges Spitzdach mit türkisfarbenen Fliesen ausgeführt.

■ **Masdjed-e Djame' Natanz,** geöffnet 9 bis 17 Uhr, Eintritt 15.000 Tuman.

Natanz ist neben seinem Obst auch für **Töpferware** bekannt. Gegenüber dem Eingang zur Freitagsmoschee in einer kleinen Gasse kann man einen Töpfer bei der Arbeit beobachten und seine Waren kaufen. Am Ende der Gasse liegt der Eingang zu einer einfachen Husseiniyeh, einer Art **Freilichtbühne** zur Aufführung von Dramen religiösen Inhalts während des Trauermonats Moharram.

Unterkunft

■ Das **Hotel Saraban**②, Tel. 0362-4242603, liegt an der Ausfallstraße nach Isfahan.

■ In der Ortsmitte, am Meydan-e Imam Khomeini, liegt das einfache **Hotel Shahin**①, Tel. 0362-4242402.

Abyaneh

Um nach Abyaneh zu gelangen, nimmt man von Natanz die Straße nach Nordwesten in Richtung Kashan. Nach gut 20 km zweigt eine Straße links ab, die nach weiteren 20 km in Abyaneh endet. Der Ort ist in ganz Iran wegen seiner Einwohner bekannt, die auch lange nach der Islamisierung der **Lehre Zarathustras** treu blieben. Erst *Isma'il I.* „bekehrte" sie mit Gewalt zur Shi'a. In ihrer Abgeschiedenheit am Nordabhang des Karkas-Gebirges haben die Bewohner ihre Eigenheiten dennoch behalten. Sie sprechen einen altertümlichen **Dialekt;** die Frauen tragen zumeist keinen Chador.

Bevor man das Dorf erreicht, verläuft die Straße direkt durch die **Ruinen eines Feuertempels.** Die Häuser winden sich den Berg hinauf, die Dächer der unten liegenden bilden die Wege der darüber gebauten. Etwa 250 m vom Feuertempel entfernt gibt es in derselben Gasse eine Moschee, vermutlich aus safavidischer Zeit, mit einem sehr alten, aus Holz gearbeiteten Mehrab. Das **Imamzadeh Yahya** mit seinem mit blauen Fliesen bedeckten Kegeldach ragt aus den ansonsten mit rötlich gefärbtem Putz bedeckten hervor.

Auch ein weiteres, Ziyaratgah genanntes **Heiligengrab** lohnt einen Abstecher.

Am Eingang zum Dorf ist ein kleines **volkskundliches Museum** morgens ab 10 Uhr geöffnet.

Die Menschen vor Ort sind freundlich und auch ein wenig geschäftstüchtig. Sie verkaufen Touristen gern selbst gebastelte Gegenstände und getrocknetes Obst.

Durch seine Lage am Fuße des bis auf knapp 4000 m aufragenden Karkas-Massivs ist Abyaneh ein bei Iranern **beliebter Ausgangspunkt für Wanderungen.** Der Ort ist erreichbar per Taxi oder mit einem Minibus aus Kashan oder Natanz. Aus Richtung Kashan kommend passiert man die **nukleare Aufbereitungsanlage,** die in keinem Fall fotografiert werden sollte! An der Abzweigung nach Abyaneh muss man warten, bis ein Kleintransporter oder Minibus kommt.

Unterkunft

■ Im Dorf gibt es ein **nettes Hotel**③, das von der freundlichen Familie *Ostadali* geführt wird. Große Zimmer und Suiten stehen hier zur Verfügung, ebenfalls ein Restaurant. Ein Abend auf der lauschigen Terrasse am Rande des stillen Abyaneh ist ein eindrucksvolles Erlebnis. Tel. 0362-4362223.

■ Das **Hotel Viuna**②, im Jahr 2011 eröffnet und ebenfalls im traditionellen Stil gehalten, liegt am Hang mit guter Aussicht auf das Tal. Entweder muss man der Hauptstraße von Abyaneh folgen und erreicht dann das außerhalb des Ortes gelegene Hotel, oder man biegt ca. 2 km vor dem Ort nach links ab und gelangt so dorthin. 30 Zimmer und ein Restaurant sind vorhanden. Tel. 0362-4362820-23, www.viunahotel.ir, info@viunahotel.ir.

■ Schließlich sei noch das kleine **Hostel Harpak**① mitten im Ort genannt, das einfache Zimmer zu günstigen Preisen hat. Man wende sich an *Mahmoud Abdi,* mobil 0912-2107809, 0913-2765070, Tel. 0362-4362777, abyaneh.residence@gmail.com.

◁ Krokusfeld bei Natanz –
aus den Blütenfäden wird Safran gewonnen

Siedlungsspuren bei Arisman

Bei dem Dorf Arisman, direkt **an der Hauptstraße Kashan – Ardestan** gelegen, machten iranische und deutsche Archäologen seit dem Jahr 2000 sensationelle Entdeckungen: Auf einem ausgedehnten Gelände wurden Siedlungen aus dem 3. Jtsd. v. Chr. und einige **Schmelzöfen** freigelegt. Offensichtlich ist schon in dieser frühen Zeit am Abhang des Karkas-Gebirges Kupfer gefördert und verhüttet worden. Bislang sind diese Fundorte noch nicht für die Öffentlichkeit freigegeben. An der Zufahrtsstraße jedoch gibt es zur Rechten einen kleinen Stützpunkt der iranischen Altertümerverwaltung (*miras-e farhangi*). Die dort lebenden Wächter sind in der Regel bereit, den Weg zur Ausgrabungsstätte zu zeigen. Er führt zurück zur Hauptstraße, jenseits führt ein unbefestigter Weg knapp 2 km in Richtung Westen.

Matinabad

In der Nähe von Badrud, ca. 25 km nördlich von Natanz, liegt das kleine **Wüstendorf** Matinabad. 3 km nordöstlich des Ortes gibt es ein **Öko-Tourismus-Camp** mit wenigen kleinen Suiten und einer Reihe von Zelten, die an Touristen vermietet werden. Von hier kann man zu Wanderungen in die Kavir-Wüste aufbrechen, nachts den einmaligen Sternenhimmel beobachten, Kamelritte unternehmen oder einfach mal ein paar Tage ausspannen vom Besuch der hektischen Metropolen. Badrud liegt übri-

Abyaneh, beliebter Ausgangspunkt für Wanderungen

gens an der Bahnstrecke Teheran – Kerman, Matinabad ist also auch mit der Bahn erreichbar, die ca. 20 km Wegstrecke bis zum Bahnhof müsste man allerdings mit dem Taxi fahren. Wenn möglich, sollte man Wochenenden (Do/Fr) meiden, denn dann ergießen sich Busladungen von zivilisationsmüden iranischen Großstadtbewohnern in das Öko-Camp, und mit der paradiesischen Ruhe ist es vorbei!

Die **Übernachtung im Zelt** kann mit Halbpension gebucht werden, die Reservierungszentrale befindet sich in Teheran, Tel. 021-88715232, www.matinabad.com, die Mobilnummern vor Ort lauten 0913-2624479 oder 0912-1172996.

Ardestan

Von Natanz sind es etwa 80 km bis Ardestan, wo es eine der frühesten Vier-Iwan-Moscheen Irans gibt. Die ältesten Teile der **Freitagsmoschee** im Zentrum des Ortes gehen auf das frühe 11. Jh. zurück, der Gebetssaal kam gegen 1090 dazu. Mitte des 12. Jh. dann wurde der Bau mit einem Hof mit Iwanen versehen; der sehenswerte Stuck-Mehrab wurde in der Mongolenzeit umgestaltet. Zwei weitere Gebetsnischen befinden sich in dem Raum an der Südostecke der Anlage. Vom Parkplatz vor der Moschee führt eine Gasse hinunter zu einer weiteren Sehenswürdigkeit von Ardestan, einer **eindrucksvollen Qanat-Anlage** mit Namen Arvaneh, deren Wasser dort aus dem Untergrund hervortritt und durch einen kleinen **Freizeitpark** verläuft. Zugang auch vom Bolv. Imam Khomeini hinter der Stadtverwaltung. Auch in Teilen der Altstadt von Ardestan gibt es noch aktive Qanate. Besonders eindrucksvoll ist der in der Kh. Shahid Fa'eq, wo ein gelbes Schild eine Treppe anzeigt, die zu einem Qanat herunterführt. Unterhalb dieses Wasserkanals verläuft noch ein weiterer. Keine 50 m entfernt werden sie an die Oberfläche geführt und ihr Wasser in die Gärten geleitet.

Unterkunft

■ In Ardestan gibt es ein einfaches, aber sauberes **Tourist Inn** ② mit Restaurant, gelegen direkt an der Hauptstraße aus Richtung Na'in in der Nähe einer Tankstelle, Tel. 0362-5243501.

Zavareh

Wer ein ausgeprägtes Interesse an frühen Moscheen hat, kann 12 km östlich von Ardestan im Zentrum des Ortes Zavareh die **Freitagsmoschee** von 1135 besichtigen, die noch ein wenig älter als die von Ardestan ist und ebenfalls einen sehr schönen Stuck-Mehrab besitzt. Vom ebenfalls sehr alten Minarett kann man noch einen leibhaftigen **Muezzin** zum Gebet rufen hören, auch in Iran mittlerweile eine große Seltenheit. Auf dem Rückweg von der Moschee empfiehlt sich ein kleiner Rundgang durch den **Bazar** von Zavareh gegenüber der Moschee. Ein Gang führt zu einer sehr sehenswerten **Hosseiniyeh**, einem Zentrum für die Versammlung der Gläubigen während der Trauertage im Monat Moharram. Der Ziegelbau ist mit kleinen Kuppeln überdeckt, in einer Nische steht ein prachtvoller Alam, eine Art Standarte aus Metall mit kunstvollen Ziselierarbeiten und Federbüschen, die an der Spitze der Trauerprozessionen mitgetragen wird.

Zur Hosseiniyeh gehört noch ein großer offener Innenhof. An seine Nordwestecke schließt sich das kleine **Imamzadeh Yahya** mit türkisfarbener Kuppel an. Eine Treppe in der Hofecke führt auf das Dach des Gebäudes. Von hier oben bietet sich ein **grandioser Ausblick** auf das sehenswerte und ruhige Städtchen am Rande der Kavir.

Na'in

Von Ardestan nach Na'in sind es knapp 100 km auf der Hauptstraße in Richtung Yazd. Bei der Anfahrt von Isfahan ist nach 8 km von der Straße aus bei dem kleinen Ort **Gavert** eine Reihe von Taubentürmen zu sehen. Etwa 50 km vor Na'in laden zwei alte **Karawanserei-Gebäude** zu einer kleinen Pause ein. Sie dienen heute nicht mehr ihrem ursprünglichen Zweck, sondern als Ställe für Kamele.

Na'in ist ein **Verkehrsknotenpunkt:** Die Hauptfernstraße führt über Yazd in Richtung Pakistan oder Persischer Golf und eine Fernstraße über Anarak durch die **Kavir-Wüste** nach Damghan und über Tabas nach Mashhad.

Die **Geschichte** der Stadt reicht zurück bis in die Sasaniden-Zeit, berühmt ist sie in der ganzen Welt wegen ihrer **Teppiche** mit feinen Arabesken und Medaillons auf blauem, grünem oder cremefarbenem Grund.

Freitagsmoschee

Das bekannteste Bauwerk der Stadt, die Freitagsmoschee aus dem 10. Jh. (täglich 9–17 Uhr, Eintritt 15.000 Tuman), liegt am Rande des heutigen Zentrums. Schon bei der Annäherung fällt ein deutlicher Unterschied zu bisher gesehenen Moscheen auf: Alles ist aus **Ziegeln** erbaut, das Minarett erinnert an **arabische Vorbilder**, ein Eingangsportal gibt es nicht. Ein kleiner Durchgang führt hinein in den Innenhof, der von mehreren Säulenhallen umgeben ist. An der Nordseite befindet sich eine erhöhte Loge nach dem Muster einer arabischen Maqsura. Ihr direkt gegenüber liegt der Gebetssaal mit einem besonders schönen Stuck-Mehrab. Er ist wie die beiden Säulen rechts und links und die Unterseiten der Bögen üppig mit tief ausgeschnittenen Weinranken- und Traubenmotiven dekoriert.

Die Moschee verfügt auch über einen unterirdischen Wintergebetssaal, der einen geduckten und fast wehrhaften Eindruck macht. Man erreicht ihn über Treppen an zwei Seiten des Hofs. Über die Treppen an der Eingangsseite der Moschee gelangt man zu einem noch unter dem Wintergebetssaal liegenden Qanat.

Ethnologisches Museum

Direkt gegenüber der Freitagsmoschee führt ein Eingang in ein **safavidisches Herrenhaus,** das vor einigen Jahren dank großer Eigeninitiative von Einwohnern aus Na'in zu einem Ethnologischen Museum, dem **Kavir-Museum,** umgebaut wurde (tägl. 9 bis 17 Uhr, Eintritt 15.000 Tuman). Um einen Innenhof sind die Räume in zwei Stockwerken angeordnet, darunter liegen zwei offene Empfangsräume mit gediegenen Malereien auf Stuck. In mehreren Räumen sind Exponate ausgestellt, wie sie für die Gegend am Rande der Wüste Kavir typisch sind. In einem Raum sind auch ein Knüpfstuhl sowie ein Webstuhl zum Weben von Kamelhaarwolle aufgebaut.

Im unteren Geschoss lädt ein kleines Teehaus zum Verweilen in ruhiger und entspannter Atmosphäre ein. Das Viertel mit alten Lehmbauten am Rande des Moscheegeländes ist leider weitgehend zerstört, viele Bauten sind in sich zusammengesunken.

Mohammadiyeh

In unmittelbarer Nähe von Na'in, in Mohammadiayeh, hat sich vermutlich die **vorislamische Stadt Na'in** befunden. Am letzten Kreisverkehr an der Ausfahrt vom Zentrum hält man sich links und sieht bald die Reste einer alten **Festungsanlage** auf einem Hügel vor sich. Nach etwa zwei Kilometern erreicht man das Zentrum des Dorfes mit mehreren alten **Windtürmen.** Kleine Erdkuppeln mit Holztüren bilden den Zugang zu unterirdischen Kammern, wo noch heute Kamelhaarwolle gewebt wird, weil es dort im Sommer kühler ist. Von hier führt eine Gasse nach rechts zur alten **Freitagsmoschee** mit unterirdischem Gebetssaal. Sie wurde zwar renoviert, jedoch nach originalem Vorbild. Einige Schnitzereien an der hölzernen Gebetskanzel stammen wahrscheinlich noch aus dem 11. Jh. Nur ein kleines Stück nördlich der Freitagsmoschee liegt eine weitere Moschee, die vermutlich auch aus dem 10. oder 11. Jh. stammt.

In Mohammadiyeh ist kürzlich eine **unterirdische Mühle,** die durch einen Qanat, einen unterirdischen Wasserkanal angetrieben wird, entdeckt worden. Besichtigungen können unter Tel. 039-8636090 arrangiert werden.

Unterkunft

■ In Na'in gibt es ein gut geführtes und ähnlich wie eine Karawanserei eingerichtetes **Tourist Inn**②, das über ein gutes Restaurant verfügt. Kh. Shahid Rajaie, Tel. 0323-2253081, Naeen@ittic.com.

Varzaneh und Tudeshk

Zwischen Isfahan und Na'in liegen zwei Kleinstädte, die einen Besuch lohnen, weniger wegen kulturhistorischer Höhepunkte, sondern als Gelegenheit, in das traditionelle Leben abseits der Großstädte einzutauchen.

Varzaneh liegt am Rande des Batlaqe Gavkhuni, des Endbeckens des Zayandeh Rud, mit stark salzhaltigen Sümpfen. Hier hat sich eine **Umwelt-NGO** gebildet, die ein kleines lokales Gasthaus unterhält und gern bei der Erkundung der Umgebung hilft, wo es eindrucksvolle Sanddünen gibt und auch die traditionsreiche Karawanserei Khargushi östlich des Gavkhuni-Sumpfes. Um nach Varzaneh zu gelangen, folgt man von Isfahan aus dem Lauf des Zayandeh Rud über Bersiyan und Ezhieh (ca. 100 km) in Richtung Osten.

■ **Eqamatgah-e Varzaneh,** Tel. 0913-2030096, www.varzanehmiras.ir.

In **Tudeshk,** ca. 100 km östlich von Isfahan an der Straße nach Na'in gelegen, gibt es ebenfalls ein dörfliches Gasthaus, betrieben von **Mohammad Jalali,** der schon zahlreichen Touristen ein guter Gastgeber war. Er gründete eine NGO, die sich zum Ziel gesetzt hat, die positiven Aspekte des dörflichen Lebens zu erhalten. Nach Jahrzehnten der ungehemmten Landflucht eine bemerkenswerte Rückbesinnung, die man auch in anderen Teilen Irans feststellen kann. Er

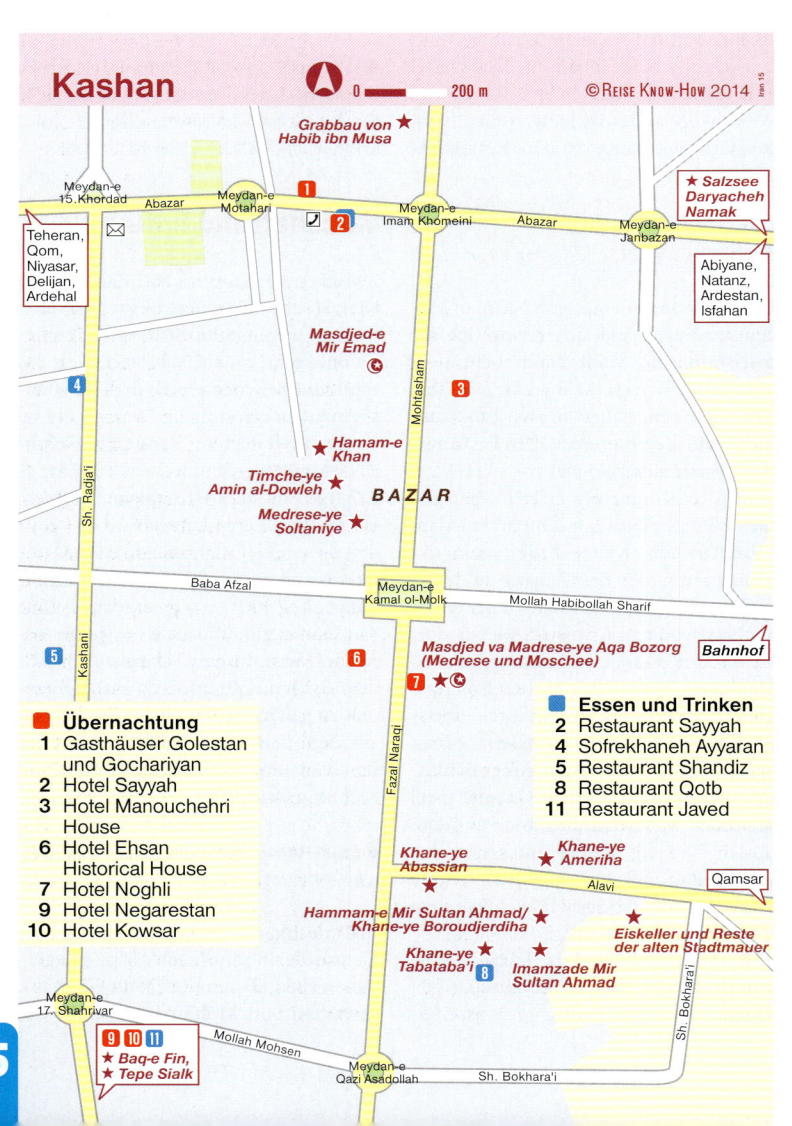

Kashan

Übernachtung
1. Gasthäuser Golestan und Gochariyan
2. Hotel Sayyah
3. Hotel Manouchehri House
6. Hotel Ehsan Historical House
7. Hotel Noghli
9. Hotel Negarestan
10. Hotel Kowsar

Essen und Trinken
2. Restaurant Sayyah
4. Sofrekhaneh Ayyaran
5. Restaurant Shandiz
8. Restaurant Qotb
11. Restaurant Javed

zeigt seinen Gästen gern die Lebens- und Wirtschaftsweise auf dem Lande und in der umgebenden Natur.

■ **Mohammad Jalali,** Tel. 0913-9165752, www.deserthome.ir.

Kashan

Kashan liegt etwa 200 km nördlich der Provinzhauptstadt und gehört noch zur Provinz Isfahan. Es wird zumeist auf dem Weg von und nach Isfahan besucht, hat aber so **viele Sehenswürdigkeiten,** dass es sich lohnt, länger zu verweilen.

Kashan und seine Vorläufersiedlungen gehören zu den am längsten besiedelten Plätzen auf dem iranischen Hochland. Der Grund ist eine äußerst ergiebige **Quelle** nahe der Stadt, die noch heute die ehemaligen königlichen Gärten (Baq-e Fin) bewässert.

Das heutige Kashan geht zurück auf die islamische Zeit, die ältesten Bauwerke datieren aus der seldjukischen Epoche. Kashan war damals eine wichtige Handelsstadt am Rande der Kavir-Wüste. Große Bedeutung hatte sie für die Entwicklung der **Keramik** ab dem 12. Jh., als die Technik der glasierten Fliesen sich zu entwickeln begann; diese Fliesen werden in Iran noch heute *kashis* genannt. Auch **Teppiche** aus Kashan, oft mit Garten- und Blumenmotiven, sind sehr bekannt. Großer Beliebtheit erfreute sich die Stadt bei den Safaviden, u.a. weil hier ihr Vorfahr *Habib ibn Mussa* begraben liegt. In dessen Grabbau fand auch *Abbas der Große* seine letzte Ruhestätte, sein Sohn *Safi II.* starb hier 1642, sein Enkel *Abbas II.* wurde in Kashan gekrönt.

Sehenswertes im Zentrum

Kashan hat **einen der architektonisch sehenswertesten Bazare in Iran.** Hier geht es betriebsam, aber nicht hektisch zu; auf gar keinen Fall ist er touristisch ausgerichtet und lädt deshalb zu einem entspannten Rundgang ein. Er erstreckt sich vom Meydan-e Kamal ol-Molk nach Norden bis zum Meydan-e Imam Khomeini und bietet ein weitgehend geschlossenes Areal von überdeckten und überkuppelten Bazargassen. Etwa 50 m nördlich des Platzes führt ein Eingang links in den Bazar hinein. In der Nähe des Goldbazars zur Rechten liegt die **Medrese-ye Soltaniye,** eine Hofanlage mit vier Iwanen, wie die meisten Bauten im Bazar aus dem 19. Jh. Heute ist sie nach *Khomeini* benannt. Um den Innenhof mit kreuzförmigem Wasserbecken herum sind die Wohn- und Unterrichtsräume angelegt.

Zurück in der Hauptgasse folgt als nächstes die **Timche des Amin al-Dowleh,** ein großer Innenhof, um den in drei Stockwerken Büro- und Verkaufsräume sowie Lagerräume angelegt sind. Eine Zentralkuppel mit vier darum gruppierten kleineren Kuppeln, alle mit Lichtöffnungen versehen, schaffen eine beschauliche Atmosphäre abseits vom Trubel des Bazars. Eine Treppe führt zum Dach hinauf, von wo sich die Bauweise der Kuppeln am besten erschließt und man einen schönen **Rundblick über die Altstadt** genießt. Viele der älteren Häuser haben wegen des sehr heißen Klimas im Sommer Windtürme zur Kühlung.

Kurz hinter der Timche folgt das **Hamam-e Khan,** Mitte des 19. Jh. als Badehaus erbaut, das heute als Teehaus genutzt wird.

Kurz vor dem Ende der Hauptgasse liegt die **Masdjed-e Mir Emad,** auch *Masdjed-e Maydan* genannt. Ein früherer Bau an dieser Stelle wurde beim Mongoleneinfall 1221 zerstört, der Mehrab dieser Anlage befindet sich im Museum für Islamische Kunst in Berlin. Mitte des 15. Jh. stiftete der Timuride *Emad ad-Din* einen Neubau, der danach mehrfach renoviert wurde.

Jenseits des Bazars in der Kh. Ziyarat-e Habib, die von der Kh. Imam Khomeini aus zu erreichen ist, liegt der **Grabbau von Habib ibn Musa,** erbaut im 13. Jh. und in safavidischer Zeit ausgebaut. Shah Abbas ruht rechts vom Eingang unter einem Grabstein aus schwarzem, poliertem Stein.

Südlich des Meydan-e Kamal ol-Molk in der Nähe der Kh. Fazel Naraqi liegt ein großer Komplex, bestehend aus einer **Medrese** und einer **Moschee,** beide in der zweiten Häfte des 19. Jh. erbaut für den Religionsgelehrten *Mullah Naraqi II.,* dessen Beiname *Aqa Bozorg* („der Große Herr") lautete. Die Anlage zählt zu den schönsten Beispielen von Moscheen aus der Qadjaren-Epoche. Der Zugang durch ein zweistöckiges Portal mit Doppelminarett und drei Eingängen liegt an der Nordseite. Von hier aus gelangt man in den Moscheehof mit zwei Iwanen und einem tiefer angeordneten Innenhof, um den sich die Wohn- und Unterrichtsräume der Medrese gruppieren. Eindrucksvoll ist der Kontrast zwischen der überwiegenden Naturfarbe der Ziegel und den sparsam, aber effektvoll eingearbeiteten Fliesenpartien mit ungewöhnlich dezenten Blau-, Gelb- und Rottönen (täglich 9 bis 17 Uhr, Eintritt 15.000 Tuman).

Von der Kh. Fazel Naraqi zweigt in südlicher Richtung die Kh. Alavi ab. In diesem traditionellen Stadtviertel ist in den vergangenen Jahren eine Reihe **prachtvoller Bürgerhäuser** aus dem 19. Jh. renoviert und zur Besichtigung freigegeben worden. Das erste nach dem Einbiegen in die Straße ist auf der südli-

▷ Windturm des
Khane-ye Boroudjerdiha in Kashan

chen Seite das **Khane-ye Abassian.** Insgesamt sechs Gebäude gruppieren sich um mehrere Innenhöfe mit unterschiedlichen Niveaus. Zur Innenausstattung zählen kunstvolle Stuckarbeiten, Spiegelpartien und Fenster. Geöffnet von 7:30 bis 17 Uhr, im Sommer bis 20 Uhr, Eintritt 15.000 Tuman.

50 m weiter in der gleichen Straße liegt auf der gegenüberliegenden Seite das **Khane-ye Ameriha,** einst als Residenz für den Gouverneur von Kashan erbaut. Um drei große Innenhöfe gruppieren sich zahlreiche Wohngebäude mit ausnehmend **schönen Stuckdekorationen.** Der Komplex wurde zu einem Hotel im traditionellen Stil umgebaut.

Direkt gegenüber dem Ameriha-Haus führt eine Gasse nach Süden. Nach ca. 50 m passiert man das **Hamam-e Mir Sultan Ahmad,** ein renoviertes Badehaus, in dem auch Tee und einfache Gerichte serviert werden. Sehenswert sind die schönen **Kuppeln** und **Fliesenarbei-**

ten im Innern. Geöffnet von 9 bis 13 und 17 bis 22 Uhr, Eintritt 15.000 Tuman.

Direkt nebenan folgt das **Khane-ye Boroudjerdiha,** das Herrenhaus einer Kashaner Kaufmannsfamilie aus dem 19. Jh. Gemäß der klassischen orientalischen Architektur gliederte es sich in einen „öffentlich" (*biruni,* das Äußere) und einen „privat" (*andaruni,* das Innere) genannten Teil. Der öffentliche Teil ist zur Besichtigung freigegeben, während der private noch von einem Nachkommen des früheren Besitzers bewohnt wird (täglich 9 bis 17 Uhr, Eintritt 15.000 Tuman). Um einen Innenhof mit Wasserbecken und kleiner Gartenanlage gruppieren sich die zweistöckigen, teils offenen Gebäudetrakte, die mit Holztüren verschließbar sind. Der überkuppelte Hauptempfangssaal ist besonders aufwendig dekoriert, auf die Kuppel ist eine kunstvolle Kombination von Lichtöffnung und Windturm aufgesetzt.

Vom Khane-ye Boroudjerdiha führt der Weg weiter zum **Imamzade Mir Sultan Ahmad** mit seinem mit blauen Fliesen verzierten Spitzdach. Nach der Durchquerung des Innenhofes wendet man sich nach rechts und erreicht nach 50 m das **Khane-ye Tabataba'i,** Mitte des 19. Jh. für einen wohlhabenden Kashaner Kaufmann erbaut. Auch hier folgt die Anordnung der Gebäude dem bekannten Plan: Ein öffentlicher, ein privater und ein Trakt für das Personal bilden das knapp 5000 m² große Ensemble. Auch hier hinterlassen die **erlesenen Dekorationen** aus Stuck, Spiegeln und Fenstern einen bleibenden Eindruck beim Besucher. Im großen Innenhof wird im Sommer in den Abendstunden ein **traditionelles Restaurant** betrieben, das im Winter in das Innere des Gebäudes umzieht. Geöffnet von 7:30 bis 17 Uhr, im Sommer bis 20 Uhr, Eintritt 15.000 Tuman.

Östlich der Gasse wurde ein **alter Eiskeller** renoviert, auch Überreste der alten Stadtmauer von Kashan sind hier zu sehen.

Archäologische Stätte Tepe Sialk

Vom Meydan-e 17. Shahrivar führt die Straße nach Südwesten in Richtung Tepe Sialk und zum Baq-e Fin, der etwa 7 km vom Stadtzentrum entfernt liegt. Sammeltaxis verkehren ständig in beiden Richtungen. Tepe Sialk, der **prähistorische Siedlungshügel von Kashan,** liegt etwa 5 km außerhalb der heutigen Stadt rechts der Straße. Die ältesten dort gefundenen Artefakte stammen aus dem 5. Jtsd. v. Chr., darunter eine der ältesten bekannten Darstellungen des nahöstlichen Menschen, ein Mann mit Kopfbedeckung und Lendentuch, in einen Messergriff geschnitzt. Dabei weiß man so gut wie nichts darüber, welche Menschen hier über mehrere Jahrtausende ihre Lehmziegelhäuser übereinander errichtet haben. Gefunden wurden Stein- und Metallwerkzeuge, Keramik, Grabstätten mit Beigaben u.Ä.

Gegen 800 v. Chr. wurde die Stadt angegriffen, zerstört und nicht wieder besiedelt. Der Besuch der beiden heute noch sichtbaren Ausgrabungshügel ist vor allem für archäologisch Interessierte lohnend. Die meisten Fundstücke aus Tepe Sialk sind in den Museen in Teheran und Paris aufbewahrt.

■ **Tepe Sialk,** täglich 9 bis 17 Uhr, Eintritt 15.000 Tuman.

Garten Baq-e Fin

Der auch als *Baq-e Shah* bezeichnete Garten (täglich 8 bis 18 Uhr, Eintritt 15.000 Tuman) wird gespeist von einer äußerst ergiebigen **Quelle,** die auch schon die früheren Gartenanlagen an dieser Stelle zur Zeit der Buyiden und Mongolen bewässerte. Im Anschluss fließt sie durch das Dorf Fin und bewässert zahlreiche Obstgärten, in früherer Zeit trieb sie auch eine Reihe von Wassermühlen an.

Ab 1590 ließ *Shah Abbas* den Garten nach dem Vorbild des **persischen Paradiesgartens** ausbauen und mit einer umlaufenden Mauer versehen. Spätere Herrscher wie *Karim Khan Zand* und vor allem *Fath Ali Shah* zu Beginn des 19. Jh. ließen Erweiterungsbauten vornehmen.

Der *Shah Abbas* zugeschriebene zweistöckige **Pavillon** im Zentrum wird durchflossen vom Hauptkanal des Gartens. Die übrigen **Kanäle** sind parallel dazu angelegt oder kreuzen ihn. An der Südostmauer, hinter einem kleinen, offenen Kuppelbau, der auf Fath Ali Shah zurückgeht, lädt ein **Teehaus** zur Entspannung ein. In die östliche Mauer sind zwei **Badehäuser** eingebaut, von denen das „Kleine Hamam" besondere historische Bedeutung besitzt: In ihm wurde 1852 der als Reformer bekannte Premierminister *Amir Kabir* auf Betreiben des Qadjarenherrschers *Nasreddin Shah* ermordet. Der rote Fleck an der Wand ist natürlich original …

Schließlich sei noch das kleine Palais an der Westseite des Gartens erwähnt, in dem ein kleines **Museum** untergebracht ist, das u.a. Exponate aus dem nahen Tepe Sialk zeigt.

Etliche Läden am Ausgang des Gartens bieten **Rosenwasser** an, für dessen Produktion Kashan bekannt ist. Zentrum der Herstellung ist der Ort Qamsar, gut 30 km südlich von Kashan in den Bergen. Im Mai und Juni werden dort die Blütenblätter der Rosen gepflückt und destilliert.

Praktische Informationen

■ **Telefonvorwahl Kashan: 0361**

Unterkunft

■ In der Kh. Abazar im Zentrum liegt das **Hotel Sayyah**②, Tel. 4444535, www.sayyahhotel.com. In der Nähe gibt es auch einige *mosaferkhaneh* (Gasthäuser), z.B. das **Golestan**①, Tel. 4446793, oder das **Gochariyan**①, Tel. 4445495, nahe dem Meydan-e Motahari.

■ Etwas außerhalb der Stadt an der Straße nach Teheran liegt das **Hotel Kowsar**③ mit geräumigen Apartments. Bolv. Ghotb-e Ravandy / opp. Park-e Madani, Tel. 5560320-2, mobil 0911-3612656, kosar_hotel@kashanet.com.

■ An der Straße in Richtung Baq-e Fin liegt das relativ neue **Hotel Negarestan**③, ein nettes Touristenhotel mit ruhiger Atmosphäre. Kh. Amir Kabir, Tel. 5347000-8, www.negarestan-hotel.com.

■ Sehr passend für Kashan sind Hotels im traditionellen Stil: Das 2008 eröffnete **Ehsan Historical House**② liegt direkt gegenüber der Gasse, die zur Moschee Aqa Bozorg führt. Sorgfältig renovierte Zimmer gruppieren sich um den Innenhof. Tel. 4446833, www.ehsanhouse.com.

■ Auch das **Hotel Noghli**② zählt zu dieser Kategorie. Es wird von einer freundlichen Familie bewirtschaftet und liegt direkt hinter der Masdjed-e Aqa Bozorg, Kh. Fazel Naraqi, Ku. Ab Anbar. Tel. 4239346, www.noghlihouse.com.

■ Ganz neu eröffnet – ebenfalls im traditionellen Stil – wurde das **Kamal ol-Molk Guesthouse**②.

Kh. Darb-e Esfahan, Tel. 4225593, mobil 0913-261 3530, kamalolmolkhouse@yahoo.com.

■ Schließlich ist noch das **Hotel Manouchehri House**③ mit acht feinen Zimmern und Suiten zu nennen. Umfangreicher Service wird geboten (Flughafentransfer, Touren in und um Kashan usw.), auch ein Restaurant ist vorhanden. Kh. Mohtasham, Ku. Sabet, Ku. Emarat, Tel. 4242617, www.manouchehrihouse.com.

Essen und Trinken

■ Im Stadtzentrum ist das Restaurant im **Hotel Sayyah** empfehlenswert (s.o.).

■ Ebenfalls im Zentrum gelegen sind das **Restaurant Shandiz**, Kh. Ayatollah Kashani, Tel. 460186, sowie das **Sofrehkhaneh Ayyaran** mit traditioneller Küche und Einrichtung, Kh. Rajaee, Nähe Drogerie Razi, Tel. 20177.

■ Im **Hamam-e Mir Sultan Ahmad** gibt es traditionelle Gerichte und Tee (s.o.).

■ Neben dem Tabataba'i-Haus (s.o.) in der Kh. Alavi kann man im **Restaurant Qotb** einkehren, Tel. 422 5088.

■ Eine Reihe von Restaurants gibt es entlang der Straße, die zum Baq-e Fin führt. Genannt sei hier das traditionelle **Restaurant Javed** (Tel. 533 7123), dessen Garten durch das Qanatwasser von Fin bewässert wird. Daneben gibt es auf beiden Seiten noch zahlreiche andere Möglichkeiten.

Verkehrsverbindungen

■ Da Kashan an der Hauptstraße von Teheran nach Südosten liegt, passieren ständig **Busse** die Stadt, mit denen man an- und abreisen kann. Busse und Minibusse verkehren ab Meydan-e Imam Khomeini.

■ Der **Bahnhof** liegt am östlichen Ende der Stadt, Verbindungen in Richtung Teheran und Isfahan gibt es täglich.

Reisebüro

■ Ausflüge in die Umgebung organisiert **Sabz Poushan Safar** in der Kh. 22 Bahman, Tel. 445 6757.

Umgebung von Kashan

Nushabad

Etwa 8 km nördlich von Kashan (Straße Richtung Aran-e Bidgol) liegt der kleine Ort Nushabad mit alten Lehmbauten und zahlreichen Windtürmen. Attraktion der Stadt ist ein weit verzweigtes **unterirdisches Labyrinth,** in das sich die Einwohner in früheren Zeiten bei feindlichen Angriffen zurückziehen konnten. Die dort aufgefundenen Einrichtungen weisen darauf hin, dass man auch auf längere Aufenthalte eingestellt war.

■ **Shahr-e zirzamini-ye Nushabad,** täglich 9 bis 17 Uhr, Tel. 0912-8214858, http://oyi.ir/.

Qamsar

Neben Abyaneh gibt es in der Umgebung von Kashan noch weitere Orte, die einen Besuch lohnen. Dazu zählt Qamsar, ca. 25 km südlich von Kashan gelegen, das vor allem im Mai zum Höhepunkt der **Rosenblütenernte** Mengen von Besuchern anzieht. In dem Ort und einigen Dörfern in der Umgebung (Javinan, Ghohrood, Kamu, Moslemabad) gedeihen auf den Feldern Rosen. **Rosenwasser** spielt in der iranischen Kultur eine hevorragende Rolle: Es ist der Inbegriff des Wohlduftes und schafft eine kontemplative Atmosphäre. Alle wichtigen Heiligengräber in Iran werden einmal pro Tag mit Rosenwasser gereinigt, selbst die Kaaba in Mekka wird einmal im Jahr damit bestäubt. Auch in der iranischen Küche spielt es eine wichtige Rolle, vor allem bei der Zubereitung von Süßspeisen und Gebäck.

Im Mai sieht man auf den Feldern in Qamsar und Umgebung viele fleißige **Pflückerinnen** bei der Arbeit. Die Rosenblätter werden dann gesammelt. Jeweils zwanzig Kilogramm werden in 120 Liter fassende Kupferkessel gefüllt. Hin und wieder gibt man Wasser zu. Der Dampf löst die Duftstoffe aus den verkochenden Blüten und entweicht durch ein Rohr in eine wassergekühlte Kupferkanne, wo sich das frische, intensiv duftende Rosenwasser sammelt. Man lässt es abstehen, bis das halbfeste **Rosenöl** an der Wasseroberfläche erscheint und sich dort leicht abschöpfen lässt.

■ In Qamsar gibt es ein Hotel mit 40 Zimmern, das **Hotel Golestan**②, Bolv. Saheli, Tel. 0362-362 2203-4.

Niyasar

Ca. 20 km westlich von Kashan liegt der Ort Niyasar, ebenfalls ein Anbaugebiet für Rosen und Produktionsort für Rosenwasser. Daneben ist der Ort bekannt für seinen noch gut erhaltenen **Feuertempel**, *ateschgah* oder auch *chahar taq* (vier Bögen) genannt, der auf einem Hügel am Rande des Städtchens thront. Der nach allen vier Seiten offene Tempel ermöglichte es, dass das dort brennende Feuer weithin sichtbar war. Er diente sowohl als „Leuchtturm" zur Orientierung für Reisende als auch als Mittelpunkt für religiöse Zeremonien.

Von Kashan fährt man in Richtung Delijan und folgt nach etwa 30 km den Hinweisschildern in Richtung Gebirge. Zum Feuertempel geht es immer geradeaus am Ortsrand vorbei. Weiter oben, am Berghang, liegt die **Reis-Höhle**, die in parthischer Zeit wahrscheinlich als Mithras-Tempel diente und später auch als Zufluchtsort in Fällen militärischer Bedrohung genutzt wurde. Zahlreiche Kammern und Gänge wurden hier in den Fels getrieben, die größte Kammer knapp 30 m² groß, andere so niedrig, dass man nur kriechend vorankommt. Jährlich zum **islamischen Opferfest** strömen in der Moschee des Ortes zahlreiche Besucher zusammen, wenn eine prächtig geschmückte Kuh (nicht wie sonst üblich ein Schaf) geopfert wird. Auch dies ist vermutlich ein vor-islamischer Ritus, der auf den **Mithras-Kult** zurückgeht. Eine weitere Attraktion von Niyasar ist ein **Wasserfall**, der an Wochenenden zahlreiche Besucher anzieht.

Mashhad-e Ardehal

Zurück an der Hauptstraße lohnt noch ein Abstecher zum etwa 10 km entfernten Mashhad-e Ardehal. Einfach der Hauptstraße in Richtung Delijan folgen, sie führt direkt an dem Dorf Ardehal vorbei. Es beherbergt die letzte Ruhestätte des Sultans *Ali ibn Mohamad Bagher,* einem Sohn des fünften Imams der Schiiten. An jedem zweiten Freitag im Monat Mehr (Anfang Oktober) versammeln sich viele Einwohner Kashans und der umliegenden Dörfer in seinem Gedenken, die Teilnahme an der Zeremonie ist jedoch nur Männern aus dem Gebiet um Fin bei Kashan erlaubt. Sie führen an einer Quelle eine **symbolische Waschung eines Teppiches** des Heiligtums durch – Sinnbild für das Abwaschen des Blutes des Heiligen, der gewaltsam auf seinem Gebetsteppich zu Tode gekommen sein soll. Der Teppich wird anschließend mit Stöcken gewalkt, dann ziehen die Gläubigen zurück zum Mausoleum. Anlässlich des **großen Pilgertreffens** wird auch ein Markt abgehalten, zu dem viele Menschen zusammenströmen. Das **Heiligtum** ist in den vergangenen Jahren in großem Stil ausgebaut worden und besteht aus drei Höfen, deren Fassaden mit weithin leuchtenden Fliesen verziert sind. In einem dieser Höfe hat auch der bedeutende persische Lyriker *Sohrab Sepehri* (1928–1980) seine letzte Ruhestätte gefunden.

Südlich des Heiligtums gibt es noch ein altes **safavidisches Bad,** das allerdings nicht mehr in Betrieb ist.

Daryache-ye Namak

Für Ausflüge zum **Salzsee** Daryache-ye Namak ist ebenfalls Kashan der richtige Ausgangspunkt. Die Strecke führt über Aran-e Bidgol in Richtung Nordosten über ca. 60 km an den Südrand des Sees. Hauptattraktion im Ortsteil Aran ist das **Mausoleum Helal ibn Ali,** ein Heiligengrab aus der Safavidenepoche, in späteren Jahrhunderten erneuert und erweitert. In seinen zwei großen Innenhöfen versammeln sich einmal jährlich am 21. Ramadan zahlreiche Pilger aus Kashan und Umgebung im Gedenken an Imam *Ali*. Die Geschichte der beiden früher unabhängigen Orte Aran und Bidgol reicht zurück bis in die Frühzeit des Islam. Hier verlief früher eine Wüstenpiste von Zentraliran in Richtung Tabas und Damghan. Bei dem Örtchen **Maranjan** ist in einer alten safavidischen Karawanserei eine **Herberge** eingerichtet worden. Hierher sollte man entweder mit dem eigenen Fahrzeug oder im Rahmen eines Arrangements durch eine Reiseagentur kommen, eine Reservierung im Voraus ist nicht möglich.

In der Umgebung des Ortes liegen ausgedehnte Dünenlandschaften und Salzpolygone am Südrand des Sees und in diesem die kleine **Insel Sargardan.**

Die Provinzen Qom und Markazi

Die Provinz Qom wurde 1995 als eigenständige Provinz von der **Zentralprovinz Markazi** (*markaz* = „zentral") abgetrennt. Beide zählen mit 1 Mio. bzw. 1,4 Mio. Einwohnern zu den kleineren Provinzen Irans. Dennoch ist ihre Bedeutung erheblich: Qom ist neben Mashhad das religiöse Zentrum des Landes und Arak, die Hauptstadt der Zentralprovinz, hat sich in den vergangenen Jahren zu einem industriellen Zentrum entwickelt. Städte wie Khomeyn, Delijan oder Saveh blicken auf eine lange Geschichte zurück. Außer Qom allerdings stand keine von ihnen jemals im Rampenlicht der Geschichte, was erklären mag, warum diese Gegend zu den weniger besuchten in Iran gehört.

Stadt Qom

Qom, in 930 m Höhe rund 150 km südlich von Teheran **am Rande der Kavir-Wüste** gelegen, ist von Teheran über eine Autobahn zu erreichen. Man kann die Stadt von dort aus auch leicht im Rahmen eines Tagesausflugs besuchen.

In der Umgebung der Stadt gibt es zahlreiche Tongruben und deshalb auch viele Ziegeleien und **Keramikwerkstätten.** Der Reichtum Qoms jedoch gründet sich auf die **Grabmoschee der Fatima, eine der heiligsten Stätten der Schiiten,** die mit der Geschichte der Stadt aufs Engste verknüpft ist.

Nicht sicher ist, ob es schon in vorislamischer Zeit hier eine Stadt gab, schon um 720 jedoch siedelten sich arabische Stämme an, die zu den Anhängern Alis zählten. Seit jener Zeit gelten die Einwohner Qoms als **fanatische Schiiten.** *Hassan-e Sabah,* der Führer der Isma'iliten, wurde hier 1052 geboren. Wichtiger für die Geschichte der Stadt war jedoch, dass *Fatemeh,* die Tochter des siebten Imams *Musa al-Qasem* und Schwester des achten Imams *Reza,* im Jahre 816 auf dem Weg nach Tus in Khorasan in Saveh schwer erkrankte. Sie wurde nach Qom gebracht, wo sie verstarb und beigesetzt wurde. Über ihrem Grab entstand ein Heiligtum, das anfangs nur regionale Bedeutung hatte. Die Mongolen verschonten seinetwegen die Stadt nicht, sondern zerstörten sie fast vollständig.

Die große Zeit von Qom begann mit dem Aufstieg der Safaviden und der Zwangs-Schiitisierung ganz Irans. *Shah Abbas* ließ das Heiligtum in großem Umfang ausbauen, *Fath Ali Shah* ließ die Kuppel zu Beginn des 19. Jh. vergolden. Jedes Jahr strömen **Millionen von Pilgern** in die Stadt, insbesondere zu den Gedenktagen der Imame und im Trauermonat Moharram. Mit den Pilgern und den Zuwendungen für die religiösen Stiftungen, aber auch mit dem Verkauf von Grabplätzen strömt unablässig Geld nach Qom.

Die Geschichte von Qom als Stätte der schiitischen Gelehrsamkeit ist jüngeren Datums. Noch vor 100 Jahren standen seine Religionsschulen im Schatten von Mashhad und vor allem Nadschaf im Irak. Nach dem Ersten Weltkrieg verließen maßgebliche iranische Religionsgelehrte Nadschaf, das unter britischen Einfluss geraten war, und ließen sich in Qom nieder. Dadurch verbreitete sich das Ansehen der **religiösen Schulen,** vor allem der Medrese Feiziyeh. Zahlreiche Religionsschüler aus allen Regionen der Shi'a zieht es hierher, heute beträgt ihre Zahl mehr als 50.000. In allen wichtigen politischen Bewegungen des 20. Jh. in Iran haben religiöse Führer aus Qom eine bedeutende Rolle gespielt, viele der heute die Macht ausübenden Geistlichen sind aus den Seminaren der Stadt hervorgegangen. Der bekannteste unter ihnen ist sicher der **Revolutionsführer Khomeini,** der 1964 von Qom aus ins Exil ging und nach seiner Rückkehr sich meist hier und nicht in Teheran aufhielt.

Einer der berühmtesten iranischen Lyriker des letzten Jahrhunderts, **Nader Naderpur** (1929–2000), hat die besondere Atmosphäre Qoms in einem Gedicht so ausgedrückt:

„Qom / So viele tausend Frauen, / So viele tausend Männer, / Die Frauen, ein Tuch auf dem Kopf, / Die Männer, den Aba auf den Schultern, / Eine goldene Kuppel / Mit alten Störchen, / Ein freudloser Garten / Mit vereinzelten Bäumen. / Kein Lachen erklingt dort, / Kein Gespräch ist zu hören. / Ein halbleeres Becken / Mit grünlichem Wasser, / So viel alte Krähen / Auf zahllosen Steinen. / Die Menge der Bettler / Auf Schritt und Tritt, / Helle Turbane / Finstere Mienen."

Wer vorher Städte wie Teheran, Isfahan oder Shiraz gesehen hat, wird die Atmosphäre in Qom eher als verschlossen empfinden. Frauen mit keck über die Haare fallenden Kopftüchern wird man hier kaum finden, der Chador ist Pflicht. Der Name **„Chador City"** für Qom ist in Iran nicht unbekannt. Es empfiehlt sich, im eigenen Verhalten diesem Umstand Rechnung zu tragen, insbesondere zu den Trauerzeiten, wo die religiösen Emotionen aufwallen.

Heiligtum der Fatemeh Ma'soumeh

Das **Zentrum Qoms** bildet das Heiligtum der *Fatemeh Ma'soumeh* („Die Sündlose"), östlich eines ausgetrockneten Flussbettes gelegen und durch seine **vergoldete Kuppel** weithin sichtbar. Fünf Eingänge führen hinein, allerdings nur für Muslime. Manchmal haben auch Nichtmuslime Glück und werden von den Wärtern zumindest in den Innenhof gelassen. Im Zentrum des großen Komplexes mit mehreren Innenhöfen liegt der **Grabraum der Fatima,** zu dem von zwei Seiten mit Doppelminaretten geschmückte Eingangsportale führen. Der Haupteingang ist vollständig mit Spiegeln verkleidet, der Sarkophag im Innern komplett mit glasierten Fliesen überzogen. Über ihm erhebt sich, wie bei Heiligengräbern üblich, ein versilbertes Gitter, an dem die Gläubigen die Symbole für ihre Gelübde anbringen. Wie auch die 32 m hohe vergoldete Kuppel wurde es von *Fath Ali Shah* gestiftet, der neben fünf weiteren safavidischen Herrschern in einem Nebenraum beigesetzt ist.

Rundgang durchs Zentrum

Die Gassen um das Heiligtum und der Vorplatz sind voll von **Geschäften,** die Süßigkeiten verkaufen, insbesondere *sohan,* eine karamellähnliche Köstlichkeit, die allerdings süß und ziemlich fettig ist. Daneben wird allerlei Pilgerbedarf verkauft, z.B. Gebetssteine, Gebetsteppiche und Korane. Von dem großen Vorplatz östlich des Schreins kann man einen kleinen Rundgang um den Komplex machen: erst ca. 150 m in Richtung Norden, dann in die erste Gasse links abbiegen und in Richtung Fluss gehen. Dabei kommt man am Haupteingang zur **Feiziyeh,** der berühmtesten Medrese von Qom, vorbei. Daraufhin biegt man wieder links ab und geht parallel zum Flussbett, das heute als große Parkfläche dient, an der Mauer des Komplexes entlang. Kurz vor dem Erreichen der Brücke passiert man einen Nebeneingang zum Schrein, der meist weniger bevölkert ist. Von hier aus hat man einen unverstellten Blick auf die vergoldete Kuppel und die Möglichkeit, Fotos zu machen. Die Gasse in Verlängerung der Brücke führt wieder zurück zum Vorplatz. Von hier aus hat man freien Blick auf die **Azam-Moschee** mit einer großen, mit Fliesen verzierten Kuppel, die allerdings schon deutliche Schäden aufweist, obwohl sie erst vor gut 40 Jahren erbaut wurde. Sie ist dem Andenken an den Großayatollah *Boroudjerdi* gewidmet, der bis 1962 oberste geistliche Autorität der iranischen Schiiten war.

Auf der Westseite des Flussbettes gibt es ausgedehnte **Friedhöfe,** viele Gläubige wollen in der Nähe der berühmten Heiligen beigesetzt werden. Für Qom

Die Provinzen Qom und Markazi

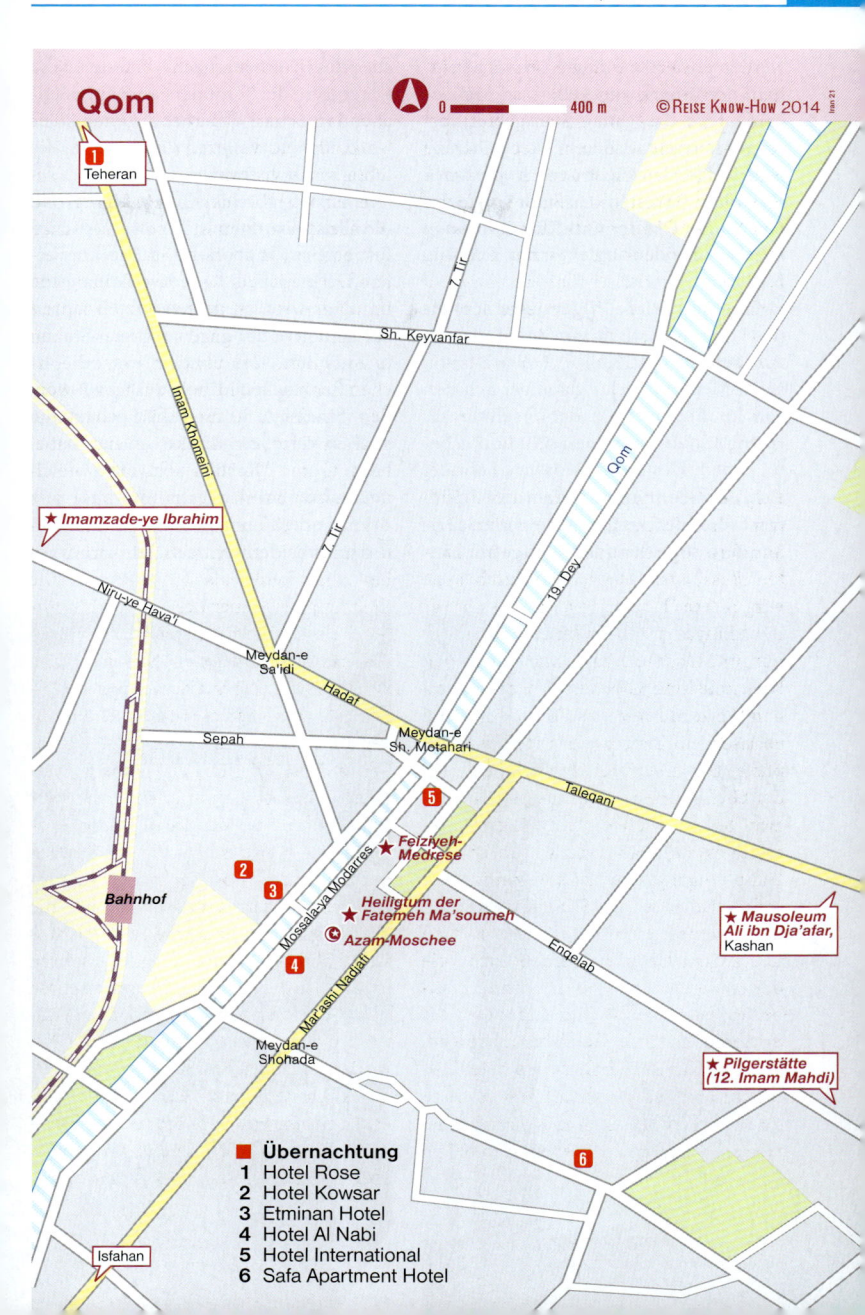

Qom

0 — 400 m © Reise Know-How 2014

- Teheran
- ★ Imamzade-ye Ibrahim
- Sh. Keyvanfar
- 7. Tir
- Imam Khomeini
- Qom
- 19. Dey
- Niru-ye Hava'i
- Meydan-e Sa'idi
- Hadat
- Sepah
- Meydan-e Sh. Motahari
- Taleqani
- Mossala-ya Modarres
- ★ Felziyeh-Medrese
- ★ Heiligtum der Fatemeh Ma'soumeh
- Azam-Moschee
- Engelab
- ★ Mausoleum Ali ibn Dja'afar, Kashan
- Ma'ashi Nadjafi
- Bahnhof
- Meydan-e Shohada
- ★ Pilgerstätte (12. Imam Mahdi)
- Isfahan

■ Übernachtung
1. Hotel Rose
2. Hotel Kowsar
3. Etminan Hotel
4. Hotel Al Nabi
5. Hotel International
6. Safa Apartment Hotel

werden etwa 300 Gräber von Nachkommen der Imame angegeben, an **Mausoleen,** über das ganze Stadtgebiet verstreut, herrscht also kein Mangel. Dazu zählen das Mausoleum von *Imamzadeh Ibrahim* im Westen der Stadt sowie das von *Ali ibn Dja'afar* und *Khwadjeh Imad ad-Din* im Süden an der Straße Richtung Kashan.

Eine **besondere Pilgerstätte** liegt etwa 5 km südöstlich von Qom an den Ausläufern des Kuh-e Dobaradaran. Nach Meinung vieler gläubiger Schiiten soll an dieser Stelle der ersehnte 12. Imam *Mahdi* erschienen sein und gebetet haben. Hinter der Moschee befindet sich ein Brunnen, aus dem der Imam einst für einen kurzen Moment erschienen sein soll. An einem Gitter am Einstieg des Brunnenschachts befestigen die Gläubigen, die besonders am Mittwochabend in Scharen hierher strömen, kleine Bändchen, die ihre Wünsche und Gelübde symbolisieren.

Dienstag abends finden hier große **Armenspeisungen** statt. Die Moschee mit großem Innenhof und überkuppeltem Gebetssaal, der von zwei Minaretten flankiert wird, ist in den letzten Jahren auf Initiative des gegenwärtigen Staatspräsidenten *Ahmadinejad* mit erheblichen finanziellen Mitteln ausgebaut worden. Eine neue Straße wurde gebaut, die südlich von Qom direkt von der Autobahn Qom – Kashan abzweigt. Gleich nach ihrer Amtsübernahme sind alle Minister des Kabinetts *Ahmadinejad* von ihrem Präsidenten nach Jamkaran geschickt worden, um Briefe in den Brunnen zu werfen, vermittels derer dem 12. Imam mitgeteilt werden sollte, dass nun wirklich zuverlässige Gläubige die Verantwortung für das Land übernommen haben.

Praktische Informationen

■ **Telefonvorwahl Qom: 0251**

Unterkunft

Mangel an Hotels herrscht in Qom nicht, die allermeisten sind allerdings auf Pilger eingerichtet und nicht auf westliche Touristen. Wer unbedingt in Qom bleiben muss, sollte auf jeden Fall die religiösen Feiertage meiden, wo alles hoffnungslos überfüllt ist.

■ Ein relativ neues Hotel unweit des Fatemeh-Schreins zählt zu den besten in Qom, das **Hotel International**④. Die Zimmer sind exzellent, Restaurant, Sauna und andere Einrichtungen vorhanden. Kh. Helal Ahmar, Meydan-e Motahari, Tel. 7719208.

■ Das **Hotel Rose**② ist angenehm, liegt aber weit vom Zentrum entfernt in der Kh. Imam Khomeini im Norden der Stadt. Tel. 49994.

■ Viel Zimmer fürs Geld bekommt man im **Safa Apartment Hotel**②, das auch noch gut ausgestattet ist. Kh. Moa'lem, Tel. 7732499.

■ Sehr günstig zum Schrein gelegen ist das **Hotel Al Nabi**② mit sauberen Zimmern. Kh. Bahar, Tel. 7744270.

■ Ebenfalls in direkter Nähe des Schreins gegenüber dem trockenen Fluss liegt das einfache **Etminan** (Vertrauen) **Hotel**②. Vertrauen kann man darauf, dass die Zimmer preiswert und sauber sind, aber auch klein und vor allem morgens laut! Ku. Hatamnema, Tel. 6649640.

■ Gepflegter geht es im **Hotel Kowsar**② zu (mit Restaurant). Kh. Hatamnema, Tel. 6609571.

Essen und Trinken

Die Spezialität von Qom ist **Sohan**, eine Speise aus Weizenkeimen, Zucker, Butterfett, Mandeln und Pistazien, die in Form von fingerdicken Platten verkauft wird. In allen Straßen Qoms, aber auch entlang der Autobahn wird diese Spezialität verkauft.

Die meisten Hotels ab Mittelklasse haben **Restaurants**, von denen keines besonders hervorzuheben ist.

Verkehrsverbindungen

Es verkehren zahlreiche **Busse und Taxis** sowie zweimal wöchentlich **Züge** von Teheran. Der Busterminal liegt im Norden der Stadt an der alten Straße nach Teheran. Alle Busse, die nach Teheran fahren, halten auch an der Einfahrt zur Autobahn Qom/Teheran. Man kann versuchen, hier zuzusteigen. Der Bahnhof liegt auf der Westseite des Flussbettes am Ende der Kh. Sepah.

Arak

Hauptstadt der Provinz Markazi ist Arak, ca. 130 km südwestlich von Qom fast 1800 m hoch gelegen und deshalb auch im Sommer angenehm kühl. Die Stadt hieß früher *Sultanabad* und geht auf die Gründung einer Festung Anfang des 19. Jh. zurück, sie ist also für iranische Verhältnisse noch recht jung. Dennoch wurden hier **prägende Persönlichkeiten** geboren, wie *Amir Kabir*, der politische Reformer des 19. Jh., *Mohammad Mossadeq*, der 1952 die iranische Ölindustrie nationalisierte, oder die berühmteste Lyrikerin Irans, *Forough Foroughzad*.

◁ Heiligtum der Fatemeh in Qom:
Grabmoschee und Blick durch einen Seiteneingang

Sehenswertes

Heute ist Arak ein **wichtiger Industriestandort** (vor allem wegen der Aluminiumproduktion) mit einer Einwohnerzahl von knapp 500.000. In der Stadt befindet sich aber auch das – neben Kashan – **schönste Beispiel für einen Bazar des 19. Jh.** in Iran. Die Bazargassen verlaufen rechtwinklig zur kreuzförmig angelegten Hauptachse. Ein geschlossenes Quartier beherbergt die Teppichhändler, die die bekannten Teppiche aus Arak und Umgebung, vor allem Seidenteppiche aus Saveh, verkaufen. Am nördlichen Bazarausgang liegt die **Medrese Sepahsalar**, erbaut zu Beginn des 19. Jh.

Ebenfalls sehenswert ist das **Hamam Chahar Fasl** mit Abteilungen für Frauen, Männer und religiöse Minderheiten. Nach aufwendigen Renovierungsarbeiten wurde es als Museum eröffnet. Kh. Beheshti, ca. 150 m südwestlich des Meydan-e Shohada. Geöffnet 8:30 bis 17 Uhr, Eintritt 5000 Tuman.

Praktische Informationen

■ **Telefonvorwahl Arak: 0861**

Unterkunft

■ Bei **Unterkünften** gibt es in der Stadt leider nur hop oder top. Top ist das **Hotel Amir Kabir**③ im Südwesten der Stadt an der Straße nach Teheran. Es verfügt über sehr gute DZ, auch ein Restaurant ist vorhanden. Tel. 3124061-9.

■ In der „hop"-Kategorie sind die Möglichkeiten größer, was allerdings die Qualität nicht steigert. In Betracht zu ziehen sind das **Hotel Ladan**②, Kh. Shahid Ghoddoosi, Tel. 2247303, oder direkt im Zentrum am Meydan-e Shohada das **Mehmansara Tohid**①, Tel. 2222839.

Verkehrsverbindungen

Unweit des Hotels Amir liegt der **moderne Busterminal** mit zahlreichen Verbindungen nach Teheran, Isfahan und Hamedan, aber auch in die meisten anderen iranischen Städte. Der Bahnhof der Bahnlinie Teheran – Ahvaz liegt im Süden des Stadtzentrums, Züge in beide Richtungen verkehren täglich.

Khomein

Ca. 50 km südöstlich von Arak liegt Khomein mit dem **Geburtshaus des Revolutionsführers Khomeini,** das gut ausgeschildert ist: Von der Hauptstraße aus Richtung Arak kommend, biegt man vor dem Erreichen einer Brücke am großen Hinweisschild nach rechts ab. Das ehemalige Wohnhaus der Familie ist heute eine Art Museum mit Zugang über den Hof. Über eine Treppe gelangt man in die Wohnräume und danach in einen Innenhof mit Nebengebäuden. Khomein hat daneben auch einen kleinen **malerischen Bazar** mit alter Freitagsmoschee.

Golpayegan

40 km südlich von Khomein liegt die Stadt Golpayegan, die zur Provinz Isfahan gehört, aber von Khomein aus einfacher zu erreichen ist. Sie ist bekannt wegen ihrer **Freitagsmoschee,** die auf das Ende des 11. Jh. zurückgeht. Erhalten ist noch der überkuppelte Gebetssaal. Auf dem Schriftband unter der Innenkuppel ist der Name des Stifters, des Seldjukenherrschers *Abu Shodja*, angegeben. Prunkstück ist der Stuckmehrab. Die vier Iwane und die Räume rund um den Hof wurden im 19. Jh. angebaut.

Ein Ereignis ist die **alte Festung Gougad** 5 km westlich von Golpayegan. Der Lehmkomplex mit vier Ecktürmen ist zu einem Ausflugszentrum umgebaut worden und verfügt auch über ein kleines **Hotel**③, Tel. 0341-26113812.

Saveh

Im Norden der Provinz Markazi, etwa 140 km südwestlich von Teheran, liegt Saveh an der alten Straße von Hamadan nach Rey und Khorasan. Eine Besichtigung lässt sich gut als Tagesausflug von Teheran mit dem Besuch von Qom verbinden oder man besucht die Stadt auf der Durchreise von Teheran nach Hamadan.

Saveh war in seiner Geschichte ein wichtiger Handels- und Rastplatz – für kurze Zeit Ende des 12. Jh. sogar Hauptstadt der Seldjuken – und hat deshalb einige sehenswerte Bauten aufzuweisen. Der bekannteste ist die **Freitagsmoschee** aus dem 12. Jh. im Südwesten der Stadt, direkt an der alten Stadtmauer. Der Gebetssaal verdankt seinen schönen Mehrab und auch die Kuppel einem Umbau unter den Safaviden Anfang des 16. Jh. Aus dem 11. Jh. stammt die **Masdjed-e Meydan** im Stadtzentrum. Sie verfügt über das älteste seldjukische Minarett in Iran aus dem Jahre 1061.

In der Umgebung gibt es einige alte **Karawansereien** und zahlreiche **Gärten.** Für die dort wachsenden Granatäpfel ist Saveh berühmt, ebenso wie für die geknüpften Teppiche.

Provinz Yazd

Die Provinz Yazd wurde **1969 durch Abtrennung von der Provinz Isfahan gegründet.** Bedeutsam ist sie vor allem durch ihren Reichtum an Rohstoffen: Blei- und Zinklagerstätten sowie Kupfervorkommen im südlichen Teil, riesige Eisenerzvorkommen im Gebiet von Bafq und ausgedehnte Steinkohlegruben in der Umgebung von Chadormalou. Zur Erschließung dieser natürlichen Reichtümer wird die Infrastruktur der Provinz seit einigen Jahren in großem Stil ausgebaut. Parallel zur alten Verkehrsverbindung durch die **Kavir-Wüste** von Yazd nach Mashhad wurde eine **Eisenbahnlinie** gebaut, mit der sowohl Erz und Kohle in die Stahlwerke von Isfahan und Ahvaz transportiert werden sollen als auch Passagiere von Yazd zum Grab von Imam *Reza* nach Mashhad. Weiterhin erhofft man sich eine große Auswirkung des Transitverkehrs von den zentralasiatischen Republiken nach Bandar Abbas am Persischen Golf. Die bisherige Strecke über Mashhad und Teheran wird durch die neue Eisenbahnlinie um fast 1000 km verkürzt. Neben der Hauptstadt Yazd sind bekannte Orte der Provinz Ardakan, woher der frühere Präsident *Mohammad Khatami* stammt, und Meybod.

Stadt Yazd

Yazd zählt zusammen mit Qom, Kashan, Na'in und Kerman zu einer Reihe sehr alter Städte, die wie Perlen auf einer Schnur am südlichen und westlichen

Abendstimmung in Yazd
(links das Doppelminarett der Freitagsmoschee)

Rand der Kavir-Wüste aufgereiht sind. Diese „Schnur" bildet gleichzeitig die Hauptverkehrsachse durch Zentraliran zum Indischen Subkontinent und hatte schon zur Achämenidenzeit große Bedeutung als Heerstraße. Spätestens seit den Sasaniden ist Yazd der Hauptort der Region am südlichen Saum der Großen Kavir. Im Gegensatz zu der ansonsten äußerst trockenen Umgebung sind die etwa 1200 m hoch gelegene Stadt und ihr Umland begünstigt durch die Lage **am nördlichen Abhang des Shir-Kuh-Gebirgsmassivs** (4050 m), wo sich im Frühjahr die Schmelzwasser sammeln und durch ein ausgedehntes System von Qanaten (unterirdische Kanäle) zur Bewässerung genutzt werden können. Die Gärten von Yazd sind berühmt für ihre **Granatäpfel**.

Ein geflügeltes Wort in Iran lautet: „Wenn Du eine Frau suchst, die dich gut bekocht, nimm eine aus Tabriz. Suchst Du eine, die dich verzaubern soll, nimm eine aus Shiraz. Suchst du eine, die treu ist, so heirate eine Frau aus Yazd." Die Yazdis gelten vielen Iranern als besonders aufrichtig und verlässlich. Manche bringen das damit in Verbindung, dass es in der Stadt noch eine größere Anzahl von **Zarathustriern** gibt, Anhänger der Vorläuferreligion des Islam in Iran. Während sie in den meisten anderen Gegenden Irans seit Langem konvertiert oder abgewandert sind, leben in Yazd und einigen Dörfern der Umgebung noch Tausende von ihnen.

Schon aus diesem Zusammenhang wird deutlich, dass Yazd eine lange Geschichte hat. Der Sage nach sollen hier

Rostam und *Zal*, Helden der Volksüberlieferung aus dem „Shahnameh", auf dem Weg nach Sistan Station gemacht haben. Der Name geht möglicherweise auf *Yazdegerd*, den Namen mehrerer Könige aus der Sasaniden-Epoche, zurück. Im Jahre 642 n. Chr. wurde Yazd von islamischen Truppen eingenommen und entwickelte sich zu einer bedeutenden Stadt. Durch seine abgelegene Lage blieb es lange von größeren Zerstörungen verschont. *Marco Polo* berichtet über ausgedehnte **Seidenproduktion** und -handel, für die Yazd noch heute berühmt ist.

Nachfolger der Mongolen, die Mozaffariden, stifteten im 14. Jh. eine Reihe noch heute bestehender Bauwerke. Unter den Safaviden blühte der Fernhandel, wovon Yazd durch seine Lage am **Handelsweg nach Indien** besonders profitierte. Danach allerdings wurde es von den Afghanen nach langem Widerstand eingenommen und schwer bestraft. Mitte des 19. Jh. raffte eine Cholera-Epedemie 8000 Einwohner dahin.

Erst seit dem Ausbau der Fernstraße in Richtung Persischer Golf und Südosten und dem Anschluss ans Eisenbahnnetz in den 1960er Jahren hat die Stadt einen neuen Aufschwung genommen. Noch immer ist die **Textilproduktion** von großer Bedeutung und neben einer Provinzverwaltung verfügt Yazd heute über eine große **Universität.** Von den knapp 900.000 Einwohnern der Provinz leben ca. 350.000 in der Hauptstadt.

Orientierung

Das **Stadtzentrum** liegt nördlich und östlich des Meydan-e Dr. Beheshti, die historische Altstadt um die Freitagsmoschee erstreckt sich nördlich der Kh. Imam Khomeini. Die meisten Sehenswürdigkeiten sind vom Zentrum aus zu Fuß zu erreichen.

Ankunft mit dem eigenen Fahrzeug

Mit dem Pkw **aus Richtung Nordwesten** erreicht man die Stadt beim neu errichteten Stadttor (Darvaze-ye Qoran) am Bolv. Djomhuri-ye Eslami, der direkt ins Zentrum führt.

Aus Richtung Kerman erreicht man den Stadtrand beim Meydan-e Abazar mit dem sehr einprägsamen Monument eines Radfahrers, unterquert kurz darauf die Eisenbahntrasse und folgt der Kh. Ayat. Kashani, die zum Meydan-e Dr. Beheshti führt.

Aus Richtung Shiraz und Taft stößt man im Westen von Yazd auf den Meydan-e Komite-ye Enqelab-e Eslami. Dort rechts abbiegen, unter der Eisenbahn hindurchfahren und auf dem Bolv. Ayat. Sadoughi immer geradeaus bis zum Meydan-e Dr. Beheshti fahren.

Sehenswertes

Die **historische Altstadt von Yazd** erstreckt sich vom Bazarviertel aus in nordöstlicher Richtung. In einem Bereich von mehr als 3 km² findet man fast ausschließlich **Lehmhäuser** in engen Gassen mit teils überdachten Gängen und Kuppeln sowie zahlreichen Windtürmen. Viele Wohnhäuser und andere Gebäude sind in den letzten Jahren behutsam renoviert worden. Obwohl etliche der Lehmbauten im Laufe der Zeit in sich zusammengesunken sind, hat das

Viertel noch eine intakte Infrastruktur mit Geschäften, Schulen, Handwerksbetrieben, Bädern und Moscheen.

Ungewöhnlich reizvoll ist der Blick von einer erhöhten Stelle (z.B. dem Dach der Freitagsmoschee) über das Meer von lehmfarbenen Bauten, aus dem an einigen Stellen prächtige türkisfarbene Kuppeln aufleuchten. In diesem „Meer" kann der Besucher leicht einen ganzen Tag zubringen, ohne dass ihm langweilig wird. Der hier vorgeschlagene **Rundgang** beginnt und endet bei der Freitagsmoschee und führt zu den wichtigsten historischen Bauwerken im Bereich der Altstadt.

Freitagsmoschee

Die Freitagsmoschee wurde an der Stelle eines Vorläuferbaus vom Beginn des 12. Jh. um 1375 errichtet. Die Gasse, an deren Ende sie liegt, zweigt in westlicher Richtung von der Kh. Imam Khomeini ab. Das hoch aufstrebende **Eingangsportal mit Doppelminarett**, das Wahrzeichen von Yazd, ist schon von Weitem zu erkennen. Seine Dimensionen, aber auch die Gestaltung der Fassade und die Fliesendekorationen aus unterschiedlichen Blautönen zählen zum Schönsten, was die persische Baukunst des 14. Jh. hinterlassen hat. Auch die **Kuppel** ist etwas Besonderes, was man aber nur aus einiger Entfernung erkennt, am besten vom Dach eines der umliegenden Gebäude, denn vom Hof aus ist sie nicht zu sehen. Im Gegensatz zu den himmelstürmenden Minaretten ist sie auffällig flach und sitzt auf einem kurzen Tambour mit Schriftband. Ihre Dekoration besteht aus geometrischen Elementen und reicht von ocker und gelb bis hin zu türkis.

Der lang gestreckte, rechteckige Innenhof ist auffällig schlicht, die umlaufenden einstöckigen Arkaden sind nur aus Ziegeln gemauert und verzichten auf Farbe ebenso wie auf zusätzliche Iwane oder andere Elemente. Dahinter liegen die **Wintergebetsräume.** Die gewollte Schlichtheit, die ja auch der Wirkung der Umgebung entspricht, betont den Gebetssaal und das ihm vorangestellte Tonnengewölbe. Klare Linien, Formen und Farben, begrenzt auf Schwarz, Weiß und verschiedene Blautönungen, bestimmen das Bild. Auch den Fliesenmotiven, die sich harmonisch mit Partien aus gebrannten Ziegeln abwechseln, geht jegliche Verspieltheit ab, geometrische Formen und Schrift stehen im Vordergrund.

Der **Kuppelsaal** entspricht diesem Eindruck. Klassisch wird der quadratische Grundriss durch vier tief gezogene Trompen in ein Achteck überführt und geht mithilfe darüber liegender Nischen in den kreisförmigen Aufsatz für die Kuppel über. Durch große Öffnungen an drei Seiten und zusätzliche kleine in den Ecken gelangt viel Licht hinein und unterstreicht die Leichtigkeit des Raumeindrucks. Hervorgehoben durch besonders schöne Fliesendekorationen ist der Mehrab.

Grab von Seyyed Rukn ad-Din

Östlich der Freitagsmoschee wird der Blick angezogen von einer weiteren prächtigen **türkisfarbenen Kuppel,** die zu einem früher viel größeren Komplex, bestehend aus Moschee, Medrese, Bibliothek und Obeservatorium, gehört. Sie deckt das Dach des Grabes des Stifters der Anlage, *Seyyed Rukn ad-Din,* und stammt aus dem Jahr 1325. Zum Eingang an der Nordseite führt eine en-

Yazd

Übernachtung
1. Hotel Moshir al Mamalek
2. Nabavi
3. Malek ol-Tojjar
5. Hotel Mehr
6. Hotel Orient
7. Hotel Silk Road
8. Hotel Kurosh
11. Fahadan Grand Hotel
12. Hotel Kohan
13. Vali Traditional Hotel
15. Yazd Traditional Hotel
16. Hotel Arya
17. Hotel Laleh
18. Dad International Hotel
20. Tourist Inn
21. Motel Safa'iyeh

Essen und Trinken
4. Hamam-e Khan
9. Sofrehkhaneh Fahadan
10. Restaurant Mehr
14. Konditorei Hadjj Khalife
19. Restaurant Tehhrani
21. Restaurant Safa'iyeh

ge Gasse. Das Grabmal wird besonders von Frauen verehrt, die sich mittwochs in großer Zahl hier versammeln. Über dem Grab mit dem üblichen Gitteraufbau erhebt sich ein Kuppelraum von klassischer Harmonie, zwar mit Schäden am Verputz in den unteren Parteien, aber darüber umso eindrucksvolleren Ausmalungen mit in Blau gehaltenen Medaillons und Schriftbändern im kufischen Stil.

In den Altstadtgassen
Weiter führt der Weg durch die Gasse hin zu einem Hof, in dessen Zentrum ein hölzerner Naql steht, wie er bei Trauerprozessionen getragen wird. An der Nordseite des Hofs führt eine Treppe in ein Kellergeschoss, aus dem das Klappern eines **Webstuhls** nach außen dringt. An diesem alten Handwebstuhl webt ein alter Mann die klassischen Yazder Stoffe. Das Gassengewirr, in dem

5

viele Häuser noch bewohnt sind, wurde von der UNESCO zu einer Stätte des **Weltkulturerbes** erklärt. Meist verfügen die mit einer Mauer von der Gasse abgetrennten Häuser über einen Innenhof und einen oder mehrere Windtürme. An vielen Häusern gibt es noch die früher typischen niedrigen Holztüren mit zwei Arten von Anklopfern: einem ringförmigen für Frauen und einem quaderförmigen, der einen dunkleren Klang erzeugt, für Männer.

Im Zentrum des Viertels liegen zwei historische Gebäude rund um einen kleinen Platz. Der schlichte Ziegelbau des **Zendan-e Iskandar** („Alexander-Gefängnis") – der Name verweist auf eine Legende, nach der *Alexander der Große* hier einen achämenidischen Würdenträger gefangen gehalten haben soll – war ursprünglich ein Grabbau, der später um einen Innenhof erweitert wurde und als Medrese diente. Die Assoziation mit einem Gefängnis rührt vielleicht von der Zisterne mit Kuppelkonstruktion unter dem Hof her, die von einem Qanat gespeist wird. Auffällig ist der Aufbau der schmucklosen Ziegelkuppel: Sie ruht auf einem achteckigen Tambour, auf dem sparsam verzierte Moqarnas-Elemente nach außen wachsen.

In der Ecke des Platzes steht eines der ältesten Gebäude von Yazd, das **Mausoleum der zwölf Imame** (Eintritt zusammen mit Zendan-e Iskandar ca. 10.000 Tuman), dessen Bau schon 1036 begonnen wurde. Besonders interessant ist die Gestaltung der Trompen über die Ecken des quadratischen Raums: Sie sind dreifach ausgeführt, woraus sich später die Technik der Moqarnas entwickelte. Auch Teile der alten Stuckbemalung sind sehenswert.

Das Gebäude in der Mitte des Platzes dient als **Tourist Information.** Ein kleines Stück weiter nördlich kann ein schön restauriertes **Bürgerhaus** aus dem 19. Jh. besichtigt werden. Das Khane-ye Larihar wurde in zwei Stockwerken um einen bepflanzten Innenhof mit Wasserbecken gebaut.

Unweit davon stehen an einigen Stellen der Kh. Gol-e Sorkh noch Reste der alten **Stadtmauer** von Yazd. Die mächtige, teilweise bis zu 15 m hohe Umwallung geht auf die Mitte des 14. Jh. zurück. Der größte Teil wurde im 20. Jh. beim Bau neuer Stadtviertel und Straßen abgetragen.

◁ Zendan-e Iskandar in der Altstadt von Yazd

Vom Mausoleum der zwölf Imame kann man in einem Rundweg zur Freitagsmoschee zurückkehren und sich dabei immer an ihren Minaretten orientieren. Kurz bevor man an der Moschee aus dem Gassengewirr heraustritt, quillt verführerischer Duft aus einem Untergeschoss. In einer typischen **Konditorei** werden die Süßigkeiten hergestellt, für die Yazd berühmt ist: *qotab*, kleine Mürbeteigbällchen mit Pistazien, *baqlava*, schichtweise angeordneter Mandelmürbeteig mit Pistaziensplittern, und *pashmak*, eine Art Zuckerwatte. Gegen Besucher haben die Zuckerbäcker nichts einzuwenden.

Rund um den Bazar

Zum Besuch des überdachten Bazars kann man gleich südlich der Freitagsmoschee einer der kleinen Gassen folgen oder man kehrt zurück zur Kh. Imam Khomeini und geht etwa 200 m in südlicher Richtung zu einem der großen Eingänge. Besonders zahlreich werden **Stoffe** angeboten, vor allem ein *termeh* genannter schwerer Brokat. Bekannt ist Yazd auch für seinen großen **Goldbazar**, der allein einige Gassen einnimmt.

Der Meydan-e Mir Chaqmaq südlich des Bazars wird beherrscht von einem riesigen Portalbau mit Doppelminarett, der zu einer **Tekiyeh** aus dem 19. Jh. gehört. Aus den Arkaden des dreistöckigen Baus schauten früher die Würdenträger den religiösen Zeremonien und Veranstaltungen im Hof der Tekiyeh zu, der an der Stelle des heutigen Platzes lag. Kürzlich wurden an diesen Bau Mauern angebaut, um einen Eindruck von den früheren Ausmaßen des Platzes zu vermitteln. Zu einer solchen Zeremonie gehört auch der riesige **Naql,** ein schweres Holzgestell, das am südlichen Ende des Portals aufgebaut ist. Es wird anlässlich der Trauerprozessionen am 10. Muharram mit schwarzen Tüchern, Bannern und Porträts von Imam *Hossein* geschmückt und von vielen Männern, die sich wegen des erheblichen Gewichts ständig abwechseln müssen, getragen. Damit wollen sie das Martyrium des Hossein „nachleiden" und nachträglich büßen.

In der Mitte des Baus liegt der Eingang zu einem kleinen Bazargang dahinter. Westlich des Platzes führt ein Gang zu der etwas zurückversetzten **Masdjed-e Mir Chaqmaq** aus der Mitte des

▷ Wird bei Prozessionen getragen: der Naql

15. Jh., benannt nach dem damaligen Gouverneur der Stadt. Die Vier-Iwan-Anlage war Teil eines ausgedehnten Komplexes aus Medrese, Sufi-Konvent, Karawanserei, Wasserspeicher und öffentlichen Bädern, von dem außer der Moschee nichts geblieben ist. Die Fliesenverkleidungen nach dem Vorbild der Freitagsmoschee sind sehenswert, ebenso wir der marmorne Mehrab. An der Ostseite des Platzes gelangt man über eine kleine Gasse zu einem Kuppelbau, der durch sechs jüngst renovierte Windtürme belüftet wird. Hier ist ein **Zurkhaneh** untergebracht, in dem Touristen gegen Eintritt bei den **traditionellen Kraftsportübungen** zuschauen können. Die Vorstellungen finden in der Regel am Abend statt, die Tür ist meist geöffnet, sodass man die Termine dort erfragen kann.

Ebenfalls am Meydan-e Mir Chaqmaq liegt die berühmteste **Konditorei** von Yazd, wenn nicht ganz Irans: **Hadjj Khalife**. Das Geschäft ist mittlerweile nur noch eine Zweigstelle, seitdem ein neues, modernes Verkaufsgebäude am Jomhoori-ye Eslami Boulevard / West kurz vor dem Darvazeh-ye-Qoran-Tor eröffnet wurde. Hier gibt es alles, was den Gaumen verwöhnt und dick macht, wie Baqlava, Ghotab, Loz und andere Köstlichkeiten. Appetit kann man sich im Internet holen: www.hajkhalifehalirahbar.com.

Direkt gegenüber von Hadjj Khalife, an der Ecke zur Kh. Qiyam, befindet sich ein kleines Museum, das in kaum eine andere Stadt Irans besser passt als nach Yazd: das **Wasser-Museum**. Das Privathaus des noblen *Kolahduz,* erbaut Mitte des 19. Jh., wurde anlässlich eines **internationalen Kongresses über Wasser und Qanate,** welcher im Jahr 2000 an der Yazder Universität stattfand, instand gesetzt und zum Museum ausgebaut. Auf einer Fläche von 720 m² kann man noch einen von ehemals zwei Qanaten sehen, die unter dem Gebäude hindurchführen, eine Wasserentnahmestelle *(payab)* 10 m unter der Erde sowie zahlreiche Ausstellungsobjekte und Werkzeuge zum Bau und zur Instandhaltung von Qanaten. Kurz: ein in Iran **einzigartiges und sehenswertes Museum.** Informationen unter www.watermuseum.ir. Geöffnet täglich von 8 bis 19:30 Uhr, Eintritt 15.000 Tuman, Tel. 6268340.

Baq-e Doulatabad

Etwa 2 km westlich des Bazars liegt der Baq-e Doulatabad **mit dem höchsten Windturm von Yazd.** Vom Meydan-e Dr. Beheshti aus folgt man der Kh. Sh. Radja'i. Bei der Gasse namens Ranjbar (Hinweisschild) biegt man rechts ab und überquert auf einer Brücke ein ausgetrocknetes Bachbett. Der hoch aufragende Turm ist kaum zu verfehlen. Ein Eingang führt zu einem **Garten** (9 bis 17 Uhr, Eintritt 5000 Tuman), der 1712 für einen Gouverneur angelegt wurde. Der kleine, achteckige Gartenpalast weist zu allen Seiten offene Hallen auf, die in der kalten Jahreszeit geschlossen werden konnten. Der Bau verfügt über ein ausgeklügeltes Kühlsystem, bestehend aus dem besonders hohen Windturm und großen Wasserbecken im Innern. Sehenswert ist auch die Gestaltung der Innenkuppel aus Lehm mit dekorativen, weiß getünchten Rippen. Zu beiden Seiten des Wasserbeckens im Zentrum des Gartens wird im Sommer ein Teehaus betrieben.

Zarathustrier-Tempel

Ateshkadeh, der Tempel der Zarathustrier in Yazd, liegt südöstlich des Meydan-e Markar an der Kh. Ayat. Kashani in einem kleinen Park und ist von der Straße aus gut zu sehen. Der Eingang erfolgt von der Kh. Ayat. Kashani. Das Viertel hinter dem Ateshkadeh hat überwiegend Bewohner zarathustrischen Glaubens, was man z.B. an der Kleidung der Frauen sehen kann.

Der Tempel selbst ist neueren Datums, er wurde 1934 von Glaubensbrüdern aus Indien gestiftet. Dem Eingang ist eine offene Säulenhalle vorgelagert, darüber schwebt eine geflügelte Sonnenscheibe. Darum gruppieren sich, ebenfalls auf türkisfarbenen Fliesen, drei Medaillons mit den **religiös-ethischen Hauptprinzipien der Zarathustrier: gute Gedanken – gute Worte – gute Taten.** Im schlichten Innenraum brennt das ewige Feuer hinter einer Glasscheibe, die Türen links und rechts davon können geöffnet werden. Das Feuer soll nach der Überlieferung der Zarathustrier schon 470 n. Chr. von dem Tempel Nahid-e Fars nach Ardekan und später nach Yazd gebracht worden sein und seit jener Zeit ununterbrochen brennen. Bei den religiösen Ritualen prozessieren die Gläubigen um das Feuer herum. In Vitrinen sind einige der religiösen Schriften von *Zarathustra* ausgestellt, der auch auf einem Gemälde rechts des Feuers in prophetischer Haltung dargestellt ist.

Türme des Schweigens

Im Süden der Stadt, ursprünglich 7 km vom Stadtzentrum entfernt, heute direkt am Stadtrand gelegen und deshalb nicht mehr so ruhig, stehen die „Türme des Schweigens" (dakhmeha-ye zartoshti).

Vom Ateshkadeh aus folgt man der Kh. Ayat. Kashani, biegt am Meydan-e Abazar rechts ab und folgt der Kh. Sh. Fallahi. Sie führt durch ein Neubaugebiet direkt zu den **Begräbnistürmen der Zarathustrier,** von denen es in der Umgebung von Yazd noch weitere Exemplare gibt.

Bis Mitte der 1960er Jahre wurden hier die Toten ausgesetzt, nachdem sie zuvor in den Gebäuden am Fuße der Hügel gewaschen und für den Übergang in die andere Welt vorbereitet wurden. Anschließend hat man sie, auf Gestellen aufgebahrt, die Hügel hinaufgetragen und im Inneren der Ringmauer aufgebahrt. Die Zarathustrier glauben, dass Leichen die Erde, eines der vier heiligen Elemente, verunreinigen. Deshalb ist es die Aufgabe von **Geiern** und anderen Aasfressern, die Knochen abzuweiden, worauf diese dann in besonderen Totenkisten beigesetzt werden.

Noch während der Shah-Zeit wurde dieser Brauch aus angeblich hygienischen Gründen verboten. Seitdem finden die Toten der zarathustrischen Gemeinde von Yazd auf dem von einer Mauer umschlossenen **Friedhof** ihre letzte Ruhe. Die Gräber werden am Boden mit Zementplatten ausgekleidet und auch mit einer Platte abgedeckt, bevor man sie zuschüttet. Damit wird den religiösen Geboten zumindest symbolisch Rechnung getragen. Die Gräber sind in exakt ausgerichteten Reihen angeordnet. In einer der hinteren Reihen mit Gräbern aus den Jahren 1976/77 sind interessante Objekte der Zeitgeschichte verborgen: Mehrere Grabplatten enthalten Datierungen mit dem Jahr 2535 des „Kaiserlichen Kalenders", der nur kurze Zeit in Gebrauch war.

Praktische Informationen

■ **Telefonvorwahl Yazd: 0351**

Informationen/Auskunft
■ Zusätzlich zur **Tourist Information** beim Mausoleum der Zwölf Imame (s.o.) gibt es eine beim Museum in der Kh. Ayat. Kashani.

Visaverlängerung
■ Visa können bei der **Touristenpolizei** am Meydan-e Abouzar am südöstlichen Stadteingang verlängert werden (nahe Zendan-e Iskandar), Tel. 6214444.

Geldwechsel
■ **Bank-e Melli** in der Kh. Imam Khomeini bei der Freitagsmoschee.
■ **Amin Money Exchange** am Meydan-e Mir Chaqmaq.
■ **Wechselstube** unmittelbar gegenüber dem zarathustrischen Ateshkadeh in der Kh. Ayat. Kashani.

Post und Telefon
■ **Hauptpost** in der Kh. Imam Khomeini neben der Bank-e Melli.
■ **Telefonzentrale** in der Kh. Motahari nördlich des Meydan-e Azadi.

Unterkunft
In den letzten Jahren ist in keiner anderen Stadt in Iran die Hotelkapazität in dem Maße erweitert worden wie in Yazd. Vor allem die sonst oft fehlenden kleinen, privat geführten Hotels in traditionellem Ambiente stehen in Yazd in allen Preisklassen zur Verfügung.

■ Im Norden von Yazd, ca. 3 km vom Stadtzentrum, steht inmitten eines Granatapfelgartens das **Hotel Moshir al-Mamalek**③. Der Zimmertrakt besteht aus der für Yazd typischen Lehmbauweise, die Zimmer sind modern ausgestattet und im traditionellen Stil eingerichtet. Der ausgedehnte Garten mit Wasserbecken bietet eine Oase der Ruhe am Rande der Großstadt. Kh. Enqelab / Bolv. Moshir al-Mamalek, Tel. 5239760, www.hotelgardenmoshir.com.

■ In der gehobenen Preisklasse ist das **Motel Safa'iyeh**③ in einem Außenbezirk, etwa 2 km von den „Türmen des Schweigens" entfernt, zu empfehlen. Wenn man die Wahl hat, sollte man versuchen, in einem kleinen Pavillon in dem weitläufigen Garten ein Zimmer zu bekommen. Auch das Restaurant ist empfehlenswert. Kh. Sh. Fallahi, Tel. 8242812/5, www.safaiyeh-hotel.com.

■ Etwas billiger ist das **Tourist Inn**② am Bolv. Daneshjoo, Tel. 49127-30, yazd@ittic.com.

■ Näher beim Zentrum liegt das **Hotel Nabavi**②, Bolv. Emamzade-ye Dja'afar.

■ Direkt im alten Bazar liegt ein Schmuckstück, das **Hotel Malek ol-Tojjar**③, ein ehemaliges qadjarisches Herrenhaus, das zum Hotel umgebaut wurde. Aufwendig renoviert, erstreckt es sich in einem alten Viertel in der Nähe des Bazars um einen Innenhof. Es hat allerdings nur 14 Zimmer, deshalb möglichst im Voraus reservieren. Kh. Qiyam / Panjeh Ali Bazar, Tel. 6265455.

■ Auf der gegenüberliegenden Seite der Kh. Qiyam liegt das wegen seiner vorbildlichen Renovierung mit einem Preis der UNESCO ausgezeichnete traditionelle **Hotel Mehr**③ (Zugang vom Bazar-e Khan und der Gasse Lab-e Khandagh oder über die große Bazarkuppel links von der Freitagsmoschee). Sorgsam im Yazder Stil renovierte Zimmer und das stimmungsvolle Restaurant im Innenhof kann man hier genießen. Tel. 6227400, www.mehrhotel.ir.

■ Unweit der Freitagsmoschee findet sich das **Hotel Silk Road**② – die Umgebung könnte „klassischer" nicht sein. Das Haus liegt in der Kuche-ye Tale' Khakestari (eine Gasse vor dem Grabmal Seyyed Rokn al-Din), Tel. 6252730, www.silkroadhotel.ir. Das junge und hilfsbereite Team des Hotels organisiert Ausflüge in Yazd und Umgebung, insbesondere auch nach Kharanaq, wo die gleiche Crew kürzlich ein kleines Gästehaus eingerichtet hat.

■ Das **Hotel Orient**② zählt zur gleichen Kategorie wie das Silk Road, verfügt jedoch über größere Zimmer, speziell für Familien und Gruppenreisende. Es liegt auf der anderen Seite der Ku. Masdjed-e Jame' in der sechsten Gasse, direkt gegenüber vom Silk Road. Vom Restaurant auf dem Dach hat man abends einen unvergleichlichen Ausblick auf die Freitagsmoschee und die Altstadt von Yazd. Tel. 6267783.

■ Auch das **Hotel Kohan**② wurde im traditionellen Stil in einem geräumigen Privathaus rund um einen großen Innenhof erbaut. Es liegt inmitten der Gassen der Yazder Altstadt, erreichbar am einfachsten, indem man am Mausoleum Seyyed Rukn ad-Din den Platz mit einem „naql" im Zentrum überquert und in Richtung des „Zendan-e Iskandar" geht. Ca. 100 m vor diesem biegt eine Gasse nach rechts ab, die zum Hotel führt. Tel. 6212485, www.kohanhotel.ir.

■ Auch in unmittelbarer Umgebung der Ku. Zendan-e Iskandar stehen zwei traditionelle Hotels: einmal das **Fahadan Grand Hotel**③ mit eindrucksvollen Windtürmen und schönem Innenhof, Tel. 6216542; zum anderen an der Rückseite der Ku. Zendan-e Iskandar das kleine **Hotel Kurosh**② mit 18 Zimmern, ebenfalls im traditionellen Stil renoviert, Tel. 6203570, mobil 0913-1546901.

■ Das neueste Luxushotel ist das **Dad International Hotel**④. Es verfügt über 54 Zimmer, teilweise Suiten, die alle um den repräsentativen Innenhof herum angelegt sind. Sauna und Jacuzzi gehören zum Standard, wie auch ein Restaurant mit iranischer und internationaler Küche sowie ein Dachrestaurant mit malerischer Aussicht auf die Lehmbauten und die zahlreichen Windtürme der Umgebung. Tel. 6229400-7, Reservierung unter Tel. 6229444-5, www.hoteldadint.com, Kh. Dahom Farvardin unweit des Ateshkadeh.

■ Etwas preiswerter, in der reizvollen Umgebung des Meydan-e Mir Chaqmaq mitten im Stadtzentrum gelegen, ist das **Yazd Traditional Hotel**③, auch dies ein umgebautes altes Bürgerhaus mit 200-jähriger Tradition. Die 24 im klassischen Yazdi-Stil eingerichteten Zimmer gruppieren sich um zwei Innenhöfe. Die jungen Leute im Service sind alle sehr bemüht, dem Gast den Aufenthalt so angenehm wie möglich zu machen, auch Sauna und Jacuzzi sowie Restaurant und Dachcafé fehlen nicht. Tel. 6228500-9, www.yazdhotel.ir.

■ Im traditionellen Stil gehalten und relativ neu ist das **Vali Traditional Hotel**②, ebenfalls in der Nähe des Meydan-e Mir Chaqmaq. Die 19 Zimmer und Suiten brauchen den Vergleich mit den anderen Hotels dieser Klasse in Yazd nicht zu scheuen. Ein Restaurant steht zur Verfügung. Kh. Emam Khomeini, Ku. Kozargah, Tel. 6228050, www.valihotel.com.

■ Das **Hotel Laleh**③, errichtet in dem früheren Wohnhaus der Familie *Golshan,* liegt nicht direkt in der Altstadt, aber dennoch in einem klassischen alten Viertel von Yazd mit Windtürmen und Wasserspeichern in der Nähe. Der Feuertempel und das Zarathustrierviertel sind direkt um die Ecke. Bolv. Bassij, Tel. 6225048, www.yazdlalehhotel.com.

■ Billige Gasthäuser gibt es ebenfalls, z.B. das **Hotel Arya**① in der Kh. 10. Farvardin, Tel. 30411.

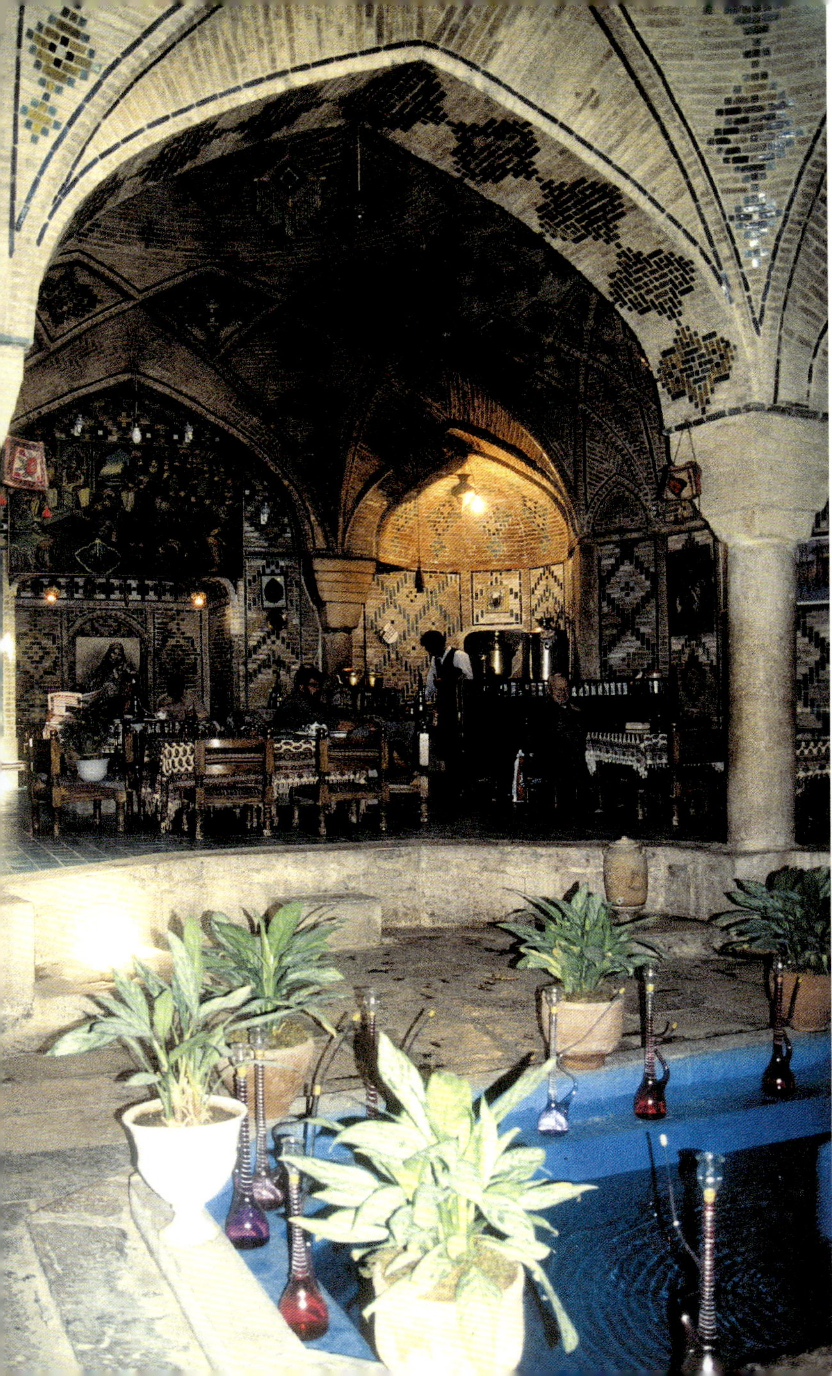

150i hn

Essen und Trinken

■ Unbedingt einen Besuch wert ist das in einem alten Badehaus eingerichtete **Hamam-e Khan.** Der frühere Ankleideraum wurde zu einem Teehaus umgewandelt, Warm- und Kaltbad hat man zu einem Restaurant mit typisch iranischer Atmosphäre umgestaltet. Die Auswahl an Gerichten außer Kebab ist groß. Khiaban-e-Qiyam Djenub, Meydan-e-Khan, Tel. 6270366.

■ Einfach, sauber und preiswert das **Restaurant Tehrani** am Bolv. Djomhuri etwas außerhalb des Zentrums, Tel. 5251743.

■ Ein sehr gutes Restaurant mit gutem Service hat das **Motel Safa'iyeh** (s.o.).

■ Traditionell persisch geht es im **Sofrekhaneh Sour** am Bolv. Emamzadeh zu, Tel. 6261394.

■ Mitten in der Altstadt, in der Gasse hinter der Tourist Information, wurde im ehemaligen Badehaus Abu Ma'li, direkt neben der gleichnamigen Moschee, das **Restaurant Mehr** eingerichtet. Die Ausstattung ist einfach, das Essen empfehlenswert. Tel. 4214544.

■ Das **Sofrekhaneh Fahadan** findet man an der Rückseite des Zendan-e Iskandar, direkt neben der Kuppel eines Wasserspeichers mit vier Windtürmen. Auch hier gibt es eine gute Auswahl traditioneller iranischer Gerichte.

Reiseagenturen

■ Bei der Agentur **Saadat Seir** am Bolv. Imamzadeh Ja'afar 21 (Tel. 6266599) gibt es neben Flugauch Bahntickets, ebenso bei der Agentur **Yazd Seir** in der Kh. Motahari (Tel. 7245116).

■ **Iranian Tour & Travels** organisiert Ausflüge in die Umgebung, vor allem Wüstentouren. Tel. 622 5751, mobil 0913-3591559, info@iraniantour.ir.

◁ Das Restaurant Hamam-e Khan in Yazd ist in einem alten Badehaus eingerichtet

Verkehrsverbindungen

■ Der **Flughafen** von Yazd liegt ca. 6 km nordwestlich des Stadtzentrums. Vom Meydan-e Komite-ye Enqelab-e Eslami führt eine neu gebaute Straße direkt dorthin. Es gibt täglich mehrere Flüge von/nach Teheran und zweimal die Woche von/nach Mashhad. Vom Flughafen fahren Taxis und Sammeltaxis in die Stadt. Das **Büro von Iran Air** ist in der Kh. Motahari 343 (Tel. 6220348, M.Mohseni@Iran-Air.com).

■ Der **Bahnhof** liegt am südwestlichen Stadtrand. Es verkehren täglich Züge in Richtung Teheran und Kerman/Bandar Abbas. Einmal wöchentlich verkehrt ein Zug auf der neu errichteten Strecke durch die Kavir-Wüste nach Mashhad. Vom Bahnhofsvorplatz führt der Bolv. Rah-e Ahan zum Meydan-e Imam Hossein. Von hier dem Bolv. Dr. Beheshti bis zum Ende folgen und am Meydan-e Markar nach links in Richtung Zentrum abbiegen.

■ Der **Busbahnhof** befindet sich in der Nähe des Meydan-e Imam Hossein unweit des Bahnhofs. Die meisten Busgesellschaften unterhalten auch Büros im südlichen Abschnitt der Kh. Imam Khomeini.

Taft

15 km südwestlich von Yazd an der Straße in Richtung Abarkuh und Shiraz liegt Taft, früher ein kleines Dorf mit zarathustrischer Bevölkerung, die aber auch hier mittlerweile in der Minderheit ist. Taft ist ein guter Ausgangspunkt für Touren zum **Shir-Kuh-Massiv,** das sich bis auf 4050 m erhebt.

Feuertempel

In einer kleinen Gasse inmitten von Granatapfelgärten liegt versteckt ein kleiner Feuertempel. Er ist völlig schmucklos, aber deshalb umso anrührender im Vergleich zu dem großen Ateshkadeh in Yazd. Von dort kommend, fährt man die Hauptstraße bergauf bis zur dritten Straßenbrücke über den meist ausgetrockneten Fluss. Die Brücke überqueren und an der ersten links abzweigenden Gasse anhalten. Von dort zu Fuß etwa 100 m gehen, dann rechts abbiegen, einen Durchgang passieren und sofort dahinter wieder rechts abbiegen. Nach etwa 40 m steht man vor dem Ateshkadeh (links). Falls abgeschlossen ist, einfach an einem der Häuser klopfen oder klingeln.

- **Hotel Shirkuh**② in Taft am Ortseingang aus Richtung Yazd, Tel. 0352-6233501.
- **Sammeltaxis** nach Taft fahren in Yazd ab dem Meydan-e Komite-ye Enqelab-e Eslami.

Meybod und Ardakan

Meybod ist eine sehr alte Stadt an der südlichen Seidenstraße und geht schon auf die Sasaniden-Zeit zurück. Ein Ausflug dorthin lässt sich als Tagesausflug unter Einschluss von Ardakan und Chakchak organisieren. Das erste, was den Blick auf sich zieht, ist die Keramikware, die in großen Mengen entlang der Straße feilgeboten wird. Die Stadt ist bekannt für ihre **Töpferware** und auch für industriell hergestellte **Fliesen**. Auf dem Weg in die Stadt passiert man einen in dieser Gegend nur selten zu findenden **Taubenturm**, wo früher Dünger für die Landwirtschaft gewonnen wurde. Auf einem Hügel inmitten der Stadt liegt die **Festung Qaleh Narin**. Die vollständig aus Lehmziegeln erbaute Zitadelle diente in früheren Jahrhunderten als Residenz eines Gouverneurs und zur Verteidigung der Stadt. Früher lag sie an der wichtigen Karawanenroute von Rey nach Kerman, und so hat sich in der Nähe eines der alten Stadttore ein „shahabbasi" genannter Komplex erhalten, bestehend aus einer Karawanserei mit vier Iwanen, einer Poststation und einem Eiskeller; das Ensemble wurde kürzlich renoviert.

An der Straße von Yazd über Tabas nach Mashhad, früher die einzige Verkehrsverbindung durch die Große Kavir, liegt der kleine Ort **Kharanaq**, wo sich zahlreiche Lehmbauten und eine, mittlerweile renovierte, Karawanserei erhalten haben. Auch eine aus Lehm erbaute Moschee zählt zu den Sehenswürdigkeiten. Die Betreiber der Hotels Silk Road und Orient in Yazd haben hier ein **kleines Gasthaus**① mit sechs Zimmern errichtet, die Atmosphäre ist freundlich und entspannt – ein idealer Aufenthaltsort, um die Seele „baumeln" zu lassen, und auch für Ausflüge in die Kavir. Telefonisch ist das Gasthaus vorerst nicht zu erreichen, Reservierung nur über das Silk Road Hotel in Yazd.

15 km nördlich von Meybod liegt **Ardakan**, ebenfalls eine alte Handelsstadt inmitten einer Oase und früher bekannt für ihr ausgeklügeltes Bewässerungssystem. Das wichtigste Bauwerk der Geburtsstadt von Präsident *Khatami* ist die Freitagsmoschee im alten Stadtzentrum.

Chakchak

Von Kharanaq führt eine für Kfz gängige Route über ca. 25 km nach Chakchak, einem für die Zarathustrier bedeutenden **Wallfahrtsort**. Von Ardakan führt eine asphaltierte Straße über gut 40 km dorthin. Der **Feuertempel** von Tang-e Chakchak liegt am Eingang einer Schlucht in einer Felshöhle. Seinen Namen hat er vom Geräusch des Wassers, das regelmäßig aus einem Fels tropft, er wird auch *Pir-e Sabz* genannt. Diese Quelle und auch ein heiliger Baum werden verehrt. In jedem Jahr anlässlich des Sommeranfangs versammeln sich hier vom 14. bis 18. Juni Tausende Gläubige zu einer Zeremonie.

Zu dem Komplex gehören in Terrassen an den Berg gebaute Unterkunftsräume. Deren Benutzung sollte man in jedem Fall mit der zarathustrischen Gemeinde in Yazd koordinieren.

In **Robat-e Posht-e Badam** teilt sich die Route: Nach Nordosten gelangt man über Tabas nach Mashhad, nach Nordwesten über Khor und Jandaq geht es nach Damghan und Semnan. Folgt man dieser nordwestlichen Route, zweigt bei dem kleinen Ort **Mahrjan** eine Straße nach Westen ab, die zu dem noch kleineren Dorf **Garmeh** führt. Hier hat der Maler *Maziar Al-e Davoud* in einem Ort, den schon die bekannten Wüstenforscher *Sven Hedin* und *Alfons Gabriel* besucht haben, sein 400 Jahre altes Elternhaus in ein kleines Gasthaus verwandelt. Er nimmt gerne Gäste auf, die den besonderen Reiz der Kavir mit ihren ausgedehnten trockenen Hochflächen und den kleinen Oasen, wie Garmeh selbst eine ist, in sich aufnehmen wollen. Das Dorf wird durch Wasser versorgt, das oberhalb der Palmenhaine aus einer Höhle im Fels austritt und über Kanäle in der Oase verteilt wird. Der kalte Winter 2007/08 mit Nachtfrösten bis -20° hat allerdings allen Palmen schwer zu schaffen gemacht; nur langsam erholen sich die Bäume und beiten keinen ganz so traurigen Anblick mehr.

Das **Gasthaus** trägt den Namen „ateshooni"; *atesh* hieß in Iran das früher übliche gemeinsame Sitzen rund um das Feuer. Reservieren kann man telefonisch unter 0324-4433356 oder 021-227 31983 in Teheran oder per Mail: maziyar @ateshooni.com. Dabei kann man wählen zwischen Hostel① und Gasthaus②. Während der großen Sommerhitze fliehen der Gastgeber und seine französischstämmige Frau *Ariane* für ein paar Monate, andere Familienmitglieder harren aber aus; es empfiehlt sich in jedem Fall, vorher zu reservieren. Das Gasthaus organisiert auch **Ausflüge** in die Salzsteppen der Umgebung oder zu den Dörfern Bayazeh, Aroosan, Chupanan oder Mesr sowie Kamelritte und andere Unternehmungen, z.B. Ausflüge in die Tabagheh-Wüste mit ihren Salzpolygonen aus Ton und Salzkristallen, gebildet durch Feuchtigkeit aus den Sümpfen unter der Oberfläche.

Mittlerweile hat man die Wahl zwischen mehreren kleinen Gasthäusern mitten in der Kavir-Wüste. In **Bayazeh**, ca. 60 km nordwestlich von Robat-e Posht-e Badam, gibt es das nette, im traditionellen Stil neu erbaute **Hotel Nobahar**② (zuletzt allerdings geschlossen). Geführt wird bzw. wurde es von drei jungen Frauen, die im Dorf wohnen. Die kleine Dattelpalmenoase ist ein typischer Wüstenort, das Wasser eines Qanats versorgt die Gärten und Palmenhaine am Rand des Dorfes. Es gibt ein kleines Imamzadeh und eine alte Lehmsiedlung, die langsam zerfällt.

Sehr reizvoll ist auch ein Abstecher zu dem kleinen Dorf **Khonj** ca. 10 km westlich von Bayazeh, das malerisch zu Füßen eines Bergzuges liegt. Oberhalb des Dorfes gedeihen üppige Granatapfelgärten, grüne Tupfer in der total trockenen Umgebung. Am Zugang zu den Gärten gibt es einen Parkplatz – ideal als Standplatz für Wohnmobile, denn auch Wasser ist ausreichend vorhanden.

Die kleine Stadt **Khor** im Zentrum der Kavir bietet die Wahl zwischen mehreren Unterkünften: Das **Hotel Bali**②, neu erbaut im Stil der Wüstenarchitektur, liegt direkt am südlichen Ortseingang aus Richtung Bayazeh. Neben einer bequemen Lobby lockt ein Restaurant, die Zimmer liegen dahinter mit freiem Blick auf die Kavir. Das Hotel bietet auch Wüstenausflüge an, insbesondere zum großen Salzsee an der Straße nach Tabas. Tel. 0324-4224572-5, www.balihotel.ir.

Daneben gibt es noch das **Gasthaus Negarin Inn**②, mitten im Ort in einem historischen Gebäude angelegt. Das Restaurant des Hauses bietet lokale Kost, und auch hier werden Touren in die Umgebung organisiert. Kh. Kashani, Tel. 0324-4225233, www.negarininn.com.

Ebenfalls lohnenswert ist ein Abstecher nach **Anarak** im Herzen äußerst ergiebiger Mineralvorkommen, die in der Umgebung der Stadt abgebaut werden. Anarak ist ein ruhiges Städtchen mit einem kleinen Heimatkundemuseum in der Ortsmitte und einem originellen Gasthaus (Tel. 0912-2983575). Eine alte Karawanserei wurde hier zu einer einfachen, aber stilvollen Unterkunft umgebaut. Die Zimmer sind um den geräumigen Innenhof herum angelegt, man schläft auf Matratzen auf dem Boden, die Duschen und Bäder sind Gemeinschaftsanlagen, sauber und zweckmäßig.

Ca. 50 km nördlich der Stadt Khor liegt inmitten der Kavir-Wüste das Örtchen **Mesr**, bei städtischen Iranern sehr beliebt für Wochenendausflüge und Wüstenexkursionen, die man hier auch mit Kamelen unternehmen kann. Herr *Tabatabai* hält einfache Unterkünfte bereit (Tel. 0913-3234188).

Eine ungewöhnliche Unterkunft ist die **Karawanserei Zein od-Din**③, etwa 25 km südöstlich von Mehriz unweit der Hauptstraße Yazd – Rafsanjan gelegen (Tel. 0351-8231886). Die nach ihrem Stifter, *Zein od-Din Ganjalikhan Rig,* benannte Anlage aus der Safavidenzeit ist vor einigen Jahren zu einem Hotel umgebaut worden. Nach dem Eintritt durch das große Holztor gelangt man in einen „hashti", einen umlaufenden Korridor in Form eines Achtecks, von dem durch Vorhänge links und rechts die Unterkünfte abgeteilt wurden. Eine geräumige Halle kann für Festlichkeiten benutzt werden. Die beschauliche Ruhe von Garmeh oder Kharanaq wird man hier in der Nähe der viel befahrenen Straße vielleicht vermissen, dafür ist die Einrichtung mit Teppichen, Kissen und Vorhängen zum Abteilen der Räume dem klassischen Vorbild nachempfunden. Hier bekommt man auch eine zünftige Verpflegung mit frisch gebackenem Brot. Auch in dieser Karawanserei werden Ausflüge organisiert, z.B. zu einer heißen Quelle in der Umgebung.

Abarkuh

An der Straße von Yazd nach Shiraz liegt die alte Stadt Abarkuh, früher eine wichtige Karawanenstation in einer wüstenhaften Region. Etliche, leider verfallende Karawansereien sind in der Umgebung der Stadt noch zu sehen. Hauptattraktion des Ortes ist jedoch eine **riesige Zypresse** mit weit ausladenden Stamm. Sie lädt ein zum Verweilen in ihrem Schatten oder auch zu einem Picknick auf dem Rasen – allerdings hat ein „Verschönerungsversuch" der Stadtverwaltung zum genauen Gegenteil geführt: Der Rasen wurde durch eine halbfertige Mauer um die Hälfte verkleinert, und Wasser aus einem Kanla sammelt sich um den alten Baum. Von der Kh. Beheshti führt die Ku. Sarv nach Südosten, an deren Ende sich der kleine Park mit der Zypresse befindet. Von dort sieht man auf einem Hügel außerhalb der Stadt den **Gonbad-e Ali,** einen Grabbau aus dem 11. Jh. Seine bis zu 2 m dicken, aus Bruchsteinen errichteten Mauern ragen bis 22 m hoch auf, unterhalb der Kuppel verläuft ein schönes Schriftband mit Kufi-Schrift, darüber sorgfältig gemauerte moqarnas-Nischen.

Im Zentrum von Abarkuh liegt nördlich des Meydan-e Imam Hossein die alte **Freitagsmoschee** der Stadt, die auf das 11. Jh. zurückgeht. Die typische Vier-Iwan-Anlage weist noch Reste eines schönen Stuckmehrabs auf.

Von dem Platz, an dem die Moschee liegt, führt die Kh. Bahonar nach Süden. Folgt man ihr und biegt dann in die erste Gasse hinter der Aqa-Moschee nach rechts ab, gelangt man zum **Ethnologischen Museum** von Abarkuh, eingerichtet in einem sorgfältig renovierten Herrenhaus (Khaneh Solat, Tel. 0352-682 3709). Zu sehen sind Exponate des Alltagslebens aus Abarkuh und Umgebung.

Unterkunft

■ Auch ein **Hotel** hat die Stadt zu bieten, das **Pooya**② an der Stadtausfahrt in Richtung Shiraz ca. 400 m schräg gegenüber einem kürzlich renovierten Eiskeller mit einer mächtigen Lehmkuppel. Tel. 0352-6821030, mobil 0911-3535224.

Fahraj

Etwa 30 km südöstlich von Yazd liegt an der Straße nach Bafq die Ortschaft Fahraj, wo sich eine der ältesten Moscheen von ganz Iran erhalten hat. Sie ist nach arabischem Bauplan, vermutlich etwas früher als die Freitagsmoschee von Na'in, im 9. Jh. erbaut worden. Der schlichte Bau hat nicht wie sonst üblich einen Iwan als Zugang zum Gebetssaal, sondern eine **fünfschiffige Gebetshalle** mit einem Mehrab im Zentrum. Die anderen drei Seiten des Hofs werden von doppelstöckigen Arkaden eingefasst. An einigen Stellen der Fassade haben sich Stuckarbeiten nach sasanidischem Vorbild erhalten. An der Südwestseite erhebt sich ein nach oben schlanker werdendes Ziegelminarett. Auch Reste einer alten Festung stehen hier noch. Von Fahraj kann man gut Ausflüge in die Kavir, Kameltouren und Wanderungen unternehmen. Dabei hilft die Fravahar Ökotour-Gruppe im **Farvardin Inn**② gegenüber der Festung, Tel. 0351-8387712, www.fardesertinn.com.

Shiraz | 318

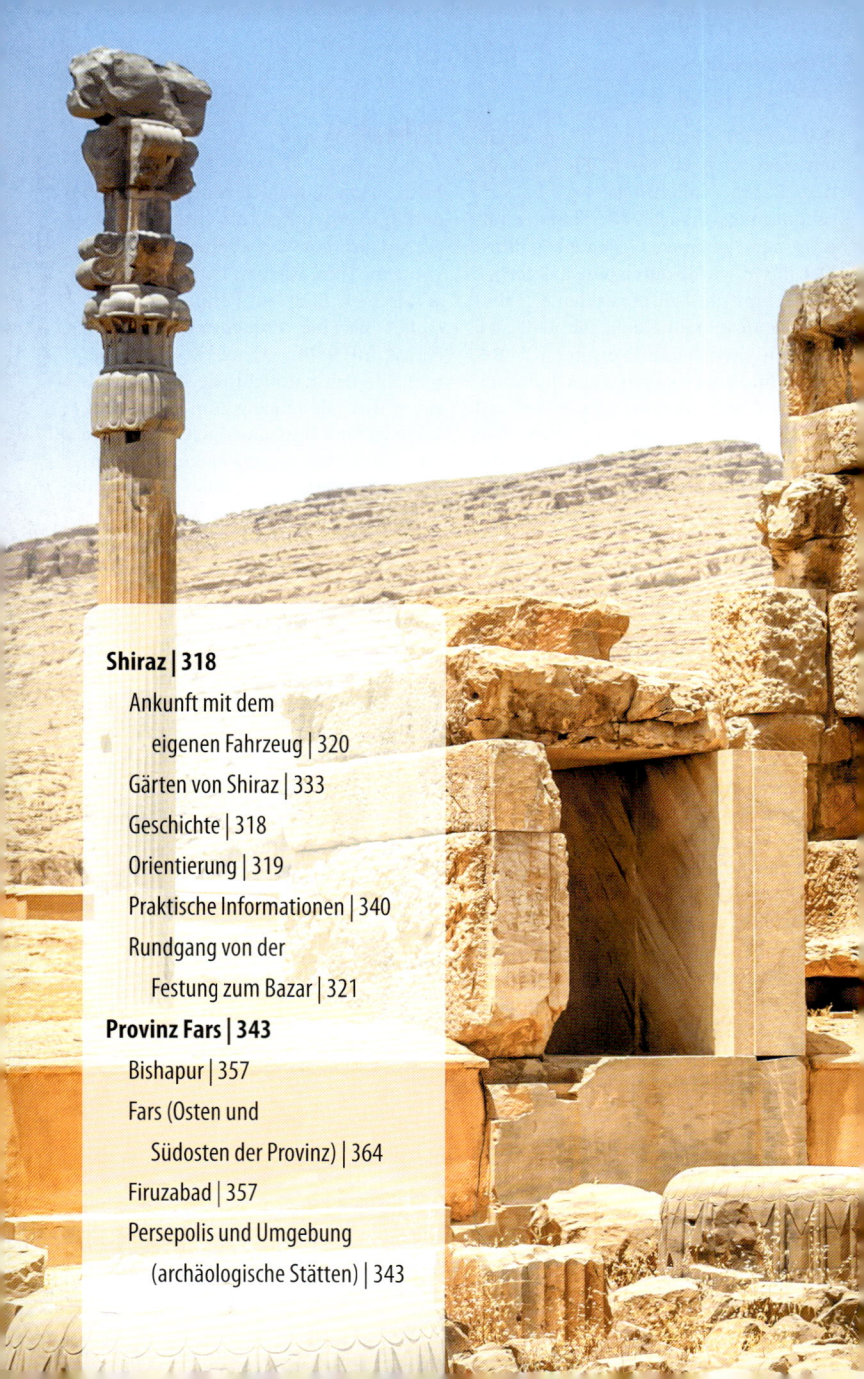

Ankunft mit dem
  eigenen Fahrzeug | 320
Gärten von Shiraz | 333
Geschichte | 318
Orientierung | 319
Praktische Informationen | 340
Rundgang von der
  Festung zum Bazar | 321

Provinz Fars | 343

Bishapur | 357
Fars (Osten und
  Südosten der Provinz) | 364
Firuzabad | 357
Persepolis und Umgebung
  (archäologische Stätten) | 343

6 Shiraz und Provinz Fars

Die berühmten Gärten von Shiraz – man muss sie gesehen haben! Und Freunde der Poesie werden es nicht versäumen, die Gräber der beiden „Nationaldichter" Irans, Hafis und Sa'di, zu besuchen. Die archäologischen Stätten von Persepolis und Umgebung ziehen auch weniger geschichtlich Interessierte in ihren Bann. Im Osten der Provinz lässt die Besiedlung immer mehr nach, nicht weit von den Dörfern macht sich die Wüste breit.

◁ Die Ruinen von Persepolis

Shiraz und Provinz Fars

ÜBERBLICK

Als „Stadt der Blumen und der Nachtigallen", Shahr-e gol o bolbol, ist Shiraz in Iran bekannt. Direkt am Fuße der Berge gelegen, verfügte Shiraz schon im Mittelalter über ein gut ausgebautes Netz von Qanaten (unterirdische Wasserkanäle). Einige davon sind noch heute in Betrieb und speisen eine ganze Anzahl gepflegter Gärten. Neben dem bekannten Baq-e Eram lohnen der Baq-e Delgosha und der Garten von Afifabad einen Besuch.

Shiraz gilt aber auch als Stadt der Poesie. Zwei der berühmtesten klassischen

Überblick

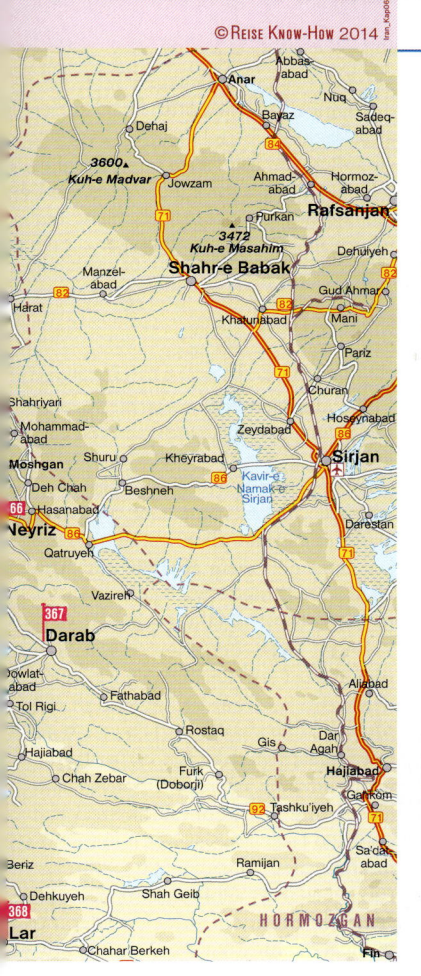

Die Provinz Fars und besonders die Umgebung von Shiraz ist eine der geschichtsträchtigsten Regionen Irans. Dementsprechend viel gibt es zu sehen, insbesondere Bauten aus der Achämeniden- und Sasaniden-Zeit. Von Shiraz aus lassen sich die wichtigsten Bauten dieser Epochen jeweils in Tagesausflügen besichtigen.

Dichter Irans wurden hier geboren: Sa'di und Hafis. Sie leben noch heute im Herzen der Shirazis fort, ihre Gräber sind beliebte Ausflugsziele.

Shiraz ist eine moderne Großstadt mit breiten Boulevards, einem regen Geschäftsleben und einer bekannten Universität. Die Bewohner gelten als besonders gastfreundlich und aufgeschlossen.

NICHT VERPASSEN!

- **Shiraz:** die Stadt der Gärten und der großen Dichter Hafis und Sa'di | 318
- **Persepolis:** der Glanz der Achämeniden | 344
- **Pasargad:** der Gründer eines Weltreichs – am Grab von Kyros dem Großen | 355
- **Bazm:** das Dorfgasthaus von Abbas Barzegar | 357
- **Bishapur:** wo römische Kriegsgefangene mit anpacken mussten | 357

Diese Tipps erkennt man an der gelben Hinterlegung.

Shiraz

Shiraz liegt etwa **1540 m hoch.** Diese Höhenlage macht auch Sommertemperaturen von 40 Grad und mehr erträglich, im Frühjahr und Herbst kann es abends durchaus kühl werden.

Die **Hauptstadt der Provinz Fars** zählt zu den größten und **sehenswertesten Städten Irans** und hat ca. 1,5 Mio. Einwohner. Nicht nur die im ganzen Land verbreitete Landflucht hat zu einem starken Anwachsen der Bevölkerung geführt, sondern vor allem der Zuzug von Flüchtlingen während des Krieges gegen den Irak. Heute sind viele der ehemaligen Einwohner von Khorramabad, Abadan oder Bushehr in Shiraz heimisch geworden.

Vor allem in der Umgebung der Stadt gibt es ausgedehnte **Weingärten,** der Wein von Shiraz war früher im ganzen Land bekannt. Seit der Revolution ist die Herstellung von Wein verboten. Mittlerweile wird die Shiraztraube vor allem in Australien und Südafrika, aber auch in Südfrankreich gezogen. Zumindest in Europa also kann der gute Tropfen genossen werden.

Die Stadt beherbergt eine größere jüdische Gemeinschaft, die schon seit Jahrhunderten hier ansässig ist. Mitte des 19. Jh. entwickelte sich in Shiraz die religiöse Bewegung der **Baha'i** (siehe „Land und Leute: Religionen"), von denen es in der Stadt ebenfalls eine Gemeinde gibt. Seit der Islamischen Revolution allerdings haben die Baha'i ein schweres Los zu tragen. Sie genießen nicht den Status einer anerkannten Religionsgemeinschaft wie Christen oder Juden, sondern werden offiziell als Ketzer angesehen. Viele sind deshalb nach 1979 emigriert, vor allem nach Europa und in die USA. Diejenigen, die geblieben sind, können ihre religiösen Gebräuche nur im privaten Bereich ausüben.

Geschichte

Schon von alters her müssen die Lebensbedingungen und besonders die Wasserversorgung in den Hochebenen von Fars günstiger gewesen sein als in anderen Gebieten Irans. Archäologische Forschungen in der Umgebung von Marv Dasht (40 km nördlich von Shiraz) haben allein dort **mehr als 1000 prähistorische Siedlungen** nachgewiesen. Bereits von den Elamern wissen wir, dass sich ihre Herrscher „Könige von Susa und Anshan" nannten. Die Stadt Anshan wird heute mit dem Siedlungshügel Tell Malyan ca. 60 km nordöstlich von Marv Dasht identifiziert. In den 1970er Jahren wurde dort von amerikanischen Archäologen ein großes, umwalltes Areal von etwa 400 Hektar ausgegraben mit Keramikfunden, die bis ca. 5000 v. Chr. zurückgehen. Hier am Rande der Einflusssphäre Elams ließen sich einige der iranischen Stämme um das 9. vorchristliche Jahrhundert nieder.

Keilschriftfunde aus Persepolis lassen vermuten, dass es schon zu Zeiten der Achämeniden (559–330 v. Chr.) in Shiraz eine wichtige Ansiedlung gab. In der Sasaniden-Epoche (224–642 n. Chr.) galt **Istakhr** in der Nähe von Persepolis als wichtigste Stadt in Fars, doch aufgrund seiner verkehrsgünstigen Lage nahm Shiraz nach und nach dessen Platz ein. Hier sammelten sich die Truppen der Muslime vor dem Angriff auf Istakhr (644), und spätestens seit 684 ist die Stadtgründung historisch nachweisbar.

Im 9. Jh. herrschten in Südostiran die **Saffariden** (867–1495) faktisch unabhängig von den Abbasiden-Kalifen. Einer ihrer Sultane, *Amr Ibn Laith* (879–901), ließ um 875 in Shiraz eine Freitagsmoschee errichten, als Zeichen für die Bedeutung der Stadt in jener Zeit. Die Bujiden (932–1062) erwählten sie zu ihrer Hauptstadt und ihr Herrscher *Azud ed Dowleh* (949–983) ließ neben Palästen und Moscheen auch eine Stadtmauer mit elf Toren erbauen. Schon früh galt Shiraz auch als Stadt der Künste: Es gab eine berühmte Bibliothek und *Sa'di* und *Hafis* begründeten ihren Ruf als „Dichterhauptstadt" Irans.

Im Gegensatz zu vielen anderen iranischen Städten hatte Shiraz unter den Mongoleneinfällen im 13. Jh. wenig zu leiden. Während der Zeit der **Mozaffariden** (1314–93), einer Nachfolgedynastie der Mongolen, wurde die Masdjed-e Now („Neue Moschee") erbaut, heute eines der ältesten erhaltenen Bauwerke. Auch *Timur*, der mongolische Eroberer, soll 1387 die Stadt wegen seiner Verehrung für Hafis verschont haben.

Zur Zeit der **Safaviden** (1501–1722) erlangte Shiraz neue Bedeutung aufgrund seiner Lage an der Straße von der Hauptstadt Isfahan zum neugegründeten Hafen Bandar Abbas am Persischen Golf. *Carsten Niebuhr*, dem wir die ersten wissenschaftlichen Kopien von Keilschriften aus Persepolis verdanken, hielt sich 1768 einige Wochen hier auf.

1729 plünderten die Afghanen die Stadt, und *Nadir Shah* belagerte sie 1744 viereinhalb Monate lang. Nach dessen Tod gelangte Shiraz zu neuer Blüte: *Karim Khan Zand,* Gründer einer kurzlebigen Dynastie (1750–94), machte es zur **iranischen Hauptstadt** und ließ die Stadt großzügig mit neuen Bauten ausstatten. Dies wird ihm noch heute gedankt: Die große Avenue im Herzen der Stadt trägt seinen Namen, ebenso die alte Festung, der Bazar, die an seinem Rande gelegene große Moschee und das dazugehörige Badehaus. 1999 wurde ein großes Standbild von Karim Khan zwischen Festung und Bolvar-e Karim Khan Zand errichtet.

Die **Qadjaren** verlegten mit ihrem Machtantritt 1791 die Hauptstadt nach Teheran. Trotzdem behielt Shiraz seinen Ruf als eine der führenden Städte Irans. Seitdem sich zu Beginn des 20. Jh. durch die Erdölfunde in Khuzestan die Bedeutung der Häfen von Abadan und dem neu gegründeten Khorramshahr erhöhte, wurde Shiraz unwichtiger. Die unter *Reza Shah* gebaute Transiranische Eisenbahn berührte die Stadt ursprünglich nicht. Erst seit 2011 gibt es eine Bahnverbindung nach Isfahan, auf der mehrmals in der Woche Züge verkehren.

Die wechselvolle Geschichte der Stadt prägt auch ihr heutiges, weitgehend modernes Gesicht. Das bis zum Beginn des 20. Jh. vorherrschende Gewirr von engen Gassen findet sich heute nur noch in der Gegend um den Bazar zwischen dem Bolvar-e Karim Khan Zand und dem Mausoleum von *Shah Cheraq*.

Orientierung

Die Stadt wird durch den **Rudkhaneh-ye Khoshk** („Trockener Fluss") in einen nördlichen und einen südlichen Teil getrennt. Der Fluss trägt seinen Namen durchaus zu Recht; zumeist ist er wirklich trocken oder gleicht einem schmalen Rinnsaal. Das Zentrum von Shiraz wird begrenzt durch: Bolvar-e Karim Khan Zand im Norden, Bolvar-e Sibuyeh/Khiaban-e Moshir im Süden, Khiaban-e Molla Sadr im Westen und Khiaban-e Zeynabiyeh im Osten. Innerhalb dieses Bereichs befinden sich die meisten Sehenswürdigkeiten und auch Unterkünfte für Touristen.

Die Hauptstraße von Shiraz ist der **Bolvar-e Karim Khan Zand,** eine breite, vierspurige Avenue mit von Palmen gesäumtem Mittelstreifen, die in West-Ost-Richtung verläuft. Zu beiden Seiten, vor allem im westlichen Teil ab dem Haupteingang zum Bazar-e Vakil, finden sich viele Geschäfte.

In der Stadt fahren Linienbusse, ihr jeweiliges Fahrtziel ist aber schwer festzustellen, weil nur arabisch geschrieben. Die Fortbewegung per Taxi ist einfacher und billiger als in Teheran: Fahrten vom Stadtzentrum zu den wichtigen Sehenswürdigkeiten kosten mit dem **Sammeltaxi** nicht mehr als ca. 1000 Tuman.

Ankunft mit dem eigenen Fahrzeug

Autoreisende **aus Richtung Süden** (Ahvaz, Bushehr) erreichen Shiraz auf dem Bolv. Amir Kabir. Am Meydan-e Amir Kabir links abbiegen und auf der Enqelab-e Eslami bis zum Meydan-e Enqelab, dann auf dem Bolv. Karim Khan Zand in die Innenstadt fahren.

Aus Richtung Ardekan/Yasuj erreicht man Shiraz im Nordwesten auf der Kh. Qasr od-Dasht. Dieser bis zur Kreuzung Enqelab-e Eslami folgen und links abbiegen (weiter s.o.).

Aus Richtung Norden (Yazd/Isfahan) erreicht man die Stadt beim Koran-Tor. Auf der Kh. Hafez in Richtung Süden fahren und den Fluss überqueren. Danach rechts in die Kh. Ferdowsi einbiegen und bei der nächsten Kreuzung links in die Kh. Heijrat abbiegen. Diese führt direkt zum Meydan-e Shohada neben der alten Stadtfestung.

Aus Richtung Osten (Kerman, Lar, Bandar Abbas) erreicht man Shiraz auf der Kh. Modarres. Wo diese an ihrem Ende auf den Meydan-e Vali Asr stößt, weiter auf der Kh. Takhti und der Kh. Ferdowsi bis zur Kreuzung Kh. Heijrat fahren. Dort links abbiegen (s.o.).

Rundgang von der Festung zum Bazar

Stadtfestung

Gut zu Fuß besichtigen lassen sich die Sehenswürdigkeiten im Stadtzentrum. Als Ausgangspunkt eignet sich die am Anfang der Fußgängerzone gelegene **Tourist Information** gegenüber der alten Stadtfestung aus der Zand-Zeit, **Arg-e Karim Khan,** direkt an der Kreuzung Bolvar-e Karim Khan Zand / Falakeh-ye Shohada gelegen (Eintritt 5000 Tuman). Die Festung diente ursprünglich als Residenz des Herrschers. Der wuchtige Ziegelbau ist an den vier Ecken mit mächtigen, halbrunden Basteien verstärkt. Diejenige an der Südostecke erinnert ein wenig an den Turm von Pisa. Dort ist der Untergrund abgesackt; möglicherweise auch wegen der in der gesamten Provinz häufigen Erdbeben hat er eine starke Schieflage. Die Fundamente sind erst in jüngster Zeit wieder befestigt worden. An der Südostseite des Platzes vor dem Eingang zur Festung ist auch das kürzlich zu Ehren von Karim Khan Zand errichtete Standbild zu sehen. Die wehrhafte Außenfassade wird nur aufgelockert durch schönen Ziegelversatz an den Ecktürmen und durch ein Fliesenfeld über dem Haupteingang an der Ostseite. Es zeigt *Rostam,* den Helden des „Shahnameh".

Das Innere der Anlage, die in späterer Zeit als Gefängnis und noch bis in die 1960er Jahre als Polizeipräsidium genutzt wurde, machte bis vor kurzem einen ziemlich heruntergekommenen Eindruck. Mittlerweile ist man daran gegangen, das Wasserbecken und die Bepflanzungen mit Zitrusbäumen wieder herzurichten. Die Wohngeschosse an den vier Seiten sind zweistöckig ausgeführt. In der Achse des Haupteingangs befindet sich diesem gegenüber eine offene, von Säulen gestützte Halle. Kreuzförmig dazu sind zwei weitere Hallen in Form von Iwanen angeordnet. Seit einiger Zeit ist auch das **Badehaus** des *Karim Khan* in der Südwestecke der Festung wieder renoviert und zur Besichtigung freigegeben. Geöffnet täglich 8 bis 19 Uhr im Sommer, im Winter bis 17 Uhr, Eintritt 15.000 Tuman.

Arg-e Karim Khan, die Stadtfestung von Shiraz

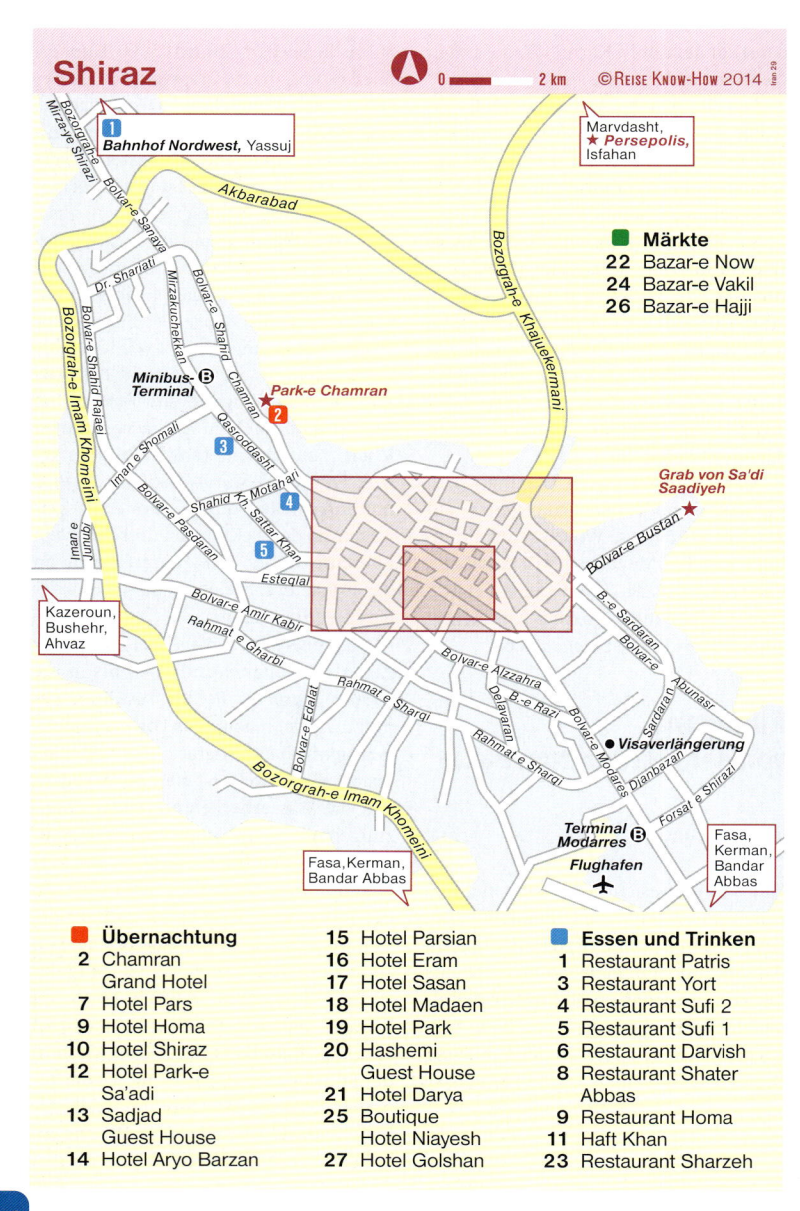

Shiraz

Shiraz — 0 — 2 km © Reise Know-How 2014

Bahnhof Nordwest, Yassuj

Marvdasht, ★ *Persepolis*, Isfahan

Akbarabad
Bozgrahe Shiraz
Mirzaye Shiraz
Bolvar-e Saraya
Dr. Shariati
Mirzakuchekkan
Bolvar-e Shahid Chamran
Bozograhe Khalilekermani

Minibus-Terminal

Park-e Chamran
2
3
Qasroddashti
Iman-e Shomali
Bolvar-e Pasdaran
Shahid Kh. Saffar Khan
4
5
Esteqlal

Bozograhe Imam Khomeini

Kazeroun, Bushehr, Ahvaz

Bolvar-e Amir Kabir
Rahmat e Gharbi
Rahmat e Shargi
Bolvar-e Alzzahra
B-e Razi
Delavaran
Rahmat e Shargi
Bolvar-e Modares

Bolvar-e Bustan
B-e Sardaran
Bolvar-e Abunasr
Sardaran

Grab von Sa'di Saadiyeh ★

● Visaverlängerung

Dianbazan
Forsat e Shirazi

Bolvar-e Edalat
Bozorgrah-e Imam Khomeini

Terminal Modarres
Flughafen ✈

Fasa, Kerman, Bandar Abbas

Fasa, Kerman, Bandar Abbas

🟩 Märkte
- 22 Bazar-e Now
- 24 Bazar-e Vakil
- 26 Bazar-e Hajji

🟧 Übernachtung
- 2 Chamran Grand Hotel
- 7 Hotel Pars
- 9 Hotel Homa
- 10 Hotel Shiraz
- 12 Hotel Park-e Sa'adi
- 13 Sadjad Guest House
- 14 Hotel Aryo Barzan
- 15 Hotel Parsian
- 16 Hotel Eram
- 17 Hotel Sasan
- 18 Hotel Madaen
- 19 Hotel Park
- 20 Hashemi Guest House
- 21 Hotel Darya
- 25 Boutique Hotel Niayesh
- 27 Hotel Golshan

🟦 Essen und Trinken
- 1 Restaurant Patris
- 3 Restaurant Yort
- 4 Restaurant Sufi 2
- 5 Restaurant Sufi 1
- 6 Restaurant Darvish
- 8 Restaurant Shater Abbas
- 9 Restaurant Homa
- 11 Haft Khan
- 23 Restaurant Sharzeh

☐ Übersichtskarte S. 316　　　　　　　　　　　　　　　　　　**Shiraz**　323

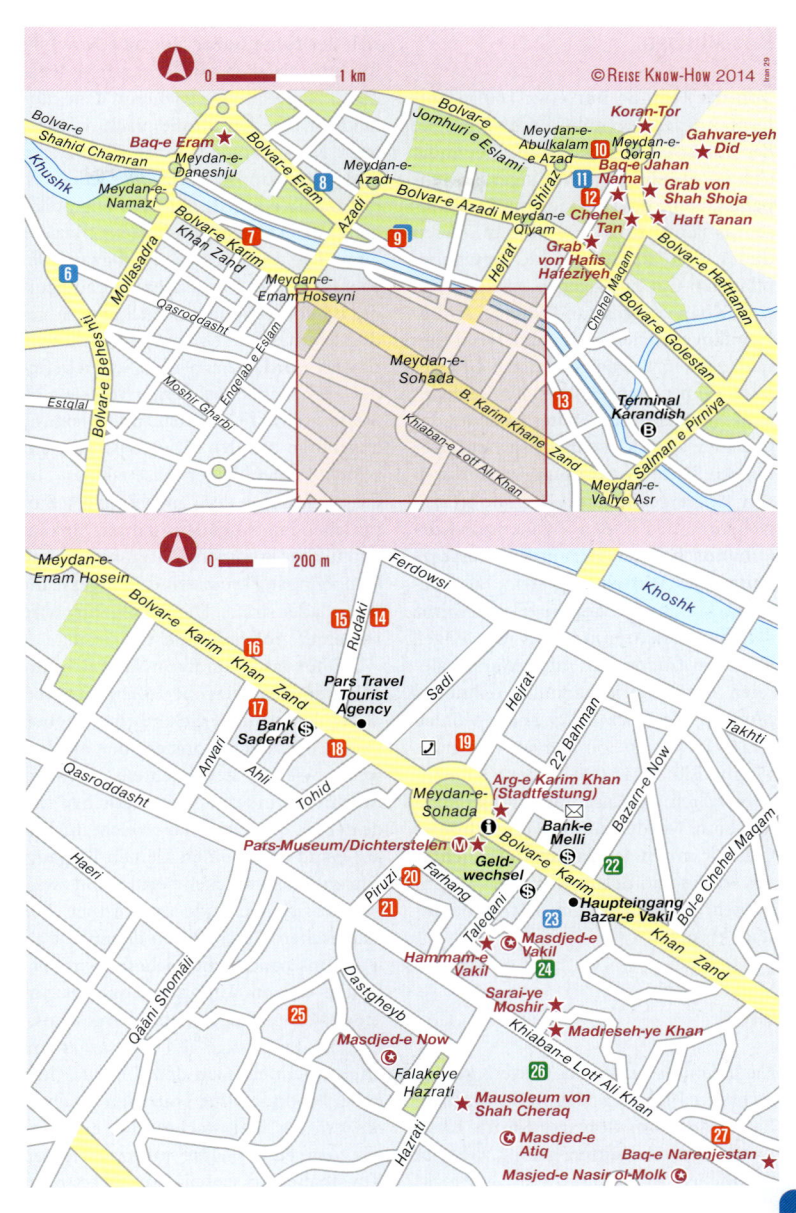

Shiraz und Provinz Fars

Pars-Museum

Von der Festung nur etwa 100 m entfernt auf der gegenüberliegenden Seite des Bolvar-e Karim Khan Zand befindet sich ein anmutiger, achteckiger **Gartenpalast**, heute das Gebäude des Pars-Museums (Eintritt ca. 400 Tuman). Auch dieser Bau, inmitten eines üppig bepflanzten Gartens gelegen, geht auf Karim Khan zurück und diente früher Empfängen. Hier wurde der Herrscher nach seinem Tod beigesetzt, das Grab jedoch vom Qadjarenherrscher *Mohammad Agha* entfernt. Später hat man das Gebäude zum Museum ausgebaut. Der überkuppelte Innenraum wird durch vier Iwane gegliedert. Hier und in den Nebenräumen sind in Vitrinen alte **Koranhandschriften, Keramik, Bronzearbeiten** und **Waffen** ausgestellt. Die Fliesenverkleidungen zeigen die in Shiraz beliebten Pflanzenmotive sowie Vögel. Daneben finden sich auch Wandmalereien mit historischen und religiösen Motiven. Geöffnet täglich außer Montag von 9–18 Uhr im Sommer, im Winter bis 17 Uhr, Eintritt 15.000 Tuman.

Nördlich im Anschluss an das Pars-Museum wurde kürzlich ein erhöhtes Gelände mit **Stelen zahlreicher Dichter** aus Shiraz und der Provinz Fars errichtet, sehr passend für die „Dichterhauptstadt" Irans.

Bazar

Nach dem Verlassen des Gartens geht es rechts in Richtung Haupteingang zum Bazar, der vom Bolvar-e Karim Khan Zand in zwei Hälften geteilt wird. In nördlicher Richtung (links) erstreckt sich der **Neue Bazar (Bazar-e Now)** bis hin zum Falakeh-ye Darvazeh-ye Esfahan (nicht zu verwechseln mit dem alten Stadttor an der Straße nach Isfahan, auch Koran-Tor genannt). Klassischer und architektonisch reizvoller jedoch ist der **Bazar-e Vakil,** mit dem Haupteingang direkt gegenüber dem Bazar-e Now. Die Hauptgasse des Bazars, der ebenfalls unter Karim Khan erbaut wurde, ist von schönen Ziegelkuppeln gedeckt, von denen einige erst kürzlich renoviert wurden. Zu beiden Seiten befinden sich Läden, in denen vorwiegend Stoffe, Gewürze, Teppiche und Kleidung angeboten werden. Die teilweise sehr bunten Frauenkleider weisen darauf hin, dass viele der in der Umgebung von Shiraz lebenden Nomaden zu ihren Einkäufen hierher kommen. Gleich hinter dem Haupteingang kreuzt eine Quergasse die Hauptladenstraße. Diese Kreuzung wird von einer großen Kuppel überwölbt.

Früher gab es im Bazar zahlreiche architektonisch reizvolle Innenhöfe, von denen leider nicht viele übriggeblieben sind. Einer der schönsten, der mittlerweile wieder hergerichtete **Sarai-ye Moshir,** befindet sich am südlichen Ende der Hauptgasse. Man erreicht ihn linker Hand durch einen kleinen Eingang. Um ein Wasserbecken herum sind zweigeschossige Gebäude angeordnet. Die zahlreichen Geschäfte, in denen vor allem Kunsthandwerk angeboten wird, befinden sich im Untergeschoss. Dazwischen führen Treppen ins Obergeschoss. Dies ist der einzige Teil des Bazars von Shiraz, bei dem man den Eindruck hat, er sei besonders für Touristen geschaffen. An der Südostseite führt ein Ausgang zu einer Gasse mit zahlreichen Kunsthandwerksgeschäften. Sie erstreckt sich zu beiden Seiten einer überkuppelten Bazarkreuzung, an deren Ostseite sich der Eingang zu einem jüngst eröffneten traditionellen Teehaus mit Restaurant befindet (Sarai-ye Mehr).

Vakil-Moschee

Das eindrucksvollste Bauwerk, die **Masdjed-e Vakil**, liegt östlich der Hauptgasse des Bazar-e Vakil (Eintritt 10.000 Tuman). Man erreicht die Moschee entweder vom Bolvar-e Karim Khan Zand, indem man rechts in die Gasse vor dem Haupteingang des Bazars einbiegt, oder von der Hauptgasse, indem man an der zweiten Kreuzung rechts abbiegt. Die Vakil-Moschee wurde zur selben Zeit (1772) errichtet wie der Bazar und später renoviert (Bauinschrift am Portal: „1243 Hedschra" = 1825/26).

Persische Moscheen ab dem 11. Jh. erkennt man in der Regel von außen an dem überkuppelten Gebetsraum. Nicht so die Vakil-Moschee, sie ist nur an ihrem mit Fliesen und einem Eingangs-Iwan hervorgehobenen Portal und den zwei minarettartigen Aufbauten (Goldasteh) über dem Nordiwan zu erkennen, denn ihre Gesamtanlage folgt dem Vorbild der **arabischen Hofmoschee**. Um einen rechteckigen Innenhof mit Wasserbecken sind zwei Iwane angeordnet. Der südliche von beiden führt zum Gebetssaal, der, wie bei Moscheen nach arabischem Typus üblich, durch Säulenreihen gegliedert wird. Das spiralförmige Dekor der Säulen läuft am oberen Ende in Kapitellen mit Akanthusblättern aus. Die Säulen tragen flache Kuppeln, die nur im zur Gebetsnische führenden Mittelgang Fliesen mit geometrischen Motiven tragen. Der Gebetsraum vermittelt mit seinen fünf Reihen zu jeweils 48 Säulen den Eindruck eines Säulenwaldes und führt zur Gebetsnische (Mehrab), die ebenfalls durch Fliesenschmuck hervorgehoben ist und deren obere Wölbung mit Moqarnas-Nischen dekoriert ist. Rechts davon liegt die ebenfalls mit Fliesen verzierte Nische für die Gebetskanzel (Minbar), zu der eine prachtvoll aus einem Stück gearbeitete Marmortreppe hinaufführt.

Bei der **Fliesenverkleidung** überwiegen Motive mit Blumen, Ranken und Vögeln, die nicht stilisiert, sondern sehr naturalistisch abgebildet sind. Im Unterschied zu den klassischen Farben der Safaviden-Zeit treten bei ihnen erstmals Rosa und Gelb stark in den Vordergrund.

Hamam-e Vakil

Wie oft in der unmittelbaren Umgebung von Moscheen wurde auch hier ein **Badehaus** errichtet. Das von *Karim Khan* erbaute Hamam-e Vakil wurde vor einigen Jahren gründlich renoviert. Man erreicht es nach dem Verlassen der Moschee links nach etwa 50 m. Neben dem mit Fliesen und Ziegeln verzierten Haupteingang ist besonders der mit einem großen Wasserbecken ausgestattete Umkleideraum sehenswert. Seine Kuppel ruht auf trapezförmigen Pfeilern, darunter verlaufen Arkaden. Das Kuppelinnere schmücken Wandmalereien in grünlichen Farbtönen auf weißem Grund. Neben abstrakten Motiven sind figürliche Darstellungen zu erkennen.

Im Hamam-e Vakil ist ein kleines **Museum** mit Teppichen aus Fars eingerichtet worden. Geöffnet von 9 Uhr bis mittags und von 16 bis 19 Uhr, Eintritt 10.000 Tuman.

Madreseh-ye Khan

Zur Fortsetzung des Rundgangs bietet sich der Weg durch den Bazar an: am Ende der Hauptgasse kurz links (gegenüber dem Durchgang zum Sarai-ye Moshir) und dann gleich wieder rechts halten. Die Bazargasse mündet auf die Khiaban-e Lotf Ali Khan, eine Parallelstraße des Bolvar-e Karim Khan Zand. An der Kh. Lotf Ali Khan geht es nach links, bis man nach etwa 150 m auf eine Gasse stößt. Hier befindet sich eine der alten Medresen (Koranschulen) von Shiraz, die Madreseh-ye Khan, in der noch heute unterrichtet wird. Den Eingang erreicht man über die schon genannte Gasse durch ein mit Fliesen geschmücktes und oben von einem Iwan abgeschlossenes Portal. Die Fliesen wurden im 19. Jh. während der Regierungszeit von *Nassreddin Shah* (1848–96) renoviert. Wenn die Tür nicht offen ist, ruhig klopfen, der freundliche Wärter lässt Touristen gern ein, und auch die Religionsschüler haben nichts gegen Besuch.

Der Bau der Madreseh wurde von dem berühmten Feldherrn von Abbas, dem Gouverneur der Provinz Fars, *Allahverdi Khan*, begonnen und von seinem Sohn Imam *Gholi Khan* vollendet. Im 17. Jh. lehrte hier der in Iran bekannte Philosoph und Religionsgelehrte *Mul-*

lah Sadra. Durch die Vorhalle mit prächtiger Innenkuppel erreicht man den **Innenhof.** Dieser wird von zweistöckigen Arkaden eingefasst, die mit Fliesen geschmückt sind. In den unteren Räumen findet der Lehrbetrieb statt, die oberen Räumlichkeiten dienen als Unterkünfte für die Religionsschüler. Der Hof ist mit den für Shiraz typischen Zitrusbäumen bepflanzt. Hier kann man ungestört vom Trubel des Bazars und vom Verkehrsgetümmel eine Zeit lang verweilen.

Baq-e Narenjestan: links der Garten, rechts eine offene Halle im Palast

Baq-e Narenjestan

Nach dem Verlassen der Madreseh-ye Khan am Ausgang der Gasse nach links wenden und der Lotf Ali Khan (der offizielle Name ist *Khiaban-e Ayatollah Dastgheib,* aber fast alle Shirazis kennen sie unter dem alten Namen) in Richtung Osten folgen. Hier mündet eine Reihe von Gassen des Bazars auf die Hauptstraße und man findet Geschäfte mit Waren des täglichen Bedarfs. Kurz vor dem Ende der Kh. Lotf Ali Khan biegt links eine Gasse mit Namen Qavam ab. Hinter einer Mauer aus verputzten Lehmziegeln verbirgt sich der in einem schönen Garten gelegene alte **Stadtpalast** der im 19. Jh. einflussreichen Shirazer Familie des *Qavam ol-Molk.*

Entsprechend der traditionellen islamischen Bauweise besteht das Anwesen aus zwei Teilen, die durch die Gasse getrennt werden: dem *biruni,* der zum Empfang von Gästen diente, und dem *andaruni,* der allein den Mitgliedern der Familie vorbehalten war. Beide Teile waren früher durch einen unterirdischen Gang verbunden. Der ehemalige *biruni* wird heute nach den im Inneren des Hofes angepflanzten Bitterorangenbäumen *(narenj)* Baq-e Narenjestan genannt. Er dient mittlerweile als **Museum** und ist Teil der Kunstfakultät der Universität Shiraz (Eintritt 5000 Tuman).

Man betritt die Anlage durch den Haupteingang an der Kh. Lotf Ali Khan. Links und rechts des Eingangs sind zwei auf Holzsäulen ruhende offene Hallen zu sehen. In die Säulen sind schöne Intarsien eingearbeitet, die Decken sind mit Stuck im Stil des 19. Jh. verziert. Der rechteckig angelegte **Garten** hat ein Wasserbecken in der Mitte, zu beiden

Seiten mit **Orangenbäumen** bestanden. Gegenüber der Eingangsfront liegt das kleine **Gartenpalais** mit offener Säulenvorhalle, die meist zum Schutz vor der Sonne mit Planen abgedeckt ist. Links und rechts der Halle führen Treppenaufgänge hinein, die Sockel sind mit Reliefs nach dem Vorbild von Persepolis ausgeführt. Leider hat sich bei den Steinmetzen des vergangenen Jahrhunderts nichts mehr von der Kunstfertigkeit ihrer achämenidischen Kollegen erhalten, sodass ihre Gardisten und Löwen auf den heutigen Betrachter wie Tolpatsche wirken.

Im Inneren wird man dafür aber reichlich entschädigt: Wände und Decke der Halle sind prächtig mit Verspiegelungen ausgeschmückt, Medaillons mit höfischen Damen zeugen von einer Anregung durch europäische Vorbilder. Über eine Treppe gelangt man ins Obergeschoss, seitlich der Halle befindet sich ein kleiner Raum mit einer kunstvoll bemalten Holzdecke und Fenstern mit farbigen Scheiben. Auch die Nebenräume im Untergeschoss sind sehenswert. Hier arbeitete bis in die 1960er Jahre *Arthur Upham Pope* zusammen mit seiner Frau *Phylis Ackermann*, die zu den wichtigsten Erforschern der iranischen Kunst und Architektur gehören.

Die Gasse links vom Narenjestan führt zum früheren Familientrakt des Hauses, benannt nach *Zinat ol-Molk,* der Tochter des Qavam, der nur etwa ein Viertel der Fläche beträgt und einen viel kleineren Innenhof aufweist. In den

Räumen rund um diesen Innenhof ist ein kleines **Museum mit Wachsfiguren** historisch bedeutender Persönlichkeiten aus Shiraz und der Provinz Fars eingerichtet worden. Geöffnet täglich 9 bis 14 Uhr, freitags 14 bis 20 Uhr, Eintritt 5000 Tuman.

Masdjed-e Nasir ol-Molk

Nach Verlassen des Gartens überquert man die Kh. Lotf Ali Khan. Auf der anderen Straßenseite geht es etwa 250 m zurück bis zur Gasse Nasir ol-Molk. Ein Wegweiser zeigt links in Richtung der **Moschee** gleichen Namens, die aus der zweiten Hälfte des 19. Jh. stammt. Sie liegt etwa 100 m geradeaus, erkennbar an ihrer schönen, kürzlich erneuerten Eingangstür aus Holz. Obwohl etwa 100 Jahre später als die Masjed-e Vakil erbaut, sind ihre Fliesenverzierungen in Dekor und Farbgebung dieser nachempfunden.

Hinter dem Eingang links gelangt man in den Innenhof der **Zwei-Iwan-Anlage,** der wie meist üblich ein Wasserbecken enthält. Der Haupt-Iwan dieser Anlage ohne Kuppelraum liegt im Süden, die Verfliesungen des Nord-Iwans wurden Anfang des 20. Jh. erneuert, wie eine Bauinschrift ausweist. Über eine Treppe rechts vom Haupt-Iwan gelangt man aufs Dach. Der schönste Teil der Anlage, der **Wintergebetssaal** (Shabestan) rechts vom Hof, ist nach dem Vorbild der Säulenhallen der Masjed-e Vakil gestaltet. Er ruht auf vier Reihen von spiralförmig reliefierten Säulen, die Innenkuppeln dazwischen sind kürzlich renoviert worden. In Gebetsrichtung ist in der Mitte der Qibla-Wand eine Gebetsnische eingearbeitet.

Auf der dem Shabestan gegenüberliegenden Hofseite ist eine kleine **Ausstellung** mit Bildern von Shirazer Bürgern zu sehen, die sich um die Stiftung von religiösen Bauwerken und Krankenhäusern verdient gemacht haben. Durch diesen Raum gelangt man in einen kürzlich renovierten Gebäudeteil, wo früher von Kühen das Wasser zur Füllung des Moscheebeckens geschöpft wurde. Eine steinerne Ringmauer hat Zugang zu einem unter der Moschee verlaufenden

◁ Moschee Nasir ol-Molk
(links der schöne Gebetssaal/Shabestan)

Qanat (Kanal). Die Kühe bewegten sich in einem Gang auf und ab und zogen große Schöpfgefäße an Seilen nach oben.

An der Nordostseite des Komplexes befindet sich ein **kleines Mausoleum**, das nur wenig besucht wird und deshalb eine Oase der Ruhe und Entspannung ist. Geöffnet täglich 7:30 bis 13 und 16 bis 20 Uhr, Eintritt 5000 Tuman.

Nur etwa 50 m zurück in Richtung Hauptstraße führt eine Holztür zum Wohnhaus des *Nasir ol-Molk* mit wertvoller Inneneinrichtung im Stil des 19. Jh. Insbesondere die **Holz- und Spiegelarbeiten** sowie die Wanddekorationen sind sehenswert. Das Gebäude dient mittlerweile der Organisation für das kulturelle Erbe als Verwaltungsgebäude und hat weder offizielle Öffnungszeiten noch Eintrittspreise. Einfach klopfen – vielleicht öffnet jemand – und um Einlass bitten!

Masdjed-e Atiq

Nach dem Verlassen der Masdjed-e Nasir ol-Molk geht man den kurzen Weg zurück zur Kh. Lotf Ali Khan und biegt dann links ab, bis etwa in Höhe der Medreseh-ye Khan. Ihr gegenüber liegt der **Bazar-e Hajji**. Diese Bazargasse mündet direkt auf den Innenhof des berühmten Mausoleums von *Shah Cheraq,* von dem man auch Zugang zur alten **Freitagsmoschee** (Masjed-e Atiq) hat. Dieser Weg ist allerdings für Frauen nur dann geeignet, wenn sie sich das Mausoleum nicht gleich anschauen wollen, denn dort sind Chadors Pflicht. Das Grabmal war bis zum Jahr 2002 am Abend schöner vom Haupteingang am Meydan-e Ahmadi aus zu besichtigen, wo die erforderlichen Chadors entliehen werden konnten (s.u.). Seitdem wird Nicht-Muslimen der Zugang verweigert, aber hin und wieder gelingt es durch langes Einreden auf die Moscheewächter dennoch, die Erlaubnis zu bekommen.

Am Innenhof angelangt, wird man erst einmal durch die fein verzierte, birnenförmige Kuppel des Mausoleums in den Bann gezogen. Falls möglich, sollte man sich diesen Besuch für abends aufsparen und an der Längsachse des Hofes links in den Durchgang einbiegen, der zur Masjed-e Atiq führt. Er ist kürzlich völlig neu aus Stahlbetonelementen gebaut worden und wirkt wenig orientalisch. Am Ende des Durchgangs wendet man sich nach rechts zum mit Fliesen verzierten Eingangsportal der Moschee.

Die Masjed-e Atiq stammt in ihrer heutigen Form aus dem 12./13. Jh. und steht auf dem Gelände eines älteren Baus vom Ende des 9. Jh. Die Bauweise entspricht der **typischen persischen Hofanlage,** hier mit vier Iwanen. Die sparsamen Fliesenverzierungen auf blauem Grund stammen im Wesentlichen aus dem 14. Jh. Im Zentrum des Hofes fällt ein ungewöhnlicher, rechteckiger Bau auf, das Khodai Khaneh („Haus Gottes"), angeblich nach dem Vorbild der Kaaba in Mekka gestaltet. Das Zentrum des Baus aus Hausteinen mit runden Eckeinfassungen ist von Arkaden umgeben, deren Bögen auf schlanken Doppelsäulen ruhen. Der obere Teil der Fassade ist mit einem umlaufenden Schriftband auf blauem Grund eingefasst.

▷ Mausoleum von Shah Cheraq

Auch vom Innenhof der Moschee kann man durch einen Ausgang an der Südostecke dem Gassengewirr des Bazars bis zur Kh. Nasir ol-Molk folgen.

Mausoleum von Shah Cheraq

Für den Abend ist ein Besuch des berühmten Heiligengrabs von *Shah Cheraq* zu empfehlen, wenn es gelingt, die Wärter zum Einlass zu überreden (s.o.). Man erreicht es von der Falakeh-ye Ahmadi am südlichen Ende des Bazars aus. Hier wird das Grab von *Seyyed Mir Ahmad,* einem Bruder des 8. Imams *Reza,* verehrt. Er verstarb in Shiraz um das Jahr 835. Im 15. Jh. wurde der Grabbau in seiner heutigen Form errichtet, ist seitdem aber mehrfach renoviert worden. Die berühmten Verspiegelungen im Innern wurden um die Mitte des 19. Jh. angebracht.

Die weithin sichtbare **Kuppel** hat eine ungewöhnliche Form, fast wie eine Birne. Ihr Durchmesser ist nur wenig größer als der Tambur, der hoch aufragt. Die Fliesenverzierungen der Kuppel sind atemberaubend schön: Auf türkisfarbigem Grund ranken sich weiße und gelbe Arabesken nach oben. Seine volle Pracht entfaltet dieser Schmuck, wenn die Kuppel nach Einbruch der Dunkelheit angestrahlt wird.

Für Frauen sind hier **Chadors unbedingt vorgeschrieben,** sie können auf dem Vorplatz oder auch am hinteren Eingang vom Bazar-e Hajji aus umsonst ausgeliehen werden. Keine Angst beim ungewohnten Anlegen des unförmigen

Tuches, die iranischen Besucherinnen bemerken die Ungeübtheit sehr schnell und helfen in der Regel gerne.

Der **Weg in den Innenhof** führt durch ein mit Fliesen verkleidetes Eingangsportal mit schöner (allerdings neuer) Holztür. Die Fliesen mit geometrischen und floralen Motiven werden noch übertroffen von der Innenkuppel des Eingangsbaus. Dem Grabbau vorgelagert ist ein offener Vorbau, dessen hölzernes Dach von zehn Säulen getragen wird. Vor dem Betreten sind unbedingt die Schuhe auszuziehen. Sie können an zwei Schaltern links und rechts des Eingangs deponiert werden.

In der Kuppelachse liegt der Haupteingang (der Eingang für Frauen befindet sich rechts daneben) in Form eines Iwans, dessen oberer Teil mit verspiegelten Moqarnas-Nischen ausgekleidet ist. Den inneren Bogen des Gewölbes zieren aufwendige Stuckarbeiten. Warum dieses Heiligengrab „**Schah des Lichts**" heißt, erschließt sich sofort, wenn man durch die Eingangstür hineintritt: Der gesamte Innenraum ist bis zur Höhe der Marmorsockel mit Verspiegelungen ausgestattet. Das künstliche Licht eines Leuchters, der von der Kuppelmitte herunterhängt, erzeugt, gebrochen durch die Spiegelelemente, eine solche Fülle von Licht, dass man sich auch als Nichtgläubiger dieser Atmosphäre kaum entziehen kann.

Das **Grab** des Heiligen, eingefasst von einem mit Silber ziselierten Aufbau, ist nicht wie sonst meist üblich im Zentrum der Kuppel angelegt worden, sondern dahinter unter einem Bogen, der den Kuppelraum mit dem dahinter befindlichen Gebetssaal verbindet. Es stört die Pilger nicht, wenn sich Fremde mit der gebotenen Zurückhaltung die Einzelheiten des Baus und der Rituale anschauen: Vor dem Grab verrichten sie ihre Gebete oder legen Gelübde ab, mit Fingern, Lippen oder der Stirn streichen sie über die versilberten Gitterstäbe, damit etwas vom Charisma des verehrten Heiligen in sie übergehen möge. Etwa in Kopfhöhe sind die Plastikscheiben, die das Grab umgeben, durchbrochen, damit die Gläubigen Geldscheine hindurchstecken können, was sie auch stets reichlich tun. Dabei kommt es aber nicht darauf an, möglichst große Banknoten hineinzuwerfen oder möglichst viele, sondern eher symbolische Geldscheine, meistens 50-, 100- oder 200-Tuman-Scheine. Der Raum ist durch Stellwände abgeteilt ist, den Frauen ist der vom Eingang gesehen rechte Teil vorbehalten.

Der **dreigliedrige Raum hinter dem Grab,** auch er vollständig verspiegelt, wird zum Beten genutzt. Auch hier ist es durchaus gestattet, mit der nötigen Zurückhaltung hindurchzugehen, möglichst ohne die Betenden zu stören. Eine interessante Einzelheit ist vor dem Verlassen des Baus rechts vom Ausgang zu sehen (leider nur für Männer): Unter einem Glaskasten ist ein Modell der beabsichtigten Erweiterung des Heiligen Bezirks ausgestellt. In den nächsten Jahren soll der Komplex von Shah Cheraq mit dem der Masjed-e Atiq und der benachbarten Masjded-e Now zu einem großen Komplex zusammengefasst werden. Das wäre dann nach dem Heiligen Bezirk von Mashhad die größte Anlage dieser Art in Iran.

Nach dem Besuch des Grabs lädt der ausgedehnte **Innenhof** zu einem kleinen Spaziergang ein. Auch spät abends noch herrscht hier ein buntes Treiben, viele

Besucher übernachten unter den Arkaden, die den Hof umgeben. Ein schönes Fotomotiv bietet sich von der Ostseite des Hofes, wenn sich die Kuppel im großen Wasserbecken spiegelt.

An der Nordostecke des Hofes findet sich ein kleinerer **Grabbau,** der einem weiteren Bruder des 8. Imams, *Ali Ibn Hamzeh,* gewidmet ist. Die Kuppel dieses Grabbaus ist jüngst neu mit Fliesen verkleidet worden, die ineinander verschlungene geometrische Bänder auf türkisfarbenem Grund zeigen. Im Kuppelraum, der im Innern ebenfalls vollständig mit Spiegeln verkleidet ist, ist das Grab des Heiligen im Zentrum zu sehen. Es ist mit einem würfelförmigen Aufbau verkleidet, der an allen vier Seiten vergittert ist. Rechts davon in einem Nebenraum ist ein weiteres Grab zu sehen, in dem *Ayatollah Dastgheib* beigesetzt wurde, der in den ersten Jahren der Revolution einem Anschlag zum Opfer viel. Nach ihm ist heute der östliche Teil der Khiaban-e Lotf Ali Khan und auch der Flughafen von Shiraz benannt.

Das Mausoleum von *Shah Cheragh* glich in den letzten Jahren einer großen Baustelle, die in manchen Bereichen immer noch Bestand hat. Plan ist es, einen großen heiligen Bezirk zu schaffen, in dem die Masdjed-e Now nördlich des Meydan-e Ahmadi, Shah Cheragh und die Masdjed-e Atiq südöstlich davon zusammengefasst werden sollen. Das wäre dann in der Tat ein Heiligtum, das es von seinen Ausmaßen her mit denen in Shah-re Rey und Qom aufnehmen könnte. Vielleicht hängt damit zusammen, dass seit einiger Zeit Nicht-Muslimen der Eingang nach Shah Cheragh verweigert wird. Eine offizielle Bestätigung ist dafür nicht zu bekommen, die Wärter weisen Besucher, die offensichtlich keine Pilger sind, häufig zurück.

Anmerkung

Die **Sehenswürdigkeiten im Zentrum** von Shiraz lassen sich **im Rahmen eines Rundgangs,** für den man **gut einen halben Tag** einplanen sollte, zu Fuß besichtigen. Start bei der Festung des Karim Khan, dann Pars-Museum und Masdjed-e Vakil; von dort in den Bazar und über das Sara-ye Moshir zur Madrase-yeh Khan; dann die Kh. Lotf Ali Khan überqueren und durch den Bazar-e Hajji (Nomadenbazar) zur Rückseite von Shah Cheraq; dort von der Masdjed-e Atiq durch das Gassengewirr zur Masdjed-e Nasir ol-Molk und von dort aus schließlich zum Narenjestan. Danach werden sie Shiraz lieben!

Bolvar-e Karim Khan Zand

Für den späten Nachmittag empfiehlt sich ein Bummel auf der **Prachtstraße** von Shiraz, dem Bolvar-e Karim Khan Zand. Die meisten Geschäfte, Imbisse und Restaurants findet man im Bereich zwischen Falakeh-ye Shohada und Khiaban-e Khayyam. Typisch für Shiraz ist *faludeh,* geeistes Reismehl in Fäden mit Limonenwasser. Serviert wird es in Plastikbechern wie bei uns Speiseeis.

Die Gärten von Shiraz

Baq-e Eram

Die berühmten Shirazer Gärten sind vom Stadtzentrum aus nicht ohne Weiteres zu Fuß zu erreichen. Vom Falakeh-ye Enqelab gelangt man mit dem **Sammeltaxi** aber leicht zum Baq-e Eram: auf dem Bolvar-e Emam Khomeini über den Fluss und dann links dem Bolvar-e Baq-e Eram folgen. Am Ende dieser breiten Straße sieht man die am Hügel gelegenen Gebäude der Shirazer Universität. Kurz vor dem Erreichen der Falakeh-ye Eram liegt links der „Paradiesgarten".

In seinem Zentrum steht ein Gartenpalast mit drei Stockwerken, dessen Inneres nicht zu besichtigen ist. Der Park dient heute als **Botanischer Garten** mit einer Vielzahl von Blumen, Sträuchern und Bäumen, die zumeist in Persisch und Lateinisch beschriftet sind. Rechts vom Eingang sind um ein großes, rundes Wasserbecken zahlreiche **Rosenrabatten** angelegt. Von Mai bis Oktober erstrahlen die verschiedenen Rosenarten in den leuchtendsten Farben. Hier lässt sich nachempfinden, warum Shiraz auch als „Stadt der Rosen und Nachtigallen" bezeichnet wird.

Der **Palast** im Park stammt aus dem 19. Jh. und ist in der typischen Form mit offener Säulenhalle angelegt, die von zwei Säulen getragen wird. Die Halle im Zentrum ist einstöckig, die links und rechts daneben zweistöckig. Zahlreiche Fenster sorgen für Lichteinfall, die Holzdecken sind kunstvoll bemalt. Sehenswert sind auch die Fliesenpartien zwischen den Gebäudeteilen und am Dachaufsatz mit Jagd- und Gartenszenen sowie der Abbildung einer Herrschergestalt im Zentrum. Die Sichtfassaden der hölzernen Dachkonstruktion sind als Rundgiebel ausgeführt. Im Anbau rechts vom Palast befindet sich ein Teehaus.

Das rechteckige **Bassin mit Fontäne** vor dem Palast speist Kanäle, welche die Pflanzungen des Gartens bewässern. Von hier aus verläuft die Hauptachse des Gartens leicht abschüssig, sie wird von mehreren Gassen geschnitten. In den Seitengassen laden Bänke zum Verweilen ein. Im unteren Teil, rechts vom Hauptweg auf einer Wiese, halten die Shirazis besonders gern an Feiertagen Picknicks ab. Die Familien versammeln sich um auf dem Boden ausgebreitete Tischtücher und verzehren die mitgebrachten Speisen.

Links von der Hauptgasse ist der Garten im unteren Teil mit **Granatapfelbäumen** bepflanzt, die im Frühjahr leuchtend rote Blüten tragen und im Herbst die roten Früchte. Wenn man sich wieder links hält, gelangt man zu einem Weg, der links und rechts mit schlanken **Zypressen und Pinienbäumen** bepflanzt ist. Insbesondere die Zypressen gelten in Iran als Inbegriff von Anmut und Schönheit. In vielen Gedichten werden sie als Metapher für die Geliebte verwendet. Über diesen Weg kehrt man zum Hauptausgang zurück. Geöffnet 9–16 Uhr, Eintritt 5000 Tuman.

Grab von Hafis (Hafeziyeh)

Auf dieser Seite des Flusses liegen auch die beiden berühmten Shirazer Dichtergräber von *Hafis* und *Sa'di*. Vom Baq-e Eram aus ist das von Hafis das näher gelegene, am einfachsten per Taxi zu erreichen. Man kehrt zum Anfang des Bolvar-e Baq-e Eram zurück und wendet sich links bis zur Falakeh-ye Gaz, leicht erkennbar an der Gasfackel im Zentrum. Von dort aus verkehren Taxis, die den Bolvar-e Emam Khomeini hinunterfahren bis zum Grab von **Hafis (1326–90)**, Hafeziyeh genannt. Der Eingang (Eintritt 10.000 Tuman) auf der linken Seite liegt direkt gegenüber dem Fußballstadion von Shiraz.

Man betritt einen zu jeder Jahreszeit äußerst gepflegten Garten mit Rasen, Blumen und Bäumen, der zum Grabbau führt. Diesen erreicht man über einen quergelegten offenen Säulengang über mehrere Stufen. Unter dem Dach verläuft ein Fliesenband auf blauem Grund mit Versen des Dichters. Nachdem man die Stufen erklommen hat, öffnet sich der Blick auf einen luftigen **Pavillon**, der nach allen Seiten offen auf acht Säulen ruht. Die Säulen tragen eine kleine Kuppel, die im Inneren mit Fliesen verziert ist. Der Bau ist in den 40er Jahren des 20. Jh. in dieser Form errichtet worden, an der Stelle, an der schon immer das Grab des Dichters verehrt wurde. Leicht erhöht im Zentrum unter der Kuppel steht der **Grabstein** aus farbigem Marmor. Auf seiner Oberseite ist eines der Gedichte in Stein gefasst. Auch die Seiten tragen Medaillons mit Versen. Hier sollte man sich etwas Zeit nehmen und die iranischen Besucher beobachten, die besonders an Wochenenden und Feiertagen herkommen. Ehrfürchtig nähern sie sich dem Grab und bestreichen es oft mit ihren Händen, eine Geste, wie sie sonst nur anlässlich von Pilgerfahrten bei den heiligen Schreinen üblich ist. Sie versuchen damit, etwas vom Charisma des verehrten Dichters in sich aufzuneh-

◁ Baq-e Eram,
einer der „Paradiesgärten" von Shiraz

Der Dichter Hafis und sein Einfluss auf Goethe

Der Dichter Hafis (eigentlich *Muhammad Shamsuddin*, geboren 1320, gestorben 1389 in Shiraz) ist die **Ikone der persischen Dichtung.** Sein berühmter **„Diwan"** ist das Haus- und Stundenbuch jedes Iraners. Seine Verehrung geht so weit, dass dieses Werk wie ein Orakel zum Ausblick auf die Zukunft benutzt wird: Eine Seite des Bandes wird willkürlich geöffnet und der Finger auf einen zufälligen Vers gerichtet. Aus diesem Vers wird dann von weisen Frauen die Zukunft gedeutet *(fal-e Hafez)*. Die Gedichte des „Diwan" sprechen von Anbetung und Liebe, von Wein und Genuss. Sie sind eine **Ode an die Freuden des Daseins,** oft klagen sie Kleingeister und „Pfaffen" an. Gleichzeitig loten sie die Tiefen der menschlichen Seele aus, denn nur wer mit ganzen Sinnen empfindet und genießt, kann den „höheren Sinn" des Daseins wirklich erfahren. Ein Beispiel:

Hold im Weinpokale haben wir
des Freundes Bild erblickt,
Ahnungsloser du der Wonne,
die sich unserem Trunk gesellt!
Nimmermehr wird sterben,
wessen Herz durch Liebe Leben fand!
Dass wir ewig dauern,
ist im Buch der Zeiten festgestellt.

Der Hedonismus in Hafis' Versen hat ihm bisweilen Ärger mit der strengen islamischen Geistlichkeit gebracht. In den ersten Jahren nach der Revolution von 1979 durften Hafis' Werke nicht neu aufgelegt werden. Doch in seinen Versen findet sich die poetische Seele des persischen Volkes wieder, und es war nicht möglich, Hafis dem persischen Volk „wegzunehmen".

Hafis' Dichtung ist nicht mystisch oder religiös im engeren Sinne. Jedoch sind viele der Bilder und Motive, aus denen er seine Gedichte wie einen Teppich webt, der islamischen Tradition und Mythologie entlehnt. Hafis unterlegt seine Verehrung des Rausches und der Liebe mit **religiöser Symbolik** und erhöht sie auf die metaphysische Ebene: So entsteht eine Art mystischer Ekstase, in der die „Vereinigung mit dem/ der Geliebten" und die „Vereinigung im Glauben mit Gott" ineinander fließen.

Die Beeinflussung, Befruchtung und Verjüngung des **alternden Goethe** durch seine Beschäftigung mit dem seelenverwandten persischen Dichter ist ein faszinierendes Kapitel west-östlichen Kulturaustauschs. Früher war die Goethe-Forschung uneins, wie Goethes **„West-östlicher Diwan"** (geschrieben 1819 im Alter von 70 Jahren) letztlich zu bewerten sei: als Ergebnis einer tiefschürfenden Auseinandersetzung mit Hafis' Dichtung? Oder eher als produktive Flucht des alternden Goethe aus einer Lebenskrise, in die er sich durch das vergebliche Werben um die junge *Marianne von Willemer* begeben hatte? Ergriff Goethe den Dichter aus Shiraz begierig als Ansprechpartner, um sich den Frust von der Seele zu schreiben?

Inzwischen ist es unstrittig, dass Goethe sich tatsächlich intensiv mit dem Werk Hafis' auseinandergesetzt hat. Dabei hat er nicht versucht, Hafis formal nachzuahmen; die strenge, von Hafis zur Vollendung gebrachte poetische Form des Ghasel schien ihm nicht mit dem Deutschen bzw. mit seinem eigenen dichterischen Genius kompatibel zu sein. Ein Beispiel:

▷ Das Grab von Hafis in Shiraz

Sei das Wort die Braut genannt,
Bräutigam der Geist.
Diese Hochzeit hat gekannt,
Wer Hafisen preist.

Auch inhaltlich unterscheidet sich der „West-östliche Diwan" von Hafis' Dichtung. Goethe spielt auf Bilder und Motive aus dessen Werk an; er hat Hafis genau gelesen, verstanden und sich so zu eigen gemacht, dass dessen Motive gleichsam aus seinem eigenen dichterischen Genius quellen. Aber die Behandlung dieser Motive ist bei Goethe eine andere. Während Hafis in seinen Gedichten oft ekstatisch von Motiv zu Motiv springt, ist der Aufbau von Goethes Gedichten in der Regel logisch und strukturiert. Goethe schwelgt in Hafis' Bildern und Motiven, ohne sich von ihnen fortreißen zu lassen; vielmehr integriert er sie in seinen klar-deutschen poetischen Gedankenstrom.

Im „West-östlichen Diwan" spiegeln sich Goethes universale Fähigkeit und Bereitschaft, die Welt in sich aufzunehmen und produktiv werden zu lassen. Seine intimsten Seelengeheimnisse, die unerwiderte Liebe zu Marianne von Willemer, verwandelt er in ein zeitloses, vollendetes Kunstwerk.

men. Oft trifft man auch Menschen, die neben dem Grab stehend Hafis-Gedichte rezitieren, still für sich oder mit lauter Stimme deklamierend.

In der Umgebung des Grabbaus ist eine Reihe weiterer Grabplatten in den Boden eingelassen. An der rückwärtigen Mauer des Parks findet sich rechts eine Verkaufsstelle der iranischen Altertümerverwaltung mit Publikationen auf Persisch und in Fremdsprachen. Direkt gegenüber gelangt man in ein **Teehaus,** idyllisch gelegen in einem bepflanzten Innenhof. Kleine Sitznischen unter den Arkaden laden ein zum Verweilen beim Tee, einem *faludeh* oder auch einer Wasserpfeife *(qaliun)*.

Grab von Sa'di (Saadiyeh)

Am Eingang der Hafeziyeh wendet man sich nach links und folgt dem Bolvar-e Golestan bis zur Falakeh-ye Bustan, leicht zu erkennen an der Büste von *Sa'di* in der Mitte des Rondells. Hier links abbiegen, der Bolvar-e Bustan endet direkt vor dem **Park** mit dem Grab des zweiten berühmten Shirazer Dichters, der Saadiyeh. Durch das Eingangstor (Eintritt 10.000 Tuman) gelangt man in den Park mit Blumenanpflanzungen, Zitrusbäumen und hoch aufragenden Zypressen.

Der **Grabbau** im Zentrum des Gartens stammt aus den 1950er Jahren und ist im Gegensatz zum leichten, schwebenden Pavillon des Hafis eher nüchtern. Eine flache, türkisfarbene Kuppel überragt den offenen Vorraum kaum, der von acht mit Steinplatten verkleideten Pfeilern getragen wird. Die Außenfront ist mit farbenfrohen Fliesenfeldern bedeckt, eine Treppe führt zum Eingang des Grabbaus hinauf. Der achteckige Bau ist im Innern bis zur halben Höhe mit rötlich schimmernden Marmorplatten verkleidet, der obere Teil betont mit seiner glatten Ziegelfassade den nüchternen Raumeindruck, der nur durch vier sich kreuzförmig gegenüberliegende Nischen aufgelockert wird. Diese halbrunden Nischen tragen im Innern Fliesenfelder auf kobaltblauem Grund mit Versen aus den beiden Hauptwerken von **Sa'di (1184–1292),** dem „Golestan" (Rosengarten) und dem „Bustan" (Fruchtgarten). Der Grabstein im Zentrum des Kuppelbaus ist aus dem gleichen rötlich schimmernden Marmor wie auch die Fassade. Auf der Oberseite sind in Medaillons **Verse des Dichters** hineingearbeitet. Von der Kuppeldecke hängt eine aufwendig gearbeitete, riesige Messinglampe herab.

Außen ist links neben dem Eingang zum Grabbau ein **Wasserbecken** angeordnet, in das die iranischen Besucher gern Münzen hineinwerfen, was Glück bringen soll. Neben dem Wasserbecken ragt eine kleine Ziegelkuppel mit Lichtdurchlass aus den Fußbodenplatten empor. Sie bezeichnet die Stelle, wo ein unterirdischer **Wasserkanal** (Qanat) kühles Wasser von den Bergen in die Stadt führt. Dort ist unter der Erde ein **Teehaus** eingerichtet worden, um den Qanat herum angelegt. Man erreicht es über eine Treppe im hinteren Teil des Gartens. Goldfische und Forellen tummeln sich in dem klaren Wasser. Hier ist es auch im heißesten Shirazer Sommer angenehm kühl.

Haft Tanan

Die Saadiyeh liegt am nördlichen Stadtrand von Shiraz. Der Weg von hier **zurück ins Stadtzentrum** führt vom Bolvar-e Bustan immer geradeaus bis Falakeh-ye Bustan und dann weiter über Bolvar-e Salman bis Falakeh-ye Vali Asr, weithin erkennbar an der hoch aufragenden Säule, die nach der Islamischen Revolution von Persepolis dorthin gebracht wurde. Von dort aus führt der Bolvar-e Karim Khan Zand direkt ins Zentrum.

Alter Grabstein auf dem Sufi-Friedhof Chehel Tan

Wen es vorher noch nach mehr ruhigen und lauschigen Plätzen verlangt, der kann gleich hinter dem Baq-e Delgosha ("der das Herz erfreut") rechts in die Straße Haft Tanan einbiegen. Kurz vor dem Ende der Straße, dort wo sie über einen kleinen Kanal führt, liegt rechter Hand ein von hohen Mauern eingefasster **Garten mit hohen Pinien und Zypressen.** Er birgt einen kleinen Palast aus der Zeit *Karim Khan Zands.* Die Anlage wird Haft Tanan, "Sieben Leiber" genannt, weil hier der Überlieferung nach sieben Personen beigesetzt wurden, deren Grabsteine im Hof der Anlage noch zu sehen sind. Besonders die Wandgemälde im Inneren des kleinen Gartenpalastes, der heute als Museum dient, sind sehenswert. Geöffnet 7:30 bis 14 Uhr, Montag geschlossen.

Nur 200 m nördlich von Haft Tanan liegt der **Grabbau des Shah Shoja,** dem von *Hafis* viel besungenen und bedeutenden Mozaffaridenherrscher dieser für Shiraz so wichtigen Dynastie. Ursprünglich wollte er nach seinem Tod 1374 in Medina beigesetzt werden, fand an dieser Stelle jedoch seine endgültige Bleibe. Der Grabstein stammt aus dem Jahr 1777, der Grabbau ist modern.

Chehel Tan

Ca. 200 m südlich von Haft Tanan liegt ein kleiner **Friedhof** namens Chehel Tan, "Vierzig Leiber", in dessen lauschigem Innenhof zumeist Derwische ihre letzte Ruhestätte gefunden haben. U.a. ist hier der alte Grabstein von *Sa'di,* der früher sein Grab deckte, zu sehen. Hier findet man einen ruhigen Ort, der zum Verweilen einlädt.

Von Haft Tanan aus überquert man die gleichnamige Straße und geht geradeaus in Richtung Rückseite der Hafeziyeh. Vorher rechts abbiegend, erreicht man Chehel Tan, von einer Mauer umgeben, gegenüber dem Salami-Hospital.

Koran-Tor

Zum **Darvazeh-ye Qoran,** dem alten Stadttor an der Straße nach Persepolis und Isfahan, folgt man der Kh. Haft Tanan bis zum Ende, wo sie auf die Khiaban-e Darvazeh-ye Qoran stößt; hier rechts abbiegen. Aus der Stadtmitte führt der Weg vom Darvazeh-ye Esfahan am Nordende des Bazars über die Brücke und die Kh. Hafez direkt zum Tor.

Das Bauwerk ist völlig neu errichtet worden, die Hauptstraße führt heute an ihm vorbei. Früher wurde zum Schutz der Stadt im Torbau ein Exemplar des heiligen Buches aufbewahrt. Der offene Torbau aus Ziegeln ist heute ein beliebter Treffpunkt, von dem aus man links die Treppen hinaufgehen kann, wo **Teehäuser und kleine Restaurants** vor allem nachmittags und an Feiertagen viele Besucher anziehen. Am Berghang ist eine kleine Grabstätte für *Khadju Kermani,* einen Dichter des 14. Jh., zu besichtigen. Am Ende der Terrasse, von der man einen prächtigen Blick auf Shiraz hat, wurde ein Hotel erbaut.

Gegenüber dem Koran-Tor sind steinerne Terrassen am Berghang angelegt worden. Über ca. 650 Treppenstufen kann man hier den Berg hinaufsteigen zum **Gahvare-yeh Did,** einem **Aussichtsturm** mit tausendjähriger Geschichte. Die Mühe des Aufstiegs lohnt sich, der Blick vom Gipfel auf Shiraz ist atemberaubend. An Wochenenden und während der Nowruz-Festtage wimmelt es hier von Besuchern.

Baq-e Jahan Nama

Einer der **ältesten Gärten von Shiraz** ist 2004 renoviert und wiedereröffnet worden. Er liegt in der Kh. Hafez nördlich der Kreuzung Bolv. Golestan und geht mit seinen Wasserbecken und kreuzförmig aufeinander zulaufenden Wegen auf das 15. Jh. zurück. *Karim Khan Zand* ließ im 18. Jh. zusätzlich einen kleinen Palast *(koosk)* errichten.

Park-e Chamran

Ein anderer beliebter Ausflugsort der Shirazis ist der Park-e Chamran, gelegen am gleichnamigen Boulevard im Nordwesten der Stadt. Er zieht sich über 3 km zwischen der Straße und den angrenzenden Obstgärten hin, und ist in **vier Sektionen** – eine für jede Jahreszeit – und einen großen Bereich für Kinder unterteilt. Auch Imbisse und Restaurants sind vorhanden.

Geldwechsel

- **Bank-e Melli** am Bolvar-e Karim Khan Zand, gleich neben der Festung. Auf der Straße vor dem Eingang sind auch meistens fliegende Geldwechsler vertreten.
- **Bank Saderat** am Bolvar-e Karim Khan Zand gegenüber der Einmündung Kh. Rudaki.
- **Wechselstuben** am Bolvar-e Karim Khan Zand / Chaharrah-e Zand sowie Khiaban-e Taleqan.

Post und Telefon

- **Hauptpost** in der Khiaban-e Taleqan direkt hinter der Banke Melli.
- **Telefonzentrale** gegenüber Hotel Park.

Visaverlängerung

- Die Dienststelle der **Fremdenpolizei** befindet sich in der Nähe des Meydan-e Vali Asr an der Nordwestseite des Bolv. Modarres (N 29°36'20,53", O 52°33'40"). Da die Bank, bei der die 10.000 Tuman Gebühr für die Verlängerung bezahlt werden müssen, am Meydan-e Shohada im Stadtzentrum liegt, empfiehlt es sich, gleich um 8 Uhr zu erscheinen. Sonst muss unter Umständen ein Tag Bearbeitung in Kauf genommen werden.

Praktische Informationen

- **Telefonvorwahl Shiraz: 0711**

Informationen/Auskunft

- **Tourist Information** gegenüber der Stadtfestung Arg-e Karim Khan, an der Kreuzung Bolvar-e Karim Khan Zand / Falakeh-ye Shohada.

Unterkunft

- Eines der Top-Hotels in Shiraz ist das **Hotel Pars** ④ am Bolvar-e Karim Khan Zand. Guter Service. Tel. 2332255.
- **Hotel Homa**④, Kh. Meshkinfam, etwas außerhalb vom Stadtzentrum, Tel. 2228000-9. Lange Zeit das größte Hotel in Shiraz und im Besitz der Fluggesellschaft Iran Air. Beliebt ist der große Garten mit Café und Restaurant (nur in der warmen Jahreszeit),

Pool im Freien (nur für Männer) und Sauna (mit besonderen Zeiten für Frauen). Hotelrestaurant mit gutem Service (Spezialität *ranginak:* ein leckerer Dattelkuchen zum Dessert, den es nur in Shiraz und Umgebung gibt). Die Zimmer im Anbau sind relativ neu, die im alten Teil dagegen ziemlich verwohnt.

■ Neu in der Oberklasse ist das **Grand Hotel Chamran**④, das allerdings weit außerhalb vom Stadtzentrum an einem dicht befahrenen Boulevard liegt. Das Restaurant im obersten Stockwerk des Turms bietet eine tolle Aussicht. Tel. 6262000, www.hotelchamran.com.

■ Im wahrsten Sinne der Gipfel ist das **Shiraz Hotel**④, ein klotziger Turm, der den gesamten historischen Stadtausgang in Richtung Persepolis und Isfahan verstellt. Das historische Koran-Tor wirkt zu seinen Füßen fast wie Spielzeug. Der Bau hat sich über fast 20 Jahre hingezogen, erhebliche Geldsummen dürften geflossen sein, um an dieser, eigentlich unmöglichen, Stelle ein Hotel zu errichten. Gebäude und Einrichtungen sowie die 170 Zimmer genügen hohen internationalen Standards. Tel. 227 4820, www.shiraz-hotel.com.

■ **Hotel Aryo Barzan**③, Kh. Rudaki, Tel. 2247182, www.aryahotel.com. Sauber, mit privatem Management, das service-orientiert und freundlich ist. Ein Tipp in dieser Klasse.

■ **Hotel Park**③, Kh. Park, Tel. 2221426. Mit Park und Swimmingpool, der aber immer leer ist. Das Haus wird oft von Touristengruppen belegt und wurde vor wenigen Jahren renoviert.

■ **Hotel Parsian**③, Khiaban-e Rudaki, Tel. 331 000, www.parsian-hotel.com. Das Haus gehört zur halbstaatlichen „Stiftung der Entrechteten und Versehrten", die Zimmer sind recht ordentlich, der Service allerdings ist nicht sehr aufmerksam.

■ Eines der ältesten Hotels von Shiraz ist das **Park-e Saadi**③ in der Kh. Hafez direkt gegenüber dem Baq-e Jahan Nama. Die 52 Zimmer sind sorgfältig renoviert und gut ausgestattet. Ein Restaurant ist ebenfalls vorhanden. Tel. 2285881.

■ **Hotel Eram**②, Bolvar-e Karim Khan Zand, Tel. 2300814, www.eramhotel.com. Unter den Hotels der mittleren Kategorie das empfehlenswerteste. Direkt an der Hauptstraße gelegen, aber trotzdem nicht laut. In der Lobby steht ein PC mit Internetzugang, auch das Restaurant im 1. Stock ist empfehlenswert.

■ Empfehlenswert ist auch das **Hotel Sasan**② in der Kh. Anvari gegenüber vom Hotel Eram, das über saubere Zimmer mit Dusche verfügt. Tel. 2302028, info@sasan-hotel.com.

■ In Shiraz findet man eine Reihe einfacher Hotels, die auch an Ausländer einfache Zimmer gegen Rial vermieten: **Hashemi Guest House**①, Khiaban-e Piruzi, Tel. 25270; **Sadjad Guest House**①, Kh. Takhti, Tel. 22466632; **Hotel Madaen**①, Khiaban-e Karim Khan Zand, Tel. 337591, **Hotel Darya**①, Kh. Piruzi, Tel. 2221778.

Auch in Shiraz gibt es kleine, privat geführte Hotels in traditionellem Ambiente, die beiden hier genannten liegen sehr dicht an den Sehenswürdigkeiten rund um den Bazar inmitten der Altstadt.

■ Das **Hotel Golshan**② liegt in der Kh. Lotf Ali Khan direkt gegenüber der Gasse, die zur Moschee Nasir ol-Molk führt. Preiswerte Unterkunft in netter, privater Atmosphäre. Kontakt: *Parviz Rostamnezhad,* Tel. 2220715, mobil 0917-3153203, parvizro @yahoo.com.

■ Nicht ganz so leicht zu finden im Gassengewirr eines noch intakten Altstadtviertels in der Nähe von Shah Cheraq ist das **Boutique Hotel Niayesh**②, Kh. Lotfali Khan-e Zand St., Chaharrah-e Namazi, Kh. Bibi Dokhtaran Mausoleum, Shahzadeh Jamali Lane, No. 10 (Mostafavi's House of Publishing Company). Das Khaneh Mostafavi erinnert an einen bedeutenden Gelehrten aus dem Shiraz des 19. Jh. Der Zugang mit Fahrzeugen ist schwierig, in diesem Fall das Hotel telefonisch kontaktieren: 0917-111-8514 (mobil). Insgesamt verfügt das Hotel über 17 Zimmer und zwei Schlafsäle mit 6 Betten. Auch ein Restaurant steht zur Verfügung. Tel. 2233623, www.niayeshhotels.com.

Shiraz

Essen und Trinken

■ Kleine **Schnellrestaurants** finden sich zu beiden Seiten der Khiaban-e Karim Khan Zand im westlichen Teil. Hier kann man Sandwiches, Burgers, Kebabs, Salat und andere Kleinigkeiten finden (mit Softdrink ca. 1.600 Tuman).

■ Auch einige der an der Karim Khan Zand gelegenen Hotels haben Restaurants, die den in Iran üblichen Standard bieten: z.B. **Hotel Eram, Hotel Parsian** (Khiaban-e Rudaki).

■ Das traditionelle Restaurant neben dem Bazar, im früheren **Hamam-e Vakil** neu eingerichtet, ist allein wegen des Interieurs einen Besuch wert. Aber auch das Essen (*dizi*, Kebabs, *halim*) ist schmackhaft. Oft sehr voll, unbedingt reservieren (Tel. 2226467 oder 2229008).

■ Ein weiteres **Restaurant im traditionellen Stil** liegt im Bazar am Serah-e Mehr, Zugang über den Innenhof des Sara-ye Moshir.

■ Ein Restaurant für die Schickeria gibt es nun auch in Shiraz: Im **Restaurantkomplex Haft Khan** wird auf fünf Ebenen von traditioneller persischer Küche über Fastfood und internationale Gerichte bis hin zum Barbecue mit Fernsicht viel geboten. Überflüssig zu erwähnen, dass die schicke Umgebung ihren Preis hat. Bolv. Qoran, Tel. 2270000, Reservierung: 0917-7878400, www.haftkhanco.com.

Weitere bekannte Restaurants, deren Speisekarten alle nicht sonderlich variieren, befinden sich meist außerhalb des Zentrums:

■ **Restaurant Sharzeh** (bei der Masdjed-e Vakil gegenüber dem Basar), gutes Essen in zwei großen Speisesälen, daher kann es ziemlich laut werden. Reichhaltiges Büffet und frisches Brot, zum Abendessen auch europäische Gerichte. Reservierung empfohlen. Tel. 2229655.

■ **Sufi 1** (Kh. Sattar Khan, Tel. 6263877) und **Sufi 2** (Kh. Afifabad, Tel. 6261573), beide bekannt für ihr reichhaltiges Salatbüffet.

■ Am Bolv. Sanai' im Norden der Stadt gibt es ein Restaurant im Stile eines riesigen Qanats, das von Wasserläufen durchzogen wird, das **Patris**, Ku. 16 – Dr. Hessabi, am Ende der Ku. Semmat rechts abbiegen und dem Weg folgen bis zum Schild „Patrris". Tel. 6353960.

■ **Darvish** (Kh. Qasr-od Dasht) bietet ein Salatbüffet und eine große Auswahl verschiedener Kebabs (Tel. 6268898).

■ **Shater Abbas** (Kh. Khaksenasi) ist bekannt für sein *halim badenjan*, ein Mus aus Weizen und Auberginen, mit frischem Fladenbrot eine Köstlichkeit. Wer sich an Kebabs noch nicht übergessen hat, sollte hier das *kabab-e lari* probieren – mariniertes Lammfilet am Spieß gegrillt (Tel. 2271612).

■ Wenn es etwas schicker sein soll, ist das **Restaurant des Hotel Homa** (Kh. Meshkinfam) empfehlenswert. Es ist eines der wenigen Restaurants in ganz Iran, wo die Kellner ihr Fach wirklich gelernt haben. Zum Dessert unbedingt *ranginak* probieren, eine nur in Shiraz bekannte Spezialität: mit einem Walnusskern gefüllte Datteln, überzogen mit einer karamelisierten Gewürzmischung (mit viel Zimt).

■ Ebenfalls außerhalb des Stadtzentrums liegt das **Restaurant Yort,** wo in einem großen Nomadenzelt traditionelle Gerichte serviert werden. Abends wird manchmal Live-Musik gespielt. Hierher gelangt man am besten per Taxi. Kh. Qasr ol-Dasht, Mansourabad, Tourist Complex Yort, Tel. 6256774, mobil 0917-7171699.

Flüge

■ Der **Internationale Flughafen** (Foroudgah-e Dastgheib) von Shiraz liegt am südöstlichen Stadtausgang an der Straße Richtung Kerman / Bandar Abbas. Vom Flughafen in die Stadt verkehren Busse und Minibusse, einfacher ist es jedoch, mit dem Taxi ins Zentrum zu fahren.

■ Das **Iran-Air-Büro** liegt in der Kh. Souratgar in der Nähe des Faghihi-Krankenhauses, Tel. 2300563, A.Soltandehghan@IranAir.com.

Überlandbusse

■ Es gibt in Shiraz drei Terminals. Der größte ist der **Terminal-e Bozorg** am Bolvar-e Salman-e Farsi mit Verbindungen zu allen großen Städten Irans. Gleich daneben verkehren die **Minibusse** in die nähere Umgebung, z.B. nach Marv Dasht (Persepolis) und Sa'adat Shahr (Pasargad).

■ Ein weiterer Busbahnhof befindet sich am **Bolvar-e Modarres,** wo die Busse nach Süden (Firuzabad und Bushehr) abfahren. Ein dritter am **Meydan-e Kabir** ist für die Buslinien nach Westen vorgesehen. Fahrkarten gibt es in den Terminals und auch in den Büros der einzelnen Busgesellschaften am Bolvar-e Karim Khan Zand.

Metro/Bahn

■ Der neue **Bahnhof** von Shiraz liegt nördlich der Stadt an der Straße nach Yassuj, eine Busanbindung in die City existiert noch nicht. Züge nach Isfahan und Teheran verkehren täglich.

■ Die **U-Bahn** von Shiraz ist noch im Bau, wie man unschwer an den vielen Großbaustellen in ihrem Verlauf erkennt. Die Linie 1 wird vom Flughafen im Südosten der Stadt über 21 Stationen bis an ihr nordwestliches Ende führen, eine Nord-Süd-Linie ist ebenfalls im Bau. Im Endstadium wird die Metro sechs Linien umfassen.

Reiseagenturen/Autovermietung

■ **Pars Tourist Agency (P.T.A),** Bolvar-e Karim Khan Zand, Nähe Kino Iran, Tel. 2223163, info@key2persia.com. Tagesausflüge, Mietwagen (mit Fahrer), Inlandsflüge, Fährtickets.

■ Erwähnt sei noch die Agentur **Darwan** im Besat Building, Bolv. Besat, Tel. 6284946.

■ **Europcar** ist mit einer Filiale in der Kh. Taleqani vertreten, direkt gegenüber vom Baq-e Nazar, in dem auch das Pars-Museum liegt. Tel. 2223817.

Provinz Fars

Die Provinz Fars, mit 133.000 m² Fläche eine der größten Irans, bildet geografisch die Fortsetzung des Zentralen Zagros (Bakhtiari-Berge) nach Osten. Im Süden reicht sie fast bis zum Persischen Golf und gliedert sich in mehrere große Beckenräume: Marvdasht, Neyriz, Lar und Firuzabad. Fars, das die alten Iraner *Parsa* nannten, gab dem ganzen Land in seiner griechischen Form **„Persis"** für Jahrhunderte den Namen.

Archäologische Stätten um Persepolis

Zur Besichtigung der berühmtesten Stätten der Achämeniden muss man mindestens einen Tag einplanen. Man verlässt Shiraz auf der Straße nach Norden, vorbei am Koran-Tor. Nach 40 km erreicht man die Stadt **Marv Dasht,** Zentrum der fruchtbaren Hochebene gleichen Namens. In diesem Gebiet wurden prähistorische Siedlungen gefunden, die bis auf das 5. vorchristliche Jahrtausend zurückgehen. Auch die eingewanderten iranischen Stämme fanden hier um das 9. Jh. v. Chr. günstige Bedingungen vor, um sich niederzulassen.

Da Marv Dasht nichts Sehenswertes zu bieten hat, biegt man am besten vor Erreichen der Stadt links ab und nimmt die Ortsumgehung. 4 km hinter Marv Dasht gabelt sich die Straße: Links geht es in Richtung Naqsh-e Rostam, Pasargad und Isfahan, geradeaus sind es noch 2 km bis Persepolis. Links und rechts der

Straße sind zu den 2500-Jahr-Feierlichkeiten der iranischen Monarchie **1972 Nadelbäume** angepflanzt worden. Gegenüber dem Parkplatz von Persepolis zweigt rechts eine Straße ab, die zu einer parkähnlichen Anlage führt, die anlässlich dieser Feierlichkeiten gebaut wurde. Vom Originalbestand muss man sich all dies wegdenken, denn die Bäume stören den Ausblick auf die auf einer Terrasse errichtete Palastanlage. Am Ende der Straße links ist die Zufahrt zu einem großen **Parkplatz,** wo sich auch kleine Läden für Erfrischungen, Ansichtskarten und Bücher, Imbisse sowie das Ticketoffice befinden. Von hier sind es nur noch wenige Schritte bis zum Eingang am Fuß der Terrasse. Für eine Besichtigung von Persepolis sollte man mindestens drei Stunden einplanen und möglichst die Mittagsstunden mit ihrem gleißenden Licht meiden.

Persepolis

Lange Zeit war nicht bekannt, wer die riesige Anlage zu welchem Zweck erbaut hat. Die Iraner nennen sie noch heute **Takht-e Jamshid** („Thron des Djamshid", einer der mythischen Könige aus der nationalen Überlieferung), denn auch bei ihnen war nach der Ausbreitung des Islam die Erinnerung an dieses großartige Bauwerk verlorengegangen. Durch die Ausgrabungsarbeiten in den 1920er und 1930er Jahren dem deutschen Archäologen *Ernst Herzfeld* und später *Erich F. Schmidt* konnte geklärt werden, dass Parsa oder Persepolis (griech. „Stadt der Perser") eine **Palastanlage der achämenidischen Herrscher** war.

Etwa um **515 v. Chr.** fasste **Darius der Große** den Entschluss, am natürlichen Auslauf des Berges Kuh-e Rahmat („Berg der Gnade") eine Anlage bauen zu lassen, die Macht und Größe des achämenidischen Weltreichs architektonisch zum Ausdruck bringen sollte, wenn auch deren genaue Funktion heute noch umstritten ist. Die natürliche Terrasse wurde da, wo es nötig war, künstlich aufgeschüttet. So entstand ein Areal

> Blick über Persepolis mit dem Apadana im Zentrum

von etwa 400 x 300 m, auf dem im Laufe von etwa 60 Jahren die einzelnen Paläste erbaut wurden, nicht nur während der Regierungszeit von *Darius* (522–486 v. Chr.), sondern auch unter seinen Nachfolgern *Xerxes* (486–465 v. Chr.) und *Artaxerxes* (465–423 v. Chr.).

Regierungs- und Verwaltungszentren des riesigen achämenidischen Reichs waren Susa und Egbatana (Hamadan). Persepolis wurde hauptsächlich zum großen Empfang anlässlich des iranischen Neujahrsfestes und zu Siegesfeiern nach bedeutenden Feldzügen benutzt. **332 v. Chr.** wurde es **von den Truppen Alexanders des Großen besetzt** und ging bei einer Feier der siegreichen griechischen Truppen in Flammen auf. Immer wieder wird behauptet, der Brand in Persepolis sei von Alexander aus Rache für die Zerstörung der Akropolis in Athen durch die Truppen des Xerxes befohlen worden. Dafür gibt es einige Anhaltspunkte, aber keine klaren Beweise. Ebenso ist denkbar, dass das Feuer im Überschwang der Siegesfeiern versehentlich ausbrach. Nach diesem Brand und dem Weiterzug Alexanders nach Zentralasien und Indien verfiel Persepolis. Im Laufe der Jahrtausende wurde es von Trümmern und Schutt überdeckt, überragt nur von einigen Säulen und steinernen Eingangsportalen als Zeugen der großen Vergangenheit.

Rundgang

Vor den wichtigsten Bauten sind Tafeln mit Plänen und Erklärungen aufgestellt. Unser Rundgang beginnt am Fuß der Terrasse. Beeindruckend sind die mächtigen **Quader aus Kalkstein,** die am südlichen Rand der Terrasse bis in eine Höhe von 20 m aufgeschichtet sind. Die Steinbrüche, aus denen sie gebrochen wurden, befinden sich noch heute sichtbar links der Terrasse in den Felswänden des Kuh-e Rahmat. Die Quader wurden so sorgfältig geglättet, dass sie ohne Mörtel die Jahrtausende überdauert haben. Man kann überall auf der Anlage die ausgebesserten Stellen erkennen: Die renovierten Partien weisen ein Muster aus schrägen Riffeln auf, sodass sie vom Originalbestand gut zu unterscheiden sind. Die Treppen, die links und rechts vom Eingang zur Terrasse führen, haben sehr flache Stufen, auf denen auch Reittiere hinaufgehen konnten.

Erst oben auf der **Terrasse** bekommt man einen Eindruck von der Großartigkeit und Monumentalität von Persepolis, obwohl weite Teile der Anlage in Trümmern liegen. Nicht mehr vorhanden sind die teilweise mit glasierten Fliesen versehenen Lehmziegelmauern und die hölzernen Dachkonstruktionen, deren Balken bemalt und mit Goldblech ausgeschlagen waren. Überdauert haben nur die steinernen Säulen, Portale und Reliefs.

Der Rundgang beginnt bei dem von Xerxes erbauten **„Tor aller Länder".** Dieser Torbau mit drei Zugängen wird an der West- und Ostseite von riesigen steinernen **Stierfiguren** nach assyrischem Vorbild bewacht. Über den Stieren mit Menschenköpfen und Schwingen, die das Böse von der Anlage fernhalten sollten, sind **Keilschriftschriften** in drei Sprachen eingraviert. Auch spätere Besucher von Persepolis haben im unteren Teil ihre Namen eingeritzt. Der Torbau war früher überdacht. Hoher Besuch, der bei Hof seine Aufwartung machte, ging vermutlich durch das Ostportal hindurch, folgte einer von Ziegelmauern umschlossenen Passage, von der nur noch Grundmauern zu sehen sind, und gelangte durch das nie fertig gestellte „Tor der Armee" zur „Halle der 100 Säulen", dem Thronsaal des Xerxes. Persische und medische Adeligen gelangten durch das **Südportal** über den offenen Hof direkt zum Apadana, dem Thronsaal des Darius.

An der Nordostecke der Anlage sind moderne Sitztribünen zu sehen, auf denen 1972 die Staatsgäste anlässlich der 2500-Jahrfeier der persischen Monarchie saßen. Durch das unvollendete Monumentaltor gelangt man über einen offenen Platz zur **„Halle der 100 Säulen".** Sie besteht aus einer offenen, von Säulen gestützten Vorhalle und einem Zentralbau, der durch acht Eingänge zu betreten war. Die 100 Säulen, ursprünglich etwa 9 m hoch, sind beim Brand zerborsten, die Basen in regelmäßigen Abständen aber noch gut zu erkennen. Besonders eindrucksvoll sind die **Reliefs** in den Portalwänden, von denen es drei Grundtypen gibt: einmal Xerxes auf seinem Thron sitzend (Nordseite), getragen von persischen und medischen Gardisten, die in mehreren Registern abgebildet sind. Auffallend ist die detailgetreue Zeichnung der Figuren, die an ihren Kopfbedeckungen unterschieden werden können. Zweitens eine ähnliche Darstellung an der Südseite: Hier wird der Thron des Herrschers getragen von

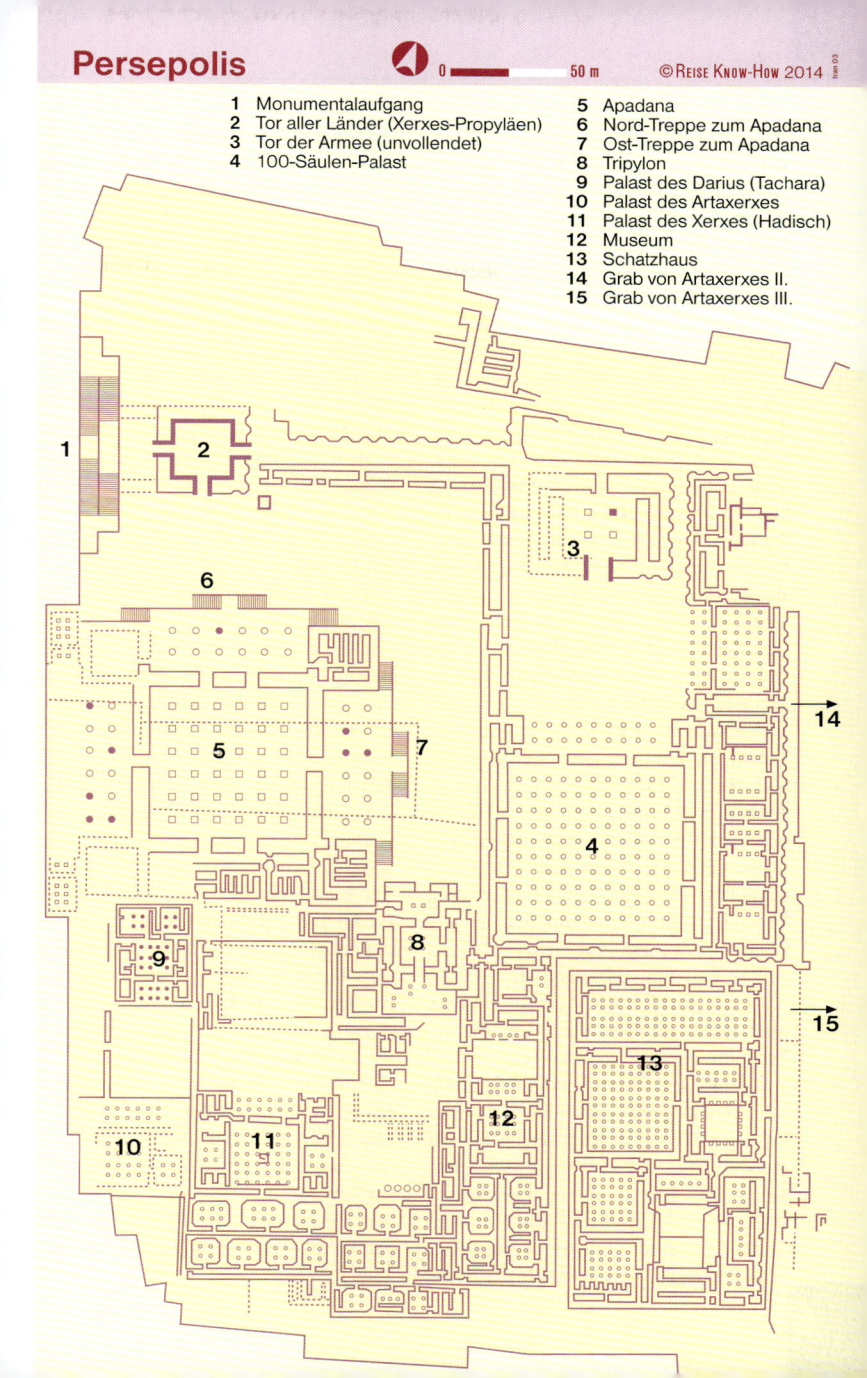

Persepolis

1 Monumentalaufgang
2 Tor aller Länder (Xerxes-Propyläen)
3 Tor der Armee (unvollendet)
4 100-Säulen-Palast
5 Apadana
6 Nord-Treppe zum Apadana
7 Ost-Treppe zum Apadana
8 Tripylon
9 Palast des Darius (Tachara)
10 Palast des Artaxerxes
11 Palast des Xerxes (Hadisch)
12 Museum
13 Schatzhaus
14 Grab von Artaxerxes II.
15 Grab von Artaxerxes III.

© Reise Know-How 2014

den Völkerschaften des Reiches, die aufgrund ihres unterschiedlichen Äußeren zu identifizieren sind. Über dem Thron prangt die geflügelte Sonnenscheibe, das Symbol der altpersischen Gottheit Ahura Mazda. An der Westseite schließlich die Darstellung des Herrschers im Kampf mit einem riesigen Löwen, der von ihm besiegt wird.

Durch diese westlichen Portale gelangt man zum östlichen Vorhof des **Apadana,** dem eindrucksvollsten aller Paläste von Persepolis. Wie aus Gründungstafeln aus Gold und Silber, die an der Nordmauer gefunden wurden, hervorgeht, wurde der Bau von Darius begonnen und von Xerxes zu Beginn seiner Regierungszeit vollendet. Hier fanden die großen Empfangszeremonien zum Neujahrsfest statt, wie auf den Reliefs an der Ost- und Nordseite der Felsterrasse dargestellt. 10.000 Menschen sollen in dem Gebäude Platz gefunden haben. So eindrucksvoll die verbliebenen Reste auf den heutigen Betrachter wirken mögen, sie vermitteln nur einen schwachen Eindruck des ursprünglichen Bauwerks. Knapp 20 m ragten die Säulen empor, die Holztore waren mit Goldplatten belegt, die Wände mit farbigen Kacheln und Wandmalereien verziert.

Die Reliefdarstellungen sind an der Ost- und Nordseite in Aufbau und Darstellung identisch, nur schreiten die Abgesandten der Reichsvölkerschaften und die Adeligen in verschiedene Richtungen. Sehenswerter, weil besser erhalten, sind die Reliefs an der Ostseite. Sie waren Jahrtausende hindurch von Asche und Schutt bedeckt und wurden erst um 1930 freigelegt, während die Nordseite immer Wind und Wetter preisgegeben war. Rechts vom Treppenaufgang ist der Aufmarsch von persischen und medischen Adligen dargestellt, angeführt von elamischen Gardisten. Xerxes ließ dort zwei Felder mit einer **Inschrift** in elamischer und babylonischer Keilschrift anbringen, inhaltlich identisch mit der altpersischen Version links vom Treppenaufgang. Auf den äußeren Treppenwangen im Zentrum sind persische und medische Gardisten in Lebensgröße dargestellt, links und rechts eingerahmt von der Darstellung eines Löwen, der einen Stier schlägt. Auch dies ist ein Symbol, das auf das Neue Jahr, die Tag- und Nachtgleiche im Frühjahr verweist. Von diesem Zeitpunkt an sind die Tage wieder länger als die Nächte; das Licht siegt über die Dunkelheit, ebenso wie der Löwe über den Stier.

Der **bekannteste Teil der Reliefs** liegt links vom Treppenaufgang, die Darstellung der 23 Delegationen, die dem König ihre Aufwartung machen und Tributgaben bringen: Löwen aus Elam, Giraffen aus Abessinien, zweihöckrige Kamele aus Zentralasien sowie Prunkwaffen und -gefäße. Sie sind in drei Registern übereinander aufgereiht, jedes Feld der hintereinander Heranschreitenden ist durch einen Lebensbaum vom nächsten getrennt. Die Reihenfolge ist keinesfalls beliebig, als Erstes erscheinen im obersten Feld rechts die Meder, die den Persern von allen Reichsvölkern am Nächsten standen. Dann folgen die Elamer und alle weiteren. Bei allen Völkern sticht die genaue, fast fotorealistische Darstellung der Details hervor, vielleicht am eindrucksvollsten bei der Löwin mit prallen Zitzen im Feld der Elamer, die fauchend den Kopf wendet und nach ihren Babys schaut, die hinter ihr herangetragen werden.

Erst die Freilegung dieser Reliefs hat gezeigt, welchem Zweck diese Hauptanlage von Persepolis diente. Seit einigen Jahren versucht man, die Reliefs mit einem Dach vor der starken Sonneneinstrahlung zu schützen. Seitdem erübrigt sich auch die Frage, zu welcher Tageszeit man sie am besten fotografiert.

Beide Treppenaufgänge an der Ostseite des Apadana führen hinauf zum großen **Thronsaal**, der durch eine offene Säulenhalle mit zwölf Säulen zu betreten war. Die Audienzhalle selbst ist quadratisch mit einer Seitenlänge von 75 m. Das beim Brand zerstörte Holzdach mit Balken aus Zedern- und Teakholz wurde von 36 Säulen getragen, die von der Basis bis zum Kapitell knapp 20 m hoch aufragten. Diese Kapitelle in Form von Stierprotomen hatten in der Mitte sorgfältig geglättete Aussparungen, in die die Trägerbalken der Dachkonstruktion aufgelegt wurden. Die Partie unter dem Kapitell hatte die Form einer umgestülpten Lotosblüte mit aufgesetzten Voluten. Die Säulenschäfte bestanden aus mehreren Trommeln, die an den Planflächen sorgfältig geglättet und in ihrem Zentrum mit bronzenen Bolzen versehen waren, um ein gegenseitiges Verschieben zu verhindern. Die Trommeln verjüngten sich nach oben im Durchmesser, was den eleganten, hoch aufstrebenden Eindruck unterstrich und außerdem Gewicht sparte. Die Mantelflächen waren kanneliert, sodass der Eindruck entstand, sie seien aus einem Schaft gearbeitet. Die Basis, die eine gewaltige Last zu tragen hatte, bestand aus einem runden Sockel von fast zwei Metern Durchmesser.

Nach dem Durchschreiten des Apadana lohnt sich ein Gang zur westlichen offenen Vorhalle direkt am Rand der Terrasse, wo einem die gesamte Ebene von Marvdasht zu Füßen zu liegen scheint. Südlich davon schließt sich auf einer um zwei Meter erhöhten Felsplattform der **Tachara**, der Privatpalast von Darius, an. Er ist über Freitreppen an der West- und Südseite zu betreten. Die Steinpartien des quadratischen Innenraums waren spiegelblank poliert, an der Nordseite schlossen sich Nebenräume an, die wahrscheinlich als Bade- und Umkleideräume dienten. An den Verbindungsportalen zu diesen Räumen sind auf Reliefs die königlichen Diener mit Sonnenschirm, Fliegenwedel, Duftbehältern und Handtüchern dargestellt. Weitere Reliefs in diesem Palast, die den Herrscher im Kampf mit mythologischen Ungeheuern oder begleitet von Höflingen darstellen, sind in späterer Zeit beschädigt worden. An den Kopfpartien und Kleidersäumen sind Löcher zu erkennen, in denen Beschläge aus Edelmetall befestigt waren. In den oberen Partien der südlichen Vorhalle sind wiederum dreisprachige Keilschriftinschriften zu erkennen.

Gegenüber liegt auf der Südseite der unvollendete **Palast von Artaxerxes I.**, der wenig Sehenswertes zu bieten hat.

Östlich davon führt eine Treppe zur höchsten Stelle der Terrasse, wo sich der **Palast des Xerxes**, auch **Hadisch** („Wohnraum") genannt, befindet. Der Mittelsaal, einst von 36 Säulen gestützt, ist deutlich größer als der des Darius-Palastes. Man erreicht ihn über eine offene Vorhalle mit zwölf Säulen. An den Portalen wird der Herrscher mit Höflingen beim Betreten und Verlassen des Palastes gezeigt. Aus der Tatsache, dass der Xerxes-Palast beim Brand von Persepolis besonders stark in Mitleidenschaft gezogen wurde, schließen einige Forscher die planmäßige Brandschatzung durch Alexander.

Museum

Von hier aus geht es in östlicher Richtung über eine Treppe in Richtung des **Tripylon,** ein nur noch in Resten erhaltener kleiner Torpalast, der die Verbindung zwischen Apadana und 100-Säulen-Palast einerseits und den Privatpalästen andererseits herstellt. Rechts davon befindet sich heute das Museum mit einer Cafeteria am Vorhof und Toiletten rechts vom Eingang. Dieser Bau ist von den Ausgräbern errichtet worden, früher sollen sich hier die Gebäude des königlichen Harems befunden haben. Die Eingangsfront ist in Form einer offenen Vorhalle mit Holzsäulen nach achämenidischem Vorbild gestaltet. Hier kann man gut sehen, auf welche Weise die Kapitelle und Dächer in achämenidischer Zeit errichtet wurden. Das Museum präsentiert kleinere **Funde aus Persepolis** sowie prähistorische **Keramik und Handwerkserzeugnisse** von Siedlungshügeln aus der Umgebung. An einer Stelle ist im Boden noch der ursprüngliche rote Verputz aus der Zeit des Darius zu sehen.

Schatzhaus

Das große Gelände östlich vom Museum, wo nur noch Säulenbasen zu erkennen sind, halten die Forscher für die Gebäude des Schatzhauses, wo die Tribute und die Kriegsbeute der Achämeniden gesammelt wurden. Alexander soll seinerzeit zum Abtransport der riesigen Beute nach Ekbatana 10.000 Maultiere und 5000 Kamele eingesetzt haben. Im Zentrum dieses Geländes ist unter einem Dach ein großes Relief, das sogenannte **Schatzhaus-Relief** ausgestellt. Eine besser erhaltene, gleichartige Version befindet sich im Nationalmuseum in Teheran. Beide Exemplare waren einst an den Aufgangstreppen zum Apadana angebracht, wurden aber entfernt und bei den Ausgrabungsarbeiten auf dem Gelände des Schatzhauses gefunden. Südlich daran schließt eine kleine Freifläche mit einem Pavillon für Erfrischungen und Sitzgelegenheiten an.

Felsgräber

Ein wunderbarer **Ausblick** über die Terrasse von Persepolis bietet sich von den beiden Felsgräbern am Hang des Kuh-e Rahmat. Das weiter nördlich gelegene wird *Artaxerxes II.* (404–359 v. Chr.) zugeschrieben, das südliche *Artaxerxes III.* (359–337 v. Chr.). In der Anlage und den Reliefs gleichen sie den Vorbildern in Naqsh-e Rostam.

Öffnungszeiten und Eintritt

■ Die Anlage in Persepolis ist täglich von 7–19 Uhr geöffnet, Eintritt 15.000 Tuman, das Museum kostet 5000 Tuman extra.

Anfahrt

■ Für die Besichtigung von Persepolis, Naqsh-e Rostam und Pasargad an einem Tag sollte man sich in Shiraz über eine Reiseagentur oder ein Hotel ein **Fahrzeug mit Fahrer** mieten (Kosten ca. 50 US$) oder einfach einen **Taxifahrer** ansprechen und den Preis aushandeln. Die **Pars Tourist Agency** in Shiraz bietet auch Touren in kleinen Gruppen mit fremdsprachigen Führern an.

■ Wer Persepolis mit dem **Minibus** erreichen möchte, fährt in Shiraz vom Terminal-e bozorg am Bolvar-e Salman-e Farsi. Auch hier findet man in der Regel Taxis für einen Tagesausflug. Weitere **Bus-**

se nach Marvdasht verkehren vom kleinen Terminal nördlich des Flusses in der Kh. Saheli. Ab Marvdasht muss man dann mit dem Taxi weiterfahren.

Unterkunft

■ Das kleine **Hotel Apadana**② (zuletzt geschlossen) am Rande der Terrasse von Persepolis diente einst als Unterkunft für offizielle Gäste, dann wurde es einige Zeit vernachlässigt. Vor der Schließung (vorübergehend?) ließ sich kaum ein schönerer Ort finden, um zum Sonnenuntergang auf der kleinen Terrasse neben dem Wasserbecken mit dem Pelikan die Eindrücke des Tages Revue passieren zu lassen. Tel. 0729-4326368, www.hotel-apadana.com.

■ Weiter entfernt, an der Zufahrt aus Richtung Marvdasht, ca. 1,5 km vor Persepolis, bietet das **Hotel Tourist Inn**② Unterkunft in kleinen Bungalows, Tel. 0729-44740001.

Essen und Trinken

■ **Imbisse und Läden mit Erfrischungen** befinden sich neben dem Parkplatz am Eingang des Geländes. Auf dem Gelände im hinteren Teil jenseits des Schatzhauses gibt es ein kleines **Restaurant**, einen Erfrischungsstand findet man neben dem Harem/Museum.

■ Ein empfehlenswertes Restaurant in der Nähe von Persepolis ist das **Lane Tavous**, direkt an der Hauptstraße nach Isfahan gelegen. Man erreicht es von der Palastterrasse aus, indem man über den Parkplatz auf der Straße in Richtung Norden fährt. An der Einmündung in die Hauptstraße Shiraz – Isfahan rechts abbiegen, das Restaurant liegt rechts der Straße. Wenn in der Hauptsaison in Persepolis viele Reisegruppen unterwegs sind, herrscht allerdings Platzmangel auf der Terrasse des Lane Tavous. Tel. 0729-4472095, mobil 0917-1284572.

■ Das **Restaurant Parsian** liegt an der Zufahrtsstraße aus Marvdasht nach Persepolis, ziemlich genau gegenüber dem Hotel Tourist Inn. Gute Auswahl an Gerichten und viel Platz mit einer Freiluftterrasse. Tel. 0729-4473555, mobil 0917-1282942.

Naqsh-e Rostam

Die Felsgräber von Naqsh-e Rostam sind etwa **7 km von Persepolis entfernt.** An der oben beschriebenen Einmündung biegt man nicht auf die Hauptstraße ab, sondern überquert diese und folgt der schnurgeraden Straße. Nach einer Unterführung kann man die Felswand von Naqsh-e Rostam schon von Weitem erkennen. Die neue Eisenbahntrasse muss ebenfalls passiert werden. Dass sie nur wenige 100 Meter an einer historischen Stätte von Rang verlegt wurde, zeigt, welche geringe Bedeutung diese für Planer und Politiker hat(te). Nach ca. 3 km mündet die Straße auf einen Parkplatz mit Wärterhäuschen (Eintritt 10.000 Tuman, geöffnet tägl. 7 bis 19 Uhr). Das beste Fotolicht ist morgens gegeben.

Felsgräber

Obwohl man über die Errichtung der Gräber nicht viel weiß, kann es kein Zufall sein, dass sie fast in Sichtweite von Persepolis in den Fels gehauen wurden. Der hinter der Wand gelegene Berg ist eine **uralte Nekropole**, wie viele dort aufgefundene Grabanlagen beweisen. Das ursprüngliche Niveau vor der Felswand lag etwa 9 m tiefer, sodass in früherer Zeit ihre Ausstrahlung noch viel majestätischer gewesen sein muss.

Von den vier kreuzförmigen Grabfassaden kann nur eine eindeutig identifiziert werden: Eine Inschrift, die ohne Fernglas allerdings nur schwer zu erkennen ist, nennt *Darius den Großen* und listet seinen Stammbaum auf sowie die Völker, über die er herrschte. Die beiden links daneben gelegenen Gräber und dasjenige in der rechts abknickenden Felswand werden den Nachfolgern des

Darius, *Xerxes, Artaxerxes II.* und *Darius II.* zugeschrieben.

Die **Fassade** ist bei allen vier Gräbern auf die gleiche Weise ausgeführt. Die Mittelachse des Kreuzes ist gestaltet wie die Vorhalle eines der achämenidischen Paläste in Persepolis mit einer Graböffnung, die früher mit einer Steinplatte verschlossen war. In einem Relief im oberen Feld tragen die in zwei Reihen übereinander aufgestellten Reichsvölker den Thron des Herrschers. Dieser steht auf dem Thron vor einem Feueraltar, das Gesicht Ahura Mazda zugewandt, dessen geflügeltes Symbol über der Szenerie schwebt. Das Innere der Grabkammer muss zu sehr früher Zeit geplündert worden sein, weil dort von den Archäologen nichts gefunden wurde. Die sterblichen Überreste der Beigesetzten waren in Sarkophagen in drei nebeneinander in den Fels getriebenen Kammern abgelegt.

Kabeh-ye Zartosht

Gegenüber der Felswand steht ein **Gebäude,** dessen Funktion nach wie vor umstritten ist. Die Kabeh-ye Zartosht („Kaba'a des Zarathustra") wird von ei-

In den Fels gemeißelte Geschichtsschreibung: Shahpur-Relief in Naqsh-e Rostam

Provinz Fars

Steinquadern gearbeitete Treppe hinaufführt, weist an drei Seiten Blindfenster aus dunklem Kalkstein auf. In die gesamte Fläche sind rechteckige Vertiefungen eingearbeitet.

Wenn man vor dem Eingang stehend links darum herumgeht, sind am Unterteil der Außenmauer **sasanidische Inschriften** angebracht, mit bloßem Auge allerdings kaum zu erkennen. Sie stammen aus dem 3. Jh. n. Chr. und gehen auf *Shahpur I.* (241–272) und einen an seinem Hofe einflussreichen Priester namens *Kartir* zurück. Shahpur lässt in der Inschrift in Parthisch, Mittelpersisch und Griechisch über seine siegreichen Feldzüge gegen die Römer berichten.

Sasanidische Felsreliefs

Wenden wir uns wieder der Felswand zu, wo unter den Gräbern acht sasanidische Felsreliefs angebracht sind, die überwiegend aus dem 3. Jh. n. Chr. stammen. Das erste, direkt in der Achse des Eingangs gelegen, stellt die **Investitur von Narseh** (293–302) dar. Diese Art der Darstellung finden wir bei zahlreichen sasanidischen Reliefs. Das Besondere ist, dass der Herrscher nicht wie sonst von Ohrmuzd (mittelpersisch für Ahura Mazda) in sein Amt eingesetzt wird, sondern von Anahita, der altiranischen Göttin des Wassers und der Fruchtbarkeit.

Direkt unter dem Darius-Grab sieht man zwei Reliefs mit Reiterkampfszenen, deren Zuordnung umstritten ist. Das dritte Relief links neben dem Grab zeigt den über die Römer triumphierenden *Shahpur I.* Kaiser *Valerian* hat er am Handgelenk ergriffen als Zeichen für dessen Gefangennahme. Neben diesem kniet *Philipp Arabs,* der sich gegen Tri-

nigen Forschern als Tempel bezeichnet, in dem das heilige Feuer brannte. Dagegen spricht, dass der Innenraum des 12,50 m hohen Gebäudes bis auf die Eingangstür völlig geschlossen ist. Kein Rauch hätte von hier abziehen können. Andere sehen in ihm eine Art provisorisches Grab für die später in den Felsgräbern Beigesetzten. Sicher ist nur, dass es aus der Zeit der Achämeniden stammt und in Zusammenhang mit den Gräbern der Könige stand. Ein fast identischer Vorläuferbau, von dem heute nur noch eine Wand steht, befindet sich in Pasargad. Die Fassade des Kalksteinbaus, zu dessen heute offenem Eingang eine aus

butzahlung freigekauft hat, in bittender Gebärde. In der Ecke rechts oben hat sich offensichtlich nachträglich der schon erwähnte Großpriester Kartir verewigen lassen.

Das vierte Relief, direkt unter dem mittleren Felsgrab, ist stark verwittert. Es stellt ebenfalls einen Reiterkampf dar, wobei es über die abgebildeten Akteure unterschiedliche Meinungen gibt. Entweder zeigt es *Bahram IV.* (388–399) oder *Hormuzd II.* (303–309).

Zwei weitere Reliefs sind außerhalb der alten Umfassungsmauer gelegen: in der äußersten Ecke die Investitur *Ardeshirs I.,* links zu Pferde sitzend, der den bebänderten Ring der Königswürde aus den Händen des Gottes Ohrmuzd entgegennimmt. Dieser sitzt ebenfalls zu Pferde; unter beiden Reittieren sind die Körper gefallener Feinde dargestellt. Unter Ardeshir ist wohl der letzte Partherkönig *Artabanos IV.* dargestellt und in Analogie dazu Ahriman, der Herr des Bösen, unter dem Pferd des Ohrmuzd.

Rechts daneben findet sich ein Relief auf einer Felskrümmung, von dem nur der obere Teil ausgearbeitet ist. Es zeigt *Bahram II.* (276–293) mit Familie. Die zweite Figur von links zeigt die Königin, kenntlich an ihren Löckchen. Dieses Relief ist offensichtlich über ein wesentlich älteres aus der Zeit der Elamer gearbeitet worden, dessen Reste am rechten Rand noch gut zu erkennen sind: eine männliche Gestalt, die Hände in betender Gebärde vor der Brust verschränkt, mit einer Spitzkappe auf dem Kopf.

Feueraltäre

Jenseits des Zauns, wo der Berg ausläuft, sind zwei Feueraltäre aus dem massiven Fels herausgemeißelt worden, wahrscheinlich in sasanidischer Zeit. Um sie zu sehen, muss man zum Eingang zurückkehren und vom Parkplatz der Straße nordwärts folgen.

Nach der Besichtigung von Naqsh-e Rostam kehrt man zur Hauptstraße zurück. Schräg gegenüber der Einmündung hinter einer Einzäunung sind in einem großen Felsspalt, **Naqsh-e Rajab** genannt, vier weitere sasanidische Reliefs in den Fels gehauen. Hier ist das Licht am Mittag und am frühen Nachmittag für Fotos am besten.

Pasargad

Der Weg von Shiraz nach Pasargad (90 km) geht in Richtung Isfahan, vorbei an den Ausläufern des Kuh-e Rahmat. An der Rückseite des Berges liegen die Überreste der alten Stadt Istakhr, interessant wohl nur für archäologisch Interessierte. Die Straße verläuft weiter auf der Hochebene. An der linken Seite sind eine Reihe von **Ziegeleien** zu sehen: Massen von Ziegeln werden hier zu großen Rundbauten aufgeschichtet und von außen mit Lehm bestrichen. Im Inneren entzündet man dann ein Gasfeuer und brennt so die Ziegel.

Die einzige größere Siedlung auf dem Weg nach Pasargad, **Sa'adat Shahr,** wird 50 km hinter Naqsh-e Rostam passiert. Wenn man Pasargad besichtigen will, kann man bis hierher mit dem Minibus fahren, muss aber zur Weiterfahrt ein Taxi nehmen. 17 km hinter Sa'adat Shahr zweigt eine Allee links ab in Richtung Pasargad, das 9 km von der Hauptstraße entfernt liegt. Der Weg führt durch zwei Dörfer, die von sesshaft gewordenen Nomaden bewohnt werden. Am Ende der

Provinz Fars

zweiten Ortschaft, **Masjed-e Madar-e Soleiman,** erreicht man den durch ein Tor abgesperrten ehemaligen **Palastbezirk** (Eintritt 10.000 Tuman) von *Kyros dem Großen* (559–530 v. Chr.).

In einer Höhe von fast 1900 m gelegen und eingerahmt von Bergketten, deren Spitzen noch im Frühjahr von Schnee bedeckt sind, ist dies **einer der geschichtsträchtigsten Orte im gesamten iranischen Hochland.** In der Hochebene von Morghab waren die iranischen Stämme nach jahrhundertelanger Wanderschaft sesshaft geworden und hatten unter ihrem ersten historisch fassbaren Herrscher *Achämenes* (700–675 v. Chr.) ein kleines Königreich begründet. In der Nähe von Pasargad soll 550 v. Chr. die Schlacht zwischen dem Mederkönig *Astyages* und *Kyros II.* stattgefunden haben, von hier aus nahm das persische Weltreich seinen Ausgang.

Die Anlage konzentriert sich nicht wie in Persepolis auf einer einzigen Terrasse, sondern ist **weitläufig angelegt,** mehr in der Art eines großen Lagers mit Bauten, die weit voneinander entfernt sind. Die Anlage hatte früher einen parkartigen Charakter; noch heute auf dem Gelände zu findende Wasserleitungen bewässerten die Gärten. Sie wurden gespeist von dem Fluss Polvar, dessen Lauf sich heute geändert hat.

Der Name Pasargad ist wahrscheinlich zurückzuführen auf einen der wichtigsten frühen persischen Stämme, Pasragada. Die ersten umfassenden **Grabungen** wurden hier ebenfalls von *Ernst Herzfeld* Ende des 19. Jh. durchgeführt. Der Engländer *David Stronach* vervollständigte dann durch seine Grabungen 1961–63 unsere Kenntnisse über diesen eindrucksvollen Ort.

Die Besichtigung beginnt am **Grab des Kyros,** direkt in der Verlängerung des Eingangstores gelegen. Das Grabgebäude ruht auf einem sechsstufigen Aufbau, der an eine mesopotamische Ziggurat (Stufentempel) erinnert. Seine sorgfältig zugehauenen Quader aus Kalkstein wurden ohne Mörtel verlegt und durch Klammern aus Metall verstärkt. Unterbau und Grabkammer, jeweils 5,50 m hoch, ergaben eine Gesamthöhe von 11 m, wobei die Spitze des Satteldachs zum Teil verfallen ist. Die Grabkammer

Keilschriftinschrift in Pasargad

besteht aus einem einzigen Raum von 2 x 3 m. Griechische Geschichtsschreiber berichten, dass die sterblichen Überreste des Kyros in einen goldenen Sarkophag gebettet waren, der auf einer ebenfalls goldenen Kline stand. Auf einem goldenen Tisch waren Schätze ausgebreitet. Diese hat schon *Alexander der Große,* ein Bewunderer Kyros', der das Grab mindestens zweimal besucht hat, nicht mehr gesehen – das Grab war vorher geplündert worden. Überliefert ist auch eine Inschrift an der Außenwand des Grabes, von der aber nie Spuren gefunden wurden.

Vom Grab führt die Straße in nordöstlicher Richtung weiter zu den Resten zweier Palastanlagen. Dort, wo sie sich verzweigt, geht es rechter Hand zum sogenannten Audienzpalast und den Resten eines **Torgebäudes,** dem ursprünglichen Eingang zum Palastbezirk jenseits des ehemaligen Flusslaufes. Dieser war früher, ähnlich wie in Persepolis noch zu sehen, von riesigen geflügelten Stieren flankiert, die nicht erhalten sind. Zu besichtigen ist dagegen ein eindrucksvolles **Relief,** das ein geflügeltes menschliches Wesen mit elamischem Gewand und ägyptischer Fischkrone zeigt. Böse Geister sollten damit von der Anlage ferngehalten werden. Eine dreisprachige Inschrift („Ich, Kyros, König der Achämeniden"), die Reisende des 19. Jh. noch vorgefunden haben, ist leider nicht erhalten.

Von hier aus geht man zurück zum **Audienzpalast,** der in der typisch achämenidischen Bauweise mit offenen, säulengestützten Vorhallen und erhöhtem, rechteckigem Zentralgebäude errichtet wurde. Von seinen acht Säulen ragt nur noch eine empor. Bemerkenswert ist die effektvolle Verwendung von hellem und dunklem Kalkstein. An zwei Eingangsportalen sind Reste von Reliefs zu sehen, die auf dunklem Kalkstein Fabelwesen zum Schutz des Palastes darstellen. Mit besonderer Sorgfalt wurden die Quader für den Fußboden verlegt. Sie sind so glatt, dass sie noch nach 2500 Jahren wie poliert wirken. An der Südostecke des Gebäudes ist ein Eckpfeiler mit dreisprachiger Inschrift erhalten.

Etwa 300 m entfernt liegen die Reste des **Residenzpalastes,** der in seiner Gestalt dem Audienzpalast ähnelt. Die größtenteils verwitterten Reliefs zeigen den König beim Verlassen der Anlage. Keilschriftzeichen auf den Falten des Gewandes geben darüber Auskunft.

Vom Palast führt eine Straße in nördlicher Richtung zu den Resten des sogenannten **Zendan-e Soleiman** (Gefängnis des Salomo), dem Vorbild für die Kabeh-ye Zartosht in Naqsh-e Rostam. Nur eine Mauer ist noch in voller Höhe erhalten. Auch hier ist ungeklärt, ob es sich um einen Tempel oder möglicherweise einen Grabbau handelt.

Die Straße führt weiter zu einer großen, künstlich angelegten Steinterrasse mit Namen **Takht-e Madar-e Soleiman** (Thron der Mutter Salomos), auf der man eine Festungsanlage oder das Schatzhaus vermutet.

Nach der Besichtigung fährt man zurück zur Hauptstraße. Nach Shiraz geht es rechts in südlicher Richtung, nach Yazd (315 km) und Isfahan (390 km) in nördlicher Richtung. Kurz hinter Pasargad zweigt eine Straße ab in Richtung **Qaderabad** und **Bavanat,** eine nur dünn besiedelte Region am Rande der Wüstensteppe. Am Fuß der Berge gibt es ausreichend Wasser, um ausgedehnte Anpflanzungen mit Walnüssen, Granatäpfeln und Weingärten zu betreiben. Neben Land- und Nomadenwirtschaft gibt es **Höhlen** mit sehr alten Höhlenmalereien und Reste eines sasanidischen **Feuerheiligtums.**

Zwischen Mai und September nutzen auch Gruppen von **Khamseh-Nomaden** die Bergweiden im Bavanat-Gebiet. Sie setzen sich aus fünf (*khams* = arabisch für fünf) Persisch und Arabisch sprechenden Stämmen zusammen. Ihre Winterlager haben sie in der Gegend von Darab im Süden der Provinz Fars.

In dem kleinen Dorf **Bazm,** zu erreichen über die Straße von Bavanat nach Khatam, gibt es eine für iranische Verhältnisse erstaunliche Unterkunft, das **Dorfgasthaus von Abbas Barzegar,** der sich hier vor einigen Jahren direkt gegenüber dem Imamzadeh Hamzeh niedergelassen hat. Nachdem mehrfach Touristen Unterkunft bei ihm begehrt hatten, baute er sein Haus um und zwei kleine Gebäude mit Wohn- und Schlafräumen hinzu – so kann er bis zu 20 Gäste beherbergen. Fast wirkt das Haus wie ein kleiner Bauernhof mit Schafen, Ziegen, Kühen, Hühnern, Enten und Truthähnen. Im Hof unter dem Zeltdach mundet die köstliche Hausmannskost von Ehefrau *Roghayieh*. Hier wird nur zubereitet, was die eigene Land- und Viehwirtschaft hergibt – Biokost auf Persisch und eine willkommene Abwechslung nach dem Einerlei in vielen Restaurants. Die Kinder helfen bei der Bewirtung, im Sommer ist *Abbas* gerne bereit, Ausflüge zu den Nomaden zu organisieren. Man erreicht Bazm aus Shiraz, Yazd oder Shahr-e Babak per Bus bis Suryan, von dort weiter mit dem Taxi. Reservierung möglich unter contact@bavanatecotour.com, telefonisch (wenig Englisch) unter 0752-3262357 oder mobil 0917-3173597.

Bishapur und Firuzabad

Die Besichtigung von Bishapur und Firuzabad lässt sich zu einem schönen **Tagesausflug** verbinden. Dazu muss man morgens zeitig von Shiraz mit dem Taxi aufbrechen. Es ist auch möglich, Bishapur mit dem Überlandbus Richtung Bushehr oder Kazerun zu erreichen, dann stellt sich aber das Problem der Rückkehr nach Shiraz, es sei denn, man reist weiter zum Persischen Golf oder nach Ahvaz. Dann muss man versuchen, zum Verkehrskontrollpunkt Qa'emiyeh (s.u.) zurückzukehren und einen der dort haltenden Busse zu besteigen.

Bishapur

Zum Besuch der **sasanidischen Stätten** von Bishapur (135 km) verlässt man Shiraz auf der gut ausgebauten Straße in Richtung Bushehr und Ahvaz. Sie führt die Berge hinauf und erreicht dann die fruchtbare Hochebene von Arjan. Sie ist weitgehend identisch mit der Königsstraße, die in der Zeit der Achämeniden von Persepolis nach Susa verlief. Nach Durchquerung der Arjan-Ebene geht sie in abenteuerlichen Kurven auf 2000 m hinauf, um dann an der Südseite der **Zagros-Berge** steil abzufallen. Von der Passstraße erkennt man die Schlucht von Abol Hayat, auf der man von Süden kommend die Berge erklimmt.

Nachdem die Schlucht durchquert ist, erreicht man das nur noch flach gewellte

Zagros-Vorland. Auf beiden Seiten der Straße stehen Steineichen mit mächtig ausladenden Kronen, Reste von früher viel ausgedehnteren Wäldern. Bei **Qa'emiyeh** (130 km) zweigt die Straße nach Bushehr und Kazerun links ab. Nach weiteren 6 km erreicht man die Abzweigung nach Bishapur; hier links abbiegen.

Von der Abzweigung etwa 4 km entfernt liegt die **Schlucht von Choqan.** An dieser Stelle ließ im Jahr 266 n. Chr. *Shahpur I.* (241–272) eine seiner Königsstädte errichten. Weil er 260 ein großes römisches Heer bei Edessa (heute Urfa in der Osttürkei) unter Führung Kaiser *Valerians* schlug und dabei etwa 70.000 Gefangene machte, gehen die Archäologen davon aus, dass beim Bau der Stadt auch römische Kriegsgefangene beteiligt waren. Darauf deutet auch hin, dass die Stadt nach dem Schachbrettmuster griechisch-römischer Städte („hippodamisches System") angelegt wurde und nicht kreisrund, wie bis dahin in Iran üblich. 637 wurde Bishapur von den Arabern erobert und die meisten Bewohner wanderten nach Kazerun aus, sodass die Stadt verfiel. Zwischen 1933 und 1940 wurde ein Teil des Geländes von französischen Archäologen freigelegt. Auf der rechten Seite der Straße hinter der Brücke über den Shahpur-Fluss ist hinter dem Parkplatz ein Tor mit Wärterhäuschen zu sehen, dies ist der **Eingang zur alten Stadt Bishapur** („Die schöne Stadt des Shahpur"). Die berühmten Felsreliefs in der Schlucht zu beiden Seiten des Flusses befinden sich links der Straße. Auf einem Bergrücken sind noch deutlich Mauerreste der sasanidischen Burg zu erkennen.

Ausgrabungsfeld

Zur Besichtigung des Ausgrabungsgeländes geht es an der alten **Stadtmauer** entlang. Die mächtige, aus Hausteinen mit Mörtel zusammengefügte Mauer war einst etwa 10 m hoch, Teile sind bis in eine Höhe von ca. 3 m restauriert worden. Sie ist nicht glatt, sondern besteht aus einer Folge von aus der Mauer hervorspringenden Halbtürmen mit teilweise nur 40 cm Abstand zwischen den Rundungen. Türme und Mauern waren in früherer Zeit großflächig mit Stuck überzogen.

◁ Überlebensgroße Skulptur von Shahpur I. in der Mundan-Höhle bei Bishapur

Am Ende der Mauer biegt man links ab und gelangt zu den Resten des Shahpur-Palastes. Vor dem Palast ragen zur Linken die Mauern eines **Tempels** empor, die teilweise noch bis zur ursprünglichen Höhe von 15 m erhalten sind. Eine Treppe mit 24 Stufen, überdacht von einem Tonnengewölbe, führt zum quadratischen Kultraum hinab. Die oben offene Cella trug früher eine Dachkonstruktion, von der noch ein Kragstein in Form eines Stierkopfs zu sehen ist. Der aus Steinplatten gefügte Fußboden weist in der Mitte eine Vertiefung auf, in den Kreuzachsen sind Durchlässe deutlich zu sehen. Hier wurde früher zu den Kulthandlungen Wasser herangeführt und gesammelt. Drei Durchgänge gewähren Zugang zu einem um das ganze Gebäude herumführenden Gewölbegang mit Wasserzuführungen. Diese **Kanäle** wurden früher mit Wasser aus dem Shahpur-Fluss gespeist. Wegen der Verwendung von Wasser geht die Forschung davon aus, dass es sich bei diesem Heiligtum um einen Tempel zur Verehrung der altiranischen Fruchtbarkeitsgöttin Anahita gehandelt hat.

Der **Palast des Shahpur** besteht aus einem kreuzförmigen Saal mit einem großen Zentralraum, umgeben von vier dreifach gewölbten Iwanen. Während der Ansatz der Gewölbe am Mauerwerk noch teilweise zu sehen ist, ist die Frage ungeklärt, ob der Zentralraum ursprünglich überkuppelt war oder nicht. Von den insgesamt 64 Wandnischen sind einige noch zu sehen und auch Reste von Stuckverzierungen. Am nordwestlichen Iwan ist eine Partie der Wand mit Glasscheiben bedeckt, die die Reste von Bemalungen schützen soll. Mäandermotive und Ranken nach griechischem Vorbild sind noch in Resten zu erkennen.

Nach Osten hin schließt sich ein weiterer rechteckiger Saal an den Großen Thronsaal an. Er wird manchmal auch als „Gefängnis des Valerian" bezeichnet: Angeblich soll hier der römische Kaiser in Gefangenschaft gehalten worden sein – eine nette Geschichte, leider ohne jeden Beleg in den historischen Quellen! Die Wand am südlichen Eingang weist noch Reste eines dreigliedrigen Tonnengewölbes auf. Die prachtvollen **Fußbodenmosaike,** mit denen ein Teil des Bodens ausgelegt war, sind heute nur noch im Museum in Teheran und im Louvre zu bewundern. Auf ihnen sind Höflinge, die königliche Familie sowie Tänzer und Musikanten dargestellt. Die Mosaiken zeigen eine Kombination römischer und iranischer Motive, wobei Erstere sicherlich auf die Arbeit der erwähnten römischen Kriegsgefangenen zurückgehen.

Ein großer Teil der alten Stadt Bishapur, deren frühere Einwohnerzahl auf 50.000 bis 80.000 geschätzt wird, ist bis heute nicht ausgegraben worden. Auf dem Rückweg zum Eingang ist linker Hand noch ein Gebäude zu sehen, das in islamischer Zeit in eine Moschee oder Medrese umgebaut wurde. Wem das Wandeln in antiker Umgebung Spaß macht, der geht von hier nicht zum Ausgang zurück, sondern links herum durch große Berge von Schutt, die noch nicht freigelegt wurden. Wenn man den ausgetretenen Pfaden folgt, kommt man an eine Stelle, wo noch Reste von Säulen herumliegen, einige davon wurden wieder aufgerichtet – noch ein Beleg für die Handschrift der römischen Erbauer von Bishapur. Geöffnet von 8 bis 17 Uhr, Eintritt 10.000 Tuman.

Provinz Fars

Reliefs in der Schlucht von Choqan

Zur Besichtigung der Felsreliefs in der Schlucht von Choqan überquert man die Hauptstraße. Am linken Flussufer sind vier Reliefs in den Fels gehauen, am rechten zwei. Der Zugang an der linken Seite führt am Wärterhäuschen vorbei (Eintritt 10.000 Tuman) etwa 100 m am Ufer entlang. Hier sind unter Schatten spendenden Sträuchern und Bäumen Picknickplätze eingerichtet worden, die zu einer kleinen Pause einladen. Dahinter gelangt man zu den vier Reliefs.

Das erste zeigt den dreifachen Sieg *Shahpurs I.* über die Römer im Zentrum der Abbildung. In fünf Reihen sind rechts die römischen Gefangenen und links die sasanidischen Soldaten mit ihrer Kriegsbeute dargestellt. Das Relief ist durch eingedrungenes Wasser ziemlich verwittert, der untere Teil zerstört.

Das zweite Relief stellt *Bahram II.* (276–293) auf seinem Pferd sitzend dar beim Empfang arabischer Stammesoberer mit Pferden und Kamelen. **Das dritte** Relief zeigt eine Investiturszene, bei der ein sasanidischer Herrscher vom Gott Ohrmuzd in sein Amt eingesetzt wird, indem er den bebänderten Ring der Königswürde überreicht bekommt. Vermutlich handelt es sich um *Bahram I.* (273–276). **Das vierte** Relief schließlich ähnelt in seiner Darstellungsweise dem ersten: *Shahpur II.* (310–379), auf sein Schwert gestützt, triumphiert über ein geschlagenes Volk, möglicherweise Inder oder Kuschaner, denn als Kriegsbeute wird auch ein Elefant herangeführt. Krieger, Höflinge und ein Mann, der abgeschlagene Häupter von Feinden in der Hand trägt, vervollständigen das Bild.

Zur Besichtigung der beiden Reliefs **am rechten Ufer** des Flusses muss man den Weg zur Hauptstraße zurückgehen und dann links hinter der Brücke der asphaltierten Straße folgen. Hinter einer Felsbiegung befindet sich rechts ein Relief direkt neben der Straße. Es ist schon stark verwittert, dennoch ist der auf dem Pferd sitzende *Shahpur I.,* der von Ohrmuzd in sein Amt eingeführt wird, gut zu sehen. Vor dem Pferd des Herrschers ist eine kniende Gestalt zu erkennen, vermutlich der römische Kaiser *Phillip Arabs,* der sich Shahpur unterwirft.

Das zweite Relief befindet sich gleich hinter dem ersten, allerdings über der Straße gelegen, sodass man etwas in die Höhe steigen muss. Auch dieses stellt im Zentrum Shahpur I. dar, hoch zu Roß sitzend. Vor seinem Pferd kniend, wiederum in bittender Gebärde, erkennt man Phillip Arabs, unter seinem Pferd *Gordian III.* und hinter dem Herrscher, von diesem am Handgelenk ergriffen, Kaiser *Valerian.* Obwohl zwischen diesen drei Schlachten ca. 30 Jahre lagen, haben sich die sasanidischen Bildhauer immer wieder bemüht, sie als glückhaftes Ereignis in einer Szene darzustellen.

Shahpur-Höhle

Eine weitere Sehenswürdigkeit bietet die Schlucht von Choqan, die berühmte Shahpur-Höhle **(Qar-e Mundan).** Hier wurde in einer Felshöhle eine umgestürzte Statue Shahpurs I. von fast acht Metern Länge gefunden. Um zur Höhle zu gelangen, fährt man vom letztgenannten Relief etwa 6 km immer am Fluss entlang bis zum Dorf **Abdollah Khan.** Am Dorfeingang überquert eine Brücke den Fluss, vom Dorfplatz aus muss man zu Fuß weitergehen. Am besten fragt man die Dorfbewohner nach „Qar-e Shahpur", die Jungen des Dorfes, das nur selten von Touristen besucht wird, sind meist gern bereit, den steilen Anstieg vorauszugehen. Er führt etwa 400 m in Windungen bergauf und ist teilweise befestigt. Feste Schuhe sind dafür nötig.

Hoch über dem Tal erreicht man nach etwa 45 Minuten Aufstieg eine der für das Zagros-Gebirge typischen **Kalksteinhöhlen,** aus dem Gestein im Laufe von Jahrzehntausenden herausgewaschen. Die **Kolossalstatue Shahpurs** ist mittlerweile wieder aufgerichtet worden und steht inmitten von herumliegenden Bruchstücken im Eingang der Höhle. Wer diese genauer erkunden möchte, sollte eine Taschenlampe mitnehmen, denn der hintere Teil verliert sich im Dunkel. Im Dämmerlicht ist im Innern ein großes Wasserreservoir zu erkennen. Hypothesen, dass hier das Grab des Sasaniden gewesen sei, ließen sich bisher nicht bestätigen. Vom Höhleneingang aus hat man eine atemberaubende Aussicht auf das Tal des Shahpur-Flusses.

Vom Dorf Abdollah Khan aus muss man in jedem Fall zum Ausgrabungsgelände von Bishapur zurückfahren. Rechter Hand geht es dann zurück zur Hauptstraße in Richtung Shiraz, Ahvaz, Yassuj oder Bushehr.

Firuzabad

Zur Weiterfahrt nach Firuzabad geht es links über **Kazerun** und dann in Richtung **Farrashband.** Etwa 18 km hinter Kazerun liegt nördlich der Straße der **Famur-See,** ein Naturschutzgebiet für zahlreiche seltene Vogelarten.

Die Ebene von Farrashband war schon in achämenidischer Zeit dicht besiedelt; früher führte hier eine wichtige Straße von Firuzabad zum Persischen Golf hindurch. Zahlreiche Fundstätten und Reste von Feuertempeln sind hier gefunden worden. Hinter Farrashband windet sich die gut ausgebaute Straße die Berge hinauf und führt dann auf der Ostseite in die Ebene von Firuzabad. Die Stadt ist heute einer der Hauptorte der **Qashghai-Nomaden.** Sie sind türkischen Ursprungs und sprechen einen eigenen, dem Azeri-Türkischen verwandten Dialekt. Mittlerweile sind viele von ihnen sesshaft geworden und bewohnen die Stadt und die umliegenden Dörfer. Frauen und Mädchen tragen oft noch ihre farbenfrohe traditionelle Kleidung mit bunten Röcken in mehreren Lagen übereinander. Wer nicht am gleichen Tag nach Shiraz zurückfahren möchte, findet hier eines der staatlichen Tourist Inns zur Übernachtung.

In der Ebene von Firuzabad soll 224 n. Chr. die entscheidende **Schlacht** zwischen *Ardeshir I.* (224–241), dem Begründer der Sasanidendynastie, und *Artabanus V.* (213–227), dem letzten Parther-Herrscher, stattgefunden haben. Danach errichtete Ardeshir hier eine Stadt namens Ardeshir Khurreh („Ardeshirs Ruhm"), deren Name später zu Gur verkürzt wurde. Seit dem 10. Jh. wurde sie dann Firuzabad genannt.

Von dieser Stadt sind heute nur noch Reste der **kreisrunden Umwallung** mit Graben direkt von der Straße aus zu sehen sowie im Zentrum eine 30 m hohe **Turmruine** aus Hausteinen auf einem quadratischen Sockel von 10 m Seitenlänge. Der Grundriss von Gur ist noch kreisrund nach dem Muster der parthischen Städte angelegt, ein auffälliger Kontrast zum nur ca. 40 Jahre später er-

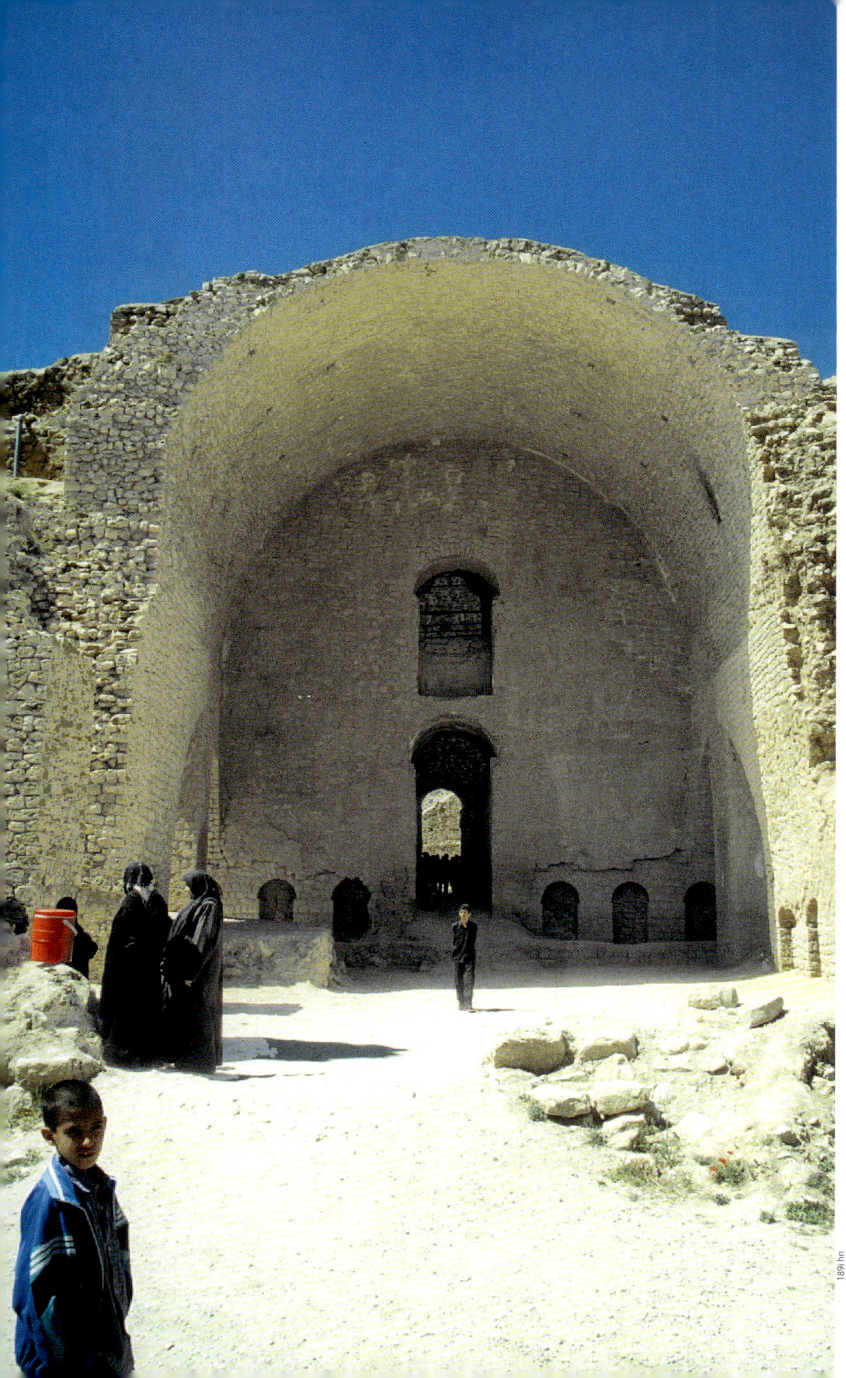

189i hn

bauten Bishapur. Das Stadtgelände wird heute von Feldern bedeckt. Zwei der ehemals vier sich kreuzförmig schneidenden Straßen sind noch deutlich zu erkennen.

Etwa 3 km vor Firuzabad, wo links die Wälle von Gur zu erkennen sind, zweigt links eine asphaltierte Straße zum **Palast des Ardeshir** ab. Von der Hauptstraße fährt man ca. 5 km, vorbei an einem Dorf, in dem Qashghais wohnen. Schon aus einigen Hundert Metern Entfernung ist der klotzige Bau mit der hoch aufragenden Kuppel zu erkennen. Er wurde ebenfalls kurz nach Sieg Ardeshirs über die Parther errichtet und wird von den Einheimischen als Ateshkadeh („Feuertempel") bezeichnet. Vom Parkplatz aus (Eintritt 10.000 Tuman) wendet man sich links herum in Richtung des uralten **Quellteiches,** der schon zu sasanidischer Zeit angelegt wurde und auch zur Bewässerung der rund um den Palast angelegten Gärten diente. Die Frauen des nahe gelegenen Dorfes waschen hier oft Kleidung und Teppiche.

Der Palast des Ardeshir gilt als Prototyp für die Bauweise nicht nur der späteren sasanidischen Paläste, sondern auch der **Kuppelbauten nach persischem Muster,** Ursprung auch der islamischen Moscheen in Iran. Der mächtige Bau misst 104 x 55 m, die aus mit Mörtel verbundenen Bruchsteinen bestehenden Mauern sind bis zu 4 m dick. An der Eingangsfassade sticht der große **Eingangs-Iwan** hervor, der in einigen Teilen kürzlich renoviert wurde. Die beiden Seitenräume sind zum Teil eingestürzt. Die gesamte Fassade war ursprünglich mit Lehmstuck überzogen, heute nur noch im Innern der Kuppelräume zu sehen. Über den Eingangs-Iwan gelangt man durch eine Tür mit Hufeisenbogen in den großen, mittleren **Kuppelraum.** Der quadratische Raum wird an den vier Ecken mittels „persischer Trompen" auf das Rund der Kuppel überführt, die ohne Verstrebungen aus Ziegeln aufgemauert wurde. Der von den Ausmaßen etwas kleinere Kuppelraum zur Rechten besticht durch den gut erhaltenen **Stuck:** Einige der Wandnischen sind an ihrem oberen Abschluss nach dem Vorbild der steinernen Eingangsportale von Persepolis verziert. Die drei Kuppelräume (einer ist vollständig eingestürzt) bildeten den Audienzteil der Anlage, wo Empfänge und Versammlungen stattfanden.

Im hinteren Teil öffnet sie sich über ein quer gelagertes Tonnengewölbe auf einen **rechteckigen Hof.** Um diesen herum waren früher die Wohngebäude angeordnet, die zum größten Teil eingestürzt sind. Ein Aufgang, der mit einem Stahlgitter verschlossen ist, vom Wärter der Anlage aber gegen ein kleines Trinkgeld gern geöffnet wird, führt auf das **Dach der Anlage.** Von hier aus hat man einen schönen Ausblick über die Ebene von Firuzabad und auch der Turm von Gur ist zu sehen. Eindrucksvoll ist auch ein Rundgang um die **Galerien,** welche die drei Kuppelräume umgeben.

◁ Firuzabad: Eingang zum Palast des Ardeshir

Der Rückweg nach Shiraz führt durch die Stadt Firuzabad hindurch bis zur Hauptstraße und dann nach links. Kurz nachdem der Posten der Straßenpolizei passiert ist, öffnet sich links der Blick noch einmal auf den Palast, der auch von Weitem einen majestätischen Eindruck macht.

Rückfahrt nach Shiraz
Wenn man aus Shiraz kommend Firuzabad besichtigen will, ist es von hier aus auch möglich, auf kürzerem Weg zum Palast zu gelangen. Allerdings muss dazu der Fluss rechts der Straße durchwatet werden. Weiter in Richtung Shiraz taucht links der Straße ein Flussübergang mit Stauwehr auf. Kurz dahinter ist hoch über dem Fluss in der geglätteten Felswand eines der berühmtesten und größten sasanidischen **Felsreliefs** angebracht worden. Es stellt den Sieg Ardeshirs über *Artabanus V.*, den letzten Partherkönig, dar. Trotz seiner Größe von ca. 20 m ist es wegen der starken Verwitterung von der Straße aus kaum zu erkennen. Ein weiteres, kleineres Relief ist kurz hinter dieser Stelle gut zu sehen: die Amtseinführung Ardeshirs, der vor einem kleinen Feueraltar steht.

Bei der Weiterfahrt in Richtung Shiraz führt die Straße unter einer Seilbahn hindurch, die in den 1960er Jahren für die Ausgrabungsarbeiten am **Qal'eh-ye Dokhtar** („Schloss des Mädchens") angelegt wurde, heute aber nicht mehr in Betrieb ist. Man sieht diesen befestigten Palast, den Ardeshir hatte erbauen lassen, noch bevor er sich gegen die Parther durchgesetzt hatte, hinter einer Rechtskurve in einer Höhe von 1450 m auf dem Berghang thronen. Ein kürzlich angelegter, gut gangbarer Weg führt den Berg hinauf. Bis zum Ziel sind es etwa 20 Minuten. Der lang gestreckte Bau ist auf drei übereinander liegenden Terrassen errichtet. Die untere wird von einer Verteidigungsanlage eingenommen, eine Treppe führt auf einen von Gebäuden umgebenen Innenhof, über den man zur dritten Terrasse mit dem Hauptpalast gelangt. Er war von einem 20 m langen Tonnengewölbe gedeckt, das eingestürzt ist. Daran schließt sich ein weitgehend zerstörter Rundbau an, der früher von einer mächtigen Kuppel gekrönt war.

Wer sich die Kletterei ersparen möchte, kann auch von einem kleinen Hügel rechts der Straße Fotos machen. Kurz hinter Qal'eh-ye Dokhtar führt die Straße durch einen Tunnel. Daran schließt sich eine kleine Hochebene an, auf der viele Steineichen stehen, in deren Schatten sich gut eine Picknickpause einlegen lässt. Von hier aus fährt man über **Kavar** und **Pol-e Fasa** nach Shiraz zurück (105 km). 5 km vor Kavar überquert die Straße auf einer relativ neuen Brücke einen Fluss. In Fahrtrichtung links sind die Reste einer **alten Ziegelbrücke** aus dem 17. Jh. zu sehen.

Der Osten und Südosten von Fars

Der Osten und Südosten von Fars ist umso weniger besiedelt, je weiter man nach Osten kommt. Jenseits von Neyriz geht die Landschaft in das **Kavir von Sirdjan** über, eine Gegend ohne Wasservorkommen und menschliche Siedlungen. Östlich von Shiraz erreicht man bald den **Salzsee von Maharlou,** der direkt bis an die Straßen heranreicht. An einigen Stellen am Rande sind Lagunen zur Salzgewinnung angelegt worden. Zur Linken und Rechten passiert man ausgedehnte Granatapfelgärten hinter Lehmmauern. Im Spätsommer und Herbst werden die prallen Früchte am Straßenrand verkauft.

Sarvestan

Nach ca. 80 km wird Sarvestan erreicht, eine alte Siedlung mit einer Hauptsehenswürdigkeit, dem **Mausoleum** des *Sheikh Youssef al-Sarvestani,* ziemlich genau in der Ortsmitte gelegen. Man biegt von der Hauptstraße nach rechts ab und gelangt nach ca. 150 m an eine Kreuzung. Zur linken erhebt sich der Bau vom Ende des 13. Jh., benannt nach einem bekannten Weisen, der in einem heute verfallenen Anbau seine Schüler unterrichtet haben soll. Der Grabbau hat auffällige Ähnlichkeit mit einem *Chahar taq,* wie die sasanidischen Feuertempel genannt wurden. Der Haupteingang ist mit Schrift und Ornamenten eindrucksvoll verziert und führt in einen quadratischen, aus Ziegeln errichteten Bau mit vier Bögen. An dessen Ecken jeweils unter den beiden Kuppeln befinden sich die Grabsteine des Sheikhs und eines seiner Nachfolger. Bei den Kuppeln ist sehr gut der Übergang vom quadratischen Grundriss auf das Kuppelrund mithilfe von Trompen zu erkennen (N 29°16. 396', O 53°13. 217'). Ist das Gebäude geschlossen, im Geschäft gegenüber nachfragen.

☐ Das Grabmal von
Sheikh Youssef al-Sarvestani in Sarvestan

Beim nächsten Dorf hinter Sarvestan in Richtung Osten, **Momenabad,** zweigt eine asphaltierte Straße ab zum **Palast von Sarvestan,** einem zwischen dem 4. und 6. Jh. n. Chr. erbauten kleinen Jagdpalast, der vermutlich auf die Regierungszeit von *Bahram V.* (422–439) zurückgeht. Das Gelände war ursprünglich von einem großen Wildgehege umgeben, von dem Reste gefunden wurden. Der heutige Zugang ist etwas unglücklich eingerichtet, er führt zur Rückseite des Palastes anstatt zum eigentlichen Haupteingang. Man muss also einmal um den Bau herumgehen, um die beabsichtigte architektonische Wirkung zu erleben.

Verglichen mit den früheren sasanidischen Palästen in Firuzabad und Bishapur ist dieser in Aufbau und Gestaltung deutlich verfeinert: Der Eingangsbereich ist in **drei Iwane mit Gewölben** untergliedert, die auch untereinander Zugänge aufweisen. Der mittlere Zugang führt in den **Hauptkuppelsaal** mit quadratischem Grundriss und gemauerter Kuppel, die im Zentrum eingestürzt ist. Dieser diente früher als Hauptempfangssaal. **Zwei kleinere Kuppelräume** befinden sich in der Südost- bzw. Nordwestecke des Gebäudes. Verbunden sind sie durch mehrere quer- bzw. längsgewöbte Räume, die den kleinen Innenhof im rückwärtigen Teil einfassen. Hier ist gewissermaßen der Grundriss der späteren iranischen Vier-Iwan-Moschee schon vorweggenommen.

Der Palast ist vollständig aus Hausteinen errichtet worden, die großflächig mit Lehmmörtel und Ornamenten bedeckt waren. An einigen Stellen ist dieser Überzug noch zu erkennen (N 29°16.799', O 53°11.998'). Geöffnet täglich (außer montags) von 8:30 bis 16:30 Uhr, Eintritt 10.000 Tuman.

Ca. 90 km östlich von Sarvestan sieht man auf beiden Seiten der Straße überwiegend **Feigenbäume,** die Gegend um **Estahban** ist das größte geschlossene Anbaugebiet dieser Früchte in Iran. In Estehban gibt es auch ein sehr einfaches **Tourist Inn**② mit einigen wenigen Zimmern (Tel. 0732-4225490).

Jenseits der Stadt, die keine besonderen Sehenswürdigkeiten aufweist, bieten entlang der Straße **Händler** getrocknete Feigen und andere Früchte der Umgebung wie Mandeln und Walnüsse an. Eine Spezialität ist Marmelade aus Feigen und Granatäpfeln.

Von hier aus schraubt sich die Straße zu einem Pass hinauf, nach dessen Überwindung sich ein grandioser Ausblick auf den großen **Salzsee von Bakhtegan** bietet. Kurz danach erreicht man Neyriz.

Neyriz

Neyriz ist eine alte Handelsstadt im östlichen Fars, deren Name schon auf in Persepolis gefundenen Tontafeln erwähnt wird. In der Umgebung haben sich viele **Qashghai-Nomaden** angesiedelt. Die Hauptsehenswürdigkeit von Neyriz ist die alte **Freitagsmoschee,** die in ihren Ursprüngen auf das 10. Jh. zurückgeht und vermutlich über einem sasanidischen Feuertempel errichtet wurde. Ein kleines Eingangsportal mit Minarett gewährt Zugang zu einem von Bäumen bestandenen Innenhof, der beherrscht wird von zwei Iwanen an der Nord- und Südseite der Anlage. Der Hauptiwan ist tief gefasst und an der

Hoffassade mit farbigen Fliesen verziert, im Innern jedoch nur mit gebrannten Ziegeln gestaltet. Das Prunkstück der Moschee ist zweifellos der Mehrab aus Stuck aus dem 12. Jh., vielfältig mit Schrift- und Ornamentbändern eingefasst (N 29°11.519', O 54°19.125').

Ostwärts von Neyriz erstreckt sich eine Wüste, erst nach 150 km erreicht man **Sirdjan,** dazwischen liegen keinerlei Ortschaften auf der Strecke.

Im Osten und Süden von Fars gibt es noch eine Reihe weiterer kleiner Städte mit teils sehr alter Geschichte, z.B. **Fasa.** Der prähistorische Siedlungshügel Tal-Zahak liegt heute südlich der Stadt (N 28°54.437', O 53°40.069').

Jahrom

Ca. 80 km südlich von Fasa liegt die große **Dattelpalmenoase** Jahrom. Etwa die Hälfte der 85 km² großen Stadt wird von Palmengärten eingenommen. Der sehenswerte Bazar stammt aus dem 17. Jh., als die Stadt ein wichtiger Etappenort an der Handelsstraße von Isfahan nach Bandar Abbas war. Eine weitere Sehenswürdigkeit ist der **Qadamgah-e Jahrom** (ein Fußabdruck, der angeblich von Imam *Ali* stammen soll), südlich der Stadt am Fuße des Berges Alborz gelegen (N 28°29.221', O 53°34.800'). Der achteckige Kuppelbau mit rechteckigem Anbau geht aber vermutlich auf einen alten sasanidischen Feuertempel zurück, denn Jahrom wird schon im Shahnameh erwähnt und war auch in sasanidischer Zeit eine wichtige Siedlung im Bezirk Darabgerd.

Darab

Die heutige Stadt Darab liegt 95 km östlich von Fasa an der Strecke nach Bandar Abbas. **Darabgerd,** die historische Siedlung, erreicht man, indem man ca. 3 km vor der Stadt in Richtung Süden abbiegt und der asphaltierten Straße folgt. Der riesige Mauerwall der alten Stadt Darabgerd zeichnet sich weithin sichtbar ab. Links der Straße hat man über das Gelände eines Friedhofs Zugang zu der kreisrunden Anlage, die vermutlich auf die Partherzeit zurückgeht und auch deshalb Ähnlichkeiten mit Gur in der Nähe von Firuzabad aufweist (s.o.). Zwischen beiden Städten besteht auch ein direkter historischer Zusammenhang: In Darabgerd soll *Ardeshir* seinen Feldzug gegen *Artabanus V.,* den letzten Partherherrscher, vorbereitet haben.

Die nicht ganz runde **Stadtanlage** hat einen Durchmesser von knapp 2 km mit einem 6 km langen umlaufenden Wall aus aufgeschüttetem Erdreich, der an der Basis bis zu 25 m und an der Krone noch bis zu 10 m mächtig ist. Umgeben war er früher von einem ca. 50 m breiten Graben. Die Bauten waren aus gebrannten und ungebrannten Ziegeln und sind längst in sich zusammengesunken (N 28°41. 457', O 54°28.505').

Die **Freitagsmoschee** in der Stadtmitte von Darab unterscheidet sich völlig von allen anderen in Iran. Sie hat weder Innenhof noch Kuppelsaal, sondern besteht in ihrem Zentrum aus einem rechteckigen Gebetssaal mit Eingangsiwanen an beiden Schmalseiten. Die Längsseiten werden ergänzt durch im Vergleich zum Gebetssaal niedrigere Arkadengänge mit jeweils drei Bögen, von denen der mittlere auf der Südseite als Gebetsnische dient. Diese allein und einige Partien an den Ecktürmen, die auch als Minarette dienten, tragen Bauschmuck, ansonsten ist das Gebäude völlig schlicht.

Südlich der heutigen Stadt liegt an einem Felshang ein bekanntes **Felsrelief** aus der Sasanidenzeit, das *Shahpur I.* zu Pferde zeigt, zusammen mit den auch von anderen Darstellungen bekannten geschlagenen Römerkaisern, mit der Krone seines Vaters *Ardeshir* auf dem Haupt (oder *Ardeshir* selbst, wie andere Stimmen meinen). Unterhalb dieser Szene erkennt man die Reste zweier kleinerer Reliefs (N 28°42.826', O 54°33.220').

Ca. 6 km südöstlich von Darab liegt die **„Steinerne Moschee"**, ein in den Fels hineingebautes Bauwerk, das im Ursprung wohl auf vorislamische Zeiten zurückgeht. Der kreuzförmige Bau besteht aus einem 20 m langen Südost-Nordwestgang, der rechteckig gekreuzt wird von einem weiteren, 18 m langen Gang. Im Zentrum befindet sich ein quadratisches Becken mit ca. 3 m Seitenlänge und darüber eine Luftöffnung in den gleichen Maßen. Um diesen kreuzförmigen Grundriss herum führen Korridore, die jedoch an der Südwestseite, wo sich der Mehrab befindet, enden. Dieser trägt noch Reste einer kufischen Inschrift, die auf das 13. Jh. verweisen. Der ursprüngliche Zweck des Baus ist nicht bekannt, in islamischer Zeit erfolgte der Umbau zu einer Moschee, die später als Sufi-Konvent genutzt wurde.

Auch die Reste einer **Wassermühle** mit Kanälen in der Nähe der Moschee sollen aus sasanidischer Zeit stammen (N 28°42.129', O 54°35.625').

In Darab steht ein einfaches, sehr sauberes **Tourist Inn**② (Tel. 07362-24455) zur Verfügung.

Lar

Ca. 380 km südöstlich von Shiraz liegt Lar, **Hauptort des Bezirks Larestan.** Hier regierte bis ins 16. Jh. ein lokaler Herrscher, der dem Shah tributpflichtig war. Als er sich 1515 weigerte, mit den Truppen *Abbas des Großen* zur Befreiung der Insel Hormoz zu kooperieren, wurde er abgesetzt. Danach war Larestan direkt der Krone unterstellt und nahm wegen seiner Lage an der Handelsstraße nach Bandar Abbas einen wirtschaftlichen Aufschwung.

1960 wurde die Stadt von einem verheerenden **Erdbeben** heimgesucht. In der Folge wurde eine neue Stadt etwa 5 km südlich der Ruinen angelegt, die heute mit der wieder aufgebauten Altstadt von Lar zusammengewachsen ist.

Allein wegen seines **Bazars** aus dem 16. Jh. lohnt Lar einen Besuch. Die kreuzförmige Anlage umfasst mehr als 4000 m² mit einer Verkaufsfläche von 3600 m². Im Zentrum verbindet ein „chahar su" mit einer 18 m hohen Kuppel die beiden Gänge. Öffnungen in Kuppelmitte und -rund sorgen für die Belüftung. Den Platz im Zentrum umschließt eine Passage mit jeweils sieben Geschäften in jeder Abteilung. Um für eine solide Gründung und auch Kühlung zu sorgen, liegt das Niveau der Bazargänge etwa 2 m unter dem der Stadt. Die Gänge sind jeweils knapp 50 m lang, der in südlicher Richtung 52 m.

Der **Qeisariyeh-Bazar** wurde im Laufe seiner Geschichte mehrfach stark beschädigt, jedoch immer wieder aufgebaut. Südlich des Vorplatzes haben sich noch zwei der früher zahlreich vertretenen Karawansereien mit großem Innenhof erhalten.

Gut 150 m norwestlich des Bazars liegt die kürzlich renovierte **Freitagsmoschee** von Lar. Sie hat keinen Innenhof, wie sonst in Iran üblich, sondern einen sechseckigen Gebetsraum mit einer Kuppel im Zentrum und zwei Minaretten. Daneben befindet sich noch ein weiterer, kleinerer Gebetsaal mit schön verziertem Mehrab.

Auf einer Anhöhe westlich der Stadt sind weithin sichtbar die Reste einer alten sasanidischen Festung zu sehen, die den Namen **„Drachenfestung"** trägt. Am Fuße des Festungshügels erhebt sich ein alter Grabbau, vermutlich aus dem 14. Jh., der im Volksmund „Grab der Mutter von Nader Shah" genannt wird, obwohl er natürlich historisch viel früher anzusiedeln ist (N 27°41.112', O 52° 21.952').

Das **Tourist Inn**② von Lar ist sauber, der Service aufmerksam (Tel. 0781-222 4079).

Khonj

Die **zweitgrößte Stadt von Larestan**, knapp 100 km westlich von Lar, ist Khonj. Früher war sie ein wichtiger Durchgangsort von Shiraz zur historischen Hafenstadt Siraf (Bandar Taheri) am Persischen Golf. Außerdem galt sie im 12./13. Jh. als **Zentrum der Sufi-Bewegung** mit zahlreichen Konventen. Ein bekanntes Bauwerk, das **Minarett des Sheikh Danial,** geht auf einen dieser Sufi-Sheikhs zurück. Obwohl von dessen Mausoleum heute außer dem Grabstein nichts mehr geblieben ist, hat das kürzlich renovierte Minarett die Zeiten überdauert. Es ruht auf einem achteckigen Unterbau und besticht durch seine schlichte Form und schöne Fliesenverzierungen.

Weitere bekannte historische Bauwerke in Khonj sind der **Grabbau von Sheikh Najm al-Din** und die benachbarte **Freitagsmoschee,** bestehend aus einem von Arkadengängen umgebenen Gebetsaal ohne Kuppel und zwei schlanken Minaretten. Auch hier ein völlig „untypischer" Grundriss, was damit zusammenhängt, dass die Stadtbewohner mehrheitlich Sunniten sind.

Von Khonj und Lar führen Straßen nach Süden über die Berge zum **Persischen Golf.** Die landschaftlich interessantere Strecke verläuft über Lamerd und von dort aus nach Gavbandi.

Bandar Abbas | 380
Bandar Bushehr | 376
Hormoz (Insel) | 384
Kish (Insel) | 388
Küste zwischen Bandar Bushehr
   und Bandar Abbas | 378
Minab | 385
Qeshm (Insel) | 386

7 Die Küste des Persischen Golfs

Badeurlaub in Iran? Nicht wirklich, auch wenn vor allem auf den Inseln Kish und Qeshm eine gewisse Infrastruktur zur Verfügung steht. Aber von Verhältnissen wie in Dubai auf der anderen Seite des Golfs ist man weit entfernt. In der Bevölkerung, der Küche und in den Städten und Ortschaften zeigen sich aufgrund der langen Handelsgeschichte arabische, indische und auch afrikanische Einflüsse.

◁ Fischerboote auf der Insel Hormoz

Dattelpalmenoase
in der Küstenprovinz Hormozgan

ÜBERBLICK

Die iranische Küste des Persischen Golfs teilen sich die Provinzen Bushehr und Hormozgan. Vom Shatt al-Arab bis zur Straße von Hormoz ist die Küste etwa 1000 km lang, sie ist zum Bereisen extrem unwirtlich und in vielen Teilen lebensfeindlich. Die Randketten der Zagros-Berge steigen in der Nähe der Küste parallel zu ihr an und sorgen dafür, dass die hohen Temperaturen und die Trockenheit im Sommer fast unerträglich sind. Jahresniederschläge von maximal 200 mm lassen eine landwirtschaftliche Nutzung nur an wenigen Stellen zu, vor allem in der Umgebung von Bushehr und Bandar Abbas; Hauptanbauprodukt sind Datteln. Eine durchgehende Küstenstraße, die die meist kleineren Ortschaften verbindet, gibt es nicht. Die Hauptverkehrswege zwischen Shiraz und Bushehr sowie Bandar Abbas und Kerman verlaufen von Norden nach Süden.

Nach dem ersten Eindruck ist die iranische Golfküste verglichen mit anderen Regionen eine eher zurückgebliebene Gegend mit meist kleineren Orten und einfachen einstöckigen Häusern, den typischen weißen Zisternen für die Wasserversorgung und vielen Windtürmen. Doch dieser Eindruck täuscht: Oft findet man in den ärmlich anmutenden Hütten neueste japanische Unterhaltungselektronik. Bushehr und Hormozgan zählen aufgrund ihrer geografischen Lage zu den Gewinnern der reglementierten Außenwirtschaftspolitik der Islamischen Republik. Der Schmuggel über den Wasserweg blüht, viele Familien haben Verwandte, die in den Vereinigten Arabischen Emiraten, in Bahrain und in Kuwait arbeiten und Geld in die Heimat schicken.

Geschichte der Region

Trotz der ungünstigen klimatischen Bedingungen war die Golfküste in der Geschichte Irans stets Einfallstor für Händler und Krieger, aber auch für die technischen Neuerungen, die sie mitbrachten. Schon zur Zeit von Sumerern und Elamern war der Golf ein **Wasserweg für den Fernhandel** bis nach Süd- und Ostasien, wovon archäologische Stätten auf iranischer und arabischer Seite sowie auf einigen der kleinen Inseln zeugen.

Etwa 200 km südöstlich von Bushehr, in der Nähe des heutigen Bandar Taheri, lag schon zur Sasaniden-Zeit der Hafen der Stadt Gur (heute Firuzabad, Provinz Fars), der im Mittelalter unter dem Namen Siraf große Bedeutung hatte. Die reiche Handelsstadt galt als Hafen des legendären Seefahrers Sindbad. Reste der alten Stadtmauer, Hafenanlagen, Brennöfen und Gräberflächen wurden hier bei Ausgrabungen freigelegt.

Der wichtigste **Hafen** in der Geschichte der iranischen Golfküste ist **Hormoz** am Ausgang der gleichnamigen Meerenge. Ursprünglich beim heutigen Minab auf dem Festland gelegen, entwickelte sich später auf einer kleinen Insel ein international bekannter Handelsplatz. Direkt gegenüber dieser Insel ließ *Abbas der Große* zu Beginn des 17. Jh. seinen eigenen Hafen **Bandar Abbas** errichten und vertrieb die Portugiesen. Mitte des 18. Jh., als während der Zand-Dynastie Shiraz für kurze Zeit Hauptstadt Irans wurde, trat Bushehr an die Stelle von Bandar Abbas. Hier landete 1765 von Jemen über Indien kommend *Carsten Niebuhr* auf seinem Weg nach Persepolis, eine abenteuerliche Reise, der wir die ersten wissenschaftlichen Kopien der Inschriften von Persepolis verdanken.

NICHT VERPASSEN!

- **Bandar Taheri:** Siraf, der alte Hafen der Sasaniden | 378
- **Bandar Abbas:** moderne und geschäftige Hafenstadt am Golf | 380
- **Minab:** der farbenprächtige Markt am Donnerstag | 386
- **Insel Qeshm:** die Mangrovensümpfe von Hara | 387
- **Insel Kish:** das Dubai der Iraner | 388

Diese Tipps erkennt man an der gelben Hinterlegung.

Die Küste des Persischen Golfs

Bevölkerung

Im 19. Jh. waren die Küstenorte Stationen auf dem britischen Seeweg nach Indien. Vereinzelt ist daher **indischer Einfluss** noch heute spürbar, z.B. in Form des Hindu-Tempels in Bandar Abbas oder auch in der Küche, wo viele Speisen deutlich schärfer gewürzt sind als anderswo. Die in Iran *Bandaris* (von *ban-*

dar, „Hafen") genannten Einwohner unterscheiden sich deutlich von den Hochlandbewohnern, viele sind **arabischer Abstammung.** Weiter östlich an der Makran-Küste (die zur Provinz Sistan und Baluchestan gehört) trifft man viele **Baluchi.** Auch ein negroider Einfluss ist deutlich sichtbar in Form zahlreicher **Nachkommen afrikanischer Seefahrer** und Matrosen. Den bemerkt man auch in der Bandari-Musik, die deutlich mehr rhythmusbetont ist als die Volksmusik aus anderen Gegenden Irans. Sowohl Baluchi als auch Araber sind überwiegend **Sunniten,** weshalb die Moscheen denen der arabischen Länder ähneln.

Die **arabischen Frauen** tragen oft die **Burka,** eine Maske, die den größten Teil des Gesichts verdeckt. Die Haltung der meisten Europäer dazu erstaunt immer wieder: Als Symbol der „Frauenunterdrückung" eigentlich abgelehnt, möchte trotzdem (fast) jeder ein Foto von einer Frau mit Burka machen! Das wiederum stürzt die armen Frauen in Probleme, denn sie tragen die Burka gerade deshalb, weil sie (oder ihre Männer und Familien) nicht wollen, dass man ihr Gesicht sieht. Aus diesem Grund möchten sie auch nicht fotografiert werden!

Tourismus

Natürlich haben die iranischen Offiziellen mittlerweile registriert, welchen Wirtschaftsfaktor der Tourismus in den Emiraten auf der gegenüberliegenden Seite des Golfs darstellt. Sie würden dem gern nacheifern und ebenso viel Geld damit verdienen; aufgrund der „islamischen Werte und Normen" jedoch ist das nicht möglich. Touristen kommen nur dann in diese eigentlich unwirtliche Gegend, wenn sie in dem herrlich blauen Wasser des Golfs baden können. So wurde in den vergangenen 20 Jahren versucht, auf einigen der **Inseln** im Persischen Golf eine Art **„Dubai light"** aufzubauen, insbesondere auf Kish und Qeshm. Die anderen Inseln wie Larak, Henderabi oder Lavan haben für Touristen nichts zu bieten.

Die Inseln Klein- und Groß-Tonb sowie Abu Musa gegenüber der Küste der Vereinigten Arabischen Emirate werden gelegentlich in den Nachrichten aus der Region erwähnt, weil sie zwischen Iran und den Emiraten umstritten sind. Interessanter, jedoch schwer zu erreichen ist die **Insel Khark,** ca. 60 km nordwestlich von Bushehr.

Bandar Bushehr

Die etwa 200.000 Einwohner zählende **Hauptstadt der Provinz Bushehr** liegt 300 km südwestlich von Shiraz auf einer Landzunge, die in den Golf hineinragt. Diese Lage offenbar schon in ältester Zeit für einen Hafen prädestiniert: Reste einer elamischen Siedlung aus dem 3. Jtsd. v. Chr. wurden auf der Halbinsel gefunden, die in der Antike Mesambria hieß. *Nearchos,* der Admiral *Alexanders des Großen,* ankerte hier mit seiner Flotte im 4. Jh. v. Chr. Die sasanidische Flotte stieß von der Stadt Rishahr aus in See, wo auch später die Portugiesen einen Stützpunkt unterhielten. Von der sasanidisch-parthischen Stadt 5 km südlich sind heute noch sehr bescheidene Überreste erhalten.

Seine wichtigste Zeit erlebte der Hafen von Bushehr nach dem Ende der Safaviden-Zeit im 18. Jh. Diese hatten Bandar Abbas zu ihrem **Haupthafen** ausgebaut. *Nader Shah* jedoch und Mitte des 18. Jh. besonders *Karim Khan Zand* ließen den Hafen Bushehr ausbauen und verbanden ihn mit einer Straße nach Shiraz. Im 19. Jh. unterhielten hier die Briten einen ihrer wichtigsten Stützpunkte auf dem

Seeweg nach Indien. Spätestens im 20. Jh. büßte Bandar Bushehr seine Stellung wieder ein zugunsten von Khorramshahr in Khuzestan, das an die Eisenbahn angeschlossen wurde.

Wegen der wichtigen Rolle des Erdölterminals auf der Insel Khark in der Nähe Bushehrs wurde die Stadt im iranisch-irakischen Krieg bombardiert. Im Westen wurde der Name Bushehr meist im Zusammenhang mit dem Bau des nahe gelegenen **ersten iranischen Atomkraftwerks** genannt. Der Plan dazu geht schon auf Schah *Reza Pahlavi* zurück, der Siemens mit dem Bau der Anlage beauftragt hatte.

Auf dem Landweg erreicht man Bushehr über die Fernstraße aus Richtung Shiraz/Kazerun, die dann über die Kh. Djomhuri-ye Eslami und den Meydan-e Qods in Zentrum führt. Die Altstadt liegt am äußersten nördlichen Ende der Landzunge, die neueren Viertel mit dem Zentrum um den Meydan-e Shohada schließen südlich daran an. Die Ausmaße der Stadt sind, verglichen mit anderen iranischen Großstädten, relativ klein; alle für Touristen wichtigen Orte sind gut erreichbar.

Besonders hervorzuhebende Bauwerke hat Bandar Bushehr nicht, sehenswert ist vielmehr die **Altstadt** als noch relativ geschlossenes Ensemble. In den engen Gassen liegen die typischen, um einen Innenhof angeordneten **Häuser aus Lehm oder Kalkstein.** Öffnungen haben sie vorwiegend zur Seeseite, damit ein wenig kühle Luft eindringen kann, unterstützt durch zahlreiche Windtürme. Am nördlichen Rand der Altstadt gibt es eine christliche, ursprünglich von den Engländern als anglikanisches Bethaus errichtete **Kirche,** die heute als armenisches Gotteshaus dient. Der relativ kleine Backsteinbau ist von einer Mauer eingefasst.

Das blaue Wasser des Golfs lädt zum Baden ein. Im Südwesten der Stadt gibt es einen **Strand,** der allerdings nicht besonders sauber ist und wo nur Männer baden dürfen. Man sollte in jedem Fall nur dort schwimmen, wo es auch Einheimische tun, weil Haie im Persischen Golf durchaus vorkommen. Ein beliebtes Wochenendvergnügen bei den Einheimischen ist eine **Bootsfahrt** mit schnellen Motorbooten donnerstags und freitags. Der Anleger befindet sich an der Kh. Khalidj-e Fars etwa in Höhe der Einmündung Kh. Vali Asr. Der Spaß kostet 1000 Tuman für eine 10-minütige Ausfahrt. An der gegenüberliegenden (östlichen) Seite der Halbinsel befindet sich der **Fährhafen,** von dem Fähren nach Qatar, Kuwait oder Bahrain verkehren.

Praktische Informationen

■ **Telefonvorwahl Bushehr: 0771**

Post, Telefon, Polizei
■ Post und Telefonzentrale befinden sich in der Kh. Vali Asr südlich des Busbahnhofs.
■ Das **Polizeihauptquartier** liegt an der Meydan-e Qods südlich der Altstadt.

Unterkunft
■ Südlich der Altstadt liegt das saubere **Delvar Hotel**③, Kh. Ali Delvari, Tel. 2526276.
■ In unmittelbarer Nähe der Küstenstraße findet sich das **Tourist Inn**②, Tel. 2526346.
■ In der gleichen Preisklasse ist das **Hotel Siraf**② angesiedelt, Meydan-e Qods, Tel. 2527171, sirafhotel@yahoo.com.

■ Bei den **billigen Gasthäusern**① ist nicht gesichert, ob sie ausländische Gäste aufnehmen, mitunter wird eine polizeiliche Bescheinigung verlangt. Am billigsten ist das **Hotel Sa'adi** in der Kh. Nader, Tel. 2522605. Unweit davon, ebenfalls in der Kh. Nader, findet sich das **Mosaferkhaneh Hafez**, mobil 0917-1711204. Schließlich bietet auch das **Mosaferkhaneh Pars** am (lauten) Meydan-e Enqelab einfache Zimmer.

Essen und Trinken

Alle genannten Hotels verfügen über Restaurants, leider gibt es nur selten Fisch. Eine Spezialität in Bushehr ist *qaliyeh mahi,* gedünsteter Fisch mit einer Soße aus Kräutern, säuerlich im Geschmack durch die Zugabe von Tamarinde. Man bekommt es z.B. in dem kleinen **Salon-e Ghazakhori-yeh Faghid** in der Kh. Naveb-e Safavi, Tel. 2525755, unweit des Busterminals.

■ Das bekannteste Restaurant in Bushehr ist das **Ghavam,** das in einer ehemaligen Zisterne an der Kh. Khalidj-e Fars direkt am Meer eingerichtet wurde. Das Essen ist gut, und neben *Kababs* gibt es auch Fisch und *Dizi*. Auch ohne „sundowner" ist der Sonnenuntergang am Meer mit einer gluckernden Wasserpfeife etwas Besonderes. Tel. 2521790.

■ Ebenfalls mit Meeresblick und am Rande der Altstadt kann man speisen im **Sahel** (Strand) **Restaurant,** Kh. Khalidj-e Fars / Ecke Kh. Leyan.

■ Schließlich gibt es noch das traditionelle Gasthaus und **Restaurant Malavan** in der Kh. Khalidj-e Fars unweit des Hafens, wo in einem renovierten ehemaligen Herrenhaus traditionelle Gerichte serviert und auch einige Zimmer angeboten werden.

Reiseagentur

■ **Travel Agency Bushehr,** Meydan-e Imam Khomeini, Tel. 33031.

Verkehrsverbindungen

■ Der **Flughafen** liegt unweit der Stadt im Süden, es gibt täglich Flüge von Teheran und einmal pro Woche von Isfahan und Shiraz. Das **Iran-Air-Büro** befindet sich in der Kh. Vali Asr, Tel. 2523925, Noushabadi@IranAir.com. Busse vom Flughafen in die Stadt verkehren nicht, **Taxis und Sammeltaxis** stehen zur Verfügung.

■ Im Stadtzentrum liegt der **Busterminal** südlich des Meydan-e Shohada.

■ **Fährverbindungen** zur arabischen Seite des Golfs gibt es nach Manama/Bahrain, Doha/Qatar und Kuwait (siehe „Vor der Reise: An- und Weiterreise"). Das Büro der iranischen Schifffahrtslinie Val Fajr 8 in der Kh. Heydari / Ecke Kh. Navab-e Safavi erreicht man unter Tel. 2522188.

Die Küste zwischen Bandar Bushehr und Bandar Abbas

Bandar Taheri

Die Golfküste zwischen Bushehr und Bandar Abbas hat wenig Höhepunkte zu bieten. Aus historischer Sicht zählt sicher der **Hafen von Siraf,** heute Bandar Taheri, dazu. Der Name geht wohl auf „Ardeshirab" zurück, was darauf hinweist, dass sich hier schon in sasanidischer Zeit ein Hafen befand. Reste einer Straße, die nach Firuzabad in Fars führte, wurden gefunden. Auch noch in früher islamischer Zeit war der Ort der wichtigste Hafen an der iranischen Golfküste. Erstmals im Jahr 1808 von dem englischen Orientreisenden *James Morier* beschrieben, wurden hier zwischen 1966 und 1973 Reste der antiken Stadt mit einem Bazarviertel, einer Freitagsmoschee und der Stadtmauer ausgegraben. Einige Funde sind in dem kleinen **Museum** rechts der Hauptstraße ausgestellt. Auf der entgegengesetzten Seite sind an den Berghängen zahlreiche **Gräber aus antiker Zeit** zu sehen. Aus dem vergangenen Jahrhundert stammt das Fort eines der früher hier herrschenden al-Nasouri-Scheikhs, das wegen seiner Reliefs aus Lehmstuck an einem der Balkone des Innenhofs berühmt ist. Sie zeigen 18 Darstellungen mit Szenen aus dem Shahnameh.

■ Im Zentrum von Bandar Taheri liegt der **Laden von Mohammad Kangani,** der als Schreibwarengeschäft, Pressebüro, Travel Agency und Sitz des Siraf Pars Institute (NGO) dient. Von ihm erfährt man alles über den Ort und seine Geschichte. Tel. 0772-7252500, mobil 0197-3735236, kangani_sirafi@yahoo.com.

Asaluyeh

Nur ca. 40 km südöstlich von Bandar Taheri liegt Asaluyeh, möglicherweise abschreckend für den Bildungstouristen, aber dennoch ein wichtiger Teil des modernen Iran: Ein riesiger petro-chemischer Komplex erstreckt sich zwischen Küstenstraße und Golf, der Zehntausenden die so dringend benötigten Arbeitsplätze bietet. Besonders eindrucksvoll die Stelle, wo Erdgas und Ölpipelines aus den Bergen direkt an die Produktionsstätten geführt werden. Hier kann man einen Eindruck davon gewinnen, welches **wirtschaftliche Potenzial** Iran aufgrund seines Rohstoffreichtums besitzt, wenn dieser durch eine kluge Politik sinnvoll erschlossen wird. Wegen seiner industriellen Bedeutung verfügt Asaluyeh auch über einen Flughafen, der regelmäßig aus Teheran angeflogen wird.

Bandar Lengeh

Der nächste wichtige Ort an der Küstenstraße nach Bandar Abbas ist Bandar Lengeh, nicht weil er Sehenswertes zu bieten hätte, sondern als Etappe auf dem Weg (ca. 550 km bis Bushehr) oder als Ausgangspunkt für eine Schiffspassage zur Insel Kish. Das dauert zwischen 1 und 5 Stunden, je nach Bootstyp. Die normale Fähre benötigt je nach Typ zwischen 2 und 5 Stunden. Das **Büro der Fährlinie Val Fajr** liegt am Bolv. Imam Khomeini, Tel. 0762-2221689, unweit des Fährenlegers und ist geöffnet von 7 bis 18 Uhr, mit der für diese Gegend ungewöhnlich kurzen Pause zwischen 14 und 15 Uhr. Die Abfahrtszeiten sind vom Seegang abhängig, die Tickets deswegen kaum im Voraus zu reservieren. Wer nur für einen Tagesbesuch nach Kish möchte, sollte morgens früh von Bandar Charak (90 km von Bandar Lengeh in Richtung Buschehr) aufbrechen, von wo täglich Schnellboote nach Kisch verkehren (Fahrzeit knapp 1 Stunde).

Val Fajr bietet auch eine Überfahrt, planmäßig samstags und mittwochs mit einer **Katamaran-Fähre nach Dubai** (ohne Automobil, 50 US$ für die vierstündige Überfahrt, für Hin- und Rückfahrt zahlt man 110 US$).

Bandar Lengeh wurde früher gern die „Braut" unter den Hafenstädten am Golf genannt, war sie doch dank des einträglichen **Perlenhandels** reich geschmückt. Kaufleute trafen sich hier, um die schönsten Perlen aus dem Golf zu taxieren und zu verkaufen. Seitdem dieser Markt durch das Aufkommen der Zuchtperlen zusammengebrochen ist und zusätzlich während der Pahlavi-Zeit hohe Zölle erhoben wurden, haben sich die einflussreichen Händler auf die arabische Seite des Golfs zurückgezogen. Durch den rasch einsetzenden Ölboom in anderen iranischen Hafenstädten wie Abadan, Bushehr und Bandar Abbas verlor die Stadt gänzlich an Bedeutung und geriet bald in Vergessenheit. Der größte Teil der 20.000 Einwohner lebt hauptsächlich von der Unterstützung der in die arabischen Emirate ausgewanderten Verwandten. Die staatlich kontrollierte Zollbehörde räumt der lokalen Bevölkerung eine geringe **Zollvergünstigung** ein, sodass sie durch die Einfuhr der in Dubai zu niedrigen Preisen eingekauften Waren minimale Gewinne erzielen kann.

So mutet der Ortskern von Bandar Lengeh heute eher trostlos an. Der Bazar und die wichtigsten Geschäfte erstrecken sich entlang der Kh. Enqelab.

■ Wer in der Stadt übernachten muss/will, findet in der Kh. Enqelab das **Hotel Amir**①, Tel. 0762-2242311, mit einfachen Zimmern. Ca. 1,5 km westlich vom Stadtzentrum in Strandnähe gibt es ein **Tourist Inn**①, Tel. 0762-2222566.
■ Der **Busterminal** liegt 3 km östlich der Stadt an der Straße nach Bandar Abbas (250 km), der **Flughafen** im Norden. Das lokale **Iran-Air-Büro** findet man am Bolv. Imam Khomeini / Kreuzung Kh. Shahrdari, Tel. 0762-2222799.

Bandar Abbas

Hauptstadt der Provinz Hormozgan, die südöstlich an Bushehr anschließt, ist die **Hafenstadt** Bandar Abbas. Die **Meerenge von Hormoz,** wo Iran nur etwa 100 km von der **arabischen Halbinsel** entfernt ist, ist die ideale Stelle für einen Hafen. Das erkannten im 16. Jh. auch die Portugiesen, als sie auf der kleinen Insel Hormoz einen solchen errichteten. Direkt gegenüber der Insel ließ *Shah Abbas* zur Ausweitung des Fernhandels zu Beginn des 17. Jh. in dem Ort Gambroim einen Hafen errichten, der seitdem seinen Namen trägt: Bandar Ab-

> Blick auf Bandar Abbas

bas. 1622 vertrieb er mit Hilfe der Engländer die Portugiesen und der Hafen entwickelte sich zu einem der wichtigsten an der iranischen Golfküste.

Spätere Herrscher bevorzugten andere Orte, und so fiel Bandar Abbas bis Mitte des 20. Jh. in einen Dornröschenschlaf. Noch 1956 hatte es mit 18.000 Menschen weitaus weniger Einwohner als Bushehr. Seitdem wurde es zu einem **modernen Hafen** ausgebaut, von dem vor allem die reichen Erzvorkommen im Südosten Irans verschifft werden: Kupfer aus Kerman, Chrom aus Minab und Roteisenstein von der Insel Hormoz. Bandar Abbas dient auch der iranischen Marine als Flottenstützpunkt. Die einzige Straße vom zentraliranischen Hochland und auch die Eisenbahnlinie erreichen hier die Gestade des Persischen Golfs. Die Stadt zählt heute über **300.000 Einwohner.** Per Schiff gelangt man zu den Inseln Hormoz und Qeshm, nach Muskat im Oman und Sharjah in den Vereinigten Arabischen Emiraten.

Aus der 400-jährigen Geschichte haben sich keine nennenswerten Bauwerke erhalten, wenn man einmal von den Resten der alten holländischen Faktorei in der Nähe des Bazars absieht, in dem heute die Zollverwaltung untergebracht ist. Daneben zeugt noch der alte Hindutempel nördlich des Bazars von dem früher starken Einfluss indischer und pakistanischer Händler. Er ist jedoch mittlerweile verwaist.

Orientierung

Das **Stadtgebiet** erstreckt sich parallel zur Wasserlinie von West nach Ost. Die Kh. Imam Khomeini verläuft durchgehend vom gleichnamigen Platz im Osten bis zum Meydan-e Jahanbar im Westen. In ihrem Verlauf ändert sich der Straßenname in Shahid Bahonar und Pasdaran. Im Halbkreis um die Stadt herum führt die **Umgehungsstraße** Djumhurri-ye Eslami. Das **Zentrum** mit Bazar und altem Fähranleger liegt zwischen den Plätzen Abazar im Osten und Nabovvat im Westen.

Ankunft mit dem eigenen Fahrzeug

Mit Pkw und Bus **aus Richtung Shiraz, Sirjan und Bam** erreicht man die Stadt im Osten und fährt dann immer geradeaus auf der Kh. Imam Khomeini nach Westen.

Von Westen aus Richtung Bushehr und Bandar Lengeh erreicht man die

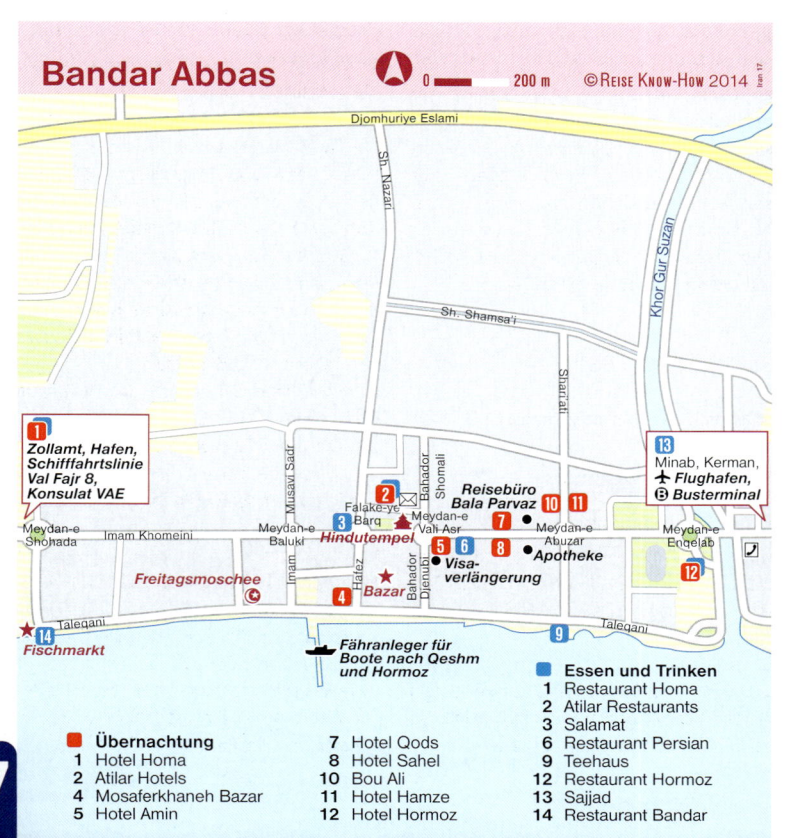

Bandar Abbas

■ **Übernachtung**
1 Hotel Homa
2 Atilar Hotels
4 Mosaferkhaneh Bazar
5 Hotel Amin
7 Hotel Qods
8 Hotel Sahel
10 Bou Ali
11 Hotel Hamze
12 Hotel Hormoz

■ **Essen und Trinken**
1 Restaurant Homa
2 Atilar Restaurants
3 Salamat
6 Restaurant Persian
9 Teehaus
12 Restaurant Hormoz
13 Sajjad
14 Restaurant Bandar

Stadt im Westen beim neuen Hafen und dem internationalen Fähranleger. Von dort aus immer geradeaus nach Osten auf der Kh. Imam Khomeini in Richtung Zentrum fahren.

Bazar

Weniger seine Architektur, sondern vielmehr sein **Lokalkolorit** lohnt einen Rundgang. Neben den üblichen Artikeln des täglichen Bedarfs trifft man auf viele ausländische Waren von der gegenüberliegenden Seite des Golfs und aus Pakistan. Öfters sieht man auch Dorfbewohner aus der Umgebung, die ihre spärliche Produktion an Obst und Gemüse anbieten. Auffällig oft sind es Frauen mit bunten Gewändern und ledernen Gesichtsmasken. Entsprechend den Temperaturen ist hier die Mittagspause besonders ausgedehnt, erst am späten Nachmittag belebt sich der Bazar wieder. Der Fischmarkt liegt westlich des Bazars nahe dem Meydan-e Shohada.

Praktische Informationen

■ Telefonvorwahl Bandar Abbas: 0761

Visaverlängerung
■ Wer für die Weiterreise in eines der Arabischen Emirate ein Visum braucht, geht zum **Generalkonsulat der VAE** an der Faleke-ye Yadboud westlich des Fischmarkts, Tel. 38712, oder in das Hotel Qods in der Kh. Imam Komeini.

Geldwechsel
■ Eine Reihe von **Geldwechselstuben** gibt es am Meydan-e Baluki. Geldtausch ist auch möglich in der **Bank-e Melli** am Meydan-e Vali Asrl.

Post und Telefon
■ Das **Postamt** findet man in der Kh. 17. Shahrivar, die **Telefonzentrale** am Meydan-e Enqelab.

Unterkunft
Während der Sommermonate ist es kein Problem, ein Hotelzimmer in Bandar Abbas zu finden. In der kühleren Jahreszeit dagegen kann es schwierig sein und man sollte versuchen zu reservieren.

■ Das **Hotel Homa**③ von Iran Air im Westen der Stadt hat schon bessere Zeiten gesehen, dafür ist es ruhig. Mit Restaurant. Kh. Meraj, Tel. 5554080.
■ In der gleichen Preisklasse liegen die beiden **Atilar-Hotels**③ im Zentrum am Meydan-e 17. Shahrivar gegenüber vom Bazar.
■ Preiswerter ist ein sauberes Zimmer im **Hotel Amin**② mit Blick auf den Golf in der Kh. Taleqani (Tel. 2244305) zu bekommen.
■ Auch das **Hotel Hamze**① in der Kh. Shariati (Tel. 2223771) ist preiswert.
■ Als erstes Haus am Platze gilt zwar das **Hotel Hormoz**④ am Meydan-e Enqelab, doch Standard und Service sind dürftig. Möglichst Zimmer mit Meerblick buchen. Tel. 3342201-5.
■ Billiger ist das **Hotel Qods**② in der Kh. Imam Komeini mit großen, geräumigen Zimmern.
■ Direkt gegenüber liegt das **Hotel Sahel**①, Tel. 2222304, mit einfachen Zimmern.
■ Einfache Unterkunft bietet z.B. das **Bou Ali**① in der Kh. Shariati, Tel. 2222516, allerdings ohne Duschen auf dem Zimmer und nicht gerade leise. Näher am Meer liegt das sehr einfache **Mosaferkhaneh Bazar**① an der Ecke Kh. Taleqani / Kh. Hafez.

Essen und Trinken
■ Restaurants im **Hotel Atilar** und im **Hotel Homa**, s.o.
■ **Restaurant Sajjad** in der Kh. Imam Khomeini, 400 m östlich vom Meydan-e Imam Khomeini, etwas außerhalb der Stadt gelegen, aber mit leckerem *chelo meigu* (Shrimps mit Reis), Tel. 22841.
■ **Restaurant Salamat** am Meydan-e Barq.

- **Restaurant Bandar** am Bolv. Sayadan direkt neben dem Fischmarkt. Leckere Fischgerichte.
- Für iranische Verhältnisse teuer, aber dennoch den Preis wert sind die vorzüglichen Fischgerichte im Restaurant des **Hotels Hormoz** (s.o.), serviert mit Meerblick. Auch einzelne internationale Gerichte werden angeboten. Tel. 3342205.
- Einfacher, aber ebenfalls empfehlenswert ist das **Restaurant Persian** in der Kh. Imam Khomeini / Ecke Meydan-e 17. Shahrivar. Hier findet man eher die „klassischen" Kebabs vom Huhn und Lamm.
- Natürlich würde sich die **Strandpromenade** für Teehäuser, Eiscafés und was immer anbieten – doch leider (noch) Fehlanzeige, bis auf das **Teehaus** in der Kh. Taleqani, Höhe Kh. Shariati. An vielen Stellen bieten allerdings ambulante Verkäufer Tee und Wasserpfeifen an. Auch so lassen sich die kühlen Abendstunden am Golf genießen.

Reisebüro
- Im Reisebüro **Bala Parvaz** gibt es alle Arten von Tickets und besonders Bahnfahrkarten. Kh. Imam Khomeini, westlich des Meydan-e Abuzar gegenüber der Apotheke, Tel. 2224500.

Verkehrsverbindungen
- Der **Flughafen** liegt etwa 6 km östlich des Stadtzentrums. Flüge von Teheran aus verkehren täglich, von Isfahan, Shiraz und Chahbahar mehrmals die Woche. Ins Stadtzentrum verkehren Taxis und Minibusse. Das Büro von **Iran Air** befindet sich in der Kh. Imam Khomeini östlich des Meydan-e Shohada, Tel. 3337170, B.Raeesi@IranAir.com. Das Büro von **Aseman Air** liegt am Bolv. Taleghani (Tel. 29096) östlich des Bazars.
- Der Anleger für die **Fähren** in Richtung arabische Halbinsel und zu den Inseln Qeshm und Kish (Shahid Bahonar) liegt 4 km westlich des Stadtzentrums. An der Ecke Bolv. Pasdaran / Bolv. Jahangardi, im Gebäude der South Shipping Lines, findet man das **Büro der Schifffahrtslinie Val Fajr 8** für Fährtickets über den Golf, Tel. 5555590, mobil 0917-7682461.
- Die **Autofähre nach Sharjah** (VAE) verkehrt dreimal pro Woche (Samstag, Montag, Mittwoch) um 22 Uhr, man sollte spätestens um 20 Uhr am Pier sein. Ankunft in Sharjah gegen 8:30 Uhr morgens. Die Überfahrt kostet pro Person 85 US$ und 200 US$ für Motorräder für die einfache Fahrt, Pkw zahlen 400 US$. Zurück ab Sharjah geht es sonntags, dienstags und donnerstags um 22 Uhr, Ankunft in Bandar Abbas gegen 9 Uhr morgens.
- Südlich an den Bazar grenzt der **Fähranleger** an, von dem die Boote und Schiffe zu den Inseln **Hormoz und Qeshm** ablegen. Fahrpläne gibt es nicht, wann immer ein Boot voll ist, sticht es in See.
- Der **Busbahnhof** liegt ca. 4 km östlich des Stadtzentrums.
- Der **Bahnhof** befindet sich etwa 4 km östlich des Stadtzentrums. Der Nachtzug aus Teheran trifft täglich vormittags, der aus Isfahan dreimal wöchentlich vormittags ein.

Insel Hormoz

Bevor Bandar Abbas sich zum wichtigsten Hafen an der Straße von Hormoz entwickelte, wurde diese Stellung von der vorgelagerten Insel Hormoz eingenommen. Die Portugiesen errichteten hier nach der Besetzung im Jahre 1507 eine Befestigungsanlage. Nach gut 100 Jahren wurde die portugiesische Besatzung von den Truppen *Shah Abbas'* im Bündnis mit den Engländern vertrieben.

Heute hat die Insel nur noch Bedeutung wegen ihrer Mineralvorkommen (Roteisenstein). Unweit des Bootsanlegers an der Nordspitze liegt die alte **Festung der Portugiesen**. Sie ist vollständig aus dem rötlichen Stein mit Eisenerzeinlagerungen erbaut, der für die Insel charakteristisch ist. Vereinzelt liegen noch

Kanonen und steinerne Kugeln herum. Recht eindrucksvoll ist eine im Zentrum des Hofes erbaute unterirdische Kapelle.

Das kleine Dorf östlich der Festung hat nichts Besonderes zu bieten. Das Leben auf der Insel ist karg, die meisten Lebensmittel und Wasser müssen vom Festland herangebracht werden.

Die **Überfahrt** von Bandar Abbas vom alten Fähranleger südlich des Bazars dauert je nach Wetterlage 40 bis 50 Minuten. Vom Fort aus führt ein Rundweg um die gesamte Insel herum, der allerdings nichts Nennenswertes zu bieten hat. Unterkunftsmöglichkeiten gibt es auf dem Eiland nicht. Für eine Besichtigung sollte man inkl. An- und Abfahrt von Bandar Abbas ca. 3 Stunden einplanen. Die **Wetterbedingungen** spielen eine wichtige Rolle: Sowie der Wind auffrischt, können die kleinen Boote den Wellengang nicht mehr bewältigen, und man hängt auf der Insel fest!

Minab

Eines der wenigen größeren Gebiete in der Provinz Hormozgan, wo bescheidener landwirtschaftlicher Anbau möglich ist, ist der Küstenstreifen östlich von Bandar Abbas und besonders die große **Dattelpalmenoase** von Minab ca. 80 km östlich. Palmen werden nicht nur wegen der Datteln angebaut, sie dienen auch als Viehfutter, aus ihren Wedeln werden Gebrauchsgegenstände geflochten und Hütten gebaut.

Oase in der Gegend von Minab

Qeshm

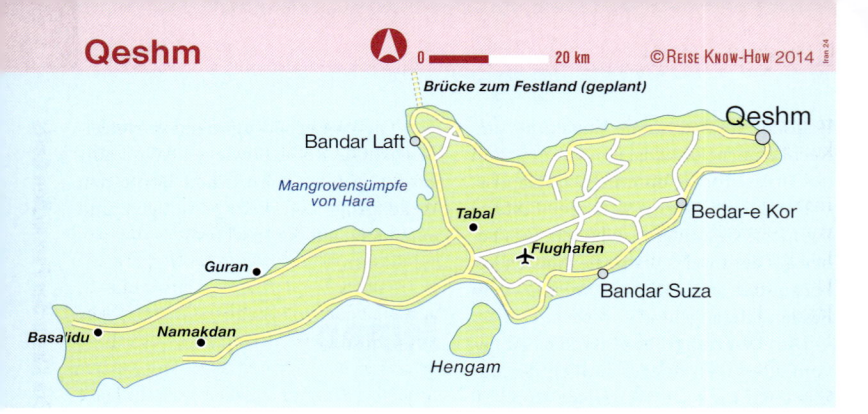

Die Geschichte der Stadt reicht weit zurück, vermutlich bis zu den Sasaniden. Zeitweilig war die Gegend im Besitz der Sultane von Oman von der anderen Seite des Golfs, zuletzt Anfang des 19. Jh. Heute ist Minab das Zentrum eines fruchtbaren Umlands; der *pandj shanbeh bazar*, der **„Große Markt"** am Donnerstag, ist ein farbenfrohes und lebhaftes Ereignis. Das Areal erstreckt sich entlang des Flussbettes westlich der großen Brücke. Gehandelt wird alles, was die aus der Gegend herbeiströmenden Menschen anzubieten haben und benötigen: Lebensmittel, Früchte, Gemüse, Bekleidung, unterschiedlichste Erzeugnisse aus Dattelpalmen. Wie üblich auf solchen Märkten findet man auch Gaukler; ein Tiermarkt mit Geflügel und Schafen schließt sich an. Für einen Besuch empfiehlt sich der Morgen, denn gegen Mittag ist schon alles vorbei, die zumeist hohen Temperaturen fordern ihren Tribut.

Die **Straße von Minab nach Norden** ist kürzlich ausgebaut worden. Auf fast neuem Straßenbelag führt sie durch einige Tunnels durch reizvolle, meist unbewohnte Landschaft über Kahnuj und Jiroft nach Kerman.

In südlicher Richtung gelangt man über Jask auf der Küstenstraße am Golf von Oman entlang bis nach Chahbahar.

Von Bandar Abbas aus lässt sich Minab gut im Rahmen eines Tagesausflugs besuchen. Es verkehren regelmäßig Taxis und Minibusse von der Kh. Imam Khomeini in Höhe des Hotel Sahel.

■ **Telefonvorwahl Minab: 0765**
■ Um früh auf dem Markt zu sein, kann es sinnvoll sein, in Minab zu übernachten. Dafür empfiehlt sich das **Hotel Sadaf**② am Bolv. Vali Asr nördlich der Brücke mit sauberen und angenehmen Zimmern. Tel. 2225999.

■ Südlich des Flusses im Mellat Park gelegen ist das **Tourist Inn**②. Das Restaurant des Hotels ist empfehlenswert.

Insel Qeshm

Vom gleichen Anleger wie die Motorboote nach Hormoz fahren auch die etwas größeren Kähne von Bandar Abbas nach Qeshm. Während Hormoz nur seine Geschichte hat, soll Qeshm, die **größ-**

te iranische Insel, vor allem eine Zukunft haben.

Die 135 km lange und 12 km breite Insel am westlichen Ausgang der Straße von Hormoz hat etwa 60.000 Einwohner. Die meisten von ihnen sind arabischen Ursprungs und lebten bis vor einigen Jahren überwiegend von Perlentauchen, Fischfang und bescheidenem Ackerbau.

Eroberern, die es im Laufe der Geschichte zahlreich gab, ist es hier nicht gut ergangen: 1645 lösten die Holländer die Portugiesen als Besatzungsmacht ab, aber sie verließen die Insel nach einiger Zeit der Hitze wegen. Ähnlich erging es den Engländern Ende des 19. Jh.; auch sie flüchteten wenig später vor den extremen Temperaturen im Sommer.

1989 wurde die Insel zur **Freihandelszone** erklärt, was für Investoren besonders niedrige Kosten für die Infrastruktur und 15 Jahre Steuerfreiheit bedeutet. Man erhofft sich vor allem auch einen Aufschwung des **Tourismus.** Im Winter, wenn viele iranische Touristen hier ihren Urlaub verbringen, steigt die Zahl der Einwohner kräftig an. Ob allerdings unter den Bedingungen der Islamischen Republik auch viele ausländische Touristen hier ihren Badeurlaub verbringen werden, bleibt fraglich. Die Ausbaupläne sind ehrgeizig: Durch die Organisation der Freihandelszonenverwaltung sollen Erdgasvorräte erschlossen, Industrie angesiedelt, Universitäten aufgebaut und Hotelanlagen gebaut werden.

Der Hauptort ist Qeshm an der östlichen Spitze der Insel, wo auch die Boote aus Bandar Abbas anlegen. Hier wurden in den vergangenen Jahren etliche **Einkaufszentren** errichtet, wo man bis zu einem Betrag von etwa 100 US-Dollar zollfrei einkaufen kann. Das ist aber für Ausländer kaum interessant, wer möchte sich schon im Urlaub mit neuester japanischer Unterhaltungselektronik oder Haushaltsgeräten eindecken?

An der Südküste zwischen Bedar-e Kor und Bandar Suza gibt es einige schöne **Strände,** die allerdings großteils zu Feriensiedlungen gehören und abgetrennt sind. Das Wasser ist herrlich blau und klar, es empfiehlt sich aber, in der Nähe des Strandes zu bleiben, weil **Haie** im Golf keine Seltenheit sind.

Der südwestliche Teil der Insel ist touristisch kaum erschlossen. In einigen Dörfern an der Nord- und Südküste leben die Menschen noch auf traditionelle Art und Weise. Eine Naturattraktion sind die ==Mangrovensümpfe von Hara== an der Nordseite der Insel in der Höhe der Ortschaft Bandar Laft. An dieser Stelle beträgt der Abstand zum Festland nur wenige Kilometer, weshalb der **Bau einer Brücke geplant** ist. Doch vorerst ist diese eigentümliche, wattartige Landschaft mit luftwurzelbewehrten Mangrovengewächsen ein Paradies für Wasservögel jeglicher Art. In Bandar Loft kann man Boote zur Ausfahrt chartern.

Die **Ruinen der beiden portugiesischen Festungen** im Norden und Süden der Insel lohnen den Besuch kaum.

Praktische Informationen

■ **Telefonvorwahl Qeshm: 0763**

Informationen/Auskunft

■ Die **Tourist Information** der Freihandelszone Qeshm unterhält ein Büro in Teheran (Tel. 021-88724871/2) sowie eines auf der Insel (Tel. 522 5930/9). Auch online kann man sich informieren: www.qeshm.ir/tourism.asp.

Unterkunft im Ort Qeshm

■ Das bekannteste Hotel der Insel ist das **Qeshm International Hotel**③ mit sauberen Zimmern, gutem Service und einem Restaurant. Bei den Bahman-Docks, Meydan-e Golha, Tel. 5224906.

■ Vergleichbar, aber besser gelegen ist das **Qeshm International Sea Hotel**③ am Meydan-e Imam. Tel. 5221620-1.

■ Billiger, aber dennoch gut aufgehoben ist man im **Qeshm Tourist Inn**②, etwas entfernt vom Hafen auf einem Hügel gelegen, der eine schöne Aussicht bietet. Tel. 5228232.

■ Preiswerte Apartments in direkter Nähe des Fähranlegers mit Küche und Wohnzimmer bietet das **Hotel Golestan**②. Gegenüber Kh. Shahid Azkeri Lane, Tel. 5227707, mobil 0917-3630200.

■ Einfache Gasthäuser sind z.B. das **Hotel Sahel**① in der Kh. Imam Khomeini in der Nähe des Piers, Tel. 5224723, oder das **Mehmansara Setareh**① im Ort in der Kh. Vali Asr, Tel. 5223061.

Unterkunft außerhalb des Ortes Qeshm

■ **Südlich des Ortes Qeshm,** in der Saheli Road nahe des Strandes, kann man außerhalb der Saison in Villensiedlungen preiswert **Häuser mieten.**

■ Fast im Zentrum der Insel gegenüber den Hara-Mangrovensümpfen liegt der kleine **Ort Tabal,** wo **Hassan Sharifi** private Unterkünfte im lokalen Stil anbietet. Mobil 0917-9032762.

■ Auch auf der kleinen **Insel Hengam** südlich von Qeshm gibt es eine private Unterkunft, zu buchen bei **Afshin Abbasnejad,** mobil 0917-9773056. Dort sollte man auf jeden Fall im Voraus reservieren und das Übersetzen von Qeshm aus vereinbaren.

Essen und Trinken im Ort Qeshm

■ Restaurants gibt es in den genannten Hotels und im **Hotel Sara** (Tel. 5224571/2).

■ Das **Restaurant Bany** am Ende des Bolv. Imam Qoli Khan (Tel. 5228074) bietet neben den üblichen Kebabs auch Fisch.

■ Empfehlenswert ist auch das **Restaurant Sofreh** in der Kh. Azadegan (Tel. 5222114).

Reisebüro im Ort Qeshm

■ Das Reisebüro **Marina** am Bolv. Imam Qoli Khan im Einkaufscenter Nakhl-e-Zarrin (Tel. 5225575) verkauft Tickets für In- und Auslandsflüge und organisiert auch Visa für die VAE.

Verkehrsverbindungen

■ Mit dem **Boot** ab Bandar Abbas vom alten Fähranleger. Die Überfahrt dauert etwa eine Stunde. Vorsicht: Auch bei scheinbar ruhiger See reicht geringer Wellengang aus, um die Überfahrt zu einem „spritzigen Vergnügen" zu machen. Alles, was keine Feuchtigkeit verträgt, gut abdecken.

■ Größere **Passagierfähren** verkehren vom Internationalen Fährterminal in Bandar Abbas (Shahid Bahonar) alle 2 Std. von 8 bis 21 Uhr.

■ Der **Flughafen** liegt im Zentrum der Insel ca. 35 km westlich des Ortes Qeshm. Täglich Flüge nach Teheran, mehrmals die Woche nach Isfahan, Shiraz, Kerman sowie Mashhad. Auch von Dubai und Ras al-Khaima in den VAE gibt es Flüge. Die Fluglinie der Freihandelszone, **Faraz Qeshm Airline,** unterhält ein Büro auf der Insel im Pardis Building, Bolv. Imam Qoli Khan, Tel. 5229970, und ein weiteres am Flughafen von Bandar Abbas (Tel. 0761-539800).

Insel Kish

Kish ist zwar nicht die größte der Inseln im Persischen Golf, aber die bekannteste. Über Jahrhunderte war sie ein kleiner **Stützpunkt auf dem Seeweg nach Indien,** den schon die Mesopotamier nutzten. Nach dem Niedergang von Siraf versuchte der Seldjuqen-Herrscher *Turan Shah* im 11. Jh., hier einen neuen Handelsplatz zu entwickeln. Auf halbem Wege zwischen Ursprungs- und Zielland lagerten Waren aus Indien und China zum

Verkauf an arabische und europäische Händler.

Zu Beginn des 16. Jh. weiteten die Portugiesen ihren Einfluss im Golf aus und besetzten mehere Stützpunkte, darunter auch Kish. Reste eines Forts an der Nordseite der Insel zeugen noch heute davon. Das Ende der Safaviden brachte aber auch den Fernhandel über den Golf weitgehend zum Erliegen und so fiel die Insel fast der Vergessenheit anheim. *Nasreddin Shah* verlieh sie im 19. Jh. gar an einen seiner Würdenträger, der sie seinerseits an die *Pahlavis* weitergab. *Mohammad Reza Shah,* der das Leben in Saus und Braus in St. Moritz und Monte Carlo ausgiebig studiert hatte, versuchte hier so eine Art **Las Vegas des Orients** aufzuziehen, mit Casino und einer Landebahn, die sogar für Flugzeuge des Typs Concorde ausgelegt war. Dies macht deutlich, welches Publikum er vor Augen hatte beim Ausbau von Kish: die eigenen Hofschranzen, reiche arabische Scheichs und den amerikanisch-europäischen Jetset. Iraner dagegen brauchten eine Sondergenehmigung.

Die ca. 90 km² große Insel liegt etwa 20 km vom Festland entfernt **gegenüber der Hafenstadt Bandar Charak.** Der einfachste Zugang ist allerdings der Luftweg. Es gibt täglich Flüge von und nach vielen iranischen Städten sowie in die Emirate. Kish ist **seit 1991 Freihandelszone,** so bekommen ausländische Investoren besondere Vergünstigungen und Touristen dürfen zollfrei einkaufen.

Die **Bevölkerung** besteht neben etwa 1500 arabischstämmigen „Ureinwohnern" vor allem aus Zugewanderten aus allen Teilen Irans, insgesamt ca. 16.000 Menschen. Das Wasser des Persischen Golfs ist azurblau und auch im Winter nicht kälter als 22° C, ideale Temperaturen zum **Baden** und für **Wassersport.** Für Europäer ist ein Aufenthalt allerdings nur zwischen November und März angenehm; in den Sommermonaten erreichen die Temperaturen 45° C und mehr. Wegen des Sonderstatus der Insel brauchen Ausländer für die Einreise **kein Visum,** wenn sie sich nicht länger als 14 Tage hier aufhalten. Es ist möglich, in Kish ein Visum zur Einreise auf das iranische Festland zu beantragen. Die Ausstellung dauert zwei Arbeitstage.

Bei Iranern ist Kish beliebt, weil sie hier Unterhaltungselektronik, Haushaltsgeräte oder Kleidung zollfrei einkaufen können und die Sitten lockerer sind als auf dem Festland. In Kish muss man nicht damit rechnen, ständig von Sittenwächtern verfolgt zu werden. Das ist für iranische Verhältnisse ziemlich viel, ausländische Touristen allerdings konnten damit noch nicht in großem Umfang angelockt werden. Bei der iranischen Jugend erfreut sich die Insel großer Beliebtheit, doch das Preisniveau ist deutlich höher als auf dem Festland, was für Westeuropäer keine große Rolle spielt, für Iraner jedoch einen spürbaren Unterschied ausmacht.

Orientierung

Die meisten Hotels und Bazare befinden sich im Norden und Nordosten der Insel, der Flughafen ist im Zentrum gelegen. Die **Taxis** in Kish sind von deutlich besserem Standard als sonst in Iran und entsprechen eher unseren Vorstellungen: Man steigt ein, nennt dem Fahrer das Ziel, er schaltet das Taxameter ein und los geht es im klimatisierten Fahrzeug.

Alle Sehenswürdigkeiten der Insel kann man innerhalb eines halben Tages mit dem Taxi besichtigen.

Sehenswertes

Wirkliche Sehenswürdigkeiten hat Kish nur wenige zu bieten. Dazu zählen das **Aquarium** mit einer Vielzahl von Meerestieren aus dem Persischen Golf, ein **Zoo** mit Vögeln, Reptilien und Schlangen und die **Ruinen von Harireh** an der Nordseite der Insel, die bis in die Sasaniden-Zeit zurückgehen. Unweit davon gibt es eine alte **Zisternenanlage,** wo früher unter zwei Kuppeln, gekühlt durch Windtürme, Süßwasser gesammelt wurde. Noch recht ursprünglich ist das **Dorf Saffain** an der Nordwestseite der Insel, wo die Einwohner noch auf „klassische" Weise vom Fischfang und Schmuggel leben. Eine eher skurrile Sehenswürdigkeit ist das **Wrack eines griechischen Schiffes,** das kurz nach dem Zweiten Weltkrieg strandete und seitdem vor sich hinrottet.

Einkaufszentren

Die Einkaufszentren mit malerischen Namen wie **Bazar-e Pardis** oder **Bazar-e Hafez** sind für viele iranische Besucher

Übernachtung
1 Sahra Guest House
2 Hotel Venus
3 Hotel Maryam
5 Grand Hotel Daryush
7 Hotel Eram
9 Mehmansara-ye Sahar

Essen und Trinken
2 Mir Mohanna
6 Mahi Sara
10 Restaurant Shandiz

Einkaufen
8 Bazar-e Pardis

Wassersport
4 Kish Diving Center

der Hauptgrund für ihren Besuch. Der Name *Bazar* führt allerdings völlig in die Irre: Es handelt sich um ganz normale Einkaufszentren mit Hunderten von Geschäften für Mode, Haushaltsartikel, Kosmetika, Computer, Spielzeug und dergleichen mit Musikberieselung zur Steigerung der Kauflust. Völlig ohne Kultur muss aber auch in Kish niemand bleiben: Beginnend am Meydan-e Sahel verläuft der **Gozar-e honarmandaneh iran,** sozusagen der „Walk of Fame" für iranische Künstler und Wissenschaftler aus Klassik und Moderne, denen Bronzestatuen entlang der Straße errichtet wurden.

Strände und Wassersport

An der Westküste gibt es Strände mit Bootsverleihstationen, Tauchschulen, Fahrradverleih und ähnlichen Freizeiteinrichtungen. An einigen Stellen der Küste können schöne **Tauchreviere** mit einer großen Vielfalt an Korallen und Meerestieren erkundet werden.

Eine Wissenschaft für sich ist das Baden auf Kish, das zumindest freier ist als sonst in Iran. Für Männer und Frauen existieren getrennte Strände: Der **Ladies Beach** liegt an der Nordseite der Insel in der Nähe des Hafens, der **Men's Beach** kilometerweit entfernt davon an der Ostseite. Eine Möglichkeit des gemeinsamen Badens besteht darin, ein Boot zu mieten und sich ein Stück auf das Meer zu den Korallenbänken hinausbringen zu lassen. Ein privater, abgetrennter Strand an der Südostseite der Insel, wo westliche Touristen gegen Bezahlung gemischt Baden konnten, ist zwischenzeitlich geschlossen worden.

Praktische Informationen

■ **Telefonvorwahl Kish: 0764,** für Mobiltelefone: 0914769

Informationen/Auskunft/Visum
■ Der Flughafen Kish bietet eine **Tourist Information.** Eine freundliche Dame hält alle Arten von Prospekten bereit, vieles davon allerdings Werbung.
■ Die Tourismus-Abteilung der **Kish Free Zone Organisation (KFZO)** in der Kh. Sana'î (Tel. 4422434) stellt ebenfalls Karten und Prospekte zur Verfügung und ist auch ansonsten sehr bemüht. Wer sich schon von Teheran aus vorbereiten will, kann das tun bei der dortigen Vertretung der KFZO am Bozorgrah-e Afriqa / Kh. Kish (Tel. 021-8797480). Die KFZO hat mehrere Webseiten, wo z.T. aktuelle Infos erhältlich sind: www.kishtpc.com, www.kishfreezone.org.
■ Wer ohne **Visum** nach Kish eingereist ist und dort ein Visum für das **iranische Festland** beantragten möchte, kann dies tun im **Büro des Iranischen Außenministeriums** in den Ferdous Villas in der Kh. Ferdousi 2 (Tel. 4420734). Man ist dort sehr bemüht, das Visum innerhalb von 48 Stunden auszustellen. Donnerstag und Freitag sind Wochenende und zählen bei der Frist nicht mit!

Geldwechsel
■ Geldwechsel ist in Kish kein Problem. Alle iranischen **Banken** sind auf engstem Raum vertreten, besonders dicht am Ende der Kh. Sana'î beim Gebäude der KFZO. Geldwechsel ist auch in den meisten **Einkaufszentren** möglich, hier kann man teilweise sogar mit Kreditkarte bezahlen.

Post und Telefon
■ Die **Post- und Telefonzentrale** liegt in Kh. Jami an der Ostküste.

Sport- und Freizeit
■ Eine wirklich gute Idee ist die Anlage des **Radwegs,** der um die gesamte Insel führt und „World Road" genannt wird. **Fahrräder** können an ver-

schiedenen Stellen entliehen werden, z.B. an der Ostküste.

■ Wassersportmöglichkeiten gibt es reichlich, mehrere **Tauchschulen** bieten sowohl Unterricht als auch Ausrüstung an. Das bekannteste ist das **Kish Diving Center,** erreichbar über den Strand beim Hotel Shayan in der Nähe des „Eskeleh-ye tafrihat-e salem" (des „Anlegers für die moralisch einwandfreien Vergnügungen"). Hier kann man Tauchkurse buchen, die Ausrüstung wird gestellt. Geöffnet ab 7 Uhr bis Sonnenuntergang, Tel. 4422757. Auch andere Wassersportarten wie Jet-Ski, Paragliding oder Scuba Diving sind möglich. Glasboden- und Motorboote für bis zu vier Personen können am Anleger gemietet werden.

■ Im **Olympic Center,** zwischen dem Hafen und Saffain gelegen, stehen u.a. Fußball, Basketball, Reiten, Tennis und Schwimmen zur Auswahl.

Unterkunft

Das Angebot an Hotels in Kish ist für iranische Maßstäbe riesig und wächst ständig. Auch das Niveau ist deutlich besser als auf dem Festland, die Preise sind allerdings auch höher. Von April bis Ende September gibt es keine Schwierigkeiten, eine Unterkunft zu finden. Im Winter allerdings, besonders in Zusammenhang mit Feiertagen und zum Neujahrsfest im März, kann es eng werden und es empfiehlt sich zu reservieren. Aus der Vielzahl der Angebote sollen nur einige wenige erwähnt werden:

■ Das bekannteste Hotel von Kish ist das **Grand Hotel Daryush**④ im Osten der Insel. Für iranische Verhältnisse ist es luxuriös, die Architektur ahmt, passend zum Namen, Stilelemente aus Persepolis nach. Das 5-Sterne-Haus lässt sich je nach Saison den Service allerdings auch entsprechend bezahlen. Tel. 4422174.

■ **Hotel Maryam**③, relativ neues Haus mit gutem Service und ebensolchem Preis-Leistungsverhältnis, Tel. 4421111-7, www.maryamhotel.com.

■ **Hotel Venus**②, liegt günstig zum Strand in der Kh. Ferdowsi, Tel. 4424025-30.

■ Günstige Hotel-Apartments bietet das **Hotel Eram**②. Das Hotel liegt hinter dem Pardis Bazar, Tel. 4424440-3.

■ Einfache und billige Gasthäuser sind in Kish spärlich vertreten, eines davon ist das **Sahra Guest House**① beim Hafen. Vergleichbar, aber etwas abgelegen an der Kh. Khalidj-e Fars ist das **Mehmansara-ye Sahar**①, Tel. 4422067.

■ Für mehrere Personen, zumal wenn sie länger bleiben möchten, ist eine **Villa** oder ein **Apartment** die preiswertere Alternative. Im Büro der KFZO (s.o.) kann man Angebote einholen.

Essen und Trinken

Restaurants und Fastfoodlokale sind in Kish reichlich vertreten, in (fast) jedem Hotel oder Einkaufszentrum kann man sie finden. Auch hier sind die Preise deutlich höher als auf dem Festland, weil außer Fisch alles importiert werden muss. Leider gibt es auch Fisch nur selten. Eine kleine Auswahl aus einem großen Angebot:

■ Fisch wird in der Regel im **Mahi Sara** beim Bazar-e Pardis serviert.

■ Etwas schicker, aber auch teurer ist es im **Restaurant Shandiz** im Südwesten (Tel. 4423966) oder im **Mir Mohanna** (Tel. 4422855) in der Kh. P. E'tesami. In der Saison abends Live-Musik.

Reiseagentur

■ **I.SOO.DA Travel Agency** in der Kh. Sana'i, Tel. 4420678.

▷ Zerfallende Lehmbauten
in einem Dorf am Persischen Golf

Verkehrsverbindungen

■ Täglich gibt es etwa 30 **Flüge** von iranischen Großstädten nach Kish, u.a. mit Iran Air, Aseman Air und Kish Air. Sie sind teurer als Flüge auf dem Festland: Ein Flug von Teheran nach Kish und zurück mit Iran Air kostet ca. 120.000 Tuman. Daneben gibt es auch Flüge von/nach Dubai und Bangkok. Vom Airport zu den Hotels und Einkaufszentren verkehren Taxis. Bis zum Meydan-e Sahel nahe der Bootsanleger und Tauchschulen an der Ostküste kostet die Fahrt 1000 Tuman. **Iran Air,** Tel. 4422273, Kh. Sanaee, beim Bazar-e Maryam; **Kish Air,** Tel. 442 3517; **Aseman Airlines,** Tel. 4423561.

■ Regelmäßige Verbindungen per **Schiff** gibt es von Bandar Abbas, Bandar Lengeh, Bandar Bushehr und Bandar Charak, aber auch von Dubai und Sharjah. Sie legen im kleinen Hafen an der Nordseite an. Die kürzeste Überfahrt (ca. 90 Min.) ist die von Bandar Charak, wo Schnellboote nach Bedarf abfahren. Sie sind aber mitunter überfüllt und nicht immer sicher. Das Büro der **Val Fajr 8 Shipping Company** ist im Salarkish Housing Complex, Tel. 4422561. Die **Fath-ol-mobein Shipping Company** findet man bei der Mehraban Station (Tel. 4422489). Eine Fährverbindung nach Qeshm bietet die **Ordibehesht Bandar Shipping Company** (Tel. 4420688) dreimal in der Woche.

■ **Autovermietungen und Taxis** gibt es bei den meisten Hotels, auch Selbstfahren ist möglich, aber auf der kleinen Insel kaum nötig.

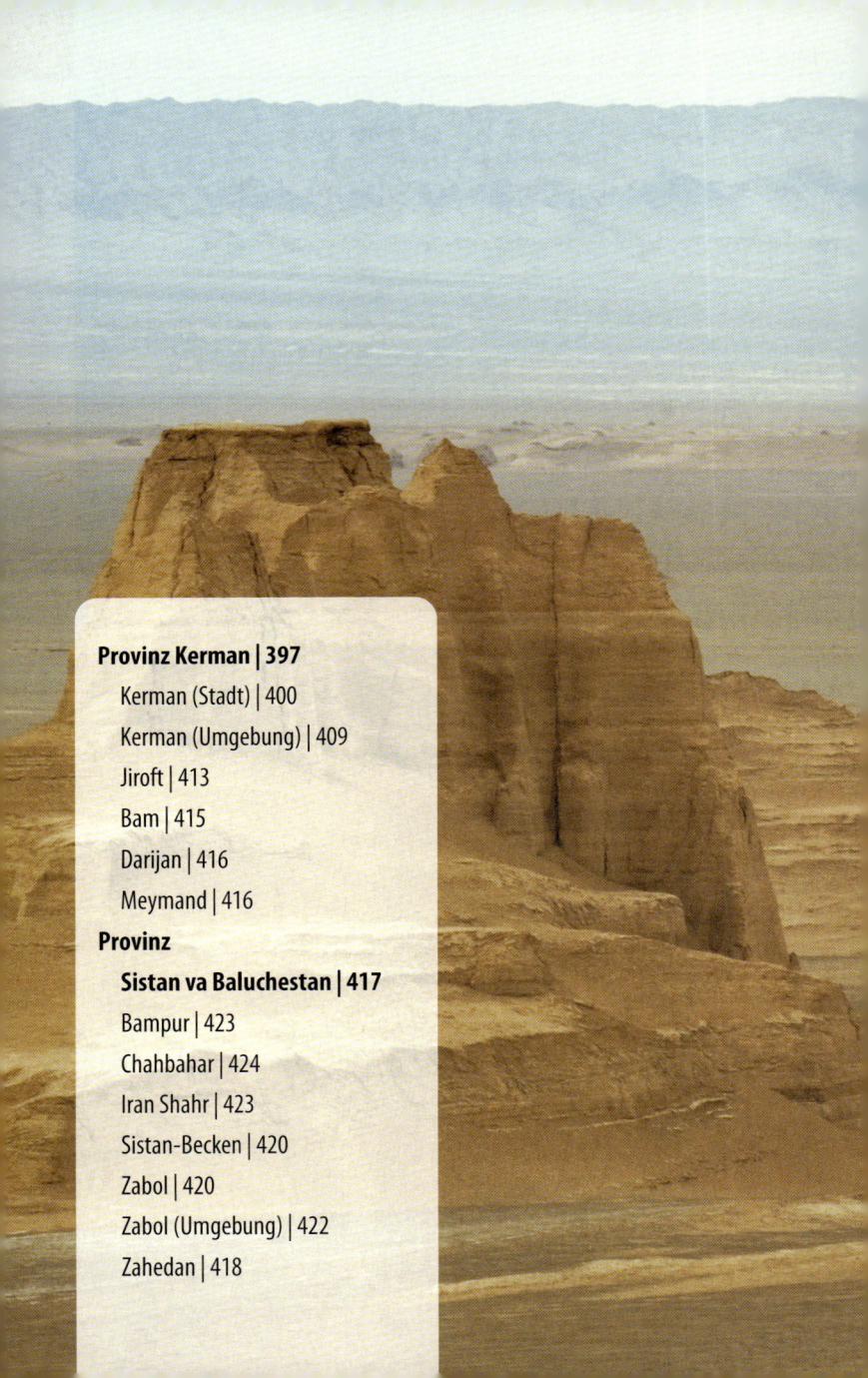

Provinz Kerman | 397

Kerman (Stadt) | 400

Kerman (Umgebung) | 409

Jiroft | 413

Bam | 415

Darijan | 416

Meymand | 416

Provinz
Sistan va Baluchestan | 417

Bampur | 423

Chahbahar | 424

Iran Shahr | 423

Sistan-Becken | 420

Zabol | 420

Zabol (Umgebung) | 422

Zahedan | 418

8 Der Südosten

Aus der Provinz Kerman kommen schöne Teppiche – und Pistazien. Die alte Stadt Bam, 2003 durch ein Erdbeben schwer beschädigt, ist heute wieder einen Besuch wert. Auch die gleichnamige Hauptstadt der Provinz ist durchaus sehenswert und bietet die Möglichkeit zu schönen Tagesausflügen. Die Lebensbedingungen in der Provinz Sistan va Baluchestan im äußersten Südosten sind nicht einfach, Touristen sollten sich über die Sicherheitslage informieren.

◁ Wüstenlandschaft in der Provinz Kerman

Der Südosten

ÜBERBLICK

Der Südosten Irans umfasst zwei Provinzen: Kerman und Sistan va Baluchestan. Kerman zählt mit einer Fläche von 180.000 m² zu den größten Provinzen Irans. Bis über 4400 m aufsteigende Gebirgsketten erstrecken sich von Nordwest nach Südost. Nach Osten schließen sich die Ausläufer der Wüste Lut an, eine äußerst lebensfeindliche Umgebung mit Sommertemperaturen von über 50° C. Die etwa 2 Mio. Einwohner der Provinz leben nur an relativ wenigen Orten – da, wo ausreichend Wasser vorhanden ist.

Sistan und Baluchestan ist mit gut 180.000 m² flächenmäßig die drittgrößte Provinz Irans – und mit einer Bevölkerungsdichte von unter 5 Einwohner/km² die am dünnsten besiedelte. Daraus wird deutlich, wie schwierig die Lebensverhältnisse hier sind. Umso erstaunlicher ist, dass Sistan und Baluchestan zu den Gegenden Irans zählen, wo sich schon in frühester Zeit Menschen angesiedelt haben, so z.B. im 3. Jtsd. v. Chr. bei Bampur in der Nähe von Iran Shahr oder in Shahr-e Sukhte nördlich von Zahedan. In den abgelegenen Gebieten kann man den Eindruck gewinnen, dass sich seit dem Rückmarsch von Alexanders Truppen vom Indus im Jahre 325 v. Chr. nicht viel verändert hat.

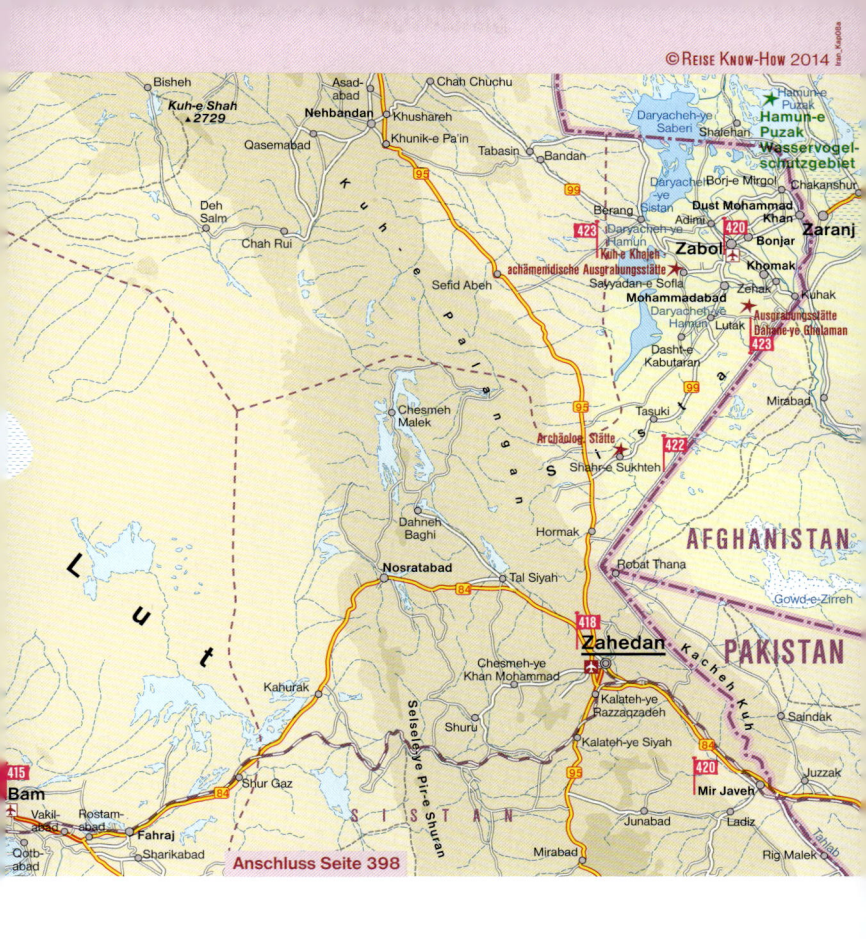

Provinz Kerman

Von Bedeutung war Kerman zu allen Zeiten wegen seiner **Lage am wichtigen Handelsweg** von Zentraliran zum indischen Subkontinent und nach Afghanistan. Die wichtigsten Städte neben der Hauptstadt Kerman sind Rafsanjan, Bam und Sirjan. Früher lebte man hier überwiegend von der Landwirtschaft; vor der Islamischen Revolution wurden am

Anschluss Seite 396
Alte Lehmstadt mit Zitadelle
Bam
Tahrud
Abareq
Sarvestan
Darzin
Deh Bakri
Mohammad-abad
Razi-abad
Qotb-abad
Vakil-abad
Rostam-abad
Fahraj
Sharikabad
Asadabad
Shur Gaz
Deh Reza
Rigan
Jiroft
Hoseynabad
Dosari
Garku
Kuh-e Jebal Bare
Panj Angosht
Garnow
Kuh-e Giran Rig
2548
Masjed-e Abolfazl
Kuh-e Bazman
3489
Bahadorabad
Halil Rud
Shahabad
Zeh Kalat
Hudiyan
Magasan
Espidez
Eshak
Sorkh Qal'eh
Bargah
Surakabad
Hamum-e-Jazmuriyan
Dalgan
Chah Shur
Rud-e Bampur
Chah Zardar
Hur
Remeshk
Kuh-e Kuhran
2261
Kuhha-ye Bashaker
Ab Anbar
Mokhtarabad
Maskutan
Espakeh
Pip
Chanf
Dar Pahn
Angohran
Davari
Joghdan
Fannuj
Tang Sorkheh
Kuh-e Nokhoch
2093
Tutan
Dastgerd
Bent
Chah'ai
Hichan
Kheyrabad
Sarbaz
Qasr-e Qand
Nikshahr
Niku Jahan
Ramezan Kalak
Gun Kuh
1896
Jask-e Kohneh
Jask
Yekdar
Gabrik
Sadich
Johol
Gati
Abkuhi
Gombaki
Poshti
Kalat
Bir
Gurdim
Konarak
Kahir
Muman
Park
Tis
Chabahar
Shuru
Kalateh-ye Razzaqzadeh
Kalateh-ye Siyah
Junabad
Mirabad
Eskel-abad
Nok-abad
Ziruki
Hamum-e Chah Gheyb
Karevandar
Bazman
Iran Shahr
Bampur
Nokju
Qasem-abad
Sistan va Baluchestan
Selsele-ye Pir-e Shura
Sarhad
Gowatr, Hara-Mangrovenwälder, Naturschutzgebiet Bahoukalat
Golf von Oman
Dary-ye Oman
© Reise Know-How 2014
0 40 km
Iran_Kap08b
84
415
413
91
92
93
95
98
423
424
425

Westrand der Dasht-e Lut umfangreiche und leicht abbaubare Lagerstätten verschiedener Buntmetalle gefunden. So verfügt die Provinz Kerman über bedeutende **Kupfervorkommen** südlich von Rafsanjan, die ausgebeutet und verhüttet werden.

In Sirjan wurde eine **Freihandelszone** geschaffen, in der sich zahlreiche Industriebetriebe ansiedelten. Die Gegend um Rafsanjan ist heute Schwerpunkt des iranischen **Pistazienanbaus** – neben Teppichen das zweitwichtigste Exportprodukt im Nicht-Erdölbereich. Die Erschließung und Modernisierung der Provinz Kerman ist besonders mit dem Namen des früheren Staatspräsidenten *Rafsanjani* verknüpft, der aus Rafsanjan stammt und deshalb viele Gelder und Mittel in die Provinz geleitet hat. Hier paarte sich auf geschickte Weise Heimatmit Familienverbundenheit, gehören dem Rafsanjani-Clan doch heute zahlreiche Ländereien und Betriebe.

Aufgrund der Nähe zu Afghanistan haben sich in der Provinz Kerman Hunderttausende von Afghanen niedergelassen, von denen viele auch nach dem Ende des Taliban-Regimes bleiben. Eine Hauptroute des **Drogenschmuggels** verläuft über diese Provinz, weswegen die Kontrollen auch bei Reisenden hier intensiver sind als in anderen Teilen Irans.

Geschichte der Region

Archäologische Funde in Shahdad 60 km östlich von Kerman und Shahr-e Sukhte nördlich von Zahedan sowie kürzlich in Jiroft haben erwiesen, dass durch den Südosten Irans schon im 3. Jtsd. v. Chr. eine wichtige Handelsverbindung zwischen Mesopotamien und der Indus-Kultur führte, beides hochentwickelte wirtschaftliche und kulturelle Zentren jener Zeit. Auch die Geschichte der Stadt Kerman ist bis in die Sasaniden-Zeit bezeugt; offensichtlich war sie schon damals ein wichtiger Ort auf dem Weg nach Indien. Die Provinz wurde zumeist von einem Kronprinzen der Sasaniden regiert, der gleichzeitig auch Gouverneur von Kermanshah („Stadt der Könige von Kerman") in Westiran war. Auch aufgrund ihres Reichtums wurden die Städte im Laufe der Geschichte immer wieder von Stämmen aus Afghanistan überfallen und erobert.

NICHT VERPASSEN!

- **Der Bazar von Kerman:** hier liegt der Duft von Kümmel in der Luft | 403
- **Mahan:** Grabbau des Nematollah Vali und Prinzengarten | 409
- **Kalouts in der Wüste Lut:** das „Wadi Rum Irans" | 412
- **Jiroft:** Schatz aus dem 3. Jtsd. v. Chr., eben entdeckt | 413
- **Meymand:** wo die Menschen in Höhlen wohnen | 416
- **Bei Gowatr:** das Ökosystem der Hara-Mangrovenwälder | 425

Diese Tipps erkennt man an der gelben Hinterlegung.

Stadt Kerman

Die **Provinzhauptstadt** liegt ca. 1850 m hoch, weswegen das Klima am Fuße der Berge auch im Sommer erträglich ist. Kerman ist vermutlich schon unter *Ardeshir I.* (225–242 n. Chr.) gegründet worden, eine Festung aus der Sasaniden-Zeit beherrscht noch heute einen Hügel am Rande der Stadt. Nach der islamischen Eroberung wechselten die Herrscher in rascher Folge, trotzdem befindet sich in Kerman noch heute eine zahlenmäßig bedeutende **zoroastrische Gemeinschaft.**

Zu Beginn des 14. Jh. herrschten die Mozzafariden, auf die noch heute zu bewundernde Bauwerke zurückgehen. Durch die Handelspolitik der Safaviden wurde die Stadt wegen ihrer Lage am Handelsweg nach Indien und am Kreuzungspunkt zum neu erbauten Hafen Bandar Abbas am Persischen Golf begünstigt. Der Bazar zeugt noch immer vom damaligen Reichtum der Stadt. Das Ende dieser Epoche brachte **Überfälle** afghanischer Stämme, bei denen das große Zoroastrierviertel größtenteils zerstört wurde. Es folgte die **Eroberung durch Nader Shah,** der von hier seinen berühmten Feldzug nach Indien unternahm. Die Kermanis mussten für die Ausrüstung seiner Truppen aufkommen, wodurch es in der Stadt zu einer großen Hungersnot kam. Einen Aufstand gegen Nader Shah erstickte dieser 1749 im Blut, ein großer Teil der Stadt wurde zerstört.

Der letzte Fürst der Zand-Dynastie, **Lotf Ali Khan,** flüchtete 1794 vor den Truppen der Qajaren nach Kerman. Nach viermonatiger Belagerung fiel die Stadt, und der neue Schah Irans, *Agha Mohammad,* nahm grausame Rache: Lotf Ali Khan wurde geköpft und sein Haupt unter der Treppe des Qajaren-Palastes in Teheran eingemauert; die Truppen verwüsteten Kerman, stachen 20.000 seiner Bewohner die Augen aus und verkauften weitere 20.000 in die Sklaverei.

Erst Mitte des 19. Jh. erhielt Kerman durch eine Belebung des **Indien-Handels** seine alte Bedeutung zurück. Eine wichtige Rolle spielte dabei die auch heute noch zahlenmäßig bedeutende Gemeinschaft der Zoroastrier aufgrund ihrer engen Kontakte zu ihren Glaubensbrüdern in Indien. In diesen Jahren nahmen Produktion und Export der berühmten **Kerman-Teppiche** einen großen Aufschwung. Bis 1925 kontrollierten de facto die Engländer die Stadt. Durch die Landflucht ist die Bevölkerungszahl in den vergangenen Jahren stark angewachsen und beträgt heute ca. 600.000 Einwohner.

Alle für **Touristen** interessanten Sehenswürdigkeiten befinden sich im Zentrum oder in unmittelbarer Nähe davon. Die Stadt ist mittlerweile stark zersiedelt und von einem Autobahnring umgeben. Einen orientalischen Eindruck macht die alte Handelsstadt nur noch in dem Bereich um den Bazar, wo es enge Gassen mit Lehmkuppelhäusern und Windtürmen gibt.

> Im Bazar von Kerman

Ankunft mit dem eigenen Fahrzeug

Reisende **aus Richtung Yazd, Shiraz und Bandar Abbas** erreichen die Stadt im Südwesten. Über die Kh. Ayatollah Sadouqi gelangt man zum Meydan-e Azadi. Von dort führt die Kh. Beheshti direkt ins Zentrum um den Meydan-e Shohada.

Von Zahedan und Bam kommend, erreicht man den südöstlichen Stadtrand am Meydan-e Beiramabad. Von hier folgt man der Kh. Sarbaz bis zum Meydan-e Toufigh; rechts abbiegen und über die Kh. Mirza Reza Kermani zum Meydan-e Shohada fahren.

Von Norden (Tabas, Ravar, Zarand) schließlich verlässt man die Umgehungsstraße an der Kh. Shohada-ye Khanuk und folgt dieser südwärts bis zum Meydan-e Shohada.

Sehenswertes

Die meisten Sehenswürdigkeiten Kermans sind vom **Meydan-e Shohada** aus zu Fuß zu besichtigen.

Freitagsmoschee

An der Südwestecke des Platzes, zu erreichen über einen Treppenabgang, liegt das bekannteste Bauwerk der Stadt, die Freitagsmoschee aus dem 14. Jh. Ähnlich wie die Freitagsmoschee in Yazd wurde sie von den damals in Fars und Südostiran herrschenden **Mozaffariden** erbaut. Durch ein mit Fliesen geschmücktes Portal führt der Weg zum Moscheehof durch einen quadratischen Kuppelsaal, dessen Rückseite den Nord-Iwan des Hofes bildet. Der rechteckige Hof ist von einstöckigen Arkaden eingefasst, nur die Südseite mit dem Haupt-

Iwan ist doppelstöckig ausgeführt. Auf einem der Schriftbänder an den Arkaden wird das Jahr 1349 als Gründungsjahr der Moschee erwähnt. Die Hoffront ist später mit verglasten Türen verkleidet worden, ein Hinweis darauf, dass es in Kerman im Winter sehr kalt werden kann. Die Fliesenverkleidungen, vorwiegend in Blautönen mit vielfachen Abstufungen gehalten, sind häufig erneuert worden. Der Mehrab am südwestlichen Ende des überwölbten Gebetsraums trägt eine Bauinschrift von 1559.

Ein rückwärtiger Ausgang der Moschee links vom Gebetssaal, von dem man direkt zum Bazar gelangt, ist meist verschlossen, sodass man den Weg zurück zum Haupteingang nehmen muss. Über die Treppen führt der Weg zum Meydan-e Shohada.

Gonbad-e Moshtaqieh
Auf der gegenüberliegenden Seite des Platzes erkennt man die Kuppeln eines **dreikuppeligen Grabkomplexes**, nach einem der dort beigesetzten Sufi-Meister

Kerman

0 — 400 m

Essen und Trinken
3 Restaurant Akhavan
7 Restaurant Khayyam
9 Restaurant Sardar

Mashhad
Mausoleum Khaje Atabek
Masdjed-e Pa Menar
Meydan-e 24 Mehr
Gonbad-e Sabz
Meydan-e Shohada
Gonbad-e Moshtaqieh
Moayedi-Eiskeller
Freitagsmoschee
National-bibliothek
Münzmuseum, Masdjed-e Ganj Ali Khan
BAZAR
Hamam-e Vakil (Teehaus)
Meydan-e Ganj Ali Khan
Hamam-e Ebrahim Khan (Badehaus)
Meydan-e Vali-Asr
Hamam-e Ganj Ali Khan (Ethnologisches Museum)
Masdjed-e Malek
Meydan-e Azadi, Bahnhof, ✈ Flughafen, Bandar Abbas, Shiraz, Yazd
Meydan-e Fedaiyane Eslami
Meydan-e Sh. Qarani
Busterminal
Meydan-e Touhid

8

Moshtaqieh genannt. Ein weiterer Bau ist einem Gouverneur von Kerman aus dem 18. Jh. gewidmet. Zwei der Kuppeln sind mit Fliesen in leuchtendem Türkis nach dem Vorbild des Grabs von *Nematollah Vali* in Mahan überzogen.

Bazar

Rechts um den Platz herum in die Kh. Mirza Reza Kermani abbiegend, erreicht man nach ca. 100 m den östlichen Eingang zum Bazar von Kerman, einen der schönsten und typischsten in ganz Iran.

Übernachtung
1. Jalal Guest House
2. Hotel Pars
3. Hotel Akhavan
4. Grand Tourist Inn
5. Guest House Saedi
6. Guest House Milad
8. Hotel Kerman
10. Mehmansara-ye Bahar

Der östliche Abschnitt ist nicht überdacht; in den Buden werden Obst, Gemüse, Fleisch und Gewürze angeboten. Kerman ist für seinen **Kümmel** *(zireh)* so bekannt, dass man das deutsche „Eulen nach Athen tragen" auf Persisch mit „Kümmel nach Kerman bringen" *(zireh be kerman bordan)* übersetzen könnte. Oft kauern alte Frauen oder afghanische Jungen auf kleinen Decken am Boden und bieten Kümmel an.

Die **Hauptgasse** des Bazars ist annähernd 600 m lang, der überwölbte Teil beginnt nach etwa 200 m. Im kühlen Halbdunkel unter den überkuppelten Gängen findet sich alles, was der einheimische Markt benötigt, (noch) nichts ist nur für Touristen hergerichtet. Viele Baluchi und Pashtunen mit würdigen Bärten und wallenden Gewändern prägen das Bild. Im Wesentlichen ist die Hauptgasse des Bazars intakt, rechts und links davon öffnet sich der Blick auf zusammengesunkene Lehmbauten, die zum Teil wieder renoviert werden.

Rund um den Meydan-e Ganj Ali Khan

Die Hauptsehenswürdigkeit im Bazar ist der Meydan-e Ganj Ali Khan, benannt nach einem safavidischen Gouverneur aus dem 17. Jh., auf den der Ausbau des Bazars zurückgeht. Um den großen freien Platz der Bazargasse sind angeordnet: im Osten das Eingangsportal zu einer früheren Medrese und Karawanserei, die heute zur Kunstfakultät der Kermaner Universität gehört; im Norden der Eingang zur früheren Münze, in der heute ein **Münzmuseum** untergebracht ist, bekrönt von einem hohen Windturm; im Westen der Bazar der Kupferschmiede und im Süden schließlich der Eingang zum **Hamam-e Ganj Ali Khan,** heute ein **Ethnologisches Museum.** Hier hat man nach einer grundlegenden Renovierung mit Hilfe von Wachspuppen den Badebetrieb früherer Zeiten nachgestellt, ein Besuch lohnt sich (9 bis 17 Uhr, Eintritt 5000 Tuman).

Badehaus

Eines der wenigen in Iran noch betriebenen traditionellen Badehäuser findet sich am Rande des Meydan: das **Hamam-e Ebrahim Khan.** Das entspannende und belebende Badevergnügen ist jedoch nur für Männer möglich. Eingang über den Bazar e Tala („Goldbazar"), gelegen an der nordöstlichen Ecke des großen Platzes. Das Bad ist auch wegen der kunstvollen Gestaltung seiner Kuppeln sehenswert. Das normale Bad kostet ca. 5000 Tuman, eine gründliche Massage ca. 5000 Tuman zusätzlich.

Zum selben Komplex gehört eine **Medrese** mit lauschigem Innenhof, die wie das Hammam Anfang des 19. Jh. vom damaligen Gouverneur *Ebrahim Khan* gestiftet wurde. Das Eingangsportal und der Innenhof weisen ausgesucht schöne Fliesendekorationen auf.

Masdjed-e Ganj Ali Khan

Ein **architektonisches Kleinod** befindet sich ebenfalls an der Nordostseite des Platzes, die Moschee Ganj Ali Khan. Von außen ist sie nicht zu erkennen, weil sie weder Kuppel noch Hof hat. Der Eingang liegt hinter einem mit Gitter verschlossenen Tor, etwa 25 m links des Eingangportals zur ehemaligen Medrese. Dort muss man nach dem Wärter fragen, der den Schlüssel verwaltet (nicht vergessen, ihm einen passenden Schein zuzustecken).

Das Innere der kleinen, kürzlich renovierten Moschee ist atemberaubend: Über dem gut 5 x 5 m großen Saal erhebt sich eine wunderschön in kleine und kleinste Nischen aufgelöste **Innenkuppel,** die über vier ebenfalls kunstvoll gestaltete Trompen auf den quadratischen Saal aufgesetzt ist. Licht fällt nur spärlich durch kleine Öffnungen unterhalb der Kuppel und vier mit Steinen vergitterte Fenster darunter. Die dezenten, dunkel gehaltenen Farben der komplett ausgemalten Kuppel schaffen eine besondere Atmosphäre, verstärkt noch durch die Ruhe am Rande des belebten Platzes.

Im Hamam-e Ebrahim Khan

Teehaus (Hamam-e Vakil)

Noch ein weiteres **ehemaliges Badehaus,** das mittlerweile zu einem traditionellen Teehaus *(chaikhane-yeh sonnati)* mit Restaurant umgebaut wurde, lohnt den Besuch. Man findet es in der Hauptgasse des Bazars etwa 75 m östlich des Meydan, eine Treppe führt zum Eingang hinunter. Da es zum **Museum** umgewidmet wurde, muss am Eingang Eintritt (ca. 3000 Tuman) entrichtet werden. Dafür ist die Atmosphäre entspannend, Tee und Wasserpfeife sind billig. Wer möchte, kauft sich vorher in einer der Süßwarenhandlungen im Bazar *kolompeh,* runde, mit Dattelmus gefüllte Mürbteigküchlein, die es nur in Kerman und Umgebung gibt, eine Köstlichkeit zum Tee. Das Teehaus befindet sich im früheren Umkleidesaal des Badehauses.

Nebenan ist ein **traditionelles Restaurant** untergebracht, in dem man sich zum Essen auf Teppichen und Sitzkissen niederlassen kann (geöffnet wie das Museum 10 bis 18 Uhr). Westlich des Meydan-e Ganj Ali Khan liegt eine überkuppelte Kreuzung *(Chahar Suq)* im Bazar, von hier aus führt der Weg zum Eingang des Bazars am Meydan-e Touhid.

Imam-Moschee

Südlich des Bazars an der Kh. Imam Khomeini liegt die älteste Moschee Kermans, die **Masdjed-e Malek,** heute Imam-Moschee genannt. Ihre Erbauung geht auf das 11. Jh. zurück, der überkuppelte Gebetssaal weist noch einen schönen Stuck-Mehrab aus der Seljuken-Zeit auf. An den Moscheehof schließen an allen vier Seiten geschlossene Gebetshallen an. Der Fliesenschmuck an der Hoffassade ist zu großen Teilen vergangen.

Gonbad-e Sabz und Masdjed-e Pa Menar

Nördlich des Bazars findet sich im Gassengewirr östlich der Kh. Felestin der **„Grüne Dom",** ein früher wegen seines Fliesenschmucks berühmtes Bauwerk. Durch zahlreiche Erdbeben stark in Mitleidenschaft gezogen, lohnt der Besuch heute kaum noch.

Sehenswert dagegen ist die östlich der Kh. Fathalishah gelegene **Moschee Pa Menar** vom Ende des 14. Jh., die durch den Fliesenschmuck ihres Eingangsportals besticht.

Mausoleum Khaje Atabek

Nördlich der Kh. Abuhamed ist schließlich noch das Mausoleum des Khaje Atabek zu besichtigen, ein außen achteckiger Ziegelbau aus dem 12. Jh. Der quadratische Innenraum ist mit Inschriftenbändern aus Stuck und Ziegeln reich geschmückt.

Djabaliyeh

Ein weiteres bekanntes Bauwerk von Kerman, der Djabaliyeh („steinerner Berg"), liegt **am östlichen Stadtrand.** Vom Meydan-e Shohada folgt man der Kh. Shohada in Richtung Osten bis zu ihrem Ende. Am Rande eines Friedhofs liegt das einzige aus Steinen erbaute Bauwerk Kermans, über dessen Ursprung und Verwendung wenig bekannt ist. Bei dem Kuppelbau mit achteckigem Grundriss handelt es sich möglicherweise um einen Grabbau. *Pope* stellte einen starken sasanidischen Einfluss fest und weil der Bau in der lokalen Tradition auch „Gebertum" genannt wird (*gabr* ist eine bei den iranischen Muslimen übliche Bezeichnung für die Zoroastrier), meinen manche, es handele sich um einen **zoroastrischen Kultbau.** Sehenswert ist er allemal, besonders seit der Innenraum zugänglich ist und mit einem kleinen Museum ausgestattet wurde. Grabsteine aus unterschiedlichen Perioden sind hier ausgestellt, ergänzt um Fotos mit alten Ansichten des Gebäudes. Von hier erkennt man auch, dass der Bau eine doppelschalige Kuppel hat, wohl die älteste dieser Art in ganz Iran. Das Beispiel des Djabaliyeh zeigt, wie viel mehr alte Bauwerke sich in Iran erhalten hätten, wenn mehr Gebäude aus Stein erbaut worden wären.

Festungen
Auf dem Rückweg ins Stadtzentrum liegen links der Straße zwei benachbarte Hügel, auf deren Gipfeln die Reste von Befestigungsanlagen zu erkennen sind. Bei der weiter östlich gelegenen handelt es sich um die **Qaleh-ye Ardeshir,** deren Ursprünge bis in die Sasaniden-Zeit zurückreichen. Der näher zum Zentrum gelegene Hügel trägt die Reste der **Qaleh-ye Dokhtar,** von wo aus man einen schönen Ausblick über die Stadt genießen kann.

Eiskeller
Kurz vor der Kreuzung der Kh. Shohada / Kh. Abgineh ist zur Linken die Spitze einer **Lehmkuppel** zu erkennen. Eine kleine Gasse führt zu einem der für Kerman und Umgebung typischen Eiskeller *(yakhdan),* der kürzlich renoviert wurde. In seiner ca. 5 m tiefen Grube im Inneren wurde früher im Winter **Eis gelagert** und bis weit in den Sommer hinein zum Kühlen im Haushalt verwendet. Die an die Kuppel anschließende hohe Lehmmauer diente dazu, der Kuppel möglichst viel Schatten zu spenden und so die Temperaturen im Inneren möglichst niedrig zu halten.

Ein weiterer sehenswerter Eiskeller, der **Yakh-e Moayedi** in der Kh. Sh. Kamyab, ist nach seiner Renovierung zu einem Veranstaltungszentrum umgebaut worden.

Ein interessantes Beispiel für die Architektur der Qajarenzeit, von denen es in Kerman nicht mehr sehr viele gibt, ist das Gebäude der **Nationalbibliothek** in der Kh. Sh. Qarani. Ursprünglich diente es im 19. Jh. als Textilfabrik. Im Innern befindet sich auch ein Internetcafé. Geöffnet 8 bis 22 Uhr.

> In Eiskellern kann man Eis tatsächlich lange gefroren halten

Praktische Informationen

● **Telefonvorwahl Kerman: 0341**

Informationen/Auskunft
● **Tourist Information,** Kh. Hafez, Tel. 2210635, geöffnet 7:30–14 Uhr.

Visaverlängerung
● Die **Fremdenpolizei** *(Atba'e Khareje)* befindet sich im Polizeigebäude in der Kh. Abbaspour nördlich des Meydan-e Ashura, die Zentrale der **Bank-e Melli,** wo die Gebühr für das Visum bezahlt werden muss, ist leider im Zentrum.

Geldwechsel
● **Bank-e Melli** am Meydan-e Vali Asr, **Sharifi Money Exchange** in der Kh. Qods (im Stadtzentrum nördlich des Bazars), **Vahedi Money Exchange** in der Kh. Qods.

Post und Telefon
● **Hauptpostamt** und **Telefonzentrale** befinden sich im Zentrum in der Kh. Edalat südwestlich des Bazars.

Unterkunft
● Das neueste und beste Haus in Kerman ist das **Hotel Pars**④ am Bolv. Djomhouri, Tel. 2119301, kerman@pars-hotel.com.
● Unweit davon am Bolv. Djomhouri liegt das **Grand Tourist Inn**③, Tel. 2445203/5.
● Fast jeder in der Stadt kennt das **Hotel Akhavan** ② („die Brüder") in der Kh. Sh. Sadoughi. Die beiden Brüder *Hadjj Akbar* und *Hadjj Asghar* wissen, was Touristen brauchen und wünschen. Für internationale Telefonate und Internetbenutzung werden keine Wucherpreise verlangt. In der Küche gibt es Hausmannskost unter der strengen und sachkundigen Aufsicht ihrer Mutter. Auch wer nur sein Wohnmobil auf dem Parkplatz unterstellen und die Dusche benutzen will, wird hier freundlich empfangen. Tel. 241411/2.
● In der Nähe des Hotel Akhavan in der Kh. Sadoughi liegen zwei **Gasthäuser** mit preiswerten Zimmern: **Saedi**①, Tel. 2520802, und **Milad**①, Tel. 2450617.
● Das **Guest House Jalal**① liegt etwas abseits, ist aber freundlich und sauber. *Jalal Mehdizadeh Pour* ist Fremdenführer, spricht deutsch und hat sein Haus in eine Pension verwandelt. Es gibt allerdings nur drei Zimmer und eine Gemeinschaftsküche. Tel. 2710185, mobil 0913-1423174, jalalguesthouse@yahoo.de.
● Das **Hotel Kerman**① liegt dicht beim Busterminal, aber ziemlich weit vom Zentrum. Dafür werden Gäste freundlich empfangen. Tel. 2515065.
● Für das **Mehmansara-ye Bahar**① spricht nur, dass es billig ist und zentral am Meydan-e Touhid liegt.

Essen und Trinken
● Ein **Restaurant** im traditionellen Stil ist das **Sardar** in der Kh. Shariati, Kucheh-ye Sardar (Tel. 2269817 oder 2264016). Hier gibt es an lauen Abenden viel Platz und Musik im Innenhof.
● **Restaurant im Teehaus im Bazar** (s.o.), allerdings nur zum Mittagessen (Tel. 2225989).
● Sehr empfehlenswert das **Restaurant des Hotels Akhavan** (s.o.).
● **Restaurant Khayyam,** Meydan-e Azadi, Kh. Sadoughi, Tel. 2451417. Gute Auswahl iranischer Gerichte, freitags geschlossen.

Reiseagentur
● **Travel Agency,** Kerman Gasht, Kh. Ferdowsi, Tel. 2260217.

Verkehrsverbindungen
● Der **Flughafen** von Kerman befindet sich im Südwesten, ca. 5 km vom Stadtzentrum. Es gibt Verbindungen von/nach Teheran, Isfahan, Mashhad und Kish. Einen öffentlichen Bus zum Zentrum gibt es nicht, man muss ein Taxi nehmen.
● Der **Busterminal** von Kerman liegt am Stadtrand in der Kh. Qods. Die verschiedenen Busgesell-

schaften unterhalten Verbindungen nach Bandar Abbas, Zahedan, Mashhad, Shiraz und Teheran. Taxis verkehren von hier ins Zentrum.

■ Der **Bahnhof** befindet sich außerhalb im Süden der Stadt. Sammeltaxis verkehren von hier z.B. zum Meydan-e Azadi. Züge nach Teheran (16 Stunden Fahrt) verkehren täglich. Ein Lokalzug verkehrt täglich um 8:30 Uhr nach Bam, wo aber Endstation ist, zumindest so lange, bis das noch verbleibende Teilstück zwischen Bam und Zahedan geschlossen wird. Dies ist seit vielen Jahren angekündigt, harrt aber noch immer der Verwirklichung. Da der Bahnhof in Bam fast 20 km außerhalb der Stadt liegt, ist es für Reisende auf dem Landweg nach Pakistan und Indien ratsam, bereits in Kerman in einen Bus umzusteigen.

Umgebung von Kerman

Die folgenden vier Orte lassen sich **im Rahmen eines Tagesausflugs** besuchen. Busse und Minibusse nach Mahan verkehren vom Meydan-e Toufigh, Sammeltaxis auch vom Meydan-e Biramabad am östlichen Stadtrand an der Fernstraße nach Bam und Zahedan.

Mahan

Mahan, etwa 40 km östlich von Kerman, ist eine alte Wegstation an der Hauptstraße: Am Fuße von bis zu 4000 m aufragenden Bergen stand immer ausreichend Wasser zur Verfügung, das die Gärten und Felder der Stadt bewässerte. In der ersten Hälfte des 15. Jh. lebte in Mahan ein ursprünglich aus Syrien stammender **Sufimeister** mit Namen **Nureddin Nematollah,** der sich am Ende seiner Wanderschaft durch zahlreiche Länder hier niederließ. Schon zu seinen Lebzeiten folgten seinem „Pfad" zahlreiche Anhänger und nach seinem Tode im Jahr 1431 wurde ihm ein **Grabbau** gewidmet. *Shah Abbas II.* ließ dieses Grab prächtig ausbauen und drei Seiten mit überwölbten Galerien versehen; ein weiterer Hof wurde im 19. Jh. angebaut. Noch heute ist der Orden der Nematollahis, die auf *Nematollah Vali* zurückgehen, zahlenmäßig eine der größten Sufi-Gemeinschaften in Iran.

Das Grab mit seiner **leuchtend blauen Kuppel** mit weißen Bändern befindet sich direkt im Zentrum und ist schon von Weitem zu erkennen. Das beste Fotolicht herrscht am Vormittag, Eintritt wird nicht erhoben. Man betritt die An-

Kuppel des Mausoleums von Nematollah Vali in Mahan

Wasser ist ein kostbares Gut:
der Garten Baq-e Shahzadeh in Mahan

nen Tüchern abgedeckt. An der Südseite des Grabraums wurde im 19. Jh. eine weitere Vorhalle mit Hof und Eingangsportal angebaut. An der südöstlichen Ecke dieser Halle verbirgt sich hinter einer niedrigen Holztür ein kleiner Raum, dessen Wände vollständig mit Inschriften bedeckt sind. Dieser **Andachts- und Meditationsraum** wird Chellehkhaneh („40-Tage-Haus") genannt, weil sich der Meister hier mehrmals im Jahr zu 40 Tage dauernden Meditationen zurückzog.

An der Westfront des von Bäumen bestandenen Innenhofs bietet eine **Buchhandlung** Bücher, Plakate und Kassetten mit Sufimusik an. Rechts daneben befindet sich der Aufgang zu einem kleinen **Museum,** das Schenkungen an den Schrein aus verschiedenen Epochen enthält. Prunkstück ist eine riesige Bettelschale aus Metall mit prachtvollen Verzierungen *(kashgul),* ein Symbol der Derwische. Vom Museum führt eine Treppe auf das **Dach der Anlage,** ein Abstecher, der sich unbedingt lohnt. Von oben sind nicht nur Struktur und Raffinesse der Kuppelkonstruktionen sowie die blaue Kuppel selbst gut zu sehen (die nach Beschädigungen durch das Erdbeben von Bam wieder renoviert wurde), auch der Ausblick auf die umliegenden Berge ist atemberaubend. Im Südosten ist ca. 2 km entfernt am Abhang des Gebirges ein grüner Fleck zu bemerken: die zweite bekannte Sehenswürdigkeit Mahans, der Baq-e Shahzadeh (Prinzengarten), geöffnet täglich 8 bis 18 Uhr, Eintritt 10.000 Tuman.

Vom Grabmal aus folgt man der Straße nach Bam und biegt am Ortsausgang rechts ab, immer bergauf. Das Licht für die Besichtigung des **Gartens Baq-e Shahzadeh** ist nachmittags am schöns-

lage von der Hauptstraße von Südwesten durch ein mit Fliesen verziertes Portal, das in einen Vorhof führt. Durch ein weiteres Tor mit schön geschnitzter Holztür gelangt man in den Innenhof mit kreuzförmigem Wasserbecken, Zypressen und Pinien. Dem quadratischen Grabraum unter der Kuppel ist eine rechteckige Halle vorgelagert, die im oberen Teil durch kunstvoll gestaltete Gewölbe abgeschlossen wird. Die **Ausmalungen** im Grabraum erstrahlen in kraftvollen Farben, sie sind kürzlich erneuert worden. Die Wand an der Stirnseite des Grabes trägt ein Porträt des Sufimeisters; der Grabaufbau ist mit Marmorplatten verkleidet und mit grü-

ten. Er wurde Ende des 19. Jh. errichtet und wird durch eine ergiebige Quelle gespeist, die oberhalb am Berg entspringt und das ganze Jahr über Wasser führt. Unterhalb des Gartens wird es zur Bewässerung der am Hang liegenden Obstgärten genutzt. Der Baq-e Shahzadeh ist tägl. von 9 Uhr bis Einbruch der Dunkelheit geöffnet (Eintritt 10.000 Tuman).

Vom Eingangsportal öffnet sich der Blick auf den in Stufenform angelegten **Wasserlauf** im Zentrum des Gartens, an beiden Seiten begrenzt durch hoch aufragende Zypressen. Die Treppen rechts und links führen zum höchsten Punkt des Gartens, in dessen Zentrum ein kleiner, zweistöckiger Palast angelegt wurde, der heute als **Teehaus und Restaurant** dient. Von hier aus lässt sich bei Tee und Wasserpfeife das meist lebhafte Treiben beobachten.

■ Direkt in der Ortsmitte von Mahan gibt es ein einfaches **Tourist Inn** ② mit sauberen, geräumigen Zimmern. Tel. 0342-6222700.

Jupar

Jupar, eine Kleinstadt ca. 20 km westlich von Mahan, liegt malerisch am Fuße des bis 4100 m aufragenden Kuh-e Jupar. Bei den Einheimischen ist der Ort wegen des **Imamzadeh Hossein** bekannt, einem Heiligengrab mit einer schönen Kuppel nach dem Vorbild des Grabmals in Mahan. Gelegen ist es in der Mitte des Ortes. Wenn man am Ortseingang rechts abbiegt und bergauf fährt, erreicht man nach etwa einem Kilometer eine Stelle mit einem weiteren kleinen Grabbau. Unterhalb des Baus tritt das Wasser eines ergiebigen Qanats an die Oberfläche. Von hier aus wird es zur Bewässerung in die Gärten des Ortes geleitet. Jupar ist bekannt für seine Gewürzproduktion, vor allem Kümmel. Taxis und Minibusse nach Jupar verkehren vom Platz in der Ortsmitte Mahans.

Shahdad

Von Kerman fährt man die Hauptstraße (nicht die neue, weiter südlich verlaufende Schnellstraße!) in Richtung Mahan und biegt nach ca. 20 km (N 30°10.418', O 057°16.267') in Richtung Norden ab. Durch eine schöne Gebirgslandschaft, deren höchster Punkt untertunnelt ist, erreicht man nach weiteren 70 km auf gut ausgebauter Straße Shahdad. Das alte **Khabis** liegt am Rande der Wüste Lut. Hier wurde seit 1968 eine **prähistorische Stätte** aus dem 3. Jt. v. Chr. mit großen Mengen an Fundstücken ausgegraben: Gräber, Töpferofen, Handwerkszeuge und vor allem fast lebensgroße Statuen aus bemaltem ungebranntem Ton von Männern und Frauen, die vermutlich die Verstorbenen in den Gräbern darstellen. An Ort und Stelle ist davon jedoch wenig zu sehen. Einige hundert Meter nördlich des Meydan-e Basij befindet sich die eine Ausgrabungsstätte. Ca. 1 km entfernt davon die, die von den Einheimischen *Shahr-e kotuluha*, die **Zwergenstadt,** genannt wird. Der Besuch lohnt sich nur für archäologisch Interessierte.

Im Ort gibt es noch ein kleines **Mausoleum,** das Imamzadeh Mohammad Ibn Zeid. Einfache **Unterkünfte** kann man im Khane-yeh Shahr finden. Am Platz an der Ortseinfahrt (Meydan-e Pasdaran) links (nach Westen) abbiegen.

Nach ca. 200 m auf der rechten Seite liegt ein ausgedehnter Hof mit Schilfhütten.

Shahdad kann auch als Ausgangspunkt für **Exkursionen in die Wüste Lut** dienen. Dazu biegt man vor dem Erreichen von Shahdad an einem Abzweig nach links ab (N 30°24.420', O 057°39.481') und folgt der asphaltierten Straße. Nach ca. 20 km erreicht man dann eine Abzweigung (N 30°32.810', O 057°45.891'), die nach rechts zum Dorf Shafiabad führt. An einer ehemaligen Handelsroute gelegen, verfügt der Ort über eine alte Karawanserei.

Typisch für die Lut sind die sogenannten **„Kalouts"** oder – nach *Sven Hedin* – **„Yardang"**, durch Wind, Sand und Wasser bizarr geformte Felsformationen, die ein wenig an die Schluchten des Wadi Rum erinnern. Sie verlaufen teils kilometerlang in gerader Ausdehnung und können eine Breite von bis zu 40 m erreichen. Vorsicht: In der Nähe dieser Naturphänomene gibt es weit und breit keine Siedlungen, für Hobbywanderer ist dies der falsche Ort. Motorisiert sind hier nur geländegängige Fahrzeuge geeignet, als Alternative können Kameltouren organisiert werden.

Beliebte Ausflugsziele in der Umgebung von Shahdad sind im Süden **Sirch** mit einer sehr alten Zypresse sowie im Südwesten die Dörfer **Hanza** und **Jahar** mit Sanddünen und Kalouts. Nördlich liegen die „Nebkas", vom Wind angewehte Sandhügel mit Bewuchs, die bis zu 10 m hoch sein können. Weiter führt eine asphaltierte Straße nach **Deh Seif,** Ausgangspunkt für Ausflüge in die Kalouts. Noch weiter nördlich liegt die **Senke von Namaksar,** wo sich im Winter und zu Beginn des Frühlings ein See bildet, der aber in der Sommerhitze schnell austrocknet. Spezialisiert auf Touren in diesem Gebiet ist z.B. die Agentur Aftabe Kalout in Teheran.

Achtung: Durch dieses Gebiet verlaufen Routen der **Drogenschmuggler,** die sich teils heftige Auseinandersetzungen mit den iranischen Anti-Drogen-Streitkräften liefern. Hier sollte man in jedem Fall Auskünfte über die **Sicherheitslage** einholen. Es ist schon vorgekommen, dass die iranische Polizei Fahrten in die Wüste untersagt hat, weil sie nicht für die Sicherheit garantieren kann.

Rayen

Etwa 70 km südlich von Mahan liegt Rayen, 25 km südwestlich der Straße nach Bam. Sicher ist das Städtchen kaum mit Bam vergleichbar, doch die eindrucksvolle, noch sehr gut erhaltene **Festung aus Lehm** ist sehenswert. Eine fast quadratische Umwallung mit Zinnenkrone und runden Wehrtürmen an den Ecken sowie ein massiges Eingangsportal mit zwei Rundtürmen versetzen den Besucher in die Zeit von Sindbad dem Seefahrer. Wie üblich für Stadtanlagen aus dem 19. Jh. gab es in der Stadt einen Sitz des Gouverneurs, eine Anlage mit zahlreichen, um vier große Innenhöfe gruppierten Räumen. Vom Dach hat man einen schönen Ausblick über die Lehmstadt. Geöffnet von 8 bis 12 und 14 bis 16 Uhr, Eintritt 10.000 Tuman.

▷ Tepe Kenar Sandal in Jiroft

In Rayen kann der **Guide Hamidreza** hilfreich sein (Tel. 0342-6623644). Gegen ein Trinkgeld steht er gern in allen Fällen, in denen der Reisende Unterstützung braucht, mit Rat und Tat zur Seite.

Am Aufgang zum Zitadellenhügel liegt gegenüber dem kleinen Park das **Restaurant Arg,** in dem auch einfache Zimmer mit Dusche vermietet werden (Tel. 0342-6623931).

Von Kerman und Mahan verkehren Minibusse nach Rayen.

Jiroft

Von Rayen verläuft eine Straße nach Jiroft (ca. 140 km), wo eine **sensationelle Entdeckung** gemacht wurde: Durch Überschwemmungen wurden Teile eines prähistorischen Friedhofs mit reichen Grabbeigaben freigelegt. Die Einheimischen plünderten die Gräber, und erst beim Versuch, Lastwagenladungen ins Ausland zu befördern, erhielten die iranischen Behörden Kenntnis von dem Fund. Bei den daraufhin aufgenommenen Grabungen wurde ein **Stufentempel** nach dem Ziggurat-Typus freigelegt, der älter ist als alle seine Vorbilder in Mesopotamien. Da auch Schriftfunde in Form von Keilschrifttäfelchen gemacht wurden und diese Ähnlichkeiten mit der sumerischen Keilschrift aufweisen, gehen manche Forscher davon aus, dass es sich um das **sagenhafte Aratta** handelt, das man bisher nur aus der Literatur kannte, jedoch nie lokalisieren konnte.

Jiroft liegt auf einer ausgedehnten Ebene am südlichen Ausläufer der Bariz-Gebirgskette und ist von zwei Flüssen umgeben. Die mittlere Höhe der Stadt mit etwa 200.000 Einwohnern beträgt 650 m über dem Meer. Durch den **Wasserreichtum** ist das Gebiet sehr fruchtbar und wird deshalb auch „Klein-Indien" *(Hend-e kuchak)* genannt. Jiroft erreicht man ebenfalls von der Hauptstraße Kerman – Bam aus oder von Minab und Bandar Abbas aus Richtung Süden.

Viele der bei den Ausgrabungen gefundenen Exponate sind im **Museum** von Jiroft ausgestellt. Es liegt ca. 200 m von der Brücke über den Halil Rud entfernt am nördlichen Flussufer in einem kleinen Park. Geöffnet täglich außer Montag 9 bis 12 und 14 bis 16 Uhr, Eintritt 5000 Tuman. In unmittelbarer Nähe des Museums liegt das sehr einfache **Mosaferkhaneh Vali Asr**①.

In Jiroft gibt es auch ein kleines Hotel, das **Hotel Jam-e Jam**① am Meydan-e Shahrdari im Stadtzentrum, Tel. 0348-2210340.

Für den Besuch der Ausgrabungen braucht man ein Fahrzeug. Etwa 2 km südlich der Stadt liegt rechts der Hauptstraße eine Grabung, wo man Teile einer Stadtanlage aus islamischer Zeit gefunden hat. Sie ist nur spärlich dokumentiert. Zur **Ausgrabung des Ziggurat** muss man nach Überquerung der Brücke sogleich in Richtung Süden abbiegen und der Hauptstraße für ca. 25 km folgen. Dabei durchquert man mehrere Dörfer der fruchtbaren Oase, die unzählige Palmen- und Obstgärten sowie neuerdings Gewächshäuser zählt. Die Grabung heißt **Tepe Kenar Sandal**, liegt direkt am Rande des Dorfes **Anbarabad** rechts der Hauptstraße und hat die beachtlichen Ausmaße von 300 x 300 m. Durch Sondierungsgrabungen ist bisher nur ein Teil freigelegt worden. Einige hundert Meter außerhalb des Dorfes liegt das Grabungshaus, wo sich die Archäologen während der Grabungskampagnen aufhalten.

Bam

Die Geschichte der alten Stadt Bam, die ca. 180 km südöstlich von Kerman liegt, reicht weit bis in die vor-islamische Zeit zurück. Tragischerweise wurde dieser Befund durch das katastrophale **Erdbeben** vom 26. Dezember 2003 bestätigt, bei dem sich auch im Bereich der alten Zitadelle von Bam die Erde öffnete und so Schichten aus sasanidischer oder gar früherer Zeit freigelegt wurden. Diese Naturkatastrophe mit über 30.000 Todesopfern in der Stadt und den umliegenden Ortschaften stellte selbst für die erdbebengeplagten Iraner eine Tragödie von ungeahntem Ausmaß dar. Inzwischen sind so viele Teile der Stadt wieder instandgesetzt, dass sich eine Besichtigung lohnt. Das haben uns auch mehrfach die an Ort und Stelle tätigen Archäologen versichert, die sich in ihrer mühseligen Arbeit ermutigt fühlen, wenn Touristen die Stadt besuchen.

Die wichtige historische Rolle Bams resultierte aus seiner Lage an der Hauptverkehrsader vom iranischen Hochland zum indischen Subkontinent sowie später als Abwehrbollwerk gegen die Einfälle kriegerischer Stämme aus Afghanistan. Erst als diese ab Mitte des 19. Jh. keine Gefahr mehr darstellten, ließ die Bedeutung der Festung nach und die Menschen siedelten sich außerhalb der von einer mächtigen Mauer eingeschlossenen Altstadt auf der ausgedehnten Fläche der Oase an. Ende des 18. Jh. suchte

◁ Bam, schwer beschädigt durch das katastrophale Erdbeben von 2003

hier der letzte Zand-Fürst, *Lotfali Khan*, Zuflucht vor den Häschern des Qajaren *Mohammad Aqa*. Er wurde jedoch vom damaligen Statthalter an jenen ausgeliefert und grausam ums Leben gebracht. Zitrusfrüchte, Stoffe und Henna aus Bam waren im Mittelalter berühmt und wurden sogar auf dem Bazar von Kairo gehandelt.

Viele Bereiche des alten Bam, die für den Besucher interessanter sein dürften als die Neubauten der jetzigen Stadt, liegen noch in Trümmern, man sollte bei der **Besichtigung** keinesfalls die ausgewiesenen Wege verlassen. Der Stadtrundgang erfolgt auf hölzernen Podesten vom Stadttor bis zum Eingang der Zitadelle. Einige der beim Erdbeben schwer beschädigten Bauten sind mittlerweile wieder hergestellt und können besichtigt werden. Außerhalb der Mauern befindet sich das „Arg-e Bam Reconstruction Headquarter", wo mitunter Ausstellungen zum alten Bam und dem Fortgang des Wiederaufbaus zu sehen sind. Hier planen auch die Archäologen und Ingenieure die Rekonstruktion der alten Lehmbauten, möglichst nahe am Originalzustand.

■ **Telefonvorwahl Bam:** 0344
■ Wer in Bam übernachten möchte, findet Unterkunft im **Hotel Azadi**②, das direkt neben der Hauptstraße (Bolv. Janbazan) bei der Ankunft aus Richtung Kerman liegt. Auch ein gutes Restaurant steht zur Verfügung. Tel. 2210095.
■ Ebenfalls nach dem Beben wieder errichtet wurde **Akbars Gasthaus**① direkt in der Stadt, ein beliebter Treffpunkt von Individualreisenden schon vor 2003. Die Atmosphäre ist familiär, Ausflüge in die Umgebung werden organisiert. Kh. Sayyeh Jamal od-Din, Tel. 2510187 oder mobil 0913-246 0731, mr_panjali@yahoo.com.

Darijan

Darijan, ein kleines Dorf am Fuße des Djebel-Barez-Massivs, liegt ca. 40 km westlich von Bam. Die Menschen dort leben von Landwirtschaft und Viehzucht. In den Wintermonaten werden die Schafe geweidet, im Frühjahr ziehen sie auf die Sommerweiden. Alles nicht spektakulär, aber sehr **typisch iranisch** und auch sehr entspannend für Besucher, die etwas anderes sehen wollen als das normale Touristenprogramm.

Eine Bleibe gibt es auch: Die Familie *Darijani* vermietet Zimmer in ihrem traditionellen **Khaneh Kutuk**① (mobil 0913-267050).

Meymand

Ein reizvolles kleines Dorf, in dem die Bewohner ihre **Wohnhäuser in den Fels gegraben** haben, ist Meymand in der Nähe von Shahr-e Babak. Der Ort liegt am Fuße des Berges Khorrin in gut 2000 m Höhe in einem Tal, das der Fluss Meymand im Laufe von Jahrtausenden ausgewaschen hat. Die Spuren menschlicher Besiedlung reichen mehrere tausend Jahre zurück, sind aber bisher nur wenig erforscht. Nur in den drei Wintermonaten dienen die meisten Wohnhöhlen als Unterkunft. Im Frühling und im Sommer weiden die Herden in der näheren Umgebung. Das Dorf zählte noch vor vierzig Jahren mehrere tausend Bewohner, eine Zahl, die seit der Revolution, die vielen ehemaligen Einwohnern Landbesitz in Shahr-e Babak verschafft hat, mittlerweile auf etwa hundert zusammengeschmolzen ist. Seit kurzem wird versucht, diesen Trend zu stoppen und die **Rücksiedlung** von früheren Bewohnern zu fördern. Ein Mittel dabei soll auch der Tourismus sein. In einem der Höhlenkomplexe hat die Tourismusorganisation der Provinz Kerman **Unterkunftsmöglichkeiten** eingerichtet. Man schläft wunderbar bequem in traditionellen Betten mit sauberer Bettwäsche. Bis zu 20 Gäste können gleichzeitig Aufnahme finden. Sanitäre Anlagen und ein reizendes kleines **Restaurant,** wo ortstypische Speisen gereicht werden, ergänzen die Anlage. Der Posten der *Miras-e Farhangi* (Organisation für das kulturelle Erbe, Tel. 0392-4392003) freut sich über jeden ausländischen Besucher und informiert gerne über Gegenwart und Geschichte des malerischen Ortes, der auch als Ausgangspunkt für Wanderungen in der durch ihre Kargheit reizvollen Gebirgslandschaft des Kuh-e Masahim dienen kann.

Nach Meymand gelangt man von Shahr-e Babak mit dem Taxi. 2 km südlich der Stadt zweigt eine Straße nach Nordosten ab. Dieser folgt man für ca. 28 km bis zu einer Abzweigung nach links, kenntlich durch einen großen Stein mit der Aufschrift (ميمند) Meymand. Von hier beträgt die Entfernung noch ca. 7 km. Aus Richtung Kerman kann man auch die asphaltierte Straße über Ahmadabad, etwa 40 km nordwestlich von Rafsanjan, benutzen und über Purkan nach Meymand fahren.

Provinz Sistan va Baluchestan

Die im äußersten Südosten Irans gelegene Provinz Sistan va Baluchestan („Sistan und Baluchestan") besteht aus zwei klar voneinander getrennten Teilräumen: dem parallel zur iranisch-afghanischen Grenze verlaufenden **Gebirgszug Kuh-e Jamshidza,** der in seinem südlichen Teil das Bergland von Baluchestan bildet, und dem sich östlich anschließenden **Becken von Sistan,** dessen drei Seen durch die Wasser des Flusses Hilmand gespeist werden, der ca. 1500 km entfernt am Hindukusch entspringt. Im Süden geht das Bergland ins **Küstentiefland von Makran** am Indischen Ozean über.

Die **Baluchen,** die eine eigene, zur Familie der iranischen Sprachen gehörende Sprache sprechen, sind zumeist **Nomaden** und leben auch jenseits der Grenze in Pakistan. In Sistan überwiegt die Landwirtschaft, ebenso in Makran, dessen ursprüngliche Bevölkerung sich von allen anderen Iranern unterscheidet. Sie stammen aus dem Panjab und aus Sind im heutigen Pakistan und sind, wie auch die Baluchen, Sunniten.

Der südliche Abhang der parallel zur Küste verlaufenden **Makran-Kette,** die bis auf 2200 m ansteigt, wird regelmäßig von den Ausläufern des **Monsuns** gestreift. Dies führt zu einer in Iran einmaligen Form der **Bewässerung:** Nach starkem Regen wird das Wasser der Flüsse in umwallte Felder geleitet, wo es dann langsam versickert. Daraufhin werden Nutzpflanzen wie Bohnen, Weizen und Melone ausgesät. Eine wichtige Existenzgrundlage bildet auch der Anbau von **Dattelpalmen.**

Um der insgesamt zurückgebliebenen Gegend Entwicklungsimpulse zu geben, wurde 1993 in der Hafenstadt Chabahar eine **Freihandelszone** eingerichtet, wo mit Hilfe ausländischer Investoren Industrie und Handel angesiedelt werden sollen.

Sicherheitslage

In den 1980er und -90er Jahren ist die Provinz Sistan und Baluchestan stark von der Situation in **Afghanistan** betroffen gewesen. Hunderttausende afghanische Flüchtlinge haben hier Zuflucht gesucht, und noch sind viele nicht in ihre Heimat zurückgekehrt.

Die Lage an der iranisch-afghanischen und auch iranisch-pakistanischen Grenze wird dadurch bestimmt, dass hier wichtige Routen für den **Drogenschmuggel** aus Afghanistan nach Westen verlaufen. Die Präsenz und Kontrolle **iranischer Militäreinheiten** ist deshalb hier stärker als in anderen Landesteilen. Bei Reisen in diese Region sollte man sich in jedem Fall vorher über die Sicherheitslage informieren (z.B. unter www.auswaertiges-amt. de) und unabhängig davon in keinem Fall allein reisen. Der Zwischenfall vom Ende des Jahres 2003, als einige Touristen (darunter auch deutsche) auf Fahrrädern von Bam nach Zahedan fuhren und dabei von baluchischen Stammesmitgliedern entführt wurden, sollte als warnendes Beispiel dienen. Keinesfalls sollte man östlich von Bam nachts alleine fahren! Zumeist stellen die iranischen Sicherheitskräfte eine Eskorte oder stellen Konvois aus mehreren Fahrzeugen zusammen.

Autofahrer sollten sich darauf einstellen, dass Benzin und Diesel oft Mangelware sind, da es in großen Mengen nach Pakistan geschmuggelt wird. Mehrere Vorratskanister sind hier Pflicht!

Zahedan

Die **Hauptstadt der Provinz Sistan und Baluchestan** wurde von den Briten im 19. Jh. als Stützpunkt zur Sicherung des Landwegs nach Indien angelegt. Ihre Bedeutung als Verkehrsknotenpunkt stieg noch, als sie 1918 Endpunkt der neu errichteten Eisenbahnlinie von Quetta wurde. 1935 zählte die Stadt gerade 2000 Einwohner, heute sind es knapp 500.000. Etwa ein Viertel der gesamten Bevölkerung der Provinz lebt also in Zahedan. Es sind überwiegend Baluchen und **Sunniten,** was man deutlich an den Moscheen sehen kann, die in ihrer Farbigkeit stark jenen in Pakistan ähneln. Da die iranischen Baluchen gute Verbindungen zu ihren Stammesverwandten in Pakistan und Afghanistan haben, blüht der „grenzüberschreitende nicht-offizielle Handel", auch Schmuggel genannt.

Zahedan ist eine Stadt ohne Gesicht, scheinbar aus dem Boden gestampft und ohne Zentrum. Als solches könnte man allenfalls den **Bazar** bezeichnen: Tee, Stoffe und billige Elektrogeräte plus Unterhaltungselektronik werden massenhaft angeboten. Daneben findet man im Rassouli-Bazar schöne Stickereien und andere Erzeugnisse **baluchischer Handwerkskunst.**

1994 wurde ein großes **Museum** mit einer archäologischen und einer anthropologischen Abteilung errichtet (Bolv. Motahari / Kh. Emdad). Weitere Sehenswürdigkeiten gibt es in der Stadt nicht.

Ankunft mit dem eigenen Fahrzeug

Mit dem eigenen Fahrzeug aus Richtung Kerman/Zabol auf der Kh. Sh. Radja'i bis zum Meydan-e 15 Khordad fahren und dort nach Osten in die Kh. Imam Khomeini abbiegen und ins Zentrum fahren.

Aus Richtung Mir Javeh/pakistanischer Grenze vom Meydan-e Forudgah auf dem Bolv. Motahari bis zum Meydan-e Takhti fahren und dort nach Norden abbiegen in die Kh. Azadi, die ins Zentrum führt.

Von Süden **aus Richtung Chabahar** von der Darvaze-ye Khahsh immer in Richtung Norden auf der Kh. Nikbakht halten, die zum Bazarviertel führt.

Praktische Informationen

■ **Telefonvorwahl Zahedan: 0541**

Informationen/Auskunft

■ Informationen bei der **Reiseagentur Khaterat**, Kh. Azadi, neben dem Blutspendedienst, Tel. 321 5731, oder bei der **Agentur Mo'azzen** an der Kreuzung Kh. Shari'ati / Kh. Mostafa Khomeini, Tel. 3232322.

Visa

■ Die Dienststelle der **Fremdenpolizei** liegt am Bolv. Motahari unweit des Flughafens. Massen von pakistanischen und afghanischen Besuchern werden im Erdgeschoss abgefertigt, für Touristen ist ebenfalls das Erdgeschoss vorgesehen. Die Gebühr muss allerdings bei der Bank-e Melli am Meydan-e Azadi bezahlt werden.

■ Das **pakistanische Konsulat** befindet sich in der Kh. Pahlevani (Tel. 3252266, geöffnet Sa bis Mi 9:30 bis 14:30 Uhr. Bei der Beantragung eines Visums wird mitunter auf das sonst obligatorische Empfehlungsschreiben der Botschaft des Heimatlandes verzichtet, Verlass ist darauf jedoch nicht! Vorzulegen sind eine Passkopie und zwei Passbilder, die Gebühr beträgt 25.000 Tuman.

■ Das **Konsulat Indiens** hat seinen Sitz an der Kh. Imam Khomeini nahe der Kreuzung Kh. Azadi (Tel. 3222337, geöffnet So bis Do 8:30 bis 13 und 14:30 bis 17 Uhr). Die Ausstellung eines Visums dauert bis zu einer Woche.

Geldwechsel

■ In der **Bank-e Melli** in der Kh. Azadi, wo es auch einige Wechselstuben gibt.

Post und Telefon

■ **Hauptpost** in der Kh. Shariati in der Nähe des Bazars, **Telefonzentrale** in der Kh. Azadi nicht weit vom Meydan-e Shohada.

Unterkunft/Essen und Trinken

■ Das beste Hotel der Stadt ist das **Esteghlal Grand Hotel**③, Meydan-e Azadi, Tel. 3238053-5.

■ Preiswerter ist das **Hotel Saleh**② in der Kh. Daneshgah, Tel. 3231797-8.

■ Günstig zu Flughafen und Bahnhof liegt das **Tourist Inn**②, Meydan-e Khatam-ol Anbiah, Tel. 322 4898.

■ Einfacher, aber sauber geht es zu im **Hotel Abouzar**①. Es liegt an der Umgehungsstraße *(kamarbandi)*, Tel. 4512132.

■ Alle genannten Hotels verfügen über **Restaurants**. Eine Reihe weiterer billiger Unterkünfte gibt es in der Nähe des Bazars im Stadtzentrum.

Verkehrsverbindungen

■ Der **Flughafen** liegt im Nordosten der Stadt. Mehrere Flüge täglich mit Iran Air und Mahan Air nach Teheran, mehrmals wöchentlich nach Mashhad, Chabahar, Kerman und Isfahan. Das Büro von Iran Air ist am Bolv. Motahari in der Nähe vom Darvaze-ye Khash, Tel. 3220813, M.Arabpour@Iran-Air.com.

■ Der **Bahnhof** liegt im Südosten der Stadt am Bolv. Motahari. Der Anschluss ans nationale Eisenbahnnetz ist nun vollzogen: Züge in/aus Richtung Kerman und Teheran verkehren einmal täglich. Der Zug nach **Koweite/Quetta** in Pakistan über Mirjaveh verkehrt zweimal monatlich, jeweils am 3. und 17. eines Monats um 8:30 Uhr. Es handelt sich um einen kombinierten Güter-Personenzug mit sehr einfacher Ausstattung, der am folgenden Tag planmäßig gegen 15:20 Uhr an seinem Zielort eintrifft. Die Rückfahrt ist an jedem 1. und 15. des Monats um 8:30 Uhr, Ankunft in Zahedan am folgenden Tag um 13:35 Uhr. Mehrstündige Verspätungen sind jedoch die Regel, wenn der Zug überhaupt verkehrt, was bei der unsicheren Lage im pakistanischen Teil Baluchestans nicht sicher ist. Wer ihn dennoch benutzen kann, sollte ausreichend Verpflegung und vor allem Trinkwasser mitführen, denn ein Speisewagen ist in keinem Fall vorhanden. Fahrplanmäßig dauert die Fahrt 7 Std., oft aber länger. Die Busverbindungen sind einfacher und schneller. Tel. 3224142.

■ Der neue **Busterminal** *(garaj)* liegt im Westen der Stadt an der Umgehungsstraße Kamarbandi Kalantari. Es gibt Verbindungen in Richtung Bam und Kerman, Zabol und Mashhad sowie nach Chabahar.

■ **Minibusse und Taxis** in Richtung Mir Javeh und pakistanische Grenze kann man am Meydan-e Foroudgah im Südosten finden.

Mir Javeh und pakistanische Grenze

Die **iranische Grenzstadt Mir Javeh** liegt etwa 80 km südöstlich von Zahedan und ist leicht mit Minibussen und Taxis vom Meydan-e Forudgah oder vom Busbahnhof zu erreichen. Der Grenzübergang zur pakistanischen Stadt **Taftan** liegt weitere 15 km von der Stadt entfernt. In der Regel sind englischsprachige Guides verfügbar, die dem Touristen bei der Abfertigung zur Seite stehen. Sie verläuft zügig, innerhalb einer Stunde sollte auf iranischer Seite alles geregelt sein. Ein **Shuttlebus** verkehrt zwischen dem Grenzübergang und dem Rand des Sperrbezirks. Von dort geht es weiter mit Minibussen oder Transportern zum Ort Mirjaveh oder nach Zahedan. Der Grenzübergang ist auf iranischer Seite von Sonnenaufgang bis 16:30 Uhr geöffnet. Zu beachten ist die **Zeitverschiebung:** Pakistan ist 30 respektive 90 Minuten voraus. Es empfiehlt sich also, morgens zeitig von Zahedan aufzubrechen. Wer in Mirjaveh übernachten muss, dem steht das **Tourist Inn**② zur Verfügung (Tel. 0543-3222486). Hier gibt es auch einen bewachten Parkplatz.

Auch im pakistanischen Grenzort Taftan steht ein Hotel bereit, allerdings mit ziemlich schmutzigen Zimmern: **PTDC Motel**②. Von dort fahren Busse nach Quetta (ca. 600 km).

Zabol und das Becken von Sistan

Etwa 230 km nördlich von Zahedan liegt Zabol, in ca. 500 m Höhe die am tiefsten gelegene Großstadt auf dem iranischen Hochland. Sie bildet das Zentrum des Sistan-Beckens mit **drei großen, abflusslosen Seen,** die vom Fluss Helmand gespeist werden. Im Frühjahr bilden sich mitunter Überschwemmungsgebiete mit 20 x 200 km Ausdehnung. Im Sommer dagegen trocknen diese höchstens zwei Meter tiefen „Wannen" schnell aus.

Durch diese regelmäßige Wasserzufuhr begünstigt, hat sich eine menschliche Zivilisation in Sistan schon früh entwickelt, das Gebiet ist **reich an prähistorischen Siedlungen.** Den Iranern gilt es als Geburtsort von Rustam, dem legendären Helden des „Shahnameh". Sistan hatte während der Achämeniden- und Sasaniden-Epoche ausgedehnte Bewässerungskanäle und war dicht besiedelt. Mitte des 9. Jh. war Sistan Ausgangspunkt der Dynastie der Saffariden, benannt nach *Yaqub Ibn al-Laith,* dem Kupferschmied *(saffar),* die das Gebiet mehrere Jahrhunderte beherrschten. Die Mongolen richteten im 14. Jh. schwere Zerstörungen an, weil *Timur* bei Kämpfen in dieser Provinz eine Verletzung erlitt, die ihn bis an sein Lebensende lähmte und ihm den Namen *Timur-e Leng* („Timur der Lahme") einbrachte. Später wurde Sistan Grenzgebiet zu Afghanistan und seinen Stämmen und geriet ins historische Abseits. Es zählt noch heute zu den **zurückgebliebensten Gegenden Irans,** wenn auch die staatliche Sistan Development Organisation (SDO) in den vergangenen 15 Jahren eine Reihe von Infrastrukturmaßnahmen durchgeführt hat.

Die Lebensbedingungen sind immer noch schwierig: Sommertemperaturen **bis zu 50° C** sind keine Seltenheit und der gefürchtete, vom Indischen Ozean wehende Lavar („120-Tage-Wind") kann zwischen Juli und September mit Geschwindigkeiten bis zu 120 km/h das Leben zur Hölle machen. Im Winter dage-

◰ Typisches Schilfboot bei Zabol

gen tobt der Gavkosh („der die Rinder tötet"). Die Bevölkerung Sistans besteht überwiegend aus **schiitischen Iranern,** die Persisch in ihrem einheimischen Dialekt sprechen. Daneben gibt es größere Gruppen von **Baluchi.**

Die Hauptstraße von Zabol ist die von Südwest nach Nordost verlaufende Kh. Ferdowsi, wo sich auch der kleine **Bazar** der Stadt befindet. Ebenso gibt es hier ein kleines **Archäologisches Museum** mit Funden aus Sistan beim Gebäude der Organisation für das Kulturerbe *(miras-e farhangi).* Geöffnet Mo, Mi, Do von 8 bis 14 Uhr.

Praktische Informationen

Informationen/Auskunft

■ Für Ausflüge zu den archäologischen Stätten in die Umgebung sollte man sich im Hotel Nimrooz informieren, insbesondere über die Sicherheitslage im grenznahen Bereich. Oder man bemüht die **Travel Agency Nimrooz** in der Kh. Mostafa Khomeini 11 (neben dem Polizeirevier, Tel. 0542-2225040).

Unterkunft

■ Das von der SDO unterhaltene **Hotel Nimrooz** ② an der Straße zum Flughafen hat saubere Zimmer. Tel. 0542-2232000/1.

■ Daneben gibt es noch das **Hotel Amin** ①. Es liegt in der Nähe des Bazars in der Kh. Ferdowsi, Tel. 0542-2222823.

Verkehrsverbindungen

■ Der **Flughafen** liegt im Nordosten der Stadt. Einmal wöchentlich fliegt Mahan Air über Mashhad nach Zabol.

■ **Busverbindungen** gibt es in Richtung Birjand/Mashhad und Zahedan, die meisten Busgesellschaften haben ihre Büros im Süden der Stadt an der Kh. Sh. Mir Hosseini in der Nähe des Stadtparks.

Umgebung von Zabol

Die interessantesten Stätten der Gegend, Shahr-e Sukhteh, Dahane-ye Gholaman und Kuh-e Khajeh, lassen sich im Rahmen eines **Tagesausfluges** von Zabol aus erreichen.

Shahr-e Sukhteh

Mit dem eigenen Fahrzeug aus Richtung Zahedan passiert man Shahr-e Sukhteh („Die verbrannte Stadt"), ca. 55 km südlich von Zabol gelegen. Hier erheben sich links (westlich) der Straße mehrere Hügel, von denen nur wenige seit 1967 von einer italienischen Mission ergraben wurden. Aber auch diese wenigen Grabungen lieferten beeindruckende Ergebnisse. Unter einer nur etwa 20 cm harten Schicht fand man im Durchschnitt etwa 7 m starke Siedlungsschichten, von denen die ältesten bis ins 3. Jtsd. v. Chr. zurückreichen. Mehrere **Millionen Keramikscherben** wurden gefunden, noch heute knirscht der Boden unter den Füßen, wenn man den Hügel hinaufsteigt, auf dessen Spitze Grundmauern von Häusern freigelegt und konserviert wurden. Obwohl die Ausgrabungen lange Zeit nicht systematisch betrieben wurden, fand man bisher über 40.000 ungebrannte **Tonfiguren,** Tausende von halbfertigen **Lapislazuli-Perlen** und **Werkzeuge.** Südwestlich der Hügel wurde eine **Totenstadt** mit Zehntausenden von Gräbern entdeckt.

Aus den Fundstücken lassen sich Handelsbeziehungen der früheren Bewohner nach Zentralasien, Mesopotamien, zum Indus-Tal und zur arabischen Halbinsel belegen. Shahr-e Sukhteh vermittelte offensichtlich den Handel zwischen all diesen weit voneinander entfernten Gebieten. Die Stadt war dem Untergang geweiht, als der Helmand seinen Lauf änderte und ihr die Lebensgrundlage entzog.

Dahane-ye Gholaman

Etwa 20 km südwestlich der kleinen Stadt Zehak liegt die **Ausgrabungsstätte** der achämenidischen Stadt Dahane-ye Gholaman („Sklaventor"), die sich auf einer etwa 5 m aufragenden Terrasse von Ost nach West erstreckt. Wichtigster Fund ist ein gut erhaltenes, quadratisches Kultgebäude von fast 2500 m² Ausdehnung. Der vollständig aus Lehmziegeln errichtete Bau mit einem Zugang durch eine offene Säulenhalle enthält in seinem Zentrum drei große Feueraltäre und an drei Seiten Brandaltäre für Tieropfer. Daneben wurden mehr als 20 Wohnhäuser von ähnlichem Grundriss ausgegraben, um einen quadratischen Mittelsaal schließen sich an den vier Seiten rechteckige Räume an sowie kleinere Räume an den vier Ecken. Befestigt war die Stadt, die wohl aus der Zeit Darius' des Großen oder seines Sohnes Xerxes stammt, nicht. Sie scheint auch nur kurze Zeit bewohnt gewesen zu sein.

Kuh-e Khajeh

Als **eindrucksvollste archäologische Stätte** in ganz Südost-Iran gilt vielen der parthisch-sasanidische Palast auf dem „Heiligen Berg", Kuh-e Khajeh genannt. Etwa 8 km südlich von Zabol zweigt die Straße in Richtung Teymurabad ab. Nach etwa 20 km endet sie am **See Daryache-ye Hirmand**. Wo das Ufer genau ist, hängt aber entscheidend von der Jahreszeit und dem Wasserstand ab. Bis zum Ende des Frühjahrs ist der Kuh-e Khajeh in der Regel von Wasser umgeben und man muss bei dem Ort Sayyadan-e Sofla eines der typischen **Schilfboote** mieten. Im Sommer jedoch oder während der häufigen Dürreperioden erreicht man den Berg trockenen Fußes. Er wird von den Zarathustriern und den Muslimen als heilig verehrt.

Der **Palast** am Südostabhang ist aus luftgetrockneten Ziegeln erbaut, in einem seiner Gänge wurden griechisch beeinflusste Fresken entdeckt und abgetragen. Er verfügt über einen der ältesten bekannten Iwan-Säle aus dem 1. Jh. n. Chr., der den Übergang bildet zwischen dem Wohnbereich des Palastes und dem Feuerheiligtum dahinter. Die ursprünglich von den Parthern errichtete Anlage wurde unter den Sasaniden ausgebaut. Auf dem höchsten Punkt des Hügels befinden sich noch Überreste einer kleinen **Festungsanlage.** Von dort hat man einen guten Überblick über die flache Umgebung, eindrucksvoll sowohl ohne – mehr aber noch mit Wasser.

Iran Shahr und Bampur

Bampur, eine der ältesten und historisch bedeutsamsten Siedlungen Baluchestans, findet sich in der Umgebung von Iran Shahr (*Pahradj* auf Baluchisch), ca. 350 km südlich von Zahedan. Die Straße führt vorbei am über 4000 m hohen **Taftan-Massiv** mit dem größten noch halbaktiven Vulkan Irans. Südlich der Taftan-Berge liegt die Stadt Khash. Weitere

180 km südwärts geht es durch eine malerische Gebirgslandschaft nach Iran Shahr. In der Stadt gibt es eine Festung aus dem 19. Jh. und auch ein Hotel (Iran Shahr②, Kh. Farabi, Tel. 0547-2223291).

Bampur liegt etwa 25 km westlich von Iran Shahr im Tal des gleichnamigen Flusses, der 150 km westlich des Ortes in einem abflusslosen See versickert. Von der Straße aus sind die in Makran typischen runden, aus Schilfmatten errichteten Hütten zu sehen. Eine **Festung** beherrscht den Ort, die ein wenig an die von Bam erinnert. Sie steht auf einem Siedlungshügel, der bis in prähistorische Zeiten zurückgeht, bisher aber noch nicht ergraben wurde. Die Ausgrabungsstätten liegen nur etwa 150 m von der Festung entfernt. Hier wurden in mehreren Schichten Siedlungen freigelegt, die bis ins 3. Jtsd. v. Chr. zurückgehen. Einige der gefundenen Keramiken weisen Parallelen zu Stücken aus Afghanistan und sogar Oman auf, was den Schluss nahe legt, dass Bampur in früher Zeit ein Kreuzungspunkt des Handels war.

Chabahar

Chabahar ist die größte iranische **Hafenstadt an der Makran-Küste.** Im Sommer wegen des feuchtheißen Klimas gefürchtet, hat die Stadt im Winter stets die höchsten Temperaturen in Iran, die Durchschnittstemperatur sinkt auch im Januar nicht unter 20° C. Handel mit der arabischen Halbinsel jenseits des Golfs von Oman wird hier schon seit langer Zeit betrieben. Aber erst seitdem vor 15 Jahren eine Freihandelszone eingerichtet wurde, beginnt die im äußersten Südosten Irans gelegene Stadt sich zu entwickeln. Aus den 6000 Einwohnern vor der

Provinz Sistan va Baluchestan

Islamischen Revolution sind gut 60.000 geworden, in weiteren 20 Jahren sollen es 300.000 sein, viele davon Balutschen aus der Umgebung. Voraussetzung dafür ist die Entwicklung von Industrie und Gewerbe, die durch eine unabhängige Verwaltung sowie Steuerbefreiung für Investitionen und andere Vergünstigungen vorangetrieben werden soll. Neben dem kleinen Hafen Tis nördlich der Stadt und dem Ort **Konarak** auf der westlichen Seite der Bucht von Chabahar hat die Stadt selbst für Touristen nur wenig Sehenswertes zu bieten. Sie ist aber Ausgangspunkt für Ausflüge zu den Mangrovenwäldern von Hara direkt an der pakistanischen Grenze (s.u.).

Praktische Informationen

Reiseagentur
■ **Rafie**, Kh. Imam Khomeini, Tel. 0545-3332456.

Unterkunft
Wegen seines Charakters als Freihandelszone ist Chabahar gut mit Hotels ausgestattet. Die genannten haben auch Restaurants, zusätzliche befinden sich im Verlauf des Bolv. Emam. Hier steht natürlich häufiger als sonst in Iran Fisch auf der Speisekarte.

■ **Hotel Barj**②, nahe dem Strand zwischen den Häfen Beheshti und 7. Tir, Tel. 0545-2220484.
■ **Hotel Sepideh**②, Bolv. Imam Khomeini/ Kh. Ferdowsi, Tel. 0545-2220685/6.
■ **Azadi Guesthouse**①, Bolv. Emam, Tel. 0545-3332200.

Verkehrsverbindungen
■ Iran Air fliegt täglich über Kerman oder Bandar Abbas nach Chabahar, Kish Air dreimal wöchentlich direkt zum **Flughafen Konarak,** 45 km entfernt von Chabahar auf der gegenüberliegenden Seite der Bucht. Es fahren regelmäßig Busse zwischen Stadt und Airport, die Busgesellschaften befinden sich alle in der Kh. Imam Khomeini. Das Iran-Air-Büro liegt in der Kh. Ferdowsi, Tel. 0545-2221575, Behnamfar@iranair.com.
■ Regelmäßige **Busverbindungen** gibt es nur nach Zahedan und Kerman. In Etappen kann man sich auch mit Minibussen entlang der Küste bis nach Bandar Abbas „durchschlagen". Die Busgesellschaft 22. Bahman in der Kh. Ferdowsi nahe dem Meydan-e Bahar bedient die Orte in der Umgebung.

Hara-Mangrovenwälder

Die Hauptattraktion in diesem Gebiet sind die Hara-Mangrovenwälder in der Nähe von **Gowatr**, ca. 150 km östlich von Chabahar. Auf einer Fläche von mehr als 200 Hektar hat sich hier an der Einmündung mehrerer Flüsse in das Meer von Oman ein eindrucksvolles Ökosystem entwickelt mit zahlreichen spezialisierten Tierarten, seltenen Vögeln und Amphibien.

Weiter nördlich davon, im **Naturschutzgebiet Bahoukalat** beiderseits des gleichnamigen Flusses, gibt es noch Krokodile, von den Einheimischen *gando* genannt.

Es ist ratsam, sich für einen Ausflug in die Mangrovenwälder in Chabahar einen Führer zu nehmen.

◁ Sanddünen in der Wüste Lut

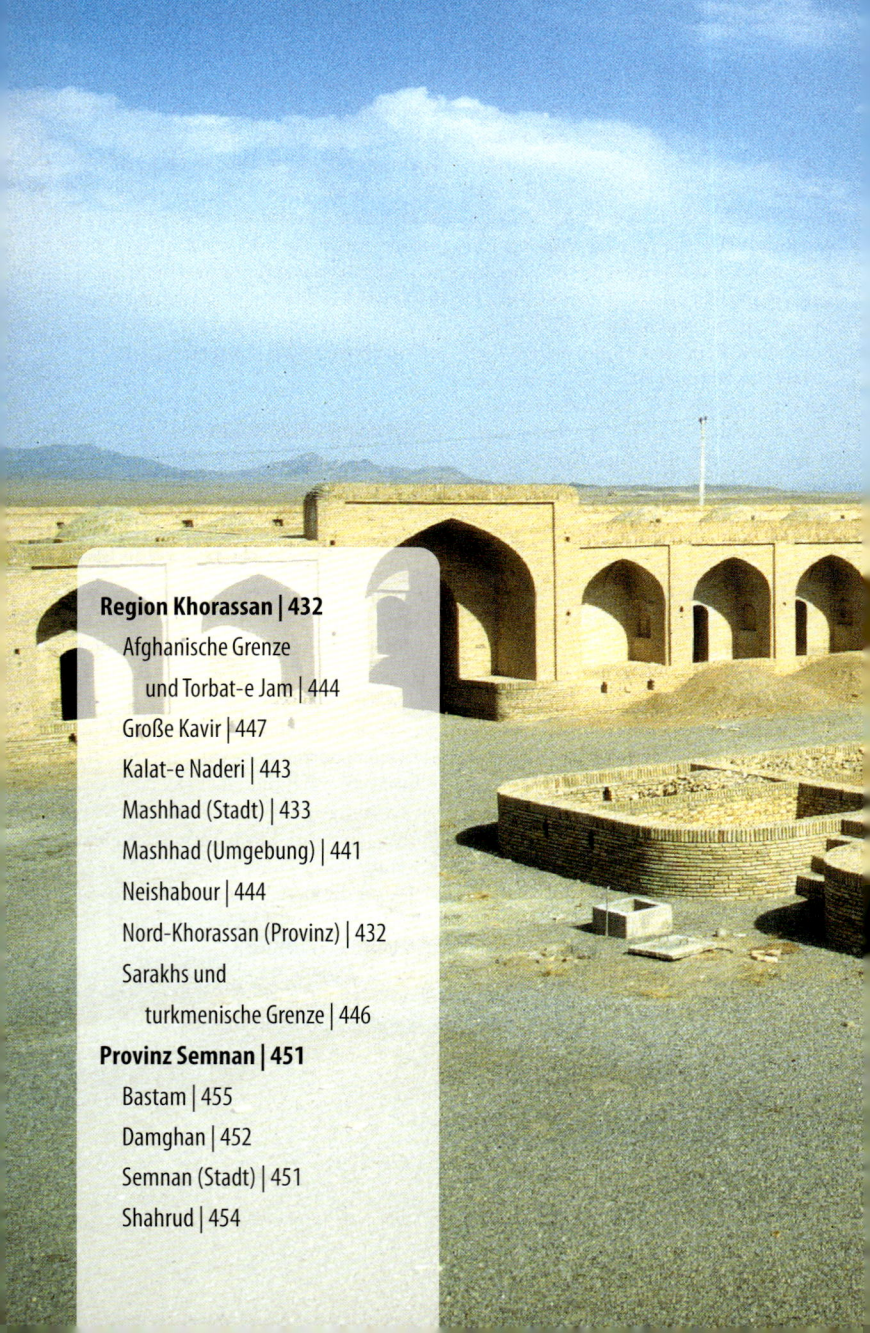

Region Khorassan | 432
  Afghanische Grenze
      und Torbat-e Jam | 444
  Große Kavir | 447
  Kalat-e Naderi | 443
  Mashhad (Stadt) | 433
  Mashhad (Umgebung) | 441
  Neishabour | 444
  Nord-Khorassan (Provinz) | 432
  Sarakhs und
      turkmenische Grenze | 446

Provinz Semnan | 451
  Bastam | 455
  Damghan | 452
  Semnan (Stadt) | 451
  Shahrud | 454

9 Der Nordosten

In Khorassan liegt mit Mashhad die zweitgrößte Stadt des Landes, aufgrund des Mausoleums des Imam Reza auch ein bedeutendes Pilgerzentrum – und bekannt für seine Lapislazuli-Steine. Ein Erlebnis ist die Durchquerung der Großen-Kavir-Wüste von Mashhad nach Yazd. Die Provinz Semnan ist nur im Norden besiedelt, hat aber Interessantes zu bieten, so die Ausgrabungsstätte von Tepe Hissar und das Grabmal des Sufi-Sheikhs Bayazid Bastami in Bastam.

◁ Renovierte Karawanserei an der Khorassan-Straße

Mausoleum Khadjeh Rabi' bei Mashhad

ÜBERBLICK

Der Nordosten Irans umfasst die Region Khorassan mit drei Provinzen sowie die Provinz Semnan. Khorassan, auf persisch خرسان, was „Land der aufgehenden Sonne" bedeutet, ist ursprünglich eine historische Region in Zentralasien im Gebiet der heutigen Staaten Iran, Afghanistan, Tadjikistan, Usbekistan und Turkmenistan. Als Bindeglied zwischen Alborz-Gebirge und Hindukush, dem nordostiranischen Randgebirge, markiert sie auch die nördliche Landesgrenze und den Übergang zu den Steppen Turkmenistans. Die gestaffelten Gebirgsketten bilden eine tektonische Formation, auch Khorassan-Graben genannt, die häufig von Erdbeben erschüttert wird. Viele der heutigen und auch einige der früheren Städte in diesem Gebiet sind oft völlig zerstört und wiederaufgebaut worden.

Durch das südliche Gebirgsvorland verlief die uralte Handelsstraße, die vom Mittelmeer über Mesopotamien und das iranische Hochland nach Zentralasien und China führte. Einige der alten Handelsstädte in ihrem Verlauf, wie Neyshabur, sind nur noch ein Schatten ihrer selbst. Andere, wie Rey oder Tus, sind längst untergegangen. Noch weiter südlich beginnt die große Kavir-Wüste, die den größten Teil der heutigen Provinz ausmacht. In dieser äußerst lebensfeindlichen Umgebung leben nur an wenigen

Stellen Menschen – dort, wo sie der Natur ein wenig Wasser abtrotzen können.

Im Norden und Nordosten grenzt das iranische Khorassan an die Republik Turkmenistan, im Osten an Afghanistan, was zu starken Flüchtlingsströmen nach Iran in den 1980er und 1990er Jahren geführt hat.

Die Provinz Semnan ist mit einer Fläche von etwa 96.000 m2 zwar relativ groß, hat aber nur ca. 580.000 Einwohner, knapp 100.000 von ihnen leben in der Hauptstadt Semnan. Die übrigen verteilen sich auf kleine Städte wie Garmsar, Damghan oder Shahrud und wenige Dörfer.

Geschichte der Region Khorassan

Nach der Islamisierung Irans im 7. Jh. spielte Khorassan eine wichtige Rolle für die Erhaltung der **iranischen kulturellen Identität und Sprache.** Da es weiter entfernt vom Zentrum der islamischen Macht in Bagdad lag als z.B. Hamadan, Rey oder Isfahan, konnten sich hier, an den weitgehend von den Abbasiden unabhängigen Herrscherhöfen z.B. der Tahiriden und Samaniden die alten Traditionen erhalten. Hier vollzog sich zuerst der Übergang vom Mittelpersischen (Pahlavi) zum Neupersischen. Nicht zufällig stammt *Ferdowsi,* der Verfasser des ersten und wichtigsten neupersischen Epos „Shahnameh", aus dieser Gegend.

Aufgrund der Nähe zu Zentralasien war Khorassan aber auch das **Einfallstor** für die türkischen und mongolischen Eindringlinge, die sich ab dem 10. Jh. ständig aufs Neue den Weg nach Westen bahnten. Zu Beginn des 17. Jh. wurde Khorassan Grenzprovinz gegen das Reich der Uzbeken, die heutigen Grenzen gehen auf jene Zeit zurück.

Im Kalten Krieg lag Khorassan an der **Schnittstelle von Ost und West,** die Grenzen zur damaligen Turkmenischen SSR waren undurchlässig. Die Islamische Revolution in Iran und die Unabhängigkeit der ehemaligen zentralasiatischen Sowjetrepubliken hat die Situation für die nordöstliche Grenzprovinz gewaltig verändert. Khorassan kann heute wieder seine Rolle als **Transitland** spielen für eine Art moderne Seidenstraße, auf der Menschen und Güter verkehren. Der Bau der Eisenbahnstrecke von Mashhad zur turkmenischen Grenze bei Sarakhs sowie die Trasse durch die Kavir-Wüste zielen in diese Richtung.

> **NICHT VERPASSEN!**
>
> - **Mashhad:**
>   das Pilgerzentrum des Landes | 433
> - **Khadjeh Rabi':**
>   der Vorläufer des Taj Mahal | 439
> - **Tus:** der Vater des Neupersischen –
>   das Grab von Ferdowsi | 441
> - **Neishabour:**
>   der Friedhof der Dichterfürsten | 444
> - **Tabas:** der Garten Baq-e Golshan,
>   ein Garten Eden
>   mitten in der Wüste | 449
> - **Bastam:**
>   das Vermächtnis des Bayazid | 455
>
> **Diese Tipps erkennt man an der gelben Hinterlegung.**

Der Nordosten

0 40 km
Iran_Kap09
ASHQABAD
Bezmein
Firjuza
TURKMENISTAN
Tazeh Qal'eh
Darband
Qatlish
Surak
Gyaurs
Badgiran
Now-khandan
Artyk
Peski Gurydengda
Tezeel
Kirov'sk
Pobeda
M37
Tedzhen
Kaakhkha
Dargana
Lotf-abad
Dargaz
Chapeshlu
Dushak
Tedzhenstroj
Bojnurd
Qarloq
Reza-abad
Shirvan
Emam Qoli
Kapkan
Faruj
Quchan
Yadak
Kuh-e Aladag
Kuh-e Shah Jahan 3032
Esfarayen
Kuh-e Sah Jahan
Kalat-e Naderi
Farhadan
Dogha'i
Qanbarabad
Kharq
Bam
Dowlatabad
Chakaneh Sofli
Radkan
Mareshk
Qal'eh Now
Mianah
Chaachah
Shoqi-abad
Seyyedabad
Neqab
Safiabad
Golbin
Abdollah Giv
Chanaran
Chahchaheh
Hokm-abad
Gujki
Sarakhs
Grab von Ferdowsi
Amirabad
Gonbadli
Doghatay
Rahmat-abad
Meshkan
Golmakan
Tus
Farmad
Shurlukh
Barghamad
Tabas
Shandiz
Torqabeh
Grabturm Akhandjan
Karawanserei Robat-e Sharif
Soltan-abad
Shur Ab
Bozghan
MASHHAD
Torqq
Mozduran
Mehr
Sabzevar
Mausoleum für Omar Khayyam
Mausoleum für Fariduddin Attar
Neishabour
Kharv
Darrud
Abravan
Kashaf Rud
Baqbaqu
Rivand
Za'faraniyeh
Qadamgah
Jim-abad
Shurak Maleki
Haresabad
Dowlat-abad
Eshqabad
Sangbast
Qal'eh Now-e Rud-Ab
Sheshtamad
Emam Taqi
Na'tu
Malvand
Qasem-abad
Eslam Qal'eh
Fariman
Golbu
Roba-e Sefid
Ariyan
Ata'iyeh
Bani Tak
Kadkan
Asadabad
Sabeh
Kuh-e Sorkh
Robat Sang
Nasirabad
Rivash
Kuh-e Sorkh 3019
Bayl
Cheshmeh Gol
Safiabad
Dahaneh Qal'eh
Bardeskan
Khalil-abad
Farg
Soltanabad
Torbat-e Heydariyeh
Torbat-e Jam
Anabat
Kashmar
Ja'farabad
Melekabad
Doruneh
Feyzabad
Mahneh
Roshtkhar
Kuh-e Bakhar
Shahr Now
Qarcheh
Ja'farabad
Jannatabad
Taybad
Tappeh Taq
Chamanabad
Marandiz
Kavir-e Namak
Yunesi
Salamey
Zabih-abad
Ma'dan-e Qal'eh
Jangal
Rud (Khaf)
Karat
Chah-e Mosafer
Emrani
Bejestan
Bagh Bakhshi
Sangan
Helali
Kaleh Shur
Bimuraq
Qasemabad
Bayas-abad
Musaabad
Gonabad
Albokhazen
Gisur
Hasan-abad
Nugh
Kalat
Kuh-e Eshge
Borun
Mozhn-abad
Baghestan-e Oulia
Kakhak
Bonyabad
Kowl-e Namaksar
Hojjatabad
Khezri
Makarem
Ferdows
Garmab
Chah Pajab
Sarayan
Gerimenj
Boshruiyeh
Ayesk
Esfashad
Daqq-e Bala
Qa'en
Esfedan
Bastaq
Shahrakht
Eresk
Dust-abad
Robat-e Khoshab
Hajiabad
Kharvan
Qumerijan
Khoshg
Afin
Robat-e Chah Gondab
Rum
Ahangaran
Daqq-e Patargan
Chah Taleb
Sedeh
Gerdkorh
Musaviyeh
22
87
44
97
36
95
91
99
432
433
441
442
443
444
445
446
447
68

2004 wurde das Gebiet von Khorassan, das mit 313.000 km² größer als die alte BRD war, in die **eigenständigen Provinzen Nord-Khorassan** (Hauptstadt Bojnurd), **Süd-Khorassan** mit der Hauptstadt Birjand und **Khorassan-e Razavi** (von Reza) mit der Hauptstadt Mashhad aufgeteilt. Ein weiterer Teil wurde der Provinz Yazd zugeschlagen. In allen drei Provinzen bilden **Perser** die überwiegende Mehrheit, es gibt jedoch auch bedeutende Gruppen von Türken, Kurden und Balutschen.

Die **unbestrittene Metropole** – und zweitgrößte Stadt Irans – ist **Mashhad**, entstanden in der Nähe und auf Kosten der früheren Hauptstadt Tus. Die Tatsache, dass hier *Reza*, der achte Imam der Schiiten, seine letzte Ruhestätte fand, sichert Mashhad als Pilgerzentrum Einfluss und wirtschaftliche Bedeutung.

Region Khorassan

Provinz Nord-Khorassan

Die durch die Aufteilung der früheren Provinz Khorassan vor wenigen Jahren entstandene Provinz Nord-Khorassan mit der Hauptstadt Bojnurd bildet geografisch den Übergang des östlichen Alborz-Gebirges zum Kopet-Dagh-Gebirge sowie jenen vom iranischen Hochland zu den Steppen und Wüsten Zentralasiens. Die **kleine Provinz mit etwa 1 Mio. Einwohnern** ist nur spärlich besiedelt und wird hauptsächlich landwirtschaftlich genutzt. Auch turkmenische und kurdische Nomaden siedeln hier. Man erreicht sie in der Regel über Gorgan und den Golestan auf dem Weg nach Osten oder aus Richtung Mashhad auf dem Weg nach Westen oder aber in Richtung der Hauptstadt der Republik Turkmenistan, Ashqabad.

Bojnurd

Die **Hauptstadt** Bojnurd hat einen kleinen Flughafen. Wer hier Station macht, kann die Zeit nutzen zu einem Besuch des kleinen, aber schön eingerichteten **Museums für Anthropologie und Archäologie,** untergebracht in einem alten Privathaus aus der Qajarenzeit, dem Mofakham-Haus, wegen seiner Verspiegelungen auch „ainehkhaneh" genannt. Es liegt nördlich des Stadtzentrums in der Kh. Shariati, Eintritt 5000 Tuman. Falls geschlossen sein sollte, kann die in der Nähe gelegene Tourismus-Behörde weiterhelfen, Tel. 0584-2245388.

■ Wer über Nacht bleiben möchte, findet Unterkunft im **Hotel Negin**① am Meydan-e Imam Khomeini, Tel. 0584-2255737. Einfacher und billiger ist das **Hotel Naghizadeh**①, Falake-ye Kargar, Tel. 0584-2222193.

Shirvan

In Richtung Mashhad oder turkmenischer Grenze folgt mit Shirvan die **zweitgrößte Stadt der Provinz,** ebenfalls eine alte Siedlung, heute mit recht modernem Gesicht.

Quchan

In Quchan, das schon zu Zentral-Khorassan gehört, gibt es ein kleines **Ethnologisches Museum** am Meydan-e Azadi im Süden der Stadt an der Straße nach Mashhad, Eintritt 5000 Tuman, Tel. 0581-232757. Eine Übernachtung in Quchan kann zum Problem werden, das

Mosaferkhnah Nour (Kh. Nasser Khosrou, Tel. 0581-2223464) nimmt nicht immer ausländische Touristen auf.

Grenzübertritt Turkmenistan

Wer vor dem Grenzübertritt nach Turkmenistan übernachten muss, sollte das besser in **Shirvan** ca. 80 km nordwestlich von Quchan tun. Dort gibt es mit dem Hotel Reza und dem Tourist Inn zwei geeignete Unterkünfte.

In jedem Fall empfiehlt es sich für den Grenzübertritt nach **Turkmenistan** zeitig am **Grenzübergang Bajgiran** einzutreffen, der nur von 7:30 bis 15:30 Uhr geöffnet ist (1½ Std. Zeitverschiebung mit Turkmenistan berücksichtigen!), denn das Hotel Bajgiran nahe dem Grenzposten ist als Bleibe wenig empfehlenswert.

Mashhad

Mashhad ist das **unbestrittene Zentrum des Nordostens** und Verkehrsknotenpunkt. Mit mehr als 2,5 Mio. Einwohnern ist es die **zweitgrößte Stadt Irans.** Schon der Name („Märtyrerstätte") bringt zum Ausdruck, dass seine Geschichte aufs Engste verknüpft ist mit dem **Grab des Imam Reza,** dem achten Imam der Schiiten. Bei dem früheren Dorf Senabad verstarb er 817 n. Chr. an der Stelle, an der acht Jahre vor ihm der Vater seines Schwiegervaters, der abbasidische Kalif *Harun al-Rashid,* sein Leben beendet hatte. Der Kalif *Al-Mamoun* ließ über der Ruhestätte seines Schwiegersohnes ein Grabmal erbauen. Metropole von Khorassan war zu jener Zeit Tus, ca. 30 km nordöstlich von Mashhad, das aber beim Einfall der Mongolen 1220 völlig zerstört wurde. Auch der Grabbau Imam Rezas wurde mehrfach im Laufe der Geschichte zerstört, jedoch immer wieder aufgebaut und so zum Zentrum einer Siedlung, die sich allmählich zum städtischen Zentrum in Nordostiran entwickelte.

Der älteste Teil des heutigen Schreins geht auf den Mongolen *Öldjeitü* zurück. Die Gattin von *Shah Rokh,* dem Sohn von *Timur Leng,* ließ im 15. Jh. neben dem Grab eine prachtvolle Moschee errichten, die ihren Namen *Gowhar Shad* erhielt. Ende des 16. Jh. wurden Stadt und Mausoleum mehrfach von den Uzbeken eingenommen und geplündert. Anfang des 17. Jh. gelang es *Shah Abbas,* diese dauerhaft zu vertreiben. Er ließ das Grabmal prächtig erneuern, was den Ruf Mashhads als Pilgerstadt verstärkte. 1736 machte sie *Nadir Shah,* der von hier stammte, zu seiner Hauptstadt und ließ sie weiter ausbauen.

Das Mausoleum des Imam Reza ist nicht nur Anziehungspunkt für **Millionen von Pilgern** jedes Jahr, sondern auch der Hauptwirtschaftsfaktor der Stadt. Seiner Verwaltung (Astan-e Qods-e Razavi) gehören auch zahlreiche Schulen und Universitäten, Bibliotheken und Museen, Krankenhäuser sowie Landwirtschafts- und Industrieunternehmen. Einen Überblick über die vielfältigen Aktivitäten gibt es im Internet unter www.aqrazavi.org.

Trotz des Alters der Stadt sind **nur wenige alte Viertel** in der Umgebung des Schreins erhalten, und auch von diesen sind etliche dem Ausbau des Heiligen Bezirks in den letzten Jahren zum Opfer gefallen. Dazu zählt leider auch der alte Bazar. Fast alle Sehenswürdigkeiten befinden sich innerhalb und in der Umgebung des kreisrund angelegten Heiligtums, das jüngst „unterkellert" wurde, d.h. dass die vier kreuzförmig zum Schrein führenden Straßen in einem unterirdischen Kreisverkehr um diesen herumführen.

Die Minarette des Mausoleums von Imam Reza

Ankunft mit dem eigenen Fahrzeug

Mit dem Pkw erreicht man Mashhad **aus Richtung Süden und Westen** (Neyshabur/Torbat-e Heidariye) auf dem Bozorgrah-e Kalantari. An der Ausfahrt Kh. Hazrat-e Reza die Schnellstraße verlassen und über den Meydan-e 15. Khordad nach Norden ins Zentrum fahren.

Aus Richtung Nord- und Südosten (Sarakhs/Turkmenistan und Torbat-e Djam/Afghanistan) über den Bolv. Forudgah und Bolv. Djomhuriyeh Eslami bis zum Meydan-e 15. Khordad und dann ins Zentrum fahren.

Aus Richtung Norden (Quchan/Tus) von der Umgehungsstrasse in Richtung „City Center" und „Haram-e Motahar" abfahren und immer in südlicher Richtung halten. Auf dem Bolv. Shahid Qarmani nach Osten über den Meydan-e Shohada ins Zentrum fahren.

Sehenswertes: Heiliger Bezirk

Mausoleum von Imam Reza

Die Sehenswürdigkeit in Mashhad ist das Mausoleum von Imam Reza und der dazugehörige Heilige Bezirk, abgekürzt **Haram** („verbotener Ort"). Dieser Name hat seine Bedeutung, denn tatsächlich ist **der Zutritt für Nicht-Muslime nur für wenige Bereiche gestattet.** Die vier Eingänge werden von Wärtern überwacht, die für nicht-muslimische Besucher in der Regel telefonisch mit der Abteilung für Internationale Beziehungen Kontakt aufnehmen. Ein Vertreter dieser Abteilung kommt dann zum jeweiligen Eingang, nimmt die Besucher in Empfang und führt sie zum Büro der Abteilung im Inneren. Davor steht eine intensive Kontrolle: Handtaschen, Fotoapparate u.Ä. müssen am Eingang deponiert werden. Viele Hotels und auch einige Reisebüros vermitteln auf Wunsch Führer, die für Eintritt und Führung zur Verfügung stehen. Während der religiösen Trauertage und bei anderen Anlässen herrscht großer Andrang. Dann sollte man die Besichtigung meiden (eine Übersicht gibt es unter www.aqrazavi.org).

Die Umgebung des Hofs ist eine einzige **Baustelle,** weil dort ein neuer Innenhof, eine Moschee, Gästehäuser und weitere Einrichtungen gebaut werden. Nach der Revolution sind viele der alten Namen für die einzelnen Höfe und Gebäude geändert worden, was für Verwirrung sorgen kann.

Im Büro für Internationale Beziehungen wird ein 15-minütiger **Videovortrag** (mit Kommentar in Englisch) über die Geschichte des Schreins und die Tätigkeit der Verwaltung Astan-e Qods-e Rezavi gezeigt. Im Anschluss besteht die Möglichkeit, das **Museum** zu besuchen, wo interessante Exponate aus der Geschichte des Schreins und Geschenke ausgestellt sind.

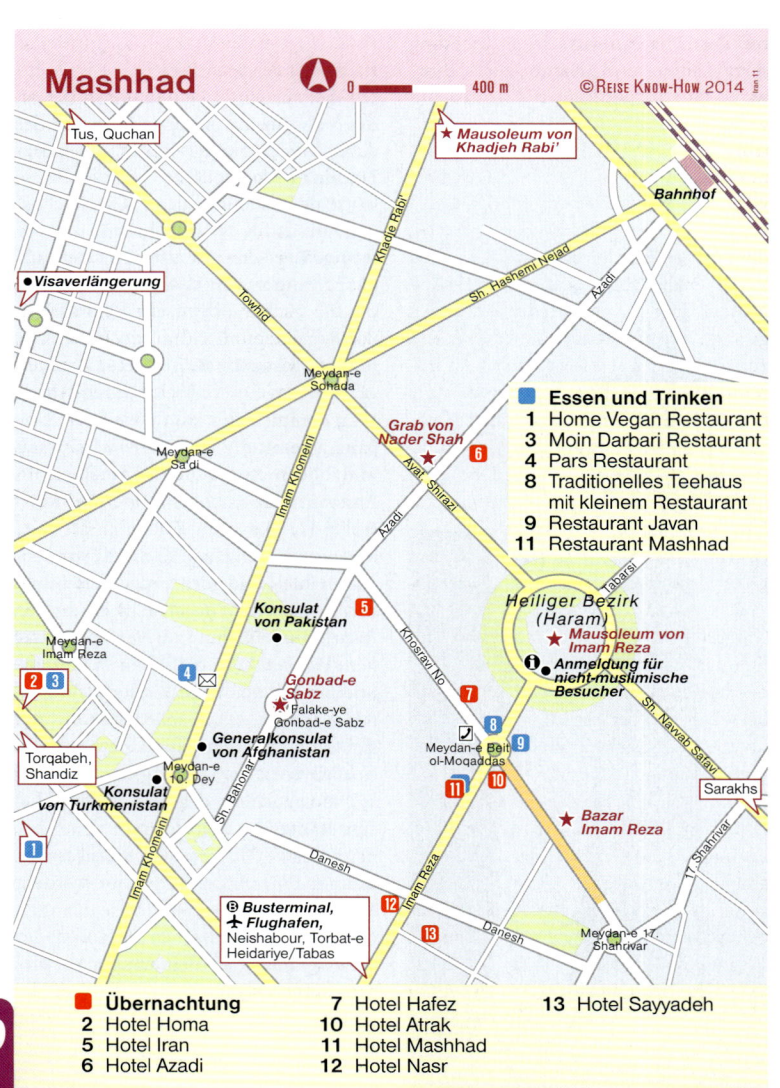

Mashhad

Essen und Trinken
1 Home Vegan Restaurant
3 Moin Darbari Restaurant
4 Pars Restaurant
8 Traditionelles Teehaus mit kleinem Restaurant
9 Restaurant Javan
11 Restaurant Mashhad

Übernachtung
2 Hotel Homa
5 Hotel Iran
6 Hotel Azadi
7 Hotel Hafez
10 Hotel Atrak
11 Hotel Mashhad
12 Hotel Nasr
13 Hotel Sayyadeh

Das Heiligtum besteht aus einer Vielzahl von Gebäuden und Höfen mit dem Grab von Imam Reza unter der vergoldeten Kuppel im Zentrum. Dem Grabbau nördlich vorgelagert ist der **Alte Hof**, in den die Eingänge aus Richtung Nordwesten, Nordosten und Südwesten münden. Der Hof wurde nach dem typischen Vier-Iwan-Aufbau geschaffen und wird von doppelstöckigen Arkaden eingerahmt. Eine Brunnenanlage in Zentrum dient zur rituellen Waschung. Das nordöstliche Minarett wurde im Auftrag von *Shah Tahmasb* vergoldet. Die Fayencen des **Nordost-Iwans** zählen zu den schönsten, die man in Iran sehen kann. Ihm gegenüber liegt der **Iwan-e Naderi**, über den man in den Grabraum gelangt. Er geht auf die timuridische Zeit zurück, sein Inneres wurde auf Anordnung von *Nadir Shah* 1732 vollständig mit Gold ausgekleidet. Auch das Minarett sowie der Tambour und die Kuppel sind mit Blattgold überzogen. Über dem **Südost-Iwan** ist ein Aufbau mit umlaufendem Geländer zu sehen, das Naqqara-Khaneh, wo bei wichtigen Anlässen große Kesselpauken geschlagen werden.

Das **Innere des Grabraums** ist zur Steigerung der heiligen Atmosphäre völlig mit Spiegelelementen verkleidet, wie man sie auch von anderen Heiligengräbern kennt. Über dem marmornen Kenotaph erhebt sich ein mit Silber ziselierter Grabaufbau, dessen Erreichen, Betasten und Küssen das Ziel aller Pilger ist. Die religiöse Inbrunst steigert sich hier bis ins Äußerste, an wichtigen Trauertagen herrscht drangvolle Enge.

Südöstlich des Grabraums schließt der **Neue Hof** an. Er wurde Anfang des 19. Jh. unter *Fath Ali Shah* angebaut, der zum Grab führende **West-Iwan** ist mit Blattgold ausgekleidet. An ihn schließt südlich der nach der Revolution neu angelegte **Imam-Khomeini-Hof** an; er hat ein sternförmiges Wasserbecken in der Mitte. An seiner südöstlichen Seite befindet sich das **Museum** des Schreins, ein dreistöckiger Neubau mit eindrucksvollen Exponaten aus der Baugeschichte, darunter alte Türen, Grabsteine und -gitter sowie Geschenke und Weihegaben an den Schrein, z.B. Originalgemälde des bekanntesten modernen Miniaturenmalers *Ostad Mahmoud Farshchian*.

Moschee Gowhar Shad

Gegenüber dem Museum führt ein Durchgang zum Innenhof der Gowhar-Shad-Moschee, einem der architektonischen Höhepunkte des Komplexes. Sie wurde zwischen 1405 und 1418 erbaut. Der sie umgebende Hof mit vier Iwanen schließt im Süden an den Schrein von Imam Reza an, drei der Iwane sind als Spitzbogen ausgeführt, der vierte wird von einem 40 m hohen Doppelminarett flankiert, der zum überkuppelten Gebetsraum führt. Die **Fliesendekorationen** zählen zu den kunstvollsten und ausgewogensten, die man in iranischen Moscheen finden kann, berühmte Handwerker und Künstler waren an ihrer Herstellung beteiligt, z.B. der hervorragende Kalligraf und Sohn der Stifterin *Baisonqur*. Beeindruckend ist auch die Fliesenverkleidung der Außenkuppel mit monochromen Fliesen in Türkisblau und einem umlaufenden Schriftband, das achtmal das islamische Glaubensbekenntnis „Es gibt keinen Gott außer Gott" wiederholt.

Die **Stifterin der Moschee, Gowhar Shad** (ca. 1378–1457), war eine der bedeutenden Herrscherinnengestalten der islamischen Geschichte und Lieblingsfrau von *Schah Rukh,* dem Sohn *Timurs* und Herrscher von Herat. Sie war die Mutter des „Astronomenprinzen" *Ulug Beg.* Als Tochter eines bedeutenden mongolischen Adeligen spielten sie und ihre Familie eine große Rolle in politischen und kulturellen Angelegenheiten. Sie galt als große Förderin von Literatur, Kunst und Architektur und holte viele bedeutende Dichter jener Zeit an ihren Hof nach Herat.

Westlich an den Moscheehof schließt der Hof **Djomhuriye Islami** an, an dessen Rand sich verschiedene Verwaltungsgebäude befinden, u.a. die Abteilung für Internationale Beziehungen. Daneben gibt es zahlreiche weitere kleine Höfe, Gräber, Moscheen und andere Räumlichkeiten.

Bazar Imam Reza

In der Umgebung des Heiligen Bezirks liegen **Hotels und Gasthäuser** und natürlich Geschäfte, weil die Pilger zumeist auch konsumfreudig gestimmt sind. Sie kaufen viele Geschenke für die Daheimgebliebenen. Seit der alte Bazar von Mashhad zugunsten der Erweiterung des Heiligen Bezirks abgerissen wurde, gibt es den neuen Imam-Reza-Bazar im Osten des Meydan-e Beit ol-Moqaddas. Mit einem klassischen orientalischen Bazar hat der etwa 700 m lange „Schlauch" allerdings nicht viel zu tun. Die Geschäfte im Erdgeschoss bieten in kaum zu übertreffender Eintönigkeit Safran, Süßigkeiten, Trockenfrüchte, Kleidung, Parfüms und Koffer an. Interessanter das Obergeschoss, wo in kleinen Werkstätten **Lapislazuli,** für den Khorassan berühmt ist, und andere Steine geschliffen und verkauft werden.

Sonstiges Sehenswertes

Gonbad-e Sabz
Von eher mäßigem Interesse, weil zumeist geschlossen ist die Gonbad-e Sabz (**Grüne Kuppel**) am gleichnamigen Platz am südlichen Ende der Kh. Sh. Bahonar. Der safavavidische Bau beherbergt das Grab eines in Iran bekannten Arztes und Wissenschaftlers und wird auch als Derwischkloster bezeichnet. Einige der schönen Fliesenarbeiten gehören noch zum Originalbestand.

Grab von Nader Shah
Mit der Geschichte der Stadt Mashhad eng verknüpft ist das Wirken von *Nader Shah*, dessen Grabbau in einem kleinen Park an der Ecke Kh. Azadi/ Kh. Shirazi errichtet wurde. Der Begründer der sehr kurzzeitigen Afsharen-Dynastie war in Dargaz in Nord-Khorassan gebürtig und machte Mashhad zu seiner Hauptstadt. Sein Problem war, dass er die schiitische und die sunnitische Richtung des Islam wieder zusammenführen wollte, was bei den Hütern des Grabes von Imam Reza keinen großen Anklang finden konnte. Im Jahre 1963 wurde ihm ein Grabbau unter einem mächtigen Betonsockel gewidmet; das vor dem Eingang aufgestellte **Reiterdenkmal** ist weithin sichtbar. Daneben gibt es ein kleines **Museum,** das **Waffen** aus dem 18. und 19. Jh. zeigt (täglich 9 bis 13 und 15 bis 19 Uhr, Eintritt 3000 Tuman).

◁ Ansicht von Mashhad

Mausoleum von Khadjeh Rabi'
5 km außerhalb der Stadt, aber sehr sehenswert ist das Mausoleum des *Khadjeh Rabi',* 1621 im Auftrag von *Shah Abbas* errichtet. Der hier Beigesetzte soll dem Imam Reza auf seinem Sterbebett beigestanden haben und genießt deshalb die höchste Verehrung der Gläubigen.

Der **achteckige Grabbau** in Form eines Pavillons liegt inmitten eines Parks. Vier Iwane führen zum überkuppelten Grabraum, den Fliesen und Wandmalereien schmücken. Manche Schriftfelder stammen von dem berühmten Kalligrafen *Reza Abbasi*. Einige der Baumeister dieser Anlage wurden an den Hof der indischen Moghul-Herrscher berufen und bauten dort z.B. das berühmte **Taj Mahal,** als dessen **Vorläuferbau** Khadjeh Rabi' deshalb gilt. Der Park wurde während des Kriegs gegen den Irak zu einer großen Kriegsgräberstätte umgebaut.

Minibusse und Taxis fahren vom Meydan-e Shohada in nördlicher Richtung auf die Kh. Khadjeh Rabi', die direkt zum Grabmal führt.

Praktische Informationen

■ **Telefonvorwahl Mashhad: 0511**

Informationen/Auskunft
■ **Tourist Information Miras-e Farhangi,** am Bolv. Sadeghi nordöstlich des Heiligtums, Tel. 725 9311.

Visa
■ **Konsulat von Turkmenistan,** Kh. Konsulgari 34/Meydan-e 10. Dey, Tel. 47066, 99940. Wer nach Turkmenistan weiterreisen möchte, sollte spätestens hier sein Visum einholen, weil an der Grenze keine ausgestellt werden.

■ **Generalkonsulat von Afghanistan,** Kuch. Do Shahid 52, Meydan-e 23. Esfand / Kh. Imam Khomeini, Tel. 97551.
■ Die Dienststelle der **Fremdenpolizei** für die Visaverlängerung befindet sich am Meydan-e Rahnema'i im Westen der Stadt.

Geldwechsel
■ Gegenüber der Hauptpost liegt die Zentrale der **Bank-e Melli,** wo man Geld wechseln kann, ebenso bei der **Bank-e Sepah** in der Kh. Khosravi-e No.

Post, Telefon, Internet
■ Die **Hauptpost** befindet sich in der Kh. Imam Khomeini, nördlich der Kreuzung Kh. Pasdaran.
■ Die **Telefonzentrale** liegt weit außerhalb im Südwesten an der Kh. Bahar.
■ Ein kleines **Telefonamt** im Zentrum gibt es in der Kh. Imam Reza / Ecke Meydan-e Beit ol-Moqaddas in einer Seitengasse, ein Hinweisschild weist darauf hin.

■ Ein **Internetcafé mit Telefon** befindet sich direkt gegenüber dem Hotel Mashhad in der Kh. Imam Reza 11 im 1. Stock, eine Leuchtreklame weist darauf hin, info@emamreza.net.

Unterkunft
In kaum einer anderen iranischen Stadt ist die Hoteldichte so groß wie in Mashhad, Häuser aller Kategorien warten auf unzählige Pilger und Touristen. Dennoch kann es aus Anlass der wichtigen religiösen Feiertage zu Engpässen kommen. Viele der einfachen Gasthäuser akzeptieren keine ausländischen Touristen. Hier eine kleine Auswahl:

■ Die **Homa-Kette**③ unterhält zwei Häuser in Mashhad, beide liegen allerdings recht weit draußen, eins davon in der Kh. Ahmadabad / Meydan-e Taleqani, Tel. 84320001/9.
■ Südlich des Heiligen Bezirks liegt das **Hotel Atrak**③ am Meydan-e Beit ol-Moqaddas, Tel. 364 2044/ 5. Sehr begehrt, aber auch meist teurer sind die Zimmer zur Nordseite in den oberen Stockwerken, von denen man eine herrliche Aussicht auf das Grabmal hat.
■ Eine gute Wahl ist das **Hotel Iran**③, ebenfalls günstig zum Haram gelegen. Bei Buchung über die Website www.irhotel.com gibt es 15% Rabatt auf die Zimmerpreise. Kh. Andarzgoo (Khosravi No), Tel. 2228010.
■ Favorit in der mittleren Klasse ist das **Hotel Mashhad**② in der Kh. Imam Reza, keine fünf Minuten vom südlichen Eingang des Schreins entfernt, Tel. 2222701.
■ Ebenfalls zu empfehlen sind das **Hotel Hafez**② in der Kh. Khosravi, Tel. 2222011, und das **Hotel Azadi**② in der Kh. Azadi, Tel. 51927/9.

◁ Gewürzladen in Mashhad

■ Sehr einfach und oft voll sind das **Hotel Sayyadeh**① in der Kh. Imam Reza, Tel. 45238, und das **Hotel Nasr**①, ebenfalls in der Kh. Imam Reza / Ecke Kh. Danesh, Tel. 97963.

Essen und Trinken

■ Die meisten der genannten Hotels haben Restaurants, z.B. das **Hotel Mashhad.**

■ Das **Hotel Javan** am Meydan-e Beit ol-Moqadas verfügt ebe ein Dachrestaurant, Tel. 2250085.

■ In den Hauptstraßen in der Nähe des Heiligen Bezirks gibt es eine Reihe von Restaurants, z.B. **Restaurant Pars,** Kh. Imam Khomeini / Ecke Kh. Pasdaran.

■ Ein **traditionelles Teehaus mit kleinem Restaurant** befindet sich in einer kleinen Gasse an der Nordwestseite des Meydan-e Beit ol-Moqaddas.

■ Außerhalb der Stadt in der Nähe des Meydan-e Azadi verkauft das **Moin Darbari Restaurant** gute Kebabs, Tel. 885248.

■ Ebenfalls außerhalb des Zentrums liegt das **Home Vegan Restaurant,** wie der Name schon sagt, ein veganes Lokal. No. 36, 28th Street, Bolv. Hashemiye, Tel. 8840901.

Reiseagenturen

■ Flugtickets aller Linien verkauft die in Iran sehr bekannte Agentur **Mohajeri** in ihrer Filiale in der Kh. Khosravi-e No, Tel. 2222982.

■ Bustickets (auch für internationale Verbindungen) gibt es bei der Agentur **Tourist Tus** in der Kh. Khosravi-e No, hinter dem Hotel Hafez, Tel. 225 1468.

■ Tagestouren in die Umgebung von Mashhad, insbesondere auch nach Kalat-e Naderr und Torbat-e Jam, kann man buchen bei **Adibian Tours,** Kh. Pasdaran, Tel. 8598151/2, www. adibiantours.com.

Verkehrsverbindungen

■ Der **Flughafen** liegt etwa 5 km östlich des Stadtzentrums und ist mit Taxis vom Meydan-e 15. Khordad leicht erreichbar. Zu keiner anderen iranischen Stadt außer Teheran gibt es so viele Flüge wie nach Mashhad, alle iranischen Fluggesellschaften haben Flüge im Programm, teils mehrere täglich. Dennoch kann es, besonders an den religiösen Feiertagen, zu Engpässen kommen, es empfiehlt sich in jedem Fall, rechtzeitig zu reservieren. Informationen unter www.mashhad-airport.com. Das **Iran-Air-Büro** befindet sich in der Kh. Modarres, Tel. 2227717, M.Fazli@IranAir.com.

■ Eine gute Alternative ist die Fahrt mit der **Bahn.** Der Bahnhof liegt etwa 1,5 km nördlich des Heiligen Bezirks. Täglich verkehren mehrere Züge zwischen Teheran und Mashhad. Die normalen Züge brauchen 15 Std. für die 1000 km lange Strecke. Der für iranische Verhältnisse luxuriös ausgestattete Nachtzug „Simorq" braucht 12½ Std. bei einem Preis von knapp 30.000 Tuman – Bahnfahren zum Schnäppchenpreis (für Devisenbesitzer). Einmal pro Woche gibt es auch Verbindungen nach Ahvaz, Tabriz und Yazd. In der Urlaubszeit und anlässlich der religiösen Feiertage ist es jedoch fast unmöglich, Plätze zu reservieren, es sei denn weit im Voraus! Der Zug zur turkmenischen Grenze fährt täglich und braucht 2½ Std. bis Sarakhs.

■ Ein großer, moderner **Busterminal,** wo die Busse aus allen Richtungen ankommen, liegt im Süden der Stadt am Ende der Kh. Imam Reza. Diese führt in Richtung Norden direkt zum Heiligen Bezirk.

■ Nach gut zehnjähriger Bauzeit gibt es seit 2011 in Mashhad eine **Metro.** Vorläufig ist die Linie 1 von Ghadir (im Südosten der Stadt nahe des Flughafens) bis zum Terminal West in Betrieb. Weitere Linien sind im Bau.

Umgebung von Mashhad

Tus

Der Besuch des **Grabmals von Ferdowsi** in Tus ist ein lohnender Tagesausflug von Mashhad. Über die Straße Mashhad – Chenaran gelangt man dorthin: 10 km hinter Mashhad geht ein Abzweig nach rechts, von dort sind es noch 6 km bis Tus. Die Straße endet an einem Parkplatz mit dem Eingang zum Park (täglich 8 bis 17 Uhr, April bis Oktober bis 18 Uhr, Eintritt 10.000 Tuman). Minibusse fahren ab dem Meydan-e Shohada.

Zur Rechten steht ein **Standbild des Dichters** aus weißem Marmor, im Vordergrund liegt der Grabbau, der in seiner Gestaltung an das Grab *Kyros' des Großen* in Pasargad erinnert. Er wurde anlässlich des 1000. Geburtstag von Ferdowsi im Jahre 1934 errichtet. Auf einem stufenförmigen Aufbau ruht der Grabbau, die Außenfassade ist geschmückt mit Säulen, die an Persepolis erinnern. Im oberen Teil findet sich eine Abbildung der geflügelten Sonnenscheibe, dem Symbol Ahura Mazdas, obwohl Ferdowsi selbst Muslim war. Im Zentrum jeder der vier Außenwände ist ein Feld mit Auszügen aus dem „Shahnameh" („Buch der Könige") eingearbeitet.

An der linken Seite führt eine Treppe ins Untergeschoss, zu beiden Seiten des Eingangs sind Reliefs mit Darstellungen der Kämpfe des Helden *Rostam* angebracht. Im Zentrum des Grabraums ruht der **Marmorgedenkstein** für Ferdowsi, aufgebaut auf einem Podest und von Säulen umgeben, die mit Marmorplatten verkleidet sind. An den Wänden sind weitere Reliefs aus Kalkstein zu sehen, die Szenen aus dem „Shahnameh" zum Inhalt haben.

Wenn man den Grabraum verlässt, liegt zur rechten der kleine Bau des **Museums** von Tus. Der Park mit dem Ferdowsi-Grab liegt direkt am Rande des **alten Tus,** bis zur Mitte des 13. Jh. die Metropole Khorassans und Handelszentrum an der Seidenstraße. Bei der Eroberung durch die Mongolen wurde es so stark zerstört, dass die verbliebenen Einwohner flohen und sich zumeist im heutigen Mashhad ansiedelten. Das ausgedehnte Trümmerfeld lohnt die Besichtigung nicht, Überreste der alten Stadtmauer aus gebrannten Ziegeln sind vom Park aus zu sehen.

Etwa 1 km vor dem Park mit Ferdowsis Grab liegt links der Straße ein Grabbau aus Ziegeln, der als **Haruniyeh** bezeichnet wird. Durch ein hoch aufragendes Eingangsportal gelangt man in einen überkuppelten Innenraum. Dahinter findet sich ein weiterer kleiner Kuppelraum, in dem sich möglicherweise früher ein Grabbau befunden hat. Der Bau ist völlig aus Lehmziegeln ohne farbige Fliesen gestaltet, was eine Datierung um das 12. Jh. wahrscheinlich macht. Manche Wissenschaftler gehen davon aus, dass es sich um das Grab des Mystikers und Philosophen *al-Ghazzali* handelt. Deshalb ist vor dem Eingang ein Grabstein angebracht, auf dem der Name Ghazzalis und sein Todesjahr 1111 n. Chr. stehen.

Grabturm Akhandjan

Wenn man sich vor dem Park mit dem Grabmal Ferdowsis nach rechts zur heutigen Ortschaft Tus wendet und diese durchquert, stößt man ca. 8 km außerhalb des Ortes auf einen völlig allein stehenden Grabturm, einen der spätesten dieser Gattung aus dem 14. Jh. Er wurde erbaut für *Gouhar Taj,* die Schwester von *Gowhar Shad* (s.o.). Der **achteckige Grundriss** wird durch Halbsäulen betont, die aus der Ziegelfassade hervorspringen. Das Schriftband im oberen Bereich ist leider vergangen. Auffällig ist das Spitzdach aus glasierten Fliesen in Türkis, Schwarz und Ocker.

Shandiz und Torqabeh

Auf der Rückfahrt nach Mashhad empfiehlt sich ein Ausflug zu den Sommerfrischen von Shandiz und Torqabeh, 38 bzw. 16 km westlich der Stadt am Nordhang der Binalud-Berge gelegen. Die beiden Kleinstädte mit angenehm kühlem Klima im Sommer sind beliebte Ausflugsziele der Mashhadis. In beiden Städten gibt es zahlreiche **Geschäfte** mit Trockenfrüchten, Handarbeitsartikeln und Pelzwaren. **Ausflugslokale und Restaurants** ziehen sich die Straßen entlang und auch **Wanderungen** sind möglich. Minibusse und Sammeltaxis fahren ab dem Meydan-e Shohada in Mashhad. Torqabeh ist mittlerweile auch leicht und schnell mit der Metro zu erreichen: Stationen in der Nähe von Mashhad-Zentrum sind z.B. Basij, Imam Khomeini und Shariati.

Kalat-e Naderi

Einen Abstecher wert ist das ca. 150 km nördlich von Mashhad gelegene Kalat-e Naderi unweit der turkmenischen Grenze. Seinen Namen bezieht der Ort von *Nader Shah,* der hier gegen 1740 in einem malerisch abgelegenen, langgestreckten Tal eine Reihe von Bauwerken errichten ließ. Das bekannteste davon ist der sogenannte „Kakh-e Khorshid", der **Sonnenpalast** in der Nähe des Dorfes **Kabud Gonbad,** der aber vermutlich von *Nader* als sein eigenes Mausoleum vorgesehen war. Er steht heute in einem kleinen Garten und erstaunt immer wieder durch seine ungewöhnliche Form: Auf einem achteckigen, von Bögen und Iwanen eingefassten Erdgeschoss ruht ein mächtiger runder Ziegelturm. Bei der Dekoration im Innern finden sich neben Reliefs in Marmor auch Räume mit Stuckdekor und Wandmalereien.

An den Talhängen sind teilweise noch alte Befestigungsanlagen zu erkennen, in dem Ort **Foroud** stehen noch Reste einer Festung, in dem Dorf **Khesht** ist die frühere Residenz von *Nader Shah* zu besichtigen und in Kabud Gonbad die Moschee gleichen Namens.

Grabturm Akhandjan bei Tus

Afghanische Grenze und Torbat-e Jam

Der Weg von Mashhad zur afghanischen Grenze verläuft über Torbat-e Jam (ca. 165 km) und Taybad (ca. 230 km). Torbat-e Jam ist in Iran bekannt für seine lange Tradition als **Heimstätte der islamischen Mystik**, die wohl zurückgeht auf *Sheikh Ahmad Jami,* der hier im 11./12. Jh. wirkte. Die Sufi-Mystik ist in der Stadt noch sehr lebendig und wird regelmäßig praktiziert. Der Komplex mit Kuppelbauten, Iwanen, Moscheen, Medresen und einem Khanegah wurde gleich nach dem Tod des Sheikhs im Jahr 1142 um dessen Grab herum begonnen und bis Mitte des 15. Jh. fortgesetzt.

Die **Grenzstadt** ist **Dogharon,** von der es täglich mehrfach Verbindungen nach Mashhad und Herat gibt. Der Übergang ist nur tagsüber geöffnet, die Abfertigung verläuft zügig. Die etwa 140 km lange Strecke bis Herat ist gut ausgebaut und wird viel befahren.

Dass es sich aufgrund der – wohl noch auf längere Sicht – unsicheren Verhältnisse in Afghanistan in jedem Fall empfiehlt, Informationen über die **Sicherheitslage** einzuholen, muss an dieser Stelle nicht betont werden!

Neishabour

Der Glanz, der sich einst mit Neishabour verband, als die Stadt noch eine der Hauptstädte der seldjuqischen Herrscher war, ist leider durch mehrere **Erdbeben** im Laufe der Jahrhunderte sowie die ständigen Einfälle von Mongolen, Türken und Afghanen weitgehend vergangen. Gegründet wurde die Stadt, wie schon im Namen zum Ausdruck kommt, vom Sasanidenherrscher *Shahpour.* Die Stadt lohnt vor allem für die Freunde und Verehrer des berühmtesten **Dichters von Vierzeilern** *(robayyiat),* **Omar Khayyam,** in jedem Falle einen Abstecher vom gut 100 km östlich gelegenen Mashhad. Dieser große Geist des islamischen Mittelalters (geb. ca. 1050, gest. 1123) ist untrennbar mit dem klassischen Neishabour verbunden. Obwohl in Europa mehr durch seine Gedichte bekannt, war er auch ein bedeutender **Philosoph** sowie **Astronom** und **Mathematiker,** dem sowohl in der Algebra als auch der Geometrie bedeutende Erkenntnisse zu verdanken sind. Im Auftrag des Seldjuqenherrschers *Malik Shah* leitete er im 11. Jh. ein Observatorium und war führend beteiligt an der Erstellung des sogenannten „Jalali-Kalenders", eines **Sonnenkalenders** mit größerer Präzision als z.B. der spätere Gregorianische Kalender. Er bildet die Grundlage des noch heute in Iran verwendeten Sonnenkalenders.

In Iran wurde seine philosophische Dichtung in Form von Vierzeilern, deren Übersetzung durch den Briten *Fitzgerald* Mitte des 19. Jh. seinen Ruhm in Europa begründete, nie auf einem Niveau mit den „Klassikern" wie *Hafis, Sa'di, Nizami, Rumi* u.a. gesehen.

„Sie atmen den Geist des Skeptikers und Verächters der Orthodoxie, viel ist vom Wein die Rede, der aber auch als Symbol der Gottesliebe aufgefasst werden muss." Für diese Metapher hat der iranische Architekt *Seyhoun* in seinem **Grabbau für Omar Khayyam** aus dem Jahr 1963 architektonisch eine beeindruckende Lösung gefunden: Ein **umge-**

stülpter **Weinpokal,** aus Beton gegossen, mit türkisfarbenen Fliesen bedeckt sowie mit Versen des Dichters beschrieben erhebt sich über dem symbolischen Grab, ca. 1,5 km südöstlich von Neishabour in dem Park Mahrugh gelegen. Der Name stammt von dem gleichnamigem **Mausoleum** unweit des Khayyam-Grabes. Es geht zurück auf einen Bau aus dem 11. Jh., der mehrfach zerstört und wieder aufgebaut wurde. In seiner jetzigen Form mit Eingangsportal und überkuppeltem Grabbau wurde er 1965 errichtet. In der Anlage ist auch ein kleines **Museum** untergebracht.

Gegenüber vom Park erhebt sich der neue Bau des **Khayyam-Planetariums** mit einer Kuppel von 30 m Durchmesser. Einige hundert Meter westlich folgt ein weiterer kleiner Park mit dem **Mausoleum von Fariduddin Attar, einem der größten klassischen Dichter Irans,** dessen Werk in Europa nie die Aufmerksamkeit wie das von *Hafis* oder *Rumi* gefunden hat. Er lebte und wirkte von ca. 1136 bis 1221 in Neishabour und gilt als einer der bedeutendsten islamischen Mystiker, der auch den jungen *Rumi* stark beeinflusst haben soll. Nur wenige seiner Werke wurden ins Deutsche übersetzt, so die „Die Vogelgespräche" *(Mantiq ut-tair),* ein Versepos über die Gottessuche, und *Tadhkirat al-auliya,* eine Sammlung von Legenden über berühmte Sufis. Sein Name ist die noch heute in Iran übliche Bezeichnung für einen Drogisten. Als solcher soll nach der Überlieferung auch unser Dichter gearbeitet haben, bevor er beim Einfall der Mongolen in seiner Heimatstadt ums Leben kam. Der achteckige Grabbau mit hoch aufragender Kuppel stammt aus dem 17. Jh., wurde aber 1934 renoviert.

Unweit davon steht der im selben Jahr errrichtete **Grabbau für Kamal al-Molk,** den **Wegbereiter der modernen Malerei** in Iran. Er entstammte der künstlerisch einflussreichen Familie *Ghaffari* aus Kashan (wo der große Platz südlich des Bazars nach ihm benannt ist) und war schon als 18-Jähriger Hofmaler von *Nasreddin Shah,* weshalb er auch den Ehrennamen „Vollkommenheit des Reiches" tragen durfte. Um die Wende vom 19. zum 20. Jh. verbrachte er einige Jahre in Europa, wo er sich mit der bis dahin in Iran unüblichen **realistischen Malerei** auseinandersetzte. Später gründete er in Iran eine Kunstschule, die entscheidenden Einfluss auf die Entwicklung einer Malerei im europäischen Stil ausübte. Nach der Machtübernahme durch *Reza Shah* war er Repressalien der Behörden ausgesetzt und verlor dazu auch noch ein Auge, was ihm die Fortsetzung seiner Arbeit unmöglich machte. Er zog um in das Dorf Hosseinabad nahe Neishabour, wo er 1940 verstarb und neben dem Grab *Attars* seine letzte Ruhestätte fand. 1962 schließlich wurde dieses im Zusammenhang mit dem Neubau des Khayyam-Grabes in seiner jetzigen Form neu errichtet mit offenen Bögen, die mit weißen und blauen Fliesen ausgestaltet sind.

Die **zahlreichen Werke** al-Molks sind über viele Orte verstreut, viele von ihnen nicht öffentlich zugänglich. Eine größere Anzahl ist in Teheran in einem kleinen Nebenraum im Shams ol-Emareh im Golestan-Palast ausgestellt.

In der Stadt Neishabour sind, bedingt durch die ständigen Zerstörungen im Laufe ihrer langen Geschichte, kaum sehenswerte Gebäude erhalten. Am Meydan-e Khayyam liegt eine wieder hergerichtete **Karawanserei** aus dem 17. Jh. Im Stadtzentrum an der Kh. Imam Khomeini steht der Bau der Freitagsmoschee, von der einige Teile noch aus dem 12. Jh. stammen.

■ Das **Tourist Inn**② liegt in der Kh. Imam Khomeini am Rande des Stadtparks, Tel. 0551-3333476.
■ **Minibusse** verkehren ständig zwischen Mashhad und Neishabour, aber auch fast alle Taxis und Reisebusse, die auf der Khorassan-Straße fahren, halten hier.

Sarakhs und turkmenische Grenze

Die Fernstraße von Mashhad zur turkmenischen Grenze und weiter nach Mary entspricht in ihrem heutigen Verlauf der uralten **Karawanenstraße** nach Zentralasien. Einige alte Karawansereien, die früher im Abstand von einem Tagesmarsch angeordnet waren, stehen noch heute.

Karawanserei Robat-e Sharif

Ca. 55 km östlich von Mashhad liegt nördlich der Hauptstraße **Robat-e Mahi,** weitere 45 km östlich erreicht man das Dorf **Shurlukh,** von dem eine Schotterstraße nach Süden abzweigt. Nach gut 5 km erreicht man Robat-e Sharif, eine der klassischen Karawansereien von Khorassan. Die etwa 100 x 60 m große Anlage geht auf den Beginn des 12. Jh. zurück und besteht aus einem quadratischen und einem davor gelagerten rechteckigen Innenhof, beide durch ein Portal verbunden. Hinter den umlaufenden Arkaden des Vorhofs befinden sich die Unterkünfte für die einfachen Händler und Reisenden, während der große Hof mit vier Iwanen die Karawanenführer und Würdenträger aufnahm. Das durch seine Höhe hervorgehobene Eingangsportal ist mit kunstvollen Ziegelmustern und Schriftbändern verziert.

Grenzübergang

Zurück auf der Hauptstraße wird nach etwa 60 km der iranische Grenzort **Sarakhs** erreicht. Dort gibt es einen sehenswerten Ziegelbau, das Grabmal von *Sheikh Loqman Baba* am Stadtrand. Für den Grenzübergang nach Turkmenistan muss man sich rechtzeitig einfinden, denn abends wird er geschlossen und öffnet erst am Morgen wieder.

Busse und Minibusse ab Mashhad starten vom Busterminal. **Züge** zwischen Mashhad und der turkmenischen Grenze verkehren dreimal täglich. Es ist ratsam, den frühesten Zug um 10:45 Uhr zu nehmen, da die Abfertigung an der Grenze eine Weile dauert und es auf turkmenischer Seite keine Übernachtungsmöglichkeit gibt, sodass man auf jeden Fall noch ins 200 km entfernte Mary fahren muss. Vom iranischen Bahnhof zur Grenze muss man ein Taxi nehmen.

Der Grenzübergang für Reisende, die direkt in die turkmenische Hauptstadt Ashqabad fahren wollen, ist **Badgiran**, gut 80 km nördlich von Quchan. Auf dem Weg dorthin bietet sich ein Besuch des **Mil-e Radkan** an, etwa 3 km außerhalb des gleichnamigen Dorfes. Hierzu biegt man bei Seyyedabad von der Hauptstraße nach Nordosten ab. Der Ursprung dieses eindrucksvollen, **24 m hohen Bauwerks** kann nicht sicher nachgewiesen werden. Ohne Zweifel aber stammt er aus der zweiten Hälfte des 13. Jh. Besonders auffällig ist das Dekor in Form von 36 aus der Außenwand hervorragenden Dreiviertelsäulen mit schönem Ziegelwerk und einem unter dem Spitzdach umlaufenden Kufi-Schriftband. Der Innenraum ist zwölfeckig gestaltet, von der runden Kuppel ist so gut wie nichts mehr erhalten.

Wie bei vielen anderen gleichartigen Bauten wurde kein Grab in dem Gebäude gefunden. Zwei Eingänge sind nach Nordwesten bzw. Südosten ausgerichtet. Weil die Sonne bei ihrem Aufgang am ersten Tag des Sommers bzw. Winters direkt in der Achse dieser Eingänge steht und darüber hinaus das Licht an jedem ersten Tag eines neuen Monats durch eine der zwölf Lichtöffnungen fällt, hält der iranische Ingenieur *Manouchehr Aryan* den Turm für ein **Observatorium,** das im Jahre 1260 von dem berühmten Wissenschaftler und Astronomen *Khajeh Nasir Tusi* gebaut worden sei. Dieser stand im Dienste des Mongolenherrschers *Hulagu* und erbaute auch die seinerzeit berühmte Sternwarte von Maragheh.

Von Quchan zur iranisch-turkmenischen Grenze bei Badgiran verkehren regelmäßig **Minibusse und Taxis.** Zwar ist der auf der Spitze eines Hügels gelegene iranische Übergang 24 Stunden geöffnet, zuverlässiger und zügiger jedoch ist die Abfertigung tagsüber. Das Abfertigungsgebäude ist neu und großzügig angelegt. Längere Wartezeiten gibt es nicht. Das ändert sich aber später am turkmenischen Posten ca. 5 km hügelabwärts, wohin man mit einem **Shuttle-Service** gebracht wird. In der Regel wird man dort von dem Agenten/Guide der turkmenischen Agentur erwartet, die den Einladungsbrief ausgestellt hat, den man für ein Touristenvisum für Turkmenistan in jedem Fall haben sollte. Spätestens nach weiteren 25 km bei der **Grenzstation Yablonovka** ist dieser in jedem Fall erforderlich, um die Einreiseformalitäten abzuwickeln.

Durch die Große Kavir

Die klassische Route durch die Große Kavir führt **von Mashhad über Tabas nach Yazd.** Noch zu Beginn der Islamischen Republik gab es keine weitere durchgehende Straße. Mittlerweile führen mehrere Fernstrecken und eine Eisenbahnlinie durch die Wüste.

Ein erster Stopp lohnt sich in **Torbat-e Heydariyeh,** dem **Zentrum des Safrananbaus** in Iran. Der Name der Stadt leitet sich ab von dem Grabbau des Sufi-Heiligen *Qotboddin Heydar;* sein prächtiger Grabbau liegt im Stadtzentrum.

Weiter Richtung Tabas erreicht man die alte Stadt **Ferdows,** die früher Toon hieß und schon in vor-islamischer Zeit besiedelt war. Eine alte Freitagsmoschee aus dem 13. Jh. und eine safavidische Medrese zählen zu den Sehenswürdigkeiten der Stadt. Auch ein schönes **Hotel** im traditionellen Stil hat die Stadt zu bieten, das **Emad Nezam**②, recht neu und mit gediegen eingerichteten Zimmern (Meydan-e Emam Reza, Tel. 0534-223 1200, www.emadnezam.ir).

15 km nordöstlich von Ferdows in dem kleinen Dorf **Baghestan-e Oulia** findet sich eine besondere Unterkunft: Hier hat die Architektin *Noushin Ghiassi*

zwei Häuser im traditionellen Stil erbaut, die als Gasthäuser② dienen. In behaglicher Atmosphäre und bei gutem Essen, herrlich gelegen zwischen Kavir-Wüste und den Bergen, bietet sich hier eine Oase der Ruhe – der Name **„Moonlight House"** erschließt sich erst richtig bei Nacht, wenn Myriaden von Sternen den Himmel erleuchten. Mobil 0912-3145200, www.moonlighthouse.com.

Tabas

Weit weg von allem liegt die **größte Stadt in der Wüste Kavir** – 530 km sind es von Mashhad nach Tabas. 1978 wurde es durch ein verheerendes Erdbeben fast völlig ausgelöscht. Alle älteren Bauwerke, wie die seldjukische Medrese Do Menar, wurden dabei zerstört. Dennoch zählt Tabas heute wieder mehr als 30.000 Einwohner. Sie leben hauptsächlich von ihren **Obst- und Dattelgärten,** die durch das Wasser aus weit verzweigten Qanaten (unteridischen Kanälen) versorgt werden. Zwei schöne **Gärten** gibt es, mitten in der Wüste: den von Mauern eingefassten Baq-e No mit einem Palast und einem Residenzgebäude aus dem 19. Jh. sowie den größeren Baq-e Golshan am Ende der gleichnamigen Straße.

Der **Garten Baq-e Golshan** wurde zu Beginn des 19. Jh. angelegt und 100 Jahre später von *Sven Hedin* beschrieben, der hier 1906 für einige Wochen residierte. Zu jener Zeit war die Anlage in einem sehr bescheidenen Zustand. Beim großen Erdbeben 1986 stark beschädigt, wurde sie anschließend renoviert. Im Zentrum des Gartens mit zwei kreuzförmigen Wasserläufen erstreckt sich ein 27 x 8 m großes Wasserbecken. Der Garten ist von einer Mauer umgeben, an der Ostseite wird er begrenzt durch einen Torbau, der als Eingang dient. Das Wasser wird von hier weitergeleitet zur Bewässerung der Gärten von Tabas.

27 km nordöstlich von Tabas, unweit des Dorfes **Kharvan,** liegt ein ganz besonderes Wasserbauwerk, dessen Errichtung auf die Mongolenzeit (13./14. Jh) zurückgeht. Ein Staudamm mit bogenförmiger Mauer am Ende eines engen, gewundenen Tals wurde hier zu Bewässerungszwecken errichtet und vermutlich in der Safavidenzeit renoviert, weshalb er den Namen **Shah-Abbasi-Damm** trägt. In der Nähe liegen auch die in der Gegend sehr bekannten heißen **Mineralquellen von Morteza Ali.**

■ Wer auf dem Weg von Mashhad oder Yazd in Tabas Station macht, findet Unterkunft im **Hotel Narenjestan**② und im **Farhangian Inn**①, Tel. 0353-4228467, beide in der Nähe des Meydan-e Mo'allem, oder im sehr einfachen **Tourist Inn**① in der Kh. Tavab-e Safavi, Tel. 0353-4225004.

◁ Salzsee an der Straße von Khor nach Tabas

Der Garten – das Paradies auf Erden

Iran ist ein halber Kontinent, der von Hochgebirge und Wüsten bis hin zu Tropen alle Klimazonen vereint. Auf der Hochebene zwischen Teheran und Shiraz, wo das kulturelle Herz Irans schlägt, sieht man nur **Wüste und Steppe.** Die Städte liegen an **Oasen,** das Klima ist trockenheiß, im Sommer brennt die Sonne gnadenlos. Dies hat die „geografische Mentalität" Irans entscheidend geprägt.

Seit jeher ist in der iranisch-islamischen Kultur das **Wasser** ein wertvolles Gut. In kilometerlangen unterirdischen Kanälen, den **Qanaten,** wurde es die Wüste und Steppe entlanggeleitet, um der widrigen Natur das Wenige abzuringen, das die Menschen zum Leben brauchten. Blühende Landschaften entstanden aus der Steppe, mussten aber stetig kultiviert und erhalten werden.

Das wunderbarste, was ein Wüstenbewohner sich erträumen kann, ist ein wasserdurchflutetes, Schatten spendendes, grünes und blühendes Etwas: ein Garten. Er ist nicht nur ein praktischer Ort, an dem man sich im Sommer aufhalten kann, ohne zu verglühen. Er ist nicht nur eine Augenweide, ein Ort der Ruhe und Entspannung, ein Rückzugsgebiet für Körper und Seele. Der Garten ist das **Sinnbild** all dessen, was die widrige Natur erträglich und das Leben angenehm macht und so den Menschen in Einklang mit seinem Schöpfer stellt.

Wenn Mitteleuropäer von „Garten" sprechen, meinen sie etwas grundsätzlich anderes. Für uns schwingt bei diesem Begriff die Vorstellung eines grünen Teppichs vor der Haustür mit, von Apfelbaum und Wäscheleine, von Rasenmäher und Hecke. Unsere Gärten sind keine Orte von Spiritualität, sondern profane Organisationsformen beschaulicher Freizeitgestaltung. In Iran hingegen sind Gärten **selten, teuer und kostbar,** sie werden seit jeher als Orte der irdischen und himmlischen Zuflucht beschrieben und sind ein Symbol gottgeschaffener Schönheit, von Harmonie und innerer Einkehr.

Schon *Xenophon* beschreibt die Anlagen, die er im achämenidischen Iran gesehen hat, als Paradiesgärten, abgeleitet vom altpersischen Wort *paridaeza*. Bei den Sasaniden wurden dann noch große Tiergehege in die Gärten integriert, in denen die Herrscher der Jagd nachgingen.

2010 wurde ein Ensemble von neun iranischen Gärten in die **Welterbeliste** der UNESCO aufgenommen, darunter Baq-e Golshan in Tabas, Baq-e Fin in Kashan, Baq-e Shahzadeh in Mahan, Baq-e Eram in Shiraz und Baq-e Chehel Sotun in Isfahan.

◁ Baq-e Golshan in Tabas

Provinz Semnan

Die besiedelten Gebiete der Provinz liegen am südlichen Abhang des **Alborz-Gebirges** und im Verlauf der alten Handelsstraße und heutigen Eisenbahntrasse von Teheran nach Mashhad. Südlich davon schließt sich die fast menschenleere **Kavir-Wüste** an, die den größten Teil der Provinz einnimmt. Die Besiedlung Semnans reicht in sehr frühe Zeiten zurück. Tepe Hissar bei Damghan ist einer der wichtigsten archäologischen Grabungsorte Irans, was sicher mit der Lage am uralten Durchgangsweg zwischen Mesopotamien und Zentralasien in Zusammenhang steht.

Die **Niederschläge** sind gering und nehmen nach Osten hin immer mehr ab. Lebensgrundlage ist seit jeher die Bewässerungswirtschaft durch Qanaten, mit denen das sich am Südabhang des Gebirges sammelnde Grundwasser „angezapft" wird.

Semnan wird in der Regel **auf der Durchreise** von Teheran nach Mashhad oder in umgekehrter Richtung besucht. Eine sehr alte Verkehrsverbindung führt jedoch auch von Shahrud in Richtung Norden nach Gorgan.

Stadt Semnan

Die alte **Provinzhauptstadt** Semnan, ca. 220 km östlich von Teheran gelegen, hat in ihrer langen Geschichte viele Eroberer gesehen. Mehrfach wurde sie zerstört, aber wegen ihrer Lage **an der Seidenstraße** immer wieder aufgebaut. Im Stadtzentrum rund um den Bazar sind noch einige ältere Viertel mit interessanten Bauwerken erhalten.

Sehenswertes

Als Wahrzeichen Semnans gilt das **Alte Tor** (Darvaze-ye Arg), das im 19. Jh. den Eingang zur Stadtfestung bildete. Es liegt nördlich des Zentrums am Meydan-e Arg. Wie andere Bauten aus jener Zeit ist es mit blauen und gelben Fliesen geschmückt. Über dem Tordurchgang prangt ein Fliesenfeld mit einer Darstellung des Kampfes von Rostam gegen den weißen Div, zu beiden Seiten flankiert vom qadjarischen Löwen.

Etwa 100 m westlich des Tores liegt in der Kh. Radja'i das **Mausoleum Emamzade-ye Abu Dja'far**, ein modernisierter Bau mit türkisfarbener Zwiebelkuppel und großem Innenhof.

Die alte **Freitagsmoschee** von Semnan gegenüber dem Bazar, aus der sich noch ein schöner Stuck-Mehrab erhalten hat, geht auf das 11. Jh. zurück. Im 15. Jh. wurde sie von dem Timuriden *Shahrokh* ausgebaut, der große Iwan trägt eine Widmung mit seinem Namen. Das alte, gut 20 m hohe Minarett der Moschee steht ein Stück entfernt an der Kh. Imam. Der Lehmziegelbau aus dem 11. Jh. weist kunstvolle Ornamente und Schriftbänder auf.

Nahe der Moschee im Hazrat-Bazar ist seit 1994 in dem alten Hammam-e Hazrati ein kleines **Ethnologisches Museum** untergebracht, in dem Fundstücke aus Tepe Hissar ausgestellt sind (s.u.). Geöffnet Mo, Di, Do 8:30 bis 13 und 16:30 bis 20:30 Uhr.

Gut 100 m östlich der Freitagsmoschee liegt die **Masdjed-e Soltani**, zu Beginn des 19. Jh. vom Qadjaren *Fath Ali Shah* gestiftet. Die Vier-Iwan-Hofanlage mit umlaufenden doppelstöckigen Arkaden dient heute auch als Medrese und trägt den Namen Imam-Moschee. Südlich der Moschee findet sich ein weiteres kleines Mausoleum.

Praktische Informationen

Post, Telefon, Visa

■ Die **Hauptpost** und auch eine **Telefonzentrale** findet man in der Kh. Taleqani/Ecke Shohada.
■ Gleich daneben ist auch das Büro der **Fremdenpolizei** für Visaverlängerungen.

Unterkunft

■ Das **Semnan Tourism Guest House**② am Bolv. Basidj, Tel. 0231-4441433/5, bietet einfache Zimmer, ebenso das **Hotel Qods**② am Meydan-e Imam Reza an der Ausfallstraße in Richtung Damghan, Tel. 0231-3326821.

Verkehrsverbindungen

■ Der **Busbahnhof** liegt westlich des Meydan-e Motahari an der Ausfallstraße nach Westen. Da Semnan direkt an der Hauptstraße von Teheran nach Mashhad liegt, passieren täglich zahlreiche Busse die Stadt.
■ Auch die **Züge** von Teheran nach Mashhad und die in umgekehrter Richtung halten täglich in Semnan am Bahnhof am Ende der Kh. Sh. Bahonar, ca. 1,5 km südlich des Stadtzentrums.
■ Bahn- und auch andere Tickets gibt es bei der Agentur **Semnan Gasht** am Bolv. Djomhuri, Tel. 0231-4446460.

Damghan

Etwa 110 km östlich von Semnan liegt mit Damghan **eine der vermutlich ältesten Städte Irans,** deren Gründung der Legende zufolge auf *Houshang,* einen der mythischen Herrscher aus dem „Shahnameh", zurückgeht. Südlich der Stadt wurde in Tepe Hissar nahe eines Palastes aus der Sasaniden-Epoche einer der ergiebigsten prähistorischen Siedlungshügel Irans entdeckt. Bei Damghan wurde *Darius III.,* der letzte achämenidische Herrscher, auf seiner Flucht vor den Truppen *Alexanders des Großen* ermordet. Nach der islamischen Eroberung war Damghan einer der Stützpunkte,

◁ Minarett der Moschee Tarik Khaneh in Damghan

von denen die **Islamisierung** des Landes ausging. In der Folge wurde es mehrfach zerstört, durch Erdbeben und auch durch fremde Eroberer. Die Stadt zählt heute über 55.000 Einwohner, die nicht alle innerhalb der noch teilweise sichtbaren alten Stadtmauern wohnen.

Moschee Tarik Khaneh

Das bekannteste Bauwerk von Damghan ist die berühmte Moschee Tarik Khaneh an der Kh. Motahari, südlich vom Meydan-e Imam. Durch ihr hoch aufragendes **Minarett** ist sie weithin sichtbar. Der runde, mit geometrischen Elementen und einem Schriftband geschmückte Ziegelturm wurde um 1026 n. Chr. anstelle eines quadratischen Minaretts errichtet, das nach einem Erdbeben eingestürzt war.

Die Tarik-Khaneh-Moschee gilt als ältester erhaltener muslimischer Sakralbau auf iranischem Boden. Sie stammt aus dem Jahre 760 n. Chr. und wird auch **Masdjed-e Chehel Sotun** („Moschee der 40 Säulen") genannt. Dieser Name geht auf die mächtigen Säulen nach sasanidischem Muster zurück, auf denen die um den annähernd quadratischen Hof angeordneten Gewölbe ruhen. Offenbar war der nur wenige Kilometer südlich der Moschee gelegene sasanidische Palast Vorbild für den Bau, denn auch die Säulenhallen sind in vorislamischer Tradition rechtwinklig zum Hof angelegt und nicht parallel, wie sonst üblich. Das Gewölbe des Südwest-Iwans ist erhöht, an seinem Ende befinden sich Gebetsnische und -kanzel. Man muss den Seldjuken dankbar sein, dass sie sich bei der Renovierung der Moschee Mitte des 12. Jh. an das arabisch beeinflusste Vorbild gehalten und nicht wie so oft den Umbau in eine Vier-Iwan-Anlage vollzogen haben. So beeindruckt die Gliederung und Schlichtheit des Bauwerks noch den heutigen Betrachter.

Freitagsmoschee

Nördlich der Tarik Khaneh liegt die Freitagsmoschee, die im 19. Jh. vollständig erneuert wurde. Zur alten Anlage, von der nur bescheidene Reste erhalten sind, gehört ein eindrucksvolles, etwa 30 m hohes **Ziegelminarett** mit kunstvollen Ziegelsetzungen aus dem 11. Jh., das sich nach oben hin verjüngt.

Grabtürme

Etwa 200 m südlich davon liegt der Grabturm **Pir-e Alamdar** aus dem Jahre 1027 und damit eines der ältesten Bauwerke dieser Gattung. Auffallend sind die Ziegelornamente, die den Turm unterhalb der schlichten Kuppel umlaufen, die offensichtlich nicht zum Original gehört. Im Innern findet sich unter der Kuppel ein besonders schönes Kufi-Schriftband in Blau auf weißem Grund.

Nördlich des Bazars befindet sich ein weiterer Grabturm aus der Mitte des 11. Jh., **Chehel Dokhtaran** („40 Mädchen") genannt. Auch dieser etwa 15 m hohe Bau besticht durch seine kunstvollen Ziegeldekorationen, die als Mäander ausgeführt sind, mit einem Schriftband dazwischen. In der Nähe gibt es ein **Mausoleum,** das Imamzadeh Dja'far mit dem Imamzadeh Mahmoud innerhalb desselben.

Tepe Hissar

Fährt man von der Tarik Khaneh nach Süden, zweigt kurz vor dem Bahnhof eine Gasse nach links ab, die an einer Schotterstraße endet. Diese führt zur gut 1 km außerhalb der Stadt gelegenen ältesten Sehenswürdigkeit von Damghan. Diesseits der Bahnstrecke stehen Reste einer **Karawanserei** aus islamischer Zeit, jenseits der Gleise zeichnen sich die Erhöhungen von Tepe Hissar ab. **Grabungen** vor allem um 1931/32 und spätere Nachgrabungen erbrachten reiche Funde an Keramik, Metallerzeugnissen und Gebäuderesten. Die Hauptschichten stammen aus der Zeit zwischen 3500 und 1700 v. Chr. Die Siedlung lag wahrscheinlich an einem Schnittpunkt alter Handelswege, da Fundstücke aus vielen Gegenden Irans geborgen wurden.

Südwestlich des Hügels wurden 1931 **Reste eines Palastes** aus sasanidischer Zeit, wohl vom frühen 6. Jh., freigelegt. Der große Hof mit zentralem Iwan und mächtigen Säulen bildete das Vorbild für die Moschee Tarik Khaneh. Den Kuppelsaal zierten Stuckdekorationen.

Unterkunft

■ **Tourism Guest House**②, Bolv. Azadi beim Park der Stadtverwaltung, Tel. 0232-5224164.
■ **Hotel Danesh**②, Kh. Dr. Beheshti, Tel. 0232-5239121.

Verkehrsverbindungen

■ Der **Busbahnhof**, wo Busse in Richtung Teheran, Mashhad und Gorgan verkehren, liegt an der Ausfallstraße Richtung Semnan.
■ **Minibusse und Sammeltaxis** in Richtung Semnan und Shahrud verkehren vom Meydan-e Imam Khomeini.
■ Die meisten **Züge** aus Richtung Teheran und Mashhad halten am Bahnhof am Ende der Kh. Sh. Motahari, Tel. 0232-522077.
■ Fahrkarten gibt es beim Reisebüro **Sajedin** in der Kh. Behesthi gegenüber dem Hotel Danesh, Tel. 0232-5230834.

Shahrud

Gut 60 km östlich von Damghan liegt inmitten eines fruchtbaren Gebietes am Südabhang des Gebirges Shahrud mit ca. 115.000 Einwohnern die bevölkerungsreichste Stadt der Provinz Semnan. Sie verdankt ihre Bedeutung ihrer Lage an der Bahnlinie und der Straße aus Richtung Gorgan, die hier auf die alte Seidenstraße trifft. Im Zentrum in der Kh. Ferdowsi gibt es ein kleines archäologisch-ethnologisches **Museum**, untergebracht in einem schön renovierten zweistöckigen Gebäude vom Ende des 19. Jh. (Sa bis Di 9 bis 13 und 16 bis 19 Uhr).

Unterkunft

■ In Shahrud gibt es zwei sehr einfache Unterkunftsmöglichkeiten: das **Hotel Reza**① in der Kh. 22 Bahman, Tel. 0273-2226323, und das **Tourist Inn**② an der Kh. Ferdowsi in einem kleinen Park, Tel. 0273-2251288.
■ Recht neu ist das **Hotel Paramina**③ an der Hauptstraße aus Richtung Damghan am Ortseingang rechts in der Nähe des Busterminals, Tel. 0273-3333363.

Verkehrsverbindungen

● Der **Bahnhof**, wo die meisten Züge aus Richtung Teheran und Mashhad halten, liegt etwa 2 km südlich des Stadtzentrums.
● Der **Busbahnhof** liegt am westlichen Stadtrand an der Ausfallstraße nach Damghan.
● Zugfahrkarten gibt es bei **Beh Gasht** in der Kh. Ferdowsi gegenüber der Eftekhari-Moschee, Tel. 0273-2227415.
● Der Bus nach **Bastam** verkehrt vom Meydan-e Imam aus.

Bastam

In Bastam liegt das berühmte **Grabmal von Sheikh Bayazid Bastami,** einem der Begründer der sufischen Richtung des Islam. Bastam, etwa 7 km nördlich von Shahrud gelegen, ist von dort leicht mit Minibus oder Taxi zu erreichen. Das malerische alte Städtchen, dessen Geschichte bis in die vorislamische Zeit zurückreicht, ist noch heute von einer **Lehmziegelmauer** umschlossen. Direkt an der Hauptstraße liegt ein Komplex, bestehend aus einer Moschee und mehreren Grabbauten, die jährlich Hunderttausende von **Pilgern** anziehen.

Freitagsmoschee

Die Freitagsmoschee aus dem 12. Jh. wurde in mongolischer Zeit erneuert, aus dieser Zeit stammt der sehenswerte Stuck-Mehrab mit floralen Motiven und Schriftbändern. An der Südwestseite steht ein Grabturm mit einem kegelförmigen Dach und schönen Stuckarbeiten im Innern. Zum Originalbestand zählt das Minarett von 1120 mit sehr vielfältig gestaltetem Dekor aus Ornamenten, Schriftbändern und Moqarnas-Friesen.

Sufi-Grab

Keine 100 m entfernt liegt der **ausgedehnte Komplex** der Grabanlage des Sufi-Meisters *Bastami,* der den größten Teil seines Lebens in Bastam verbrachte und hier zwischen 874 und 877 n. Chr. die letzte Ruhe fand. Der Grabbau steht im Hof gegenüber dem Eingang, nur eingefasst von einem Metallgitter.

Im Laufe der Zeit wurden in der Nähe des Grabes weitere Grabbauten errichtet, u.a. für den Il-Khan *Ghazan Khan,* nördlich vom Bayazid-Grab unter einem türkis gefliesten Kegeldach. Westlich des Grabes liegen neben einem Iwan die ältesten Teile der Anlage, zwei kleine Räume mit wertvollen Stuckdekorationen und Inschriften, die wohl schon vom Meister für seine Andacht und die Unterweisung seiner Schüler benutzt wurden. Sie werden deshalb **Bayazid-Kloster** genannt. Südlich davon finden sich zwei weitere Mausoleen und eine gewölbte Halle sowie zum Abschluss die **Bayazid-Moschee** mit prächtigen Stuckarbeiten. Die Moschee, aus einzelnen Teilbauten zusammengewachsen, wurde unter *Öldjeitü* zu Beginn des 14. Jh. und dann 1839 repariert und erneuert.

Unterkunft

● Auch in Bastam gibt es ein **Tourist Inn**②, malerisch und ruhig gelegen inmitten des Stadtparks am Ende der Hauptstraße. Es verfügt über ein Restaurant. Die Zimmer wurden vor wenigen Jahren renoviert. Tel. 0274-5223811.

Weiterreise/Umgebung von Bastam

Eine neue Straße von Bastam über das Gebirge führt direkt vom Stadtpark aus in Richtung Osten, südlich des knapp 4000 m hohen **Kuh-e Shahvar** bis kurz vor Mojen, biegt aber vor Erreichen dieses Orts nach Norden ab und überquert dann auf eindrucksvoller Strecke das **Alborz-Gebirge.** Die Hauptstraße von Gorgan nach Azad Shahr wird ca. 6 km östlich Gorgans erreicht, die bisher einzige Strecke von Bastam nach Gorgan wird so um ca. 80 km verkürzt.

Eine weitere wichtige Gestalt des **iranischen Sufismus** ist **Sheikh Abolhassan Kharaqani**, der im 10./11. Jh. in der Nähe von Bastam wirkte. Seine Bedeutung mag man daran ermessen, dass er nicht nur ein Schüler von *Bayazid Bastami* war, sondern von Größen wie *Ansari, Ibn Sina, Nasser Khosrow* oder *Mahmoud von Ghazna* konsultiert wurde. Obwohl Analphabet, besaß er eine tiefe Kenntnis des Koran und der religiösen Überlieferung. Er starb am 10. Moharram des Jahres 1033. Von der Eingangstür zu seinem Khanegah ist der Spruch überliefert: „Gebt jedem, der in dieses Haus kommt, zu essen und fragt ihn nicht nach seiner Religion. Wenn er ein Leben an der Seite des erhabenen Gottes verdient, so verdient er ohne Zweifel auch eine Mahlzeit an meinem Tisch."

Der Versammlungsort, an dem er wirkte, hat die Zeiten nicht überdauert, sein Grabmal in **Qal'eh-ye no-e Kharaqan** kann besichtigt werden. Das Dorf liegt ca. 15 km nördlich von Bastam an

> Winter im Shahrud-Gebirge

der Straße nach Azad Shahr. Etwa 200 m nach einer Polizeistation zur Linken folgt man der Straße zum Dorf in Richtung Westen, durchfährt den Ort und gelangt schließlich zu einer Grünanlage. Über einen Treppenaufgang, an dessen Fuß eine Statue des Sufis mit zwei Löwen errichtet wurde, erreicht man den Grabbau unter einer Ziegelkuppel mit dem Grab des Meisters im Innern.

- An- und Weiterreise | 460
- Ausrüstung und Reisegepäck | 472
- Autofahren | 473
- Diplomatische Vertretungen | 476
- Ein- und Ausreisebestimmungen | 478
- Einkaufen | 482
- Elektrizität | 484
- Essen und Trinken | 484
- Fotografieren | 488
- Geld und Reisekasse | 488
- Gesundheit und Hygiene | 493
- Informationen | 494
- Kalender und Feiertage | 497
- Nachtleben | 502
- Öffnungszeiten | 502
- Orientierung | 502
- Post | 503
- Reisezeit | 503
- Sicherheit | 505
- Sport und Aktivitäten | 508
- Sprache und Verständigung | 509
- Telefonieren | 510
- Unterkunft | 512
- Verhaltenstipps | 513
- Verkehrsmittel | 515
- Versicherungen | 517
- Zeitverschiebung | 519

10 Praktische Reisetipps A–Z

Meister-Weber in Isfahan

An- und Weiterreise

Mit dem Flugzeug

Am schnellsten ist Iran auf dem Luftweg zu erreichen. **Direktverbindungen** aus dem deutschsprachigen Raum **nach Teheran (IKA)** bestehen mit Iran Air von Frankfurt, Hamburg, Wien und Köln/Bonn, mit Austrian Airlines von Wien, mit Lufthansa ab Frankfurt und mit Mahan Air ab Düsseldorf. Flugdauer um die fünf Stunden.

Daneben gibt es interessante **Umsteigeverbindungen** mit Etihad Airways (über Abu Dhabi), Emirates (über Dubai), Gulf Air (über Bahrain), Kuwait Airways (über Kuwait City) und Qatar Airways (über Doha). In den letzten zwei Jahren hat Turkish Airlines ein besonders dichtes Netz von vielen deutschen, österreichischen und schweizerischen Flughäfen nach Iran geknüpft (mit Umsteigen in Istanbul). In Iran werden neben Teheran auch Tabriz, Mashhad, Isfahan, Shiraz und Kermanshah angeflogen. Neu auf der Strecke nach Teheran ist die türkische Billigairline Pegasus Air mit Abflügen von verschiedenen Flughäfen in Deutschland über Istanbul (Sabiha). In der Nebensaison kann man hier Flüge ab 280 Euro finden, in der Hauptsaison unterscheiden sich die Preise nur unwesentlich von denen der etablierten Gesellschaften.

Flugpreise

Je nach Fluggesellschaft, Jahreszeit und Aufenthaltsdauer in Iran kostet ein Flug von Deutschland, Österreich und der Schweiz hin und zurück nach Teheran **ab 400 Euro** (inkl. aller Steuern, Gebühren und Entgelte).

Hauptsaison für Iran mit deutlich höheren Preisen bis über 1000 Euro ist die Zeit in den Sommerferien (Ende Juni bis September), um Weihnachten und ab Anfang März bis April während der Nouruz-Feiertage. Besonders für Flüge in diesen Zeiträumen ist die rechtzeitige Reservierung unerlässlich.

Preiswertere Flüge sind mit **Jugend- und Studententickets** (je nach Airline alle jungen Leute bis 29 Jahre und Studenten bis 34 Jahre) möglich. Außerhalb der Hauptsaison gibt es einen Hin- und Rückflug von Frankfurt nach Teheran ab etwa 370 Euro.

An- und Weiterreise

Kinder unter zwei Jahren fliegen ohne Sitzplatzanspruch für 10% des Erwachsenenpreises, ansonsten werden für ältere Kinder die regulären Preise je nach Airline um 25–50% ermäßigt. Ab dem 12. Lebensjahr gilt der Erwachsenentarif oder ein besonderer Jugendtarif (s.o.).

Geld sparen können auch in Deutschland, Österreich und der Schweiz lebende Iraner und andere Personen mit Geburtsort in Iran sowie deren Ehepartner und Kinder, für die einige Airlines **Spezialpreise** anbieten. Gehört man zu diesem Personenkreis, kommt man schon ab 350 Euro nach Teheran und zurück.

In Deutschland gibt es von Frankfurt aus die häufigsten Verbindungen nach Teheran. Tickets für Flüge von und nach anderen deutschen Flughäfen sind oft teurer. Da kann es für Deutsche attraktiver sein, mit einem **Rail-and-Fly-Ticket** per Bahn nach Frankfurt zu reisen (entweder bereits im Flugpreis enthalten oder nur 30–60 Euro extra). Man kann je nach Fluglinie auch einen preiswerten **Zubringerflug** der gleichen Airline von einem kleineren Flughafen in Deutschland buchen. Außerdem gibt es **Fly & - Drive-Angebote,** wobei eine Fahrt vom und zum Flughafen mit einem Mietwagen im Ticketpreis inbegriffen ist.

Reist man viel per Flugzeug, kann man als **Mitglied eines Vielflieger-Programms** auch indirekt sparen, z.B. im Verbund der www.star-alliance.com (Mitglied u.a. Lufthansa, Turkish Airlines). Die Mitgliedschaft ist kostenlos. Eine bestimmte Anzahl gesammelter Meilen bei Fluggesellschaften innerhalb eines Verbundes ergibt dann einen Freiflug bei einer der Partnergesellschaften. Bei Einlösung eines Gratisfluges ist langfristige Vorausplanung nötig.

Stopover-Tipp

Emirates, Gulf Air und Kuwait Airways bieten interessante Stopover-Programme, Transport vom/zum Flughafen, günstige Übernachtungen in guten Hotels, Stadtrundfahrten usw. an. Dies gilt aber nur dann, wenn man über den jeweiligen Heimatflughafen Dubai, Bahrain oder Kuwait City zu einem anderen Ziel weiterfliegt, z.B. nach Teheran.

Buchung

Für die Tickets der Linienfluggesellschaften kann man bei dem zuverlässigen Reisebüro **Jet-Travel** meistens günstigere Preise als bei vielen anderen finden (In der Flent 7, 53773 Hennef, Tel. 02242-868606, www.jet-travel.de).

Ein auf Iranflüge spezialisiertes Reisebüro ist **Caspian** (Lange Laube 21, 30159 Hannover, Tel. 0511-15585, www.caspiantour.de).

Billigairlines nach Istanbul

Die Billigfluggesellschaften schaffen eine Möglichkeit für Kombinationen der Anreise nach Iran: auf dem Luftweg nach Istanbul und von dort weiter auf dem Landweg (s.u.). Preiswert sind diese Flüge nur, wenn man **sehr früh online bucht.** Es werden keine Tickets ausgestellt, sondern man bekommt nur eine Buchungsnummer per E-Mail. Zur Bezahlung wird in der Regel eine Kreditkarte verlangt.

Im Flugzeug gibt es oft **keine festen Sitzplätze,** sondern man wird meist schubweise zum Boarden aufgerufen, um Gedränge weitgehend zu vermeiden. **Verpflegung** wird extra berechnet.

Für Istanbul interessant ist **Germanwings** mit Flügen ab Köln/Bonn (www.germanwings.com).

Last Minute

Wer sich erst im letzten Augenblick für eine Reise nach Iran entscheidet oder gern pokert, kann Ausschau nach Last-Minute-Flügen halten, die von einigen Airlines mit deutlicher Ermäßigung ab etwa 14 Tage vor Abflug angeboten werden. Diese Flüge lassen sich nur bei Spezialisten buchen:

- **L'Tur,** www.ltur.com
- **Lastminute,** www.lastminute.de
- **5 vor Flug,** www.5vorflug.de
- **Holiday Check,** www.holidaycheck.at

Check-in

Nicht vergessen: Ohne gültigen Reisepass und Visum kommt man nicht an Bord eines Flugzeuges nach Iran. Kinder benötigen eigene Dokumente!

Man sollte **zwei bis drei Stunden vor Abflug am Schalter** der Fluggesellschaft einchecken. Je nach Airline kann man das in der Regel ab 23 Stunden vor dem Flug vorab zu Hause im Internet erledigen und muss am Flughafen nur die ausgedruckte Boardkarte mit Barcode nach unten auf den Scanner legen und sein Gepäck am entsprechenden Schalter abgeben. Reist man nur mit Handgepäck, kann man je nach Fluggesellschaft nach einer kurzen Prüfung gleich durch die Schranke in den Boardingraum.

Gepäck

In der **Economy Class** darf man pro Person in der Regel ein Handgepäckstück von bis zu 7 kg in die Kabine mitnehmen (nicht größer als 55 x 40 x 20 cm) und bei Bedarf zusätzlich ein Gepäckstück bis zu 23 kg einchecken. In der **Business Class** sind es pro Person meist zwei Handgepäckstücke (insgesamt bis zu 12 kg) und ein Gepäckstück bis zu 30 kg. Aufgepasst: Bei sogenannten Billigfluggesellschaften wie z.B. Ryanair gelten andere Gewichtsklassen. Man sollte sich beim Kauf des Tickets über die Bestimmungen der Airline informieren.

Beim Packen des **Handgepäcks** sollte darauf geachtet werden, dass man Getränke oder vergleichbare Substanzen (Gel, Parfüm, Shampoo, Creme, Zahnpasta, Suppe, Käse, Lotion, Rasierschaum, Aerosole etc.) nur in geringen Mengen bis zu jeweils 100 ml mit ins Flugzeug nehmen darf. Diese Substanzen sind separat in einem durchsichtigen Plastikbeutel (z.B. Gefrierbeutel) zu transportieren, den man beim Durchleuchten in eine der bereitstehenden Schalen auf das Fließband legt. Auch das Notebook oder Smartphone muss in eine solche Schale gelegt werden. Hat man einen Gürtel mit einer Schnalle aus Metall, muss man diesen ausziehen und ebenfalls in die Schale legen, da sonst der Metalldetektor anschlägt und man vom Flughafenpersonal abgetastet wird.

Aus Sicherheitsgründen dürfen Nagelfeilen sowie Messer und Scheren aller Art, also auch Taschenmesser, nicht im Handgepäck untergebracht werden. Diese Gegenstände sollte man unbedingt daheim lassen oder im aufzugebenden Gepäck verstauen, sonst werden sie bei der Sicherheitskontrolle einfach weggeworfen. Darüber hinaus gilt, dass leicht entzündliche Gase in Sprühdosen (Schuhspray, Campinggas, Feuerzeugfüllung), Benzinfeuerzeuge und Feuerwerkskörper etc. weder im Koffer noch im Handgepäck transportiert werden dürfen.

Anreise mit der Bahn

Die Bahnreise nach Iran dauert richtig lange – und wird für jeden, der sie unternimmt, ein **unvergessliches Erlebnis** bleiben. Reizvoll kann diese Reiseart auch dadurch sein, dass es möglich ist, die Fahrt unterwegs zu unterbrechen und so „en passant" auch noch andere Städte zu besuchen. Das geht problemlos sowohl auf dem europäischen als auch auf dem asiatischen Teil der Reise. Übrigens: Wer von München bis zur türkisch-iranischen Grenze fährt, hat in Istanbul zwar schon etliche Länder, aber noch nicht einmal die Hälfte der Kilometer hinter sich …

■ Auf **www.raja.ir,** der Website der iranischen Eisenbahngesellschaft, können die Fahrpläne aller internationalen Züge von/nach Iran sowie die inneriranischen Verbindungen heruntergeladen werden.

Teil 1: Bis Istanbul

Die glorreichen Zeiten des Orientexpress sind zwar vorbei, aber Freunde des gemächlichen Reisens können auch heute noch den Bosporus per Bahn erreichen. Die direkte Fahrt durch den Balkan dauert von Frankfurt rund **45 Stunden,** wobei in Wien und Bukarest umgestiegen wird. Alternativ ist auch die Route über Zagreb, Belgrad und Sofia möglich. Die Fahrzeiten sind ähnlich. Auf allen Strecken gibt es mindestens eine tägliche Verbindung.

Die Züge bieten **unterschiedliche Komfort-Klassen,** vom Sitz- über Liege- bis zum Schlafwagen ist alles dabei. Speisewagen sind eher selten, nur einzelne Züge führen sie auf Teilstrecken mit.

Die beteiligten Bahnen setzen mittlerweile fast durchgehend moderne **Neubau-Waggons** ein, weshalb man bestimmten Schreckensberichten aus Zeiten des Balkan-Krieges nicht unbedingt Glauben schenken sollte. Auch Gerüchte über eine besondere Kriminalität in den Zügen werden entgegen der Realität gern verbreitet.

Visa sind für die Fahrt bis in die Türkei keine erforderlich, es reicht für alle durchfahrenen Länder der Personalausweis.

Die einfache Fahrt ab einem beliebigen deutschen Ausgangsort ist bei frühzeitiger Buchung durchaus schon für **unter 250 Euro** zu bekommen.

Wer sich nicht selbst durch den Dschungel der Bahntarife und Fahrpläne schlagen und trotzdem Geld sparen will, erhält bei der spezialisierten **Bahnagentur Gleisnost** (s.u.) kompetente Beratung – und auf Wunsch die Tickets ins Haus geschickt.

Wer Istanbul keinen längeren Besuch abstatten will, plant seine **Ankunft** dort auf einen Dienstag. Die Ankunft aller Verbindungen aus Westeuropa am europäischen Bahnhof Istanbul Sirkeçi ist im Laufe des frühen Vormittags, kann sich bei Verspätungen allerdings auch mal bis gegen Mittag hinziehen. Weiter geht es dann mit der Fähre über den Bosporus

Iran und Nachbarländer

Iran und Nachbarländer

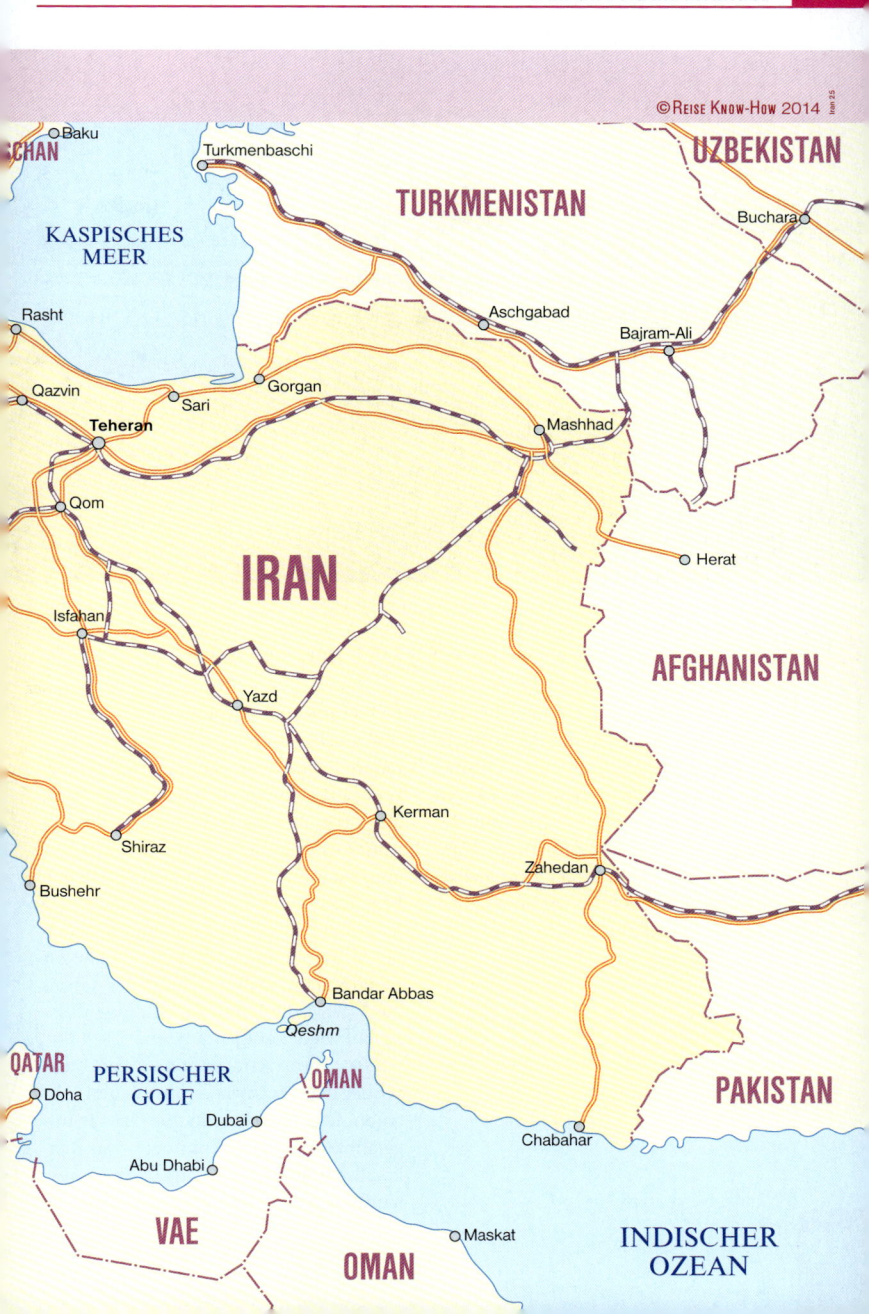

(oder mit der neuen Metro „Marmaray" unten durch). Die Ablegestelle ist Karaköy an der Nordseite der Galata-Brücke. Von Sirkeçi ist sie leicht mit der Straßenbahn-Linie 39 oder nach einem 10-minütigen Fußmarsch erreicht. Die **Fähren** steuern unterschiedliche Ziele auf der östlichen Seite an. Die Linie nach Haydarpasa bringt einen direkt zum gleichnamigen asiatischen Bahnhof. Abfahrten bis 20:30 Uhr alle 20 Minuten.

Straßenbrücke in Babolsar

Teil 2: Durch die Türkei

Der **Trans-Asia-Express** verbindet normalerweise Istanbul via Ankara mit Teheran. Er startet wegen Bauarbeiten zurzeit (2014) nicht in Istanbul, sondern fährt von Ankara nach Teheran immer mittwochs um 10:25 Uhr. Die Strecke von Istanbul nach Ankara bedienen Fernbusse. Wer sich die Übernachtung in Ankara sparen möchte, nimmt einen der Übernachtbusse. Nach Ende der Bauarbeiten, wohl im Lauf des Jahres 2015, wird die Direktverbindung ab Istanbul wieder aufgenommen.

Der Trans-Asia-Express führt ausschließlich Liegewagen mit 4-Bett-Abteilen. Die **Tickets** sind vor Ort für ungefähr 60 Euro zu bekommen – das Risiko allerdings, dass der Zug dann ausverkauft ist und man nicht mitkommt, ist enorm. Die Bahnagentur Gleisnost (s.u.) verfügt über ein Verbindungsbüro in Teheran, über das die Tickets zuverlässig besorgt werden können. Für Versandkosten und Buchungsspesen kommen dann zwar gut 50 Euro zusammen – dafür hat man das Ticket sicher in der Tasche, bevor man die Heimat verlässt.

Über Kayseri und Sivas geht es zunächst nach Tatvan (Donnerstagmittag) am westlichen Ufer des Van-Sees. Bis hier fährt man in türkischen Waggons. Über den See geht es mit einer Fähre. In Van (Donnerstagabend) auf der östlichen Seeseite steigt man in iranische **Waggons** um. Auf beiden Abschnitten der Strecke verfügt der Zug über 1. Klasse, Air condition, 4er Liege- und Speisewagen. Es ist auch möglich, gegen Aufpreis zwei Plätze oder das ganze Abteil zu buchen.

Der **Grenzübertritt** nach Iran ist bei Razi um 2 Uhr nachts, die **Ankunft** in Tabriz erfolgt freitags um 6:35 Uhr und die in Teheran am Abend desselben Tages um 20:20 Uhr. Mit Verspätungen von einigen Stunden muss aber gerechnet werden.

Die **Rückfahrt** des Trans-Asia-Express **ab Teheran** beginnt mittwochs um 21:35 Uhr, Ankunft in Ankara samstags um 8:30 Uhr. Plätze können ab einen Monat vor Fahrtantritt reserviert werden. Wenn man sich dann schon auf der Reise befindet, organisiert Gleisnost eine Hinterlegung an einer beliebigen Adresse in Iran.

Wer **Ostanatolien** ausgiebig bereisen möchte, kann auch den Expresszug von **Van** am Ostufer des Van-Sees nach **Tabriz** nehmen. Er verkehrt donnerstags um 18:50 Uhr ab Van und trifft am folgenden Morgen um 7:10 Uhr in Tabriz ein. In umgekehrter Richtung geht es mittwochs um 20:30 Uhr in Tabriz los, die Ankunft in Van ist um 6 Uhr morgens. Der Fahrpreis beträgt ca. 8 US$.

Buchung

Tickets und Reservierungen für alle genannten Verbindungen kann das **Bahnreisebüro Gleisnost** in Freiburg besorgen. Eine frühzeitige Planung und Kontaktaufnahme ist nötig, weil für die Buchung des Trans-Asia-Express einige bürokratische Erfordernisse erfüllt und die Tickets aus dem Iran bestellt werden müssen.

■ **Gleisnost Reisebüro GmbH**
Bertoldstr. 44, 79098 Freiburg, Tel. 0761-205513-0, www.gleisnost.de. Die beiden Experten *Tanja Wallner* und *Ahmed Ibrahim* kennen sich in der Materie bestens aus und sind stets auf dem aktuellen Wissensstand.

Anreise mit dem Auto

Für die Anreise mit dem Auto kommen **zwei Möglichkeiten** in Betracht: durchgehend auf dem Landweg oder mit der Autofähre von Italien nach Griechenland oder gleich in die Türkei, was die teurere Alternative ist. Darüber, welche Grenzgänge für die Ein- und Ausreise aktuell geöffnet sind, erkundigt man sich am besten bei der zuständigen iranischen Botschaft.

Ab Deutschland bietet sich für den Landweg folgende Route an: Österreich, Ungarn, Rumänien, Bulgarien und Türkei oder alternativ dazu über Österreich, Slowenien, Kroatien, Serbien, Mazedons und Nordgriechenland. Die Entfernung zwischen München und Istanbul beträgt knapp 2000 km, zwischen Istanbul und Tabriz noch einmal 2200 km.

Durch Ungarn

Von Wien kommend, benötigt man ab der österreichisch-ungarischen Grenze eine Autobahnvignette für die M1 (bis Budapest), sie kann an der Grenze und an grenznahen Tankstellen erworben werden. Für zehn Tage Gültigkeit kostet die **Vignette** für ein normales Auto 9,60 Euro, für einen Monat 15,40 Euro. Da man jedoch eher nicht binnen 31 Tagen wieder durch Ungarn zurückreist, wird man bei der Hin- und Rückfahrt jeweils eine 10-Tage-Vignette kaufen müssen

Sicherheits- und Reisehinweise

Zur Vorbereitung einer Reise mit dem Auto nach Iran empfiehlt es sich, aktuelle Reisehinweise der Automobilclubs einzuholen:

- **ADAC** (D), www.adac.de
- **ÖAMTC** (A), www.oeamtc.at
- **TCS** (CH), www.tcs.ch

Aktuelle Reise- und Sicherheitshinweise zu allen Transitländern erhält man hier:

- **Deutschland:** www.auswaertigesamt.de (Reise & Sicherheit), Tel. 03018-17-2000
- **Österreich:** www.bmeia.gv.at (Bürgerservice), Tel. 05-01150-4411 (die 05 muss immer vorgewählt werden)
- **Schweiz:** www.dfae.admin.ch (Vertretungen), Tel. 031-3238484

(Infos unter www.autobahn.hu). Von Gyor aus geht es quer durchs Land über Budapest bis Szeged.

Die Zahl der **Autodiebstähle** ist seit den 1990er Jahren zwar um die Hälfte zurückgegangen, doch Autos von Touristen, vor allem neue, sind weiterhin begehrtes Objekt von Autodieben. Es wird empfohlen, sein Fahrzeug auf bewachten Parkplätzen ab- und unterzustellen und auch nicht wild zu campen.

Räuberische Übergriffe auf Autobahnen durch als Polizisten verkleidete Straftäter kommen vor. Vor „freundlichen Helfern", die auf einen – nicht vorhandenen – Schaden am Fahrzeug aufmerksam machen oder den Fahrer durch sonstige Vorwände zum Anhalten bewegen wollen, sollte man sich in Acht nehmen.

Die ungarische Touristeninformation hat eine **Hotline für ausländische Touristen** eingerichtet, die Opfer von Straftaten und Übervorteilungen in Restaurants oder Bars wurden. Der Anschluss ist wochentags von 8–20 Uhr mit mehrsprachigen Mitarbeitern besetzt, Tel. 438-8080.

Durch Rumänien

Über die gut befahrbare **Hauptroute Arad – Deva – Sibiu** erreicht man Bukarest, von dort Fortsetzung bis Giurgiu unweit der bulgarischen Grenze. Für das rumänische Nationalstraßennetz benötigt man eine Vignette (Rovinieta). Je nach Aufenthaltsdauer zahlt man eine Gebühr von 3 Euro (7 Tage), 7 Euro (30 Tage) oder 28 Euro (1 Jahr). Die **Vignette** muss bereits bei der Einreise an der Grenze erworben werden. Sie wird an

Grenzübergängen, Tankstellen (Petrom, Rom Petrol, MOL, OMV) und Postämtern verkauft. Der Kaufbeleg muss aufbewahrt und bei Kontrollen vorgezeigt werden. Damit wird die Gültigkeit der Vignette nachgewiesen. Die Rovinieta kann von innen an der Windschutzscheibe angebracht werden. Das Verkehrsaufkommen in Rumänien (überwiegend Lkw im Transitverkehr) ist auf den Fernstraßen im Allgemeinen sehr hoch.

Auch hier wurden einige Fälle bekannt, in welchen sich Betrüger als Polizisten ausgaben und vorgaben, die Einhaltung der Devisenbestimmungen kontrollieren zu wollen. Auf die **oft rücksichtslose Fahrweise** von Bussen und Lkw wird hingewiesen. Fahrten nach Einbruch der Dunkelheit sollten vermieden werden, da mangelhaft gesicherte Baustellen und langsame Fuhrwerke, die des Öfteren schlecht oder gar nicht beleuchtet sind, zu einer zusätzlichen Gefährdung führen. Von wildem Camping oder Zelten wird abgeraten, es sollten nur die ausgewiesenen Plätze benutzt werden. Bei der Einreise ist mit strengen grenzpolizeilichen und zollamtlichen Kontrollen und der Überprüfung von Gepäck und Fahrzeug zu rechnen.

Durch Bulgarien

Über Ruse durchquert man Bulgarien in **Richtung Dimitrovgrad**, wo die Straße auf den „Autoput" stößt und in Richtung türkischer Grenze führt. Für die Benutzung des Nationalstraßennetzes benötigt man eine **Vignette**, die an allen Grenzübergängen in drei Varianten verkauft wird: 7 Tage (5 Euro), 1 Monat (13 Euro) und 1 Jahr (34 Euro).

Kfz-Diebstähle sind zahlreich und werden teilweise unter Einsatz von Schusswaffen begangen. Gerade neuwertige Pkw aus westeuropäischer Produktion und mit ausländischen Zulassungskennzeichen sind bevorzugte Ziele von Diebstählen. In diesem Zusammenhang und wegen der **schlechten Straßenverhältnisse** wird von Fahrten bei Dunkelheit und vom Übernachten im Auto am Straßenrand nachdrücklich abgeraten.

Eine starke Sicherheitsgefährdung besteht auch für **Camper** – dies gilt sowohl für Übernachtungen auf Campingplätzen als auch für wildes Zelten.

Durch die Türkei

Über Edirne erreicht man Istanbul und setzt **über den Bosporus nach Asien** über. Für die Überfahrt über die Fathi-Sultan-Mehmet-Brücke ist eine Gebühr von 2,50 Euro zu zahlen. Nun ist die ganze Türkei via Ankara, Sivas und Erzurum zu durchqueren, bevor man bei Dogu Beyazit schließlich die türkisch-iranische Grenze erreicht. Dabei werden von Istanbul nach Ankara Mautgebühren von insgesamt 5,20 Euro auf der Autobahn erhoben. Ein weiterer Grenzübergang führt von Van aus nach Seray, wo bei Razi auf iranischer Seite die Grenze passiert wird.

Der Aufenthalt außerhalb geschlossener Ortschaften im **Südosten der Türkei** und Fahrten nach Einbruch der Dunkelheit, auch auf den Transitstrecken, sind mit erhöhten Gefahren verbunden und sollten vermieden werden. Wegen der instabilen Sicherheitslage in Irak gibt es Reisewarnungen für die ostanatolischen

Provinzen. Die aktuellen Reisehinweise sollten vor der Abreise eingeholt werden.

Griechenland-Fähren

Fähren mehrerer Linien nach Griechenland starten von diversen **italienischen Häfen,** z.B. Venedig, Ancona, Bari und Brindisi. Vorher ist zu entscheiden, ob man von Griechenland auf dem Landweg in die Türkei weiterfahren (Saloniki – Alexandropoulos) oder mit der Fähre ab **Athen** über eine der ägäischen Inseln in die Türkei übersetzen möchte. Einige Linien verkehren nur im Sommer.

■ Über Verbindungen, Abfahrtszeiten und Preise informiert ausführlich die Website **www.greece-ferries.com.**
■ Reservierungen auch über **www.richtig-schiffen.de.**

Türkei-Fähren

Fähren in die Türkei der Linie **Marmaralines** verkehren auf den Strecken Ancona – Cesme und Brindisi – Cesme. Von MedEuropeanSeaways (MES) wird ebenfalls die Strecke Brindisi – Cesme bedient.

■ Information über Abfahrtzeiten, Preise sowie Buchung über **www.marmaralines.de** bzw. **www.mesline.com.**
■ Information und Buchung auch über **RECA**, Handels- und Reiseagentur, Neckarstr. 37, 71065 Sindelfingen, Tel. 07031-866010, www.reca.de.
■ In Österreich z.B. **bahn.faehren@verkehrsbuero.at,** Tel. 01-58800-545.

▽ Typische Landschaft im Alborz-Vorland

Anreise mit dem Bus

Eine durchgehende Busverbindung zwischen Mitteleuropa und Iran gibt es zwar nicht, mit einmal Umsteigen in Istanbul kann man jedoch auch auf diesem Weg ans Ziel kommen.

Nach Istanbul

Eurolines bietet Busverbindungen von diversen deutschen Abfahrtsorten, z.B. Berlin, Frankfurt oder Essen. Die Fahrtzeit ab Essen beträgt rund 40 Stunden, Fahrpreis einfach ab 129 Euro (dabei ist die Fährpassage nicht inbegriffen!). Ab Österreich verkehrt eine Linie Wien – Istanbul. Von der Schweiz aus geht es nicht direkt, sondern mit Umsteigen in Wien.

■ Zu buchen übers Reisebüro oder direkt über www.eurolines.de, Tel. 069-790350, in Österreich: www.eurolines.at, in der Schweiz: www.eurolines-schweiz.ch.

Istanbul – Iran

Von Istanbul (Stadtteil Aksaray), Ankara und anderen türkischen Städten verkehren regelmäßig iranische Busse, z.B. von **Seiro Safar Iran** (http://en.seirosafar.ir, Tel. 0090-212-5110722/3). Bustickets ab Istanbul können nur an Ort und Stelle in Istanbul gekauft werden. Seiro Safar kooperiert in Istanbul mit dem Busunternehmen Igdirli, Bayrampasa, Tel. 0090-212-6582676. Die Fahrt nach Teheran dauert ca. 32 Stunden, der Fahrpreis beträgt etwa 50 Euro.

Schiffsverbindungen Persischer Golf

Die staatliche iranische **Schifffahrtslinie Val Fajr** betreibt regelmäßige Fährverbindungen (auch für Fahrzeuge) von verschiedenen Häfen am Persischen Golf zur **Arabischen Halbinsel** und umgekehrt: Bandar Abbas – Sharjah (Vereinigte Arabische Emirate), Bushehr – Doha (Qatar), Bushehr – Manama (Bahrain), Bushehr – Kuwait, Bandar Abbas – Muscat (Oman). Somit ist es möglich, auf dem Landweg mit einem Fahrzeug von Europa über Iran zur Arabischen Halbinsel oder umgekehrt zu reisen.

> Hinweisschild auf eine Kontrollstelle der Verkehrspolizei

Vertretungen von Val Fajr gibt es in allen genannten Städten. In Iran sind sie meist in Hafennähe zu finden.

Die **Wetterverhältnisse** und andere Faktoren können kurzfristige Änderungen im Fährverkehr bedingen. Es empfiehlt sich deshalb unbedingt, einen zeitlichen **Spielraum für Ankunft bzw. Überfahrt** einzuplanen und vorher bei der jeweiligen Agentur Informationen einzuholen!

■ **Val Fajr (Zentrale):** Teheran, Meydan-e Haft-e Tir, Kh. Qa'em Maqam Farahani, Ecke Ku. Shabnam, Tel. 021-88822015, Verkaufsbüro: Tel. 021-888 43387. Verkaufsagenturen gibt es in den meisten iranischen Städten, Infos auch unter www.valfajr.ir. In Bandar Abbas Tel. 0761-5555590, in Bushehr Tel. 0771-2522188.

■ In Doha (Qatar) ist **Qatar Navigation** der Agent von Val Fajr: Tel. 00974-4468666, www.qnntc.com.

■ In Manama (Bahrain) läuft alles über **International Agencies Co (Intercool):** Tel. 00973-727114.

■ In Kuwait heißt die Vertretung **Kuwait and Iran Shipping Co.:** Tel. 00965-2410498.

■ In Muscat (Oman) **Barwil Towell and Co.:** Tel. 00968-708274.

■ Vereinigte Arabische Emirate: **Oasis Freight-Dubai** in Dubai, Tel. 009714-3525000, in Sharjah, Tel. 009716-280294.

Ausrüstung und Reisegepäck

Landkarten

Eine gute **Iran-Karte** im Maßstab 1:1,5 Mio. ist im world mapping project beim Reise Know-How Verlag erschienen. Sie ist GPS-tauglich, hat farbige Höhenlinien und -schichten sowie einen Ortsindex; Sehenswürdigkeiten sind eingezeichnet.

Gitashenasi in Teheran hat die umfangreichste Auswahl an Iran-Karten und Stadtplänen. Das Programm wird im Ausland über www.omnimap.com/catalog/int/iran.htm vertrieben, die Preise liegen aber weit über denen in Iran.

■ **Gitashenasi,** Geographical & Cartographical Institute, Nr. 15, Kh. Ostad Shahriyar, Kh. Razi, 11337 Teheran, Tel. 021-6709335, www.gitashenasi.com

Nützliche Dinge

Weniger als noch vor Jahren, aber doch ab und zu kommt es in Iran zu Stromausfällen. Deshalb und auch für Besichtigungen empfiehlt sich die Mitnahme einer **Taschenlampe.** Batterien hierfür gibt es an Ort und Stelle billiger als bei uns, allerdings kaum Akkus zum Wiederaufladen.

Drogerieartikel findet man überall, oftmals auch internationale Marken, zu günstigen Preisen.

Adapter für Elektrostecker sind in manchen Hotels erforderlich.

Kleidung

Bei der Auswahl der Kleidung stehen zwei Gesichtspunkte im Vordergrund: die Beachtung der in Iran gültigen **islamischen Vorschriften** sowie die **Jahreszeit**. Iran ist ein Land mit großen Temperaturdifferenzen (siehe „Reisezeit"). Die Temperatur kann im Winter in Azerbeijan -20°C betragen und an der Makranküste am Indischen Ozean im Sommer +50°C. In den Hauptreisezeiten im Frühjahr und Herbst sollte darauf geachtet werden, dass die meisten iranischen Städte über 1200 m hoch liegen und es deshalb nachts durchaus kühl werden kann, auch wenn am Tag 30°C herrschen. Eine **Jacke** oder ein **Pullover** leisten dann gute Dienste, selbst wenn man sie tagsüber nicht braucht.

Luftige Baumwollkleidung ist bei höheren Temperaturen meist am angenehmsten. **Formelle Kleidung** wird bei offiziellen oder geschäftlichen Anlässen noch wichtiger genommen als in Europa. Iraner der Mittel- und Oberschicht zeigen gern, wann immer sich die Möglichkeit bietet, dass sie die neuesten Bekleidungstrends aus Europa und Amerika kennen. Wenn sie zum ersten Mal nach Europa kommen, finden sie die Europäer oft nachlässig gekleidet.

Bei **Touristinnen** wird niemals ein Chador (Ganzkörperschleier) erwartet, aber in der Regel ein Kopftuch sowie Oberbekleidung, die die Hüften nicht betont und die Arme bedeckt, z.B. eine Bluse oder leichte Jacke. Dazu sollte eine lange Hose oder ein langer Rock getragen werden.

Autofahren

Trotz der **3000 km langen Anreise** sind Reisen mit dem eigenen Fahrzeug nach Iran in den vergangenen Jahren immer beliebter geworden. Das liegt sicher auch an dem vergleichsweise **vorzüglichen Straßennetz** von ca. 20.000 km, den eindrucksvollen Landschaften, die der Reisende an vielen Stellen noch fast allein durchquert, und auch an der großen Hilfsbereitschaft der Iraner für den Fall, dass man mal nicht weiter weiß. Die Versorgung mit Wasser, Kraftstoff und Lebensmitteln ist in der Regel kein Problem, wenn man bestimmte Besonderheiten berücksichtigt (s.u.).

Das Gesagte gilt nur eingeschränkt für einige der vielbefahrenen Fernstraßen und die großen Städte, insbesondere Teheran, wo es vor allem durch die schiere Masse an Fahrzeugen schwierig ist, seinen Weg zu finden. Die Disziplin und Rücksichtnahme der Verkehrsteilnehmer lässt da doch stark zu wünschen übrig, was sich auch an der Zahl von mehr als **16.000 Verkehrstoten pro Jahr** zeigt (vor allem durch zahlreiche Bus- und Lkw-Unfälle).

Zur besseren Orientierung sind in diesem Buch auch **GPS-Daten** genannt.

Die **Verkehrsregeln** orientieren sich an den in Europa üblichen, es herrscht Rechtsverkehr. **Verkehrsschilder** sind in aller Regel auch mit lateinischen Schriftzeichen beschriftet. Sie sind allerdings spärlicher als bei uns, manchmal fehlen an Abzweigungen die Wegweiser oder sie sind auf Nebenstraßen nur in Persisch angebracht. Hinweise zu Sehenswürdigkeiten (auf braunem Grund) wurden in jüngster Zeit verstärkt aufgestellt. Wenn man einmal nicht weiter weiß: Die Iraner sind sehr hilfsbereit und es ist nicht unüblich, dass ein Taxi- oder Autofahrer den Reisenden völlig unentgeltlich zu der gewünschten Abzweigung oder Sehenswürdigkeit lotst.

Gewöhnungsbedürftig ist die **Fahrweise** der Einheimischen. Vor allem im dichten Stadtverkehr wird dem Fahrer und auch dem Beifahrer vollste Konzentration abverlangt. Besondere Aufmerksamkeit ist beim Fahren in der **Dunkelheit** geboten, denn nach Einbruch der Dämmerung wird oftmals nur das Standlicht eingeschaltet, sodass entgegenkommende Fahrzeuge schwer erkannt werden können.

Tankstellen

Da Iran – als eines der führenden Ölförderländer! – nicht über ausreichend Raffinerien verfügt, ist die Benzinversorgung seit dem Sommer 2007 rationiert worden, was zu wochenlangen, teils gewaltsamen Protesten vor den Tankstellen führte. Jeder iranische Kfz-Besitzer bekommt nur noch 700 Liter für sechs Monate. Wer mehr braucht, muss **Benzin** (*bezin,* بنزين) zum Mehrfachen des staatlichen Preises von 700 Tuman/Liter (ca. 0,18 Euro) hinzukaufen. Mit Sicherheit wird der Preis weiter steigen. Das Netz an Tankstellen ist ausreichend.

Das System der Tankkarten für Touristen ist wieder abgeschafft worden. Sowohl Benzin (700 Tuman/Liter) als auch Diesel (350 Tuman/Liter) sind frei erhältlich. **Diesel** (*gazoil,* گازوئيل) wird jedoch nicht an allen Tankstellen angeboten, da er in Iran für Pkw nicht üblich ist.

Orientieren kann man sich an Tankstellen, wo Busse und Lkw halten, dort gibt es auch Diesel. Vor allem in Grenznähe sollte man stets einen größeren Vorrat mit sich führen. Da der Dieselkraftstoff in den angrenzenden Ländern begehrt ist, wird er in großem Umfang über die Grenzen geschmuggelt.

Deutlich erweitert wurde in den vergangenen Jahren das Netz an **Erdgastankstellen**, die in der Regel nur Gas anbieten und deshalb für Kraftfahrer mit Fahrzeug ohne Gasantrieb nicht in Frage kommen. Man erkennt sie leicht an der Bezeichnung „CNG" = *Compressed Natural Gas*.

Einreise mit dem eigenen Pkw

Neben **Internationalem Führerschein** und **Carnet de Passages** (aus dem Heimatland mitzubringen) benötigt man eine **internationale Versicherungsbescheinigung** (gültig für 30 Tage, wird auch an der Grenze für 45 US$ ausgestellt). Das Anbringen iranischer Nummernschilder, Bezugsscheine für Benzin/Diesel oder andere umständliche Verfahrensweisen sind wieder abgeschafft worden.

Polizeikontrollen

Auf den **Überlandstraßen** gibt es in regelmäßigen Abständen, meist am Eingang und Ausgang der größeren Städte oder an wichtigen Abzweigungen, Kontrollpunkte der Verkehrspolizei. Anhalten müssen hier nur Überlandbusse und Lkw. Aber auch mit dem Pkw sollte man Schritttempo fahren und bei Aufforderung stehen bleiben. Die Fahrzeuge der Verkehrspolizei sind an der Aufschrift „Police" und dem Blaulicht leicht zu erkennen. Ausländer werden in der Regel nicht besonders kontrolliert.

Sicherheit

Es kann vorkommen, dass **Diebe** versuchen, ausländische **Autofahrer anzuhalten** und zu „kontrollieren". Sie halten dem Reisenden dann irgendwelche Karten vor die Nase, und nach der „Kontrolle" fehlen dann z.B. Pässe oder Geld. Man sollte also nur anhalten, wenn es sich bei den Kontrolleuren zweifelsfrei um Polizeibeamte handelt.

In den grenznahen Gebieten im Osten (Provinz Kerman östlich von Bam, Provinz Sistan und Belutschistan, östlicher Teil von Khorasan) ist die Lage aufgrund der instabilen Situation in Afghanistan und wegen des Rauschgiftschmuggels unsicherer als im übrigen Land. Bei Reisen in diese Gegenden sollte man vorher Informationen über die **aktuelle Sicherheitslage** einholen.

Unfall und Panne

Ein Verkehrsunfall ist überall auf der Welt unangenehm, besonders jedoch in Iran. Je nach Ort muss man damit rechnen, dass es eine langwierige Prozedur sein kann, bis die Polizei den Unfall aufgenommen hat. In jedem Fall sollten **Kopien aller Reise- und Fahrzeugdokumente** mitgeführt werden. Man benötigt

Öffentlicher Parkplatz in Lar

einen gültigen Internationalen Führerschein, eine internationale Versicherungskarte sowie ein Carnet de Passages. Versicherungskarte und Carnet können auch bei der Einreise am Grenzübergang erworben werden. Der **Iranische Automobilklub** ist dem internationalen Verband der Automobilklubs angeschlossen und bietet alle üblichen Leistungen wie Carnet de Passages, Internationaler Führerschein und internationaler Kraftfahrzeugschein. Eine **Pannenhilfe** steht unter Tel. 021-66710710-4 und 021-8874 1190-1 ebenfalls zur Verfügung.

■**Kanun-e Djahangerdi va Otomobilrani** (Touring & Automobil Club of the IRI), Ave. Khorramshahr, Kh. Nobakht, No. 12, 15338 Teheran, Tel. 021-88500209-11, www.taciran.com

Mietwagen

Von den international tätigen Mietwagenfirmen ist gegenwärtig in Iran nur **Europcar** in Teheran, Isfahan und Shiraz vertreten (siehe dort), ein bekannter iranischer Verleiher ist **Car Rent Iran** (www.carrentiran.com) mit Vertretungen in verschiedenen Städten.

Das Mieten eines Pkw als Selbstfahrer setzt sich erst langsam durch und ist, da Kreditkarten nicht praktikabel sind, nur gegen eine in bar zu hinterlegende Kaution möglich. In der Regel werden die Autos **mit Fahrer** vermietet zu Preisen ab 70.000 Tuman pro Tag mit 300 Freikilometern. Die Fahrzeugpalette umfasst in Iran montierte Modelle wie Kia Pride und Peugeot 405, aber auch größere Modelle.

Diplomatische Vertretungen

Iranische Botschaften/Konsulate

Das Visum für die Iranreise (s.o.) ist bei der zuständigen Vertretung einzuholen. Von den nachfolgend genannten Webseiten können die Antragsformulare für das Visum im PDF-Format heruntergeladen werden.

Botschaft in Deutschland
■**Botschaft der Islamischen Republik Iran,** Podbielskiallee 65–67, 14195 **Berlin,** Tel. 030-843530 oder 84353399, www.iranbotschaft.de

Generalkonsulate in Deutschland
■Bebelallee 18 22299 **Hamburg,** Tel. 040-514 4060, www.generalkonsulatiran.de/deutsch
■Raimundstr. 90, 60320 **Frankfurt a.M.,** Tel. 069-5600070, http://irankonsulat.de (z.Z. nur auf Farsi)
■Mauerkircherstr. 59, 81679 **München,** Tel. 089-4523969-0, http://munich.mfa.ir

Botschaft in Österreich
■**Botschaft der Islamischen Republik Iran,** Jaurèsgasse 9, 1030 **Wien,** Tel. 01-71226579 oder 7122650, http://vienna.mfa.ir

Botschaft in der Schweiz
■**Botschaft der Islamischen Republik Iran,** Thunstr. 68, Postfach 227, 3006 **Bern,** Tel. 031-3501079, www.iranembassy.ch

In den Nachbarländern
Wer nicht direkt aus Europa anreist, sondern über andere Länder einreisen möchte, kann versuchen, das Visum bei

Diplomatische Vertretungen

einer der dortigen iranischen Botschaften (Embassy of the Iran) bzw. Generalkonsulate (Consulate General of the Iran) zu beantragen.

■ **Kontaktinformationen** zu allen diplomatischen Vertretungen des Iran findet man unter http://ir.embassyinformation.com oder http://en.mfa.ir („Iranian Missions").

Vertretungen der Nachbarländer Irans

Wer über Iran in andere Länder weiterreisen will, braucht für das iranische Transitvisum das Visum des Ziellandes. Über die jeweiligen **Visabestimmungen** von Turkmenistan, Pakistan, Afghanistan, Irak, Armenien, Aserbaidschan und den Vereinigten Arabischen Emiraten kann man sich bei den Botschaften dieser Länder informieren, deren **Kontaktadressen** man hier in Erfahrung bringen kann:

■ **Deutschland:** www.auswaertiges-amt.de (Reise & Sicherheit), Tel. 03018-17-2000
■ **Österreich:** www.bmeia.gv.at (Bürgerservice), Tel. 05-01150-4411, 05 immer vorwählen)
■ **Schweiz:** www.dfae.admin.ch/eda/de (Vertretungen), Tel. 031-3238484

In Iran/Teheran

Um Visa für die Weiterreise in ein anderes Land zu beantragen, wendet man sich an die Auslandsvertretung des gewünschten Landes in Teheran. Die aktuellen **Kontaktdaten** kann man auf der jeweiligen Seite des Ministry of Foreign Affairs unter dem Stichwort „Diplomatic Missions" bzw. „Foreign Missions" oder „Missions Abroad" nachschlagen:

■ **Turkmenistan,** www.mfa.gov.tm/en
■ **Pakistan,** www.mofa.gov.pk
■ **Afghanistan,** http://mfa.gov.af/en
■ **Vereinigte Arabische Emirate,** www.mofa.gov.ae
■ **Irak,** www.mofa.gov.iq/EN
■ **Armenien,** www.mfa.am/en
■ **Aserbaidschan,** www.mfa.gov.az

Heimatbotschaften in Iran

■ **Deutsche Botschaft,** Kh. Ferdowsi 320–324, Teheran, Tel. 021-39990000, Notfall-Nr. 0912-113 1007, www.teheran.diplo.de
■ **Schweizerische Botschaft,** Ave. Sharifimanesh, Yasaman Str. 2, Elahiyeh, Teheran, Tel. 021-22008333
■ **Österreichische Botschaft,** Bahonar St., Moghaddasi St., Zamani St., Mirvali, Nr. 6 und 8, Teheran, Niavaran, Tel. 021-227500-46 oder -40, teheran-ob@bmeia.gv.at

Ein- und Ausreisebestimmungen

Ausweis

Zur Einreise benötigt man einen **Reisepass,** der noch mindestens sechs Monate über den Urlaubszeitraum hinaus gültig sein sollte. Der Reisepass muss zwei freie, gegenüberliegende Seiten enthalten, und es darf **kein israelischer Einreisestempel** im Reisepass sein, da sonst die Einreise verweigert werden kann.

Minderjährige

Jedes Kind benötigt seinen **eigenen Reisepass.** Kindereinträge im Reisepass eines Elternteils sind seit 2012 nicht mehr gültig. Der alte Kinderreisepass wird nur noch akzeptiert, wenn er noch nicht abgelaufen ist und ein Foto hat.

Reisen Minderjährige nicht in Begleitung beider Eltern, kann man bei Rückkehr in die EU (vor allem per Flugzeug) nach einer Einverständniserklärung des anderen Sorgeberechtigten gefragt werden (als Schutzmaßnahme gegen eine mögliche Kindesentführung). Die **Einverständiserklärung** sollte von beiden Sorgeberechtigten unterschrieben sein; Muster: „Ich bestätige, dass meine Ehefrau/Ehemann/etc. mit meinem Sohn/meiner Tochter außer Landes reist. Er/Sie/Sie hat/haben meine Erlaubnis, dies zu tun." Auf eine amtlich beglaubigte Version wird nicht bestanden, wenn den Grenzbeamten kein konkreter Verdacht vorliegt. Kann man keine Einverständiserklärung vorzeigen, wenn man danach gefragt wird, wird man möglicherweise festgehalten, bis die Umstände, unter denen das Kind ohne beide Elternteile reist, vollständig geklärt sind. Wenn es keinen zweiten Elternteil mit rechtlichen Ansprüchen auf das Kind gibt (verstorben, alleiniges Sorgerecht etc.), ist jedes andere relevante Dokument hilfreich, wie ein Gerichtsurteil, eine Geburtsurkunde, in der nur ein Elternteil steht, eine Sterbeurkunde etc.

Visum

Reisende benötigen ein Visum, das vor der Einreise bei der zuständigen **iranischen Auslandsvertretung** (s.u.) zu beantragen ist. Alternativ können alle Deutschen sowie die meisten in Deutschland wohnhaften Personen ein passendes Visum auch bequem über **VisumCentrale** (www.visumcentrale.de) beantragen. Österreichischen Staatsbürgern in Österreich steht VisumCentrale unter www.visumcentrale.at zur Verfügung, www.visacentral.ch ist für Schweizer Staatsbürger wohnhaft in der Schweiz.

Ein **Touristenvisum** berechtigt zur Einreise nach Iran innerhalb von drei Monaten nach Ausstellungsdatum. Die

> **Hinweis**
>
> Da sich die Einreisebedingungen kurzfristig ändern können, raten wir, sich **kurz vor Abreise** beim Auswärtigen Amt (www.auswaertiges-amt.de bzw. www.bmeia.gv.at oder www.dfae.admin.ch) oder der jeweiligen Botschaft zu informieren.

Ein- und Ausreisebestimmungen

Aufenthaltsdauer muss im Antragsformular angegeben werden.

Das Visum wird in der Regel nur bei Vorliegen einer **Referenznummer** ausgestellt. Diese Referenznummer wird vom iranischen Außenministerium in Teheran ausgestellt, wenn eine Einladung für den Antragsteller aus Iran vorliegt. Sie kann auch durch eine iranische Agentur beantragt werden. Eine Beantragung bei einer iranischen Auslandsvertretung wird in der Regel zurückgewiesen, es sei denn es handelt sich um eine Pilgerreise zu einem der schiitischen Heiligtümer. Bei organisierten Reisen übernimmt dies der hiesige Reiseveranstalter. Viele iranische Reiseveranstalter sind mittlerweile im Internet vertreten und können direkt kontaktiert werden. Über www.orientexpressonline.de kann die Referenznummer online beantragt werden (Gebühr 80 Euro).

Vor Beantragung des Visums benötigt man einen Nachweis über eine abgeschlossene **Unfall- und Krankenversicherung** (s.u.) für die Dauer des Aufenthaltes im Iran.

Es wird davon abgeraten, von der **Visaerteilung am Flughafen** Gebrauch zu machen, die für bestimmte Visumsarten und eine kurze Verweildauer offiziell angeboten wird. Doch diese Visa sind in der Praxis mit vielen Restriktionen verbunden, und seit ihrer Einführung 2006 ist es immer wieder zu Rückschiebungen in das Heimatland gekommen, weil der Antrag bei Ankunft abgelehnt wurde. Es wird empfohlen, den Visumsantrag rechtzeitig im Heimatland zu beantragen (ein bis zwei Monate vor Abreise).

Man sollte auch beachten, dass man für **nicht-touristische Aufenthalte** im Iran zwingend ein entsprechendes Visum beantragen muss (z.B. Journalistenvisum, Arbeitsvisum).

Bei **Verstoß gegen die iranischen Einreisebestimmungen** muss mit strafrechtlicher Verfolgung und unverhältnismäßig hohen Strafen (u.a. mehrjährige Freiheitsstrafen) gerechnet werden. Auch bei Überschreitung der Gültigkeit des Visums oder bei Verlust des Reisepasses ist mit erheblichen Schwierigkeiten zu rechnen.

Personen, die auch die **iranische Staatsbürgerschaft** haben oder die mit einer Person iranischer Staatsbürgerschaft verheiratet sind, sollten sich über wichtige rechtliche Besonderheiten (sowie Wehrdienstpflicht im Iran) informieren:

- **Deutschland:** www.auswaertiges-amt.de (Reise & Sicherheit), Tel. 03018-17-2000
- **Österreich:** www.bmeia.gv.at (Bürgerservice), Tel. 05-01150-4411, 05 immer vorwählen)
- **Schweiz:** www.dfae.admin.ch/eda/de (Vertretungen), Tel. 031-3238484

Transitvisum

Transitvisa für die Durchreise in andere Länder können **ohne Referenznummer** direkt bei der zuständigen iranischen Auslandsvertretung beantragt werden. Bei Einreise auf dem Luftweg gelten sie für 48 Stunden, auf dem Landweg sieben Tage. Eine Verlängerung im Land ist kaum möglich.

Wer Iran als Transitland für die Hin- und Rückreise benutzt, wobei zwischen Hin- und Rückreise nicht mehr als drei Monate liegen dürfen, kann statt zwei Transitvisa auch ein Touristenvisum zur mehrfachen Einreise beantragen, wofür die Ausstellung einer Referenznummer erforderlich ist (s.o.).

Visagebühren

Die Gebühren für das Visum basieren auf dem Kurs des US-Dollars und schwanken je nach Wechselkurs. Gegenwärtig (Stand 2014) kostet ein Visum für die einmalige Einreise 50 Euro, für die zweimalige Einreise 75 Euro, das Transitvisum kostet 40 Euro. Nimmt man den angenehmen und schnellen Service von VisumCentrale in Anspruch, kommen je nach gewünschter Schnelligkeit z.B. in Deutschland 42,23 Euro oder 68,41 Euro hinzu.

⌄ Tomaten gibt es zu jeder Jahreszeit

Mit dem eigenen Fahrzeug durch die Türkei

Die Einreise mit dem eigenen Fahrzeug nach Iran wird von der iranischen Regierung nicht immer gestattet. Falls man plant, über Land zu reisen, sollte man sich aktuell bei der zuständigen iranischen Auslandsvertretung informieren. Falls es gestattet wird, benötigt man ein gültiges **Visum,** einen internationalen **Führerschein,** einen internationalen **Kraftfahrzeugbrief,** eine **Versicherungsbescheinigung** (kann auch an der Grenze erworben werden) sowie ein **Carnet de Passages,** das bei einer der Automobilistenvereinigungen in Europa erhältlich ist (für Mitglieder erheblich preiswerter), u.a.:

- **ADAC,** www.adac.de (Deutschland)
- **ÖAMTC,** www.oeamtc.at (Österreich)
- **TCS,** www.tcs.ch (Schweiz)

Den Antrag findet man mit dem Suchbegriff „Carnet de Passages" auf den obigen Internetseiten, wo man ihn dann herunterladen kann.

Ein- und Ausfuhrbeschränkungen

Verboten ist die Einfuhr von Alkoholika, Schweinefleisch(produkten), Glücksspielen, Waffen, Explosivstoffen und Munition, Betäubungsmitteln jeglicher Art sowie von jedweder Art von Publikationen, Filmen und Abbildungen oder anderen Gegenständen, die „die islamischen Werte und Normen" verletzen.

Ein- und Ausfuhr, Handel und Konsum von **Betäubungsmitteln** stehen unter Strafe und werden schärfstens geahndet. Auf den Besitz größerer Mengen (ab 1 kg) von Heroin, Haschisch oder Marihuana steht die **Todesstrafe!**

Devisen werden bei der Einreise nicht kontrolliert, größere Beträge sollten aber deklariert werden. Das betrifft auch die Ausreise.

Antiquitäten wie Kunsthandwerk, Manuskripte, alte Bücher, Kalligrafien, Miniaturen oder antike Münzen dürfen nicht ausgeführt werden. Als „antik" gelten alle Objekte älter als 30 Jahre. Auch darf jede Person maximal einen bis zu 6 m² großen **Teppich** ausführen, der nicht älter als 30 Jahre sein darf.

Nicht nach Iran eingeführt werden sollten **bespielte Videokassetten oder DVDs;** man riskiert sonst, dass sie bei der Einreise kontrolliert werden, was zu Verzögerungen und Unannehmlichkeiten führen kann. Die Einfuhr von Videokameras ist erlaubt; es ist möglich, aber nicht die Regel, dass sie bei der Einreise in den Pass eingetragen werden.

Zollbestimmungen bei Rückeinreise

Bei der Rückeinreise gibt es auch auf europäischer Seite **Freigrenzen, Verbote und Einschränkungen.** Folgende Freimengen darf man in die EU und in die Schweiz zollfrei einführen:

- **Tabakwaren** (für Personen ab 17 Jahren): 200 Zigaretten oder 100 Zigarillos oder 50 Zigarren oder 250 g Tabak oder eine anteilige Zusammenstellung dieser Waren.
- **Alkohol** (für Personen ab 17 Jahren) in die EU (in den Flughafengeschäften bei Rückkehr nach Europa gekauft): 1 l Spirituosen (über 22 Vol.-%) oder 2 l Spirituosen (unter 22 Vol.-%) oder eine anteilige Zusammenstellung dieser Waren, und 4 l nichtschäumende Weine, und 16 l Bier; in die Schweiz: 2 l bis 15 Vol.-% und 1 l über 15 Vol.-%.
- **Andere Waren** (in die EU): 10 l Kraftstoff im Benzinkanister; für Flugreisende bis zu einem Warenwert von insgesamt 430 Euro, über Land Reisende 300 Euro, alle Reisende unter 15 Jahren 175 Euro (bzw. 150 Euro in Österreich); (in die Schweiz): neu angeschaffte Waren für den Privatgebrauch bis zu einem Gesamtwert von 300 SFr. Bei Nahrungsmitteln gibt es innerhalb dieser Wertfreigrenze auch Mengenbeschränkungen.

Wird die Wertfreigrenze überschritten, sind **Einfuhrabgaben** auf den Gesamtwert der Ware zu zahlen und nicht nur auf den die Freigrenze übersteigenden Anteil. Die Berechnung erfolgt entweder pauschal oder nach dem Tarif jeder einzelnen Ware zuzüglich sonstiger Steuern.

Einfuhrbeschränkungen bestehen u.a. für Tiere, Pflanzen, Arzneimittel, Betäubungsmittel, Feuerwerkskörper, Lebensmittel, Raubkopien, verfassungswidrige Schriften, Pornografie, Waffen und Munition; in Österreich auch für Rohgold und in der Schweiz auch für CB-Funkgeräte.

Nähere Informationen
- **Deutschland:** www.zoll.de
- **Österreich:** www.bmf.gv.at
- **Schweiz:** www.ezv.admin.ch

Einkaufen

Der traditionelle Ort des Einkaufs im Orient, der **Bazar,** bildet noch immer das Handelszentrum in den Städten, wird aber mittlerweile durch Einzelhandelsformen, wie sie aus Europa bekannt sind, ergänzt bzw. verdrängt. **Supermärkte** für Lebensmittel, Ladenketten und Einkaufspassagen sind fast überall anzutreffen. Obwohl die Preise oft nicht ausgezeichnet sind, wird hier **nicht gefeilscht.** Die Bazare richten sich, von wenigen Ausnahmen abgesehen, nicht speziell an Touristen; man muss also nicht davon ausgehen, dass ein Touristenaufschlag von 50% und mehr „heruntergefeilscht" werden kann. Dies ist nur üblich bei Waren des gehobenen Bedarfs wie Gold, Schmuck oder Teppichen.

Die Einkäufe können nur in Ausnahmefällen (Teppiche und Kunsthandwerk der gehobenen Art) in Devisen oder gar mit Kreditkarten bezahlt werden. Üblicherweise werden die Preise in Tuman und nicht in Rial ausgezeichnet (siehe „Geld und Reisekasse").

Zu den **Öffnungszeiten** siehe das entsprechende Kapitel.

Kunsthandwerk

Iran ist berühmt für sein traditionelles Kunsthandwerk, insbesondere Teppiche. Noch kann man davon ausgehen, dass es keine minderwertige Fabrikation speziell für Touristen gibt, weswegen die Qualität auch von handbedruckten Stoffen, Schachteln und Dosen mit Einlegearbeiten *(khatam)*, Miniaturen u.Ä. in der Regel gut ist. Nur die Bazare in Isfahan und in einem kleinen Teil von Shiraz haben Bereiche, wo die Händler überwiegend auf Touristen eingestellt sind. Die für die einzelnen Orte und Gegenden typischen Produkte werden in den jeweiligen Ortsbeschreibungen erwähnt. Mehr zu Kunsthandwerk und Souvenirs erfährt man im Kapitel „Land und Leute: Kunsthandwerk".

Die größten **Teppichbazare** findet man in Teheran, Isfahan und Tabriz.

Bei der Ausreise müssen Teppiche nicht deklariert werden. Auch Kelims (Webteppiche) dürfen unbeschränkt ausgeführt werden. Keinesfalls sollte man vergessen, dass Teppiche bei der Einreise nach Deutschland deklariert werden müssen und der **Einfuhrumsatzsteuer** unterliegen.

◁ Fliesenmacher in Yazd

▷ Teppichweber

Sowohl alle Arten von Teppichen als auch anderes Kunsthandwerk gilt als **Antiquität,** wenn es älter als 30 Jahre ist. Es ist in der Regel nützlich, zumal bei Gegenständen höheren Werts, den Kaufbeleg, möglichst mit Altersangabe, bis zur Ausreise aufzubewahren.

Elektrizität

Die Stromversorgung ist in der Regel stabil und erreicht auch das kleinste Dorf. Die Spannung beträgt wie in Europa **220 Volt,** sodass Spannungsumwandler nicht erforderlich sind. Die **Steckdosen** in manchen Hotels weisen drei Löcher auf, sodass für das Aufladen von elektrischen Geräten **Adapter** sinnvoll sind. Diese können auch in Iran gekauft werden.

Essen und Trinken

Die persische Küche ist schmackhaft und vielfältig, Grundnahrungsmittel sind **Reis** (s.u.) und verschiedene Sorten **Fladenbrot.**

Frühstück

Das Frühstück ist **eher spärlich und eintönig:** Zu Fladenbrot werden in der Regel Weißkäse (Schaf oder Kuh), Butter und Marmelade angeboten, dazu Tee. Nur in Hotels der oberen Kategorie gibt es auch Frühstücksbüffets mit reichhaltigerem Angebot wie Oliven, Gurken und Tomaten, Obst, Eiern und Milch. Orte zum Frühstücken außerhalb von Hotels findet man selten, Teehäuser oder Imbisse öffnen oft erst mittags.

Ein **typisch persisches Frühstück** sei hier nur erwähnt, nicht empfohlen: Schon früh am Morgen öffnen Garküchen, in denen es *kale pache* gibt, Hammelfüße und Hammelkopf, lange gekocht. Spätestens wenn der gewesene Hammel einen mit seinen stumpfen Augen anschaut, ist man satt …

Mittag- und Abendessen

Zu Mittag wird zwischen 12 und 13 Uhr gegessen, zu Abend kaum vor 20 Uhr, oft auch später.

Zu Reis (s.u.) werden unterschiedlichste Arten von **Khoresht** serviert, vergleichbar unserem Ragout mit wenig Fleisch, verschiedenen Gemüsesorten oder Früchten und Soße, meist auf der Basis von Tomaten. Der Reis wird gern mit Safran gefärbt.

Zum Auftakt eines Mahls wird Fladenbrot gereicht, dazu Kräuter (Petersilie, Bockshornklee, Zitronenmelisse, Pfefferminz) und Käse. Fast immer gibt es zum Hauptgericht gemischten **Salat** und **Joghurt** mit geraspelten Gurken *(mast-o khiar)* oder wildem Knoblauch *(mast musir).*

Als **Getränk** wird oft Wasser getrunken oder *duq,* ein Sauermilchgetränk mit Kräutern und Gewürzen, sowie die mittlerweile weit verbreiteten Softdrinks.

▷ Restaurant Akbar Djudjeh (Hähnchen Akbar) bei Polur

Zum **Nachtisch** ist frisches Obst beliebt, insbesondere Wasser- oder Honigmelonen. Den Abschluss des Mahls bildet in der Regel ein Glas **Tee**. Kaffee oder gar Mokka ist unüblich und nur in Restaurants oder Hotels zu bekommen, in denen oft Ausländer verkehren.

Im Restaurant

Die Reichhaltigkeit der persischen „Hausmannskost" bleibt dem Touristen oft verborgen, denn in Restaurants oder Hotels ist das Angebot an unterschiedlichen Gerichten sehr begrenzt. Wenn Iraner im Restaurant essen, bevorzugen sie **Kebabs,** gegrillte Spieße aus Lamm- oder Hühnerfleisch. Auf die Frage, was angeboten wird, bekommt man in Restaurants oft die Antwort: „alles". Damit ist gemeint: alle Sorten Kebab! Als Krone gilt den Iranern *Chello Kebab,* ein Spieß mit Lammfilet *(barg),* Lammgehacktem *(kubideh)* oder gegrillten, zuvor marinierten Hähnchenstücken *(djudjeh).* Dazu gibt es einen Berg Reis, ein Stück Butter sowie gegrillte Tomaten. Zum Würzen des Grillfleisches wird gern *sumach,* ein rötlich-bräunliches Pulver aus den Früchten des Essigbaums, verwendet.

Es empfiehlt sich, in Restaurants stets erst zu fragen, ob es ein **Khoresht-Gericht** gibt (einige Vorschläge auf der nächsten Seite), auf Kebabs kann man immer noch ausweichen.

Reis

Der iranische Reis **(berendj),** der überwiegend im eigenen Land angebaut wird, ist besonders langkörnig und duftend, ähnlich wie der indische Basmati-

Typisch iranische Gerichte

Hier einige typische Gerichte, die man einmal versuchen sollte. Ein Land von der Größe und ethnischen Vielfalt Irans weist natürlich eine Vielzahl von „Lokalküchen" auf. In den Ortsbeschreibungen wird auf regionale Spezialitäten hingewiesen.

■ **Khoresht-e Ghorme Sabzi:** Dicke Soße aus frischem oder getrocknetem Gemüse (Porree, meist auch Bohnen) und Kräutern (Bockshornklee, Petersilie, Minze, Zitronenmelisse, manche Rezepte sehen auch Schnittlauch oder Korianderblätter vor). Ihren typisch sauren Geschmack bekommt die Soße von getrockneten Limetten. Dazu gehört Lammfleisch in kleinen Stücken, die langsam in dieser aromatischen Kräutersoße geschmort werden.

■ **Abgusht/Dizi:** Eintopf aus Hammelfleisch mit Tomaten, Kichererbsen und Kartoffeln. Die festen Bestandteile werden zu einem Mus zerstampft, das mit Zwiebeln, Brot und Kräutern gegessen wird. Brot (es muss *nun sangak* sein!) wird in die kräftige Suppe gestippt. Dazu schmeckt das Sauermilchgetränk *duq* besonders gut.

■ **Adas Polo:** Reis mit Linsen und Rosinen, manchmal mit kleinen Hackfleischbällchen zubereitet, dazu schmeckt Joghurt in jeder Form.

■ **Baghali Polo:** Reis mit gedünsteten Bohnen und Kräutern, mit Safran garniert, dazu wird gekochtes Lamm/Huhn gereicht.

■ **Khoresht-e Gheimeh:** Soße auf Tomatenbasis mit Spalterbsen, frittierten Kartoffeln und klein geschnittenem Lammfleisch, durch Beigabe von getrockneten Limonen angenehm säuerlich.

■ **Zereshk Polo ba morgh:** Reis garniert mit Berberitzen (säuerlich) und Safran, dazu gekochtes Huhn.

■ **Kuku:** Omeletts mit Kräutern *(kuku sabzi)* und Berberitzen oder geriebenen Kartoffeln *(kuku sib zamini)*.

■ **Shirin Polo:** Reis mit geriebenen Orangenschalen, Pistazien und Safran angemacht, dazu wird Huhn gereicht.

■ **Tahchin:** eine Art Reisauflauf, bei dem der Reis mit Joghurt, Eiern, Safran und Fleischstücken (Huhn oder Lamm) angedickt und dann auf einem Blech gegart wird.

■ **Khoresht-e Fesendjan:** süß-saure Soße aus geriebenen Walnusskernen und Granatapfelmark mit gekochtem Huhn (seltener auch Ente), sehr dunkel, fast schwarz aussehend, aber ausgesprochen köstlich.

Reis. Seine Zubereitung, **chelo** genannt, ist aufwendig: Damit er locker und körnig gelingt, muss er vor dem Kochen gewaschen und eingeweicht werden. Daraufhin wird er gekocht bis er halbgar ist und anschließend noch einmal abgeseiht, um möglichst viel Stärke zu entziehen. Schließlich wird er unter Zugabe von etwas Fett wieder in den Topf geschichtet und gedünstet, wobei ein um den Topfdeckel gewickeltes Küchentuch die letzte Feuchtigkeit aufnimmt. Der Reis soll leicht auf dem Topfboden *(tahe dig)* ansetzen, dadurch entsteht eine braune Kruste, die besonders begehrt ist.

Fisch

Fisch *(mahi)* ist zumindest auf dem Hochland eher selten; in der Regel wird **Forelle** *(mahi ghezelala)* angeboten. Ab Shiraz und weiter südlich zum Golf hin wird das Angebot an verschiedenen **Meeresfischen** vielfältiger, häufig kann man auch frische **Shrimps** bekommen. Das trifft natürlich auch auf das Gebiet am Kaspischen Meer zu, wo gebratener, gegrillter oder geräucherter Fisch zahlreich angeboten wird. Seitdem Revolutionsführer *Khomeini* in den 1980er Jahren den Genuss des Störs für religiös unbedenklich erklärte (zuvor galt er als *haram*, nicht gestattet, weil er keine Schuppen hat), bekommt man auch gegrillten **Stör** *(uzun burun)* in den Restaurants.

Vegetarisches

Vegetarier haben es recht schwer in Iran, weil fleischlose Gerichte **selten auf dem Speiseplan** stehen. Am Kaspischen Meer sollte man unbedingt nach *mirza ghasemi* Ausschau halten, einem Mus aus gedünsteten Auberginen, Tomaten und gestockten Eiern, das mit viel Knoblauch zubereitet wird. Oder *baghalaghatagh,* ebenfalls ein typisches *Rashti*-Gericht, das man nur im Norden bekommt, bestehend aus Bohnen, Eiern und Dill. Dazu werden Reis und geräucherter Fisch gereicht. Öfters wird auch *kashk badenjan* angeboten, ein Gericht aus gegrillten und dann gedünsteten Auberginen mit einer Zugabe von *kashk* (Sauermilch, der das Wasser entzogen wurde) und in Öl gedünsteter Pfefferminze. Auch Oliven(öl) sowie Knoblauch bekommt man fast ausschließlich in Nordiran. Vegetarier können sich aber immer mit köstlichem frischen Salat, Kräutern, Reis und frischem Brot und Käse behelfen. Seit Kurzem gibt es in einigen Großstädten vegetarische Restaurants (siehe bei den jeweiligen Orten).

Brot

Fladenbrot *(nan)* wird in unterschiedlichen Sorten zu jedem Essen gereicht: *taftoon* und *lavash* sind sehr dünn ausgerollte Fladen, die nur frisch gebacken schmecken; *sangak* ist etwas kräftiger und wird auf heißen Steinen *(sang)* gebacken. Vorsicht beim Zubeißen, manchmal bleiben kleine Steinchen kleben. *Barbari* ist dem türkischen Fladenbrot ein wenig ähnlich, jedoch nicht so dick; es schmeckt insbesondere zum Frühstück köstlich, wenn es frisch ist.

◁ Köstliche Oliven aus Rudbar

Fotografieren

Für das Fotografieren zu privaten Zwecken gelten in Iran ähnliche Regeln wie in anderen orientalischen Ländern. **Menschen** sollte man nur zurückhaltend fotografieren und nur, nachdem man sie gefragt hat. In der Regel gibt es dabei keine Schwierigkeiten, denn die Iraner fotografieren selbst gern und viel. Bei sehr religiös oder traditionell gesinnten Menschen empfiehlt sich Zurückhaltung, vor allem in den Pilgerorten, am Persischen Golf, in ländlichen Gegenden und bei Nomaden. Respektieren Sie in jedem Fall, wenn jemand nicht fotografiert werden möchte. Sie werden immer schnell jemanden finden, der sich über eine Aufnahme freut und Ihnen dann vielleicht seine Adresse gibt, mit der Bitte, ihm das fertige Foto zu schicken – das sollten Sie dann auch tun!

Die **öffentlichen Gebäude,** die nicht fotografiert werden dürfen, haben in der Regel ein entsprechendes Schild („No photo"). Auf das Fotografieren von Soldaten, Polizisten und deren Einrichtungen und Fahrzeuge sollte grundsätzlich verzichtet werden.

Für **Besichtigungen,** vor allem in den östlichen Landesteilen, sollte man im Herbst davon ausgehen, dass ab 16:30 Uhr das Tageslicht für Fotos **ohne Blitz** nicht mehr ausreichend ist, und sich deshalb möglichst früh am Morgen zu Besichtigungen aufmachen.

Besonders für Fahrten in die wüstennahen Gebiete empfiehlt sich eine **staubdichte Verpackung** der Kamera und des Zubehörs.

Speichermedien und Zubehör für Digitalkameras erhält man überall gemäß internationalen Standards und zu Preisen wie in Europa.

Kupferschmied im Bazar von Isfahan

Geld und Reisekasse

Währung

Die offizielle Währung ist der **Iranische Rial** (abgeleitet vom spanischen „Real"). Im Umlauf sind Banknoten in Höhe von 100, 200, 500, 1000, 2000, 5000 und 10.000 Rial, seit Kurzem auch über 20.000, 50.000 und 100.000 Rial. Alle Banknoten haben eine Seite mit lateinischer Beschriftung. Zusätzlich gibt es Münzen zu 10, 50, 100 und 250 Rial, mit denen man aber wegen ihres geringen Werts kaum zu tun haben wird. Schon seit Jahren werden eine **Währungsreform** und die Streichung etlicher Nullen auf den Geldscheinen erwartet. Wann es soweit ist, bleibt ungewiss.

Das größte Problem beim Umgang mit der iranischen Währung ist die Tatsache, dass im täglichen Geschäftsverkehr in der Regel **in Tuman anstatt in Rial** gerechnet wird. 10 Rial entsprechen 1 Tuman, so ähnlich wie bei uns 10 Pfennig ein Groschen waren. Die meisten Preisauszeichnungen in den Geschäften sind in Tuman: Ist also ein Paar Schuhe mit 18.500 Tuman ausgezeichnet, so entspricht das etwa 12 Euro bei einem Nennwert von 185.000 Rial. Wer nicht sicher ist, sollte immer fragen, ob Rial oder Tuman gemeint sind.

Seit einigen Jahren, besonders aber seit 2011, ist die zu Beginn der vergangenen Dekade einigermaßen gezügelte **Inflation** wieder ins Galoppieren geraten. Das macht die Angabe von Preisen und Wechselkursen für diesen Reiseführer extrem schwierig. Immerhin: Seit der zweiten Jahreshälfte 2013 hat sich die Inflation deutlich abgeschwächt, dennoch sind alle Preis-/Kursangaben unter diesem Vorbehalt zu sehen.

Geldwechsel

Der Geldwechsel ist nur möglich bei ausgewählten **Banken,** die in der Regel am „Exchange"-Schild an der Eingangstür zu erkennen sind. Der Umtausch ist auch in lizensierten **Wechselstuben** möglich, man findet sie jedoch nur in den großen Städten. In den **internationalen Hotels** ist das Tauschen ebenfalls möglich, der Umtauschkurs jedoch etwa 10% schlechter als bei der Bank. Schließlich kann Geld auch **auf der Straße** getauscht werden, was zwar nicht offiziell erlaubt ist, in der Regel aber nicht behindert wird.

Mittlerweile wird wieder ein **staatlich reglementierter Wechselkurs** bei den Banken von dem **freien Kurs** im Bazar und den Wechselstuben unterschieden. Da jedoch der verordnete Kurs der Banken deutlich ungünstiger ist, sollte man in lizensierten Wechselstuben tauschen, wo in der Regel die Tageskurse deutlich sichtbar angezeigt werden. Es kommt nicht selten vor, dass man sogar von Bankangestellten an die Wechselstuben verwiesen wird.

Der Umtausch auf der Bank braucht viel Zeit: Mindestens vier Bankangestellte sind mit Zählen, Prüfen, Nachzählen usw. beschäftigt. In jedem Fall sollte man darauf achten, auch **kleinere Noten** im Wert von 1000 und 2000 Rial zu bekommen, um nicht eine Flasche Mineralwasser zu 3000 Rial mit einem 100.000-Rial-Schein bezahlen zu müssen. Vor 9 Uhr morgens hat es meist keinen Zweck, eine Bank zu betreten, weil die Tageskurse noch nicht bekannt gegeben sind. Nach 13:30 Uhr wird ebenfalls nicht mehr umgetauscht.

Wechselkurse

■ **1 Euro** = 42.000 Rial,
10.000 Rial (1000 Tuman) = ca. 0,20 Euro
■ **1 US$** = 32.000 Rial,
10.000 Rial (1000 Tuman) = ca. 0,30 US$
■ **1 SFr.** = 35.000 Rial,
10.000 Rial (1000 Tuman) = ca. 0,25 SFr.

Anmerkung: Dies sind die Kurse des freien Marktes von Ende August 2014. Die staatlich festgelegten Kurse liegen erheblich darunter.

In kleineren Städten sind die Möglichkeiten des Geldwechsels eingeschränkt. Daher sollte man Geld am besten in Teheran, Isfahan, Mashhad, Tabriz oder Shiraz tauschen.

Kreditkarten und Reisechecks

Kreditkarten und Reisechecks werden in Iran **nicht akzeptiert.** Für iranische Kunden werden bei iranischen Banken heute Geldkarten ausgestellt, mit denen man Bargeld am Automaten bekommen kann. Praktisch ist es, beim Umtausch in der Bank einen Teil des Geldes nicht in bar, sondern in **iranische Reisechecks** zu z.B. 500.000, 1.000.000 oder 2.000.000 Rial zu tauschen. Diese werden in den meisten Hotels, größeren Restaurants, Travel Agencies usw. akzeptiert und helfen zu vermeiden, dass man ständig größere Geldbündel mit sich führen muss. Internationale Karten (z.B. VISA, MasterCard) werden nur in Ausnahmefällen angenommen, etwa bei Händlern, die internationale Beziehungen oder Filialen im Ausland haben, und bei wenigen Bankfilialen. Der Grund dafür ist nicht etwa Rückständigkeit oder Feindschaft gegen die internationale Finanzwelt, sondern die Tatsache, dass die meisten Kreditkarten über die USA abgerechnet werden und dies wegen der US-amerikanischen Sanktionen gegen Iran nicht möglich ist.

Grabmal der Fatemeh Masoumeh in Qom

Reisekasse

In Iran wird überall der **Euro** akzeptiert und umgetauscht. Das Mitführen von **US-Dollars** ist in den meisten Fällen entbehrlich, zumal alle Hotels ihre Preise auch in iranischer Währung ausweisen und die Zimmer in Rial bezahlt werden können. **Schweizer Franken** werden in Banken und Wechselstuben problemlos getauscht. In Geschäften und Bazaren wird immer die iranische Währung berechnet; Ausnahmen sind die auf Touristen spezialisierten Teppich- oder Antiquitätengeschäfte oder Leistungen bei Tourismusagenturen – dort werden lieber Devisen genommen.

Die **Ein- und Ausfuhr** von Iranischen Rial ist nur bis zu einer Höhe von 1000 US$ erlaubt. Höhere Devisenbeträge sollten bei der Ein- und Ausreise deklariert werden, obwohl ausländische Touristen in der Regel nicht nach ihrer mitgeführten Reisekasse gefragt bzw. kontrolliert werden.

Preise und Reisekosten

1979 bekam man für 1 DM sage und schreibe nur 38 Rial, also knapp 4 Tuman. Mittlerweile ist daraus das Fünfhundertfache geworden. Iran leidet unter einer **starken Inflation**, die Preise für Lebensmittel, Energie und andere Güter des täglichen Bedarfs sind für viele einfache Iraner kaum noch zu bezahlen. Die Verschärfung der **Sanktionen** durch die USA und die EU und das im Januar 2012 erlassene Öl-Embargo durch die EU haben die Inflation noch beschleunigt. Immerhin: Mit der Annäherung in der Nuklearfrage zwischen Iran und der P5+1-Staatengruppe verbindet sich die Hoffnung, dass die wirtschaftlichen Pressionen gegen das Land eingestellt werden, was sich dämpfend auf die Preise auswirken sollte. Dennoch: Alle Preisangaben in diesem Buch sind unter diesem Vorbehalt zu sehen. Nach mitteleuropäischen Maßstäben sind die meisten Waren vergleichsweise billig.

Lebensmittel

Brot ist billig, weil staatlich subventioniert: 1 kg *Barbari* kostet 1500 Tuman, *Lavash* etwa 800, *Sangak* 1200 Tuman. **Gemüse und Obst** aus iranischer Produktion sind nicht nur wohlschmeckend und frisch, sondern in der Saison auch preiswert: Für 1 kg Tomaten zahlt man 2000 Tuman, 1 kg Gurken liegt bei 2500 Tuman, 1 kg Wassermelonen kostet etwa 1500 Tuman. Deutlich teurer sind Bananen, die meist importiert werden.

Billig sind **Getränke,** selbst im teuersten Restaurant zahlt man für eine Cola nicht mehr als 1000 Tuman, im Geschäft an der Straße etwa 500 Tuman. Mineralwasser (fast nur in 1,5-Liter-Plastikflaschen erhältlich) kostet 1000 Tuman, Leitungswasser gibt es gratis. An der Spitze der Getränkepreise liegt alkoholfreies Dosenbier mit etwa 2000 Tuman, weil es importiert wird. Preiswerter ist das einheimische alkoholfreie Bier, Ma Sha'er. Ein Tee im traditionellen Teehaus sollte nicht mehr als 400 Tuman kosten, Kaffee ist fast nur in Form von Nescafé in „feineren" Restaurants oder Hotels zu bekommen (um 1500 Tuman).

In **Restaurants** in größeren Städten kostet ein Menü mit Suppe, Hauptgang, Salat und einem Softgetränk etwa 35.000

Tuman. Deutlich preiswerter ist es in kleineren Städten oder in Raststätten an den Fernstraßen. Als kleine Mahlzeit zwischendurch eignen sich Sandwiches, belegt mit Hühnerfleisch, Falafel oder Lammzunge plus Salat. Dafür zahlt man etwa 5000 Tuman.

Unterkünfte

Die **Preisspanne** zwischen einem *Mosaferkhaneh* (Gasthaus) und einem 5-Sterne-Hotel ist natürlich erheblich. Für 20.000 Tuman kann man in der Regel aber auch kein ordentliches und sauberes Zimmer mit separater Dusche und Toilette erwarten. Die Preise für „zumutbare" Zimmer beginnen bei etwa 40.000 Tuman, in der mittleren Kategorie muss man mit 120.000 Tuman für das Einzelzimmer rechnen, die teuersten Hotels verlangen 200.000 bis 240.000 Tuman für das Einzelzimmer.

Feilschen

Gefeilscht wird in Iran **nur bei Waren des gehobenen Bedarfs,** z.B. Teppichen, Antiquitäten oder hochwertigen Handwerkserzeugnissen. Bei vier Gramm echtem Safran für 12.000 Tuman, also ca. 3 Euro, würde jeder Versuch zu feilschen nur das Unverständnis des Händlers hervorrufen.

Die günstigsten Preise können dort erzielt werden, wo auch Einheimische einkaufen. Ohnehin gibt es nur in wenigen Bazaren wie in Isfahan oder Shiraz spezielle Gassen mit Geschäften, die vorwiegend an ausländische Touristen verkaufen.

Verkehrsmittel

Die Kosten für Reisen im Lande sind für unsere Verhältnisse extrem niedrig: Für eine **Busreise** von Shiraz nach Bandar Abbas zahlt man ca. 15.000 Tuman für die fast 600 km in der Luxusklasse.

Die Preise für **Taxis** sind je nach Größe der Städte recht unterschiedlich. Deutlich an der Spitze liegen sie in Teheran, sind aber nach unseren Maßstäben immer noch preiswert: Für eine Fahrt mit dem Mehrabad Airport Taxi zum Meydan Imam Khomeini im Stadtzentrum zahlt man ca. 15.000 Tuman. Fahrten mit dem Sammeltaxi liegen weit darunter.

Am billigsten sind Fahrten mit der **Bahn.** Für die gut 400 km lange Strecke Gorgan – Teheran z.B. zahlt man 14.000 Tuman in der einfachen und 20.000 Tuman in der Luxusklasse.

Auch **Inlandsflüge** sind erschwinglich; ein Flug mit Iran Air von Teheran nach Kerman kostet ca. 30 Euro, kürzere Strecken sind billiger. Teurer sind Flüge von/nach Kish (ca. 50 Euro für die einfache Strecke).

Eintrittspreise

Seit Frühjahr 2013 gelten für iranische und ausländische Besucher von **Museen und historischen Stätten,** die von der staatlichen Organisation für das Kulturerbe verwaltet werden, wieder unterschiedliche Eintrittspreise: Ausländer zahlen an den meisten Orten 15.000 Tuman, Iraner dagegen nur etwa ein Zehntel davon. In Stätten unter privater oder sonstiger Regie liegen die Preise meist darunter.

Gesundheit und Hygiene

Impfungen

Zur Einreise nach Iran sind keine besonderen Impfungen vorgeschrieben. Empfehlenswert sind jedoch Polio, Tetanus und Diphtherie, für Kinder Polio, Masern, Mumps, Röteln, HIB und Keuchhusten. Bei Kurzaufenthalten sollte man sich gegen Hepatitis A impfen lassen, bei Langzeitaufenthalten gegen Hepatitis A und B, Meningokokken A und C, gegebenenfalls Typhus (eventuell bei Reisen in ländliche Gegenden). Eine Malaria-Chemoprophylaxe empfiehlt sich bei längeren Reisen zwischen März und November im Südosten und -westen des Landes, besonders an den Persischen Golf. Weitere Impfungen (z.B. Tollwut) eventuell nach individueller, fachkundiger Beratung. Zur Einreise für einen Aufenthalt länger als drei Monate oder zur Arbeit im Lande wird ein negatives HIV-Testergebnis verlangt.

Weitere Informationen finden sich im Anhang unter „Reise-Gesundheitsinformationen".

Medizinische Versorgung

Die Versorgung mit **Krankenhäusern, Ärzten und Apotheken** in den größeren Städten, insbesondere in Teheran, ist ausreichend bis gut. Viele auch bei uns gebräuchliche Medikamente sind preiswert zu haben. Reisende, die regelmäßig auf bestimmte Medikamente angewiesen sind, sollten diese dennoch mitbringen. In jedem Fall empfiehlt sich der Abschluss einer Reisekrankenversicherung (siehe „Versicherungen").

Der **Krankenwagennotruf** in Teheran ist **123**. Ein Notarztwagensystem gibt es in Iran nicht. Teilweise verfügen Krankenhäuser über Ambulanzfahrzeuge, die aber meistens nicht für die Notfallversorgung geeignet sind.

SOS Iran Assistance (SOS Komak Resan) organisiert Evakuierungen innerhalb Irans (Mitgliedschaft ist erforderlich). Ansprechpartner in Teheran: *Dr. Assiai*, Tel. 021-8794679, 8771293.

Reiseapotheke

Neben den Medikamenten, die man regelmäßig einnehmen muss, sollten die folgenden Mittel auf jeden Fall im Gepäck sein:

- Mückenschutz
- Mittel gegen Schmerzen/Fieber, Durchfall, Übelkeit/Erbrechen, Allergie und Juckreiz, Insektenstiche
- Antibiotika, antibiotische Salbe
- Wundsalbe
- Desinfektionsmittel
- Augentropfen
- Zur Wundversorgung: Mullbinden, Heftpflaster, Wundpflaster, elastische Binden, Alkoholtupfer (steril verpackt), Sicherheitsnadeln und Pinzette (möglichst steril verpackt)
- Fieberthermometer

Sanitäre Anlagen

Hotels ab drei Sterne aufwärts haben in der Regel Duschen oder Bäder und Sitz-

Informationen

toiletten nach europäischem Vorbild in den Zimmern, einfachere Häuser zumeist Etagenduschen und die im Orient üblichen Abtritte. Toilettenpapier ist nur in Unterkünften vorhanden, wo regelmäßig Touristen verkehren. Landesüblich ist die Reinigung mit Wasser und der linken Hand, die deshalb niemals zum Essen verwendet wird.

Öffentliche Toiletten sind eher selten und oft in einem Zustand, dass man sie lieber nicht aufsuchen möchte. Andererseits gilt es in Iran nicht als ungewöhnlich, dort nach einer Toilette zu fragen, wo man gerade ist. Iraner finden die deutsche Praxis, für die Toilettenbenutzung bezahlen zu müssen, eher unverständlich.

Trinkwasser

Das Wasser ist in Iran fast überall von guter, manchmal sehr **guter Qualität**, weswegen es oft aus der Leitung getrunken wird. Für Touristen ist das zwar eher nicht zu empfehlen, es zeigt aber, dass der Wasserstandard gut ist, von Ausnahmen am Golf und am Kaspischen Meer abgesehen. In Plastikflaschen abgefülltes **Mineralwasser** ist fast überall zu bekommen, oft leider nur in unhandlichen 1,5-Liter-Flaschen.

Informationsstellen

Es gibt im gesamten deutschsprachigen Raum **keine iranische Fremdenverkehrszentrale**. Dies ist umso erstaunlicher, weil die meisten europäischen Iran-Touristen aus Deutschland, Österreich und der Schweiz kommen. So ist man für offizielle Informationen auf die iranischen Botschaften oder die **Kulturabteilung der Iranischen Botschaft** angewiesen (Deutschland: Drakestr. 3, 12205 Berlin, Tel. 030-740715400, http://de.berlin.icro.ir; für Österreich und die Schweiz siehe „Diplomatische Vertretungen").

Die Website **www.tourismiran.ir** der staatlichen Tourismusbehörde bietet nur wenige Informationen auch auf Deutsch. Auf **www.visitiran.de** finden sich Informationen zur Planung und Durchführung einer Iran-Reise sowie praktische Links.

Kulturvereine von Iranern gibt es eine Reihe, es darf jedoch nicht vergessen werden, dass es sich bei den Mitgliedern meist um Menschen handelt, die aus ihrer Heimat fliehen mussten und teils lange zurückliegende eigene Erfahrungen haben. Diese Informationen sind daher nur unter Vorbehalt zur Planung einer Reise zu gebrauchen.

▷ Der Zendan-e Soleyman in der Provinz West-Azerbeijan – aus dem Krater im Inneren entweichen schwefelhaltige Gase

Mittlerweile gibt es auch eine erste **deutsch-iranische Städtepartnerschaft** zwischen Freiburg und Isfahan. Informationen über Isfahan erhält man unter www.freiburg-isfahan.de.

Spezielle Reiseveranstalter

Gruppenreisen werden von verschiedenen Veranstaltern angeboten, z.B. Studiosus, Ikarus oder gebeco. Auf Iran spezialisierte Veranstalter in Deutschland sind z.B. **Orient Express** in Göttingen (Tel. 0551-486652, www.orientexpress-online.de) und **Fereshteh-Reisen** in Gießen (Tel. 0641-55990167, Fereshteh.Ghasemi@t-online.de). Dort erhalten auch Individualreisende Informationen. Ebenfalls auf Iran spezialisiert sind **Globiter-Reisen,** Monheimsalle 60, 52062 Aachen, Tel. 0214-158994, www.globiter.de, sowie **Diwan Tours,** Saarstr. 1, 50859 Köln, Tel. 02234-694466, www.diwantours.com. Ein Iran-Spezialist in der Schweiz ist **Riahi Travel,** Albisstr. 8, 8038 Zürich (Tel. 01-4830400, www.riahi-travel.ch).

Zeitungen

Fremdsprachige aktuelle Informationsquellen in Iran sind rar. Es gibt vier offizielle **englischsprachige Tageszeitungen:** „Tehran Times" und „Keyhan International" sind konservativ orientiert, „Iran News" und „Iran Daily" wurden früher den Reformern zugerechnet. Sie sind an einigen Kiosken in den Großstädten und in den internationalen Hotels zu bekommen. Etliche iranische Publikationen, auch solche, deren Druck verboten ist, sind online verfügbar.

Informationen aus dem Internet

Iran hat sehr schnell den Anschluss ans Internet-Zeitalter gefunden. Seit 2005 allerdings sind die **Restriktionen** außerordentlich verschärft worden, wodurch viele einstmals reich sprudelnde Quellen im Netz versiegt sind. Sowohl im Lande als auch von vielen Iranern im Ausland gibt es eine Reihe von „Iran-Portalen", über die man sich vor der Reise informieren kann.

Auch inneriranische Verkehrsverbindungen für Luft und Bahn, Informationsseiten über einzelne Städte, einige Hotels, englischsprachige Zeitungen u.a. kann man im Internet abrufen. Alle einschlägigen Adressen sind im Buch an der jeweiligen Stelle angegeben, ihre Erreichbarkeit kann jedoch nicht garantiert werden.

■ Zu den wenigen informativen Seiten auf Deutsch gehören **www.iran-now.de, www.iran-today.net** und **www.iran.at.**
■ Das englischsprachige Angebot ist vielfältiger: Über aktuelle Ereignisse berichtet täglich **www.gooya.com.**
■ Das ausführlichste Angebot mit Informationen aus Tourismus, Geschichte und Verkehr bietet **www.parstimes.com/iran.**
■ Ausführliche und fundierte Informationen (in Englisch) bietet **www.iranchamber.com.**
■ Umfangreiche Informationen aus Geschichte, Kunst und Literatur hat **www.persia.org.**
■ Eine ausführliche Seite über viele Museen bietet die staatliche Organisation für das Kulturerbe: **www.ichto.ir.**

Teeverkäufer in Lahijan

Internetcafés

In allen größeren iranischen Städten gibt es Internetcafés (Coffee Net), in denen man oft auch sehr preiswert internationale **Telefongespräche** führen kann. Die auch bei iranischen Jugendlichen sehr beliebten Einrichtungen haben von Zeit zu Zeit Schwierigkeiten mit den Behörden, dennoch nimmt ihre Zahl ständig zu. Beim Surfen im Internet von Iran aus wird man feststellen, dass bestimmte Seiten wegen ihres (zensierten) Inhalts nicht zugänglich sind.

Kalender und Feiertage

Der iranische Sonnenkalender (*hedjri shamsi* oder *djalali*) ist für das administrative und wirtschaftliche Leben Irans maßgeblich, daneben hat jedoch auch der islamische Mondkalender (*hedjri qamari*) offizielle Bedeutung.

Iran zählt zu den **Ländern der Welt mit der höchsten Zahl an Feiertagen**, ein Umstand, der lebhaft diskutiert wird. Nach der Revolution wurde versucht, die vorislamischen Feiertage abzuschaffen, was sich jedoch nicht durchsetzen ließ.

Der iranische Sonnenkalender

Der iranische Sonnenkalender, 1925 eingeführt, geht auf weit ältere Vorbilder zurück. Die Jahreszählung setzt als **Jahr 0** das **Jahr 622 n. Chr.** an, den Auszug des islamischen Propheten *Mohammad* aus Mekka, ansonsten aber folgt er dem Sonnenjahr, wie es die Iraner schon seit vorislamischen Zeiten gewohnt waren. *Djalali* ist abgeleitet vom Namen des Seldjuqen-Herrschers *Djalal ad-Dowle Malek Shah* (1063–1072), der im 11. Jh. n. Chr. die Entwicklung eines neuen Kalenders in Auftrag gab. Dieser Auftrag wurde von keinem Geringeren als *Omar Khayyam* ausgeführt, der in Europa vor allem als Dichter von Vierzeilern bekannt ist, vorwiegend jedoch als Mathematiker und Astronom tätig war.

Der iranische Sonnenkalender hat gegenüber unserem Gregorianischen Kalender den Vorzug, dass er genauer ist und exakt der **Bewegung der Erde um die Sonne** folgt. Das Sonnenjahr dauert etwa 365 Tage, 5 Stunden und 49 Minuten. Nach dem Kalender beginnt es in Iran (ebenso in Afghanistan, den kurdischen Gebieten und Teilen Zentralasiens) zur Tag- und Nachtgleiche (Äquinox) im Frühjahr am 20. oder 21. März. Von den zwölf Monaten des Jahres haben die ersten sechs Monate 31 Tage, die Monate sieben bis elf 30, der zwölfte Monat hat 29 Tage, macht zusammen 365 Tage. In einem Schaltjahr zählt der zwölfte Monat 30 Tage. Das iranische Jahr 1390 beispielsweise begann am 21. März 2011 um 0:21 Uhr.

Die Monate nach dem iranischen Sonnenkalender

- **Farvardin** (1): 21. März–20. April, 31 Tage
- **Ordibehesht** (2): 21. April–21. Mai, 31 Tage
- **Khordad** (3): 22. Mai–21. Juni, 31 Tage
- **Tir** (4): 22. Juni–22. Juli, 31 Tage
- **Mordad** (5): 23. Juli–22. August, 31 Tage
- **Shahrivar** (6): 23. Aug.–22. Sept., 31 Tage
- **Mehr** (7): 23. Sept.–22. Okt., 30 Tage
- **Aban** (8): 23. Okt.–21. Nov., 30 Tage

- **Azar** (9): 22. Nov.–21. Dez., 30 Tage
- **Day** (10): 22. Dez.–20. Jan., 30 Tage
- **Bahman** (11): 21. Jan.–19. Febr., 30 Tage
- **Esfand** (12): 20. Febr.–20. März, 29 (30) Tage

Staatliche Feiertage
nach dem iranischen Sonnenkalender
- **1.–4. Farvardin:** Nouruz, das iranische Neujahrsfest
- **12. Farvardin:** Nationalfeiertag, Gründung der Islamischen Republik
- **13. Farvardin:** Sizdah-bedar, der 13. Tag von Nouruz
- **14. Khordad:** Todestag *Khomeinis* (gest. 1989)
- **15. Khordad:** Gedenktag zum Aufstand im Jahr 1963
- **22. Bahman:** Nationalfeiertag, Sieg der Islamischen Revolution (1979)
- **29. Esfand:** Nationalisierung der iranischen Ölindustrie (1952)

Der islamische Mondkalender

Nach dem islamischen Mondkalender werden die Daten der **religiösen Feiertage** festgelegt. Da das Mondjahr mit **354 oder 355 Tagen** kürzer als das Sonnenjahr ist, verschieben sich die religiösen Feiertage jährlich um etwa zwölf Tage nach vorn, während die staatlichen Feiertage nach dem Sonnenjahr um höchstens einen Tag (Schaltjahr) differieren.

Die Monate nach dem
islamischen Mondkalender
- **Moharram** (1)
- **Safar** (2)
- **Rabi' al-aval** (3)
- **Rabi' al-sany** (4)
- **Jumaada al-aval** (5)
- **Jumaada al-sany** (6)
- **Radjab** (7)
- **Sha'ban** (8)
- **Ramezan** (9)
- **Shaval** (10)
- **Ze-l-Qaade** (11)
- **Ze-l-Hejje** (12)

Religiöse Feiertage
nach dem islamischen Mondkalender
- **9. Moharram: Tasua,** Vorabend des Martyriums von Imam *Hossein*
- **10. Moharram: Ashura,** Todestag Imam *Hosseins* (680 n. Chr.)
- **20. Safar: Arba'in,** der 40. Tag nach dem Todestag Imam *Hosseins*
- **28. Safar:** Todestag des Propheten *Mohammad* und Imam *Hassans*
- **29. Safar:** Todestag von Imam *Reza*
- **17. Rabi' al-aval:** Geburtstag *Mohammads* sowie Imam *Djaafar as-Sadeqs*
- **13. Radjab:** Geburtstag Imam *Alis*
- **27. Radjab: Eid-e Mab'ath,** der Tag, als der Prophet zu predigen begann
- **15. Sha'ban:** Geburtstag des zwölften Imam *(Mehdi)*
- **21. Ramezan:** Todestag Imam *Alis*
- **1. Shaval: Eid-e Fitr,** Fest des Fastenbrechens
- **25. Shaval:** Todestag von Imam *Dja'afar as-Sadeq* (6. Imam)
- **11. Ze-l-Qaade:** Geburtstag von Imam *Reza*
- **10. Ze-l-Hejje: Eid-e Qorban,** das Opferfest
- **18. Ze-l-Hejje: Eid-e Qadir,** Gedenktag der Ernennung *Alis* zum Nachfolger *Mohammads*

▷ Mädchenklasse
an der Freitagsmoschee von Yazd

Wichtige Feiertage und ihre Bedeutung

Neujahrsfest

Der wichtigste säkulare (weltliche) Feiertag Irans ist das Neujahrsfest (Nouruz). Es wird zu Frühlingsbeginn am **20. oder 21. März** gefeiert und bestimmt den ersten Tag des iranischen Sonnenjahres. Das Neujahrsfest hat alte historische Wurzeln, die bis in achämenidische Zeiten (und wahrscheinlich noch früher) zurückreichen und war ursprünglich fest mit zoroastrischen Vorstellungen von der alljährlichen „Wiedergeburt der Natur" verbunden. Es wurde und wird teilweise noch heute auch von anderen Völkern mit iranischen Wurzeln (Kurden, Afghanen, Tadschiken), aber auch von den Turkvölkern Zentralasiens gefeiert.

In Iran wird das Neujahrsfest heute mit einer **Zeremonie im Familienkreis** begangen, bei der man vor einen von Kerzen beleuchteten Spiegel sieben symbolische Nahrungsmittel auf ein Tuch legt, die im Persischen mit dem Buchstaben „s" beginnen müssen (das sogenannte *sofre-ye haft sin*). Viele Familien bereiten das Fest durch einen großen Frühjahrsputz (mit Umstellen der Möbel) vor. Am letzten Mittwoch vor Neujahr wird abends vielerorts ein öffentliches Freudenfeuer mit Tanz, Gesang und Feuerwerk veranstaltet – eine Reminiszenz an ein altes zoroastrisches Reinigungsritual.

Vom Neujahrstag (1. Farvardin = 20. oder 21. März) bis einschließlich 4. Farvardin sind in Iran alle **Ämter geschlossen;** die Schulferien dauern bis zum **13. Farvardin.** An diesem Tag (genannt *sizdah be dar,* „der 13. vor der Tür") unternehmen traditionell alle iranischen Fa-

Iranische Feiertage

Hejri-shamsi-Kalender

Nouruz, Neujahrsfest (1.-4. Farvardin)
21.-24.03.14 21.-24.03.15 20.-23.03.16
Todestag Fatemeh Zahra (3. Jumada II)
05.03.14 23.02.15 13.03.16
Gründung der Islamischen Republik (12 Farvardin)
01.04.14 01.04.15 31.03.16
Sizdah be dar (13. Tag des neuen Jahres, 13. Farvardin)
02.04.14 02.04.15 01.04.16
Todestag von Ayatollah Khomeini (14. Khordad)
04.06.14 04.06.15 03.06.16
Gedenktag zum Volksaufstand 1963 (15. Khordad)
05.06.13 05.06.15 04.06.16
Geburtstag des Imam Ali (13. Rajab)
13.05.14 03.05.15 21.04.16
Eid-e Mab'ath (Himmelfahrt des Propheten) (27. Radschab)
27.05.14 17.05.15 05.05.16
Geburtstag des 12. Imam (15. Shaban)
14.06.14 03.06.15 23.05.16
Beginn der Fastenzeit (1. Ramadan)
29.06.14 18.06.15 07.06.16
Fastenbrechen Eid-e Fitr (1. Shawwal)
29.07.14 18.07.15 06.07.16
Todestag des Imam Dja'afar-as-Sadeq (25. Shavval)
22.08.14 11.08.15 30.07.16
Geburtstag des Imam Reza (11. Dhulkada)
06.09.14 26.08.15 15.08.16
Eid-e Qorban (Opferfest) (10.Dhulhija)
05.10.14 24.09.15 12.09.16
Eid-e Qadir (18. Dhulhija)
13.10.14 02.10.15 20.09.16
Tasua (9. Muharram)
03.11.14 23.10.15 11.10.16
Ashura (10. Muharram)
04.11.14 24.10.15 12.10.16
Todestag des Imam Ali (21. Muharram)
15.11.14 04.11.15 23.10.16
Arbaiin (Ende der 40-tägigen Trauerfeiern um Imam Hussein) (20. Safar)
13.12.14 03.12.15 21.11.16
Todestag des Propheten (28. Safar)
01.01.14 11.12.15 29.11.16
Todestag des Imam Reza (30. Safar)
03.01.14 13.12.15 30.11.16
Geburtstag des Propheten und Imam Dja'afar-as-Sadeq (17. Rabi I)
19.01.14 09.01.15 17.12.16
Jahrestag der Revolution (22. Bahman)
11.02.14 11.02.15 11.02.16
Nationalisierung des Erdöls (29. Esfand)
20.03.14 20.03.15 19.03.16

milien einen **Ausflug ins Grüne** mit Picknick. In vorislamischer Zeit war dieser Tag dem Engel des Regens gewidmet und man zog ins Freie, um ihn für das kommende Jahr gnädig zu stimmen. Dies wurde in islamischer Zeit umgedeutet, weil die Zahl 13 als Unglück verheißend gilt. So zieht man heute nach draußen, um Unglück im neuen Jahr zu verhindern, auch wenn der Tag nach der Revolution offiziell in „Tag der Natur" umbenannt wurde. Ein wichtiger Brauch am Ende des Picknicks besteht darin, *sabze* (Keimlinge), die immer ein Bestandteil des *sofre-ye haft sin* sind, in Bäche und Flüsse zu werfen, wodurch von der Familie symbolisch schlechte Einflüsse abgewehrt werden oder auch Wünsche in Erfüllung gehen sollen.

Ashura

Von den religiösen Feiertagen ist der bedeutendste Ashura, der zehnte Tag des Muharram, des ersten Monats des religiösen Jahres. An diesem Tag (und an Tasua, am Tag davor) wird in ganz Iran und überall dort, wo Schiiten vertreten sind, der **Ermordung des dritten Imam Hossein,** 680 n. Chr. in Kerbela (heute Irak), gedacht. Zu diesem Anlass hat sich eine Volkskultur von **Trauerprozessionen** entwickelt, bei denen die Gläubigen Standarten und Banner tragen und sich teilweise (in Erinnerung an die Leiden *Hosseins*) selbst **geißeln** (Geißelungen mit dem Schwert wurden in Iran nach der Revolution verboten und kommen nur noch in anderen schiitischen Regionen, z.B. im Libanon, vor).

Fastenmonat Ramadan

Ein weiterer wichtiger religiöser Termin ist der **neunte Monat des islamischen Jahres,** während dem die Muslime von Sonnenauf- bis Sonnenuntergang keine Nahrung zu sich nehmen dürfen. Ausnahmen gibt es z.B. für Kinder, Schwangere oder Reisende. „Westliche" (d.h. nicht-muslimische) Touristen sind vom Ramadan grundsätzlich nicht betroffen, d.h. sie dürfen sich ganz normal ernähren. Da jedoch viele **Restaurants** während des Ramadan mangels Kundschaft tagsüber schließen, kann es unterwegs mancherorts schwierig sein, etwas zu essen zu bekommen. Individualtouristen sollten sich deshalb bei der Reiseplanung vorab informieren, wo auf der Route Restaurants geöffnet sind, bzw. sollten ihr Essen selbst mitnehmen und mit der nötigen Zurückhaltung verzehren.

In den iranischen Großstädten findet man im Ramadan in den großen Hotels fast immer eine für Ausländer (und auch für iranische Reisende) geöffnete Küche, und im Stadtzentrum verkaufen einige Imbissstuben Sandwiches. Höflicherweise sollten Touristen jedoch darauf achten, während dieser Zeit nicht demonstrativ in der Öffentlichkeit zu essen. Die Öffnungszeiten vieler Museen sind im Fastenmonat eingeschränkt, oft schließen sie schon mittags.

Weitere staatliche Feiertage

Aus der Zeit der Islamischen Republik gibt es einige säkulare Feiertage, die an bedeutende politische Ereignisse erinnern, als wichtigster der 22. Bahman, der als der Tag des endgültigen **Sieges der Revolution** (11. Februar 1979) gefeiert wird, zehn Tage, nachdem *Khomeini* aus Paris zurückgekehrt war. Ein weiterer wichtiger Feiertag, der **Tag der Islamischen Republik** (12. Farvardin, meist der 1. April), erinnert an das Votum der iranischen Wahlbevölkerung für die Staatsform der islamischen Republik am 1. April 1979.

Nachtleben

Ein öffentliches Nachtleben existiert in Iran nicht, da es **weder Bars noch Diskotheken** gibt, auch nicht in internationalen Hotels. Cafés und Restaurants schließen spätestens um Mitternacht, meist früher. Um diese Zeit leeren sich auch die belebtesten Straßen, denn auch in Iran lässt es sich „im Dunkeln gut munkeln", und gerade das ist nicht erwünscht.

Öffnungszeiten

Die **offizielle Arbeitswoche** in Iran dauert von **Samstag bis Donnerstagmittag.** Staatliche Einrichtungen, Verwaltungen, Post und Banken sind in der Regel von 7:30 bis 12 und nach einer Mittagspause bis 16 Uhr geöffnet. Donnerstags ist ab Mittag geschlossen, **Freitag ist Feiertag.**

Museen öffnen in der Regel um 9 Uhr und sind von Frühling bis Herbst bis 18 Uhr, in der restlichen Zeit bis 17 Uhr geöffnet. An den zahlreichen staatlichen und religiösen Feiertagen sind die Öffnungszeiten höchst unterschiedlich. Einen für das ganze Land geltenden Schließtag für die Museen gibt es nicht, oft fällt er auf den Montag. Gerade die kleineren Museen halten die offiziellen Öffnungszeiten nicht immer genau ein. Bei den im Buch beschriebenen Museen sind die Zeiten angegeben.

Es gibt keine gesetzlichen **Ladenöffnungszeiten,** jeder öffnet und schließt seinen Laden, wann er möchte. Meist ist ab 9 Uhr geöffnet, mittags wird oft geschlossen und spätestens ab 16 Uhr wieder geöffnet, bis 20 Uhr oder länger. Auch am Freitag ist eine große Zahl von Geschäften meist ab mittags geöffnet. In den größeren Städten gibt es **Apotheken,** die 24 Stunden geöffnet sind.

Orientierung

Die Orientierung in den Städten ist nicht immer ganz leicht, obwohl **Straßen- und Verkehrsschilder** in aller Regel auch lateinisch beschriftet sind. Die **Adresse** „Nr. 12, 1. Etage, Kuche-ye Shahrud, Khiaban-e Enqelab, Meydan-e Ferdowsi" in Teheran findet man in der Gasse namens Shahrud, Haus Nr. 12, die abzweigt von der Straße Enqelab, an dem Ende, wo sie auf den Ferdowsi-Platz stößt. In den Ortsbeschreibungen im Buch ist *Kuche* (Gasse) mit *Kuch.,* *Khiaban* (Straße) mit *Kh.* und *Bolvar* (Boulevard) mit *Bolv.* abgekürzt. Im Zweifel hilft immer Fragen. Auch ein Zettel mit der Adresse in lateinischen Schriftzeichen wird zumindest in den Städten von den Einheimischen verstanden.

Die **Namensgebung der Straßen** ist recht eintönig, keine Kleinstadt ohne „Khiaban-e Imam Khomeini" (Imam-Khomeini-Straße), „Meydan-e Azadi" (Freiheitsplatz) oder „Bolvar-e Enqelab" (Boulevard der Revolution), dazu je nach Größe des Ortes etliche Straßen, die nach Märtyrern des Krieges benannt sind. Diese erkennt man leicht daran, dass sie mit dem Wort „shahid" (Blutzeuge) beginnen. Oft bevorzugen die Einheimischen die früheren Namen, die auf den aktuellen Stadtplänen meist nicht vermerkt sind. Wo dies der Fall ist, sind im Buch die gebräuchlicheren Namen angegeben.

Post

Alle international üblichen Postdienste stehen in Iran zur Verfügung. Die Dichte des Poststellennetzes lässt, besonders in den großen Städten, zu wünschen übrig. Manchmal ist der Weg zum nächsten Postamt recht weit. Die **gelben Briefkästen** der iranischen Postgesellschaft sieht man häufig an den Hauptstraßen der großen Städte, sie werden regelmäßig geleert. Ebenfalls findet man häufig blaue Kästen an den Straßen, die deutlich kleiner sind. Dies sind Spendenbehälter für *sadaqe,* religiös gebotene Almosenspenden. Die Schlitze sind deutlich kleiner als bei Briefkästen und deshalb kaum mit diesen zu verwechseln.

Der Tourist hat meist auch die Möglichkeit, seine Post im Hotel abzugeben, wo manchmal auch Briefmarken zu haben sind. In der Regel bekommt man sie jedoch ausschließlich beim Postamt.

Das **Porto** für Luftpostkarten nach Europa ist billig, da es sich aber ständig erhöht, ist es sinnvoll, sich zu erkundigen (Mitte 2014 für eine Postkarte nach Europa 1500 Tuman, für einen Luftpostbrief bis 20 Gramm 4000 Tuman). Die durchschnittliche Laufzeit beträgt 8 bis 10 Tage, wobei es umso schneller geht, je näher man den Brief von Teheran abschickt, weil jegliche Luftpost über Teheran weitertransportiert wird.

Post, die von Europa nach Iran geschickt wird, kommt in der Regel auch dann an, wenn die **Adresse in lateinischen Schriftzeichen** angegeben wird.

Der Versand von **Paketen** von Iran nach Europa ist möglich und nicht besonders teuer, ein Päckchen von 2 kg kostet etwa 8 Euro. Kartons gibt es bei der Poststelle, der Reisepass muss vorgelegt werden. Aufpassen muss man bei Fotos und Wertsachen; die werden gern bei den üblichen Kontrollen „gefilzt". Für Pakete interessiert sich natürlich auch der Zoll im Heimatland.

Reisezeit

Iran ist ein Land mit **unterschiedlichen Klimazonen,** das zu jeder Jahreszeit bereist werden kann (siehe „Land und Leute: Klima"). Von Europäern wird in der Regel das Wetter in den Monaten April und Mai sowie Mitte September bis Anfang November als am angenehmsten empfunden. Die richtige Reisezeit hängt auch entscheidend davon ab, welche Teile des Landes besucht werden. Anfang November oder Mitte März z.B. kann es in Fars und in Khuzestan schön warm

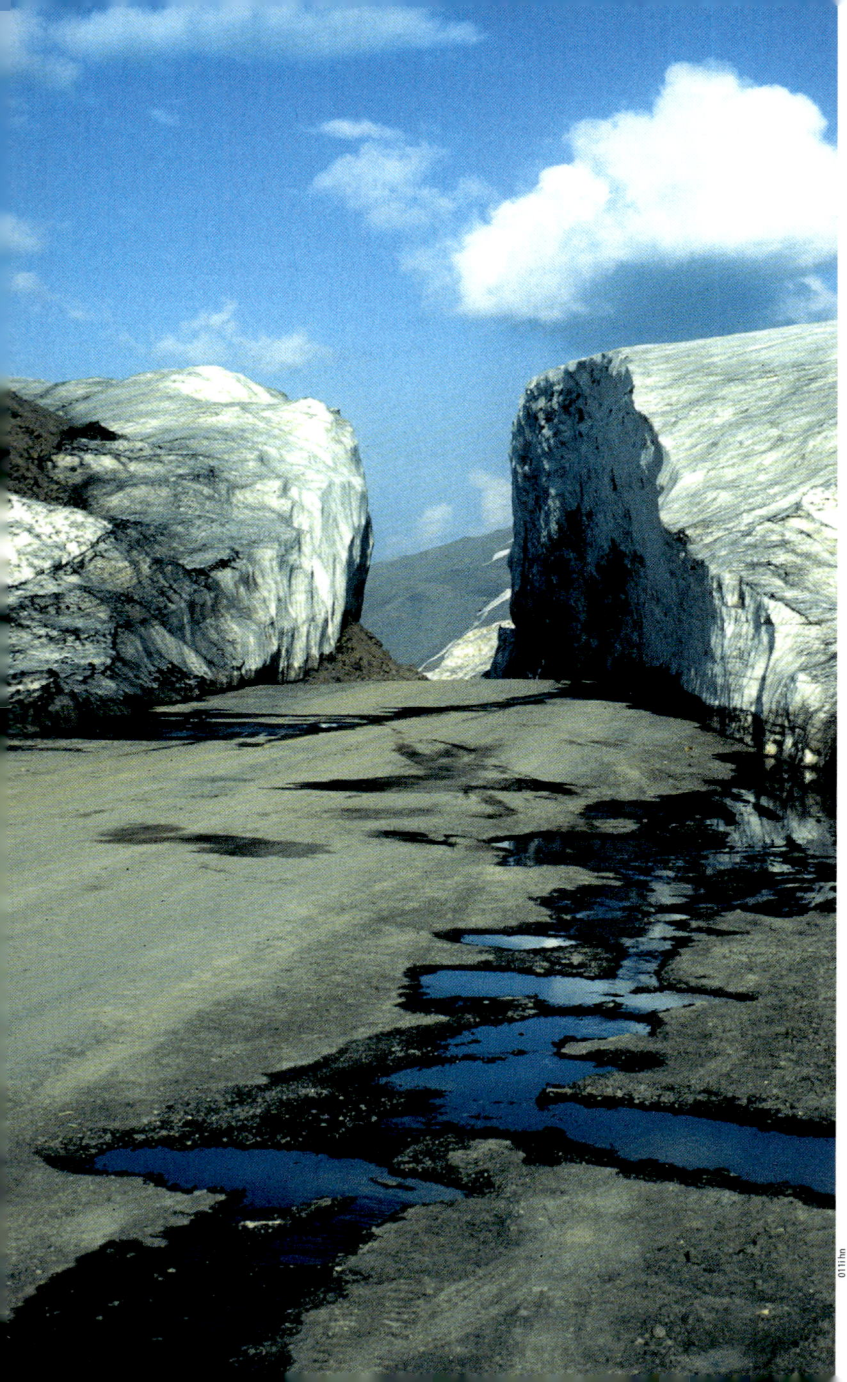

sein, während es am Kaspischen Meer in Strömen regnet. Wer im Frühjahr oder Herbst nach Iran reist, sollte bedenken, dass es nachts auf dem Hochland recht kühl sein kann.

Die höchsten **Jahresniederschläge** fallen von Dezember bis Februar, allerdings je nach Höhenlage unterschiedlich. Oft fällt der Hauptniederschlag in Form von Schnee. Es ist z.B. möglich, Weihnachten nördlich von Teheran Ski zu laufen und anschließend innerhalb von 1½ Stunden nach Kish oder Qeshm zu fliegen, um dort zu schnorcheln. Selbst die Sommermonate sind aufgrund der Höhenlage und der geringen Luftfeuchtigkeit im Hochland erträglich, nicht aber an der Golfküste oder in der Wüste Lut. Bergwanderungen in über 2000 m Höhe im Zagros oder Alborz sind auch von Juni bis September sehr angenehm, das Besteigen des Damavand oder Sabalan ist sogar nur in dieser Zeit möglich.

Preisgesichtspunkte müssen bei der Wahl der Reisezeit keine Rolle spielen, denn eine **Haupt- und Nebensaison** mit unterschiedlichen Preisen ist in Iran nicht üblich, obwohl einige Veranstalter von Gruppenreisen zur Hauptreisezeit Aufschläge verlangen.

◁ Schnee im Mai – auf der Straße von Teheran nach Dizin im Alborz-Gebirge

Wer den Iran als Individualtourist bereisen will, sollte bedenken, dass die **Neujahrszeit** (ca. 20. März bis 2. April) die Hauptreisezeit für Iraner ist und dann evtl. kein Flug oder Hotelzimmer zu bekommen ist. Während des **Ramadan** kann es tagsüber schwierig sein, ein offenes Restaurant zu finden (siehe „Kalender und Feiertage").

Sicherheit

Kriminalität

Obwohl von turbulenten Verhältnissen umgeben, kann Iran auch im internationalen Vergleich als **sicheres Reiseland** bezeichnet werden. Diebstähle an Touristen sind nicht an der Tagesordnung, sie kommen aber vor, was angesichts der sozialen Probleme kaum verwundert. Von Diebstahlskriminalität, die sich speziell auf Touristen und deren besondere Gewohnheiten konzentriert, kann (noch) nicht gesprochen werden – nicht, weil die Iraner bessere Menschen sind, sondern weil angesichts der in den vergangenen Jahren stark rückläufigen Besucherzahlen dies als gewerbsmäßige Beschäftigung nicht lohnt.

In vielen Hotels und bei den Dienststellen der Fremdenpolizei sieht man Aushänge für Touristen, auf denen geraten wird, **Reisepässe und Bargeld** in größeren Mengen **im Hotel** zu lassen. In der Tat braucht man seinen Reisepass nicht, wenn man sich in den Städten aufhält. Für den Fall, dass man überhaupt von der Polizei angesprochen wird, reicht es aus, das Hotel anzugeben.

Notfall-Tipps

Vorsorgemaßnahmen vor Reiseantritt

■ Vor der Reise ist es unbedingt ratsam, eine **Auslandsreise-Krankenversicherung** abzuschließen (siehe „Versicherungen"). Bei erhöhtem Sicherheitsbedarf kann auch eine Reise-Notfall-Versicherung bzw. ein Schutzbrief nützlich sein.

■ Ein **Impfpass** und evtl. ein **Gesundheitspass** mit Blutgruppe, Allergien, benötigten Medikamenten u.Ä. sollte mit auf die Reise genommen werden, ebenso natürlich die Medikamente selbst.

■ Für Postempfang und Kontoverfügung sollten bei der Post bzw. Bank an vertrauenswürdige Personen **Vollmachten** ausgestellt werden. Gegebenenfalls sollte man seinem Rechtsanwalt eine Vertretungsvollmacht für Notfälle geben.

■ **Zu Hause** ist zu klären, wer im Notfall telefonisch erreichbar ist, R-Gespräche übernimmt und einem Geld überweisen kann. Dort sollten auch die eigene Bankverbindung und die Versicherungsadressen hinterlassen werden.

■ **Dokumente** sollten wassergeschützt am Körper (Bauchtasche, Geldgürtel u.Ä.) aufbewahrt oder im Hotelsafe gegen ausführliche Quittung hinterlegt werden.

■ Auf alle Fälle sollte man sich **Kopien** von Pass (inkl. Visumseite), Flugticket, Kredit- und Scheckkarten, Reiseschecks und sonstigen Dokumenten anfertigen, einen Satz wasserdicht verpacken und getrennt von den Originalen mitnehmen, einen zweiten Satz zu Hause hinterlegen. Ein ausreichend hoher **Sicherheitsgeldbetrag** sollte getrennt von der Reisekasse aufbewahrt werden.

■ Sinnvoll ist es, sich einen **persönlichen Notfall-Pass** zu erstellen und ihn wasserdicht und sicher am Körper aufzubewahren. Eingetragen werden sollten: eigene persönliche Daten, die eigene Adresse und die von Kontaktpersonen zu Hause incl. Tel. und Fax, die eigene Bankverbindung, Notruf-Telefonnummern der Kranken- und/oder Reise-Notfall-Versicherung oder der Schutzbrieforganisation, Adresse und Telefonnummer der Botschaft (siehe „Vor der Reise: Diplomatische Vertretungen"), Deutschland-Direkt-Nummer für R-Gespräche, Nummern des Passes, des Flugtickets, der Reiseschecks, der Kreditkarten.

Im Krankheitsfall

■ Wenn ein Auslandskrankenschein nicht akzeptiert wird und man die Kosten selber zu tragen hat, muss man sich vom Arzt eine **ausführliche Bescheinigung** über Diagnose und Behandlungsmaßnahmen, einschließlich verordneter Medikamente, sowie eine **Quittung** über die bezahlte Behandlung ausstellen lassen. Auch von Apotheken sollte man sich Quittungen ausstellen lassen.

■ Bei **schweren Fällen** sollte außer dem Notfallservice der Versicherung auch die Botschaft bzw. das Konsulat informiert werden.

Verlust von Dokumenten/Geld

■ Von der **Polizei** bei Verlusten ein ausführliches Protokoll ausstellen lassen.

■ Den betroffenen Stellen sollte der **Verlust zügig gemeldet** werden, möglichst zusammen mit Nummern bzw. Kopien der verlorenen Dokumente (Pass: Botschaft bzw. Konsulat; Tickets: Fluggesellschaft; Schecks, Kreditkarten: Bank).

■ Botschaften/Konsulate stellen bei Passverlust einen **Ersatzpass** aus, nachdem die Identität geklärt ist. Beste Voraussetzung dafür ist eine Kopie des Originals. Sonst wird beim Einwohnermeldeamt der Heimatstadt angefragt, was Zeit und Geld kostet.

Verlust von Kreditkarten/Schecks

Bei Verlust oder Diebstahl der Kredit- oder Maestro-Bankkarte sollte man diese umgehend sperren lassen. Für deutsche Maestro- und Kreditkarten gilt die **einheitliche Sperrnummer 0049-116-116** und im Ausland zusätzlich 0049-30-40504050. Für österreichische und schweizerische Karten gelten:

- **Maestro/Bankomat,** (A-)Tel. 0043-1-204 8800; (CH-)Tel. 0041-44 2712230, UBS: 0041-800 888 601, Credit Suisse: 0041-800 800488.
- Für **MasterCard, VISA, American Express und Diners Club** sollten Österreicher und Schweizer sich vor der Reise die Rufnummer der die Karte ausstellenden Bank notiert haben.
- Nur wenn man den Kaufbeleg mit den Seriennummern der **Reiseschecks** sowie den Polizeibericht vorlegen kann, wird der Geldbetrag von einer größeren Bank vor Ort binnen 24 Stunden zurückerstattet. Also muss der Verlust oder Diebstahl umgehend bei der örtlichen Polizei und auch bei American Express bzw. Travelex/Thomas Cook gemeldet werden. Die Rufnummer für Ihr Reiseland steht auf der Notrufkarte, die Sie mit den Reiseschecks bekommen haben.

Beschaffung von Geld

- **Überweisung** von der **Hausbank.** Dazu sollte man schon vor der Reise die jeweiligen Bedingungen, insbesondere die Korrespondenzbank im Reiseland, klären.
- **Reise-Notfall-Versicherungen** zahlen je nach Vertragsklauseln bis zu 1500 Euro Notfalldarlehen, direkt über Vertreter im Reiseland, falls vorhanden.
- Die **Botschaften bzw. Konsulate** leihen nur in absoluten Ausnahmefällen Geld, zumeist auch nur in Form von Rückflugticket oder Zugfahrkarte. Allerdings kann in Notfällen eine Information an Verwandte in Deutschland erfolgen, die das benötigte Geld dann auf ein Konto des Auswärtigen Amtes einzahlen.

Es hat in den vergangenen Jahren Vorfälle gegeben, bei denen Gauner unter Vorzeigen von Versicherungs- oder sonstigen Kennkarten versucht haben, sich **als Polizisten auszugeben.** Diese erkennt man jedoch leicht an ihren grünen Uniformen. In einem solchen Fall sollte man einfach weggehen oder sich, falls irgend möglich, an andere Menschen in der Nähe wenden. Ein Problem besteht darin, dass man sich mit dem „gewöhnlichen Straßenpolizist" in der Regel nicht unterhalten kann, weil dieser keine Fremdsprachen spricht. Im Notfall ist es am sinnvollsten, in ein Hotel zu gehen, von wo aus die Polizei verständigt werden kann.

Unsichere Regionen

Eine besondere Sicherheitslage herrscht in den **Grenzgebieten** zu Afghanistan und Pakistan und zum Irak. Da insbesondere über die iranische Ostgrenze die Routen der **Drogenschmuggler** verlaufen und es dort zu regelrechten Schlachten zwischen Schmugglern und den Ordnungskräften der Islamischen Republik kommt, sollte man bei Reisen in den Provinzen **Sistan/Baluchestan** und den östlichen Teilen von **Kerman** und **Khorasan** besondere Vorsicht walten lassen und in keinem Fall allein oder nachts fahren. Bei einer Weiterreise nach Afghanistan oder Pakistan sollte man sich vorher über die dortige Sicherheitslage erkundigen. Das **Auswärtige Amt** warnt bei seinen Reiseempfehlungen vor Reisen in diese Regionen, was auf einige Fälle von Entführungen zurückgeht. Insbesondere Individualreisende sollten sich vor geplanten Aufenthalten in den genannten Gebieten informieren (Aktuelles unter www.auswaertiges-amt.de).

Frauen allein unterwegs

Touristinnen profitieren, so seltsam das auch klingen mag, von den **rigiden Moralvorstellungen** in der Islamischen Republik. Nicht, dass iranische Männer Engel wären – aber weil es durch Tradition und Gesetz geächtet ist, sich in der Öffentlichkeit dem anderen Geschlecht zu nähern, haben reisende Frauen in der Regel ihre Ruhe, vor allem dann, wenn sie nicht versuchen, für die kurze Dauer ihres Aufenthalts die islamische Kleiderordnung zu revolutionieren. Wenn sie Hilfe oder Rat brauchen, werden immer genügend iranische Mädchen oder Frauen in der Nähe sein, die ihnen gern helfen oder gar Kontakt suchen.

Prostitution

Prostitution ist natürlich **offiziell verboten und wird schwer bestraft.** Gemäß dem religiösen Gesetz gilt jeglicher Kontakt zwischen Mann und Frau, der außerhalb von Familie und Ehe stattfindet, als unzulässig; außerehelicher sexueller Kontakt wird als Prostitution angesehen. Sittenwächter wachen darüber, dass solche Kontakte in der Öffentlichkeit nicht stattfinden. Es ist aber in der iranischen Öffentlichkeit kein Geheimnis, dass Prostitution aufgrund der sich verschlechternden sozialen Verhältnisse mehr und mehr um sich greift. Fast täglich kann man in der iranischen Presse Berichte darüber lesen, dass Prostituierte aufgegriffen wurden, oft sehr junge Mädchen, die aus ihren Familien geflohen sind und vor allem in Teheran versuchen, auf diese Weise ihr Auskommen zu finden. Es versteht sich von selbst, dass insbesondere Ausländer um dieses Phänomen einen großen Bogen machen sollten, auch wenn sie z.B. in der Lobby eines internationalen Hotels in Versuchung geführt werden sollten.

Sport und Aktivitäten

Bergwanderungen

Ideale Möglichkeiten bietet Iran für Bergwanderungen unterschiedlichster Schwierigkeitsgrade. In den ausgedehnten Gebirgsgegenden wird man immer Routen finden, auf denen man völlig für sich allein ist. Die Kehrseite ist allerdings, dass es kaum erschlossene Routen oder Wanderkarten gibt, weswegen sich in aller Regel ein einheimischer Führer empfiehlt. Ähnliches trifft für das Bergsteigen zu.

■ Eine auf Trekking- und Gebirgstouren spezialisierte Agentur ist **Cyrus Sahra Co.,** zu erreichen unter Tel. 021-88640481, mobil 0912-1210414, www.cyrussahra.com. Hier bekommt man auch Karten von einigen der Gebirgsrouten.

■ Spezialisiert auf Wüstentouren, aber auch kompetent für andere Aufgaben ist **Pishgharavolan Tourism Co.,** Frau *Marjan Asgarian*, Tel. 0344-222 0803-4, mobil 0912-7110790, www.cometopersia.com.

■ Interessierte können sich auch wenden an die **Islamic Republic of Iran Mountaineering Fede-**

ration, c/o NOC Iran P.O. Box 15815-1881, Kh. Varzandeh./Kh. Mofatteh, Teheran, Tel. 021-88839928. ■ Weitere nützliche Adressen: www.mountainzone.ir, hier können auch geführte Touren zum Damavand gebucht werden; www.damawand.com.

Skilaufen

Nördlich von Teheran, auf dem Tochal, in Dizin oder Ab-e Ali sowie am Berg Alvand nahe Hamadan oder am Sahand in der Nähe von Tabriz, aber auch in der Dena-Region im Zagros gibt es erschlossene Skipisten, die **von Dezember bis in den Februar hinein** schneesicher sind. Ausrüstung kann in der Regel an Ort und Stelle ausgeliehen werden und kostet weniger als in Europa. Eine ausführliche Übersicht über alle Skigebiete und -pisten in Iran bietet die Webseite der Iranischen Skiföderation: www.skifed.ir.

Wassersport

Zum Wassersport, z.B. **Wasserski** und **Schnorcheln,** laden die Inseln Kish und Qeshm im Persischen Golf mit ihrem leuchtend blauen Wasser und den farbenfrohen Korallenbänken ein. Dafür sind die Wintermonate mit ihren moderaten Temperaturen am besten geeignet.

> **Buchtipp**
> ■ **„Persisch – Wort für Wort",** Kauderwelsch Band 49, handlicher Sprachführer für den Reisealltag, erschienen im REISE KNOW-How Verlag, Bielefeld. Begleitendes Tonmaterial ist ebenfalls erhältlich.

Sprache und Verständigung

Zwei Drittel der iranischen Bevölkerung sind unter 25 Jahre alt, und viele von ihnen lernen in Schulen und Universitäten als Fremdsprache **Englisch,** wobei die meisten nur einige Grundbegriffe beherrschen. Nicht zu unterschätzen ist die große Anzahl der **Auslandsiraner** oder solcher, die aus dem Ausland zurückgekehrt sind. In den großen Städten und besonders zur Ferienzeit wird man oft auf Englisch oder auch auf Deutsch gefragt, woher man denn komme. Dennoch: Vor allem außerhalb der Städte kommt man oft in die Verlegenheit, mit „Händen und Füßen" reden zu müssen, was aber dank der großen Hilfsbereitschaft der Iraner meist zum Ziel führt.

Persisch (siehe auch „Land und Leute: Sprachen") ist gar nicht so schwierig, wie es anfangs scheint: Wer ein paar Worte oder auch Redewendungen in dieser Sprache beherrscht, kommt natürlich besonders gut an. Die kleine Sprachhilfe im Anhang kann dabei helfen, nicht so sehr, um wirklich Persisch zu lernen, sondern mehr als Ausdruck des Interesses für die iranische Kultur. Eine solche Bereitschaft wird sehr geschätzt und öffnet viele Türen.

Wer seine Reise auch zum Erlernen des Persischen nutzen will, kann eine spezielle **Sprachreise** buchen, wie sie z.B. von Pishgharavolan Tourism Co. (s.o.) angeboten wird. Dabei gibt es im Verlauf der gesamten Reise neben dem Besichtigungsprogramm auch Sprachunterricht durch ausgebildete Lehrer.

Telefonieren

Der Stand der Telekommunikation in Iran entspricht internationalem Niveau. Das Netz von öffentlichen Telefonzellen ist dicht geknüpft, die Anzahl von Kartentelefonen, zuverlässiger als die alten Münzautomaten, wird ständig ausgebaut. Die meisten Münzautomaten akzeptieren 5-, 10- und 50- Rial-Münzen, die man als Tourist jedoch kaum in die Hand bekommt. **Telefonkarten** der staatlichen Telefongesellschaft mit unterschiedlichen Werten gibt es an vielen Zeitschriftenkiosken oder von Handverkäufern, die sich meist in der Nähe der Fernsprecher aufhalten. Mit diesen Telefonen sind **Orts- und inneriranische Gespräche** möglich.

In den meisten Städten wird das Festnetz rasant ausgebaut, was immer wieder dazu führt, dass Telefonnummern geändert bzw. erweitert werden. Bereits 2001 sind die Vorwahlen der großen Städte auf vier Ziffern erweitert worden, also z.B. 0711 für Shiraz, mit Ausnahme von Teheran, wo nach wie vor die Vorwahl 021 gilt, und Isfahan, wo die Änderung rückgängig gemacht wurde und seit August 2014 wieder die 031 gilt.

Internationale Gespräche

Internationale Gespräche können bei den **Fernsprechämtern** *(mokhaberat)* geführt werden, die es in allen Orten gibt, in größeren Städten auch mehrere. Dort werden die Gespräche handvermittelt: Man gibt dem Operator die Zielnummer, die dieser dann wählt und nach hergestellter Verbindung in eine Kabine weiterleitet.

Eine starke Konkurrenz für die staatlichen Fernsprechämter sind die vielen Internetcafés, von denen man zumeist per **Internet-Telefonie** viel preiswerter ins Ausland telefonieren kann. Allerdings ist hierbei die Sprachqualität oft nicht befriedigend. Daneben gibt es auch eine Reihe von **Prepaid-Telefonkarten**, die ebenfalls wesentlich preiswerter sind als die Fernmeldeämter, die im Drei-Minuten-Takt abrechnen. Diese Karten werden oft in Buchhandlungen oder an Zeitungskiosks verkauft und funktionieren so ähnlich wie in Europa: Man ruft eine Nummer an (fast immer in Teheran, deshalb innerhalb Teherans ohne Vorwahl, außerhalb mit 021), die auf der Karte aufgedruckte PIN wird abgefragt (fast alle Karten haben neben Persisch auch eine englische Sprachvariante) und dann die Nummer eingegeben.

Die teuerste Möglichkeit ins Ausland zu telefonieren sind natürlich die **Hotels.** Allerdings sind Ortsgespräche vom Hotel aus fast immer umsonst.

Mobiltelefone

Handys sind in Iran stark verbreitet und erleben enorme Zuwachsraten. Die Netzabdeckung ist in den Städten und ihrer unmittelbaren Umgebung ausreichend, auf dem (ausgedehnten!) Land gibt es hingegen viele „Löcher". Alle deutschen Mobilfunkbetreiber haben **Roamingpartner** im Land wie Iran Telecom, Taliya oder TKC Kish, die alle GSM 900 oder 1800 MHz betreiben. Wegen hoher Gebühren sollte man auf der Website seines Anbieters nachschauen,

Telefonieren

welcher der Roamingpartner günstig ist und diesen per manueller Netzauswahl voreinstellen. Nicht zu vergessen sind die Kosten der Rufweiterleitung ins Ausland, die der Empfänger bezahlt (also Mailbox evtl. abstellen). Der Empfang von **SMS** ist in der Regel kostenfrei. Besonders gewarnt seien Nutzer von **Smartphones,** denn die Nutzung des Datapacks im (Nicht-EU-)Ausland ist mit horrenden Kosten verbunden. Eine einzige E-Mail per Smartphone schlägt dann leicht mit 60 (!) Euro zu Buche. Rechnungen mit vierstelligen Summen nach 14 Tagen Urlaub und täglich 20 MB sind da keine Seltenheit! Empfehlenswert und preiswert ist die Nutzung von **Skype** zum Telefonieren z.B. in Internetcafés mit DSL.

Für touristische Aufenthalte macht der Abschluss eines Vertrages vor Ort nur bei längeren Aufenthalten Sinn. Wer häufiger mobil telefonieren oder ständig erreichbar sein muss, für den sind **Prepaid-Karten** der Firma Irancell (Vorwahl 0935) sinnvoll, die in vielen Mobilfunkgeschäften erhältlich sind. Diese Karten gibt es in vielen Geschäften und an Kiosken für 5000, 10.000 und 20.000 Tuman; nach Ablauf des Guthabens können sie wieder aufgeladen werden.

Vorwahlnummern

Eine aktuelle Übersicht aller Vorwahlen in Iran bietet die Website der iranischen Telecom: **www.tci.ir**.

International

Die **internationale Vorwahl** für Iran lautet **0098**, die **nationale Ortsvorwahl 0**. Um also von Deutschland aus den Anschluss 5592xxx in Shiraz anzurufen, müsste man wählen: 0098-711-5592xxx, um denselben Anschluss von Teheran aus anzurufen: 0711-5592xxx.

Um aus Iran im Heimatland anzurufen, wählt man für Deutschland 0049, für Österreich 0043 und für die Schweiz 0041.

Wichtige Ortsvorwahlen

- Abadan 631
- Ahvaz 611
- Amol 2421
- Ardabil 451
- Babol 241
- Bandar Abbas 0761
- Bandar Anzali 2321
- Chalus 2451
- Gorgan 271
- Hamadan 0811
- Isfahan 31
- Karaj 2221
- Kashan 2521
- Kerman 341
- Kermanshah 431
- Khorramabad 661
- Mashhad 511
- Qazvin 281
- Ramsar 2332
- Sari 2431
- Shiraz 711
- Tabriz 411
- Teheran 21
- Yassuj 741
- Zahedan 541
- Zanjan 2821

Unterkunft

In den Städten, die regelmäßig von Touristen besucht werden, gibt es **ausreichend Hotels aller Kategorien.** Viele befinden sich in den Händen von staatlichen oder halbstaatlichen Organisationen. Ausbildungsstand und Serviceleistungen des Personals können sich in der Regel noch nicht mit internationalem Standard messen. Die meisten der sogenannten „Insidertipps" sind zwar preiswert, genügen aber selten den Mindestansprüchen an eine saubere Unterkunft.

Was in Iran leider weitgehend fehlt, sind einfache und saubere „Familienhotels" und Gasthäuser der unteren und mittleren Preisklasse. 4- und 5-Sterne-Häuser sind mittlerweile fast überall ausreichend vertreten. Private Unterkünfte sind für Ausländer praktisch nicht zu finden, allenfalls in den Urlaubsgebieten am Kaspischen Meer werden Privatzimmer oder Häuser *(villa)* angeboten. Noch widerspricht dies auch der offiziellen Einstellung, denn diese Art von Tourismus ist kaum zu kontrollieren und deshalb staatlicherseits nicht erwünscht. Im Visaformular z.B. muss angegeben werden, ob man private Kontakte in Iran hat.

Die Regelung der gespaltenen Preise für Iraner und Ausländer ist weitgehend aufgegeben worden. Viele Hotels können auch von Ausländern in iranischer Währung bezahlt werden. Die Mitnahme von US-Dollars ist also nicht mehr nötig. **Euro** werden vor allem in einfachen Hotels oft nicht akzeptiert oder zu einem schlechten Kurs umgerechnet.

Hotelkategorien

Die internationale Klassifizierung ist in Iran nur bedingt anwendbar, manche 5-Sterne-Hotels im Land würden international keine vier Sterne bekommen. Dafür sind die Preise vergleichsweise moderat. Auch im teuersten Hotel in Isfahan oder Teheran bezahlt man für ein Einzelzimmer nicht mehr als umgerechnet 150 Euro. Die Preise werden jeweils zu Jahresbeginn vom staatlichen Hotelverband landesweit neu festgesetzt, d.h. sie steigen dann in der Regel spürbar!

In diesem Reisehandbuch sind die beschriebenen Hotels in **vier Preiskategorien** unterteilt, gekennzeichnet durch Ziffern (gültig jeweils für ein Einzelzimmer/EZ):

① **einfach:** Hotels und selten Gasthäuser *(mehmansara, mosaferkhaneh)* bis zu 60.000 Tuman
② **mittel:** Hotels bis zu 120.000 Tuman
③ **gehoben:** Hotels ab 120.000 Tuman
④ **hoch:** Hotels ab 200.000 Tuman

▷ Familienausflug mit dem Pick-up

Verhaltenstipps

Iran ist ein **Land zwischen Tradition und Moderne.** Die religiösen Traditionen werden seit der Islamischen Revolution wieder besonders betont, stehen aber in einem Spannungsverhältnis zu der sich modernisierenden Gesellschaft. Hunderttausende von jungen Frauen studieren heute im ganzen Land, teils weit entfernt von ihren Familien und Heimatorten. Natürlich entwickeln sie sich in einer solchen Umgebung anders als im geschlossenen Kreis der Familie. Es besteht ein **großer Unterschied zwischen privater und öffentlicher Sphäre:** In der Öffentlichkeit hat sich jeder so zu bewegen, dass die religiös-gesellschaftlichen Normen eingehalten werden und das Ansehen der Familie nicht leidet. In der privaten Umgebung versucht sich jeder so einzurichten, wie es die persönlichen Umstände erlauben. Dieser Widerspruch ist für Europäer schwer nachzuvollziehen. „In Rome do like Romans do" – nach dieser Devise kommt der Reisende auch in Iran am besten zurecht.

In der Öffentlichkeit sollte man sich der Umgebung anpassen, lange Haare (bei Männern) zu einem Zopf binden, kurze Hosen und Muskelshirts vermeiden, **legere Freizeitkleidung** bevorzugen. Bei Feiern oder offiziellen Anlässen wird jeder Iraner, der es sich leisten kann, einen Anzug anziehen, ohne Schlips freilich, der ist in religiösen Kreisen als „westlich" verpönt. Das hindert allerdings „modern" denkende iranische Männer nicht daran, einen solchen anzulegen, wenn sie unter sich sind.

Falls ein **Mann** einer **Frau** vorgestellt wird, vermeidet er in der Regel, ihr die Hand zu geben – das schickt sich in der Öffentlichkeit nicht. Im Falle einer privaten Einladung kann es dagegen durchaus sein, dass ihm die Frau die Hand entgegenstreckt. In keinem Fall wird er eine Frau auf der Straße ansprechen!

Touristinnen müssen sich für die Dauer des Aufenthalts in Iran in der Öffentlichkeit an die **islamische Kleiderordnung** halten. Die jedoch haben die Iranerinnen in den vergangenen Jahren ins Rutschen gebracht, wovon auch Touristinnen profitieren. Ein Mantel (*manto*) oder gar Ganzkörperschleier (*chador*) ist nicht erforderlich; stattdessen tut es neben dem **obligatorischen Kopftuch** auch eine weite Jacke, eine lange Bluse oder ein weit geschnittenes, langes Kleid. Die Kleidung sollte jedoch nicht die Körperformen betonen. Zum öffentlichen Bereich zählen natürlich auch Flugzeuge, Restaurants und Hotels, sogar der Hotelflur. Wenn eine Frau auf Anklopfen die Zimmertür öffnet, sollte sie sich ebenfalls ein Kopftuch umlegen. Auch wird sie sich auf der Straße nicht von einem Mann ansprechen lassen!

Auch was den **Austausch von Zärtlichkeiten** betrifft, gelten in Iran restriktivere Regeln als in Westeuropa. Touristen sollten sich in der Öffentlichkeit zurückhalten: Händchenhalten ist okay, aber auf Umarmen und Küssen sollte man verzichten (dies gilt nicht für den Wangenkuss zur Begrüßung und Verabschiedung).

Es kommt freilich oft zu Begegnungen im privaten Bereich, weil die Iraner ausgesprochen gastfreundlich sind. Zur höchsten Auszeichnung für einen Gast gehört es, nach Hause eingeladen zu werden. Es „gehört" sich aber eben auch, deshalb sollte man nicht vor der dritten Einladung einwilligen, denn erst dann ist es wirklich ernst gemeint. Wenn man ein **Privathaus** betritt, zieht man sich in der Regel die Schuhe aus, auch wenn zumeist nicht mehr auf dem Boden gegessen wird.

Da eine solche Einladung eine Auszeichnung ist, sollte man den Gastgebern ein kleines **Gastgeschenk** zukommen lassen. Kinder freuen sich immer über Süßigkeiten, aber auch über Mitbringsel aus Europa wie Bilder, Aufkleber oder Schreibutensilien. Iranische Frauen schätzen, wenn es die persönliche religiöse Auffassung nicht verbietet, Kosmetika und Parfüm, aber auch ein Blumenstrauß kann angemessen sein.

Beim **Fotografieren von Menschen** sollte man vor allem in ländlichen Gebieten zurückhaltend sein. In den Städten ist dies in der Regel kein Problem; die Iraner selbst fotografieren viel und gern, und es kann leicht passieren, dass sie die Touristen um Aufnahmen bitten. **Öffentliche Einrichtungen und Uniformierte** sollten auf keinen Fall fotografiert werden, denn das kann leicht zu Unannehmlichkeiten führen.

Handlungen, die nach unserem Rechtsverständnis **strafbar** sind, werden auch in Iran gerichtlich geahndet. Die verhängten Strafen sind häufig drakonisch und mit unseren Rechtsvorstellungen oft nicht vereinbar, weil sie sich aus dem religiösen Shari'a-Recht ableiten. Insbesondere **Rauschgiftdelikte** werden streng bestraft.

Verhalten Sie sich also weitgehend so, wie Sie es bei den Iranern sehen. Ansonsten lassen Sie sich überraschen – Sie werden staunen, was möglich ist.

Zum Verständnis der iranischen Mentalität und zum Verhalten als Tourist siehe auch „Land und Leute: Alltagsleben, Sitten und Gebräuche".

Verkehrsmittel

Überlandbusse

Überlandbusse sind die am meisten verbreiteten Verkehrsmittel zwischen den Städten. Jede Stadt verfügt über einen oder mehrere **Busbahnhöfe** (Terminals). Die Busgesellschaften sind in Form von Genossenschaften *(Ta'voni)* organisiert und durchnummeriert von Tavoni 1 bis 15. Alle diese Gesellschaften unterhalten ein eigenes Liniennetz, benutzen aber in den größeren Städten dieselben Busbahnhöfe, die meist an der Peripherie der Städte liegen.

In größeren Städten gibt es Stadtbüros, an denen man Abfahrtszeiten erfragen und Fahrkarten kaufen kann, die es aber in jedem Fall auch am Abfahrtsbahnhof gibt. Die **Fahrpreise** sind für unsere Verhältnisse extrem günstig. Die Fahrt von Shiraz nach Bandar Abbas (knapp 600 km) kostet ca. 20.000 Tuman in der Luxusklasse. Die Sitzplätze sind nummeriert, die Nummern werden in die Fahrkarten eingetragen.

Die eingesetzten Busse sind manchmal noch ältere Mercedes-Modelle, werden jedoch mehr und mehr durch modernere, bequemere Volvo-Busse ersetzt. Die Gesellschaft Seiro Safar Iran betreibt Verbindungen zwischen allen großen Städten und setzt dabei nur Busse dieses Standards ein.

Stadtbusse

In größeren Städten verkehren oft überfüllte öffentliche Busse. Es dauert einige Zeit, bis ein Fremder das System durchschaut, zumal die **Fahrtziele nur auf Persisch** angegeben sind. In der Regel ist es für den Reisenden einfacher, innerhalb der Städte mit Taxis und Sammeltaxis zu fahren. Eine Ausnahme bildet Teheran mit seinen großen Entfernungen. Im entsprechenden Abschnitt sind die wichtigsten Buslinien angegeben.

Im Unterschied zu den Überlandbussen werden die Fahrgäste in den Stadtbussen **nach Geschlechtern getrennt** befördert: Im vorderen Teil sitzen die Männer, der hintere ist den Frauen vorbehalten, die auch nur hinten einsteigen. Fahrkarten sind billig (ca. 250 Tuman); sie werden zumeist nicht im Bus verkauft, sondern sind vor der Fahrt an Kiosken erhältlich, die sich in der Nähe von wichtigen Haltestellen befinden. Die Karte wird vor dem Einsteigen vom Beifahrer eingesammelt.

Taxis und Sammeltaxis

Wie in allen orientalischen Ländern beruht der öffentliche Nahverkehr auf einem System von Taxis und Sammeltaxis. Sammeltaxis *(savari)* erkennt man an der Farbe (in **Teheran orange,** in anderen Städten **blau oder grün**) und daran, dass es oft noch Fahrzeuge des Typs „Peykan" sind. Sie verkehren innerhalb der Städte auf **festen Routen** und befördern bis zu fünf Passagiere. Hat man die Wahl, sollte man nicht vorn einsteigen, weil es dort besonders eng ist, oder doppelt bezahlen, damit man ausreichend Platz hat.

Es ist an dieser Stelle nicht möglich, verbindliche Preisangaben zu machen, weil das Niveau zwischen den einzelnen Städten zu unterschiedlich ist, wobei Teheran natürlich an der Spitze liegt. Aber auch innerhalb Teherans muss man nur für Langstrecken mehr als 10.000 Tuman bezahlen. In der Regel werden Touristen in den Sammeltaxis nicht übervorteilt, sondern zahlen dasselbe wie Einheimische.

Neben den **lizensierten Taxis,** die an der Farbe und der offiziellen Plakette an der Windschutzscheibe erkennbar sind, gibt es auch Zehntausende **Privatchauffeure,** die versuchen, ihren meist kargen Lohn aufzubessern oder überhaupt eine Möglichkeit des Gelderwerbs zu haben. Die Preise zwischen diesen und lizensierten Taxis unterscheiden sich nicht.

Es kommt durchaus vor, dass **Männer und Frauen** gemeinsam im Taxi befördert werden, wobei die Frauen meist hinten Platz nehmen. In einigen Großstädten (Teheran, Qom, Mashhad) verkehren seit kurzem auch **Frauentaxis,** meist grüne Fahrzeuge des Typs Kia Pride, mit der Aufschrift „Women's Taxi", die von Taxifahrerinnen gelenkt werden und ausschließlich Frauen befördern.

Für einen Touristen, der die **Routen** der Taxis nicht kennt, ist es mitunter schwierig, ein Taxi zu bekommen, weil man vom Straßenrand aus dem Fahrer sein Fahrtziel zurufen muss. Auf langen Hauptstraßen oder Boulevards kann man es zumindest mit einem herzhaften *mostaqim* („geradeaus") versuchen. Eine andere Möglichkeit besteht darin, sich auf der Straße ein leeres Taxi zu suchen und *dar bast* („verschlossene Tür") zu fahren, was voraussetzt, dass man das genaue Fahrtziel kennt und den Preis vorher vereinbart. Prinzip für den Preis ist, dass man als einzelner Passagier genau das bezahlt, was ein voll besetztes Taxi dem Fahrer eingebracht hätte.

Daneben gibt es in allen Stadtvierteln **Taxiagenturen** *(ajans),* bei denen man anruft und dann von der bestellten Adresse abgeholt wird. Diese Taxis sind etwa dreimal so teuer wie normale.

Bahn

Iran ist eines der wenigen Länder, in denen das Eisenbahnwesen in den letzten Jahren eine regelrechte Renaissance erlebt. Die **Transiranische Eisenbahn** aus den 1930er Jahren wurde ausgebaut, neue Trassen werden angelegt. Knotenpunkt ist natürlich Teheran, das von allen Strecken berührt wird. Von dort aus gibt es täglich Verbindungen nach Mashhad, Tabriz, Kerman, Bandar Abbas, Gorgan, Zahedan und Khorramshahr. Von Isfahan fahren Züge nach Shiraz, von Mashhad nach Yazd.

Im Bau/Planungsstadium befinden sich Verbindungen von Teheran über Hamedan und Kermanshah zur irakischen Grenze, eine Verbindung zwischen Mashhad und Herat/Afghanistan sowie eine große Nord-Süd-Verbindung entlang der Grenze zu Afghanistan und Pakistan, die im Süden bis Chahbahar am Indischen Ozean führt.

Die **Preise** entsprechen denen der VIP-Busse: Auf der Strecke Teheran – Kerman z.B. (1000 km) kostet die einfache Fahrt 60.000 Tuman. Die Fahrt mit dem Luxuszug „Simorgh", der als Nachtzug täglich zwischen Teheran und Mashhad verkehrt und mit Telefon, Fernseher und Restaurant mit Live-Musik ausgestattet ist, kostet 45.000 Tuman. Aber auch die normalen Züge sind in recht gutem Zustand, verfügen über Speisewagen und auf Langstrecken auch über Liegewagen.

Die Züge können einen Monat vor Abfahrt **reserviert** werden, namentlich ausgestellte Karten gibt es an den Bahnhöfen sowie in bestimmten Reisebüros. Ausländer müssen beim Betreten des Bahnsteigs den Reisepass vorlegen. Es empfiehlt sich stets rechtzeitig zu buchen. Eine ausgezeichnete Übersicht bietet **www.iranrail.net**: Hier können Fahrpläne und Preise eingesehen sowie Tickets zwei Wochen im Voraus online reserviert, bezahlt und ausgedruckt werden. Dabei kann für die Nachtzüge auch die Option „Privatabteil" gewählt werden zur exklusiven Nutzung der 4- bzw. 6-Personenabteile, natürlich zum vier- bzw. sechsfachen Preis! Ebenso können die Tickets auch zur Hinterlegung und Barzahlung bei einer lizensierten Agentur in Iran online bestellt werden.

Inlandsflüge

Iran verfügt über ein dichtes Netz von Flughäfen, das beständig ausgebaut wird. Die iranische Staatslinie **Iran Air** ist schon lange nicht mehr in der Lage, das steigende Passagieraufkommen zu bewältigen, weshalb **private Fluglinien** den Dienst aufgenommen haben. Ein Problem bildet die Knappheit an Flugzeugen: Aufgrund der US-amerikanischen Sanktionen kann Iran nicht ausreichend Flugzeuge kaufen und ist deshalb gezwungen, Maschinen zu leasen. Die bis 2010 oft verwendeten russischen Tupolev-Maschinen werden aufgrund zahlreicher Zwischenfälle und auch etlicher Unfälle mittlerweile nicht mehr eingesetzt. Dennoch verzichten die meisten europäischen Reiseveranstalter nach den schlechten Erfahrungen der Vergangenheit auf Inlandsflüge.

Die Preise für **Tickets** werden alljährlich neu vom Staat festgelegt und sind in den letzten Jahren deutlich gestiegen. Ein One-way-Flug Teheran – Kerman beispielsweise kostet mit Iran Air ca. 80.000 Tuman. Man bekommt sie entweder bei der Vertretung der jeweiligen Fluggesellschaft oder in Reisebüros, die in der Regel Tickets aller Airlines verkaufen. Da die Flüge stets stark ausgelastet sind, empfiehlt es sich, so früh wie möglich zu reservieren. Vor der Heimreise ist es unbedingt erforderlich, spätestens 72 Stunden vor Abflug eine **Rückbestätigung** vorzunehmen. Das kann bei der Vertretung der jeweiligen Fluglinie in Teheran, aber auch bei den meisten IATA-Reisebüros in allen Städten des Landes passieren.

Versicherungen

Für alle abgeschlossenen Versicherungen sollte man die **Notfallnummern notieren** und mit der Policenummer gut aufheben! Im Notfall sollte die Versicherungsgesellschaft sofort telefonisch verständigt werden! Der Abschluss einer Jahresversicherung ist in der Regel kostengünstiger als mehrere Einzelversicherungen. Günstiger ist auch die Versicherung als Familie statt als Einzelpersonen. Hier sollte man nur die Definition von „Familie" genau prüfen.

Reisekrankenversicherung

Die **Kosten für eine ärztliche Behandlung in Iran** werden von den gesetzlichen Krankenkassen in Deutschland und Österreich nicht übernommen, daher ist eine private Auslandskrankenversicherung unverzichtbar.

Seit Mai 2008 soll bei der Einreise nach Iran eine Krankenversicherung nachgewiesen werden, die für die **Behandlung in iranischen Krankenhäusern** gültig ist. Allerdings hat der Autor bisher noch nie erlebt, dass bei der Einreise dieser Versicherungsnachweis auch gefordert wurde. Die bekannten Krankenversicherungen übernehmen den Nachweis in der Regel, ansonsten muss bei der Einreise eine iranische Krankenversicherung abgeschlossen werden. Eine iranische Unfall- und Krankenversicherung wird für Aufenthalte von bis zu 92 Tagen am Flughafen angeboten.

Bei Abschluss einer Auslandskrankenversicherung zu Hause – die es mit bis zu einem Jahr Gültigkeit gibt – sollte auf einige Punkte geachtet werden. Zunächst sollte ein Vollschutz ohne Summenbeschränkung bestehen, im Falle einer schweren Krankheit oder eines Unfalls sollte auch der Rücktransport übernommen werden. Diese Zusatzversicherung bietet sich auch über einen Automobilclub an, insbesondere wenn man bereits Mitglied ist. Diese Versicherung bietet den Vorteil billiger Rückholleistungen (Helikopter, Flugzeug) in extremen Notfällen. Zu beachten ist auch, dass der Versicherungsschutz im Krankheitsfall über die vorher festgelegte Zeit hinaus automatisch verlängert wird, wenn die Rückreise nicht möglich ist.

Schweizer sollten sich bei ihrer Krankenversicherungsgesellschaft erkundigen, ob die Auslandsdeckung auch für Iran inbegriffen ist. Sofern man keine Auslandsdeckung hat, kann man sich kostenlos bei Soliswiss (www.soliswiss.ch) über in Frage kommende Krankenversicherer informieren.

Zur **Erstattung der Kosten** benötigt man ausführliche Quittungen (mit Datum, Namen, Bericht über Art und Umfang der Behandlung, Kosten der Behandlung und Medikamente).

◁ Der Persische Golf muss persisch bleiben!

Andere Versicherungen

Ist man mit einem Fahrzeug unterwegs, ist der **Europaschutzbrief** eines Automobilclubs eine Überlegung wert, denn er hilft zumindest weiter bis man Europa verlässt.

Ob es sich lohnt, weitere Versicherungen abzuschließen wie eine Reiserücktritts-, Reisegepäck-, Reisehaftpflicht- oder Reiseunfallversicherung, ist **individuell abzuklären**. Gerade diese Versicherungen enthalten viele Ausschlussklauseln, sodass sie nicht immer Sinn machen.

Die **Reiserücktrittsversicherung** für 35–80 Euro lohnt sich nur für teure Reisen und gilt für den Fall, dass man vor der Abreise einen schweren Unfall hat, schwer erkrankt, schwanger wird, gekündigt wird oder nach Arbeitslosigkeit einen neuen Arbeitsplatz bekommt, die Wohnung abgebrannt ist u.Ä. Terroranschläge, Streiks, Naturkatastrophen etc. fallen nicht unter den Versicherungsschutz.

Die **Reisegepäckversicherung** lohnt sich seltener, da z.B. bei Flugreisen verlorenes Gepäck oft nur nach Kilopreis und auch sonst nur der Zeitwert nach Vorlage der Rechnung ersetzt wird. Wurde eine Wertsache nicht im Safe aufbewahrt, gibt es bei Diebstahl auch keinen Ersatz. Kameraausrüstung und Laptop dürfen beim Flug nicht als Gepäck aufgegeben worden sein. Gepäck im unbeaufsichtigt abgestellten Fahrzeug ist ebenfalls nicht versichert. Die Liste der Ausschlussgründe ist endlos … Überdies deckt häufig die Hausratsversicherung schon Einbruch, Raub und Beschädigung von Eigentum auch im Ausland. Für den Fall, dass etwas passiert ist, muss der Versicherung als Schadensnachweis ein Polizeiprotokoll vorgelegt werden.

Eine Privathaftpflichtversicherung hat man in der Regel schon. Hat man eine Unfallversicherung, sollte man prüfen, ob diese im Falle plötzlicher Arbeitsunfähigkeit aufgrund eines Unfalls im Urlaub zahlt. Auch durch manche (Gold-)Kreditkarten oder eine Automobilclubmitgliedschaft ist man für bestimmte Fälle schon versichert. Die Versicherung über die Kreditkarte gilt aber meist nur für den Karteninhaber!

Zeitverschiebung

Die West-Ost-Ausdehnung Irans beträgt annähernd 3000 km. Um im ganzen Land eine Zeitzone zu haben, wurde deshalb eine Zwischenlösung gewählt und eine **Zeitzone speziell für Iran** geschaffen. Der Unterschied zur mitteleuropäischen Zeit (MEZ) beträgt **+2½ Stunden,** d.h. wenn es in Deutschland 12 Uhr mittags ist, zeigt die Uhr an jedem Ort in Iran 14:30 Uhr.

Diese Regel gilt nicht bei der Umstellung auf **Sommerzeit:** Weil in Iran schon mit Beginn des Frühlings und exakt zum Ende des Sommers die Uhren um eine Stunde vor- bzw. zurückgestellt werden, beträgt der Zeitunterschied vom 21. März bis zum Beginn der Sommerzeit in Mitteleuropa sowie vom 21. September bis zum Ende der Sommerzeit in Mitteleuropa nur 1½ Stunden. In den letzten Jahren hat Iran jedoch auf die Sommerzeit verzichtet. Die zukünftige Handhabung muss abgewartet werden.

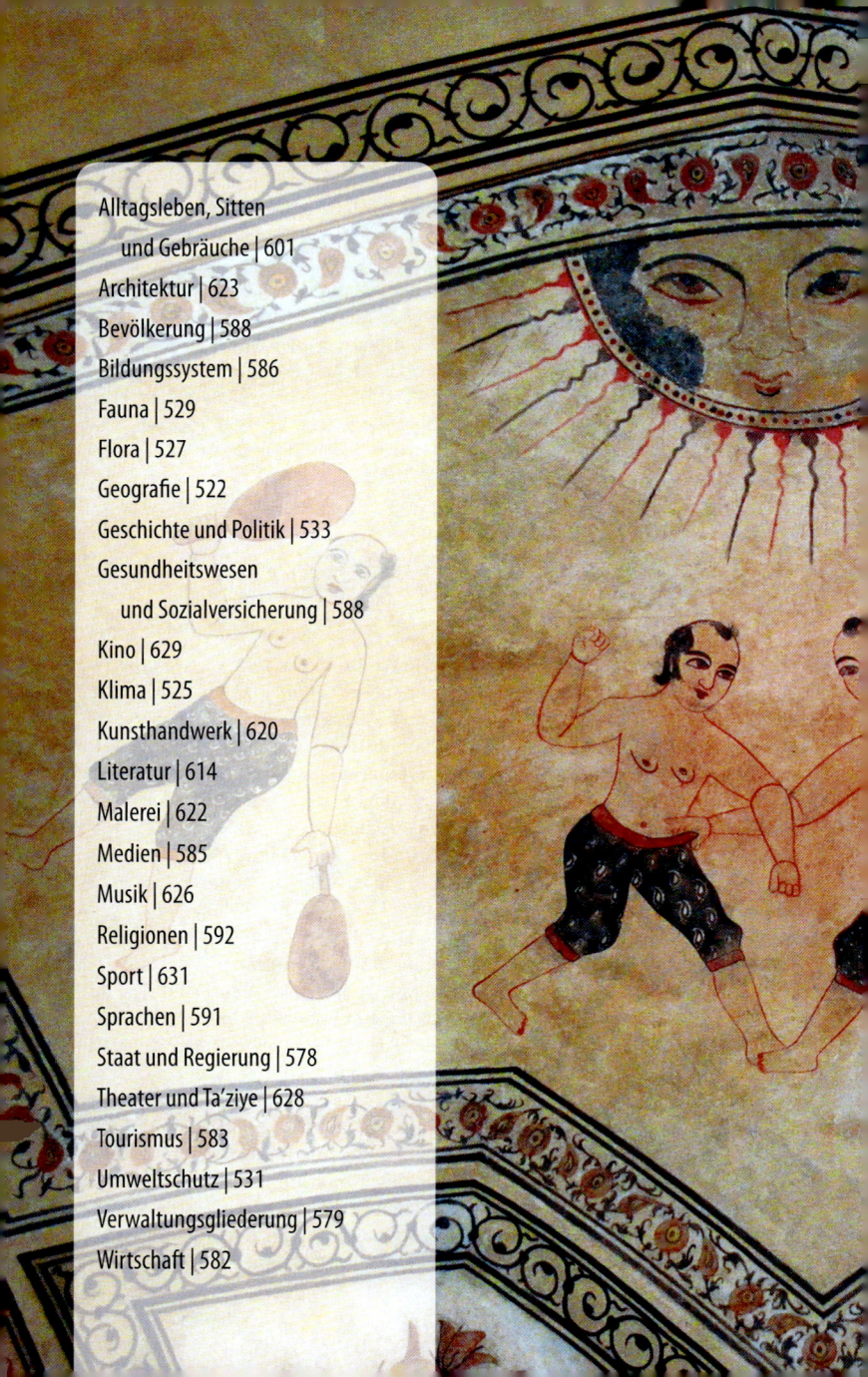

Alltagsleben, Sitten
   und Gebräuche | 601
Architektur | 623
Bevölkerung | 588
Bildungssystem | 586
Fauna | 529
Flora | 527
Geografie | 522
Geschichte und Politik | 533
Gesundheitswesen
   und Sozialversicherung | 588
Kino | 629
Klima | 525
Kunsthandwerk | 620
Literatur | 614
Malerei | 622
Medien | 585
Musik | 626
Religionen | 592
Sport | 631
Sprachen | 591
Staat und Regierung | 578
Theater und Ta'ziye | 628
Tourismus | 583
Umweltschutz | 531
Verwaltungsgliederung | 579
Wirtschaft | 582

11 Land und Leute

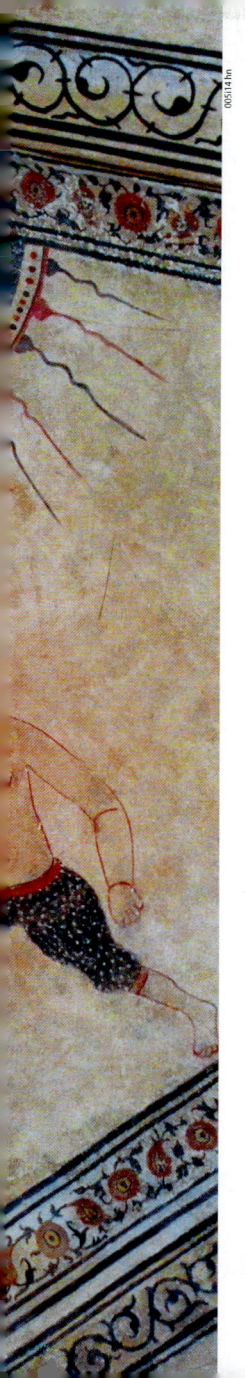

Im Badehaus Ali Qoli Agha in Isfahan

Geografie

Das **Hochland von Iran** liegt im südwestlichen Teil Asiens und bildet die Landbrücke zwischen Eurasien und dem afrikanischen Kontinent. Es erstreckt sich zwischen 25° und 40° nördlicher Breite und 44° und 64° östlicher Länge. Die Hauptstadt **Teheran** liegt auf dem Breitengrad von Gibraltar, **Shiraz** auf dem von Kairo. Die angrenzenden Länder sind im Norden Armenien, Aserbaidschan und Turkmenistan, im Osten Afghanistan und Pakistan, im Westen der Irak und die Türkei.

Das **Staatsgebiet** umfasst eine Fläche von 1.648.000 km², damit ist das Land mehr als viermal so groß wie die Bundesrepublik Deutschland.

Landschaftsformen

Die geografischen Eigenheiten und das Klima Irans werden wesentlich von der Tatsache bestimmt, dass das Land an der Schnittstelle **zwischen zwei physischgeografischen Großstrukturen** liegt. Zum einen ist es Teil des sich von den Alpen bis hin zum Himalaya erstreckenden eurasiatischen Hochgebirgsgürtels, zum anderen gehört es dem von der arabischen Halbinsel bis nach Zentralasien verlaufenden altweltlichen Trockengürtel an.

Das wichtigste Gliederungsprinzip ist das sich von Nordwesten in Richtung Südosten erstreckende **iranische Hochplateau**. Es wird zangenartig im Norden von der schmalen Gebirgskette des **Alborz** begrenzt (mit dem Damavand, 5671 m ü.N.N., als höchster Erhebung Irans) sowie nach Südwesten hin von dem viel breiteren, in mehrere Einzelketten hintereinander gestaffelten **Zagros-Gebirge**.

Das überwiegend in Höhen von 1000 bis 1500 m liegende eigentliche iranische Hochplateau ist wiederum in einzelne Plateau- und Beckenlandschaften unterteilt. Vom Nordwesten zum Südosten nimmt die Größe der Becken zu und ihre Fruchtbarkeit ab; die größten zusammenhängenden **Wüstenregionen** Irans sind die im Osten bzw. Südosten gelegenen Dasht-e Kavir (Große Kavir) und Dasht-e Lut (hierbei handelt es sich größtenteils nicht um Sand-, sondern um Salz- bzw. Kieswüsten).

Die weit über 90% der Staatsfläche einnehmenden Hochplateaus und Gebirge werden im Norden (südlich des Kaspischen Meeres) und im Südwesten (Persischer Golf) durch zwei schmale **Küstenstreifen** begrenzt. Der südliche Küstenstreifen öffnet sich im Westen hin zu einer geografisch und historisch eigentlich Mesopotamien zugehörigen Schwemmlandebene, der heutigen iranischen Provinz Khuzestan. Beide Küstenregionen sind durch ihre fruchtbaren Böden und hohen Niederschläge von großer, weit über ihren flächenmäßigen Anteil hinausgehender Bedeutung für die iranische Landwirtschaft.

▷ Typische Landschaft im Zagros-Gebirge

Geografie

Irans höchste Berge
- **Damavand:** 5671 m, Alborz-Gebirge, Provinzen Teheran und Mazanderan
- **Alam Kuh:** 4850 m, Alborz, Mazandaran/Qazvin
- **Kuh-e Sabalan:** 4811 m, Alborz, Ardabil
- **Zard Kuh:** 4547 m, Zagros, Chahar Mahall va Bakhtiari
- **Kuh-e Hazar:** 4420 m, Zagros, Kerman
- **Kuh-e Dihar:** 4404 m, Zagros, Buyer Ahmad va Kuhgeluye, Isfahan
- **Oshtoran Kuh:** 4328 m, Zagros, Lorestan
- **Shir Kuh:** 4075 m, Zagros, Yazd
- **Kuh-e Taftan:** 4042 m, Zagros, Sistan va Baluchestan

Geologie

Geologisch gesehen, ist die **kontinentale Herkunft** der iranischen Landmasse bis heute nicht zweifelsfrei geklärt. Neuere Forschungen gehen davon aus, dass nur der nördliche Rand des heutigen Iran seit jeher Teil des Nordkontinents (Eurasiens) war, der sich zu Beginn des Mesozoikums (vor ca. 250 Mio. Jahren) konsolidiert hatte. Das heutige Hochland Irans hätte dann zu jener Zeit noch aus mehreren „intermittierenden Mikrokontinenten" zwischen Eurasien und dem Südkontinent (Gondwana) bestanden und wäre erst im Laufe der weiteren Nordbewegung Gondwanas an Eurasien herangeschoben worden. Das Zagros-Gebirge hätte sich somit erst zu Beginn des Känozoikums (vor ca. 50 Mio. Jahren) aufgefaltet, als sich der „saudische Block" von unten gegen die iranische Platte schob.

Von den bis heute andauernden Faltungsbewegungen an den Bruchstellen zwischen dem „starren" Hochland und den es umfassenden Gebirgszügen zeugen die zahlreichen starken **Erdbeben,**

von denen Iran immer wieder heimgesucht wird. Allein das 20. Jh. zählt über ein Dutzend schwere Beben mit jeweils über 1000 Todesopfern. Eines der schwersten Erdbeben zuletzt ereignete sich im Dezember 2003 in der Stadt Bam mit über 30.000 Toten.

Bodenschätze

An bedeutenden Bodenschätzen verfügt Iran in erster Linie über **Erdöl und Erdgas,** die beide vor allem in der südwestlichen Provinz Khuzestan vorkommen.

Die iranischen Erdölvorräte, die seit 1908 gefördert werden, sind die drittgrößten der Erde. Weitere wichtige Bodenschätze sind Kohle (v.a. in der Provinz Kerman), Eisenerze (bei Kerman und Yazd) – mit beidem wird das Stahlwerk bei Isfahan versorgt – sowie weitere Buntmetalle (Kupfer, Blei, Zink) und Industrieminerale (Schwefel, Salz).

Gewässer

Das Gewässernetz Irans unterteilt sich in vier große Bereiche. Ein nördlicher „Saum" von ca. 100 bis 200 km Breite, der von der türkischen Grenze (im Westen) bis kurz vor Mashhad (im Osten) reicht, fließt ins 30 m unter dem Meeresspiegel liegende **Kaspische Meer** ab (nur an der Südwestecke des Kaspischen Meeres ist der Saum etwas breiter und

Der 4811 Meter hohe Sabalan bei Ardabil kann relativ einfach bestiegen werden

reicht ca. 400 km bis zur Quelle des Sefid Rud). Das Gebiet um den **Orumiyeh-See** im Nordwesten (der einen Salzgehalt von über 30% hat!) bildet mit einem Saum von ca. 100 km ein eigenes Abflussgebiet. Der Südwesten Irans, d.h. die Zagros-Berge ab südlich von Hamadan und die Provinz Khuzestan, bilden zusammen mit einem 200 bis 300 km breiten Küstenstreifen an der gesamten Südküste den einzigen Bereich Irans, der in ein Weltmeer, den **Persischen Golf** bzw. **Golf von Oman,** abfließt.

Im gesamten übrigen Iran, d.h. in den zentralen und östlichen Hochplateaus, die über die Hälfte der iranischen Landfläche ausmachen, ist das Klima derart **trocken** und die dadurch bedingte Verdunstung so hoch, dass sich keine ganzjährig unter Wasser stehenden Endseen bilden. Vielmehr ist das Hochland in eine Vielzahl von einzelnen Becken untergliedert, von denen manche abflusslose Endbecken nur periodisch (v.a. im Frühjahr) wasserführende Flüsse sind. Eines dieser Endbecken, 2700 km² groß, sieht man z.B. linker Hand auf der Fahrt von Teheran nach Isfahan, östlich von Qom. Die meiste Zeit des Jahres ist es eine **Salzsteppe.**

Klima

Als ein riesiges Land von der beinahe fünffachen Größe Deutschlands, das sich vom kaukasischen Hochgebirge und den zentralasiatischen Trockensteppen bis in fast tropische Breitengrade erstreckt, ist das Klima Irans von einer **großen Vielfalt** gekennzeichnet.

Klimazonen

Die Temperaturen der verschiedenen Regionen sind in erster Linie abhängig von der geografischen Breite und der Höhe über dem Meeresspiegel, in zweiter Linie auch von ihrer Entfernung vom Meer (Meeres- bzw. Binnenklima). Weitgehend parallel zur naturräumlichen Großgliederung lässt sich Iran grob in folgende Klimazonen unterteilen:

- **nördliche Randgebiete des iranischen Hochlands** (Tabriz, Mashhad): sehr winterkalt, im Sommer nicht allzu heiß
- **Südküste des Kaspischen Meeres:** heiße und feuchte Sommer, milde Winter
- **zentrales und östliches Hochland** (einschließlich der wichtigsten Touristikregionen Teheran, Isfahan und Shiraz): winterkalt, trockene heiße Sommer (dabei steigen die Temperaturen generell von Nordwest nach Südost allmählich an)
- **Khuzestan und Südküste:** warm und feucht, im Winter selten Frost

Insgesamt ist die erste Region der „kühlgemäßigten", alle übrigen sind der „warmgemäßigten" Subtropenzone zuzurechnen; nur der östliche Teil der Südküste ließe sich bereits als klimatisch den Tropen zugehörig bezeichnen. Charakteristisch für alle Gebiete außer den Küstenregionen und Khuzestan ist der **kontinentale Charakter des Klimas,** der große saisonale Temperaturschwankungen bedingt (z.B. in Isfahan 23°C).

Niederschläge

Die Niederschlagsgliederung des Landes folgt ebenfalls weitgehend aus den geografischen Gegebenheiten. Eine beson-

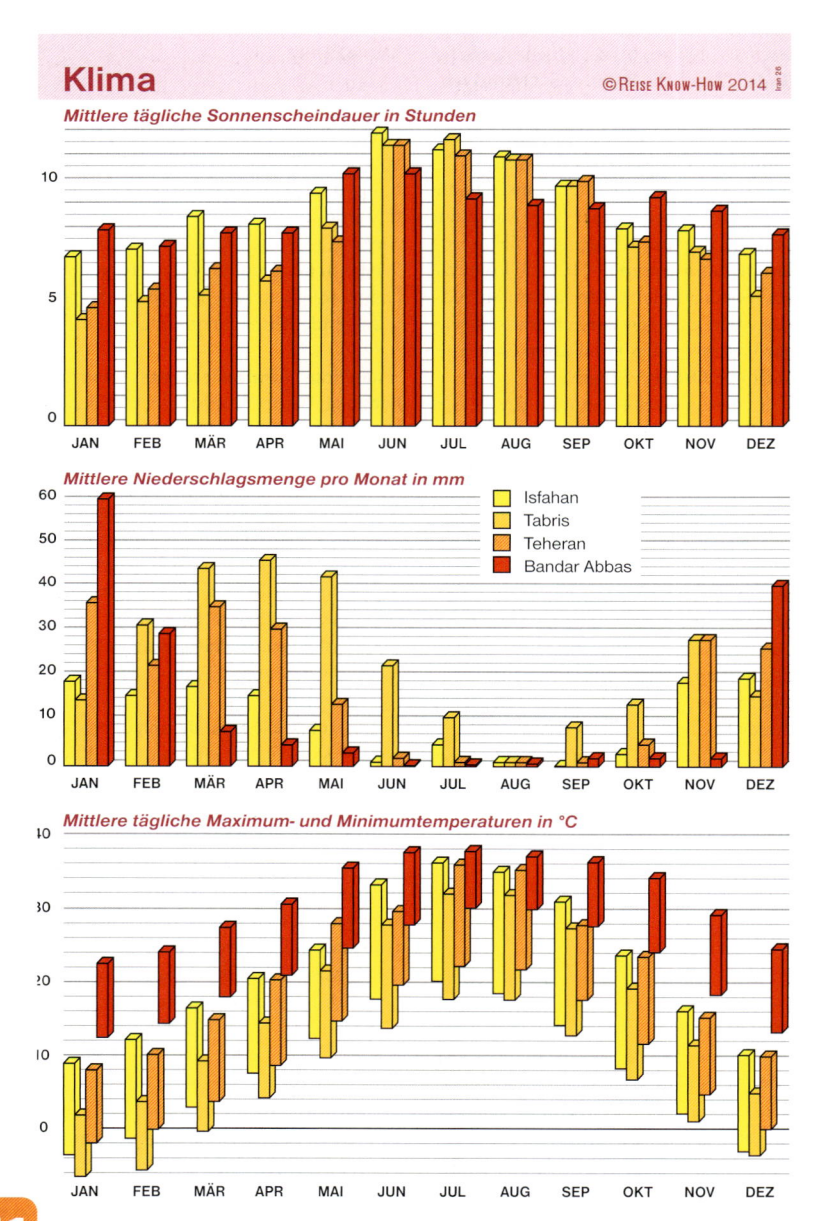

Klima

©Reise Know-How 2014

Mittlere tägliche Sonnenscheindauer in Stunden

Mittlere Niederschlagsmenge pro Monat in mm

- Isfahan
- Tabris
- Teheran
- Bandar Abbas

Mittlere tägliche Maximum- und Minimumtemperaturen in °C

dere Region in dieser Hinsicht stellt das südkaspische Tiefland dar. Hier regnen sich (an den Nordhängen des Alborz) nördliche Feuchtwinde ab, wodurch sich teilweise sehr hohe, von Westen nach Osten abnehmende Jahresniederschlagsmengen ergeben (Rasht 1350 mm, Gorgan 680 mm pro Jahr).

Mit Ausnahme gewisser Regionen des westlichen und mittleren Zagros (z.B. westlich von Isfahan), deren jährliche Niederschlagsmengen an zentraleuropäische Verhältnisse heranreichen, ist der gesamte übrige Iran als **regenarm** zu bezeichnen. Im Nordwesten (Tabriz) werden noch Mengen von über 300 mm/ Jahr erreicht, zum zentralen und östlichen Hochland hin nimmt die Regenmenge ab und sinkt teilweise auf unter 100 mm/Jahr. Auch der Südwesten (Khuzestan) und die Südküste sind mit weniger als 200 mm/ Jahr regenarm. Die meisten Niederschläge fallen in Iran im Spätwinter und Frühling, nur im südkaspischen Tiefland auch im Herbst.

Luftfeuchtigkeit

Die extreme Trockenheit des iranischen Hochlands macht in manchen Regionen die Bildung von Wolken geradezu unmöglich; so ist die **Wüste Lut** mit einer Luftfeuchtigkeit von 3 bis 5% eines der trockensten Gebiete der Welt. Dies hat Iran bei der letzten absoluten Sonnenfinsternis im August 1999 zu einem beliebten Ziel für astronomische Ferntouristen gemacht, die diese Naturerscheinung quasi mit „Klarer-Himmel-Garantie" beobachten konnten.

Die **extreme Trockenheit** des iranischen Hochlands mildert die Wirkung der **Sommerhitze** etwas ab und macht sie auch für Touristen erträglicher. Zudem entfaltet die trockene Höhenluft eine günstige Wirkung auf Beschwerden wie Allergien oder Asthma, von der auch Touristen an vielen Orten wie Isfahan oder Shiraz profitieren können (in Teheran wird diese positive Wirkung teilweise durch den Smog zunichte gemacht).

Flora

Die Vegetation Irans spiegelt deutlich die klimatischen und reliefbedingten Gegebenheiten des Landes, aber auch die Eingriffe der menschlichen Besiedlung wider. Charakteristisch ist insgesamt die **kaum vorhandene natürliche Vegetation des Hochlands** sowie die durch jahrtausendelange Abholzung bedingte Ausdünnung oder Beseitigung einer ursprünglich dichten Bewaldung südlich des Kaspischen Meeres und im westlichen Zagros.

Der immer noch reichste und dichteste Waldbewuchs existiert südlich des Kaspischen Meeres. Von der Ebene bis auf die über 3000 m erreichenden Nordhänge des Alborz erstreckt sich eine durch großen Artenreichtum gekennzeichnete **Baum- und Strauchvegetation.** Im Tiefland gibt es noch Reste eines weitgehend abgeholzten, dschungelartigen **Feuchtwaldes** von fast tropischer Wuchskraft, z.B. die kastanienblättrige Eiche, den Eisenbaum *Parrotia persica,* Ulmen, Feigen, Buchsbaum oder Granatapfel. Ab ca. 500 Höhenmetern geht der Wald über in einen besser erhaltenen **Bergwald,** bei dem bis ca. 1000 m die Buche und in höheren Lagen die Weißbuche und Eiche dominieren.

Der nordwestliche und westliche Zagros war früher in 1000 bis 2000 m Höhe vermutlich von einem dichten Trocken-Mischwald bedeckt (Ahorn, Esche, Pistazie, Eiche etc.). Die relativ zentrale Lage dieser Wälder nahe den politischen Zentren und somit Ballungsräumen des Reiches haben wahrscheinlich schon zu Zeiten des Achämeniden- und Sasanidenreichs zu starken **Abholzungen** geführt. Heute sind von diesen Wäldern nur noch Reste zu sehen (z.B. auf der Straße Shiraz – Kazerun), an den übrigen Orten stehen stark ausgedünnte **Eichenwälder** bzw. Eichengehölze, im Nordwesten teilweise auch Wacholder.

Im übrigen Hochland des Landes findet man da, wo überhaupt etwas wächst, eine schüttere, typische **Wüstenvegetation,** z.B. mit Wermutsträuchern oder dem *Dorema ammoniacum*. Bemerkenswert für das Hochland ist das weitgehende Fehlen der für Steppenregionen typischen Grasfluren. Weite Gebiete wie z.B. die Becken der verschiedenen **Salzwüsten** sind völlig ohne Vegetation. In der Provinz Khuzestan und am Persischen Golf, teils auch an den Südhängen des Zagros wächst **Heißwüstenvegetation** wie z.B. die Arabische und die Nubische Akazie oder die Belutschische Zwergfächerpalme; am Golf von Oman finden sich **Mangrovenwälder.**

Anders als die bisher erwähnte natürliche Vegetation ist diejenige entlang der **oasenartigen Flussläufe** im Hochland (z.B. Zayande-Rud in Isfahan) teil-

Reisanbau in Gilan nahe dem Kaspischen Meer

weise vom Menschen mitgestaltet; hier ist eine große Artenvielfalt anzutreffen, z.B. Weiden, Pappeln, Ulmen, Eschen, Platanen und Ahorn.

Fauna

Die Lage Irans zwischen Afrika, Zentral- und Südasien und dem Mittelmeerraum hat eine **vielfältige Tierwelt** hervorgebracht, deren regionale Zuordnung sich teilweise auch nach klimatischen und geologischen Gegebenheiten richtet. In der südkaspischen Tiefebene und in den westlichen und nordwestlichen gebirgigen Randsäumen des Zagros finden sich Säugetiere wie z.B. **Mufflon, Steinbock, Wildschwein** und **Rotwild.** An Raubkatzen sind noch **Leopard** und **Luchs** verbreitet. Der aus Indien eingewanderte **Mazanderantiger** steht kurz vor dem Aussterben. Zahlreicher und für den nomadischen und bäuerlichen Nutztierbestand gefährlicher ist der im Norden und Nordwesten verbreitete **Wolf.** Auch der **Braunbär** wird gelegentlich gesichtet.

In den Wüstensteppen des Zagros und im Hochland leben unter anderem **Gazellen, Füchse** und **Schakale** sowie der einheimische (endemische) **mesopotamische Hirsch** und der **Wildesel.**

Die **Vogelwelt** Irans ist besonders vielfältig; hier gelten als die bedeutendsten Regionen die Küste des Kaspischen Meeres (vor allem die Süßwasserlagune nordwestlich von Rasht) und der Hil-

Der Orumiyeh-See im Nordwesten Irans

Gefährdete Delikatesse – Störe im Kaspischen Meer

90% aller Störe weltweit leben auch heute noch im Kaspischen Meer. Sie gehören zu den **größten Süßwasserfischen** und sind in der Fischereiindustrie begehrt. Vor allem liefern sie den berühmten Kaviar und bilden deshalb für die Fischer bzw. Staaten in der Region eine kräftig sprudelnde Einnahmequelle.

Die Störe sind mit ca. 200 Mio. Jahren eine der ältesten Süßwasserfischgruppen, wie Versteinerungen aus Europa und Nordamerika belegen. Ihre Verbreitung ist auf die nördliche Erdhalbkugel nördlich des 20. Breitengrades beschränkt. Man kann, das ist bei höheren Tieren ein nahezu einmaliges Phänomen, Exemplare unterschiedlicher Störgattungen miteinander kreuzen und die daraus resultierenden Hybriden sind sogar oftmals noch fruchtbar.

25 Störarten tummeln sich in den Gewässern der Erde, viele davon ausschließlich im Kaspischen Meer und der Wolga. Der größte Stör ist der Hausen, er wird fast neun Meter lang und bis zu 1200 kg schwer. Alle Störe sind relativ träge Bodenfische, die mit ihren Bartfäden Nahrung am Grund des Sees oder des Flusses aufspüren. Wirbellose Tiere, aber auch Fische, Schnecken und Krebse stehen auf der Speisekarte dieser Tiere ganz oben. Zur Fortpflanzung ziehen die Störe flussaufwärts, wo sie ihre Laichplätze haben. Vor allem in der Wolga wimmelt es in dieser Zeit von Stören, die später dann wieder mit den Jungtieren ins Kaspische Meer zurückwandern.

Doch die Störpopulationen im Kaspischen Meer sind längst nicht mehr intakt. Sagenhafte 30.000 Tonnen wurden noch 1985 angelandet, zehn Jahre später waren es gerade mal noch 2000 Tonnen. Im Jahr 2000 hatten die Störfischer bereits Probleme, genügend Störe aus dem Meer zu ziehen, um die noch einmal stark reduzierten **Fangquoten** überhaupt zu erreichen. Nicht nur Ölrückstände und Schadstoffe belasten die Fische, auch die Wilderei nimmt immer gewaltigere Ausmaße an. Experten eines Fischereiforschungsinstituts in der Region vermuten sogar, dass zehnmal so viele Störe illegal gefangen werden wie durch die zugelassenen Fischereischiffe. Seit dem Jahr 1990 – so vermuten Experten in Iran – sind die Störbestände auch deshalb um bis zu 90% zurückgegangen.

Eine Besserung ist wohl nicht in Sicht, weil nur Iran, wo der Störfang staatliches Monopol ist, den Raubbau an den Stören nachhaltig verhindert. Die bisher ergriffenen Maßnahmen zum Erhalt des Bestandes – künstliche Vermehrung aller Störarten in sogenannten Störwerken, Aussetzen von Jungfischen oder Fangquoten – haben seit dem Zusammenbruch der Sowjetunion keine Wirkung gezeigt. Die große Armut in den Nachfolgestaaten treibt die Einwohner der Kaspi-Region dazu, den Raubbau an den wertvollen Nutzfischen immer weiter zu treiben. Schutzmaßnahmen schrecken die zahllosen Wilderer dabei kaum. Den Hauptgewinn aus dem illegalen Störfang schöpfen aber nicht die Fischer ab, sondern multinational arbeitende Banden, die vor allem die wertvollen Störeier, den Kaviar, außer Landes schmuggeln und dann in den westlichen Ländern teuer verkaufen …

Ein erfolgreiches natürliches Ablaichen in den traditionellen Laichgebieten wurde auch früher schon immer seltener. Große **Stauseen**, besonders an den Hauptflüssen Wolga und Kura, führten zu unüberwindlichen Wandersperren für die Fische, die ihre Laichplätze nicht mehr erreichen konnten. Der Entzug von Wasser für die Beregnung landwirtschaftlicher Flächen und die zunehmende Verschmutzung des Wassers ließen in den noch zugänglichen Laichrevieren die Bedingungen für den Schlupf und die Larvenentwicklung sich weiter verschlechtern.

Ähnliche Entwicklungen zeichneten sich auch im Schwarzen Meer ab. Im Mittelmeerraum und den Europäischen Meeresgebieten weiter nördlich sind schon seit längerem, wenn überhaupt, nur noch kleine Populationen von Stören vorhanden. Nicht besser sieht es in Nordamerika und Asien aus. Diese dramatische Entwicklung hat dazu geführt, dass alle Störarten in das **Washingtoner Artenschutzabkommen** aufgenommen worden sind. Zwei Arten, unser Gemeiner Stör, auch Baltischer Stör *(Acipenser sturio)* genannt, und der amerikanische Kurznasenstör *(Acipenser brevirostrum)*, genießen den höchsten Schutzstatus, der in diesem Abkommen festgelegt ist. Alle übrigen Arten sind in die zweithöchste Schutzkategorie eingeordnet.

Kaviar

Kaviar ist ein gesalzenes Produkt aus dem Rogen (den Eiern) der Störe, das zuerst hell und glasig ist und erst durch Behandlung mit Salz dunkel wird. Echter Kaviar wird aus dem Rogen laichfreier Weibchen gewonnen.

Der beste und teuerste Kaviar stammt vom **Beluga,** einem Fisch, der bis zu 1000 kg wiegen kann. Bei schwarzem Kaviar gilt die Regel: Je größer und heller (grau) das Korn, desto ausgereifter und aromatischer der Kaviar. Erstklassiger Beluga-Kaviar, der generell die größten und hellsten Körner hat, kostet 5000 US$ pro kg. Man kann in Iran aber auch Beluga-Kaviar für 90 US$ pro 100 g bekommen.

Immer noch teuer, aber doch eher erschwinglich, ist **Sevruga-Kaviar,** der am häufigsten angeboten wird. Auch hier gilt: Auf möglichst helle, große und vor allem heile Körner achten.

mend-See in Baluchestan. An Greifvögeln gibt es Goldadler und verschiedene Falkenarten, außerdem Bart- und Lämmergeier.

Die im Kaspischen Meer und im Persischen Golf betriebene **Fischerei** spielt in Iran quantitativ nicht die Rolle, die sie aufgrund des vorhandenen Potenzials (v.a. im Golf) spielen könnte. Wirtschaftlich bedeutender ist die Jagd nach dem **Stör** (Beluga und Sevruga) im Kaspischen Meer, dessen Rogen ein wichtiger Exportartikel ist.

Umweltschutz

Der Schutz der Umwelt hat in Iran Verfassungsrang, in Artikel 50 wird er als eine wichtige „Aufgabe aller Bürger" bezeichnet. Trotzdem kann der Umweltschutz in einem Entwicklungsland wie Iran natürlich nicht den gleichen Stellenwert besitzen wie in einem reichen Industriestaat wie Deutschland. Kurz nach der Revolution und während des Krieges gegen den Irak hatten ohnehin andere Belange Vorrang; seit Ende der 1980er Jahre gibt es jedoch in Iran verstärkte Bemühungen um den Umweltschutz.

Diese Bemühungen zielen vor allem auf zwei Punkte ab: erstens darauf, den **Raubbau an der Vegetation einzuschränken.** Dieser ist in Iran seit Jahrhunderten durch Abholzung und Überweidung betrieben worden und hat im 20. Jh. durch die Bevölkerungsexplosion ungeahnte Ausmaße erreicht. Zweitens wird angestrebt, die Lebensbedingungen in den Städten, v.a. die **Luftqualität,** zu verbessern.

Das erste Ziel wird durch zum Teil ehrgeizige Wiederaufforstungs- oder **Aufforstungsprojekte** verfolgt. Deren Sinn ist aber nicht immer über jeden Zweifel erhaben, z.B. im Falle der aufwendigen Beforstung der 150 km langen Fernstraße von Teheran nach Qom. Außerdem ist nicht klar, ob Iran die Abholzung der letzten verbliebenen Wälder etwa südlich des Kaspischen Meeres wirklich verhindern kann.

Das zweite Ziel steht im Zusammenhang mit schon älteren Bemühungen, dem Verkehrsinfarkt in den Großstädten (v.a. Teheran) gegenzusteuern. Dazu wurden seit Mitte der 1990er Jahre verschiedene Maßnahmen der Information und Verkehrsleitung bzw. **Verkehrsbegrenzung** ergriffen. So dürfen viele Straßen im Zentrum Teherans nur von städtischen Bussen, Taxis, Ärzten und staatlichen Fahrzeugen wie z.B. Feuerwehrwagen befahren werden. An manchen stark befahrenen Kreuzungen in Teheran stehen Anschlagbretter, die über die momentane Schadstoffbelastung informieren. Auch die 2001 eröffnete Teheraner **Metro** trägt dazu bei, den Dauerstau und die Schadstoffbelastung auf den Straßen zu lindern. Weitere Maßnahmen in diesem Sinne sind insbesondere seit Beginn der 1990er Jahre der Bau zahlreicher **Autobahnen** (persisch: *bozorgrah*) innerhalb und um Teheran, die den Verkehr merklich flüssiger gemacht haben.

⌵ Tal des Rudkhane-ye Nur
bei Baladeh im zentralen Alborz-Gebirge

Geschichte und Politik

Iran beherbergt einige der **ältesten bekannten Freilandsiedlungen** der Welt. Sie reichen bis ins 8. vorchristliche Jahrtausend oder noch früher zurück. In der Jungsteinzeit (ab ca. 6000 v. Chr.) beginnen sich in Iran die handwerklichen Techniken immer mehr zu verfeinern. Dies zeigt vor allem die Entwicklung der **Keramik** von einfacher, handgeformter Ware bis hin zu bemalter Töpferkunst von hohem künstlerischen Niveau, wie sie um 3500 v. Chr. in Tepe Sialk (Phase III) in Zentraliran erreicht wird (s.a. Exkurs auf der nächsten Seite).

Zu dieser Zeit existierten im Gebiet des heutigen Iran bereits **Städte von beträchtlicher Größe,** z.B. Tschoga Misch (in Südwest-Iran, südöstlich von Dezful), über deren Bewohner man aber aufgrund des Fehlens schriftlicher Zeugnisse nichts aussagen kann. Dies ändert sich mit dem Auftreten der mesopotamischen Hochkulturen, z.B. der Akkader, die vorübergehend Randgebiete Irans beherrschen, und auch des **Reichs der Elamer**. Letztere dominierten (mit Unterbrechungen) die Südwest-Provinz des heutigen Iran (Khuzestan) von ca. 3500 bis 640 v. Chr. Zu Beginn lag die Hauptstadt Elams, Anshan, sogar im iranischen Hochland nördlich von Shiraz (beim heutigen Malyan); in der späteren Blütezeit des Elamischen Reiches (d.h. vom 15. bis zum 11. Jh. v. Chr.) war Susa, das auch eine der Hauptstädte der Achämeniden werden sollte, eine der wichtigsten Städte.

Die **Einwanderung iranischer Völker** in das Gebiet des heutigen Iran setzt man für die zweite Hälfte des zweiten vorchristlichen Jahrtausends an. Verschiedene iranische Volksstämme wanderten wahrscheinlich westlich des Kaspischen Meeres über den Kaukasus und dann langsam weiter südostwärts. Entgegen der früher vorherrschenden Meinung, die Iraner seien die Zagros-Bergketten entlang direkt ins heutige Südpersien (Fars) gewandert, nimmt man heute an, dass sie zunächst aufs zentrale Hochland vorgedrungen sind und sich von dort aus in die übrigen Regionen Irans ausgebreitet haben. Dieser prähistorischen Phase der iranischen Geschichte können einzelne archäologische Fundorte nur mit einer gewissen Wahrscheinlichkeit zugeordnet werden, z.B. Tepe Sialk B, ca. 1000–900 v. Chr., den Medern. Das vermutlich älteste erhaltene Zeugnis iranischer Monumentalarchitektur ist die **medische Anlage von Nush-e Jan** (bei Hamadan, 8. Jh. v. Chr.).

Meder

Mit dem Auftreten der beiden Völker der **Meder und Perser** beginnt die eigentliche historische Phase der iranischen Geschichte. Den frühesten Beweis ihrer Anwesenheit liefert ein Bericht des Assyrerkönigs *Salmanassar III.* aus dem Jahr 836 v. Chr., der von den Landschaften Matai (d.h. Medien) und Parsuash (Persien) spricht.

Im Laufe des 8. und 7. Jh. entwickeln sich die Meder von einer losen Föderation einzelner Stämme immer mehr zu einer einheitlichen Kraft unter geeinter Führung und somit zu einer Bedrohung

Die Schneeziege – ein Symbol für Regen in der frühen iranischen Keramik

Die auf der frühzeitlichen iranischen Keramik abgebildeten Tiermotive, besonders die Darstellungen des heutigen nationalen Symboltiers, der Schneeziege, sind durchdrungen vom Geist der **Schlichtheit und Präzision.** In ganz Asien sind sie einzigartig.

Der frühzeitliche Mensch lebte beständig in Angst und Sorge, bedroht von Stürmen, Überschwemmungen, Raubtieren und sonstigen Naturkräften, die Häuser, Haustiere und Ernten bedrohten. Auch vor den Mächten des Bösen suchte man Schutz und fand Zuflucht in der Anbetung von Göttern oder auch Gegenständen und Tieren, von denen man annahm, dass sie mit Göttern in Verbindung standen. Der **göttliche Schutz** fand in Talismane, Amuletten und Totems, in Tierdarstellungen auf Keramik seinen bildlichen Ausdruck. Bestimmte Tiere wurden für heilig gehalten und waren ein beliebtes Motiv für frühzeitliche Künstler und Töpfer.

Darstellungen der Sonne und der mit ihr verbundenen Tiere wie Adler, Löwe, Kuh, Hirsch und Schneeziege finden sich auf Keramikfunden, die bis ins 4. Jahrtausend v. Chr. datiert werden. Halsbänder mit Anhängern in Gestalt der Schneeziege wurden besonders bei den kassitischen Stämmen in Lorestan getragen. Manchmal waren nur Teile der Tiere auf der Keramik dargestellt. Bei Funden aus dem 4. bis 3. Jahrtausend v. Chr. z.B. finden sich nur die Hörner der Kühe, Hirsche oder Schneeziegen oder nur die Schwingen oder Krallen von Vögeln, zusammen mit geometrischen Motiven.

Die frühen iranischen Stämme sahen in der Schneeziege ein **Symbol der guten, nützlichen Elemente.** So symbolisierte sie in Lorestan die Sonne. Manchmal dagegen konnte sie auch für den Regen stehen, der mit dem Mond in Beziehung gesetzt wurde, während die Sonne für Hitze und Trockenheit stand. Vielleicht aufgrund der Ähnlichkeit zwischen dem gedrehten Gehörn der Schneeziege und der Mondsichel wurde dem Gehörn die Kraft zugesprochen, für Regen zu sorgen.

Im alten Elam war die Schneeziege **Symbol für Wohlstand und den Gott der Vegetation.** In Mesopotamien verband man mit ihr die bestialische Natur des „großen Gottes". (Er wurde dargestellt als Gott der Pflanzen mit einem Zweig in der Hand, dessen Blätter von der Schneeziege gefressen wurden.)

Die frühzeitlichen Menschen entwickelten eine große Begabung bei der Abbildung gehörnter Tiere. Ursprünglich wurde die Keramik mit geometrischen Mustern bemalt, Zeichnungen von Tieren verbreiteten sich erst nach und nach. Später traten wieder geometrische Motive in den Vordergrund. Diese Wandlungen können bei den meisten frühzeitlichen iranischen Zivilisationen verfolgt werden, wobei das Motiv der Schneeziege in unterschiedlichen Epochen immer wieder hervortritt.

für das Assyrische Reich. Schließlich eroberte im Jahr 612 v. Chr. der Mederkönig **Kyaxares** die assyrische Hauptstadt Ninive, unterwirft die Assyrer und macht **Assyrien** zu einem Teil des medischen Reiches. Der Schwerpunkt des medischen Reiches bleibt mit der Hauptstadt Ekbatana (heute Hamadan) im Nordwesten des heutigen Iran.

Es ist umstritten, inwiefern die Meder wirklich über ein Reich mit einheitlichen politischen Strukturen verfügten bzw. inwiefern sie eine Konföderation einzelner Stämme geblieben sind. Leider sind aus der medischen Periode der iranischen Geschichte keine schriftlichen und bisher nur wenige archäologische Quellen erhalten, die darüber Auskunft geben könnten. In Hamadan, das bis heute dicht besiedelt ist, werden erst seit 1983 umfangreichere Grabungen durchgeführt. Indirekte Quellen (z.B. medische Kulturwörter im Altpersischen) machen es aber wahrscheinlich, dass es in der Tat eine mehr oder weniger einheitliche medische Kultur und Herrschaftsstruktur gegeben hat.

Achämeniden

Diejenigen persischen Stämme, die zusammen mit (oder nach) den medischen Stämmen aus dem Nordwesten auf das iranische Plateau einwanderten, waren zunächst Vasallen der Assyrer, später der Meder, und teilten sich im 7. Jh. v. Chr. in zwei Teile, welche die Regionen **Parsuash** (= ungefähr westlicher Zagros) und **Anshan** (= Fars) besiedelten. **Kyros II. der Große** aus der persischen Dynastie der Achämeniden vereinigte im Jahr 559 v. Chr. beide Teile. 550 schlug er die Meder unter *Astyages* und schuf damit die Grundlage des über 200 Jahre bestehenden achämenidischen Weltreichs unter persischer Herrschaft.

In den folgenden 20 Jahren eroberte *Kyros II.* eine Provinz nach der anderen, z.B. 547 v. Chr. das kleinasiatische **Lydien** unter dem wegen seines Reichtums legendären König *Kroisos* („Krösus") und 539 v. Chr. die Großmacht **Babylon.** Die Inschrift auf dem nach der Eroberung Babylons (auf Babylonisch) verfassten „Kyros-Zylinder" verkündet, dass Kyros ein von der babylonischen Gottheit Marduk geförderter, legitimer Herrscher Babyloniens ist. Dies ist kennzeichnend für den Umgang Kyros' und auch der meisten seiner achämenidischen Nachfolger mit den unterworfenen Völkern: Soweit möglich, wurden lokale und regionale Religionen bzw. Kulte geachtet, sogar gefördert, und dem unterworfenen Volk wurde – solange es sich politisch loyal verhielt – sozusagen **kulturelle Autonomie** gewährt. Auf diese Weise konnten sich die achämenidischen Herrscher die Unterstützung der einheimischen Eliten und Priesterschaft sichern; dies stellte eine wichtige Voraussetzung für den Zusammenhalt des heterogenen, „multiethnischen" achämenidischen Weltreichs dar.

Auf Kyros II., der 529 v. Chr. vermutlich im Kampf gegen östliche Steppenvölker starb und in Pasargadae in einem monumentalen Grabmal seine letzte Ruhe fand, folgte sein Sohn *Kambyses,* der 525 v. Chr. mit **Ägypten** seinem Reich den letzten noch verbliebenen Großmacht-Konkurrenten einverleibte. Während sich Kambyses 522 bei einem Feldzug in Ägypten aufhielt, erhob sich im Zentrum des Achämenidenreiches ein

„Magier" (d.h. ein Priester aus dem Volk der Meder) namens **Gaumata**, der sich als Kambyses' Bruder *Smerdis* und somit rechtmäßiger Thronfolger ausgab, und riss die Herrschaft vorübergehend an sich. Als Kambyses daraufhin ins Reich zurückeilen wollte, starb er unterwegs.

Die Ereignisse um die **„Usurpation"** des achämenidischen Thrones durch den Magier Gaumata zählen zum Spannendsten und zugleich Umstrittensten, was die achämenidische Geschichte zu bieten hat. Die Darstellung, nach der ein Magier sich als Kambyses' Bruder Smerdis ausgibt, stammt von **Darius I.**, der dem Magier bald die Herrschaft wieder entreißen sollte; *Darius* hat sie auf seiner Bisotun-Inschrift für die Nachwelt festgehalten. Nach Darius konnte sich der Magier deshalb für Smerdis ausgeben, da Kambyses seinen Bruder vorher umgebracht, dies aber vor allen verheimlicht hatte.

Die Darstellung griechischer Historiker unterscheidet sich jedoch in manchen Punkten von derjenigen Darius' I. So spricht der „Vater der Geschichtsschreibung" *Herodot* von zwei Magiern (namens *Patizeithes* und *Smerdis*), die den Thron usurpieren. Dies und andere

Geschichte und Politik

Widersprüche in verschiedenen Quellen – sowie die Tatsache, dass Darius in seiner Inschrift in jedem Fall daran interessiert sein musste, die Unrechtmäßikeit der Herrschaft des Magiers bzw. der Magier zu betonen – lassen es auch möglich erscheinen, dass Kambyses seinen Bruder Smerdis gar nicht umgebracht hat und dass der Magier Gaumata in Wahrheit mit Smerdis, dem Bruder Kambyses', identisch ist.

Achämenidische Inschriften Gandjnameh bei Hamadan

Darius I. (522–486 v. Chr.) stammte aus einem anderen Unterzweig der achämenidischen Dynastie als seine Vorgänger Kyros II. und Kambyses; vielleicht deshalb wurde seine Thronbesteigung von einer Reihe von Aufständen in mehreren Provinzen begleitet, die er nur mit Mühe und äußerster Brutalität niederwerfen konnte (auch dies beschreibt *Darius* in der Bisotun-Inschrift). In die Zeit von Darius' Herrschaft fällt die größte territoriale Ausdehnung des achämenidischen Reichs. Darius verlegte die **Hauptstadt** von Ekbatana nach **Susa,** das näher an den wichtigen Provinzen Babylonien, Elam und Fars lag, und baute Susa und **Persepolis** zu den wichtigsten achämenidischen Residenzen aus. Dem Bau der Paläste in Susa und Persepolis kommt eine reichsweite und grundlegende Bedeutung zu, da Darius aus allen Teilen des Reichs Arbeitskräfte und Materialien zusammenzog (siehe auch die Bauinschrift). Die Paläste als achämenidische „Gesamtleistungen" erhielten somit die Funktion, der Idee des achämenidischen Vielvölkerstaats architektonischen Ausdruck zu verleihen.

Darius I. führte auch einheitliche Verwaltungsstrukturen in allen Reichsteilen ein, mit dem **Aramäischen als Verwaltungssprache.** Dieses hatte schon in Assyrien Verbreitung gefunden und war, auf Papyrus geschrieben, weit praktischer zu handhaben als jede Art von Keilschrift. Darius schuf ein einheitliches **Geldsystem** und ordnete die regelmäßige Abgabe von Tributen seitens der Reichsprovinzen (Satrapien) an. Außerdem baute er die Infrastruktur des Reiches systematisch und langfristig aus, so z.B. das von den Griechen bewunderte **Straßen- und Postsystem,** mit dem die riesigen Entfernungen innerhalb des Achämenidenreiches schnell überbrückt werden konnten. Er ließ den **Suez-Kanal** bauen und ein flächendeckendes **Bewässerungssystems** (Qanate) anlegen. Im Gegensatz zu der Vereinheitlichung der Verwaltung auf Bundes- und Satrapien-Ebene respektierten und förderten die achämenidischen Herrscher lokale und regionale religiöse und kulturelle Traditionen. In Ägypten durfte weiterhin Isis angebetet und auf lokaler Verwaltungsebene Ägyptisch geschrieben werden, in Babylon wurde weiterhin Marduk verehrt und (vor allem für religiöse Zwecke) auf Babylonisch geschrieben, in Elam und Fars blieb das Elamische sogar bis ca. 460 v. Chr. als regionale Wirtschafts- und Verwaltungssprache in Gebrauch.

Darius' Nachfolger **Xerxes I.** (486–465 v. Chr.) und **Artaxerxes I.** (465–424) setzten die Arbeiten in Susa und Persepolis fort bzw. vollendeten sie. Auch **Artaxerxes II.**, der Achämenidenherrscher mit der längsten Regierungszeit (405–359), wird in Inschriften in Susa noch als Bauherr genannt.

Das Achämenidenreich lässt sich während der gesamten beinahe 200 Jahre von der Thronbesteigung Darios' I. bis kurz vor der Eroberung durch den Makedonier *Alexander den Großen* (d.h. 521–333) als ein im Wesentlichen **stabiles und blühendes Reich von globalen Ausmaßen** beschreiben. Gelegentliche militärische Niederlagen wie gegen die Griechen bei Marathon (490 v. Chr.) oder Aufstände wie derjenige in Ägypten, der von 401 bis 399 vorübergehend zur Unabhängigkeit der Provinz führte, waren Randerscheinungen, die das Achämenidenreich nicht wirklich erschütterten.

Die in früheren geschichtlichen Werken anzutreffende Darstellung, nach Darius I. – und besonders nach Artaxerxes I. – habe bereits ein stetiger und unaufhaltsamer innerer **„Zerfall" und Niedergang** des Achämenidenreiches begonnen, lässt sich heute nicht mehr aufrechterhalten. Sie basiert wesentlich auf den Darstellungen griechischer Historiker. Diese standen dem Achämenidenreich, das die meisten griechischen (Teil)staaten lange Zeit beherrschte, natürlich nicht unvoreingenommen gegenüber. Vielmehr betrachteten sie das Achämenidenreich als ein Reich von „Barbaren", als eine „orientalische Despotie", die allein schon deshalb scheitern musste, weil sie dem Ideal der griechischen Demokratie ideologisch unterlegen war. Als eigentlicher Grund des Endes des Achämenidenreiches ist in erster Linie nicht seine innere Schwäche, sondern die überlegene strategische und militärische Taktik Alexanders des Großen anzusehen.

Die **historische Leistung** der Achämeniden besteht vor allem in dem erfolgreichen Aufbau eines stabilen Reiches von bis dahin nicht gekannter territorialer Ausdehnung, das eine große Zahl von Völkern und Kulturen vereinte, ohne diese „gleichzuschalten" oder in ihrem kulturellen Bestand zu unterdrücken. Vielmehr ließen sich die Achämeniden beim Aufbau von Infrastruktur und Verwaltung sowie bei der künstlerischen Ausgestaltung ihrer Residenzen von einem gesunden Eklektizismus leiten, dessen Ergebnis mehr war als die Summe der Einzelteile, aus denen er sich zusammensetzte.

Wesentliche Teile der achämenidischen Kunst, Architektur und politischen Kultur (z.B. das dynastische Denken) gehen auf altorientalische Vorbilder (Assyrien, Babylonien, Urartu) zurück. Und doch ist das Achämenidenreich über diese Vorbilder hinausgegangen. Obwohl manches in Bezug auf ihre Religion noch im Unklaren liegt, lässt sich das „Element X", in dem die Achämeniden über das Erbe ihrer Vorgänger hinausgingen, in der **religiösen Basis** ihrer Herrschaft sehen. Die achämenidischen Könige waren nicht göttergleich oder göttlichen Ursprungs, aber sie waren mit einem Gottgnadentum und einem göttlichen Charisma (Avestisch *xwarena*) ausgestattet, das ihre Herrschaft legitimierte. Aus der Religion *Zarathustras*, die dieses Gottgnadentum verlieh, ergab sich für die achämenidischen Herrscher nicht nur die absolute Macht über die Untertanen, sondern auch die Verpflichtung, die „gute Schöpfung" des zoroastrischen Gottes zu bewahren, und somit auch eine gewisse Sorgfaltspflicht gegenüber ihren Untertanen.

Alexander der Große und die Seleukiden

Das von dem jungen Alexander innerhalb kurzer Zeit (ca. 333–325 v. Chr.) eroberte **Weltreich,** das seine makedonische Heimat, alle griechischen Gebiete und das gesamte Achämenidenreich umfasste, war nicht von langer Dauer. Wenige Jahre nach seiner Heirat mit der baktrischen Fürstentochter *Roxane,* die die Verschmelzung der griechisch-makedonischen mit den iranischen Völkern symbolisieren sollte, starb Alexander (vermutlich am Fleckfieber) in Babylon. In den auf seinen Tod folgenden Wirren und Aufständen konnte sich der Satrap (d.h. Provinzgouverneur) **Seleukos** einen großen Teil des ehemaligen achämenidischen Reiches, darunter auch die persischen „Kernlande" um Susa und Persepolis, militärisch sichern und begründete die seleukidische Dynastie, die fast zwei Jahrhunderte lang Bestand haben sollte.

Wie Alexander suchten auch Seleukos und seine Nachfolger den **Ausgleich mit den lokalen iranischen Eliten** und respektierten die einheimischen Traditionen der einzelnen Teile des immer noch riesigen Reiches. Seleukos heiratete die baktrische Prinzessin *Apama* und versuchte sich, wie Alexander, mehr wie ein rechtmäßiger iranischer Thronfolger zu verhalten denn als „fremder" Eroberer. Trotz der zweifellos bestehenden historischen Kontinuität von den Achämeniden zu den Seleukiden brachten Letztere natürlich auch völlig neue „Dinge" und Errungenschaften mit, vor allem die Gründung griechisch-makedonischer Militärkolonien und Städte (z.B. Alexandria, das heutige Iskenderun in der Türkei, das in Erinnerung an Alexanders Sieg bei Issos 333 v. Chr. gegründet wurde). Als weitere Folge der Umsiedlung griechisch-makedonischer Bevölkerungsteile (darunter viele Wissenschaftler und Künstler) in die östlichen Gebiete des Reiches entstand eine neue Kultur, die unter dem Oberbegriff **„Hellenismus"** zum Teil völlig neue Kunst- und Architekturstile bezeichnet. Hellenistisch beeinflusst ist u.a. auch die später entstandene buddhistische Gandhara-Kultur in Nordindien. Leider ist auf dem Gebiet des heutigen Iran nur sehr wenig hellenistisches Erbe anzutreffen (z.B.

Reste eines Tempels in Khorha oder ein Herkules-Relief bei Bisotun).

Parther

Schon ab Mitte des 3. Jh. v. Chr. hatten sich die Parther in der nordöstlichen Grenzregion des seleukidischen Iran als **unabhängiges Fürstentum** etabliert, sie mussten jedoch im Jahre 205 wieder die seleukidische Oberhoheit anerkennen. Erst nach der entscheidenden seleukidischen Niederlage gegen Rom (unter *Scipio dem Älteren*) 190/89 v. Chr. bei Magnesia am Sipylosberg (Lydien) konnten die Parther ihre Herrschaft weiter nach Westen ausdehnen, um bis ca. 140 v. Chr. schließlich ganz **Westiran und Mesopotamien** zu erobern und zu den territorialen Erben der Seleukiden (und auch Achämeniden) zu werden.

Mithradates II. (124–88 v. Chr.) konsolidierte die parthische Großmachtstellung. Zu Beginn des 1. Jh. v. Chr. setzte die lange Phase friedlicher Kontakte und kriegerischer Auseinandersetzungen der Parther (und später der Sasaniden) mit dem **Römischen Reich** ein, wobei die Grenze zwischen den beiden Großreichen oft umstritten war und hin- und herversetzt wurde, aber meist am Euphrat lag. Aus einem überraschenden Angriff *Crassus'*, durch den sich der Konsul innenpolitisch zu profilieren versuchte, resultierte die verheerende Niederlage Roms 53 v. Chr. bei Karrhae. Die Parther waren militärisch vor allem durch ihre hochbeweglichen berittenen Bogenschützen im Vorteil, die eine typische iranische Tradition repräsentieren und von verschiedenen römischen Historikern beschrieben wurden. Aus dieser Niederlage ergaben sich jedoch keine langfristigen Folgen für den römisch-parthischen Antagonismus.

Vermutlich unter **Vologeses I.** (51–80 n. Chr.) wandte sich das bis dahin stark hellenistisch geprägte parthische Reich wieder vermehrt iranischen und zoroastrischen Traditionen zu (jedoch sind noch sasanidische Königsinschriften aus dem 3. Jh. n. Chr. dreisprachig auf Mittelpersisch, Parthisch und Griechisch (!) abgefasst). Nach Vologeses' Tod entriss der römische Kaiser *Hadrian* dem Partherreich vorübergehend das Kernland Assyrien mit der Hauptstadt Ktesiphon-Seleukia (heute im Irak nahe Bagdad), Hadrians Nachfolger *Trajan* zog sich jedoch wieder zurück. Erwähnenswert ist auch der zur damaligen Zeit bereits blühende **Ost-West-Handel entlang der Seidenstraße,** der auf römischem Gebiet wesentlich von palmyrenischen Händlern dominiert wurde und von den periodisch wiederkehrenden kriegerischen Konflikten zwischen Rom und Iran immer nur für kurze Zeit unterbrochen wurde.

Das Ende der Parther kam „von innen heraus": Ein lokaler Fürst aus dem eigentlich persischen Stammland Fars, **Ardeshir** aus dem Geschlecht der Sasaniden, nützte eine Schwächeperiode der parthischen Zentralregierung und eroberte in kurzer Zeit das gesamte parthische Reich. Damit wurde nach über 550 Jahren die **Provinz Fars,** die schon den Ausgangspunkt der achämenidischen

▷ Reste der sasanidischen Stadtmauer von Bishahpur in der Provinz Fars

Expansion dargestellt hatte, wieder zum politischen Schwerpunkt Irans. Die Hauptstadt wurde anfangs Gur (heute Firuzabad in der Provinz Fars); später, als die Sasaniden eine Großmacht wurden, verlegte man die Hauptstadt nach Ktesiphon.

Sasaniden

Ardeshirs Nachfolger **Shahpur I.** (240–271 n. Chr.) gelang es in mehreren militärischen Auseinandersetzungen mit dem Römischen Reich, teilweise bis nach Zentralanatolien vorzudringen und 260 n. Chr. bei Edessa (dem heutigen Urfa) sogar Kaiser *Valerian* gefangenzunehmen. Für die meiste Zeit jedoch blieb die alte parthisch-römische Grenze, der Euphrat, auch für die Sasaniden in etwa maßgeblich.

Die Regierungszeit *Shahpurs I.* ist nicht nur für Iran von höchster religionsgeschichtlicher Bedeutung. Denn in diese Zeit fällt die Verbreitung der synkretistischen Religion des **Manichäismus**, die sich rasch zu einer Weltreligion entwickelte und über mehrere Jahrhunderte in Asien und Nordafrika eine wichtige Rolle spielte. Der Gründer dieser Religion, der im südlichen Mesopotamien geborene *Mani* (216–276), verbrachte mehrere Jahre im Gefolge Shahpurs I. und wurde von diesem, vermutlich auch in seinen missionarischen Aktivitäten, gefördert. Der Manichäismus wurde für die in Iran vorherrschende „Mehrheitsreligion" des **Zoroastrismus** zu einer derartigen Bedrohung, dass der zoroastrische Oberpriester **Karder** den übernächsten Nachfolger Shahpurs I., *Bahram I.* (273–276), dazu veranlasste, Mani 276 n. Chr. hinrichten zu lassen.

Karder spielte auch unter Bahrams I. Nachfolger, **Bahram II.** (276–293), eine bedeutende Rolle nicht nur als religiöser Führer, sondern erhielt zusätzlich direkte politische Funktion als höchster Richter des Reiches. Für das letzte Viertel des 3. Jh. n. Chr. kann man zum ersten Mal in der iranischen Geschichte unzweifelhaft von einer **zoroastrischen „Staatskirche"** und von damit verbundenen Verfolgungen Andersgläubiger sprechen. Dies und allgemein die herausragende Bedeutung des Oberpriesters Karder ergibt sich aus mehreren in Karders Auftrag verfassten Felsinschriften, in denen er über seine Politik, Ideologie und religiösen Vorstellungen spricht. Von der Religion des Manichäismus, die sich in den folgenden Jahrhunderten vor allem entlang der östlichen Seidenstraße weiter ausbreitete, existieren im heutigen Iran keine Zeugnisse mehr.

Nach Bahrams II. Tod (293) wurde der Manichäismus im sasanidischen Reich wieder zugelassen. Die von Karder gelegten Grundlagen einer zoroastrischen „Staatskirche" und die Einführung des Christentums als Staatsreligion im Oströmischen Reich im 4. Jh. führten später jedoch wieder zu grausamen **Christenverfolgungen** im sasanidischen Reich; die Christen wurden nun in Iran als die „5. Kolonne Roms" angesehen.

In das 4. Jh. n. Chr. fällt die lange Regierungszeit **Shahpurs II.** (309–379), die als ein Höhepunkt der sasanidischen Geschichte bezeichnet werden kann. Shahpur, der als junges Kind den Thron bestieg, gelang es, aus dem Osten einfallende Nomadenstämme zurückzudrängen und gleichzeitig im Westen eine expansive Politik zu verfolgen; er entriss dem Oströmischen Reich **Mesopotamien und Armenien.** 363 fiel in einer Schlacht südlich von Samarra (im heutigen Irak) der römische Kaiser *Julian Apostata* („der Abtrünnige").

Bereits gegen Ende des 4., aber mehr noch im 5. und 6. Jh. drangen immer wieder **nomadische Reitervölker** (Kidariten, Hephthaliten u.a.) von Osten her ins sasanidische Reich ein und wurden vorübergehend zu einer größeren Bedrohung als der römische (später: byzantinische) Nachbar im Westen. Der für seine List und Klugheit berühmte, in iranischen Legenden bis heute als **Bahram Gur** („Wildesel-Bahram", gemeint ist „der die Wildesel jagt") bezeichnete Herrscher *Bahram V.* (421–439) konnte die Hephthaliten im Jahr 427 entscheidend schlagen, die „Gefahr aus dem Osten" kehrte aber periodisch zurück und 484 wurden die Sasaniden (nach dem Tode Peroz', 459–484) den Hephthaliten vorübergehend sogar tributpflichtig.

Ab dem 5. Jh. scheint der politische Einfluss des **Adels** im Sasanidenreich immer stärker geworden zu sein. Dies war einer der Auslöser für die sozial motivierte, aber in religiösem Gewand auftretende Erhebung eines gewissen *Mazdak* gegen Ende des 5. Jh. **Kavad I.** (488–496 und 499–531) scheint sich zunächst die Sache der **Aufständischen** zu eigen gemacht zu haben, um die Macht des Adels einzuschränken; vorübergehend wurde er vom Adel entmachtet und floh 496 an den Hof der Hephthaliten, mit deren Hilfe er drei Jahre später auf den sasanidischen Thron zurückkehren konnte. Erst gegen Ende seiner Regierungszeit wandte sich Kavad I. gegen die Mazdakiten, deren Anführer Mazdak und dessen prominenteste Unterstützer er schließlich (ca. 528) hinrichten ließ.

Unter **Khosrow I.** (531–579) erlebte das sasanidische Reich noch einmal eine Renaissance. Khosrow I. führte **Reformen** in Heer und Verwaltung durch, deren wichtigste eine grundlegende Steuerreform war. Diese sicherte dem Staat in den nächsten Jahrzehnten stabile Einnahmen und erhöhte somit den Handlungsspielraum des Herrschers erheblich, sowohl gegenüber den äußeren Feinden (Byzanz) als auch gegenüber dem sasanidischen Adel. Unter Khosrow I. erlebte Iran auch eine **kulturelle Blüte:** Iran fungierte als Drehscheibe des internationalen Wissensaustausches, griechische Medizin wurde an iranischen Hochschulen (z.B. in Djonde Shahpur nordöstlich von Susa) gelehrt und später von den islamischen Arabern rezipiert, aus dem Osten kommende Literaturwerke wie z.B. die indische Fabelsammlung Pantschatantra wurden ins Persische übersetzt, um später ins Arabische und in europäische Sprachen bzw. Literaturen weiterzuwandern.

Außenpolitisch-militärisch kämpften die Sasaniden unter Khosrow I. mehrmals mit wechselndem Erfolg gegen den Dauerfeind im Westen (Byzanz) und konnten 560 die immer wieder aus dem Osten einfallenden Hephthaliten endgültig unterwerfen. Zunächst militärisch erfolgreicher als Khosrow I. war sein Enkel **Khosrow II.** (590–628). Er eroberte unter anderem 614 **Jerusalem**, von wo er zur großen Demütigung der byzantinischen Christen das heilige Kreuz nach Ktesiphon verschleppte, entriss 619 den Byzantinern die Kornkammer **Ägypten** und zog 626 bis vor die byzantinische Hauptstadt **Konstantinopel.** Die militärischen Aktionen der Sasaniden und Byzantiner in den 20er Jahren des 7. Jh. ähnelten allerdings immer mehr dem verzweifelten Gegeneinander-Anrennen zweier wirtschaftlich und innerlich ausgebluteter Kontrahenten.

628 gelang dem byzantinischen Kaiser *Heraklios* ein Gegenschlag, er drang bis zur sasanidischen Hauptstadt Ktesiphon vor. Khosrow II., der schon Jahre zuvor durch eine Heeresreform den Unmut vieler Offiziere auf sich gezogen hatte, wurde nach dieser Niederlage entmachtet, ins Gefängnis geworfen und schließlich umgebracht. In den folgenden fünf Jahren wechselten sich nicht weniger als acht Herrscher auf dem Thron des sasanidischen Reiches ab, bis mit **Yazdegerd III.** (633–651) ein Herrscher die Macht übernahm, dem es nur noch beschieden war, den endgültigen Untergang seiner Dynastie zu begleiten.

Inzwischen waren nämlich mit den **muslimischen Arabern unter Mohammed** auf der arabischen Halbinsel eine neue Religion und ein neuer Akteur auf der Bühne der Geschichte erschienen, die innerhalb kürzester Zeit das Schicksal des sasanidischen Iran besiegeln sollten. 628 betraten die mit einer expansiven Ideologie ausgestatteten arabischen Heere im Jemen zum ersten Mal sasanidisches Staatsgebiet. Im Jahre 634 (d.h. zwei Jahre nach Mohammeds Tod 632) erhielt Yazdegerd III. vom islamischen Kalifen *Omar I.* die Aufforderung übermittelt, den „neuen Glauben" anzunehmen; natürlich wies er dies entrüstet zurück. In den folgenden 15 Jahren wurde fast das gesamte Territorium des sasanidischen Iran **von arabischen Truppen nach und nach erobert,** wobei die entscheidenden Schlachten 636 (bei al-Qadisiyya) und 642 (bei Nahavand) geschlagen wurden.

Wie konnte ein Staat wie der sasanidische, der sich immerhin 400 Jahre lang einer gewissen Kontinuität und Stabilität erfreut hatte, derart schnell untergehen? Die Gründe liegen zum einen sicherlich in der neuen und expansiven Religion und Ideologie des Islam. Diese vermochte aus dem Auftrag ihres charismatischen Gründers Mohammed ungeahnte militärische Energien freizusetzen. Der **Untergang der Sasaniden** wäre jedoch undenkbar gewesen ohne das Hinzutreten von vor allem zwei äußeren Faktoren: erstens die jahrelange, Kräfte raubende militärische Auseinandersetzung mit Byzanz, gerade zu Beginn des 7. Jh., und zweitens die Tatsache, dass Khosrow II. in den Jahren 600–602 den unabhängigen Staat der Lachmiden unterwarf, der bis dahin als Vasallenstaat eine Pufferfunktion zwischen den Sasaniden und den arabischen Stämmen der arabischen Halbinsel gehabt hatte. Damit bescherte er ungewollt seinem Reich eine neue potenzielle Front an der Südseite, die den kriegerischen arabischen Stämmen der Halbinsel später einen unmittelbaren Angriff auf die Sasaniden ermöglichte.

Die islamische Periode

Die Eroberung Irans durch arabisch-islamische Heere, die 651 n. Chr. mit dem Tod *Yazdegerds III.* bis auf wenige Randgebiete abgeschlossen war, markiert *die* historische Zäsur in der iranischen Geschichte. Das sasanidische Reich lässt sich als das letzte „altorientalische" Reich bezeichnen; mit der islamischen Herrschaft beginnt für Iran eine **neue Zeitrechnung,** die (trotz weiterer kleinerer historischer Brüche) bis heute anhält.

Für die ersten zwei bis drei Jahrhunderte der islamischen Herrschaft lässt sich nur mit Einschränkung von einer eigenständigen iranischen Geschichte sprechen. Unter der Dynastie der **Omayyaden** (661–750), die nach dem Tod des letzten „rechtgeleiteten" Kalifen *Ali* an die Macht gekommen waren, war der Iran als solcher keine politische Einheit, sondern **Teil eines arabisch-islamisch dominierten Großreichs.** Bei der raschen territorialen Expansion ihrer Herrschaft konnten die Omayyaden allerdings nicht umhin, für die Verwaltung der riesigen Gebiete zunächst auf die Fähigkeiten ihrer neuen Untertanen zu bauen. Hierbei kam den in Jahrhunderten gewachsenen Verwaltungsstrukturen des ehemaligen sasanidischen Reiches eine besondere Bedeutung zu.

Unter der Dynastie der **Abbasiden** (750–1258), hervorgegangen aus einem mit dem omayyadischen Stamm rivalisierenden Stamm ebenfalls mekkanischen Ursprungs, änderte sich zunächst nichts am politischen Status Irans. Allerdings war die „abbasidische Revolte", die zum Sturz der Omayyaden führte, wohl auch ein Ergebnis von Unzufriedenheit seitens nicht-arabischer (vor allem persischer) Provinzen und wurde nicht zufällig von einem Perser namens *Abu Muslim* aus dem östlichen Iran angeführt. In diesem Sinne ist auch die „Ostverschiebung" der Hauptstadt des Kalifats vom omayyadischen Damaskus (Syrien) ins abbasidische (und stark persisch geprägte) **Bagdad** (Mesopotamien) zu verstehen.

Bereits im Laufe des 9. Jh. begann das abbasidische Reich von seinen Rändern her „auszufransen": Lokale Fürsten und Heerführer erhielten immer mehr

Macht und konnten diese teilweise an Nachkommen vererben, wodurch **lokale Dynastien** entstanden. Ab dem 10. Jh. war das abbasidische Kalifat, das ursprünglich und in islamischer Theorie die weltliche und geistliche Macht über alle islamisch beherrschten Gebiete vereinigen sollte, nur noch nominales Oberhaupt der Muslime. De facto wurden die Kalifen nun oft zu Marionetten der jeweils in Bagdad herrschenden, teilweise von außen kommenden Dynastie, etwa der 945–1055 herrschenden Buyiden. Diese waren Schiiten und persischen Ursprungs (aus der historischen Region Dailam im heutigen Nord-Iran) und beherrschten neben dem Kerngebiet des Kalifats (Mesopotamien) auch weite Teile des heutigen Nord-, West- und Zentral-Iran.

Die **Islamisierung Persiens** vollzog sich nicht schlagartig, sondern als allmählicher Prozess über mehrere Jahrhunderte. Zunächst nahm ein Großteil der örtlichen Großgrundbesitzer die neue Religion an, um den angestammten Besitz und Privilegien nicht zu verlieren, dann – aus den gleichen Motiven – die einheimische Verwaltungselite, die von den arabischen Eroberern weitgehend in ihren Funktionen belassen wurde.

Obwohl die öffentliche Sphäre des islamischen Iran von ca. 650 bis 900 stark vom **Arabischen** als Sprache der Religion, Verwaltung, Wissenschaft und Literatur dominiert war, gingen persische Sprache und Kultur während dieser Zeit keineswegs verloren. Vielmehr begann im Laufe des 9. Jh. eine **Renaissance des Persischen,** zunächst als Sprache der Literatur an einigen Fürstenhöfen Nordost-Irans. Als wichtigste Dynastie ist hier diejenige der **Samaniden** (ca. 820–1000, Hauptstadt Buchara) zu nennen, mit Hilfe deren Förderung unter anderem der Dichter *Ferdowsi* begann, das persische Nationalepos „Shahnameh" zu verfassen bzw. zusammenzustellen. Im Laufe des 10. und 11. Jh. sollte sich das Persische schließlich zu einer vollwertigen, dem Arabischen gleichrangigen, nun islamischen Sprache entwickeln.

Hierin unterscheidet sich Iran von anderen islamischen Kernregionen wie Irak, Syrien oder Ägypten, die auf dem Weg der Islamisierung vollständig arabisiert wurden. Dies ist in Iran nicht geschehen, und darin liegt eine wichtige historische Leistung Irans für die islamische Zivilisation: in der „Internationalisierung" islamischer Inhalte. Die auf diesem Wege geschaffene persisch-islamische Kultur diente anderen Kulturen und Völkern (z.B. den türkischen Osmanen) als Modell der **„Islamisierung ohne Verlust der kulturellen Identität".**

Seldjuqen

Die Seldjuqen (1040–1194) waren die erste islamische Dynastie, die große Teile des historischen Iran (d.h. des sasanidischen bzw. achämenidischen Reiches) wieder in einem einheitlichen Staatsgebilde vereinte. Das Persische als Sprache von Literatur und zunehmend auch Verwaltung und Wissenschaft spielte wieder eine bedeutende Rolle. Die Seldjuqen, ursprünglich ein aus Zentralasien stammender **türkischer Nomadenstamm,** wanderten ab dem 9. Jh. n. Chr. in südwestlicher Richtung und verrichteten zunächst bei verschiedenen islamischen Dynastien Söldnerdienste. Vom 10. bis zum 20. Jh. n. Chr. sollten fast alle in

Iran herrschenden Dynastien türkischen Ursprungs sein; allerdings passte sich die türkische herrschende Schicht in der Regel schnell der persisch-islamischen Kultur und Sprache ihrer Untergebenen an.

Die Seldjuqen traten als Schutzmacht des sunnitischen Kalifats (in Bagdad) auf, dominierten dieses (zumindest bis 1154) politisch jedoch vollständig. Sie machten **Isfahan** zur Hauptstadt ihres Reiches. Den Höhepunkt ihrer Machtentfaltung erlebten sie unter den Herrschern *Alp Arslan I.* (1063–72) und *Malik Shah I.* (1072–92). Daran hatte der führende Wezir der seldjuqischen Periode, *Nezam ol-Molk,* maßgeblichen Anteil. Er gründete unter anderem die berühmte **Hochschule Nizamiya in Bagdad** und verfasste einen berühmten „Fürstenspiegel", in dem er, an altiranische Traditionen und Mythen anknüpfend, die Pflichten eines (damals) modernen islamischen Herrschers beschrieb. 1092 fiel er einem Attentat zum Opfer.

Ab Mitte des 12. Jh. verlor die seldjuqische Zentralmacht zunehmend an Einfluss. Im Westen des Reiches brachen Kleinkriege zwischen rivialisierenden Fürstentümern aus, im Osten konnte das Reich der Khwarezmshahs vorübergehend zu einer regionalen Macht aufsteigen und für kurze Zeit sogar seinen Einfluss auf den westlichen Iran ausdehnen. Die Lage änderte sich grundlegend mit dem Auftreten der Mongolen unter **Dschingis Khan,** der ab 1218, aus Zentralasien kommend, in wenigen Jahren große Teile des Vorderen und Mittleren Orients überrannte und unter seine Herrschaft brachte.

Die Mongolen und ihre Nachfolger

Nach *Dschingis Khans* Tod 1227 gelang es seinen unmittelbaren Nachfolgern, vor allem seinem Sohn *Ögedei* (1229–41), militärisch im Osten bis nach China (Mandschurei) und im Westen bis nach Mitteleuropa vorzudringen. Die Mongolen konnten ein Reich von derartigen territorialen Ausmaßen nicht einheitlich verwalten und gliederten es in mehrere Teilreiche auf, die sich bald selbstständig machten. Der mongolische Großkhan *Möngke* (1251–60) beauftragte seinen

◳ Der Grabturm Gonbad-e Kavus in der Provinz Golestan entstand um das Jahr 1000 n. Chr.

Bruder **Hülägü** (1256–65) mit der endgültigen Unterwerfung und Verwaltung der Gebiete des **„Östlichen Kalifats"** (d.h. ungefähr des heutigen Iran, Irak, Syrien und Anatolien). Hülägü marschierte 1258 in Bagdad ein und ließ den letzten abbasidischen Kalifen *al-Musta'sim* ermorden, wurde jedoch 1260 bei Ain Djalut (Palästina) von einer ägyptisch-mamlukischen Armee zum ersten Mal geschlagen.

Die von Hülägü begründete **Dynastie der Il-Khane** regierte etwa bis 1350. Die Herrschaft der Dynastie wie auch die vorhergehende Eroberung durch die mongolischen Großkhane war insofern ein Trauma für die iranisch-islamische (bzw. generell für die islamische) Geschichte, als zum ersten Mal seit 600 Jahren „Ungläubige", deren Führungsschicht die Religionen des Buddhismus oder Christentums bevorzugten, einen Großteil der islamisch bewohnten Gebiete beherrschten. Nach zwei Generationen jedoch nahm der Il-Khan **Ghazan** (1295–1304) die islamische Religion der Bevölkerungsmehrheit seines Reiches an. Unter ihm und seinem Nachfolger *Mohammed Öldjeitü Khodabande* (1304–16) erlebte das Reich der Il-Khane seine Blüte. Der politische Schwerpunkt lag im Nordwesten des heutigen Iran, wo in Städten wie **Maragheh und Soltaniyeh** (bei Zanjan) prächtige Residenzen errichtet wurden.

Timuriden

Nach dem Zerfall des Ilkhaniden-Reiches und einer darauf folgenden, mehrere Jahrzehnte währenden Zersplitterung Irans in lokale Dynastien trat **Timur Leng** (1370–1405) auf den Plan, der in Europa unter dem Namen *Tamerlan* für seine Grausamkeit bekannt wurde. Ab 1380 gelang es ihm, vom Nordosten kommend, Iran und die angrenzenden Gebiete zu erobern. Unter Timur und seinen Nachfolgern sollte zum letzten Mal – wenngleich nur für kurze Zeit – ein im Wesentlichen iranisch geprägtes Land **weitere große Teile des Vorderen Orient** wie Irak, Syrien und Anatolien umfassen. Obwohl sich Timurs Militärmacht wesentlich auf Nomadenstämme gründete, war er selbst bereits stark von städtischer islamischer Kultur geprägt. Dies hielt ihn bei seinen Feldzügen jedoch nicht davon ab, die islamischen Städte, die sich ihm nicht ergaben, dem Erdboden gleich zu machen und ihre Bewohner niederzumetzeln.

Timur baute das zentralasiatische **Samarkand** zu einer prächtigen Metropole und wichtigen Handelsstadt aus. Unter seinen Nachfolgern, z.B. *Shah Rokh* (1409–47), erlebte der islamische Iran einen seiner **Höhepunkte in Kunst und Kultur,** vor allem in Architektur und Malerei.

Bereits die timuridische Herrschaft über Iran wurde immer wieder durch zwei in Nordwest-Iran und Anatolien ansässige, miteinander konkurrierende **turkmenische Lokaldynastien** bedroht, die Ak-Qoyunlu und Qara-Qoyunlu. Ihnen gelang es mehrmals, weite Teile Irans vorübergehend unter ihre Herrschaft zu bringen. Nach dem Ende der Timuriden sah es so aus, als würden die Ak-Qoyunlu die Oberhand gewinnen. Zwischenzeitlich hatte sich jedoch ein Ereignis von höchster Wichtigkeit für die weitere iranische Geschichte angebahnt. Der in Nordwest-Iran (Ardabil, nahe dem Kaspischen Meer) ansässige **religiöse Orden der Safaviden** (benannt nach dem Ordensgründer **Sheikh Safi,** gest. 1334) hatte sich stillschweigend zunächst zu einer wirtschaftlichen und dann zu einer immer bedeutenderen **politischen und militärischen Macht** entwickelt. Noch in den 60er Jahren des 15. Jh. hatte sich der Ordensmeister *Haydar* durch die Heirat mit einer Ak-Qoyunlu-Prinzessin taktisch mit deren Dynastie verbündet. In der Folgezeit gelang es den Safaviden durch Einsatz wirtschaftlicher Macht, aber vor allem durch religiöse Propaganda, eine große Zahl teils nomadisierender turkmenischer Stämme auf ihre Seite zu ziehen. Schließlich, in den Jahren 1499–1510, eroberten sie unter ihrem charismatischen Ordensoberhaupt (und späteren König) *Ismail I.* ganz Iran und begründeten eine neue, stabile Dynastie.

Safaviden

Mit der Dynastie der Safaviden (1501–1722) beginnt die eigentliche **neuere Geschichte Irans** und erreicht das Land zum letzen Mal vor dem Einbruch der Moderne ein hohes Niveau an politischer Konstanz und Macht sowie an wirtschaftlicher und kultureller Blüte. Der Begründer der Dynastie, **Ismail I.,** ist nicht nur der weltliche Herrscher des Reichs; als Oberhaupt eines religiösen Ordens wird er von einer großen Zahl ihm ergebener turkmenischer Stämme (vor allem aus Nordwest-Iran) auch als „Schatten Gottes auf Erden" verehrt.

Historisch bedeutend an den Safaviden ist vor allem die Tatsache, dass Ismails Orden der **schiitischen Richtung des Islam** anhing. Bei seiner Krönung im Jahre 1501 erklärte Ismail die „Zwölfer-Shi'a" (siehe „Religionen") zur neuen **Staatsreligion;** die meisten Regionen Irans waren bis dahin mehrheitlich sunnitisch geprägt. Im Nordwesten Irans, wo der safavidische Orden schon seit Längerem seine Propagandatätigkeit entfaltet hatte, scheint es gegen diese Maßnahme wenig Widerstand gegeben zu haben; in anderen Regionen hingegen ging die Eroberung durch die fanatisierten schiitisch-safavidischen Krieger teil-

◁ Mausoleum von Sheikh Safi in Ardabil

weise einher mit der **Vertreibung oder Ermordung der sunnitischen Geistlichkeit.**

Die Dynastie der Safaviden begründete nicht nur den bis heute maßgeblichen **Nationalcharakter Irans,** der sich ganz wesentlich über die Zugehörigkeit zur Shi'a definiert. Unter den Safaviden erlangt Iran auch mehr oder weniger die territoriale Ausdehnung, die der Staat heute noch besitzt. Das safavidische Reich hatte zwei hauptsächliche außenpolitische Feinde: im Westen das Osmanische Reich, im Nordosten (bis 1600) dasjenige der uzbekischen Schaibaniden. Beide Reiche waren sunnitisch dominiert; die politischen und militärischen Konflikte Irans mit beiden gingen also Hand in Hand mit einem religiös-ideologischen Antagonismus.

Im Osten konnte Ismail I. den Uzbeken Transoxanien und Herat nicht entreißen – beide Regionen liegen seitdem jenseits der Grenzen Irans und sind mehrheitlich sunnitisch geblieben. Im Westen verlor Ismail I. 1514 bei Tschaldiran (Ostanatolien) eine entscheidende Schlacht gegen den Osmanen *Selim I.* und damit nicht nur die Kontrolle über Ostanatolien (das nun für den Iran für immer verloren ging), sondern auch den Nimbus der Unbesiegbarkeit, der ihm als quasi-göttlichem Herrscher bis dahin in den Augen seiner Anhänger zu eigen gewesen war.

Ismails Nachfolger *Tahmasp I.* (1524–76) war in seiner langen Regierungszeit häufig damit beschäftigt, das Reich intern zu stabilisieren und gegen **Einfälle der Osmanen oder Uzbeken** zu verteidigen. Er verlegte die Hauptstadt 1548 von Tabris in das zentralere, für osmanische Angriffe weniger anfällige **Qazvin.**

Unter **Shah Abbas I.** (1588–1629) erreichte der safavidische Iran den Höhepunkt seiner politischen Macht und wirtschaftlichen wie kulturellen Blüte. Durch die Schaffung neuer, ihm direkt verpflichteter Einheiten (die er vor allem aus kaukasischen Kriegsgefangenen rekrutierte) gelang es Abbas endlich, die die Zentralmacht immer wieder gefährdende turkmenische Militäraristokratie zu schwächen. Durch Verwaltungsreformen und die Ausweitung ihm direkt tributpflichtiger Krongüter schuf Abbas die Voraussetzungen für höhere Steuereinnahmen, mit denen er die neugeschaffenen militärischen Einheiten bezahlen und weitere Aufbau- und Infrastrukturprojekte verfolgen konnte.

Abbas I. verlegte 1598 die Hauptstadt von Qazvin in das noch zentraler gelegene **Isfahan** und baute diese Stadt zu einer prächtigen Residenz und zu der (nach allgemeiner Meinung) bis heute **schönsten Stadt Irans** aus. Er überzog das Land mit einem dichten Netz von Karawansereien, um den **Ost-West-Handel** entlang der südlichen Route der alten Seidenstraße zu beleben. Aus Nordwest-Iran deportierte Abbas mehrere tausend im Fernhandel führende Armenier (und ihre Familien) nach Isfahan und stattete sie dort mit Privilegien aus, um die neue Hauptstadt des Reiches auch als wichtige Handelsmetropole zu etablieren. Unter Abbas I. belebten sich die diplomatischen Kontakte und der direkte Handel mit europäischen Ländern; Handelsdelegationen und **europäische Wissenschaftler und Künstler** bekamen Zugang zum safavidischen Herrscherhof (z.B. 1684–88 der berühmte deutsche Arzt und Forschungsreisende *Engelbert Kaempfer* aus Lemgo).

In merkwürdigem Widerspruch zu seinen großen Verdiensten um das Wohlergehen Irans führte Abbas I. die unselige Angewohnheit ein, potenzielle **Thronfolger im Harem** des Palastes aufwachsen zu lassen, wo sie in keiner Weise auf ihre zukünftigen Aufgaben vorbereitet und vielmehr zum Spielball des Interesses einzelner Herrscherfrauen und Eunuchen wurden. Andere mögliche Konkurrenten um den Thron ließ er in großer Zahl blenden oder umbringen. Diese auch von seinen Nachfolgern gepflegte Praxis wird als ein wesentlicher Faktor für den schrittweisen Niedergang des safavidischen Iran ab etwa der Mitte des 17. Jh. angesehen.

Nach dem Tod Abbas' I. kam jedoch zunächst – nach einem Zwischenspiel unter dem dem Alkohol ergebenen und an Staatsgeschäften kaum interessierten *Safi I.* (1629–42) – mit **Abbas II.** (1642–66) ein fähiger Herrscher an die Macht, dessen Gerechtigkeitssinn gerühmt wird und unter dem Iran noch einmal in seiner ganzen wirtschaftlichen und kulturellen Blüte erstrahlt. Nach dem Tod Abbas' II. jedoch lässt sich zu Recht von einem stetigen **Niedergang der safavidischen Dynastie** sprechen: Die Herrscher treten in der Regel nur noch durch ihre exzessive Trunksucht (*Soleiman,* 1666–94) oder religiöse Intoleranz (*Soltan Hosein,* 1694–1722) in Erscheinung. Hierunter haben nicht nur die religiösen Minderheiten (v.a. Armenier) zu leiden, das gesamte Staatswesen wird immer mehr durch **Fraktionierung und Korruption** geschwächt. Die Macht gelangt zunehmend in die Hände einzelner rivalisierender Wesire, Provinzgeneräle oder Hofeunuchen. Schließlich, in den 20er Jahren des 18. Jh., hat der safavidische Staat den Angriffen der aus Afghanistan stammenden, turkmenischen Stammesföderation der Ghilzai nichts mehr entgegenzusetzen.

Nader Shah und Karim Khan Zand

In den folgenden 75 Jahren versinkt Iran in einem „Sumpf der Anarchie", aus dem wenige Herrscher für kurze Zeit als Inseln der Vernunft und Stabilität herausragen. Während der Einnahme der Hauptstadt Isfahan (1722) durch die **afghanischen Ghilzai** konnte der safavidische Kronprinz nach Qazvin fliehen und sich dort als **Tahmasp II.** zum legitimen Herrscher ausrufen, allerdings zunächst ohne faktische politische oder militärische Macht. Einem seiner fähigsten Offiziere, einem gewissen **Nader Qoli Beg Afshar,** gelang es in den folgenden Jahren, weite Teile Nordwest-Irans unter seine Kontrolle zu bringen und Tahmasp II. im Jahre 1728 wieder in Isfahan auf den Thron zu setzen. Die eigentliche Macht lag jedoch bei Nader, der schließlich 1736 Tahmasp II. und zwei seiner Söhne umbringen ließ und als *Nader Shah* selbst den Thron bestieg.

Nader Shah, dessen Stamm der Afsharen aus Khorasan stammte, verlegte die Hauptstadt des Reiches in seine Heimatregion, nach **Mashhad.** Das **imperiale Konzept,** das Nader Shah verfolgte, unterschied sich grundlegend von demjenigen der Safaviden. Nader Shah neigte dem **sunnitischen Islam** zu, betrachtete sich als Erbe des großen *Timur Leng* und versuchte wie sein Vorbild, von Mashhad aus Zentralasien, Afghanistan und Indien zu erobern. Nach einigen erfolgreichen **Eroberungszügen** (auf denen er unter anderem den Pfauenthron und den Diamanten Kuh-e Nur erbeutete und von Indien nach Persien brachte), verfiel Nader Shah allerdings immer mehr dem Größenwahn sowie extremem Geiz und Grausamkeit und fiel schließlich einer Verschwörung von Offizieren zum Opfer.

Nach Nader Shahs Tod entbrannten wieder Machtkämpfe, in die sich nun auch verschiedene **Kurden- und Loren-Stämme** aus dem westlichen Zagros einschalteten. Im Jahre 1752 ging der Führer der Loren des Zand-Stammes, **Karim Khan Zand,** aus den Kämpfen als Sieger hervor und verhalf zumindest der südlichen Hälfte Irans (mit Shiraz als Hauptstadt) für fast drei Jahrzehnte (1752–79) zu einer Phase der politischen und wirtschaftlichen Stabilität.

Karim Khan Zand ließ sich nicht zum König krönen, sondern betrachtete sich anfangs nur als Sachwalter (Persisch *vakil*) des jedoch momentan de facto nicht herrschenden safavidischen Regenten. Zusammen mit der Tatsache, dass auch Nader Shah zunächst einen safavidischen (Marionetten-)Regenten eingesetzt hatte, bevor er sich selbst zum König krönte, zeigt dies, dass die mit den Safaviden verbundene Idee des „göttlichen Rechts" der Herrschaft nach dem faktischen Ende der Dynastie (1722) erstaunlich lange lebendig blieb. Erst 1773, als mit *Ismail III.* der letzte safavidische Thronprätendent starb, war die Idee des safavidischen Königtums endgültig erloschen.

Qadjaren

Nach Karim Khan Zands Tod (1779) brachen Machtkämpfe aus und die Lage im südlichen Iran destabilisierte sich. Inzwischen wurde der Norden des Landes von dem **turkmenischen Stamm der Qadjaren** beherrscht. 1786 verlegte deren Stammesführer *Aqa Mohammed Khan* die Hauptstadt seines Reiches nach **Teheran.** 1794 schlug er den letzten Zand-Herrscher *Lotf Ali Khan* bei Kerman und ließ ihn brutal ermorden. Seine Krönung zu **Aqa Mohammed Shah** im Jahre 1795 und die Eroberung letzter Gebiete in Khorasan machten Iran wieder zu einer politischen Einheit.

Nach Aqa Mohammed Shahs Ermordung 1797 folgte sein Neffe **Fath Ali Shah** (1797–1834) auf dem Thron. In seiner Regierungszeit wurde der nördliche Nachbar **Russland,** der bereits seit

> Grab mit Denkmal für Nader Shah in Mashhad

Peter dem Großen (1682–1725) eine konsequente Expansionspolitik auch in südlicher Richtung verfolgt hatte, zu einem bestimmenden Faktor iranischer Politik. 1800 wurde Georgien ein Teil des russischen Reiches, und im **Frieden von Turkmanchai** (1828) verzichtete Iran auch auf den Rest seiner kaukasischen Gebiete (u.a. Erivan). Noch bedeutender waren die in diesem Vertrag festgeschriebenen „Kapitulationen", d.h. die rechtlichen und wirtschaftlichen Privilegien, die russische Staatsbürger und Firmen bei ihren Unternehmungen im (zumeist) nördlichen Iran genossen.

Es wurde nun vollends deutlich, wie weit Iran inzwischen hinter die europäischen Mächte – mit denen es im safavidischen 17. Jh. noch auf Augenhöhe verhandelt hatte – in militärischer, wirtschaftlicher und wissenschaftlicher Hinsicht zurückgefallen war. Von der Mitte des 19. Jh. an sollten die „westlichen" Mächte und das Verhältnis Irans zum „Westen", ein von Nachahmung, Bewunderung und Ablehnung gleichermaßen geprägtes, ambivalentes Verhältnis, die iranische Innen- und Außenpolitik bis heute entscheidend prägen.

Mit **Nasreddin Shah** (1848–96) gelangte ein Herrscher auf den qadjarischen Thron, der die Notwendigkeit erkannte, seinem Land den Zugang vor allem zu militärischen und technischen Kenntnissen des Westens zu ermöglichen. Sein fähiger und reformorientierter Wesir *Amir Kabir* eröffnete 1851 in Teheran eine **technische Hochschule** namens Dar ol-Fonun, auf der iranische Studenten zum ersten Mal westliche technische und medizinische Fächer studieren konnten, ohne ins Ausland gehen zu müssen (der Unterricht war meist auf Französisch). Kurz darauf fiel Amir Kabir einer Intrige zum Opfer.

In wirtschaftlicher Hinsicht versuchte Nasreddin Shah wie seine Vorgänger, durch die Erteilung exklusiver Privilegien und Konzessionen **westliche Unternehmen** und damit westliches Knowhow ins Land zu holen (z.B. verlieh er 1872 dem britischen Baron *Julius de Reuter* die Kommission zur Erschließung sämtlicher Bodenschätze und zum Bau sämtlicher Eisenbahnen Irans). Das Resultat hiervon war bis zum Ende des 19. Jh. der quasi vollständige Ausverkauf iranischer Ressourcen und potenzieller iranischer Produktivität an ausländische (vor allem britische und russische) Firmen. Die (in europäischen Währungen) relativ geringen Summen, die der Schah hierdurch erhielt, erlaubten ihm ein luxuriöses Leben mit einem Harem von mehr als 100 Frauen und mehrere aufwendige Reisen in europäische Länder.

In der zweiten Hälfte des 19. Jh. wurde das **Britische Empire** nicht nur wirtschaftlich, sondern auch innen- und außenpolitisch neben Russland zur entscheidenden Größe in der iranischen Politik. Aufgrund ihrer kolonialen Ambitionen konkurrierten beide Reiche miteinander. Um seine indischen Besitzungen gegen Norden hin zu sichern, verteidigte das Empire 1856 die Integrität Afghanistans gegen iranische territoriale Ansprüche in West-Afghanistan (Herat) und sicherte somit die Existenz Afghanistans als „Pufferstaat" zwischen Indien und Russland. Dies erwies sich als umso notwendiger, als Russland sich bis 1884 die letzten bis dahin noch unabhängigen Fürstentümer bzw. Khanate an seiner zentralasiatischen Südseite einverleibt hatte.

Anders als fast alle übrigen Länder Asiens und Afrikas war Iran im 19. und 20. Jh. **niemals eine Kolonie in formalem Sinne;** es stand jedoch wirtschaftlich, politisch und teils auch militärisch (durch den Aufbau einer iranischen Kosakenbrigade durch russische Militärs ab 1879) unter dem weitgehenden **Einfluss fremder Mächte,** zunächst vor allem Russlands und des Britischen Empires, später für kurze Zeit auch des **Deutschen Reichs,** und ab dem Zweiten Weltkrieg schließlich (bis mindestens 1979) der **USA.**

Als die qadjarische Regierung 1890 einer englischen Firma eine umfassende Tabakkonzession verlieh, regte sich in der iranischen Bevölkerung zum ersten Mal Widerstand gegen die Politik des **Ausverkaufs nationaler Interessen und Ressourcen.** Die Fatwa (= religiöses Rechtsgutachten) eines führenden schiitischen Geistlichen forderte daraufhin die iranische Bevölkerung dazu auf, auf den Tabakkonsum zu verzichten und gegen die Konzession zu protestieren. Nach Demonstrationen in verschiedenen Städten gab der Schah im Dezember 1891 dem Druck der Straße nach und nahm die Konzession zurück.

Der **Tabakprotest** 1891 markiert den Höhepunkt eines politischen Wandels in Iran, der schon Jahrzehnte vorher begonnen hatte. Ab Mitte des 19. Jh. hatte in der zunächst noch sehr dünnen Schicht iranischer Akademiker bzw. Intellektueller (von denen viele im Ausland ausgebildet worden waren) und einiger mit der ineffizienten Verwaltung unzufriedener Bürokraten, Händler und Geistlicher langsam die Erkenntnis zu reifen begonnen, dass Iran ohne grundlegende politische Reformen auf Dauer nicht überlebensfähig sei. Beim Tabakprotest konnten die Intellektuellen diese Ansicht in Form eines **nationalistischen Protests** gegen die „Handlanger-Politik" der Monarchie äußern und sich somit als gute Patrioten noch mit der Mehrheit des konservativen Klerus und der mit diesem verbundenen Händlerschaft vereint wissen. Als jedoch ab 1905 eine explizit **konstitutionalistische Bewegung** entstand, die immer offener die Kontrolle oder gar Ersetzung der Monarchie durch ein parlamentarisch-demokratisches System forderte, führte dies zu einem offenen Konflikt mit großen Teilen der Geistlichkeit und der mit ihr verbundenen konservativen Bevölkerungsteile. Diese waren der Meinung, dass eine Verfassung nach westlichem Vorbild, die Elemente wie Pressefreiheit oder Gleichheit verschiedener Religionen vor dem Gesetz beinhaltet, im Widerspruch zu elementaren Prinzipien des Islam stehe.

Die konstitutionalistische Bewegung erreichte im Oktober 1906 die erste Zusammenkunft eines **nationalen Parlaments** *(madjles)* und im Dezember desselben Jahres die Unterzeichnung des Grundgesetzes durch **Muzaffar al-Din Shah.** Der 1907 inthronisierte neue Herrscher **Mohammad Ali Shah** (ein Sohn Muzaffar al-Dins) und das religiöse Establishment konnten sich damit jedoch nicht abfinden, und im Juni 1908 wurde das Parlament (mithilfe der Kosakenbrigade) **bombardiert und wieder geschlossen.**

Nach nationalistischen Aufständen in verschiedenen Provinzen wurde Scheich *Nuri,* der führende Vertreter des konservativen religiösen Establishments, 1909 hingerichtet und der Schah zur Abdankung gezwungen. Das kurz darauf wieder einberufene Parlament war allerdings wieder nur von kurzer Dauer: geschwächt durch das **administrative und finanzielle Chaos** im Staat und durch interne Kämpfe zwischen Nationaldemokraten, Sozialisten und Konservativen blieb die eigentliche Macht des Staates bei Großgrundbesitzern, qadjarischen Bürokraten, Händlern und ausländischen Gesandtschaften. Im Dezember 1911 besetzten **russische und englische Truppen** große Teile Irans, um dem zunehmenden staatlichen Wirrwar ein Ende zu setzen – damit erreichte die erste Phase des iranischen Konstitutionalismus ihr vorläufiges Ende.

Die Pahlavi-Dynastie

Die chaotischen Zustände, in denen Iran weitgehend ohne funktionierende zentrale staatliche Autorität war, dauerten ein Jahrzehnt an. In den Wirren der Oktoberrevolution zog sich Russland

Das Teheran-Tor, ein qadjarisches Stadttor, in Qazvin

Geschichte und Politik

bzw. die Sowjetunion teilweise aus Iran zurück, unterstützte später (1920) südlich des Kaspischen Meeres jedoch vorübergehend eine „Sowjetrepublik Gilan". Beendet wurde diese Phase durch den Führer der königlichen Kosakenbrigade, *Reza Khan*. Im Jahre 1921 putschte er sich an die Macht, setzte 1923 den letzten Qadjaren-Herrscher *Ahmad Shah* ab und ließ sich 1925 als **Reza Shah** zum **König und Begründer einer neuen Dynastie** krönen, die er „Pahlavi" nannte.

Mithilfe einer Reihe durchgreifender Reformen führte Reza Shah Iran ins 20. Jh. Sein Hauptanliegen war zunächst die **Reorganisation des Militärs:** Er schuf ein stehendes nationales Heer, das die Voraussetzung darstellte, auf dem riesigen Staatsgebiet Irans überhaupt staatliche Präsenz zu zeigen bzw. Autorität auszuüben. Reza Shah überzog das Land mit **Straßen und Eisenbahnlinien** (deren erste von deutschen Ingenieuren gebaut wurde), implementierte ein **säkulares Rechtssystem,** baute eine staatliche **Verwaltung nach westlichem Vorbild** auf und ersetzte das traditionelle religiöse Bildungssystem durch ein säkulares nach westlichem Muster, einschließlich **Universitäten** (die erste Universität wurde 1935 in Teheran gegründet) und **Schulpflicht** (die zunächst allerdings nur in den größeren Städten durchgesetzt werden konnte).

Reza Shah war ein Pragmatiker; er führte die Reformen hastig, teils brutal und weitgehend ohne Unterstützung durch irgendeine Ideologie durch. Die grundsätzliche Richtigkeit seiner Reformen wurde von der Bevölkerung nicht in Frage gestellt; die Geistlichkeit, auf Kosten deren Macht die Reformen vor allem gingen, fanden nicht zu einem wirksamen Ausdruck eines gemeinsamen oder organisierten Protests. In manchen Maßnahmen allerdings ging Reza Shah übereilt vor, so z.B. in der zwangsweisen Aufhebung der Verschleierung der Frauen (nach türkischem Vorbild) im Jahre 1936. Dies war bei der nach wie vor sehr traditionell geprägten iranischen Gesellschaft nicht durchzusetzen und wurde einige Jahre später wieder offiziell zurückgenommen. Insgesamt verwirklichte Reza Shah vieles von dem, was die konstitutionalistische Bewegung von 1905 bis 1911 hätte erreichen wollen, mit Ausnahme eines wichtigen Punkts: der politischen Teilhabe der Bevölkerung.

In den 30er Jahren des 20. Jh. lehnte sich Iran vorübergehend wirtschaftlich und politisch stärker ans **Deutsche Reich** an, das ein „neutrales" Gegengewicht zu den die Region dominierenden Mächten Sowjetunion und Großbritannien darstellen sollte. Als während des Zweiten Weltkriegs (1941) Reza Shah die Aufforderung dieser beiden Mächte missachtete, die deutschen Berater des Landes zu verweisen, besetzten sie Iran und zwangen Reza Shah ins Exil nach Südafrika, wo er drei Jahre später starb. Nun konnten die **Alliierten,** vor allem auch die USA, Iran ungehindert als Nachschublinie für militärische Hilfe an die bedrängte Sowjetunion nutzen. Im November 1943 beschlossen *Stalin* und *Roosevelt* in Teheran die Westlandung der Alliierten und die Grundzüge der Aufteilung Deutschlands nach dem Ende des Krieges.

In dieser Situation besaß **Mohammed Reza Shah,** der als Nachfolger seines Vaters sehr jung den Thron bestieg, naturgemäß wenig politischen Spielraum. Dies begann sich erst 1945 zu ändern, als die alliierten Truppen Iran verließen. Im Dezember 1946 beendete die iranische Armee dann im Nordwesten des Landes auch die kurzlebigen, mit sowjetischer Hilfe installierten Projekte einer azerbeijanischen autonomen Republik bzw. einer kurdischen Volksrepublik.

In den ersten Jahren nach dem Zweiten Weltkrieg besaß das **iranische Parlament** mehr Freiraum als jemals zuvor, auf die Politik der Staatsführung Einfluss zu nehmen, nutzte diesen aber aufgrund von Streitereien zwischen einzelnen politischen Gruppierungen in der Regel nicht. Die nächsten Jahre standen vor allem im Zeichen des Konflikts zwischen Premierminister **Mosaddegh** (1951–53) und dem Schah. Mosaddegh war Führer der „**Nationalen Front**", eines heterogenen, aus Nationalisten, Demokraten und Religiösen zusammengesetzten politischen Bündnisses. 1951 verstaatlichte er die Anglo-Iranian Oil Company, die bis dahin die iranische **Ölindustrie** dominiert und einen Teil ihrer Gewinne abgeschöpft hatte, gegen ihren Willen (und Widerstand) und den des Schah. In den folgenden zwei Jahren kam es aufgrund des Ausfalls der Öleinnahmen (durch den Boykott iranischen Öls seitens Großbritanniens und der USA) zu einer wirtschaftlichen Krise und deshalb immer wieder zu politischen Auseinandersetzungen und zuweilen Straßenkämpfen zwischen einzelnen Fraktionen der Nationalen Front, der besser organisierten kommunistischen Tudeh-Partei und den Ordnungskräften des Schah.

1952 schwand die politische Unterstützung für Mosaddegh im politischen Lager und auch bei der Bevölkerung immer mehr, worauf sich Mosaddegh von dem eingeschüchterten Parlament mit quasi-diktatorischen Vollmachten ausstatten ließ. Er hoffte, die USA würden ihm bei dem Versuch, mit der Anglo-Iranian Oil Company britischen Einfluss aus Iran hinauszudrängen und Iran in eine Republik zu verwandeln, selbstlos unterstützen; dies erfüllte sich jedoch nicht. Vielmehr kehrte der Schah im August 1953 aus einem kurzzeitigen Exil zurück und konnte mit wesentlicher **Unterstützung der USA** (bzw. der CIA) sich wieder **an die Macht putschen** und Mosaddegh ins Gefängnis werfen. Hierdurch übernahmen die USA in Iran endgültig die imperiale Rolle, die früher Großbritannien gespielt hatte.

Obwohl Mosaddeghs Rolle und Bedeutung für die jüngere Geschichte Irans nach wie vor umstritten ist, hat er durch die Verstaatlichung der iranischen Ölindustrie zweifellos einen bedeutenden Beitrag zur wirtschaftlichen Entwicklung der Region geliefert. Unabhängig davon, ob das Land innenpolitisch schon „reif" für den von ihm betriebenen Übergang zur Republik war, war der eigentliche Grund seines Scheiterns die **Einflussnahme der imperialen Mächte** zugunsten des Schahs, die vor allem durch die Befürchtung eines „Domino-Effekts" (d.h. Verstaatlichung/Republikanisierung der angrenzenden arabischen Ölstaaten) motiviert war.

Ab Mitte der 1950er Jahre wandte sich der Schah wichtigen Infrastruktur- und Entwicklungsvorhaben wie z.B. dem **Karaj-Staudamm** (vollendet 1961) und verschiedenen großflächigen Bewässerungsprojekten (z.B. in Khuzestan) zu. Politisch gesehen, lassen sich diese Jahre als **„kontrollierte Demokratie"** beschreiben, in der der Schah teilweise per Dekret regierte und teilweise Wahlen abhalten ließ, durch die vor allem Mitglieder zweier königsloyaler Parteien (und nur wenige unabhängige Abgeordnete) ins **weitgehend machtlose Parlament** einzogen. Im Oktober 1960 gebar *Farah Diba*, die dritte Frau des Schah, mit *Reza Cyrus* endlich den (nach 20 Jahren und zwei gescheiterten Ehen) lange ersehnten Thronfolger.

Das innenpolitisch wichtigste Ereignis der 1960er Jahre war die zwischen 1961 und 1963 vom Schah initiierte **„Weiße Revolution"**, die dem Land einen entscheidenden Entwicklungsschritt bescheren sollte. Diese „Reform von oben" bestand aus einer Reihe von Maßnahmen, deren wichtigste eine umfassende **Landreform**, die politische **Gleichberechtigung der Frau** (Wahlrecht) und eine **Alphabetisierungskampagne** für ländliche Regionen waren.

Vor allem das Frauenwahlrecht, aber auch die Landreform, die eine Auflösung auch von Teilen des den religiösen Stiftungen gehörenden Großgrundbesitzes bedeutet hätte, erregte den erbitterten **Widerstand der schiitischen Geistlichkeit** und der mit ihr traditionell verbundenen Bevölkerungsschichten (v.a. der Händlerschaft). Im Juni 1963 entlud sich dieser Widerstand in gewalttätigen Protesten anlässlich einer schiitischen Ashura-Prozession in Teheran. Ein bis dahin nur in religiösen Kreisen bekannter Geistlicher namens **Ruhollah Musavi Khomeini** profilierte sich bei diesen Protestaktionen als Wortführer, wurde verhaftet und ins Exil ins irakische Nadschaf geschickt.

Im weiteren Verlauf der 60er Jahre betrachtete der Schah seine Herrschaft als derart gefestigt, dass er sich – verspätet – 1967 offiziell **zum Kaiser krönen** ließ. Die Einnahmen aus dem Ölgeschäft begannen nun immer stärker zu steigen, der Schah konnte das Land wirtschaftlich weiterentwickeln und sich auch außenpolitisch immer stärker (als Ordnungsmacht am Persischen Golf) profilieren. 1971 feierte er das „2500-jährige Bestehen" der iranischen Monarchie. 1973 eröffnete ihm die plötzliche **Vervielfachung des Ölpreises** durch die OPEC (im Westen als „Ölschock" wahrgenommen) ungeahnte Möglichkeiten, dem Land einen weiteren **Entwicklungsschub** zu verpassen.

Zunehmender Despotismus

Nun begannen jedoch die Selbstwahrnehmung des Schah als gütiger Monarch, der sein Volk endlich zu einer kultivierten und reichen Nation nach westlichem Muster macht, und die Erwartungen in der iranischen Bevölkerung in Bezug auf ihre politische Zukunft und kulturelle Identität immer mehr auseinanderzuklaffen. Dies wurde offensichtlich, als 1975 aufgrund sinkender Nachfrage die Ölpreise wieder fielen und die in den Jahren 1973–75 im Dollarrausch überhitzte Wirtschaft auf den Boden der Tatsachen zurückgeholt wurde. Zu den geweckten wirtschaftlichen Erwartungen großer Teile der Bevölkerung, die nun enttäuscht wurden, kam eine **Reihe unkluger Maßnahmen** des seinem Volk schon weit entrückten Monarchen hinzu: z.B. 1975 die Ersetzung des bis dahin herrschenden (kontrollierten) Zwei-Parteien-Systems durch ein Ein-Parteien-System, was dem Schah von allen politischen Seiten den Vorwurf des Despotismus eintrug, oder 1976 die Einführung einer neuen Zeitrechnung, basierend auf der Thronbesteigung des Achämeniden *Kyros II.* im Jahre 559 v. Chr., was die schiitische Geistlichkeit gegen den Schah aufbrachte.

Der Versuch des Schah, die **Anknüpfung an vorislamische iranische Traditionen** als ideologischen Überbau seiner säkularen Politik zu etablieren, scheiterte vollständig. Nun erhöhten auch diverse **terroristische Organisationen** (teils islamisch-nationalistischer, teils marxistischer oder linksislamistischer Provenienz), die seit den 1960er Jahren immer wieder tätig gewesen waren, die Frequenz ihrer Anschläge. Die dagegen verhängten repressiven Maßnahmen, die der Geheimdienst des Schah (SAVAK) auch auf das politische Umfeld der jeweiligen Gruppen ausdehnte, führten zu einem **Teufelskreis der Gewalt** und trugen dem Schah innen- wie außenpolitisch weitere Kritik ein.

Ab 1977 begann dem Schah die Kontrolle der Ereignisse zu entgleiten. Verschiedene Oppositionsgruppen äußerten ihren **Protest gegen die Politik des Schah** immer offener. Ab Januar 1978 kam es verstärkt zu **Demonstrationen** und organisierten Protesten in mehreren Städten, die von Polizei und Armee immer wieder blutig niedergeschlagen wurden. Den Höhepunkt der Auseinandersetzungen und der staatlichen Gewalt markierte – kurz nach Ausrufung des Kriegsrechts – die Niederschlagung einer Demonstration in Teheran im September 1978, bei der mehrere tausend Personen zu Tode kamen. In seiner Verblendung glaubte der Schah immer noch, die Demonstrationen seien von „kommunistischen Aufrührern" gelenkt und die Mehrheit des Volkes stünde hinter ihm. Schließlich aber wurde dem iranischen Militär und auch den USA klar, dass dies schon seit langem nicht mehr der Fall war. Nachdem der Schah den Beistand dieser wichtigsten Stützen seiner Herrschaft und jegliche Hoffnung auf die Erhaltung seiner Macht verloren hatte, floh er im Januar 1979 mit seiner Familie nach Ägypten, wo er 1980 einem Krebsleiden erlag.

Die schiitische Opposition

Das Jahr 1978 sah auch den endgültigen **Aufstieg Khomeinis** von einem im Wesentlichen nur eingeweihten religiösen Kreisen bekannten Theologen mit politischen Ambitionen hin zur unumstrittenen **Führer- und Vaterfigur der Revolution.** Schon während der 1960er und 1970er Jahre hatte Khomeini aus dem Exil heraus die iranische Monarchie in Reden und Schriften immer schärfer als „gottlos" attackiert und ihre Beseitigung gefordert. Dem hatten sich allerdings die meisten übrigen schiitischen Geistlichen Irans nicht angeschlossen, und so blieben die Khomeini folgenden Islamisten während der 1960er und 1970er Jahre nur eine Oppositionsgruppe unter vielen und wurden vom iranischen Staat vermutlich als „weniger gefährlich" eingestuft als etwa die kommunistische Tudeh-Partei.

Seit 1977 aber, als der Protest immer breitere Bevölkerungsschichten erfasste, zeigte sich, dass die religiöse Opposition durch ihre feste Verankerung an der Basis der Gesellschaft in der traditionellen Händlerschaft und in den zahlreichen Moscheen in Stadt und Land ein ungeahntes **Mobilisierungspotenzial** entwickeln konnte. Die gewalttätig niedergeschlagenen Demonstrationen von 1978 wurden von politisierten Teilen der Geistlichkeit zunehmend in religiösem Sinne umgedeutet zum „Kampf gegen das unislamische Böse" und zur Mobilisierung noch tieferer religiöser Gefühle und von noch stärkerem Widerstand verwendet. In dieser Phase machte der Schah den Fehler, den Irak zu bitten, Khomeini in ein anderes Land abzuschieben, wo er der brenzligen Situation Irans weiter entrückt sein sollte. Im Oktober 1978 kam Khomeini in Paris an, wo er nun dank der westlichen Meinungsfreiheit und vieler in Frankreich ansässiger iranischer Oppositioneller über ein viel besseres und effektiveres Medienumfeld zur weiteren Verbreitung seiner Botschaft verfügte, als dies im Irak der Fall gewesen war.

Khomeini konnte nun selbstbewusst auftreten und die **Errichtung einer „Islamischen Republik"** immer konkreter planen. Zwei Wochen nach der Flucht des Schah, am 1. Februar 1979, hielt er einen **triumphalen Einzug in Teheran,** wo er am Flughafen von über einer Million Menschen begeistert empfangen wurde. Zwei Wochen später kapitulierten die letzten loyalen Einheiten des Schah: Die Pahlavi-Dynastie gehörte nun endgültig der Vergangenheit an.

Die Islamische Republik Iran

Unmittelbar nach dem Ende des **Schah**-Regimes sah die politische Zukunft Irans zunächst relativ offen aus. Es herrschten weitgehende Meinungs- und Pressefreiheit, es gab eine Vielzahl von politischen Gruppierungen, die behaupten konnten, am Sturz des Schah mitgewirkt zu haben; diese waren teilweise bewaffnet und besser organisiert als die religiöse Gruppierung um Khomeini. Nun konnte letztere davon profitieren, dass sie nicht nur über das größte Mobilisierungspotenzial, sondern mit Khomeini auch über eine von allen Bevölkerungsgruppen geschätzte Integrationsfigur verfügten. Im März 1979 wurde auf Khomeinis Initiative hin von über 99% der Bevölkerung die Einführung einer „Islamischen Republik" als neuer Staatsform beschlossen. Für die meisten Wäh-

Zeittafel: Iranische Geschichte

- **612 v. Chr.:** Meder erobern die assyrische Hauptstadt Ninive
- **550 v. Chr.:** *Kyros II. der Große* schlägt die Meder und begründet das Reich der Achämeniden
- **522–486 v. Chr.:** *Darius I.*
- **330:** *Alexander der Große* zerschlägt das Achämenidische Weltreich
- **ca. 250 v. Chr.:** Parther
- **224 n. Chr.:** *Ardashir* siegt über die Parther und begründet das Reich der Sasaniden
- **636–650 n. Chr.:** Muslimische Araber erobern große Teile Irans
- **1040–1194:** Dynastie der Seldjuqen; Isfahan wird zum ersten Mal Hauptstadt
- **1218–60:** Mongolen unter *Dschingis Khan* und seinen Nachfolgern erobern Iran und große Teile des Vorderen und Mittleren Orients
- **1260–1350:** Dynastie der Ilkhane
- **1380–1420:** *Timur Leng* (Tamerlan)
- **1500–1722:** Safaviden
- **1588–1629:** *Shah Abbas I.*
- **1736–47:** *Nader Shah*
- **1752–94:** Zand-Dynastie (Hauptstadt: Shiraz)
- **1780–1924:** Qadjaren (Hauptstadt: Teheran)
- **1848–96:** *Nasreddin Shah*
- **1851:** Eröffnung der technischen Hochschule Darol-Funun in Teheran
- **1891:** „Tabakprotest"
- **1905–11:** „Konstitutionalistische Revolution"
- **1924–79:** Pahlavi-Dynastie
- **1941:** Absetzung *Reza Shahs* durch die Alliierten, Thronbesteigung *Mohammad Reza Shahs*
- **1951–53:** „Ära Mosaddegh"
- **1961–63:** „Weiße Revolution"
- **1971:** Feier zum 2500-jährigen Bestehen der Monarchie in Iran
- **1978/79:** Iranisch-Islamische Revolution
- **1. Februar 1979:** Rückkehr *Khomeinis* nach Teheran
- **August 1980:** Angriff Iraks auf Iran
- **Juni 1981:** Absetzung des Ministerpräsidenten *Bani Sadr*
- **August 1988:** Annahme der UNO-Resolution 598 durch die iranische Führung; Waffenstillstand zwischen Irak und Iran
- **Juni 1989:** Tod *Khomeinis* am 7. Juni; *Khamenei* wird vom Expertenrat zum islamischen Führer gewählt
- **Mai 1997:** Wahl des „liberalen" Geistlichen *Khatami* zum Staatspräsidenten
- **Februar 2000:** Parlamentswahlen, erdrutschartiger Sieg der Reformer
- **August 2000:** *Khamenei* verhindert Liberalisierung des Pressegesetzes durch das Parlament
- **8. Juni 2001:** Wiederwahl *Khatamis* zum Staatspräsidenten
- **Februar 2004:** Parlamentswahlen, Sieg der Konservativen
- **August 2005:** Wahl *Ahmadinedschads* zum Staatspräsidenten
- **2006:** Benzinrationierung wegen fehlender Raffineriekapazitäten
- **März 2008:** Parlamentswahlen, Sieg der Konservativen
- **Juni 2009:** Wiederwahl *Ahmadinedschads* zum Staatspräsidenten; aus Massenprotesten entsteht die „Grüne Bewegung"
- **2010:** Abbau von Subventionen für Strom und Benzin
- **Mai 2011:** *Ahmadinedschad* muss die Entlassung des Geheimdienstchefs *Moslehi* zurücknehmen
- **Juni 2013:** Wahl *Rohanis* zum Staatspräsidenten
- **November 2013:** Vereinbarung zum iranischen Nuklearprogramm zwischen Iran und der P5+1-Gruppe (UN-Vetomächte und Deutschland)
- **Juli 2014:** Verlängerung der Atomgespräche bis November

ler verband sich mit dieser Wahl allerdings vor allem die **Abwahl der Monarchie** (diese war auch die einzige Alternative auf dem Wahlzettel!), und mit der Bezeichnung „Islamische Republik" eher die Hoffnung auf eine republikanisch-demokratische Staatsform als auf ein konkretes islamisches politisches Programm. Faktisch begann mit der Wahl jedoch die **Monopolisierung der Macht durch die religiösen Kräfte.**

1979 lag die Macht im Lande nur offiziell in den Händen der (provisorischen) Regierung unter dem **Ministerpräsidenten Bazargan** und des (alten) diskreditierten Heeres; die politischen Ereignisse wurden faktisch teilweise von den gut organisierten und bewaffneten linken, linksislamischen und nationalistischen Gruppen sowie den sich soeben formierenden und bewaffneten **islamisch-revolutionären „Komitees" und Milizen** (der *pasdaran* oder „Revolutionswächter") bestimmt. Als Parallelgremium neben der provisorischen Regierung diente außerdem der von Khomeini dominierte, ständig an Einfluss gewinnende **Revolutionsrat.**

Die neu gegründete islamische Republik ging nun daran, sich eine **Verfassung** zu geben. Entgegen seinen früheren Versprechungen, alle politischen Gruppen bei der verfassungsgebenden Versammlung gleichberechtigt zu beteiligen, gelang es Khomeini im Sommer 1979, bei dessen Besetzung einen regionalen Proporz durchzusetzen, wodurch die in den Vorstädten und auf dem flachen Land stärkeren religiösen Kräfte eine deutliche Mehrheit erhielten. Die dann ausgearbeitete, stark von religiösen Inhalten bestimmte Verfassung wurde im Dezember von der Bevölkerungsmehrheit befürwortet (allerdings unter Boykottierung durch die meisten der im Expertenrat übergangenen politischen Gruppen).

Parallel zu ihren Bemühungen, die Macht in den politischen Institutionen zu übernehmen, setzten die religiösen Kräfte immer mehr auf die „Macht der Straße", vor allem auf die oft sehr jungen Revolutionswächter, die zunehmend durch repressive Maßnahmen gegen andere politische Gruppen und gegen einen „unislamischen" Lebensstil, vornehmlich die fehlende **Verschleierung der Frauen,** in Erscheinung traten. Eine weitere wichtige Maßnahme zur „Mobilisierung der Volksmassen" für die islamische Sache war die **Besetzung der US-amerikanischen Botschaft** in Teheran durch khomeinitreue radikale Studenten im November 1979. Dies verstärkte die außenpolitische Konfrontation und innenpolitische Polarisierung und nützte den religiösen Kräften. Kurz nach der Botschaftsbesetzung trat die Regierung *Bazargan* zurück.

Zu Beginn des Jahres 1980 wurde mit Khomeinis Unterstützung **Bani Sadr** zum neuen Ministerpräsidenten gewählt. *Bani Sadr* war zwar ebenfalls religiös orientiert, aber in einem gemäßigten Sinne. Er galt als ein Mann des Ausgleichs zwischen den radikal-religiösen und den übrigen politischen Gruppen (von denen mehrere ebenfalls religiös orientiert waren). Bani Sadr hatte jedoch nicht die Unterstützung einer Partei hinter sich; trotz hoher Beliebtheit vermochte er seine Vermittlerstellung nicht in eine institutionalisierte Hausmacht umzuwandeln und begann ab Mitte 1980 deshalb, nach und nach seine politische Unterstützung zu verlieren.

Krieg gegen den Irak

Durch interne Kämpfe zwischen den politischen Gruppen, Aufstände ethnischer Minderheiten in einzelnen Provinzen und die zunehmende wirtschaftliche Krise befand sich Iran zu diesem Zeitpunkt in einer labilen Situation. Dies versuchte der **Irak unter Saddam Hussein** im August 1980 auszunutzen, indem er durch einen **Überraschungsangriff** große Teile der iranischen Ölfördergebiete besetzte.

Anders als vom Irak (und Teilen der westlichen Welt) erhofft, führte dieser Angriff nicht zum Zusammenbruch der noch ungefestigten Islamischen Republik, sondern eher zu ihrer Stabilisierung. Der Krieg gegen den Aggressor *Saddam Hussein,* hinter dem (nach Meinung nicht nur der iranischen Regierung) letztlich „westliche" Imperialisten und der „große Satan" USA standen, konnte nicht nur als gerechter Verteidigungskrieg geführt, sondern zu einem **„heiligen Krieg"** umgedeutet werden. In der Kriegssituation konnte sich das klerikale Lager durch den verstärkten Aufbau der Revolutionswächter und ihre Ausrüstung auch mit schweren Waffen ein entscheidendes Machtmittel zur Durchsetzung auch ihrer innenpolitischen Ziele verschaffen. Im Juni 1981 wurde Bani Sadr schließlich abgesetzt; mit ihm endete die (im Februar 1979 begonnene) Übergangsphase der Islamischen Republik, in der die klerikale Macht zwar dominierte, aber noch nicht absolut geworden war.

Die folgenden Jahre standen vor allem im Zeichen der Konsolidierung der Macht durch das klerikale Regime und der Fortsetzung des Krieges. Die **Sicherung der Macht** erreichte das Regime, das nach dem Sturz Bani Sadrs alle Schaltstellen der Macht besetzen konnte, durch eine sukzessive Ausschaltung aller noch verbliebenen oppositionellen Gruppen, oft begleitet von Schauprozessen, in denen die Mitglieder einzelner Gruppen sich selbst als „US-Spione" entlarven mussten. Gleichzeitig mit der Sicherung der Macht konnte das Regime daran gehen, die **Islamisierung aller Bereiche der Gesellschaft** voranzutreiben (z.B. der Universitäten). Das auffälligste

◁ Auf einem der zahlreichen „Märtyrer-Friedhöfe"

äußerliche Zeichen dieser Islamisierung ist bis heute die Durchsetzung der Verschleierung (bzw. des Kopftuchzwangs) für Frauen in der Öffentlichkeit, die ca. 1982 abgeschlossen war.

Der langjährige Krieg gegen den Irak verschärfte einerseits die seit Beginn der Revolution bestehende **wirtschaftliche Krise,** trug andererseits aber zur ideologischen Stabilisierung des Regimes bei. Nachdem Iran bis Mitte 1982 alle vom Irak besetzten Gebiete zurückerobert hatte, suchte die iranische Führung nicht einen ab diesem Zeitpunkt möglichen Waffenstillstand zu erreichen, sondern führte vielmehr den „gerechten Krieg" gegen den irakischen Aggressor als Teil einer **expansiven Strategie** fort. Deren Ziel sollte zunächst der Sturz Saddam Husseins und anschließend die Befreiung des „von Zionisten besetzten" Jerusalem sein.

In den Jahren 1982–88 gab es jedoch **keine entscheidenden Verschiebungen des Frontverlaufs** mehr; der teils mit westlicher Hilfe ausgerüsteten, überlegenen Waffentechnik des Irak stand auf iranischer Seite ein scheinbar grenzenlos mobilisierbares Menschenpotenzial gegenüber. Der zunehmende wirtschaftliche Niedergang, aber auch die Intensivierung des vor allem gegen Zivilisten gerichteten Städtekrieges durch den Irak und die Tatsache, dass dieser 1987/88 sogar vor dem Einsatz von **Giftgas** nicht zurückschreckte, ohne dadurch die Unterstützung des Westens zu verlieren, mag die iranische Führung im August 1988 dazu veranlasst haben, die Resolution 598 des UNO-Sicherheitsrats bezüglich eines **Waffenstillstands** zu akzeptieren und die Kampfhandlungen einzustellen.

Wachsende Unzufriedenheit der Bevölkerung

Nach dem **Tod Khomeinis** im Juni 1989 wurde der konservative Geistliche **Khamenei** zu seinem Nachfolger bestimmt. **Rafsanjani,** der als enger Vertrauter und Berater Khomeinis schon seit Langem über maßgeblichen Einfluss verfügt hatte, wurde zum Staatspräsidenten gewählt. Als „Pragmatiker" versuchte *Rafsanjani,* das Land vor allem wirtschaftlich zu reformieren, was notwendigerweise ein gewisses Maß an Privatisierung und Öffnung hin zu westlichen Ländern bedeutete. Zunächst verfügte Rafsanjani über die volle Unterstützung des religiösen Führers Khamenei, zusätzlich wurde bei den Parlamentswahlen 1992 ein großer Teil der „radikalen" (zumeist „linksislamistischen") Bremser der Reformen aus dem Parlament hinausgewählt. Dennoch zeigte sich im Laufe des Jahres 1993, dass die Befürworter des status quo in den verschiedenen Institutionen des Staates weiterhin so stark waren, dass wirkliche Reformen nicht durchzusetzen waren. Die neue politische Klasse hatte sich seit der Revolution nicht nur der politischen, sondern auch der wirtschaftlichen Strukturen des Landes bemächtigt und wollte diese nicht mehr aus der Hand geben. Trotz seiner Wiederwahl zum Präsidenten 1993 begann Rafsanjanis politischer Einfluss nun langsam zu sinken.

Innenpolitisch standen die 1990er Jahre vor allem im Zeichen der wachsenden Unzufriedenheit breiter Bevölkerungsteile mit der sich **stetig verschlechternden wirtschaftlichen Lage** und dem Ausbleiben zumindest eines gewissen Maßes an gesellschaftlicher Liberalisierung und Öffnung des Landes nach außen. Diese Unzufriedenheit machte sich manchmal Luft in **lokalen Protestaktionen** wie z.B. 1995 in spontanen Demonstrationen in Eslamshahr, einem Vorort von Teheran, aufgrund gestiegener Preise. Der Staat – besser: die von den Klerikalen dominierten staatlichen Institutionen – antworteten in der Regel mit **repressiven Maßnahmen,** nicht nur gegen diese Protestaktionen, sondern auch immer wieder durch Kampagnen etwa gegen eine Lockerung der islamischen Kleiderordnung oder gegen die Installation und Inbetriebnahme von Satellitenantennen, mit denen westliche Fernsehsender empfangen werden können (die periodische Wiederholung dieser Kampagnen allein beweist, dass die entsprechenden Regeln nicht streng eingehalten wurden und werden).

Mitte der 1990er Jahre nahmen auch Stimmen zu – teilweise aus den Reihen der Geistlichkeit oder von früheren radikalen Anhängern der islamischen Revolution –, die vorsichtig eine gewisse Liberalisierung und Demokratisierung innerhalb des von der islamischen Republik vorgegebenen politischen Rahmens forderten. Diese Tendenzen wurden unnachgiebig unterdrückt. Den ersten Höhepunkt der Unzufriedenheit mit der Politik der Staatsführung stellte im Mai 1997 die **erdrutschartige Wahl des „liberalen" Geistlichen Khatami** zum Staatspräsidenten dar; alle maßgeblichen staatlichen Institutionen hatten vorher den konservativen Geistlichen *Nateq Nuri* bevorzugt und ihn, teils mit unlauteren Mitteln, im Wahlkampf unterstützt.

1997: Die Wende?

Der **Wahlsieg Khatamis** war das bedeutendste politische Ereignis in Iran seit der Revolution von 1979 und markierte eine potenziell entscheidende politische Wende. Dieser Wende blies allerdings von Beginn an ein starker Gegenwind ins Gesicht. Khatami, der das Auftreten eines feinsinnigen Intellektuellen hatte, war bereits 1992 unter dem Vorwurf von zu großer „Liberalität" als Kultusminister entlassen worden. Auch wenn es in gewissem Sinne berechtigt ist, ihn im Vergleich zu konservativen Teilen der Regierung als „liberal" zu bezeichnen, darf man jedoch nicht vergessen, dass Khatami aus dem Kern des islamistisch-revolutionären Establishments stammt, nie die religiös-ideologischen Grundlagen der Islamischen Republik Iran in Frage gestellt und stets nur Reformen innerhalb des vorgegebenen Systems angestrebt hatte.

Trotzdem hatte die Wahl Khatamis zum Staatspräsidenten, die das konservative Establishment quasi desavouierte, eine deutliche **Aufbruchstimmung** und atmosphärische Veränderung zur Folge, die sich z.B. im Januar 1998 in einem bis dahin undenkbaren Interview manifestierte, das Khatami dem US-amerikanischen Fernsehsender CNN gab. Khatami trat sein Amt mit der Absicht an, Iran gesellschaftlich und politisch zu reformieren, ging aber sehr behutsam und vorsichtig vor, was zunächst sicherlich politisch klug war. In den folgenden Jahren sollte sich jedoch zeigen, dass der iranische Staatspräsident trotz der Macht, die er als Chef der Regierung besaß, sich an den verschiedenen vom Führer Khamenei dominierten Kontrollinstanzen (vor allem dem Wächterrat) und Machtmitteln der Exekutive sozusagen die Zähne ausbeißen und letztlich den Kürzeren ziehen sollte.

Am besten lässt sich dies an der Entwicklung der iranischen Presselandschaft seit 1997 demonstrieren. Schon vor 1997 hatte es in iranischen Tageszeitungen in gewissem Maße lebendige und offene Diskussionen zwischen einzelnen Machtblöcken innerhalb der Regierung gegeben (z.B. die Auseinandersetzungen der Konservativen mit den „Linksislamisten" in Fragen der Wirtschaftspolitik). Nach Khatamis Wahlsieg kam es zur explosiven Entwicklung einer vielfältigen **Reformpresse,** die im Sinne Khatamis (und teilweise über seine Ziele weit hinausstrebend) offene Diskussionen um politische und gesellschaftliche Reformen in Iran in Gang setzte.

Ein solches Erstarken der „4. Gewalt" im Staate konnte nicht im Sinne der konservativen Teile der Staatsführung sein; deshalb kam es ab Juli 1998 immer wieder zu Verboten einzelner oder mehrerer Reformzeitungen, denen „unislamisches" oder „die Interessen der Islamischen Republik Iran schädigendes" Verhalten vorgeworfen wurde. Schließlich wurde im Juli 1999 das **Pressegesetz verschärft.** Die Reformpresse reagierte auf

◁ „Lasst uns die Märtyrer nicht vergessen"

die Einstellung einzelner Zeitungen in der Regel flexibel, etwa durch die rasche Wiederherausgabe der jeweiligen Zeitung unter neuem Namen; hierauf antwortete der konservative Machtblock im Laufe des Jahres 1999 mit einer weiteren Verstärkung der Repressionen. Das Ende der wichtigen Reformzeitung „Salam" löste im Sommer und Herbst 1999 massenhafte, seit der Revolution noch nicht vorgekommene **Unruhen** von sich mit der Reformpresse solidarisierenden Studenten aus.

Im April 2000 wurden fast alle Reformzeitungen verboten. Als Antwort darauf regte Khatami eine Entschärfung des restriktiven Pressegesetzes auf parlamentarischem Wege an, um den Konservativen die gesetzliche Grundlage für ihre Angriffe auf die Presse zu entziehen. Dazu besaß Khatami insofern die Möglichkeit, als auch das **Parlament** nach erdrutschartigen Wahlen im Februar 2000 klar **von reformorientierten Kräften dominiert** war. Die vereinigte Macht von Staatspräsident und Parlament reichte jedoch nicht aus: Im August 2000 verhinderte der Führer Khamenei kraft seiner „unbeschränkten Richtlinienkompetenz" durch das Verlesen eines Briefes im Parlament handstreichartig das Einbringen der Vorlage des neuen Pressegesetzes. Es kam zu Tumulten, aber die Sache war damit vom Tisch.

Während die innenpolitische Lage bis zum Jahre 2002 noch als ein „Patt" zwischen Reformern und Konservativen beschrieben wurde und man erwartete, dass es irgendwann zu einem spürbaren Zusammenstoß zwischen den beiden Lagern kommen und die Lage sich dann endlich klären würde, konnten die Konservativen in der Folge einen schleichenden, sich immer mehr verfestigenden Sieg erringen, dessen letzten Beweis die im Februar 2004 **von den Konservativen gewonnenen Parlamentswahlen** darstellten. Für diesen Wahlausgang waren nicht nur die zunehmende Resignation der im Prinzip reformwilligen Bevölkerung und deren damit verbundene Wahlenthaltung verantwortlich, sondern auch die seit September 2001 herrschende **wachsende Instabilität** und äußere Bedrohung in der Region, die Iran zu Beginn des Jahres 2003 die Nachbarschaft von fast 300.000 US-amerikanischen Soldaten einbrachte. Dies und auch die Tatsache, dass der US-amerikanische Präsident im Jahr 2002 Iran neben Irak und Nordkorea in die **„Achse des Bösen"** einreihte, spielte den iranischen Konservativen in die Hände.

Die politischen und sonstigen Ereignisse in Iran wurden am 26. Dezember 2003 auf schreckliche Weise überschattet von einem **Erdbeben,** das in der Provinzstadt **Bam** (Südostiran, ca. 100.000 Einwohner) und den Dörfern der Umgebung über 40.000 Todesopfer forderte. Diese menschliche, gesellschaftliche und wirtschaftliche Tragödie verdeutlichte wieder einmal, dass in Iran, als einer extrem erdbebengefährdeten Region, aus ökonomischen, aber auch verschiedenen anderen Gründen die Standards des erdbebensicheren Bauens noch keineswegs beachtet oder eingehalten werden.

2005: Ahmadinedschad

Das wichtigste politische Ereignis des Jahres 2005 war die **Wahl von Mahmud Ahmadinedschad zum Staatspräsidenten** (als Nachfolger *Khatamis*). Dieser

Überraschungserfolg des Teheraner Bürgermeisters wurde einerseits als Wahl gegen *Rafsanjani* erklärt, den favorisierten, aber als korrupt geltenden Kandidaten des politischen Establishments, andererseits sprachen gegen den Reformkandidaten *Moin* die in den vorausgegangenen acht Jahren nicht erfüllten Versprechen des „Reformers" *Khatami*. Allzu deutlich war geworden, dass *Khatami* – der letztlich wie *Rafsanjani* dem politischen Establishment der Islamischen Republik Iran entstammte – es nur auf Verbesserungen innerhalb des Systems abgesehen hatte und nicht, wie von einem großen Teil seiner Anhänger erhofft, auf die Reformierung des Systems selbst.

Mit der Wahl des aus einfachen Verhältnissen stammenden *Ahmadinedschad* eroberten **konservativ-islamistische Kräfte** die Macht der Exekutive vollständig zurück. Bald wurde klar, dass *Ahmadinedschads* Ziele noch radikaler waren als diejenigen der Gründerväter der Islamischen Republik Iran. *Ahmadinedschad* vermied es, von Islamischer Republik zu sprechen und verwendet stattdessen den Begriff der „islamischen Herrschaft". Hierin folgte er radikalen Geistlichen wie Ayatollah *Mesbah Yazdi*, für den die Errichtung einer Republik (mit ihren Attributen wie Parlament, Verfassung etc.) lediglich ein taktisches Zugeständnis *Khomeinis* an „bürgerliche" Kräfte der Revolution von 1979 gewesen war.

In seinen **radikalen innenpolitischen Zielsetzungen** und seiner **hasardeurartigen außenpolitischen Rhetorik** (hierzu s.u.) wandte *Ahmadinedschad* sich nicht nur gegen die vermeintliche Liberalisierung der Gesellschaft. Er setzte auch den pragmatisch orientierten Teil des politischen Establishments unter Druck, indem er ihn (anders als *Khatami*) „rechts überholte". Mit mal gegen die Inflation, mal gegen Israel gerichteten populistischen Parolen und Provokationen sucht *Ahmadinedschad* die Dynamik der Straße für sich zu gewinnen. Deshalb wurde er von pragmatisch orientierten Kreisen (bei denen sich Ende 2007 sogar *Rafsanjani* und *Khatami* einander annäherten) immer mehr als **Bedrohung der Ordnung** angesehen.

Bei den **Präsidentschaftswahlen** im Juni 2009 trat der frühere Ministerpräsident Irans (1980–88), *Mir Hossein Mussavi*, als Reformkandidat gegen *Ahmadinedschad* an; öffentliche Auftritte absolvierte er – bis dahin im Iran absolut unüblich – oft in Begleitung seiner Frau, der Politikwissenschaftlerin und Bildhauerin *Zahra Rahnaward*. Der „Betriebsunfall" von 1997, bei dem *Khatami* gegen den von der Staatsführung unterstützten Kandidaten *Nateq Nuri* einen Erdrutschsieg erringen konnte, wiederholte sich jedoch nicht: *Ahmadinedschad* erreichte im ersten Wahlgang die absolute Mehrheit (62%, *Mussavi* 33%). Das **Wahlergebnis** ist von vielen Seiten angezweifelt worden, unter anderem aufgrund „stark unerwarteter" Ergebnisse in mehreren Provinzen (z.B. mehr als 50% für *Ahmadinedschad* in *Mussavis* Heimatprovinz Ost-Aserbeidschan). Andere – auch „westliche" – Experten geben jedoch zu, dass eine große Zahl iranischer Wahlbeobachter (ausländische waren nicht zugelassen) in keinem Wahlbezirk konkrete Fälle von Wahlbetrug in größerem Umfang beobachtet hat. In Anbetracht der totalen Kontrolle, die das iranische Innenministerium über

Schiitische Geistlichkeit und die Herrschaft im Staat

Die religiös-ideologischen Grundlagen der islamischen Revolution

Abgesehen von den vielfältigen und komplexen sozialen, wirtschaftlichen und kulturellen Ursachen der Revolution von 1979 ist von grundlegender Bedeutung für ihr Verständnis ihre religiös-ideologische Dimension, d.h. die Frage, wie religiöse Inhalte zur Grundlage der Legitimation politischer Herrschaft werden konnten. Um dies zu erklären, ist es zunächst nötig, die historische Entwicklung und heutige Stellung des schiitischen Klerus in der iranischen Gesellschaft zu erläutern.

Das Verhältnis der Schiiten zur „Herrschaft an sich" unterscheidet sich historisch grundsätzlich von demjenigen der Sunniten. Da nach schiitischer Auffassung der im 10. Jh. n. Chr. in die „große Verborgenheit" entschwundene, am Tag des Jüngsten Gerichts wieder zurückkehrende **12. Imam Mahdi** der eigentliche und **einzig legitime Herrscher** ist, sind weltliche Herrscher im Prinzip stets Usurpatoren, also unrechtmäßig an der Macht. Während die Sunniten von Beginn der islamischen Geschichte an zumeist – wie selbstverständlich – die Herrschaft über die meisten islamischen Gebiete innehatten und die dort tätigen sunnitischen Religionsgelehrten somit von vornherein in die staatlichen Machtstrukturen eingebunden werden konnten, war dies für die Schiiten nur sporadisch der Fall. Mit dieser „weniger staatstragenden" Stellung der schiitischen Theologen und dem **Minderheitenstatus der Schiiten** in den meisten frühislamischen Gesellschaften mag es zusammenhängen, dass die schiitische Theologie sich auch nach der Frühphase der islamischen Geschichte (d.h. etwa ab dem 9. Jh. n. Chr.) eine etwas größere Flexibilität im Umgang mit der heiligen Schrift des Islam, dem Koran, erhalten konnte.

Der **Koran** gilt für islamische Religionsgelehrte seit jeher als die hauptsächliche Grundlage, aus der die theologischen, rechtlichen, sozialen und auch übrigen den Menschen und die Gesellschaft betreffenden Regeln abzuleiten sind. Da rechtliche Vorstellungen und Prinzipien nach islamischem Verständnis eine zentrale Rolle für das Wesen der eigenen Religion spielen, sind die Begriffe „Religionsgelehrter" (= Theologe) und „Rechtsgelehrter" im islamischen Kontext fast austauschbar (daher auch die Bezeichnung des Islam als „Gesetzesreligion"). Da der hauptsächliche Zugang zu tragenden Funktionen innerhalb des islamischen Systems über die **Gelehrsamkeit** stattfindet und nicht, wie im Christentum, über Sakrament und Weihe, haben die Bezeichnungen „Geistlichkeit" oder „Klerus" im islamischen Kontext eine grundsätzlich andere Bedeutung als für das Christentum. Wenn diese Begriffe im Folgenden für den modernen Iran verwendet werden, dann im Sinne derjenigen Religionsgelehrten, die in „geistlichen" Berufen arbeiten und sich dadurch mehr oder weniger deutlich gegen die übrigen sozialen Gruppen abgrenzen.

Während unter sunnitischen Religionsgelehrten ca. ab Mitte des 9. Jh. alles wichtige zur Auslegung und zum Verständnis des Koran als gesagt galt und nach allgemeiner Meinung an dem einmal festgelegten Verständnis des Koran nicht mehr gerüttelt werden durfte, genossen die schiitischen Theologen weiterhin **größere Freiheiten in der Auslegung der heiligen**

Schrift. Dies ermöglichte, dass im 13./14. Jh. schiitische Rechtsgelehrte eine **neue Theorie** zum Verständnis des Koran entwickelten: Das Prinzip der „selbstständigen Rechtsfindung aufgrund rationaler Erwägungen".

Zu dieser **selbstständigen Rechtsfindung** war allerdings nicht jeder Gläubige berechtigt oder qualifiziert; dies waren nur diejenigen Gelehrten, die über die notwendige Ausbildung (einschließlich Arabischkenntnisse und intensives Studium des Koran) verfügten. Sie werden *modjhtahed* (= zur Auslegung berechtigt) genannt. Die übrigen, nicht selbst zur Auslegung berechtigten Schiiten müssen sich nach dieser Theorie einem allgemein anerkannten, möglichst hochrangigen *modjtahed* anschließen und ihm in religiösen (und somit auch rechtlichen etc.) Fragen Gefolgschaft leisten. Hierauf beruht letztlich die Macht des schiitischen Klerus im modernen und revolutionären Iran.

Es bedurfte einiger Jahrhunderte, bis dieses im 14. Jh. entwickelte Prinzip in Iran seine volle gesellschaftliche Wirkung entfalten konnte. Im 16. Jh. standen die schiitischen Safaviden vor dem Problem, ein bis dahin überwiegend sunnitisches Land systematisch (und teilweise unter Zwang) schiitisieren zu wollen; dazu war eine **hierarchisch organisierte Geistlichkeit** hilfreich. Weiterhin gab es jedoch viele schiitische Geistliche, die das Prinzip der selbstständigen Auslegung ablehnten, diese wurden erst im Laufe des 18. und 19. Jh. an den Rand gedrängt und stellen seither nur noch eine unbedeutende Minderheit dar.

Ab Mitte des 19. Jh. war dieses Prinzip unter Schiiten weithin anerkannt. Die hochrangigsten, überregional anerkannten Religionsgelehrten, die seither „**Instanzen der Nachahmung**" genannt werden, bekamen nicht nur großen Zulauf von Theologiestudenten. Sie erhielten auch von einer wachsenden Zahl von Gläubigen, die ihnen als „Instanzen der Nachahmung" folgten, eine alljährlich gezahlte **Abgabe,** deren Höhe vor allem vom Einkommen des jeweiligen Gläubigen abhing (besonders fielen hier natürlich die reichen Basar-Händler ins Gewicht). Zusammen mit weiteren Zuwächsen ihres Besitzes u.a. aus Erbschaften vergrößerte sich so die **wirtschaftliche Macht** dieser Geistlichen (bzw. der religiösen Stiftungen, die sie verwalteten) immer mehr. So ist die enge Interessengemeinschaft der Geistlichen mit den **Händlern und Großgrundbesitzern** zu verstehen, die die iranische Politik der vergangenen Jahrhunderte entscheidend prägte (viele Stiftungen verwalten ihrerseits riesige Ländereien).

Keineswegs übte seit ca. 1850 immer nur *ein* schiitischer Religionsgelehrter als einzige „Instanz der Nachahmung" die oberste religiöse Autorität aus. Dies war immer nur vorübergehend der Fall; öfters gab es mehrere nebeneinander existierende, mehr oder weniger gleichrangige Instanzen der Nachahmung, unter denen jeder Gläubige seine persönliche Instanz auswählen konnte. Auch wenn es *eine,* dann „absolut" genannte Instanz gab, existierten in der Regel neben ihm weitere „einfache" Instanzen, die in theologischen Fragen von geringer oder mittlerer Bedeutung durchaus ihre eigene Gefolgschaft behielten.

Trotz des Machtzuwachses, den die schiitischen Religionsgelehrten im Laufe des 19. Jh. erreichten, waren die allermeisten von ihnen bis in die 60er Jahre des 20. Jh. keineswegs politisch orientiert, sondern verstanden sich vielmehr als **Kontrollinstanz der weltlichen Herrschaft,** die nur dann eingreifen musste, wenn ihre Interessen (oder die der ihnen eng verbundenen Händler oder Großgrundbesitzer) direkt gefährdet erschienen. Dies war z.B. 1963 mit der vom Schah initiierten „Weißen Revolution" der Fall, die u.a. eine weitgehende Landreform und die Einführung des Wahlrechts für Frauen vorsah. Durch seine entschlossene Gegnerschaft und sein mutiges Auftreten gegenüber dem Schah in dieser Sache stieg **Khomeini** während dieser Zeit zu einer „Instanz der Nachahmung" und schließlich zum primus inter pares unter den schiitischen Geistlichen auf (auch zu Zeiten von Khomeinis größter Popularität gab es jedoch weiterhin mehrere „Instanzen der Nachahmung" neben ihm, denen jeweils eine bedeutende Zahl schiitischer Gläubiger folgte).

Erst jetzt begannen sich schiitische mit politisch-religiösen Inhalten intensiv zu vermischen. Eine Generation „linker" iranischer Intellektueller erkannte ihrerseits, dass politische Inhalte in religiösem Gewand eine bessere Breitenwirkung entfalten können, und „islamisierten" sich teilweise. Für das ganz und gar nicht traditionelle Verständnis der Rolle, die die schiitische Geistlichkeit in Iran seiner Ansicht nach in Zukunft spielen sollte, prägte Khomeini im irakischen Exil in einer wichtigen Publikation den Begriff der **„Herrschaft des Rechtsgelehrten".** In Anbetracht der Tatsache, dass die weltliche Herrschaft in Iran durch und durch korrumpiert und den Interessen der ungläubigen Imperialmächte verpflichtet sei, sollte die Geistlichkeit selbst – am besten in Gestalt der Instanz oder der Instanzen der Nachahmung – die Herrschaft ausüben.

Der weitere Verlauf der Ereignisse sollte Khomeini Recht geben: Dem anfänglich von verschiedenen, vor allem links orientierten revolutionären Gruppen als „väterliche Integrationsfigur" unterschätzten Geistlichen bereiteten bei seiner Rückkehr aus dem Exil im Februar 1979 Millionen von Iranern einen begeisterten Empfang. Binnen weniger Jahre gelang es Khomeini und den mit ihm verbundenen politischen Kräften, die nur zum Teil religiös begonnene **revolutionäre Bewegung immer mehr mit religiösen Inhalten zu besetzen** und schließlich völlig zu dominieren.

Die ideologische Entwicklung nach der Revolution

Obwohl Khomeini in seiner grundlegenden, im irakischen Exil verfassten Schrift offen ließ, ob ein oder mehrere schiitische Rechtsgelehrte die Herrschaft ausüben sollten, wurde bald nach Beginn der Revolution klar, dass ein **Rechtsgelehrter als „Führer"** die überragende religiöse und politische Autorität in dem neuen Staat ausüben würde, nämlich **Khomeini selbst.** Wie aber wurde das Kernstück der revolutionären Ideologie, Stellung und Kompetenzen des Führers, in der Verfassung definiert und verankert?

Die Voraussetzung zur Übernahme des Amtes des Führers war die Anerkennung als „Instanz der Nachahmung", die bei Khomeini ohne Zweifel gegeben war. Von den Kompetenzen des Führers im Rahmen der Verfassung wurden zwar einige Befugnisse explizit genannt, z.B. das Recht zur Ernennung von sechs der insgesamt zwölf Mitglieder des Wächterrats (siehe „Staat und Regierung") und weiterer höchster Ämter in Justiz, Armee etc. Anderes blieb aber etwas vage formuliert, z.B. übernehme der Führer die „allgemeine Sachwaltung" und übe die „Aufsicht" über die drei Gewalten im Staat aus. Einerseits verfügt der Führer somit über sehr weitgehende konkrete Kompetenzen, ja steht teilweise sogar über der Verfassung. Andererseits wird klar, dass diese Beschreibung der Stelle des Führers **auf die Person Khomeinis zugeschnitten** war, der dank seiner persönlichen und religiösen Autorität jederzeit imstande war – etwa durch die Erstellung eines religiösen Rechtsgutachtens *(fatwa)* – jede beliebige politische Richtungs- oder Sachentscheidung auch außerhalb des politischen Systems durchzusetzen.

Wie aber würde sich die Sache nach dem Tod des bei der Revolution bereits 77-Jährigen entwickeln? Im Jahre 1985 designierte die iranische Staatsführung den religiös hoch angesehenen **Ayatollah Montazeri** zum Nachfolger Khomeinis. Im Laufe der folgenden Jahre traten allerdings in zunehmendem Maße politische Differenzen zwischen Khomeini und dem als „liberal" geltenden Montazeri auf (später wurde Montazeri sogar unter Hausarrest gestellt, der erst 2003 aufgehoben wurde). Da aus der näheren politischen Umgebung Khomeinis keine weitere als „Instanz der Nachahmung" anerkannte Persönlichkeit zur Verfügung stand, der auch die zur Übernahme des Amtes des Führers notwendige politische Kompetenz und Stehvermögen zugetraut wurde, stand die Staatsführung im März 1989 vor einem großen Problem. (Alle anderen ca. sechs im Jahre 1989 als „Instanzen" anerkannten iranischen Rechtsgelehrten waren entweder bereits über 90-jährig oder standen dem politischen Prinzip der „(direkten) Herrschaft des Rechtsgelehrten" kritisch gegenüber, oder beides.)

Dieses Problem wurde durch die eilige Einberufung einer Kommission gelöst, die über eine **Reform der Verfassung** beraten sollte. Bereits im Juli 1989, kurz nach **Khomeinis Tod,** konnte diese Kommission einen in einigen Punkten geänderten Entwurf der Verfassung der Islamischen Republik Iran vorlegen. Dieser sah unter anderem vor, dass der Führer in Zukunft nicht mehr notwendigerweise über die religiöse Autorität einer „Instanz der Nachahmung" verfügen, sondern nur ein „gerechter *modjtahed*" sein müsse, der auch über die für die Übernahme eines so wichtigen politischen Amtes notwendige Erfahrung und Führungsqualitäten sowie über weitere Kenntnisse der in Iran und in der Welt herrschenden politischen, sozialen und kulturellen Bedingungen verfügen müsse. Somit war der Weg frei für einen Geistlichen von nur mittlerem Rang, **Hodjatoleslam Ali Khamenei,** den Khomeini wahrscheinlich kurz vor seinem Tod als Nachfolger favorisiert hatte und der vom Tag seiner Wahl zum Führer an – per Verordnung – offiziell „Ayatollah" genannt werden sollte (was allerdings bei weitem nicht alle anderen schiitischen Ayatollahs und Instanzen der Nachahmung akzeptierten).

Durch den Verzicht auf die Einheit von oberster geistlicher und politischer Autorität ergab sich, dass in der sich explizit als „islamisch" definierenden Republik Iran die religiöse und politische Führung im Prinzip auseinandergefallen war. Da der Führer keine „Instanz der Nachahmung" mehr zu sein braucht, verfügt er nicht mehr automatisch über das hohe Ansehen, das mit diesem Titel verbunden ist, und befindet sich somit auch politisch in einer grundsätzlich geschwächten Position. Dies gleicht die reformierte Verfassung teilweise durch eine genauere Definition der politischen Befugnisse des Führers aus. Schließlich sollte sich im Laufe der Jahre, besonders nach dem Wahlsieg *Khatamis* 1997, zeigen, dass der Führer allein aufgrund seiner Machtbefugnisse und der Kontrolle, die er durch die **Besetzung politischer Schlüsselpositionen** ausüben kann, sogar im Konflikt gegen einen in der Bevölkerung weitaus populäreren Staatspräsidenten (nämlich Khatami) – bislang jedenfalls – politisch am längeren Hebel sitzt. Unter etwas anderen Vorzeichen wiederholte sich dies während der zweiten Amtszeit des Präsidenten *Ahmadinedschad* (2009–13), der ab 2011 vom Führer zunehmend politisch „kaltgestellt" wurde.

die Auszählung und Verbreitung des Wahlergebnisses besaß, mag dieser Nachweis jedoch schwer zu führen gewesen sein.

Die unterlegenen Kandidaten *Mussavi* und *Karrubi* erkannten ihre Niederlage nicht an; aus der Unterstützung für *Mussavi* heraus entstand die **„Grüne Bewegung"**, die von der Regierung blutig niedergehalten wurde. Auch falls das Wahlergebnis im Großen und Ganzen korrekt gewesen sein sollte, wurde es doch durch das repressive Verhalten der staatlichen Autoritäten gegen *Mussavi* und *Karrubi* (Hausarrest, Einschüchterung bis hin zu Morddrohungen) quasi im Nachhinein in Frage gestellt. Auch unabhängige Meinungsumfragen im Vorfeld der Wahlen hätten dem Urnengang mehr Glaubwürdigkeit und Stabilität verleihen können; dass diese im Iran verboten sind, zeigt die Angst der Regierenden vor der ungeschminkten Wahrheit.

Die iranische **Innenpolitik** war während *Ahmadinedschads* zweiter Amtszeit (2009–13) vor allem von seinen wiederholten Versuchen geprägt, seine eigene Machtbasis zu sichern bzw. zu erweitern, auch gegenüber der übermächtigen Position des Führers *Khamenei*. Dies führte zu einer Reihe von konfliktträchtigen Situationen, ja zu einer zunehmenden Entfremdung *Ahmadinedschads* vom religiös-politischen Establishment. Kurz nach den Wahlen ernannte *Ahmadinedschad* seinen Berater *Rahim Mashai* zum Vizepräsidenten, musste dies jedoch auf Weisung *Khameneis* zurücknehmen. Im Spätherbst 2010 entfachte *Ahmadinedschad* unter religiös-politischen Kreisen einen Sturm der Entrüstung, als er in einer Rede seine (zum Teil auf *Mashai* zurückgehenden) Vorstellungen von einem spezifisch „iranischen Islam" darlegte, die im Widerspruch zur offiziellen Staatsideologie stehen. Der Höhepunkt der Entfremdung war erreicht, als *Ahmadinedschad* im April 2011 den Geheimdienstchef *Moslehi* absetzte, auf Druck von *Khamene'i* aber am nächsten Tag wieder in sein Amt einsetzen musste. Nach dieser Zurechtweisung, ja Brüskierung, war *Ahmadinedschad* elf Tage lang nicht erreichbar oder ansprechbar, er erschien nicht zu einer Kabinettssitzung, was zu Gerüchten um seinen baldigen Rücktritt führte – der aber nicht erfolgte.

Wirtschaftspolitisch stand die zweite Präsidentschaft *Ahmadinedschads* vor allem im Zeichen des von ihm lange angekündigten und schließlich umgesetzten **Abbaus von Subventionen** für Grundnahrungsmittel und Energie. Im Herbst 2010 wurde der Strompreis für iranische Haushalte um etwa das Fünffache erhöht, im Winter der Benzinpreis um einen ähnlichen Faktor. Als Ausgleich gewährte die Regierung jedem „bedürftigen" Haushalt (dieser Begriff wurde sehr weit gefasst) eine monatliche pauschale Unterstützung von ca. 40 Euro pro Haushaltsmitglied. Mit dieser Maßnahme wollte *Ahmadinedschad* zwei Fliegen mit einer Klappe schlagen: Einerseits spülten die abgebauten Subventionen mit bis zu 100 Mrd. US-Dollar wesentlich mehr Geld in die Regierungskasse, als die ca. 30 Mrd. US-Dollar Unterstützung kosteten. Andererseits konnte *Ahmadinedschad* mit den Subventionen zielgerichtet seine Wahlklientel bedienen, die Landbevölkerung und die sozial Schwächeren. Aufgrund einer oft höheren Zahl von Haushaltsmitgliedern und niedrigerer laufender Lebenshaltungskosten profitieren diese Gruppen von der Unterstützung in relativ höherem Maße als die städtischen Mittel- und Oberschichten.

Ahmadinedschad war mit dieser Maßnahme jedoch **kein Erfolg** beschieden. Durch die Kappung von Subventionen, an die sich die Bevölkerung jahrzehntelang gewöhnt hatte, brachte er breite Bevölkerungskreise gegen sich auf, bei denen die Ausgleichszahlung bei Weitem nicht die Preiserhöhung bei Strom und Heizung wettmachte. Bald nach Abschaffung der Subventionen verschärften die westlichen Staaten unter US-amerikanischer Führung zum ersten Mal die **wirtschaftlichen Sanktionen** (aufgrund des Atomstreits, s.u.) gegen Iran derart effektiv, dass die iranische Währung im Frühjahr 2012 rund 70% ihres Wertes verlor. Dadurch verteuerten sich viele Waren, auch Grundnahrungsmittel, und die nicht an die Inflation angepasste Unterstützung war nur noch 12 Euro wert. De facto mündete dies in eine fortschreitende **Verarmung breiter Bevölkerungskreise** einschließlich der Mittelschicht. All dies wurde nun allgemein *Ahmadinedschad,* seiner Wirtschaftspolitik und seinem irrlichternden, provokativen außenpolitischen Kurs angelastet. Außer der Unterstützung des Führers verlor er nun auch fast jeglichen Rückhalt in der Bevölkerung.

⌵ Bauer bei der Arbeit im Reisfeld

2013: Beginn einer neuen Ära?

Die **Präsidentschaftswahlen** im Juni 2013 wurden von vielen Iranern in Erinnerung an die Wahlen von 2009 und in Anbetracht des gewohnten Aussiebens von Kandidaten durch den Wächterrat als nicht sehr bedeutend betrachtet. In der Endphase des Wahlkampfs zog der als pragmatisch und moderat geltende Kandidat **Hassan Rohani** dann mit einem Mal auch die Hoffnungen und Stimmen vieler reformorientierter Wähler auf sich und setzte sich überraschend bereits im ersten Wahlgang mit 50,7% der Stimmen gegen seine Konkurrenten aus dem konservativen und ultrakonservativen Lager durch (v.a. *Qalibaf,* 16,6%, und *Dschalili,* 11,4%).

Durch den am 3. August 2013 als Präsident vereidigten *Rohani* hielt nach den acht „bleiernen" Jahren unter *Ahmadinedschad* ein **völlig neuer Ton,** ja ein neues diplomatisches Zeitalter, Einzug in die iranische Politik. *Rohani* rechnete mit seinem Vorgänger ab und bezeichnete dessen Wirtschafts- und Außenpolitik als gescheitert. Er sandte Signale der Verständigung an die internationale Staatengemeinschaft, bekannte sich zu Vernunft, Mäßigung und Abkehr vom Extremismus; in Iran müssten sich „nicht nur Zentrifugen, sondern auch die Räder der Wirtschaft drehen".

Die überschwängliche Begeisterung, die *Rohani* entgegengebracht wurde, wirft die seit *Khatamis* Scheitern (2005) virulente Frage auf, was ein Präsident „von *Khameneis* Gnaden" überhaupt bewirken kann: Bleibt er im Rahmen des von *Khamenei* Erlaubten, so bringt er nichts; geht er darüber hinaus, so darf er nichts. Wie *Khatami* ist auch *Rohani* durch und durch ein **Mann des herrschenden Systems,** wohl noch mehr als *Khatami* ist er ein Polit-Profi; so hat er über Jahre als Chefunterhändler die Atomverhandlungen Irans mit der P5+1-Gruppe geleitet. Dennoch entfaltete sich in dem Iran eigentümlichen System der „kontrollierten und konditionierten Demokratie" allein durch die Wünsche und Hoffnungen vieler, die auf *Rohani* projiziert wurden und werden, eine erstaunliche Dynamik.

Inwiefern die diplomatische Offensive *Rohanis* in Iran einen nachhaltigen Politikwechsel bewirken kann, ist derzeit völlig offen. Die staatliche Rhetorik hat sich merklich zugunsten des Reformlagers verschoben. Doch alles, was bisher passiert ist, lässt sich ohne Weiteres noch aus der **Logik des iranischen politischen Systems** und als Maßnahme zu seiner Selbsterhaltung verstehen: *Ahmadinedschad* hat das Land in die Isolation und fast in den wirtschaftlichen Ruin getrieben; ein sympathischer, moderater Präsident wie *Rohani* bedeutet für das Regime einen Legitimationsgewinn nach Innen und eine deutliche Ausweitung der außenpolitischen Möglichkeiten. Der Verhandlungserfolg in Genf im November 2013 (s.u.) ist ein erster Beweis hierfür.

Rohani verhandelte in Genf mit dem Einverständnis des islamischen Führers *Khamenei,* der den Kurs des Präsidenten unterstützte, gleichzeitig jedoch wiederholt **Vorbehalte** äußerte und vor dem Ausverkauf ideologischer Prinzipien warnte. *Khamenei* wollte das nach wie vor starke ultrakonservative Lager nicht allzu sehr vor den Kopf stoßen, ließ aber

Rohani gewähren, um das Land aus der wirtschaftlichen Krise zu führen und den Rückhalt des Regimes bei der Bevölkerung nicht noch weiter erodieren zu lassen. Sollte *Rohanis* politischer Kurs – aus welchen Gründen auch immer – scheitern, kann *Khamenei* mit Verweis auf seine oft geäußerte Skepsis das „Experiment" abbrechen und auf seine bewährten konservativen und konfrontativen Optionen zurückgreifen.

Im Sommer 2014 war die anfängliche Begeisterung vieler Iraner über *Rohani* schon wieder stark zurückgegangen. Neben dem allgemeinen Wunsch nach einem „normalen" Status der internationalen Staatengemeinschaft – Iran möge endlich als gleichrangiger Partner wahrgenommen werden – brennt dem Volk vor allem die **wirtschaftliche Misere** unter den Nägeln. Seit *Rohanis* Amtsantritt hat sich der iranische Rial zwar dem Euro gegenüber wieder leicht erholt, die Inflation ist jedoch aufgrund der nach wie vor geltenden Sanktionen weiter gestiegen – eine „Dividende von Genf" ist für das Volk noch nicht erkennbar.

Außenpolitik

Außenpolitisch nahm das Gewicht Irans in den 1990er Jahren deutlich zu, was zum Teil an der Schwächung Iraks durch den „Kuwait-Krieg" und zum Teil an der Nachbarschaft Irans zu den neu entstandenen Nachfolgestaaten der Sowjetunion lag. Iran verfolgte in Bezug auf die religiösen und nationalen Konflikte an seiner Nordgrenze in der Regel eine **pragmatische Linie** und versuchte, vor allem als Vermittler und Wirtschaftspartner zu agieren (z.B. wurde im Mai 1992 der armenisch-aserbeidschanische Waffenstillstand, der den Konflikt um Berg-Karabach beenden sollte, in Teheran unterzeichnet).

Dies galt insbesondere im Verhältnis Irans zur **Russischen Föderation,** mit der Iran intensive und teilweise sensible Wirtschaftsbeziehungen pflegte, einschließlich der Lieferung wichtiger Militärgüter und der Hilfe beim Bau eines Atomkraftwerks. In dieser Hinsicht stellte die Russische Föderation für Iran ein wichtiges politisches und wirtschaftliches Gegengewicht zum „Erzfeind" USA dar. Nach und nach trat auch China in dieser Funktion immer mehr neben Russland. Die Beziehungen Irans zur **Europäischen Gemeinschaft,** die aufgrund der Rushdie-Affäre vorübergehend stark belastet waren, entwickelten sich in den 1990er Jahren zunächst gedämpft positiv, auch wenn sie immer wieder Rückschläge erlitten (z.B. im März 1996 durch den Erlass eines deutschen Haftbefehls gegen den iranischen Sicherheitsminister *Fallahian* aufgrund dessen angeblicher Verstrickung in den Mykonos-Mordfall).

Durch die Ereignisse **seit 2001** (Afghanistan, Irak) wurde Iran zu einem von Koalitionsstreitkräften „umzingelten Frontstaat", konnte aber auch seinen Einfluss gerade im Irak aufgrund enger Verbindungen zur schiitischen Bevölkerungsmehrheit deutlich ausbauen. Iran ist an stabilen Verhältnissen im Irak interessiert, schon aus ureigensten Gründen (Vermeidung von Flüchtlingsströmen, auch von Unruhen unter iranischen Kurden). Trotzdem ist es natürlich möglich oder sogar wahrscheinlich, dass einzelne radikale Kräfte aus dem iranischen politischen Spektrum sich von Instabilität im Irak mehr versprechen und versuchen, die offizielle Politik ihrer Regierung zu konterkarieren.

Durch den 2011 in **Syrien** ausgebrochenen **Bürgerkrieg** droht Iran mit dem Assad-Regime einer seiner wenigen Verbündeten in der Region verloren zu gehen. Dagegen hat Iran erhebliche finanzielle, politische und militärische Maßnahmen ergriffen, bis hin zur Unterstützung der schiitischen Hizbollah, die nun vom Libanon aus auf Seiten des Assad-Regimes offen in den Konflikt eingreift. International versucht Iran, im Syrien-Konflikt als „ehrlicher Makler" der syrischen Bevölkerung aufzutreten, was jedoch von den sunnitischen Beteiligten (wie Saudi-Arabien) nicht akzeptiert wird und deshalb bisher weitgehend erfolglos blieb.

Der **Atomkonflikt** wurde 2003 neu entfacht nach der Entdeckung gewisser Anzeichen dafür, dass Iran (trotz gegenteiliger Behauptungen) insgeheim doch ein Atomwaffenprogramm verfolgte. Der Konflikt gab *Ahmadinedschad* Gelegenheit, gegenüber dem Volk die „nationale Karte" zu spielen und einerseits auf dem Recht Irans zu bestehen, ein ziviles Atomprogramm zu verfolgen, andererseits die doppelzüngige Moral des Westens zu beklagen, der den exklusiven Besitz von Atomwaffen in der Region durch Israel stillschweigend hinnimmt. *Ahmadinedschad* versuchte den Konflikt populistisch anzuheizen und schreckte dabei auch vor Provokationen wie der Leugnung der Judenvernichtung im Dritten Reich nicht zurück.

Obwohl eine iranische **Atombombe** eine gewisse Gefährdung auch des Staates Israel bedeuten würde, darf man den Konflikt nicht auf diesen Aspekt reduzieren. Angesichts der Überlegenheit israelischer Militärtechnik wäre die Bedrohung Israels durch eine (oder wenige) iranische Atombombe(n) mittelfristig eher theoretischer Natur. Sogar *Ahmadinedschad* wusste, dass Atomwaffen nicht zum Einsatz, sondern zur Abschreckung da sind.

Das iranische Atomprogramm geht auf die Zeiten des Schahregimes zurück und ist ein nationales Programm, das in seiner zivilen Verwendung von den allermeisten und in seinem militärischen Teil von einer großen Zahl von Iranern unterstützt wird. Die eigentliche Auswirkung einer iranischen atomaren Bewaffnung wäre die empfindliche **Störung der Machtbalance** in der sensiblen, energiewirtschaftlich so bedeutenden Golfregion: Iran würde militärisch quasi unangreifbar, seine Stellung als führende Regionalmacht gefestigt. Dies könnte weitere Staaten der Region, vor allem Saudi-Arabien, dazu veranlassen, selbst Atomwaffen anzustreben. Ein atomares Wettrüsten in der zum Teil instabilen, von sozialem und religiösem Konfliktpotenzial (Sunna/Schia) und religiös-ideologischem Radikalismus geprägten Region könnte langfristig verheerende Folgen haben.

Nach einem Jahrzehnt fruchtloser Verhandlungen, die oft wie ein Katz-und-Maus-Spiel anmuteten, haben Iran (vertreten durch den neu gewählten Präsidenten *Rohani*) und die P5+1-Gruppe im **November 2013** in Genf endlich eine **Vereinbarung** erzielt, die als erster Durchbruch gewertet werden kann. Demnach stellt Iran seine Uran-Anreicherung auf 20% ein (nicht aber diejenige auf 5%), im Gegenzug können die wirtschaftlichen und finanziellen Sanktionen nach und nach gelockert werden. Das Risiko des Scheiterns ist jedoch nach wie vor hoch. Nicht nur sind viele, auch technische, Details der Vereinbarung hochkomplex und zum Teil bewusst vage gehalten. Beide Verhandlungsparteien müssen außerdem jeweils interne Kritiker in Schach halten (die USA den Kongress, Iran die Ultrakonservativen). Diese wachen mit Argusaugen darüber, dass der Gegenseite kein Millimeter zu viel zugestanden wird, und glauben, dass sie innenpolitisch von einem Scheitern des Prozesses profitieren würden.

Aus- und Rückblick: Iran als Nation

Überblickt man die iranische Geschichte im Ganzen, so stellt sich unter anderem die Frage nach der **historischen Kontinuität.** Der heutige Iran blickt auf eine **über 2500 Jahre währende Geschichte von Staatlichkeit** zurück, länger als die allermeisten anderen Länder der heutigen Welt. Auch wenn diese Staatlichkeit durch mehrere große Zäsuren unterbrochen wurde (von denen die wichtigste die Eroberung durch arabisch-islamische Heere zwischen 632 und 651 n. Chr. war), besteht kein Zweifel darüber, dass sich auch über diese Zäsuren hinweg eine **kulturelle „Substanz"** erhalten hat: angefangen von der Sprache, die sich über den ganzen Zeitraum hinweg mehr oder weniger kontinuierlich entwickelt hat, über iranische literarische Mythen bis hin zu altiranischen Vorstellungen von Herrschaft, die auch in islamischer Zeit rezipiert wurden. So erscheint es gerechtfertigt, für den gesamten historischen Zeitraum der iranischen Geschichte von historischer Kontinuität zu sprechen.

Andererseits darf man nicht den Fehler begehen, die heutige Situation um 2500 Jahre nach hinten zu projizieren und schon unter dem Achämeniden *Kyros II. dem Großen* von einer „iranischen Nation" zu sprechen. Hierbei fällt weniger ins Gewicht, dass das damalige Staatsgebiet etwa das Zwei- bis Dreifache des heutigen betrug und eine Vielzahl von (auch nicht-iranischen) Völkerschaften umfasste; dies ist auch heute, wenngleich in viel bescheidenerem Maße, der Fall. Wichtiger ist, dass ein entscheidender Faktor der Selbstdefinition der heutigen iranischen Nation, der **schiitische Islam,** erst im Laufe des 16. Jh. zur Mehrheitsreligion auf dem Gebiet des heutigen Iran gemacht wurde. Damit wurde die wesentliche Voraussetzung für die Entstehung und Entwicklung der modernen iranischen Nation geschaffen, und dies markiert den **eigentlichen Beginn der Geschichte des heutigen Iran.**

Für das 16. und auch das 18. Jh. konnte man jedoch noch nicht von einer iranischen Nation im modernen Sinne sprechen; der Begriff und das Phänomen der **„Nation"** sind modernen europäischen Ursprungs und beinhalten gewisse Merkmale moderner politischer Kultur wie z.B. die Eingliederung der Bevölkerung in Entscheidungs- oder Bewusstseinsprozesse, die im 16. Jh. weder in Iran noch irgendwo anders gegeben waren. Von einer iranischen Nation im heutigen Sinne – oder von deren Entwicklung – kann man deshalb frühestens gegen Ende des 19. oder zu Beginn des 20. Jh. sprechen, d.h. zur Zeit der nationalistisch ausgerichteten konstitutionalistischen Revolution.

Staat und Regierung

Der offizielle Staatsname lautet **Islamische Republik Iran** *(Djomhuri-ye Eslami-ye Iran)*. Nach der iranischen Verfassung von 1979 ist die Staatsform die einer islamischen Republik. Die iranische Verfassung ist die einzige der Welt, die sich als „befristet" versteht. Sie gilt nur so lange, bis der 12. Imam Mahdi, der sich nach Überzeugung der Schiiten in der „großen Verborgenheit" irgendwo in der Atmosphäre aufhält, auf der Erde erscheinen wird. Sie kann als republikanische Verfassung mit stark autoritären Elementen bezeichnet werden. Das Volk wählt zwar das **Parlament** und den **Staatspräsidenten,** daneben gibt es aber Instanzen wie **„Wächterrat"** und **„Expertenrat",** die nicht demokratisch gewählt sind. Über allem thront der **„Revolutionsführer",** dem insbesondere die Justiz und die bewaffneten Formationen unterstehen. Seit 1989 bekleidet dieses Amt Ayatollah *Seyyed Ali Khamenei*.

Die **Verfassung von 1979** beinhaltete Elemente wie Gewaltenteilung, ein vom Volk zu wählendes Parlament sowie einen Dualismus in der Leitung der Exekutive (ein vom Volk direkt gewählter Staatspräsident und ein von diesem ernannter Ministerpräsident, dessen Amt mit der Verfassungsänderung von 1989 allerdings aufgegeben wird). Hinzu kommt das in anderen Verfassungen nicht anzutreffende **Amt des politischen und religiösen Führers,** das zunächst Khomeini innehatte. Einerseits stand *Khomeini* aufgrund seiner persönlichen Autorität über dem politischen System und besaß sozusagen eine „uneingeschränkte Richtlinienkompetenz", andererseits verleiht das Amt des Führers (oft auch „islamischer Führer" genannt) seinem Inhaber auch direkte Befugnisse wie z.B. die Ernennung des Generalstaatsanwalts.

Zu der republikanischen und parlamentarischen Grundstruktur kam nicht nur das Amt des Führers hinzu, sondern weitere die Arbeit des Parlaments und der Regierung kontrollierende „islamische" Gremien, von denen das wichtigste der **Wächterrat** war und ist. Dieses aus sechs Geistlichen und sechs Juristen bestehende Gremium (die Geistlichen werden vom islamischen Führer, die Juristen vom Justizminister bestimmt) hat die Aufgabe, Gesetzesvorhaben des Parlaments auf ihre **„Islamtauglichkeit"** hin zu überprüfen und bei Parlaments- und Präsidentenwahlen die Kandidaten auf ihre „persönliche und religiöse Eignung" hin abzuklopfen (und gegebenenfalls abzulehnen).

Der nicht demokratisch legitimierte Wächterrat konnte und kann somit die Arbeit des Parlaments konterkarieren und ist seit seinem Bestehen de facto oft ein mit dem Parlament konkurrierendes Parallelgremium in den Händen konservativer Kräfte. Da sich die Zusammenarbeit zwischen Parlament und Wächterrat oft problematisch gestaltete, schlug *Khomeini* 1988 die Gründung eines weiteren Gremiums „zur Feststellung des Interesses des Systems" (kurz „Feststellungsrat") vor, das bei strittigen Fragen zwischen Parlament und Wächterrat vermitteln sollte und deshalb auch **„Schlichtungsrat"** genannt wird.

Etwa ein Jahr vor seinem Tod regte *Khomeini* auch die Bildung einer **Expertenversammlung** an, die eine Änderung der inzwischen als unzulänglich empfundenen Verfassung in Angriff nehmen sollte. Bereits kurz nach *Khomeinis* Tod im Juni 1989 wurden die Veränderungen verabschiedet, darunter die deutlichere Herausarbeitung der Kompetenzen des Führers und die Straffung der Struktur der Exekutive durch Abschaffung des Amtes des Ministerpräsidenten, dessen Kompetenzen im Wesentlichen auf den **Staatspräsidenten** übertragen wurden. Allein aufgrund seiner Machtbefugnisse und der Kontrolle, die er durch die Besetzung politischer Schlüsselpositionen ausüben kann, sitzt der Führer politisch am längeren Hebel als der (teildemokratisch) gewählte Staatspräsident.

Staatsflagge

Die Flagge wurde im Juli 1980 nach dem Vorbild der früheren „kaiserlichen" Flagge eingeführt. Sie besteht aus drei Querstreifen: **grün-weiß-rot.** Der mittlere weiße Streifen wird durch Schriftbänder in **arabischer Schrift** vom grünen und roten Streifen abgegrenzt. Das rote **Staatswappen** ist zentral im weißen Streifen angeordnet.

Die Farben Grün, Weiß und Rot gehen auf das 18. Jh. zurück. Heute wird ihnen folgende **Bedeutung** zugesprochen: Grün ist die Farbe des Islam, Weiß die des Friedens und Rot die des Mutes und der Tapferkeit. Die Schriftbänder bedeuten oben und unten je elfmal *Allahu Akbar:* Gott ist sehr groß. Die somit insgesamt 22 Schriftornamente verweisen auf das Datum 22. Bahman (11. Februar 1979) – Tag der Rückkehr von *Ayatollah Khomeini* nach Iran.

Das auf der Flagge in Rot gehaltene **Staatswappen** besteht aus vier Halbmonden, die zu einem Globus angeordnet sind. Das Schwert steht unter einem Baldachin, dem Symbol für Geisteskraft und Standhaftigkeit. Das Schwert und die Halbmonde stehen für die Macht und den Glauben des Islam, der Globus soll den weltweiten Kampf der unterdrückten Völker symbolisieren.

Verwaltungsgliederung

Die staatliche Verwaltungsgliederung Irans umfasst **31 Provinzen** (Persisch: *ostan*), von denen jede wiederum in mehrere Departements (insgesamt 195, Persisch: *shahrestan*) unterteilt ist. Unterhalb der Departements gibt es noch die Ebenen der Kreise *(bakhsh),* Städte *(shahr)* und Landkreise *(dehestan).* Da Iran ein **Zentralstaat** ist, besitzen die Provinzen keine Kompetenzen, die mit denjenigen der deutschen Bundesländer vergleichbar wären (etwa gesetzgebender Natur); in gewissem Umfang können die Gouverneure der einzelnen Provinzen jedoch in den Bereichen Wirtschaftsförderung, Kultur und Tourismus aktiv werden.

Irans Provinzen

Die heutige Verwaltungsgliederung Irans geht im Wesentlichen auf eine **Einteilung nach dem Zweiten Weltkrieg** zurück. Allerdings kam es immer wieder zu Veränderungen, oft dann, wenn sich innerhalb einer bestimmten Provinz ein regionales Selbstbewusstsein organisierte und artikulierte, das nach größerer Eigenständigkeit strebte. So war Iran im Jahre 1970 noch in 20 Großeinheiten unterteilt, davon 14 Provinzen und sechs Gouvernements; letztere umfassten die

Verwaltungsgliederung

Provinzen „herausgeschnitten"), in den 1980er Jahren wurde u.a. die Provinz Teheran in „Teheran" und „Zentralprovinz" unterteilt. 1996 wurden die Provinzen Ardabil (aus Ost-Azerbeijan) und Qom (aus Teheran „herausgeschnitten") gebildet. Die Entstehung einer neuen Provinz verlief nicht immer ohne Probleme, so gingen der Bildung der Provinz Qazvin langjährige, teils gewalttätige Proteste seitens der Einwohner Qazvins voraus, die sich von der Provinzregierung in Zanjan benachteiligt fühlten. Im Jahr 2002 tobten in Khorasan heftige Auseinandersetzungen wegen der Aufteilung der Provinz in drei Einheiten. Als jüngste (31.) Provinz wurde 2010 die Provinz Alborz vom Westen der Provinz Teheran herausgelöst.

Denkmal für Karim Khan Zand in Shiraz

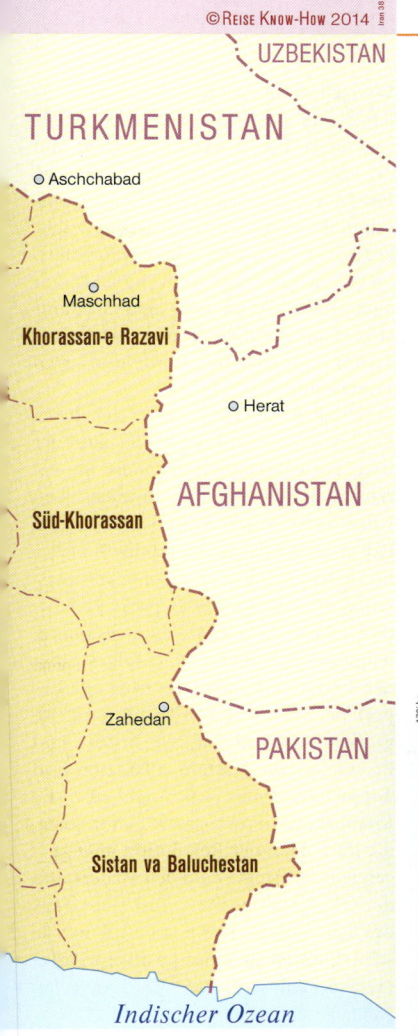

weniger entwickelten Regionen, die erst später in den Rang von Provinzen erhoben wurden.

In den 1970er Jahren kamen die Provinzen Yazd und Zanjan hinzu (sie wurden jeweils aus den sie umgebenden

Wirtschaft

Die **verfehlte Wirtschaftspolitik des Schah** (vor allem seit 1973) war ein wesentlicher Auslöser für den Widerstand, der letztlich zur iranisch-islamischen Revolution führte. Deshalb wurde von den Ideologen der Revolution schon frühzeitig Wert auf den Aufbau einer **„islamischen Wirtschaft"** gelegt; dies sollte zunächst vor allem die Abkehr von einseitigen Groß- und Prestigeprojekten, die Verlagerung des Schwerpunkts auf den landwirtschaftlichen und Nicht-Erdöl-Sektor und den Aufbau der Infrastruktur (Versorgung der Dörfer mit Straßen und Elektrizität) bedeuten. In der Verfassung werden als allgemeine Prinzipien „islamischer Wirtschaft" vor allem wirtschaftlich-soziale Gerechtigkeit und wirtschaftliche Autarkie des Landes genannt.

Ob und inwiefern es eine „islamische Wirtschaft" überhaupt gibt und, wenn ja, wie diese aussieht, ist sowohl unter „westlichen" als auch unter islamischen Experten umstritten. Wie in anderen islamischen Ländern, die eine „Islamisierung der Wirtschaft" anstreben, wird auch in Iran die wirtschaftliche Entwicklung von einer Reihe von internen und externen Zwängen entscheidend bestimmt (z.B. von der Notwendigkeit der Kreditaufnahme am internationalen Kapitalmarkt), für deren Überwindung bisher noch kein islamisches Patentrezept gefunden wurde. In Iran kamen zu diesen allgemeinen Zwängen nach der Revolution mehrere ungünstige Sonderfaktoren hinzu, vor allem der lange und teure **Krieg gegen den Irak,** aber auch die **Wirtschaftssanktionen** seitens der US-Regierung (vor allem das Einfrieren der iranischen US-Auslandsguthaben) und die politisch bzw. sozial motivierte **Flucht** eines erheblichen Teils **iranischen Kapitals** und **iranischer Fachkräfte** während und nach der Revolution (die meisten davon in die USA, vor allem nach Kalifornien, dessen „iranische Hauptstadt" Tehrangeles von Iranern scherzhaft genannt wird, und nach Westeuropa).

In mancherlei Hinsicht hat sich durch die Revolution wenig an der Struktur der iranischen Wirtschaft geändert. So waren die Bemühungen, den industriellen Nicht-Erdöl-Sektor auszubauen und die Exporterlöse daraus zu erhöhen, bisher nur mäßig erfolgreich. Trotz eines neuerlichen Anstiegs des Exports von Industrieprodukten und Gebrauchsgütern, hauptsächlich in die Nachfolgestaaten der Sowjetunion, wird der iranische Export nach wie vor von **Erdöl** und, mit großem Abstand folgend, Erdgas und Produkten wie **Datteln, Pistazien** und **Teppichen** dominiert. Auch eine die Kleinbauern bevorzugende Landreform, die kurz nach der Revolution angegangen wurde, erregte bald den Widerstand der Großgrundbesitzer und eines Teils des konservativen Klerus und wurde schließlich, trotz eines positiven Parlamentsbeschlusses, vom Wächterrat zu Fall gebracht.

Die deutlichste Veränderung der iranischen Wirtschaft nach der Revolution besteht in der Ausdehnung ihres staatlichen Anteils. Das **Banken- und Versicherungswesen** wurde vollständig, der **Außenhandel** weitgehend **verstaatlicht** (Letzteres wieder gegen den Widerstand des Wächterrats, der hier die Interessen der im Außenhandel tätigen Kaufleute vertrat); auch die **Großindustrie** befindet sich zu über 80% in den Händen des Staates, staatlich gelenkter Institutionen (z.B. Banken) oder halbstaatlicher Stiftungen. Seit 1990 gab es politische Versuche (zunächst von dem „pragmatischen" Staatspräsidenten *Rafsanjani*), den Staatsanteil an der Wirtschaft zu reduzieren, die aber nur von geringen Erfolgen gekrönt waren.

Weitere Bestrebungen, die iranische Wirtschaft zu beleben, haben wohl erst dann Aussicht auf Erfolg, wenn sich Iran auch politisch an die westlichen Industrienationen (v.a. die USA) weiter annähert, die Rechtssicherheit für ausländische Investitionen erhöht und somit wieder besseren Zugang zu internationalen Märkten und Kapital erhält. Ein erster Schritt in diese Richtung wurde 1999 getan, als der Schlichtungsrat nach langem parlamentarischen Vorlauf ein **Investitionsschutzgesetz** für ausländische Mehrheitsinvestitionen in Iran billigte.

Die (z.T. geschätzten) **Eckdaten der iranischen Wirtschaft für 2013** lauteten: Bruttoinlandsprodukt (BIP) 388 Mrd. US$ (d.h. ein Rückgang von über 20% (!) gegenüber 2012), davon Landwirtschaft 10%, Industrie 46%, Dienstleistungen 44%; Exporte: 67 Mrd. US$, Importe: 70 Mrd. US$; Arbeitslosenquote: offiziell ca. 13%, tatsächlich liegt sie viel höher; Inflationsrate: ca. 42%.

Tourismus

Beim Tourismus in Iran sind der einheimische von dem der Ausländer sowie der religiöse vom nicht-religiösen zu unterscheiden. Was den Urlaub der Iraner im eigenen Lande betrifft, so werden Reisen zu den wichtigsten historischen und kulturellen Sehenswürdigkeiten etwa in Isfahan, Shiraz und Persepolis oder auch ein Badeurlaub am Persischen Golf (auf der Insel Kish) vor allem unter städtischen Iranern immer beliebter.

Religiöser Tourismus

Am inneriranischen Tourismus haben nach wie vor **Pilgerfahrten** einen hohen Anteil, bei denen iranisch-schiitische Gläubige für mehrere Tage oder Wochen, allein oder in einer Gruppe, eine **heilige Stätte** (meist das Grab eines berühmten schiitischen Heiligen) besuchen. Die „heiligste" iranische Pilgerstätte ist der Schrein des 8. schiitischen Imam *Reza* (siehe Kap. „Religionen") in **Mashhad** (Nordostiran), die deshalb die meisten Pilger anzieht. Weitere bedeutende Heiligtümer befinden sich in **Qom** (wo *Fatima*, die Schwester Imam Rezas begraben liegt), südlich von **Teheran** (das Grabmal *Khomeinis*) und in **Shiraz** (Shah Cheragh). Letzteres wurde im Laufe der vergangenen zehn Jahre von den lokalen Behörden planmäßig ausgebaut und erweitert, vermutlich, um der Bevölkerung auch des südlichen Iran einen bedeutenden „eigenen" Pilgerort zur Verfügung zu stellen, zu dessen Besuch keine langwierige Anreise nötig ist.

Auch aus dem islamischen Ausland zieht es viele schiitische Gläubige an iranische Pilgerstätten, vor allem nach Mashhad. Umgekehrt war iranischen Gläubigen der Besuch der beiden wichtigsten außeriranischen schiitischen Pilgerstätten, der Schreine der 1. und 3. Imame *Ali* und *Hossein* in Nadschaf bzw. Kerbela (Irak), unter der Herrschaft *Saddam Husseins* lange Zeit verwehrt bzw. nur eingeschränkt möglich.

Iran-Reisen als West-Tourist

Der Tourismus westlicher Ausländer in Iran, für den es im Lande ein hohes historisches, kulturelles und menschliches Potenzial gibt, sieht sich verschiedenen Schwierigkeiten gegenüber. Zunächst ist da die nach wie vor bestehende (wenngleich in den letzten Jahren gelockerte) **Hürde der Visums-Erteilung** und die mangelhafte Infrastruktur von **Hotels**

Spionitis oder der Glaube an eine weltweite Verschwörungstheorie

Abgesehen von der mehr oder weniger vernünftigen politischen Meinung, die natürlich viele Iraner besitzen, prägt ein wichtiger Faktor das politische Weltbild etlicher Iraner: die sogenannte „große Verschwörungstheorie". Die offizielle Politik lehrt, dass die islamisch-iranische Führung für Wahrheit und Gerechtigkeit kämpft, gegen die **Mächte der Dunkelheit: USA, CIA, Israel, Zionismus, Kapitalismus.** Obwohl er für die gerechte Sache steht und kämpft, läuft der Iran demnach wie gegen Windmühlen an: Die „anderen" lassen nicht zu, dass sich die Islamische Republik gemäß der ihr zukommenden historischen Rolle entwickelt.

Soviel Ungerechtigkeit lässt sich nicht allein durch das politische und wirtschaftliche Übergewicht der „anderen" erklären. Dazu ist ein erhöhter Grad von **Gemeinheit und Feigheit** notwendig: Die „anderen" stecken unter einer Decke, sie kämpfen verdeckt, versteckt, mit unlauteren Mitteln, kurz: eine weltweite Verschwörung ist im Gang.

Abgesehen davon, dass ein Körnchen Wahrheit in alledem steckt – der **„Westen"** war sich nach der islamischen Revolution einig, dass es da etwas einzudämmen gäbe, und unterstützte zunächst den Kriegsgegner und Aggressor Irak –, hemmt die verbreitete Neigung, immer und überall Verschwörer und Spione am Werk zu sehen, die allgemeine politische Reifung und Entwicklung.

Iran steht mit diesen Verschwörungstheorien jedoch nicht allein da. **Auch in Europa** gehört der Glaube an die Verschwörung des „Weltjudentums" oder des „Weltkapitalismus" (was für manche das gleiche sein mag) seit langer Zeit zur etablierten politischen Folklore.

In den 1990er Jahren haben die Verschwörungstheorien in Iran etwas an Attraktivität eingebüßt. Auf Dauer wird es langweilig, im Saft der eingebildeten Rechtschaffenheit zu schwimmen, vor allem, wenn in der Welt draußen so viele zu Hause schwer erhältliche Attraktionen locken.

auf „westlichem" Niveau. Obwohl Ausländer von Iranern mit offenen Armen empfangen werden, geistert durch westliche Medien nach wie vor das Bild eines abgeschotteten, radikal-islamischen und irgendwie „mittelalterlichen" Iran. Dies entspricht in keiner Weise den Realitäten des Landes, allerdings ist an dem ungünstigen Bild auch die uneinheitliche Einstellung maßgeblicher iranischer Kreise zum ausländischen Tourismus schuld. Während einflussreiche Kreise den Tourismus als Devisenbringer (auch für die eigene Tasche) betrachten und fördern, beharren andere, konservativere Kreise nach wie vor auf dem ideologischen Konfrontationskurs mit „dem Westen", nach dem auch ausländische Touristen und der Kontakt mit ihnen für die einheimische Bevölkerung eine potenzielle Gefahr darstellen.

Mindestens ebenso entscheidend für das periodische Auf und Ab des ausländischen Tourismus in Iran ist jedoch die **politische Großwetterlage,** die dem Land in den letzten Jahren einige Krisen und Kriege unmittelbar jenseits seiner Grenzen (Kuwait, Irak, Afghanistan) beschert hat. Leider können nicht alle Europäer zwischen Iran und Irak genau unterscheiden und wissen nicht, dass beispielsweise Isfahan von Bagdad mehr als 700 km entfernt liegt. Deshalb sackte in den letzten Jahren, sobald Bilder von entsprechenden Ereignissen über europäische Bildschirme flatterten, der ausländische Tourismus in Iran jeweils sofort auf den Nullpunkt, um sich anschließend wieder langsam zu erholen.

Trotz der etwas instabilen außen- und sicherheitspolitischen Situation, aber auch weil das iranische Regime einen autoritären Charakter hat, ist Iran jedoch fast überall (mit Ausnahme der Grenzregionen zu Pakistan und Afghanistan, wo sich Drogenschmuggler tummeln) ein sicheres Reiseland!

Medien

In den politischen Wirren des Jahres 1979 herrschte zunächst eine weitgehende Pressefreiheit, die jedoch ab Mitte des Jahres mithilfe der gerade im Aufbau befindlichen Einheiten der Revolutionswächter zunehmend eingeschränkt wurde. Die Verfassung von 1979 forderte zwar die Freiheit der Medien, diese müsse aber **„entsprechend der islamischen Prinzipien"** gestaltet sein.

Der iranische **Rundfunk** und das iranische **Fernsehen** unterstehen seit 1979 einer eigenen Behörde (keinem Ministerium, somit nicht der Exekutive; es gibt keine Privatsender). Ihr Leiter kann vom islamischen Führer direkt abgesetzt werden. Davon machte *Khamenei* 1994 Gebrauch, als er *M. Hashemi,* einem Bruder *Rafsanjanis,* die Leitung des Rundfunks und Fernsehens entzog, unter dem Vorwurf, er habe der „Propagierung westlicher Kultur" Vorschub geleistet.

In der Berichterstattung iranischer **Tageszeitungen** spiegeln sich immer wieder die Auseinandersetzungen zwischen den das politische Geschehen bestimmenden Machtblöcken in Iran wieder. So wurde zu Beginn der 1990er Jahre die Diskussion über die Notwendigkeit von Wirtschaftsreformen innerhalb des von der Verfassung vorgegebenen politischen Rahmens weitgehend frei geführt.

Nach der Wahl *Khatamis* zum Staatspräsidenten (1997) entwickelten sich Teile der iranischen Presse zu einem wichtigen Vehikel der von Khatami angestrebten politischen Liberalisierung. Binnen kurzer Zeit entstand eine derart vielseitige und kritische Presselandschaft, dass im Jahr 2000 18 der neu entstandenen Reformzeitungen und -zeitschriften vom konservativ dominierten Justizministerium verboten wurden.

Für die letzten Jahre gilt im Bereich der Presse Ähnliches wie für das politische Leben insgesamt: **„Reformer" und konservative Kräfte stehen sich gegenüber,** mal mit „Vorteilen" für die eine, dann wieder für die andere Seite. Etwa 1000 Periodika gibt es in Iran, darunter 35 überregionale Zeitungen, doch nur etwa zwei Millionen Iraner lesen täglich Zeitung.

Bildungssystem

Die iranischen Schulen unterstehen dem Erziehungsministerium, die Universitäten hingegen dem „Ministerium für Wissenschaften, Forschung und Technologie". Das iranische Schul- und Hochschulsystem wurde von *Reza Shah* in den 1930er Jahren **nach französischem Vorbild** gegründet und in den 1960/70er Jahren mithilfe US-amerikanischer Berater teilweise reformiert. Seine Struktur hat sich durch die iranisch-islamische Revolution nicht wesentlich verändert.

Die Schulausbildung ist untergliedert in eine fünfjährige Grund-, dreijährige Orientierungs- und vierjährige Oberstufe. Nur für die **Grundstufe** besteht **allgemeine Schulpflicht,** diese wird inzwischen für ca. 90% der Kinder durchgesetzt. Diejenigen Schüler, die nach dem Abitur an einer **staatlichen Universität** studieren wollen, absolvieren in der Regel einen einjährigen Vorbereitungskurs auf die schwierige Aufnahmeprüfung (*konkur* genannt, = franz. *concours*), die nur ca. 10% der Teilnehmer bestehen.

Eine Alternative hierzu ist das Studium an einer der zahlreichen **privaten Universitäten** Irans. Diese halten zwar auch *konkurs* ab, die eigentliche Zugangshürde stellen jedoch die **Studiengebühren** dar, die für durchschnittsverdienende Familien nur schwer aufzubringen sind. Private Universitäten wurden wenige Jahre nach der Revolution zugelassen, da die öffentliche Hand allein die stetig wachsende Nachfrage nach höherer Bildung nicht bewältigen konnte. Seit einigen Jahren gibt es auch private Schulen (auf allen drei Niveaus), die ebenfalls hohe Gebühren verlangen und den Schülern teilweise ein besseres und „exklusiveres" Lernumfeld als die öffentlichen Schulen bieten können. Dies wird in der Öffentlichkeit oft als **„Zwei-Klassen-Erziehung"** kritisiert.

Die Revolution hat im Bereich des Bildungssystems auch die Lehrinhalte beeinflusst. An Schulen und Universitäten wurden zusätzlich zum Curriculum obligatorische **Arabisch- und Islamkurse** eingeführt. Nach Angaben vieler Iraner war dies zumindest zum Teil kontraproduktiv, da die zusätzlichen Kurse eher als Ballast, denn als Bereicherung empfunden werden.

Auch die Schul- und Universitätslehrbücher in **gesellschaftlich relevanten Fächern** wie Geschichte und Politik wurden nach der Revolution schrittweise den neuen politischen Verhältnissen angepasst. So wurde z.B. in den Geschichtsbüchern die Rolle, die der Islam im Rahmen der persischen Geschichte spielt, wieder stärker in den Vordergrund gestellt (im Gegensatz zur tendenziellen Glorifizierung des vorislamischen Iran unter der vorausgegangenen Pahlavi-Dynastie). Die Geschichte der Pahlavi-Dynastie wurde natürlich völlig neu geschrieben und zur Periode der „Gottlosigkeit und Fremdherrschaft" der iranischen Geschichte uminterpretiert.

Die **Universitäten,** seit jeher ein Sammelbecken verschiedenster politischer Gruppierungen und wesentliche Impulsgeber für die Revolution, wurden vom Regime in dessen Konsolidierungsphase als potenziell gefährlich eingestuft, daher 1980 geschlossen und erst 1983 wieder eröffnet.

Die Durchsetzung der Schulpflicht und somit auch die **Alphabetisierungsquote** weicht von Region zu Region teilweise erheblich ab. Vor allem in abgelegenen ländlichen Regionen und in nomadisch besiedelten Gebieten liegt die Einschulungsquote erheblich unter dem nationalen Durchschnitt. Seit einigen Jahren setzt die Regierung deshalb für diese Regionen auch auf flexible Konzepte wie z.B. je nach Bedarf der Bevölkerung „wandernde" bzw. ambulante Dorfschulen. Der Grad der Alphabetisierung der Gesamtbevölkerung Irans dürfte heute etwa bei 75–80% liegen. Nach der letzten offiziellen statistischen Erhebung vor der Revolution lag der Wert im Jahre 1976 knapp unter 50%.

Auf dem Schulhof beim Sportunterricht

Gesundheitswesen und Sozialversicherung

In Iran existiert ein voll ausgebildetes **gesetzliches System der sozialen Absicherung** und Gesundheitsvorsorge. Theoretisch sollte jeder Arbeitnehmer durch seinen Arbeitgeber abgesichert sein. Das Problem besteht darin, dass die Realität der Gesetzeslage hinterherhinkt; de facto kommen nur Staatsbedienstete und bei halbstaatlichen Organisationen (Stiftungen) und Großunternehmen angestellte Personen in den Genuss sozialer Absicherung (Arbeitslosengeld, Rente, Krankenversicherung). Eine große Zahl von Beschäftigten, die in **Kleinbetrieben** (Handwerk, Bazar) und in der **Landwirtschaft** arbeiten, verfügen über keine soziale Absicherung. Ihr geringes Einkommen erlaubt ihnen auch nicht den Abschluss einer privaten Versicherung. All diese Gruppen sind nach traditioneller Art vor allem **über die Familie abgesichert**.

Da die **Renten** nicht automatisch an die recht hohe Inflation angepasst werden, sind auch Rentner oft gezwungen, zumindest in reduziertem Umfang weiterzuarbeiten, falls sie nicht über anderweitige Enkünfte (z.B. aus Immobilienbesitz) verfügen.

Die zwei wichtigsten Berufsgruppen, die in Iran über ein auch nach westlichen Maßstäben ausreichendes oder sogar **gutes Einkommen** verfügen, sind die **Ärzte und Händler**. Dass die **politischen Entscheidungsträger** und diejenigen, die nahe an staatlichen oder halbstaatlichen Geldtöpfen sitzen, ebenfalls nicht darben müssen, bedarf nicht der Erwähnung.

Ähnlich wie beim Bildungssystem sind auch auf **medizinischem Sektor** die ländlichen Regionen weitaus schlechter versorgt als die Städte. Hier ist der Staat teilweise gezwungen, ausländische Ärzte anzuwerben (z.B. aus Pakistan). Außerdem ist jeder Medizinstudent gesetzlich dazu verpflichtet, nach seinem Studium für einige Jahre in einer ländlichen Region zu praktizieren. Für sehr abgelegene oder von Nomaden bewohnte Gebiete setzt die Regierung, wie bei der Schulbildung, auch auf flexible Konzepte wie z.B. **ambulante Gesundheitszentren** (entsprechendes gilt auch für den Veterinärbereich).

Bevölkerung

Die Bevölkerungszahl Irans lag im Jahr 2013 bei über **77 Millionen** Menschen. Sie hat sich in den vergangenen Jahrzehnten stark erhöht, in den Jahren nach der Revolution lag die Geburtenrate sogar bei 3,2%. Seitdem wird eine staatliche **Politik der Geburtenkontrolle** durchgeführt, was zu einem Sinken auf 0,8% führte. Betrug die durchschnittliche Kinderzahl pro Familie 1986 noch sieben, so sank sie bis heute auf drei. Dies führte dazu, das etwa 60% der iranischen Bevölkerung 25 Jahre und jünger sind, die Arbeitslosigkeit ist gerade in dieser Gruppe besonders hoch.

Bevölkerung

Weitere Bevölkerungsgruppen neben den **Persern** (etwas mehr als die Hälfte) sind Azeri-Türken (26%), Kurden (8%), Araber (3%), Loren-Bakhtiaren (4%), Baluchen (2%).

Iran als Vielvölkerstaat

Obwohl Iran von einer Ethnie und Kultur, der persischen, dominiert wird und die **überwiegende Mehrheit** seiner Bevölkerung **Persisch** spricht, beherbergt er doch eine derartige Vielfalt von Völkern, Volksgruppen und Kulturen, dass man mit Recht von einem Vielvölkerstaat sprechen kann.

Im Bereich der Sprache verläuft eine grundlegende Trennlinie zwischen iranischen und nichtiranischen Sprachen. Die wichtigsten in Iran verbreiteten nichtiranischen Sprachen sind das im Südwesten (Khuzestan) gesprochene **Arabisch** und das im Nordwesten (Azerbeijan) gesprochene **Azeri-Türkisch.** Innerhalb der iranischen Sprachen, deren wichtigste die offizielle Landessprache Persisch ist (Eigenbezeichnung: **farsi**), gibt es an zahlenmäßig bedeutenden Minderheitensprachen **Kurdisch** und **Balutschi.** In vielen Regionen Irans werden weitere Dialekte von ganz unterschiedlicher Sprecherzahl gesprochen.

Allgemein wird in Iran dem Kriterium der Sprache für die Definition der ethnischen Identität ein geringerer Stellenwert beigemessen, als dies in den meisten europäischen Ländern der Fall ist. So wird etwa die **sprachlich-kulturelle Identität der Kurden** in keiner Weise geleugnet; Kurden dürfen in der Öffentlichkeit bei jeder Gelegenheit Kurdisch sprechen, es darf auf Kurdisch publiziert werden. Trotzdem fehlt bei vielen Iranern das Bewusstsein, dass das Kurdische eine eigene, vom Persischen wirklich unabhängige Sprache ist. Aufgrund der Ähnlichkeit der kurdischen Sprache und Kultur mit der persischen werden die Kurden von den Persern – teilweise gegen ihren Willen – als Bereicherung der nationalen iranischen Kultur umarmt und vereinnahmt.

Grundlegender als der sprachliche Unterschied ist für die persische ethnische Identität der religiöse Gegensatz zwischen der **schiitischen persischen Mehrheit** und den **sunnitischen Minderheiten,** vor allem den Kurden und

> Kurdische Jugendliche bei einem Schulausflug

Pyjama und Puschen – persische Wörter im Deutschen

Dass Wörter von einer Sprache zu einer anderen wandern, ist eine altbekannte Tatsache. Oft handelt es sich um **„Kulturwörter"**, d.h. Begriffe für Gegenstände oder Waren, die in besonders hohem Maße dem geschäftlichen oder kulturellen Verkehr zwischen einzelnen Völkern oder Regionen unterliegen. Ein Beispiel hierfür ist der *Discman,* der, aus dem englischsprachigen Raum stammend, im Deutschen übernommen wurde.

Wenigen ist bewusst, dass es im deutschen Wortschatz eine ganze Reihe von Wörtern „orientalischen" oder persischen Ursprungs gibt. Einige davon sind **zunächst vom Arabischen** übernommen worden und übertrugen sich dann über das Mittelmeer oder die Meerenge von Gibraltar nach Spanien und so auch in europäische Sprachen. Ein Beispiel: Die *Orange* heißt auf Persisch *naarandj,* auf Spanisch *naranja*.

Eine weitere Gruppe stellen die vom Persischen ins **Indische** (früher: Hindustani) gelangten Wörter dar, die im Indien des 19. Jh. in die Sprache der britischen Kolonialmacht, ins Englische, eindrangen und dann in weitere europäische Sprachen. Beispiele: *Pyjama,* auf Persisch *paa-djaama* (eigentlich „Beinkleid"); *khaki,* auf Persisch *khaaki* (eigentlich „staubig").

Weitere vereinzelte persische Wörter gelangten über das **Türkische** oder das **Russische** ins Deutsche, z.B. *Kiosk,* türkisch *köschk,* persisch *koshk* (eigentlich „Pavillon"), oder die *Puschen,* russisch *papushki,* persisch *pa push-idan* (*pa* = „Fuß", *push-idan* = „anziehen"). Der *Pfirsich* geht auf das lateinische *malum persicum* zurück, was eigentlich „persischer Apfel" bedeutet.

den Baluchen. Die sunnitischen Kurden werden von den Persern, wenn überhaupt, dann nicht wegen ihrer Sprache, sondern wegen ihrer Religion als „anders" empfunden. Andererseits sind die zahlenmäßig bei Weitem stärkeren **Azeri-Türken,** die eine mit dem Persischen nicht verwandte Sprache sprechen, als Schiiten Teil der persischen „Mehrheitsnation" und werden von den meisten Iranern (und auch von sich selbst) gar nicht als „Minderheit" betrachtet.

Die übrigen religiösen Minderheiten Irans – **Christen, Juden, Zoroastrier** – spielten in der Geschichte Irans teils bedeutende Rollen im Handel (z.B. die Armenier in Neu-Djolfa) oder später, im 20. Jh., beim Import westlichen „modernen" Gedankenguts und westlicher Technologien, die sie in der Regel früher rezipierten als die muslimische Mehrheitsgesellschaft. Im Laufe des 20. Jh. verloren sie langsam diese Sonderstellung und vor allem seit der Revolution 1979 werden sie – zum Teil durch verstärkte Auswanderung bedingt – sowohl zahlenmäßig als auch in anderer Hinsicht immer mehr ein Randphänomen der iranischen Gesellschaft. Gemäß der Verfassung der Islamischen Republik Iran stehen den Christen grundsätzlich drei, den Zoroastriern zwei Parlamentssitze, den Juden ein Sitz zu.

Die größte religiöse Minderheit stellen die 300.000 im Land entrechteten **Baha'i** (weltweit gehören dieser monotheistischen Religion etwa 7,7 Mio. Menschen an, die meisten in Indien).

Nomadische und halbnomadische Lebens- und Wirtschaftsformen spielen in Iran immer noch eine bedeutende Rolle, jedoch mit abnehmender Tendenz. Unter *Reza Shah* waren die Siedlungsgebiete einiger größerer **Nomadengruppen** (z.B. der Qashqa'i) quasi-autonome Gebiete, in denen der iranische Staat wenig zu melden hatte. Seit der Revolution 1979 verändern sich die nomadischen Strukturen zusehends: Neuerrichtete Asphaltstraßen, Massenmedien (Fernsehen) und Bildungsangebote (Schulen), die gerade in ländlichen Gebieten systematisch ausgebaut werden, tragen die moderne Welt und den iranischen Staat immer mehr in die nomadische Gesellschaft hinein. Der Staat verstärkt diesen Prozess der schrittweisen Integration der Nomaden teilweise durch zusätzliche Ansiedlungsprojekte.

Sprachen

Die offizielle Staats- und Verwaltungssprache Irans, die in allen Schulen und Hochschulen gelehrt und von gut der Hälfte der Bevölkerung als Muttersprache gesprochen wird, ist **Persisch (Farsi)**. Entsprechend dem Charakter Irans als multiethnisches Land gibt es jedoch eine Reihe weiterer Sprachen: Turksprachen- und dialekte (26%), Kurdisch (8%), Lori-Bakhtiyari (4%), Baluchi (2%) und Arabisch (3%). Da in den Volkszählungen in Iran nicht nach ethnisch-sprachlicher Zugehörigkeit gefragt wird, repräsentieren diese Zahlen nur ungefähre Schätzungen.

Persisch ist die Mutter-/Verkehrssprache von ca. 35 Millionen Menschen in Iran, zudem von etwa zehn Millionen in Afghanistan und von ca. fünf Millionen in Tadschikistan. In einer Reihe mit Iran benachbarter Länder wie Kuwait, Irak und Usbekistan leben zahlenmäßig bedeutsame persischsprachige Minderheiten. In Iran wird das Persische *farsi* genannt, in Afghanistan *dari,* in Tadschikistan *todjiki.* In diesen drei Ländern beruht das Persische jeweils auf einer etwas anderen dialektalen Grundlage.

Das Persische ist eine **indogermanische Sprache** und somit weitläufig auch mit dem Deutschen und den meisten anderen europäischen Sprachen verwandt. Diese Vewandtschaft zeigt sich für Laien nur noch an wenigen Wörtern, z.B. Mutter = *madar,* Bruder = *baradar* oder greif-en = *geref-tan.*

Das Persische blickt auf eine sehr lange Geschichte zurück, vergleichbar etwa dem heutigen Italienisch, das sich weit über zwei Jahrtausende bis zum Frühlatein zurückverfolgen lässt. Die Achämeniden (ca. 550–330 v. Chr.) meißelten ihre Keilinschriften in **Altpersisch** ein. Die Sprache, in der der altiranische Prophet *Zoroaster* seine Botschaft verkündete, wird Avestisch genannt und ist eng mit dem Altpersischen verwandt.

Die Sasaniden (ca. 220–650 n. Chr.) verfassten ihre Inschriften und später ihre religiösen Bücher auf **Mittelpersisch,** einer Fortentwicklung des Altpersischen. Das **Neupersische** (ab ca. 900 n. Chr.) ist mehr oder weniger eine Fortsetzung des Mittelpersischen, wird anders als dieses aber mit **arabischer Schrift** geschrieben. Das bis heute gesprochene Neupersisch verfügt mit über 1100 Jahren über eine ungewöhnlich lange Tradition als einheitliche Sprache. Obwohl sich das Persische während dieser Zeit in mancher Hinsicht deutlich gewandelt hat, werden das im 10. Jh. n. Chr. und das heute gesprochene Persisch immer noch als zwei Entwicklungsstufen einer Sprache betrachtet. Im islamischen Hoch- und Spätmittelalter, bis ins 19. Jh. n. Chr., war Persisch in einem großen Teil der islamischen Gebiete – von der Türkei bis nach Indien – eine bedeutende Verwaltungs- und Literatursprache.

Weitere mit dem Persischen verwandte iranische Sprachen von bedeutender Sprecherzahl sind das **Kurdische** und das **Baluchi**, die sich jeweils in eine Vielzahl von Dialekten untergliedern (Kurdisch in Iran: ca. 6 Mio. Sprecher, Baluchi ca. 1,5 Mio. Sprecher). Zusätzlich gibt es in Iran eine große Zahl weiterer regionaler **iranischer Dialekte**, teilweise mit bis über eine Million Sprechern (z.B. Gilaki), von denen einige auch von Lokaldichtern gepflegt und geschrieben und von Heimatkundlern erforscht werden. Viele kleinere Dialekte (v.a. in Zentraliran) werden jedoch nur noch von wenigen Menschen benutzt und sind vom baldigen Aussterben bedroht.

Eine weitere in Iran von einer Minderheit gesprochene indogermanische, aber nicht iranische Sprache ist das **Armenische** (ca. 80.000 Sprecher). Außerdem sind in Iran zwei nicht-indogermanische Sprachgruppen vertreten: die semitischen Sprachen mit dem in der Provinz Khuzestan gesprochenen **Arabischen** (ca. 2 Mio. Sprecher) und dem am Orumiyeh-See von einer kleinen Volksgruppe gesprochenen **Mandäischen** (ca. 20.000 Sprecher) sowie die Turksprachen, die mit den ca. 17 Mio. Sprechern des **Azeri-Türkischen** nach dem Persischen die zweitgrößte Sprachgruppe Irans stellen. Daneben gibt es weitere Turksprachen wie das **Qashqa'i** in Südiran oder das **Turkmenische** in Nordostiran (0,5 bzw. 0,2 Mio. Sprecher).

■ **Buchtipp: „Persisch – Wort für Wort"**, handlicher Sprachführer für den Reisealltag, erschienen im Reise Know-How Verlag, Bielefeld. Begleitendes Tonmaterial (Kassette oder CD) erhältlich.
■ S.a. die **Sprachhilfe im Anhang** sowie „Praktische Reisetipps A–Z: Sprache und Verständigung".

Religionen

99% aller Iraner sind Muslime. Iran ist das einzige Land der Welt, in dem der **schiitische Islam gemäß Verfassung Staatsreligion** ist. Die überwiegende Mehrheit folgt der Richtung der Zwölfer-Shi'a (Ja'fariten). Die Zahlen im einzelnen: Schiiten 90%, Sunniten 8%, den Rest machen Zoroastrier, Juden, Christen und Baha'i aus.

Islam

Die **schiitische Richtung** des Islam und ihre Religiosität sind nicht nur bedeutende Faktoren der iranischen Gesellschaft und Politik, sondern durchdringen auch den persischen Nationalcharakter, das Selbstverständnis und das geschichtliche Bewusstsein der iranischen Nation.

Den Ausgangspunkt der islamischen Religion stellen die Visionen des späteren **Propheten Mohammed** (*Muhammad*) dar, der **570–632 n. Chr.** auf der Arabischen Halbinsel lebte und als Kaufmann im Alter von ca. 40 Jahren ein religiöses Erweckungserlebnis hatte. Er begann Anhänger um sich zu sammeln; die steigende Popularität seiner religiös-sozialen Verkündigung brachte ihn in

Konflikt mit den alteingesessenen, mächtigen Familien seiner Heimatstadt Mekka, weshalb er 622 n. Chr. mit seinen Anhängern ins **Exil nach Medina** ziehen musste. Dieser Auszug wird **Hidjra (Hedschra)** genannt und stellt den Ausgangspunkt der islamischen Zeitrechnung dar.

In den folgenden Jahren empfing Mohammed weitere **Offenbarungen;** er baute seine religiösen und sozialen Vorstellungen nach und nach zu einem einheitlichen System aus, erweiterte seinen politischen Einfluss immer mehr und brachte schließlich auch militärisch einen großen Teil der Arabischen Halbinsel unter seinen Einfluss. 630 n. Chr. konnte er wieder, nun triumphierend über seine früheren Gegner, in **Mekka** einziehen. Der für Mohammeds religiöse Vorstellungen zentrale Begriff des *islam*, d.h. der Unterwerfung unter den Willen Gottes, sollte später zum Namen der neuen Religion werden.

Nach Meinung vieler muslimischer Gelehrter gibt es fünf aus dem **Koran,** dem heiligen Buch des Islam, abgeleitete, besonders wichtige Grundregeln, die jeder Anhänger dieser Religion per definitionem respektieren muss. Sie werden auch die **„Säulen" des Glaubens** genannt:

- das **Glaubensbekenntnis:** „Es gibt keinen Gott außer Gott, und Mohammed ist sein Prophet"
- das tägliche fünfmalige **Gebet**
- das **Fasten** während des Monats Ramadan
- das Entrichten einer **Armensteuer**
- die **Wallfahrt nach Mekka,** die jeder Gläubige, falls er die Möglichkeit dazu besitzt, zumindest einmal in seinem Leben unternehmen sollte

▽ Andrang bei einer Trauerfeier

Unmittelbar nach Mohammeds Tod (632 n. Chr.) gelang es seinen Nachfolgern, den **Kalifen** *Abu Bakr, Omar* und *Osman,* aus der Konkursmasse der stark geschwächten byzantinischen und sasanidischen Reiche ein riesiges **arabisch-islamisches Reich** zu erobern, das von Nordafrika und Anatolien bis nach Zentralasien und Indien reichte. Nach Osmans Tod (656) übernahm zum ersten Mal wieder ein Mitglied der Familie des Propheten, nämlich Mohammeds Vetter **Ali** (656–661), die politische und religiöse Leitung des Reichs.

Zu dieser Zeit war bereits ein **Konflikt um die rechtmäßige Nachfolge des Propheten Mohammed** entbrannt: Die Mehrheit der Gläubigen war der Meinung, im Prinzip könne jeder männliche Muslim die Leitung der Gemeinde innehaben, und hielt die Wahl von Abu Bakr, Omar und Osman für rechtmäßig. Eine Minderheit jedoch glaubte, dass jeder Nachfolger Mohammeds unbedingt aus der Familie des Propheten stammen müsse, und hielt deshalb Ali für den ersten rechtmäßigen Kalifen seit Mohammed. Diese Gruppe nannte sich *schi'at Ali* („Partei Alis"), was später durch Weglassung des Namens „Ali" zu **Schi'a** abgekürzt wurde.

Mit Alis gewaltsamem Tod (661) und der Begründung der Dynastie der **Omayyaden** durch *Mu'awiya* in Damaskus war die „schiitische" Herrschaft wieder beendet. Nach dem Tod Mu'awiyas (680) unternahm **Alis Sohn Hossein** mit einigen Anhängern einen weiteren Versuch, wieder die Herrschaft über die islamischen Gebiete zu erringen, scheiterte jedoch kläglich. Dabei fand Hossein, der nach Ali und seinem ältesten Sohn *Hasan* dritte **Imam** (d.h. religiöser Führer) der Schiiten, bei Kerbela (heute Irak) den Tod.

Bis zu diesem Zeitpunkt war der **Konflikt zwischen Schiiten und Sunniten** im Prinzip politischer Natur gewesen, mit einer gewissen theologischen Komponente, was die Begründung der Rechtmäßigkeit der **Prophetennachfolge** betraf. Nach Hosseins gewaltsamem, von seinen Anhängern als traumatisch empfundenen Tod änderte sich dies: Die Schiiten begannen nun, jedes Jahr im (islamischen) Monat Muharram am **Todestag Hosseins** dessen Tod im Rahmen einer **Bußzeremonie** nachzuspielen. Aus diesem Ritual entwickelte sich in der Folge eine spezifisch schiitische Trauerkultur und Religiosität. Die Bußzeremonie, die im Rahmen der **Ashura-Prozessionen** begangen wird, ist bis heute das wichtigste kulturelle und religiöse Erkennungszeichen der Schiiten (vor allem gegenüber den Sunniten) geblieben.

Nach Hosseins Tod folgte eine Reihe weiterer schiitischer Imame, deren Tätigkeit von den sunnitischen Kalifen mit Argusaugen beobachtet wurde; es kam aber nicht mehr zu einem offenen Konflikt. Als der 11. Imam *Hasan* 873 n. Chr. starb und (vermutlich) keinen männlichen Nachfolger hinterließ, kam es zu Streitereien und Gruppenbildungen innerhalb der Schiiten. Eine dieser Gruppen vertrat die Meinung, der 11. Imam Hasan habe doch einen Sohn namens Mohammed hinterlassen, der jedoch im Verborgenen wirke. Nach dem Glauben an die Existenz dieses **12. Imams,** der eines Tages als **Messias** zurückkehren soll, nannte sich diese Richtung des schiitischen Islam die **Zwölfer-Shi'a.**

In den folgenden Jahrhunderten entwickelte sich die Zwölfer-Shi'a zu einer wichtigen Richtung, stand jedoch weiterhin in Konkurrenz zu anderen, ebenbürtigen Richtungen der Shi'a. Erst der Aufstieg der Dynastie der **Safaviden** und die Durchsetzung der Zwölfer-Shi'a im safavidischen Iran des 16. Jh. n. Chr. zur Staatsreligion machte diese Richtung zu der (auch zahlenmäßig) vorherrschenden Richtung des schiitischen Islam, die sie bis heute in Iran geblieben ist. In den drei Nachbarländern Irak, Aserbaidschan und Bahrain stellt die Zwölfer-Shi'a ebenfalls die Bevölkerungsmehrheit, in anderen Nachbarstaaten wie Pakistan oder Afghanistan zumindest eine starke Minderheit.

Insgesamt sollte man bei der Zwölfer-Shi'a in Iran (wie eigentlich bei den „Hochreligionen" ganz allgemein) zwischen einer **theologischen** und einer **kulturellen Komponente** unterscheiden. Was theologische Fragen und Glaubensinhalte im engeren Sinne betrifft (z.B. Anerkennung der fünf Säulen des Glaubens; Gottes- und eschatologische Vorstellungen), so basieren Sunna und Shi'a im Prinzip auf weitgehend identischer Grundlage; in einigen Einzelheiten haben sich jedoch gewisse Unterschiede entwickelt. Diese betreffen Bereiche wie die Reinheitsgebote (z.B. Vorschriften zur rituellen Waschung), das Erbrecht oder die Institution der „Ehe auf Zeit". Der Hauptunterschied zwischen Sunna und Shi'a, der als religiös-sozial zu bezeichnen ist, betrifft die Frage der Nachfolge des Propheten Mohammed.

Die sich **nach dem Tode Hoseins** (680 n. Chr.) aus den Bußezeremonien entwickelnde, spezifisch schiitische Religiosität sicherte der Shi'a als „kulturelle Substanz" später ein langfristiges Überleben. Die Shi'a entwickelte sich zu einer lebendigen **Volksreligion** mit einer Vielzahl von religiösen oder religiös motivierten **Sitten und Gebräuchen,** z.B. den weit verbreiteten Heiligenkulten, bei denen die Gläubigen zu einem Heiligengrab wallfahren, um dort für die persönliche Läuterung oder die Erfüllung von Wünschen zu beten, oder der Brauch, einem kleinen Kind zur Abwehr des „bösen Blicks" ein Amulett umzuhängen. Obwohl die Volksreligiosität in Iran einige spezifisch schiitische Züge aufweist, sind in fast allen sunnitischen Gesellschaften ähnliche Erscheinungen der Volksreligiosität anzutreffen.

Ein weiterer wichtiger Ausdruck schiitischer (wie auch sunnitischer) Religiosität ist die religiöse **Mystik,** die dem Gläubigen einen völlig anderen „Weg zu Gott" anbietet als der „theologische" Islam der Gelehrten und der heiligen Schrift. Mystiker im weiteren Sinne ist jeder, der das Göttliche durch unmittelbares, gefühlsmäßiges Erleben und durch ein **Versenken der Seele in sich selbst** zu erfassen sucht, um auf diese Weise die unmittelbare Vereinigung mit Gott *(unio mystica)* zu erreichen. Die islamische Mystik im engeren Sinne hat sich oft in mystischen (oder Sufi-)Orden organisiert, die eine wichtige Rolle bei der Entwicklung und Verbreitung des Glaubens spielten. Die „Wege zu Gott" unterscheiden sich dabei von Orden zu Orden, so gibt es Orden mit wandernden Bettelmönchen, mit über glühenden Kohlen laufenden Asketen oder mit zu Musik tanzenden Derwischen. Im sunnitischen Islam gibt es ebenfalls viele mystische Orden, z.B. die „Tanzenden Derwische" von Konya (Türkei).

Bisweilen werden gewisse Einzelheiten des schiitischen Zeremoniells mit entsprechenden bei der **katholischen Kirche** anzutreffenden Erscheinungen verglichen (z.B. Bußeprozessionen, Passionsspiele, Heiligenkult). Dies entbehrt nicht ganz der Grundlage, kann aber nicht über andere substanzielle Unterschiede zwischen Shi'a und Katholizismus hinwegtäuschen. So unterscheidet sich z.B. das **System der Geistlichkeit** im schiitischen (wie auch sunnitischen) Islam grundlegend von demjenigen der katholischen Kirche. Es gibt in der iranischen Shi'a keinen der katholischen Amtskirche vergleichbaren institutionalisierten Zentralismus (mit einem solchen ist nicht zu verwechseln die derzeit bestehende Macht der schiitischen Geistlichkeit innerhalb der iranischen politischen Institutionen!) und vor allem **keine Weihen oder Sakramente.**

Der **berufliche Werdegang** eines schiitischen Geistlichen in Iran vollzieht sich allein im Rahmen einer Ausbildung an einer **theologischen Hochschule.** Jeder Student durchläuft zunächst eine vierjährige Grundausbildung und dann eine fünfjährige Mittelstufe; anschließend darf er so lange bei seinem Lehrer und Mentor weiterstudieren, wie er selbst und dieser es möchte bzw. für nötig hält. Der Lehrer entscheidet, wann einem Studenten der Status des *modjtahed* verliehen wird, d.h. ab wann er das Recht erhält, den Koran eigenständig auszulegen und nach dem religiösen Gesetz *(scharia)* Recht zu sprechen. Fortgeschrittene Studenten können als Assistenten unterrichten; nach Beendigung des Studiums werden sie – falls sie die Karriere eines Geistlichen anstreben – z.B. an eine kleine Dorfmoschee in ihrer Heimatregion geschickt, wo sie erste Erfahrungen in der Predigt und im Umgang mit der Gemeinde sammeln können. Viele ausgebildete schiitische Theologen entscheiden sich nach dem Studium allerdings, einen säkularen Beruf als Lehrer, Beamter oder Kaufmann zu ergreifen.

Die theologische Ausbildung enthält naturgemäß vor allem „islamische" Inhalte wie das Studium des **Arabischen,** die Lektüre und Interpretation des **Koran** und weiterer wichtiger religiöser Literatur. Neuerdings sind an manchen Hochschulen jedoch auch **Englisch** und die Beschäftigung mit **„westlichen" Philosophen** wie *Kant* oder *Hegel* hinzugekommen. Während ihres Studiums werden die Theologiestudenten finanziell von religiösen Stiftungen unterstützt, die meist über große eigene Vermögen verfügen und zusätzlich vom Staat Unterstützung erhalten. Die „Karriereleiter" innerhalb der iranischen Zwölfer-Shi'a umfasst für alle als *modjtahed* anerkannten Geistlichen folgende Stufen: Hodjat ol-Eslam (Beweis des Islam), Ayatollah (Zeichen Gottes), Groß-Ayatollah.

Derzeit gibt es in Iran mehrere Tausend Hodjat ol-Eslams, ca. 1000 Ayatollahs und ein gutes Dutzend Groß-Ayatollahs. Zur Erreichung der einzelnen Stufen existiert jeweils kein festgelegtes Berufungsverfahren, sondern man wird z.B. Ayatollah, indem man eine gewisse Anhängerschaft um sich schart und/ oder, indem eine gewisse Mindestzahl anderer Ayatollahs oder Groß-Ayatollahs öffentlich anerkennt, dass man diesen Titel aufgrund theologischer Kompetenz und sozialen Ansehens verdient. Von grundlegender Wichtigkeit für die Karriere eines Geistlichen ist nicht nur **die theologische Kompetenz,** die er durch Publikationen nachweisen muss, sondern auch die Anwendung dieser Kompetenz durch sein **Wirken in der Gesellschaft** und durch den Aufbau einer ihn als Autorität anerkennenden Anhängerschaft bzw. Gemeinde.

Neben der großen Mehrheit der Schiiten sind ca. 10% der iranischen Muslime Anhänger der **sunnitischen Richtung** des Islam. Sie finden sich vor allem in den Randgebieten unter den **Kurden und Baluchen,** wo sie zwar ihre Religion ausüben können, aber auch über Diskriminierung klagen. 1996 z.B. kam es in Mashhad und der Provinz Sistan und Baluchestan zu schweren Unruhen mit Toten und Verletzten, weil in Mashhad im Zuge der Erweiterung des Heiligtums des Imam *Reza* eine kleine sunnitische Moschee dem Erdboden gleichgemacht worden war. Niemals könnte ein Sunnit in Iran einen einflussreichen staatlichen Rang erreichen.

Zoroastrismus

Der altiranische Prophet *Zoroaster* (oder **Zarathustra**) empfing seine religiöse Sendung, die er als **Lieder in Versform *(Gathas)*** verkündete, vermutlich im 8. oder 7. vorchristlichen Jahrhundert irgendwo in der Region des heutigen Ost-Iran oder West-Afghanistan. Da dies in vorgeschichtlicher Zeit geschah und die *Gathas* und andere zoroastrische religiöse Texte mehr als 1000 Jahre lang von der Priesterschaft nur mündlich überliefert wurden, lässt sich nicht genau sagen, wann und wo Zoroaster gelebt und gewirkt hat (von manchen Forschern wird er bis ins 10. vorchristliche Jahrhundert oder sogar noch früher datiert). Die iranischen Dynastien der Achämeniden, Parther und Sasaniden waren mit Sicherheit Zoroastrier. Für die frühen Achämeniden ist es jedoch unklar, inwiefern sie bereits einem mehr oder weniger „orthodoxen" Zoroastrismus im Sinne des Religionsgründers anhingen bzw. noch vorzoroastrischen altiranischen religiösen Vorstellungen verbunden waren.

Die *Gathas* und die übrigen heiligen Texte aus der Frühzeit des Zoroastrismus wurden vermutlich erst unter den Sasaniden niedergeschrieben; zu dieser Zeit gab es eine **zoroastrische „Staatskirche"** mit fest gefügten Strukturen und einer Ideologie, die teilweise die Unterdrückung anderer im Reich vorhandener Religionen (z.B. der Christen) verursachte und rechtfertigte.

Nach der Eroberung durch arabisch-islamische Heere im 7. Jh. n. Chr. ging die städtische Bevölkerung Irans mehrheitlich relativ schnell zur Religion der neuen Herrscher über; trotzdem blieb der Zoroastrismus für zwei oder drei Jahrhunderte noch ein **wichtiger gesellschaftlicher und kultureller Faktor** und war in ländlichen Gebieten sicherlich auch zahlenmäßig dominant. Noch im 8./9. Jh. erlebte die zoroastrische Literatur auf Mittelpersisch (der Sprache des untergegangenen sasanidischen Reiches, die nun zur „Kirchensprache" geworden war) eine bedeutsame Renaissance im Süden Irans.

Einen Wendepunkt der Geschichte des Zoroastrismus in Iran stellt der Beginn des 10. Jh. dar, als eine große Zahl zoroastrischer Gläubiger den Südosten des Landes in Richtung Indien verließ, um sich nach einer mehrere Jahrhunderte dauernden **Wanderung** schließlich in der Gegend des heutigen **Mumbai** nie-

هو

جان باخته جنگ
شهید رستم آذرباد
فرزند مهربان
محل شهادت: کردستان انگزو

ولادت: شهادت:
۱/۲/۱۳۴۴   ۳۰/۳/۱۳۶۵

derzulassen. Dort lebt noch heute mit annähernd 100.000 Gläubigen die zahlenmäßig stärkste zoroastrische Gemeinde, während die in Iran verbliebene auf insgesamt ca. 30.000 zusammengeschmolzen ist.

Das religiöse System

Das religiöse System des Zoroastrismus lässt sich schwer in wenigen Sätzen beschreiben, da die Religion verschiedene Wandlungen und Brüche erlebt hat. Ihre ältesten Texte sind nur bruchstückhaft überliefert und nur noch teilweise richtig zu verstehen. Ausgehend von den drei wichtigsten Texten bzw. Textgruppen, den Gesängen Zoroasters selbst (den **Gathas**), den etwas jüngeren Hymnen und anderen Texten der frühen Priesterschaft (zusammen mit den *Gathas* bilden sie das **Avesta**) und den viel späteren **Erläuterungen** sasanidischer Religionsgelehrter zum *Avesta* lassen sich folgende Merkmale des Zoroastrismus herausgreifen:

Dualismus

Dem obersten, das Gute bewirkenden **Gott Ahura Mazda** (später: *Ohrmazd*) steht ein beinahe gleich mächtiger „**böser Geist**" namens *Angra Mainyu* (später *Ahriman*) gegenüber. Immer wieder gab es innerhalb des Zoroastrismus monotheistische Tendenzen, die Ahura Mazdas stärkere Position gegenüber Angra Mainyu betonten, sie vermochten sich aber nie ganz durchzusetzen.

◁ Zoroastrisches Grab

Kosmologie

Die Weltgeschichte wird im Zoroastrismus in vier Perioden von jeweils 3000 Jahren unterteilt: zunächst die der geistigen, dann die der körperlichen **Schöpfung,** dann die der Vermischung der beiden Sphären; in den letzten 3000 Jahren tritt schließlich Zoroaster auf und bereitet die Vollendung der Weltgeschichte vor, an deren Ende der **böse Geist endgültig besiegt** wird.

Eschatologie

Nach dem Tod wird die Seele eines jeden Zoroastriers gemäß dem Grundsatz „guter Gedanke, gute Rede, gute Tat" beurteilt. Überwiegen die positiven Momente, wird er über eine Brücke ins **Paradies** geführt; überwiegen die schlechten, so wird die Brücke schmal wie ein Messer und er fällt in die **Hölle.**

Verehrung des Feuers

Das **wichtigste Element des zoroastrischen Kults** ist die Verehrung des Feuers, das im Mittelpunkt des Gottesdienstes steht. Von dem „ewigen" Feuer, das sich im Heiligtum in Yazd befindet, stammen nach zoroastrischem Glauben alle übrigen kleineren heiligen Feuer ab. Neben dem Feuer werden auch andere Naturelemente wie Erde und Wasser verehrt. Eine wichtige Konsequenz aus der Verehrung der Erde ist die zoroastrische **Begräbnisart** des Aussetzens des Leichnams auf hohen „**Türmen des Schweigens**", wo das verwesende, „schmutzige" Fleisch des Verstorbenen von Geiern gefressen wird und somit nicht die Erde verunreinigen kann (bis vor zwei Generationen noch in Yazd üblich, seitdem aus hygienischen Gründen verboten).

Christentum

Die zwei wichtigsten christlichen Bevölkerungsgruppen Irans sind die Armenier und die Assyrer, die ca. 80.000 bzw. 20.000 Gläubige zählen. Die **Armenier** sind eines der ältesten christlichen Völker, sie nahmen bereits 301 n. Chr. das Christentum als Staatsreligion an. Im 6. Jh. übernahmen sie im Gegensatz zu den meisten übrigen Christen die Lehre des **Monophysitismus,** d.h. sie erkannten an, dass die göttliche und menschliche Natur Jesu Christi eins sei; seitdem haben sie ihre religiöse und ethnische Selbstständigkeit (im Sinne einer „Nationalkirche") weitgehend bewahrt.

Die Armenier siedelten seit alters her in den nordwestlichen Grenzregionen Irans, d.h. in den heutigen Provinzen **Ost- und West-Azerbeijan.** Im 16. Jh. wurde ein Teil von ihnen von *Shah Abbas* nach Zentraliran (Neu-Jolfa nahe Isfahan) deportiert, wo sie eine führende Stellung im Fernhandel übernahmen. Nach der Revolution von 1979 zeigten sich zwei Tendenzen: erstens eine Binnenwanderung der iranischen Armenier aus den früheren Siedlungsgebieten (v.a. Tabriz, Neu-Djolfa) in die Metropole **Teheran,** wo heute über drei Viertel aller in Iran lebenden Armenier wohnen, zweitens eine verstärkte Abwanderung ins Ausland, v.a. nach Armenien, Westeuropa und in die USA.

Die **Assyrer** gehen auf die alte **nestorianische** Kirche zurück, die sich auf dem Konzil von Ephesus (431 n. Chr.) von der Hauptkirche trennte. Auf diesem Konzil wurde die Lehre des *Nestorius* verurteilt, dass in Jesus Christus nicht nur zwei Naturen miteinander verbunden sind (die göttliche und die menschliche), sondern auch zwei Personen. Im Sasanidenreich wurden die nestorianischen Christen, die in einem Konflikt mit der byzantinischen Staatskirche (d.h. dem ideologischen Gegner der Sasaniden) standen, teilweise weniger verfolgt bzw. mehr geduldet als andere christliche Gruppen.

Dies setzte sich unter islamischer Herrschaft zunächst fort, die Nestorianer konnten sogar im Osten (Zentralasien, China) eine rege Missionstätigkeit entfalten. Erst im 14. Jh., nach den Verwüstungen durch die Mongolen, setzte der Niedergang der Nestorianer ein. Wie die Armenier streben auch die in Iran verbliebenen Assyrer heute verstärkt aus ihrem historischen Siedlungsgebiet am **Orumiyeh-See** in die Metropole **Teheran** bzw. ins westliche Ausland.

Judentum

Die Juden verbindet eine lange gemeinsame Geschichte mit Iran. Der Achämenide *Kyros der Große* gestattete ihnen nach der Eroberung Babylons (539 v. Chr.) die Heimkehr aus dem Exil nach Jerusalem. *Xerxes I.* (486–465 v. Chr.) verschonte die im Achämenidenreich ansässigen Juden, die einer Intrige des Ministers *Hamon* zum Opfer fallen sollten, aufgrund der Fürsprache durch Xerxes' Lieblingsfrau, der Jüdin *Esther* (Bericht im Buch Esther des Alten Testaments). Seit 2500 Jahren sind Juden vor allem in den städtischen Zentren Irans ansässig und konnten es trotz gelegentlicher **Diskriminierung** seitens einzelner islamischer Herrscher teilweise zu **Wohlstand** und sogar zu **hohen Positionen** in der Verwaltung bringen.

Die Revolution von 1979 mit ihren stark antiisraelischen Ober- und Untertönen hat die Lage der Juden in Iran verändert. Obwohl der iranische Staat immer wieder darauf hinweist, dass er nicht gegen Juden, sondern lediglich gegen Israel und den Zionismus sei und Politik betreibe, hat sich die Atmosphäre insgesamt doch verschlechtert, sodass vor allem zu Beginn der Revolution ein großer Teil der iranischen Juden sich zur **Auswanderung** entschloss. Vor der Revolution lebten in Iran ca. 100.000 Juden, heute sind es etwa noch 22.000.

Baha'ismus

Die **Baha'i** stellen die in Iran und im Ausland am wenigsten bekannte und doch in mancher Hinsicht bemerkenswerteste religiöse Minderheit Irans dar. Sie sind in der zweiten Hälfte des 19. Jh. aus der messianischen schiitischen Bewegung (und späteren Häresie) des **Babismus** hervorgegangen, die vom iranischen Staat blutig unterdrückt wurde. Die Baha'i vertreten im Grunde ein **tolerantes und fortschrittliches Weltbild,** das auf der Anerkennung der Propheten und Begründer der wichtigsten Weltreligionen (Zoroaster, Buddha, Jesus, Mohammed etc.) beruht. Diesen fügen die Baha'i allerdings ihren eigenen Religionsgründer *Baha'ollah* (1817–92) als bislang letzten Propheten hinzu. Auf ihn können mit fortschreitender Menschheitsentwicklung noch weitere folgen.

Indem die Baha'i den Propheten des Islam *Mohammed* anerkennen und in ihr religiöses Weltbild integrieren, bedienen sie sich desselben Argumentationsmusters, dessen sich auch der Islam gegenüber seinen Vorläuferreligionen Judentum und Christentum bedient hat (durch die Anerkennung Moses und Jesu Christi als muslimische Propheten). Die Baha'i wenden sozusagen die islamische Argumentation auf den Islam selbst an; dies hat ihnen in der islamischen Welt, vor allem in Iran, teilweise beträchtliche missionarische Erfolge, aber auch schonungslose Verfolgung eingebracht. In Iran sind die Grundrechte der Baha'i stark eingeschränkt. Die Zahl der Gläubigen im Land liegt bei ca. 300.000, weltweit sind es etwa 7,7 Millionen.

Alltagsleben, Sitten und Gebräuche

Das Alltagsleben und die Sitten und Gebräuche der Iraner unterscheiden sich in einigen Punkten deutlich von denjenigen der Mitteleuropäer. Zwar erwartet kein Iraner, dass ein Tourist sich den in Iran üblichen Gepflogenheiten ganz anpasst, ein grundlegendes **Verständnis gewisser Zusammenhänge** kann jedoch auch dem Touristen dabei helfen, seinen Aufenthalt in Iran bewusster zu erleben und mehr zu genießen. Einige wenige „Benimmregeln" sollte er in jedem Fall erlernen oder sich zumindest Mühe geben, dies zu tun.

Ganz allgemein fällt den meisten den Iran bereisenden europäischen Touristen zunächst das große Interesse, die Unbefangenheit und die teilweise geradezu überwältigende **Freundlichkeit** auf, die ihnen von fast allen Iranern entgegengebracht wird. Dies steht in einem krassen Gegensatz zu den oft gehegten Befürchtungen bzw. Erwartungen der Touristen, hier eine „radikal islamische" und vermeintlich allem „Westlichen" gegenüber feindlich gesonnene Gesellschaft vorzufinden. Dass dieses seit den 1980er Jahren in den westlichen Massenmedien transportierte Bild Irans der heutigen iranischen Gesellschaft nicht gerecht wird (und auch früher nicht gerecht wurde), spricht sich vor allem seit dem Wahlsieg des Präsidenten *Khatami* 1997 auch bei westlichen Journalisten immer mehr herum.

Um das iranische Alltagsleben zu verstehen, muss man zunächst den ganz anderen **Lebensrhythmus** bedenken, der die iranische Gesellschaft im Vergleich zu unserer bestimmt: In Iran sind die einzelnen Abläufe des privaten und beruflichen Alltags weniger dem starren Diktat der zeitlichen Planung unterworfen. Die Abläufe werden dadurch zwar in gewissem Sinne **chaotischer,** sind aber insgesamt doch **weniger stressbeladen.** Privat und beruflich nimmt man sich füreinander Zeit und redet miteinander. Hat man z.B. im Stadtzentrum von Teheran einen Termin für 10 Uhr vereinbart, so kommt man vielleicht erst um 10:30 Uhr oder um 11 Uhr, je nach Verkehrsaufkommen. Es macht nichts, denn der Geschäftspartner rechnet mit Verzögerungen und plant von vornherein mehr Zeit ein. Ohnehin trinkt man zuerst mal in Ruhe einen Tee miteinander, irgendwann kommt das Gespräch dann „zufälligerweise" auf das gewünschte Thema.

Die ideologische Gegnerschaft zur „westlichen" Welt, in die die neue politische Führung den iranischen Staat nach der Revolution zunächst positioniert hat, hat teilweise sicherlich zu einer Abschottung der iranischen Gesellschaft gegen westliche Einflüsse geführt. Andererseits stand diese zunehmend von oben verordnete Gegnerschaft von Beginn an auch in einem widersprüchlichen Verhältnis zu der Offenheit der einzelnen Iraner gegenüber dem Westen. Viele (auch unpolitische) Iraner sahen die **Regierungspropaganda** von Anfang an durchaus skeptisch und wollten lieber aus eigener Anschauung etwas über „den Westen" erfahren. So erklärt sich die große **Aufgeschlossenheit und Neugier,** mit der die Iraner (vor allem die junge Generation) „westlichen" Reisenden heute begegnen. Dabei wird der Ausländer in der Regel nicht nur als Privatperson, sondern auch als Abgesandter seiner Kultur und seines Landes angesehen.

Kleiderordnung

Für Frauen

In Bezug auf die Regeln, die die iranische Gesellschaft nach außen hin kennzeichnen, kann man zunächst von einem deutlichen Unterschied zwischen öffentlicher und privater Sphäre sprechen. Was dem Tourist – genauer gesagt, der Touristin – bei der Einreise in Iran zuerst ins Auge fällt, ist die Notwendigkeit, ihr Haupthaar in der Öffentlichkeit mit einem **Kopftuch** zu bedecken und eine

▷ „Der Schleier ist wie eine Muschel für die Perle"

Alltagsleben, Sitten und Gebräuche

Oberbekleidung zu tragen, die die Körperformen nicht betont. Ohne die Bereitschaft, sich diesen (minimalen) Grundregeln zu unterwerfen, braucht man den langen Weg nach Iran als Frau gar nicht erst anzutreten.

Diese Regeln gelten nur für die Öffentlichkeit, nicht aber z.B. im Hotelzimmer. Als „Öffentlichkeit" gelten in Iran alle Bereiche außerhalb des eigenen Wohnraums, in denen eine Frau möglicherweise einem ihr unbekannten Mann begegnen kann, d.h. Restaurants, Kinos, Flugzeuge, Behörden, Geschäfte etc. (üblicherweise befinden sich Friseursalons für Frauen in der ersten Etage, mit dicken Gardinen an den Fenstern). Wenn ein männlicher Gast, der nicht zur engsten Verwandtschaft zählt, zu Besuch kommt, kann auch das Zuhause für eine Iranerin zur „Öffentlichkeit" werden.

In diesem Fall hängt die Kleiderordnung von der **persönlichen Einstellung** der jeweiligen Familie (bzw. ihres Oberhaupts) ab. In traditionell und religiös geprägten Familien, zumal in konservativen Gegenden, werden die weiblichen Familienmitglieder bei männlichem Besuch in der Regel das Kopftuch aufsetzen oder sich dem Besucher sogar überhaupt nicht zeigen. In den Großstädten hingegen wird der „westliche" Besucher einer weltlich orientierten Mittelstandsfamilie keinen wesentlichen Unterschied zu europäischen Gepflogenheiten feststellen können: Die Frauen des Hauses sitzen ohne Kopftuch mit am Tisch, Alkoholika werden angeboten, bei Feiern wird (von der Jugend) ausgelassen zu iranischer und westlicher Musik getanzt. Dabei besteht kein unbedingter Zusammenhang zwischen Religiosität und "westlichem" Lebensstil: Viele iranische Familien, die einen eher "westlichen" Lebensstil pflegen, verstehen sich als durchaus religiös und der iranischen Kultur verbunden, aber eben nicht in dem nach der Revolution von der Obrigkeit verordneten Sinn.

Für einzelne Bereiche der iranischen Gesellschaft gelten **noch restriktivere Kleiderregeln** als das in der Öffentlichkeit obligatorische Kopftuch: So müssen Schülerinnen, Studentinnen und in Behörden beschäftigte Frauen einen langen, meist schwarzen oder grauen Überwurf und einen Kopfschleier tragen.

Hat man sich erst einmal an das Erscheinungsbild der Frau in der iranischen Öffentlichkeit gewöhnt, kann man bei genauem Hinsehen auch als Tourist **erstaunliche Beobachtungen** machen. Kopftuch ist nicht gleich Kopftuch, und viele Iranerinnen betonen unter ihrem kunstvoll drapierten Tuch eine farbenfrohe Haarsträhne oder hochgesteckte Haarpracht, anstatt diese zu verbergen. Auch der Bereich „von den Knien abwärts", der weniger stark reglementiert ist als die meisten übrigen Körperregionen, erlaubt der iranischen Frau, durch die Wahl geeigneter **Damenstrümpfe** modebewusst Akzente zu setzen. In neuester Zeit sieht man auch zunehmend wieder von Frauen getragene, eng geschnittene, die **weiblichen Formen betonende** und nicht einmal bis zu den Knien reichende **Mäntel**. Insgesamt lässt sich sagen, dass sich in Iran unter dem „Deckmantel" des Kopftuchs und Überhangs geradezu ein eigener modischer Ausdruck, eine **eigene „Modesprache"**, entwickelt hat, die sich aber nur dem aufmerksam beobachtenden Touristen erschließt.

Für Männer

Eine restriktive Kleiderordnung existiert in Iran nicht nur für Frauen, sondern auch für Männer, wenngleich in weit geringerem Ausmaß. Männliche Iraner sollten **keine ärmellosen Hemden bzw. Shirts** tragen; **kurze Hosen** sind tabu und sollten auch von männlichen Touristen auf keinen Fall getragen werden. Obwohl an das Kurze-Ärmel-Verbot im Rahmen von Regierungskampagnen immer wieder erinnert wird (gern anlässlich des Fastenmonats Ramadan), ist es doch viel weniger bindend als die für Frauen geltenden Regeln und braucht von Touristen nicht wirklich beachtet zu werden (außer etwa beim Betreten gewisser als besonders heilig geltender Moscheen).

Im Gefolge der Revolution von 1979 haben sich auch für die männliche Bevölkerung Irans einige neue Akzente in der Kleider- und sonstigen äußerlichen Mode ergeben. „Typische" äußere Erscheinungsmerkmale eines mit dem Regime oder seiner Ideologie sympathisierenden männlichen Iraners, v.a. eines Technokraten, sind z.B. **ein grauer oder dunkel-beiger Anzug** mit weißem oder hellgelbem Hemd **ohne Krawatte** und ein **Drei- bis Fünf-Tagebart**, kurz: eine Art „gepflegter, wohldosierter Ungepflegtheit", die deutlich mit dem westlichen Erscheinungsbild der Elite des Schah-Regimes (Krawatte, glatt rasiert) bricht. In den Jahren unmittelbar nach

▷ Typisches Bauernhaus
in den Talesh-Bergen von Gilan

Alltagsleben, Sitten und Gebräuche

der Revolution konnte das Tragen einer Krawatte oder von Jeans von eifrigen Revolutionswächtern sogar geahndet werden.

Zu Gast bei einer iranischen Familie

Um das iranische Alltagsleben zu veranschaulichen, soll der mögliche Ablauf eines Besuches bei einer iranischen Mittelstandsfamilie beschrieben werden.

Betreten der Wohnung

Beim Betreten der Wohnung sind aus hygienischen Gründen die **Straßenschuhe auszuziehen.** In der Regel werden dem Besucher als Ersatz saubere Plastikschlappen angeboten, auf dem meist mit Teppich belegten Fußboden kann man jedoch durchaus auch mit Strümpfen laufen. Nur wenige Großstädter, die mit westlichen Sitten besonders gut vertraut sind, werden von Ausländern nicht erwarten, dass sie die Schuhe ausziehen; grundsätzlich sollte man es immer von sich aus anbieten.

Geschenke

Für vom Gast mitzubringende Geschenke gibt es keine festen Regeln. Ein **Strauß Blumen** ist gern gesehen, möglich ist auch eine schön verpackte Portion **Süßigkeiten oder Gebäck.** Ist man als Ausländer bei einer iranischen Familie länger zu Gast (d.h. mehrere Tage) und weiß man dies schon vor der Abreise, sollte man von zu Hause ein größeres Geschenk mitbringen, z.B. einen Bildband über das Heimatland, ein schönes

„Nimm keine Geschenke an!"

Folgende Begebenheit soll ein **Beispiel für typisch iranische Höflichkeit** geben und die Schwierigkeiten verdeutlichen, in die ein Ausländer in Iran bei einer anscheinend so einfachen Sache wie der Annahme von Geschenken kommen kann.

Ich war bei einer „westlich orientierten" Familie in Nord-Teheran zum Abendessen eingeladen. Wir sprachen über iranische Kunst und Architektur, und der Gastgeber zeigte mir einen aufwendig gestalteten, in Europa erschienenen Bildband über iranische Kunst. Der Wert dieses Buches erreichte vermutlich das Monatseinkommen meines Gastgebers, der als Lehrer an einer Grundschule unterrichtete. Da ich von den Fotos begeistert war und das Buch überschwänglich lobte, bot mein Gastgeber es mir als Geschenk an. Etwas konsterniert und überwältigt von der iranischen Freigebigkeit, nahm ich es an.

Doch dann dämmerte mir, dass ich wohl einen Fehler gemacht hatte. Das Angebot des Buches war die automatische Reaktion meines Gastgebers auf meine Begeisterung; aufgrund der Regeln iranischer Höflichkeit musste er mir den Band anbieten, ob er wollte oder nicht. Er würde sich das Buch – das er vermutlich selbst als Geschenk erhalten hatte – wohl nicht wieder kaufen können. Ich hingegen würde es mir in Deutschland von meinem monatlichen studentischen Bücheretat ohne Weiteres leisten können.

Mir wurde klar, dass kein Iraner ein solches Geschenk jemals annehmen würde, es sei denn, im Hause eines stadtbekannten Multimillionärs. Ich tat, als ob ich mich plötzlich daran erinnerte, das Buch bereits zu besitzen, und gab es meinem Gastgeber freundlich lächelnd zurück …

Kinderbuch, Parfum (oder andere hochwertige Kosmetika) für die Gastgeberin oder ein T-Shirt oder Turnschuhe für den heranwachsenden Sohn der Familie.

Begrüßung und Verabschiedung

Bei Begrüßung und Verabschiedung **schüttelt** man auch in Iran die **Hände,** bei größerer Vertrautheit umarmt man sich und verteilt beidseitige Wangenküsse. Als männlicher Gast sollte man jedoch darauf achten, den weiblichen Mitgliedern der Familie eines iranischen Gastgebers nur dann die Hand zu geben, wenn die Familie erkennbar nicht-traditionell bzw. nicht-konservativ eingestellt ist (also z.B. kein Kopftuch trägt). Noch besser ist es, bei der Begrüßung und Verabschiedung von weiblichen Familienmitgliedern stets der Frau die Initiative beim Händeschütteln zu überlassen. In der Öffentlichkeit sollte es ein Ausländer grundsätzlich vermeiden, einer Iranerin (bzw. eine Ausländerin einem Iraner) die Hand zu geben.

Aufgepasst: Niemals einem Iraner die linke Hand geben, denn diese wird zur Reinigung auf der Toilette benutzt.

Abendessen

Hat der Besucher einer iranischen Familie erst einmal deren Haus betreten, wird ihm in der Regel ein Getränk, meist **Tee,** manchmal mit Gebäck oder Süßigkeiten, gereicht. Bei einer Einladung zum Abendessen kann man sicher sein, dass die Dame des Hauses keine Mühen gescheut hat, um dem Gast (vor allem, wenn es ein Ausländer ist) eine oder mehrere **Köstlichkeiten der persischen Küche** anzubieten, in der Regel große Mengen von gekochtem Reis *(polo)* mit zwei oder drei verschiedenen Fleischsoßen *(khoresht)*. Das Abendessen wird oft **später** serviert als in Deutschland, gegen 21 oder sogar erst 22 Uhr, und vorher werden den Gästen nur Getränke (Tee, Alkoholika) und Knabbereien gereicht. Das Essen kann dann sogar den **Abschluss** des gemeinsamen Abends bilden, nach dessen Beendigung die Gäste zügig aufstehen und sich verabschieden sollten. Als Ausländer braucht man sich deshalb nach einem späten Abendessen bei einer iranischen Familie nicht noch zu einer halben oder gar ganzen Stunde Smalltalk verpflichtet zu fühlen.

Stehen erst einmal die Speisen auf dem Tisch, greift man in der Regel **„ohne Vorwarnung"** zu und wartet mit dem Essen nicht, bis die Hausfrau zu Tisch sitzt; es ist auch nicht üblich, „guten Appetit" zu wünschen. Da aber in einigen „westlich" orientierten Familien doch auf die Hausfrau gewartet wird, sollte man als Ausländer mit dem Essen warten, bis das erste anwesende Familienmitglied isst.

„Weiblicher Bereich" des Hauses

In konservativen und ländlichen Gegenden nehmen die **Frauen** des Hauses in der Regel **nicht am Essen teil,** wenn männliche Gäste beteiligt sind. Ist ein ausländisches Paar eingeladen, werden hingegen auch konservative iranische Familien nichts dagegen einwenden, dass der weibliche Gast als einzige Frau mit den Männern zu Tisch sitzt. Falls es sich aus der Situation heraus ergibt und eine ausländische Touristin daran interessiert ist, die iranischen Frauen in ihrem eigenen Bereich (d.h. auch ohne Verschleierung) kennen zu lernen, könnte sie sich im Laufe des Abends höflich nach den Damen des Hauses erkundigen. Vielleicht wird ihr der Hausherr dann seine Frau vorstellen und diese ihr anbieten, den „weiblichen Bereich" und die weiblichen Bewohner kennen zu lernen. Der für die Frauen bestimmte, männlichen Besuchern nicht zugängliche Bereich eines Hauses wird in Iran traditionell *andaruun* (wörtlich: „drinnen") genannt, der zugängliche Bereich hingegen *biiruun* („draußen").

Übernachten

Bereist man das Land allein oder zu zweit auf eigene Faust, so wird man immer wieder, besonders in ländlichen Gegenden, von Einheimischen angesprochen, die dem „exotischen" und interessanten Gast ihre Hilfe anbieten wollen. Man wird zum Essen eingeladen und oft (besonders in entlegenen Regionen, wo es keine oder nur sehr einfache Hotels gibt) auch zum Übernachten aufgefordert. In der Regel kann man, falls eine gewisse Sympathie vorhanden ist, ein solches Angebot annehmen. Hierbei muss man jedoch Folgendes bedenken:

In der iranischen Gesellschaft gilt es als **unbedingte Pflicht,** einem Alleinreisenden ein Nachtlager anzubieten, ob man will bzw. kann oder nicht. Das heißt, dass auch ein in sehr bescheidenen Verhältnissen lebender Landbewohner dies einem Ausländer anbietet, auch wenn es für ihn schwierig wird, den Gast unterzubringen (etwa weil er mit seiner

Familie nur zwei Zimmer bewohnt, von denen eines mit den Frauen belegt ist, die der Gast vor allem nachts nicht zu Gesicht bekommen darf).

Deshalb sollte man ein solches Angebot, auch wenn man es gerne annehmen würde, **zunächst ablehnen** – wenn es ehrlich gemeint war, wird es in jedem Fall wiederholt werden. Falls man aufgrund der äußeren Umstände irgendwelche Zweifel hat, ob das Angebot ehrlich gemeint ist (beziehungsweise, ob der Anbieter sich das Angebot überhaupt „leisten" kann), sollte man mehrmals ablehnen, bis man möglicherweise schließlich „breitgeschlagen" wird.

Das „System der Höflichkeit"

Dies führt zu einem grundlegenden Merkmal des iranischen Sozialverhaltens: dem Ritual- und **Wettkampfcharakter bei Höflichkeitsäußerungen.** Das in der iranischen Gesellschaft geltende System der Höflichkeit zwingt einen Iraner in gewissen Situationen, einem anderen etwas anzubieten oder sogar aufzudrängen. Der andere muss aber die Regeln des Spiels kennen und ihnen gemäß mitspielen. Dies lässt sich an einem typischen Restaurant- oder Teehausbesuch zweier männlicher Iraner verdeutlichen: Beim Bezahlen werden beide mit allem Nachdruck versuchen, die ganze Rechnung zu begleichen. Der „Wettkampf" um die Frage, wer von beiden letztendlich bezahlen darf, kann über mehrere Minuten verbissen geführt werden, bis sich einer der beiden schließlich durchsetzt (der Brauch, dass im Restaurant jeder für sich bezahlt, ist in Iran völlig unbekannt). Ähnliches kann passieren, wenn zwei Iraner durch eine Tür gehen wollen: Jeder versucht – teilweise unter Andeutung handgreiflicher Maßnahmen – dem anderen den Vortritt zu lassen.

Dieser Wettkampf (der von außen vielleicht wie ein Spiel aussieht, obwohl es bitterer Ernst ist) kann auf Dauer nur dann funktionieren, wenn die **Freigebigkeit der Teilnehmer,** sofern diese wirtschaftlich in etwa gleichgestellt sind, letzten Endes mehr oder weniger ausgeglichen ist. Ein Iraner, der mehrere Male hintereinander bei einem Restaurantbesuch zu schwachen Widerstand gegen die Einladung eines Kollegen zeigt und sich aushalten lässt, wird bald als Schmarotzer dastehen und gemieden werden.

Für Ausländer gilt dies nicht in gleichem Maße; wer sich jedoch etwa von einer iranischen Familie, bei der er eine Woche lebt, mehrmals zum Essen und zu anderen Dingen einladen lässt und die für mitteleuropäische Verhältnisse unbekannte Gastfreundschaft genießt, sollte bedenken, dass er damit im Prinzip – nach den iranischen Spielregeln – die Verpflichtung übernimmt, auch der iranischen Familie oder einem ihrer Mitglieder, wenn er oder sie nach Deutschland kommt, zumindest in gewissem Maße eine vergleichbare Gastfreundschaft zu gewähren.

Das die iranische Gesellschaft charakterisierende System der Höflichkeit bezieht sich nicht nur auf das Geben und Nehmen, sondern zeigt sich auch in vielen anderen Bereichen. So sollte man in einer Gesellschaft nach Möglichkeit zu verhindern suchen, einem Iraner **den Rücken zuzuwenden.** Lautes oder demonstratives **Schneuzen** gilt in Iran ebenfalls als unhöflich. Die Höflichkeit spiegelt sich auch in Gestik und Mimik wider, so würde ein Iraner einer anderen Person irgendeinen Gegenstand (Buch, Teller etc.) niemals mit nur einer Hand reichen; höflicherweise nimmt er dazu **beide Hände.** Bevor er in Gesellschaft anderer etwas zu sich nimmt, wird er immer zuerst dem Gegenüber anbieten.

Auch in der Sprache zeigt sich die Höflichkeit in einer Reihe von (für unsere Begriffe) **„aufgebauschten" Ausdrucksweisen,** die ihren eigentlichen Sinn verloren haben und nur in ganz bestimmten Situationen verwendet werden. So sagt ein iranischer Gast, dem die Gastgeberin am Tisch den Teller füllt, nicht einfach „danke" *(mersíi),* sondern: „Möge Ihre Hand nicht schmerzen" *(dast-e shoma dard nakonad),* was in diesem Fall genau dem „danke" entspricht. Die Gastgeberin antwortet mit: „Möge Ihr Kopf nicht schmerzen" *(sar-e shoma dard nakonad).* Das iranische System der Höflichkeit insgesamt wird mit dem Begriff *ta'aarof* bezeichnet (hierfür gibt es keine deutsche Entsprechung).

Liebe und Ehe

Die Verschleierung bzw. der Kopftuchzwang für Frauen ist das deutlichste äußere Zeichen einer restriktiven Haltung gegenüber dem Zeigen weiblicher Reize in der iranischen Öffentlichkeit und scheint nahe zu legen, dass auch die Beziehungen der beiden Geschlechter zueinander strengen Restriktionen unterworfen sind. Obwohl dies im Prinzip – im Vergleich zu europäischen Ländern – zutrifft, ist Iran doch weit davon entfernt, in allen gesellschaftlichen Bereichen eine auch nur annähernd so strenge Trennung der Geschlechter durchzuführen, wie dies in anderen islamischen Ländern wie z.B. Saudi-Arabien oder Pakistan der Fall ist. Auch was das Kennenlernen und die Beziehungen zwischen Jugendlichen betrifft, ist die heutige iranische Gesellschaft keineswegs ein monolithischer oder sozusagen „mittelalterlicher" Block, sondern bietet ein durchaus differenziertes Bild.

Für alles, was Heirat und Ehe betrifft, spielt die **Familie** in Iran nach wie vor eine entscheidende Rolle. Wohl ohne nennenswerte Ausnahme würden alle Iraner dem Satz zustimmen, dass eine

Junge Brautleute

Heirat nicht nur eine Sache zwischen zwei Einzelpersonen, sondern auch zwischen zwei Familien ist. Dies bedeutet nicht, dass eine Heirat in Iran in all ihren Phasen nur von der Familie geplant und durchgeführt wird. Vielmehr gibt es ein breites Spektrum von möglichen Szenarien, wie sie angebahnt werden kann.

Aufbau einer Beziehung

In vielen **ländlichen Gegenden** und auch in konservativen städtischen Kreisen werden Ehen nach wie vor von den **Eltern** der Brautleute arrangiert. Auch in solchen Gegenden kann jedoch die Initiative zum Kennenlernen eines Paares durchaus von einem der beiden (meist dem männlichen Part) ausgehen. Sieht z.B. ein junger Mann bei einer Hochzeitsfeier ein Mädchen, das ihm gefällt (und mit dem er während der Feier nicht sprechen darf), so wechselt er mit ihr möglicherweise ein paar **verstohlene Blicke**. Erwidert das Mädchen seinen Blick öfter als nur ein oder zwei Mal, so erklärt sie ihm dadurch ihr eindeutiges Interesse. Nun kann der junge Mann seine Mutter bitten, bei der Mutter des Mädchens vorzufühlen, ob Interesse an einer Verbindung besteht. Wird dies positiv beantwortet (wobei in der Regel nicht nur die Meinung der Familie, sondern auch die Neigung des Mädchens zumindest mitberücksichtigt wird), können die beiden Familien vereinbaren, dass sich die Jugendlichen mehrmals **treffen**, um sich kennen zu lernen – **unter Aufsicht** und natürlich mit Verschleierung des Mädchens.

Finden die beiden Gefallen aneinander, kann sich eine länger andauernde **platonische Beziehung** entwickeln, die, falls oder sobald die finanziellen und sonstigen Voraussetzungen (Abschluss der Ausbildung etc.) gegeben sind, in eine Ehe münden soll. Bei zunehmendem Vertrauen der beiden und ihrer Familien zueinander können sie auch die Erlaubnis erhalten, **ohne Begleitung spazieren zu gehen**.

In vielen städtischen Gegenden, vor allem in den **Großstädten** und dort in der **Mittel- und Oberschicht,** ergibt sich ein völlig anderes, aber keineswegs einheitliches Bild. Hier reicht das Spektrum von einen „westlichen" Lebenswandel pflegenden Familien, deren Söhne dennoch, wenn es um die Auswahl der richtigen Frau geht, auf das **Urteil ihrer Mutter** vertrauen, bis hin zu – wenngleich sehr seltenen – studentischen Paaren, die illegal (und mit hohem Risiko) in einer **unehelichen Lebensgemeinschaft** zusammenleben.

Dabei gibt es inzwischen in den iranischen Großstädten – nicht nur für die **Teheraner Oberschicht,** die in ihren Villen im Norden der Stadt ausgelassene Partys feiert – genug Gelegenheit, sich über die Geschlechtergrenzen hinweg kennen zu lernen und anzufreunden.

Insgesamt kann man sagen, dass ein großer Teil der iranischen Jugendlichen, vor allem aus der Mittel- und Oberschicht, vor der Ehe durchaus eine oder mehrere meist **platonische Beziehungen** mit einem Vertreter/einer Vertreterin des anderen Geschlechts gehabt hat. Ganz unabhängig jedoch davon, wie sich ein Paar kennen gelernt hat: Wenn es zur Heirat kommt, werden die Brautleute stets das Einverständnis ihrer Familien einholen bzw. alles tun, um dies zu erreichen.

Das Brautgeld

Die Ehe und der Aufbau einer eigenen Familie ist für die meisten Iraner nach wie vor ein vorrangiges Ziel der persönlichen Lebensplanung. Auf dem Weg dorthin müssen allerdings nicht nur die gesellschaftlichen Restriktionen, sondern auch weitere Probleme überwunden werden, deren größtes das bei der Eheschließung vom Bräutigam an die Braut zu zahlende Brautgeld *(mahriye)* ist. Das Brautgeld ist eine alte Einrichtung; es stellt die **finanzielle Absicherung der Frau** im Falle einer Scheidung oder des Todes des Ehemannes dar. Es kann aus Bargeld, aber auch aus Goldmünzen und Goldschmuck bestehen, eventuell auch aus Immobilien (z.B. kann ein Mann, der ein Haus besitzt, bei der Eheschließung seiner Frau ein Drittel davon überschreiben).

Der **Wert des Brautgelds** ist so hoch, dass es den meisten Iranern schwerfällt, es bei der Eheschließung aufzubringen (in den Städten kann es einen Wert von 50.000 bis 100.000 Euro haben, bei reichen Familien noch mehr, auf dem Land teilweise erheblich weniger). Dies hat dazu geführt, dass der Mann inzwischen in der Regel das Brautgeld bei der Eheschließung (noch) nicht bezahlt; die Frau erhält jedoch das uneingeschränkte Recht, sich den Betrag bzw. die Wertgegenstände zu jedem beliebigen, von ihr gewählten Zeitpunkt vom Ehemann auszahlen bzw. aushändigen zu lassen.

Dies stärkt die Position der iranischen Frau sowohl in der Ehe als auch im Fall der Scheidung (bei der das Brautgeld in der Regel sofort fällig wird) in erheblichem Maße. Die Frau kann durch die Drohung, die Auszahlung des Brautgelds zu verlangen, eine vom Ehemann angestrebte Scheidung verhindern oder aber eine von ihm nicht gewünschte Scheidung durchsetzen. In einem Rechtssystem, das die Frau familienrechtlich gegenüber dem Mann immer noch benachteiligt, hat das Brautgeld somit einen Wandel durchgemacht von einer Wertsache zu einem **juristischen Instrument** in den Händen der Frau.

Natürlich wird die Frau das Brautgeld in einer einigermaßen funktionierenden Ehe weniger als Waffe benutzen denn als **flexible Verhandlungsmasse.** Die meisten Frauen werden im Interesse ihrer Ehe keine Auszahlung anstreben, da dies ihren Mann in den wirtschaftlichen Ruin treiben würde. Sicher kommt es vor, dass Frauen, die über ihre Rechte nicht gut informiert sind oder unter Druck gesetzt werden, bei der Eheschließung ein zu geringes Brautgeld vereinbaren oder später auf das Recht auf Auszahlung verzichten. Andererseits kann eine gut informierte Iranerin ihren Mann, sollte er sich von ihr scheiden lassen wollen und nicht in der Lage oder bereit sein, das Brautgeld zu zahlen, sogar ins Gefängnis bringen lassen. Doch die Möglichkeit der Scheidung auf Wunsch der Frau wird so restriktiv ausgelegt, dass sie nur unter Verzicht auf das Brautgeld seitens der Frau gewährt wird.

Weitere Kosten

Außer dem Brautgeld fallen bei einer Hochzeit weitere hohe Kosten an, vor allem für das **Brautgeschenk** (oft Goldschmuck), die **Ausrichtung der Hochzeitsfeier** und die **Aussteuer.** Die Feier wird für sehr wichtig gehalten und mit

Heirat ohne Hochzeitsfest? Eine wahre Geschichte

Ein iranischer Bekannter aus Teheran wollte heiraten. Er und seine zukünftige Frau hielten nicht viel von einem tradtitionellen, aufwendigen und teuren Hochzeitsfest. Beide waren gut ausgebildet, verdienten gut und entschlossen sich, mit einer relativ geringen Brautgabe und im engsten Familienkreis ohne jede Festlichkeit still und leise zu heiraten.

Der Widerstand beider Eltern, die ein großes Fest veranstalten wollten, konnte überwunden werden, doch womit das Brautpaar nicht gerechnet hatte, waren die sofort nach der Trauung einsetzenden Anrufe aus der engeren und weiteren Verwandtschaft: Wann findet eigentlich das Hochzeitsfest statt? Wir freuen uns schon darauf!

Alles Reden und Erklären der Eltern half nichts: Einige Kusinen und Tanten konnten partout nicht verstehen, dass es keine Hochzeitsfeier geben sollte. Das gibt es nicht! Das kann nicht sein! Und schließlich: Habt ihr etwa schon ohne uns gefeiert? Wollt ihr unter euch bleiben? Und das uns, die wir euch immer zu jeder Gelegenheit eingeladen, die wir euch immer jede Ehre erwiesen haben!

Nach drei Monaten war die Brautmutter zermürbt, sie flehte die Tochter an: Bitte lass uns ein Fest veranstalten, um den Familienfrieden zu retten! Das junge Paar beriet sich und entschied: Nein, das wollen wir nicht. Sie schrieben einen Brief und sandten ihn in 60 Kopien an alle Verwandten; in ihm erklärten sie ihre Beweggründe. Ein paar Tage später rief eine Tante bei der Brautmutter an und sagte: Ja, das ist gut, die beiden sind jung und haben ihre eigene Meinung, aber sie haben vergessen, eines zu schreiben: Wann findet endlich das Hochzeitsfest statt?

großem Aufwand veranstaltet; die Kosten trägt in der Regel die Familie des Bräutigams. Die Aussteuer hingegen (v.a. die Wohnungseinrichtung) wird von der Familie der Braut gestellt. Dabei gibt es eine gewisse Korrelation zwischen Brautgeld und Aussteuer: Je höher das eine, desto höher wird in der Regel auch das andere ausfallen. Der Wert des Brautgelds allein übersteigt aber in der Regel bei Weitem den Wert der Summe von Brautgeschenk, Aussteuer und Hochzeitsfeier zusammen.

Die Schwiegermutter

Ein großes Problem für viele verheiratete Iranerinnen ist die Schwiegermutter. In früheren Zeiten und auch heute noch in ländlichen Gegenden, wo eine junge Frau nach der Heirat zur **Großfamilie des Mannes** zieht, muss sie sich mühsam ihre Position und ihr Ansehen „unter" bzw. „gegenüber" der Schwiegermutter erkämpfen, die ihre Schwiegertochter als **potenzielle Konkurrentin** ansieht. Auch heutzutage ist in den iranischen Städten (wo junge Paare meist eigene Wohnungen nehmen) die dominierende Stellung der Schwiegermutter noch stark spürbar: Überall kann sie sich einmischen und versuchen, von ihrem Einfluss auf ihren und der Zuneigung von ihrem Sohn möglichst wenig an die Schwiegertochter „abzugeben".

Trauung

Bei der Hochzeitsfeier ist meist ein **islamischer Geistlicher** anwesend, der die religiöse Trauung vollzieht. Die Eheschließung ist schon einen oder ein paar Tage zuvor bei einem **Notar** eingetragen worden. Im Vergleich zu christlich geprägten Ländern ist die Eheschließung nach islamischer Praxis kein Sakrament (so etwas existiert nach islamischer Vorstellung nicht), sondern lediglich ein Privatvertrag zwischen zwei Personen.

Scheidung

Deshalb ist auch eine Scheidung (theoretisch) kein Problem. Praktisch gesehen, ist eine Ehescheidung in Iran jedoch eine langwierige Angelegenheit. Vor allem, wenn Kinder vorhanden sind, wird der Richter (meist ein Geistlicher) zunächst versuchen, ein scheidungswilliges Paar dazu zu bewegen, sich die Sache noch einmal zu überlegen, und er wird zumindest eine Bedenkzeit festlegen, nach der man noch einmal miteinander spricht. **Auch die Frau kann eine Ehescheidung beantragen,** doch die Hürden liegen höher als für den Mann. Für diesen ist die Zahlung des Brautgelds der größte Hinderungsgrund, von einer Frau wird hingegen meist der Nachweis „objektiver" und **schwerwiegender Gründe** erwartet, von denen die gängigsten sind: Unfähigkeit des Mannes, für ihren Lebensunterhalt zu sorgen, Impotenz, Drogenabhängigkeit oder Kriminalität des Mannes, wiederholte schwere Misshandlung durch den Mann.

Vielehe

Zum Thema „Ehe in Iran" müssen zwei weitere Institutionen des iranischen Familienrechts erwähnt werden: die Vielehe und die „Ehe auf Zeit". Die Vielehe ist zwar in Iran religiös und gesetzlich **erlaubt,** es stehen aber ihrer Durchführung eine Reihe von gesetzlichen und sozialen Hürden entgegen, sodass sie sehr selten geworden ist (möglicherweise seltener als in Ländern wie der Türkei, wo sie gesetzlich verboten ist). So muss ein Iraner, der eine zweite Frau heiraten will, nachweisen, dass er beide Frauen **gleichrangig behandeln** kann, womit vor allem seine finanziellen Möglichkeiten gemeint sind. Dies bedeutet, dass eine Mehrehe nur für vermögende Iraner in Frage kommt. Auch kann eine Iranerin bei der Heirat sich juristisch vom Ehemann zusichern lassen, dass er später nur **mit ihrer Erlaubnis** eine zweite Ehefrau nehmen darf; dies schränkt die Optionen des Mannes stark ein.

Ehe auf Zeit

Die „Ehe auf Zeit" (Persisch *sighe*) gilt als **spezifisch schiitisch.** Unter dem Namen *mut'a* existiert sie auch in einigen sunnitischen Ländern, ist dort aber weniger verbreitet. Durch sie kann ein muslimischer Iraner, der z.B. eine Pilgerreise nach Mashhad unternimmt, für die Dauer seines dortigen Aufenthalts („zwischen einer Stunde und 99 Jahren") eine Ehe mit einer Frau eingehen, die nach dem Ablauf der festgesetzten Zeit **automatisch wieder aufgelöst** wird. Im Rahmen dieser Ehe übernimmt der Mann alle üblichen Versorgunsansprüche (Unterhalt für die Frau während der Zeit der Ehe sowie für eventuell aus der Ehe hervorgehende Kinder). Nach einer Ehe auf Zeit darf die Frau drei Monate lang keine Ehe auf Zeit mit einem anderen Mann eingehen, um Unsicherheiten über die Vaterschaft eines etwaigen Kindes gar nicht erst aufkommen zu lassen (dies wird nicht immer eingehalten).

Die Ehe auf Zeit wird fast ausschließlich von **religiös orientierten Iranern** in Anspruch genommen und hat seit der Revolution einen Aufschwung erlebt (Geistliche treten als Vermittler zeit-heiratswilliger Frauen auf und verdienen dabei mit). Sie hat sich gelegentlich den Vorwurf eingetragen, eine **„legalisierte Form der Prostitution"** zu sein. Obwohl dies nicht ganz von der Hand zu weisen ist, ließe sich dieser Vorwurf aus islamischer Sicht auch umkehren: Da man die Prostitution in keiner Gesellschaft ganz beseitigen kann, dient die Ehe auf Zeit in religiös sanktionierter Weise dazu, die „nun einmal existierenden" Bedürfnisse des Mannes zu befriedigen und somit der Prostitution (die aus islamischer Sicht streng verpönt ist) „das Wasser abzugraben".

Zu Beginn der Revolution gab es Versuche seitens fortschrittlicher islamistischer Ideologen wie *Ayatollah Taleqani,* die Zeitehe zu reformieren und z.B. Studenten generell während eines vierjährigen Studiums eine Zeitehe mit einer Studentin zu empfehlen, um ein von unerfüllten Beziehungssehnsüchten freies Studium zu ermöglichen. Andere fortschrittliche Geistliche strebten eine Abschaffung oder starke Einschränkung der Zeitehe an. Diese Pläne fanden keine Mehrheit. Auch heute wird die Ehe auf Zeit als **„flexible, vorläufige Lösung für junge Menschen"** wieder verstärkt diskutiert, vor allem wegen des aufgrund langer Ausbildungszeiten und fehlender wirtschaftlicher Grundlagen stetig ansteigenden Heiratsalters in Iran.

Literatur

Die schöngeistige Literatur, vor allem die **Lyrik,** hat für die persische Gesellschaft eine völlig andere Bedeutung als für die deutsche. Während man in Deutschland Literatur und Poesie zum Teil mit der Vorstellung von etwas Elitärem verbindet und die Kenntnis der Werke klassischer Autoren wie *Goethe* als eine Domäne des Bildungsbürgertums betrachtet, ist in Iran ein **Respekt** vor, eine **Verehrung** für und auch eine gewisse Kenntnis von „klassischer" Literatur auch in nicht-akademischen Schichten der Bevölkerung weit verbreitet.

Bemerkenswert an der persischen Literatur im Vergleich zur deutschsprachigen ist auch ihre **lange Überlieferungsgeschichte.** Die Anfänge der persischen Literatur der islamischen Zeit reichen bis ins 9./10. Jh. n. Chr. zurück, und die damals verfassten Werke sind auch heute noch zumindest einem Iraner mit Schulabschluss ohne weiteres verständlich. Nachdem das **Arabische,** die Sprache der islamischen Eroberer, in Verwaltung, Wirtschaft, Wissenschaft und Literatur über 200 Jahre lang dominiert hatte, erlebte das **Persische,** ausgehend von den Fürstenhöfen Nordost-Irans, zunächst als **Sprache der Lyrik und Epik** eine kulturelle Renaissance.

Vorislamische Literatur

Auch während der Dominanz des Arabischen brach die Verbindung zu den vorislamischen literarischen Überlieferungen niemals ganz ab. Diese vor allem **zo-**

roastrisch geprägten epischen und mythischen Stoffe wurden von den frühen persischen Dichtern allerdings in neue Formen gegossen, die zum großen Teil von der islamisch-arabischen Poesie übernommen waren.

Im Bereich der **Volksepik** drangen vorislamische Stoffe und Formen stärker wieder durch als in der Lyrik; hier wurde das **„Masnavi"**, ein aus reimenden Doppelversen bestehendes Epos von teils beträchtlicher Länge, zur wichtigsten Form. Das bedeutendste epische Werk der persischen Literatur, das von dem Dichter **Ferdowsi** im 10./11. Jh. n. Chr. verfasste **Nationalepos „Shahnameh"** (= Königsbuch), überliefert einen großen Teil der vorislamischen iranischen Geschichte und Mythologie, bringt sie jedoch in Einklang und „versöhnt" sie mit der neuen nationalen Religion des Islam. Bis heute wird das „Shahnameh" von vielen Iranern als das bedeutendste literarische Einzelwerk der persischen Literatur verehrt.

Klassische Epoche

Die im 11. Jh. beginnende und ca. bis ins 15. Jh. reichende „klassische" Phase der persischen Literatur hat viele hervorragende Dichter von internationalem Rang hervorgebracht, von denen hier nur eine kleine Auswahl vorgestellt werden kann. **Nezami** aus Gandje (heute Aserbaidschan, ca. 1141–1209) gilt als der bedeutendste Verfasser romantischer Epen wie z.B. „Leila und Madjnun", eine Erzählung von der Liebe zweier Kinder zueinander, die aufgrund des Unverständnisses ihrer Eltern ein tragisches Ende nimmt. Zu seinem künstlerisch vielleicht vollendetsten Werk „Die sieben Prinzessinnen", von dem auch eine schöne deutsche Übersetzung vorliegt (siehe Literaturverzeichnis im Anhang), entwirft Nezami das Bild und den Charakter eines „idealen Herrschers" am Beispiel des historischen sasanidischen Königs *Bahram Gur*. Die in das Epos eingebetteten Erzählungen der sieben Prinzessinnen schildern auf vielschichtige Weise das Phänomen der Liebe.

Die bedeutendste lyrische Form der persischen Dichtung war zunächst die **Qaside**, d.h. ein Lobgedicht auf den Herrscher (der meist auch der Geldgeber des Dichters war). Der Dichter **Sa'di** aus Shiraz (ca. 1215–92) führte die aus der Qaside entwickelte neue, kürzere Gedichtform des **Ghasel** zu ihrer ersten formalen Vollendung. Im Ghasel wird nicht

Grab von Ferdowsi in Tus

mehr, wie in der Qaside, dem Herrscher Lobpreis dargebracht, sondern es werden Liebe und Wein besungen, unter diesem „Mantel des Bacchischen" mystische Botschaften transportiert und mitunter auch gesellschaftliche Missstände beklagt.

In Europa ist Sa'di vor allem durch sein in gereimter Prosa verfasstes Werk **„Golestan"** (= Rosengarten) bekannt geworden. Hier beschreibt Sa'di mit gesundem Menschenverstand die in seiner Zeit und Gesellschaft gültigen moralischen Prinzipien, gekleidet in praktische Lebensweisheiten. Das Werk besticht formal durch eine natürliche, aber als unnachahmbar geltende Verbindung von Prägnanz und Schlichtheit. Durch sie gilt Sa'dis Sprache unter manchen gebildeten Iranern bis heute als der eigentlich gültige Standard des Hochpersischen.

Eine Generation nach Sa'dis Tod wurde ebenfalls in Shiraz der Dichter **Hafis** geboren (ca. 1323–89), der die persische Liebeslyrik in der Form des Ghasel zu ihrem Höhepunkt geführt hat. In der heutigen iranischen Gesellschaft gilt Hafis quasi als nationaler Heiliger, der der „iranischen Seele" den tiefsten und schönsten Ausdruck verliehen hat. In Hafis' Dichtung vermischen sich hedonistische Themen wie Liebe und Wein mit einer auf intimer Kenntnis der islamischen Tradition basierenden Verwendung religiöser Bilder und Anspielungen. Beides zusammen ergibt in Hafis' **„Diwan"** (= Gedichtsammlung) ein lyrisch-mystisches Ganzes, das zu den größten Leistungen der Weltliteratur gezählt werden kann (siehe Exkurs im Kap. „Shiraz und die Provinz Fars").

Anders als Sa'di, der in der islamischen Welt weit herumgekommen war, bevor er sich in Shiraz niederließ, verbrachte Hafis fast sein ganzes Leben in seiner Heimatstadt. Zum Gedenken an beide Dichter wurden in neuerer Zeit in Shiraz Mausoleen erbaut, die sich zu Ausflugszielen für einheimische und ausländische Touristen entwickelt haben und den Anspruch Shiraz' untermauern, die „literarische Hauptstadt" Irans zu sein. Durch seine Wirkung auf *Goethe,* der seinen **„West-Östlichen Diwan"** wesentlich als Antwort auf Hafis' Werk verfasst hat, hat Hafis auch auf die deutsche Literatur einen gewissen Einfluss ausgeübt.

◁ Grab von Hafis in Shiraz

Ausklang der klassischen Phase

Einige Literaturhistoriker sind der Meinung, dass ab dem 15. Jh. der Höhepunkt der persischen Literatur überschritten ist. Zwar gibt es noch vereinzelt hervorragende Dichter wie den Universalgelehrten **Djami** (1414–92), doch dominiert unter seinen Zeitgenossen bereits eher die Nachahmung klassischer Vorbilder wie Nezami oder Hafis und nicht mehr die kreative Weiterentwicklung poetischer Formen und Bilder. Dabei muss jedoch betont werden, dass Kreativität und Originalität in der persischen Literatur nicht die gleiche Bedeutung haben und Rolle spielen wie in der modernen europäischen Literatur. Bei jener stand niemals die Überwindung oder Aufhebung irgendwelcher als veraltet empfundener Formen oder Inhalte im Mittelpunkt, sondern die Beherrschung der von den Vorgängern vorgegebenen Formen sowie das möglichst kunstvolle und souveräne Spiel mit den in der literarischen und religiösen Tradition lebendigen Inhalten und Bildern.

Persische Kultur in den Nachbarländern

Ab dem 16. Jh. errichtete die Dynastie der Safaviden in Iran durch die Einführung der Shi'a als Staatsreligion eine **religiös-kulturelle Barriere** zwischen Iran und den angrenzenden, teilweise persischsprachigen oder von persischer Kultur stark geprägten Gebieten wie **Transoxanien** (Zentralasien) und **Indien**, die weiter sunnitisch blieben. Trotzdem gab es weiterhin Wanderungsbewegungen und einen Austausch von persischen Dichtern und Literaten mit diesen Gebieten, besonders nachdem zu Beginn des 16. Jh. der aus Transoxanien stammende Timuride *Babur* in Indien die **Moghul-Dynastie** begründete, die der persischen Sprache und Kultur einen breiten Einfluss einräumte. Persisch wurde im Moghulreich zwar im Wesentlichen nur von einer zahlenmäßig relativ kleinen Schicht v.a. von Höflingen, Gelehrten und Dichtern benutzt. Es erlebte jedoch eine starke literarische Blüte in dem sogenannten **„indischen Stil"**, der allerdings heute von Iranern und iranischen Literaten generell als überladen empfunden und nicht mehr sehr geschätzt wird. Bis zur Unterwerfung unter das Britische Empire (1857) blieb Persisch die Literatursprache und eine offizielle Staats- und Verwaltungssprache des indischen Moghulreiches. Im 18. und 19. Jh. überstieg die Zahl der in Indien publizierten persischen Literaturwerke (v.a. Dichtung) sogar diejenige der in Iran selbst publizierten.

Rückgriff auf die Klassik im 18. und 19. Jh.

In der zweiten Hälfte des 18. Jh. beginnt eine in der persischen Literatur „Rückkehr" *(bazgasht)* genannte Periode, d.h. zunächst auf dem Gebiet der Poesie die Rückkehr zum schlichteren Stil der frühen und klassischen Dichter und, damit verbunden, die Abkehr von dem als überladen empfundenen indischen Stil. Im Laufe des 19. Jh. erfasste diese Bewegung zunehmend auch die Prosa. Hierbei stand weniger der Gedanke der Rückkehr zu klassischen Vorbildern im Vordergrund als vielmehr die Notwendigkeit, in der wissenschaftlichen und Gebrauchsprosa **neue, angemessene Ausdrucksformen** für die vielen aus Europa eindringenden Technologien, Ideen etc. zu finden. Ein Beispiel dieser neuen Schlichtheit der persischen Prosa stellen die vom Qadjarenherrscher **Nasreddin Shah** am Ende des 19. Jh. verfassten und zu großer Popularität gelangten Tagebücher über seine drei Europareisen (1853, 1879 und 1889) dar.

20. Jahrhundert

Die eigentliche Geschichte der persischen Kunstprosa beginnt erst im 20. Jh. Erst jetzt wirkt der Einfluss der europäischen Novellen- und Romanliteratur immer stärker auf die persische Literatur ein, in deren Tradition es diese literarischen Formen bis dahin nicht gegeben hatte. Als einer der bedeutendsten iranischen Prosaschriftsteller des frühen 20. Jh. gilt **Mohammad Ali Djamalzade**. In seiner Novellensammlung „Yeki bud, yeki nabud" („Es war einmal …") beschreibt er realistisch und ironisch die zeitgenössische iranische Gesellschaft in all ihren Schichten und Facetten.

Als Höhepunkt, ja geradezu Verkörperung der persischen Prosa des 20. Jh. gilt (bis heute) **Sadeq Hedayat** (1903–51), der die Formen der Kurzgeschichte und Novelle endgültig in der persischen Literatur etabliert und die Prosa noch weiter als Djamalzade an die einfache und lebendige Sprache des Volkes angenähert hat. Aus einer bedeutenden Beamtenfamilie stammend, verweigerte er sich dem vorgegebenen beruflichen Aufstieg innerhalb der noch halbfeudalen staatlichen Institutionen und zog es vor, vier Jahre (1926–30) in Paris zu verbringen, wo er sich intensiv mit europäischer Literatur befasste. Hedayats Stil ist von Schriftstellern wie *Tschechow*, *Poe* und vor allem *Kafka* geprägt; der Einfluss des Letztgenannten zeigt sich besonders deutlich in Hedayats selbstquälerisch-tragischer, halluzinatorischer Novelle „Die blinde Eule" („Buf-e kur"). Frustriert von der politischen Repression und den düsteren Zukunftsaussichten in seiner persischen Heimat, aber auch resignierend vor den grundlegenderen Problemen, die seiner Ansicht nach sein Dasein und seine ganze menschliche Existenz prägten, nahm sich Sadeq Hedayat 1951 in Paris das Leben.

Gegenwart

Ein Blick auf die persische Literatur der Gegenwart, in der die Prosaschriftsteller auch gesellschaftlich und politisch eine wichtige Rolle spielen, muss naturgemäß vorläufig und selektiv bleiben. Als der bedeutendste iranische Erzähler der Gegenwart gilt **Mahmud Doulatabadi** (*1940), der vor allem durch seine fünfbändige Saga „Kelidar" bekannt geworden ist. In diesem Werk schildert er in epischer Breite die teils tragische Geschichte einer kurdischen Familie in Khorasan (Nordostiran). Es wird wegen seiner sprachlichen Ausdruckskraft, dem gelungenen Spiel mit traditionellen Erzähltechniken und der assoziativen Erzählweise gerühmt. Daneben hat Doulatabadi weitere Romane und Novellen veröffentlicht, z.B. „Die Reise" und „Der leere Platz von Ssolutsch". Sein 2009 erschienenes Werk „Der Colonel" ist die bisher eindringlichste und literarisch bedeutsamste Auseinandersetzung mit der islamischen Revolution, die über die Familie eines Obersten der kaiserlichen Armee hereinbricht und diese in den Untergang reißt. Der Roman ist bis heute nicht in Iran erschienen.

Anders als Doulatabadi, der ein literarischer Autodidakt war und sich bis zu seinem literarischen Durchbruch mit Tätigkeiten verschiedener Art über Wasser hielt, studierte **Houshang Golshiri** (1938–2000) und arbeitete anschließend über zehn Jahre lang als Grundschullehrer in Isfahan. Seine literarische Karriere entwickelte sich in engem Kontakt zu progressiven, teils avantgardistischen Literatenkreisen. Golshiri beschäftigte sich in theoretischen Schriften mit modernen Erzähltechniken und verwendete diese auch, zum Teil experimentell, in seinen Kurzgeschichten, Novellen und Romanen. Ebenso spiegelt Golshiris Werk aber auch seine intime Kenntnis von und Beschäftigung mit persischer Geschichte und Literatur wider. So lässt er etwa in dem Kurzroman „Prinz Ehtejab" die iranische Geschichte kaleidoskopartig vor den Augen eines alten, sterbenden qadjarischen Prinzen Revue passieren. In dessen fiebernden Fantasien werden aus den Helden der Vergangenheit meuchelnde Schurken, und in dem körperlichen und geistigen Verfall des Prinzen spiegelt sich die Fragwürdigkeit der Macht.

Sowohl Doulatabadi als auch Golshiri gehören zu denjenigen 134 persischen Schriftstellern, die 1994 an die iranische Regierung einen vielbeachteten öffentlichen Protestbrief schrieben, in dem sie sich gegen die **Zensur und Schikanierung** iranischer Schriftsteller und Intellektueller wandten.

Moderne Poesie

Für die modernen Formen der persischen Prosa wie Kurzgeschichte, Novelle oder Roman gab es in der klassischen Literatur keine Vorbilder, deshalb konnten sich die modernen Prosaschriftsteller relativ frei ausdrücken und entwickeln, beeinflusst natürlich durch die moderne europäische Prosaliteratur. Die moderne persische Poesie hingegen stand vor einer anderen Situation: Sie musste sich gegenüber mächtigen Vorbildern wie den Ghazelen Hafis' behaupten. Deshalb war die Einführung moderner, metrisch ungebundener Formen in der persischen Poesie ein schwieriger Prozess, der auch noch keineswegs abgeschlossen ist. Auch heutzutage gibt es viele gebildete Iraner, die in der Poesie nur die „klassischen" Formen anerkennen; in diesen wird im Übrigen noch heute in Iran gedichtet.

Noch zu Beginn des 20. Jh. gab es Dichter wie **Parvin E'tesami** (1906–41), die in ihren Werken zwar moderne, sozialkritische Themen ansprachen, dies aber in klassische Formen kleideten und somit eine „Brücke" zwischen klassischer Poesie und Moderne schlugen.

Auch **Nima Yushidj** (1897–1960) wandelte zunächst (durchaus mit Erfolg) auf den Spuren der Klassiker. Später wandte er sich jedoch einem radikalen Modernismus zu, brach mit den alten poetischen Formen und wurde dadurch zum Wegbereiter der modernen, ungebundenen persischen Poesie.

Die „Ikone" der modernen persischen Literatur stellt die jung verstorbene **Forough Farrokhzad** (1935–67) dar. Ihr Leben war skandalumwoben – im Alter von 20 Jahren verließ sie Ehemann und Kind und hatte später mehrere Affären mit teils verheirateten iranischen Kulturschaffenden. Sie wurde zum Sensationsthema der iranischen Kulturszene und Regenbogenpresse. Indem sie die **Frauenfeindlichkeit der iranischen Gesellschaft** anklagte und (als erste iranische Dichterin) intime Gedanken und Gefühle auch sexueller Natur veröffentlichte, brach sie in ihrer Dichtung mit literarischen und gesellschaftlichen Tabus. Die Form ihrer Dichtung ist hochkreativ und visionär, wobei sich an ihrem Werk ein allmählicher Übergang von noch durchaus klassischen hin zu modernen, freien Formen feststellen lässt.

Weitere wichtige persische Dichter der neueren und neuesten Zeit sind **Ahmad Shamlu** (1925–98), **Sohrab Sepehri** (1928–80) und **Mehdi Akhavan-Sales** (1928–2000). Shamlu ist durch Gedichte von großer sprachlicher Ausdruckskraft hervorgetreten, in denen er Elemente der klassischen Sprache mit moderner Folklore und sogar Argot kunstvoll verbindet. Er ist auch der Autor einer umfassenden Enzyklopädie zur Folklore und Alltagskultur des Persischen („Ketab-e Kuche"). Sepehri war nicht nur Dichter, sondern auch Maler. Die Stärke seines dichterischen Werks liegt in der Bildhaftigkeit, mit der er z.B. die Natur beschreibt. Sein Werk ist durchzogen von einer mystischen Weltsicht, die man als pantheistische Naturschwärmerei bezeichnen könnte. Akhavan-Sales gilt als der in formaler Hinsicht vielleicht größte moderne iranische Dichter, der moderne Elemente mit Formen klassischer Dichtung zu verbinden weiß. In seinen früheren Jahren war er politisch engagiert; sein poetisches Werk ist stark durch pessimistische und resignative Untertöne gekennzeichnet.

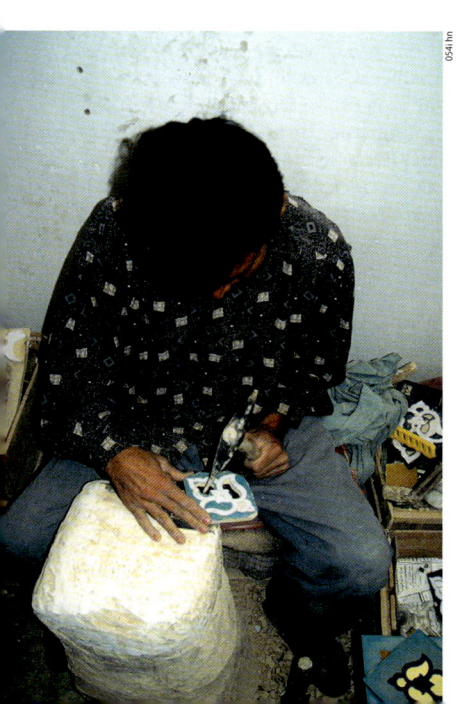

Kunsthandwerk

Die **Herstellung von Gebrauchs- und Ziergegenständen** aus Holz, Stein, Metall oder Stoff und die dabei verwendeten Techniken und Traditionen spielen für die iranische Kunst und Kultur seit jeher eine wichtige Rolle. Dies zeigt bereits eine altpersische Bauinschrift König *Darius' des Großen* aus Susa, in der verschiedene für den Bau des Palastes verwendete Materialien und ihre Her-

◁ Fayencenkünstler

kunftsorte aufgezählt werden (Zedernholz aus Libanon, Gold aus Lydien und Baktrien, Lapis aus Soghdien, Silber und Elfenbein aus Ägypten etc.).

Moderne industrielle Produktionsmethoden haben das traditionelle iranische Kunsthandwerk natürlich nachhaltig verändert und seine wirtschaftliche Bedeutung eingeschränkt. Trotzdem existieren nach wie vor viele der traditionellen Techniken weiter, vor allem im Bazar und in ländlichen Gegenden. Manche sind eng mit bestimmten Regionen bzw. regionalen Kulturen Irans verbunden.

Teppiche

Eine **Sonderstellung** unter den kunsthandwerklichen Techniken in Iran nimmt die Teppichknüpfkunst ein. Persische Teppiche – der Ausdruck „**Perser**" im deutschen Sprachgebrauch zeugt hiervon – gelten seit dem 19. Jh. auch in Europa nicht nur als bevorzugter Gebrauchsgegenstand, sondern als **Kunstobjekt und Wertanlage.**

Geknüpfte Teppiche hat es in Iran und in angrenzenden Regionen schon vor sehr langer Zeit gegeben, davon zeugt u.a. der berühmte, in einem Grab bei Pazaryk (Südsibirien, Altai) gefundene älteste erhaltene Teppich der Welt (er stammt ca. aus dem 3. Jh. v. Chr.). Die Ursprünge der Teppichknüpfkunst sind vermutlich im nomadischen Bereich zu suchen. In Iran selbst stammen aufgrund der Vergänglichkeit des Materials die ältesten datierbaren Teppiche aus der Safaviden-Zeit (16. Jh.). Bereits hier zeigt sich eine Knüpfkunst, die auf **hohem technischen und künstlerischen Niveau** arbeitet.

Bei der Weiterentwicklung der Knüpfkunst ab dem 16. Jh. spielten königliche safavidische Hofmanufakturen eine wichtige Rolle. Dies zeigt sich unter anderem in der Motivwahl dieser frühen Teppiche, die einen Einfluss seitens **höfischer Miniaturmalerei** erkennen lassen (Medaillons, figürliche Darstellungen wie z.B. Jagdszenen etc.). Im Laufe des 17. Jh. haben sich die für persische Teppiche bis heute typischen **floralen und Arabeskenmuster** zu voller Blüte entwickelt.

Bereits zur Safavidenzeit florierte der **Export** persischer Teppiche nach Osten (vor allem ins indische Moghul-Reich), aber auch nach Europa. Dies hatte zur Folge, dass sich auch in anderen Regionen wie **Indien** eine Teppichknüpfindustrie in **Konkurrenz** zur persischen entwickelte. Als in der zweiten Hälfte des 19. Jh. die europäische Nachfrage nach persischen Teppichen immer weiter anstieg, reagierten die persischen Manufakturen darauf teilweise mit einer Verschlechterung der Qualität der Produkte, z.B. durch die Verwendung chemischer statt mineralischer oder pflanzlicher Farbstoffe. Dies versuchte der iranische Staat durch Gesetze zu verhindern.

Ab den 1920er Jahren verlagerte sich die Teppichherstellung zunehmend von den städtischen und höfischen Zentren in **ländliche Regionen** wie Hamadan, Kaschan oder Arak. Bis heute ist die Teppichherstellung bzw. -knüpfkunst für viele ländliche Gegenden Irans ein bedeutender Wirtschaftsfaktor, der mehrere Hunderttausend Arbeiter beschäftigt (meist junge Frauen). Diese arbeiten heute in der Regel unter staatlich kontrollierten und einigermaßen humanen Arbeitsbedingungen. Mengenmäßig hat

Indien Iran als Teppichexportland inzwischen überholt. Persische Teppiche sind aber nach wie vor von derart hoher Qualität und genießen ein so großes Ansehen, dass der Wert ihrer Exporte etwa nach Deutschland denjenigen der indischen Teppiche bei weitem übertrifft.

Sonstiges Kunsthandwerk

Von den übrigen Arten iranischen Kunsthandwerks soll nur eine Auswahl kurz erwähnt werden, etwa das **Bedrucken von Tüchern** *(qalamkari),* die **Metallverarbeitung** (v.a. Zinn) oder die nach wie vor für den Moscheenbau gepflegte traditionelle Herstellung und Bemalung von **Fliesen.** Der interessierte Tourist kann über einzelne dieser Techniken mehr erfahren oder den Handwerkern bei der Arbeit zusehen, z.B. beim Bedrucken von Tüchern im Bazar von Isfahan, bei der Zinnverarbeitung (Teller, Schalen etc.) im Innenhof der Karawanserai des Bazars von Kerman oder bei der Fliesenherstellung anhand eines „Tortenstücks" für die Moscheekuppel in der Imam-Moschee von Isfahan.

Als **Souvenirs** eignen sich besonders gut die schönen **Holzeinlegearbeiten** *(khatamkari),* für die die Bazare von Isfahan und Shiraz bekannt sind, oder die teilweise auf alt gemachten, aber durchaus schönen **Keramikgefäße,** die man in Zentraliran (z.B. Kashan oder Yazd) kaufen kann. Viele dieser Souvenirs (nur nachgemachte, keine alten) sind auch in **staatlichen Kunsthandwerkläden** zu moderaten Preisen erhältlich.

Malerei

Die wohl bedeutendste persische Malerei, die auch vielen Europäern ein Begriff ist, ist die **Miniaturmalerei.** Obwohl es schon in vorislamischer Zeit eine bedeutende Tradition iranischer Malerei gegeben hatte, gingen wesentliche Impulse für die Entwicklung der persischen Miniaturmalerei von den **Mongolen** und ihren Nachfolgedynastien aus. Nicht nur erwiesen sich die aus Zentralasien stammenden Herrscher trotz der Verwüstungen, die sie in Iran anrichteten, als große Förderer der Künste und besonders der Miniaturmalerei, seit dem 13. Jh. zeigen sich auch deutliche **ostasiatische künstlerische Einflüsse,** die zu einem integralen Bestandteil der persischen Miniaturmalerei werden (siehe z.B. die Physiognomie der Gestalten; wilde, ausgewaschene Farbtöne; ein knorriger, verkrüppelter Baum als Reliquie).

Vom 15. bis zum 17. Jh. erlebte die persische Miniaturmalerei ihre Blütezeit, zunächst in verschiedenen Zentren wie Shiraz und Herat, ab dem 16. Jh. vorwiegend in der jeweiligen Hauptstadt der safavidischen Dynastie (zunächst Tabriz, dann Qazvin, dann Isfahan), später auch im indischen Moghul-Reich. Die persische Miniaturmalerei ist von Beginn an eng verbunden mit der Kunst der **Buchillustration,** vor allem des persischen Nationalepos „Shahnameh" von *Ferdowsi,* von dem aus dem 14. bis 17. Jh. viele Handschriften mit künstlerisch wertvollen Illustrationen existieren.

Teilweise aus dieser „dienenden" Funktion der persischen Miniaturmalerei ergeben sich gewisse künstlerische Charakteristiken wie z.B. die flächige, zweidimensionale Darstellung von Personen und Szenen. Eine dreidimensionale, perspektivische Darstellung hätte die Aufmerksamkeit des Lesers zu sehr vom Text abgelenkt. Die Flächigkeit der Darstellung (auch ohne Schattenwurf!) kam außerdem den grundsätzlichen islamischen Bedenken gegenüber der bildlichen Darstellung von Personen entgegen, die in „unlebendiger" und nicht-naturalistischer Form eher akzeptabel war (das Gleiche gilt übrigens auch für die christlich-orthodoxe Ikonenmalerei).

Ab Mitte des 17. Jh. spricht man generell von einem „Abstieg" der persischen Miniaturmalerei. Einerseits werden noch gewisse herausragende safavidische Maler wie *Reza* (auch *Reza Abbasi* genannt, 1565–1635) nachgeahmt, andererseits wird der **Einfluss der europäischen Malerei** immer deutlicher sichtbar. Dies zeigt sich z.B. in der zunehmenden Beliebtheit der **Porträtmalerei** ab dem 17. Jh. Seit dieser Zeit wird auch in Iran zum ersten Mal in Öl gemalt.

Im Lauf des 18. und 19. Jh. verstärken sich diese Tendenzen und es halten auch die **dreidimensionale Perspektive,** die **historische Freskenmalerei** und Motive wie z.B. **Stillleben** Einzug in die persische Malerei. Obwohl die europäisch beeinflusste **qadjarische Malerei** von vielen traditionellen Kunsthistorikern als „degeneriert" oder „unpersisch" bezeichnet wird und sie natürlich auch nicht in vollem Umfang als europäische Malerei gewürdigt werden kann, lässt sie sich doch vor dem gesellschaftlich-historischen Hintergrund, vor dem sie entstanden ist, sozusagen als historisch bedingte „Antwort" iranischer Künstler auf eine veränderte gesellschaftliche Situation und Nachfrage verstehen und schätzen.

Ein iranisches Malereigenre ganz eigener Art entstand um die Mitte des 19. Jh. mit der sogenannten **„Kaffeehausmalerei",** d.h. mit szenischen Darstellungen in Öl aus iranischer Geschichte und Mythologie, die vor allem dem Nationalepos „Shahnameh" entnommen sind und die seither an Wänden in iranischen Kaffeehäusern aufgehängt werden. Diese teilweise kitschig und holzschnittartig wirkende Malereirichtung wird der Volkskultur zugerechnet und wurde von traditionellen Kunsthistorikern bisher oft ignoriert. Als Ausdruck volkstümlichen Kunstempfindens ist sie jedoch bemerkenswert und wirft interessante Fragen auf (z.B., ob sie die Illustration für traditionelle Rezitationen aus dem „Shahnameh" lieferte). Inzwischen findet sie unter Historikern zunehmend Beachtung und wird auch an der Teheraner Kunstakademie unterrichtet.

Architektur

In der Geschichte der iranischen Architektur lassen sich, wie in vielen anderen Bereichen, regionale Vielfalt und eine je nach Epoche sich unterschiedlich ausprägende Vermischung von eigenen iranischen, teilweise geografisch oder klimatisch bedingten Elementen mit fremden Einflüssen feststellen.

Vorislamische Monumentalbauten

Besonders auffällig ist die Vermischung verschiedener Baumaterialien und Bautechniken in der **achämenidischen** imperialen Monumentalarchitektur, etwa den **Palästen von Persepolis,** die der Idee des achämenidischen Vielvölkerstaats sozusagen architektonischen Ausdruck verleihen. In der **parthischen Periode** erhält die iranische Architektur mit dem **Iwan** (d.h. einem von einem Tonnengewölbe überspannten Halbraum), durch den sich ein Palast nach außen oder zu einen Innenhof hin öffnen kann, ein spezifisch iranisches Element, das möglicherweise nomadischen Zeltformen nachempfunden ist.

In **sasanidischer Zeit** zeigt sich die iranische Monumentalarchitektur in Palästen wie denjenigen von **Firuzabad** oder **Sarvestan** dann weiterentwickelt und vervollkommnet. Neben dem rechteckigen, durch bis zu vier symmetrische Iwane gegliederten **Innenhof** ist ein weiteres wichtiges Element der meist vom Eingang her zu durchschreitende **Kreuzkuppelbau.**

Islamische Sakralarchitektur

Dieselben Elemente sollten später in islamischer Zeit auch zu Kennzeichen der islamisch-iranischen Sakralarchitektur werden: Die **Freitagsmoschee von Isfahan,** eines der architekturgeschichtlich bedeutsamsten Bauwerke der Welt, wird im Laufe des 12. Jh. vermutlich zum Modell der iranischen **Vier-Iwan-Hof-Moschee,** die sich im gesamten iranischen Sprach- und Kulturraum durchsetzt. Al-

Imam-Khomeini-Moschee am Rande des Bazars in Teheran

le iranischen Moscheen, die diesem Typus nicht entsprechen (z.B. die „arabischen Säulenhallenmoscheen" in Damghan und Na'in), sind älteren Datums. Möglicherweise ist die iranische Form der Moscheen aus einem räumlichen Zusammenwachsen von Moschee und benachbarter **Medrese** (= theologische Schule, mit Vier-Iwan-Hof) entstanden.

Weitere iranische Bauformen

Wer heutzutage das iranische Hochland bereist, bemerkt im Bereich der profanen Alltagsarchitektur ebenfalls einige typisch (wenngleich nicht immer ausschließlich) iranische Entwicklungen, z.B. die im Wüstenklima auch anderer Länder der Region vorkommenden **Windtürme** (*badgir,* der höchste in Yazd mit 33 m), **Kühlhäuser** (*yakhchal*) oder die im ganzen Land verbreiteten, oft aus safavidischer Zeit stammenden **Karawansereien,** von denen sich einige gut für einen Zwischenstopp zur Unterbrechung langer Fahrten eignen. In einigen Gegenden Irans sieht man auch die charakteristischen **Taubentürme** (*bordj-e kabutar,* z.B. in und um Isfahan), in denen Hunderte von Tauben zur Gewinnung von Taubenkot als Dünger gehalten werden.

■ Im Anhang findet sich ein **Glossar** mit Erläuterungen zu vielen architektonischen Begriffen.

Festung in Khorramabad (Provinz Lorestan)

Musik

Die traditionelle oder **„klassische" persische Musik** geht auf Traditionen aus vorislamischer (sasanidischer) Zeit zurück und nahm im Lauf der Jahrhunderte verschiedene Einflüsse seitens byzantinisch-hellenistischer, arabischer, türkischer und anderer Musikrichtungen auf. Sie wird heutzutage auf Instrumenten wie *santur* (eine Art Hackbrett) oder *tar* (eine Art Banjo) gespielt und ist im Vergleich zur klassischen europäischen Musik durch eine ganz **eigenständige Tonalität** gekennzeichnet. Persische Musik wurde an iranischen Königs- und Fürstenhöfen gespielt und weiterentwickelt, daneben wurden (und werden) in einzelnen Regionen stets auch lokale Formen von Volksmusik gepflegt. Von großer Bedeutung für das Verständnis persischer Musik ist die enge Symbiose, die sie mit persischer epischer und lyrischer Dichtung eingeht: Oft wird persische Dichtung von Musik begleitet, dabei wird die Dichtung als „Braut" der Musik bzw. die Musik als „Schmuck" der Dichtung beschrieben.

Das „Herz" der persischen Musik ist der sogenannte *radif,* d.h. eine festgelegte Abfolge von ca. 250 einzelnen *gushes* (Musikstücken), die gesungen oder auf verschiedenen Instrumenten gespielt werden können. Der *radif* ist in zwölf Abschnitte unterteilt, die *dastgah* bzw. *avaz* genannt werden. Jeder von diesen besteht wiederum aus ca. zehn bis 40 *gushes* (Einzelstücken). Jeder *dastgah* bzw. *avaz* steht auch für eine bestimmte Tonart, in der seine Einzelstücke komponiert sind und der jeweils ein bestimmter „Charakter" (traurig, forsch etc.) zugesprochen wird.

Die **Tonarten** der *dastgahs* bzw. *avaz* (bzw. die Tonleitern, auf denen sie basieren) zeigen eine gewisse Ähnlichkeit mit europäischen Moll-Tonarten. Allerdings gibt es bezüglich der **Intervalle** in der persischen Musik nicht nur ganze und halbe, sondern auch **Vierteltöne,** z.B. einen etwa in der Mitte zwischen „A" und „As" liegenden Ton (*a-koron* genannt). Vor allem diese Vierteltöne verleihen der Tonalität der persischen Musik insgesamt ihren spezifischen Charakter im Vergleich zu derjenigen der europäisch-klassischen Musik.

⌃ Turkmenische Frauen

Die Elemente, aus denen die persische Musik besteht, bildeten sich im Wesentlichen in der klassisch-islamischen Zeit des 8. bis 10. Jh. n. Chr. aus und existieren bis heute auch in anderen islamischen (z.B. arabischen) Ländern. Das spezifisch Persische ist die Auswahl der *dastgahs, avaz* und *gushes* und die Festlegung ihrer Reihenfolge im *radif*. Letzterer repräsentiert das gesamte iranisch-nationale **musikalische Repertoire,** das iranische Musiker im Rahmen ihrer Ausbildung erlernen, auf dessen Grundlage sie jedoch **improvisieren** können. Der *radif* (bzw. die drei wichtigsten, „kanonischen" Varianten desselben) wurde erst im Laufe des 18./19. Jh. zu seiner bis heute gültigen Form entwickelt.

Im 20. Jh. wurde die persische Musik – wie viele andere Kulturgüter – zunehmend von in Iran immer beliebter werdenden **westlichen Musikrichtungen** (zunächst Klassik, später Popmusik etc.) zurückgedrängt. Die Revolution von 1979 bewirkte eine teilweise Unterbrechung dieser Entwicklung, da schon bald danach das öffentliche Abspielen von und der Handel mit moderner westlicher Musik **verboten** wurde. Zusätzlich wurde aus religiösen Erwägungen **weiblicher Gesang** in der Öffentlichkeit verboten, was auch die traditionelle persische Musik beeinträchtigte (der Grund für dieses Verbot war die angebliche „Zur-Schau-Stellung" weiblicher Reize, die mit weiblichem Gesang zwangsläufig einhergehe). Nach der Revolution wurden auch **öffentliche Konzerte** – gleich welcher Musikrichtung – für einige Jahre **verboten.**

Bald jedoch war klar, dass die Revolution den Menschen die Musik nicht „wegnehmen" konnte. Die Regierung ihrerseits setzte gewisse Musikformen wie z.B. religiös-martialische Schlacht- und Aufputschlieder im Krieg gegen den Irak bewusst als **Mittel der Propaganda** und Mobilisierung ein. Nach dem Ende des Irak-Krieges wurden die generellen Einschränkungen bzgl. der Musik etwas gelockert; Konzerte iranischer traditioneller Musik, später auch „westlicher" (aber nur klassischer!) Musik wurden wieder erlaubt (auch dürfen Frauen wieder im Radio singen, wenngleich nur im Chor!).

Die Verbote moderner **westlicher Musik** ändern nichts an der Beliebtheit von Pop-, Rock- und sonstigen Musikern wie *Michael Jackson, Madonna, Rihanna, Beyoncé* etc. bei der iranischen Jugend, vor allem in der Mittel- und Oberschicht. Diese werden von geschmuggelten oder unter der Hand kopierten Tonträgern in den eigenen vier Wänden oder sonn- und feiertags aus „Ghettoblastern" auf den Bergen nördlich von Teheran gehört (wo Jugendliche und Sommerfrischler „unter sich" sind).

Insgesamt lässt sich trotzdem sagen, dass die Revolution von 1979 der traditionellen persischen Musik – obwohl sie selbst ihr gegenüber zunächst kritisch eingestellt war – eine Atempause gegenüber dem Vordringen westlicher Musikrichtungen verschafft hat.

Theater und Ta'ziye

Iran ist das einzige islamische Land, das eine eigene Tradition und ein eigenes Genre des **Dramas** hervorgebracht hat. Seit alters her gab es in schiitischen Gegenden jedes Jahr im Trauermonat Muharram **Erinnerungsrituale** (Gesänge) zum gewaltsamen Tod des 3. schiitischen Imams und Märtyrers *Hossein* sowie lokale **Trauerumzüge** (Prozessionen), die demselben Zweck dienten. In safavidischer Zeit erfuhren diese Praktiken eine systematische Förderung seitens des schiitischen Staates und konnten sich freier entwickeln, als dies unter sunnitischer Herrschaft der Fall gewesen war. Nach dem Ende der safavidischen Dynastie, vermutlich im Lauf des 18. Jh., verschmolzen beide Praktiken – Gesang und Prozession – zu **szenischen Darstellungen** der Geschehnisse um den Tod Hosseins mit **Gesang und Kostümen,** die meist auf offenen Plätzen neben der Hauptmoschee eines Dorfes bzw. einer Stadt aufgeführt und als *ta'ziye* bezeichnet wurden.

Diese dramatischen Aufführungen sind von großer Bedeutung für die iranische **Volkskultur.** In ihnen drückte sich im 19. und beginnenden 20. Jh. die der persischen Volkskultur eigene tiefe Religiosität und ihr Bedürfnis nach dramatischer Darstellung und Nacherleben auf leidenschaftliche und teilweise explosive Weise aus. Unter *Reza Shah* (ab 1925) wurden die *ta'ziyes* als Zeichen „rückständiger" Kultur aus den Städten verbannt, blühten jedoch in ländlichen Regionen weiter. Die Revolution von 1979 hat, teilweise zu Zwecken der Mobilisierung im Irak-Krieg, zu einem gewissen Wiederaufleben der *ta'ziyes* auch im städtischen Umfeld geführt und dazu, dass sie in zunehmendem Maße unter professionellen Bedingungen organisiert und aufgeführt werden.

Europäisches (und somit „säkulares") **Theater** existierte in Iran seit Mitte des 19. Jh. Der aserbaidschanische Dramatiker *Mirza Fath'ali Akhondzade* (1812–78) trug durch Übersetzungen sozialkritischer europäischer Dramen ins Persische wesentlich zur Entstehung einer persischen Theaterkultur (im westlichen Sinne) bei. Völlig neu an dieser Kunstrichtung war für Iran nicht nur die Form, sondern vor allem die Tatsache, dass die Theaterstücke anders als die meisten traditionellen iranischen Literaturgenres viel mehr Wert auf die Vermittlung einer (oft sozialkritischen) **Botschaft** legten als auf die Hervorrufung ästhetischer Gefühle. Zur Zeit der Qadjaren war die dramatische Kunst in Iran im Wesentlichen eine Angelegenheit männlicher, reformorientierter **Intellektueller** aus Tabriz und Teheran.

Erst unter Reza Shah betraten auch weibliche Schauspieler die Bühne des persischen Theaters. Einen großen **Aufschwung** nahm das iranische Theater in den 1960er Jahren, als Autoren wie *Gholamhossein Sa'edi* (1935–85) oder *Bahram Beiza'i* (*1938) mit zunehmender Kunstfertigkeit „westliche" Theatertechniken in ihre Werke integrierten, ohne jedoch den persischen Charakter ihrer Stücke aufzugeben.

Die Revolution von 1979 führte nach einer kurzen Phase künstlerischer Freiheit zu verstärkter politischer Kontrolle, sodass wichtige Autoren (z.B. Sa'edi) das Land verließen. Trotzdem ist das Theater in der iranischen Gesellschaft eine wichtige Kunstform geblieben, die nach wie vor, auf hohem künstlerischen Niveau stehend, auch aktuelle Themen wie z.B. die gesellschaftlichen Nachwirkungen des Irak-Krieges behandelt.

Kino

Die Anfänge des persischen Kinos reichen zum Beginn des 20. Jh. zurück. Erst seit den 1960er Jahren gibt es jedoch ein ernstzunehmendes nationales iranisches Kino. In den 1970er Jahren erreichten iranische Regisseure wie *Dariush Mehrju'i* oder *M. Kimiya'i* internationale Anerkennung durch künstlerisch hochwertige Filme zumeist sozialkritischer Inhalte. Kassenschlager waren diese Filme jedoch nicht; die Masse des iranischen Publikums ging lieber in einheimische, **film-farsi** genannte, melodramatische Genrefilme, die zumeist von „Sex and Crime" handelten, und zunehmend auch in US-amerikanische (und auch in indische Bollywood-) Filme.

Die Revolution von 1979 führte zu einem mehrjährigen Rückgang der iranischen Kinoproduktion, vor allem bedingt durch die Ablehnung der angeblich dekadenten und sexistischen Hollywood-Filme, die damals die iranischen Kinosäle beherrschten, seitens der Geistlichkeit sowie durch die Auswanderung vieler fähiger Regisseure vor allem in die USA. Bald erkannte die iranische Regierung jedoch, dass es sinnvoller sei, das Kino (wie auch das Fernsehen) im Sinne der eigenen **Ideologie und Politik** zu fördern, als es zu verbieten. Deshalb entstand seit Mitte der 80er Jahre ein neues iranisches Kino, teilweise mit „vor-revolutionären" Regisseuren wie *Kiarostami*, teilweise mit ganz neuen Gesichtern wie z.B. *Mohsen Makhmalbaf.*

Die Regisseurinnen und Regisseure erhielten zum Teil erstaunliche Freiheiten, Themen wie den Irak-Krieg und seine sozialen Folgen oder die Probleme der Landbevölkerung, der Frauen etc. in der iranischen Gesellschaft zu behandeln. Ab 1989 wurde das System der Vorauszensur (der Drehbücher) sogar teilweise durch ein System der **Zensur** ersetzt, bei dem die Regisseure weitgehend unbehelligt ihre Filme drehen durften und nur Gefahr liefen – wenn diese inhaltlich nicht genehm waren –, sie nicht im Inland in die Kinosäle bringen zu dürfen (und evtl. keine Drehgenehmigung für den nächsten Film zu erhalten).

Zusammen mit der Abwesenheit der einst vorherrschenden Hollywood-Filmkultur führte dies seit dem Ende der 1980er Jahre zu einem erstaunlichen **künstlerischen Aufschwung** des iranischen Kinos. Iranische Filme wurden auf **internationalen Festivals** regelmäßig dekoriert (z.B. *Kiarostamis* „Geschmack der Kirsche" in Cannes 1997 oder *Majidis* „Kinder des Himmels" bei der Oscar-Verleihung 1998). Seit Mitte der 90er Jahre gilt das iranische Kino weltweit als eines der produktivsten und künstlerisch hochwertigsten. Der künstlerische Erfolg zahlt sich allerdings nicht immer auch vor dem eigenen Publikum aus: Einige der international prämierten, aber „politisch bedenklichen" Filme dürfen nicht oder nur mit mehrjähriger Verzögerung in Iran gezeigt werden.

Gerade wegen der Einschränkungen, denen der Verleih iranischer Filme vor dem heimischen Publikum ausgesetzt ist, ist das Erscheinen eines neuen sozialkritischen Films oft ein Politikum. Das künstlersich anspruchsvolle iranische Kino scheint jedoch vorwiegend auf den Geschmack internationaler Cineasten (und der Juroren in Cannes, Venedig etc.) ausgerichtet zu sein. Trotz (oder wegen) ihres künstlerischen Anspruchs kommen diese Filme bei der Masse des iranischen Publikums oft weniger gut an als einheimische Seifenopern. Auch in Europa werden sie zumeist nur in den **Programmkinos** gezeigt.

Kennzeichnend für das nachrevolutionäre iranische Kino ist die Bedeutung der **allegorischen und symbolischen Ausdrucksweise** und die Meisterschaft, mit der die Regisseure sich ihrer bedienen. Oft werden sozialkritische Themen nicht direkt angesprochen, sondern der iranischen Gesellschaft wird anhand der scheinbar unverfänglichen Geschichte eines Kindes oder einer Nomadenfamilie der Spiegel vorgehalten.

Als einer der vielen hervorragenden iranischen Filme der letzten Jahre sei beispielhaft der Film **„salam sinema"** („Hallo Kino!", 1994) des vielleicht bedeutendsten iranischen Regisseurs der 1980er und 1990er Jahre, *Mohsen Makhmalbaf,* genannt. Der Film beschreibt das Casting eines iranischen Filmstudios vor den Toren Teherans. Hunderte von männlichen und weiblichen Jugendlichen stellen sich dem Regisseur (gespielt von Makhmalbaf selbst) vor, um eine Rolle zu erhalten und ihren kleinen, persönlichen Traum von Hollywood zu verwirklichen, der auch in Teheran (wie fast überall auf der Welt) von einem großen Teil der Jugend geträumt wird. Dabei exponieren sich die Möchtegern-Schauspieler vor der Casting-Kommission in Rollenspielen, um zu zeigen, wie begabt sie sind. Die anrührenden Geschichten einiger Jugendlicher, die ihr Innerstes nach außen kehren, werden zum Verzweiflungsschrei einer Generation, die hinaus will: aus Teheran, aus Iran, aus ihrer Gesellschaft, aus sich selbst – in den Film, ins Leben, irgendwohin.

Als ein weiterer hervorragender Film der letzten Jahre sei **Marmulak** („Die Eidechse", Regisseur: *Kamal Tabrizi,* 2004) erwähnt. Er erzählt die Geschichte eines Fassadenkletterers, der als Geistlicher verkleidet aus einem Teheraner Gefängnis entfliehen kann und dann – nolens volens – in die Rolle eines wohltätigen Geistlichen hineinwächst (bzw. von seiner Umgebung gedrängt wird). Der Film ist eine grandiose und vielschichtige Satire, zwar mit religionskritischem Potenzial („Aus jedem Verbrecher kann im Handumdrehen ein Geistlicher werden"), aber durchaus auch mit religionsfreundlichen Botschaften („Der Islam macht aus einem Verbrecher einen guten Menschen"). Der Film wurde im Iran gedreht, kam in die Kinos, wurde allerdings nach wenigen Wochen verboten.

Den jüngsten großen Erfolg errang das iranische Kino mit dem Film „Nader und Simin – Eine Trennung" des Regisseurs *Asghar Farhadi,* der 2011 beim Filmfestival in Berlin den Goldenen Bären errang und Anfang 2012 mit dem Golden Globe und auch dem Oscar für den besten fremdsprachigen Film ausgezeichnet wurde.

Sport

Fußball

Die beliebteste Sportart, sozusagen der iranische **Massen- und Nationalsport** schlechthin, ist Fußball. Hierbei ist Iran auf nationaler wie auf Vereinsebene international erfolgreich und kann z.B. auf mehrere gewonnene Asienmeisterschaften zurückblicken. Die Anerkennung, die etliche iranische Spieler im Ausland gefunden haben, tat ein Übriges, um die Begeisterung der Massen noch zu steigern. Wenn in Teheran die Teams von Esteqlal und Persepolis aufeinander treffen, strömen regelmäßig über 100.000 Zuschauer zusammen.

Die Höhepunkte in der Geschichte des iranischen Fußballs waren die Teilnahme an den **Fußballweltmeisterschaften** 1998 in Frankreich, 2006 in Deutschland und 2014 in Brasilien. In Erinnerung ist den Menschen vor allem das Vorrundenspiel 1998 gegen den „ideologischen Erzfeind" USA, das Iran mit 2:1 Toren gewann.

Der Fußball als Massensportart ist im nachrevolutionären Iran auch zu einem **Politikum** geworden. Als westliches und die Gesellschaft vermeintlich verderbendes Kulturgut war der Fußball den Herrschenden nach der Revolution zunächst suspekt, die nationale Fußball-Liga musste ihre Aktivitäten für mehrere Jahre unterbrechen. Hierbei ist zu bedenken, dass in einem Land ohne Versammlungsfreiheit eine schwer kontrollierbare Ansammlung von mehreren 10.000 Menschen in einem Stadion an sich bereits eine sensible Angelegenheit darstellt. Als die iranischen Machthaber jedoch sahen, dass sie den mit „Volldampf fahrenden" Fußball nicht stoppen konnten, sind sie auf den fahrenden Zug aufgesprungen und haben versucht, die internationalen Erfolge als „nationales iranisches Anliegen der islamischen Revolution" zu vereinnahmen. Trotzdem kommt es im Zusammenhang mit Fußball-Großveranstaltungen in Iran immer wieder zu politisch brisanten Aktionen, beispielsweise tanzten in der Euphorie nach dem oben erwähnten Sieg gegen die USA und der Qualifikation zur WM 2006 zum ersten Mal nach der Revolution wieder unverschleierte Frauen auf Teherans Straßen.

Das für **Frauen** geltende **Verbot, iranische Fußballstadien zu betreten,** wird von einem sehenswerten Kinofilm des Regisseurs *Jafar Panahi* („Offside", 2006) thematisiert. Immer wieder versuchen fußballverrückte iranische Mädchen das Verbot zu umgehen und als Jungs verkleidet zu Spielen ins Teheraner Azadi-Stadion zu gelangen. Die fünf Heldinnen des Films werden hierbei erwischt, es gelingt ihnen jedoch, ihrer Bestrafung zu entgehen und am Ende den Sieg „ihrer" Mannschaft zu feiern.

Insgesamt kann man sagen, dass der Fußball als Massenphänomen im heutigen Iran zu einem wichtigen Faktor des weltlichen, zumindest indirekt gegen die Regierung und ihre islamistische Ideologie gerichteten iranischen Nationalismus geworden ist.

Traditionelle Sportarten

Als aus vorislamischer Zeit stammende, traditionell iranische Sportarten gelten das Reiten, das Bogenschießen und der

Schwimmen in Teheran

Ein Tourist wird in Iran kaum auf die Idee kommen, ein **öffentliches Schwimmbad** zu besuchen. Allein der enge Zeitplan der üblichen Studienreisen lässt hierfür kaum freien Raum. In der Tat sind öffentliche Schwimmbäder in Iran weit weniger verbreitet als in Deutschland. Es gibt sie jedoch in Teheran und in den meisten größeren Städten durchaus, und Schwimmen wird auch in Iran in zunehmendem Maße als Volks- und Leistungssport gefördert (wenngleich noch auf weit niedrigerem Niveau als in Deutschland).

Öffentliche Schwimmbäder sind in Iran sozusagen eine **touristenfreie Zone.** Das ist schade, denn das öffentliche Schwimmbad bietet wie in vielen anderen Ländern auch eine gute Gelegenheit, mit der Bevölkerung bzw. einem Teil davon (s.u.) in deren Alltag bzw. in deren alltäglicher Freizeitbetätigung in entspannten Kontakt zu treten. Wer (wie der Autor) immer und überall, wo er reist, schon aus gesundheitlichen Gründen gerne ins Wasser springt und seine Bahnen zieht, kann beide Aspekte – den Alltag kennen lernen und etwas für die Fitness tun – auch in Iran miteinander verbinden.

In Teheran gibt es eine ganze Reihe gut ausgestatteter und sauberer Schwimmbäder **in teuren Hotels und privaten Klubs,** die man auch als Nicht-Mitglied und Nicht-Gast gegen eine Tagesgebühr besuchen kann. Diese ist mit 15–20 Euro allerdings hoch, vor allem in Relation zu den einheimischen Löhnen, deshalb befindet man sich an diesen Orten natürlich weder unter „normalen" Iranern, noch lernt man deren Alltag kennen.

Als eines der besten öffentlichen Hallenbäder Teherans sei hier dasjenige im **Shiroudi Sports Complex** (Majmu'e-ye varzeshi-ye Shiroudi) empfohlen. Der Eingang zur Sportanlage befindet sich an der Mofatteh-Straße, ca. 1 km unterhalb des Platzes Haft-e Tir, oder ca. 200 Meter oberhalb der Metrostation Taleghani, von unten kommend auf der rechten Seite. Fährt man mit dem Taxi, so wissen alle Taxifahrer, wo der „Bashgah-e Shiroudi" (Shiroudi-Sportverein), wie die Anlage kurz genannt wird, liegt.

Man betritt die Anlage durch einen Eingangspavillon, geht geradeaus am Fußballfeld rechter Hand vorbei, biegt nach rechts ab und trifft nach ca. 100 Metern auf das Gebäude des Hallenbads mit dem Pool *(estaxr)*. Die Eintrittskarte kauft man an einem Kiosk rechts um das Bad herum, über eine Treppe (Preise 2014: **Schwimmbad** ca. 1,50 Euro, Schwimmbad und **Sauna** ca. 2,50 Euro). Mit der Eintrittskarte geht man entweder zum Schwimmbad-Eingang (neben dem Kiosk) oder ein paar Schritte nach links zum Sauna-Eingang. In beiden Fällen erhält man einen nummerierten Schlüssel für einen der Spinde.

Am Eingang muss man die Schuhe ausziehen und kann sich aus einer großen Plastiktonne ein Paar **Badeschlappen** auswählen (oder selbst mitbringen, im Basar gibt es günstige Badeschlappen *[dam-payi]* schon ab ca. 1 Euro). Wer seine eigenen Badeschlappen mitbringt und vermeiden will, dass sie in Gemeinschaftseigentum übergehen, lege sie, wenn er sie vor einem Sauna-Gang auszieht, getrennt von den übrigen Schlappen und zusammengelegt auf die Seite.

Die **Schwimmzeiten** sind etwas „krumm" (Mitte 2014: morgens 6–8 Uhr, mittags 13:45–15 Uhr, abends 22–23:45 Uhr, am Samstag zusätzlich nachmittags 16–17:15 Uhr; am Freitag gelten zum Teil andere Zeiten; da sich die Zeiten gelegentlich ändern, am besten vorher anrufen: Tel. 88835350). Das Schwimmbad verfügt über ein **50-Meter-Becken,** manchmal sind die Seile quer gespannt, sodass man der Breite nach schwimmen muss. Die Wassertemperatur ist mit ca. 30 Grad für deutsche Verhältnisse recht hoch; der Grund ist angeblich, dass Iraner bei niedrigeren Temperaturen nicht ins Wasser zu locken sind.

Die ganze Anlage macht im Vergleich zu deutschen Schwimmbädern vielleicht einen etwas heruntergekommenen Eindruck, ist für iranische Verhältnisse aber gut in Schuss und **hygienisch nicht zu beanstanden** (von mir bei mehreren Dutzend Besuchen während der letzten Jahre immer wieder festgestellt).

Die **Sauna-Anlage** besteht aus einer Holzsauna, einem Dampfbad und einem großen Whirlpool. Hinzu kommt eine **Cafeteria,** in der man nach dem Sport etwas trinken und eine Kleinigkeit essen kann (zu empfehlen: *sup-e adas* = Linsensuppe, dazu ein alkoholfreies Bier).

Aus der Cafeteria gelangt man durch eine Türe direkt zum Schwimmbecken.

Wer sich auf den iranischen Alltag in Schwimmbad und Sauna einlässt, kann **wertvolle Einblicke** gewinnen. So erinnere ich mich gerne an einen Sauna-Gang, bei dem die für ca. 20 Personen konzipierte Sauna mit 40 Personen völlig überfüllt war und die Sauna-Gäste gemeinsam bekannte persische Volkslieder *(ahangha-ye kuche-baghi)* anstimmten. Den Ton gab ein Vorsinger an, alle versammelten Gäste sangen mit, die Stimmung war unbeschreiblich.

Das beschriebene Schwimmbad mit Sauna ist gemäß iranischen Gesetzen nur für männliche Gäste zugänglich. Es gibt jedoch, wenn man vom Haupteingang der Sportanlage rechts nach oben geht, in der nächsten Seitenstraße rechter Hand (Varkesh-Str.) nach ca. 200 Metern rechts ein **Schwimmbad für Frauen.** Aus dessen Innenleben kann ich natürlich nicht berichten. Des Weiteren befindet sich auf der Sportanlage ein öffentliches **Freibad,** das von Mai bis September geöffnet ist (für männliche Besucher).

Weitere öffentliche Schwimmbäder finden sich in Teheran im Azadi Sports Complex (Majmu'e-ye varzeshi-ye Azadi, westlich vom Azadi-Platz), darin ein neu renoviertes Olympia-Schwimmbad, das vom Stadtzentrum jedoch deutlich weiter entfernt als das Shiroudi-Bad; oder im Norden Teherans im Chamran Sports Complex (Majmu'e-ye varzeshi-ye Chamran) oberhalb der Metrostation (Linie 1) Pol-e Sadr.

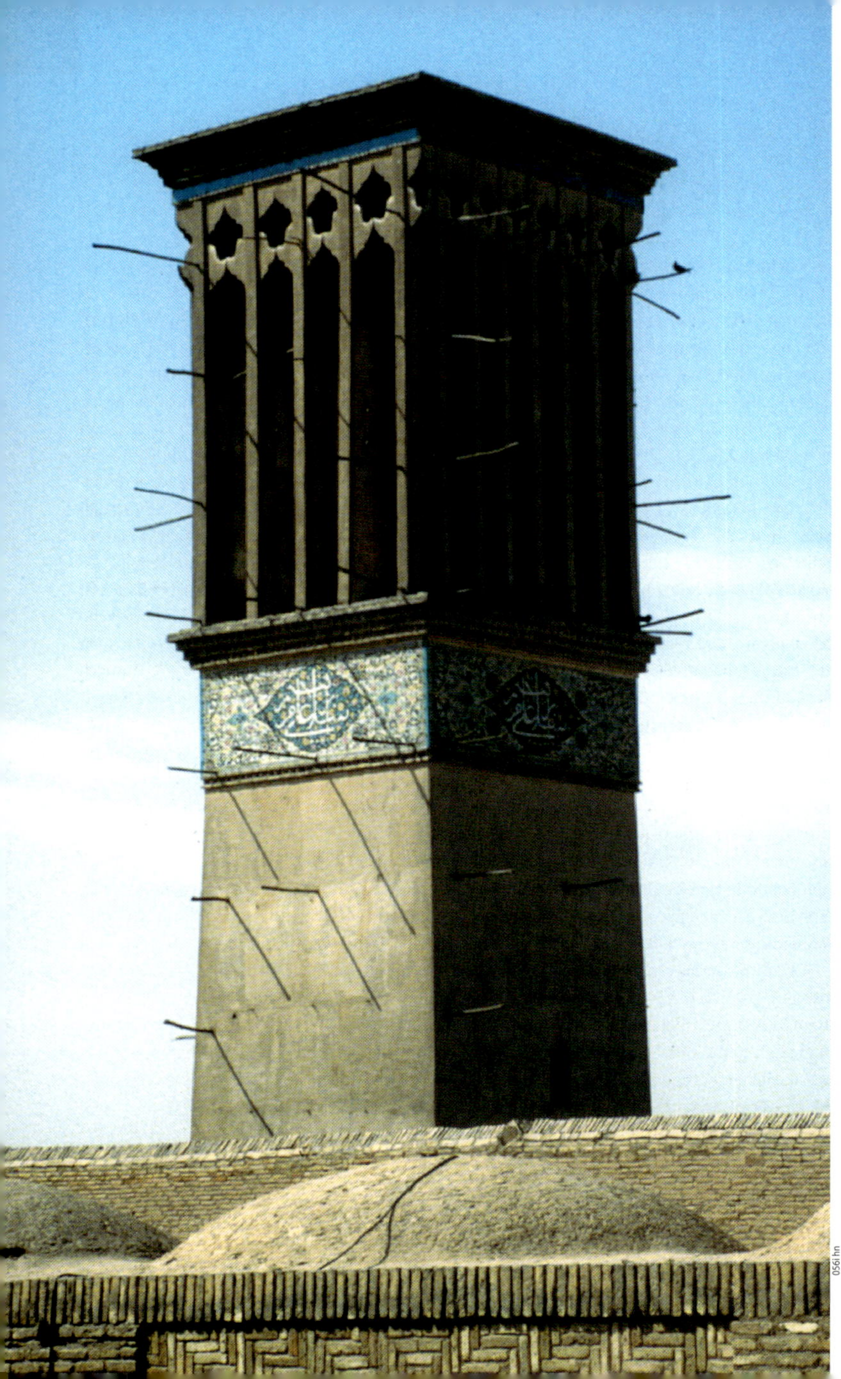

056i hn

Sport

Ringkampf. Vermutlich in safavidischer Zeit begann sich der traditionelle iranische Ringkampf in einer Art „Zunft" zu organisieren und wurde in eigens dafür erbauten Häusern, den **zurkhanes** (= „Krafthäuser"), veranstaltet. Diese *zurkhanes*, die auch heute noch in allen größeren Städten zu finden sind, beherbergen eine von Zuschauerrängen eingerahmte, tiefer gesetzte Trainings- und Kampffläche.

Der Ringkampf wurde traditionell von **gymnastischen Übungen** vorbereitet, die u.a. aus dem rhythmischen Hochwerfen und Wiederauffangen von schweren, massiven **Holzknüppeln** bestanden. Dabei waren nicht nur die Bewegungsabläufe **choreografisch** festgelegt, der Ablauf wurde auch von einem **Sprecher** begleitet, der mit markerschütternder Stimme an die Tapferkeit des 1. schiitischen Imams *Ali* erinnerte, Passagen aus dem persischen Königsbuch („Shahnameh") rezitierte oder die Zuschauer zu religiösen Ausrufen animierte. In diesem Sinne ist die Kultur der *zurkhanes* eng mit der **iranisch-schiitischen Volksreligiosität** verbunden.

Mit dem Aufkommen westlicher Sportarten in Iran im Laufe des 20. Jh. wurden auch die westlichen bzw. „weltlichen" Formen des Ringkampfs immer beliebter. Dies führte dazu, dass sich der Ringkampf aus seiner engen Verbindung mit den *zurkhanes* löste. Übrig blieben etwa ab Mitte des 20. Jh. die von einem Sprecher moderierten gymnastisch-choreografischen Übungen. Diese **Kraftsportübungen**, z.B. das Schwingen von schweren hölzernen Keulen oder eisernen Bögen, werden von in Nachbarschaftsvereinen organisierten Männern ausgeübt. Meist werden die Übungen von einem Trommler begleitet. Dieser Sport ist in zunehmendem Maße zu einer Erscheinung der städtischen Subkultur und, in neuerer Zeit, zu einer Veranstaltung für Touristen geworden.

Nach der Revolution von 1979 wurde versucht, die *zurkhanes* als traditionelles iranisches Kulturgut zu „islamisieren" und zu fördern. Langfristig hat der Sport der *zurkhanes* jedoch einen schweren Stand gegenüber westlichen Sportarten wie Ringkampf und Bodybuilding oder ostasiatischen Kampfsportarten. Die „westlichen" Arten des Ringens (Freistil, griechisch-römisch) sind im heutigen Iran Massensportarten und bei weitem verbreiteter und beliebter als der Zurkhane-Sport, haben doch iranische Sportler in diesen Disziplinen, ebenso im Gewichtheben, auch international (bei Weltmeisterschaften und Olympiaden) immer wieder Medaillen errungen.

Wenn man Glück hat, kann man manchmal in den Dörfern der Turkmenensteppe anlässlich von Hochzeiten **Ringkämpfe unter freiem Himmel** sehen. Ein schöner Ersatz ist eine Reportage vom Ringen im Rundfunk, besonders bei internationalen Wettkämpfen, wenn sich die Stimme des Reporters regelmäßig überschlägt.

◁ Der badgir, „Windturm", ist ein Beispiel für traditionelle Wüstenarchitektur

Autoren | 671
Fotonachweis | 671
Glossar | 639
Literaturtipps | 642
Register | 659
Reise-Gesundheitsinformationen | 638
Sprachhilfe | 646

12 Anhang

◁ Trockenfrüchte und Kerne in allen Variationen

Reise-Gesundheitsinformationen

Stand: August 2014
© Centrum für Reisemedizin 2014

Die nachstehenden Angaben dienen der Orientierung, was für eine geplante Reise nach Iran an Gesundheitsvorsorgemaßnahmen zu berücksichtigen ist. Die Informationen wurden uns freundlicherweise vom Centrum für Reisemedizin zur Verfügung gestellt. Auf deren Homepage **www.crm.de** werden diese Informationen stetig aktualisiert. Es lohnt sich, kurz vor Reiseantritt dort noch einmal nachzuschauen.

Einreise-Impfvorschriften

Bei Direktflug aus Europa sind keine Impfungen vorgeschrieben.

Empfohlener Impfschutz

Generell zu empfehlen sind **Standardimpfungen nach dem deutschen Impfkalender,** speziell Tetanus und Diphtherie, außerdem Grippe (saisonal) und Hepatitis A.

Bei Reisen durch das Landesinnere unter einfachen Bedingungen (Rucksack-, Trekking-, Individualreise) mit einfachen Quartieren/Hotels, bei Camping-Reisen, Langzeitaufenthalten, einer praktischen Tätigkeit im Gesundheits- oder Sozialwesen, bei engem Kontakt zur einheimischen Bevölkerung ist außerdem ein Impfschutz zu erwägen gegen Herpes zoster* (Menschen über 50 Jahren), Meningokokken-Meningitis* inkl. Meningokokken Serotyp B* (jeweils Menschen unter 25 Jahren), Polio, Typhus, Hepatitis B (bei Langzeitaufenthalten und engerem Kontakt mit der einheimischen Bevölkerung) und Tollwut (bei vorhersehbarem Umgang mit Tieren). Mit * gekennzeichnete Impfungen sind auch zu erwägen bei einem Aufenthalt in Städten oder touristischen Zentren mit (organisierten) Ausflügen ins Landesinnere (Pauschalreise, Unterkunft und Verpflegung in Hotels bzw. Restaurants mittleren bis gehobenen Standards).

Wichtiger Hinweis: Welche Impfungen letztendlich vorzunehmen sind, ist abhängig vom aktuellen Infektionsrisiko vor Ort, von der Art und Dauer der geplanten Reise, vom Gesundheitszustand, sowie dem eventuell noch vorhandenen Impfschutz des Reisenden.

Da im Einzelfall unterschiedlichste Aspekte zu berücksichtigen sind, empfiehlt es sich immer, rechtzeitig (4 bis 6 Wochen) vor der Reise eine persönliche Reisegesundheits-Beratung bei einem reisemedizinisch erfahrenen Arzt oder Apotheker in Anspruch zu nehmen.

Malaria

Malaria-Risiko: März bis November

■ **Mittleres Risiko** mit P. falciparum im Südosten im unmittelbaren Grenzgebiet zu Pakistan.

■ **Geringes Risiko** in anderen Gebieten des Südostens (südliche Teile der Provinzen Hormozan, Kerman, Sistan Baluchestan); nur noch Einzelfälle im Norden (Grenzgebiete zu Armenien und Aserbaid-

schan) ausschließlich durch P. vivax während der Sommermonate.
● Die übrigen Landesteile und Städte gelten als **malariafrei.**

Vorbeugung

Ein konsequenter **Mückenschutz** in den Abend- und Nachtstunden verringert das Malariarisiko erheblich (Expositionsprophylaxe). Ergänzend ist die Einnahme von **Anti-Malaria-Medikamenten** (Chemoprophylaxe) dringend zu empfehlen. Zu Art und Dauer der Chemoprophylaxe fragen Sie Ihren Arzt oder Apotheker, bzw. informieren Sie sich in einer qualifizierten reisemedizinischen Beratungsstelle. Malariamittel sind verschreibungspflichtig.

Sonstiges

● **HIV-Test:** Für Arbeits- und Langzeitaufenthalte wird ein HIV-Test in englischer Sprache verlangt.

Glossar

● **Abgusht:** traditionelles iranisches Eintopfgericht mit Kartoffel und Fleisch, das kleingestampft wird
● **Ahriman:** der „böse Geist" des Zoroastrismus und Widersacher Ohrmazds
● **Anahita** (altpersisch „die Unbefleckte"): wichtige zoroastrische Göttin der Fruchtbarkeit, des Wassers und des Sieges
● **Andaruni:** Innenbereich eines traditionellen persischen Wohnhauses, zu dem nur Frauen Zutritt haben
● **Apadana:** Audienzhalle in achämenidischer Palastarchitektur
● **Arg:** Festung
● **Ashura:** 10. Tag des islamischen Monats Muharram, Todestag Imam Hosseins
● **Avesta:** Bezeichnung für die nur lückenhaft erhaltenen heiligen Schriften des Zoroastrismus, ca. von 1000–500 v. Chr. stammend
● **Ayatollah:** „Zeichen Gottes", Bezeichnung eines hohen schiitisch-islamischen Rangs

● **Badgir:** Windturm, traditionelle Wüstenarchitektur Irans (und angrenzender Regionen)
● **Bazgasht** (pers. „Rückkehr"): literarische Bewegung im 19. Jh. zur Rückkehr zum klassischen, „einfachen" Stil
● **Bilderverbot:** aus der islamischen Prophetenüberlieferung begründetes Verbot der Anbetung und insofern auch der Herstellung bildlicher Darstellungen von Lebewesen. Bewirkt in der Regel die Vermeidung bildlicher Darstellungen in der Moscheenornamentik, nicht aber in anderen Bereichen der Kunst (z.B. Miniaturmalerei)
● **Biruni:** Bereich eines traditionellen persischen Wohnhauses, zu dem Gäste Zutritt haben
● **Bordj-e Kabutar:** Taubenturm
● **Bozorgrah:** Autobahn, Stadtautobahn

● **Cella:** fensterloser Hauptraum in achämenidischen und sasanidischen Tempeln und Palästen
● **Chador:** Schleier zur Bedeckung des weiblichen Kopfhaars und Körpers
● **Chahar Suq:** Wegekreuzung innerhalb eines Bazars
● **Chahar Taq:** quadratischer Kuppelbau, von vier Bögen getragen, in dem die Zoroastrier heilige Feuer anbeteten

● **Dar ol-Fonun:** Name der (technischen) Hochschule – der ersten Bildungseinrichtung nach „westlichem" Muster – die 1851 in Teheran eröffnet wurde
● **Div:** Dämon
● **Diwan:** Gedichtsammlung

- **Fal:** Orakel mit Hilfe des „Diwans" von Hafis, von dem ein Gedichtvers „blind" aufgeschlagen wird
- **Farsi:** eigene iranische Bezeichnung der „persischen Sprache"
- **Fatwa:** religiöses Rechtsgutachten

- **Gathas:** diejenigen archaischen Teile des „Avesta", die dem Propheten Zarathustra selbst zugeschrieben werden
- **Ghasel:** Liebesgedicht
- **Golestan** (persisch „Rosengarten"): berühmtes Werk des Dichters Sa'di
- **Gonbad:** Kuppel

- **Hammam:** (öffentliches) Bad, oft Teil im Bazar gelegen
- **Hazrat** (persisch „Majestät, Hoheit"): Titel von Propheten, Imamen und anderen hochgestellten Persönlichkeiten
- **Heiliger Krieg:** der Kampf gegen Nichtmuslime, der auf verschiedenartige Weisen (nicht unbedingt mit Waffen) geführt werden kann, gilt im Islam als verdienstvolles Werk. Als „Heiliger Krieg" (arab. *jihad*) ist er Teil auch vieler moderner islamistischer Ideologien geworden
- **Hidjra** (persisch *Hedjrat* oder *Hedjre* ausgesprochen): Auszug Mohammads von Mekka nach Medina im Jahre 622 n. Chr.; Beginn der islamischen Zeitrechnung
- **Hojjatoleslam:** unterster Rang eines schiitischen Geistlichen
- **Hosseiniye:** meist kleinere Moschee, bei der Trauerfeierlichkeiten zum Gedenken an den schiitischen Imam Hossein stattfinden

- **Imam** (persisch „Emam" ausgesprochen): kann generell „Vorbeter" einer islamischen Gemeinde bedeuten, aber im schiitischen Islam auch speziell das „geistliche Oberhaupt" aller Schiiten
- **Intercolumnium:** Zwischenraum zwischen zwei Säulen
- **Investitur:** Einsetzung eines Herrschers ins Amt, oft durch einen religiösen Würdenträger

- **Islam** (arabisch „Hingabe", Aussprache *eslam*) Offenbarungsreligion, die von Mohammad (570–632) auf der arabischen Halbinsel gestiftet wurde
- **Iwan:** von einem Tonnengewölbe überspannter Halbraum

- **Kaffeehausmalerei:** Persische Malereigattung im 19. Jh.
- **Kalif** (arab. „Nachfolger, Stellvertreter"): zunächst Bezeichnung für die nach sunnitischer Auffassung rechtmäßigen Nachfolger Mohammads und Herrscher über alle Muslime. Nach Beseitigung des Kalifats von Baghdad durch die Mongolen zunehmend als allgemeiner Herrschertitel verwendet
- **Kenotaph** (griech. „leeres Grab"): Monument zum Gedenken an einen Verstorbenen, der bereits woanders begraben wurde
- **Khiaban:** Straße
- **Khotbe:** Freitagspredigt
- **Khwarena** (Avestisch): göttliches Charisma, mit dem die achämenidischen und sasanidischen Herrscher ausgestattet waren
- **Konkur** (frz. concours): Aufnahmeprüfungen an den iranischen Universitäten
- **Kosakenbrigade:** seit dem späten 19. Jh. mit russischer Unterstützung aufgebaute iranische militärische Einheit, die bis ca. 1920 ein entscheidender innenpolitischer Machtfaktor sein sollte
- **Kufi:** frühe kursive, eckige Form der arabischen Schrift, häufig in der Kalligrafie
- **Kyros-Zylinder:** Tonzylinder, auf den Kyros der Große nach der Eroberung Babylons (539 v. Chr.) seine Version der Eroberung niederschrieb

- **Madjles:** iranisches Parlament
- **Magier:** zoroastrische Priester aus dem Volk der Meder (zur Zeit der Achämeniden)
- **Mahriye:** Brautgeld
- **Maqsura:** dem Herrscher vorbehaltene, in der Nähe des Minbar befindliche eingezäunte Loge (z.B. in der Freitagsmoschee von Yazd) in manchen Moscheen
- **Masdjed:** Moschee

- **Masnavi:** aus Doppelversen bestehende epische Dichtung
- **Medrese:** islamische Schule/Hochschule
- **Mehrab:** Gebetsnische in der nach Mekka zeigenden Moscheewand
- **Minarett:** Turm neben einer Moschee, von dem zum Gebet gerufen wird
- **Minbar:** Kanzel in der Moschee, von der die Freitagspredigt *(khotbe)* gehalten wird
- **Miniaturmalerei:** wichtige iranische Kunstform, deren Blütezeit im 15. und 16. Jh. liegt und die ostasiatische Einflüsse zeigt
- **Modjtahed:** Sammelbezeichnung für alle islamischen (meist schiitischen) Geistlichen, die berechtigt sind, die heilige Schrift der Muslime, den Koran, zu interpretieren
- **Moharram:** Trauermonat
- **Moqarnas:** aus Trompe und ähnlichen Gewölbeformen entwickeltes, aus einzelnen Nischen zusammengesetztes Dekormotiv
- **Mosaferkhane:** (wörtlich „Gast-Haus"): einfaches Hotel
- **Mostaz'afan:** programmatischer politischer Begriff seit 1979, der die Angehörigen der „entrechteten" gesellschaftlichen Schichten bezeichnet, die durch die Revolution endlich umfassende gesellschaftliche Rechte erhalten sollten
- **Mystik:** im islamischen Kontext oft in Form von sufischen Orden organisierter „alternativer" Weg zu Gott

- **Naql:** Holzgerüst, das vor allem in Zentraliran bei schiitischen Trauerprozessionen geschmückt mitgetragen wird
- **Naskhi:** kursive Form der arabischen Schrift, die ca. ab dem 11. Jh. das Kufi verdrängte
- **Nouruz:** iranisches Neujahrsfest (am 21. oder 22. März)

- **Ohrmazd:** „Guter Gott" des Zoroastrismus (= avestisch Ahura Mazda, „Herr Weisheit")

- **Pol:** Brücke

- **Protome:** Steinerne Oberkörper von Tieren, die in achämenidischer Kunst und Architektur verwendet werden, z.B. in Persepolis: doppelte Stierprotome (Rücken an Rücken stehend), die als Kapitele, d.h. tragende Kopfteile von Säulen, fungieren

- **Qalamkari:** Bedrucken von Tüchern (traditionelles Kunsthandwerk)
- **Qanat:** unterirdisches traditionelles iranisches Bewässerungssystem
- **Qaside:** Lobgedicht auf einen Herrscher
- **Qibla:** stets nach Mekka gewandte Richtung, in die die Gläubigen beten sollen

- **Ramadan** (Ramazan): Fastenmonat
- **Rusari:** Kopftuch („westlichen" Stils)

- **Santur:** hackbrettartiges Musikinstrument
- **Säulen des islamischen Glaubens:** die wichtigsten fünf Gebote: Glaubensbekenntnis, tägliches Gebet, Fasten, Armutssteuer, Wallfahrt nach Mekka
- **Schah:** König
- **Scharia:** islamisch-religiöses Gesetz
- **Schlichtungsrat** (auch „Feststellungsrat" genannt): demokratisch nicht legitimiertes politisches Gremium, das zwischen Parlament und Wächterrat vermittelt
- **Seyyed:** Ehrenbezeichnung für männliche Muslime, die ihre Abstammung auf die Familie des Propheten Mohammad zurückführen (wird oft zum Teil eines Eigennamens)
- **Shabestan:** Gebetssaal neben dem Hof einer Moschee, der zum Gebet im Winter benutzt wird, in seltenen Fällen auch unterirdisch angelegt
- **Shahid:** Märtyrer, wurde seit 1979 zunehmend inflationär für jeden verwendet, der in irgendeinem religiösen oder politischen Sinne „für das Regime" stirbt, z.B. Soldaten im Krieg, Politiker bei Attentaten etc.
- **Shahname** („Königs-Buch"): von Ferdowsi im 10./11. Jh. verfasstes iranisches Nationalepos
- **Shekaste:** persisch-arabischer, sehr künstlerischer kursiver Schreibstil

- **Shi'a** (arab. „Partei"): die in Iran die Staatsreligion bildende Konfession des Islam, die sich auf Ali als ersten rechtmäßigen Nachfolger des Propheten Mohammad und auf Alis Sohn Hossein bezieht
- **Sighe:** schiitisch-iranische „Ehe auf Zeit"

- **Ta'arof:** System der iranischen Höflichkeitsfloskeln und -bezeugungen
- **Tabakprotest:** erster deutlicher Ausdruck nationalen Widerstands der Bevölkerung gegen die Politik des Ausverkaufs nationaler Interessen durch den Qadjarenherrscher (1891)
- **Tachara:** Winterpalast Darius' II. in Persepolis
- **Tadj:** Krone
- **Talar:** Empfangs- oder Thronsaal
- **Tambur:** zylindrischer, oft von Fenstern durchbrochener Unterbau einer Kuppel
- **Tar:** banjoartiges Musikinstrument
- **Ta'ziye:** schiitisches Passionsspiel zum Gedenken an das Martyrium Imam Hosseins
- **Tekiyeh:** Platz (manchmal von einem Zelt überspannt), auf dem schiitische Passionsfeiern veranstaltet werden
- **Tepe:** künstlicher Hügel, der durch Anhäufung von Siedlungsschutt während mehrerer Jahrhunderte entstanden ist (entspricht dem arabischen „Tell")
- **Timche:** (moderne) Einkaufspassage
- **Tripylon** (griechisch „drei-Tor"): prachtvolle, von drei Seiten betretbare zentrale Toranlage von Persepolis
- **Trompe** (frz. „Jagdhorn"): nischenartige Wölbung zwischen zwei rechtwinklig aneinanderstoßenden Mauern
- **Türme des Schweigens:** Begräbnisort für iranische Zoroastrier in früheren Zeiten (z.B. bei Yazd)

- **Vakil:** Sachwalter, Anwalt; so (und nicht als „König") bezeichnete sich der Herrscher Karim Khan Zand (1752–1979), der den abgesetzten safavidischen Herrscher für den eigentlich legitimen König hielt

- **Wächterrat:** demokratisch nicht legitimiertes politisches Gremium, das die Arbeit des iranischen Parlaments *(madjles)* „kontrolliert" und Wahlen überwacht
- **Weiße Revolution:** ab 1961 vom Schah initiierte Entwicklungsoffensive für das Land, mit Zielen wie Landreform, Alphabetisierung etc.

- **Yakhchal** (persisch „Kühlschrank"): traditionelles Gebäude (großteils unter der Erde gelegen) zur Aufbewahrung von Eis zur Sommerzeit

- **Zurkhane:** „Kraftraum", in dem traditionelle iranische Sportveranstaltungen stattfinden

Literaturtipps

Nicht alle genannten Titel sind über den Handel lieferbar, einige sind nur antiquarisch zu bekommen, z.B. online unter www.zvab.de oder www.eurobuch.com, oder in Büchereien auszuleihen.

Geschichte und Landeskunde

Für eine allgemeine Landeskunde Irans empfehlen sich die beiden folgenden Bücher. Sie sind nicht mehr ganz aktuell, aber nach wie vor informativ, zuverlässig und gut benutzbar:

- *Ehlers, Eckart.* **Iran. Grundzüge einer geographischen Landeskunde.** Darmstadt 1980.
- *Gehrke, Ulrich* u. *Harald Mehner* (Hg.). **Iran.** Natur – Bevölkerung – Geschichte – Kultur – Staat – Wirtschaft. Tübingen/Basel 1976.

Für übersichtliche Darstellungen der iranischen Geschichte gibt es einige neuere

Literaturtipps

und gute Taschenbücher zu einzelnen Epochen:

- *Wiesehöfer, Josef.* **Das frühe Persien.** München 1999 (über vorislamischen Iran).
- *Schippmann, Klaus.* **Grundzüge der parthischen Geschichte.** Darmstadt 1980.
- *Schippmann, Klaus.* **Grundzüge der Geschichte des sasanidischen Reiches.** Darmstadt 1990.
- *Gronke, Monika.* **Geschichte Irans.** Von der Islamisierung bis zur Gegenwart. München 2003.
- *Baykal, Hakal.* **Vom Perserreich zum Iran.** Verlag Theiss, Stuttgart 2007. 3000 Jahre iranischer Geschichte werden auf 176 Buchseiten behandelt. Dem Autor ist ein knapper und prägnanter Überblick mit sehr schönen Fotos gelungen. Ein schönes Buch zur Vor- oder Nachbereitung einer Iranreise.
- *Axworthy, Michael.* **Iran – Weltreich des Geistes.** Schon der Titel des Buches drückt den tiefen Respekt des britischen Iranisten vor der iranischen Geschichte und Kultur aus. Diese erfahren in dem kürzlich erschienenen Werk eine angemessene und sachkundige Würdigung. Der Autor spannt den Bogen von den Anfängen der Iraner auf dem Hochland bis zur aktuellen Atomdebatte. Schon allein wegen seines Resümees sei dieses Buch wärmstens empfohlen: „Seit 1979 hat Iran den Westen und westliche Vorstellungen von der Zivilisation herausgefordert. Dies mag für sich genommen lobenswert sein, hätte es nicht auch die Folgen des Leidens, der Unterdrückung, der Unaufrichtigkeit und Enttäuschung gegeben. Kann Iran nicht mehr bieten als das? Es kann und sollte." Verlag Klaus Wagenbach, Berlin 2011.

Für Fragen zur schiitischen Religion, auch im Hinblick auf die „islamische Revolution" und ihre religiösen Hintergründe, gibt es ein sehr gut geschriebenes und informatives Taschenbuch:

- *Halm, Heinz.* **Der schiitische Islam: Von der Religion zur Revolution.** München 1994.

Wer sich in die iranische Geschichte oder Kultur vertiefen will, dem seien die folgende beiden Werke wärmstens empfohlen: Das sehr gut (wenngleich nicht ganz einfach) geschriebene Buch von *Mottahedeh* beschreibt in Form einer Biografie die iranische Kultur- und Geistesgeschichte und geht dabei besonders auf die historischen Hintergründe der Revolution von 1978/79 ein. Das Buch von *Friedl* ist ebenfalls hervorragend recherchiert und geschrieben; es beschreibt die Erfahrungen einer amerikanischen Ethnologin in einem entlegenen iranischen Dorf über einen Zeitraum von fast zwei Jahrzehnten (vor und nach der Revolution von 1978/79).

- *Mottahedeh, Roy.* **Der Mantel des Propheten oder das Leben eines persischen Mullah zwischen Religion und Politik.** München 1989.
- *Friedl, Erika.* **Die Frauen von Deh Koh.** Geschichten aus einem iranischen Dorf. München 1991.

- *Hoffmann, Christiane.* **Hinter den Schleiern Irans.** Köln 2008. Während der fünf Jahre, die die Autorin in Iran gelebt hat, sind ihr tiefe Einblicke in das Fühlen und Denken der Menschen gelungen. Sicher hat ihr auch die Kenntnis der Sprache zu Einsichten verholfen, von der manche anderen Autoren nur behaupten können, sie gewonnen zu haben.
- Ein aufwühlendes Dokument der Zeitgeschichte ist das jüngst erschienene Buch von *Parastou Forouhar:* **Das Land, in dem meine Eltern umgebracht wurden. Eine Liebeserklärung an Iran.** Die in Deutschland lebende renommierte bildende Künstlerin schildert eindrucksvoll ihre Erlebnisse bei ihren zahlreichen Reisen nach Iran im Andenken an ihre 1998 in Teheran im Zusammenhang mit den sogenannten „Kettenmorden" ermordeten Eltern. Verlag Herder, Freiburg i.Br. 2011.

Literaturtipps

■ Die Persönlichkeit, die das Verhältnis Irans zu Deutschland in den letzten 50 Jahren am authentischsten verkörpert, ist zweifellos *Bahman Nirumand,* Literaturwissenschaftler, politischer Aktivist, Autor und Übersetzer. Seit seiner Jugend in Deutschland lebend und ausgebildet, dann politisiert während der 68-er Bewegung, anlässlich der iranischen Revolution 1979 in der Hoffnung auf Erfüllung seiner politischen Träume in die Heimat zurückgekehrt und nach nur drei Jahren endgültig vertrieben. In seiner Autobiografie **„Weit entfernt von dem Ort, wo ich sein sollte"** fasst er ein halbes Jahrhundert Leben in Deutschland und Träumen von Iran eindrucksvoll zusammen. Rowohlt, Reinbek 2011.

■ Einen besonderen Blick auf die eigene Jugend in der Revolutionszeit in Iran richtet *Marjane Satrapi* in ihrem Comic **„Persepolis".** Aufgewachsen in einer oppositionellen Familie schildert sie in einfachen, aber wirkungsvollen Bildern und Worten das Schicksal ihrer Familie, die sie schließlich mit 14 Jahren nach Europa schickt. Interessant auch die Eindrücke der damals 14-Jährigen, die sie erst in Wien und anschließend in Paris gewinnt. Die beiden Comicbände waren auch Grundlage für den preisgekrönten Film gleichen Titels von 2007. Vlg. Süddeutsche Zeitung, München 2011.

■ Eine besonders ergreifende Biografie, die das vergangene Jahrhundert aus dem Blickwinkel einer Frau beschreibt, ist **„Was mir zusteht"** von *Parinoush Saniee,* die ihren Weg aus einer traditionellen Familie durch die Erschütterungen der Shah-Zeit bis hinein in die Zeit der Islamischen Republik schildert. Am Ende ist die Heldin 51 Jahre alt und hat sich gegen viele Widerstände behauptet. In Iran erlebte das Buch bisher über 20 Auflagen. Knaus, München 2013.

Sprache

Wer sich für die persische Sprache interessiert, dem sei zunächst der **Sprachführer Persisch – Wort für Wort** (Band 49) aus der Kauderwelsch-Reihe des Reise Know-How Verlages empfohlen, der für den Reisealltag ideal ist. Das Buch ist auch auf **CD-ROM** erschienen und wird ergänzt durch einen AusspracheTrainer auf **Audio-CD.** Diese ist auch separat erhältlich.

Will jemand die Sprache wirklich lernen, wird er um einen Sprachkurs kaum herumkommen. Die meisten existierenden Persisch-Lehrbücher zeigen verschiedene Schwächen und eignen sich nur beschränkt zum Selbststudium. Das relativ gesehen beste Lehrbuch scheint zu sein:

■ *Behzad, Faramarz* und *Soraya Divshali.* **Sprachkurs Persisch.** Bamberg 2003.

In Bezug auf persisch-deutsche Wörterbücher muss man sagen, dass es keine wirklich guten und einigermaßen handlichen zu kaufen gibt. Immer noch unersetzt, wenngleich deutlich in die Jahre gekommen ist:

■ *Junker, Heinrich F. J.* und *Bozorg Alavi.* **Persisch-Deutsches Wörterbuch.** Leipzig 1965.

Für die umgekehrte Richtung liegt seit Kurzem ein hervorragendes Wörterbuch vor, das allerdings auch nicht gerade in die Handtasche passt:

■ *Behzad, Faramarz.* **Farhang-e Almani-Farsi/ Deutsch-Persisches Wörterbuch.** Teheran/ Bamberg 2002.

Im Handtaschenformat steht das Langenscheidt Universal **Wörterbuch Persisch** zur Verfügung. München 2002.

Klassische Literatur

Von den klassischen Werken ist eine ganze Reihe in guten Übersetzungen greifbar. Einige der wichtigsten:

- *Firdausi, Abu'l-Qasem:* **Rostam – Die Legenden aus dem Schahname,** Reclam Verlag, Stuttgart, 2002.
- *Nizami:* **Die Abenteuer des Königs Bahram und seiner sieben Prinzessinnen,** Verlag C.H. Beck, München 1997.
- *Nizami:* **Die Geschichte der Liebe von Leila und Madschnoun,** Unionsverlag, Zürich 2001.
- *Hafis, Rumi, Omar Chajjam:* **Die schönsten Gedichte aus dem klassischen Persien,** Verlag C.H. Beck, München 1998.
- *Attar, Faridaddin:* **Vogelgespräche.** Die berühmte persische Sufi-Erzählung über die Pilgerfahrt nach innen, Ansate, München 1988.
- *Hafis:* **Liebesgedichte,** übertragen und mit einem Nachwort versehen von *Cyrus Atabay*, Hoffmann & Campe Verlag, Hamburg 1965.
- *Sa'di, Muslih ad-Din:* **Der Rosengarten,** Verlag C.H. Beck, München 1998.
- *Monschi, Nasrollah:* **Kalila und Dimna.** Fabeln aus dem klassischen Persien, Verlag C.H. Beck, München 1996.

Moderne Prosa

Moderne persische Literatur in deutscher Übersetzung ist weniger verbreitet als z.B. Übersetzungen arabischer Literatur – es gibt schlicht zu wenige Übersetzer. Einer der Begründer der iranischen Gegenwartsliteratur ist der an europäischen Vorbildern geschulte *S. Hedajat:*

- *Hedajat, Ssadegh:* **Der Feueranbeter und andere Erzählungen,** neu erzählt von *Amina Shah*, C.H. Beck Verlag, München 1997.

Behrangis bleibendes Verdienst ist, dass er die Kinder- und Jugendliteratur in Iran begründet hat. Seine schönste Geschichte ist als Buch momentan nicht greifbar, steht aber im Internet zur Verfügung:

- *Behrangi, Samad:* **Der kleine schwarze Fisch.** Märchen und Fabeln, in: www.iran-azad.de /D/DUuB/Samad.htm.

Als bedeutendster zeitgenössischer Prosaautor gilt *M. Doulatabadi*, dessen Werk hauptsächlich um das Schicksal der sozial benachteiligten Schichten kreist:

- *Doulatabadi, Mahmud:* **Der leere Platz von Ssolutsch,** Unionsverlag, Zürich 1996.
- *Doulatabadi, Mahmud:* **Kelidar,** Unionsverlag, Zürich 1999.
- *Doulatabadi, Mahmoud:* **Der Colonel,** Unionsverlag, Zürich, 2009. In seinem bisher letzten Werk untermauert *Doulatabadi* seinen Rang als führender Vertreter der iranischen Gegenwartsliteratur. Eine iranische Familie zerbricht, aufgerieben zwischen den politischen Fronten der Pahlavi-Dynastie und der Islamischen Revolution. Die Schilderung dieser tiefgreifenden Umwälzung mit all ihren Grausamkeiten mutet dem Leser einiges zu, belohnt ihn jedoch mit einem „Historiendrama von Shakespeareschem Format", wie es in einer Rezension hieß.

Weitere bedeutende Autoren:

- *Golschiri, Huschang:* **Prinz Ehtedschab,** Verlag C.H. Beck, München.
- *Maroufi, Abbas:* **Symphonie der Toten,** Suhrkamp Verlag, Frankfurt/M. und Leipzig 1998.

Der erste moderne Roman, in dem das Schicksal einer Frau im Mittelpunkt steht:

- *Parsipur, Scharnusch:* **Tuba,** Unionsverlag, Zürich 1995.

Einen guten Überblick über weniger bekannte neue Autoren gibt:

- **Ein Bild zum Andenken.** Eine zweite Anthologie moderner iranischer Erzählungen, Glaré Verlag, Frankfurt/M. 1997.

Lyrik

Anders als in Westeuropa gilt die Poesie in Iran noch immer als „Krone der Literatur". Ihr wichtigster moderner Vertreter, *A. Shamlu,* wurde im Jahr 2000 unter großer öffentlicher Anteilnahme in Teheran zu Grabe getragen:

- *Schamlu, Ahmad:* **Blaues Lied.** Ausgewählte Gedichte. Persische Kalligrafien.
- **Ahmad Schamlu liest seine Gedichte,** Urs Engeler Edition, 2002. Deutsch, mit Audio-CD.
- *Sepehri, Sohrab:* **Der Klang vom Gang des Wassers,** Verlag Internationales Kulturwerk, Hildesheim 2001.

1976 jung verstorben, aber immer noch im Gedächtnis vieler Iraner ist *Foroug_h Farrokhzad,* von der es eine sehr schön übersetzte Auswahl von Gedichten gibt:

- *Farrokhzad, Forough:* **Jene Tage,** Suhrkamp Verlag, Frankfurt/M. und Leipzig 1994.
- Die schönste Auswahl moderner persischer Gedichte stammt von **Kurt Scharf** und ist unter dem Titel **„Der Wind wird uns entführen"** bei C.H. Beck in München erschienen. *Scharf,* Organisator der legendären Dichterlesungen „Zehn Nächte" im Oktober 1977 im Auftrag des Goethe-Instituts, versteht es wie kein Zweiter, den Gehalt der Originaltexte in die deutsche Sprache zu transportieren.

Sprachhilfe

Anders als viele Europäer meinen, ist **Persisch nicht mit Arabisch verwandt,** sondern wird nur mit der gleichen Schrift geschrieben. Als **indogermanische Sprache** ist Persisch jedoch für Europäer leichter zu erlernen als das (semitische) Arabisch. Kenntnisse des Englischen oder gar anderer europäischer Sprachen sind in Iran, wenn überhaupt, nur in Großstädten rudimentär vorhanden. Deshalb sollte sich ein Individualreisender wenigstens um ein paar geläufige persische Ausdrücke und wichtige Worte bemühen. Wenn er dies tut, werden ihm die ohnehin sehr aufgeschlossenen Iraner noch positiver begegnen.

Nach den Hinweisen zur Aussprache wird hier auch eine kleine Auswahl der wichtigsten grammatikalischen Regeln des Persischen gegeben. Mit deren Hilfe soll der Tourist in die Lage versetzt werden, die nachfolgenden persischen Beispielsätze besser verstehen und eventuell eigene Sätze bauen zu können.

Zur Aussprache des Persischen

- Es gibt zwei **a-Laute** im Persischen, einen hellen und einen etwas längeren dunklen.
- **z** muss im Persischen immer stimmhaft (weich) ausgesprochen werden, **s** immer stimmlos (genau wie im Englischen und Französischen)
- **h** muss, anders als im Deutschen, auch vor Konsonanten und am Wortende deutlich hörbar ausgesprochen werden (z.B. in: *mehman,* „Gast", *kuh,* „Berg")
- **kh** wird wie ch in Deutsch „Bach" gesprochen.
- **ch** wird tsch gesprochen.

Sprachhilfe

■ Die Aussprache des **q** ist schwer zu beschreiben oder nachzumachen, irgendwo zwischen k und g, aber hinten in der Kehle (z.B. qatar, „Zug").
■ Die meisten Wörter werden **auf der letzten Silbe betont,** außer die Verbformen und wenige weitere Ausnahmen.

Einige grammatikalische Regeln

Personalpronomina

man	„ich"
ma	„wir"
too	„du"
shoma	„ihr; (höflich) Sie"
u	„er, sie, es"
anha	„sie

Dabei ist zu beachten, dass die Höflichkeitsform im Persischen öfter verwendet wird als im Deutschen, z.B. auch unter Studenten an der Universität.

Substantivverbindungen

Verbinden sich zwei Substantive miteinander, entweder im Sinne eines Kompositums („Haustür") oder einer Genitivverbindung („Tür des Hauses"), so steht dasjenige Substantiv, welches durch das andere bestimmt wird („Tür"), zuerst und bekommt ein unbetontes **-e** angehängt:

Tür des Hauses / Haustür: *dar-e khane* (*dar* = „Tür", *khane* = „Haus")
Hand des Bruders: *dast-e baradar* (*dast* = „Hand", *baradar* = „Bruder")

Endet das erste Wort auf einen Vokal, so wird **-ye** angehängt:

Haus des Vaters: *khane-ye pedar* (*khane* = „Haus", *pedar* = „Vater")

Ebenso wird ein **Adjektiv,** das ein Substantiv bestimmt, an dieses mit **-e** bzw. **-ye** angehängt, z.B.:

die rechte Tür: *dar-e rast*
das große Haus: *khane-ye bozorg*

Auch **Personalpronomina** können mit -e (bzw. -ye) an ein Substantiv angehängt werden und drücken dann ein Besitzverhältnis aus:
meine Hand: *dast-e man*
unser Haus: *khane-ye ma*

Verben

Die Formen der **Gegenwart des Verbs „sein"** sind unbetont und werden an ein Substantiv, Adjektiv etc. angehängt. Sie lauten:

-am	„ich bin"
-im	„wir sind"
-i	„du bist"
-id	„ihr seid; Sie sind"
-ast	„er, sie, es ist"
-and	„sie sind"

Daneben gibt es eine **betonte** Gegenwartsform des Verbs für „sein", die vom Stamm hast- und den obigen Endungen (bis auf 3. Person Einzahl) gebildet wird. Diese wird seltener als obige Endung verwendet:

hástam	„ich bin"
hástim	„wir sind"
hásti	„du bist"
hástid	„ihr seid"
hást	„er, sie ist"
hástand	„sie sind"

Beispiele:
man mo'allém-am
　ich bin Lehrer (*mo'allem* = „Lehrer")
man almani hástam – ich bin Deutscher
ma turíist-im – wir sind Touristen
u bozórg-ast – er ist groß

Die **verneinte** Gegenwart des Verbs „sein" wird durch den betonten Verbstamm *nist* ausgedrückt, an den dieselben Endungen angehängt werden wie an hast-:

nistam	„ich bin nicht"
nistim	„wir sind nicht"
nisti	„du bist nicht"
nistid	„ihr seid nicht"
nist	„er, sie ist nicht"
nistand	„sie sind nicht"

Die **Gegenwart der Verben** wird durch den Gegenwartsstamm des Verbs, die betonte Vorsilbe *míi-* und die Endung gebildet. Als Beispiel das Verb „gehen, fahren", dessen Gegenwartsstamm **rav** lautet:

míi-rav-am	„ich gehe"
mí-rav-im	„wir gehen"
míi-rav-i	„du gehst"
míi-rav-id	„ihr geht"
míi-rav-ad	„er geht"
míi-rav-and	„sie gehen"

Weitere Gegenwartsstämme einiger **wichtiger Verben:**

ay	„kommen"
(*míi-ay-am* = „ich komme")	
bin	„sehen"
(*míi-bin-am* = „ich sehe")	
khah	„wollen"
dan	„wissen"
dehl	„geben"
gir	„nehmen, bekommen"
kon	„tun"
tavan	„können"

Das Verb *dar,* **„haben",** bildet unregelmäßig die Gegenwart ohne die Vorsilbe *míi-,* also: *dar-am,* „ich habe", *dar-i,* „du hast" etc.

Anders als im Deutschen, steht im Persischen das Verb meist am **Satzende:**

be iran míi-rav-am – „ich fahre nach Iran"
be too ketab míi-dah-am – „ich gebe dir ein Buch"

Fälle
Im Persischen gibt es keine Fälle wie etwa im Lateinischen oder Deutschen. Der **Genitiv** wird durch das **-e / -ye** der Substantivverbindungen (s.o.) ausgedrückt; der **Dativ** durch die Präposition *be* = „zu ... hin". Nur der **Akkusativ** hat eine eigene Endung, ein unbetontes *-ra*, das an das Substantiv angehängt wird, allerdings nur bei bestimmtem Wörtern. Beispiele:

tó-ra míi-bin-am – „ich sehe dich"
  (to („du") ist bestimmt)
pedár-ra míi-bin-am – „ich sehe den Vater"
khané-ra míi-bin-am – „ich sehe das Haus" aber:
khane míi-bin-am – „ich sehe ein Haus"
  (ohne *ra*: unbestimmt)

Demonstrativpronomina
in	dies(er)
an	jene(er)

Als Adjektive verwendet, stehen sie vor dem Substantiv, z.B.: *in khane:* „dieses Haus".

Die wichtigsten Fragewörter
key	wann?
ki	wer?
kodja	wo?
kodam	welcher?
che	was?
chéra	warum?
chétour	wie?

Die wichtigsten Präpositionen
ru-ye	auf
pish-e	bei (jemandem)
ta	bis
bara-ye	für
dar; tu	in
ba	mit

bedun-e	ohne
zir-e	unter
az	von, aus
be; taraf-e ...	zu ... hin

Die wichtigsten Konjunktionen

ta	damit
ke	dass
baráa-ye an	deshalb
ya	oder
va; o	und
chun(ke)	weil
agar	wenn (Bedingung)
vaqti-ke	wenn (zeitlich), als

Haufig vorkommende Wörter

Ausländer	kharedji
bald, schnell	zud
Basar	bazar
Berg	kuh
dort	andja
Film	film
Foto	aks
Fotoapparat	durbin
Fotokopie	kopie
Freund	dust
Fuß	pa
Gast	mehman
Garten	baq
Gaststätte	ghazakhori
Geschäft, Laden	maqaze
geschlossen	baste
groß	bozorg
gut	khub
Hand	dast
Haus	khane
hier	indja
Junge	pesar
kalt	sard
Kind	bache
klein	kuchek
Kopf	sar
langsam	yavash
links	chap
nach links	samt-e chap
Mädchen	dokhtar
Moschee	masdjed
Mutter	madar
notwendig	lazem
oben	bala
offen	baz
Platz	meydan
rechts	rast
nach rechts	samt-e rast
Regen	baran
Restaurant	restoran
sehr	kheili
sehr gut	kheili khub
Sonne	aftab
Stift	qalam
Straße	khiaban
Teehaus	chaikhane
Toilette	tualet; dast-shu'i
Tür, Tor	dar
unten	pa'in
Vater	pedar
viel	ziyad
warm	garm
Weg	rah
wenig	kam

Einige wichtige Ausdrücke

bitte (höflich fragend)	lotfan
bitte sehr (anbietend)!	béfarmayid!
danke	mérsi; motashakkéram
entschuldigen sie!	bébakhshid!
es ist genug!	básse
geh (weg)!	borou!
Ist es möglich?	momken ast?
ja	bále

mein Herr!	áaqa!
meine Dame!	khanom!
sehr angenehm!	khéili mamnun!
nein	na; nákheir
Wie heißen Sie?	esm-e shoma chist?
Ich heiße …	esm-e man … ast
Wieviel kostet es?	chand ast?
Wieviel Uhr ist es?	sa'at chand ast?

Begrüßung, Verabschiedung

Guten Tag	salam (von Älteren hört man auch: salam aléikom)
Wie geht's Ihnen?	hal-e shoma chetour ast?
danke, gut	mérsi, khúbam
danke, nicht schlecht	mérsi, bad nístam
so so, la la	mígozarad
Geht es Ihnen gut?	hal-e shoma khub ast?
Auf Wiedersehen	khoda hafez
Guten Morgen	soob be-kheir
Gute Nacht	shab be-kheir

Im Restaurant oder Teehaus

Frühstück	sobhane
Mittagessen	nahar
Abendessen	sham
Tee	cha'i
Zucker	shekar
Kaffee	qahve
Mokka	qahve tork
Wasser	ab
Cola	koka
Softdrink	nushabe (Cola, Limo)
Reis/Reis gekocht	polou/chelou
Fleischspieß	kebab
Fleisch	gusht
Hammelfleisch	gusht-e gusfand
Rindfleisch	gusht-e gav
Kalbfleisch	gusht-e gusaleh
Fisch	mahi
Shrimps	megu
Huhn	morgh
Ei	tokhm-e morgh
Spiegelei	nimru
Brot	nan (oft „nun" ausgesprochen)
Knoblauch	sir
Gemüse	sabze
Auberginen	badenjan
Bohnen	lubia
Zwiebel	piyaz
Tomate	gouje farangi
Joghurt	mast
Gurke	khiyar
Zitronen, Limetten	limu
Dessert	deser
Obst	miveh
Apfel	sib
Banane	moz
Weintrauben	angur
Wassermelone	hendevaneh (oft „henduneh" ausgesprochen)
Honigmelone	kharbozeh, talebi
Eis	bastani
Schalotte	musir

khoresht: Soße mit weich gekochtem Fleisch
abgusht: Eintopf mit Fleisch und Kartoffeln
ash: dicke Nudelsuppe mit Kräutern

„Wir möchten hier etwas essen"
  míkhahim indja qaza bókhorim
„Haben sie etwas ohne Fleisch?"
  chizi bedun-e gusht darid?
„Die Rechnung, bitte!" – *hesab, lotfan!*

Beim Einkauf

Flasche	botri
Hut	kolah
Kilogramm	kilo

ein halbes Kilo	nim kilo
Liter	litr
Milch	shir
Mineralwasser	ab-ma'dani
Papierserviette, -taschentuch	dastmal-e kaghazi
Sonnencreme	krem zedd-e aftab
Gibt es (hier) ...	... (indja) hast?
Haben Sie ...?	...darid?
Ich möchte ...	míkhaham
Wir möchten ...	míkhahim
Wie viel kostet ...?	... chand ast?

Unterwegs

Bahnhof	ist-gah
Benzin	benzin
Botschaft	sefarat
Bus	otobus
Diesel	gazoil
Fahrkarte	belit
Fahrrad	do-charkhe
Flughafen	forud-gah
Flugzeug	hava-peima
zu Fuß	piyade
Gasse	kuche
Konsulat	konsulgari
Kreuzung	chahar-rah
Landstraße	jadde
Platz	meydan
Stadtzentrum	markaz-e shahr
Straße	khiaban
Tankstelle	pomp-e benzin
Taxi	taksi; (Privattaxi) savari
Telefon	telefon
Telefonkarte	kart-e telefon
Zug	qatar

„Ich möchte nach ... fahren"
    míkhaham be ... béravam
„Wie lange dauert die Fahrt bis ...?"
    safar be ... che-qadr tul míkeshad?
„Ist der Weg weit?" – *rah dur ast?*
„Bringen Sie mich bitte zum Hotel ..."
    otfan má-ra be hotel-e ... bébarid
„Wieviel kostet eine Fahrkarte nach ...?"
    belit bara-ye ... chand ast?
„Wohin fahren Sie?" – *shoma kodja míravid?*
„Halten Sie bitte an!" – *negáh-darid, lotfan!*
„Wir möchten aussteigen"
    míkhahim piyade béshavim

Auf dem Postamt

Postkarte	kart-postal
Brief	name
Paket	baste
Briefmarke	tamr
auf dem Landweg	zamini
per Luftpost	hava'i

„Ich möchte ... nach Deutschland (Österreich/Schweiz) schicken"
    míkhaham ... be alman (otrish/suisse) beferestam

In der Bank

Bank	bank
Geld	pul
wechseln	khord kardan

„Können Sie Euro/Dollar wechseln?"
    mítavanid Euro/Dollar xord konid?

Krankheit

Apotheke	daru-khane
Arzt	doktor; pezeshk
Durchfall	eshal
Fieber	tebb
krank	mariz

Krankenhaus	bimarestan
Medizin	dava; daru
Schmerzen	dard
Kopfschmerzen	dard-e sar
Spritze	ampul
Tablette	qors

„Ich brauche einen Arzt"
  man be yek doktor ehtiyadj dáaram
„Wo gibt es hier einen Arzt?"
  indja doktor kodja ast?
„Wo ist ein Krankenhaus?" – *bimarestan kodja ast?*
„Gibt es einen Arzt, der Englisch spricht?"
  doktóri hast ke englisi harf míizanad?
„Mein Bauch tut mir weh"
  del-am dard míikonad

Im Hotel

Hotel	hotel
einfaches Hotel	mehman-khane
Handtuch	houle
Seife	sabun
Toilettenpapier	kaqaz-e tualet

„Gibt es hier ein Hotel?" – *indja hotel hast?*
„Wo ist das Hotel …?" – *hotel-e … kodja ast?*
„Haben Sie noch Platz frei?"
  shoma hanuz dja darid?
„Haben Sie ein Zimmer für zwei Personen?"
  shoma otaq-e do-nafari darid?
„Wieviel kostet es pro Nacht?" – *shabi chand ast?*
„Hat das Zimmer Toilette und Dusche?"
  otaq tualet va dush darad?
„Wir bleiben zwei Nächte" – *ma do shab míimanim*
„Haben Sie einen Stadtplan?"
shoma naqshe-ye shahr darid?
„Können Sie mir sagen, wo der Bazar ist?"
mítavanid be man béguyid, bazar kodja ast?

Einfache Unterhaltung

„Woher sind Sie?" – *shoma kodja'î hastid?*
„Ich bin Deutscher/Österreicher/Schweizer"
  man almani/otrishi/swisi hastam
„Ich reise allein" – *tanha safar míikonam*
„Sind Sie verheiratet?" – *shoma mota'ahél-id?*
„Nein, ich habe keine Frau" – *na, zan nadaram*
„Ja, ich habe zwei Kinder"
  bale, do ta bache daram
„Wie alt sind Sie?" – *chand sal darid?*
„Ich bin 25 Jahre alt" – *bist-o-pandj sal daram*
„Gefällt Ihnen Iran?" – *az iran khosh-etan míayad?*
„Ja, er gefällt mir sehr gut"
  bále, khéili khosh-am míayad
„Das Wetter ist in Iran sehr gut"
  hava-ye iran khéili khub ast
„Können Sie von uns ein Bild machen?"
  momken ast ke az ma yek aks bégirid?
„Können Sie Englisch?" – *shoma englisi balád-id?*
„Ich kann überhaupt kein Persisch"
  hich farsi balad nistam
„Ich kann ein bisschen Persisch"
  farsi yek kámi balád-am

Zahlen

1	yek
2	do
3	se
4	chahar
5	pandj
6	shesh
7	haft
8	hasht
9	noh
10	dah
11	yazdah
12	davazdah

13	sizdah	Monat	mah
14	chahardah	Jahr	sal
15	panzdah		
16	shanzdah		
17	hivdah		

Zeitangaben

18	hishadh
19	nuzdah
20	bist
21	bist-o-yek
22	bist-o-do
29	bist-o-noh
30	si
40	chehel
50	pandjah
60	shast
70	haftad
80	hashtad
90	navad
100	sad
156	sad-o-pandjah-o-shesh
200	devist
300	sisad
900	nohsad
1000	hezar
2000	do hezar
100.000	sad hezar
1.000.000	yek miliyon

letzte Woche	hafte-ye pish
vorgestern	páriruz
gestern	diruz
heute	emruz
morgen	farda
übermorgen	pásfarda
nächste Woche	hafte-ye digar
kommendes Jahr	sal-e ayande

Wochentage

Freitag	djom'e
Samstag	shambe
Sonntag	yek-shambe
Montag	do-shambe
Dienstag	se-shambe
Mittwoch	chahar-shambe
Donnerstag	pandj-shambe

ein Viertel	yek rob
ein Drittel	yek sevvom
ein/e halbe/r/s	nim

Zeiteinheiten

Sekunde	saniye
Minute	daqiqe
Stunde	sa'at
Tag	ruz
Woche	hafte

www.diamir.de

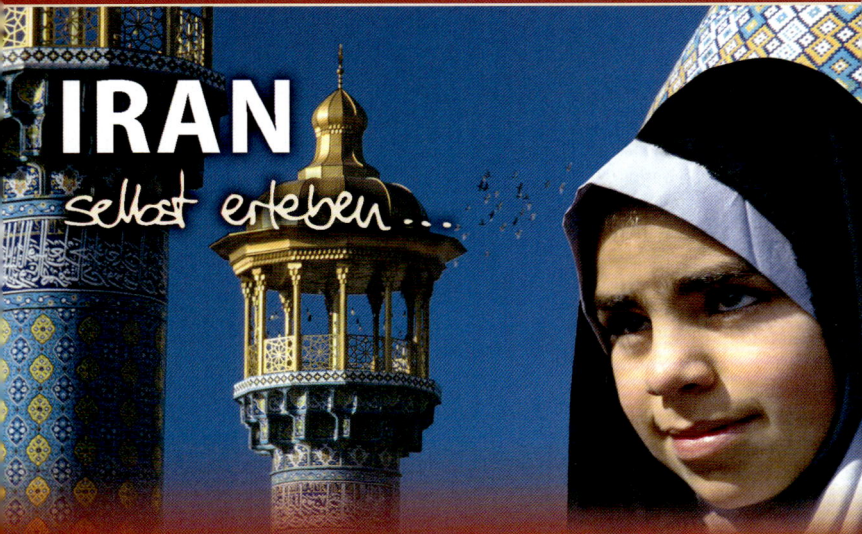

IRAN
selbst erleben...

Kleingruppenreisen und individuelle Touren

▲ **Märchenhaftes Persien**
   16 Tage Kulturrundreise ab 2590 € inkl. Flug

▲ **Naturparadiese des Nordens**
   23 Tage Kultur-, Natur- und Wanderreise ab 3990 € inkl. Flug

▲ **Zum höchsten Vulkan Persiens – Damavand (5671 m)**
   10 Tage Bergexpedition oder Skitourenreise ab 1750 € inkl. Flug

▲ **Große Seidenstraße – 7 Länder**
   41 Tage Kultur-, Abenteuer-, Erlebnis- und Naturreise
   ab 5250 € zzgl. Flug (einzelne Etappen kombinierbar)

**Natur- und Kulturreisen, Trekking, Safaris,
Fotoreisen, Kreuzfahrten und Expeditionen
in über 120 Länder weltweit**

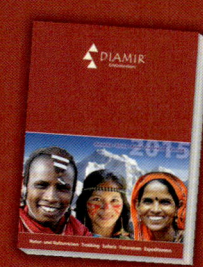

Katalogbestellung und Beratung
DIAMIR Erlebnisreisen GmbH
Berthold-Haupt-Straße 2 · 01257 Dresden
Tel.: (0351) 31 20 77 · Fax: (0351) 31 20 76
E-Mail: info@diamir.de · www.diamir.de

DIAMIR®
Erlebnisreisen

Die Traumrouten der Seidenstraße

TAKE OFF ERLEBNISREISEN

Spannende Entdeckungen an der Seidenstraße in

CHINA Usbekistan
Turkmenistan   IRAN
         Kirgistan

Tipp:
Große Rundreise durch Usbekistan, Turkmenistan und den Iran
Juwelen an der südlichen Seidenstraße
Sehen Sie Samarkand, das einstige Zentrum von Timurs Großreich und reisen Sie über die Wüstenoase Buchara nach Turkmenistan in die alte Stadt Merv.
Von dort nach Mashad im heutigen Iran und weiter zu den grandiosen Kulturdenkmälern in Shiraz, Isfahan und Persepolis.
Gruppenreise ab € 3.150,– (incl. Flug) p.P.

Neu:
Persien – Land und Leute (Privatreise ab 2 Personen)
Große Persienrundreise (Gruppenreise)

Ihr Expertenteam für: *Erlebnisreisen · Privatreisen Studienreisen · Gruppenreisen in Zentralasien*
TAKE OFF REISEN GmbH
Tel: +49 (0) 40 - 422 22 88 · *www.takeoffreisen.de*

Weitere Titel für die Region von REISE KNOW-HOW

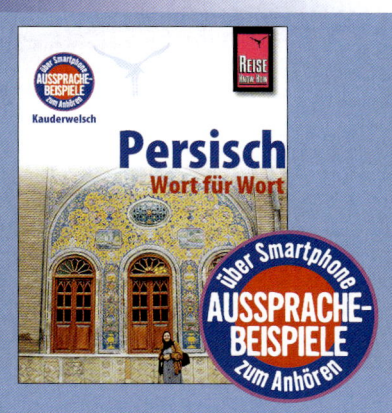

Persisch – Wort für Wort
Mina Djamtorki
978-3-89416-046-3
160 Seiten | Band 49

Umschlagklappen mit Aussprachehilfen
wichtigen Redewendungen
Wörterlisten
Persisch – Deutsch, Deutsch – Persisch

7,90 Euro [D]

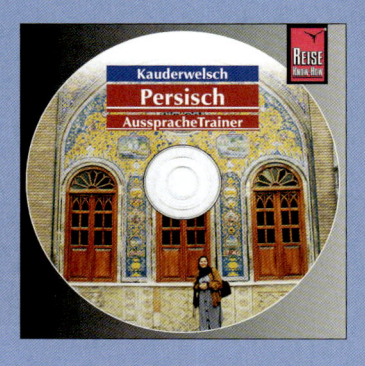

AusspracheTrainer Persisch (Audio-CD)
Karin Spitzing
978-3-8317-6006-0
ca. 60 Min. Laufzeit

Die wichtigsten persischen Vokabeln
und Floskeln aus dem Reisealltag
Muttersprachler sprechen vor, mit Nach-
sprechpausen und Kontrollwiederholungen

7,90 Euro [D]

Im Kauderwelsch Sprachführer sind Grammatik und Aussprache einfach und schnell erklärt. Wort-für-Wort-Übersetzungen machen die Sprachstruktur verständlich und helfen, das Sprachsystem kennenzulernen. Die Kapitel sind nach Themen geordnet, um sich in verschiedenen Situationen zurechtfinden und verständigen zu können – vom ersten Gespräch bis hin zum Arztbesuch. In einer Wörterliste sind die wichtigsten Vokabeln alphabetisch einsortiert und ermöglichen so ein rasches Nachschlagen. Einige landeskundliche Hinweise runden diesen handlichen Sprachführer ab.

www.reise-know-how.de

Mit Reise Know-How ans Ziel

Landkarten
aus dem *world mapping project*™
bieten beste Orientierung – weltweit.

**Landkarte Iran
1:1,5 Mio.**

ISBN 978-3-8317-7278-0

Euro 9,95 [D]

- Aktuell über **180** Titel lieferbar
- Optimale Maßstäbe ▪ 100%ig wasserfest
- Praktisch unzerreißbar ▪ Beschreibbar wie Papier ▪ GPS-tauglich

- **Erlebnisreisen**
- **Kulturreisen**
- **Trekking**
- **Individualreisen**

Persien entdecken...

Katalog & Info: Tel. 02261-501990, reisen@auf-und-davon-reisen.de
www.auf-und-davon-reisen.de

Register

A

Abadan 229
Abarkuh 312
Abbas I. 549
Abbas II. 550
Abbasabad 103, 113, 191
Abbasiden 544
Abdollah Khan 360
Abendessen 484, 606
Abholzungen 528
Abol-Hayat-Schlucht 357
Abyaneh 277
Achämeniden 344, 535
Afghanistan (Grenze) 418, 444
Ägypten 535
Ahmadinedschad, Mahmud 566
Ahvaz 213
Akhandjan-Grabturm 442
Alam-Kuh-Berg 105
Alamut-Festung 169, 176
Alborz (Provinz) 168
Alborz-Gebirge
  69, 168, 367, 451, 456, 522
Alborz-Vorland (westliches) 168
Alexander der Große 539
Alexander-Wall 119
Ali (Imam) 594
Ali Sadr 194
Ali-Qapu-Palast (Isfahan) 247
Alltagsleben 601
Al-Molk, Kamal 445
Alvand-Berg 192
Alvand-Gebirge 184
Amol 107
Amu Abdollah, Sheikh 274
Anarak 312
Anbarabad 415
Andimeshk 223
Ankunft in Teheran 25
Anreise 460
Antiquität 484
Apadana (Persepolis) 348
Aq Qal'eh 119
Aqa Mohammed Shah 551
Arak 295
Aran 290
Aras-Fluss 155, 156
Architektur 623
Ardabil (Provinz) 156
Ardabil (Stadt) 157
Ardakan 310
Ardeshir-Palast (Firuzabad) 363
Ardestan 279
Arg-e Karim Khan (Shiraz) 321
Arisman 278
Arjan-Hochebene 357
Armenien (Grenze) 155
Armenier 600
Artaxerxes I. 538
Artaxerxes II. 538
Arvand Rud (Fluss) 229
Asaluyeh 379
Ashouradeh 120
Ashraf, Seyyed Jalalod-Din 99
Ashura 501, 594
Assassinen 171
Assyrien 535, 600
Astaneh Ashrafiye 99
Ateshgah 274
Atomkonflikt 576
Attar, Fariduddin 445
Ausrüstung 472
Außenpolitik 575
Auto (Anreise) 467
Autofahren 473
Azadi-Monument (Teheran) 47
Azerbeijan (Hochland) 127
Azerbeijan-e Gharbi 128
Azerbeijan-e Sharqi 142
Azerbeijan-Museum (Tabriz) 146
Azeri-Türken 590
Azizabad 154

B

Babol 108
Babolsar 108
Babylon 535
Baden 104, 376, 391
Badgiran 446
Baghche-ye Djuq 136
Baghestan-e Oulia 447
Baha'i 318, 590, 601
Bahn (Anreise) 463
Bahn (in Iran) 67, 516
Bahoukalat-Naturschutzgebiet 425
Bahram Gur 542
Bahram I. 541
Bahram II. 542
Bajgiran 433
Bakhtegan-Salzsee 366
Bakhtiyari 233
Baladeh 71
Baluchen 417, 589, 597
Bam 415
Bampur 423
Bandar Abbas 380
Bandar Anzali 89
Bandar Aq Gonbad 133
Bandar Bushehr 376
Bandar Charak 389
Bandar Golmankhaneh 133
Bandar Lengeh 379
Bandar Sharaf Khaneh 154
Bandar Taheri 378
Bandar Torkaman 120
Baneh 195
Bani Sadr 561
Baq-e Eram (Shiraz) 333
Baq-e Fin (Kashan) 287
Baq-e Golshan (Tabas) 449
Baq-e Honar (Teheran) 46
Baq-e Jahan Nama (Shiraz) 340
Baq-e Narenjestan (Shiraz) 327
Baq-e Negaristan (Teheran) 44
Bard-e Neshandeh 227
Bastam 455
Bastami, Sheikh Bayazid 455
Bavanat 356
Bavandiden 101
Bayazeh 311
Bazar 482
Bazar (Isfahan) 253, 264
Bazar (Kerman) 403
Bazar (Shiraz) 324
Bazar (Tabriz) 147
Bazar (Teheran) 41
Bazar (Yazd) 303
Bazargan 134, 561
Bazm 357
Begrüßung 606
Behesht-e Zahra (Teheran) 59
Behshahr 112
Beluga-Kaviar 531
Benzin 474
Berge (höchste) 523
Bergwanderungen 508
Bevölkerung 588
Bidgol 290
Bijar 195
Bildungssystem 586
Billigairlines 461
Bishapur 357
Bisotun 205, 206
Bodenschätze 524
Bojnurd 432
Bolvar-e Karim Khan Zand (Shiraz) 333
Bordj-e Toghrul (Teheran) 58
Borj-e Milad (Teheran) 51
Borujen 234
Borujerd 233
Botschaften 61, 476
Brautgeld 611
Britisches Empire 552
Brot 487, 491
Bulgarien (Durchquerung) 469
Burka 376
Busse (Anreise) 471
Busse (in Iran) 65, 515
Bushehr (Provinz) 376

C

Buyer Ahmad-o Kuhgiluye (Provinz) 235
Buyiden 169

C

Carnet de Passages 474
Chabahar 424
Chador 514
Chahar Mahale-ya Bakhtiyari (Provinz) 233
Chahar-Bagh-Straße (Isfahan) 257
Chakchak 310
Chaldiran (Siyah Cheshmeh) 137
Chalus 103
Chavar 231
Check-in 462
Chehel-Sotun-Palast (Isfahan) 255
Chehel-Tan-Friedhof (Shiraz) 339
Chogha Mish 225
Chogha Zanbil 221
Chogha-Khor-See 235
Choqan-Schlucht 358
Christen 590, 600

D

Dahane-ye Gholaman 423
Dailam-Bergland 168
Damavand 72
Damavand-Berg 72
Damghan 452
Danial, Sheikh 369
Danielsgrab 220
Darab 367
Darabgerd 367
Darband 69
Darbandsar 70
Darijan 416
Darius I. (der Große) 344, 537
Darius-Palast 220
Darius-Relief 205
Darvazeh-ye Qoran (Shiraz) 339
Daryache-ye Hirmand (See) 423
Daryache-ye Namak (Salzsee) 290
Daryache-ye Shurabil (See) 161
Dasht-e Kavir 522
Dasht-e Lut 522
Deh Seif 412
Despotismus 558
Deutsches Reich 556
Dez-Fluss 210, 221, 224
Dezful 223
Diesel 474
Dimeh 234
Diplomatische Vertretungen 61, 476
Dizin 70
Djahan Nama 118
Djami 617
Djamshidiye-Park (Teheran) 55
Djangal-e Nur 107
Djazire-ye Kabudan 133
Do Gondaban 235
Dogharon 444
Dogu Beyazit 135
Dokan-e Daud (Felsgrab) 208
Drogenschmuggel 399, 412, 418
Dschingis Khan 546
Dur Untash 221

E

Ehe 609, 613
Einkaufen 482
Einreisebestimmungen 478
Eintrittspreise 492
Einwohner 145
Eiskeller (Kerman) 407
Elahi, Ostad Nur Ali 77
Elam 210, 211, 533
Elektrizität 484
Englisch 509
Eqlid 237
Erdbeben 415, 523, 566
Erdgas 524
Erdöl 212, 229, 524, 556, 582
Esendere 129
Eslamabad-e Gharb 208
Essen 484

Estahban 366
Esther 189
Esther Khatun 275
Euphrat 210, 229
Euro 491, 512
Eurolines 471
Evan-See 176

F

Fahraj 313
Familie 609
Famur-See 361
Farrashband 361
Fars (Provinz) 343
Farsi (Persisch) 591
Fasa 367
Fasham 71
Fath Ali Shah 551
Fauna 529
Feiertage 497, 498, 500
Feigen 366
Feilschen 492
Ferdows 447
Ferdowsi 441, 615
Fernsehen 585
Fernsehturm (Teheran) 51
Firuzabad 361
Fisch 487
Fischerei 531
Fladenbrot 487
Flüge (Anreise) 460
Flüge (Inland) 68, 517
Flora 527
Fluggesellschaften 68
Flughafen (Teheran) 25
Flugpreise 460
Foroud 443
Fotografiemuseum Irans (Teheran) 46
Fotografieren 488, 514
Frauen allein unterwegs 508
Freitagsmoschee (Isfahan) 262
Fremdenverkehrszentrale 494
Frühstück 484

Fuman 93
Fußball 631

G

Gachsar 71
Gahvare-yeh Did (Shiraz) 339
Gandjnameh 191
Garmeh 311
Gärten 450
Gavert 280
Gazanak 71, 73
Geburtenkontrolle 588
Geistlichkeit 568, 596
Geld(wechsel) 488, 489
Gemüse 491
Geografie 522
Geologie 523
Gepäck 462, 472
Gerichte (Essen) 486
Geschenke 605
Geschichte 533
Gesundheit 493, 638
Gesundheitswesen 588
Getränke 491
Gewässer 524
Ghazor Khan 176
Gilan (Provinz) 84
Goethe, Johann Wolfgang v. 336
Golestan (Provinz) 113
Golestan-e Shohada (Isfahan) 269
Golestan-Nationalpark 121
Golestan-Palast (Teheran) 40
Golpayegan 296
Gomish Tape 120
Gonbad-e Kavus 120
Gondeshahpur 225
Gorgan 113
Gorgan Rud (Fluss) 119
Gowatr 425
Griechenland-Fähren 470
Große Kavir 447
Grüne Bewegung 572
Gusfandsara Sara 73

H

Hadjj Khalife (Konditorei) 304
Hafis 336, 616
Hafis-Grab (Shiraz) 335
Haft Tappeh 217
Haft-Tanan-Straße (Shiraz) 338
Halil Rud (Fluss) 414
Hamadan (Provinz) 182
Hamadan (Stadt) 184
Hamam Ali Qoli Agha (Isfahan) 266
Hamam-e Ebrahim Khan (Kerman) 404
Hamam-e Vakil (Shiraz) 325
Handy 510
Hanza 412
Haram (Mashhad) 435
Hara-Mangrovensümpfe (Qeshm) 387
Hara-Mangrovenwälder (Gowatr) 425
Hasanlu 133
Hasht-Behesht-Pavillon (Isfahan) 257
Hashtgerd 77
Heiligtum der
   Fatemeh Ma'soumeh (Qom) 292
Hellenismus 539
Helmand-Fluss 420
Heydar, Sheikh 163
Hezar Pich 117
Hidjra 593
Hochzeit 612
Hoeltzer, Ernst 254
Höflichkeit 608
Hormoz (Insel) 384
Hormozgan (Provinz) 380
Hormoz-Meerenge 380
Hossein (Imam) 594
Hotel Abbasi (Isfahan) 259
Hotels 512
Hussein, Saddam 562
Hygiene 493

I

Ibn Sina 188, 265
Ilam (Provinz) 230
Ilam (Stadt) 231
Il-Khane 547
Imam 594
Imam Khomeini
   International Airport (Teheran) 25
Imam Reza 435
Impfungen 493, 638
Indischer Ozean 417
Inflation 489, 491
Informationsstellen 494
Inlandsflüge 68, 517
Innenpolitik 572
Internet 496
Irak (Grenze) 209
Irak-Krieg 562
Iran Shahr 423
Iranischer Rial 488
Iranisches Filmmuseum (Teheran) 52
Iranisches Nationalmuseum
   (Teheran) 34
Isfahan (Provinz) 275
Isfahan (Stadt) 242
Islam 544, 568, 592
Islamische Republik Iran 559, 578
Islamisierung 545
Ismail I. 548
Ismailiten 169
Istanbul 463
Izeh 228

J

Jahar 412
Jahrom 367
Jalali, Mohammad 281
Javaherdeh 102
Jiroft 413
Jolfa 155
Jolfa-Armenierviertel (Isfahan) 267
Juden 189, 590, 600
Jupar 411

K

Kabud Gonbad 443
Kakh-e Mellat (Teheran) 53

Register

Kakh-e Niavaran (Teheran) 54
Kakh-e Sabz (Teheran) 53
Kakh-e Sahebqaraniye (Teheran) 55
Kalaleh 123
Kalardasht 105
Kalat-e Naderi 443
Kalaybar 156
Kalender 497
Kalif 594
Kalkhoran 161
Kalout 412
Kandovan 150
Kangavar 207
Karaftu-Höhle 142
Karaj 75
Karkas-Gebirge 277
Karkhe-Fluss 210
Karun-Fluss 210, 215, 225, 234
Kashan 283
Kaspisches Meer
    80, 90, 104, 162, 522, 524, 530
Katalam 102
Kataleh Khor 181
Kaukasus 128
Kavad I. 542
Kaviar 531
Kavir von Sirdjan 364
Kavir-Wüste 290, 297, 311, 447, 451
Kazerun 361
Kebab 485
Keilschrift 206
Keramik 534
Kerman (Provinz) 397
Kerman (Stadt) 400
Kermanshah (Provinz) 182, 198
Khabis 411
Khadjeh Rabi' 439
Khaled Nabi 123
Khalkhal 162
Khamenei, Ayatollah 563, 571
Khamseh-Nomaden 357
Khaneh Honarmandan-e Iran
    (Teheran) 46
Kharanaq 310
Kharaqani, Sheikh Abolhassan 456
Khark (Insel) 376
Kharvan 449
Khash 423
Khatami 564
Khayyam, Omar 444
Khesht 443
Khomein 296
Khomeini, Ayatollah
    54, 58, 291, 296, 557, 558, 578
Khomeini-Grabmal (Teheran) 58
Khonj 311, 369
Khor 312
Khorassan-Region 428, 432
Khoresht 484
Khorramabad 232
Khorramshahr 229
Khosravi 209
Khosrow I. 543
Khosrow II. 204, 543
Khoy 138
Khuzestan (Provinz) 210
Kino 629
Kish (Insel) 388
Kleidung 473, 513, 602
Klima 525
Kolonialismus 552
Konarak 425
Konstitutionalistische Bewegung 553
Konsulate 476
Kopftuch 514, 602
Koran 568, 593
Koran-Tor (Shiraz) 339
Kordestan (Provinz) 182, 195
Kreditkarten 490
Kriminalität 505
Kuh-e Bilqis 141
Kuh-e Jamshidza (Gebirge) 417
Kuh-e Karkas (Berg) 275
Kuh-e Khajeh 423
Kuh-e Shahvar (Berg) 456
Kuhrang-Gebiet 234

Kul-e Farah 228
Kunsthandwerk 483, 620
Kupfer 399
Kurden 182, 195, 589, 597
Kyros II. (der Große) 355, 535

L
Lahijan 95
Lahrud 163
Lalejin 194
Lammassar 177
Landkarten 472
Landschaftsformen 522
Lar 368
Larestan 368
Lar-Stausee 73
Lashgarak 71
Last Minute 462
Lebensmittel 491
Liebe 609
Literatur 614
Literaturtipps 642
Lordegan 234
Loren 224, 230
Lorestan (Provinz) 231
Lotfollah-Moschee (Isfahan) 251
Luftfeuchtigkeit 527
Luftverschmutzung (Teheran) 24
Lut-Wüste 396, 411, 412, 527
Lydien 535
Lyrik 336, 614, 619

M
Madreseh-ye Khan (Shiraz) 326
Mahan 409
Maharlou-Salzsee 364
Mahdi (12. Imam) 568
Mahmudabad 107
Mahrjan 311
Makran-Gebirge 417
Makran-Küste 424
Makran-Tiefland 417
Maku 135

Malaisheikh 120
Malaria 638
Malerei 622
Manichäismus 541
Manzariyeh 209
Maragheh 152
Marand 155
Maranjan 290
Margoon-Wasserfall 237
Markazi (Provinz) 290, 295
Marv Dasht 343
Marzanabad 106
Masdjed-e Atiq (Shiraz) 330
Masdjed-e Djameh (Isfahan) 262
Masdjed-e Imam (Isfahan) 248
Masdjed-e Imam Khomeini
   (Teheran) 42
Masdjed-e Nasir ol-Molk (Shiraz) 329
Masdjed-e Seyyed (Isfahan) 265
Masdjed-e Shahid Motahari
   (Teheran) 44
Masdjed-e Vakil (Shiraz) 325
Mashhad 433
Mashhad-e Ardehal 289
Masjed-e Madar-e Soleiman 355
Masjed-e Soleyman 212, 227
Masuleh 94
Matinabad 278
Mazanderan (Provinz) 100
Meder 184, 533
Medien 585
Medina 593
Medizinische Versorgung 493
Medrese-ye Chahar Bagh (Isfahan) 258
Mehrabad Airport (Teheran) 25, 27
Mekka 593
Mellat-Park 56
Menar Djonban 274
Meshgin Shahr 163
Mesopotamien 210
Mesr 312
Metro (Teheran) 29
Meybod 310

Meydan-e Azadi (Teheran) 49
Meydan-e Imam (Isfahan) 246
Meydan-e Imam Khomeini (Teheran) 34
Meydan-e Tajrish (Teheran) 52
Meygoon 71
Meymand 416
Meymoun Dez 177
Mietwagen 67, 273, 476
Mil-e Radkan 117, 446
Minab 385
Mineralwasser 494
Miniaturmalerei 622
Mir Javeh 420
Mithradates II. 540
Mittagessen 484
Mo'allem Kalayeh 176
Mobiltelefon 510
Moghadam-Museum (Teheran) 47
Mohammad Ali Shah 553
Mohammad Taher 108
Mohammadiyeh 281
Mohammed (Prophet) 592
Mohammed Reza Shah 556
Momenabad 366
Monate (iranische) 497
Mondkalender (islamischer) 498
Mongolen 546
Montazeri, Ayatollah 571
Morteza Ali 449
Mosaddegh 556
Mostowfi, Hamdallah 173
Museum für Glas und Keramik (Teheran) 39
Museum für zeitgenössische Kunst (Teheran) 49
Museum Reza Abbasi (Teheran) 55
Musik 626
Muzaffar al-Din Shah 553
Mystik 595

N
Nachbarländer 464, 477
Nachtleben 502

Nader Shah 400, 439, 550
Nahar Khoran 116
Na'in 280
Namakabrood 103
Namaksar-Senke 412
Naql 303
Naqsh-e Rostam 351
Nasreddin Shah 552, 618
Natanz 275
Nationales Juwelenmuseum (Teheran) 45
Nationalismus 553
Neishabour 444
Nematollah, Nureddin 409
Neujahrsfest 499
Neyriz 366
Niavaran-Park (Teheran) 54
Niederschläge 525
Niyasar 289
Nomaden 591
Nord-Khorassan (Provinz) 432
Notfall-Tipps 506
Nour-Fluss 71
Nowshahr 103
Nur 107
Nushabad 288

O
Obst 491
Öffnungszeiten 502
Öldjeitü 180
Ol-Mulk, Nizam 265
Omayyaden 544, 594
Opposition (schiitische) 558
Orientierung 502
Orumiyeh 128
Orumiyeh-See 131, 154, 525
Ost-Azerbeijan (Provinz) 142

P
Pahlavi-Dynastie 554
Pakistan (Grenze) 420
Pamenar-Viertel (Teheran) 43

Panahgah Hosseiniyeh 163
Panne 475
Park-e Chamran (Shiraz) 340
Parlament 566, 578
Pars-Museum (Shiraz) 324
Parther 540
Pasargad 354
Pataq-Pass 208
Persepolis 344, 537
Perser 533
Persisch 509, 591, 646
Persischer Golf 372, 471, 522, 525
Pflanzenwelt 527
Pir Bakran (Grabbau) 274
Pistazien 399
Poesie 336, 614, 619
Pol-e Choubi (Isfahan) 261
Pol-e Dokhtar (Brücke) 233
Pol-e Kashganrud (Brücke) 233
Pol-e Khadjou (Isfahan) 261
Pol-e Shahristan (Isfahan) 261
Politik 533
Polizeikontrollen 474
Polur 72
Post 503
Präsidentschaftswahlen 574
Preise 491
Prosa 618
Prostitution 508
Provinzen 579

Q
Qaderabad 356
Qadjaren 551
Qa'emiyeh 358
Qal'eh-ye Babak (Festung) 156
Qal'eh-ye Dokhtar 364
Qal'eh-ye no-e Kharaqan 456
Qamsar 288
Qanaten 450
Qarah Kelisa 136
Qareh Ziya' Eddin 138
Qarnabad 118

Qashghai-Nomaden 361, 366
Qasr-e Shirin 209
Qazvin (Provinz) 168, 171
Qazvin (Stadt) 171
Qeisariyeh-Tor (Isfahan) 253
Qeshm (Insel) 386
Qom (Provinz) 290
Qom (Stadt) 290
Quchan 432, 446

R
Radkan 117
Rafsanjan 399
Rafsanjani 563
Ramadan 501
Ramsar 101
Rasht 84
Rayen 412
Rechtsgelehrte 570
Regierung 578
Reineh 73
Reis 485
Reiseapotheke 493
Reisehinweise 468
Reisekasse 488, 491
Reisekrankenversicherung 518
Reisepass 478
Reiseschecks 490
Reiseveranstalter 495
Reisezeit 503
Religionen 592
Restaurants 485, 491
Rey 21, 56
Reza Shah 555
Rial 488
Robat-e Mahi 446
Robat-e Posht-e Badam 311
Robat-e Sharif 446
Rohani, Hassan 574
Roodkhan-Festung 93
Rosenblüten 288
Rosenwasser 288
Rudbar 177

Register

Rudehen 72
Rudkhaneh-ye Khoshk (Fluss) 319
Rudkhaneh-ye Haraz (Fluss) 107
Rumänien (Durchquerung) 468
Rundfunk 585
Russland 551

S

Saadabad-Paläste (Teheran) 53
Sa'adat Mahale 102
Sa'adat Shahr 354
Sabah, Hassan 169
Sabalan-Berg 163
Sabalan-Gebirge 156
Sa'di 615
Sa'di-Grab (Shiraz) 337
Safaviden 548, 595
Saffain 390
Safi, Sheikh 158, 548
Safran 447
Sahand-Berg 154
Sahand-Gebirge 142, 150
Saman 275
Samaniden 545
Samarkand 547
Sammeltaxis 515
Sanandaj 197
Sandjar 136
Sangabrood 103
Sanitäre Anlagen 493
Sanktionen 491, 573, 582
Saqqez 195
Sarakhs 446
Sar-e Eyn 162
Sar-e Masjed 228
Sar-e Pol-e Zahab (Relief) 208
Sargardan 290
Sari 108
Sarvestan 365
Sarvestan-Palast 366
Sasaniden 541
Saveh 297
Scheidung 613

Schi'a 594
Schiffsverbindungen
  (Persischer Golf) 471
Schiiten 548, 557, 568, 577, 589, 594
Schulen 586
Schweizer Franken 491
Schwiegermutter 612
Schwingende Minarette 274
Sefid-Rud-Stausee 177
Seidenstraße 451
Seiro Safar Iran 471
Seldjuqen 545
Seleukiden 539
Semnan (Provinz) 451
Semnan (Stadt) 451
Sevruga-Kaviar 531
Seyyed Mir Ahmad 331
Shah Cheraq 331
Shah Shoja 339
Shah-Abbasi-Damm 449
Shahdad 411
Shahkuh 118
Shahpur I. 358, 541
Shahpur II. 542
Shahpur-Höhle 360
Shahr-e Babak 417
Shahr-e Kord 234
Shahr-e Sukhteh 422
Shahriyar 145
Shahrud 454
Shahsavan-Nomaden 163
Shami 228
Shandiz 443
Sharestan-e Bala 177
Shariati, Dr. Ali Ali 51
Shariati-Haus (Teheran) 51
Shatt al-Arab 229
Sheikh-al-Islam-Haus (Isfahan) 266
Sheitan Kuh 99
Shekaft-e Gulgul 231
Shekaft-e Salman 228
Shemshak 70
Shirabad 118

Shiraz 318
Shir-Kuh-Gebirge 298, 309
Shirvan 432
Shurlukh 446
Shush 218
Shushtar 225
Si Sakht 237
Sicherheit 468, 475, 505
Si-o Se Pol (Isfahan) 259
Siraf 378
Sirch 412
Sirdjan 367
Sisangan 103
Sistan va Baluchestan (Provinz) 417
Sistan-Becken 420
Sitten 601
Skifahren 70, 509
Smartphone 511
Soltaniyeh 179
Sonnenkalender 497
Souvenirs 483
Sozialversicherung 588
Sport 508, 631
Sprache(n) 11, 509, 589, 591, 644
Sprachhilfe 646
St. Stephanos (Kloster) 155
Staat 578
Staatsflagge 579
Staatspräsident 578
Stadtbusse 515
Stör 530
Straßennamen 502
Straßennetz 473
Subventionen 572
Sunniten 589, 594
Supermärkte 482
Susa 218, 537
Susiana-Ebene 223
Syrien (Bürgerkrieg) 576

T

Tabakprotest 553
Tabaristan 101

Tabas 448
Tabriz 142
Taft 309
Taftan 420
Taftan-Gebirge 423
Taher, Baba 191
Tahmasp II. 550
Tajan-Fluss 108
Takab 139
Takht-e Fulad (Isfahan) 269
Takht-e Jamshid 344
Takht-e Soleyman 140
Taleqan-Fluss 176
Taleshi-Nomaden 84, 162
Tamar 120
Tang-e Nowrouzi 228
Tang-e Sarvak 228
Tankstellen 474
Taq-e Bostan 203
Taxis 515
Tazekand 139
Ta'ziye 628
Tee 95, 98
Teheran (Provinz) 69
Teheran (Stadt) 21
Tekiyeh Mo'aven ol-Molk
 (Kermanshah) 201
Telefonieren 510
Tepe Hissar 454
Tepe Kenar Sandal 415
Tepe Mil 75
Tepe Nush-e Jan 195
Tepe Sialk 286
Teppiche 400, 482, 621
Teppichmuseum (Teheran) 50
Thaddäus 137
Theater 628
Theologie 596
Tierwelt 529
Tigris 210, 229
Timur Leng 547
Timuriden 547
Tochal Telecabin 69

Tochal-Berg 69
Toiletten (öffentliche) 494
Tonekabon 103
Torbat-e Heydariyeh 447
Torbat-e Jam 444
Torqabeh 443
Tourismus 583
Tourismusbehörde 494
Touristenvisum 478
Transitvisum 479
Trauung 612
Trinken 484
Trinkwasser 494
Tudeshk 281
Tuman 489
Türkei (Durchquerung) 466, 469, 481
Türkei (Grenze) 129, 135
Türkei-Fähren 470
Turkmenen 547
Turkmenensteppe 119
Turkmenistan (Grenze) 433, 446
Tus 441

U

Überlandbusse 65, 515
Umweltschutz 531
Unfall 475
Ungarn (Durchquerung) 468
Universitäten 587
Universitätsviertel (Teheran) 47
Unterkunft 492, 512
USA 556, 575
US-amerikanische Botschaft (Teheran) 46, 561
US-Dollar 491

V

Vakil-Moschee (Shiraz) 325
Valasht-Bergsee 106
Valerians-Damm 225
Varamin 75
Varzaneh 281
Vegetarisches 487
Vegetation 527
Velenjak 69
Verfassung 561, 578
Verhaltenstipps 513
Verkehrsmittel 492, 515
Verkehrsregeln 473
Verkehrsschilder 502
Verschwörungstheorie 584
Versicherungen 517
Verständigung 509
Verwaltung 579
Vielehe 613
Vielvölkerstaat 589
Visagebühren 480
Visum 478
Vogelwelt 529
Vologeses I. 540
Vorwahlnummern 511

W

Wächterrat 578
Währung 488
Wald 527
Wandern 508
Wasser 494
Wassersport 391, 509
Wechselkurse 489
Weiße Revolution 557
West-Azerbeijan (Provinz) 128
Wirtschaft 573, 582
Wohnung 605
Wüstenregionen 522

X/Y

Xerxes I. 538
Yablonovka 447
Yai Shahr 154
Yassuj 237
Yazd (Provinz) 297
Yazd (Stadt) 297
Yazdegerd III. 543
Yush 71
Yushij, Nima 71

Z

Zabol 420
Zagros-Gebirge
    182, 227, 230, 233, 357, 522
Zahed, Sheikh 99
Zahedan 418
Zahir od-Douleh (Teheran) 54
Zand, Karim Khan 551
Zanjan (Provinz) 168
Zanjan (Stadt) 178
Zarathustra (Zoroastrismus)
    277, 298, 305, 541, 590, 597
Zard Kuh (Berg) 234
Zarrin Rud 181
Zavareh 279
Zayandeh Rud (Fluss) 234, 242, 259, 267
Zein od-Din 312
Zeitungen 495, 585
Zeitverschiebung 519
Zendan-e Soleyman 139
Zentraler Alborz 69, 71
Ziaratgahe Khaled Nabi 123
Ziwiyeh 142
Zollbestimmungen 481
Zoroastrismus (Zarathustra)
    277, 298, 305, 541, 590, 597
Zweistromland 210
Zwölfer-Shi'a 594

Fotonachweis

Alle Bilder stammen von *Hartmut Niemann* (hn) mit Ausnahme der namentlich bzw. urheberrechtlich entsprechend gekennzeichneten Bilder auf den Seiten 2, 18, 24, 42, 48, 50, 56, 66, 78, 164, 219, 238, 242, 252, 298, 307, 314, 320, 334, 370, 380, 394, 404, 414, 434, 438 und 456 (alle www.fotolia.de).

Die Autoren

Hartmut Niemann, geboren 1952 in Hameln, entdeckte sein Interesse am Orient unter den ausländischen Studenten in Göttingen. Im Sommer 1979, vier Monate nach der islamischen Revolution, unternahm er seine erste Reise nach Iran, das er danach immer wieder besuchte. Im Jahr 1985 begann er an der Georg-August-Universität in Göttingen – neben seiner Arbeit als Werkzeugmacher – das Studium der Neuiranistik. Seit 1992 arbeitet er als selbstständiger Dolmetscher und Übersetzer für Persisch und als Reiseleiter für die Länder des Nahen und Mittleren Ostens mit Schwerpunkt Iran. Aufgrund vieler beruflicher und familiärer Bindungen hält er sich mehrmals im Jahr in Iran auf und hat dadurch Gelegenheit, auch hinter die Fassaden zu schauen. Auf dem Foto (s.u.) ist er auf dem turkmenischen Friedhof in Khaled Nabi zu sehen.

Danksagung: An der Entstehung dieses Buches waren im Laufe der Jahre viele Freunde und Kollegen beteiligt, die an dieser Stelle nicht alle genannt werden können. Hervorheben möchte ich Herrn Prof. *Klaus Schippmann,* der sich die Mühe gemacht hat, die archäologischen und historischen Beschreibungen zu überprüfen. Wenn dort dennoch Fehler oder Ungenauigkeiten enthalten sein sollten, so gehen diese allein auf meine „Kappe". Für die ausführlichen Informationen zur Autoanreise speziell über den Persischen Golf danke ich *Kirstin Kabasci,* die alle diese Verbindungen ausprobiert hat. Immer wieder neue Motivation für die Arbeit gaben mir meine Söhne *Samad, Mazdak* und *Bijan,* die sich stets mit Iran als ihrem „Mutterland" (dem Herkunftsland ihrer Mutter) identifiziert haben. Mein größter Dank schließlich gilt meiner lieben Frau *Soheyla,* der ich die Einsichten in das Denken und Fühlen der Iraner verdanke, die man nicht aus Büchern und Reisen allein gewinnen kann. Ihre Zuneigung und Hilfe bei dem Projekt hatten einen großen Anteil an dessen Gelingen.

Von den Freunden und Kollegen in Iran müssen hervorgehoben werden: *Hossein Eskordi* und *Omid Darijani,* die auf zahlreichen Reisen kundige und hilfsbereite Kollegen waren und durch immer wieder neue Informationen dazu beigetragen haben, das Buch „up to date" zu halten. Schließlich ein Gruß an einen der besten Busfahrer, die ich bei meinen langen Fahrten kennengelernt habe: *Nasrollah Nateqi,* dessen Hingabe an seine Arbeit und sein Spiel auf der Ney jede Fahrt zu einem großen Vergnügen machten.

Ludwig Paul, geboren 1963 in München, nahm 1985 in Bonn das Studium der Sprachwissenschaft und Iranistik auf, das er 1986 in Göttingen fortsetzte. Im Laufe seines Studiums verbrachte er ein Semester in Peshawar (Nordwestpakistan) und das Studienjahr 1988/89 in Teheran; während dieses Jahres bereiste er Iran intensiv auf ausgedehnten Reisen. Noch während seiner Studienzeit ab 1991 begann Ludwig Paul, für verschiedene Reiseveranstalter Studienreisen nach Iran zu begleiten, hierbei konnte er seine Landeskenntnisse weiter vertiefen. Sein Studium schloss er 1996 mit einer Doktorarbeit über die in Ostanatolien verwendete Sprache Zazaki ab. Anschließend unterrichtete er als Assistent am iranistischen Seminar der Universität Göttingen. Im Jahre 2002 habilitierte sich Ludwig Paul mit einer Arbeit über die Grammatik des frühen Persisch des 9. bis 11. Jahrhunderts. Seit 2003 unterrichtet er am Asien-Afrika-Institut der Universität Hamburg iranische Sprachen und Geschichte.

△ Hartmut Niemann

▽ Ludwig Paul